U0709728
9787101050349

殷周金文集成

中國社會科學院考古研究所編

修訂增補本

第七册

中華書局

本冊目録

器號	器名	字數	拓片頁碼	説明頁碼
一〇〇三二	◇文盤	二	五三九七	六一五八
一〇〇三三	[glyph]旅盤	二	五三九八	六一五八
一〇〇三四	ㄨ[glyph]盤	二	五三九九	六一五八
一〇〇三五	鮽舌盤	二	五三九九	六一五八
一〇〇三六	魚從盤	二	五三九九	六一五八
一〇〇三七	遽從盤	二	五三九九	六一五九
一〇〇三八	冀父甲盤	三	五四〇〇	六一五九
一〇〇三九	[glyph]父乙盤	三	五四〇〇	六一五九
一〇〇四〇	黿父乙盤	三	五四〇〇	六一五九
一〇〇四一	栜父丁盤	三	五四〇〇	六一五九
一〇〇四二	[glyph]父戊盤	三	五四〇一	六一五九
一〇〇四三	[glyph]父己盤	三	五四〇一	六一五九
一〇〇四四	鳥父辛盤	三	五四〇一	六一五九
一〇〇四五	亞吳妃盤	三	五四〇一	六一五九
一〇〇四六	[glyph]典斦盤	三	五四〇二	六一五九
一〇〇四七	北單戈盤	三	五四〇三	六一五九
一〇〇四八	季作寶盤	三	五四〇三	六一五九
一〇〇四九	作從彝盤	三	五四〇三	六一五九
一〇〇五〇	作從彝盤	三	五四〇三	六一五九
一〇〇五一	豆冊父丁盤	四	五四〇四	六一五九
一〇〇五二	觥作父戊盤	四	五四〇四	六一六〇
一〇〇五三	臣辰[glyph]冊盤	四	五四〇四	六一六〇

器號	器名	字數	拓片頁碼	説明頁碼
一〇〇五四	大保盤	四	五四〇四	六一六〇
一〇〇五五	轉作寶艦盤	四	五四〇五	六一六〇
一〇〇五六	尌中作盤	四	五四〇五	六一六〇
一〇〇五七	作叽從彝盤	四	五四〇五	六一六〇
一〇〇五八	永寶用享盤	四	五四〇五	六一六〇
一〇〇五九	曆盤	五	五四〇六	六一六〇
一〇〇六〇	矩盤	五	五四〇六	六一六〇
一〇〇六一	吏從盤	五	五四〇七	六一六〇
一〇〇六二	公盤	五	五四〇七	六一六〇
一〇〇六三	𢐗伯盤	五	五四〇七	六一六〇
一〇〇六四	𢐗伯盤	六	五四〇七	六一六〇
一〇〇六五	令盤	六	五四〇八	六一六〇
一〇〇六六	吳盤	六	五四〇八	六一六〇
一〇〇六七	延盤	六	五四〇八	六一六一
一〇〇六八	緮父盤	六	五四〇八	六一六一
一〇〇六九	焚子盤	六	五四〇九	六一六一
一〇〇七〇	單子白盤	六	五四〇九	六一六一
一〇〇七一	宗仲盤	六	五四〇九	六一六一
一〇〇七二	蔡侯盤	六	五四〇九	六一六一
一〇〇七三	伯矩盤	七	五四一〇	六一六一
一〇〇七四	伯雍父盤	七	五四一〇	六一六一
一〇〇七五	畲父盤	七	五四一〇	六一六一

器號	器名	字數	拓片頁碼	説明頁碼
一〇〇七六	季嬴霝德盤	七	五四一一	六一六一
一〇〇七七	曾侯乙盤	七	五四一一	六一六一
一〇〇七八	逘盤	八	五四一一	六一六一
一〇〇七九	伯百父盤	八	五四一二	六一六一
一〇〇八〇	鮇甫人盤	九	五四一二	六一六二
一〇〇八一	曩伯娗父盤	九	五四一二	六一六二
一〇〇八二	樊夫人龍嬴盤	九	五四一三	六一六二
一〇〇八三	京[illegible]仲盤	一〇	五四一三	六一六二
一〇〇八四	北子宋盤	一〇	五四一四	六一六二
一〇〇八五	[illegible]宊盤	一〇	五四一四	六一六二
一〇〇八六	魯伯厚父盤	一〇	五四一四	六一六二
一〇〇八七	魯伯者父盤	一〇	五四一五	六一六二
一〇〇八八	虢嬗□盤	一〇	五四一五	六一六二
一〇〇八九	自作盤	一一	五四一六	六一六二
一〇〇九〇	鄭伯盤	一一	五四一六	六一六二
一〇〇九一	真盤	一二	五四一七	六一六二
一〇〇九二	晨盤	一二	五四一七	六一六三
一〇〇九三	史頌盤	一二	五四一八	六一六三
一〇〇九四	袓盤	一二	五四一八	六一六三
一〇〇九五	京叔盤	一二	五四一九	六一六三
一〇〇九六	筍侯盤	一二	五四一九	六一六三
一〇〇九七	曾仲盤	一二	五四二〇	六一六三

器號	器名	字數	拓片頁碼	説明頁碼
一〇〇九八	[illegible]金氏孫盤	一二	五四二〇	六一六三
一〇〇九九	徐王義楚盤	一二	五四二一	六一六三
一〇一〇〇	楚王酓肯盤	一二	五四二二	六一六三
一〇一〇一	仲[illegible]臣盤	一三	五四二三	六一六三
一〇一〇二	中友父盤	一三	五四二三	六一六三
一〇一〇三	伯駟父盤	一三	五四二四	六一六三
一〇一〇四	黃君孟盤	一三	五四二四	六一六四
一〇一〇五	陶子盤	一四	五四二四	六一六四
一〇一〇六	才盤	一四	五四二四	六一六四
一〇一〇七	叔五父盤	一四	五四二五	六一六四
一〇一〇八	伯考父盤	一四	五四二五	六一六四
一〇一〇九	鄭季寬車盤	一四	五四二六	六一六四
一〇一一〇	德盤	一五	五四二六	六一六四
一〇一一一	師寏父盤	一五	五四二六	六一六四
一〇一一二	伯碩奮盤	一五	五四二七	六一六四
一〇一一三	魯伯愈父盤	一五	五四二八	六一六四
一〇一一四	魯伯愈父盤	一五	五四二八	六一六四
一〇一一五	魯伯愈父盤	一五	五四二九	六一六四
一〇一一六	魯𤔲徒仲齊盤	一五	五四三〇	六一六五
一〇一一七	齊侯盤	一五	五四三〇	六一六五
一〇一一八	鮇冶妊盤	一五	五四三一	六一六五
一〇一一九	[illegible]盤	一六	五四三一	六一六五

器號	器名	字數	拓片頁碼	說明頁碼
一〇一二〇	周棘生盤	一六	五四三二	六一六五
一〇一二一	鄧伯吉射盤	一六	五四三二	六一六五
一〇一二二	黄子盤	一六	五四三三	六一六五
一〇一二三	齊侯作孟姬盤	一六	五四三三	六一六五
一〇一二四	魯正叔盤	一六	五四三四	六一六五
一〇一二五	楚季哶盤	一六	五四三四	六一六五
一〇一二六	取膚盤	一六	五四三五	六一六五
一〇一二七	殷穀盤	一七	五四三六	六一六五
一〇一二八	殷穀盤	一七	五四三七	六一六五
一〇一二九	伯侯父盤	一七	五四三八	六一六六
一〇一三〇	昶伯庸盤	一七	五四三九	六一六六
一〇一三一	干氏叔子盤	一七	五四四〇	六一六六
一〇一三二	□□單盤	一七	五四四一	六一六六
一〇一三三	薛侯盤	一八	五四四二	六一六六
一〇一三四	□仲盤	一八	五四四二	六一六六
一〇一三五	尋仲盤	一八	五四四三	六一六六
一〇一三六	番君伯龤盤	一八	五四四四	六一六六
一〇一三七	中子化盤	一九	五四四四	六一六六
一〇一三八	曾師季䡅盤	一九	五四四五	六一六六
一〇一三九	番□伯者君盤	一九	五四四五	六一六六
一〇一四〇	番□伯者君盤	二〇	五四四六	六一六六
一〇一四一	句它盤	二〇	五四四六	六一六七

器號	器名	字數	拓片頁碼	說明頁碼
一〇一四二	齊叔姬盤	二〇	五四四七	六一六七
一〇一四三	般仲柔盤	二〇	五四四七	六一六七
一〇一四四	曹公盤	二〇	五四四八	六一六七
一〇一四五	毛叔盤	二一	五四四九	六一六七
一〇一四六	黄韋俞父盤	二一	五四五〇	六一六七
一〇一四七	齊縈姬盤	二一	五四五一	六一六七
一〇一四八	楚嬴盤	二一	五四五二	六一六七
一〇一四九	囂伯盤	二三	五四五三	六一六七
一〇一五〇	[illegible]右盤	二四	五四五四	六一六七
一〇一五一	齊大宰歸父盤	二四	五四五五	六一六七
一〇一五二	宗婦鄁嬰盤	二五	五四五六	六一六七
一〇一五三	□孫奎母盤	二五	五四五六	六一六八
一〇一五四	魯少嗣寇盤	二五	五四五七	六一六八
一〇一五五	湯叔盤	二七	五四五八	六一六八
一〇一五六	曾子伯𦉢盤	二八	五四五九	六一六八
一〇一五七	陳侯盤	二九	五四六〇	六一六八
一〇一五八	楚王酓忎盤	二九	五四六一	六一六八
一〇一五九	齊侯盤	三〇	五四六二	六一六八
一〇一六〇	伯戔盤	三二	五四六三	六一六八
一〇一六一	免盤	三三	五四六四	六一六八
一〇一六二	黄大子伯克盤	三三	五四六五	六一六八
一〇一六三	夆叔盤	三四	五四六六	六一六八

器號	器名	字數	拓片頁碼	説明頁碼
一〇一六四	函皇父盤	三七	五四六七	六一六九
一〇一六五	者尚余卑盤	三七	五四六八	六一六九
一〇一六六	鮮盤(毀)	四三	五四六九	六一六九
一〇一六七	[illegible]伯盤	五四	五四七一	六一六九
一〇一六八	守宮盤	六二	五四七二	六一六九
一〇一六九	呂服余盤	六五	五四七四	六一六九
一〇一七〇	走馬休盤	八九	五四七五	六一六九
一〇一七一	蔡侯盤	九二	五四七六	六一六九
一〇一七二	寰盤	一〇一	五四七八	六一六九
一〇一七三	虢季子白盤	一〇四	五四八〇	六一六九
一〇一七四	兮甲盤	一二九	五四八二	六一七〇
一〇一七五	史牆盤	二七六	五四八四	六一七〇
一〇一七六	散氏盤	三四九	五四八六	六一七〇
一〇一七七	[illegible]匜	一	五四八八	六一七〇
一〇一七八	冊[illegible]匜	三	五四八八	六一七〇
一〇一七九	季姬匜	四	五四八八	六一七〇
一〇一八〇	叔匜	四	五四八八	六一七〇
一〇一八一	[illegible]叔匜	五	五四八九	六一七〇
一〇一八二	宗仲匜	六	五四九〇	六一七〇
一〇一八三	姞口母匜	六	五四九〇	六一七〇
一〇一八四	作子口匜	六	五四九一	六一七一
一〇一八五	孟皇父匜	六	五四九一	六一七一

器號	器名	字數	拓片頁碼	説明頁碼
一〇一八六	作吳姬匜	六	五四九一	六一七一
一〇一八七	魯士商[illegible]匜	六	五四九一	六一七一
一〇一八八	郾湯伯匜	六	五四九二	六一七一
一〇一八九	蔡侯匜	六	五四九二	六一七一
一〇一九〇	王子[illegible]匜	六	五四九二	六一七一
一〇一九一	作父乙匜	七	五四九二	六一七一
一〇一九二	作中姬匜	七	五四九三	六一七一
一〇一九三	散伯匜	七	五四九三	六一七一
一〇一九四	虘[illegible]丘匜	七	五四九三	六一七一
一〇一九五	蔡侯匜	七	五四九四	六一七一
一〇一九六	蔡子匜	七	五四九四	六一七一
一〇一九七	曾侯乙匜	七	五四九四	六一七一
一〇一九八	曾侯乙匜	七	五四九四	六一七一
一〇一九九	鑄客匜	七	五四九五	六一七二
一〇二〇〇	伯庶父匜	八	五四九五	六一七二
一〇二〇一	匽伯聖匜	八	五四九五	六一七二
一〇二〇二	[illegible]匜	八	五四九六	六一七二
一〇二〇三	叔口父匜	八	五四九六	六一七二
一〇二〇四	鄭義伯匜	九	五四九七	六一七二
一〇二〇五	穌甫人匜	九	五四九七	六一七二
一〇二〇六	甫人父匜	九	五四九七	六一七二
一〇二〇七	曾子白父匜	九	五四九七	六一七二

器號	器名	字數	拓片頁碼	說明頁碼
一〇二〇八	鄾湯伯匜	九	五四九八	六一七二
一〇二〇九	樊夫人龍嬴匜	九	五四九八	六一七二
一〇二一〇	鑄子撫匜	九	五四九八	六一七二
一〇二一一	㠱伯妊父匜	九	五四九九	六一七三
一〇二一二	工虞季生匜	九	五四九九	六一七三
一〇二一三	寒戊匜	一〇	五四九九	六一七三
一〇二一四	黃仲匜	一〇	五五〇〇	六一七三
一〇二一五	弭伯匜	一一	五五〇〇	六一七三
一〇二一六	召樂父匜	一一	五五〇〇	六一七三
一〇二一七	叔黑臣匜	一一	五五〇一	六一七三
一〇二一八	周窀匜	一二	五五〇一	六一七三
一〇二一九	叔穀匜	一二	五五〇二	六一七三
一〇二二〇	史頌匜	一二	五五〇二	六一七三
一〇二二一	尋伯匜	一二	五五〇三	六一七三
一〇二二二	魯伯匜	一二	五五〇三	六一七三
一〇二二三	[illegible]金氏孫匜	一二	五五〇四	六一七四
一〇二二四	中友父匜	一三	五五〇四	六一七四
一〇二二五	函皇父匜	一三	五五〇五	六一七四
一〇二二六	伯吉父匜	一三	五五〇五	六一七四
一〇二二七	垺飤生匜	一三	五五〇六	六一七四
一〇二二八	鄧公匜	一三	五五〇六	六一七四
一〇二二九	匽公匜	一三	五五〇七	六一七四
一〇二三〇	黃君孟匜	一三	五五〇七	六一七四
一〇二三一	伯正父匜	一四	五五〇八	六一七四
一〇二三二	荀侯匜	一四	五五〇八	六一七四
一〇二三三	齊侯子行匜	一四	五五〇九	六一七四
一〇二三四	鄭季寬車匜	一四	五五一〇	六一七四
一〇二三五	奚□單匜	一四	五五一〇	六一七四
一〇二三六	鼄□匜	一四	五五一一	六一七五
一〇二三七	昶伯匜	一五	五五一一	六一七五
一〇二三八	仲姞義母匜	一五	五五一二	六一七五
一〇二三九	叔高父匜	一五	五五一二	六一七五
一〇二四〇	㠱孟姜匜	一五	五五一三	六一七五
一〇二四一	嗣馬南叔匜	一五	五五一三	六一七五
一〇二四二	齊侯匜	一五	五五一四	六一七五
一〇二四三	呂仲生匜	一五	五五一四	六一七五
一〇二四四	魯伯愈父匜	一五	五五一五	六一七五
一〇二四五	夢子匜	一五	五五一五	六一七五
一〇二四六	𢦏伯匜	一五	五五一六	六一七五
一〇二四七	蠢匜	一六	五五一六	六一七五
一〇二四八	叔□父匜	一六	五五一七	六一七五
一〇二四九	昶仲無龍匜	一六	五五一七	六一七五
一〇二五〇	伯朿匜	一六	五五一八	六一七六
一〇二五一	[illegible]匜	一六	五五一八	六一七六

器號	器名	字數	拓片頁碼	説明頁碼
一〇二五二	貯子己父匜	一六	五五一九	六一七六
一〇二五三	取膚匜	一六	五五一九	六一七六
一〇二五四	黄子匜	一六	五五二〇	六一七六
一〇二五五	杞伯每[illegible]匜	一六	五五二〇	六一七六
一〇二五六	樊君匜	一六	五五二一	六一七六
一〇二五七	八年匜	一六	五五二二	六一七六
一〇二五八	番仲[illegible]匜	一七	五五二二	六一七六
一〇二五九	番伯酓匜	一七	五五二三	六一七六
一〇二六〇	作𤔲□匜	一七	五五二三	六一七六
一〇二六一	[illegible]甫人匜	一八	五五二四	六一七六
一〇二六二	有伯君黄生匜	一八	五五二四	六一七七
一〇二六三	薛侯匜	一八	五五二五	六一七七
一〇二六四	無疆匜	一九	五五二五	六一七七
一〇二六五	田季加匜	一九	五五二六	六一七七
一〇二六六	尋仲匜	一九	五五二七	六一七七
一〇二六七	嗽伯元匜	一九	五五二八	六一七七
一〇二六八	番□伯者君匜	一九	五五二八	六一七七
一〇二六九	番□伯者君匜	一九	五五二九	六一七七
一〇二七〇	叔男父匜	二〇	五五二九	六一七七
一〇二七一	番[illegible]□匜	二〇	五五三〇	六一七七
一〇二七二	齊侯匜	二〇	五五三〇	六一七七
一〇二七三	楚嬴匜	二一	五五三一	六一七八

器號	器名	字數	拓片頁碼	説明頁碼
一〇二七四	大師子大孟姜匜	二三	五五三二	六一七八
一〇二七五	魯𤔲徒仲齊匜	二五	五五三二	六一七八
一〇二七六	塞公孫寣父匜	二七	五五三三	六一七八
一〇二七七	魯大𤔲徒子仲伯匜	二八	五五三三	六一七八
一〇二七八	浮公之孫公父宅匜	二八	五五三四	六一七八
一〇二七九	嗽子匜	二九	五五三五	六一七八
一〇二八〇	慶叔匜	三〇	五五三六	六一七八
一〇二八一	鄭大内史叔上匜	三一	五五三七	六一七八
一〇二八二	夆叔匜	三四	五五三八	六一七八
一〇二八三	齊侯匜	三四	五五三九	六一七八
一〇二八四	蔡叔季之孫䝼匜	三六	五五四〇	六一七九
一〇二八五	儥匜	一五七	五五四一	六一七九
一〇二八六	[illegible]女射鑑	三	五五四三	六一七九
一〇二八七	大右鑑	三	五五四三	六一七九
一〇二八八	智君子鑑	六	五五四四	六一七九
一〇二八九	智君子鑑	六	五五四四	六一七九
一〇二九〇	蔡侯[illegible]鑑	六	五五四五	六一七九
一〇二九一	集脰鎬	六	五五四五	六一七九
一〇二九二	曾侯乙鑑	七	五五四六	六一七九
一〇二九三	鑄客鑑	九	五五四七	六一七九
一〇二九四	吳王夫差鑑	一二	五五四七	六一八〇
一〇二九五	吳王夫差鑑	一二	五五四八	六一八〇

器號	器名	字數	拓片頁碼	說明頁碼
一〇二九六	吳王夫差鑑	一三	五五四九	六一八〇
一〇二九七	郪陵君鑑	三〇	五五五〇	六一八〇
一〇二九八	吳王光鑑	五二	五五五一	六一八〇
一〇二九九	吳王光鑑	五二	五五五二	六一八〇
一〇三〇〇	□盂	一	五五五三	六一八〇
一〇三〇一	好盂	一	五五五三	六一八〇
一〇三〇二	寗小室盂	四	五五五三	六一八〇
一〇三〇三	匽侯盂	五	五五五四	六一八〇
一〇三〇四	匽侯盂	五	五五五四	六一八〇
一〇三〇五	匽侯盂	五	五五五五	六一八一
一〇三〇六	虢叔盂	五	五五五五	六一八一
一〇三〇七	虢叔盂	五	五五五五	六一八一
一〇三〇八	逨盂	六	五五五六	六一八一
一〇三〇九	□盂	七	五五五六	六一八一
一〇三一〇	滋盂	一二	五五五七	六一八一
一〇三一一	庶盂	一二	五五五七	六一八一
一〇三一二	伯盂	一四	五五五八	六一八一
一〇三一三	□作父丁盂	一四	五五五九	六一八一
一〇三一四	伯公父盂	一四	五五五九	六一八一
一〇三一五	善夫吉父盂	一五	五五五九	六一八一
一〇三一六	魯大嗣徒元盂	一五	五五六〇	六一八一
一〇三一七	伯索史盂	一五	五五六〇	六一八一

器號	器名	字數	拓片頁碼	說明頁碼
一〇三一八	齊侯盂	二四	五五六一	六一八二
一〇三一九	要君盂	二四	五五六一	六一八二
一〇三二〇	□桐盂	二九	五五六二	六一八二
一〇三二一	趞盂	四九	五五六三	六一八二
一〇三二二	永盂	一二三	五五六四	六一八二
一〇三二三	□盂	一	五五六六	六一八二
一〇三二四	微癲盂	四	五五六六	六一八二
一〇三二五	微癲盂	四	五五六六	六一八二
一〇三二六	嗣料盆蓋	五	五五六七	六一八二
一〇三二七	嗣料盆	五	五五六七	六一八二
一〇三二八	八年鳥柱盆	一〇	五五六七	六一八二
一〇三二九	樊君盆	一一	五五六八	六一八二
一〇三三〇	鄎子行盆	一一	五五六八	六一八三
一〇三三一	子叔嬴内君盆	一二	五五六九	六一八三
一〇三三二	曾孟嬶諫盆	一二	五五六九	六一八三
一〇三三三	十年盆	一二	五五七〇	六一八三
一〇三三四	杞伯每□盆	一五	五五七〇	六一八三
一〇三三五	子諆盆	一五	五五七一	六一八三
一〇三三六	曾大保盆	一九	五五七二	六一八三
一〇三三七	鄴子宿車盆	一九	五五七二	六一八三
一〇三三八	黃大子伯克盆	二七	五五七三	六一八三
一〇三三九	□子季□盆	二八	五五七四	六一八三

器號	器名	字數	拓片頁碼	說明頁碼
一〇三四〇	彭子仲盆	二九	五五七五	六一八三
一〇三四一	邛仲之孫伯戔盆	三〇	五五七六	六一八三
一〇三四二	晉公盆	一四五	五五七七	六一八四
一〇三四三	[illegible]旅簠形器	二	五五七八	六一八四
一〇三四四	亞吴卵形器	二	五五七八	六一八四
一〇三四五	司母辛方形器	三	五五七八	六一八四
一〇三四六	司㝵母器蓋	三	五五七八	六一八四
一〇三四七	王作[illegible]弄器蓋	四	五五七九	六一八四
一〇三四八	曾侯乙過濾器	五	五五七九	六一八四
一〇三四九	左使車筒形器	五	五五七九	六一八四
一〇三五〇	屖氏詹鑰	六	五五七九	六一八四
一〇三五一	亞㠱侯殘圜器	九	五五八〇	六一八四
一〇三五二	史孔和	九	五五八〇	六一八四
一〇三五三	廿五年盌	九	五五八〇	六一八四
一〇三五四	[illegible]圜形器	一〇	五五八一	六一八四
一〇三五五	黃子器座	一一	五五八二	六一八四
一〇三五六	蔡大史鉚	一八	五五八二	六一八五
一〇三五七	邵宮和	一九	五五八三	六一八五
一〇三五八	十年銅盒	一九	五五八三	六一八五
一〇三五九	十二年銅盒	二一	五五八三	六一八五
一〇三六〇	𨚕圜器	四四	五五八四	六一八五
一〇三六一	國差鑰	五〇	五五八五	六一八五

器號	器名	字數	拓片頁碼	說明頁碼
一〇三六二	戲㑈量	二	五五八六	六一八五
一〇三六三	𠟭工量(鋻)	二	五五八六	六一八五
一〇三六四	王量	三	五五八六	六一八五
一〇三六五	斛半[illegible]量	三	五五八七	六一八五
一〇三六六	右里[illegible]量(鋻)	四	五五八七	六一八五
一〇三六七	右里[illegible]量(鋻)	四	五五八七	六一八六
一〇三六八	左關之鉚	四	五五八八	六一八六
一〇三六九	衛量	四	五五八八	六一八六
一〇三七〇	郢大府量	七	五五八九	六一八六
一〇三七一	𨾴純釜	三四	五五八九	六一八六
一〇三七二	商鞅量	三四	五五九〇	六一八六
一〇三七三	鄘客問量	五六	五五九一	六一八六
一〇三七四	子禾子釜	一〇八	五五九二	六一八六
一〇三七五	王衡桿	一	五五九四	六一八六
一〇三七六	王衡桿	一	五五九四	六一八七
一〇三七七	口都環權	二	五五九五	六一八七
一〇三七八	口益環權	二	五五九五	六一八七
一〇三七九	㪥子環權	二	五五九五	六一八七
一〇三八〇	公芻權	四	五五九五	六一八七
一〇三八一	[illegible]權	四	五五九六	六一八七
一〇三八二	三俟權	六	五五九六	六一八七
一〇三八三	右伯君權	六	五五九六	六一八七

器號	器名	字數	拓片頁碼	說明頁碼
一〇三八四	高奴禾石權	一六	五五九七	六一八七
一〇三八五	司馬成公權	二九	五五九八	六一八七
一〇三八六	王子嬰次盧	七	五五九九	六一八七
一〇三八七	曾侯乙盧	七	五五九九	六一八七
一〇三八八	鑄客盧	七	五六〇〇	六一八七
一〇三八九	鑄客盧	八	五六〇〇	六一八七
一〇三九〇	郤王盧	九	五六〇〇	六一八八
一〇三九一	郤令尹者旨型盧	一八	五六〇一	六一八八
一〇三九二	史箕	一	五六〇二	六一八八
一〇三九三	亞矣箕	二	五六〇二	六一八八
一〇三九四	婦好箕	二	五六〇三	六一八八
一〇三九五	[illegible]冊斫箕	三	五六〇三	六一八八
一〇三九六	左繼箕	三	五六〇四	六一八八
一〇三九七	右使車箕	七	五六〇四	六一八八
一〇三九八	曾侯乙箕	七	五六〇四	六一八八
一〇三九九	曾侯乙箕	七	五六〇五	六一八八
一〇四〇〇	楚王燈	二	五六〇六	六一八八
一〇四〇一	左九燈	二	五六〇六	六一八八
一〇四〇二	十年燈座	一三	五六〇六	六一八八
一〇四〇三	王帶鉤	一	五六〇七	六一八八
一〇四〇四	公□帶鉤	二	五六〇七	六一八九
一〇四〇五	仲[illegible]帶鉤	二	五六〇七	六一八九
一〇四〇六	[illegible]王長□帶鉤	四	五六〇七	六一八九
一〇四〇七	鳥書箴銘帶鉤	三三	五六〇八	六一八九
一〇四〇八	王鋪首	一	五六〇九	六一八九
一〇四〇九	雍鋪首	一	五六〇九	六一八九
一〇四一〇	左工鋪首	三	五六〇九	六一八九
一〇四一一	左工鋪首	三	五六〇九	六一八九
一〇四一二	左工鋪首	三	五六〇九	六一八九
一〇四一三	左使車鋪首	八	五六〇九	六一八九
一〇四一四	從睘小器	二	五六一〇	六一八九
一〇四一五	□睘小器	二	五六一〇	六一八九
一〇四一六	辛[illegible]睘小器	三	五六一一	六一八九
一〇四一七	辛[illegible]睘小器	三	五六一一	六一八九
一〇四一八	辛[illegible]睘小器	三	五六一一	六一八九
一〇四一九	辛[illegible]睘小器	三	五六一二	六一八九
一〇四二〇	□氏睘小器	三	五六一二	六一九〇
一〇四二一	□氏睘小器	三	五六一二	六一九〇
一〇四二二	[illegible]睘小器	三	五六一二	六一九〇
一〇四二三	方[illegible]睘小器	三	五六一三	六一九〇
一〇四二四	[illegible]□睘小器	三	五六一三	六一九〇
一〇四二五	[illegible]□睘小器	三	五六一三	六一九〇
一〇四二六	林□睘小器	三	五六一四	六一九〇
一〇四二七	武[illegible]睘小器	三	五六一四	六一九〇

器號	器名	字數	拓片頁碼	說明頁碼
一〇四二八	[illegible][illegible]睘小器	三	五六一四	六一九〇
一〇四二九	□□睘小器	三	五六一五	六一九〇
一〇四三〇	□□睘小器	三	五六一五	六一九〇
一〇四三一	□□睘小器	三	五六一五	六一九〇
一〇四三二	少[illegible]睘小器	四	五六一五	六一九〇
一〇四三三	豐王□睘小器	四	五六一六	六一九〇
一〇四三四	[illegible][illegible]城睘小器	四	五六一六	六一九〇
一〇四三五	東□睘小器	四	五六一六	六一九〇
一〇四三六	□□睘小器	四	五六一六	六一九〇
一〇四三七	□□睘小器	四	五六一六	六一九〇
一〇四三八	大府之器銅牛	四	五六一七	六一九〇
一〇四三九	曾侯乙銅鶴	七	五六一七	六一九一
一〇四四〇	十四兩銀俑	九	五六一七	六一九一
一〇四四一	十四年銅牛	一二	五六一七	六一九一
一〇四四二	十四年銅犀	一二	五六一八	六一九一
一〇四四三	十四年銅虎	一二	五六一八	六一九一
一〇四四四	十四年雙翼神獸	一二	五六一八	六一九一
一〇四四五	十四年雙翼神獸	一二	五六一九	六一九一
一〇四四六	十四年雙翼神獸	一三	五六一九	六一九一
一〇四四七	十四年雙翼神獸	一三	五六一九	六一九一
一〇四四八	コ山形器	一	五六二〇	六一九一
一〇四四九	川山形器	一	五六二〇	六一九一

器號	器名	字數	拓片頁碼	說明頁碼
一〇四五〇	[illegible]左使車山形器	六	五六二一	六一九一
一〇四五一	十左使車山形器	六	五六二一	六一九一
一〇四五二	右佐[illegible]錐形器	三	五六二三	六一九一
一〇四五三	廿四年錐形器	一〇	五六二三	六一九一
一〇四五四	公圜鈎形器	一	五六二三	六一九二
一〇四五五	曾侯乙鈎形器	七	五六二三	六一九二
一〇四五六	眎室門鈇	四	五六二四	六一九二
一〇四五七	右□八亓□圜器	四	五六二五	六一九二
一〇四五八	少府銀圜器	五	五六二五	六一九二
一〇四五九	大攻君圜器	一〇	五六二五	六一九二
一〇四六〇	睘□鍵	二	五六二五	六一九二
一〇四六一	[illegible]都小器	二	五六二六	六一九二
一〇四六二	[illegible][illegible]連珠飾	二	五六二六	六一九二
一〇四六三	[illegible]作□三足器	三	五六二六	六一九二
一〇四六四	□[illegible]保三桶器	三	五六二六	六一九二
一〇四六五	三年杖首	九	五六二七	六一九二
一〇四六六	左鍾君銅器	三	五六二七	六一九二
一〇四六七	左殘件	一	五六二八	六一九二
一〇四六八	上五銅條	二	五六二八	六一九二
一〇四六九	三十銅構件	二	五六二八	六一九二
一〇四七〇	王上框架	二	五六二八	六一九二
一〇四七一	君王上框架	三	五六二九	六一九二

器號	器名	字數	拓片頁碼	說明頁碼
一〇四七二	十四年帳架	七	五六二九	六一九二
一〇四七三	十四年帳橛	一〇	五六三〇	六一九二
一〇四七四	十四年帳橛	一一	五六三〇	六一九三
一〇四七五	十四年帳橛	一一	五六三一	六一九三
一〇四七六	亞辛共殘銅片	五	五六三一	六一九三
一〇四七七	十四年鳳方案	一三	五六三一	六一九三
一〇四七八	兆域圖銅版	一七八	五六三二	六一九三
一〇四七九	兢器	一	五六三四	六一九三
一〇四八〇	勶器	一	五六三四	六一九三
一〇四八一	妥器	一	五六三四	六一九三
一〇四八二	叔器	一	五六三四	六一九三
一〇四八三	豙器	一	五六三五	六一九三
一〇四八四	羊器	一	五六三五	六一九三
一〇四八五	舁器	一	五六三五	六一九三
一〇四八六	龍器	一	五六三五	六一九三
一〇四八七	斿器	一	五六三六	六一九三
一〇四八八	衜器	一	五六三六	六一九三
一〇四八九	戈器	一	五六三六	六一九三
一〇四九〇	初器	一	五六三六	六一九四
一〇四九一	[illegible]器	一	五六三七	六一九四
一〇四九二	个器	一	五六三七	六一九四
一〇四九三	霝器	一	五六三七	六一九四

器號	器名	字數	拓片頁碼	說明頁碼
一〇四九四	[illegible]器	一	五六三七	六一九四
一〇四九五	畀器	一	五六三八	六一九四
一〇四九六	[illegible]器	一	五六三八	六一九四
一〇四九七	亞[illegible]器	一	五六三八	六一九四
一〇四九八	亞弜器	二	五六三八	六一九四
一〇四九九	父辛器	二	五六三九	六一九四
一〇五〇〇	父辛器	二	五六三九	六一九四
一〇五〇一	父癸器	二	五六三九	六一九四
一〇五〇二	鄉宁器	二	五六三九	六一九四
一〇五〇三	鄉宁器	二	五六四〇	六一九四
一〇五〇四	[illegible]器	二	五六四〇	六一九四
一〇五〇五	[illegible]器	二	五六四〇	六一九四
一〇五〇六	[illegible]器	二	五六四〇	六一九四
一〇五〇七	聑[illegible]器	二	五六四一	六一九四
一〇五〇八	尹舟器	二	五六四一	六一九四
一〇五〇九	乙戈器	二	五六四一	六一九五
一〇五一〇	戈[illegible]器	二	五六四一	六一九五
一〇五一一	[illegible]羊器	二	五六四二	六一九五
一〇五一二	[illegible]辛器	二	五六四二	六一九五
一〇五一三	子[illegible]器	二	五六四二	六一九五
一〇五一四	子妻器	二	五六四二	六一九五
一〇五一五	[illegible]子器	二	五六四三	六一九五

器號	器名	字數	拓片頁碼	說明頁碼
一〇五一六	亀父乙器	三	五六四三	六一九五
一〇五一七	[illegible]父乙器	三	五六四三	六一九五
一〇五一八	子父丁器	三	五六四三	六一九五
一〇五一九	[illegible]父丁器	三	五六四四	六一九五
一〇五二〇	冀父丁器	三	五六四四	六一九五
一〇五二一	亞父辛器	三	五六四四	六一九五
一〇五二二	家父辛器	三	五六四四	六一九五
一〇五二三	口父辛器	三	五六四五	六一九五
一〇五二四	[illegible]父癸器	三	五六四五	六一九五
一〇五二五	[illegible]父癸器	三	五六四五	六一九五
一〇五二六	冊亯[illegible]器	三	五六四五	六一九六
一〇五二七	作障彝器	三	五六四六	六一九六
一〇五二八	作寶彝器	三	五六四六	六一九六
一〇五二九	作寶彝器	三	五六四六	六一九六
一〇五三〇	作旅彝器	三	五六四六	六一九六
一〇五三一	作旅彝器	三	五六四七	六一九六
一〇五三二	[illegible]父乙器	四	五六四七	六一九六
一〇五三三	赫妶父乙器	四	五六四七	六一九六
一〇五三四	觥作父乙器	四	五六四七	六一九六
一〇五三五	亞[illegible]父丁器	四	五六四八	六一九六
一〇五三六	田告父丁器	四	五六四八	六一九六
一〇五三七	康丁器	四	五六四八	六一九六

器號	器名	字數	拓片頁碼	說明頁碼
一〇五三八	光作從彝器	四	五六四八	六一九六
一〇五三九	作狽寶彝器	四	五六四九	六一九六
一〇五四〇	伯作旅彝器	四	五六四九	六一九六
一〇五四一	伯作旅彝器	四	五六四九	六一九六
一〇五四二	叔作寶彝器	四	五六四九	六一九六
一〇五四三	邵作寶彝器	四	五六五〇	六一九七
一〇五四四	宵作旅彝器	四	五六五〇	六一九七
一〇五四五	伯魚器	五	五六五〇	六一九七
一〇五四六	觰伯器	五	五六五一	六一九七
一〇五四七	叔器	五	五六五一	六一九七
一〇五四八	叔器	五	五六五一	六一九七
一〇五四九	[illegible]器	五	五六五一	六一九七
一〇五五〇	[illegible]禾器	五	五六五二	六一九七
一〇五五一	从器	五	五六五二	六一九七
一〇五五二	凡器	五	五六五二	六一九七
一〇五五三	吴器	五	五六五二	六一九七
一〇五五四	衍作父乙器	六	五六五三	六一九七
一〇五五五	子作父乙器	六	五六五三	六一九七
一〇五五六	[illegible]作父丁器	六	五六五三	六一九七
一〇五五七	作父丁器	六	五六五三	六一九七
一〇五五八	壽作父戊器	六	五六五四	六一九七
一〇五五九	其侯亞吴父己器	六	五六五四	六一九七

器號	器名	字數	拓片頁碼	說明頁碼
一〇五六〇	[illegible]作父辛器	六	五六五四	六一九八
一〇五六一	[illegible]作父辛器	六	五六五四	六一九八
一〇五六二	女母作婦己器	六	五六五五	六一九八
一〇五六三	伯[illegible]父器	六	五六五五	六一九八
一〇五六四	伯丙器	六	五六五五	六一九八
一〇五六五	師高器	六	五六五五	六一九八
一〇五六六	俞伯器	六	五六五六	六一九八
一〇五六七	向器	六	五六五六	六一九八
一〇五六八	山御作父乙器	七	五六五六	六一九八
一〇五六九	[illegible]作父戊器	七	五六五六	六一九八
一〇五七〇	作父戊器	七	五六五七	六一九八
一〇五七一	𦰩伯器	七	五六五七	六一九八
一〇五七二	[illegible]作父丁器	八	五六五七	六一九八
一〇五七三	田作父己器	八	五六五七	六一九八
一〇五七四	耳作父癸器	八	五六五八	六一九八
一〇五七五	趞子作父庚器	九	五六五八	六一九八
一〇五七六	庚姬器	九	五六五八	六一九九
一〇五七七	鑄客器	九	五六五九	六一九九
一〇五七八	鑄客器	九	五六五九	六一九九
一〇五七九	谷𤷗器	九	五六六〇	六一九九
一〇五八〇	保攸母器	一二	五六六一	六一九九
一〇五八一	[illegible]作父辛器	一二	五六六一	六一九九

器號	器名	字數	拓片頁碼	說明頁碼
一〇五八二	伊器	二五	五六六二	六一九九
一〇五八三	匽侯載器	三三	五六六二	六一九九
一〇五九一	[illegible]戈	一	五六六三	六一九九
一〇五九二	[illegible]戈	一	五六六三	六一九九
一〇五九三	[illegible]戈	一	五六六三	六一九九
一〇五九四	[illegible]戈	一	五六六四	六一九九
一〇五九五	[illegible]戈	一	五六六四	六一九九
一〇五九六	[illegible]戈	一	五六六四	六一九九
一〇五九七	[illegible]戈	一	五六六四	六一九九
一〇五九八	[illegible]戈	一	五六六五	六一九九
一〇五九九	[illegible]戈	一	五六六五	六一九九
一〇六〇〇	[illegible]戈	一	五六六五	六一九九
一〇六〇一	[illegible]戈	一	五六六五	六一九九
一〇六〇二	[illegible]戈	一	五六六六	六二〇〇
一〇六〇三	[illegible]戈	一	五六六六	六二〇〇
一〇六〇四	[illegible]戈	一	五六六七	六二〇〇
一〇六〇五	[illegible]戈	一	五六六七	六二〇〇
一〇六〇六	[illegible]戈	一	五六六七	六二〇〇
一〇六〇七	[illegible]戈	一	五六六七	六二〇〇
一〇六〇八	[illegible]戈	一	五六六八	六二〇〇
一〇六〇九	[illegible]戈	一	五六六八	六二〇〇
一〇六一〇	[illegible]戈	一	五六六九	六二〇〇

器號	器名	字數	拓片頁碼	說明頁碼
一〇六一一	□戈	一	五六六九	六二〇〇
一〇六一二	□戈	一	五六六九	六二〇〇
一〇六一三	□戈	一	五六七〇	六二〇〇
一〇六一四	□戈	一	五六七〇	六二〇〇
一〇六一五	□戈	一	五六七一	六二〇〇
一〇六一六	□戈	一	五六七一	六二〇〇
一〇六一七	□戈	一	五六七一	六二〇〇
一〇六一八	□戈	一	五六七一	六二〇〇
一〇六一九	□戈	一	五六七二	六二〇〇
一〇六二〇	□戈	一	五六七二	六二〇一
一〇六二一	□戈	一	五六七二	六二〇一
一〇六二二	□戈	一	五六七三	六二〇一
一〇六二三	□戈	一	五六七三	六二〇一
一〇六二四	□戈	一	五六七三	六二〇一
一〇六二五	□戈	一	五六七四	六二〇一
一〇六二六	□戈	一	五六七四	六二〇一
一〇六二七	□戈	一	五六七五	六二〇一
一〇六二八	天戈	一	五六七五	六二〇一
一〇六二九	天戈	一	五六七五	六二〇一
一〇六三〇	天戈	一	五六七六	六二〇一
一〇六三一	天戈	一	五六七七	六二〇一
一〇六三二	屰戈	一	五六七七	六二〇一

器號	器名	字數	拓片頁碼	說明頁碼
一〇六三三	屰戈	一	五六七七	六二〇一
一〇六三四	屰戈	一	五六七七	六二〇一
一〇六三五	□戈	一	五六七八	六二〇一
一〇六三六	□戈	一	五六七八	六二〇一
一〇六三七	□戈	一	五六七八	六二〇一
一〇六三八	□戈	一	五六七九	六二〇二
一〇六三九	立戈	一	五六七九	六二〇二
一〇六四〇	□戈	一	五六七九	六二〇二
一〇六四一	□戈	一	五六八〇	六二〇二
一〇六四二	□戈	一	五六八〇	六二〇二
一〇六四三	□戈	一	五六八〇	六二〇二
一〇六四四	□戈	一	五六八一	六二〇二
一〇六四五	□戈	一	五六八一	六二〇二
一〇六四六	□戈	一	五六八一	六二〇二
一〇六四七	□戈	一	五六八二	六二〇二
一〇六四八	□戈	一	五六八二	六二〇二
一〇六四九	□戈	一	五六八三	六二〇二
一〇六五〇	□戈	一	五六八三	六二〇二
一〇六五一	□戈	一	五六八四	六二〇二
一〇六五二	□戈	一	五六八四	六二〇二
一〇六五三	斿戈	一	五六八四	六二〇二
一〇六五四	□戈	一	五六八五	六二〇二

器號	器名	字數	拓片頁碼	說明頁碼
一〇六五五	[illegible]戈	一	五六八五	六二〇二
一〇六五六	[illegible]戈	一	五六八五	六二〇二
一〇六五七	[illegible]戈	一	五六八六	六二〇三
一〇六五八	[illegible]戈	一	五六八六	六二〇三
一〇六五九	[illegible]戈	一	五六八七	六二〇三
一〇六六〇	[illegible]戈	一	五六八七	六二〇三
一〇六六一	[illegible]戈	一	五六八八	六二〇三
一〇六六二	[illegible]戈	一	五六八八	六二〇三
一〇六六三	[illegible]戈	一	五六八九	六二〇三
一〇六六四	[illegible]戈	一	五六八九	六二〇三
一〇六六五	臣戈	一	五六九〇	六二〇三
一〇六六六	臣戈	一	五六九〇	六二〇三
一〇六六七	臣戈	一	五六九〇	六二〇三
一〇六六八	[illegible]戈	一	五六九〇	六二〇三
一〇六六九	[illegible]戈	一	五六九一	六二〇三
一〇六七〇	[illegible]戈	一	五六九一	六二〇三
一〇六七一	耳戈	一	五六九一	六二〇三
一〇六七二	耳戈	一	五六九二	六二〇三
一〇六七三	[illegible]戈	一	五六九二	六二〇三
一〇六七四	[illegible]戈	一	五六九三	六二〇三
一〇六七五	[illegible]戈	一	五六九四	六二〇四
一〇六七六	[illegible]戈	一	五六九五	六二〇四

器號	器名	字數	拓片頁碼	說明頁碼
一〇六七七	[illegible]戈	一	五六九五	六二〇四
一〇六七八	[illegible]戈	一	五六九六	六二〇四
一〇六七九	[illegible]戈	一	五六九六	六二〇四
一〇六八〇	豕戈	一	五六九六	六二〇四
一〇六八一	[illegible]戈	一	五六九七	六二〇四
一〇六八二	[illegible]戈	一	五六九七	六二〇四
一〇六八三	[illegible]戈	一	五六九七	六二〇四
一〇六八四	爰戈	一	五六九七	六二〇四
一〇六八五	[illegible]戈	一	五六九八	六二〇四
一〇六八六	[illegible]戈	一	五七九九	六二〇四
一〇六八七	[illegible]戈	一	五七〇〇	六二〇四
一〇六八八	[illegible]戈	一	五七〇一	六二〇四
一〇六八九	正戈	一	五七〇一	六二〇四
一〇六九〇	[illegible]戈	一	五七〇一	六二〇四
一〇六九一	[illegible]戈	一	五七〇二	六二〇四
一〇六九二	[illegible]戈	一	五七〇二	六二〇五
一〇六九三	子戈	一	五七〇三	六二〇五
一〇六九四	子戈	一	五七〇三	六二〇五
一〇六九五	子戈	一	五七〇四	六二〇五
一〇六九六	子戈	一	五七〇四	六二〇五
一〇六九七	萬戈	一	五七〇四	六二〇五
一〇六九八	萬戈	一	五七〇四	六二〇五

器號	器名	字數	拓片頁碼	說明頁碼
一〇六九九	萬戈	一	五七〇五	六二〇五
一〇七〇〇	萬戈	一	五七〇六	六二〇五
一〇七〇一	萬戈	一	五七〇六	六二〇五
一〇七〇二	[illegible]戈	一	五七〇七	六二〇五
一〇七〇三	[illegible]戈	一	五七〇七	六二〇五
一〇七〇四	[illegible]戈	一	五七〇八	六二〇五
一〇七〇五	[illegible]戈	一	五七〇八	六二〇五
一〇七〇六	[illegible]戈	一	五七〇八	六二〇五
一〇七〇七	[illegible]戈	一	五七〇九	六二〇五
一〇七〇八	[illegible]戈	一	五七〇九	六二〇五
一〇七〇九	[illegible]戈	一	五七一〇	六二〇五
一〇七一〇	[illegible]戈	一	五七一〇	六二〇五
一〇七一一	鳥戈	一	五七一〇	六二〇五
一〇七一二	[illegible]戈	一	五七一一	六二〇六
一〇七一三	羊戈	一	五七一一	六二〇六
一〇七一四	[illegible]戈	一	五七一二	六二〇六
一〇七一五	[illegible]戈	一	五七一二	六二〇六
一〇七一六	宁戈	一	五七一二	六二〇六
一〇七一七	[illegible]戈	一	五七一三	六二〇六
一〇七一八	[illegible]戈	一	五七一三	六二〇六
一〇七一九	[illegible]戈	一	五七一三	六二〇六
一〇七二〇	貯戈	一	五七一三	六二〇六

器號	器名	字數	拓片頁碼	說明頁碼
一〇七二一	[illegible]戈	一	五七一四	六二〇六
一〇七二二	[illegible]戈	一	五七一四	六二〇六
一〇七二三	息戈	一	五七一五	六二〇六
一〇七二四	息戈	一	五七一五	六二〇六
一〇七二五	[illegible]戈	一	五七一五	六二〇六
一〇七二六	[illegible]戈	一	五七一六	六二〇六
一〇七二七	州戈	一	五七一六	六二〇六
一〇七二八	[illegible]戈	一	五七一六	六二〇六
一〇七二九	戈戈	一	五七一七	六二〇六
一〇七三〇	戈戈	一	五七一七	六二〇七
一〇七三一	戈戈	一	五七一七	六二〇七
一〇七三二	戈戈	一	五七一八	六二〇七
一〇七三三	戈戈	一	五七一八	六二〇七
一〇七三四	戈戈	一	五七一九	六二〇七
一〇七三五	[illegible]戈	一	五七二〇	六二〇七
一〇七三六	[illegible]戈	一	五七二〇	六二〇七
一〇七三七	[illegible]戈	一	五七二〇	六二〇七
一〇七三八	田戈	一	五七二一	六二〇七
一〇七三九	田戈	一	五七二一	六二〇七
一〇七四〇	田戈	一	五七二一	六二〇七
一〇七四一	[illegible]戈	一	五七二二	六二〇七
一〇七四二	[illegible]戈	一	五七二二	六二〇七

器號	器名	字數	拓片頁碼	説明頁碼
一〇七四三	[illegible]戈	一	五七二二	六二〇七
一〇七四四	[illegible]戈	一	五七二三	六二〇七
一〇七四五	[illegible]戈	一	五七二三	六二〇七
一〇七四六	[illegible]戈	一	五七二三	六二〇七
一〇七四七	舟戈	一	五七二四	六二〇七
一〇七四八	舟戈	一	五七二四	六二〇七
一〇七四九	[illegible]戈	一	五七二四	六二〇八
一〇七五〇	[illegible]戈	一	五七二五	六二〇八
一〇七五一	[illegible]戈	一	五七二五	六二〇八
一〇七五二	[illegible]戈	一	五七二五	六二〇八
一〇七五三	[illegible]戈	一	五七二六	六二〇八
一〇七五四	[illegible]戈	一	五七二六	六二〇八
一〇七五五	[illegible]戈	一	五七二六	六二〇八
一〇七五六	[illegible]戈	一	五七二六	六二〇八
一〇七五七	[illegible]戈	一	五七二七	六二〇八
一〇七五八	甗戈	一	五七二七	六二〇八
一〇七五九	[illegible]戈	一	五七二八	六二〇八
一〇七六〇	[illegible]戈	一	五七二八	六二〇八
一〇七六一	[illegible]戈	一	五七二八	六二〇八
一〇七六二	未戈	一	五七二八	六二〇八
一〇七六三	聿戈	一	五七二九	六二〇八
一〇七六四	秉戈	一	五七二九	六二〇八

器號	器名	字數	拓片頁碼	説明頁碼
一〇七六五	册戈	一	五七三〇	六二〇八
一〇七六六	册戈	一	五七三〇	六二〇八
一〇七六七	[illegible]戈	一	五七三一	六二〇八
一〇七六八	[illegible]戈	一	五七三一	六二〇八
一〇七六九	[illegible]戈	一	五七三二	六二〇八
一〇七七〇	[illegible]戈	一	五七三二	六二〇八
一〇七七一	曰戈	一	五七三二	六二〇八
一〇七七二	曰戈	一	五七三二	六二〇九
一〇七七三	矢戈	一	五七三三	六二〇九
一〇七七四	[illegible]戈	一	五七三四	六二〇九
一〇七七五	[illegible]戈	一	五七三四	六二〇九
一〇七七六	[illegible]戈	一	五七三四	六二〇九
一〇七七七	冉戈	一	五七三四	六二〇九
一〇七七八	[illegible]戈	一	五七三五	六二〇九
一〇七七九	中戈	一	五七三五	六二〇九
一〇七八〇	史戈	一	五七三五	六二〇九
一〇七八一	[illegible]戈	一	五七三六	六二〇九
一〇七八二	[illegible]戈	一	五七三六	六二〇九
一〇七八三	矢戈	一	五七三七	六二〇九
一〇七八四	矢戈	一	五七三八	六二〇九
一〇七八五	[illegible]戈	一	五七三八	六二〇九
一〇七八六	[illegible]戈	一	五七三九	六二〇九

器號	器名	字數	拓片頁碼	說明頁碼
一〇七八七	[illegible]戈	一	五七三九	六二〇九
一〇七八八	[illegible]戈	一	五七三九	六二〇九
一〇七八九	[illegible]戈	一	五七四〇	六二一〇
一〇七九〇	五戈	一	五七四〇	六二一〇
一〇七九一	射戈	一	五七四〇	六二一〇
一〇七九二	射戟	一	五七四一	六二一〇
一〇七九三	侯戟	一	五七四二	六二一〇
一〇七九四	侯戟	一	五七四三	六二一〇
一〇七九五	侯戟	一	五七四四	六二一〇
一〇七九六	侯戟	一	五七四五	六二一〇
一〇七九七	侯戟	一	五七四六	六二一〇
一〇七九八	侯戟	一	五七四七	六二一〇
一〇七九九	侯戟	一	五七四八	六二一〇
一〇八〇〇	侯戟	一	五七四八	六二一〇
一〇八〇一	侯戟	一	五七四八	六二一〇
一〇八〇二	[illegible]戟	一	五七四九	六二一〇
一〇八〇三	[illegible]戟	一	五七五〇	六二一〇
一〇八〇四	[illegible]戟	一	五七五〇	六二一一
一〇八〇五	[illegible]戟	一	五七五〇	六二一一
一〇八〇六	兀戟	一	五七五一	六二一一
一〇八〇七	兀戟	一	五七五二	六二一一
一〇八〇八	京戈	一	五七五三	六二一一

器號	器名	字數	拓片頁碼	說明頁碼
一〇八〇九	元戈	一	五七五三	六二一一
一〇八一〇	元戈	一	五七五三	六二一一
一〇八一一	[illegible]戈	一	五七五四	六二一一
一〇八一二	利戈	一	五七五四	六二一一
一〇八一三	公戈	一	五七五五	六二一一
一〇八一四	武戈	一	五七五五	六二一一
一〇八一五	武戈	一	五七五五	六二一一
一〇八一六	壂戈	一	五七五六	六二一一
一〇八一七	薛戈	一	五七五六	六二一一
一〇八一八	鵬戈	一	五七五七	六二一一
一〇八一九	用戈	一	五七五七	六二一一
一〇八二〇	篩戈	一	五七五八	六二一一
一〇八二一	[illegible]戈	一	五七五八	六二一二
一〇八二二	[illegible]戈	一	五七五八	六二一二
一〇八二三	梁戈	一	五七五八	六二一二
一〇八二四	亜戈	一	五七五九	六二一二
一〇八二五	行戈	一	五七五九	六二一二
一〇八二六	右戈	一	五七六〇	六二一二
一〇八二七	涉戈	一	五七六〇	六二一二
一〇八二八	鄆戈	一	五七六一	六二一二
一〇八二九	鄴戈	一	五七六二	六二一二
一〇八三〇	亞吴戈	二	五七六二	六二一二

器號	器名	字數	拓片頁碼	說明頁碼
10831	亞吳戈	2	5763	6222
10832	亞吳戈	2	5763	6222
10833	亞吳戈	2	5764	6222
10834	亞吳戈	2	5764	6222
10835	亞吳戈	2	5764	6222
10836	亞吳戈	2	5765	6222
10837	亞[illegible]戈	2	5765	6222
10838	亞[illegible]戈	2	5765	6222
10839	亞齯戈	2	5766	6223
10840	亞犬戈	2	5767	6223
10841	亞獸戈	2	5768	6223
10842	[illegible]亞戈	2	5768	6223
10843	亞受戈	2	5769	6223
10844	亞[illegible]戈	2	5769	6223
10845	亞敔戈	2	5770	6223
10846	木[illegible]戈	2	5770	6223
10847	[illegible][illegible]戈	2	5770	6223
10848	[illegible][illegible]戈	2	5771	6223
10849	[illegible][illegible]戈	2	5772	6223
10850	[illegible]天戈	2	5773	6223
10851	竝幵戈	2	5773	6223
10852	子[illegible]戈	2	5774	6223
10853	子[illegible]戈	2	5774	6223
10854	子[illegible]戈	2	5775	6223
10855	子[illegible]戈	2	5775	6223
10856	己戈戈	2	5775	6223
10857	馬戈	2	5776	6223
10858	馬戈	2	5776	6224
10859	告戈	2	5777	6224
10860	[illegible]虎戈	2	5778	6224
10861	[illegible][illegible]戈	2	5779	6224
10862	弔龜戈	2	5779	6224
10863	亦車戈	2	5780	6224
10864	亦車戈	2	5781	6224
10865	亦車戈	2	5782	6224
10866	車執戈	2	5782	6224
10867	[illegible][illegible]戈	2	5783	6224
10868	乘冊戈	2	5783	6224
10869	聑酉戈	2	5783	6224
10870	秉冊戈	2	5784	6224
10871	聑冊戈	2	5785	6224
10872	伐甗戈	2	5785	6224
10873	伐甗戈	2	5786	6224
10874	左右戈	2	5787	6224

器號	器名	字數	拓片頁碼	說明頁碼
一〇八七五	史册戈	二	五七八八	六二一五
一〇八七六	亳册戈	二	五七八九	六二一五
一〇八七七	[illegible]片戈	二	五七九〇	六二一五
一〇八七八	[illegible]弓戈	二	五七九一	六二一五
一〇八七九	鼎劦戈	二	五七九一	六二一五
一〇八八〇	酉[illegible]戈	二	五七九二	六二一五
一〇八八一	冬刃戈	二	五七九二	六二一五
一〇八八二	成周戈	二	五七九二	六二一五
一〇八八三	成周戈	二	五七九二	六二一五
一〇八八四	成周戈	二	五七九三	六二一五
一〇八八五	新邑戈	二	五七九三	六二一五
一〇八八六	伯矢戟	二	五七九三	六二一五
一〇八八七	匽侯戈	二	五七九四	六二一五
一〇八八八	榮子戈	二	五七九五	六二一五
一〇八八九	矢仲戈	二	五七九六	六二一五
一〇八九〇	[illegible]戈	二	五七九七	六二一五
一〇八九一	元用戈	二	五七九七	六二一六
一〇八九二	大[illegible]戈	二	五七九八	六二一六
一〇八九三	監戈	二	五七九八	六二一六
一〇八九四	監戈	二	五七九八	六二一六
一〇八九五	伯析戈	二	五七九八	六二一六
一〇八九六	鄦戈	二	五七九九	六二一六

器號	器名	字數	拓片頁碼	說明頁碼
一〇八九七	鄦戈	二	五七九九	六二一六
一〇八九八	[illegible]子戈	二	五八〇〇	六二一六
一〇八九九	是播戈	二	五八〇〇	六二一六
一〇九〇〇	武城戈	二	五八〇一	六二一六
一〇九〇一	黄戈	二	五八〇一	六二一六
一〇九〇二	邶戈	二	五八〇二	六二一六
一〇九〇三	口陽戈	二	五八〇三	六二一六
一〇九〇四	[illegible]子戈	二	五八〇四	六二一六
一〇九〇五	[illegible]子戈	二	五八〇五	六二一六
一〇九〇六	中都戈	二	五八〇五	六二一六
一〇九〇七	鄝戈	二	五八〇六	六二一六
一〇九〇八	武陽戈	二	五八〇六	六二一六
一〇九〇九	[illegible]戈	二	五八〇六	六二一七
一〇九一〇	玄翏戈	二	五八〇七	六二一七
一〇九一一	玄翏戈	二	五八〇八	六二一七
一〇九一二	[illegible]鳥戈	二	五八〇九	六二一七
一〇九一三	盧用戈	二	五八一〇	六二一七
一〇九一四	長邦戈	二	五八一〇	六二一七
一〇九一五	長邦戈	二	五八一〇	六二一七
一〇九一六	陽[illegible]戈	二	五八一一	六二一七
一〇九一七	鐵鏄戈	二	五八一二	六二一七
一〇九一八	建陽戈	二	五八一三	六二一七

器號	器名	字數	拓片頁碼	說明頁碼
一〇九一九	吴庫戈	二	五八一三	六二一七
一〇九二〇	晉陽戈	二	五八一四	六二一七
一〇九二一	晉陽戈	二	五八一四	六二一七
一〇九二二	酸棗戈	二	五八一四	六二一七
一〇九二三	阿武戈	二	五八一五	六二一七
一〇九二四	塦生戈	二	五八一五	六二一八
一〇九二五	平陸戈	二	五八一五	六二一八
一〇九二六	平陸戈	二	五八一六	六二一八
一〇九二七	屯留戈	二	五八一六	六二一八
一〇九二八	武安戈	二	五八一六	六二一八
一〇九二九	閼輿戈	二	五八一六	六二一八
一〇九三〇	左稟戈	二	五八一七	六二一八
一〇九三一	左軍戈	二	五八一七	六二一八
一〇九三二	渾左戈	二	五八一七	六二一八
一〇九三三	右庫戈	二	五八一七	六二一八
一〇九三四	江魚戈	二	五八一八	六二一八
一〇九三五	漆垣戈	二	五八一八	六二一八
一〇九三六	吾宜戈	二	五八一九	六二一八
一〇九三七	寡都戈	二	五八一九	六二一八
一〇九三八	成固戈	二	五八一九	六二一八
一〇九三九	成固戈	二	五八二〇	六二一八
一〇九四〇	成固戈	二	五八二〇	六二一八

器號	器名	字數	拓片頁碼	說明頁碼
一〇九四一	冶瘏戈	二	五八二一	六二一八
一〇九四二	郾王戈	二	五八二一	六二一九
一〇九四三	守陽戈	二	五八二二	六二一九
一〇九四四	右卯戈	二	五八二三	六二一九
一〇九四五	陽右戈	二	五八二四	六二一九
一〇九四六	敔亞又戈	三	五八二五	六二一九
一〇九四七	敔亞又戈	三	五八二六	六二一九
一〇九四八	敔亞又戈	三	五八二七	六二一九
一〇九四九	敔亞又戈	三	五八二八	六二一九
一〇九五〇	敔亞又戈	三	五八二九	六二一九
一〇九五一	敔亞又戈	三	五八三〇	六二一九
一〇九五二	[illegible]見册戈	三	五八三一	六二一九
一〇九五三	匽侯戟	三	五八三一	六二一九
一〇九五四	太保戈	三	五八三一	六二一九
一〇九五五	吕自戈	三	五八三二	六二一九
一〇九五六	交車戈	三	五八三三	六二一九
一〇九五七	子車戈	三	五八三三	六二一九
一〇九五八	子易戈	三	五八三三	六二二〇
一〇九五九	繖左庫戈	三	五八三四	六二二〇
一〇九六〇	繖左庫戈	三	五八三四	六二二〇
一〇九六一	高子戈	三	五八三五	六二二〇
一〇九六二	菽造戈	三	五八三五	六二二〇

器號	器名	字數	拓片頁碼	說明頁碼
一〇九六三	陳散戈	三	五八三六	六二〇
一〇九六四	陳口戈	三	五八三六	六二〇
一〇九六五	攻口戈	三	五八三七	六二〇
一〇九六六	武城戈	三	五八三七	六二〇
一〇九六七	武城戟	三	五八三八	六二〇
一〇九六八	左之造戈	三	五八三八	六二〇
一〇九六九	郥右庭戈	三	五八三八	六二〇
一〇九七〇	口翏戈	三	五八三九	六二〇
一〇九七一	左徒戈	三	五八三九	六二〇
一〇九七二	高密戈	三	五八三九	六二〇
一〇九七三	入公戈	三	五八三九	六二〇
一〇九七四	間右庫戈	三	五八四〇	六二一
一〇九七五	作溫右戈	三	五八四〇	六二一
一〇九七六	作溫右戈	三	五八四一	六二一
一〇九七七	𨟻公戈	三	五八四一	六二一
一〇九七八	右濯戈	三	五八四二	六二一
一〇九七九	佮曾戈	三	五八四二	六二一
一〇九八〇	丣行還戈	三	五八四三	六二一
一〇九八一	曾侯鄎戈	三	五八四四	六二一
一〇九八二	皇宮左戈	三	五八四五	六二一
一〇九八三	皇宮左戈	三	五八四五	六二一
一〇九八四	皇宮左戈	三	五八四六	六二一

器號	器名	字數	拓片頁碼	說明頁碼
一〇九八五	辛宮左戈	三	五八四七	六二一
一〇九八六	中陽戈	三	五八四八	六二一
一〇九八七	臣十三戈	三	五八四八	六二一
一〇九八八	左庫戈	三	五八四八	六二一
一〇九八九	齊口造戈	三	五八四八	六二一
一〇九九〇	鄭武庫戈	三	五八四九	六二一
一〇九九一	鄭武庫戈	三	五八四九	六二一
一〇九九二	鄭生庫戈	三	五八四九	六二二
一〇九九三	鄭生庫戈	三	五八四九	六二二
一〇九九四	鄭左庫戈	三	五八五〇	六二二
一〇九九五	鄭右庫戈	三	五八五〇	六二二
一〇九九六	邯鄲上戈	三	五八五〇	六二二
一〇九九七	郗右戈	三	五八五〇	六二二
一〇九九八	甘城右戈	三	五八五一	六二二
一〇九九九	大公戈	三	五八五二	六二二
一一〇〇〇	孟右人戈	三	五八五二	六二二
一一〇〇一	平阿左戈	三	五八五三	六二二
一一〇〇二	虞之戟	三	五八五四	六二二
一一〇〇三	職作戈	三	五八五五	六二二
一一〇〇四	郾王喜戈	三	五八五五	六二二
一一〇〇五	郾王喜戈	三	五八五五	六二二
一一〇〇六	梟之造戈	三	五八五六	六二二

器號	器名	字數	拓片頁碼	説明頁碼
一一〇〇七	鐼右戈	三	五八五七	六二三
一一〇〇八	蜀西工戈	三	五八五八	六二三
一一〇〇九	蜀西工戈	三	五八五九	六二三
一一〇一〇	亞啟戈	四	五八六〇	六二三
一一〇一一	匽侯戈	四	五八六一	六二三
一一〇一二	[illegible]自戈	四	五八六一	六二三
一一〇一三	□元用戈	四	五八六二	六二三
一一〇一四	豐伯戈	四	五八六二	六二三
一一〇一五	王羨之戈	四	五八六二	六二三
一一〇一六	□司馬戈	四	五八六三	六二三
一一〇一七	平陽左庫戈	四	五八六三	六二三
一一〇一八	賸侯昃戈	四	五八六三	六二三
一一〇一九	雍之田戈	四	五八六四	六二三
一一〇二〇	高平戈	四	五八六四	六二三
一一〇二一	子媾□戈	四	五八六四	六二三
一一〇二二	鄜左庫戈	四	五八六五	六二三
一一〇二三	高密戈	四	五八六六	六二三
一一〇二四	武城戈	四	五八六六	六二四
一一〇二五	武城戈	四	五八六七	六二四
一一〇二六	邗君戈	四	五八六八	六二四
一一〇二七	郳戈	四	五八六九	六二四
一一〇二八	自作用戈	四	五八七〇	六二四

器號	器名	字數	拓片頁碼	説明頁碼
一一〇二九	攻敔王光戈	四	五八七一	六二四
一一〇三〇	□之用戈	四	五八七一	六二四
一一〇三一	塦戈	四	五八七二	六二四
一一〇三二	吁戈	四	五八七二	六二四
一一〇三三	塦[illegible]散戈	四	五八七三	六二四
一一〇三四	陳兆造戈	四	五八七三	六二四
一一〇三五	塦余戈	四	五八七四	六二四
一一〇三六	塦[illegible]散戈	四	五八七四	六二四
一一〇三七	塦[illegible]車戈	四	五八七五	六二五
一一〇三八	陳子戈	四	五八七六	六二五
一一〇三九	邯鄲上庫戈	四	五八七七	六二五
一一〇四〇	叔孫殺戈	四	五八七七	六二五
一一〇四一	平阿左戈	四	五八七八	六二五
一一〇四二	郚之新都戈	四	五八七九	六二五
一一〇四三	周旛戈	四	五八七九	六二五
一一〇四四	盧[illegible]戈	四	五八八〇	六二五
一一〇四五	鄦之造戈	四	五八八一	六二五
一一〇四六	敓之造戟	四	五八八二	六二五
一一〇四七	旛作□戈	四	五八八三	六二五
一一〇四八	邶君戈	四	五八八四	六二五
一一〇四九	仕斤徒戈	四	五八八五	六二五
一一〇五〇	仕斤徒戈	四	五八八五	六二五

器號	器名	字數	拓片頁碼	說明頁碼
一〇五一	大㞷公戟	四	五八八五	六二二五
一〇五二	宜鑄戈	四	五八八六	六二二五
一〇五三	武陽右庫戈	四	五八八六	六二二六
一〇五四	上黨武庫戈	四	五八八六	六二二六
一〇五五	信陰君庫戈	四	五八八六	六二二六
一〇五六	平陸左戟	四	五八八七	六二二六
一〇五七	郾侯右宮戈	四	五八八七	六二二六
一〇五八	郾王詈戈	四	五八八七	六二二六
一〇五九	作御司馬戈	四	五八八八	六二二六
一〇六〇	[illegible]之[illegible]戈	四	五八八九	六二二六
一〇六一	車大夫長畫戈	四	五八九〇	六二二六
一〇六二	陵右戟	四	五八九一	六二二六
一〇六三	大武戈	四	五八九二	六二二六
一〇六四	楚公豙戈	五	五八九三	六二二六
一〇六五	鄦澳侯戈	五	五八九三	六二二六
一〇六六	[illegible]作之元戈	五	五八九四	六二二六
一〇六七	盜叔之行戈	五	五八九四	六二二六
一〇六八	[illegible]少鉤庫戈	五	五八九五	六二二六
一〇六九	事孫□丘戈	五	五八九五	六二二六
一〇七〇	曹右庭戈	五	五八九五	六二二七
一〇七一	□用戈	五	五八九五	六二二七
一〇七二	子可期戈	五	五八九六	六二二七

器號	器名	字數	拓片頁碼	說明頁碼
一〇七三	闢丘爲鵙造戈	五	五八九七	六二二七
一〇七四	郱州戈	五	五八九八	六二二七
一〇七五	右買戈	五	五八九九	六二二七
一〇七六	徐子戈	五	五九〇〇	六二二七
一〇七七	滕侯耆戈	五	五九〇一	六二二七
一〇七八	滕侯耆戈	五	五九〇一	六二二七
一〇七九	滕侯昊戈	五	五九〇二	六二二七
一〇八〇	□子戈	五	五九〇三	六二二七
一〇八一	墜侯因資戈	五	五九〇三	六二二七
一〇八二	墜[illegible]子戈	五	五九〇三	六二二七
一〇八三	墜御寇戈	五	五九〇四	六二二七
一〇八四	陳子戈	五	五九〇五	六二二七
一〇八五	□庭戈	五	五九〇六	六二二八
一〇八六	墜子翼戈	五	五九〇七	六二二八
一〇八七	墜子翼戈	五	五九〇八	六二二八
一〇八八	君子[illegible]戟	五	五九〇九	六二二八
一〇八九	羊子戈	五	五九一〇	六二二八
一〇九〇	羊子戈	五	五九一一	六二二八
一〇九一	蔡戈	五	五九一二	六二二八
一〇九二	敚戟	五	五九一三	六二二八
一〇九三	雍王戈	五	五九一三	六二二八
一〇九四	曾侯邸戈	五	五九一四	六二二八

器號	器名	字數	拓片頁碼	說明頁碼
一〇九五	曾侯郕戈	五	五九一五	六二二八
一〇九六	曾侯郕双戈戟	五	五九一六	六二二八
一〇九七	曾侯郕双戈戟	五	五九一七	六二二八
一〇九八	曾侯郕双戈戟	五	五九一八	六二二八
一〇九九	口公戈	五	五九一九	六二二八
一一〇〇	子賏之用戈	五	五九二〇	六二二九
一一〇一	平口口戈	五	五九二一	六二二九
一一〇二	武王戈	五	五九二二	六二二九
一一〇三	武王戈	五	五九二三	六二二九
一一〇四	武王戈	五	五九二三	六二二九
一一〇五	子泉聛戈	五	五九二三	六二二九
一一〇六	少府戈	五	五九二四	六二二九
一一〇七	作用戈	五	五九二四	六二二九
一一〇八	口口御戈	五	五九二四	六二二九
一一〇九	郾王右庫戈	五	五九二五	六二二九
一一一〇	王職戈	五	五九二五	六二二九
一一一一	左行議率戈	五	五九二六	六二二九
一一一二	宜無戟	五	五九二七	六二二九
一一一三	犢共叟戟	五	五九二八	六二二九
一一一四	亞若癸戈	六	五九二九	六二二九
一一一五	且乙戈	六	五九三〇	六二三〇
一一一六	虢太子元徒戈	六	五九三〇	六二三〇

器號	器名	字數	拓片頁碼	說明頁碼
一一一七	虢太子元徒戈	六	五九三〇	六二三〇
一一一八	宮氏白子戈	六	五九三一	六二三〇
一一一九	宮氏白子戈	六	五九三一	六二三〇
一一二〇	曹公子沱戈	六	五九三一	六二三〇
一一二一	曾侯戈	六	五九三二	六二三〇
一一二二	王子安戈	六	五九三三	六二三〇
一一二三	滕侯昃戈	六	五九三四	六二三〇
一一二四	𩫏于公戈	六	五九三五	六二三〇
一一二五	𩫏于公戈	六	五九三六	六二三〇
一一二六	塦子皮戈	六	五九三七	六二三〇
一一二七	塦胎戈	六	五九三八	六二三〇
一一二八	塦卿聖孟戈	六	五九三九	六二三〇
一一二九	塦侯因資戈	六	五九三九	六二三〇
一一三〇	子禾子左戟	六	五九三九	六二三〇
一一三一	司馬望戈	六	五九三九	六二三一
一一三二	宋公得戈	六	五九四〇	六二三一
一一三三	宋公繼戈	六	五九四三	六二三一
一一三四	無伯彪戈	六	五九四四	六二三一
一一三五	陰晉左庫戈	六	五九四五	六二三一
一一三六	蔡口戈	六	五九四六	六二三一
一一三七	蔡口戈	六	五九四七	六二三一
一一三八	蔡口戈	六	五九四七	六二三一

器號	器名	字數	拓片頁碼	說明頁碼
一一三九	□之用玄翏戈	六	五九四八	六二三一
一一四〇	蔡侯𩕾戈	六	五九四九	六二三一
一一四一	蔡侯𩕾戈	六	五九五〇	六二三一
一一四二	蔡侯𩕾戈	六	五九五一	六二三一
一一四三	蔡侯産戈	六	五九五二	六二三一
一一四四	蔡侯産戈	六	五九五二	六二三一
一一四五	蔡公子果戈	六	五九五三	六二三二
一一四六	蔡公子果戈	六	五九五四	六二三二
一一四七	蔡公子果戈	六	五九五四	六二三二
一一四八	蔡公子加戈	六	五九五五	六二三二
一一四九	蔡加子戈	六	五九五五	六二三二
一一五〇	蔡□□戟	六	五九五六	六二三二
一一五一	攻敔王光戈	六	五九五七	六二三二
一一五二	楚王孫漁戈	六	五九五八	六二三二
一一五三	楚王孫漁戈	六	五九五九	六二三二
一一五四	成陽辛城里戈	六	五九六〇	六二三二
一一五五	成陽辛城里戈	六	五九六一	六二三二
一一五六	平陽高馬里戈	六	五九六二	六二三二
一一五七	□君戈	六	五九六三	六二三二
一一五八	平阿左戟	六	五九六四	六二三三
一一五九	□令長□戈	六	五九六四	六二三三
一一六〇	即墨華戈	六	五九六四	六二三三

器號	器名	字數	拓片頁碼	說明頁碼
一一六一	新弨戈	六	五九六五	六二三三
一一六二	王子□戈	六	五九六六	六二三三
一一六三	蔡䀂戈	六	五九六六	六二三三
一一六四	顧作造戈	六	五九六七	六二三三
一一六五	[illegible]戈	六	五九六八	六二三三
一一六六	[illegible]戈	六	五九六八	六二三三
一一六七	曾侯乙戈	六	五九六九	六二三三
一一六八	曾侯乙戈	六	五九六九	六二三三
一一六九	曾侯乙戈	六	五九七〇	六二三三
一一七〇	曾侯乙戈	六	五九七一	六二三三
一一七一	曾侯乙戈	六	五九七二	六二三三
一一七二	曾侯乙三戈戟	六	五九七三	六二三三
一一七三	曾侯乙三戈戟	六	五九七五	六二三三
一一七四	曾侯邸戈	六	五九七七	六二三四
一一七五	曾侯邸双戈戟	六	五九七八	六二三四
一一七六	曾侯邸双戈戟	六	五九七九	六二三四
一一七七	曾侯邸双戈戟	六	五九八〇	六二三四
一一七八	曾侯遇双戈戟	六	五九八一	六二三四
一一七九	曾侯遇双戈戟	六	五九八二	六二三四
一一八〇	曾侯遇三戈戟	六	五九八三	六二三四
一一八一	曾侯遇三戈戈	六	五九八五	六二三四
一一八二	朝歌右庫戈	六	五九八七	六二三四

器號	器名	字數	拓片頁碼	說明頁碼
一一一八三	谷崖造戟	六	五九八八	六二三四
一一一八四	郾侯脮戈	六	五九八九	六二三四
一一一八五	郾侯庫戈	六	五九八九	六二三四
一一一八六	郾侯庫戈	六	五九八九	六二三四
一一一八七	郾王職戈	六	五九八九	六二三四
一一一八八	郾王職戈	六	五九九〇	六二三四
一一一八九	郾王職戈	六	五九九一	六二三四
一一一九〇	郾王職戈	六	五九九二	六二三五
一一一九一	郾王職戈	六	五九九三	六二三五
一一一九二	郾王戎人戈	六	五九九四	六二三五
一一一九三	郾王詈戈	六	五九九五	六二三五
一一一九四	郾王詈戈	六	五九九六	六二三五
一一一九五	郾王喜戈	六	五九九七	六二三五
一一一九六	郾王戈	六	五九九八	六二三五
一一一九七	□年寺工讋戈	六	五九九八	六二三五
一一一九八	楚屈叔佗戈	七	五九九九	六二三五
一一一九九	黃君孟戈	七	五九九九	六二三五
一一二〇〇	衛公孫吕戈	七	五九九九	六二三五
一一二〇一	□□伯戈	七	六〇〇〇	六二三五
一一二〇二	郢侯戈	七	六〇〇一	六二三五
一一二〇三	內大成戈	七	六〇〇二	六二三五
一一二〇四	宋公差戈	七	六〇〇三	六二三五

器號	器名	字數	拓片頁碼	說明頁碼
一一二〇五	滕司徒戈	七	六〇〇四	六二三五
一一二〇六	郲大司馬戈	七	六〇〇五	六二三六
一一二〇七	王子孜戈	七	六〇〇六	六二三六
一一二〇八	王子孜戈	七	六〇〇八	六二三六
一一二〇九	陘公鮇曹戈	七	六〇〇九	六二三六
一一二一〇	羊角戈	七	六〇一〇	六二三六
一一二一一	工城戈	七	六〇一一	六二三六
一一二一二	周工叚戈	七	六〇一二	六二三六
一一二一三	湅鄴戈	七	六〇一三	六二三六
一一二一四	斨君戈	七	六〇一四	六二三六
一一二一五	二十七年晉戈	七	六〇一五	六二三六
一一二一六	二十九年戈	七	六〇一五	六二三六
一一二一七	郾侯戈	七	六〇一六	六二三六
一一二一八	郾侯庫戈	七	六〇一六	六二三六
一一二一九	郾侯庫戈	七	六〇一六	六二三六
一一二二〇	郾侯庫戈	七	六〇一七	六二三六
一一二二一	郾侯職戈	七	六〇一八	六二三七
一一二二二	郾侯職戈	七	六〇一九	六二三七
一一二二三	郾侯職戈	七	六〇一九	六二三七
一一二二四	郾王職戈	七	六〇一九	六二三七
一一二二五	郾王職戈	七	六〇二〇	六二三七
一一二二六	郾王職戈	七	六〇二一	六二三七

器號	器名	字數	拓片頁碼	説明頁碼
一二二七	郾王職戈	七	六〇二二	六二三七
一二二八	郾王職戈	七	六〇二三	六二三七
一二二九	郾王職戈	七	六〇二三	六二三七
一二三〇	郾王職戈	七	六〇二三	六二三七
一二三一	郾王職戈	七	六〇二三	六二三七
一二三二	郾王職戈	七	六〇二四	六二三七
一二三三	郾王職戈	七	六〇二五	六二三七
一二三四	郾王職戈	七	六〇二五	六二三七
一二三五	郾王職戈	七	六〇二六	六二三七
一二三六	郾王職戈	七	六〇二六	六二三七
一二三七	郾王戎人戈	七	六〇二七	六二三八
一二三八	郾王戎人戈	七	六〇二八	六二三八
一二三九	郾王戎人戈	七	六〇二八	六二三八
一二四〇	郾王詈戈	七	六〇二九	六二三八
一二四一	郾王詈戈	七	六〇三〇	六二三八
一二四二	郾王詈戈	七	六〇三一	六二三八
一二四三	郾王詈戈	七	六〇三二	六二三八
一二四四	郾王詈戈	七	六〇三四	六二三八
一二四五	郾王詈戈	七	六〇三四	六二三八
一二四六	郾王喜戈	七	六〇三五	六二三八
一二四七	郾王喜戈	七	六〇三六	六二三八
一二四八	郾王喜戈	七	六〇三七	六二三八

器號	器名	字數	拓片頁碼	説明頁碼
一二四九	郾王喜戈	七	六〇三八	六二三八
一二五〇	二年寺工讋戈	七	六〇三八	六二三八
一二五一	墜晊戟	七	六〇三九	六二三八
一二五二	邛季之孫戈	八	六〇四〇	六二三八
一二五三	□子戈	八	六〇四一	六二三九
一二五四	曾仲之孫戈	八	六〇四二	六二三九
一二五五	吴王光戈	八	六〇四三	六二三九
一二五六	吴王光戈	八	六〇四四	六二三九
一二五七	吴王光戈	八	六〇四五	六二三九
一二五八	攻敔戟	八	六〇四七	六二三九
一二五九	是立事歲戈	八	六〇四九	六二三九
一二六〇	陳侯因資戈	八	六〇五〇	六二三九
一二六一	番仲戈	八	六〇五一	六二三九
一二六二	翏金戈	八	六〇五二	六二三九
一二六三	邗王是埜戈	八	六〇五二	六二三九
一二六四	十八年鄒左庫戈	八	六〇五三	六二三九
一二六五	虎銁丘君戈	八	六〇五三	六二三九
一二六六	四年右庫戈	八	六〇五三	六二四〇
一二六七	單靖討戈	八	六〇五四	六二四〇
一二六八	庚寅戈	八	六〇五五	六二四〇
一二六九	十四年州戈	八	六〇五六	六二四〇
一二七〇	非釘戈	八	六〇五七	六二四〇

器號	器名	字數	拓片頁碼	說明頁碼
一一二七一	七年戈	八	六〇五八	六二四〇
一一二七二	郾侯脮戈	八	六〇五九	六二四〇
一一二七三	郾王戎人戈	八	六〇六〇	六二四〇
一一二七四	郾王戎人戈	八	六〇六一	六二四〇
一一二七五	郾王戎人戈	八	六〇六一	六二四〇
一一二七六	郾王戎人戈	八	六〇六二	六二四〇
一一二七七	郾王喜戈	八	六〇六三	六二四〇
一一二七八	郾王喜戈	八	六〇六四	六二四〇
一一二七九	大良造鞅戟	八	六〇六五	六二四〇
一一二八〇	悳公戈	九	六〇六六	六二四〇
一一二八一	宋公差戈	九	六〇六六	六二四〇
一一二八二	徐王之子戈	九	六〇六七	六二四〇
一一二八三	九年戈	九	六〇六七	六二四一
一一二八四	嗇夫戈	九	六〇六八	六二四一
一一二八五	相公子矰戈	九	六〇六九	六二四一
一一二八六	不降戈	九	六〇六九	六二四一
一一二八七	三年上郡高戈	九	六〇六九	六二四一
一一二八八	攻敔王夫差戈	一〇	六〇七〇	六二四一
一一二八九	宋公差戈	一〇	六〇七一	六二四一
一一二九〇	子孔戈	一〇	六〇七一	六二四一
一一二九一	十年邙令差戈	一〇	六〇七二	六二四一
一一二九二	二年右貫府戈	一〇	六〇七二	六二四一

器號	器名	字數	拓片頁碼	說明頁碼
一一二九三	三年蒲子戈	一〇	六〇七二	六二四一
一一二九四	丞相觸戈	一〇	六〇七三	六二四一
一一二九五	章子戈	一一	六〇七四	六二四一
一一二九六	王五年上郡疾戈	一一	六〇七五	六二四一
一一二九七	王六年上郡守疾戈	一一	六〇七六	六二四一
一一二九八	二年州句戈	一一	六〇七六	六二四二
一一二九九	二十三年郚令戈	一一	六〇七六	六二四二
一一三〇〇	褱戈	一一	六〇七六	六二四二
一一三〇一	二十三年口丘戈	一一	六〇七七	六二四二
一一三〇二	二十九年高都令戈	一一	六〇七八	六二四二
一一三〇三	二十九年高都令戈	一一	六〇七九	六二四二
一一三〇四	郾王職戈	一一	六〇八〇	六二四二
一一三〇五	郾王詈戈	一一	六〇八一	六二四二
一一三〇六	二十一年啟封令癰戈	一一	六〇八二	六二四二
一一三〇七	九年戈	一一	六〇八三	六二四二
一一三〇八	四年相邦呂戈	一一	六〇八三	六二四二
一一三〇九	周王孫戈	一二	六〇八四	六二四二
一一三一〇	越王者旨於賜戈	一二	六〇八五	六二四二
一一三一一	越王者旨於賜戈	一二	六〇八七	六二四二
一一三一二	三十三年業令戈	一二	六〇八九	六二四二
一一三一三	九年戈丘令癰戈	一二	六〇九〇	六二四三
一一三一四	二年皇陽令戈	一二	六〇九一	六二四三

器號	器名	字數	拓片頁碼	説明頁碼
一一三一五	二年皇陽令戈	一二	六〇九一	六二四三
一一三一六	四年令韓譙戈	一二	六〇九二	六二四三
一一三一七	三年修余令韓譙戈	一二	六〇九三	六二四三
一一三一八	三年修余令韓譙戈	一二	六〇九四	六二四三
一一三一九	三年修余令韓譙戈	一二	六〇九五	六二四三
一一三二〇	六年□阝令戈	一二	六〇九五	六二四三
一一三二一	三十四年頓丘戈	一二	六〇九五	六二四三
一一三二二	七年侖氏戈	一二	六〇九六	六二四三
一一三二三	八年兹氏令吴庶戈	一二	六〇九六	六二四三
一一三二四	二十五年戈	一二	六〇九六	六二四三
一一三二五	九年將軍戈	一二	六〇九七	六二四三
一一三二六	九年將軍戈	一二	六〇九八	六二四三
一一三二七	六年格氏令戈	一二	六〇九九	六二四三
一一三二八	王二年鄭令戈	一二	六〇九九	六二四三
一一三二九	王何戈	一二	六一〇〇	六二四四
一一三三〇	三十三年大梁戈	一二	六一〇〇	六二四四
一一三三一	二十二年臨汾守戈	一二	六一〇一	六二四四
一一三三二	十四年屬邦戈	一二	六一〇一	六二四四
一一三三三	㣲[illegible]白戈	一三	六一〇二	六二四四
一一三三四	□鏞用戈	一三	六一〇二	六二四四
一一三三五	四年邘令戈	一三	六一〇二	六二四四
一一三三六	六年鄭令韓熙戈	一三	六一〇三	六二四四

器號	器名	字數	拓片頁碼	説明頁碼
一一三三七	六年令戈	一三	六一〇四	六二四四
一一三三八	三年□令戈	一三	六一〇五	六二四四
一一三三九	十三年戈	一三	六一〇五	六二四四
一一三四〇	四年戈	一三	六一〇六	六二四四
一一三四一	四年咎奴蓸令戈	一三	六一〇七	六二四四
一一三四二	二十一年相邦冉戈	一三	六一〇八	六二四四
一一三四三	□肓令司馬戈	一三	六一〇九	六二四四
一一三四四	八年肓令戈	一三	六一一〇	六二四四
一一三四五	八年新城大令戈	一三	六一一〇	六二四五
一一三四六	梁伯戈	一四	六一一一	六二四五
一一三四七	十三年□陽令戈	一四	六一一二	六二四五
一一三四八	五年龏令思戈	一四	六一一三	六二四五
一一三四九	五年龏令思戈	一四	六一一三	六二四五
一一三五〇	郾王詈戈	一四	六一一三	六二四五
一一三五一	十六年喜令戈	一四	六一一四	六二四五
一一三五二	秦子戈	一五	六一一五	六二四五
一一三五三	秦子戈	一五	六一一六	六二四五
一一三五四	三年□陶令戈	一五	六一一六	六二四五
一一三五五	十二年趙令戈	一五	六一一七	六二四五
一一三五六	二十四年�陰令戈	一五	六一一八	六二四五
一一三五七	王三年鄭令戈	一五	六一一九	六二四五
一一三五八	鄴陵公戈	一五	六一一九	六二四五

器號	器名	字數	拓片頁碼	說明頁碼
一一三五九	二十年相邦冉戈	一五	六一一九	六二四六
一一三六〇	元年郛令戈	一五	六一二〇	六二四六
一一三六一	四年相邦樛斿戈	一五	六一二二	六二四六
一一三六二	二年上郡守戈	一五	六一二三	六二四六
一一三六三	□年上郡守戈	一五	六一二四	六二四六
一一三六四	二年戈	一六	六一二五	六二四六
一一三六五	曾大攻尹戈	一六	六一二五	六二四六
一一三六六	十七年邢令戈	一六	六一二六	六二四六
一一三六七	六年漢中守戈	一六	六一二七	六二四六
一一三六八	二十六年蜀守武戈	一六	六一二八	六二四六
一一三六九	三年上郡守戈	一六	六一二八	六二四六
一一三七〇	四十年上郡守起戈	一六	六一二九	六二四六
一一三七一	十七年鄭令戈	一七	六一三〇	六二四六
一一三七二	二十年鄭令戈	一七	六一三〇	六二四六
一一三七三	二十一年鄭令戈	一七	六一三一	六二四六
一一三七四	二十七年上守趞戈	一七	六一三一	六二四六
一一三七五	王三年馬雍令戈	一七	六一三二	六二四七
一一三七六	十八年戈	一七	六一三二	六二四七
一一三七七	十四年武城令戈	一七	六一三三	六二四七
一一三七八	上郡武庫戈	一七	六一三三	六二四七
一一三七九	十七年丞相啟狀戈	一七	六一三四	六二四七
一一三八〇	五年相邦呂不韋戈	一七	六一三五	六二四七

器號	器名	字數	拓片頁碼	說明頁碼
一一三八一	楚王酓璋戈	一八	六一三六	六二四七
一一三八二	十七年彘令戈	一八	六一三七	六二四七
一一三八三	郾侯[大/車]作戎戈	一八	六一三八	六二四七
一一三八四	四年鄭令戈	一八	六一三九	六二四七
一一三八五	五年鄭令戈	一八	六一三九	六二四七
一一三八六	八年鄭令戈	一八	六一三九	六二四七
一一三八七	十四年鄭令戈	一八	六一三九	六二四七
一一三八八	十五年鄭令戈	一八	六一四〇	六二四七
一一三八九	十六年鄭令戈	一八	六一四〇	六二四七
一一三九〇	□年邦府戈	一八	六一四〇	六二四八
一一三九一	二十九年相邦趙戈	一八	六一四一	六二四八
一一三九二	大兄日乙戈	一九	六一四二	六二四八
一一三九三	楚屈叔佗戈	一九	六一四三	六二四八
一一三九四	十三年相邦義戈	一九	六一四五	六二四八
一一三九五	八年相邦呂不韋戈	一九	六一四五	六二四八
一一三九六	五年相邦呂不韋戈	一九	六一四六	六二四八
一一三九七	六年鄭令戈	一九	六一四七	六二四八
一一三九八	三十一年鄭令戈	二〇	六一四七	六二四八
一一三九九	二年上郡守冰戈	二〇	六一四七	六二四八
一一四〇〇	䵼仲之子伯剌戈	二一	六一四八	六二四八
一一四〇一	大且日己戈	二二	六一四九	六二四八
一一四〇二	枚里瘟戈	二二	六一五〇	六二四九

器號	器名	字數	拓片頁碼	説明頁碼
一一四〇三	且日乙戈	二四	六一五二	六二四九
一一四〇四	十二年上郡守壽戈	二四	六一五三	六二四九
一一四〇五	十五年上郡守壽戈	二五	六一五四	六二四九
一一四〇六	二十五年上郡守廟戈	二五	六一五五	六二四九
一一四〇七	囗侯戈	七〇	六一五六	六二四九

車盤

車

10009

束盤

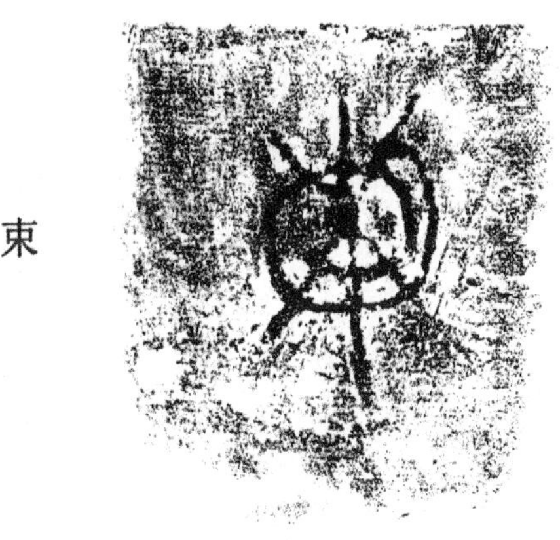

束

10011

盤

⊗（輻）

10010

葡盤

精

10012

[glyph]盤

𢾊（二教）

10013

网盤

网

10015

[glyph]盤

丩（糾）

10014

[glyph]盤

八一六

10016

舟盤

舟

10017

盤

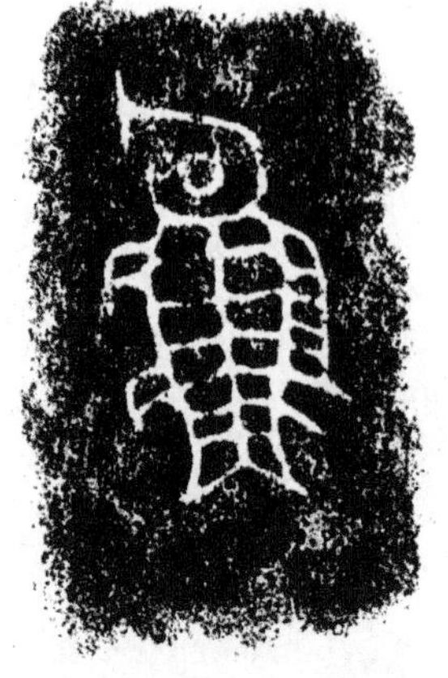

魚

10018

⿱宀己盤

⿱宀己（字）

10020

盤

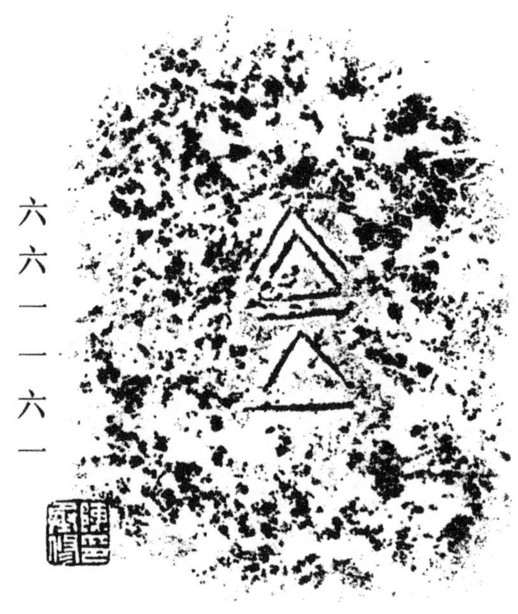

六六一一六一

10019

亞吴盤

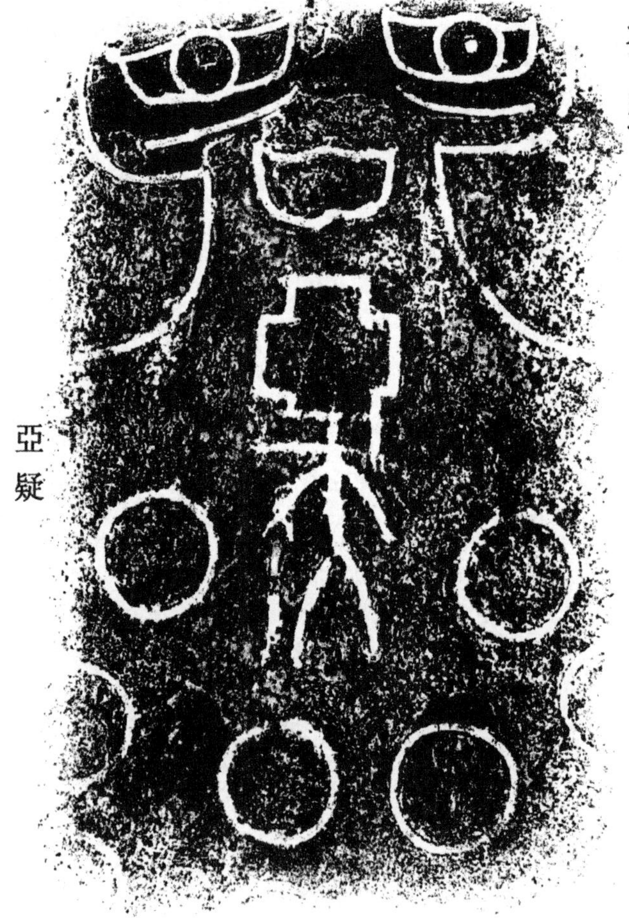

亞疑

10021

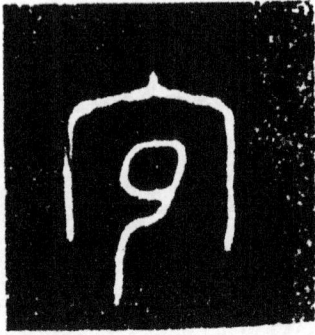

亞矣盤

原高三二厘米

亞疑

10022

亞矣盤

亞疑

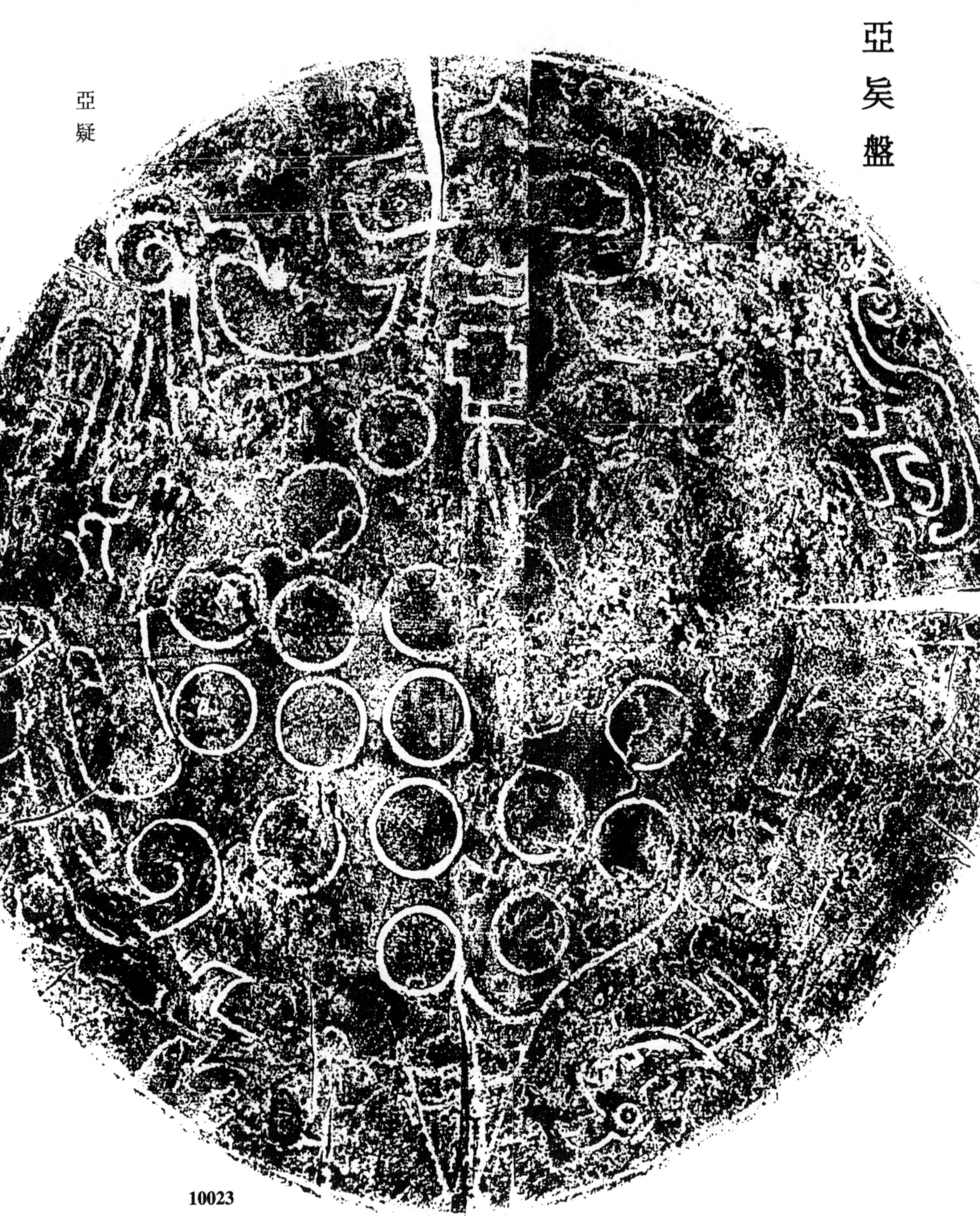

10023

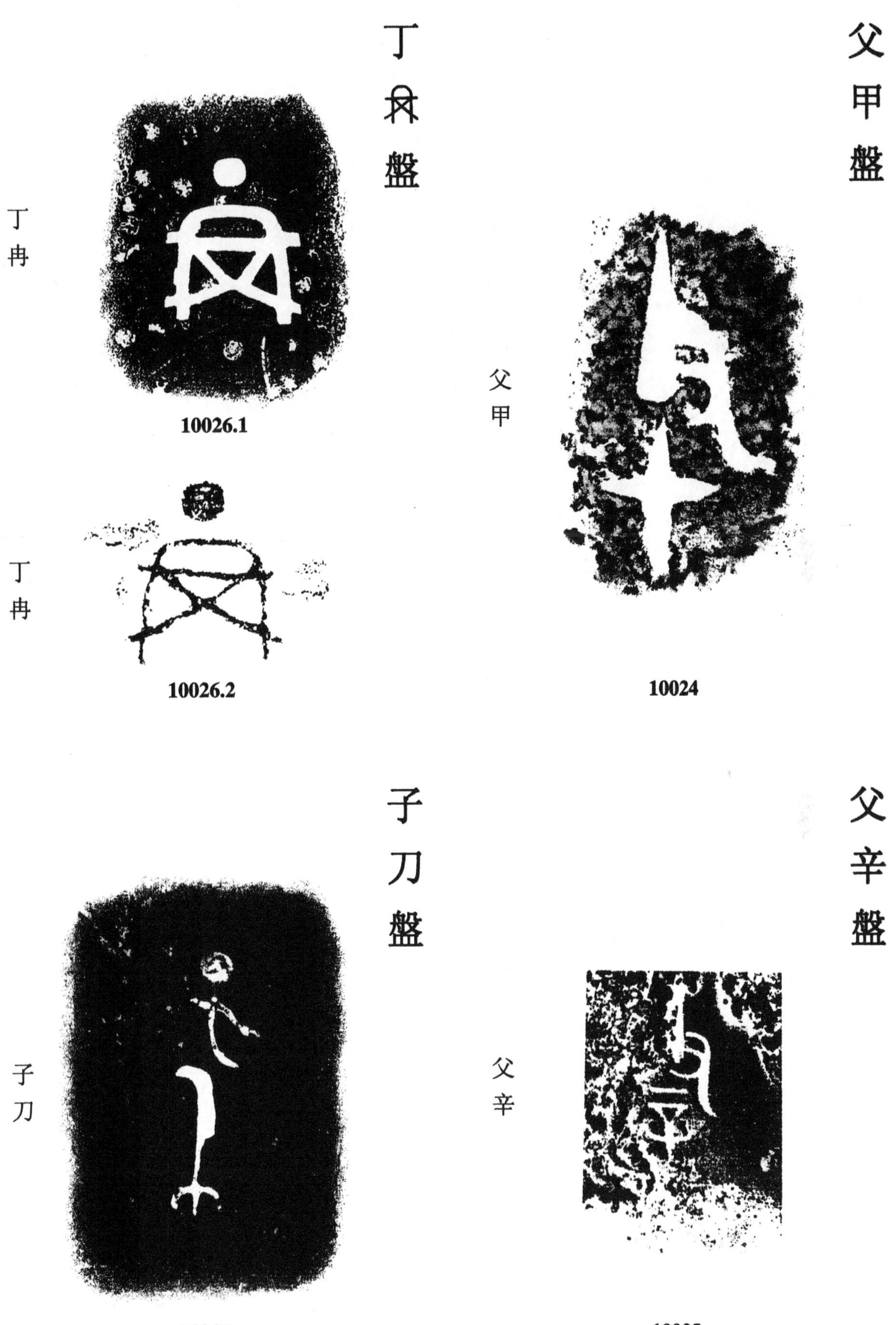
父甲盤
父
甲
10024
丁冉盤
丁
冉
10026.1
丁
冉
10026.2
父辛盤
父
辛
10025
子刀盤
子
刀
10027

婦好盤

婦好

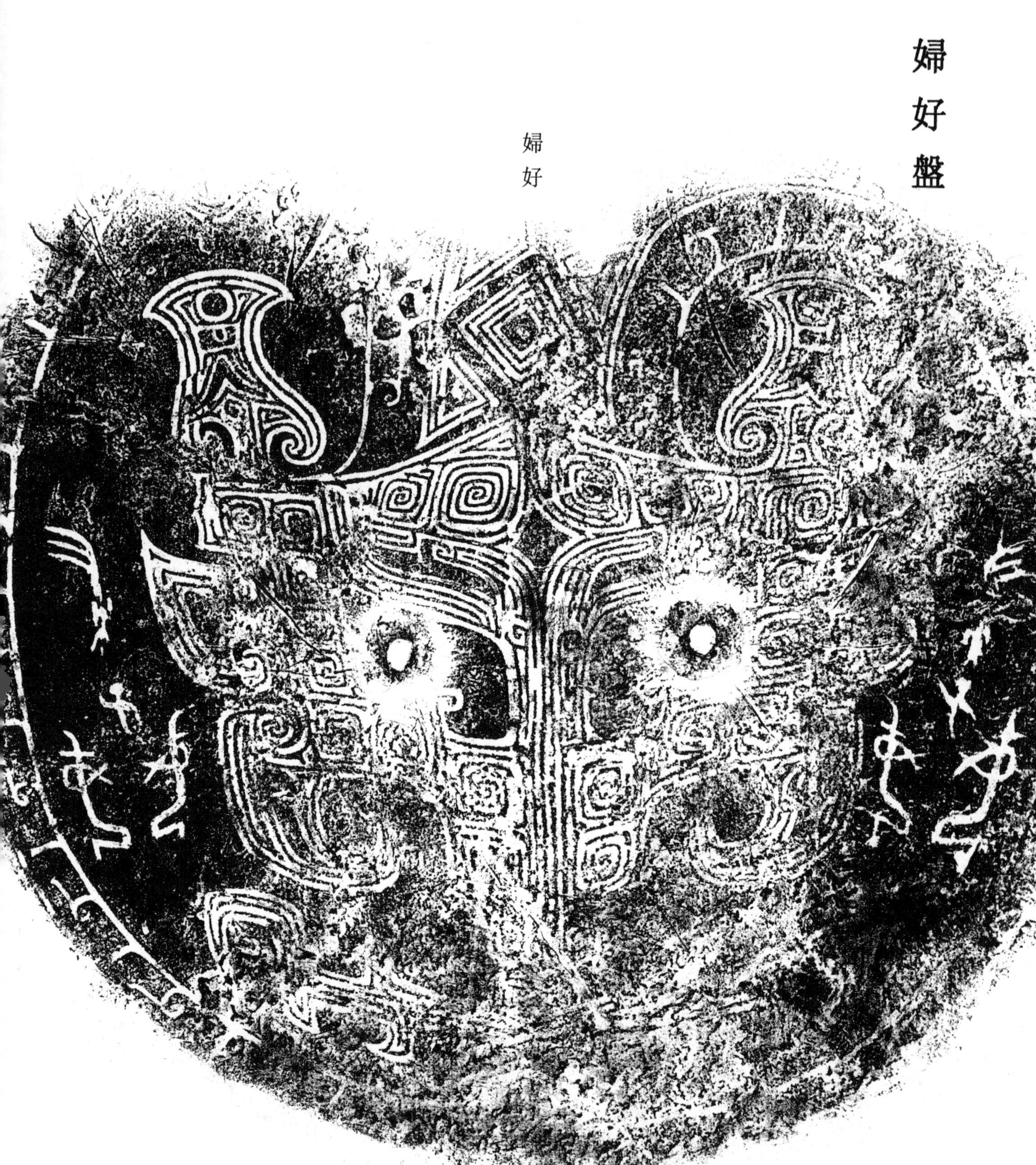

10028

寑㚤盤

寢㚤(攸)

10029

瞿册盤

瞿(玃)册

10030

鼓寑盤

鼓寢

10031

◇爻盤

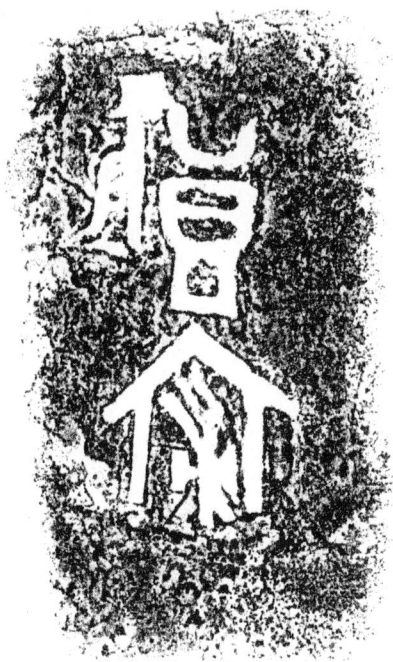

◇爻

10032

𡩜旅盤

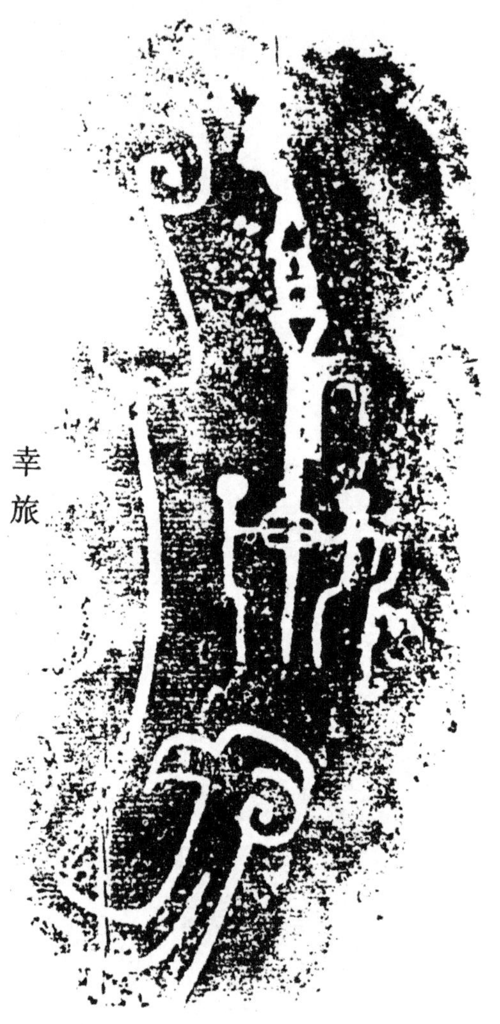

10033

×甲盤

×甲（五甲）

10034

艅舌盤

俞舌

10035

魚從盤

魚從

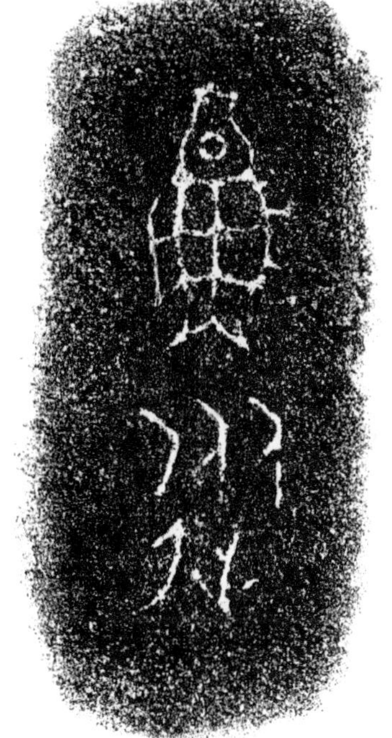

10036

遽從盤

遽從

10037

冀父甲盤

冀父甲

10038

黿父乙盤

黿父乙

10040

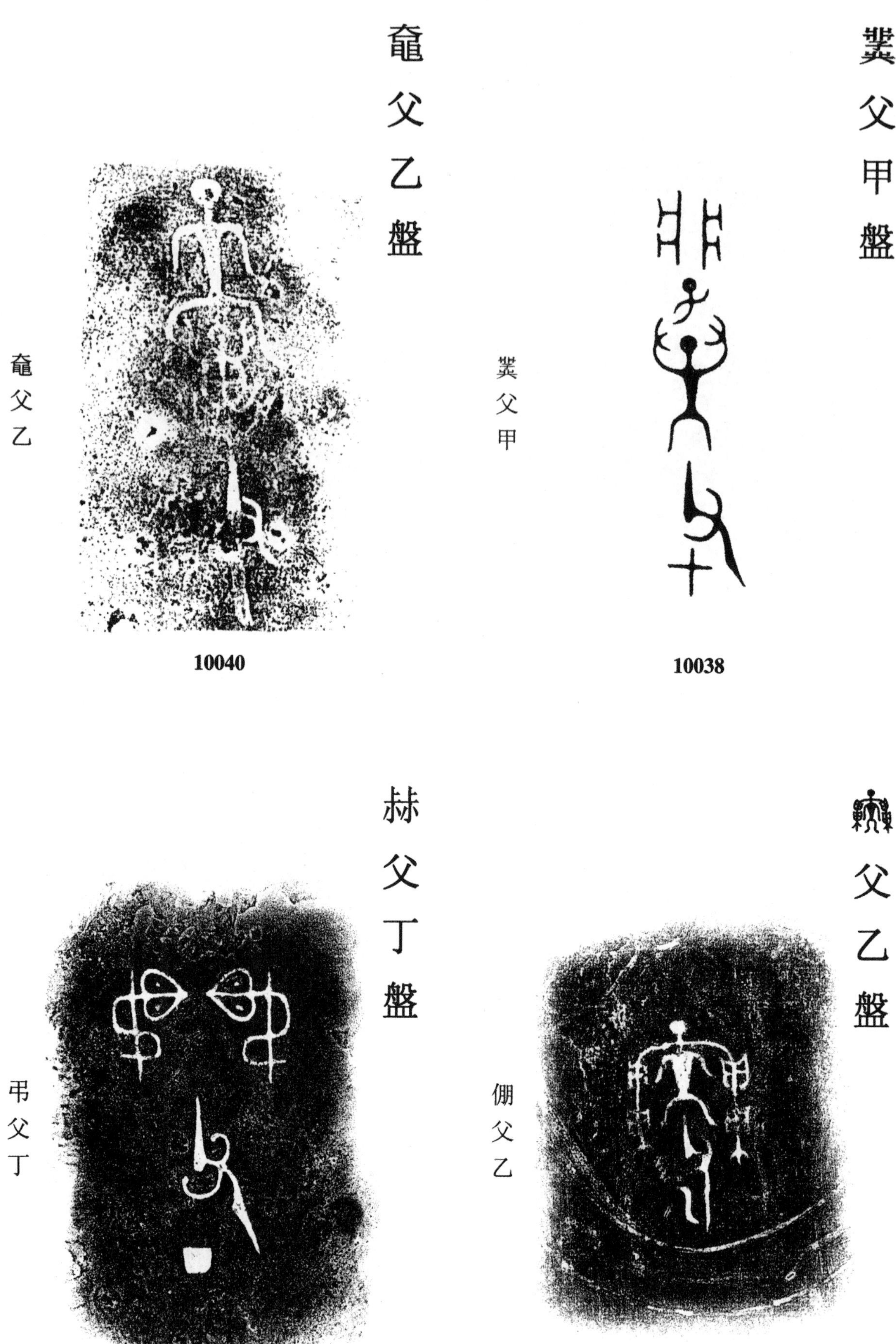

[illegible]父乙盤

倗父乙

10039

[illegible]父丁盤

弔父丁

10041

□父戊盤

父戊□

10042

□父己盤

□父己

10043

鳥父辛盤

父辛鳥

10044

亞吴妃盤

亞疑妃

10045

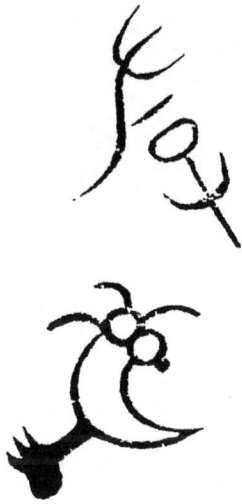

𡧊典𣄰盤

𡧊（衛）典𣄰

10046

北單戈盤

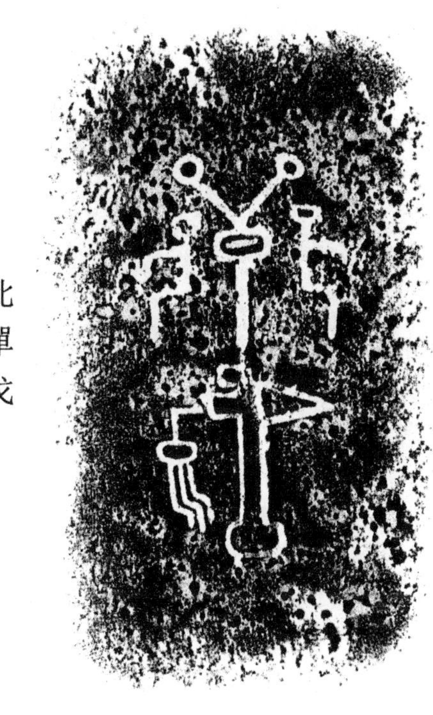

北單戈

10047

作從彝盤

乍（作）從彝

10049

季作寶盤

季乍（作）寶

10048

作從彝盤

乍（作）從彝

10050

豆册父丁盘

豆册父丁

10051

臣辰侁册盘

臣辰侁册

10053

戠作父戊盘

戠乍(作)父戊

10052

大保盘

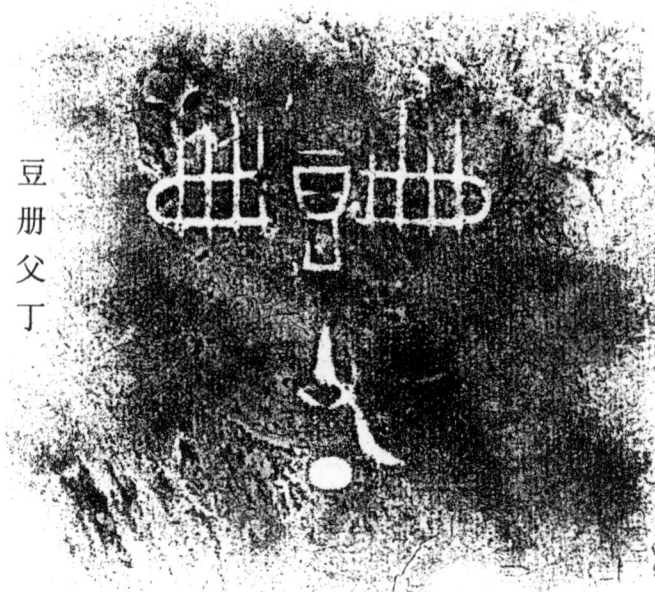

大(太)保邽鑄

10054

轉作寶艗盤

轉乍(作)寶艗

10055

作𠃨從彝盤

乍(作)䎈(封)從彝

10057

封仲作盤

封仲乍(作)般(盤)

10056

永寶用享盤

永寶用享

10058

曆盤

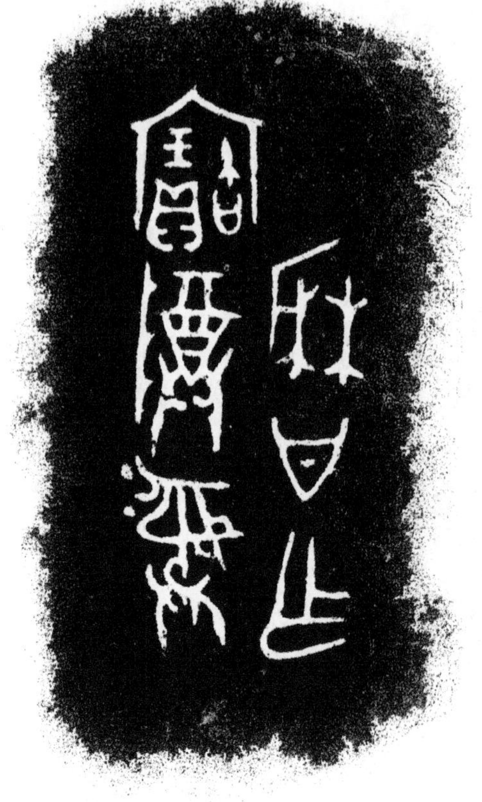

曆乍(作)寶尊彝

10059

矩盤

矩乍(作)寶尊彝

10060

吏從盤

事(史)從乍(作)寶般(盤)

10061

𢐗伯盤

⿱⿰氵殳皿(盤)
𢐗伯乍(作)用

10063

公盤

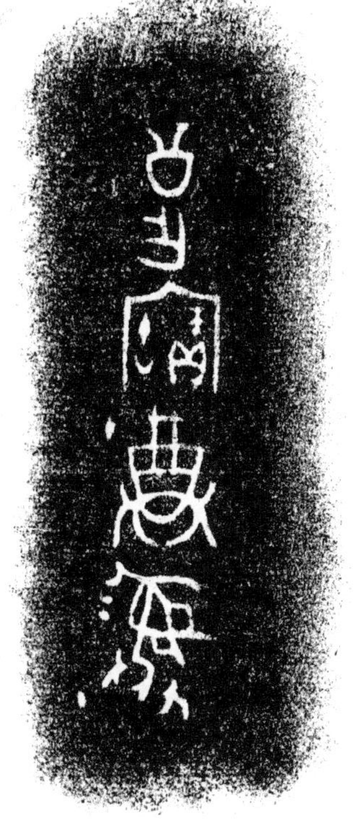

公乍(作)寶尊彝

10062

𢐗伯盤

乍(作)般(盤)⿱炏乂(鎣)
𢐗伯

10064

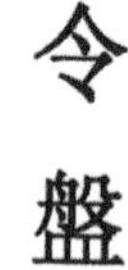

令盤

10065

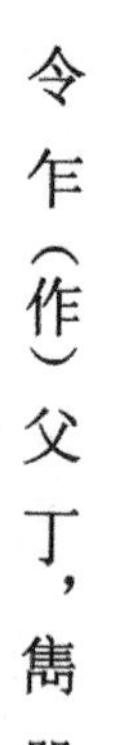

令乍（作）父丁，雋册

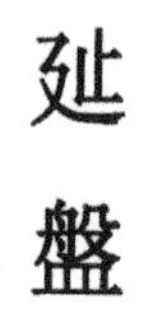

延盤

10067

𢓊（延）乍（作）周公尊彝

吳盤

10066

吳乍（作）寶般（盤），亞御

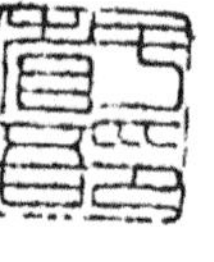

緵父盤

10068

𤔲（𤔹）父乍（作）寶尊彝

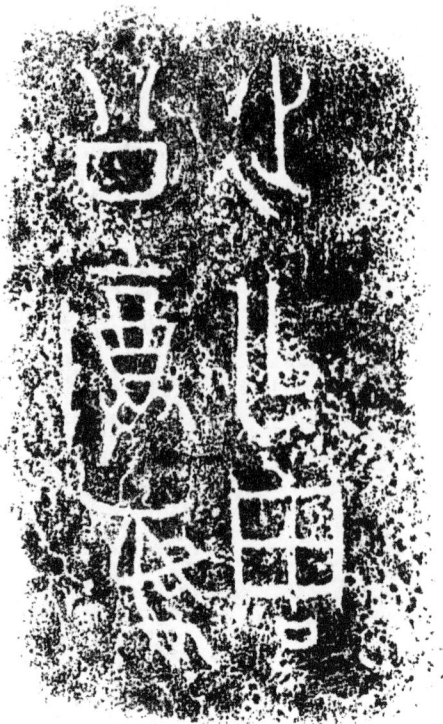

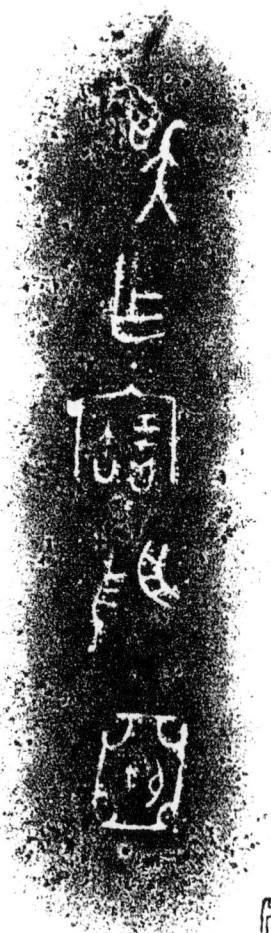

𤆍子盤

10069

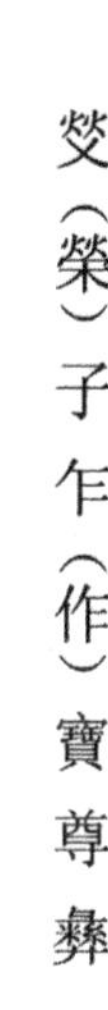

𤆍（榮）子乍（作）寶尊彝

宗仲盤

10071

宗（崇）仲乍（作）

尹姞般（盤）

單子白盤

10070

單子白

乍（作）寶般（盤）

蔡侯盤

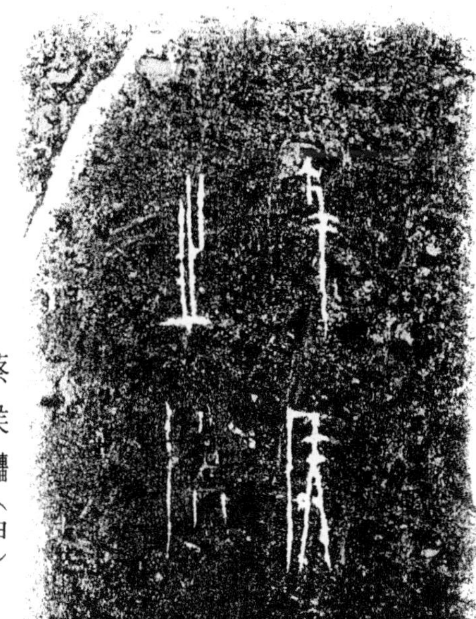

10072

蔡侯𪒠（申）

乍（作）尊盤（盤）

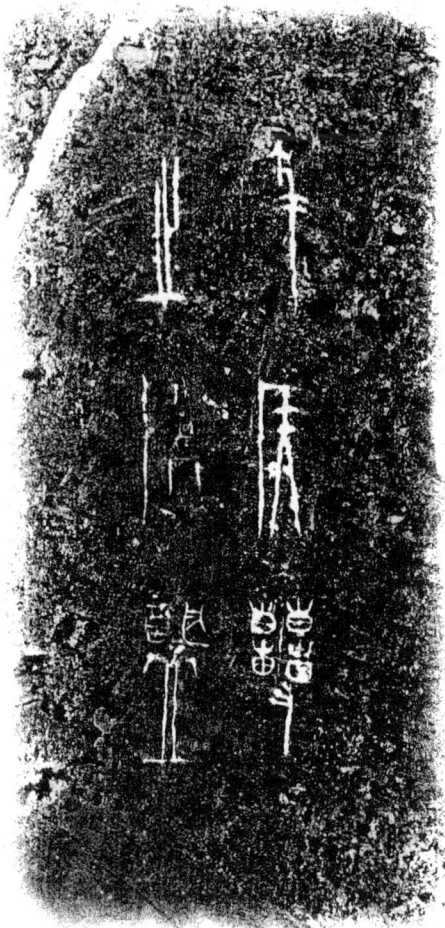

伯矩盤

𢀜(規)伯矩乍(作)
寶尊彝

10073

伯雍父盤

伯雍父自乍(作)用器

10074

畗父盤

畗父乍(作)兹
女(母)匋(寶)般(盤)

10075

季嬴霝德盤

10076

季嬴霝德
乍（作）寶般（盤）

曾侯乙盤

10077

曾侯
乙詐（作）
時（持）用
冬（終）

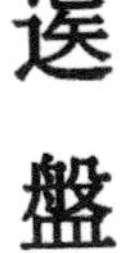

眀，遟乍（作）厥
考寶尊彝

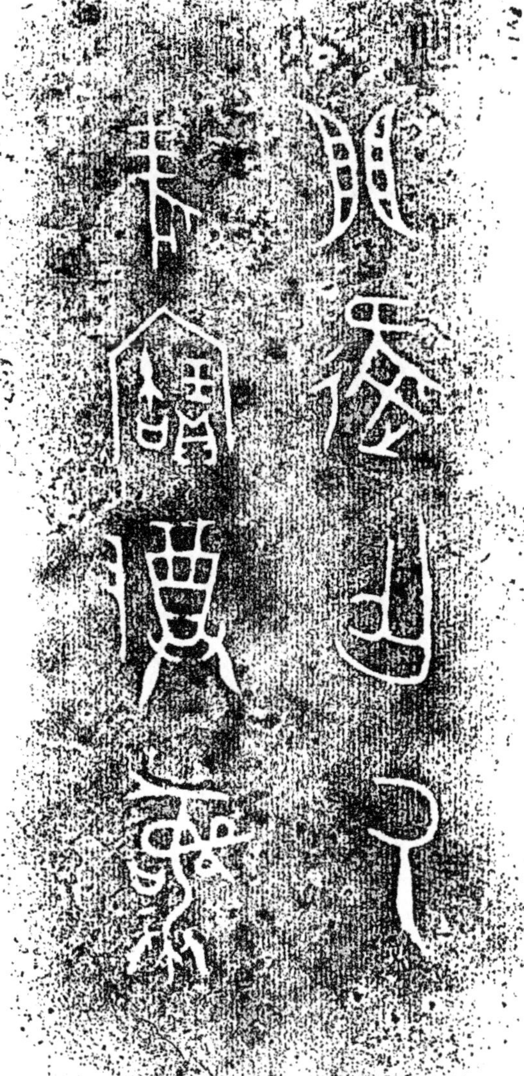

10078

伯百父盤

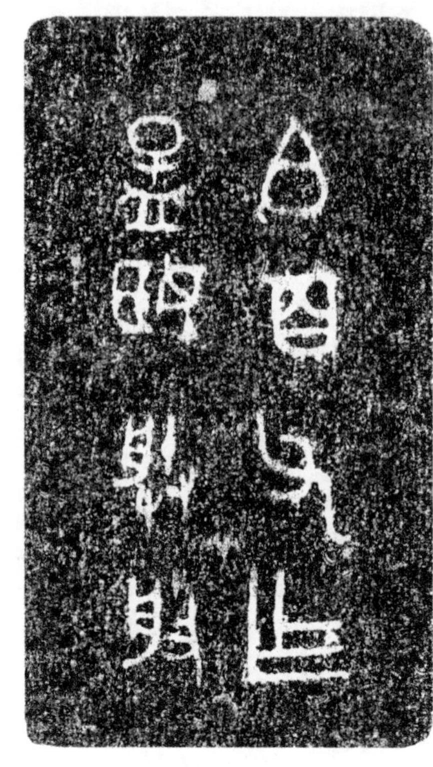

伯百父乍（作）
孟姬朕（媵）般（盤）

10079

穌甫人盤

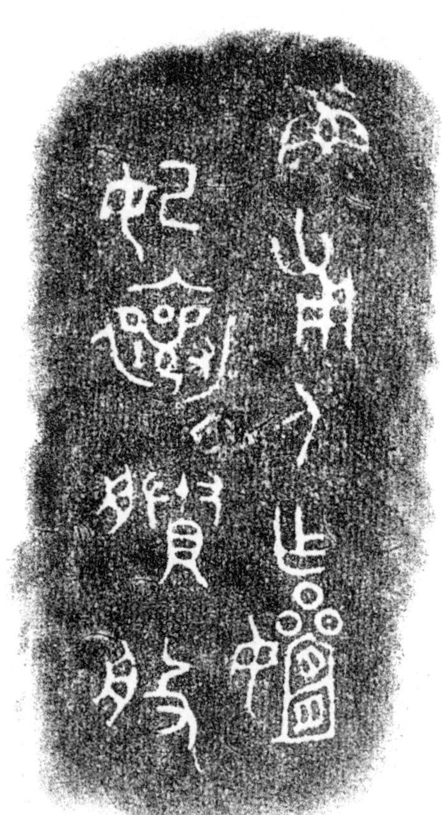

穌（蘇）甫（夫）人乍（作）嫿（姪）
妃襄賸（媵）般（盤）

10080

㠱伯𡩜父盤

㠱伯𡩜父朕（媵）
姜無昚（沫）般（盤）

10081

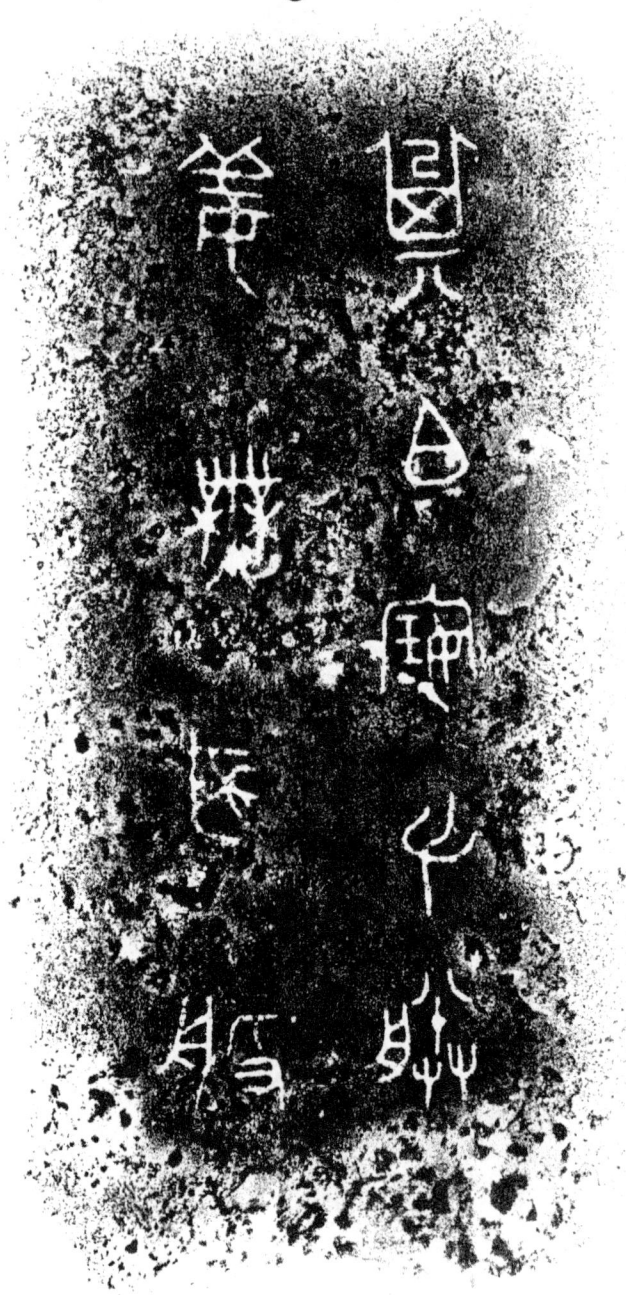

樊夫人龍嬴盤

樊夫人龍
嬴自乍(作)行盤

10082

京隮仲盤

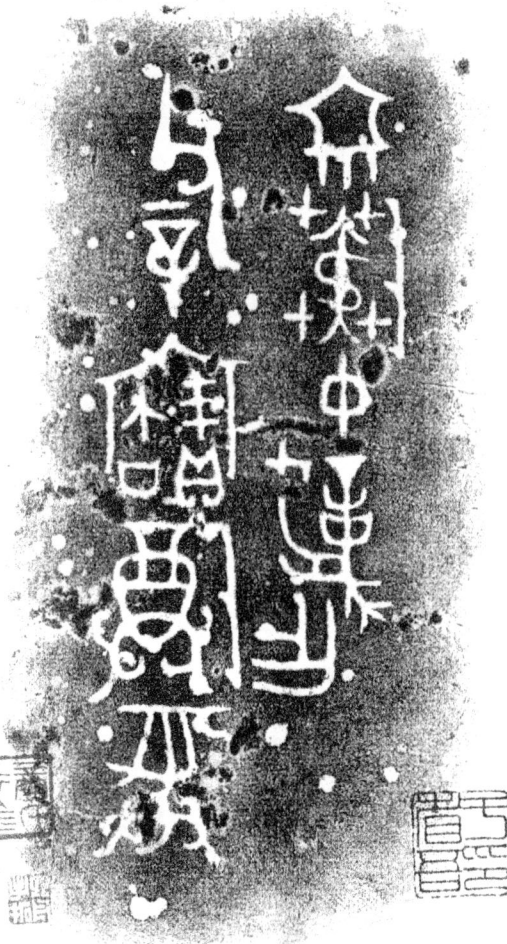

京隮(陾)仲僕乍(作)
父辛寶尊彝

10083

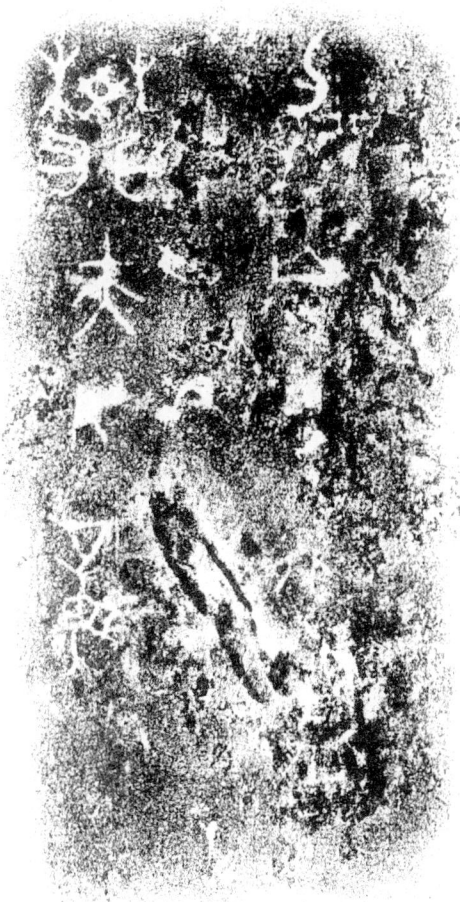

北子宋盤

北子宋乍(作)文
父乙寶尊彝

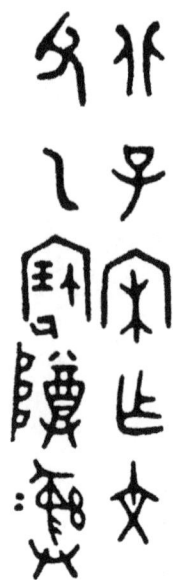

10084

□□盤

麥□乍(作)鋑(鎣)般(盤)，
孫孫子子其寶用

10085

魯伯厚父盤

魯伯厚父乍(作)
仲姬俞賸(媵)般(盤)

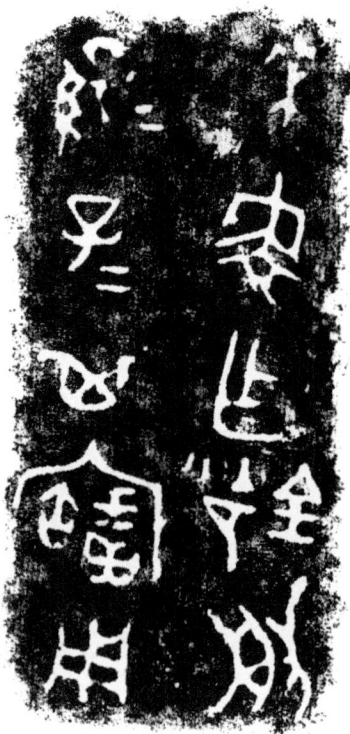

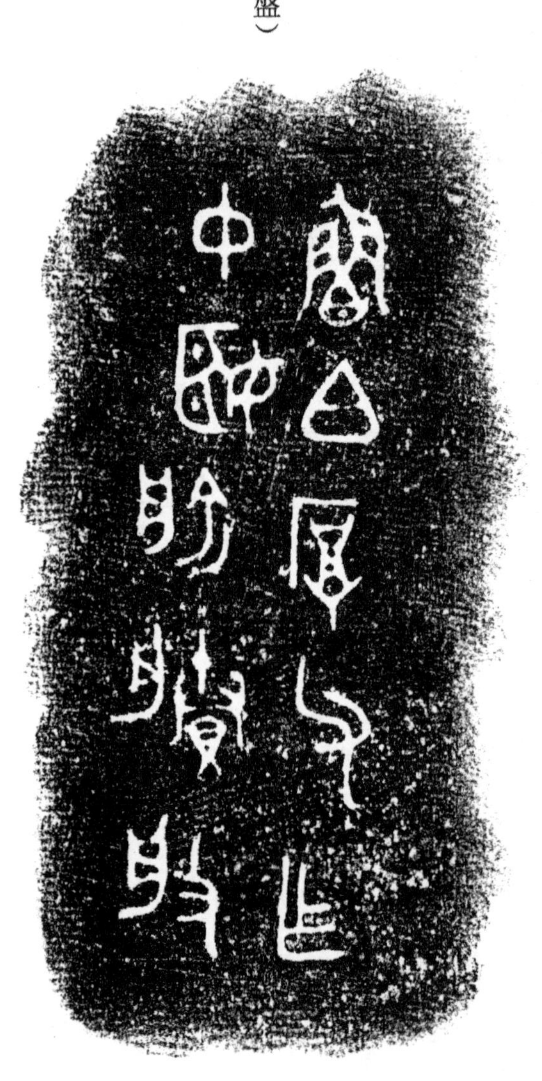

10086

魯伯者父盤

魯伯者父乍(作)孟姬嫞(鏞)朕(媵)般(盤)

虢嫚□盤

虢嫚(姪)(妃)乍(作)寶般(盤)，子子孫孫永寶用

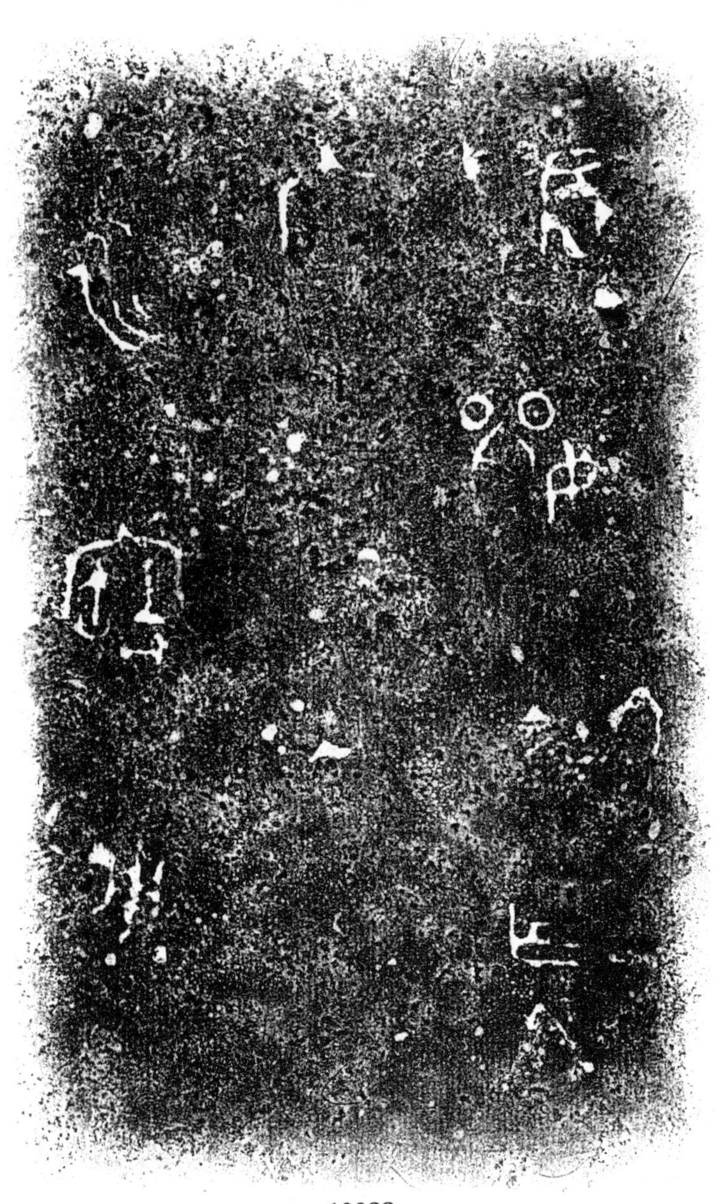

10088

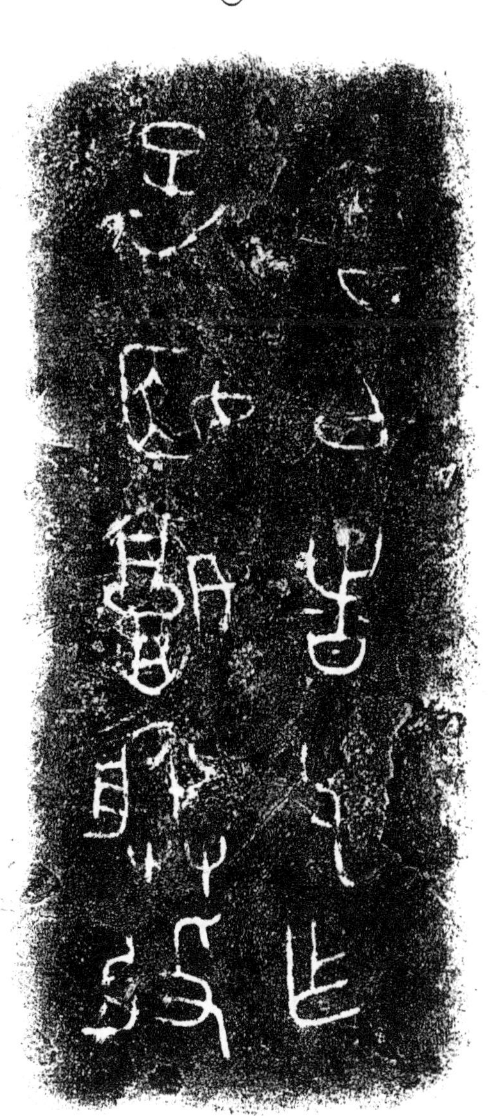

10087

自作盤

自乍（作）般（盤），其萬年，子孫永寶用

10089

鄭伯盤

奠（鄭）伯乍（作）般（盤）匜，其子子孫孫永寶用

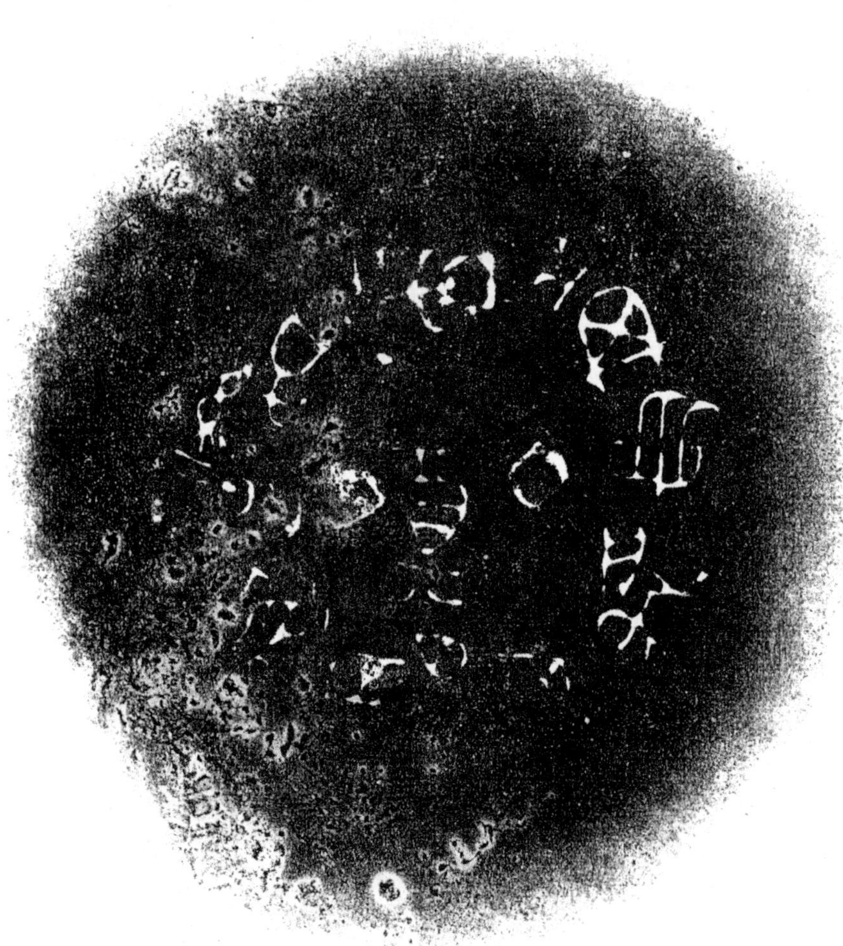

10090

真盤

真乍（作）寶般（盤），其邁（萬）年，子子孫孫永寶用

10091

晨盤

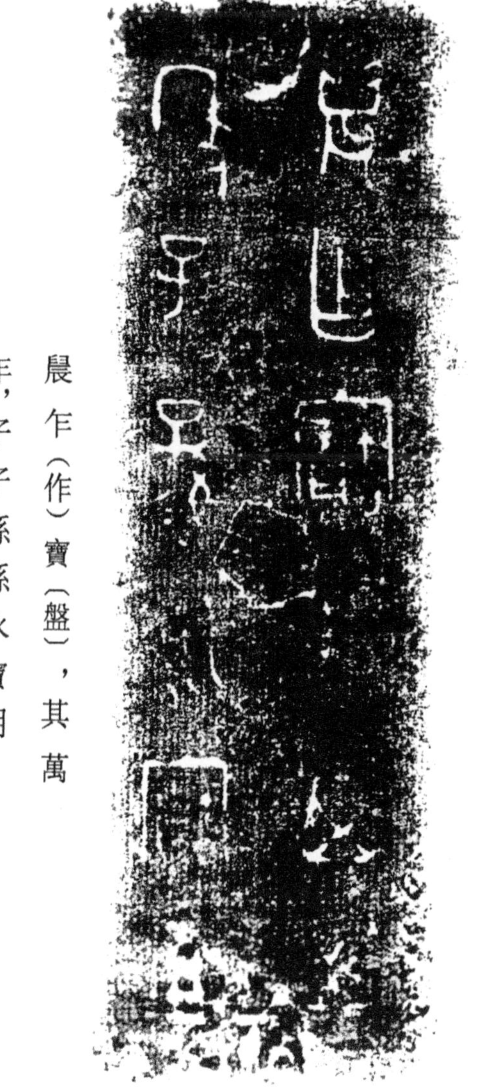

晨乍（作）寶（盤），其萬年，子子孫孫永寶用

10092

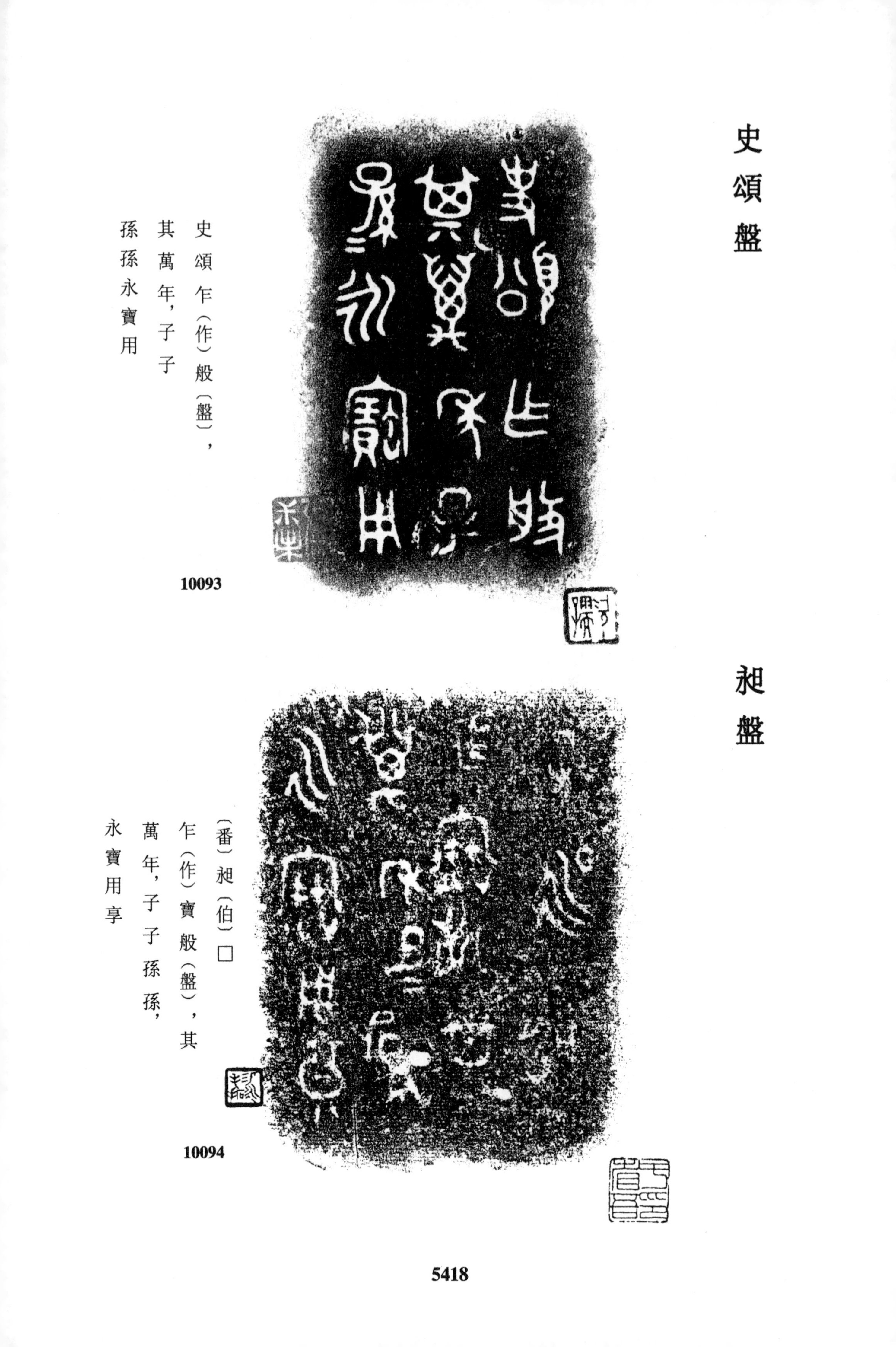

史頌盤

史頌乍（作）般（盤），
其萬年，子子
孫孫永寶用

10093

𧙊盤

（番）𧙊（伯）□
乍（作）寶般（盤），其
萬年，子子孫孫，
永寶用享

10094

京叔盤

京叔乍（作）孟
嬴塍（媵）般（盤），子子
孫永寶用

10095

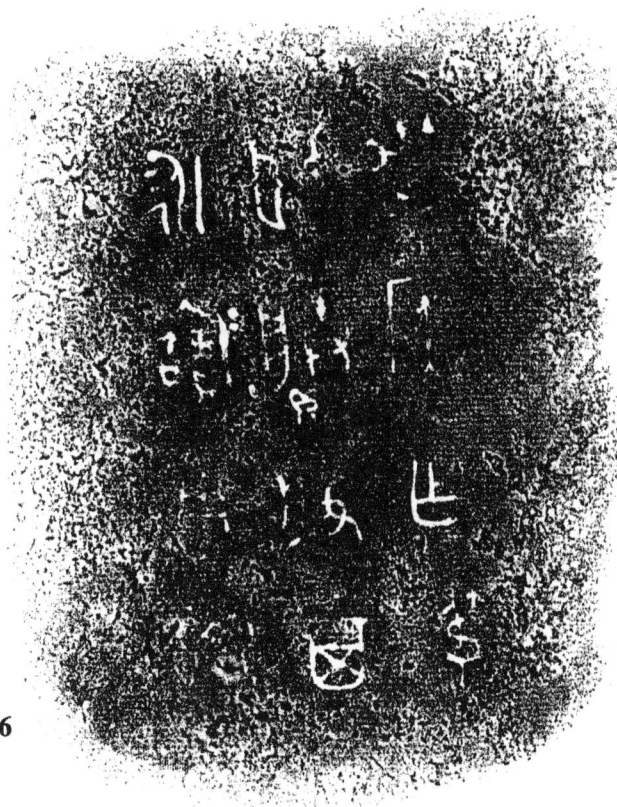

筍侯盤

筍侯乍（作）叔
姬賸（媵）般（盤），其
永寶用鄉（饗）

10096

曾仲盤

10097

曾仲自乍（作）旅盤，子子孫永寶用之

𧇧金氏孫盤

10098

𧇧金氏（氏）孫乍（作）寶般（盤），子子孫孫永寶用

徐王義楚盤

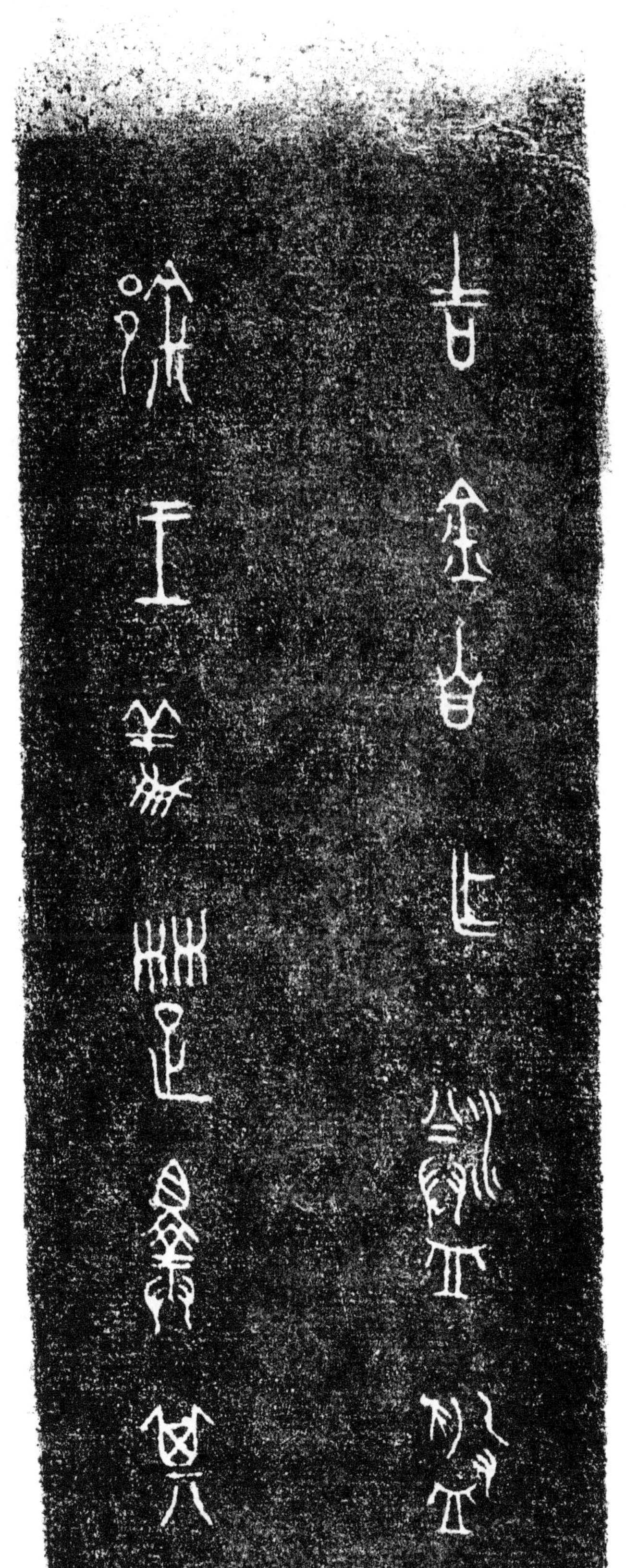

吉金，自乍（作）盜（浣）盤

郐（徐）王義楚擇其

10099

楚王酓肯盤

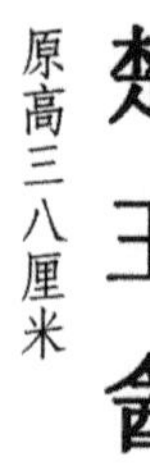
原高三八厘米

楚王酓（熊）肯钕（作）爲盍盤，台（以）共（供）歲祟（嘗）

10100

仲𡚱臣盤

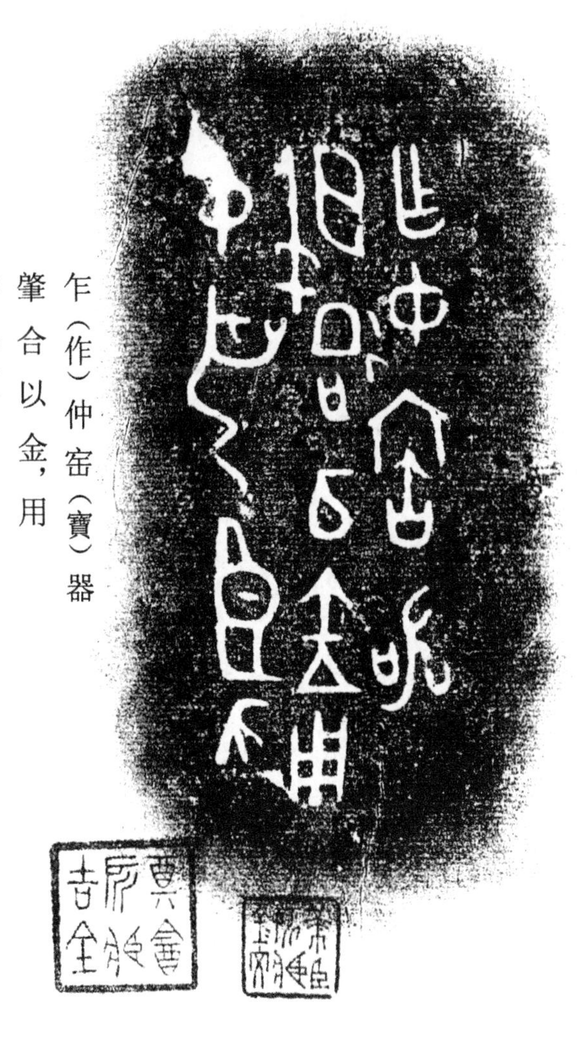

乍(作)仲寚(寶)器
肇合以金，用
仲丮臣

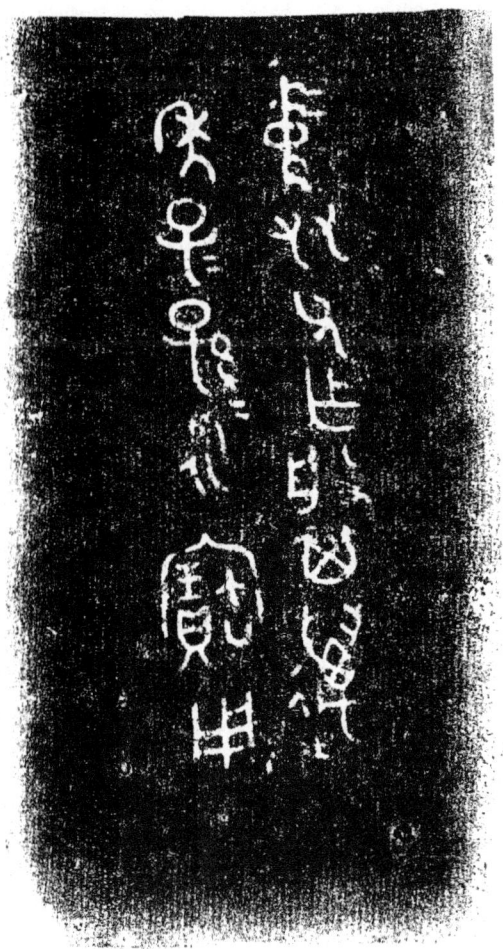

10101

中友父盤

中友父乍(作)般(盤)，其邁(萬)
年，子子孫孫永寶用

10102

伯駟父盤

伯駟父乍（作）姬

淪朕（賸）般（盤），子子

孫孫永寶用

10103

陶子盤

陶子或賜匋（陶）

娟金一鈞，用乍（作）

寶尊彝

10105

黃君孟盤

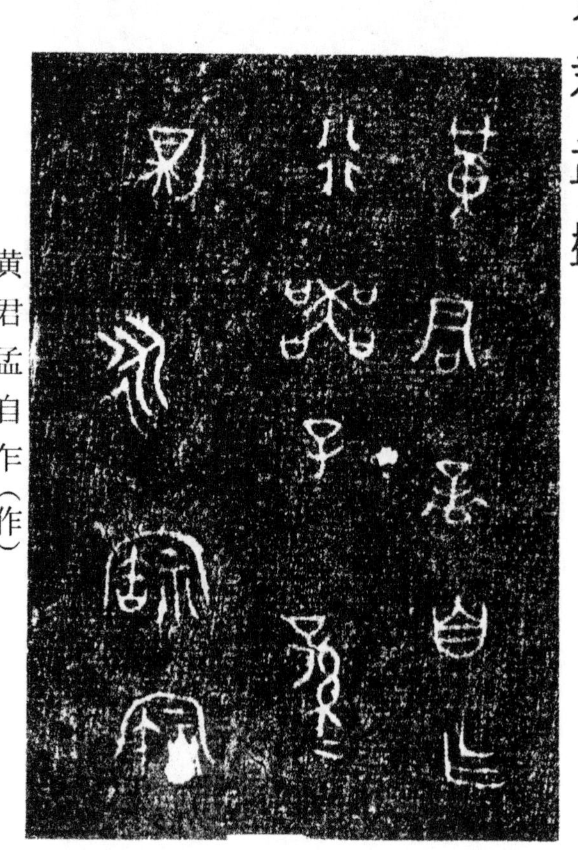

黃君孟自乍（作）

行器，子子孫孫，

則永寤（祜）䆊（福）

10104

才盤

堯（无）敢乍（作）姜般（盤），

用萬年用楚（胥）

保眔叔堯

10106

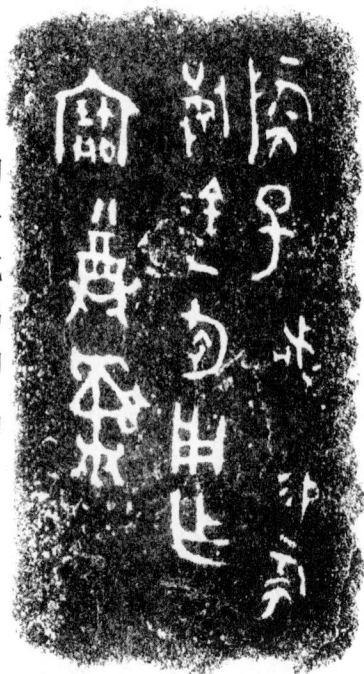

叔五父盤

叔五父乍(作)寶般(盤)，其萬年，子子孫孫永寶用

10107

伯考父盤

伯考父乍(作)寶盤，其萬年，子子孫孫永寶用

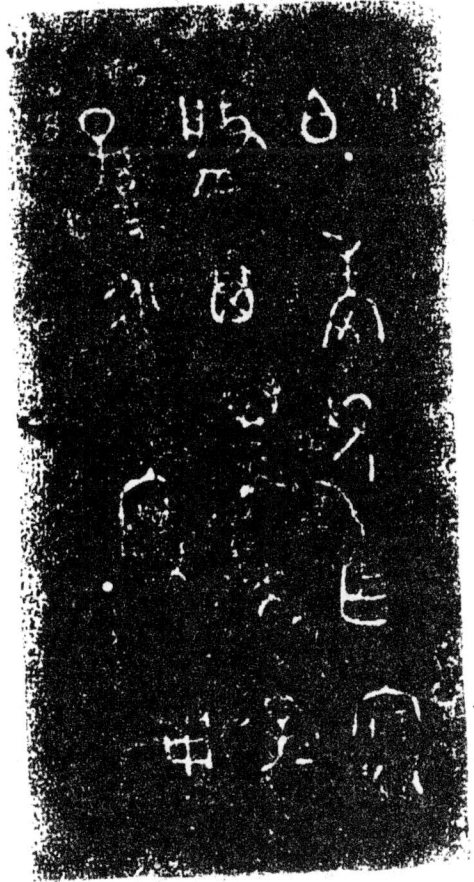

10108

鄭季寬車盤

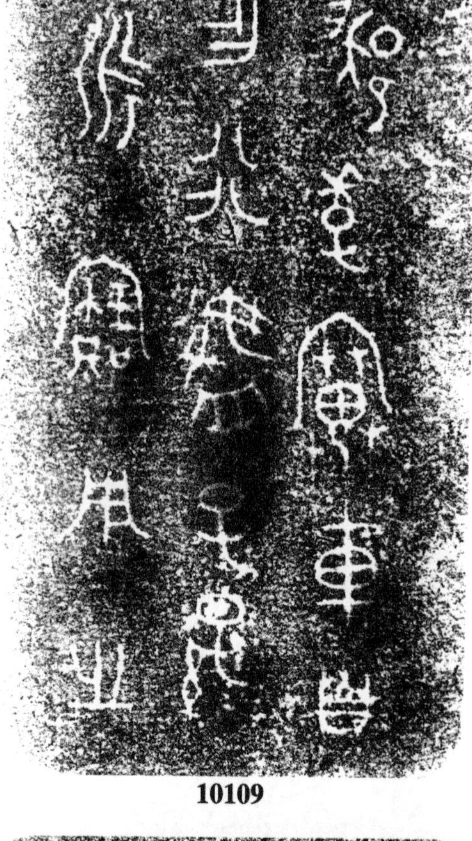

鄭（鄀）季寬（魔）車自乍（作）行盤，子子孫孫，永寶用之

10109

師奐父盤

師奐父乍（作）季姬般（盤），其萬年，子子孫孫永寶用

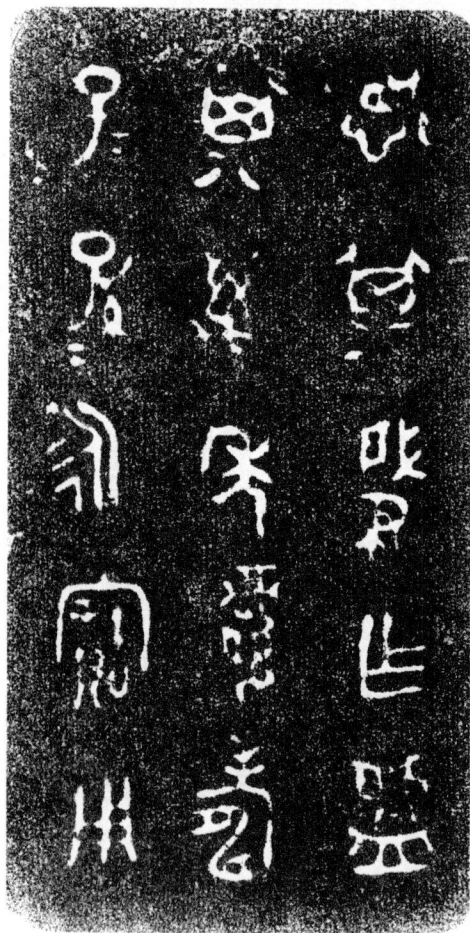

10111

德盤

德其肇乍（作）盤，其萬年眉壽，子子孫孫永寶用

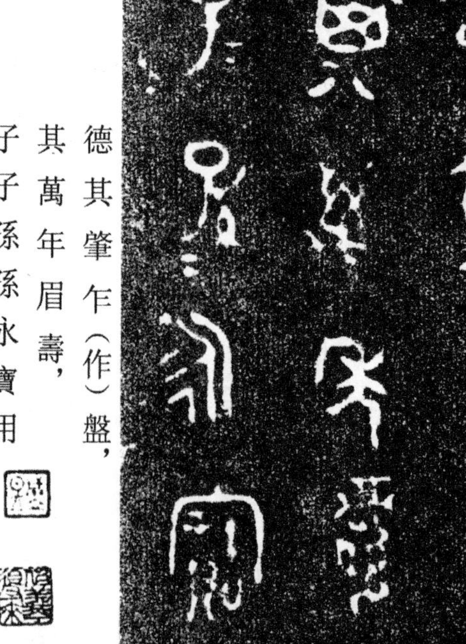

10110

伯碩奡盤

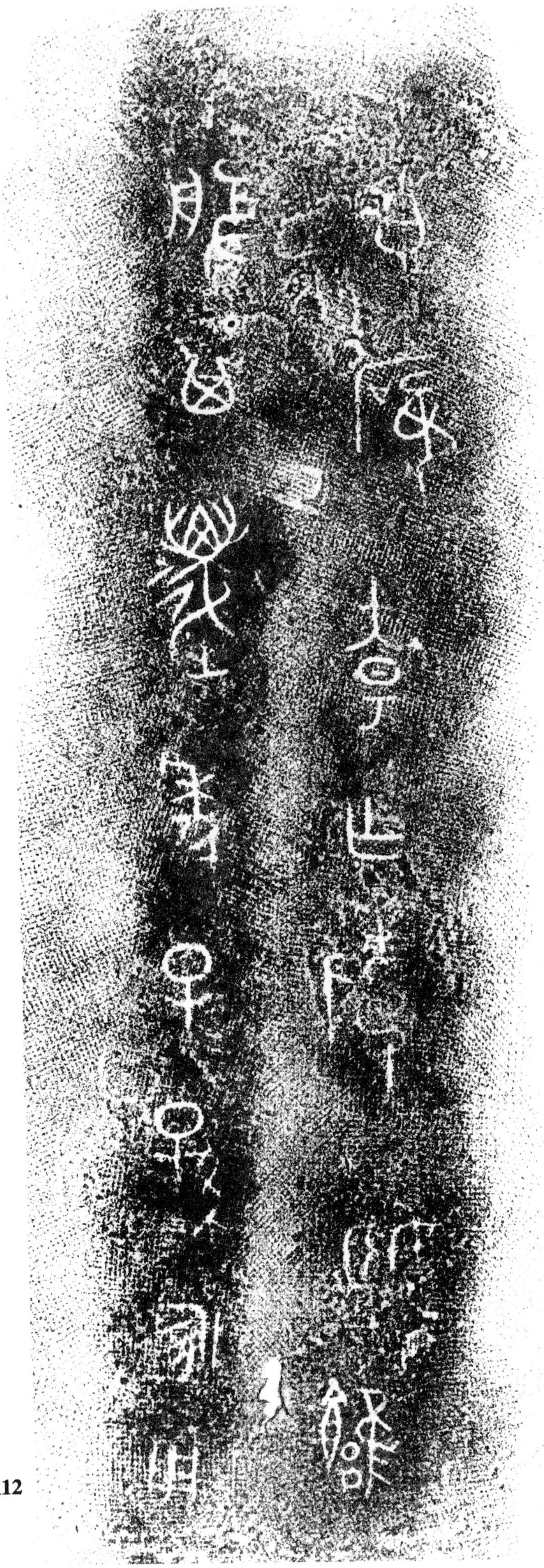

伯碩奡乍（作）釐姬饔
般（盤），其邁（萬）年，子子孫孫永用

10112

魯伯愈父盤

魯伯愈父乍(作)鼄(邾)姬仁朕(媵)顋(沬)盤，其永寶用

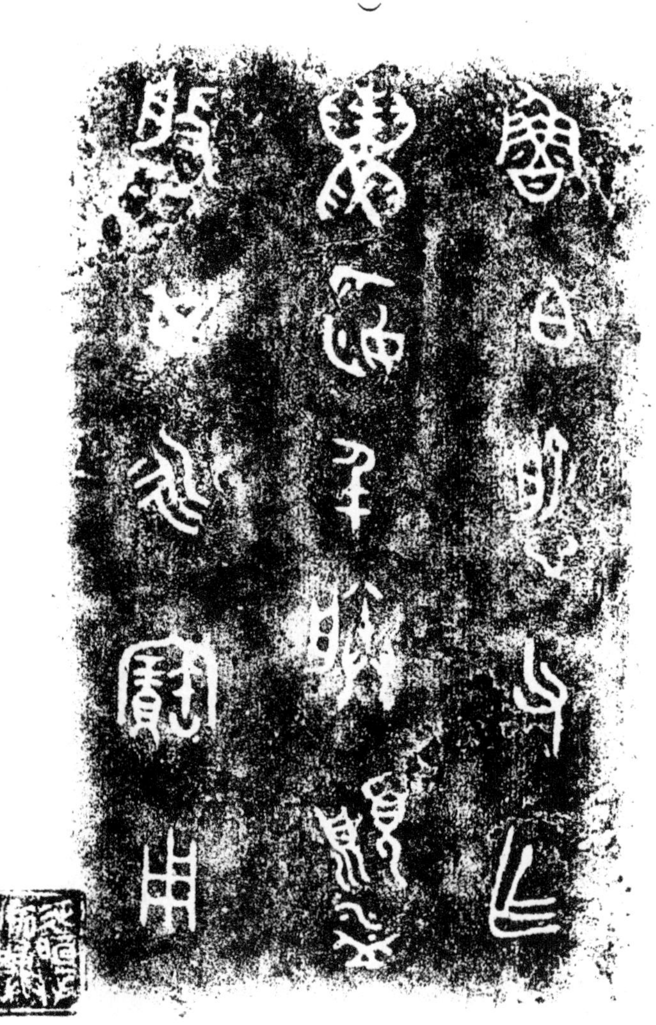

10113

魯伯愈父盤

魯伯愈父乍(作)鼄(邾)姬仁朕(媵)顋(沬)盤，其永寶用

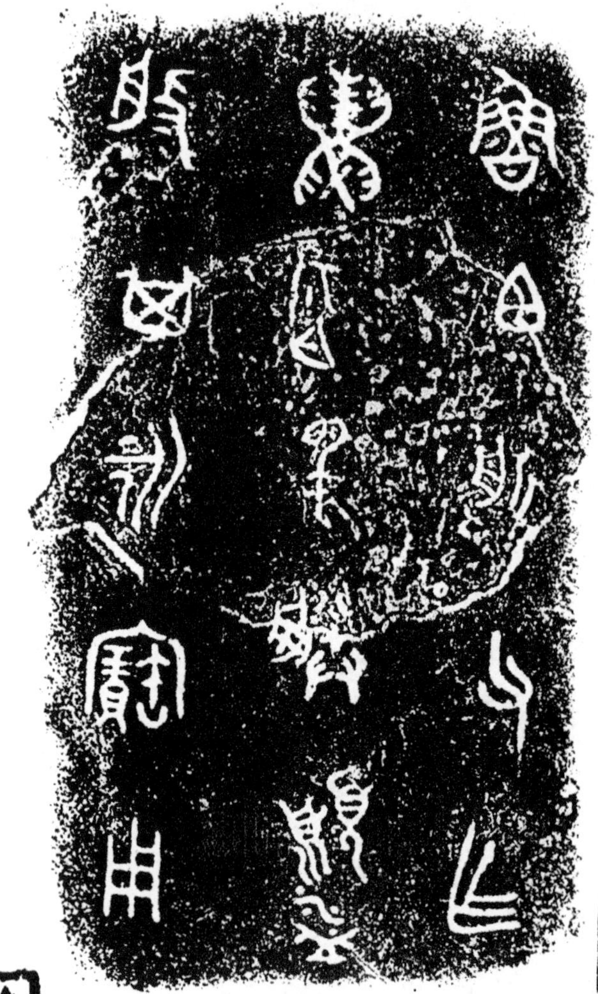

10114

魯伯愈父盤

魯伯愈父乍(作)
鼄(邾)姬仁朕(媵)顯(沬)
盤，其永寶用

10115

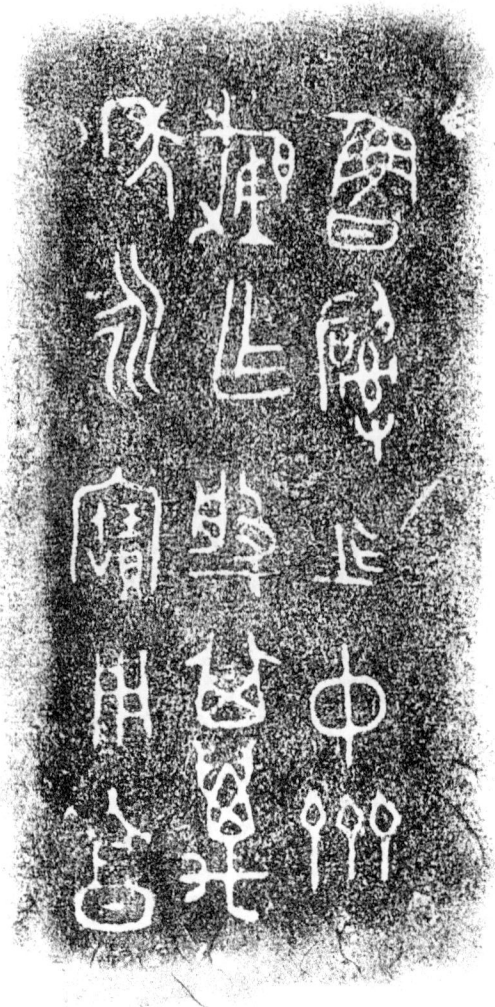

魯嗣徒仲齊盤

魯嗣彳土（徒）仲齊肈乍（作）般（盤），其萬年，永寶用享

10116

齊侯盤

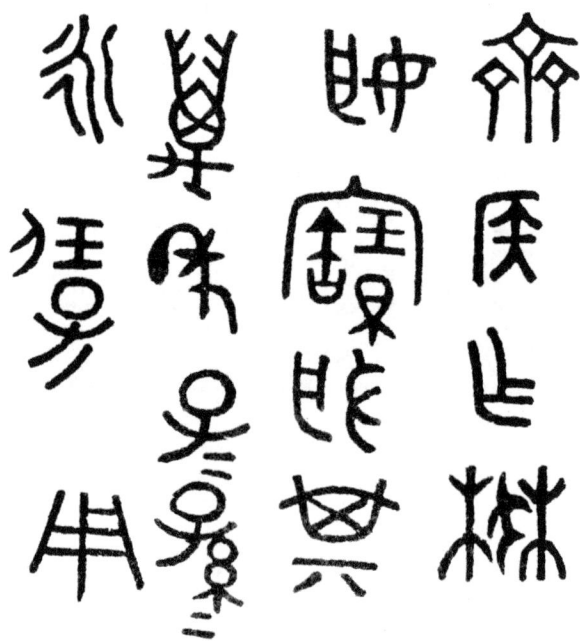

齊侯乍（作）楚（蓋）姬寶般（盤），其邁（萬）年，子子孫孫永保用

10117

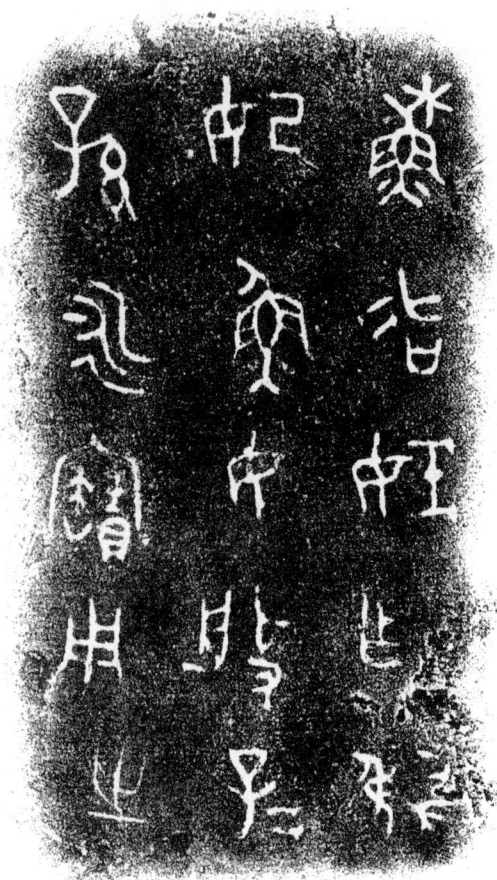

穌冶妊盤

穌(蘇)冶妊乍(作)虢妃魚母般(盤)，子子孫永寶用之

10118

毳盤

毳乍(作)王(皇)母媿氏頮(沬)般(盤)，媿氏其眉壽，邁(萬)年用

10119

周棘生盤

周棘（琱）生（甥）乍（作）楷
媍（妘）朕（媵）般（盤），（吉）金用
（迮）邦，其孫孫子子
永寶用

10120

鄧伯吉射盤

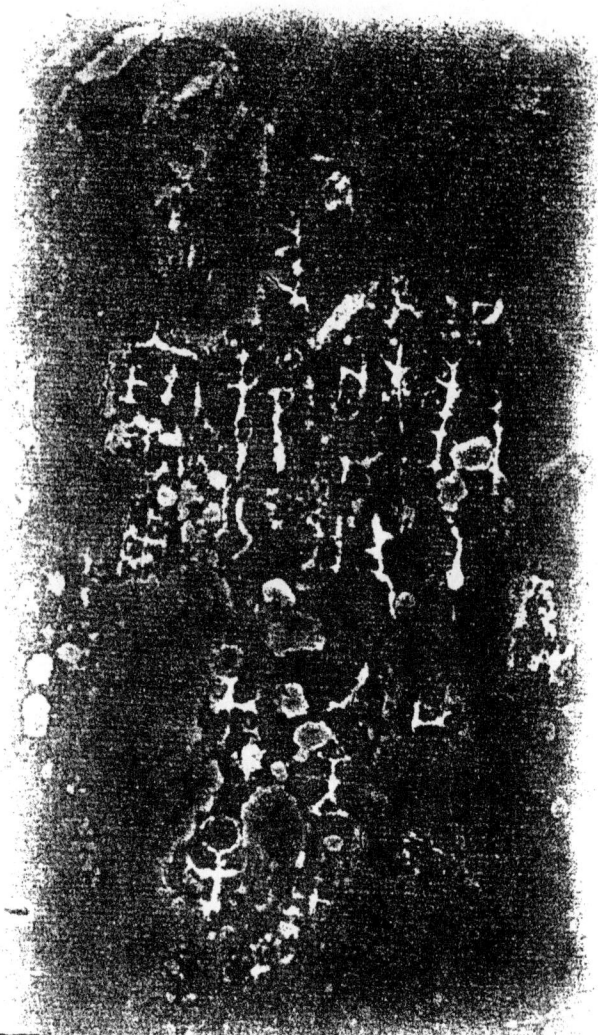

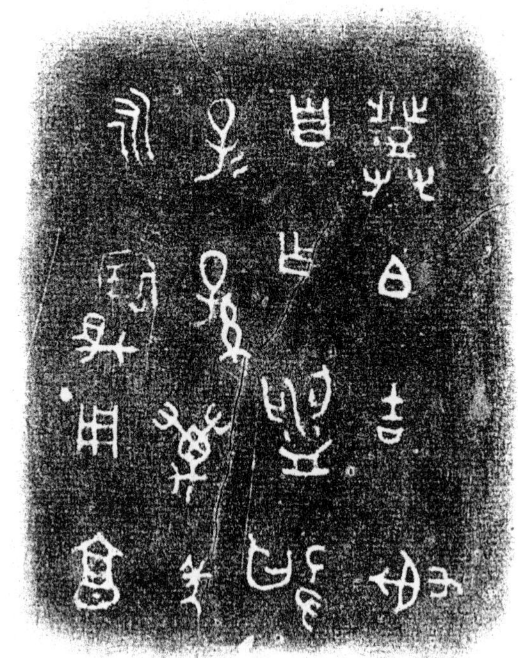

鄧伯吉射
自乍（作）盥般（盤），
子子孫萬年，
永寶用享

10121

黃子盤

10122

則永祜福(福)，霝(靈)宙(終)霝(靈)复(後)

黃子乍(作)黃孟臣(姬)行器，

齊侯作孟姬盤

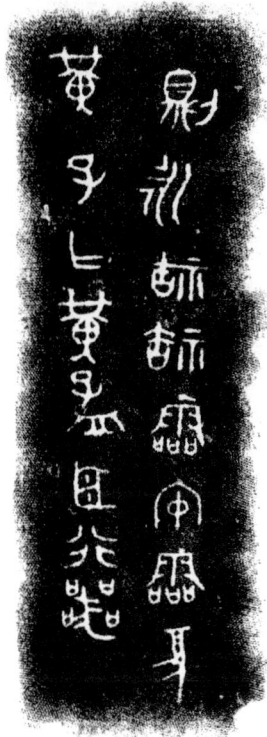

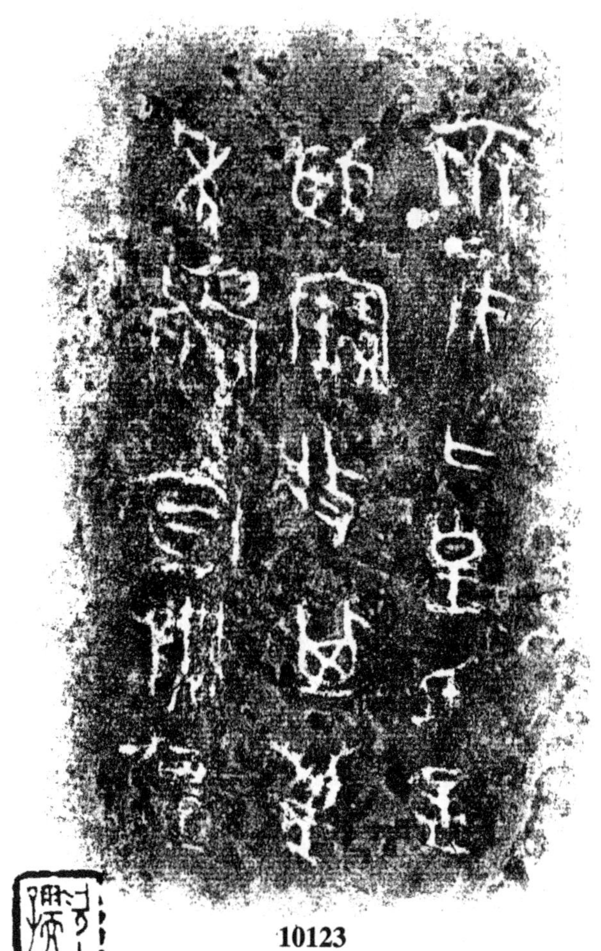

10123

齊侯乍(作)皇氏孟

姬寶般(盤)，其萬

年，眉壽無疆

魯正叔盤

魯正叔之
窅，乍（作）鑄其
御般（盤），子子孫孫，
永壽用之

10124

楚季哶盤

子子孫孫永寶用享
尊賸（媵）盥般（盤），其
楚季哶（苟）乍（作）嬭（羋）

10125

取膚盤

取膚（慮）上子商鑄般（盤），用賸（媵）之麗奴，子子孫孫永寶用

10126

殷穀盤

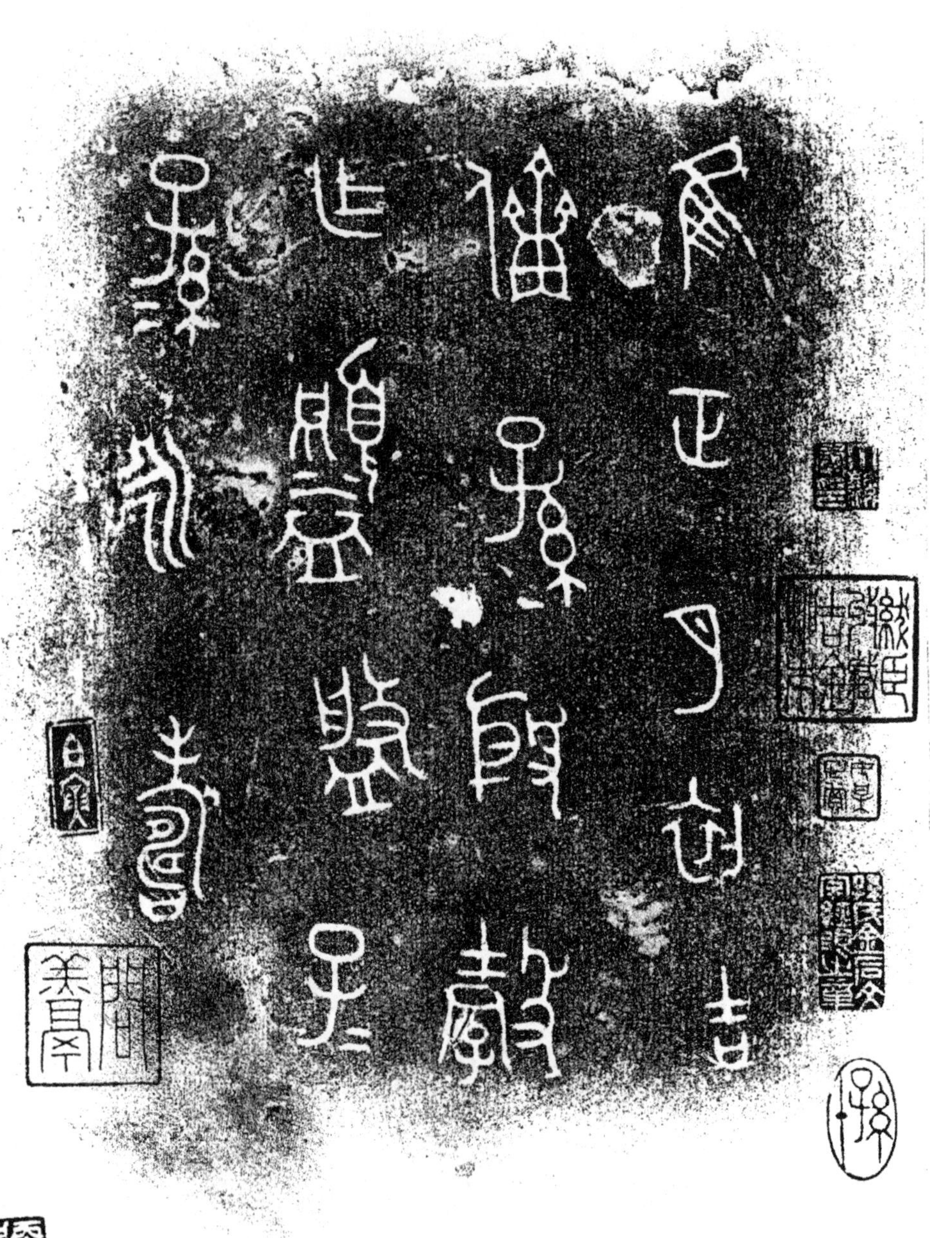

唯正月初吉，
儕孫殷穀
乍（作）頮（沬）盤，子子
孫孫，永壽（用之）

10127

殷穀盤

唯正月初吉，
儕孫殷穀
乍（作）顯（沬），子子孫孫，
永壽用之

10128

伯侯父盤

伯侯父塍（媵）叔媯
嬰（聯）母盤（盤），用祈
眉壽，萬年用之

10129

昶伯庸盤

昶伯墉自
乍(作)寶監(鑑)，其萬
年疆無，子
孫永用享

10130

干氏叔子盤

干氏叔子乍（作）仲姬客母賸（賸）般（盤），子子孫孫，永寶用之

10131

綏君單自乍(作)媻(盤)，其萬年無疆，子子孫永寶用享

10132

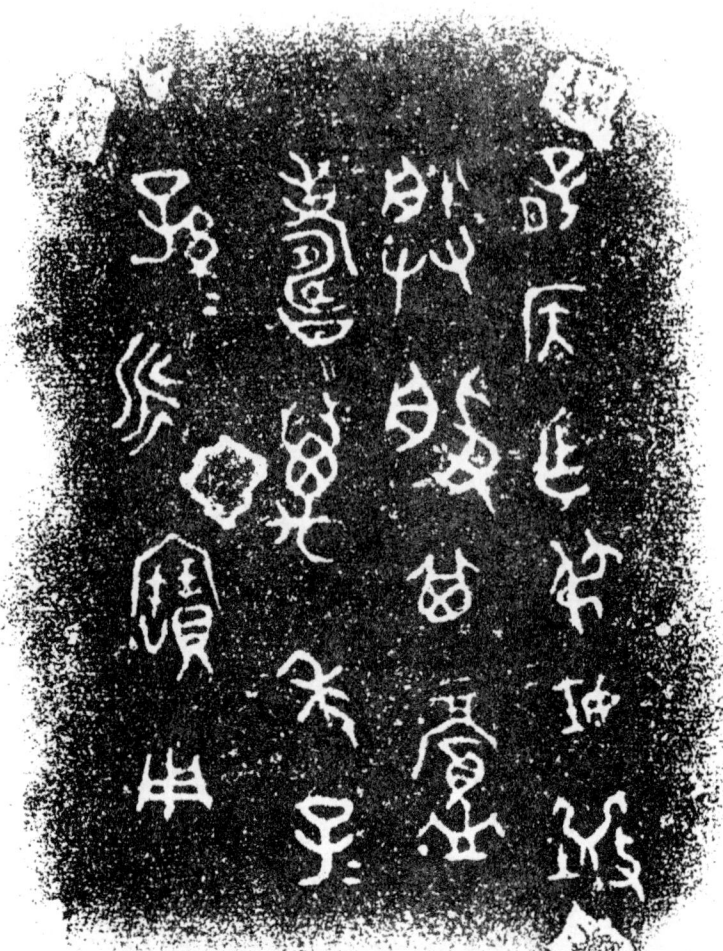

薛侯盤

10133

薛侯乍（作）叔妊襄
朕（媵）般（盤），其眉
壽萬年，子子
孫孫永寶用

□仲盤

10134

欣（掀）仲鬻（窔）履
用其吉金，
自乍（作）寶盤，
子子孫孫，其永
用之

尋仲盤

鄩仲賸(媵)仲女子寶般(盤)，其邁(萬)年無疆，子子孫孫永寶用

10135

番君伯歡盤

唯番君伯歡（攏）用其青金，自萬年，子孫永用之享

10136

中子化盤

中子化用保楚王，用征梠（莒），用擇其吉金，自乍（作）監（浣）盤

10137

曾師季𩊚盤

曾師季𩊚(芾)用
其士(吉)金，自乍(作)寶
般(盤)，用孝用享，
用祈寤(福)無疆

10138

番□伯者君盤

唯番昶伯者
君，自乍(作)寶般(盤)，
其萬年，子子孫
永寶用享

10139

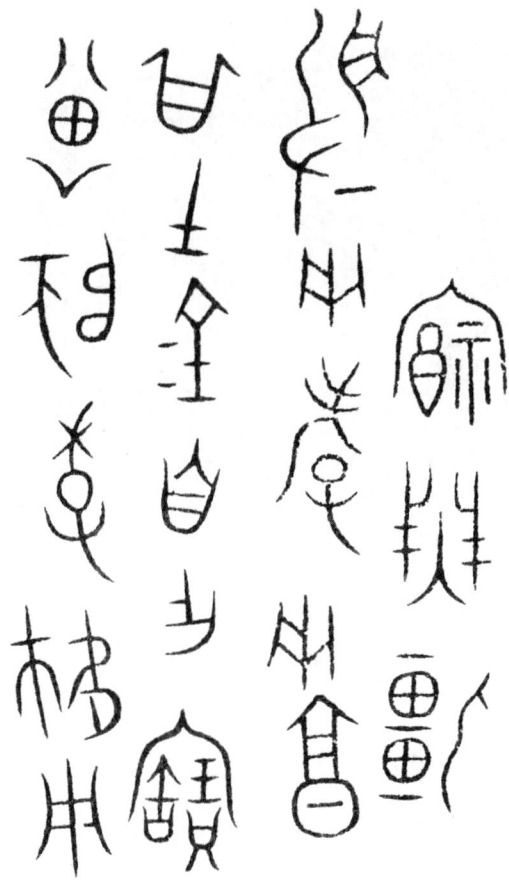

番□伯者君盤

10140

唯番袒伯者君用其吉金，自乍（作）旅盤，子孫永寶用之

句它盤

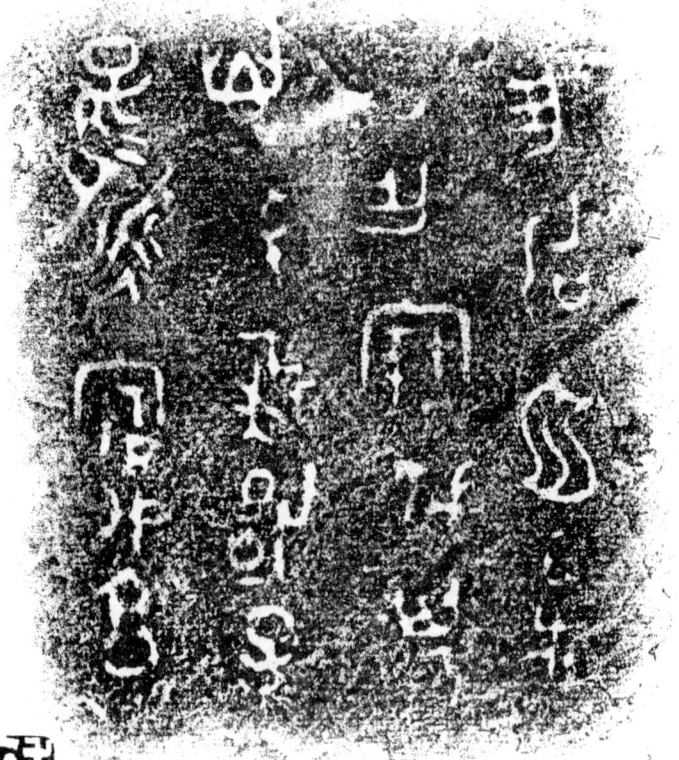

10141

唯句它□□（自）乍（作）寶般（盤），其萬年無疆，子子孫孫，永寶用享

齊叔姬盤

10142

齊叔姬乍（作）孟庚寶般（盤），其萬年無疆，子子孫孫，永受大福用

般仲柔盤

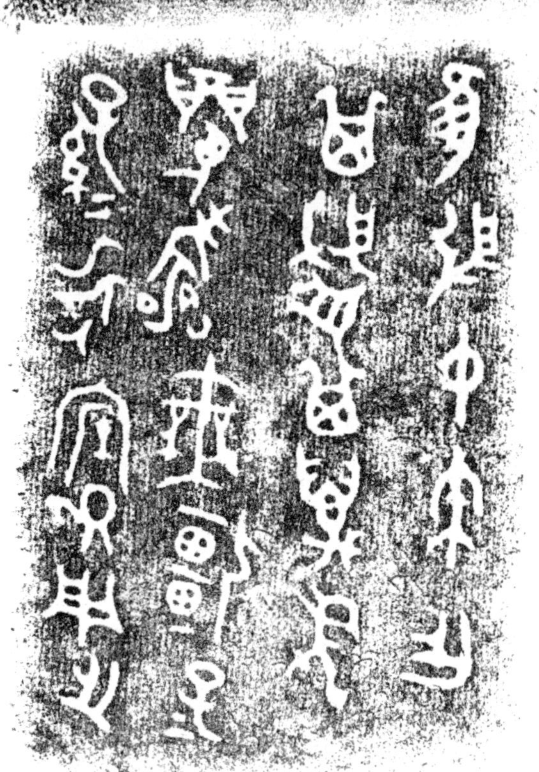

10143

唯般仲柔乍（作）其盤，其萬年，眉壽無疆，子子孫孫，永寶用之

曹公盤

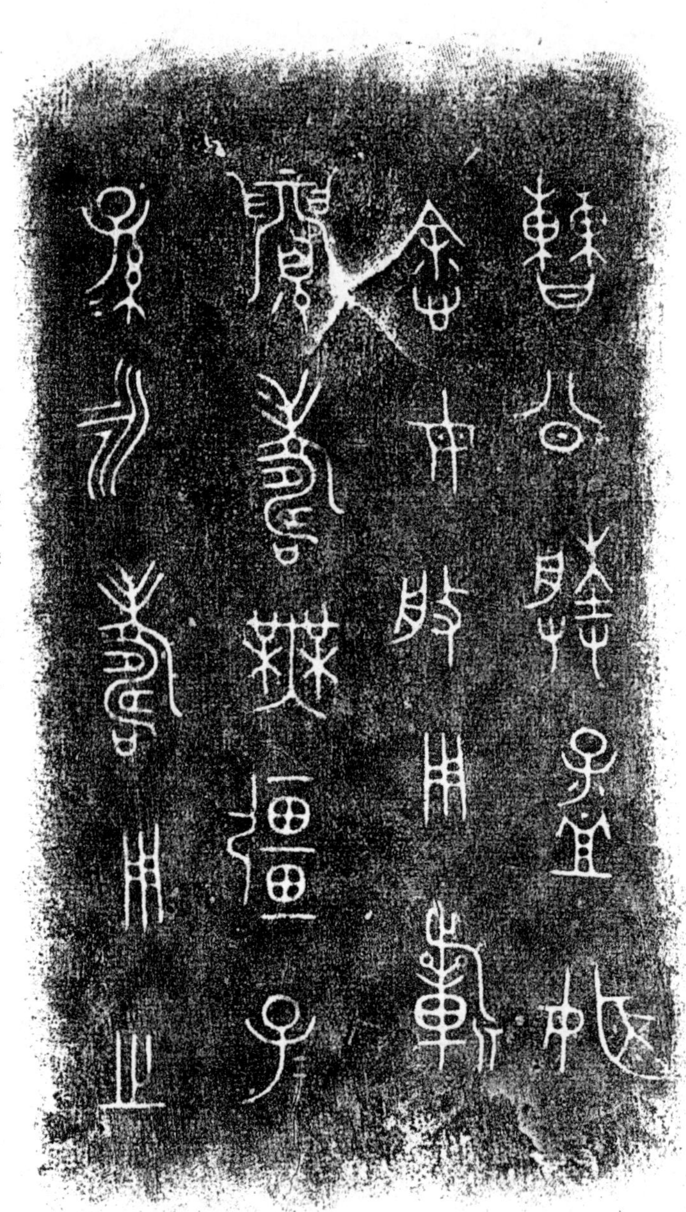

曹公塍（媵）孟姬
悆母般（盤），用祈
眉壽無疆，子子
孫孫，永壽用之

10144

毛叔盤

毛叔朕（媵）彪氏
孟姬寶般（盤），其
萬年，眉壽無
疆，子子孫孫永保用

10145

黃韋俞父盤

唯正月初吉庚
申，黃韋俞父自
乍(作)飤器，子子孫孫，其永用之

10146

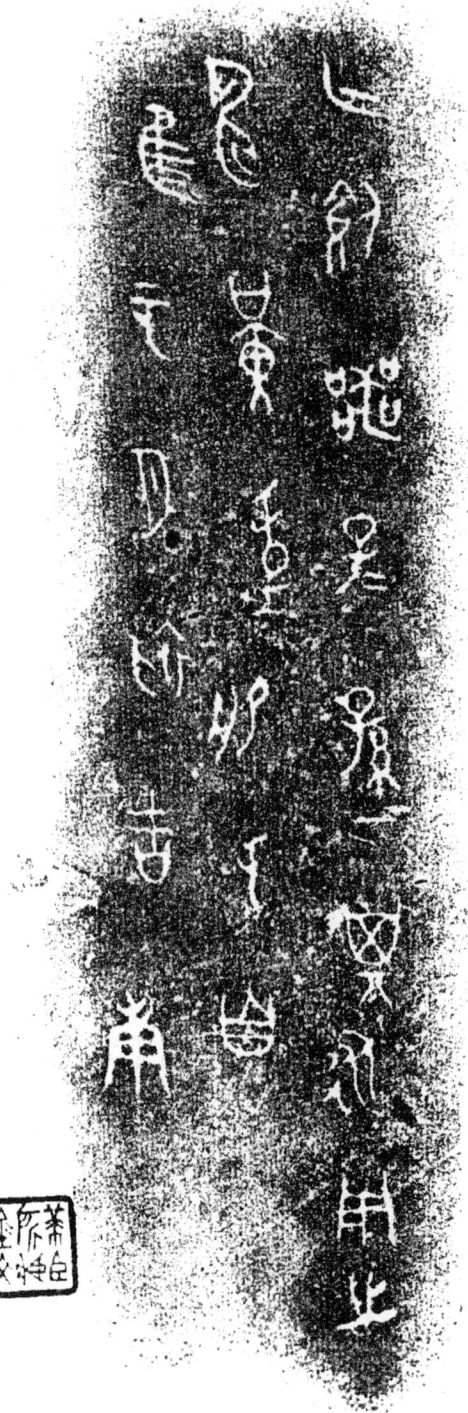

齊縈姬盤

齊縈姬之嬗（姪），乍（作）寶般（盤），其眉壽，萬年無疆，子子孫孫，永保用享

10147

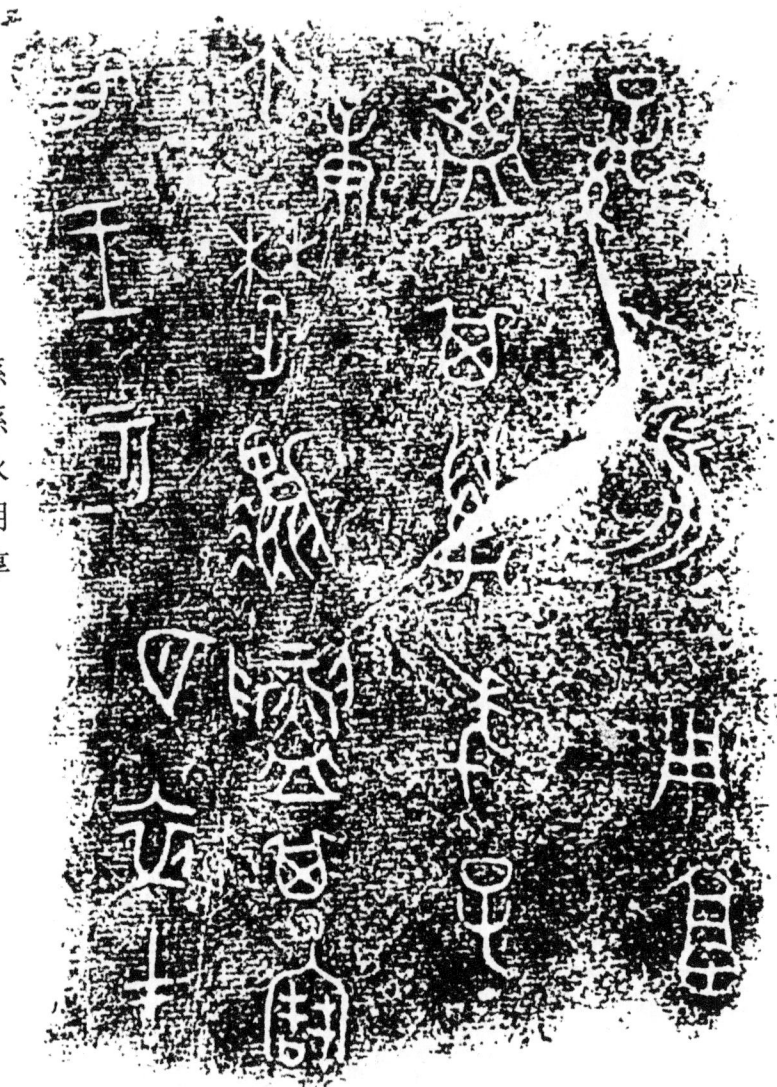

楚嬴盤

唯王二月，初吉

庚午，楚嬴鑄其寶

盤，其萬年，子子

孫孫永用享

10148

嚣伯盘

唯正月初吉庚午，嚣伯塍（媵）嬴尹母鬵（沬）盘，其萬年，子子孫永用之

10149

□右盤

唯□右自乍（作）用
其吉金寶般（盤），迺
用萬年，子子孫孫，永
寶用享，（永）用之

10150

齊大宰歸父盤

霝（靈）命難老
台（以）祈眉壽，
爲忌沬（沬）盤，
宰歸父𠂤
丁亥，齊大（太）
唯王八月

10151

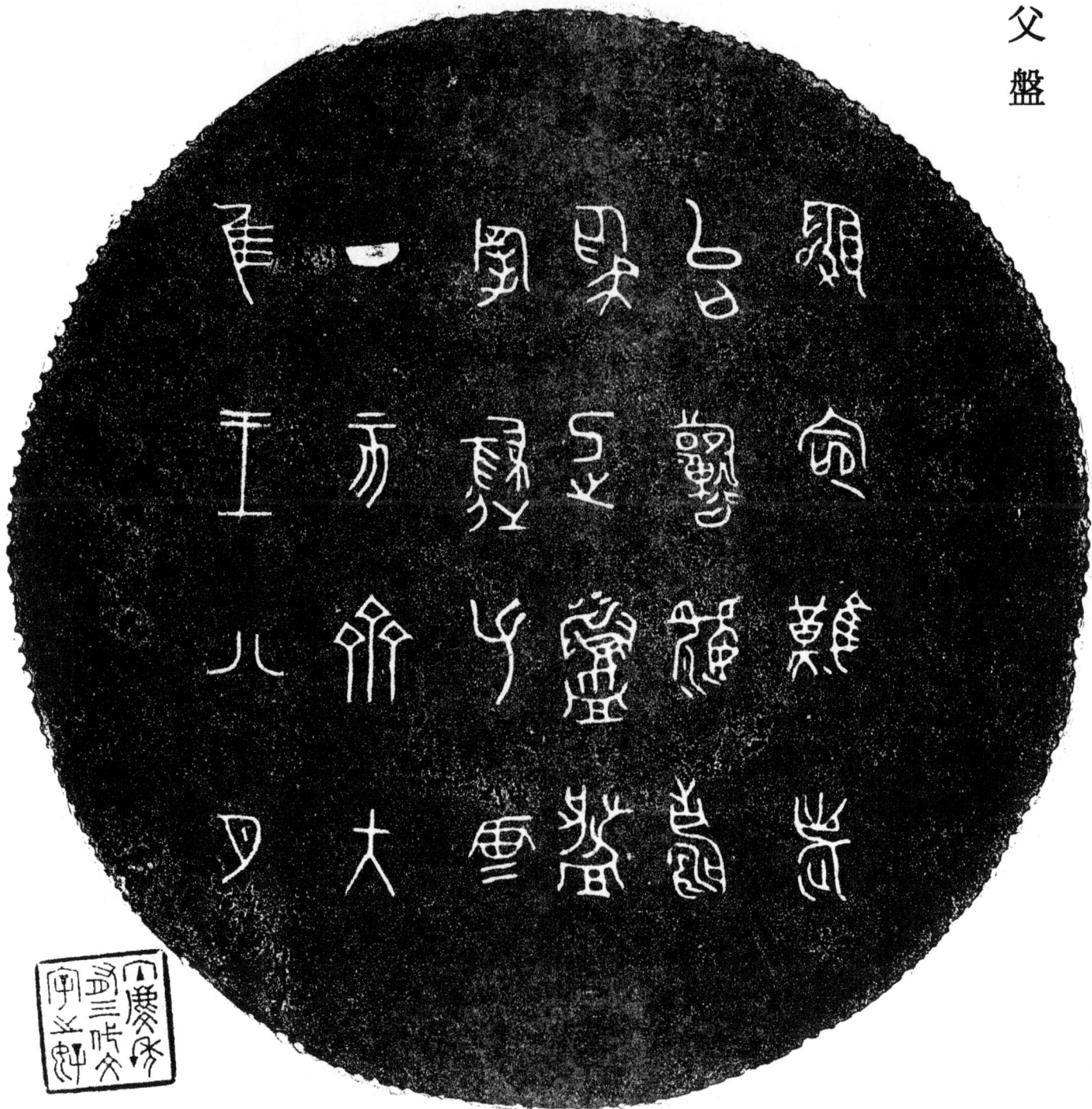

宗婦鄁嬰盤

王子剌公之
宗婦鄁（鄁）嬰，爲
宗彝鬵彝，永
寶用，以降大
福，保辥（嬖）鄁（鄁）國

10152

□孫奎母盤

十月乙酉，侃
孫奎母乍（作）
姒寶般（盤），用祈
眉壽，其子
孫永保用之

10153

魯少嗣寇盤

魯少（小）嗣寇垟（封）
孫宅（庀），乍（作）其子
孟姬嫛朕（媵）盤
也（匜），其眉壽萬
年，永寶用之

10154

湯叔盤

唯正月初吉壬午，
埜（棠）湯叔伯氏荏鑄
其尊，其萬年無
疆，子子孫孫，永寶用之

10155

曾子伯夻盤

唯曾子伯眈用

其吉金，自乍（作）旅

盤，其黃耇霝（靈）冬（終），

萬年無疆，子孫

永寶用享

10156

陳侯盤

唯正月初吉
丁亥，敶（陳）侯乍（作）
王仲嬀㛸（𡢁）母
塍般（盤），用祈眉
壽，萬年無
疆，永壽用之

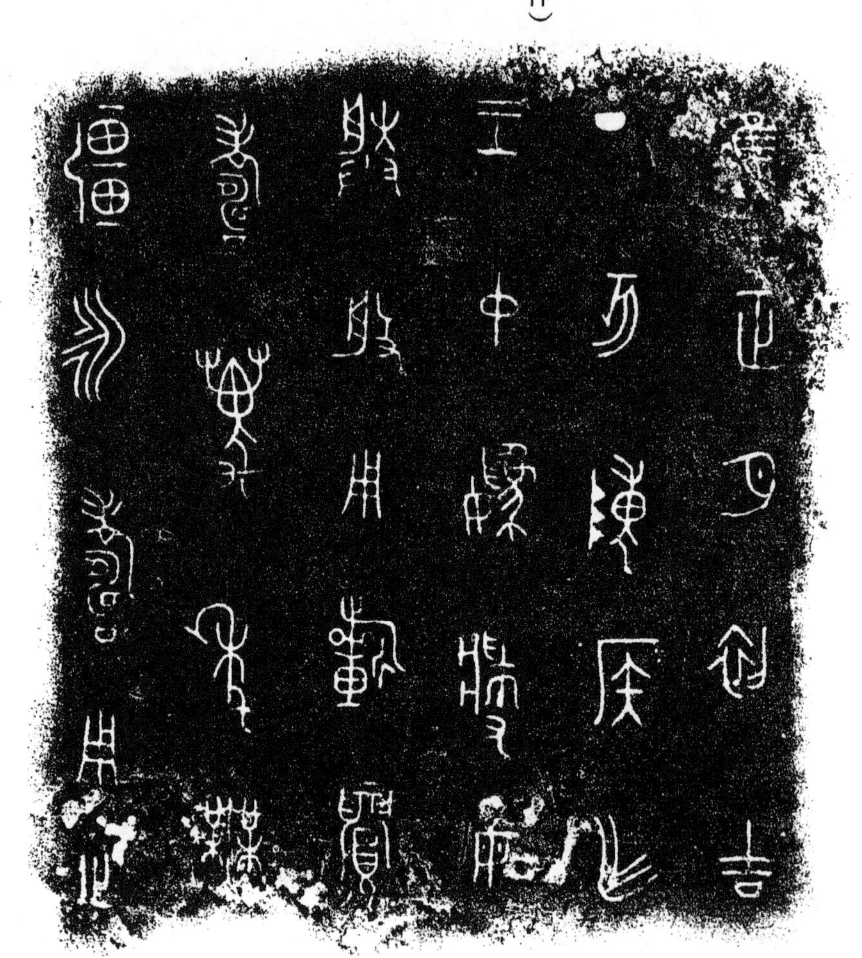

10157

楚王酓忎盤

楚王酓（熊）忎（悍）戰獲兵銅，正月吉日，窒（室）鑄少（小）盤，以共（供）歲祟（嘗），

10158.2

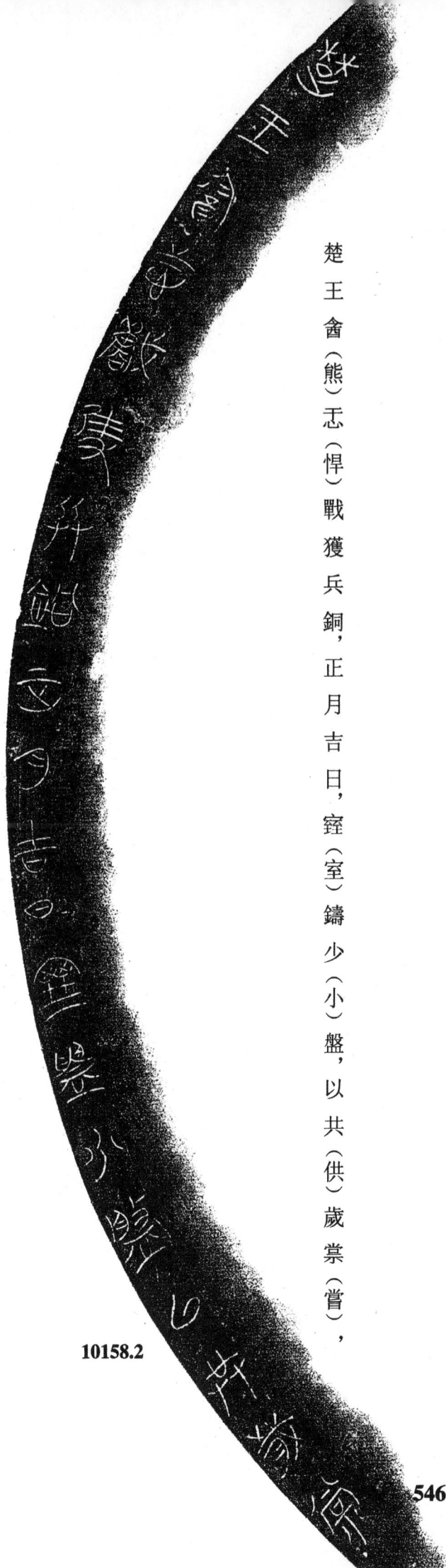

冶師紹圣、差（佐）陳共爲之

10158.1

齊侯盤

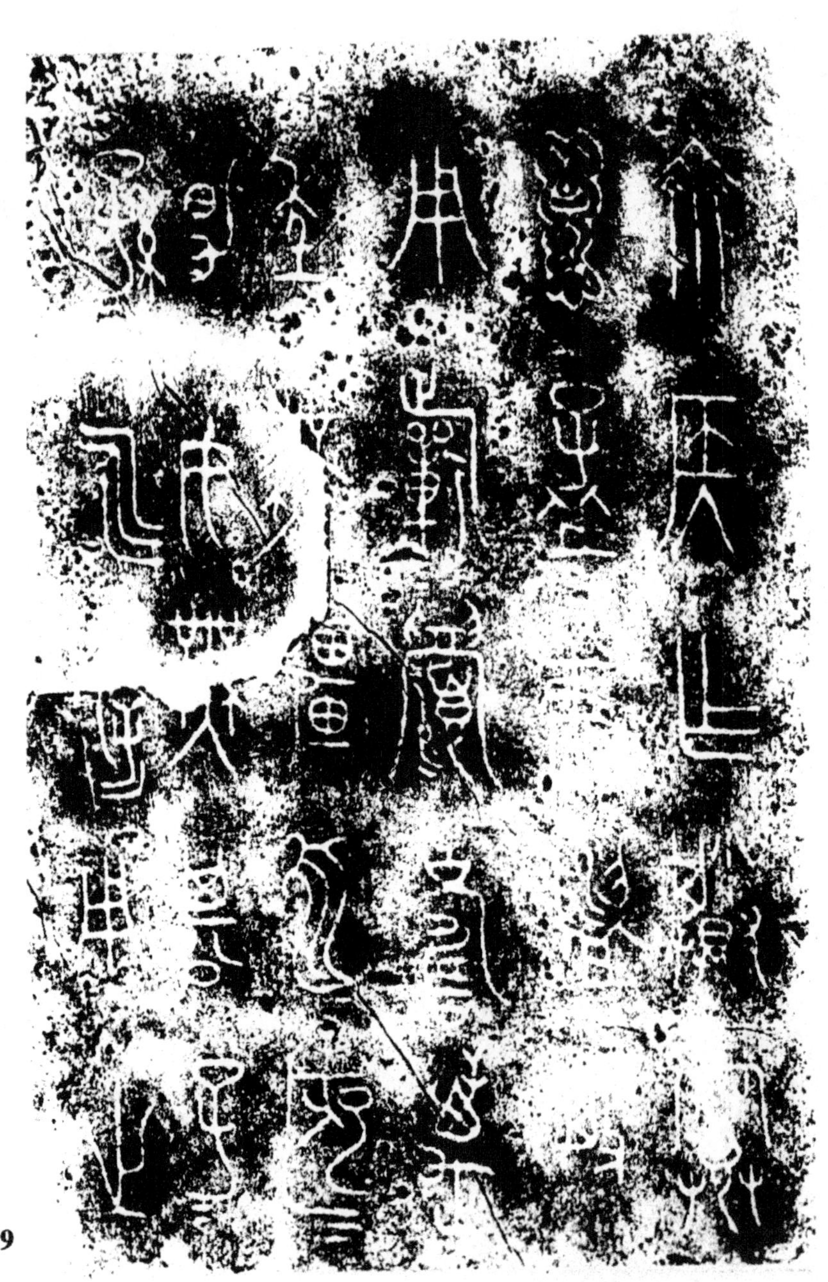

齊侯乍（作）賸（媵）寬
圓孟姜盥般（盤），
用祈眉壽，邁（萬）
年無疆，它它（施施）配配（熙熙），
男女無期，子子
孫孫，永保用之

10159

伯戔盤

唯正月初吉丁亥，邛（江）仲之孫伯戔，自乍（作）顯（沫）盤，用祈眉壽，邁（萬）年無疆，子子孫孫，永寶用之

10160

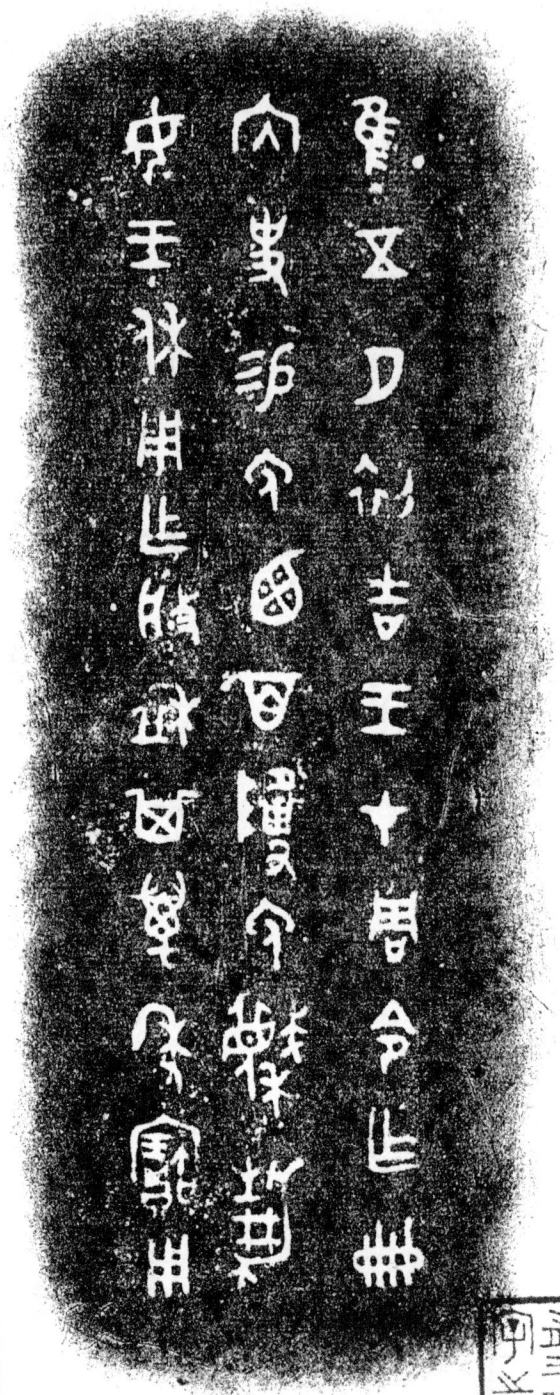

免盤

唯五月初吉，王在周，令乍（作）册
內史賜免鹵百陾，免𧽊（蔑）静
女王休，用乍（作）般（盤）盉，其萬年寶用

10161

黄大子伯克盤

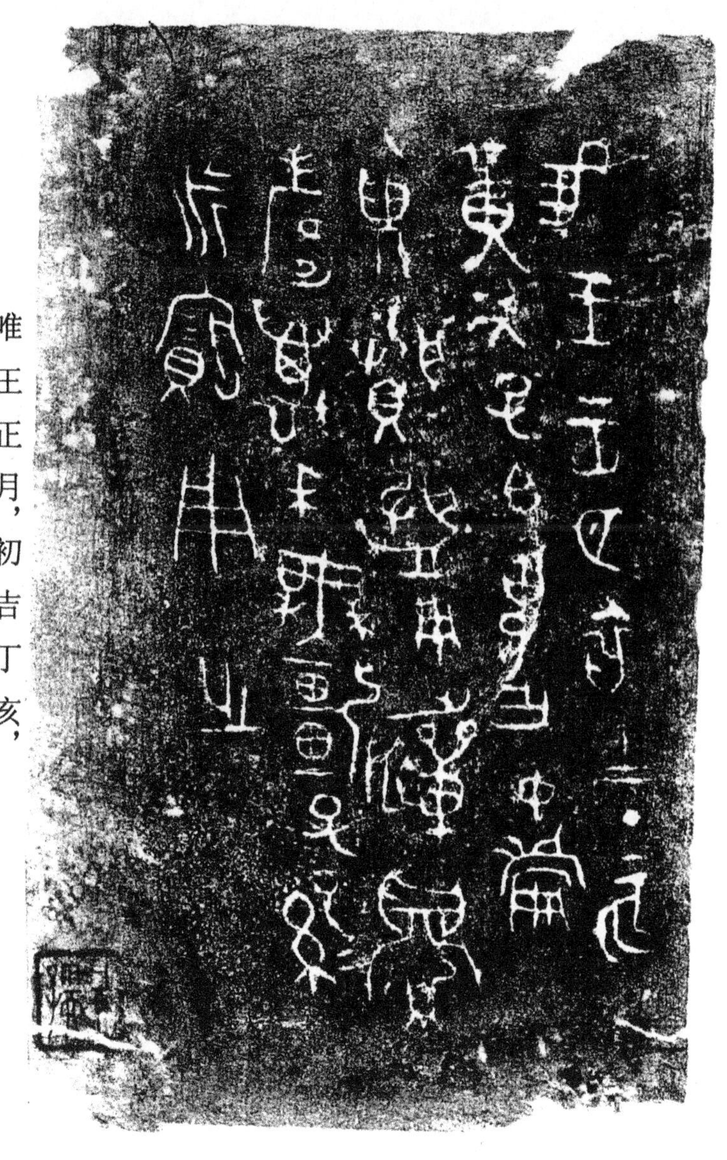

唯王正月，初吉丁亥，
黄大（太）子伯克，乍（作）仲嬴
𠂤賸（媵）盤，用祈眉
壽，萬禾（年）無疆，子子孫孫，
永寶用之

10162

夆叔盤

唯王正月，初吉丁
亥，夆（逢）叔乍（作）季妃盥
般（盤），其眉壽萬年，永
保其身，它它（施施）巸巸（熙熙），壽老
無期，永保用之

10163

圅皇父盤

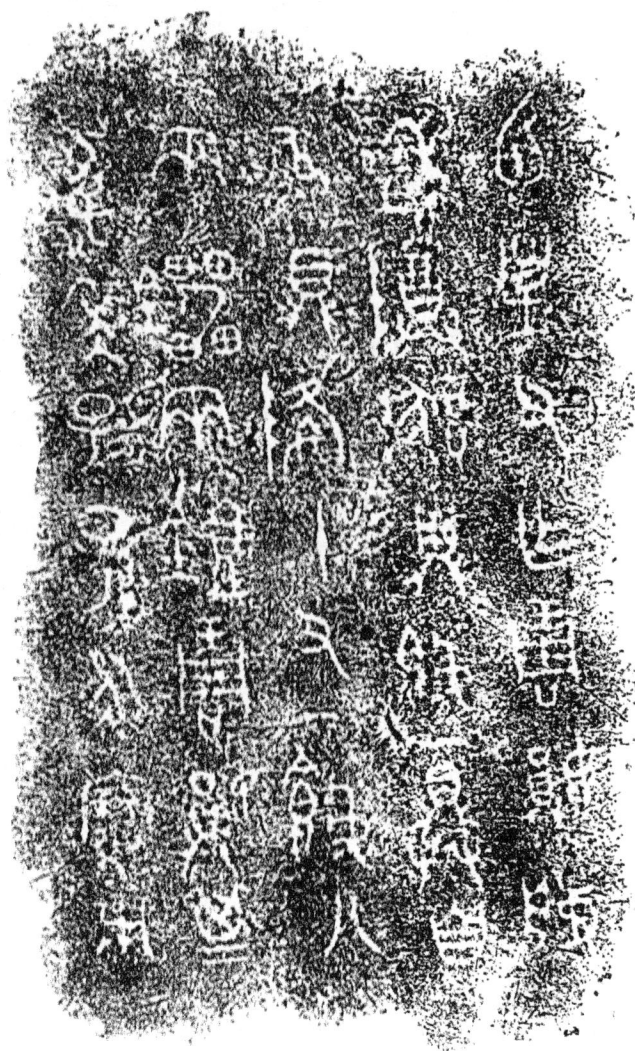

圅皇父乍（作）琱娟（妘）般（盤）盉尊器，鼎𣪘一具，自豕鼎降十又一，𣪘八、兩罍、兩壺，琱娟（妘）其萬年，子子孫孫永寶用

10164

者尚余卑盤

唯王正月，初吉丁亥，者尚
余卑□於郳(即？)擇其吉
金，自乍(作)鑄其般(盤)，用祈
眉壽，萬年無疆，
子子孫孫，永寶用之

10165

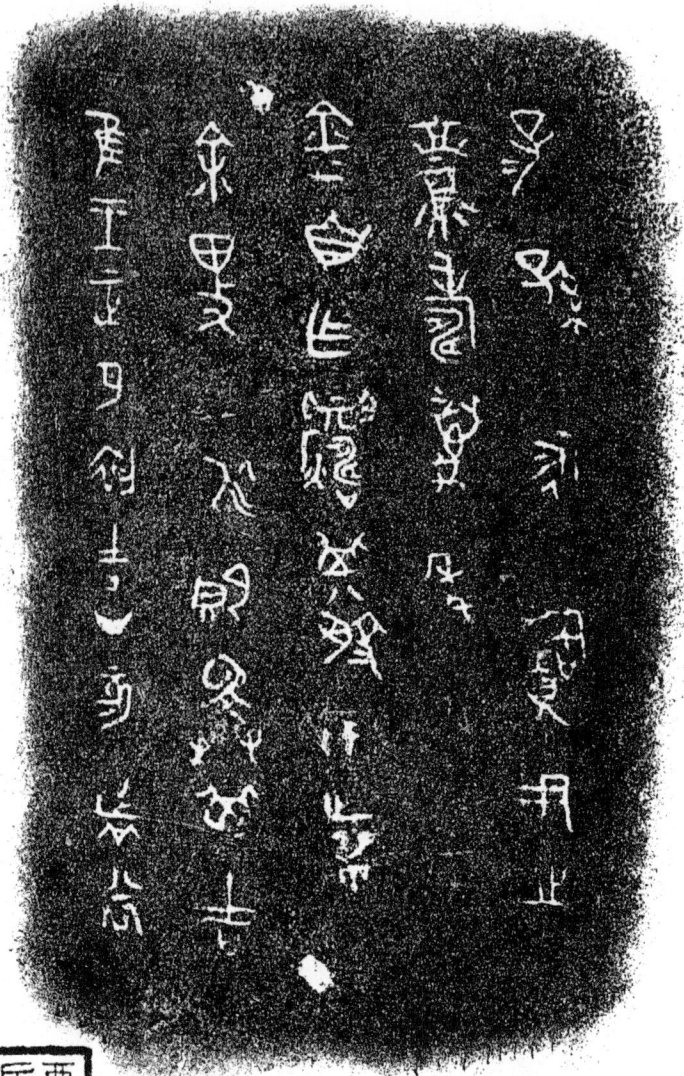

鮮盤（毁）

唯王卅又四祀，唯五月
既朢戊午，王在𦎫京，啻（禘）
于𤩰（昭）王，鮮𧨈（蔑）曆，祼王𩰫，
祼玉三品，貝廿朋，對王
休，用乍（作），子孫其永寶

10166A

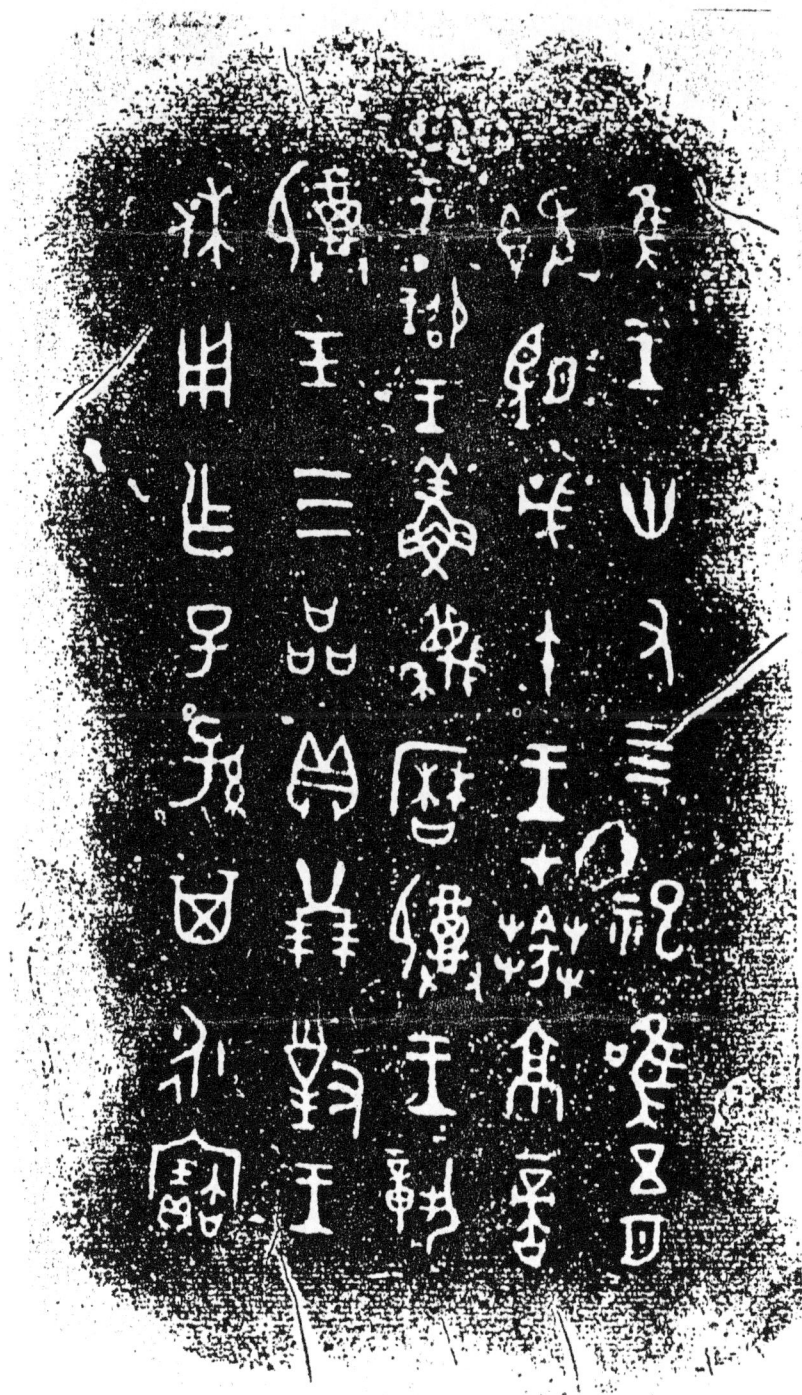

10166B

䜌伯盤

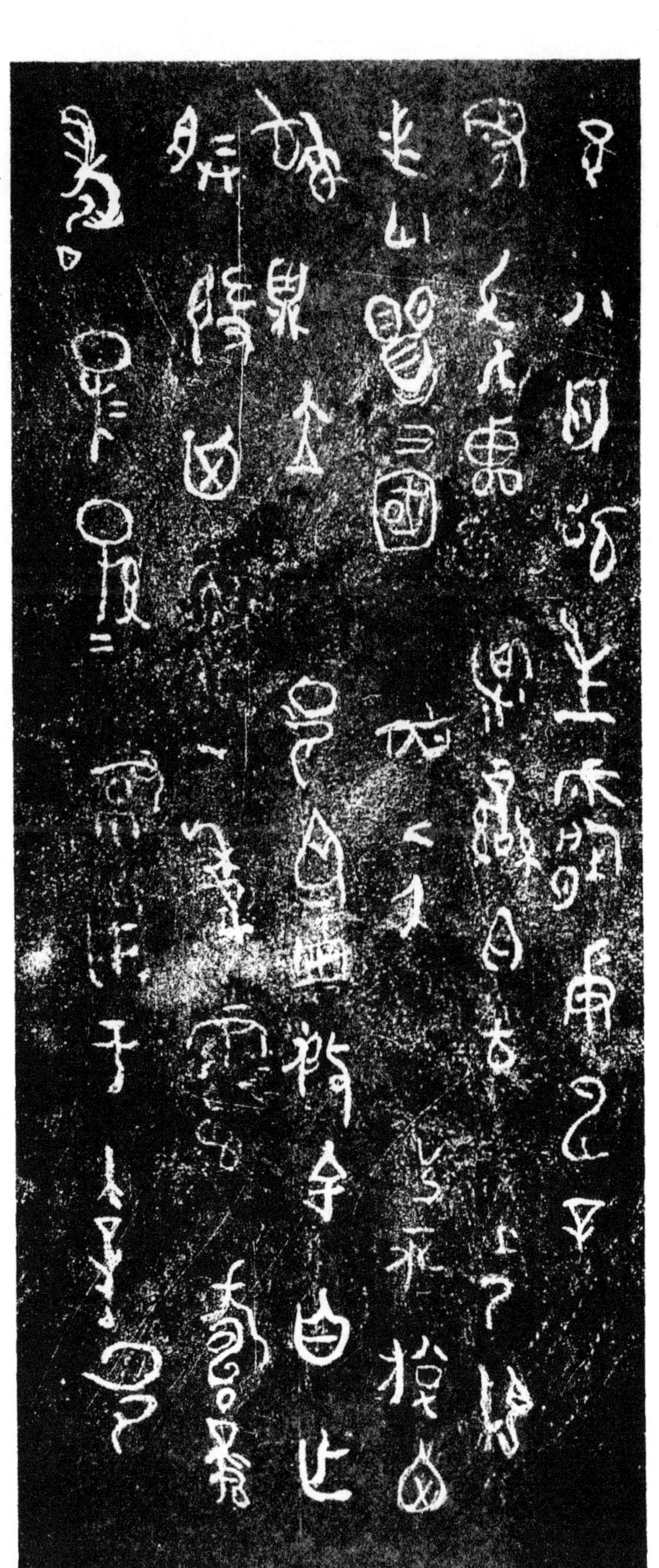

10167

唯八月既生霸庚申，辛□□
胃□[glyph]□[glyph]，䜌伯方□邑，印
[glyph](寿)山，睗(賜)三國，□內(入)吳，□□□亟旃西
□，鼎立，□邑百，□攸(鋚)金，自乍(作)
朕(浣)般(盤)，其萬年眉壽、黃
耇，子子孫孫，寶用于[glyph](新)邑

守宮盤

唯正月既生霸乙未，王
在周，周師光守宮事，祼周
師不（丕）䃳（丕），賜守宮絲束、蘆（苴）
䴙（幕）五、蘆（苴）萓（㠩、冪）二、馬匹、毳希（布）
三、專（專、團）倴（篷）三、銮（琜）朋，守宮對
揚周師釐，用乍（作）祖乙尊，
其亙（百）世子子孫孫永寶用，勿遂（墜）

10168A

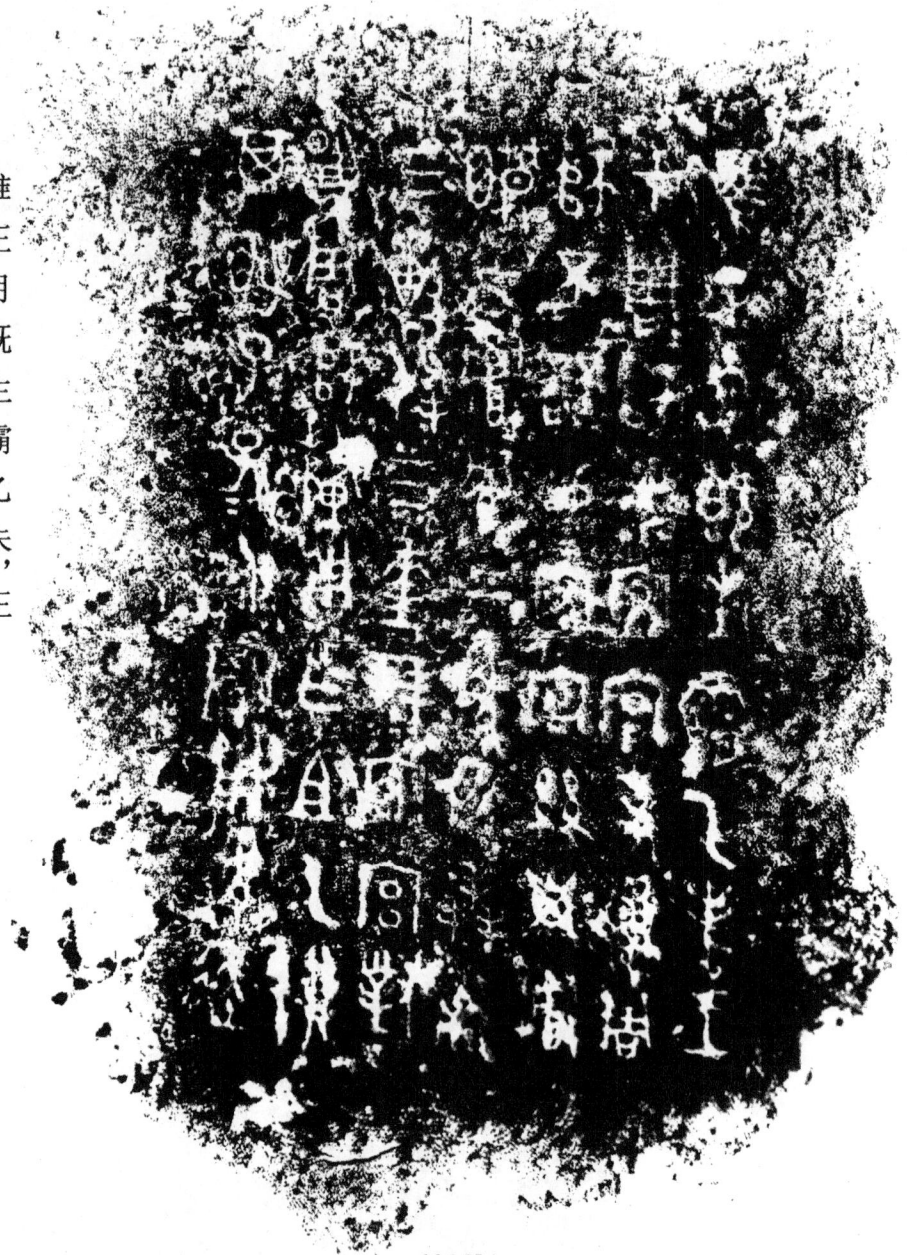

唯正月既生霸乙未，王
在周，周師光守宮事，祼周
師不（丕）䃾（丕），賜守宮絲束、蘆（苴）
䕠（幕）五、蘆（苴）萺（冟、冪）二、馬匹、毳希（布）
三、専（專、團）俸（篷）三、銮（琜）朋，守宮對
揚周師釐，用乍（作）祖乙尊，
其亗（百）世子子孫孫永寶用，勿遂（墜）

10168B

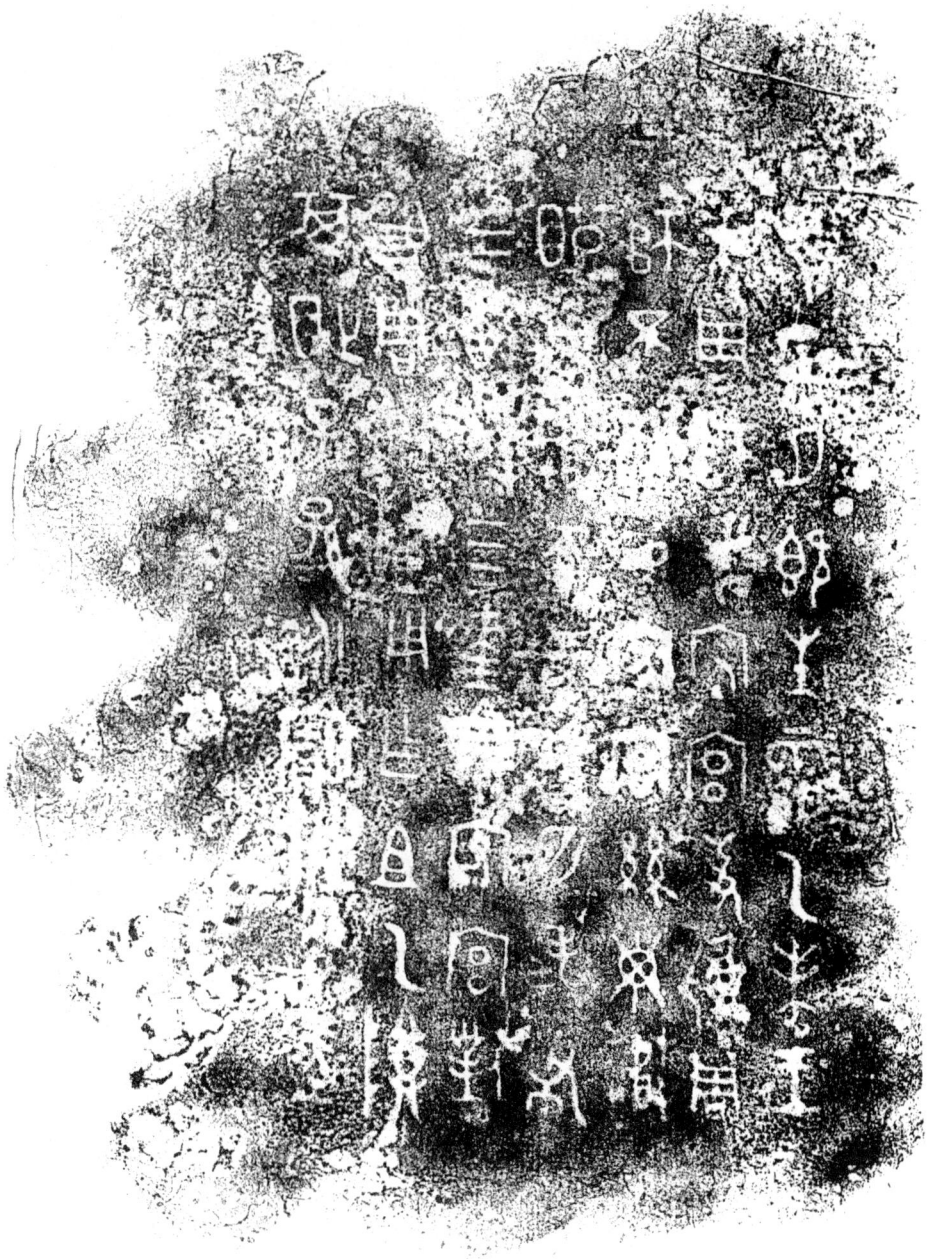

呂服余盤

唯正二月，初吉甲寅，備仲
內（入）右（佑）呂服余，王曰：服余，令（命）
女（汝）敷（㪅、更）乃祖考事，疋（胥）備仲嗣
六師服，賜女（汝）赤巿（芾）、幽黄（衡）、鋚勒、
旂，呂服余敢對揚天（子）不（丕）顯休
令（命），用乍（作）寶般（盤）盉，其子子孫孫永寶用

10169

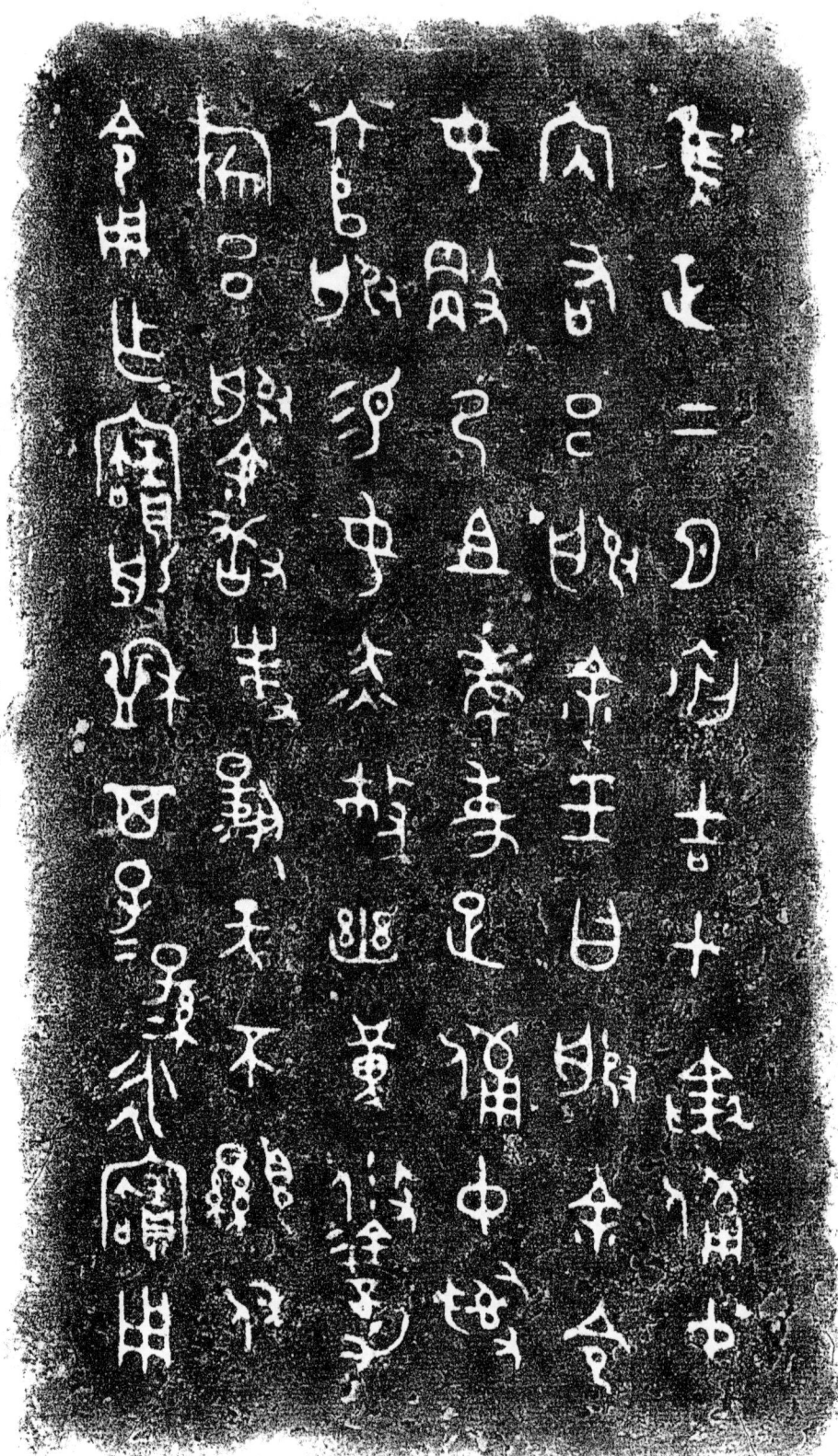

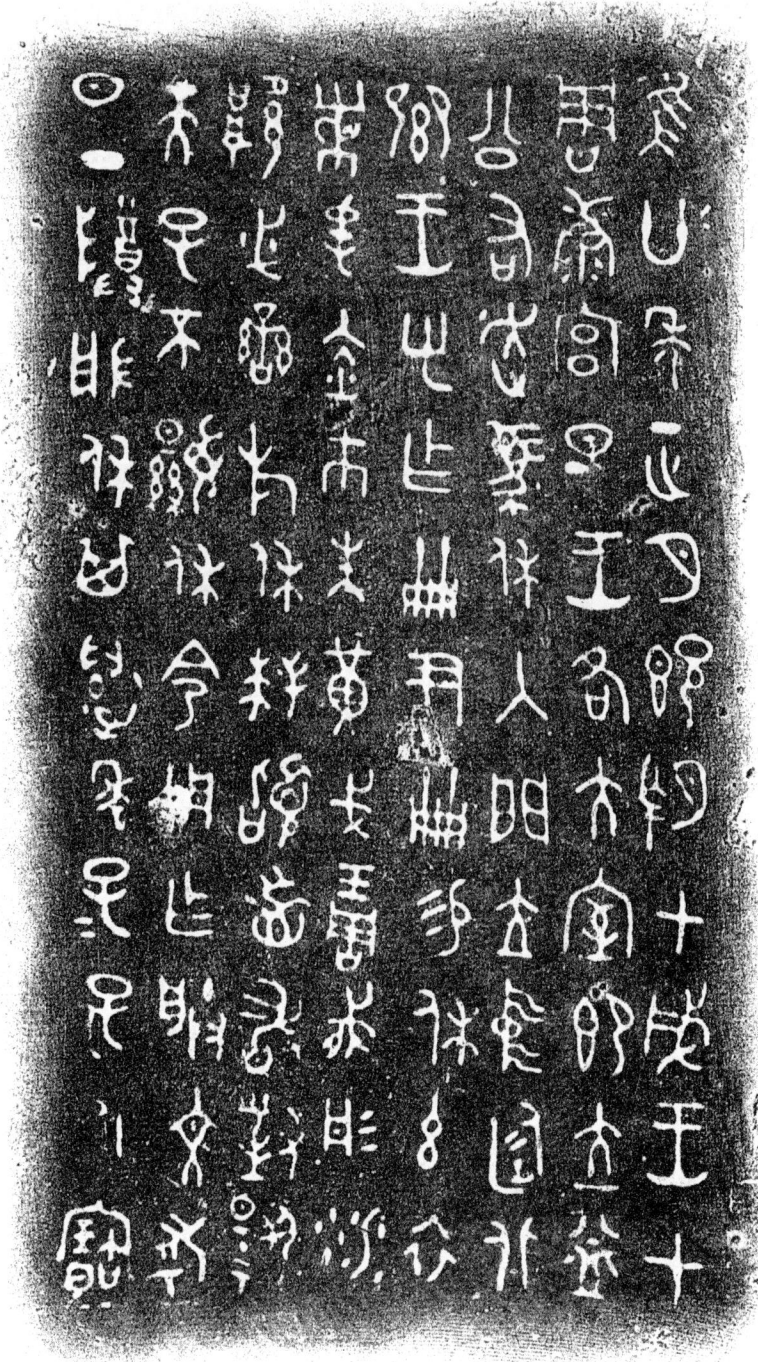

走馬休盤

10170

唯廿年正月既望甲戌，王在
周康宮，旦，王各大室，即立（位），益
公右（佑）走（趣）馬休，入門，立中廷，北
鄉（嚮），王乎乍（作）册尹册賜休：玄衣
黹屯（純）、赤芾、朱黄（衡）、戈琱㦸、彤沙（蘇）、
厚（厚）必（秘）、緣（鑾）旂，休拜䭫首，敢對揚
天子不（丕）顯休令（命），用乍（作）朕文考
日丁尊般（盤），休其萬年，子子孫孫永寶

蔡侯盤

原高二五厘米

10171

10171 釋文

元年正月，初吉
辛亥，蔡侯𪓰（申）虔
共（恭）大命，上下陟
否（否），歔（攝）敬不惕（易），肇
𨌥（佐）天子，用詐（作）大
孟姬嬇（媵）彝盤（盤），禋
享是台（以），祗盟嘗
啇（諦），祐受毋已，齋（齋）
叚（嘏）整諫（肅），籍（類）文王
母，穆穆亹亹（亹亹），悤（聰）憲訢
敭（揚），威義（儀）遊遊（優優），霝（靈）頌
託商，康諧穆好，
敬配吳王，不諱
考壽，子孫蕃昌，
永保用之，千歲
無疆

寰盤

10172

10172 釋文

唯廿又八年，五月既望庚
寅，王在周康穆宮，旦，王各大
室，即立（位），宰頵右（佑）寰，入門，立
中廷，北鄉（嚮），史黹受（授）王令（命）書，
王乎史淢册賜寰：玄衣黹
屯（純）、赤芾、朱黄（衡）、䜌（鑾）旂、攸（鋚）勒、戈
琱胾、歇（厚）必（柲）、彤沙（蘇），寰拜䭫首，
敢對揚天子不（丕）顯叚（遐）休令（命），
用乍（作）朕皇考奠（鄭）伯、奠（鄭）姬寶般（盤），
寰其邁（萬）年，子子孫孫永寶用

虢季子白盤

原高四九厘米

虢季子伯盤

隹(惟)十有二年正月初吉丁亥虢季子
白(伯)作寶盤不(丕)顯子白(伯)庸武于戎工
經維四方博伐玁狁于洛之陽折
首五百執訊五十是以先行趠趠子白(伯)獻
俘于王孔加(嘉)子白(伯)義王各(格)周廟宣
榭爰鄉王曰白(伯)父孔顯又(有)光王賜
乘馬是用左(佐)王賜用弓彤矢其央
賜用戉(鉞)用政(征)緣(蠻)方子子孫孫萬年無疆

10173

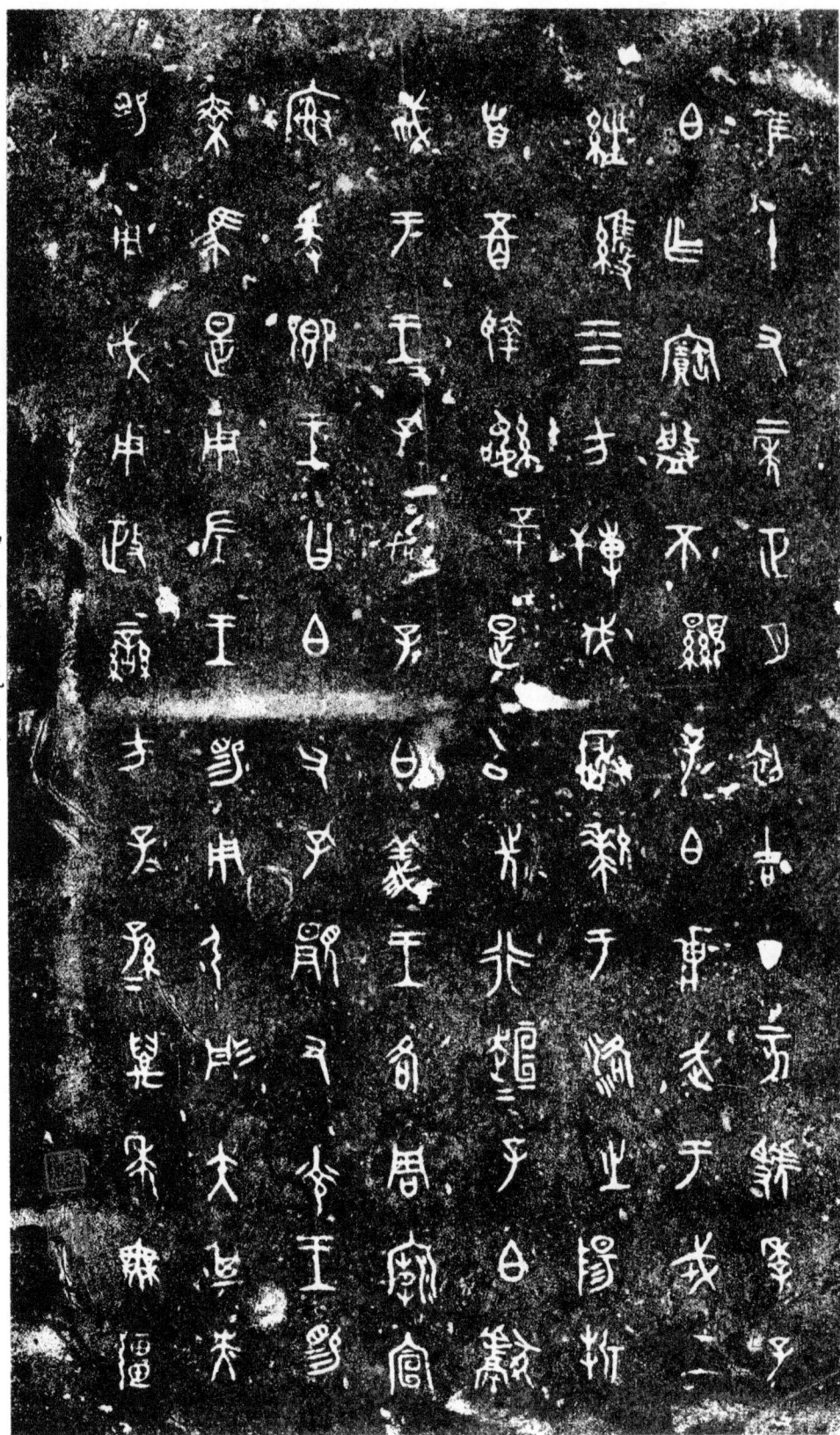

10173 釋文

唯十又二年，正月初吉丁亥，虢季子白乍（作）寶盤，不（丕）顯子白，壯武于戎工（功），經緻（維）四方，搏伐厰（玁）䡩（杭、狁），于洛之陽，折首五百，執訊五十，是以先行，𧻚𧻚（桓桓）子白，獻聝于王，王孔加（嘉）子白義，王各周廟宣𢋩，爰鄉（饗），王曰伯父，孔覭（景）又（有）光，王睗（賜）乘馬，是用左（佐）王，睗（賜）用弓，彤矢其央，睗（賜）用戉（鉞），用政（征）䜌（蠻）方，子子孫孫，萬年無疆

兮甲盤

10174

10174 釋文

唯五年三月，既死霸庚寅，
王初各（格）伐厰（玁）執（杭、狁）于嚣盧，兮
甲從王，折首執訊，休亡敃（愍），
王賜兮甲馬四匹、駒車，王
令甲政𤔲（嗣）成周四方責（積），至
于南淮尸（夷），淮尸（夷）舊我員（帛）晦人，毋
敢不出其員（帛）、其責（積）、其進人，
其責（積），毋敢不即師（次），即市，敢
不用令（命），則即井（刑）㲃（撲）伐，其唯
我者（諸）侯、百生（姓），厥貯（賈），毋不即
市，毋敢或入䜌（蠻）宄貯（賈），則亦
井（刑），兮伯吉父乍（作）般（盤），其眉壽，
萬年無疆，子子孫孫永寶用

史墻盤

原高三一厘米

10175

曰古文王，初𢽦(盭)龢于政，上帝降懿德大甹(屏)，

匍(撫)有上下，迨(會)受萬邦，䍙圉武王，遹征四方，

達殷畯民，永不(丕)巩(恐)狄虘(柤)，微伐尸(夷)童，憲聖

成王，左右綬(綏)紟剛鯀，用肇(肇)𢽾(徹)周邦，淵哲

康王，兮(勛)尹意(億)疆，弦(宏)魯卲(昭)王，廣敝楚荆，唯

寏(煥)南行，祇䫉(景)穆王，井(型)帥宇(訏)誨(謀)，䵼(申)寧天子，天子

圝(恪)屖(纘)文武長剌(烈)，天子釁(徽)無匄(害)，𩛩(褰)卬(邢、倂)上下，亟

獄逭(宣)慕(謨)，昊炤(照)亡哭(斁)，上帝司夒(擾)九保，受(授)天子

綰(寬)令(命)、厚福、豐年，方緣(蠻)亡不𠃊(踝)見，青幽高

祖，在微霝(靈)處，雩武王既𢦏殷，微史剌(烈)祖

迺來見武王，武王則令周公舍(捨)圂(宇)于周，卑(俾)處

甬，叀(惟)乙祖逨(弼)匹厥辟，遠猷腹心，子(茲)厤(納)粦

明，亞祖祖辛，𩁹毓(育)子孫，䋣(繁)猶(福)多孷(釐)，櫅(齊)角(祿)𤎂(熾)

光，義(宜)其禋(禋)祀，䬅(㝬、胡)犀(遲)文考乙公遽(競)趩(爽)，得屯(純)

無諫，農嗇(穡)戉(越)𣌭(曆)，唯辟孝畜(友)，史牆夙夜不

豙(墜)，其日蔑曆，牆弗敢取(抯、沮)，對揚天子不(丕)顯

休令(命)，用乍(作)寶尊彝，剌(烈)祖文考，弋(式)𡩜(貯)受(授)牆

爾(薾)𩪓(髗)福，褱(懷)猶(福)彔(祿)、黄耇、彌生，龕(堪)事厥辟，其萬年永寶用

散氏盘

原高四〇厘米

10176

用矢戠（撲）散邑，迺即散用田，眉（堳）自瀗涉以南，至于大沽（湖），一奉（封），以陟，二奉（封），至于邊柳，復涉瀗，陟雩，𠭯（徂）邍𨺅以西，奉（封）于敝城、楮木，奉（封）于芻逨（徠），奉（封）于芻迢，內陟芻，登于厂湶，奉（封）割析、𨺅陵、剛析，奉（封）于嘼道，奉（封）于原道，奉（封）于周道，以東，奉（封）于□（棹）東疆，右還奉（封）于眉（郿）道，以南奉（封）于□徠道，以西，至于唯（鳿）莫（墓），眉（堳）井邑田，自根木道，左至于井邑，奉（封），道以東一奉（封），還以西一奉（封），陟剛（崗）三奉（封），降以南，奉（封）于同道，陟州剛（崗），登析，降棫，二奉（封），矢人有嗣眉（堳）田：鮮、且、微、武父、西宮襄、豆人虞丂、彔、貞、師氏右省、小門人繇、原人虞艿、淮嗣工（空）虎孛、開豐父、唯（鳿）人有嗣、刑丂，凡十又五夫，正眉（堳）矢舍（捨）散田：嗣土（徒）屰亩、嗣馬嘼□、䚄人嗣工（空）駷君、宰德父，散人小子眉（堳）田：戎、微父、效𣐂（櫂）父、襄之有嗣橐、州𩫏（就）、焂從嵩（鬲），凡散有嗣十夫，唯王九月，辰在乙卯，矢卑（俾）鮮、且、𦋤旅誓，曰：我𣦼（既）付散氏田器，有爽，實余有散氏心賊，則爰（隱）千罰千，傳棄之，鮮、且、𦋤、旅則誓，迺卑（俾）西宮襄、武父誓，曰：我既付散氏溼田、牆（畛）田，余有爽䜌（變），爰（隱）千罰千，西宮襄、武父則誓，厥受（授）圖，矢王于豆新宮東廷，厥左執縷史正仲農

嬰匜

婐

10177

季姬匜

季姬乍（作）盉

10179

册䇫匜

册宁竹

10178

叔匜

叔乍（作）旅匜

10180

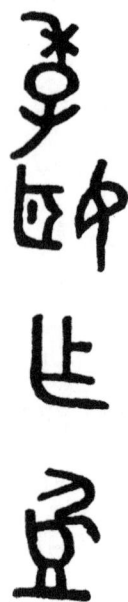

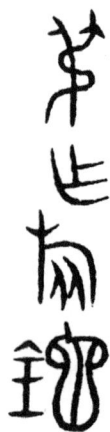

隽叔匜

鳧叔乍（作）旅也（匜）

10181.1

鳧叔乍（作）旅也（匜）

10181.2

宗仲匜

宗（崇）仲乍（作）
尹姞盉

10182

姞□母匜

姞□母
乍（作）旅匜

10183

作子□匜

乍(作)子□□也(匜)，永寶用

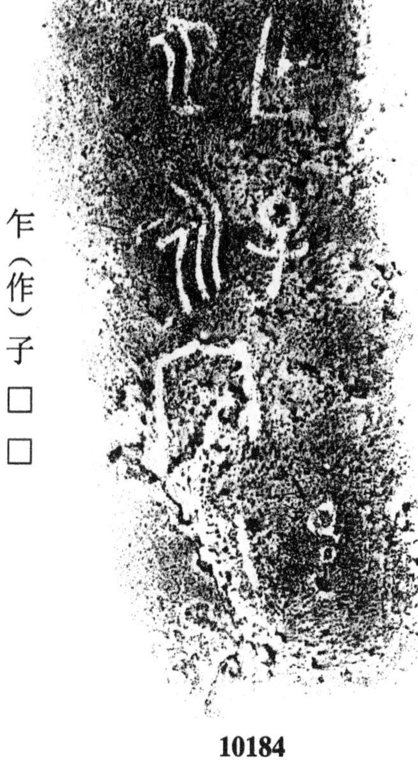

10184

作吳姬匜

自乍(作)吳姬賸(媵)也(匜)

10186

孟皇父匜

孟皇父乍(作)旅也(匜)

10185

魯士商䖒匜

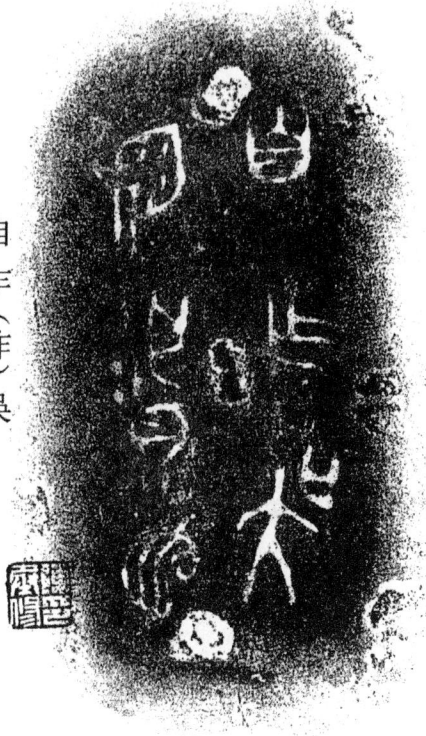

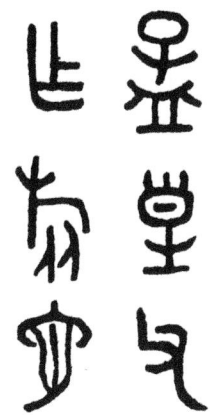

魯士商䖒乍(作)也(匜)

10187

郳湯伯匜

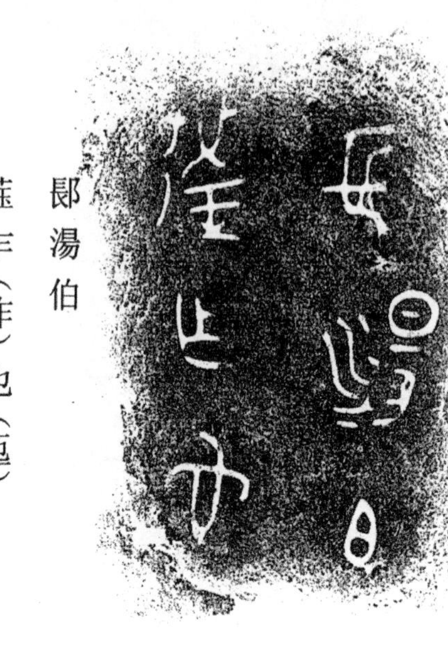

郳湯伯
茌乍(作)也(匜)

10188

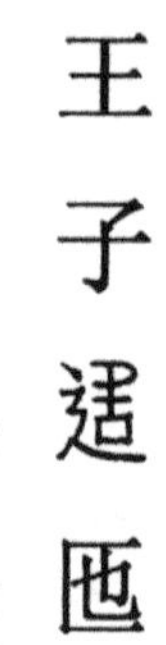

王子适匜

王子适
之遹(會)⿱甚皿(浣)

10190

蔡侯匜

蔡侯𩰫(申)
之盥匜

10189

作父乙匜

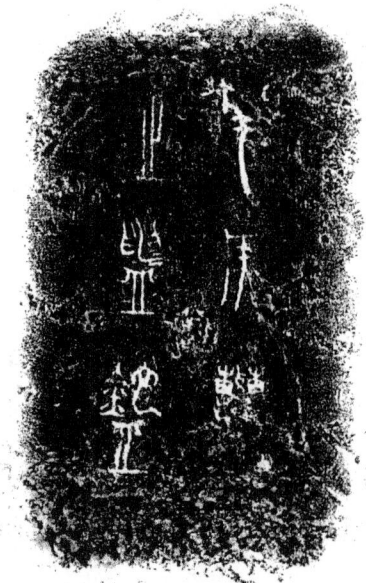

尊彝，冉
乍(作)父乙寶

10191

作中姬匜

虢季乍（作）中
姬寶也（匜）

10192

散伯匜

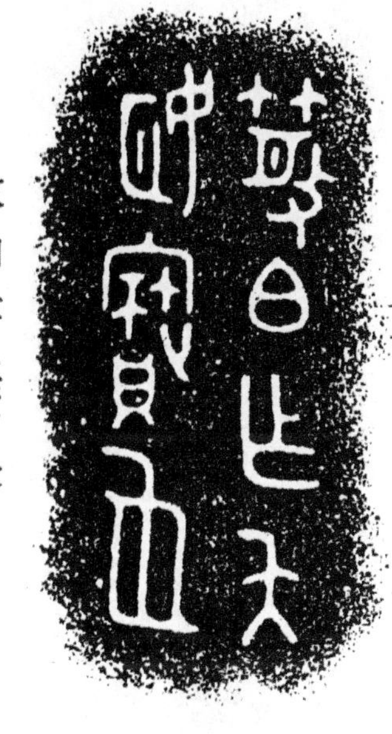

散伯乍（作）矢
姬寶也（匜）

10193

虖句丘匜

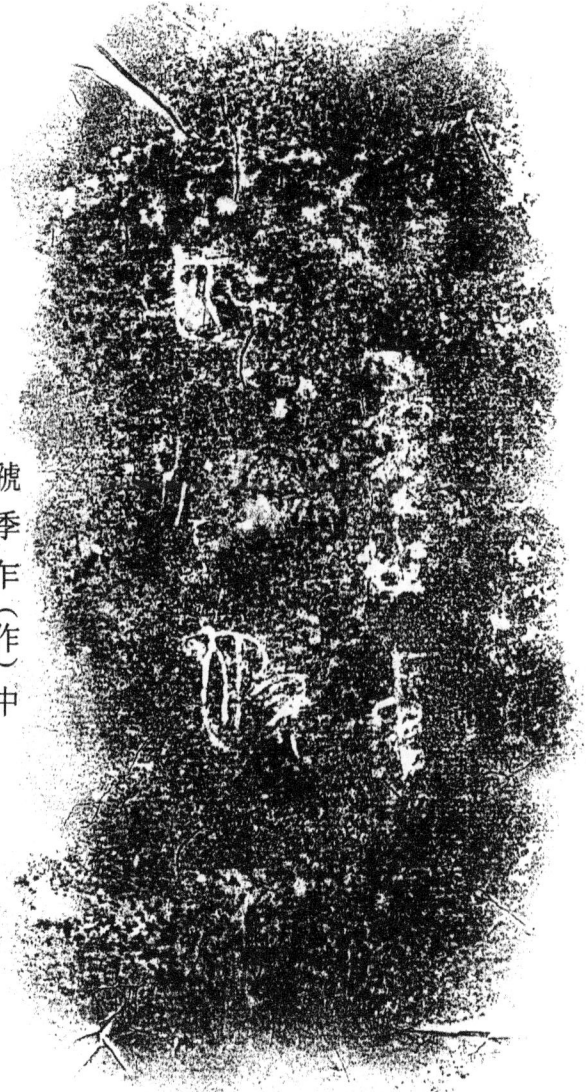

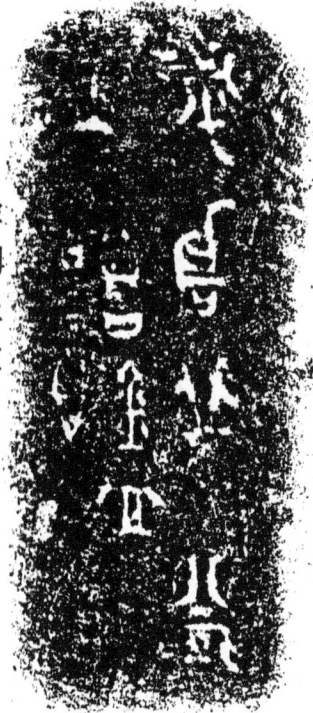

虖句丘堂
之鎗（會）鑘（浣）

10194

蔡侯匜

蔡侯乍(作)姬
單賸(媵)也(匜)

10195

蔡子匜

蔡子□自
乍(作)會□(匜)

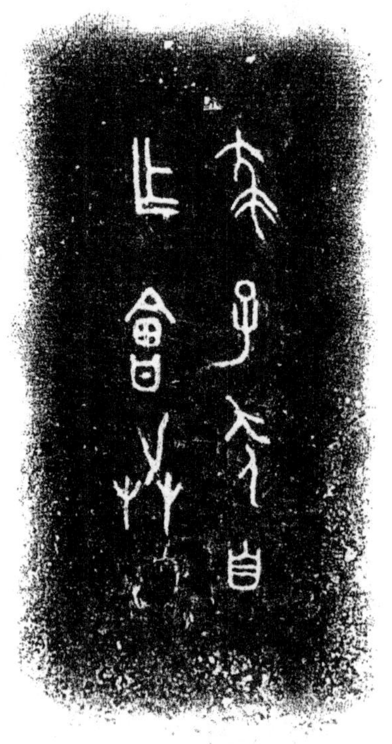

10196

曾侯乙匜

曾侯乙詐(作)
時(持)甬(用)冬(終)

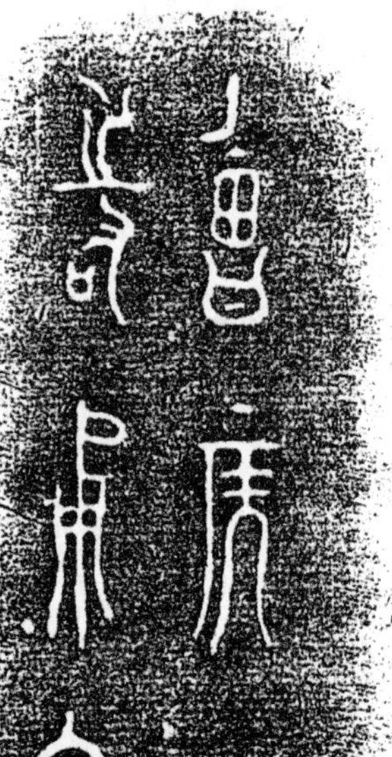

10197

曾侯乙匜

曾侯乙乍(作)
時(持)甬(用)冬(終)

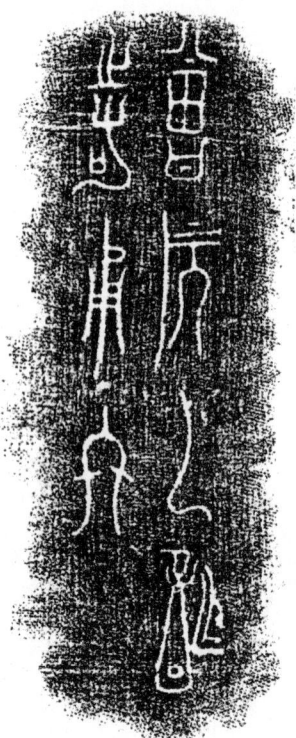

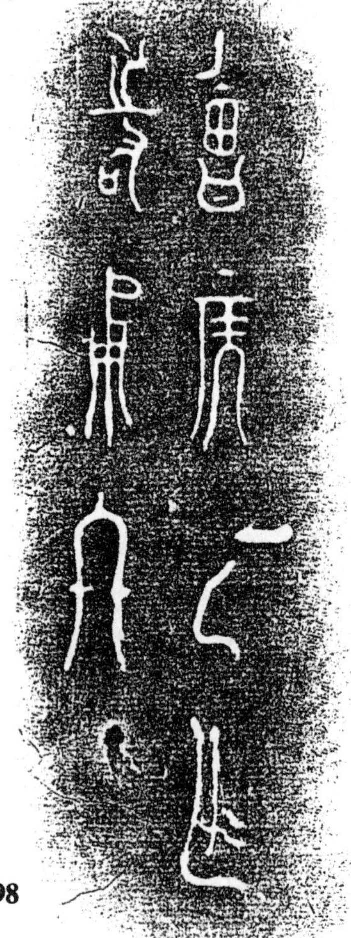

10198

鑄客匜

鑄客爲御鋞(駟)爲之

10199

伯庶父匜

伯庶父乍(作)肩(肩)，永寶用

10200

匽伯聖匜

匽伯聖乍(作)[illegible](工)也(匜)，永用

10201

[illegible]匜

(子)孫享
寶，其用
[illegible]姬乍(作)

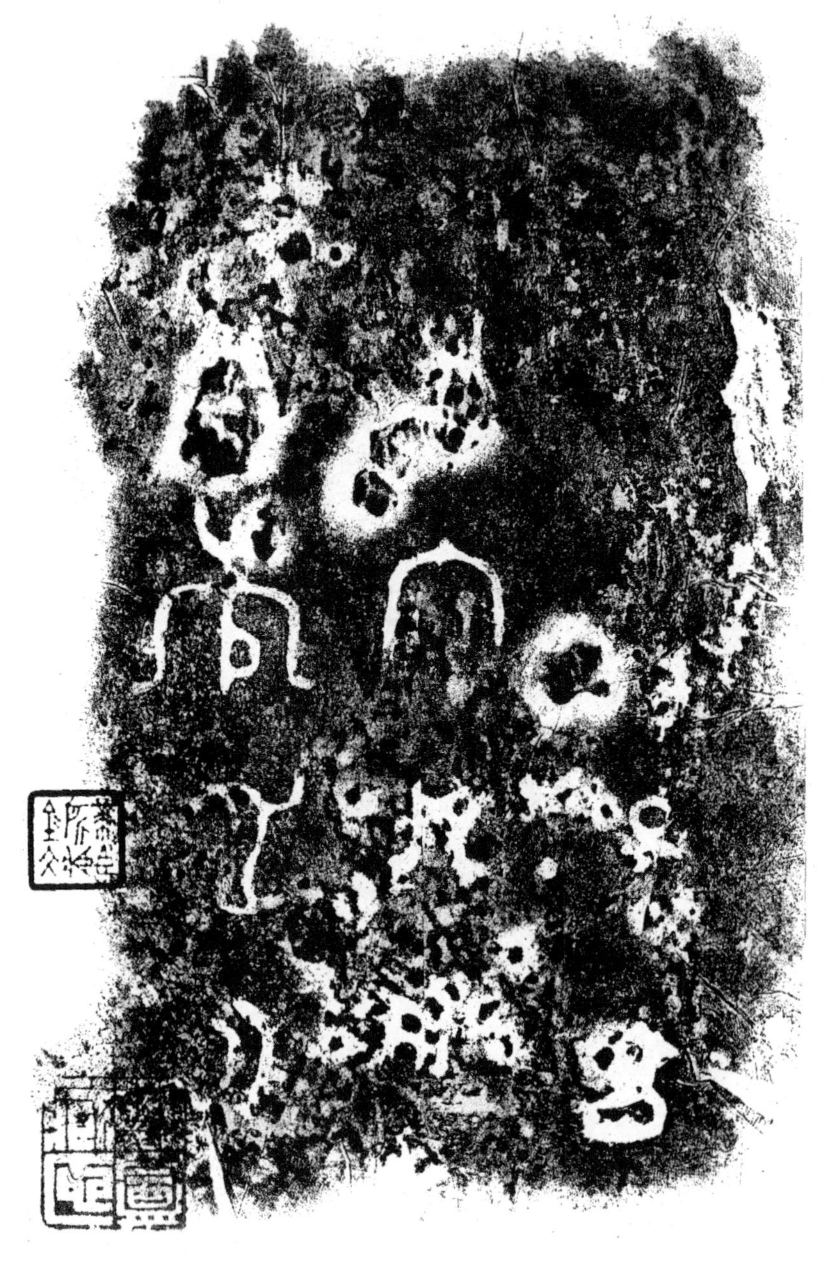

10202

叔□父匜

叔侯父乍(作)
姜□寶也(匜)

10203

鄭義伯匜

奠（鄭）義伯乍（作）季
姜寶也（匜）用

10204

鮴甫人匜

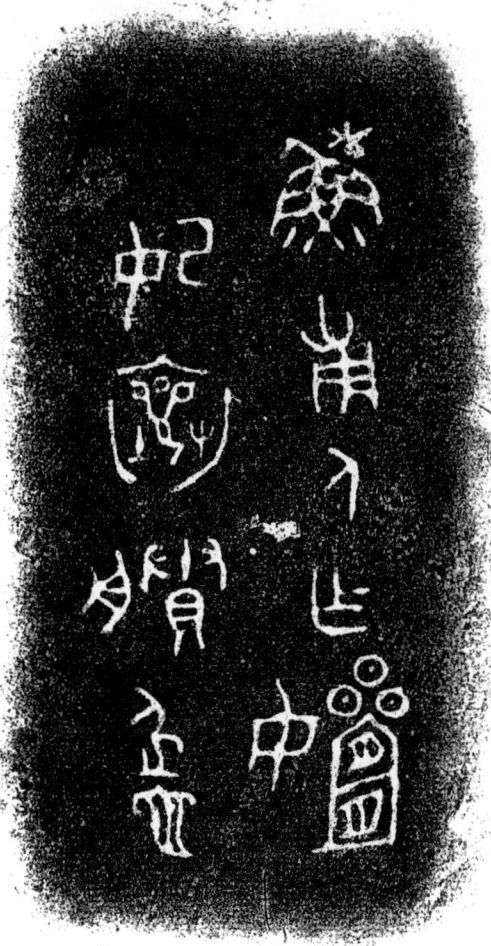

鮴（蘇）甫（夫）人乍（作）嬗（姪）
妃襄賸（媵）盉也（匜）

10205

甫人父匜

甫人父乍（作）旅
匜，其萬人（年）用

10206

曾子白父匜

乍（作）尊匜
伯尹自
唯曾子

10207

郾湯伯匜

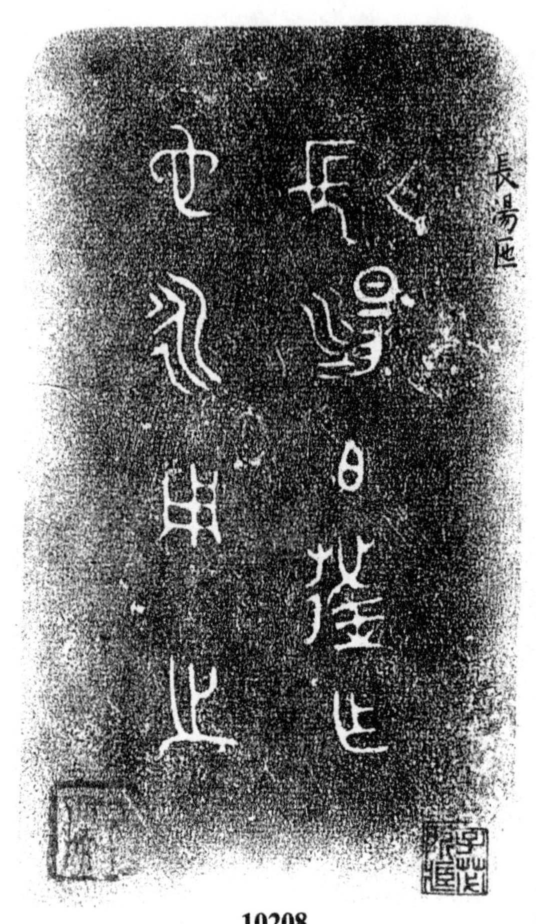

郾湯伯荏乍(作)
也(匜)，永用之

10208

樊夫人龍嬴匜

嬴自乍(作)行也(匜)
樊夫人龍

10209

鑄子撫匜

鑄子撫
乍(作)也(匜)，其
永寶用

10210

曩伯庭父匜

曩(紀)伯庭父朕(媵)姜無昰(沫)也(匜)

10211

工盧季生匜

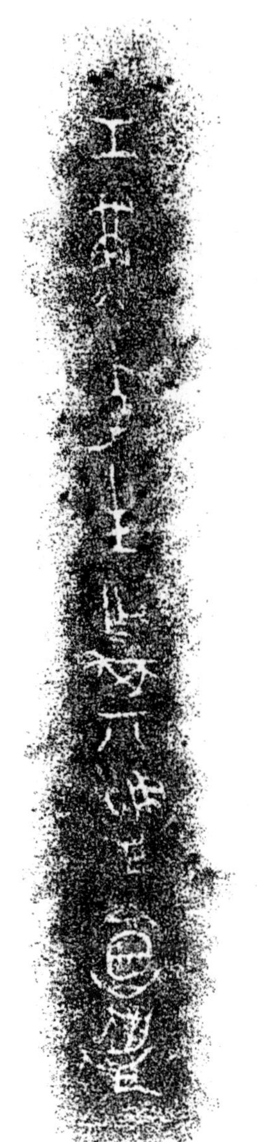

工盧季生乍(作)其盥會匜

10212

寒戊匜

寒戊乍(作)寶也(匜)，其子子孫孫永用

10213

黃仲匜

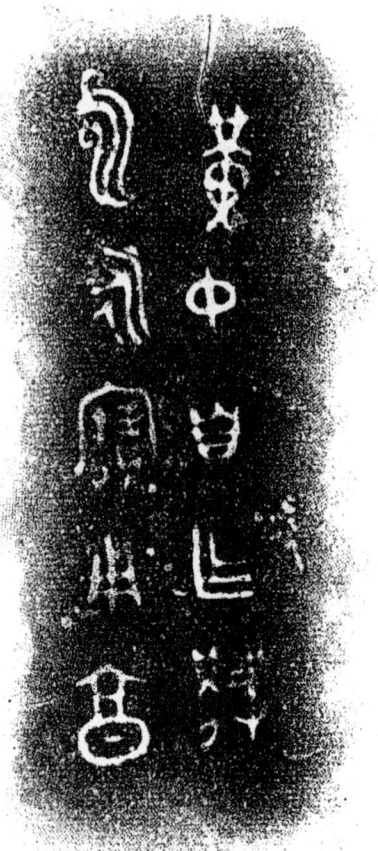

黃仲自乍（作）[貝+敢]也（匜），永寶用享

10214

弭伯匜

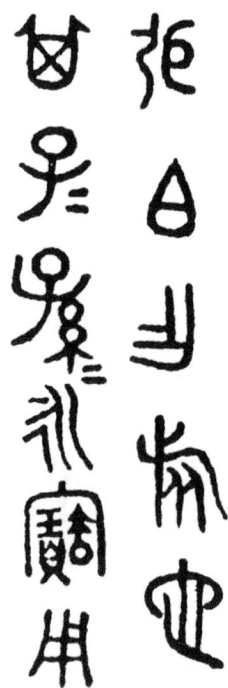

弭伯乍（作）旅也（匜），其子子孫孫永寶用

10215

召樂父匜

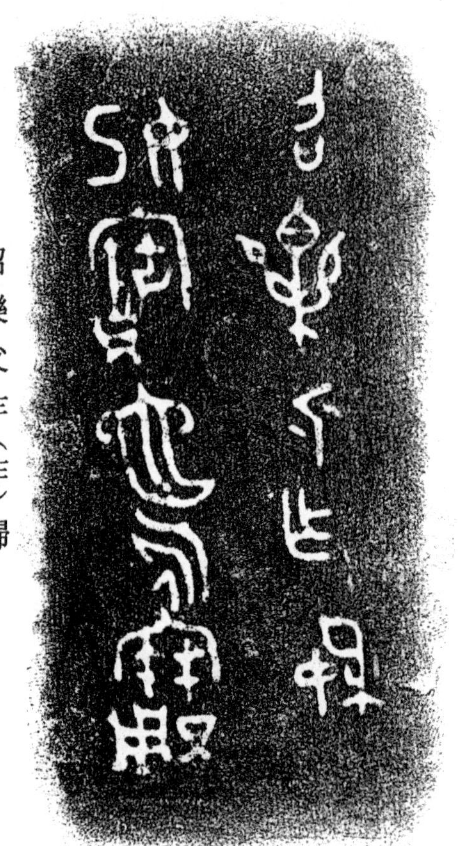

召樂父乍（作）婦妃寶也（匜），永寶用

10216

叔黑臣匜

備叔黑臣（頤）乍（作）寶也（匜），其永寶用

10217

周⿱穴乇匜

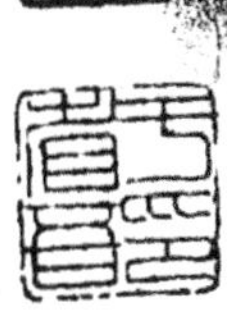

□，周⿱穴乇（竈）乍（作）救姜⿱宀⿰缶畐（寶）也（匜），孫孫（子孫）永⿱宀⿰缶畐（寶）用

10218

叔穀匜

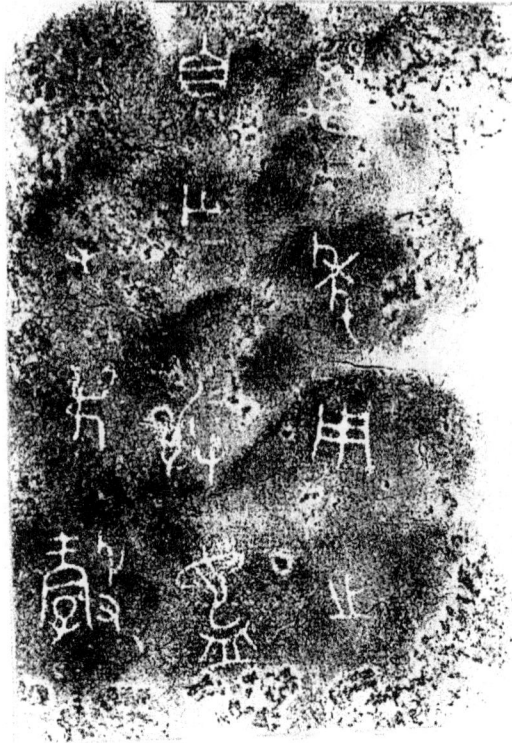

萬年用之
自乍(作)盥匜，
𦖞(聯)子叔穀

10219

史頌匜

史頌乍(作)匜
其邁(萬)年，子子
孫孫永寶用

10220

尋伯匜

尋（鄩）伯乍（作）邿子□□朕（媵）匜，子子孫孫永寶用

10221

魯伯匜

魯伯敢乍（作）寶也（匜），其邁（萬）年永寶用

10222

𧇊金氏孫匜

𧇊金氏(氏)

乍(作)寶也(匜)，子子

孫孫永寶用

10223

中友父匜

中友父乍(作)匜，

其邁(萬)年，子子

孫孫永寶用

10224

函皇父匜

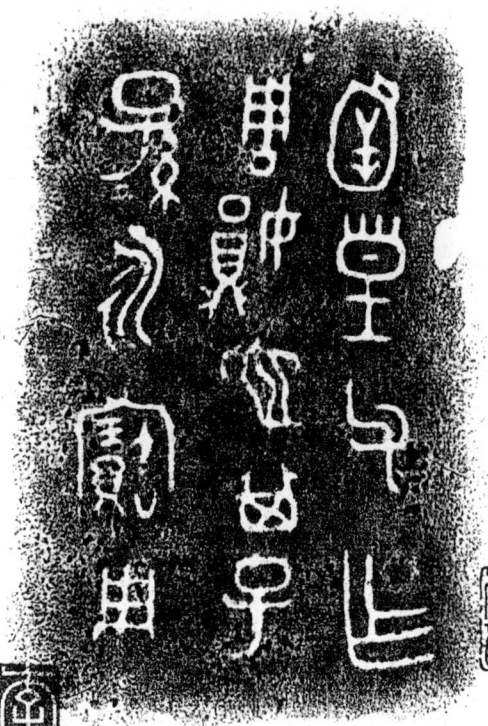

函皇父乍（作）周（琱）娟（妘）也（匜），其子子孫孫永寶用

10225

伯吉父匜

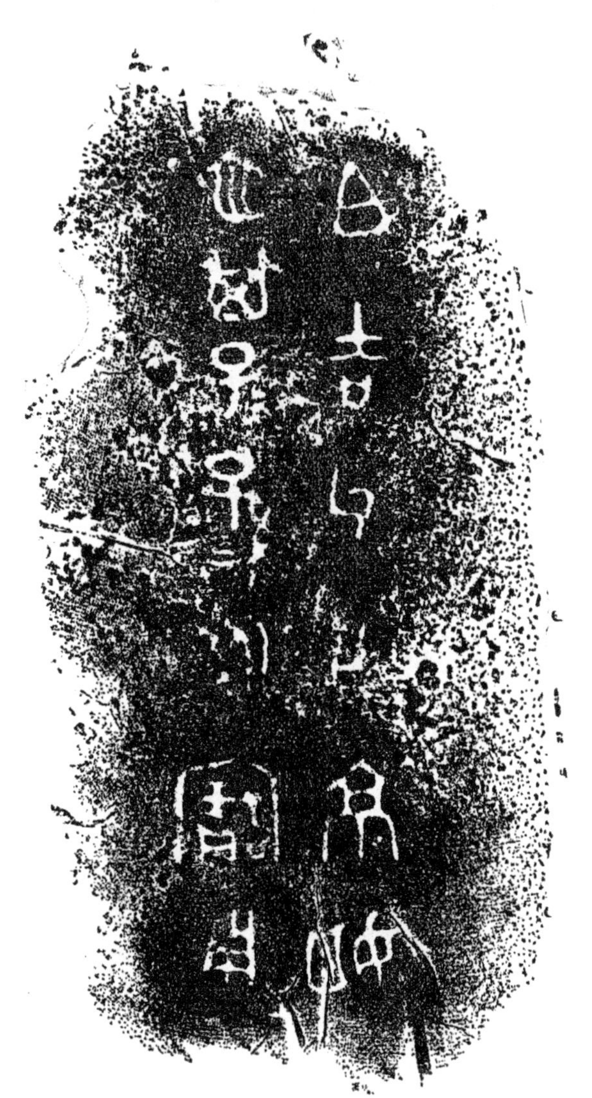

伯吉父乍（作）京姬也（匜），其子子孫孫永寶用

10226

埒飤生匜

10227

場（陽）飤生（甥）自乍（作）
寶也（匜），用賜
眉壽，用享

鄧公匜

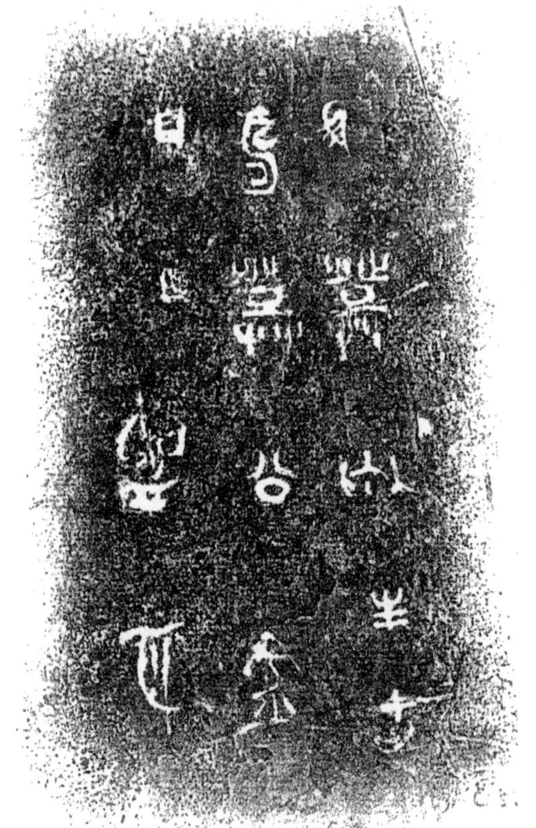

10228

唯登（鄧）臬（柞）生（甥）吉
嶹（酬）登（鄧）公金，
自乍（作）盥也（匜）

匽公匜

匽(燕)公乍(作)爲姜乘般(盤)匜，萬年永寶用

10229

黄君孟匜

黄君孟自乍(作)行器，子孫則永祜福(福)

10230

伯正父匜

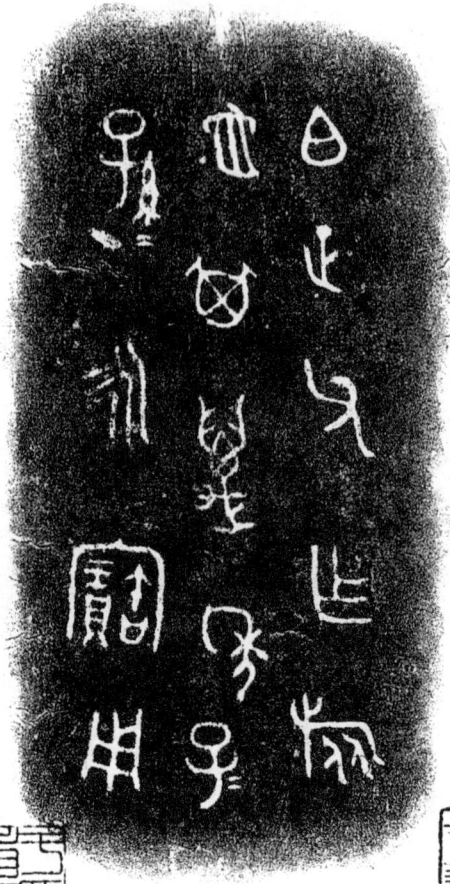

伯正父乍(作)旅也(匜)，其邁(萬)年，子子孫孫永寶用

10231

荀侯匜

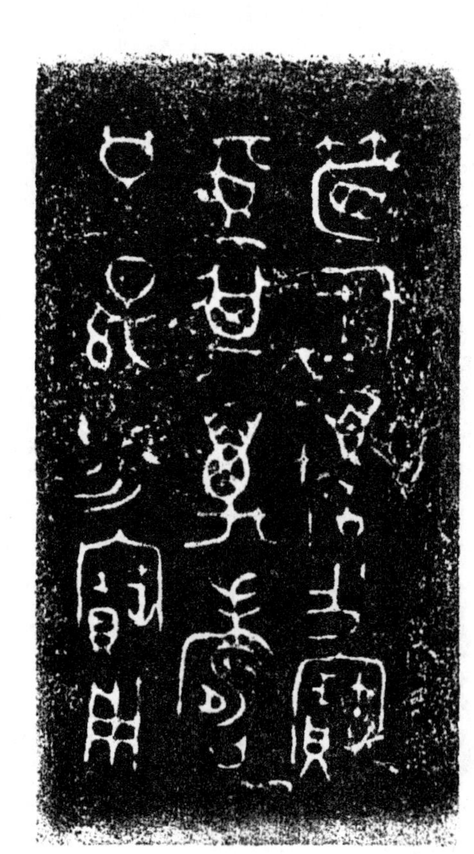

荀侯□乍(作)寶盉，其萬壽，子子孫孫永寶用

10232

齊侯子行匜

齊侯子行乍(作)其寶也(匜)，子子孫孫，永寶用享

10233

⿰奚阝季寬車匜

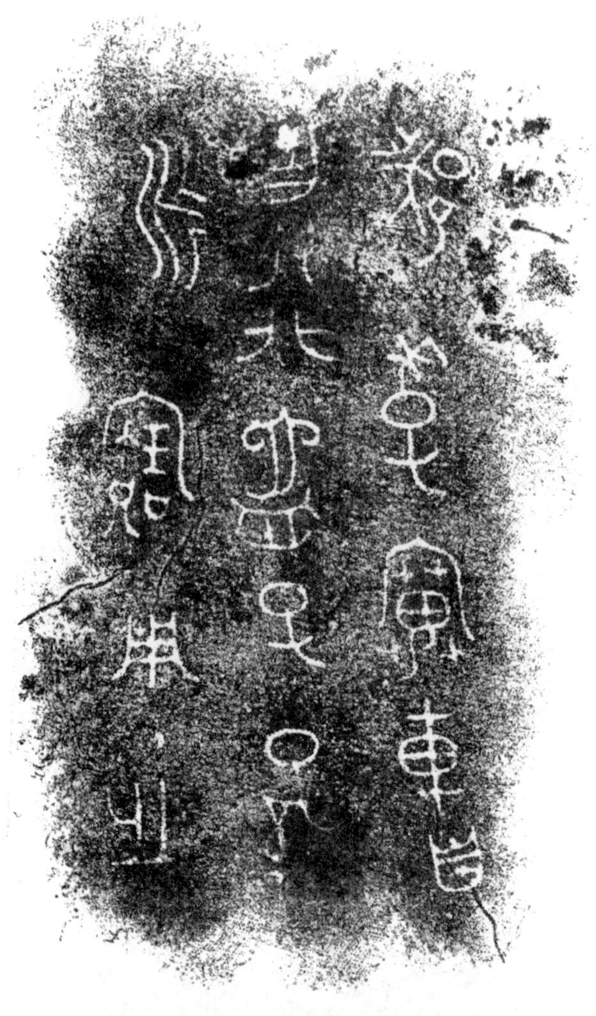

⿰奚阝（⿰詔阝）季寬（魔）車自
乍（作）行匜，子孫
永寶用之

10234

奚□單匜

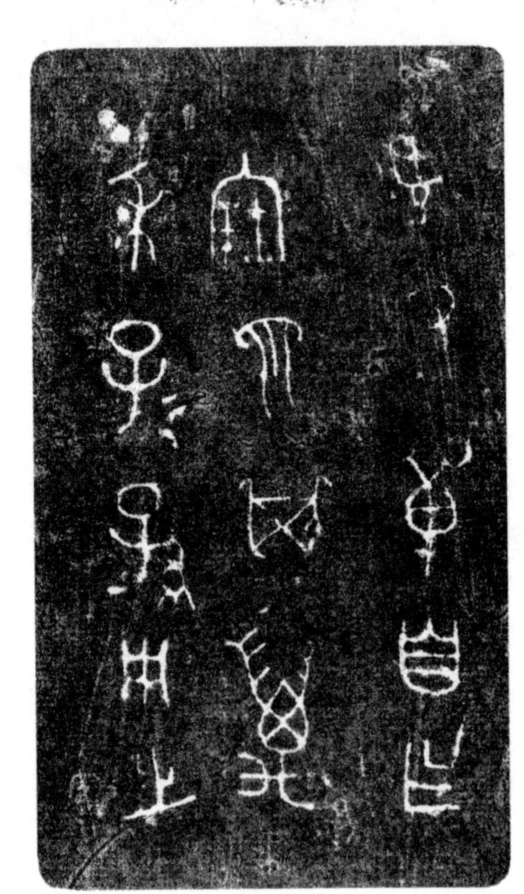

縘君單自乍（作）
寶也（匜），其萬
年子子孫孫用之

10235

鼄□匜

苜(苢)父弃□子賓
匱寶用，鼄(邾)
釿(厮)寶鬲其□

10236

昶伯匜

寶用享
年，子子孫孫，永
寶匜，其萬
昶仲[illegible]乍(作)

10237

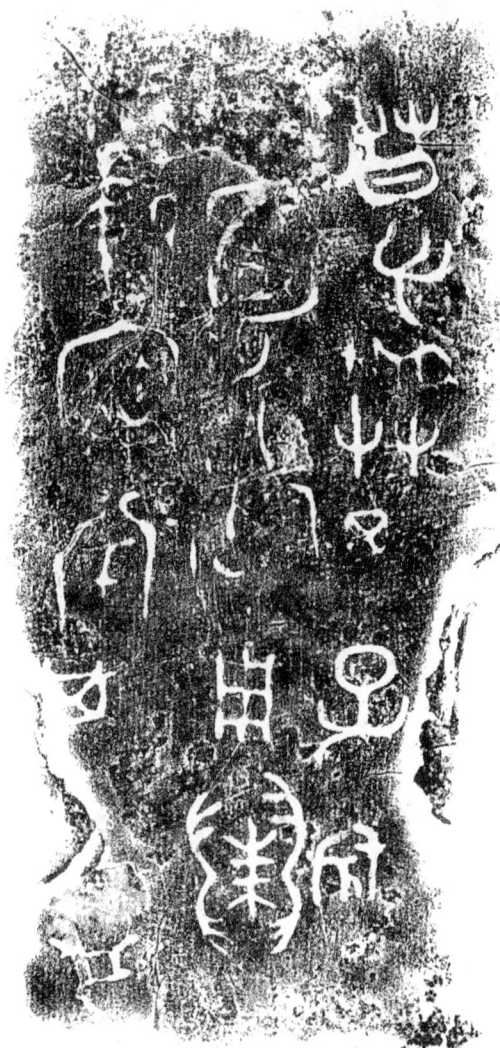

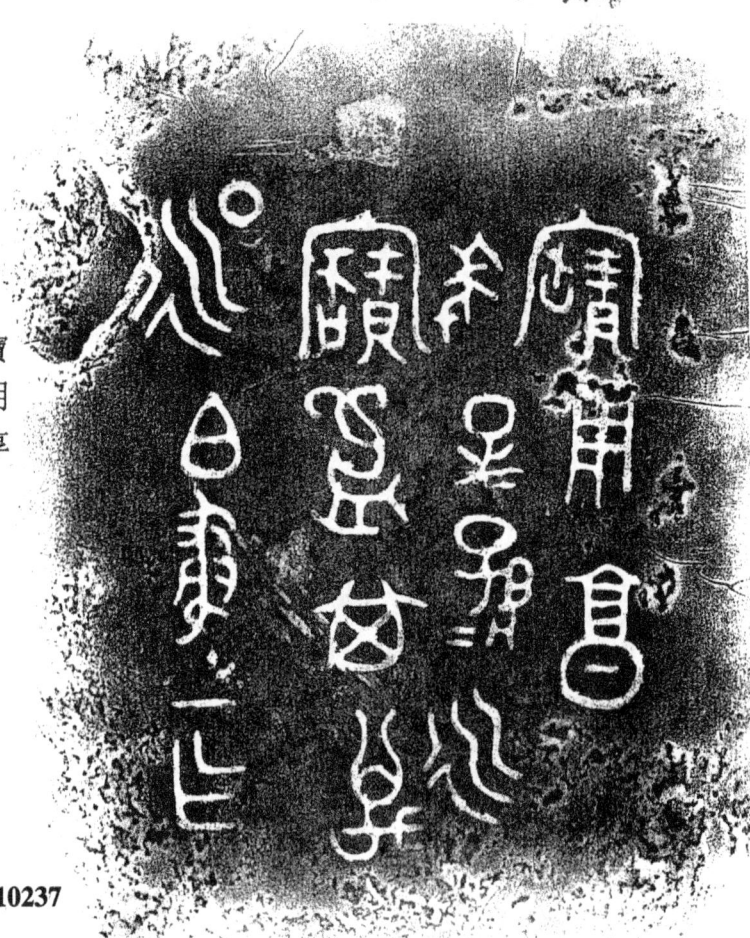

仲姑義母匜

仲姑義母乍(作)旅也(匜)，其萬年，子子孫孫永寶用

10238

叔高父匜

叔高父乍(作)仲㚤也(匜)，其萬年，子子孫孫永寶用

10239

㠱孟姜匜

王婦㠱孟姜乍（作）旅也（匜），其邁（萬）年眉壽用之

10240

鄦馬南叔匜

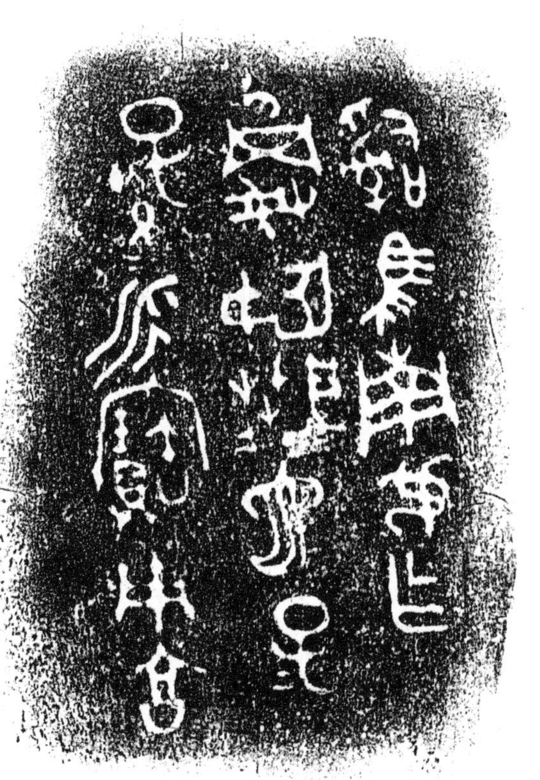

鄦馬南叔乍（作）𡚱姬朕（媵）也（匜），子子孫孫，永寶用享

10241

齊侯匜

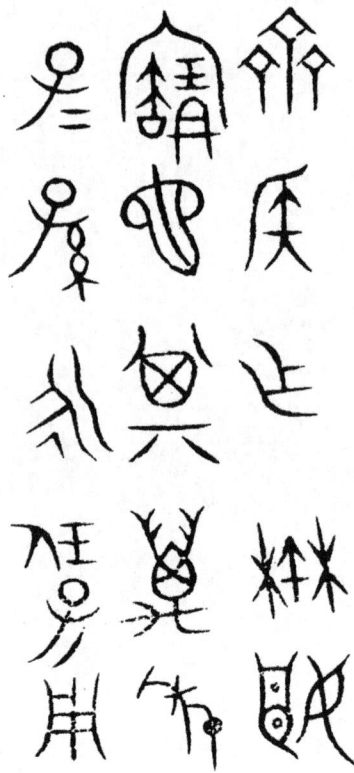

齊侯乍(作)楚(蓋)姬
寶也(匜)，其萬年，
子子孫永保用

10242

呂仲生匜

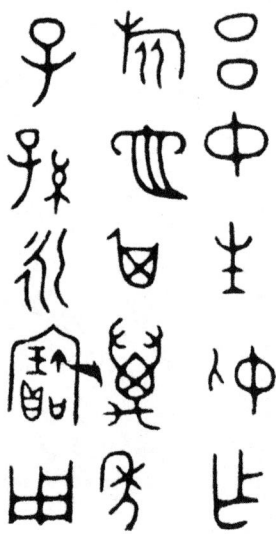

呂仲生𠂇乍(作)
旅也(匜)，其萬年，
子孫永寶用

10243

魯伯愈父匜

魯伯愈父乍(作)鼄(邾)姬仁朕(媵)盥(沬)也(匜)，其永寶用

10244

夢子匜

鴹子乍(作)行彝，其萬年無疆，子孫永保用

10245

戈伯匜

唯衛邑戈伯
自乍（作）寶匜，子子
孫孫，永寶用之

10246

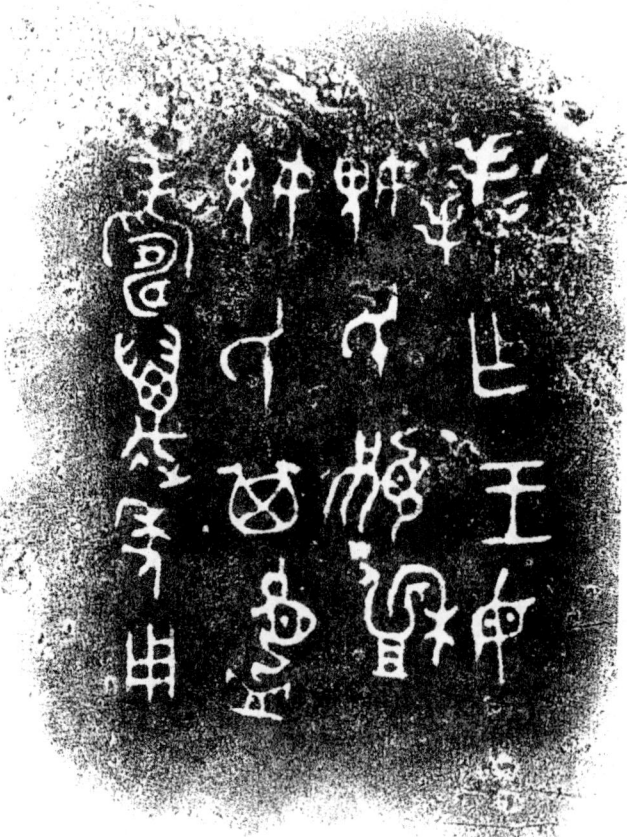

毳匜

毳乍（作）王（皇）母
媿氏頮（沬）盉，
媿氏其眉
壽，邁（萬）年用

10247

叔□父匜

叔殿父乍（作）師
姬寶也（匜），其萬
年，子子孫孫永寶用

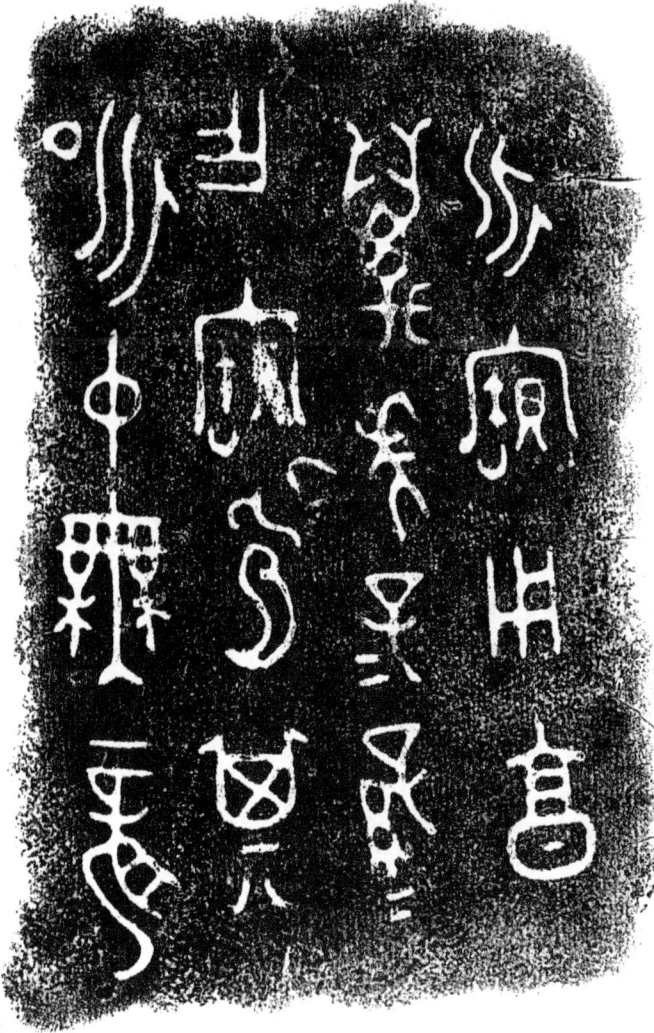

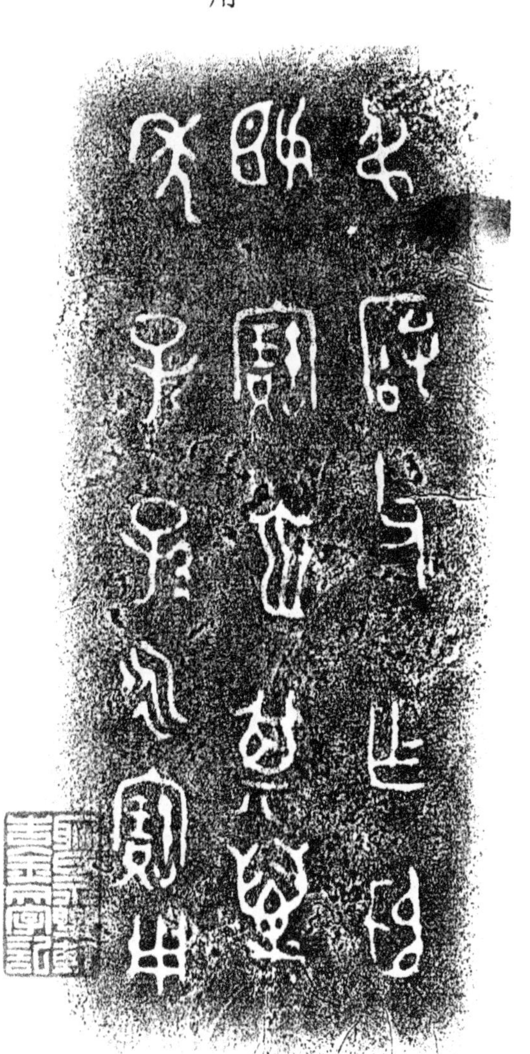

10248

祀仲無龍匜

永寶用享
萬年，子子孫孫，
乍（作）寶也（匜），其
祀仲無龍

10249

伯朿匜

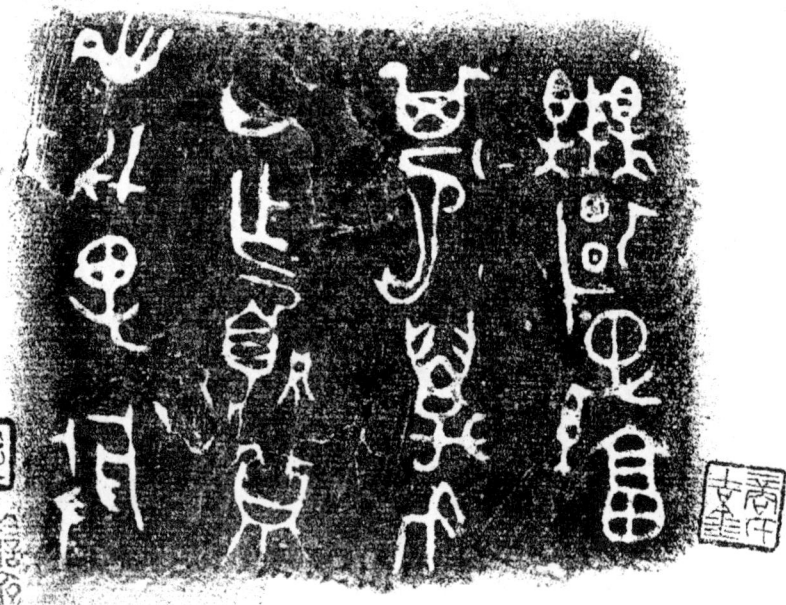

唯伯朿乍(作)寶
匜，其萬年
無疆，子子孫孫
永用之

10250

[illegible]匜

無疆，子孫享
也(匜)，其萬年
其乍(作)頮(沬)鼎
唯箄肇

10251

貯子己父匜

唯王二月，
貯（賈）子己父
乍（作）寶盉，其
子子孫孫永用

10252

取膚匜

取膚（盧、慮）上子商鑄
也（匜），用賸（媵）之麗㚤，
子子孫孫永寶用

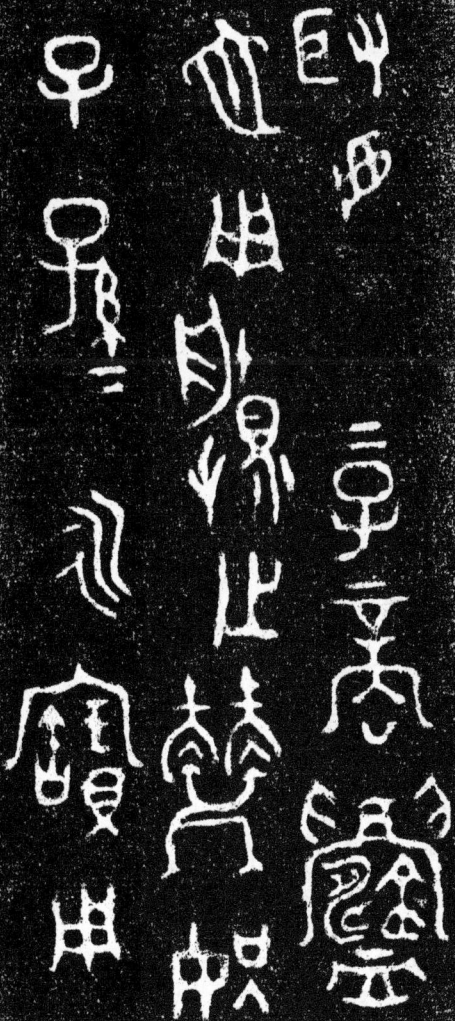

10253

黃子匜

靁(靈)审(終)靁(靈)复(後)

行器，則永祜褔(福)，

黃子乍(作)黃孟臣(姬)

10254

杞伯每匕匜

杞伯每刃鑄

鼄(邾)媡用寶也(匜)，

其子孫永寶用

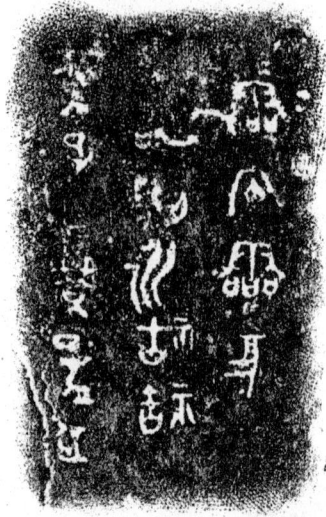

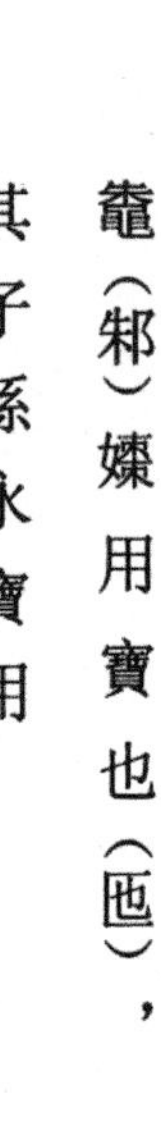

10255

樊君匜

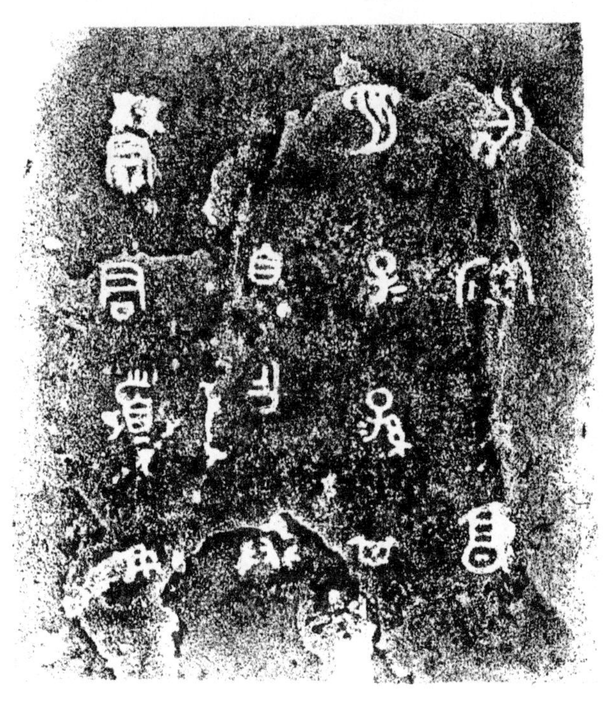

樊君夒用
（其）自乍（作）浂（浣）
也（匜），子子孫孫，其
永寶用享

10256.1

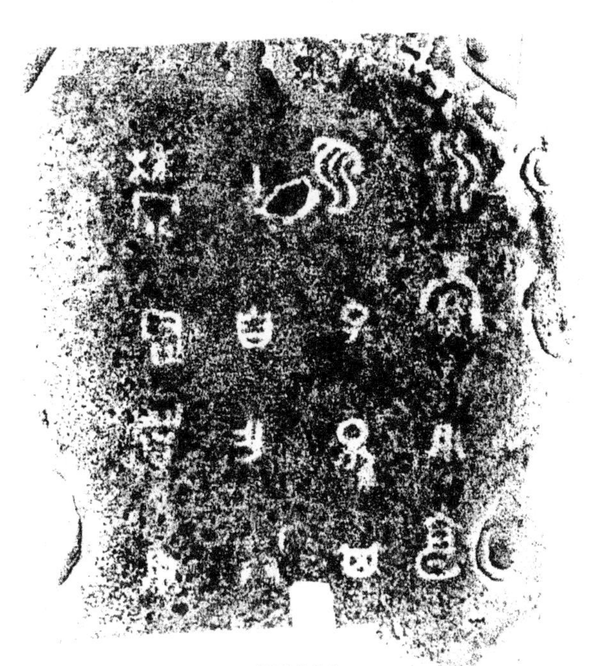

樊君夒用
（其）自乍（作）浂（浣）
也（匜），子子孫孫，其
永寶用享

10256.2

八年匜

八茉，冶匀嗇夫殷重、工貣，冢（重）七十刀之冢（重），右轡者

10257

番仲𢦏匜

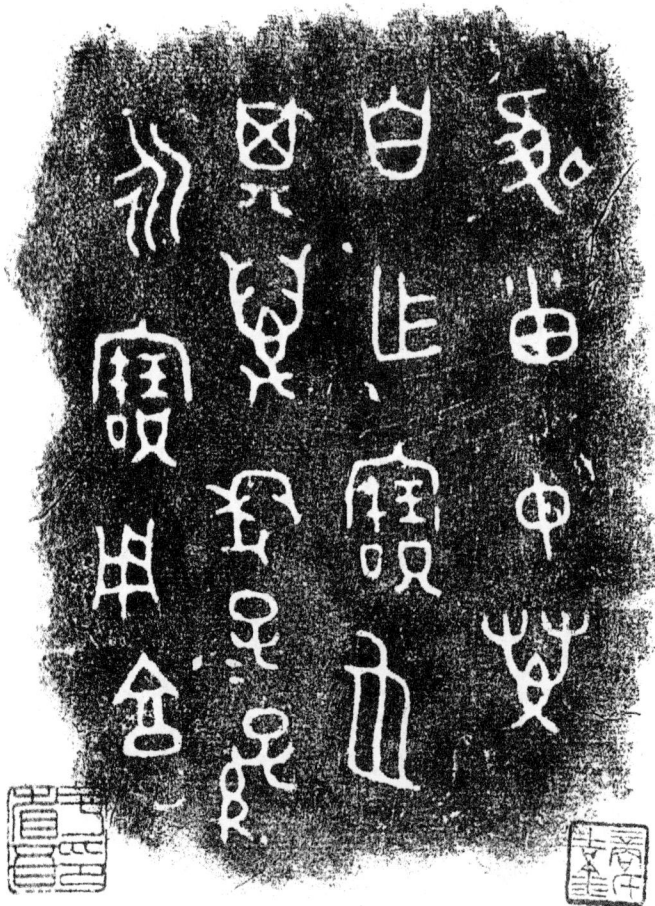

唯番仲𢦏自乍（作）寶也（匜），其萬年，子子孫永寶用享

10258

番伯酓匜

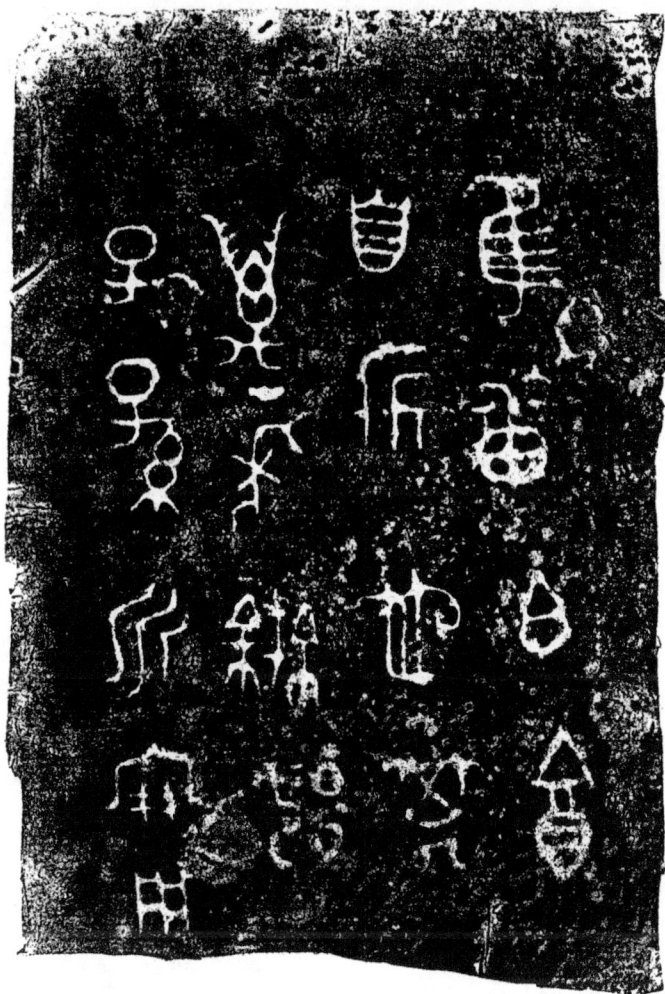

唯番伯酓
自乍(作)也(匜)，其
萬年無疆，
子孫永寶用

10259

作嗣□匜

乍(作)嗣𢆶彝，用率
用(征)，唯之百(姓)，雩
之四方，永乍(作)祜(福)

10260

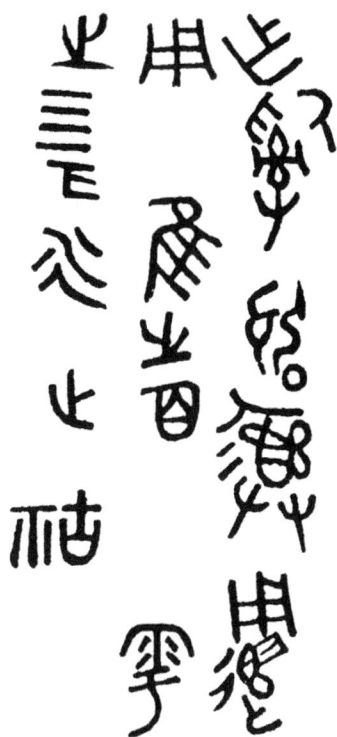

㠱甫人匜

㠱甫（夫）人余，余王甕叡孫，茲乍（作）寶也（匜），子子孫孫永寶用

10261

有伯君黃生匜

唯彔（洧）伯君堇生（甥）自乍（作）也（匜），其萬年，子子孫永寶用之

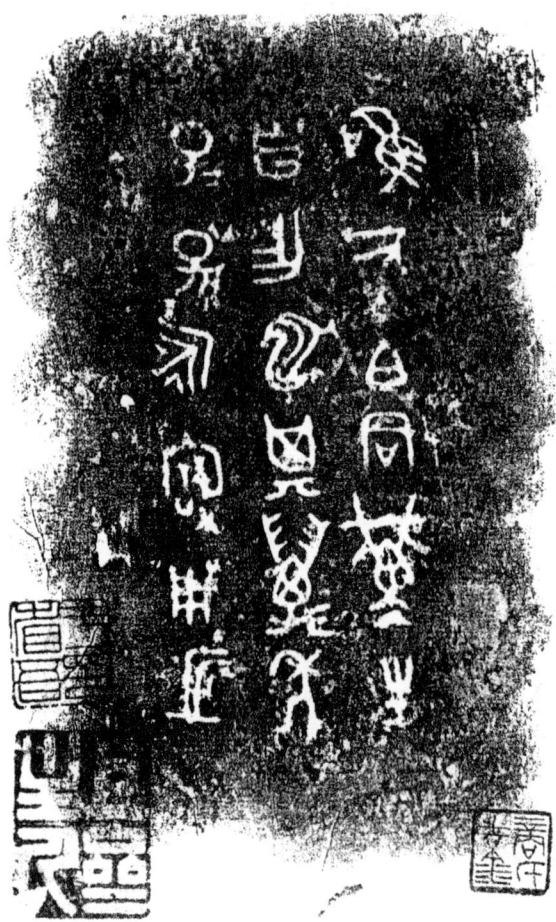

10262

薛侯匜

薛侯乍（作）叔妊襄
朕（媵）也（匜），其眉
壽萬年，子子
孫孫永寶用

10263

無彊匜

唯十月，伯乍（作）日□監日文
☐，眉壽無
彊，子子孫孫，永保用也（匜）

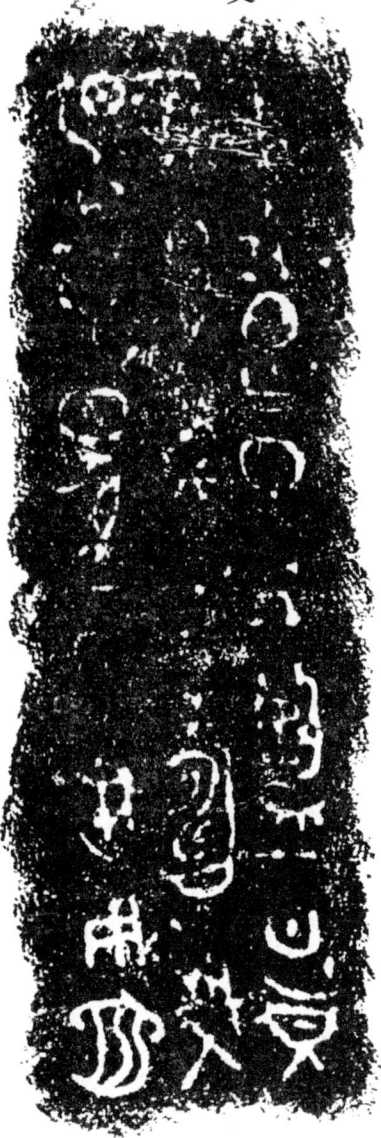

10264

田季加匜

子子孫孫，永寶用享
也（匜），其萬年無畺（疆），
唯甫季加自乍（作）寶

10265.1

子子孫孫，永寶用享
也（匜），其萬年無畺（疆），
唯甫季加自乍（作）寶

10265.2

尋仲匜

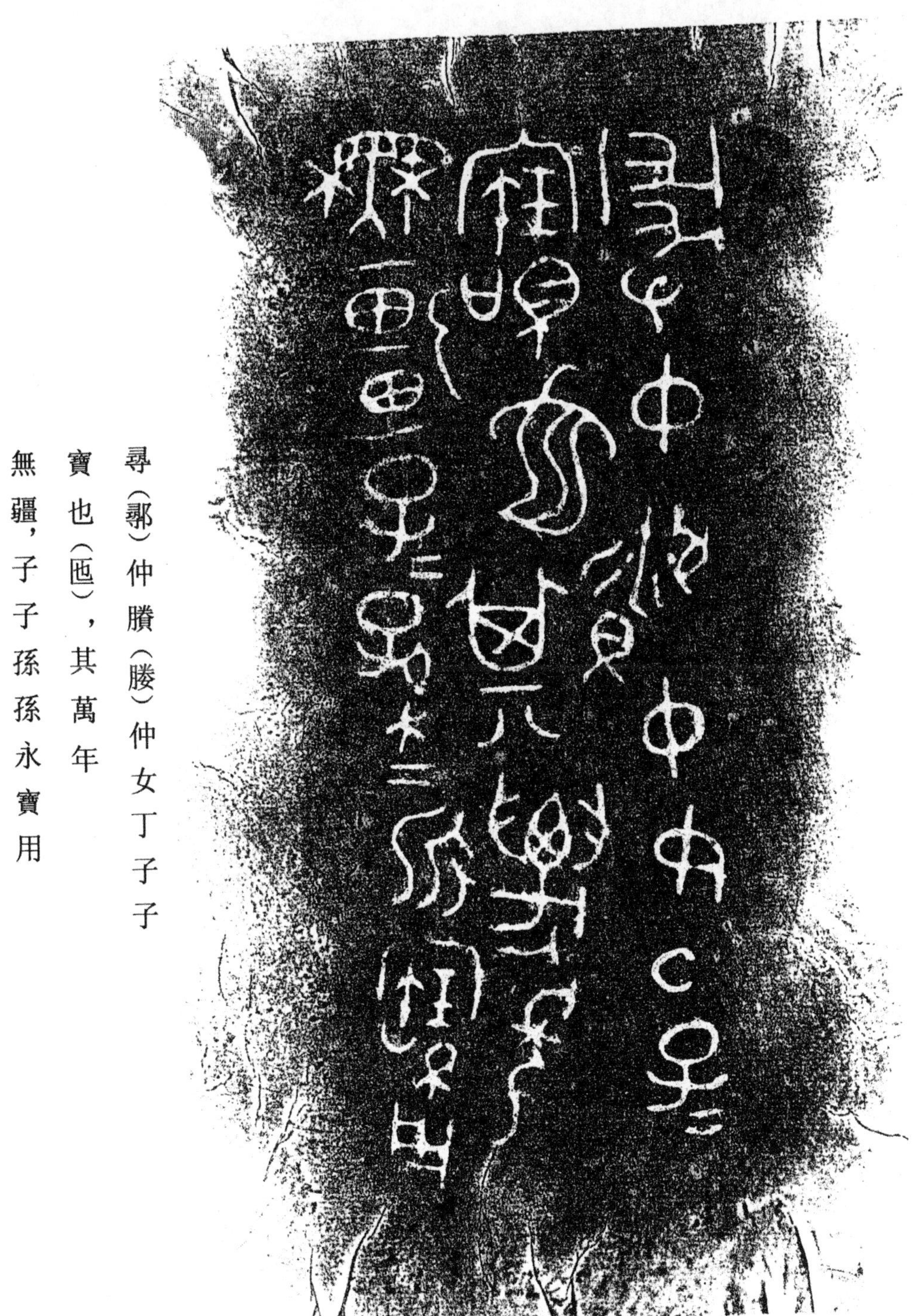

尋（鄩）仲賸（媵）仲女丁子子
寶也（匜），其萬年
無疆，子子孫孫永寶用

10266

陳伯元匜

陳（陳）伯𪁺（鷈）之子伯元，乍（作）西孟嬀婤母塍（媵）匜，永壽用之

10267

番□伯者君匜

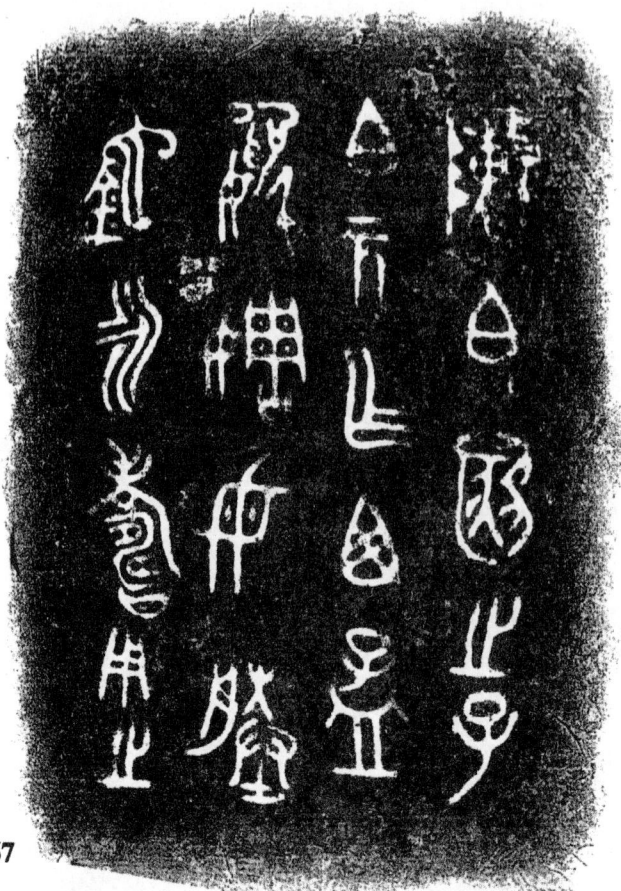

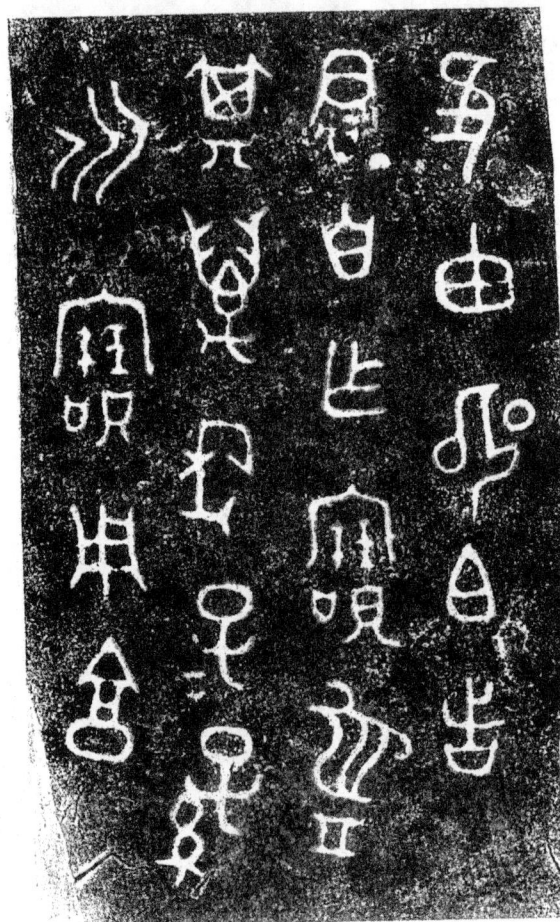

唯番昶伯者君自乍（作）寶匜，其萬年，子子孫永寶用享

10268

番□伯者君匜

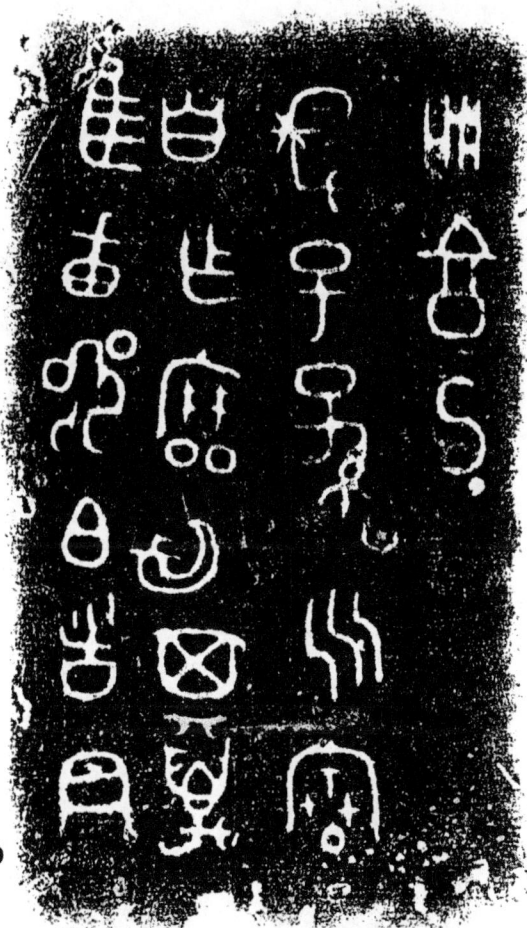

唯番昶伯者尹（君）
自乍（作）寶匜，其萬
年，子孫永寶
用享，S（已）

10269

叔男父匜

叔男父乍（作）爲
霍姬賸（媵）旅也（匜），
其子子孫孫，其萬
年永寶用，井

10270

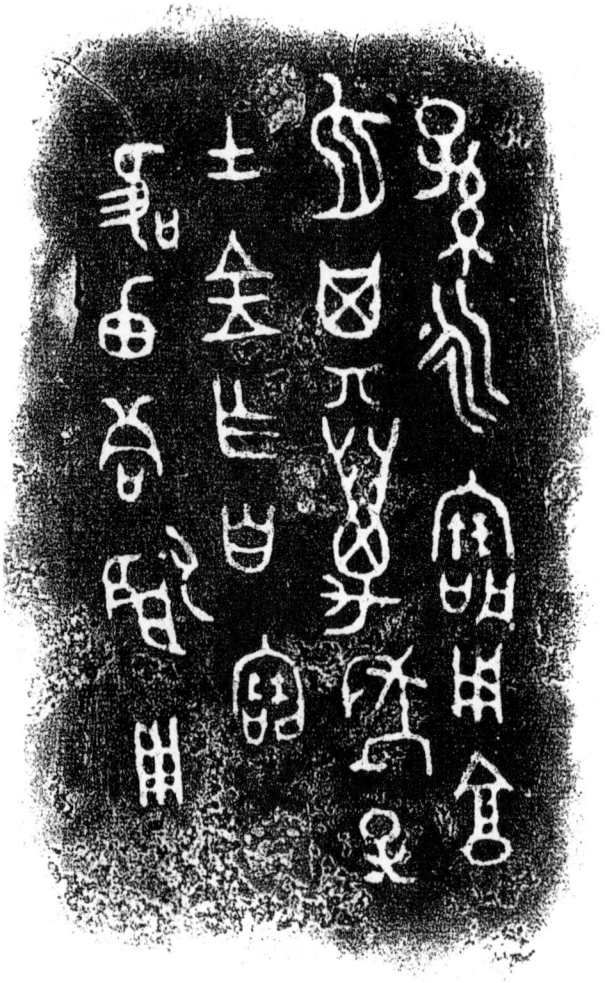

番㕣□匜

唯番君肇用士（吉）金，乍（作）自寶也（匜），其萬年，子孫永寶用享

10271

齊侯匜

齊侯乍（作）虢孟姬良女（母）寶也（匜），其邁（萬）年無疆，子子孫孫永寶用

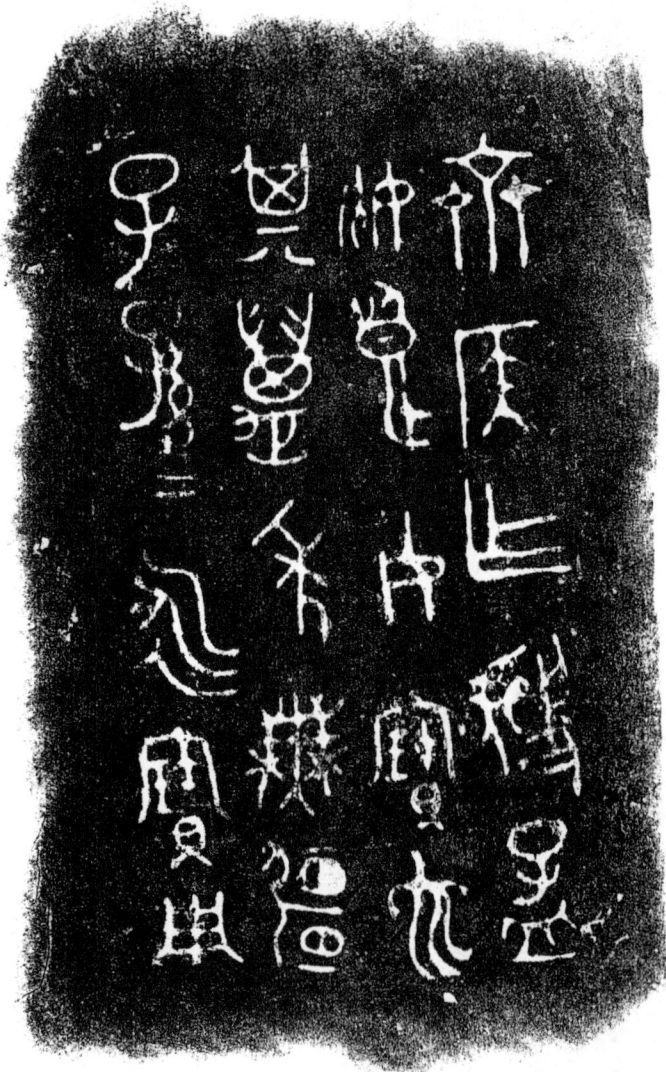

10272

楚嬴匜

唯王正月，初吉

庚午，楚嬴（嬴）鑄

其匜，其萬年，

子孫永用享

10273

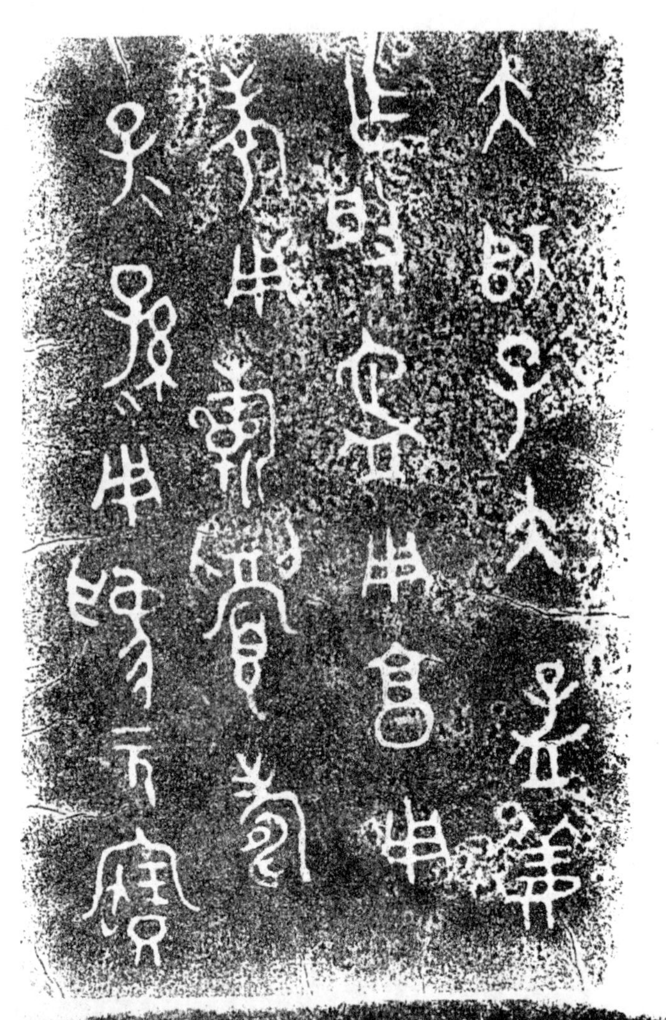

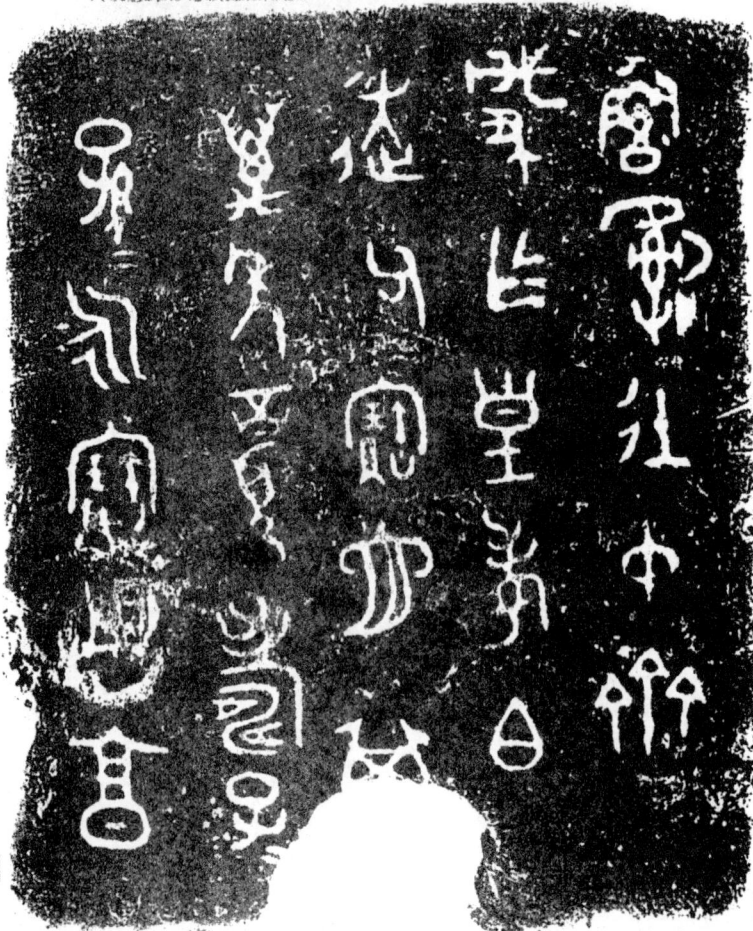

大師子大孟姜匜

大（太）師子大孟姜，乍（作）般（盤）匜，用享用考（孝），用祈眉壽，子子孫孫，用爲元寶

10274

魯𤔲徒仲齊匜

魯𤔲𨑨（徒）仲齊，肇乍（作）皇考伯走父寶也（匜），其萬年眉壽，子子孫孫，永寶用享

10275

塞公孫⿰爿旨父匜

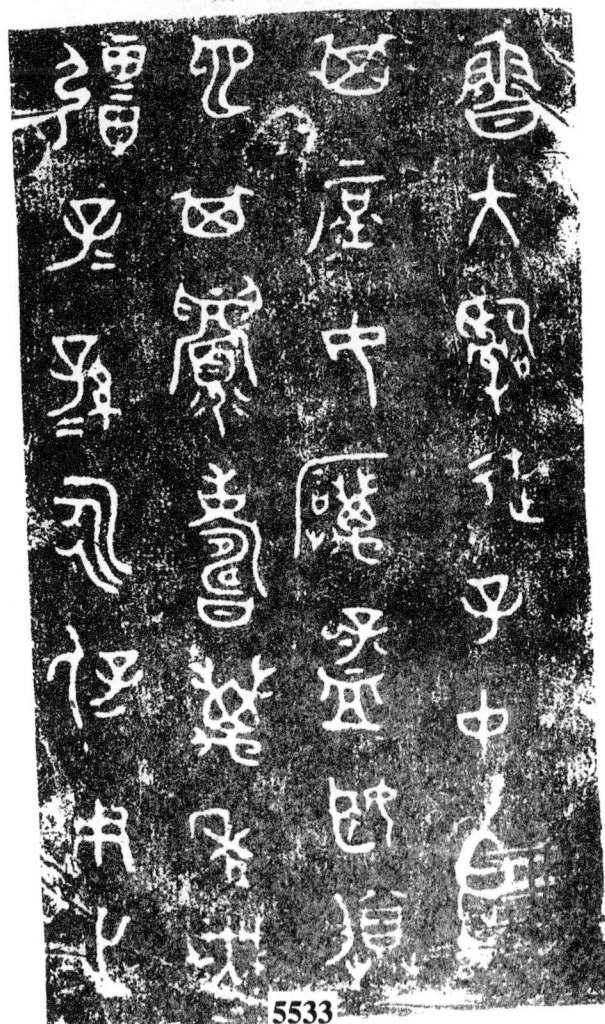

10276

寶用之
壽無疆，子子孫孫，永
自乍（作）盥匜，其眉
午，寘（塞）公孫⿰爿旨父
唯正月初吉庚

魯大𤔲徒子仲伯匜

10277

魯大𤔲徒子仲白，（作）
其庶女⿰𧾷萬（厲、賴）孟姬賸（媵）
也（匜），其眉壽，萬年無
疆，子子孫孫，永保用之

浮公之孫公父宅匜

唯王正月，初吉庚午，浮公之孫公父宅，鑄其行也（匜），其邁（萬）年，子子孫永寶用之

10278

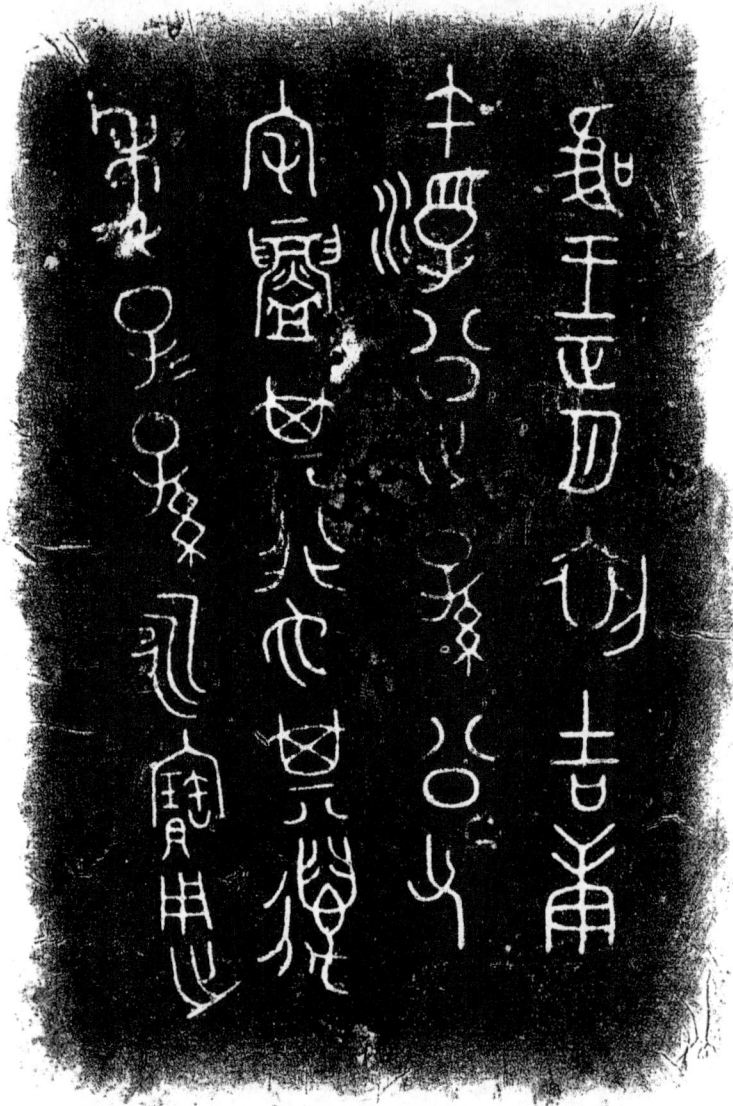

敶子匜

唯正月初吉丁亥，敶（陳）子子，乍（作）廝孟爲（嬀）㲄女（母）塍（媵）匜，用祈眉壽，萬年無疆，永壽用之

10279

慶叔匜

慶叔㪿（作）朕（媵）子
孟姜盥匜，其
眉壽萬年，羕（永）
保其身，沱沱（施施）巸巸（熙熙），
男女無期，子子
孫孫，羕（永）保用之

10280

鄭大内史叔上匜

唯十又二月，初吉
乙巳，奠（鄭）大內史
叔上，乍（作）叔嫚（妘）朕（媵）
匜，其萬年無疆，
子子孫孫，永寶用之

10281

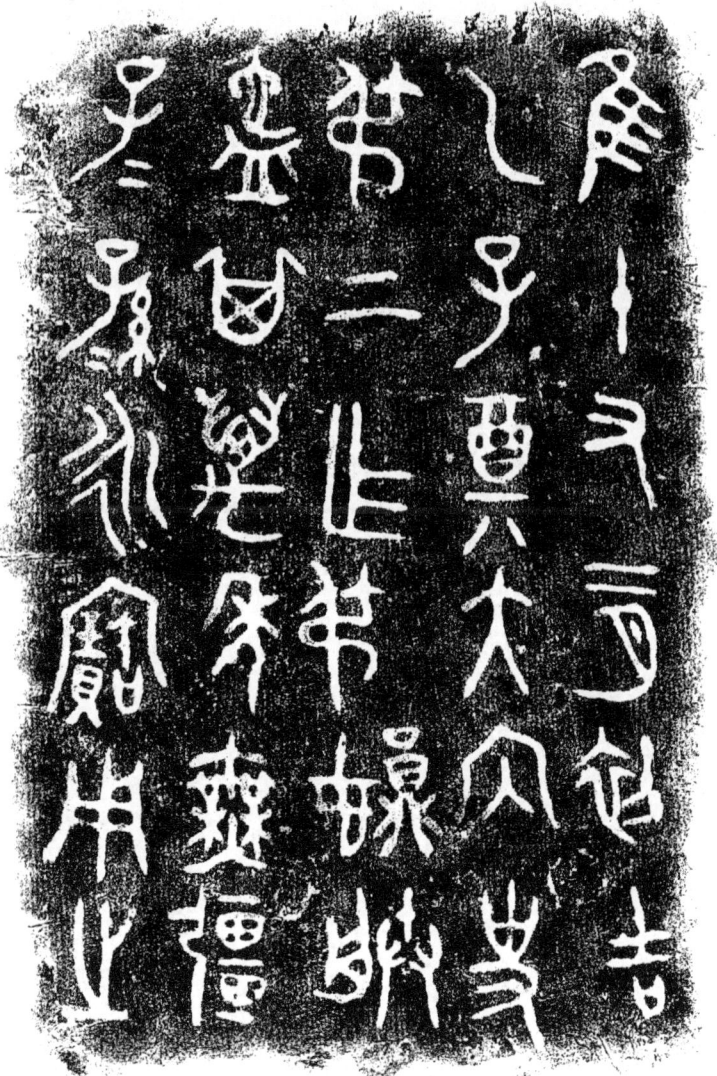

夆叔匜

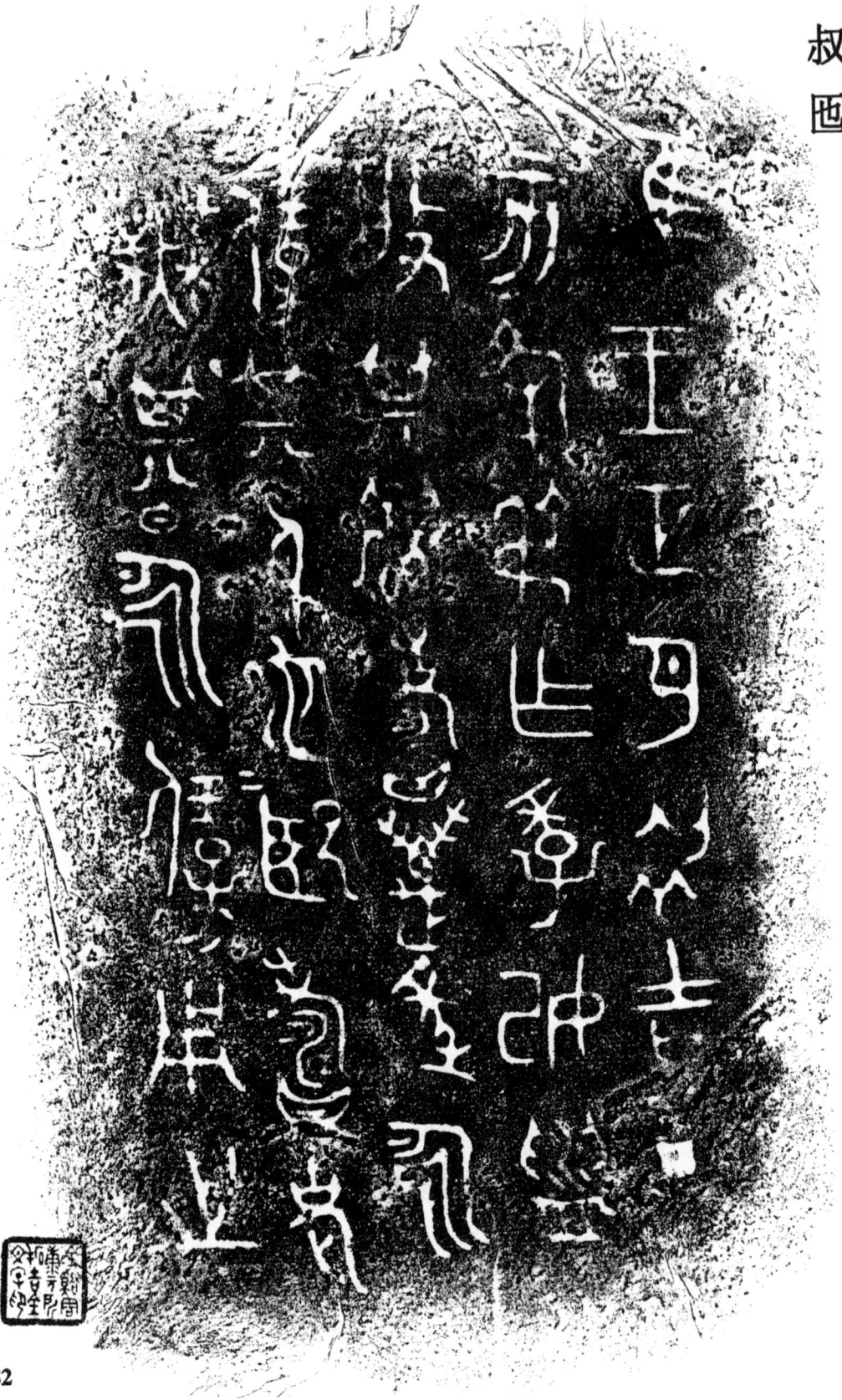

唯王正月，初吉丁亥，夆（逢）叔乍（作）季妃盥般（盤），其眉壽邁（萬）年，永保其身，它它施施（施施）巸巸（熙熙），壽老無期，永保用之

10282

齊侯匜

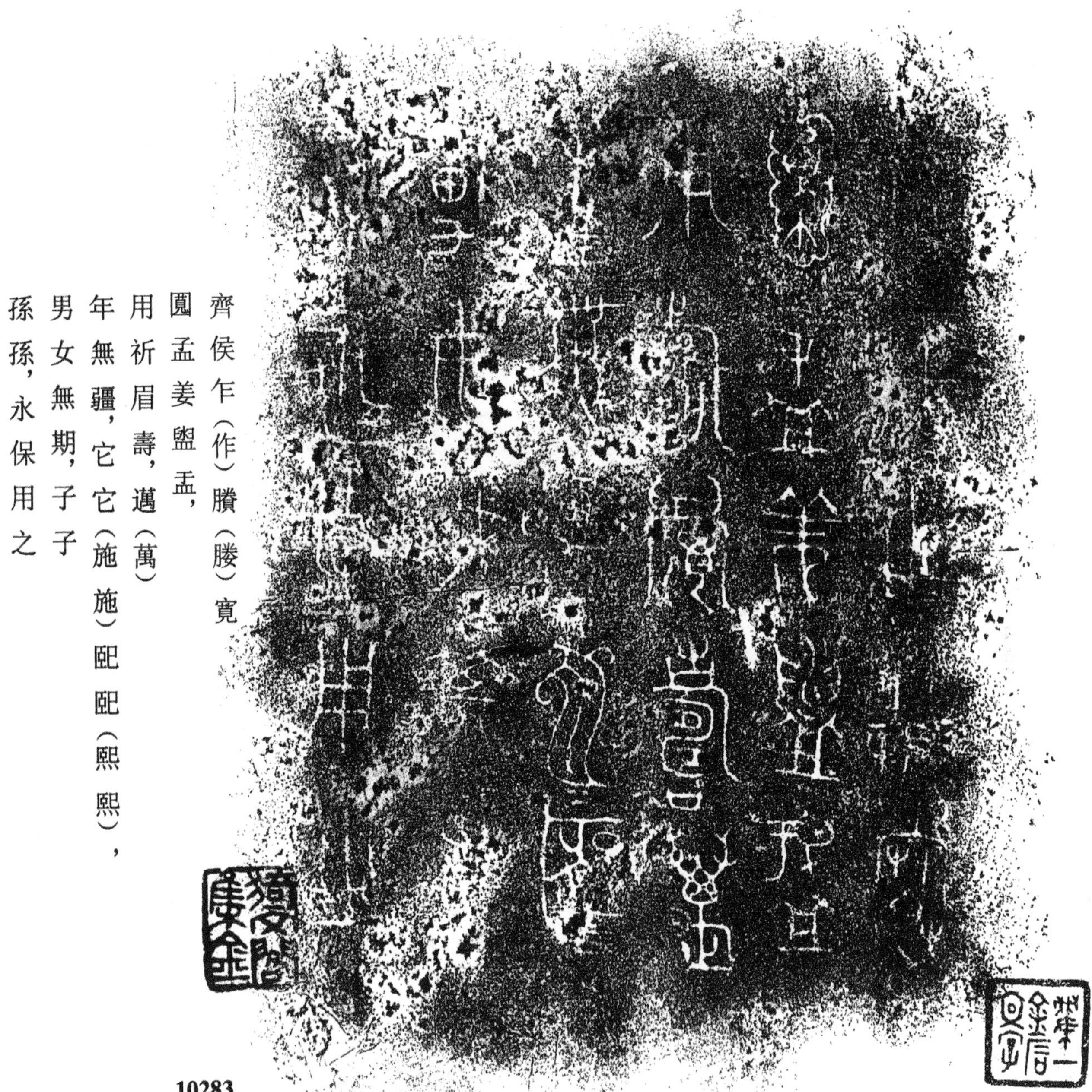

齊侯乍(作)賸(媵)寬圓孟姜盥盂，用祈眉壽，邁(萬)年無疆，它它(施施)熙熙(熙熙)，男女無期，子子孫孫，永保用之

10283

蔡叔季之孫䢼匜

唯正月初吉丁亥，蔡叔季之孫䢼，賸（媵）孟姬有之婦沬盤，用祈眉壽，萬年無疆，子子孫孫，永寶用之，匜

10284

儹匜

唯三月既死霸甲申，王在蒡上宫，伯揚
父廼成賢（劾），曰：牧牛，𠭰乃可（苛）湛（抌），女（汝）敢以乃
師訟，女（汝）上卬（侹）先誓，今女（汝）亦既又（有）御誓，専（溥）
趨（洛）嗇覲（睦）儹，造亦兹五夫，亦既御乃誓，女（汝）
亦既從辭從誓，弋（式）可（苛），我義（宜）𠊨（鞭）女（汝）千，黷𪒠（剭）
女（汝），今我赦女（汝），義（宜）𠊨（鞭）女（汝）千，黜（黜）𪒠（剭）女（汝），今大赦

10285.1

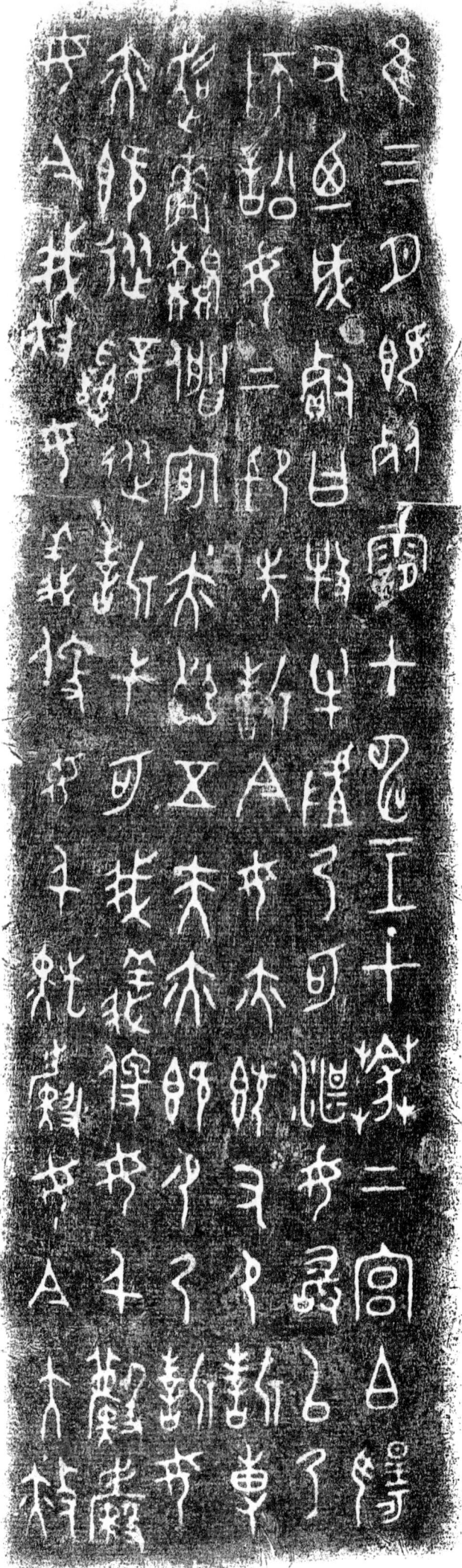

女（汝），傁（鞭）女（汝）五百，罰女（汝）三百寽（鋝），伯揚
父廼或事（使）牧牛誓，曰：自今
余敢㥷（擾）乃小大史（事），乃師或以
女（汝）告，則䝴（致），乃傁（鞭）千、𪒠䵦（𠞤），牧
牛則誓，乃以告事（吏）𢦏、事（吏）曶
于會，牧牛辭（辭）誓，成，罰金，㑩
用乍（作）旅盉

10285.2

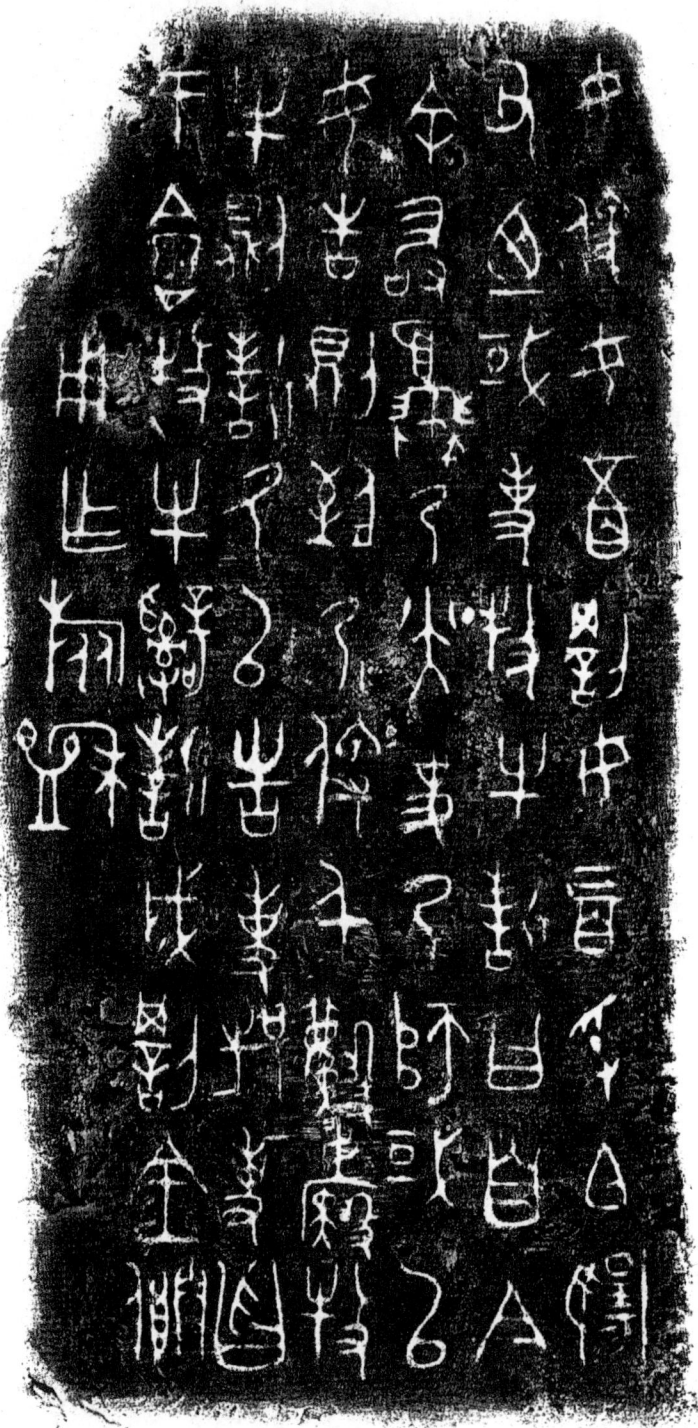

□女射鑑

10286

大右鑑

大右刀（？）

10287.2

大右刀（？）

10287.1

智君子鑑

智君子之弄鑑

10288

智君子鑑

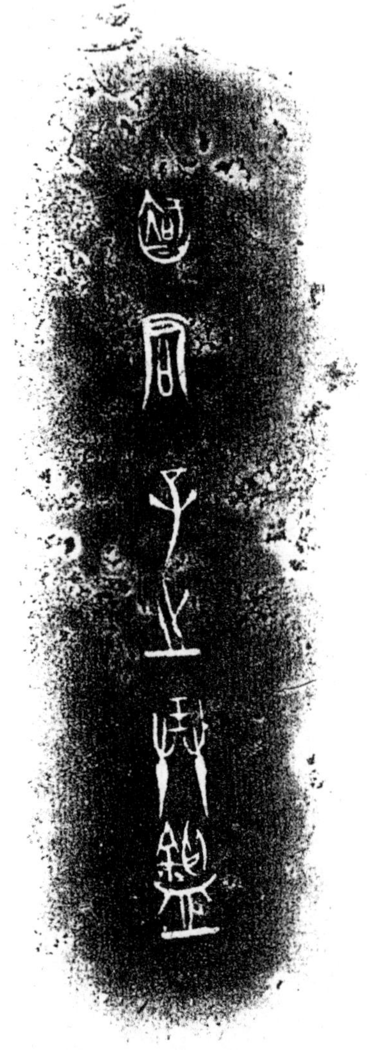

智君子之弄鑑

10289

蔡侯𩔈鑑

10290

蔡侯𩔈（申）之尊盥（浣）匜

集脰鎬

10291

集脰（廚），大（太）子之鎬

曾侯乙鑑

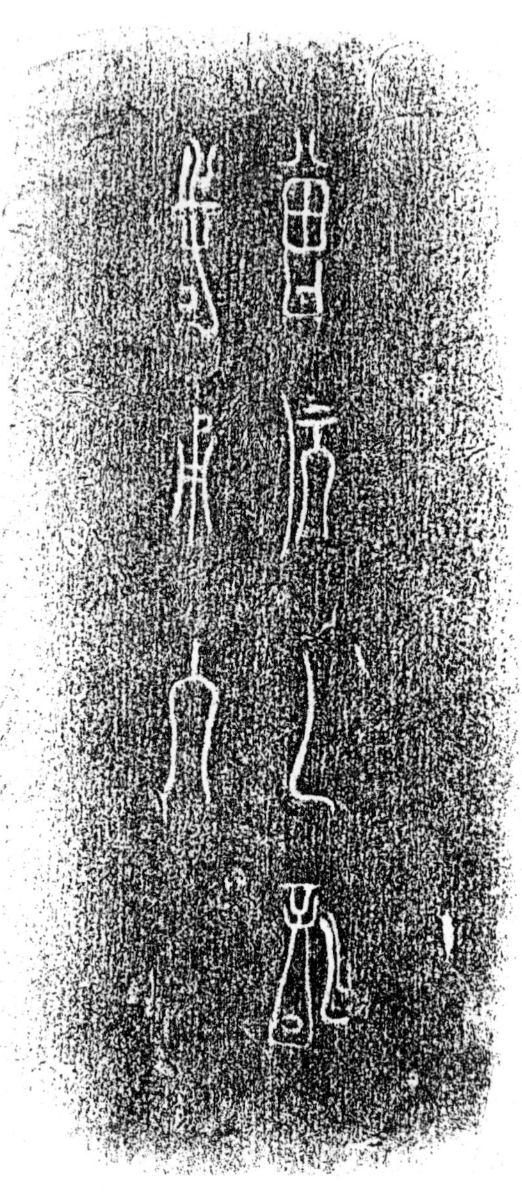

曾侯乙詐（作）
時（持）甬（用）冬（終）

10292.1

曾侯乙詐（作）
時（持）甬（用）冬（終）

10292.2

鑄客鑑

10293

鑄客爲王句(后)六室爲之

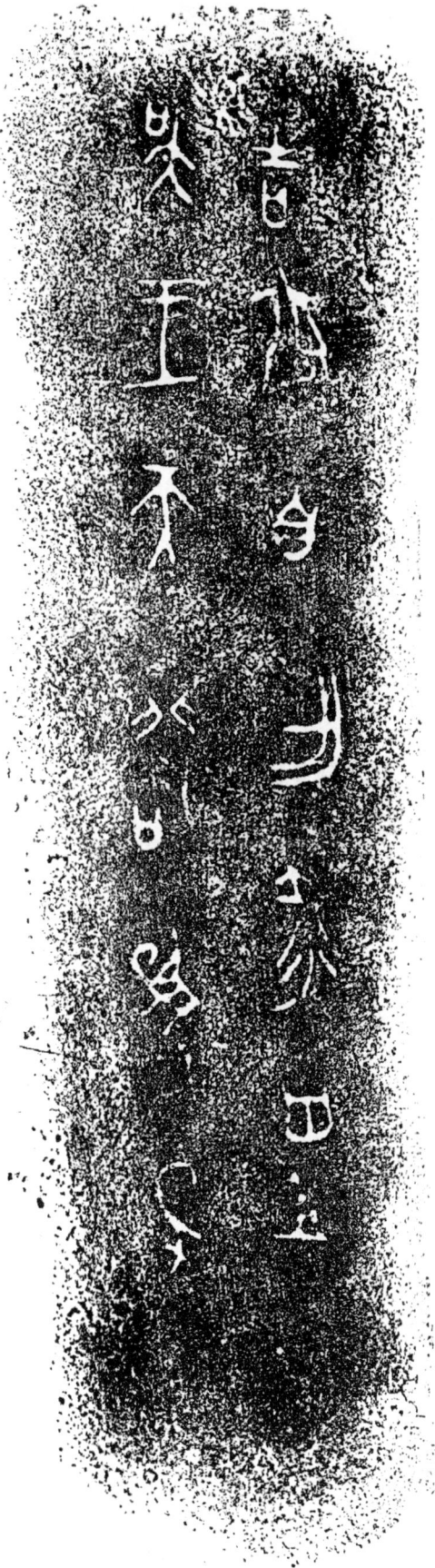

吳王夫差鑑

10294

吳王夫差擇厥吉金，自乍(作)御監(鑑)

吴王夫差鑑

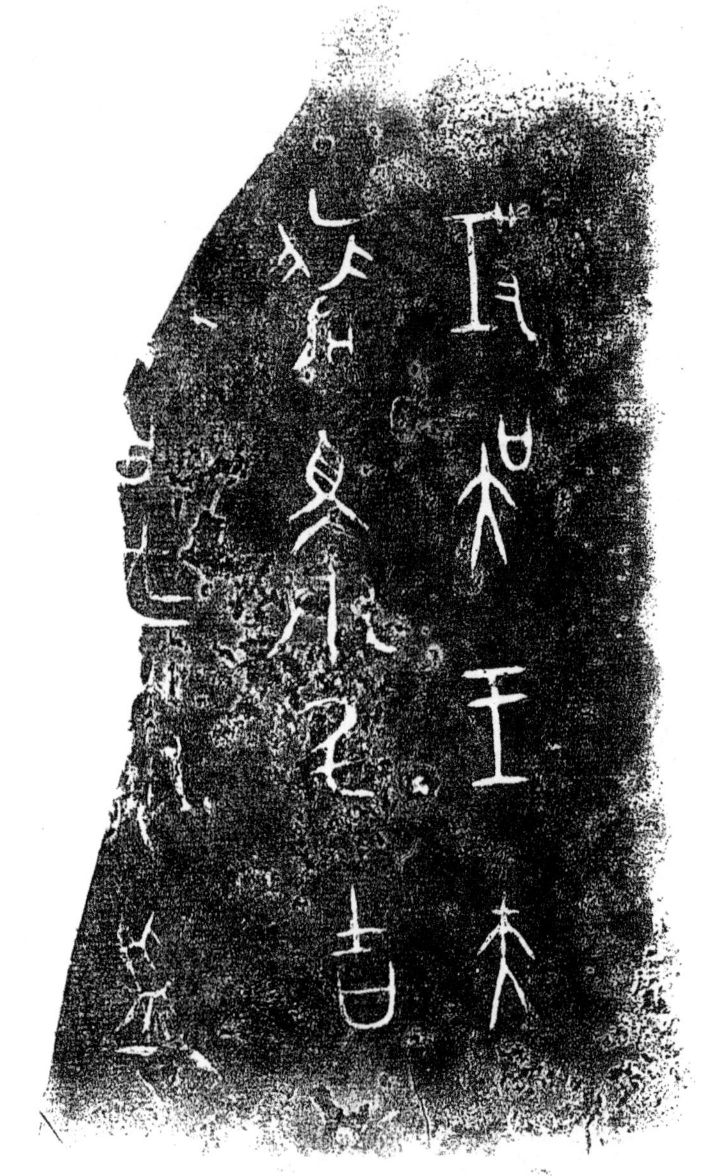

吴王夫差擇厥吉金，自乍（作）御監（鑑）

10295

吴王夫差鑑

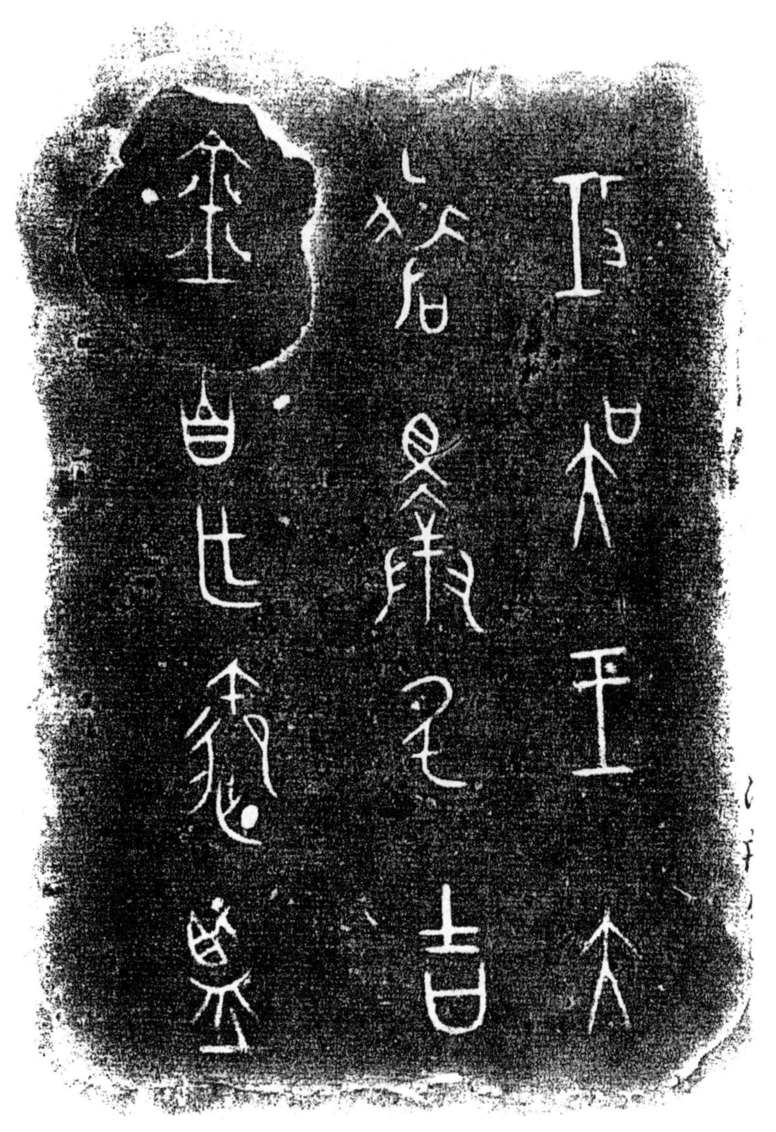

吴王夫
差擇厥吉
金，自乍（作）御監（鑑）

10296

郪陵君鑑

10297.1A

10297.1B

10297.2A

10297.2B

郪陵君王子申，攸𦀚（載）造金監（鑑），攸立（涖）歲棠（嘗），以祀皇祖，以會父佳（兄），羕（永）甬（用）之，官（綰）攸（悠）無疆，王郢姬之濫（鑑）

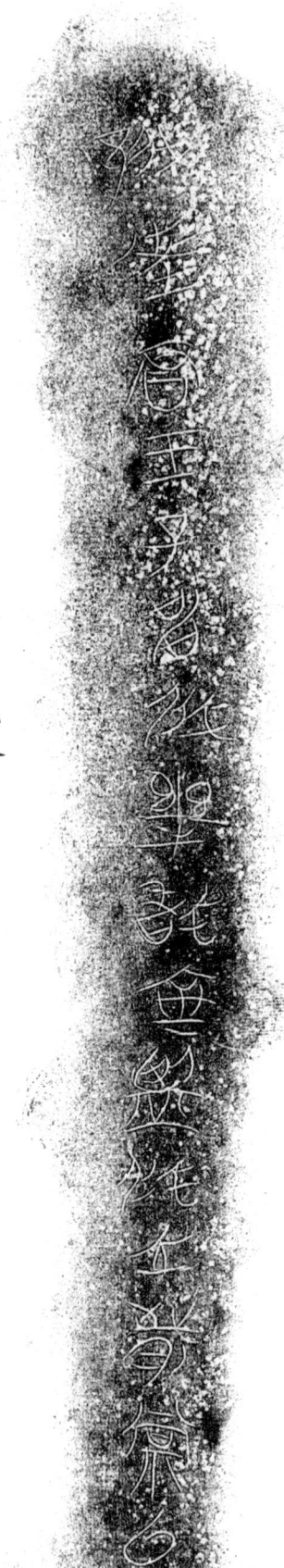

吴王光鑑

唯王五月，既字白（迫）期，吉日初庚，吴王光擇其吉金，玄銧（礦）白銧（礦），台（以）乍（作）叔姬寺吁宗彊（彝）薦鑑，用享用孝，眉壽無疆，往已叔姬，虔敬乃后，子孫勿忘

10298

吴王光鑑

唯王五月，既字白（迫）期，吉日初庚，吴王光擇其吉金，玄銧（礦）白銧（礦），台（以）乍（作）叔姬寺吁宗彛（彝）薦鑑，用享用孝，眉壽無疆，往已叔姬，虔敬乃后，子孫勿忘

10299

𠭯盂

𠭯

10300

寑小室盂

寑小室盂

10302

好盂

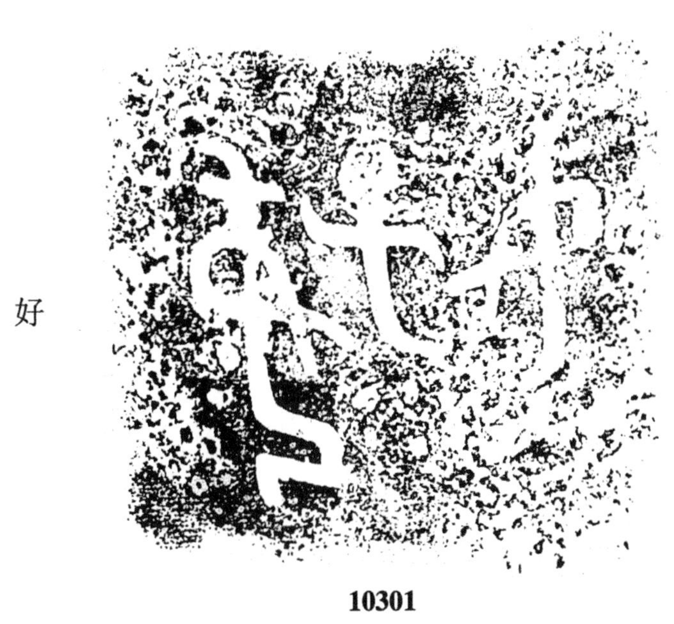

好

10301

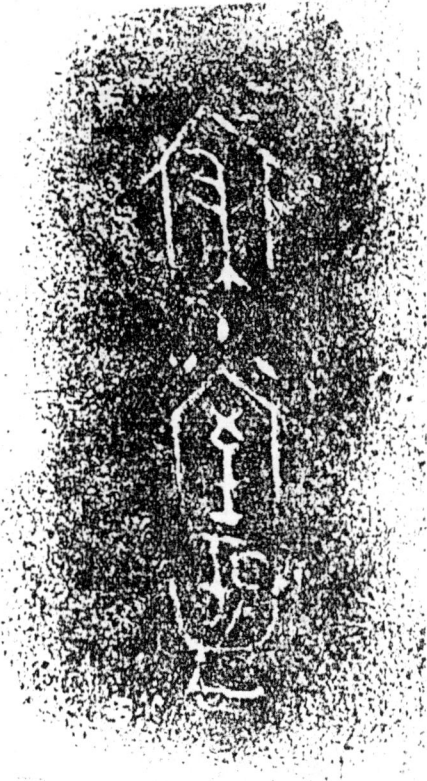

匽侯盂

匽(燕)侯乍(作)旅盂

10303.1

匽(燕)侯乍(作)旅盂

10303.2

匽侯盂

匽(燕)侯乍(作)旅盂

10304.1

匽(燕)侯乍(作)旅盂

10304.2

匽侯盂

匽（燕）侯乍（作）餴（饙）盂

10305

虢叔盂

虢叔乍（作）旅盂

10306

虢叔盂

虢叔乍（作）旅盂

10307

逨盂

10308

逨乍（作）寶

尊彝，𠂊（？）

𢔶盂

10309

微乍（作）康公

寶尊彝

滋盂

滋乍（作）盂毁，其萬年，子子孫孫永寶用

10310

庶盂

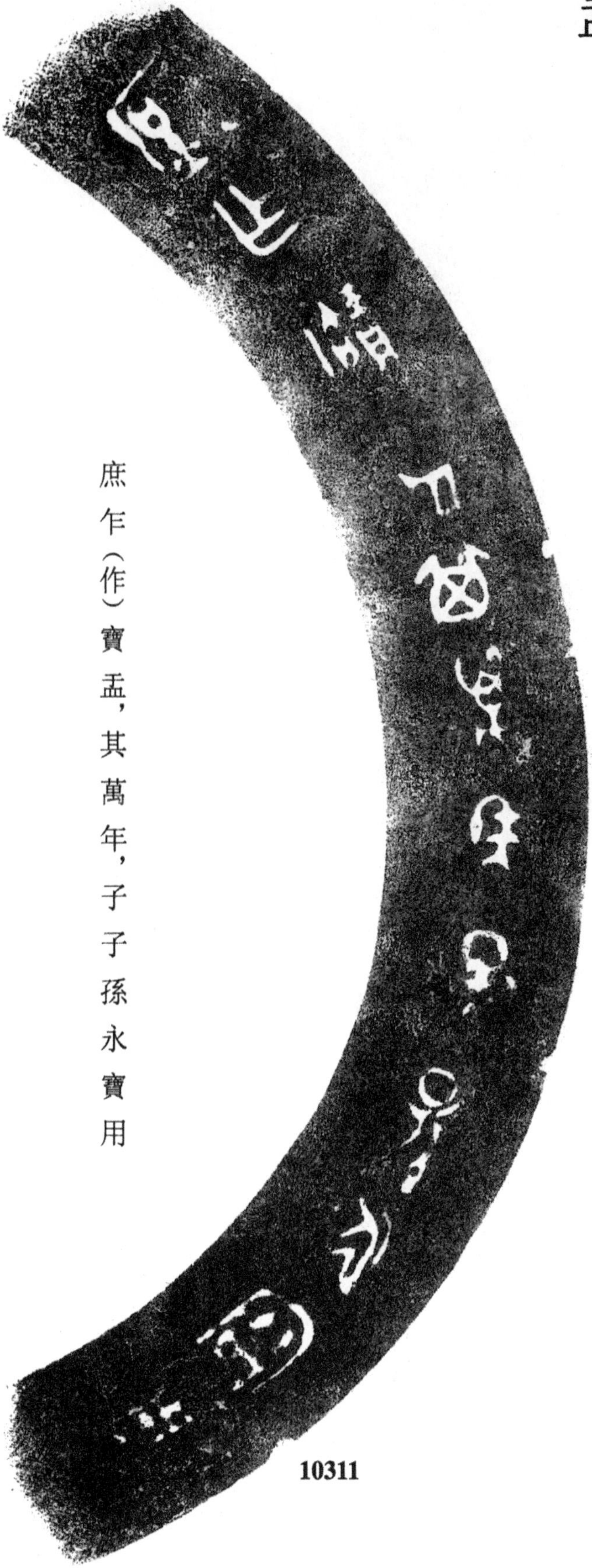

庶乍（作）寶盂，其萬年，子子孫永寶用

10311

伯盂

10312

伯乍（作）寶尊盂，其萬年，孫孫子子，永寶用享

□作父丁盂

□乍（作）父丁
盂，其萬年永
寶，用享宗公

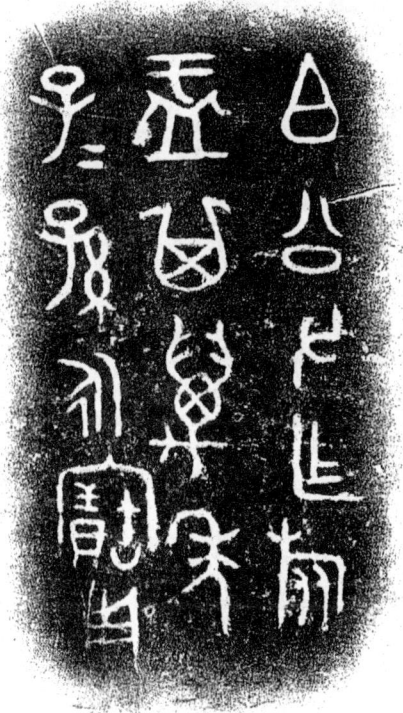

10313

伯公父盂

伯公父乍（作）旅
盂，其萬年，
子子孫永寶用

10314

善夫吉父盂

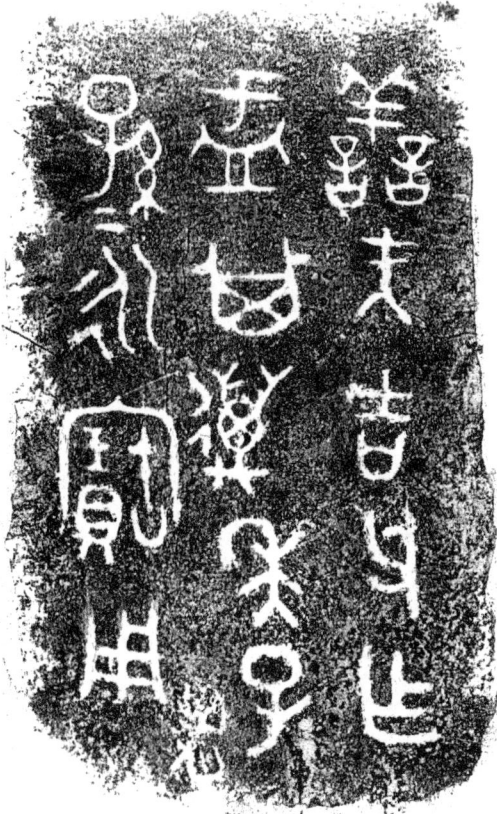

善（膳）夫吉父乍（作）
盂，其邁（萬）年，子子
孫孫永寶用

10315

魯大嗣徒元盂

魯大嗣徒元
乍（作）飲盂，其萬年
眉壽，永寶用

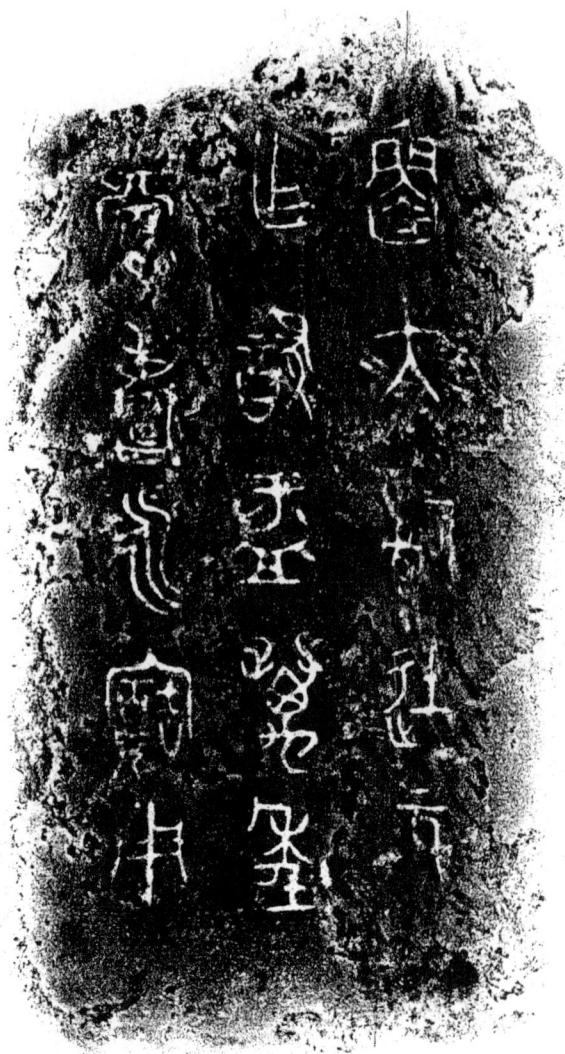

10316

伯索史盂

伯索史乍（作）季
姜寶盂，其邁（萬）
年，子子孫孫永用

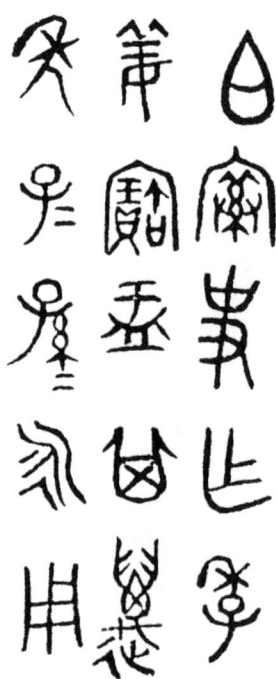

10317

齊侯盂

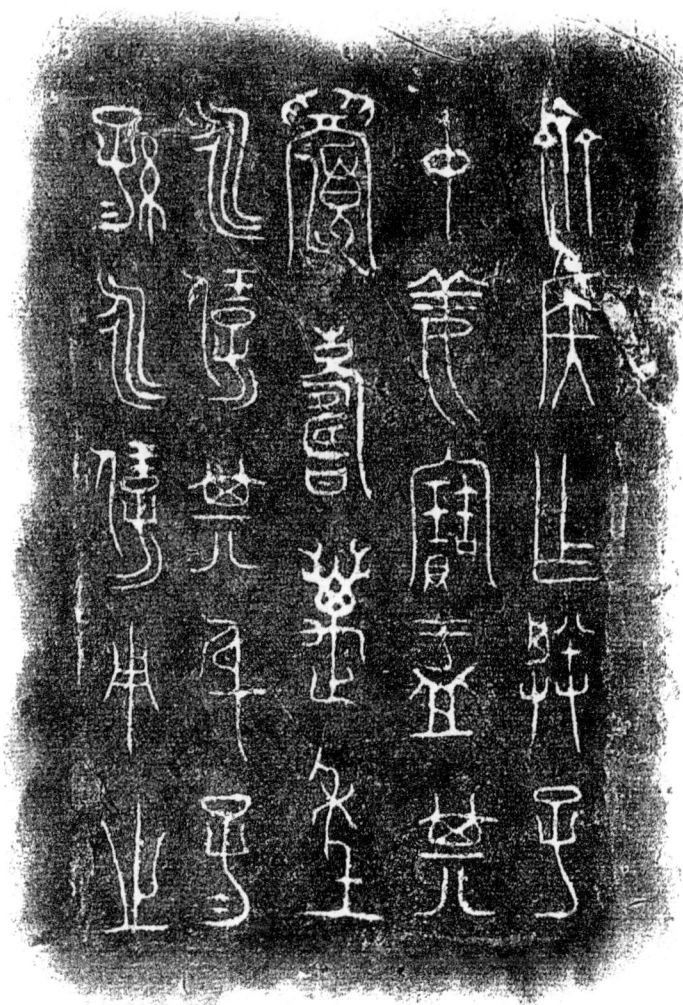

齊侯乍(作)朕(媵)子
仲姜寶盂，其
眉壽萬年，
永保其身，子子
孫孫，永保用之

10318

要君盂

唯正月初吉，
婁君伯庿自
乍(作)𩚵(饙)盂，用祈
眉壽無
疆，子子孫孫，(永)寶
是尚(常)

10319

宜桐盂

10320

唯正月初吉己酉，郐(徐)王季糧之孫宜桐，乍(作)鑄飤盂，以𡢁妹，孫子永壽用之

趙盂

唯正月初吉，君在潦
既宮，命𨒅(逋)事(使)于述(遂)土，
𨺗諆(其)各飼(姒)，司寮女寮：
奚、微、華，天君事(使)𨒅事(使)
𣲂(沫)，𨒅敢封(奉)揚，用乍(作)文祖
己公尊盂，其永寶用

10321

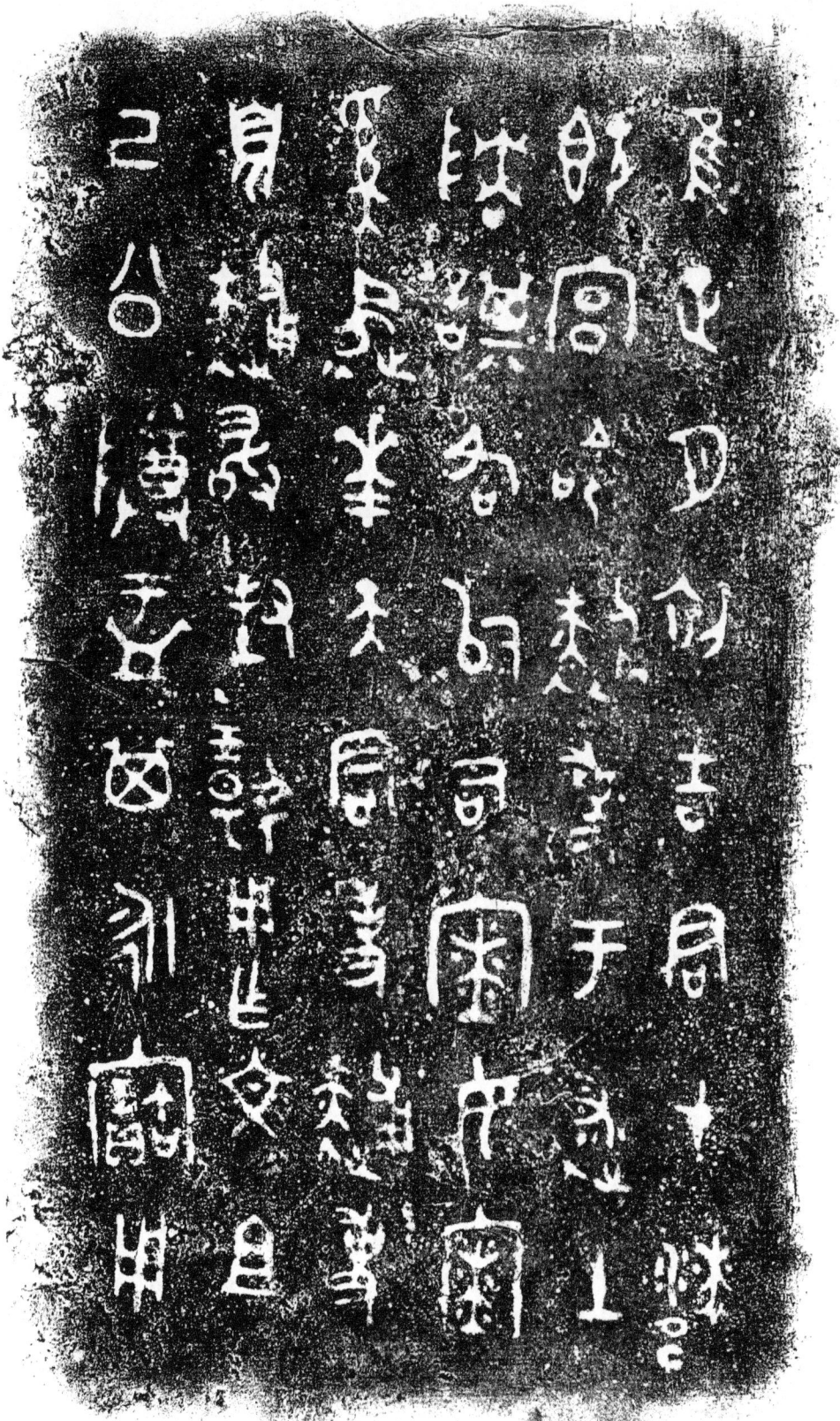

永盂

10322

10322 釋文

唯十又二年，初吉丁卯，益公
內（入）即命于天子，公廼出厥
命，賜畀（𢘓）師永厥田：湆（洛、陰）昜（陽）洛，
疆眔師俗父田，厥眔公出
厥命：井伯、𤇳（榮）伯、尹氏、師俗父、
𧻚（遣）仲，公廼命酉𤔲徃（徒）𠧟父、
周人𤔲工（空）㞋、𢼸史、師氏、邑
人奎父、畢人師同，付永厥
田，厥逹（率）𣪕（堳）：厥疆宋句（洵），永拜
䭫首，對揚天子休命，永用
乍（作）朕文考乙伯尊盂，永其
邁（萬）年，孫孫子子，永其逹寶用

[glyph]盆

呑

10323

微瘼盆

微瘼

乍（作）寶

10324

微瘼盆

微瘼

乍（作）寶

10325

𤔲料盆蓋

𤔲料東所(持)

10326

𤔲料盆

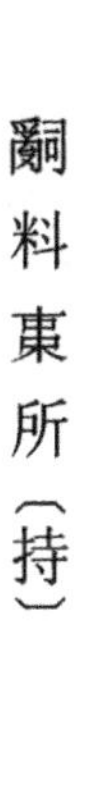

𤔲料東所寺(持)

10327

八年鳥柱盆

八茉，冶勻嗇夫孫⿱艽心(艽)、工福

10328A

10328B

樊君盆

樊君莫(芫)用其吉金，自乍(作)寶盆

10329.1

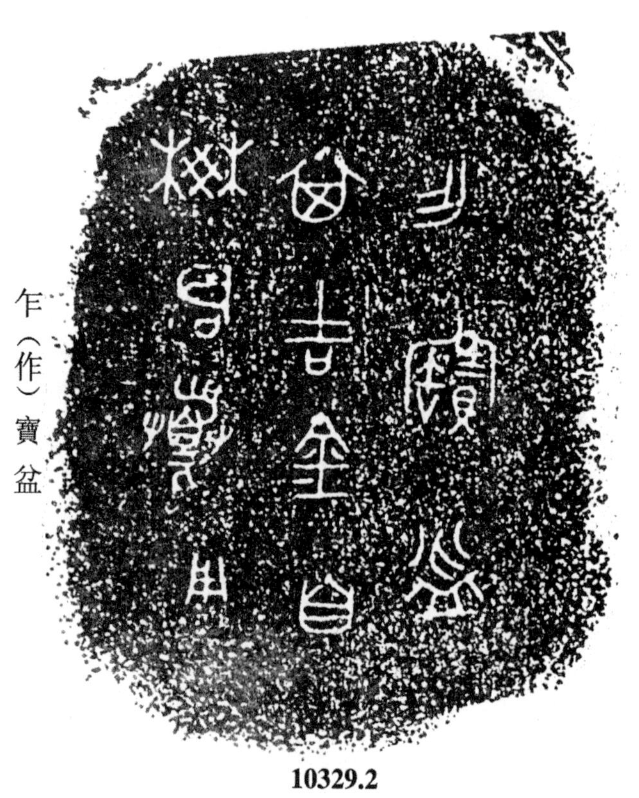

樊君莫(芫)用其吉金，自乍(作)寶盆

10329.2

鄎子行盆

鄎(息)子行自乍(作)飤盆，永寶用之

10330.1

鄎(息)子行自乍(作)飤盆，永寶用之

10330.2

子叔嬴内君盆

子叔嬴
內君乍(作)寶
器，子孫永用

10331

曾孟嬶諫盆

曾孟嬶(芈)
諫乍(作)
飤鄴盆，其
眉壽用之

10332.2

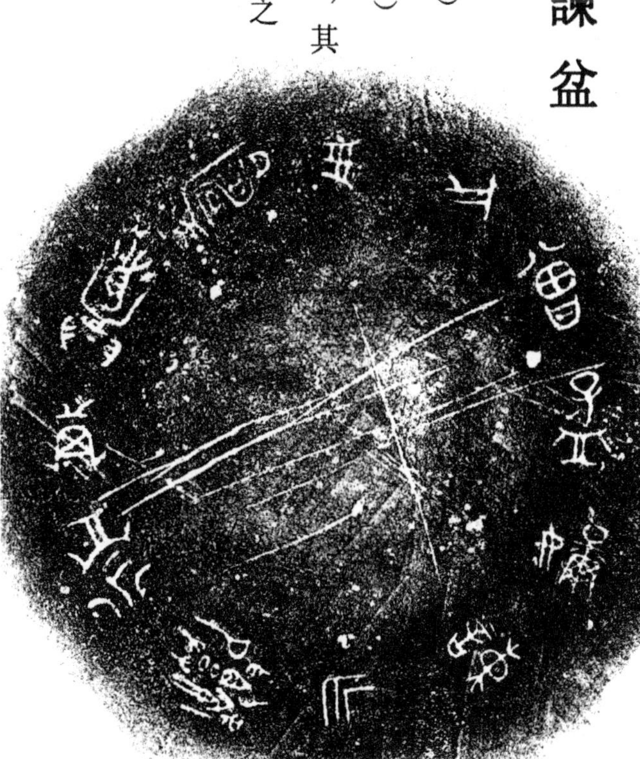

曾孟嬶(芈)
諫乍(作)
飤鄴盆，其
眉壽用之

10332.1

十年盆

十茉，右使車嗇夫鄭（齊）痤、工□，冢

10333

杞伯每匕盆

杞伯每刃乍（作）鼄（邾）
媵寶盄（盂），其
子子孫孫永寶用

10334

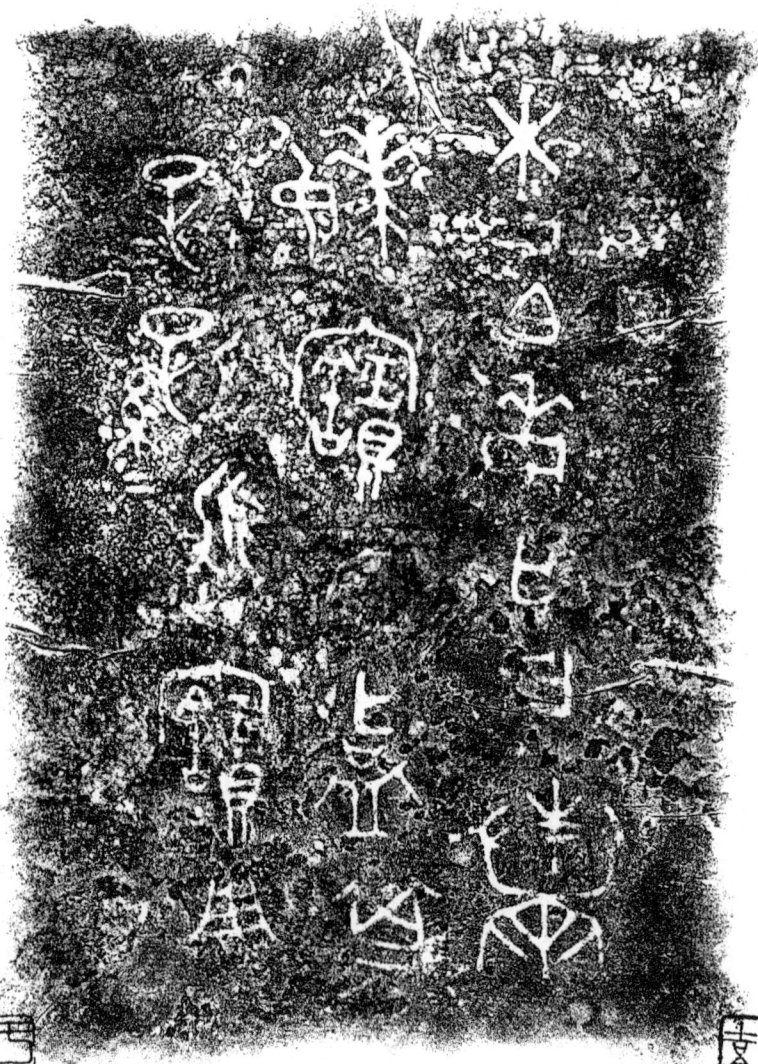

子諆盆

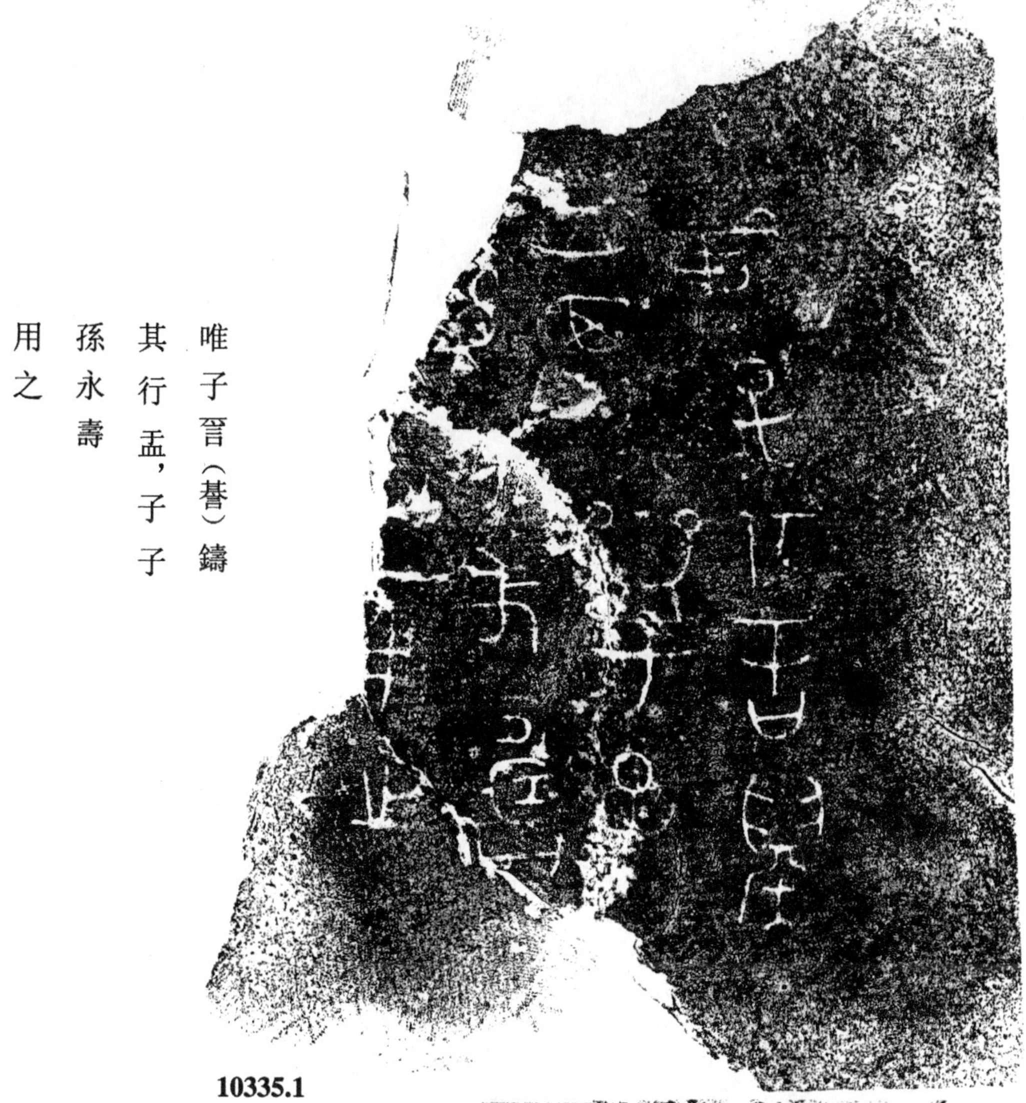

唯子諆（諆）鑄其行盂，子子孫永壽用之

10335.1

唯子諆（諆）鑄其行盂，子子孫永壽用之

10335.2

曾大保盆

曾大(太)保𩰫叔
亟，用其吉金，自乍(作)旅
盆，子子孫孫永用之

10336

鄝子宿車盆

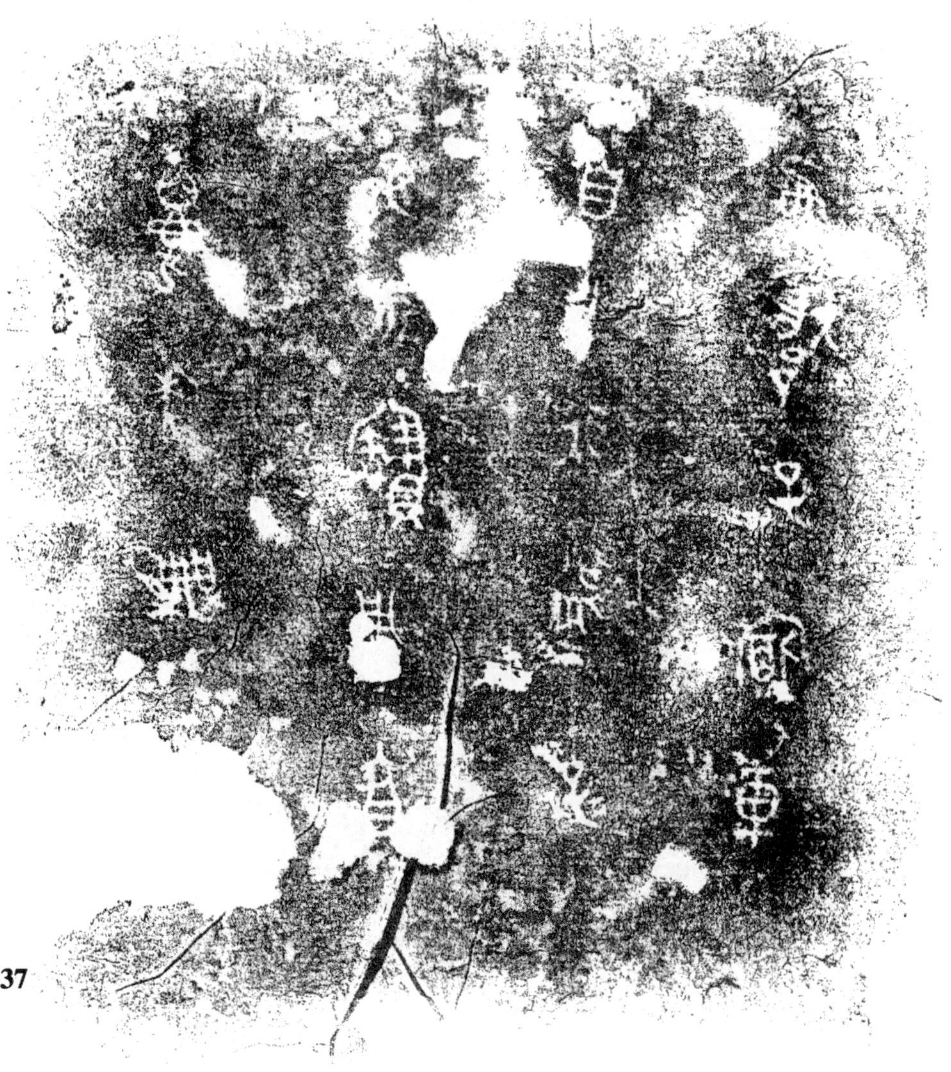

唯鄝(䣄)子宿車
自乍(作)行盆，子子
孫孫，永寶用享，
萬年無疆

10337

黄大子伯克盆

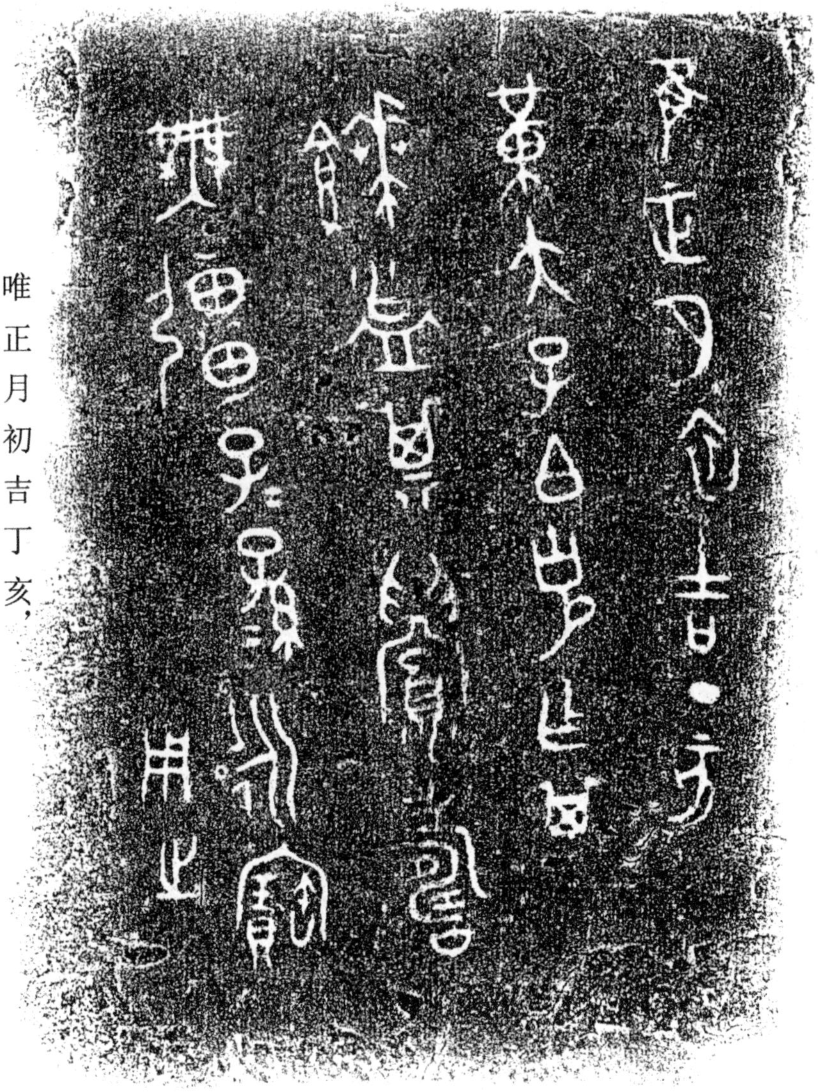

唯正月初吉丁亥，
黄大（太）子伯克，乍（作）其
餴（饙）盆，其眉壽
無疆，子子孫孫，永寶
用之

10338

□子季□盆

唯正九月，
初吉庚午，
□子季（嬴
青自）乍（作）鑄
（餴盆），萬年
無疆，子子孫孫，
永寶用之

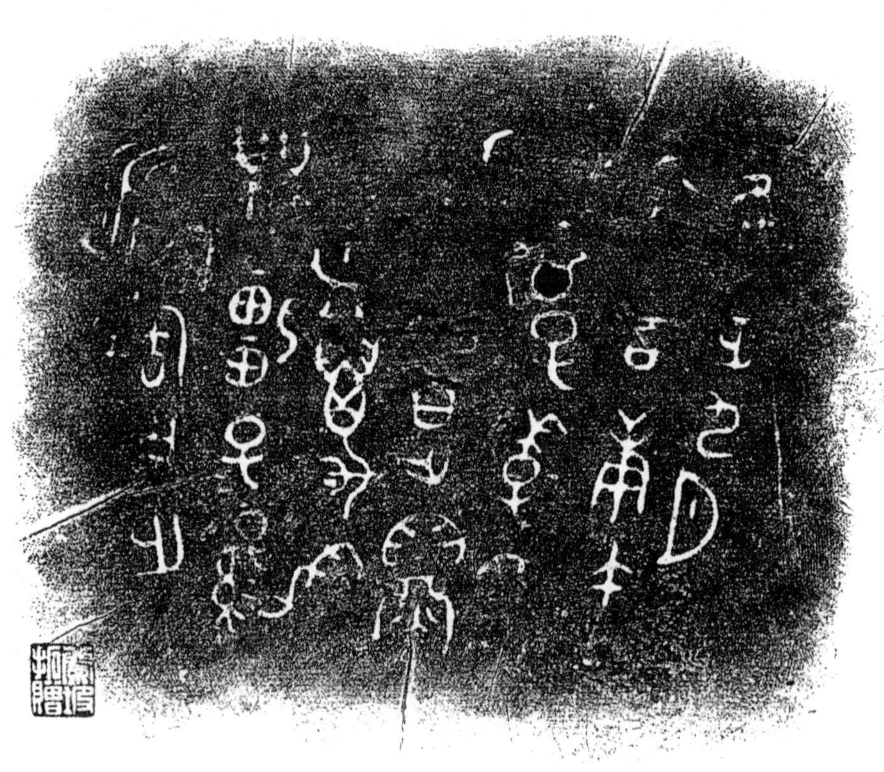

10339

彭子仲盆蓋

疆，子子孫孫，永寶用之

盆，其眉壽無

其吉金，自乍（作）𨮯（饙）

亥，彭子仲擇

唯八月初吉丁

10340

邛仲之孫伯戔盆

10341.1

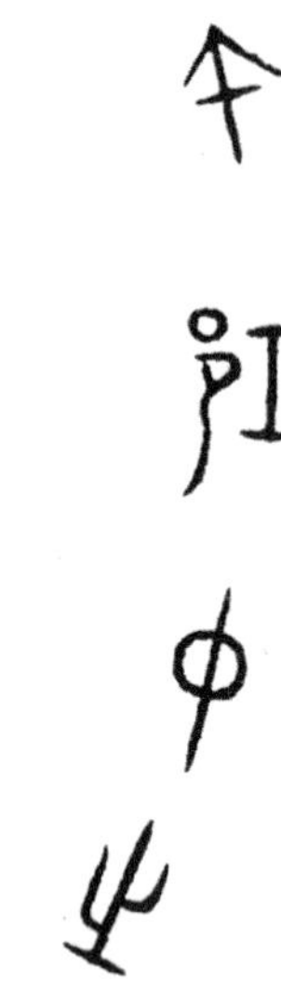

10341.2

唯八月初吉庚午，邛（江）仲之孫伯戔，自乍（作）餴（饙）[壴皿]，其眉壽，萬年無疆，子子孫孫，永保用之，

邛（江）仲之孫伯戔，自乍（作）餴（饙）[壴皿]，永保用之

晉公盆

唯王正月，初吉丁亥，
晉公曰：我皇祖䣄（唐）公，
（膺）受大命，左（佐）右（佑）武王，龢
（燮）百蠻（蠻），廣嗣四方，至于
大廷，莫不來（王）。（王）
命䣄（唐）公，
冂（幂）宅京師，□□（晉）邦，我
剌（烈）考☐
疆，☐虢
虩在（上），☐
召䜌（業）
☐晉邦，公曰：余惟今小子，敢
帥井（型）先王，秉
德嬧嬧（秩秩），㠯（固）
燮萬邦，諗莫不日頓
龕，余咸畜胤士，乍（作）
馮（凴）左右，保辥（乂）王國，刜
票（暴）𩁹（胡）㚤（迮），□攻虩者，
否（丕）乍（作）元女，☐
媵（媵）甏四酉，□□□□，
虔龏盟（祀），以倉（答）（揚）
皇卿，㠯（固）親百黹，惟今
小子，整辥（乂）爾容，宗
婦楚邦，烏（無）𣪘（咎）萬
年，晉邦唯𩎖（翰），
永康寶

10342

⬦旅筩形器

幸旅

10343

司母辛方形器

司母辛

10345

亞吴卵形器

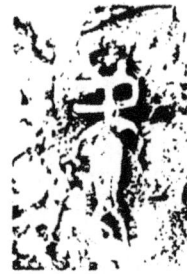

亞疑

10344

司粵母器蓋

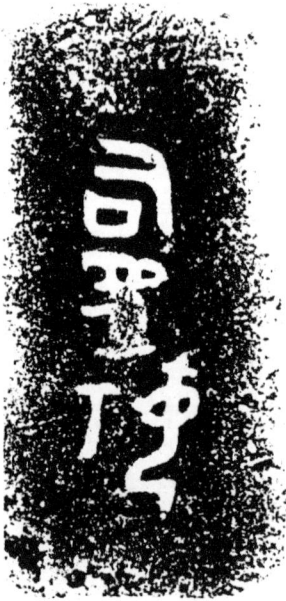

司㛸

10346

王作妃弄器蓋

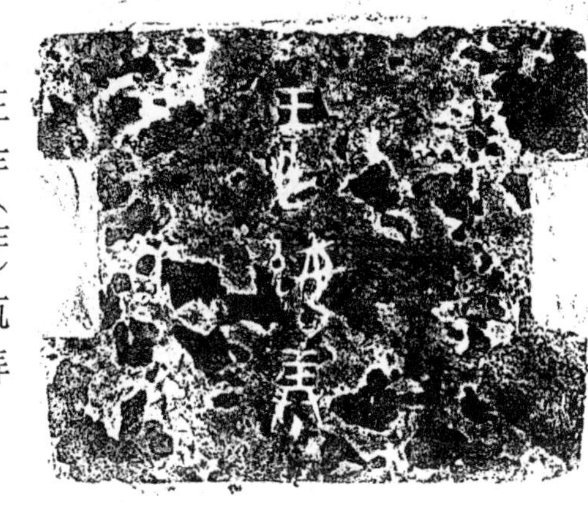

王乍（作）㚸弄

10347

左使車筒形器

10349A

10349B

曾侯乙過濾器

10348

厚氏𩫖鑰

𡗞氏𩫖（諺）
乍（作）善（膳）鑰

10350

亞㠱侯殘圜器

乍（作）父丁寶旅彝，㠱侯亞

10351

史孔和

廿五年盌

史孔乍（作）和，子子孫孫永寶用

10352

一斗八升，廿五年，⿱夗口（盌）⿰口攵（扣）

10353

琟圜形器

原高三五厘米

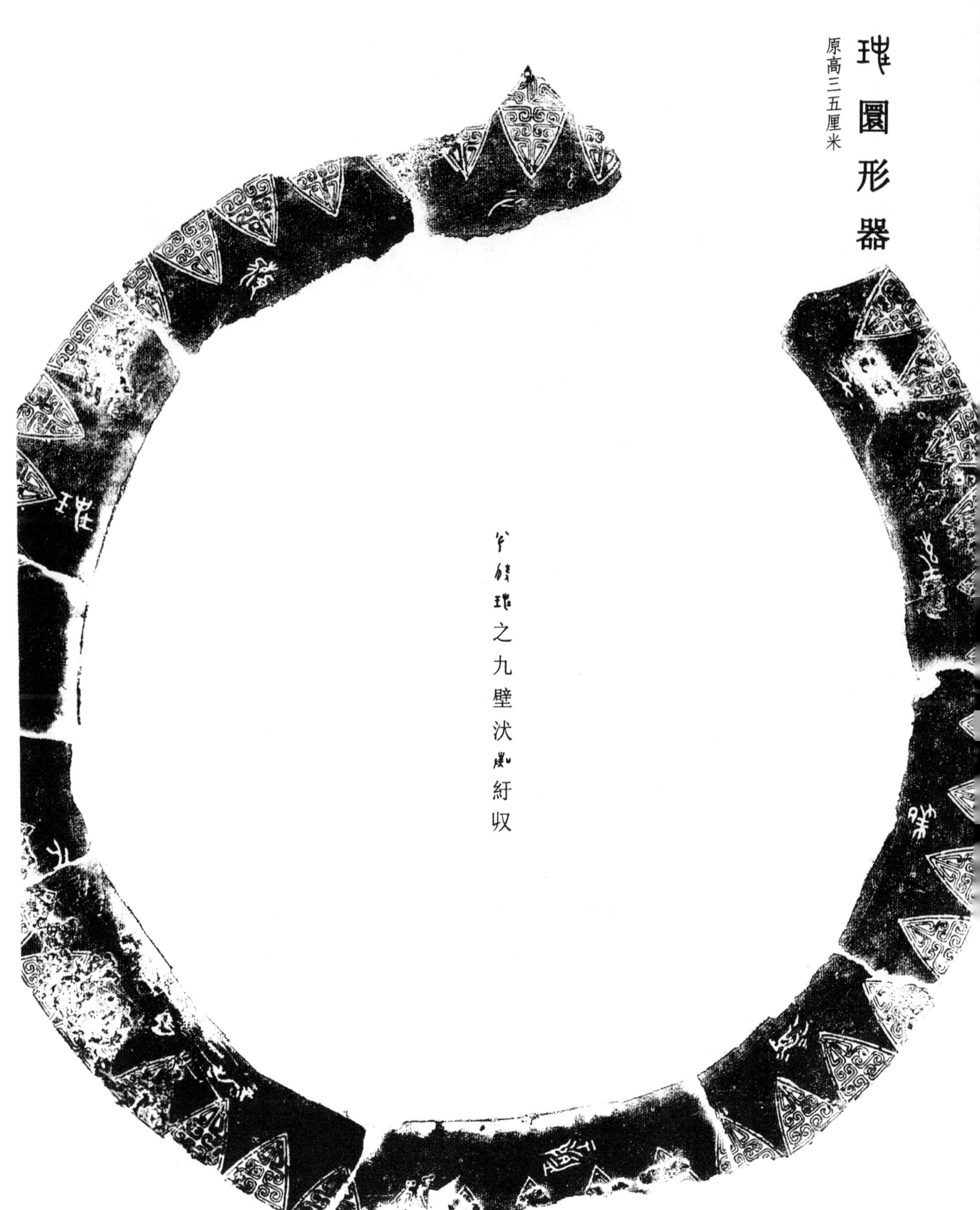

[illegible][illegible]琟之九璧沃[illegible]紆収

10354

黃子器座

甫（夫）人孟姬器，黃子乍（作）黃用𠤳

10355

蔡大史鉌

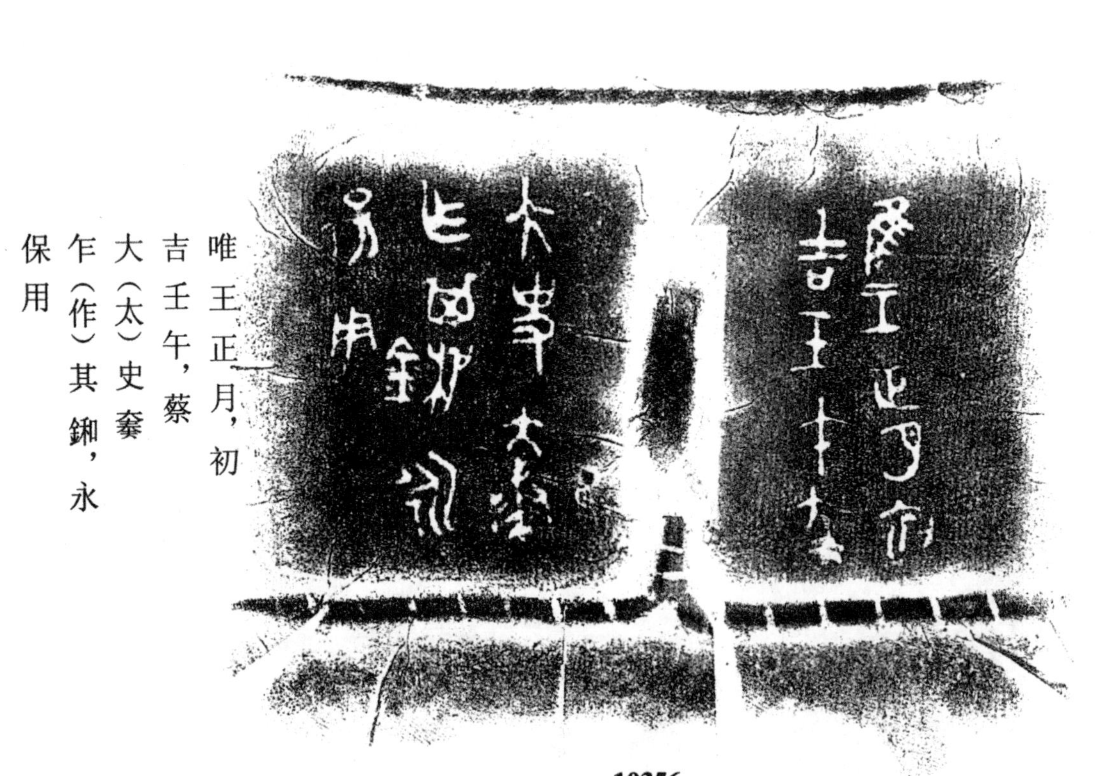

唯王正月，初吉壬午，蔡大（太）史奮乍（作）其鉌，永保用

10356

邵宮和

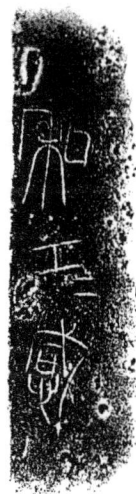

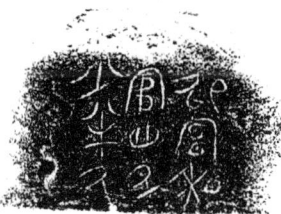

邵宮私官，四斗少半斗，私工工感，廿三斤十兩，十五

10357

十年銅盒

左鑾者

十茉，左使車嗇夫事斁、工貰，冢（重）百十一刀之冢（重），

10358

十二年銅盒

左鑾者

十二茉，右使車嗇夫鄚（齊）痓、工虞，冢（重）百廿八刀之冢（重），

10359

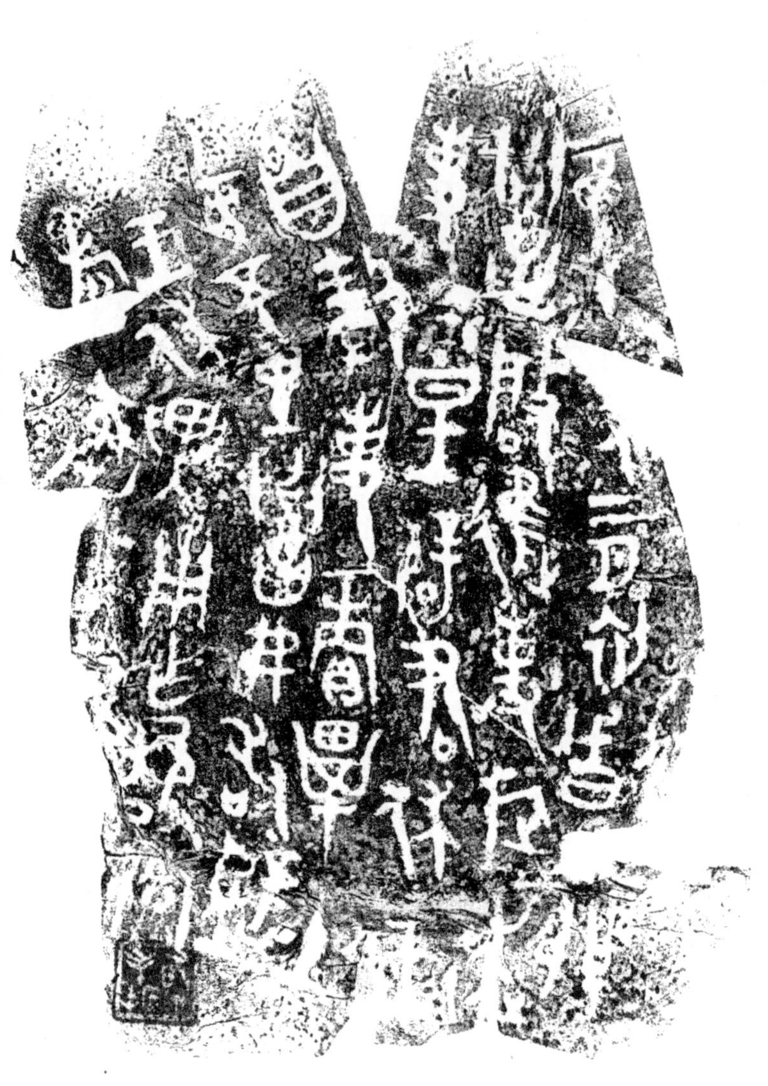

唯十又二月，初吉丁卯，
醬（召）肇進事，旋走
事皇辟君，休王
自穀事（使）賞畢土
方五十里，醬（召）弗敢譴（忘）
王休異（翼），用乍（作）歆宮
旅彝

10360

國差𦉜

國差(佐)立(涖)事
歲，咸丁亥，攻(工)
帀(師)
𠈇鑄西墉寶
𦉜四秉，用實
旨酉(酒)，侯氏受
福眉壽，卑(俾)旨
卑(俾)瀞(清)，侯氏毋
咎毋痟，齊邦
鼏(謐)靜安寧，子子
孫孫，永保用之，

10361

戲㑥量

戲，参分

10362

王量

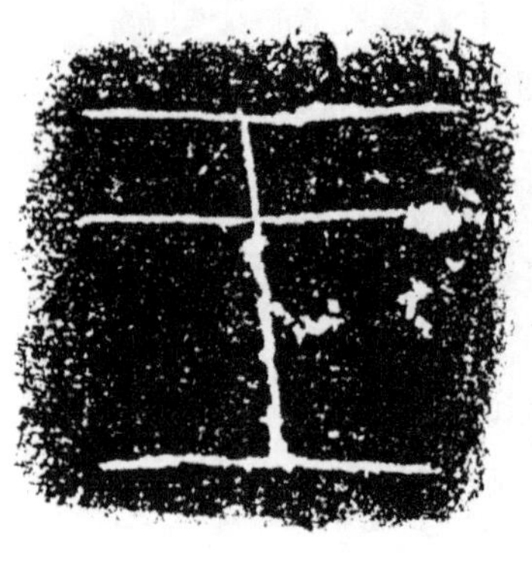

10364.1

𤔲工量（鋚）

[illegible]（𤔲）工（空）

10363

王□□

10364.2

斛半𠔉量

斛(斞)半弁(賸)

10365

右里[illegible]量(鎣)

右里

[illegible](敀)[illegible]([illegible])

10367

右里[illegible]量(鎣)

右里

[illegible](敀)[illegible]([illegible])

10366

左關之鉌

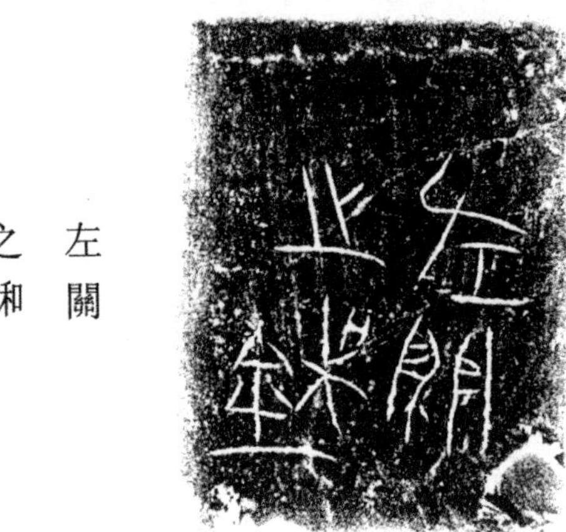

左關之鉌

10368

衛量

衛自（師）辛（？）卑（𡙇）

10369

郢大府量

郢大府之□笋（筲），少

10370

陳純釜

陳猷立（涖）事歲，
𢿌月戊寅，於
兹安陵亭，命
左關師發敕（敕）
成左關之釜（釜），
節于𢿌（廩）釜（釜），敦（屯）
者曰陳純

10371

商鞅量

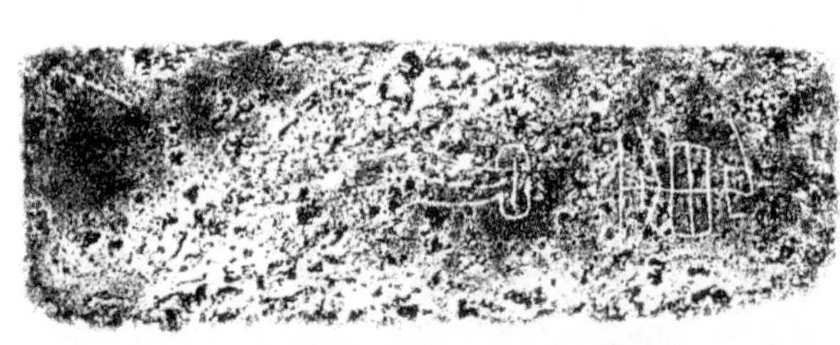

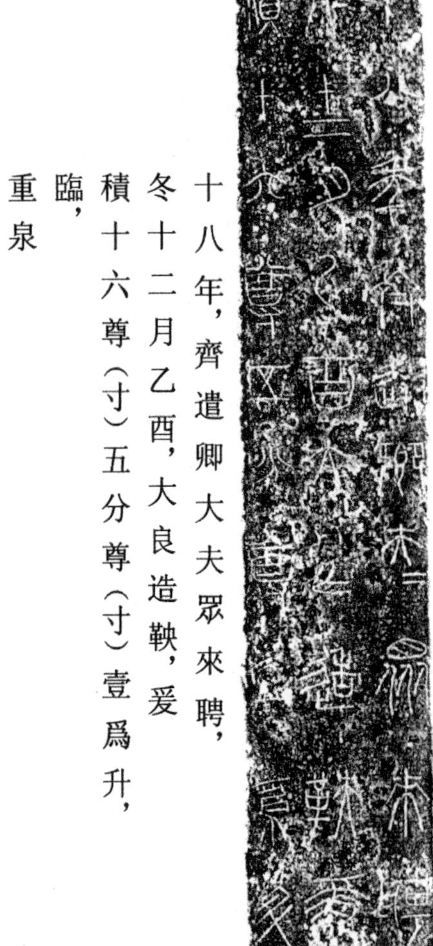

十八年，齊遣卿大夫眾來聘，冬十二月乙酉，大良造鞅，爰積十六尊（寸）五分尊（寸）壹爲升，臨，重泉

10372

郾客問量

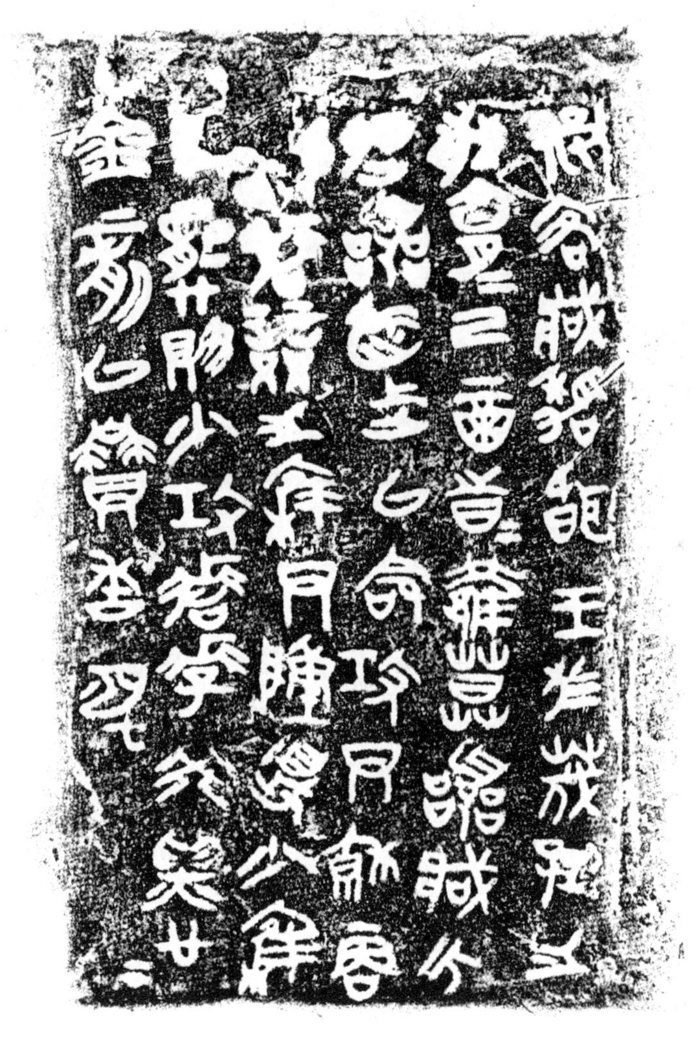

郾（郾、燕）客臧嘉聞（問）王於菽郢之歲，享月己酉之日，羅莫嚣（敖）臧帀（師）、連嚣（敖）屈走（让），以命攻（工）尹穆丙、攻（工）差（佐）競之、集尹陳夏、少集尹龏賜、少攻（工）差（佐）孝癸，鑄廿金𩰫（桶），以賹，告（造）七月

10373

子禾子釜

10374

10374釋文

□□立（涖）事歲，禝月丙午，子禾（和）子

□□內者御梠（莒）市，□命誸陳得：

左關釜（釜）節于敷（廩）釜（釜），關鉌節于敷（廩）

半，關人築桿戚釜（釜），閉料于□外，

[illegible]釜（釜）而車人制之，而台（以）發退

女（如）關人，不用命則寅之，御關人

□□丌（其）事，中刑斤逄（殺），賸台（以）金半鈞，

□□丌（其）翫，厥辟□逄，贖台（以）□犀，

□命者，于丌（其）事區夫，丘關之釜（釜）

王衡桿

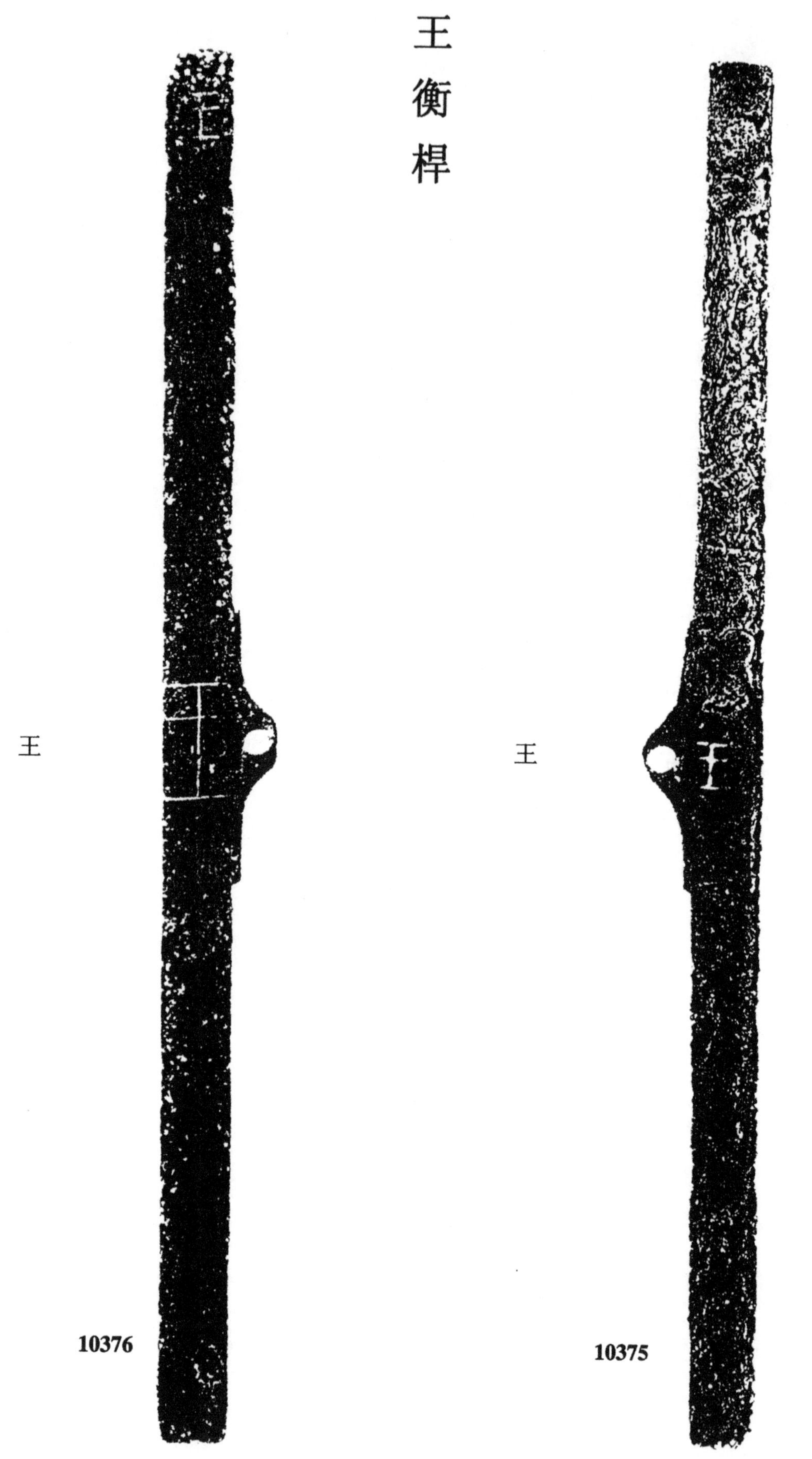

王

10376

王衡桿

王

10375

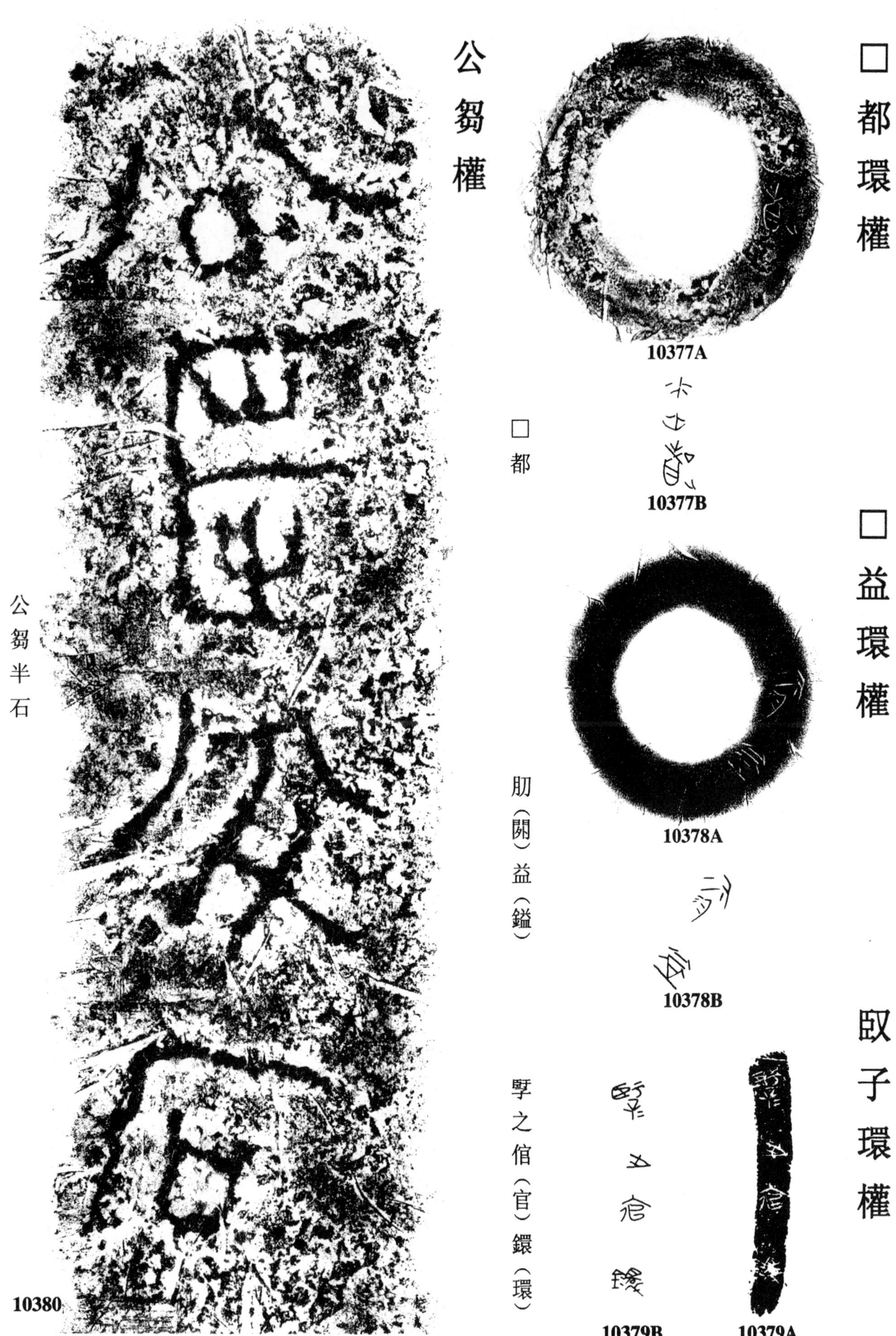

□都環權

10377A

□都

10377B

□益環權

10378A

�(閉)益(鎰)

10378B

郾子環權

10379A

孯之倌(官)鐶(環)

10379B

公芻權

公芻半石

10380

郘𤔲權

器之𤔲（？）郘

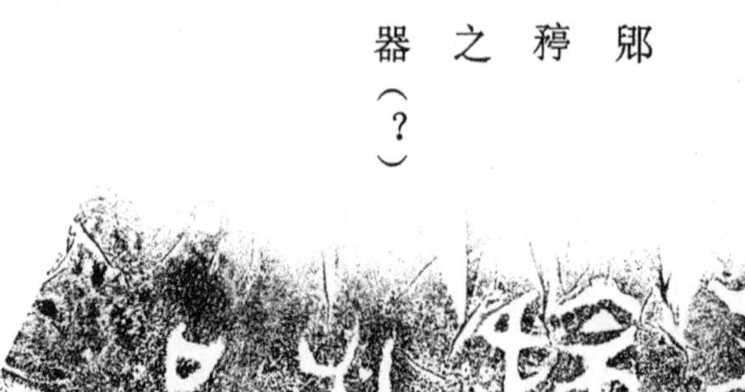

10381

三侯權

侯興□坫（固）三

10382

右伯君權

右伯君西里疸

10383

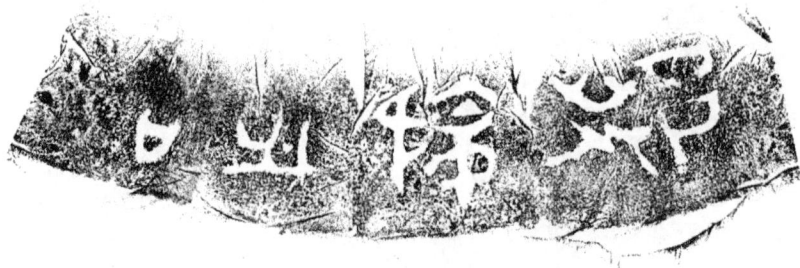

10384

高奴禾石權

三年，漆工配、丞詘造，工隸臣牟，禾石，高奴

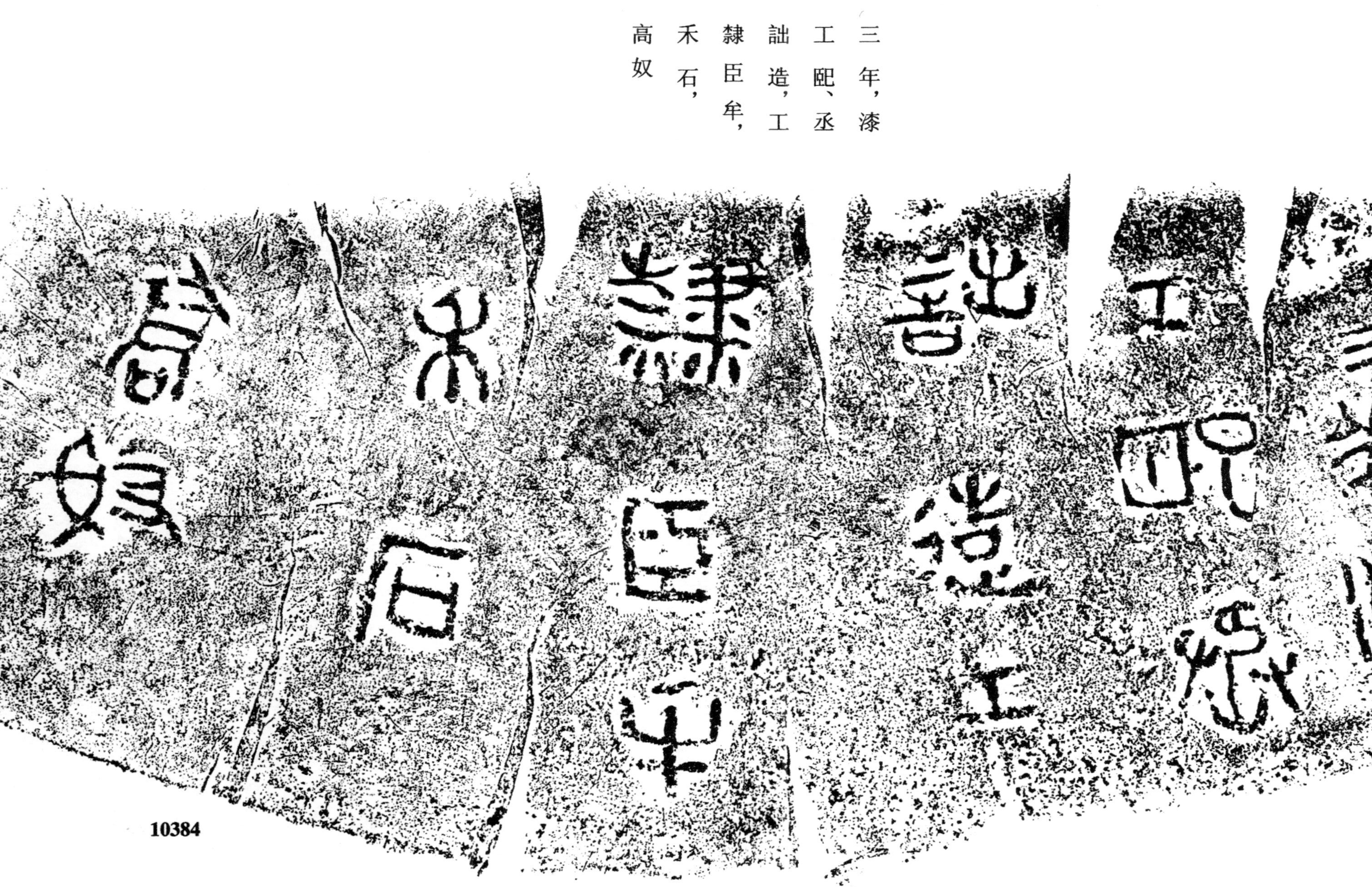

5597

司馬成公權

五年，司馬成公朗𤔲事命代䝿，與下庫工師孟關三人，以禾石𠫑平石

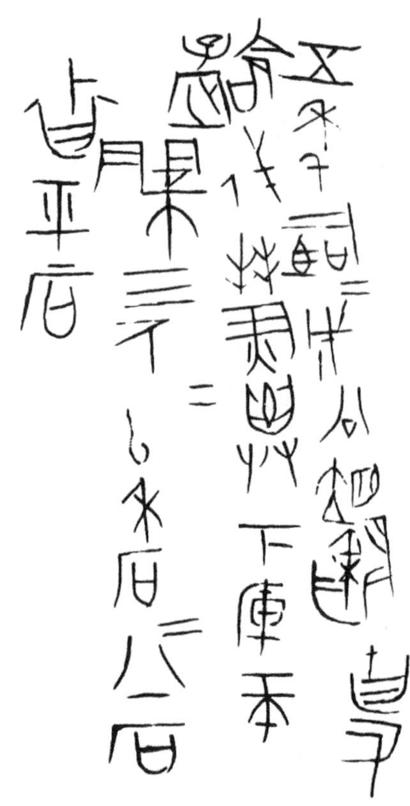

10385B

10385A

王子嬰次盧

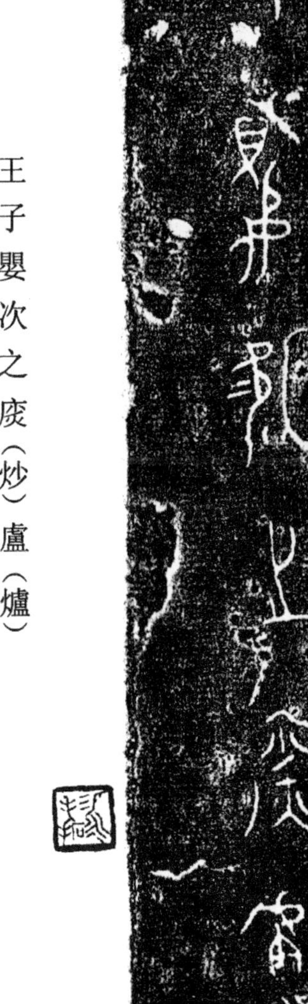

王子嬰次之庞（炒）盧（爐）

10386

曾侯乙盧

曾侯乙詐（作）時（持）甬（用）冬（終）

10387

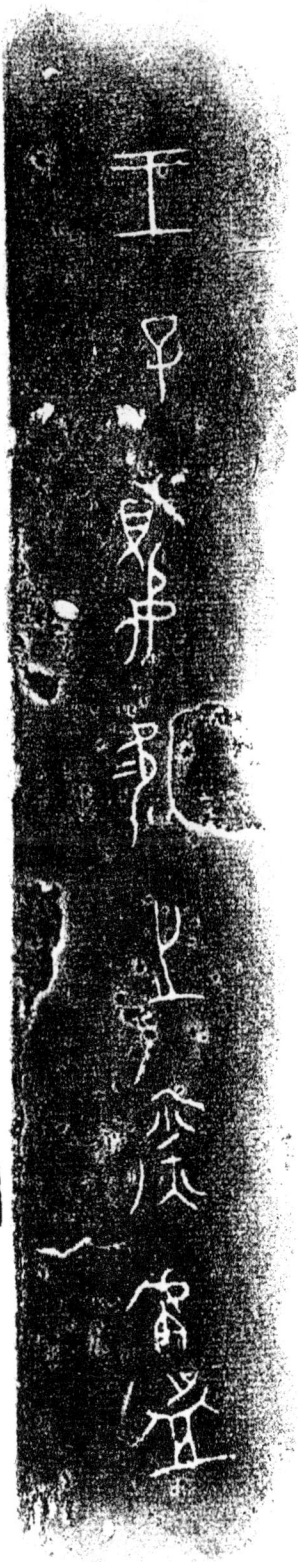

鑄客盧

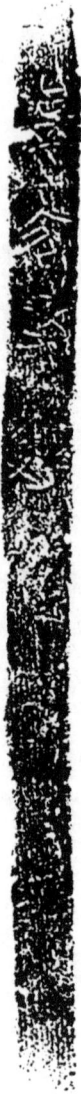

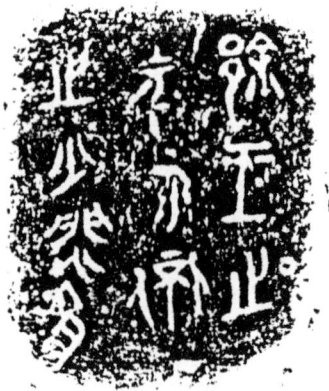

鑄客爲集[illegible]爲之

10388

鑄客盧

鑄客爲集☐敗（挸）爲之

10389

郄王盧

郄（徐）王之
堯（无）元桒（背）
之少（小）嬰（爓）膚（盧、爐）

10390

郐令尹者旨㽙盧

瘔（瘲、瘥）君之孫郐（徐）敓（令）尹者（諸）旨（稽）㽙（耕），擇其吉金，自乍（作）盧（爐）盤

10391

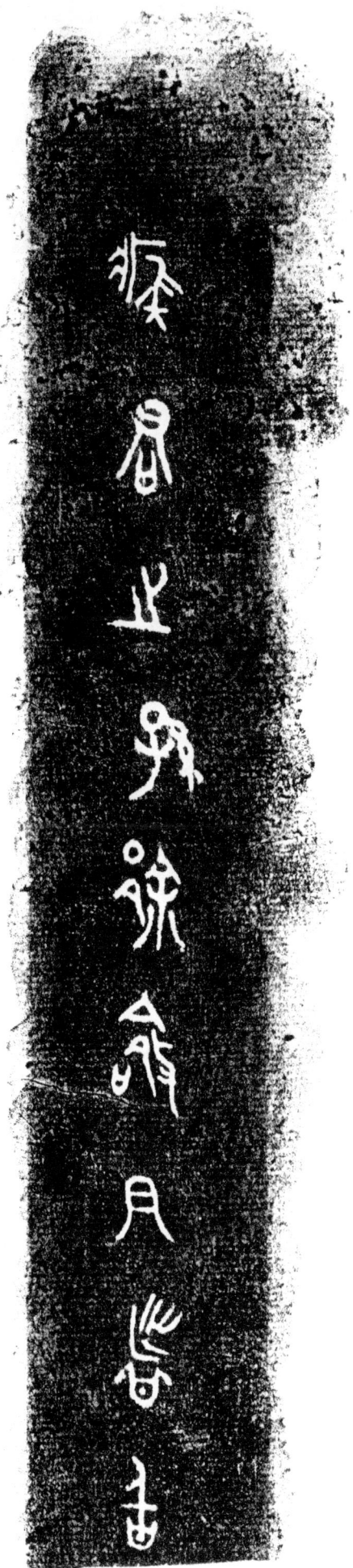

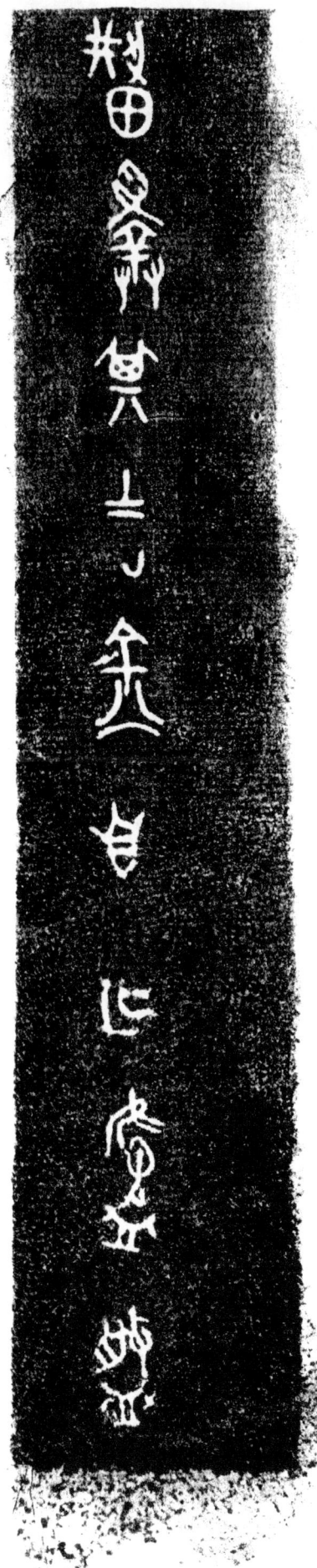

史箕

史

10392

亞矣箕

亞疑

10393

婦好

10394

□册斨箕

□（衛）册斨

10395

左𬙊箕

10396A

左鑾者

10396B

右使車箕

十茉，右使車工疥

10397A

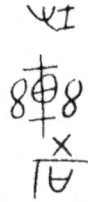

10397B

曾侯乙箕

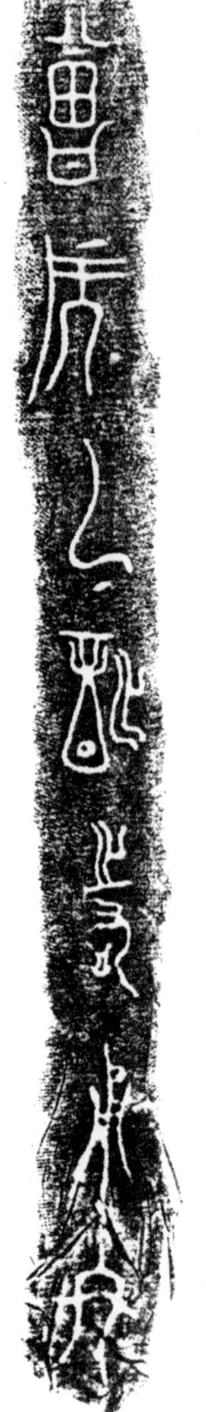

曾侯乙詐（作）時（持）甬（用）冬（終）

10398

曾侯乙簠

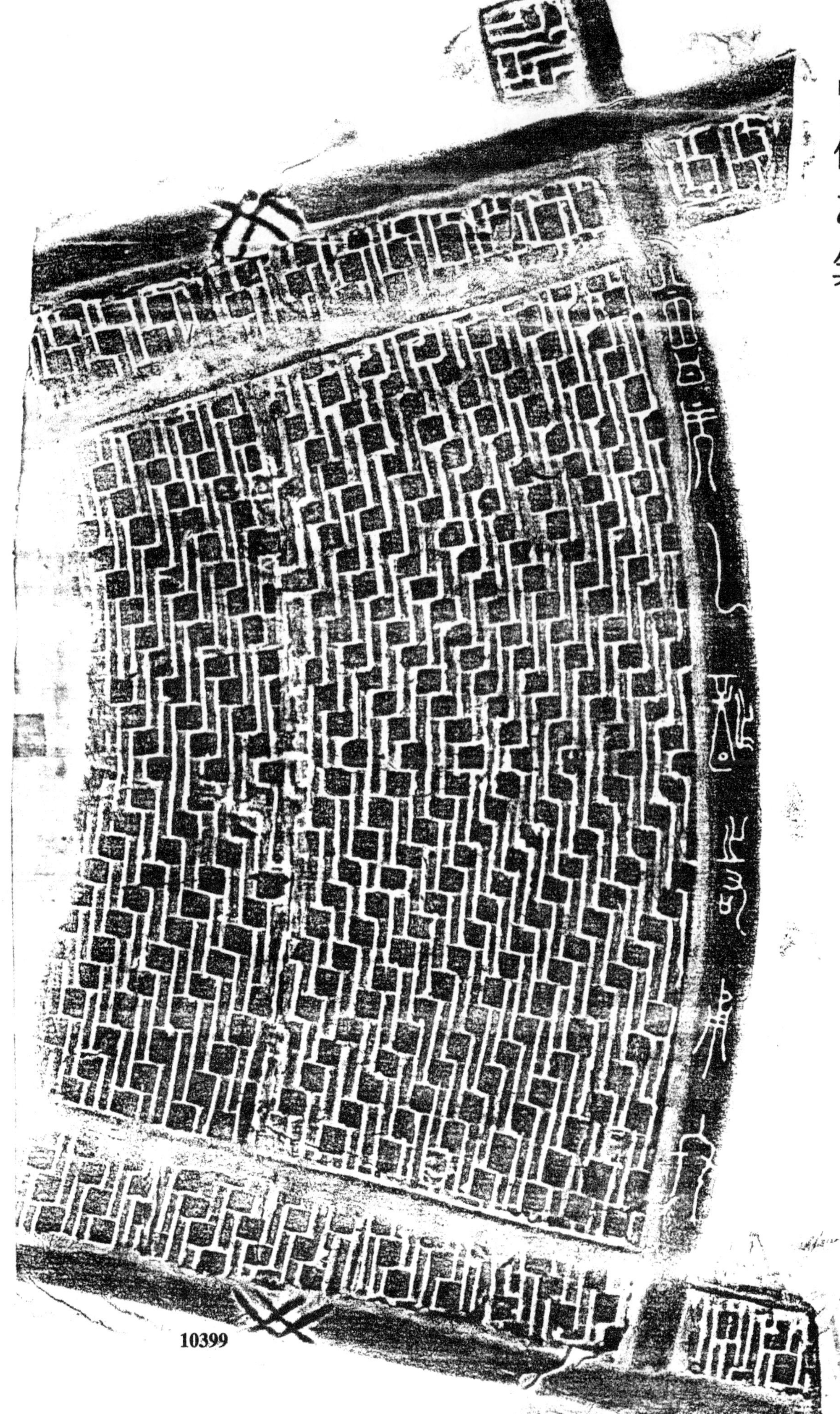

曾侯乙詐（作）峙（持）甬（用）冬（終）

10399

楚王燈

楚王

10400

左九燈

左九

10401

十年燈座

十茉，左使車嗇夫七敦(啟)、工尼，冢(重)一石三百五十五刀之冢(重)，右轡者

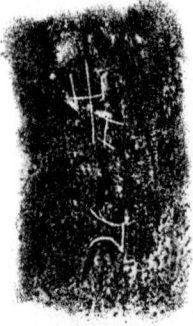

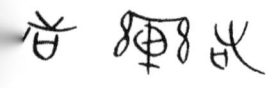

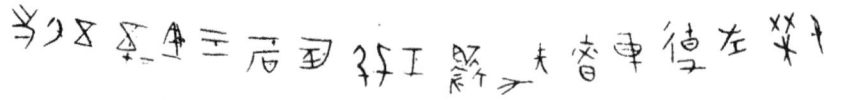

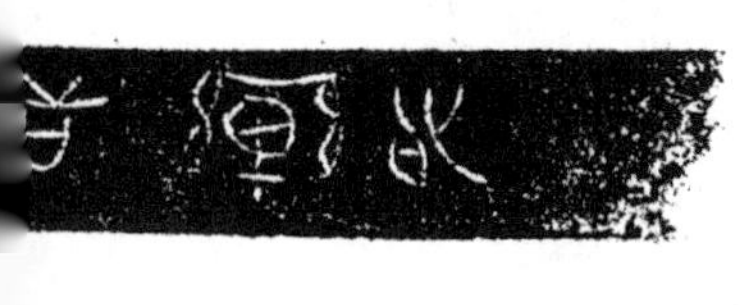

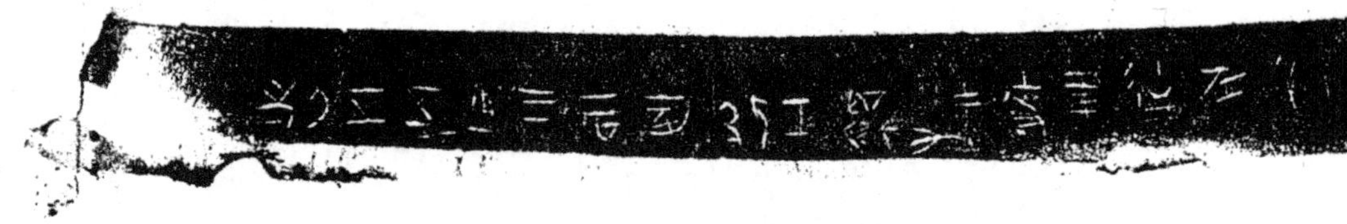

10402A

10402B

王帶鉤

王

10403

仲𠪚帶鉤

仲䖢

10405

公□帶鉤

公鶡

10404

吳王長□帶鉤

吳王長瞏（？）

10406

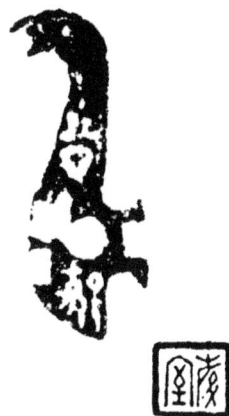

鳥書箴銘帶鉤

勿可哲（折）冬（中），册復毋反，毋搓（詐）毋悬（謀），不汲於利，民產又芮，不擇貴戔（賤），宜曲則曲，宜植（直）則直，允

10407

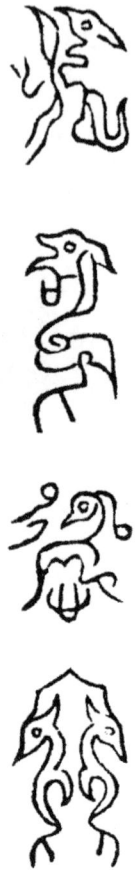

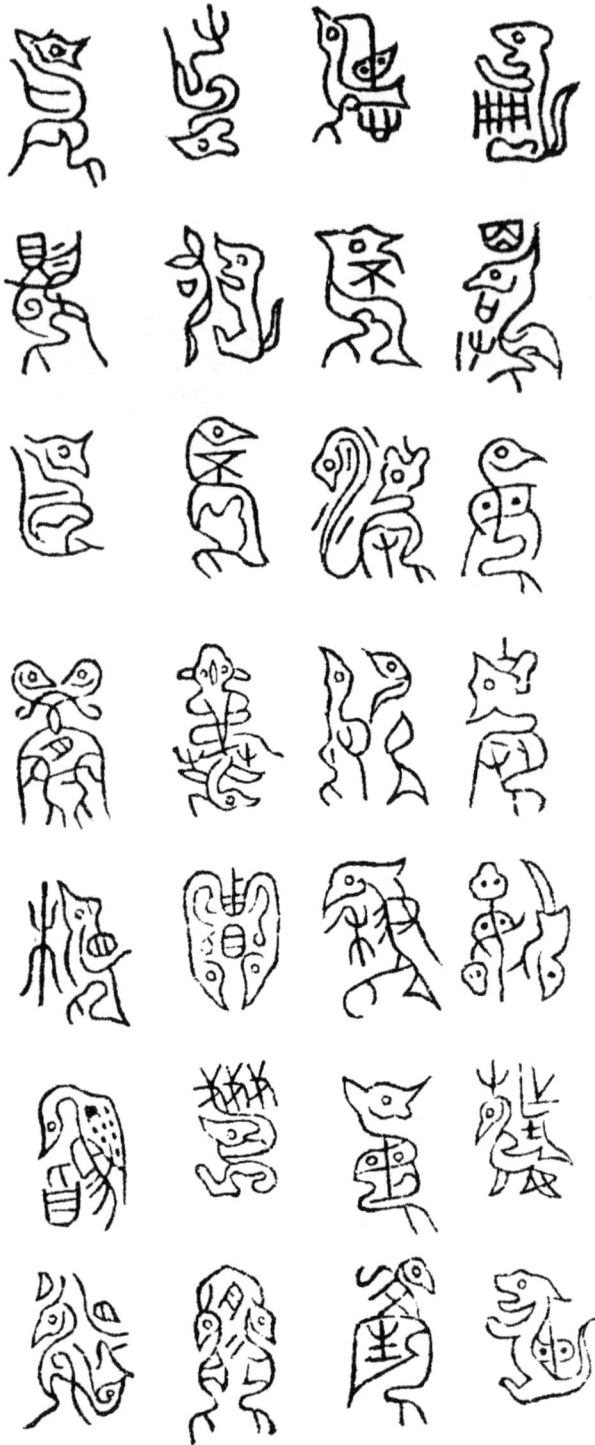

王鋪首

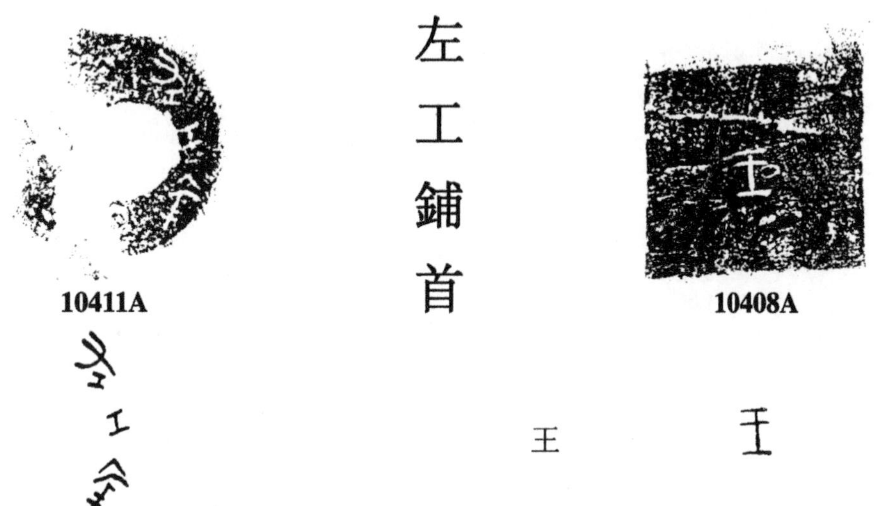

10408A

王

10408B

左工鋪首

10411A

左工蔡

10411B

雍鋪首

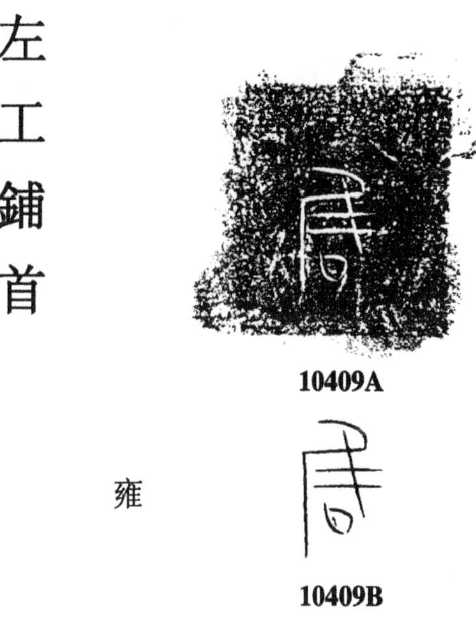

10409A

雍

10409B

左工鋪首

10412A

左工貴

10412B

左工鋪首

10410A

左工𡎸（坿）

10410B

左使車鋪首

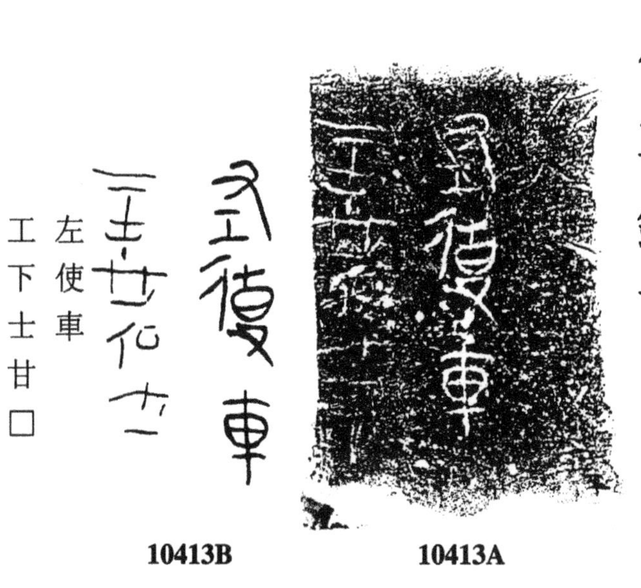

10413A

左使車

工下士甘□

10413B

從䍜小器

從
䍜

10414

□䍜小器

□
䍜

10415

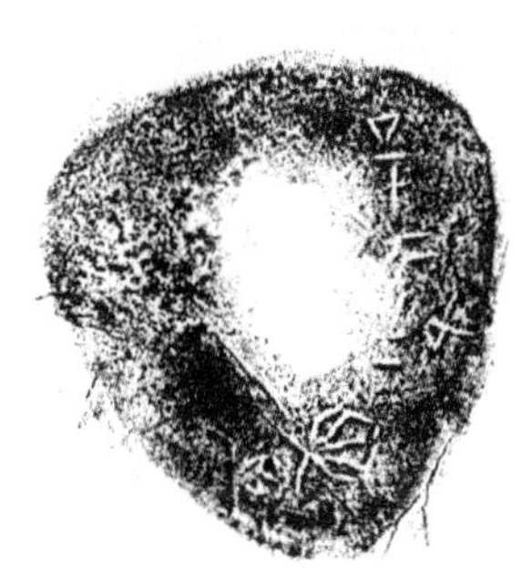

辛⿰木后（茩）罍

10417

辛⿰木后（茩）罍

辛⿰木后罍小器

10416

辛⿰木后（茩）罍

辛⿰木后罍小器

10418

辛⿰木后睘小器

10419

辛⿰木后（茩）睘

□氏睘小器

10421

⿰皮攴（披、皮）氏睘

□氏睘小器

10420

⿰皮攴（披、皮）氏睘

⿱八王睘小器

10422A

10422B

牙丘睘

方全罠小器

方城罠

10423B

10423A

坙□罠小器

𢓊□罠小器

10425A

10424A

坪（平）陰（陰）罠

10425B

傌復罠

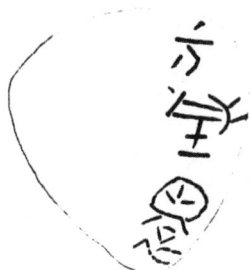

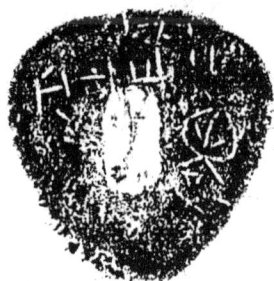

10424B

栐□瞏小器

10426B

10426A

栐單瞏

武䡉瞏小器

10427B

10427A

武䡉（垣）瞏

茖险瞏小器

10428B

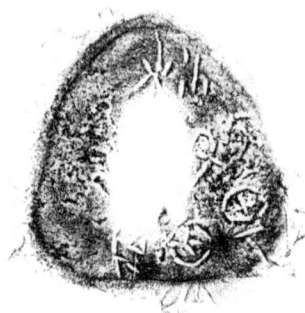

10428A

茖（匋、陶）险（陰）瞏

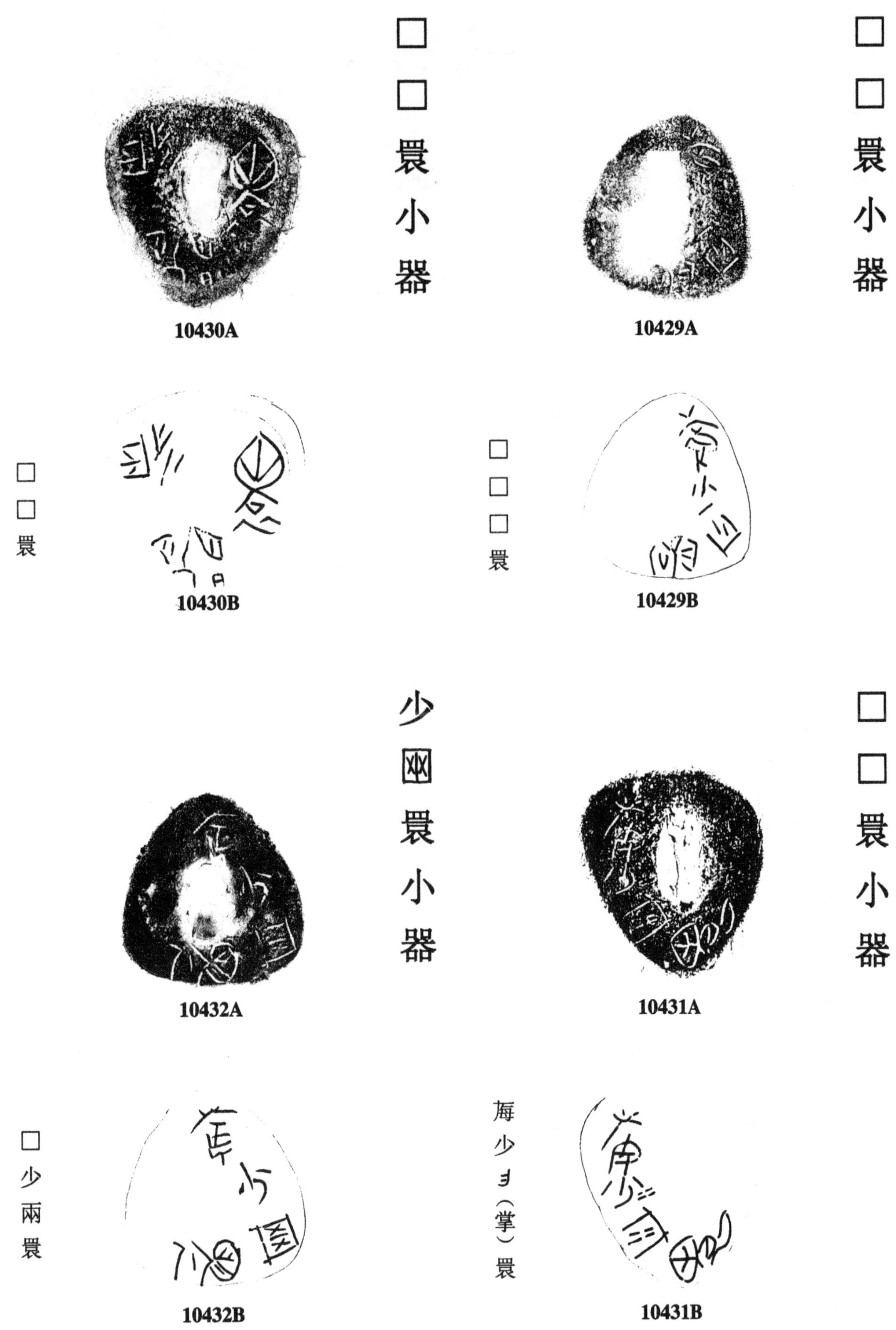

□□睘小器

10429A

□□□睘

10429B

□□睘小器

10430A

□□睘

10430B

□□睘小器

10431A

海少ヨ（掌）睘

10431B

少圝睘小器

10432A

□少兩睘

10432B

豐王□睘小器

10433A

豐王竹睘

10433B

北尚城睘小器

10434A

北尚（當）城睘

10434B

□□睘小器

10436A

眘□昏睘

10436B

東□睘小器

10435A

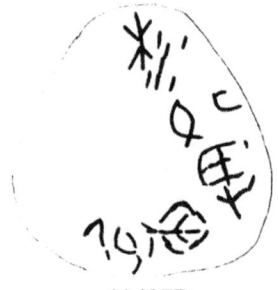

東尚（當）城睘

10435B

□□睘小器

10437A

林單睘

10437B

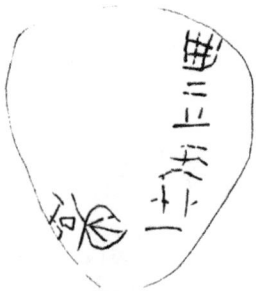

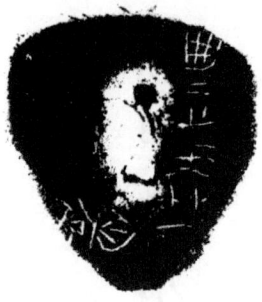

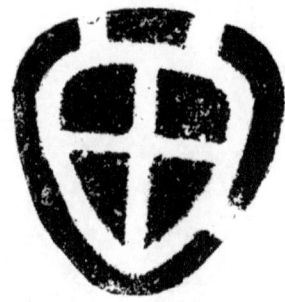

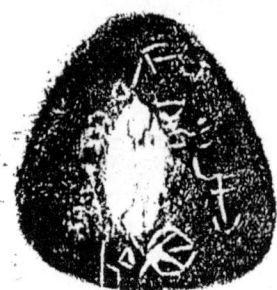

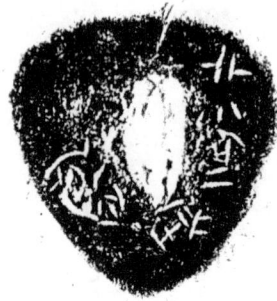

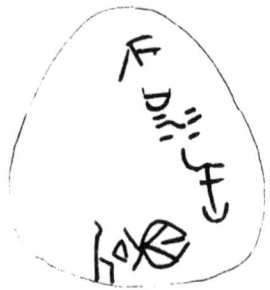

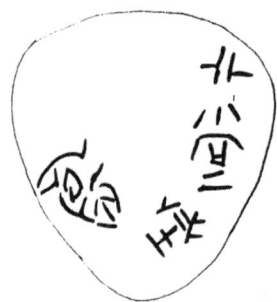

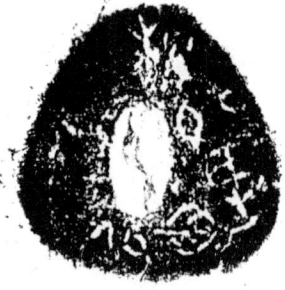

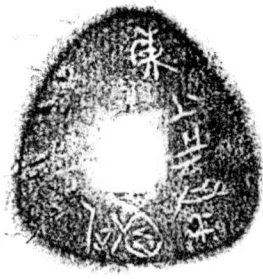

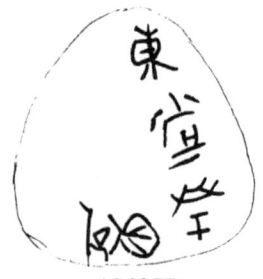

大府之器銅牛

大府之器

10438

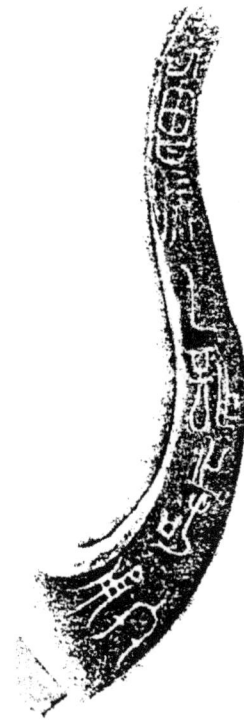

十四兩銀俑

10440

十四兩八分十六分卌二反（半）

曾侯乙銅鶴

曾侯乙詐（作）時（持）甬（用）冬（終）

10439

十四年銅牛

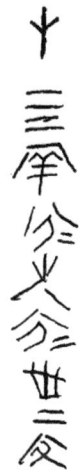

10441A

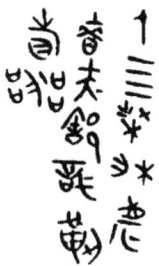

10441B

十四苿，牀（藏）麀（鑣）
嗇夫郚信勒（勒）
翰（看）器

十四年銅犀

十四茉，牀（藏）麀（鑢）嗇夫郤信靮（勒）翰（看）器

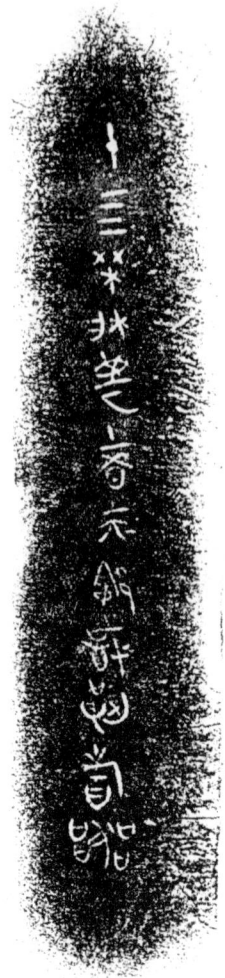

10442B

10442A

十四年銅虎

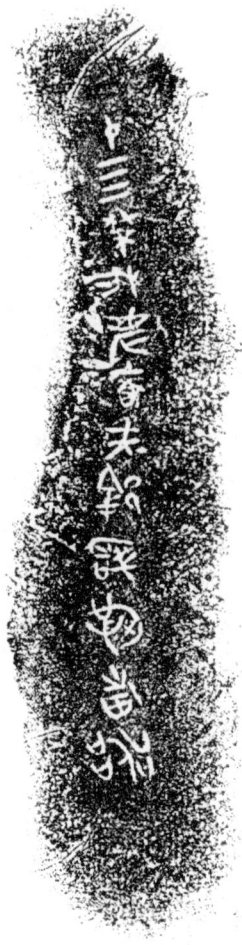

十四茉，牀（藏）麀（鑢）嗇夫郤信靮（勒）翰（看）器

10443B

10443A

十四年雙翼神獸

十四茉，左使車嗇夫孫固、工蔡

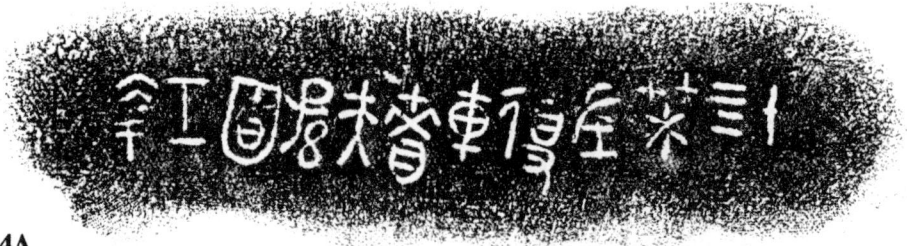

10444A

10444B

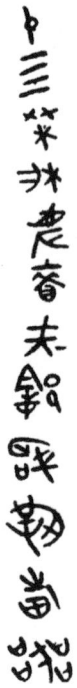

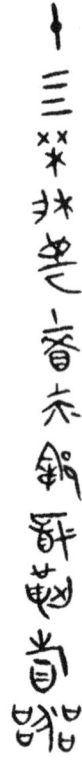

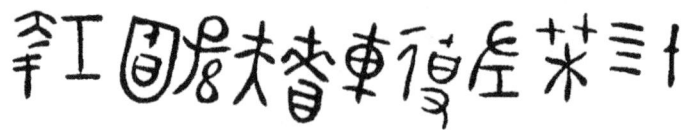

十四年雙翼神獸

十四苿，左使車嗇夫鄭(齊)痓、工疥

10445A

10445B

十四年雙翼神獸

十四苿，右使車嗇夫鄭(齊)痓、工疥，冢(重)

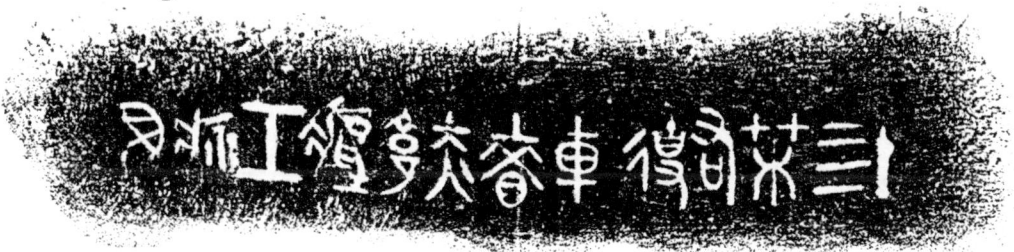

10446A

10446B

十四年雙翼神獸

十四苿，左使車嗇夫孫固、工槑，冢(重)

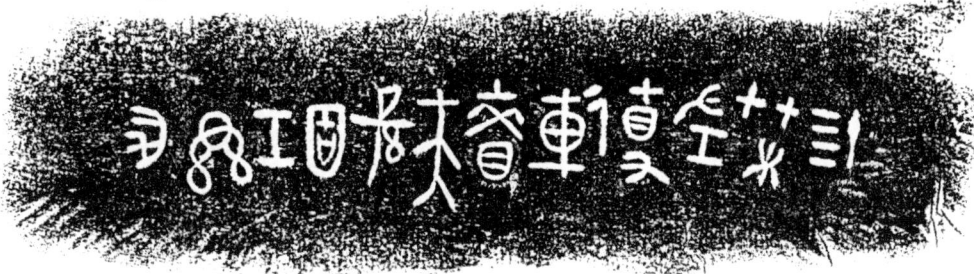

10447A

10447B

コ山形器

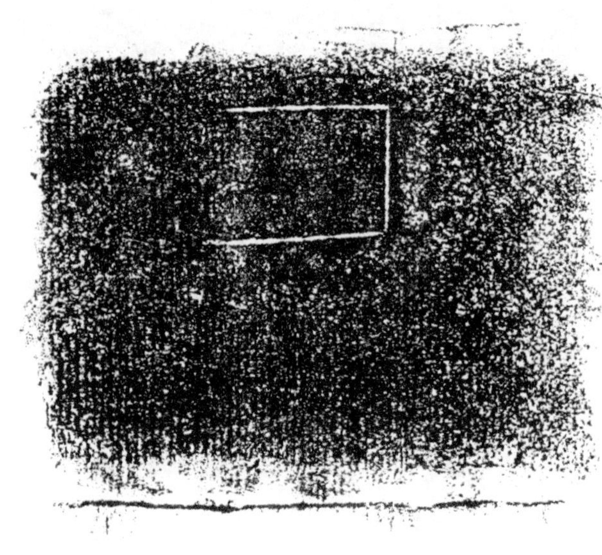

十二

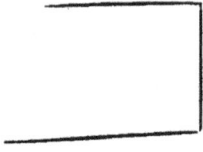

10448B

10448A

川山形器

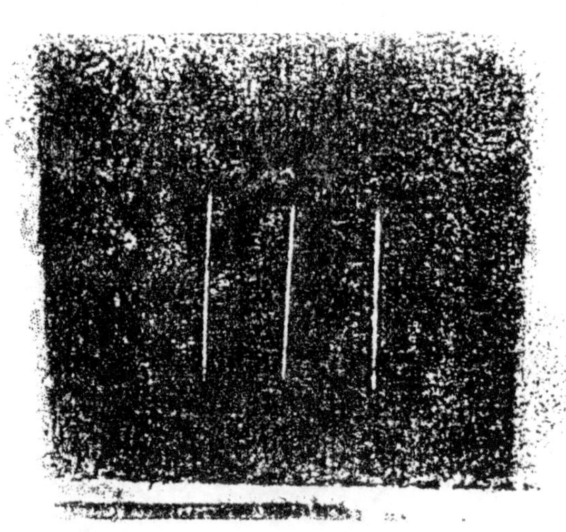

三（三）

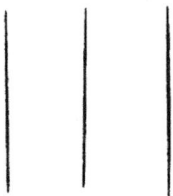

10449B

10449A

十一左使車山形器

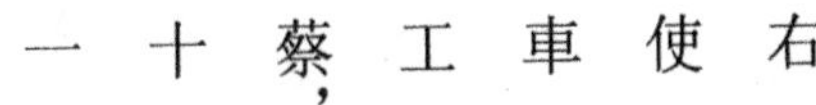
右使車工蔡，十一

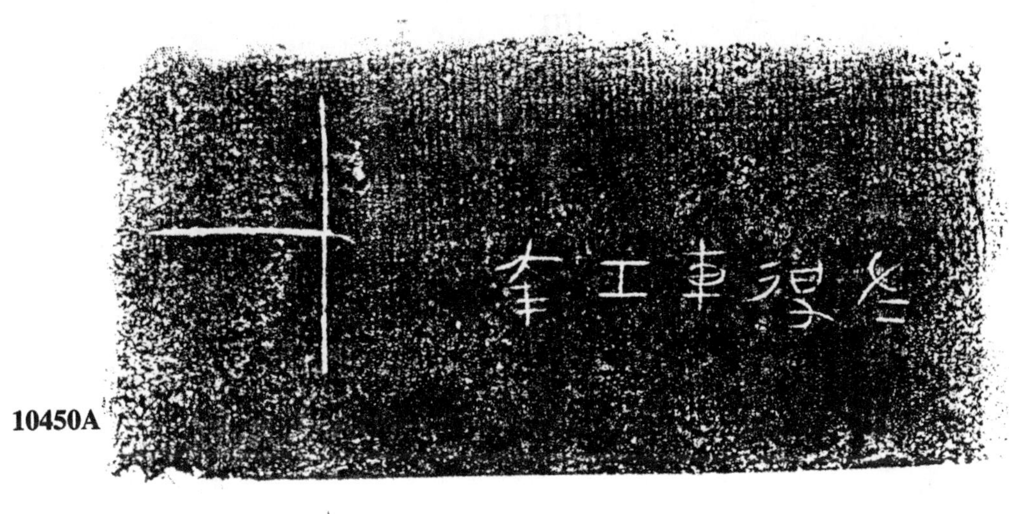

10450A

10450B

十左使車山形器

右使車工縣，十

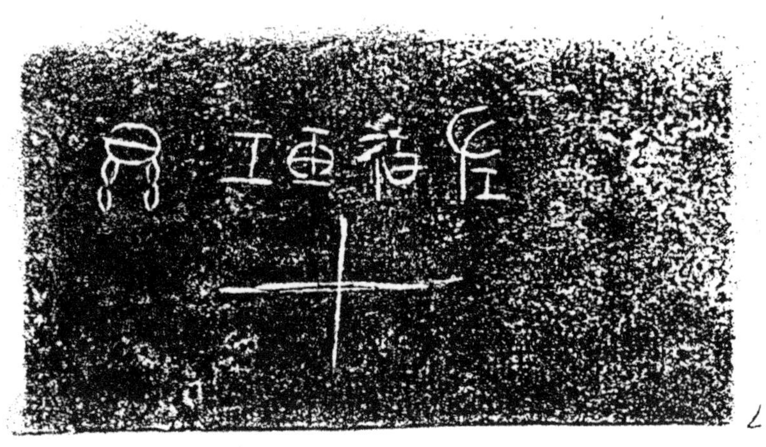

10451A

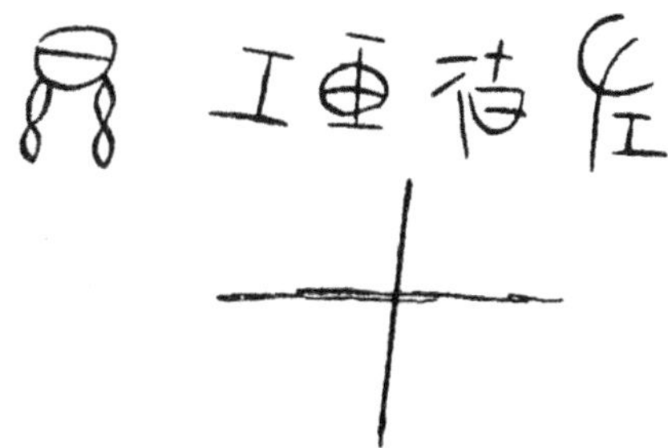

10451B

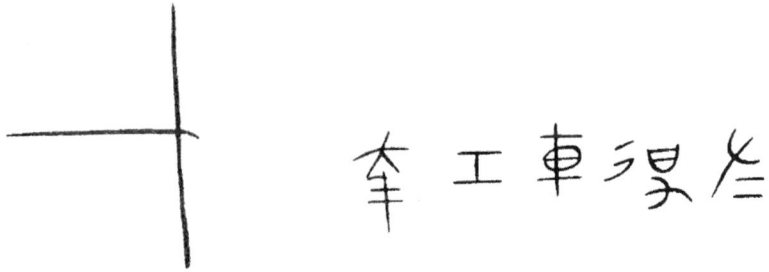

右佐栽錐形器

10452

右佐栽（弋）

廿四年錐形器

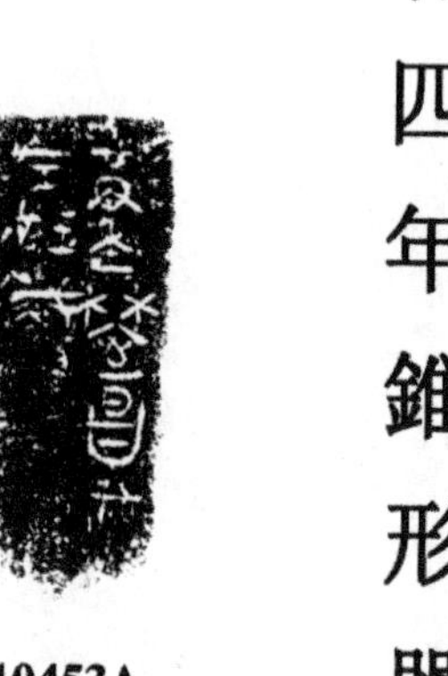

10453A　10453B

廿四年，莹昌我左佐栽（弋）

公圜鈎形器

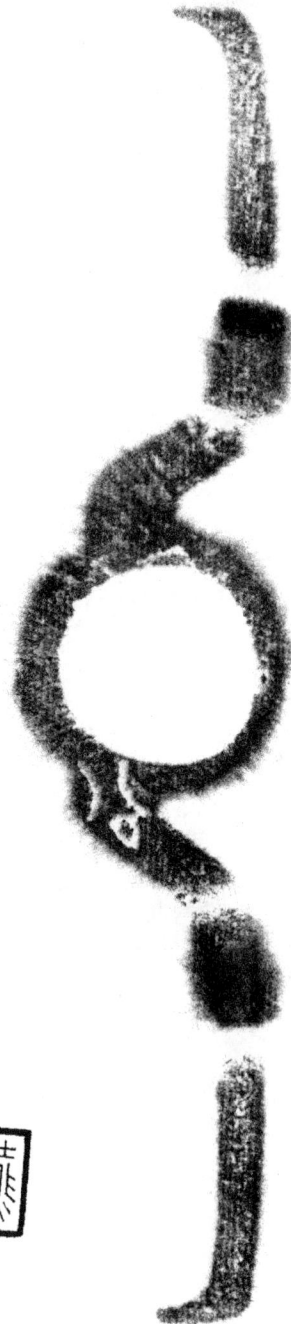

10454.1　公

10454.2　公

曾侯乙鉤形器

曾侯乙詐(作)時(持)甬(用)冬(終)

10455

𤈦室門鍨

10456

右□兯□圜器

10457A

10457B

右□(片)睘廿四

大攻君圜器

左相朏(?)大攻(工)君(尹)月鑄

10459

少府銀圜器

10458A

10458B

少府，胷(胸、容)二益(溢)

睘□鍵

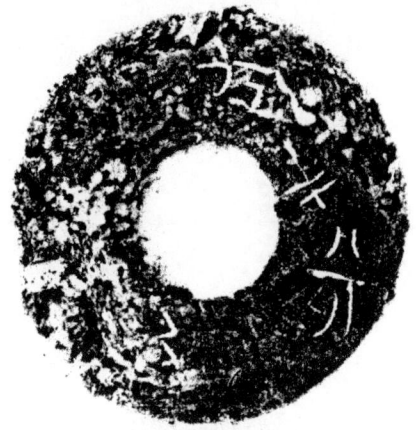

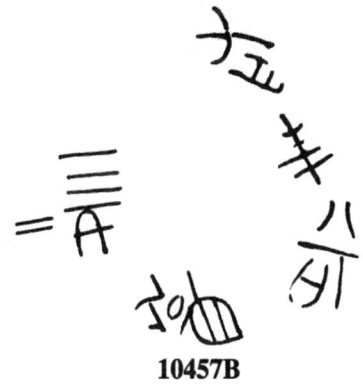

10460

(厌)還

[illegible]都小器

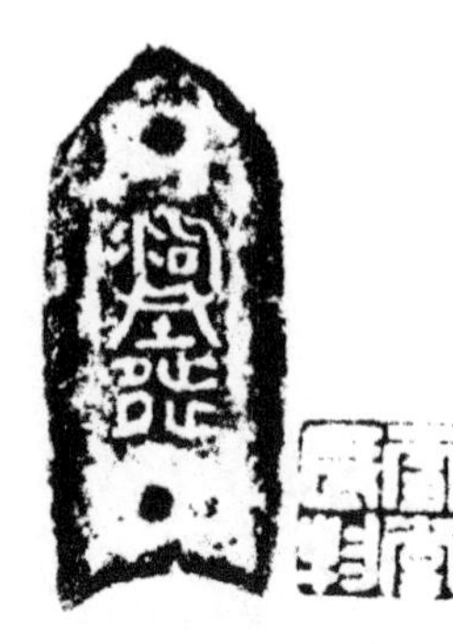

泃城都

10461

[illegible]作□三足器

史
乍(作)[illegible]

10463

[illegible][illegible]連珠飾

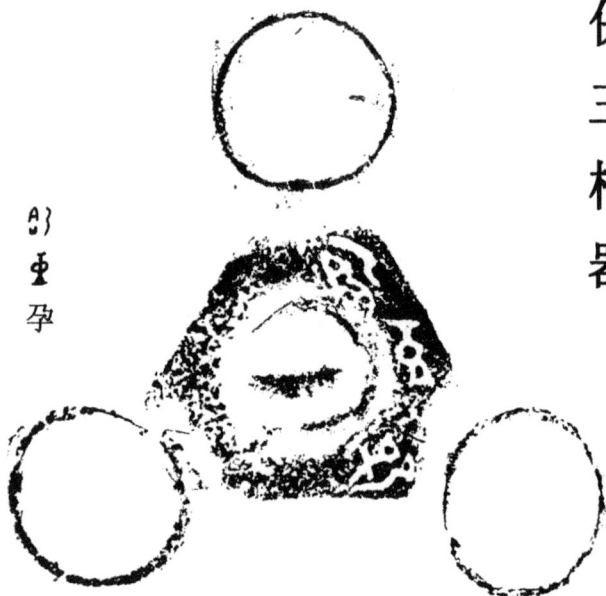

[illegible][illegible]

10462

□豆保三桶器

[illegible][illegible]孕

10464

三年杖首

三年，中富丞肖（趙）□、冶汨

10465A

10465B

三年，中富丞肖（趙）□、冶汨

10465C

左鍾君銅器

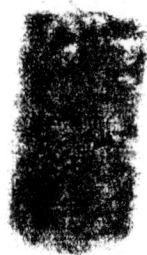

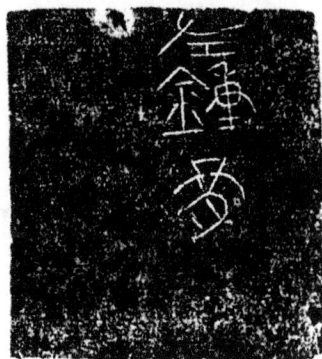

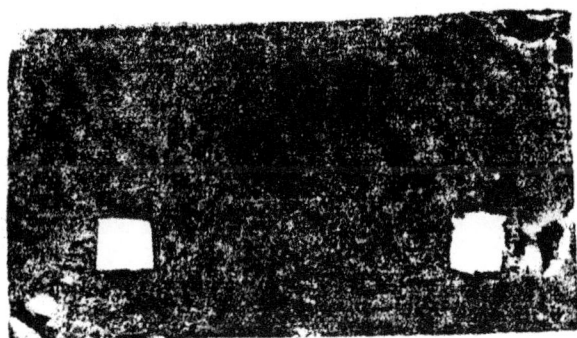

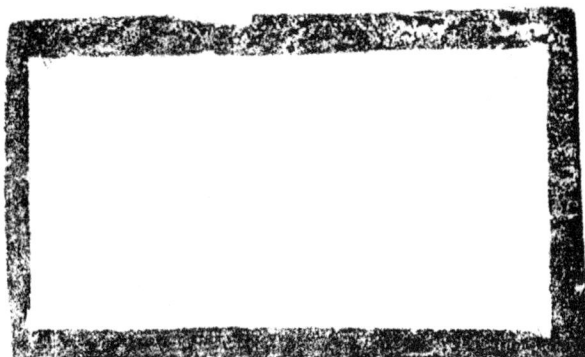

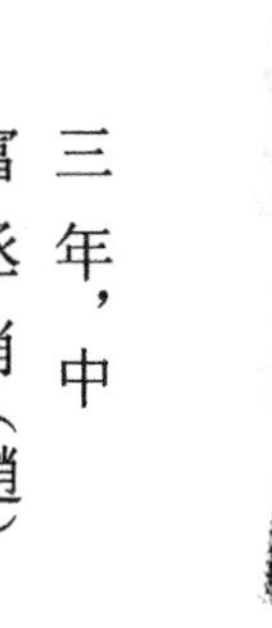

左鍾君（尹）

10466

左殘件

左

10467

三十銅構件

十三

10469.2

10469.1

上五銅條

上五

10468

王上框架

王上、上、上、上

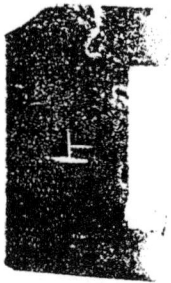

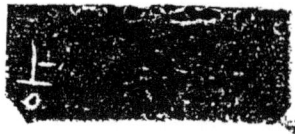

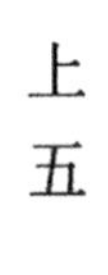

10470

君王上框架

上上王君王上上

上上王君王上上

10471

十四年帳架

十四苿，左使車造

10472B

10472A

十四年帳橛

10473A

10473B

十四茉，牀（藏）麀（鑣）嗇夫郐（給）試靭（勒）之

十四年帳橛

10474A

十四茉，牀（藏）麀（鑣）嗇夫郐（給）試靭（勒）之

10474B

十四年帳橛

10475A

10475B

十四苿，狀（藏）麀（鑣）嗇夫郐（給）試勒（勒）之

亞辛共殘銅片

10476

亞辛弁乙覃

十四年鳳方案

十四苿，右使車嗇夫鄭（齊）瘥、工疥

10477A

10477B

兆域圖銅版

原高九四厘米

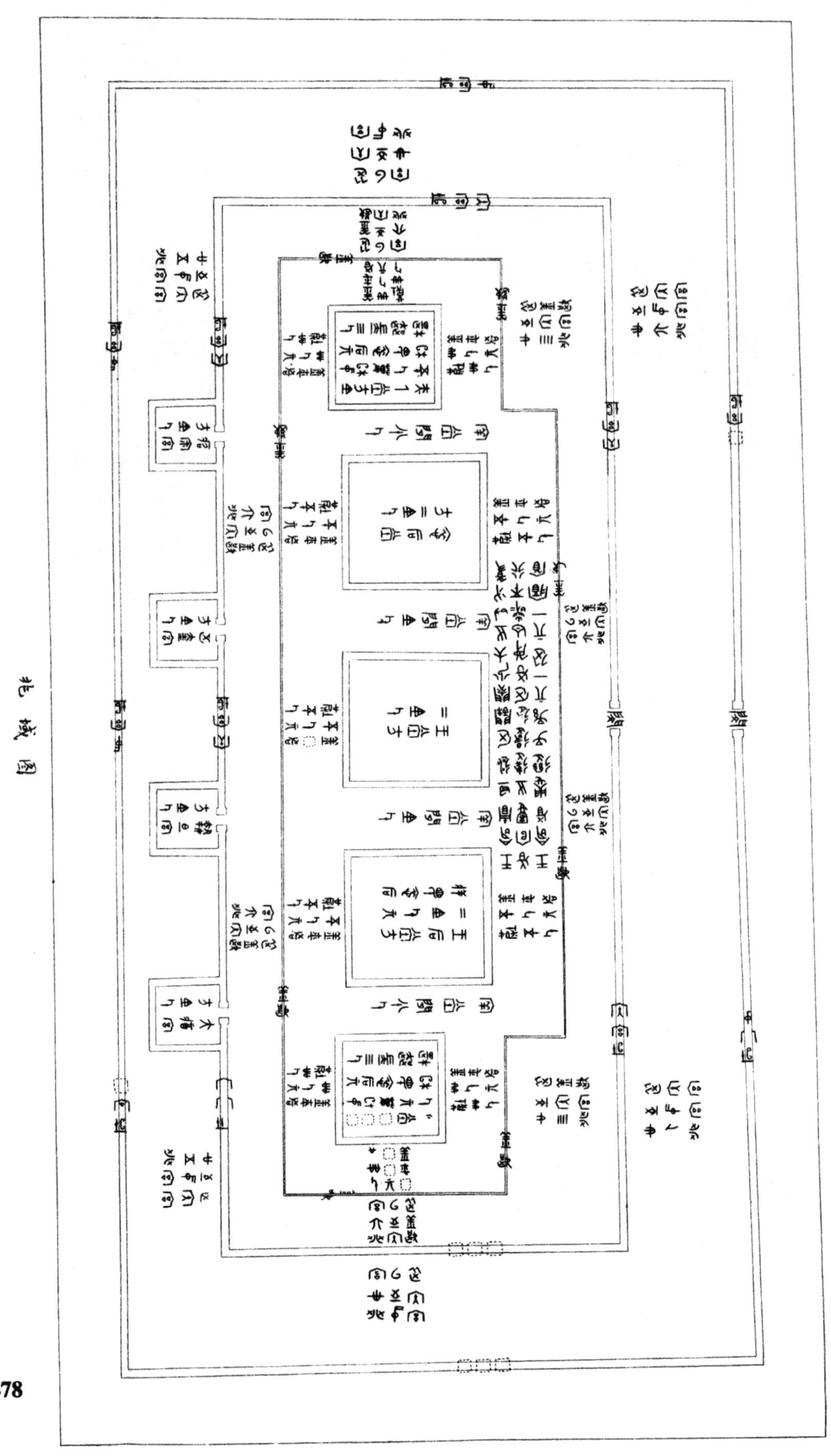

10478

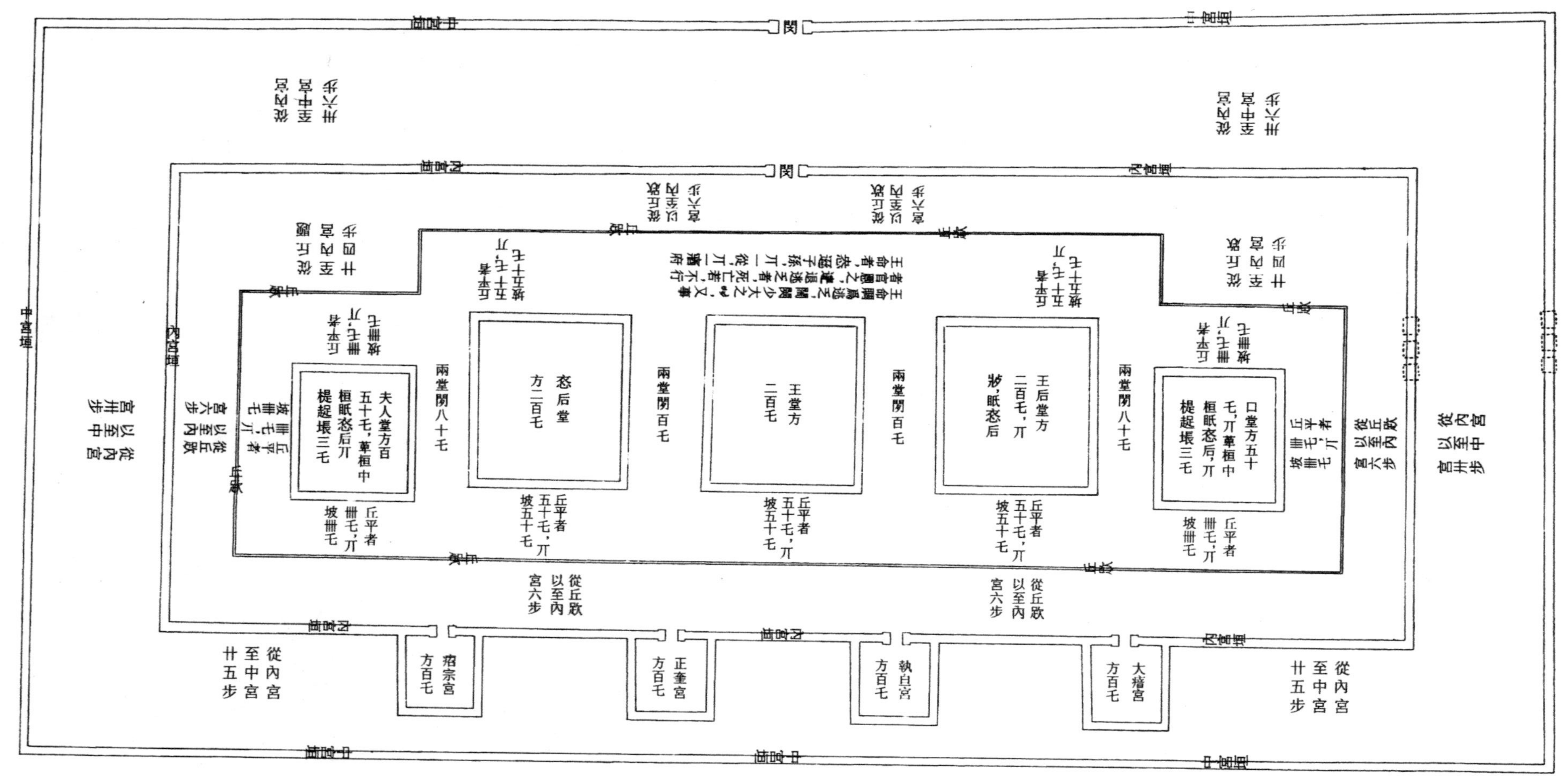

王堂方二百乇
王后堂方二百乇，丌
哀后堂方二百乇
夫人堂方百五十乇，丌
兩堂間百乇
兩堂間八十乇
丘平者五十乇，丌坡五十乇
丘平者卌乇，丌坡卌乇
從丘欧以至內宮六步
從內宮至中宮廿五步
從內宮以至中宮卅步
詔宗宮方百乇
正奎宮方百乇
執白宮方百乇
大㾪宮方百乇
內宮垣
中宮垣
閔

妥器

妥

10481

競器

競

10479

叔器

弔

10482

嫱器

嫱

10480

豕器

豕（豧）

10483

羴器

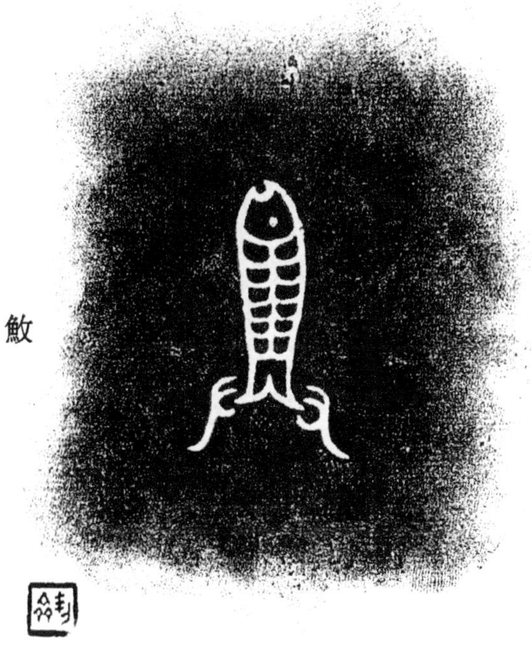

魰

10485

羊器

羊

10484

龍器

龍

10486

斿器

旅

10487

衜器

衜

10488

戈器

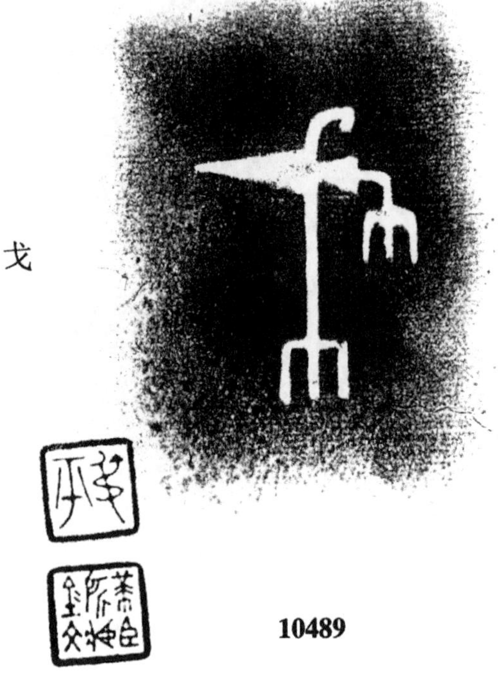

戈

10489

朷器

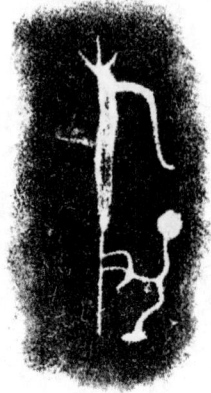

栩

10490

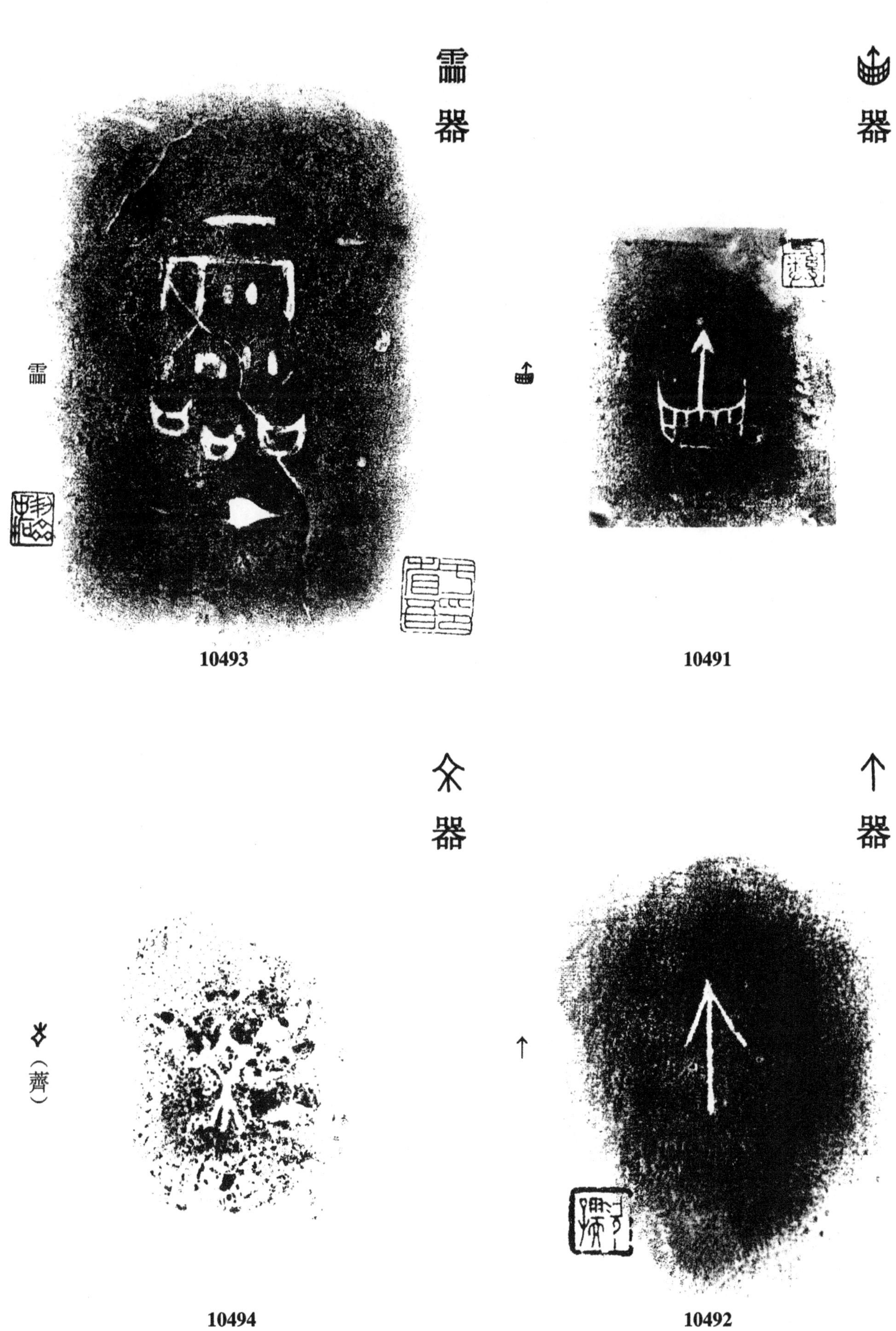

器

10491

↑器

↑

10492

霝器

霝

10493

器

（齊）

10494

畀器

畀

10495

亞𩰫器

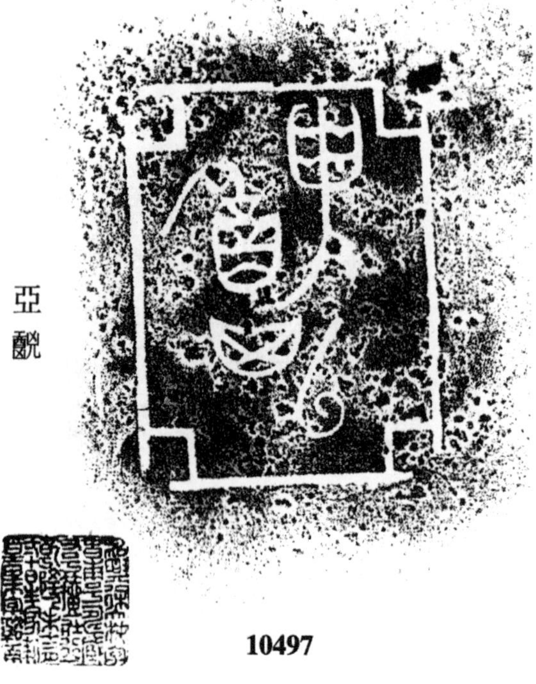

亞
𩰫

10497

[illegible]器

[illegible]

10496

亞弜器

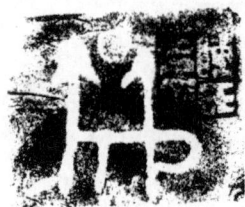

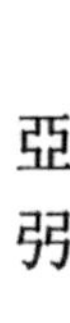

亞
弜

10498

父辛器

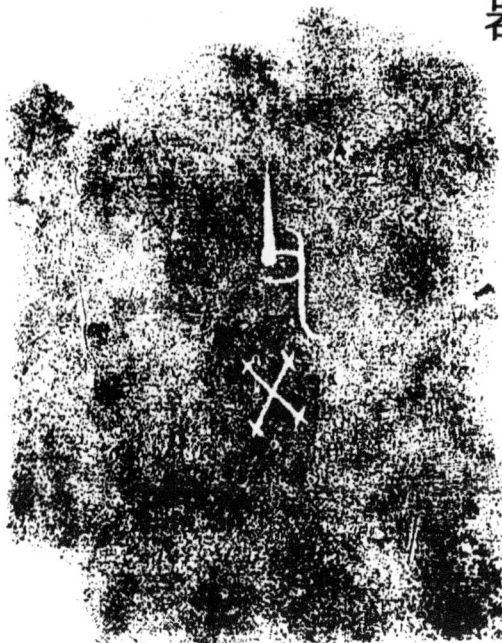

父辛

10499

父辛器

父辛

10500

父癸器

父癸

10501

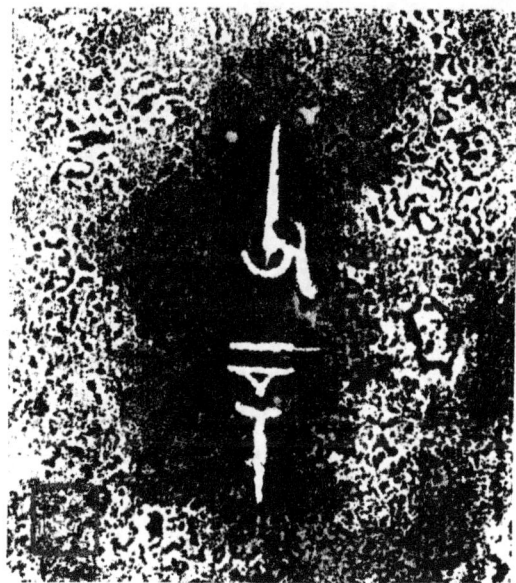

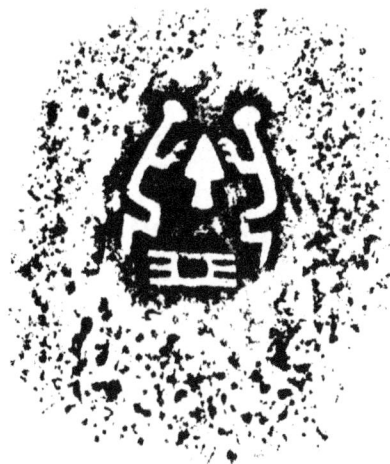

鄉宁器

鄉宁

10502

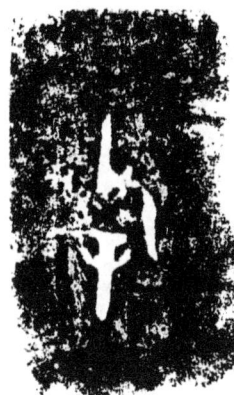

鄉宁器

鄉宁

10503

叉爿（牀）

10505

佚牄器

侁牄（𤖯）

10504

叉爿（牀）

10506

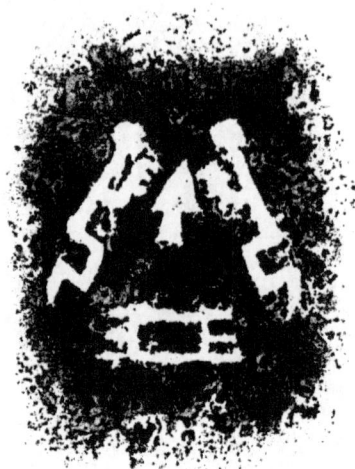

聑冒器

聑
冒

10507

尹舟器

尹
舟

10508

乙戈器

乙
戈

10509

戈[囗中]器

戎

10510

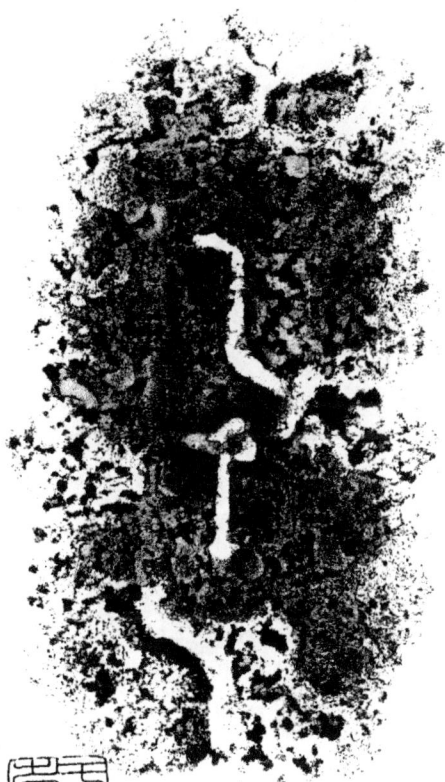

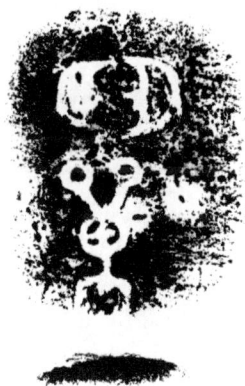

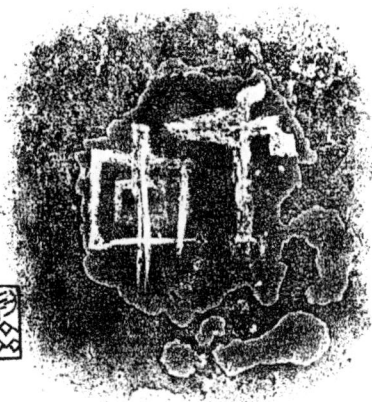

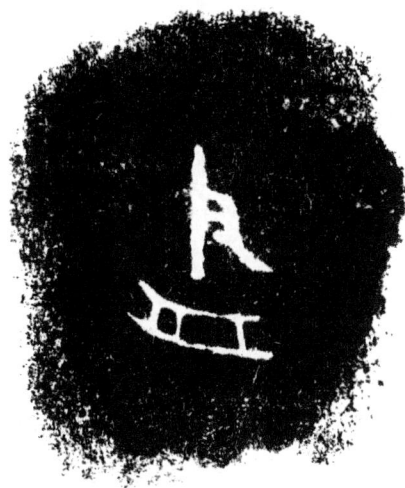

亣羊器

羍

10511

子[?]器

子[?]（鼠）

10513

亣辛器

亣辛

10512

子妻器

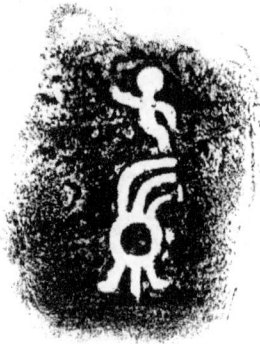

子妻（晝）

10514

韋子器

韋（衛）子

10515

壴父乙器

壴（鼓）父乙

10517

黿父乙器

黿父乙

10516

子父丁器

子父丁

10518

𠘧父丁器

𠘧父丁

10519

亞父辛器

亞父辛

10521

冀父丁器

冀父丁

10520

家父辛器

家父辛

10522

□父辛器

壴（鼓）父辛

10523

□父癸器

冉父癸

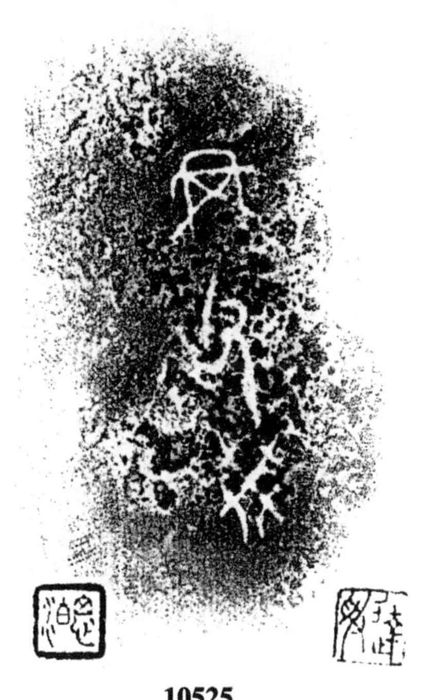

10525

□父癸器

□父癸

10524

册亯□器

册享刦

10526

作隮彝器

乍（作）尊彝

10527

作寶彝器

乍（作）寶彝

10529

作寶彝器

乍（作）寶彝

10528

作旅彝器

乍（作）旅彝

10530

作旅彝器

乍(作)旅彝

10531

𣏟妶父乙器

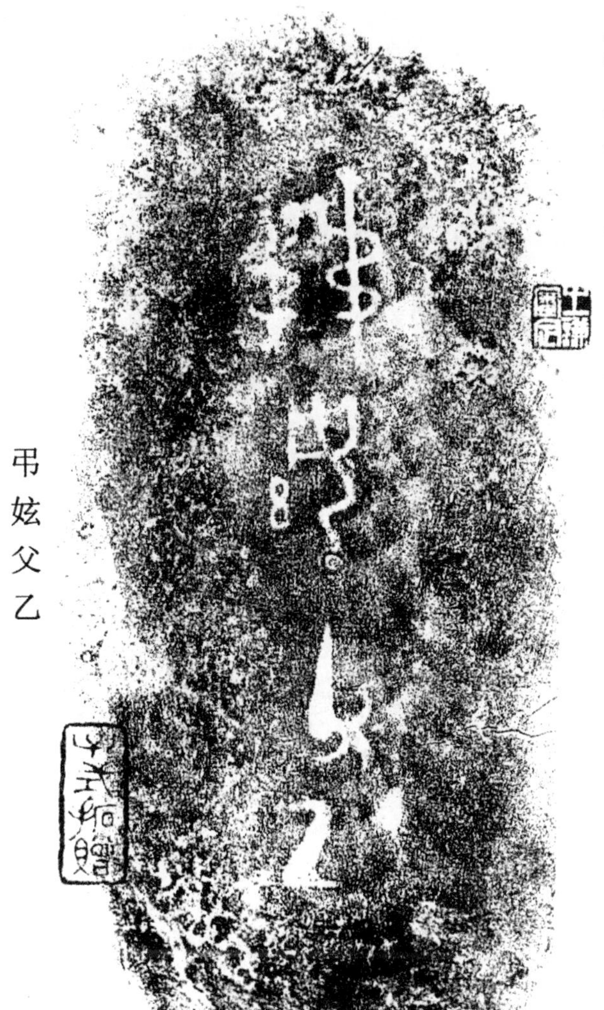

弔妶父乙

10533

□亯父乙器

□享父乙

10532

觥作父乙器

觥乍(作)父乙

10534

亞⿱鳥干父丁器

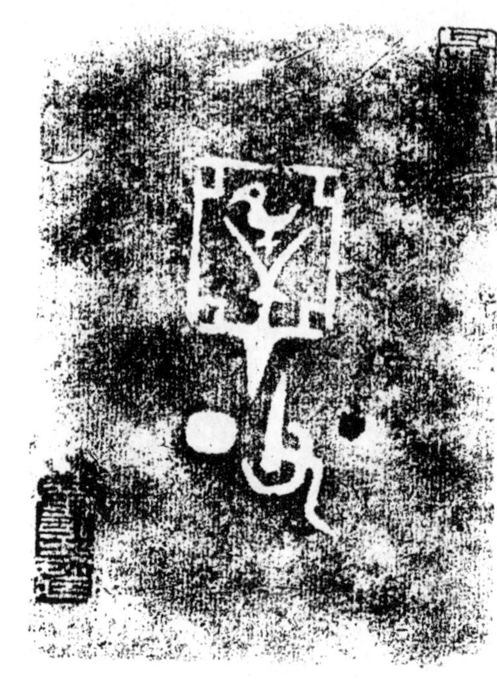

亞離父丁

10535

康丁器

母康丁，𠙵

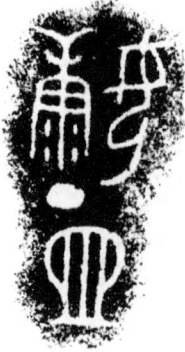

10537

田告父丁器

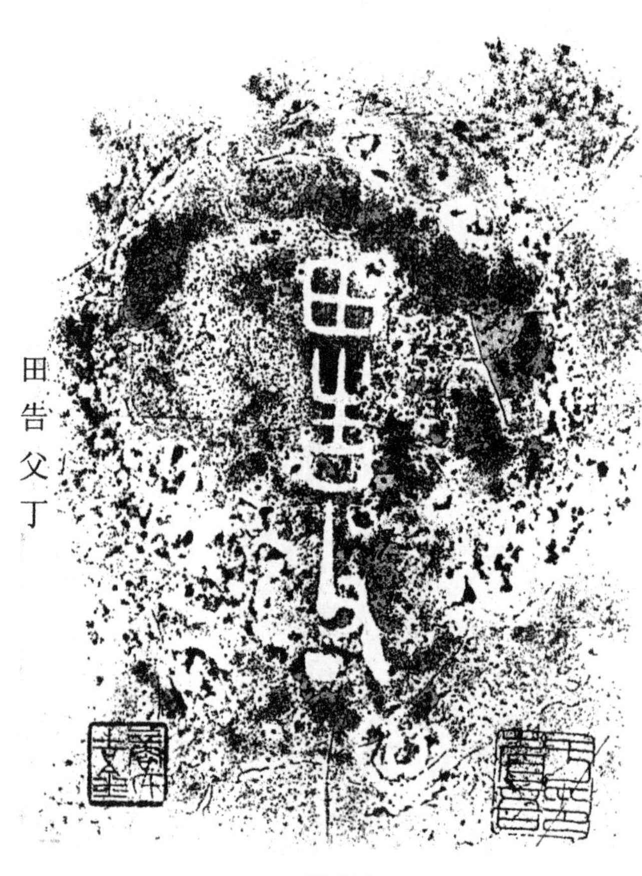

田告父丁

10536

光作從彝器

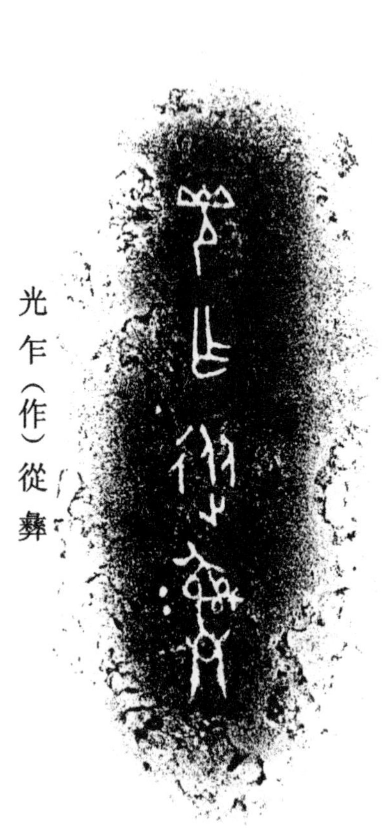

光乍(作)從彝

10538

作狽寶彝器

乍(作)狽寶彝

10539

伯作旅彝器

伯乍(作)旅彝

10541

伯作旅彝器

伯乍(作)旅彝

10540

叔作寶彝器

弔乍(作)寶彝

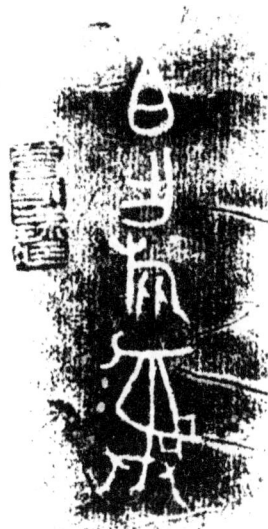

10542

邵作寶彝器

邵乍(作)寶彝

10543

伯魚器

伯魚乍(作)寶彝

10545

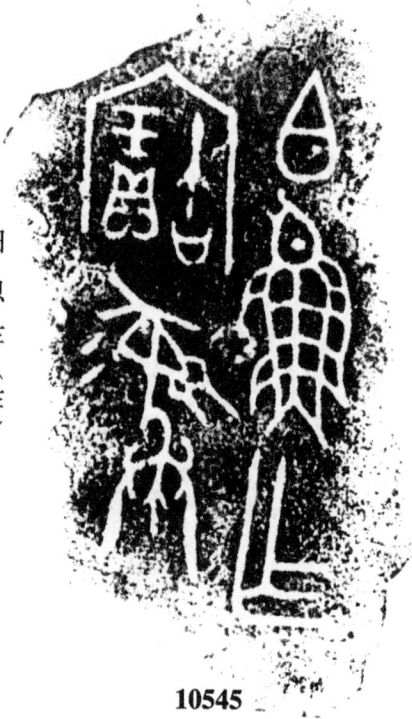

宵作旅彝器

宵乍(作)旅彝

10544.1

宵乍(作)旅彝

10544.2

⿰舟者伯器

⿰舟者伯乍（作）
寶彝

10546

叔器

叔乍（作）
寶尊彝

10548

叔器

弔乍（作）寶
尊彝

10547

⿱𣥂衣⿰臣卩器

⿱𣥂衣姬乍（作）
寶彝

10549

吴禾器

吴(嘩)禾乍(作)寶彝

10550

凡器

凡乍(作)旅彝，戈

10552

从器

比乍(作)寶尊彝

10551

矣器

疑乍(作)伯旅彝

10553

衍作父乙器

衍耳乍(作)父乙彝

10554

柚作父丁器

柚乍(作)父丁旅彝

10556

子作父乙器

子乍(作)父丁寶彝

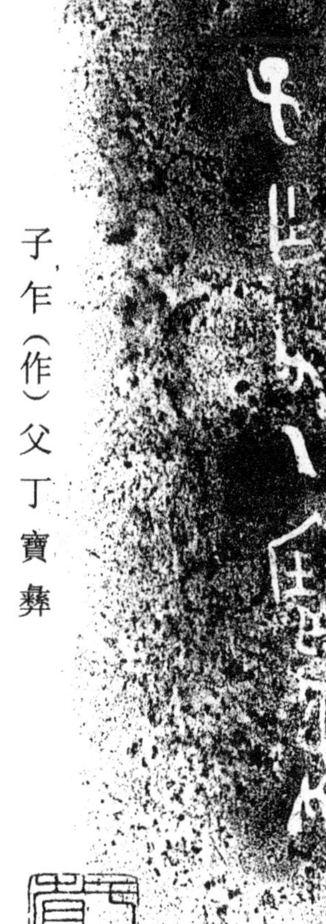

10555

作父丁器

乍(作)父丁寶旅彝

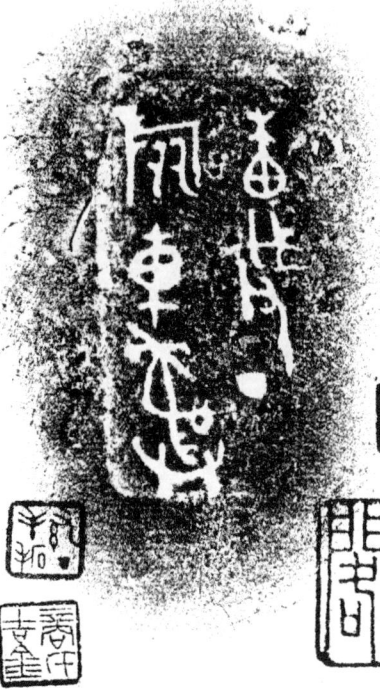

10557

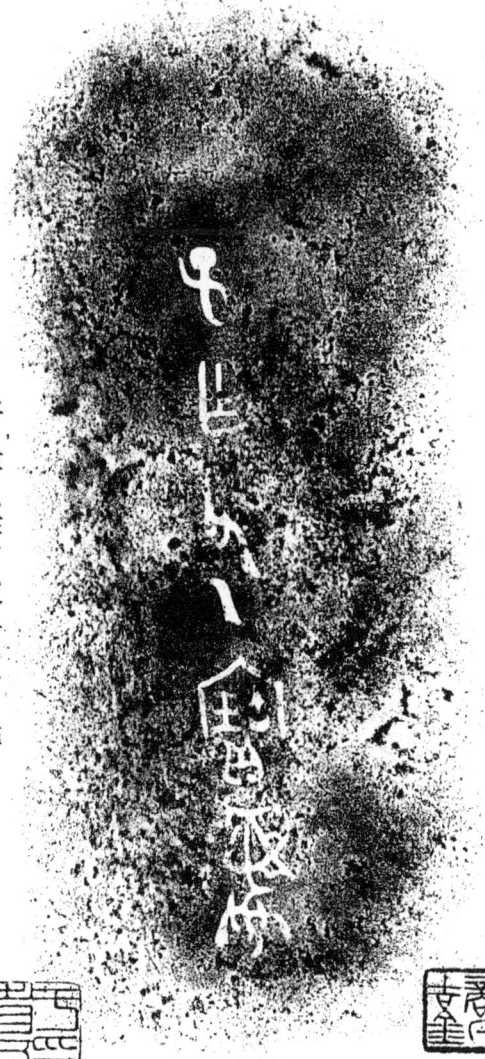

壽作父戊器

壽乍（作）父戊
尊彝

10558

作父辛器

扟（封）乍（作）父辛
尊彝

10560

其侯亞吴父己器

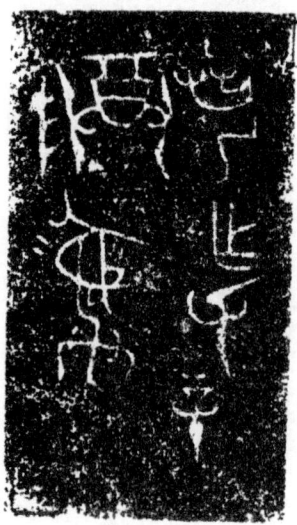

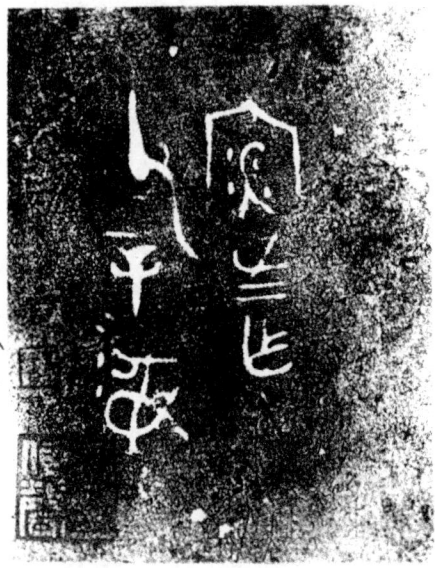

其（曩）侯亞疑父己

10559

作父辛器

[illegible]气（乞）乍（作）
父辛彝

10561

女母作婦己器

女（汝）母乍（作）
婦己彝

10562

伯丙器

伯丙乍（作）寶
尊彝

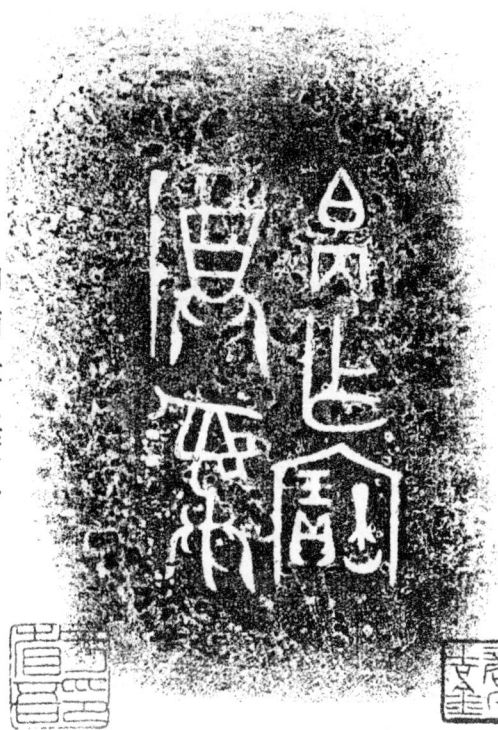

10564

伯亯父器

伯享父
乍（作）䵼彝

10563

師高器

師高乍（作）
寶尊毁

10565

俞伯器

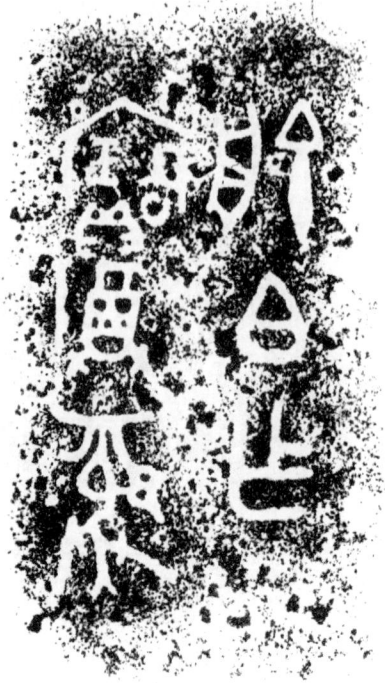

俞伯乍(作)寶尊彝

10566

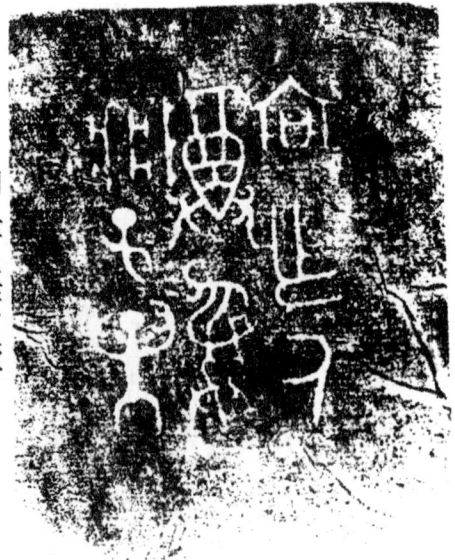

山御作父乙器

山乍(作)父乙尊彝，御

10568

向器

向乍(作)厥尊彝，㠱

10567

⿱叀乙作父戊器

⿰山叀乍(作)父戊寶尊彝

10569

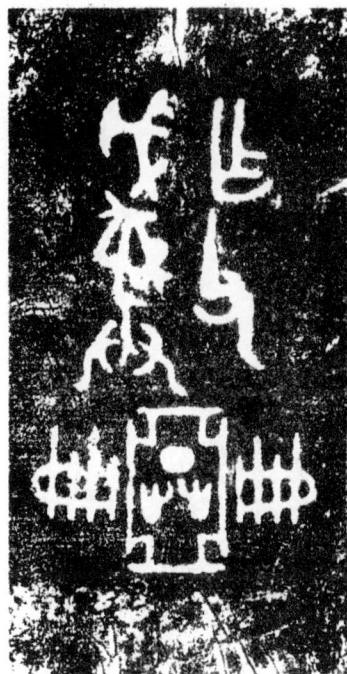

作父戊器

乍(作)父戊彝，亞正册

10570

✦山作父丁器

✧山乍(作)父丁寶尊彝

10572

萛伯器

堇伯乍(作)旅尊彝，八五一

10571

田作父己器

田乍(作)父己寶尊彝，正

10573

耳作父癸器

耳乍（作）父癸寶
尊彝，弜（引）

10574

趨子作父庚器

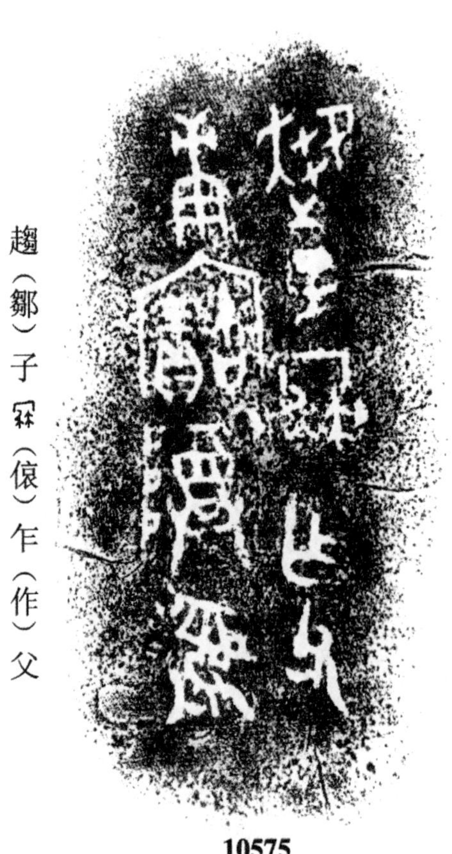

趨（鄒）子㝉（傢）乍（作）父
庚寶尊彝

10575

庚姬器

庚姬乍（作）鬻女（母）
寶尊彝，菐

10576

鑄客器

鑄客爲集脰（廚）爲之

10577

鑄客器

鑄客爲王句（后）六室爲之

10578

谷盨器

汩盨（器）不

而甾丌（其）

欽，

10579.1

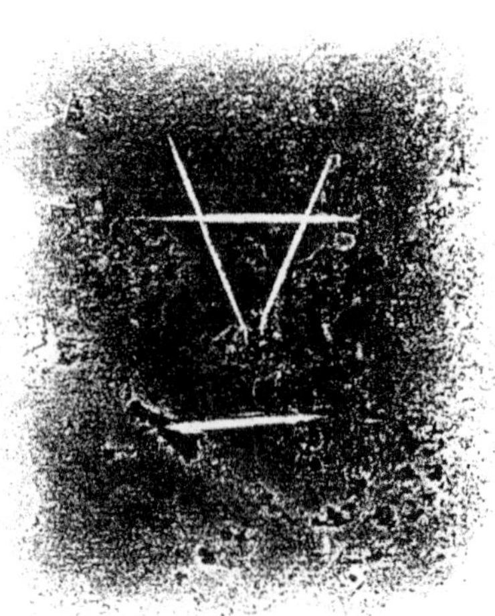

卄一

10579.2

保彶母器

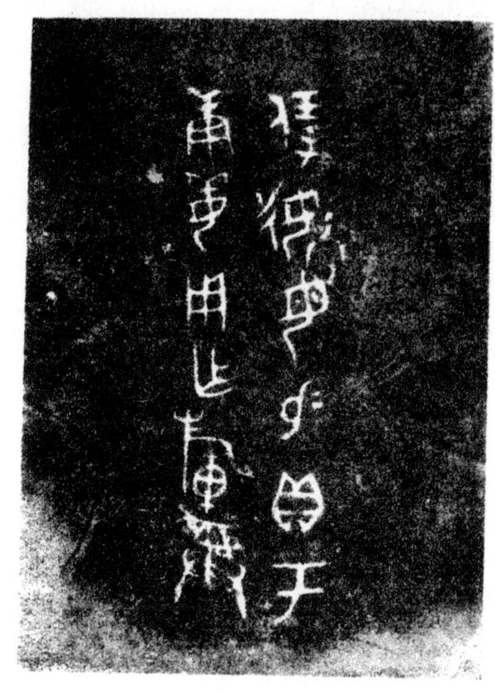

保彶(如)母賜貝于
庚姜，用乍(作)旅彝

10580

幵作父辛器

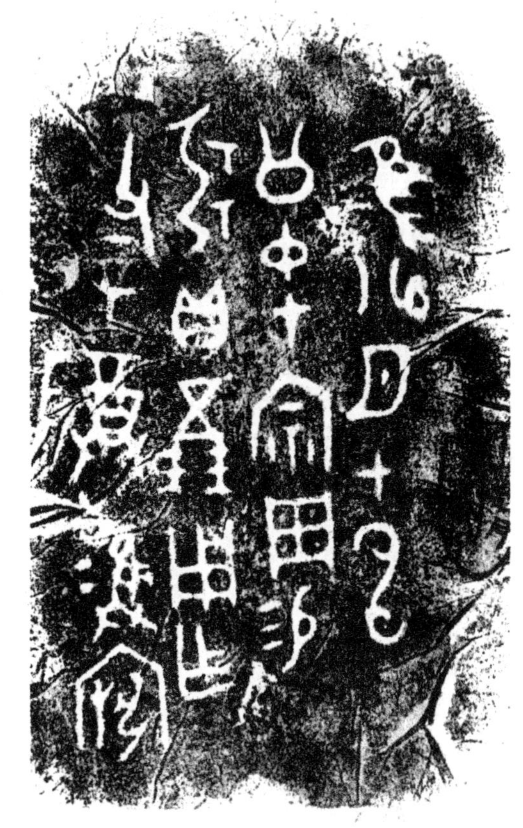

唯八月甲申，
公仲在宗周，賜
𢍏(羿)貝五朋，用乍(作)
父辛尊彝，𢑚

10581

伊器

六月初吉癸卯，
伊𡛥征（延）于辛事（吏），
伊𡛥賞辛事（吏）秦
金，用乍（作）父□尊彝，山

10582

匽侯載器

郾（燕）侯庫（䡴載）思（夙）夜恴（淑）
人，哉教
丩（糾）（俗），祗敬禴祀，休台馬
𨡨皇母，□□□飠（飠、饋），酾賓允
□，□□焦金壴（鼓），永台（以）馬母
□□司乘，安毋聿（肆）散（屠）

10583

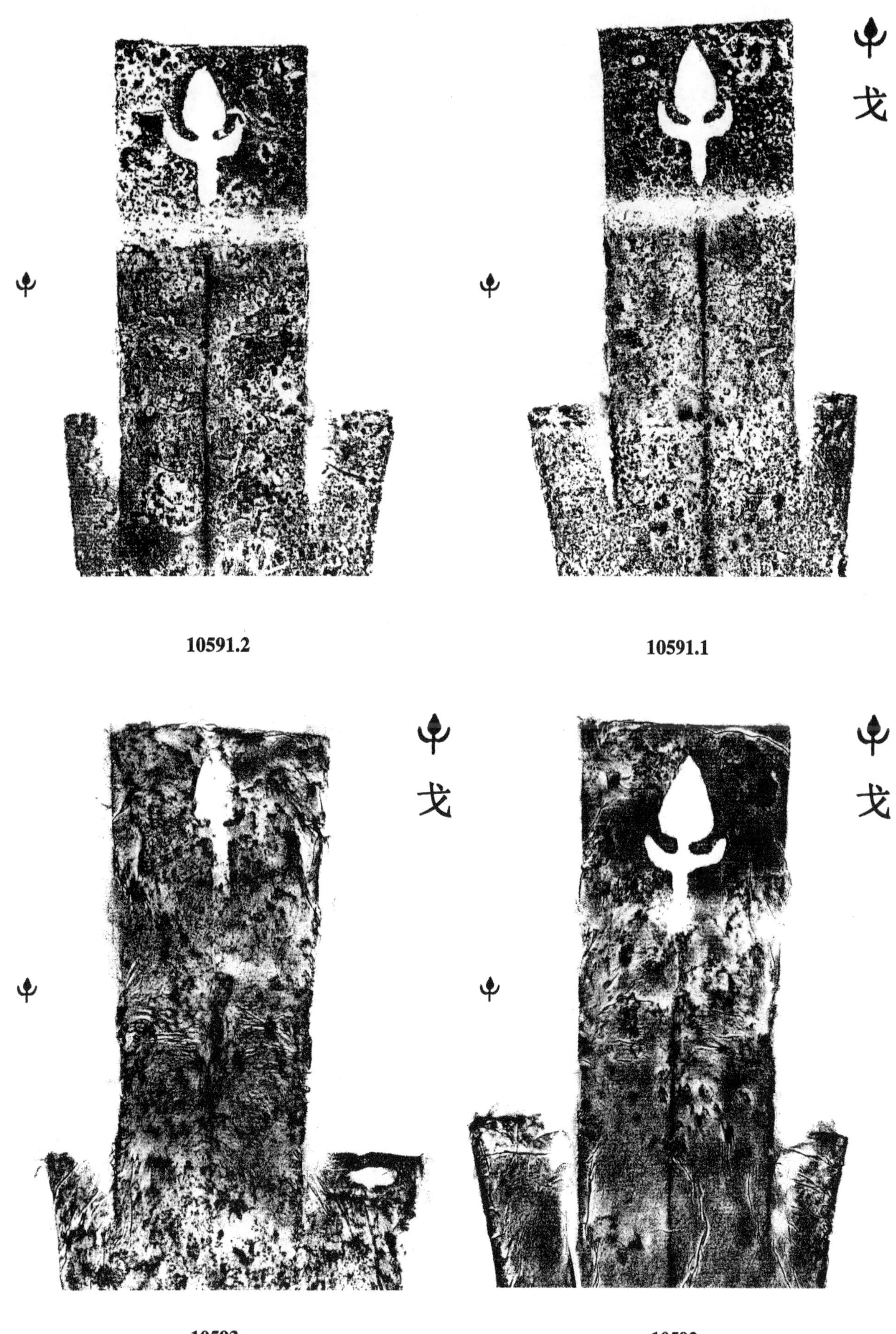

10591.2

10591.1

10593

10592

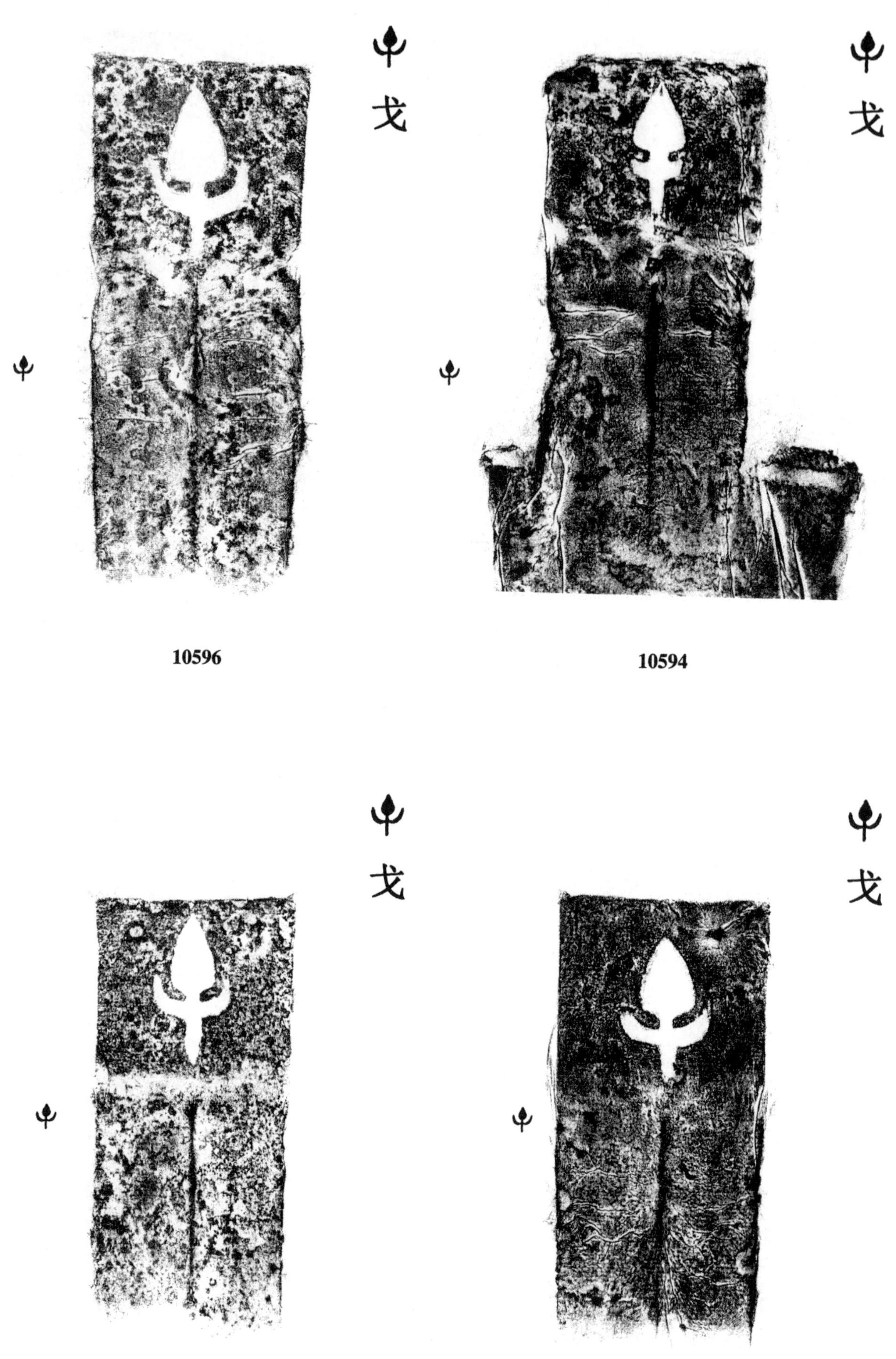

10596

10594

10597

10595

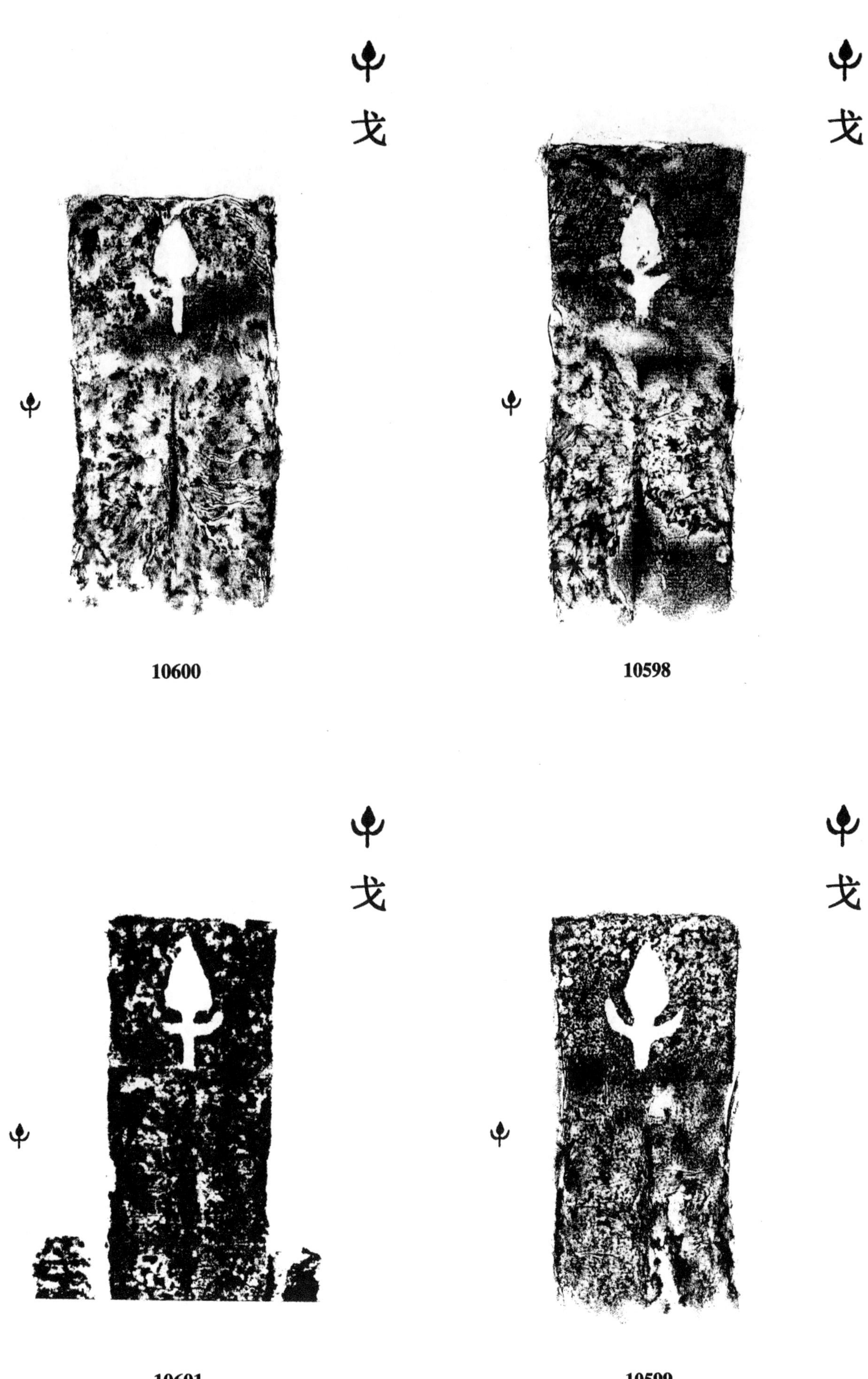

10598

10599

10600

10601

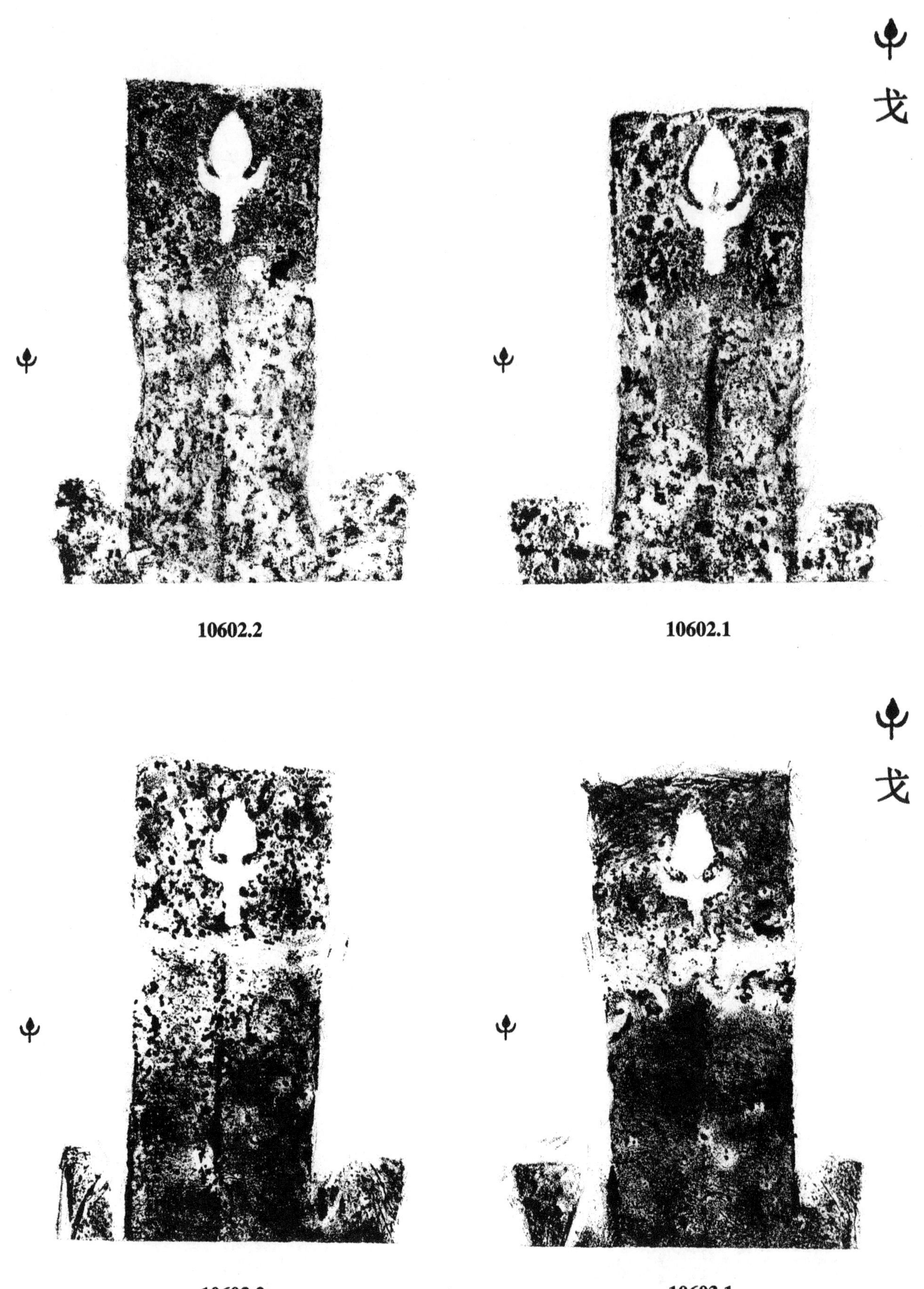

10602.2

10602.1

10603.2

10603.1

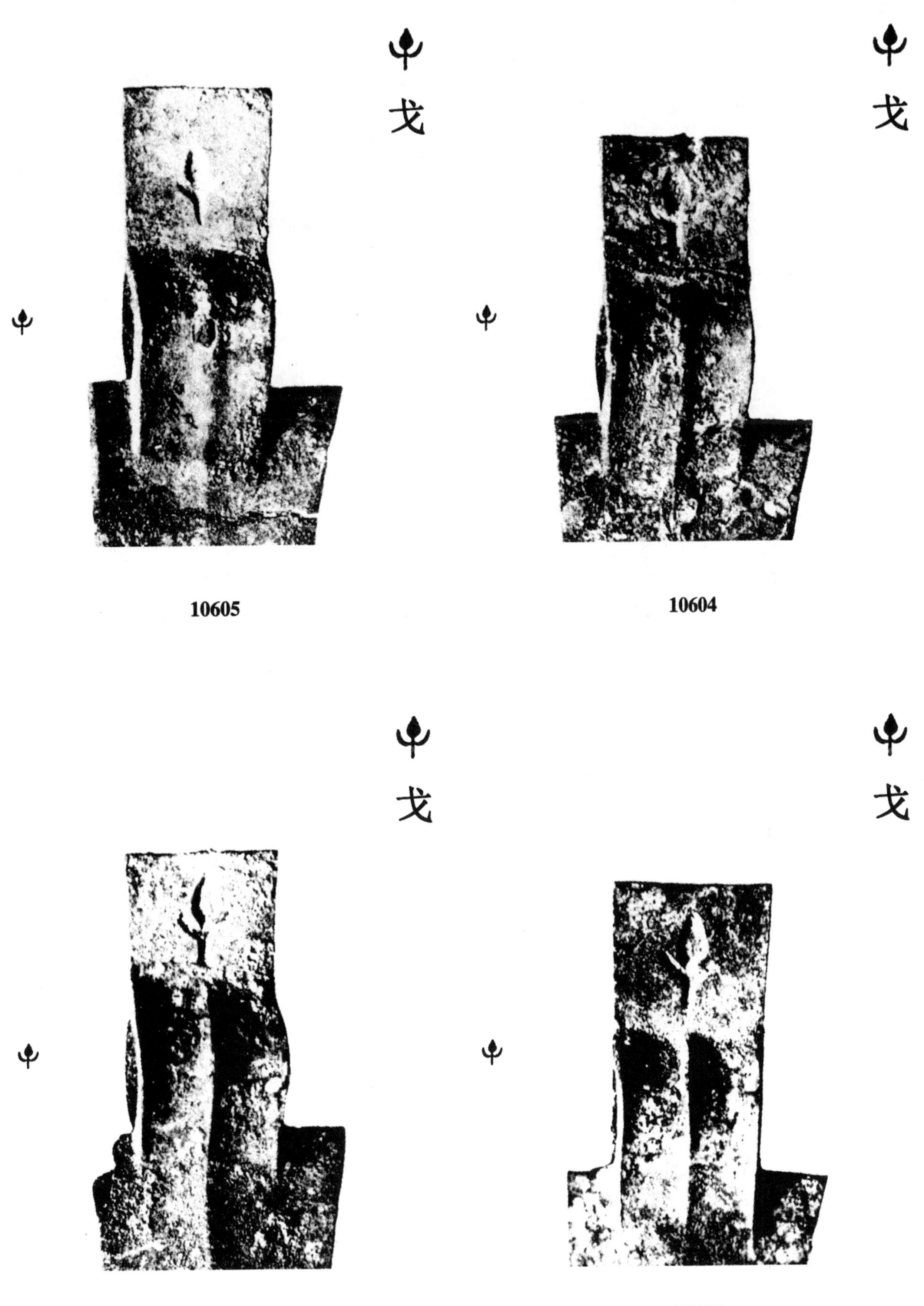

戈

10604

戈

10605

戈

10606

戈

10607

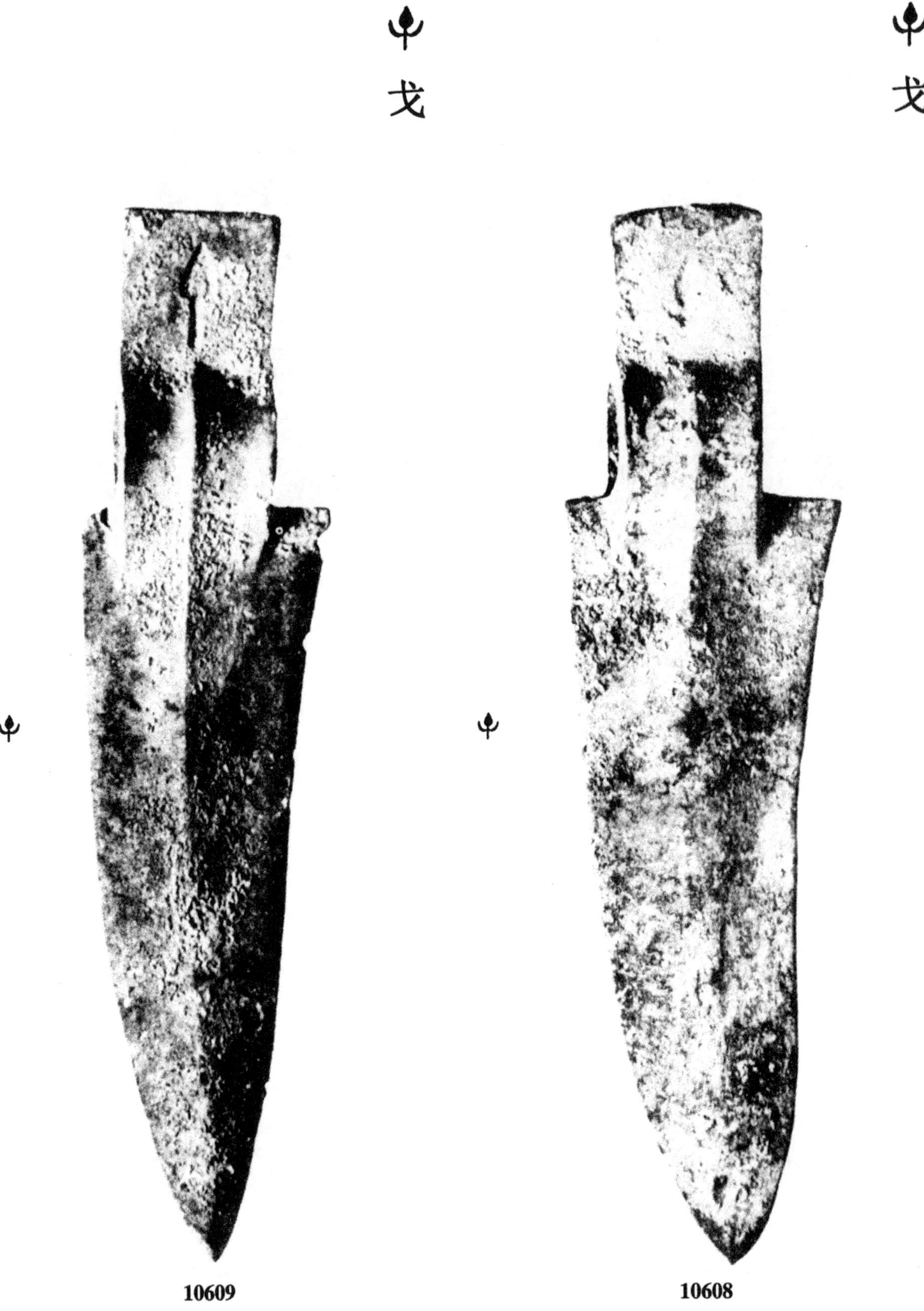

10608 戈

10609 戈

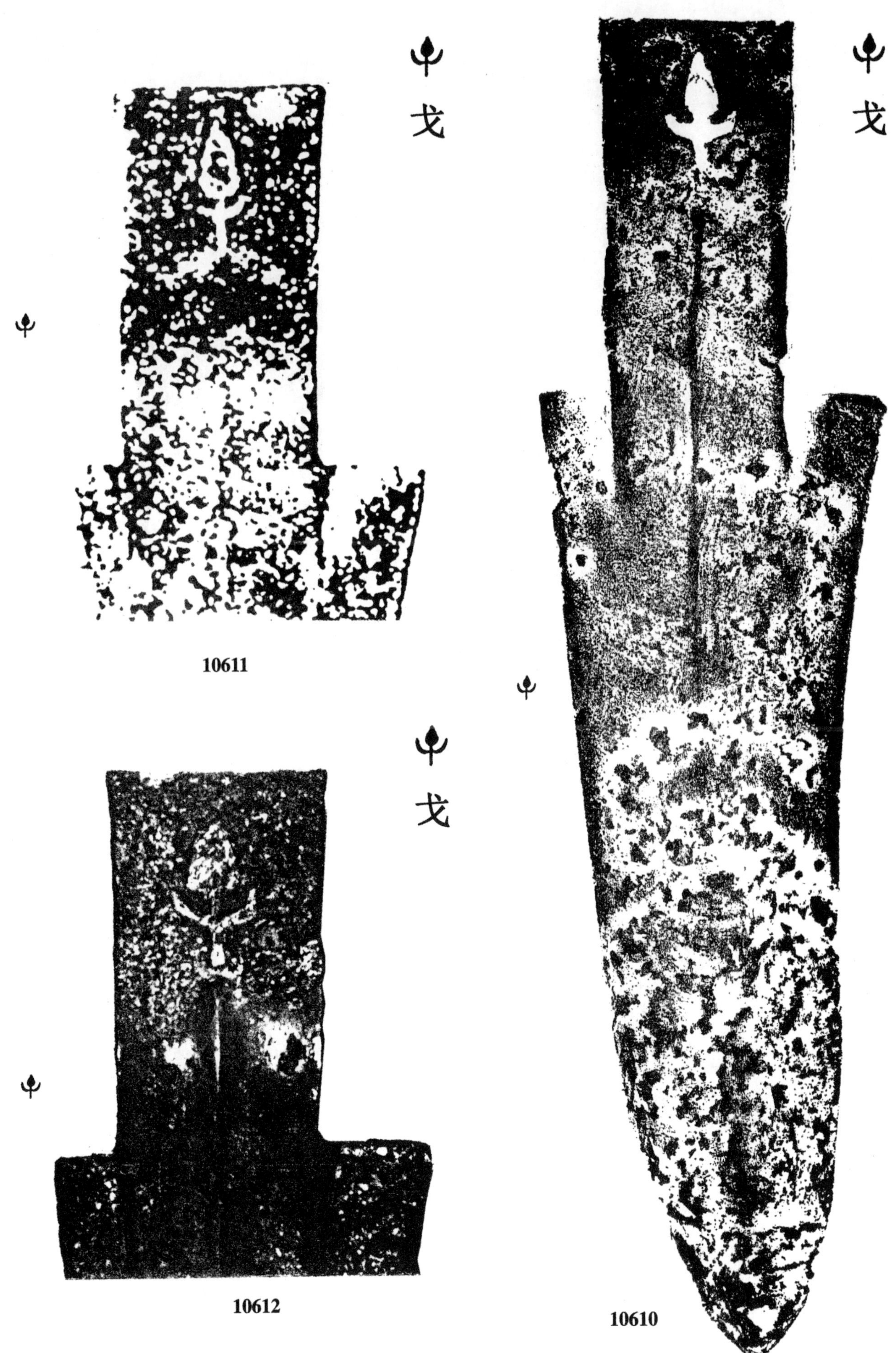

10611

10612

10610

戈

10613.2

10613.1

戈

10614.2

10614.1

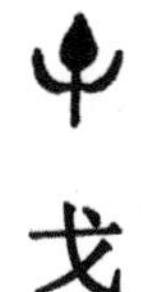

戈

10615

戈

10616

戈

10617

戈

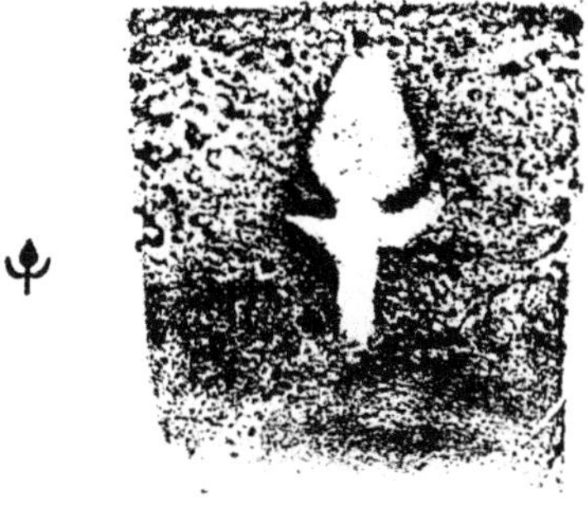

10618

戈

10619.1

10619.2

戈

10620

戈

10621

戈

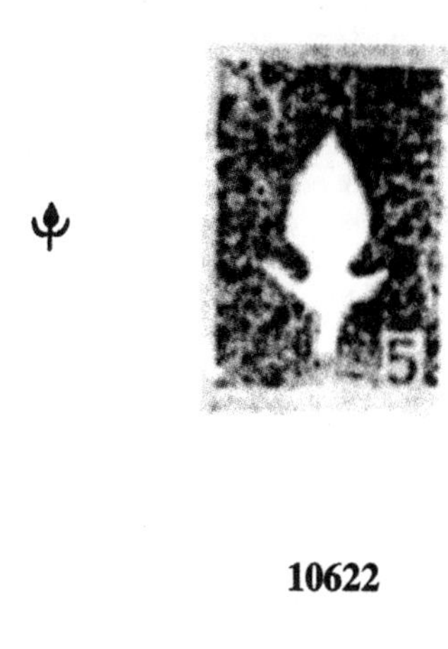

10622

戈

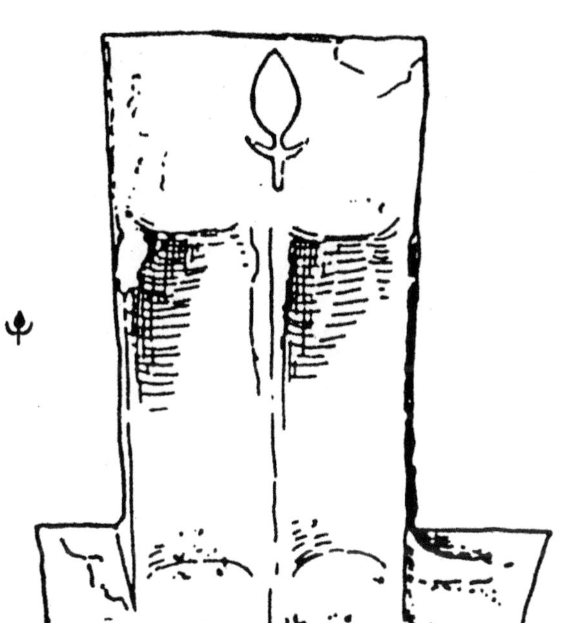

10623

戈

10624.1

10624.2

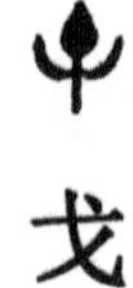

戈

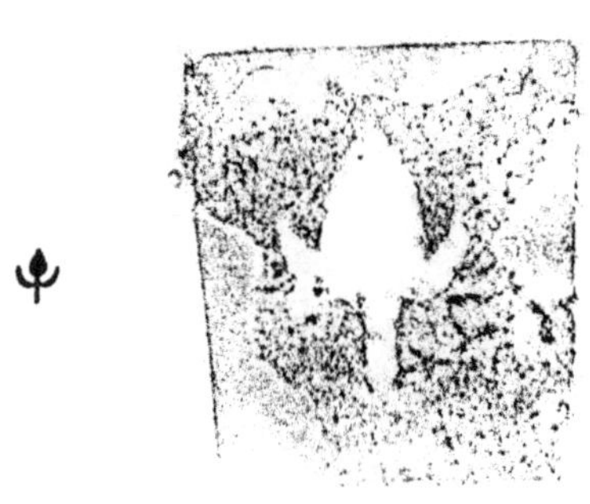

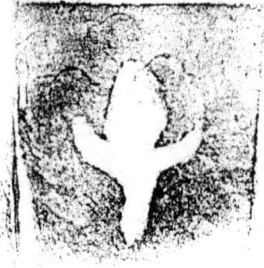

10625.2

10625.1

戈

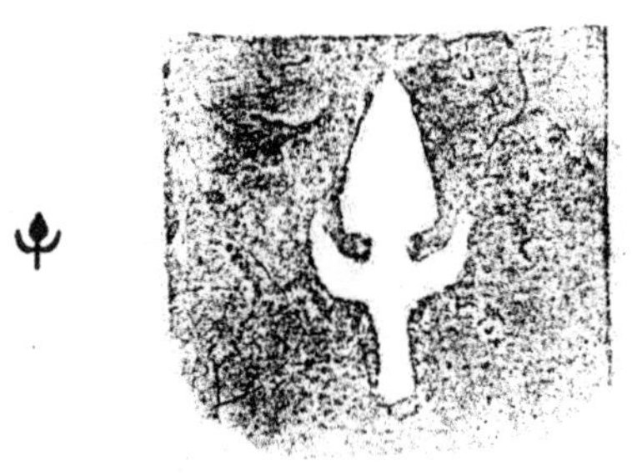

10626.2

10626.1

戈

10627.1

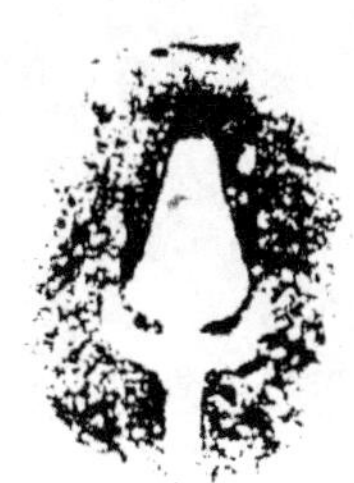

10627.2

天戈

族

10628

天戈

天

10629

天戈

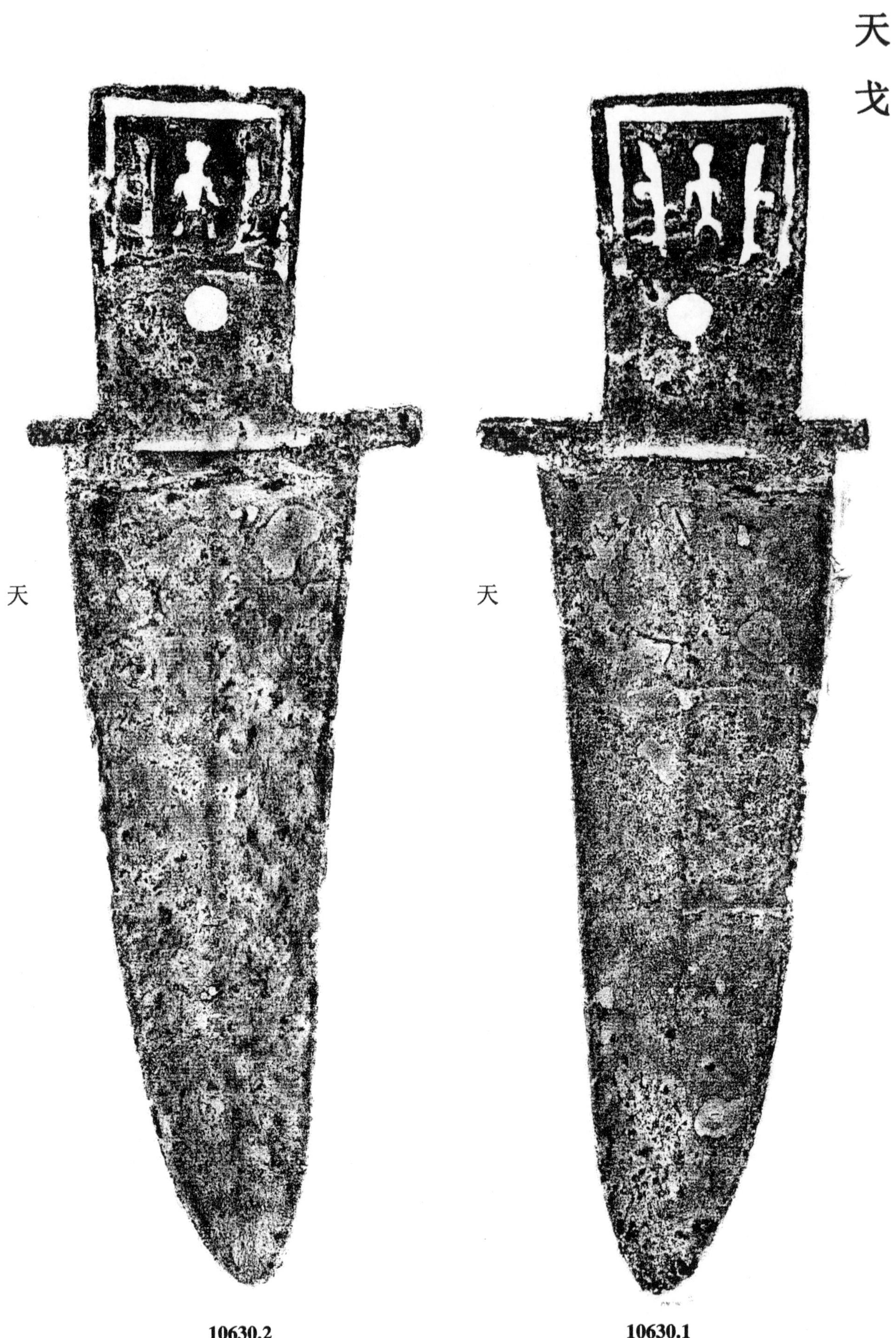

天　　天

10630.2　　10630.1

天戈

屰戈

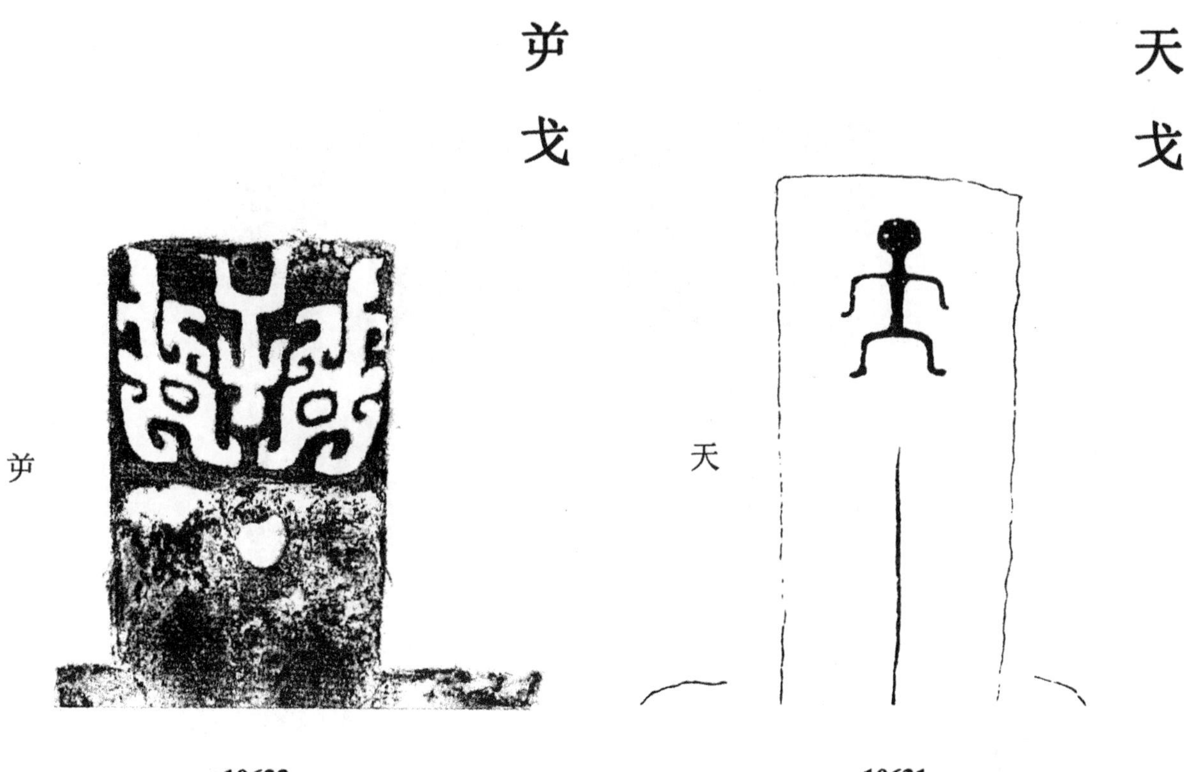

天

10631

屰

10633

屰戈

屰戈

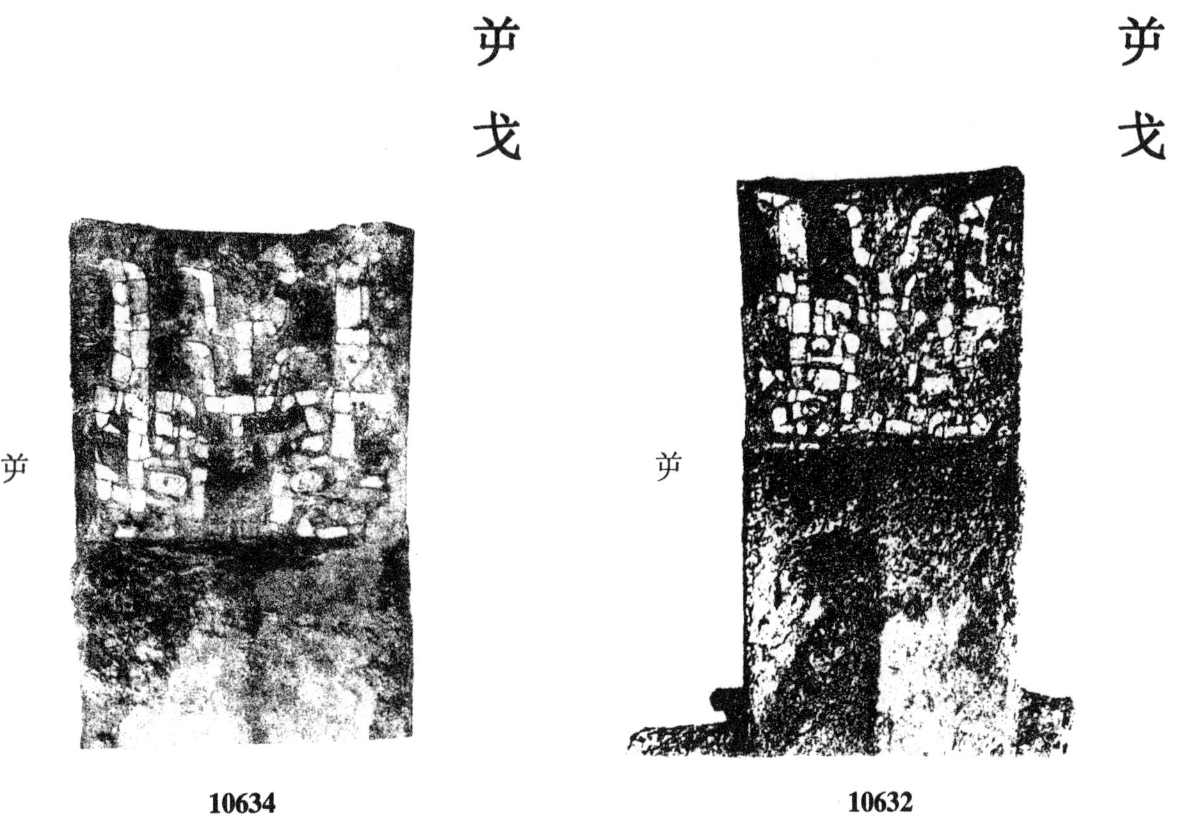

屰

10632

屰

10634

戈

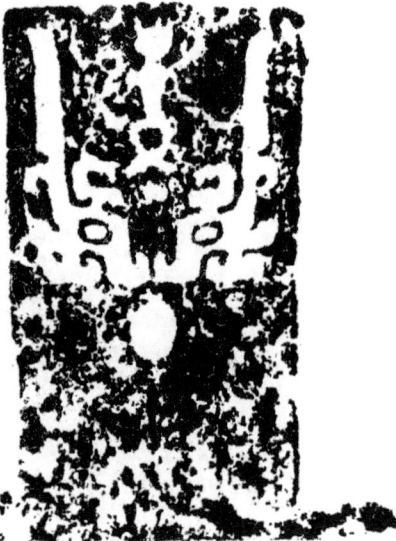

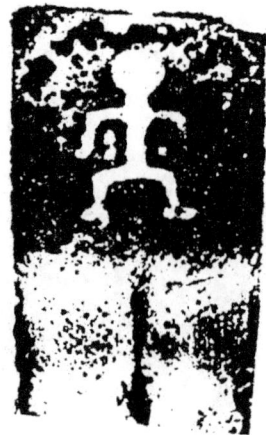

亦

10635.1

亦

10635.2

戈

需

10636

戈

交

10637

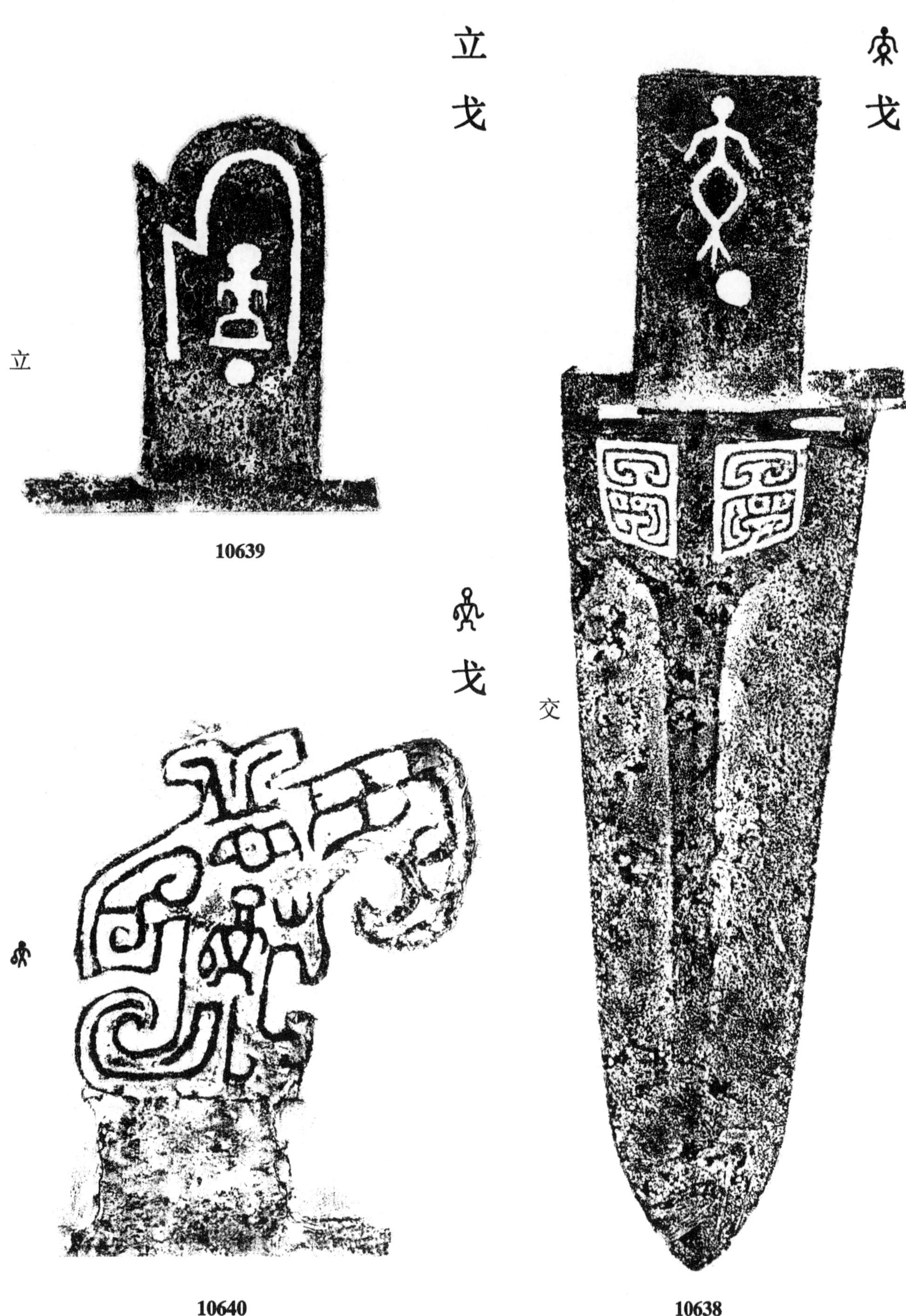

10639

10640

10638

戈

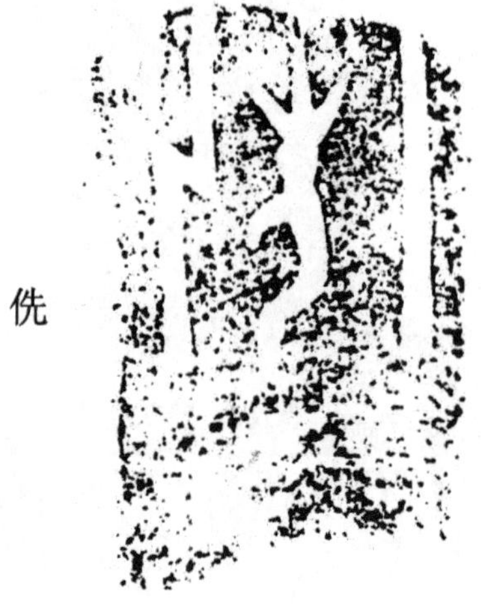
佚
10641.2

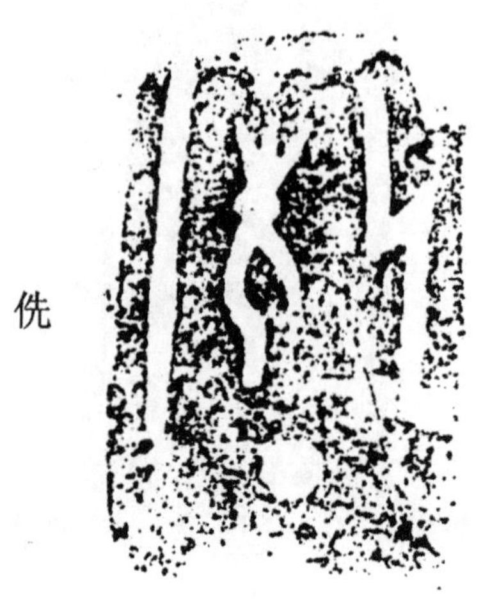
佚
10641.1

戈

欶
10643

戈

伐
10642

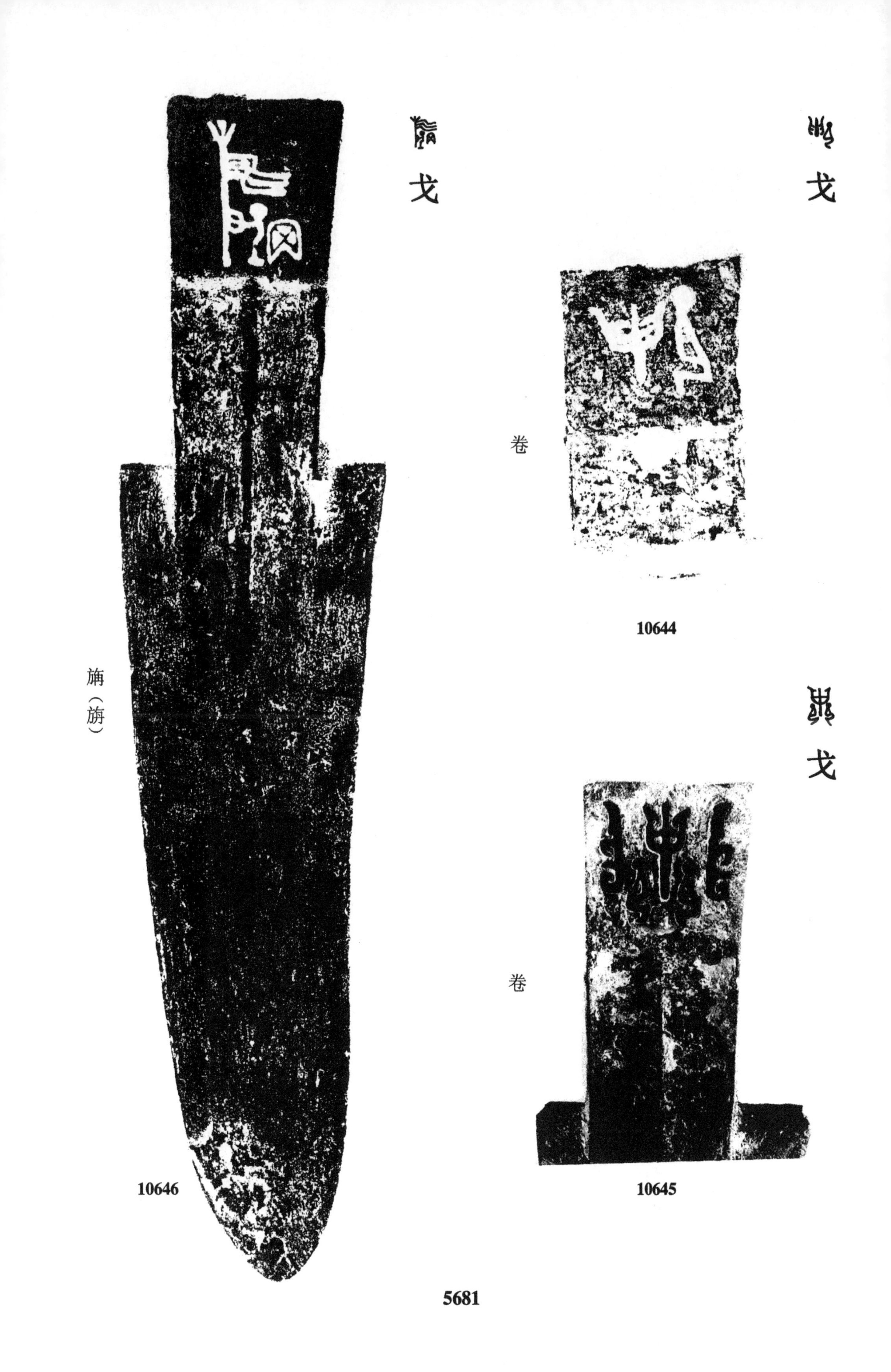

戈

旃（旃）

10646

戈

卷

10644

戈

卷

10645

10648

10647

[illegible]戈

⿰彳羌

10649.2

⿰彳羌

10649.1

[illegible]戈

⿰彳光

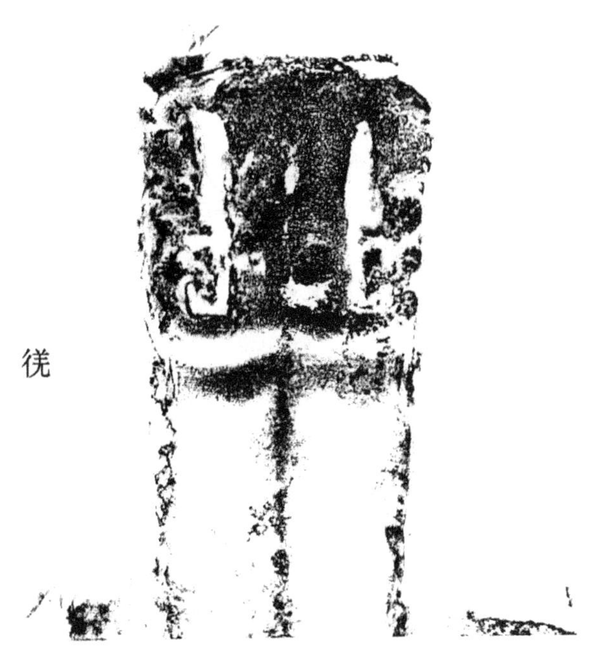

10650.2

⿰彳光

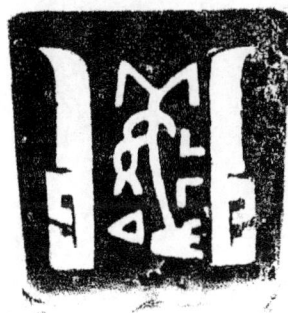

10650.1

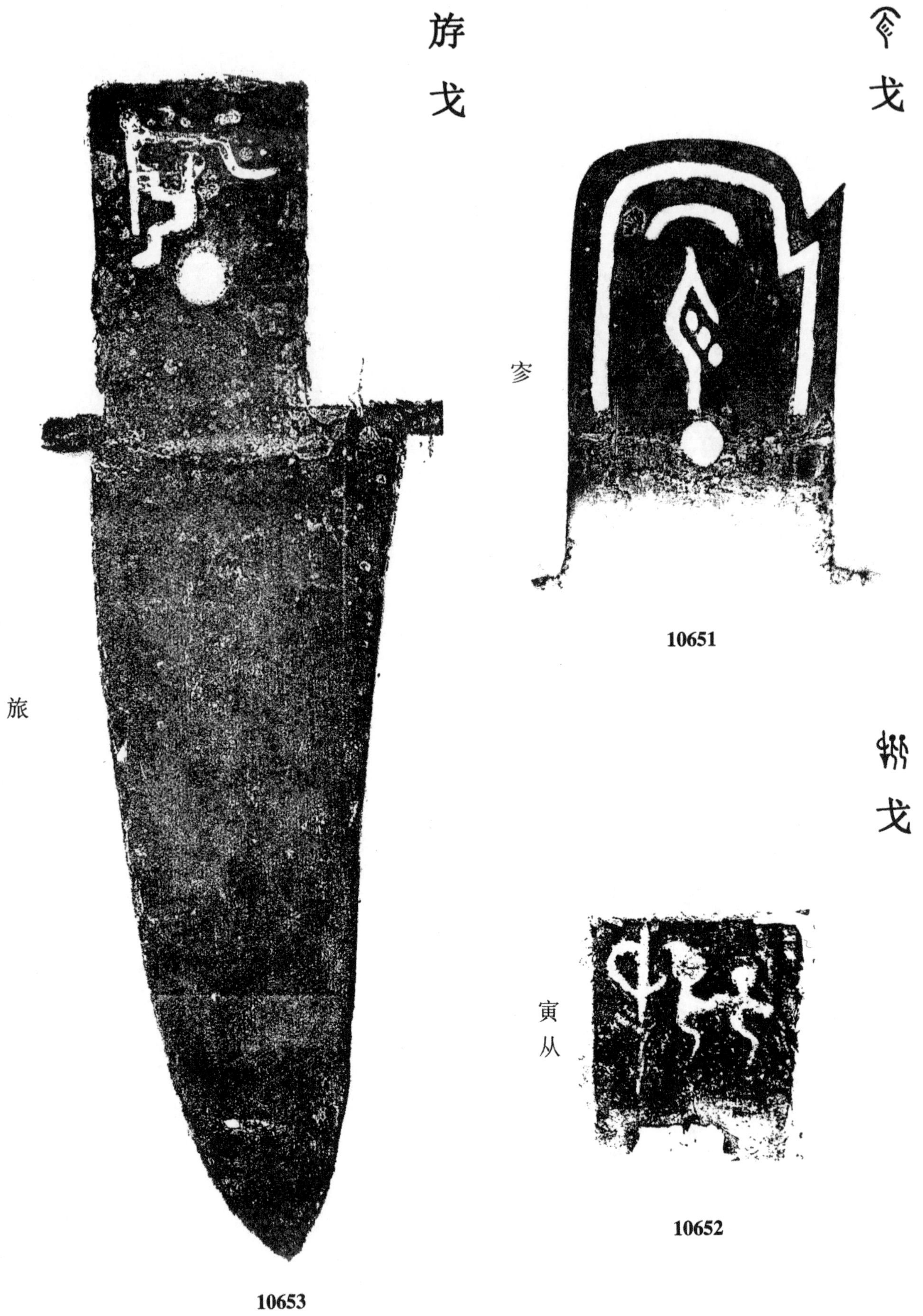

斿戈

旅

10653

戈

参

10651

戈

寅从

10652

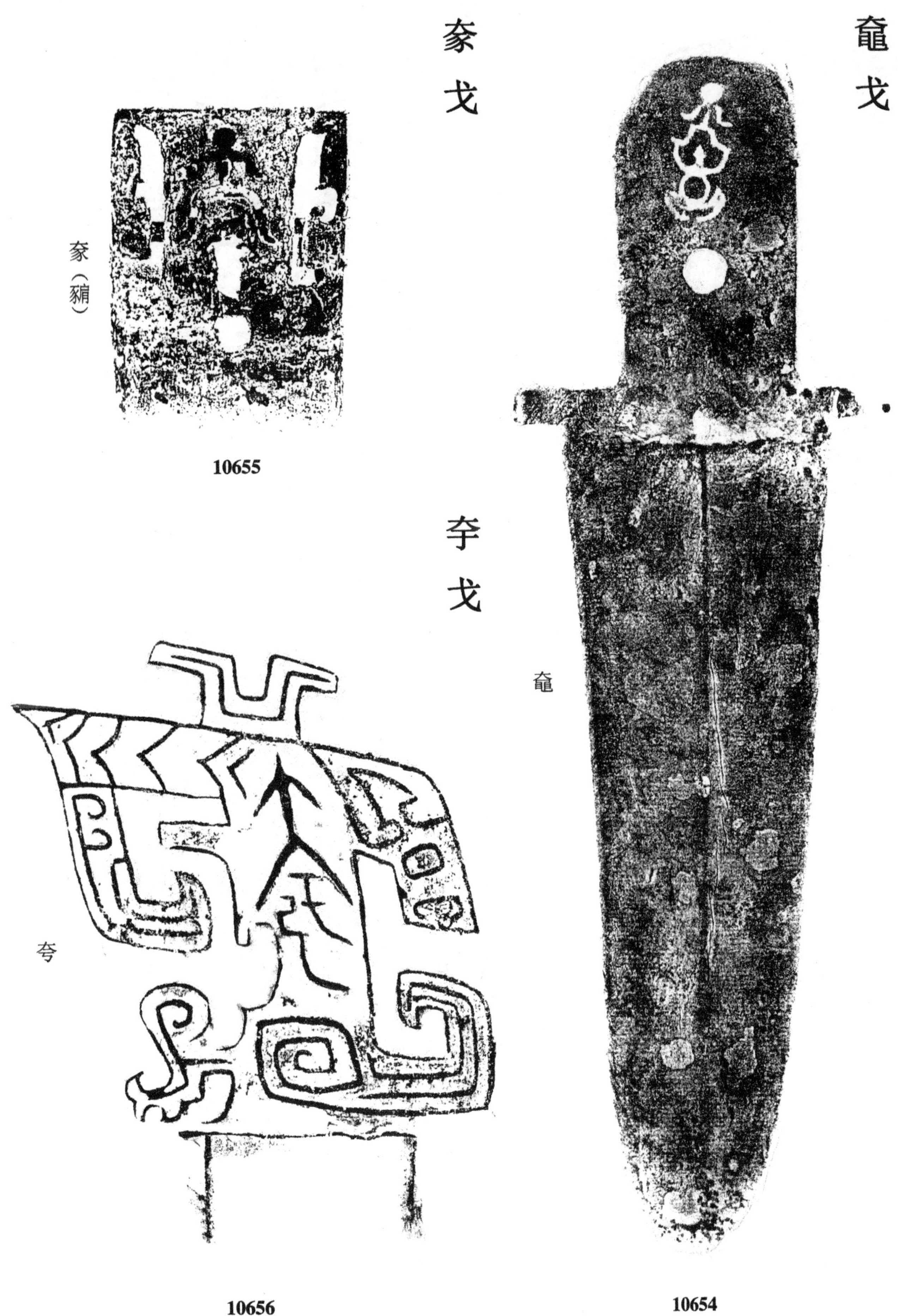
豢戈
豢（豧）
10655
夸戈
夸
10656
竜戈
竜
10654

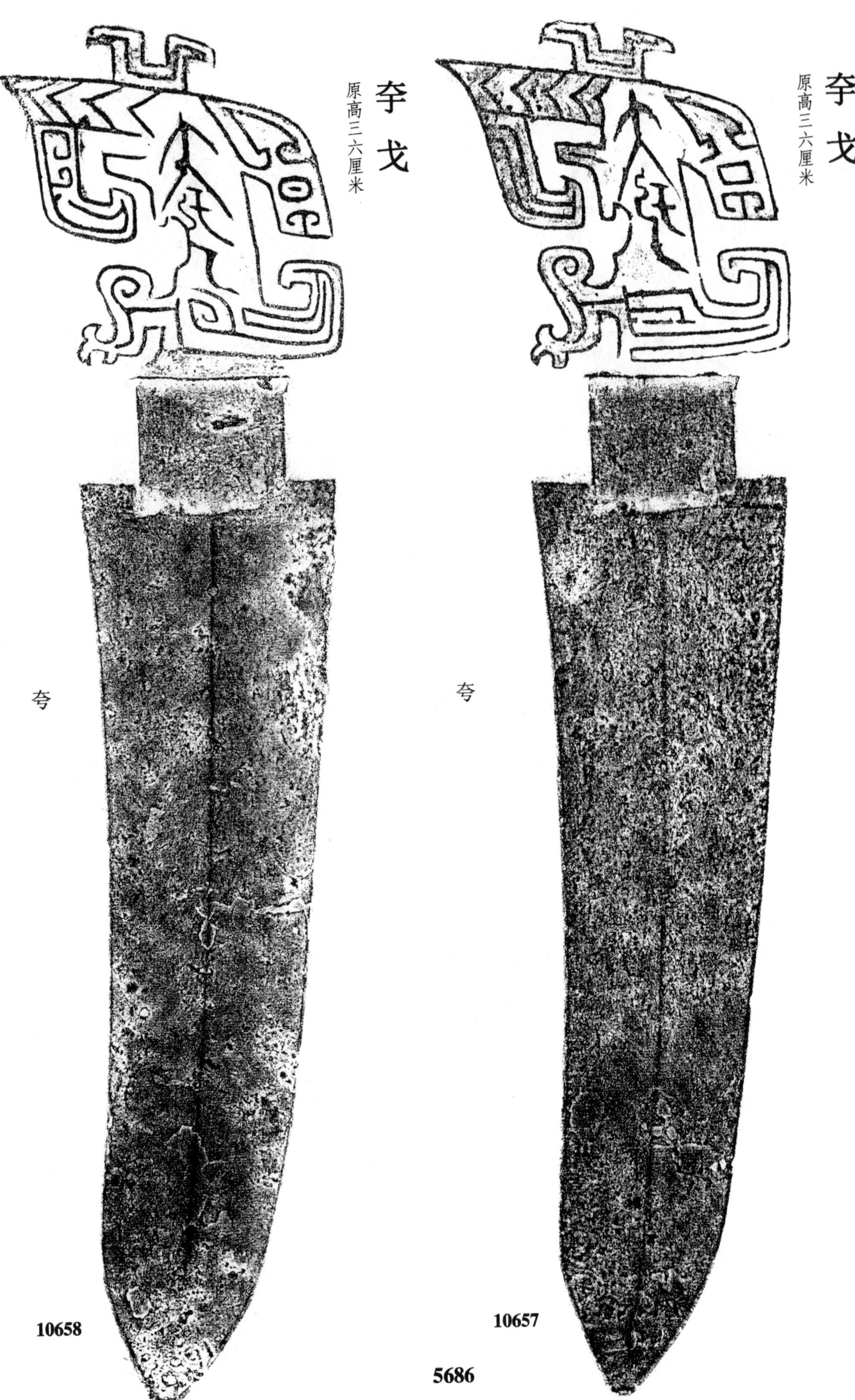

10658

夸戈

原高三六厘米

夸

10657

夸戈

原高三六厘米

夸

夸戈

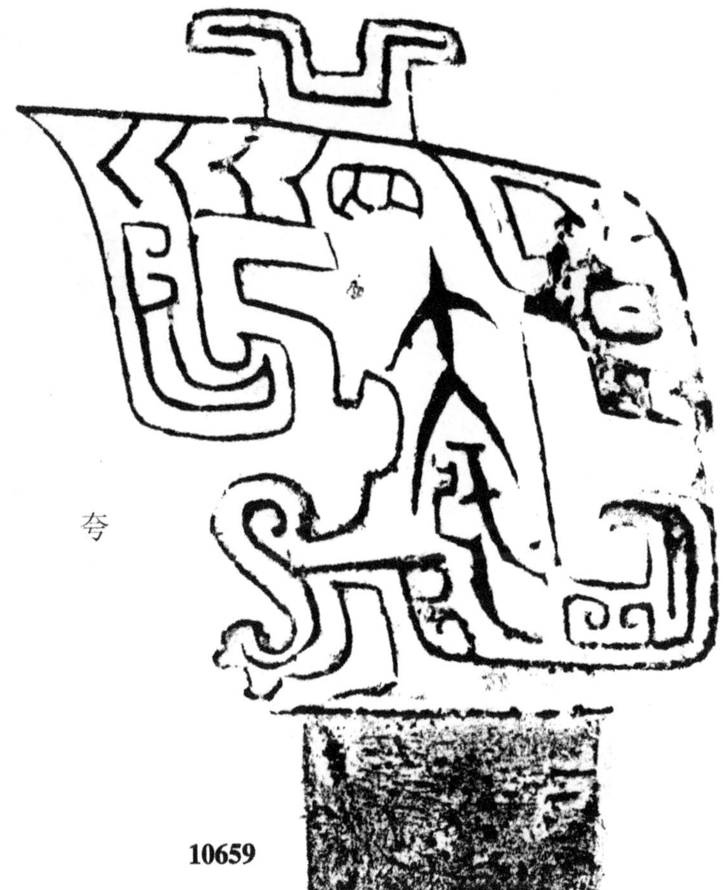

10659

夸戈

10660

夸戈

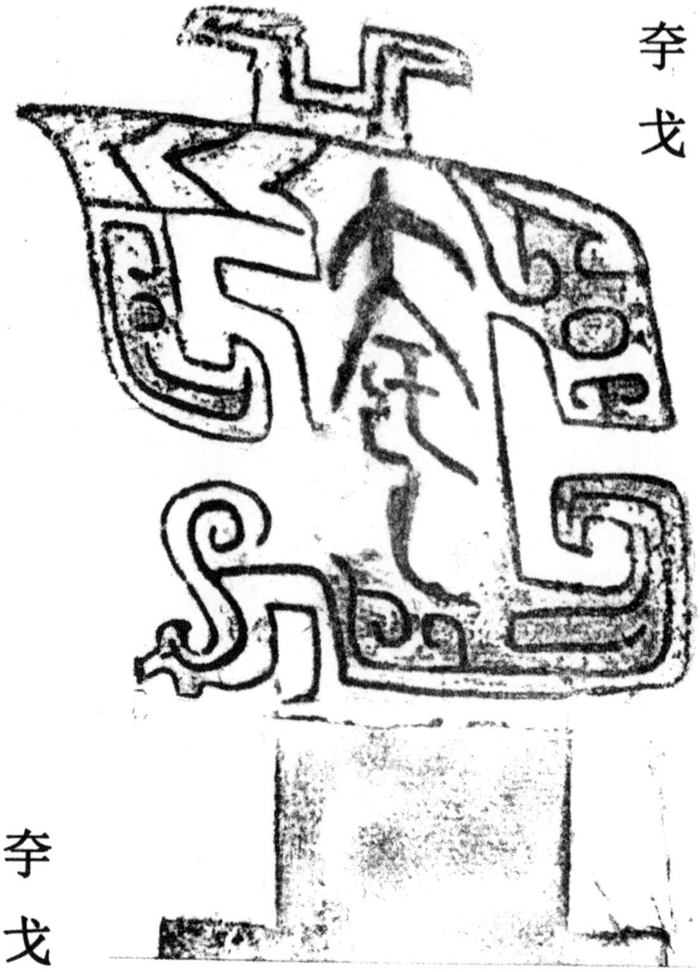

夸

10661

夸戈

夸

10662

夸戈

夸

10663

夸戈

夸

10664

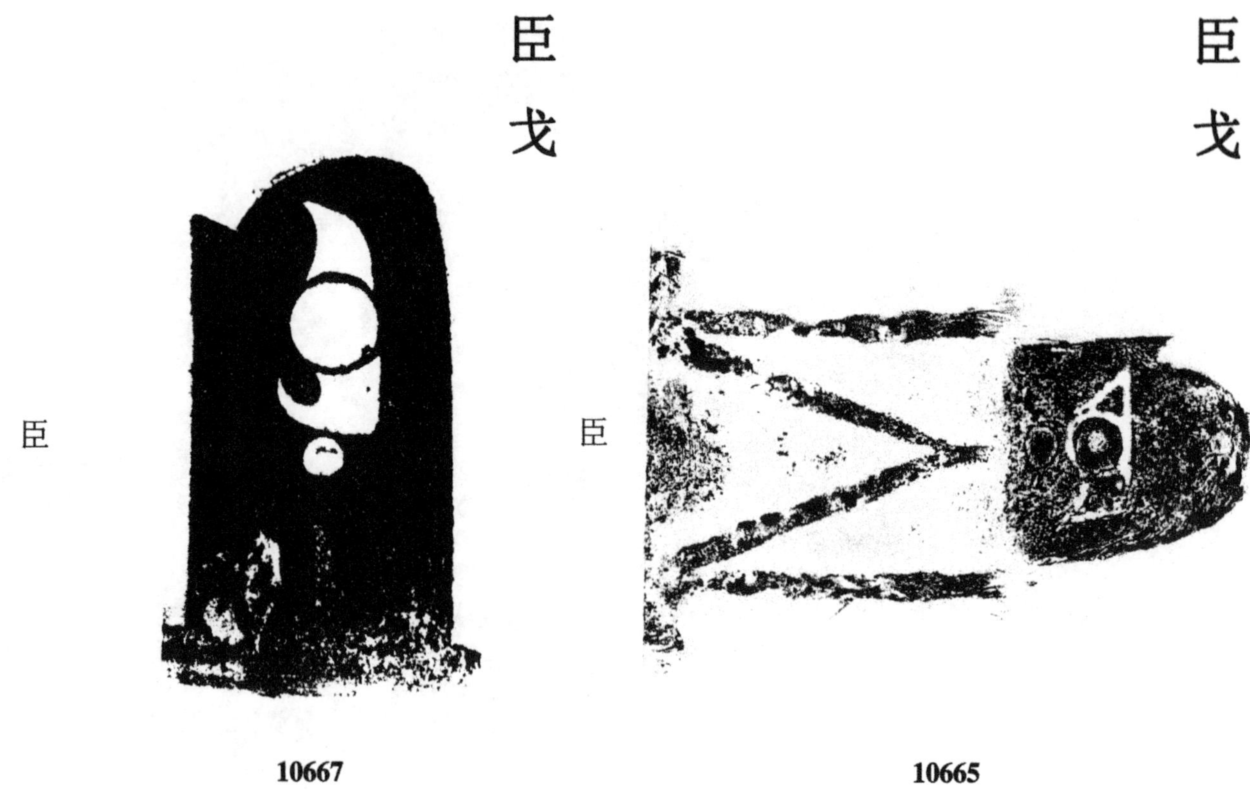

臣戈

臣

10665

臣戈

臣

10667

臣戈

臣

10666

戈

（垷）

10668

戈

(眖、瞺)

10669

戈

皇

10670

耳戈

耳

10671.1

耳

10671.2

耳戈

耳 

10672.2

耳 

10672.1

嬰戈

旻 

10673.2

旻 

10673.1

瞿戈

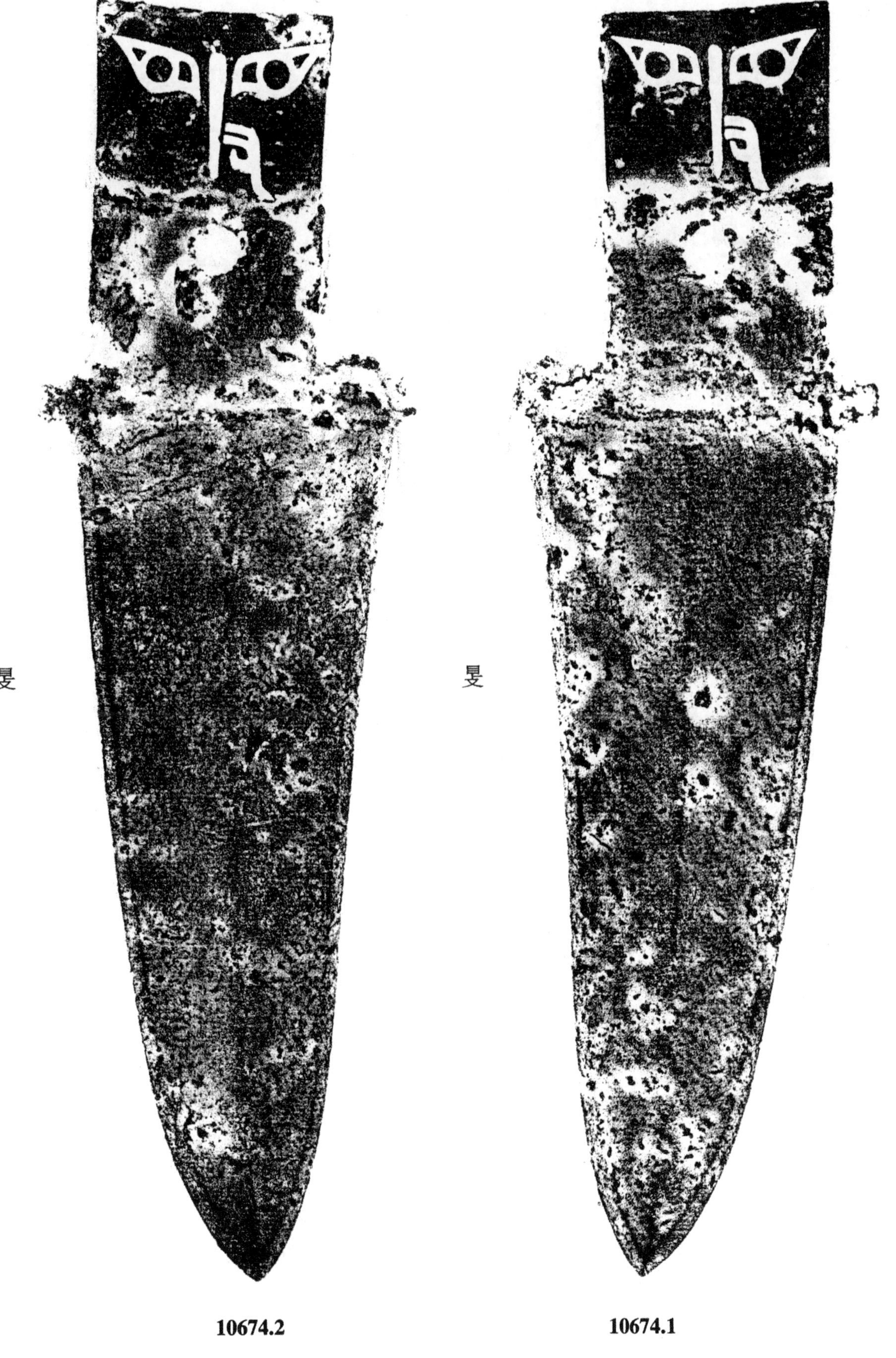

10674.2 瞿

10674.1 瞿

瞏戈

旻

10675.2

旻

10675.1

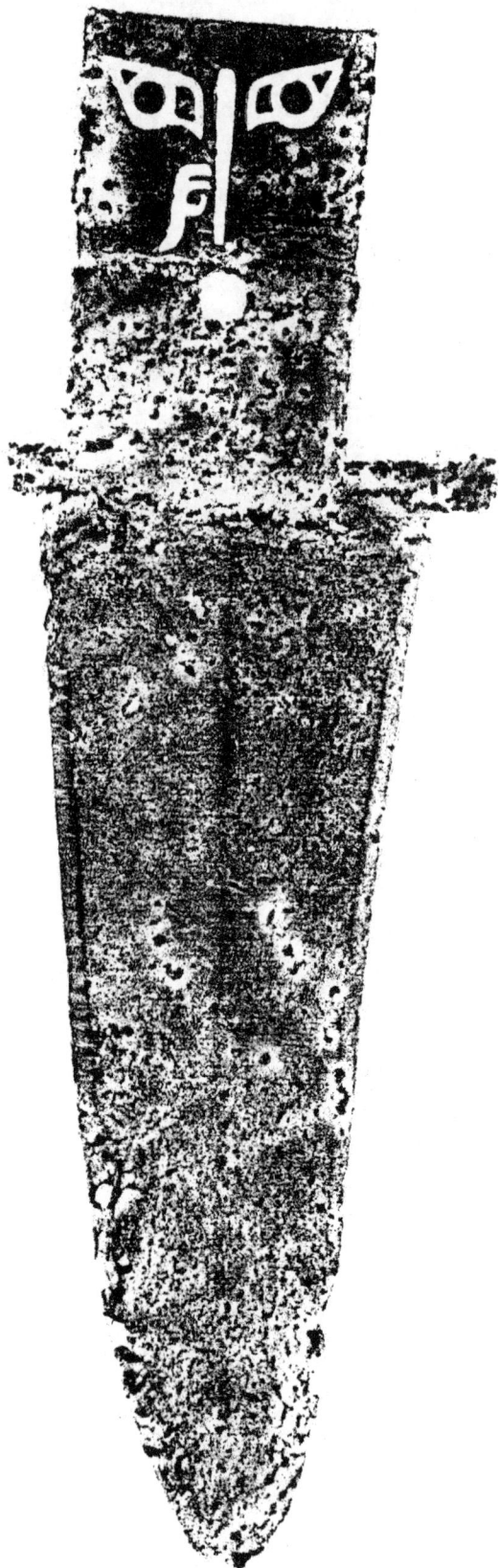

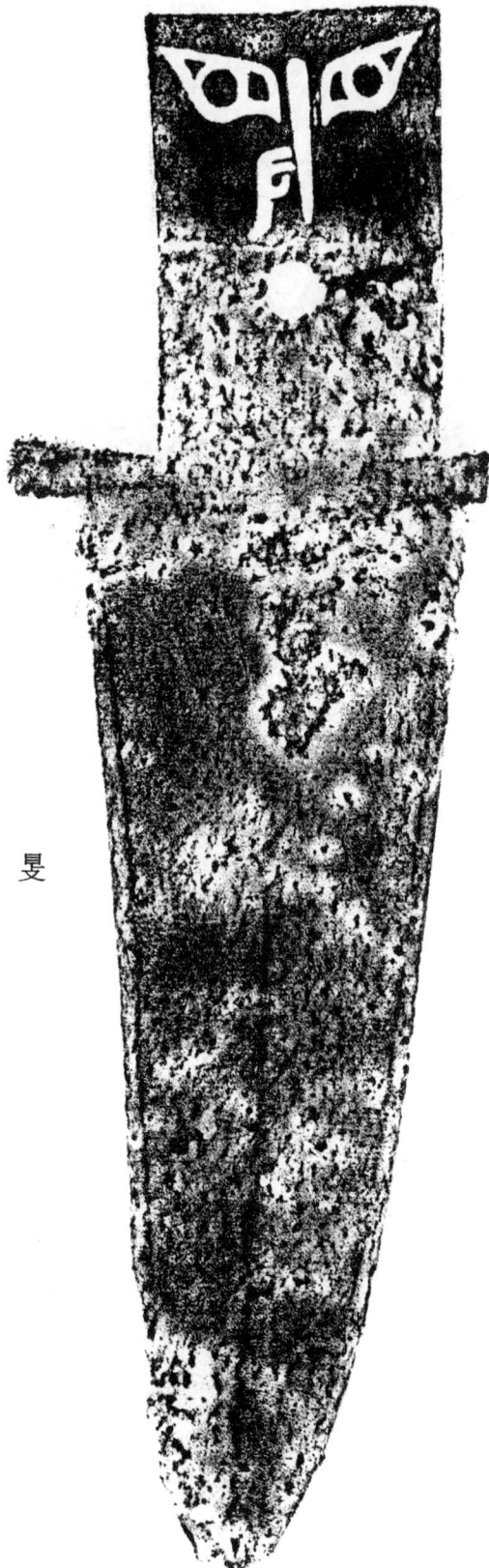

瞏戈

10676.2

10676.1

瞏戈

10677.2

10677.1

矍戈

10678.1

矍（玃）

10678.2

豕戈

豕

10679

羽戈

羽（[illegible]）

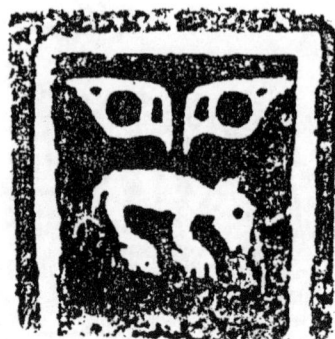

10680

戈

𠬝

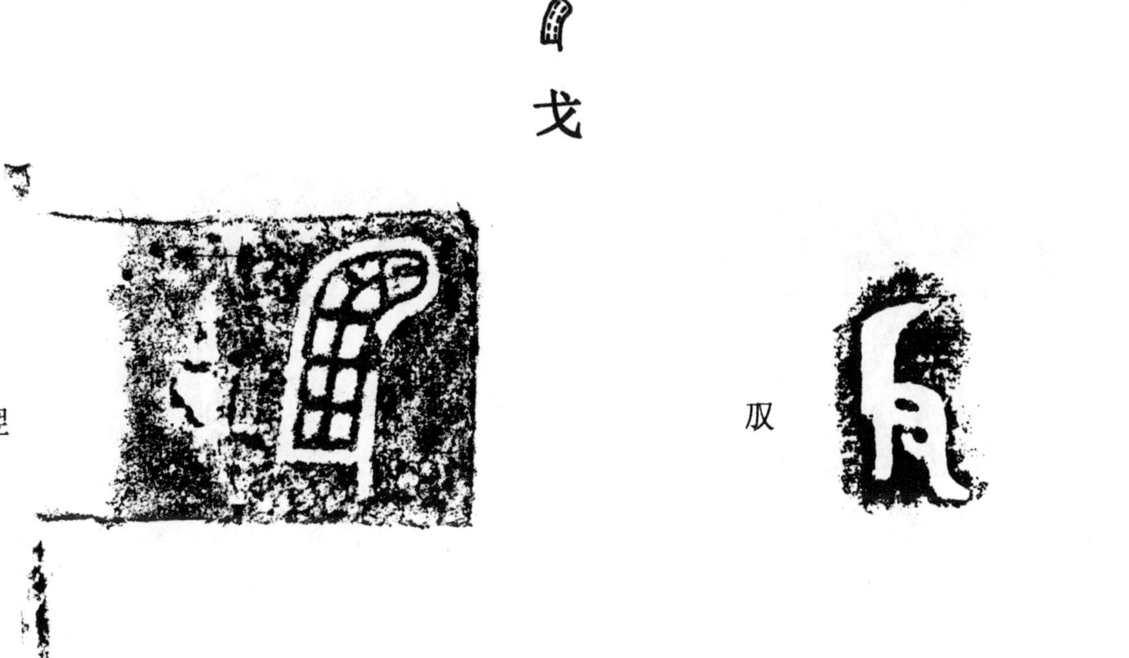

10681

戈

翌

10683

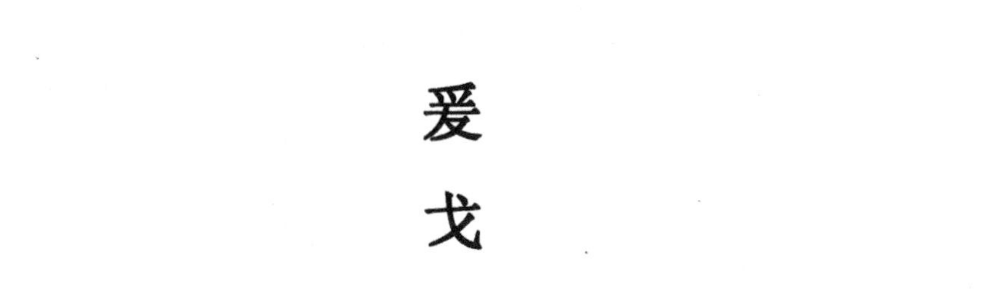

戈

𠬪（剽）

10682

爰戈

爰

10684

𢍰戈

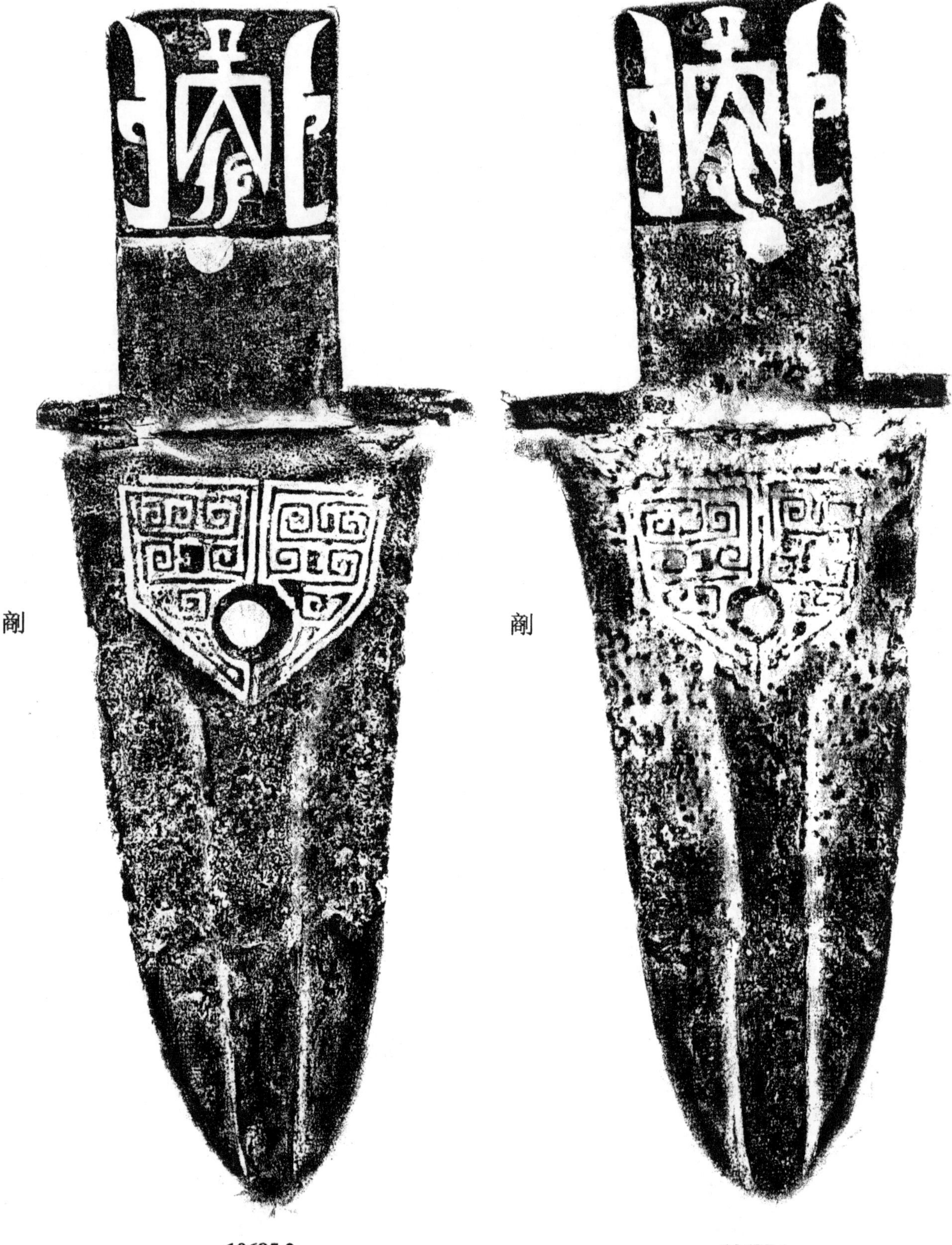

剮

10685.2

剮

10685.1

𢼸戈

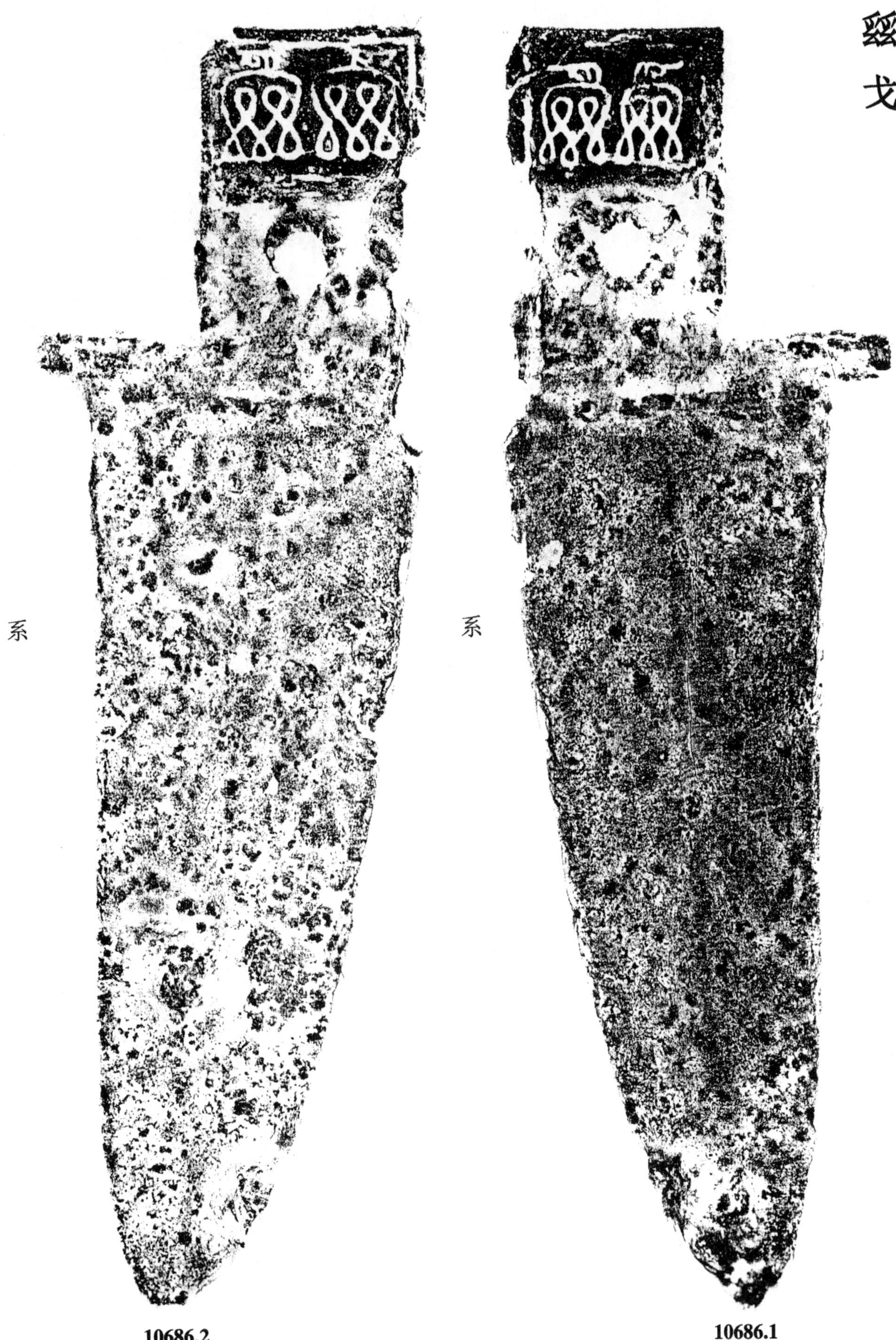

系

系

10686.2

10686.1

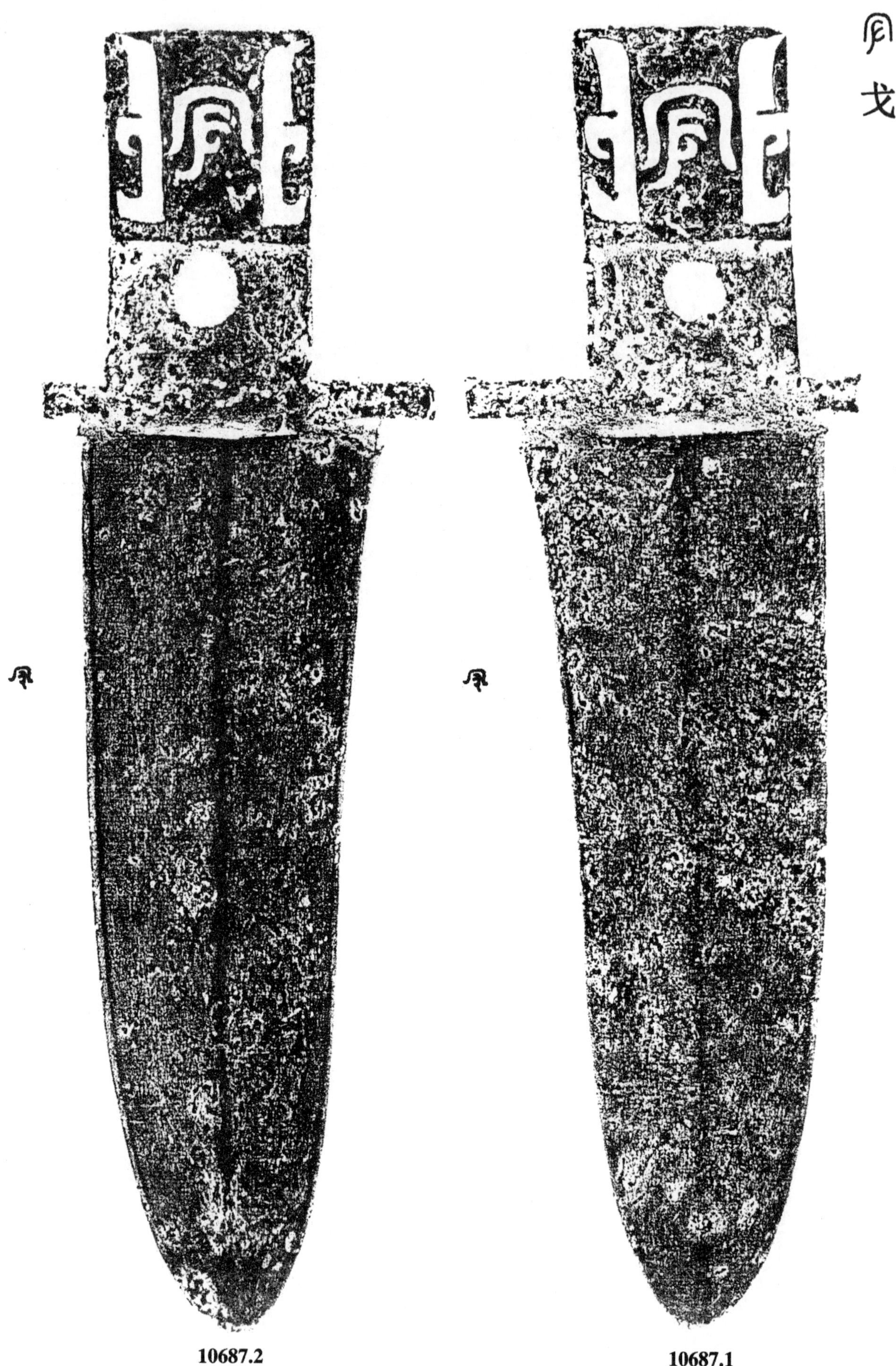

10687.2

10687.1

丂戈

丂

10688

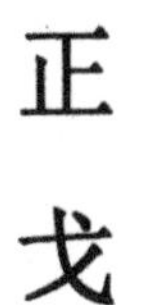

正戈

正

10689

（衛）

10690

戈

[illegible]（圍）

10691.2

[illegible]（圍）

10691.1

戈

10692.2

10692.1

子
戈

10693.2

10693.1

子
戈

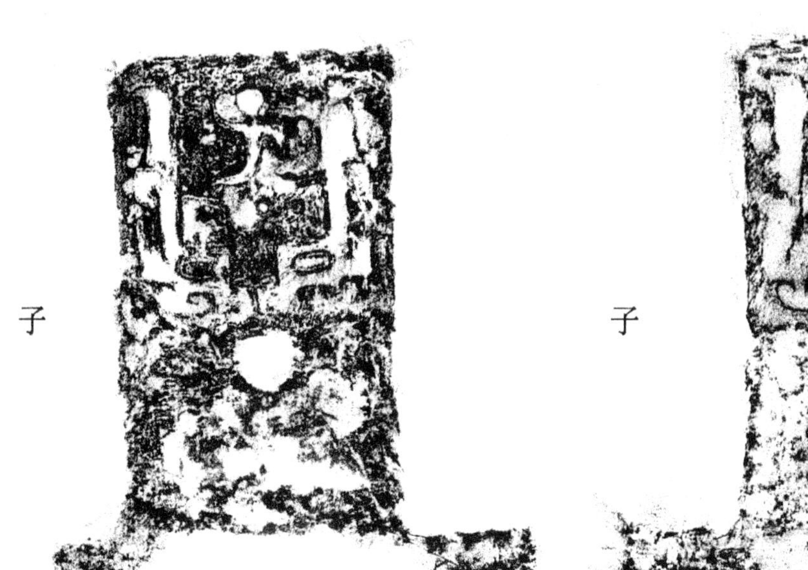

10694.2

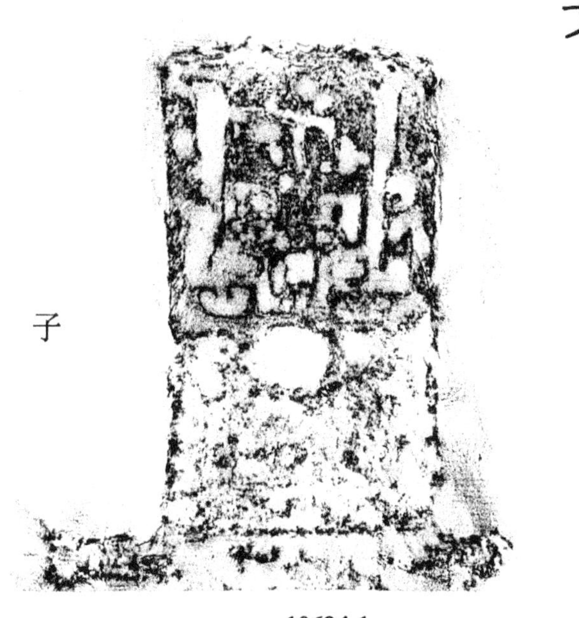

10694.1

子戈

子

10695

子戈

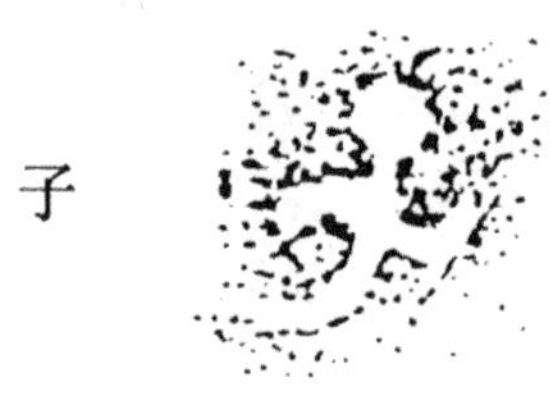

子

10696

萬戈

萬

10697

萬戈

萬

10698

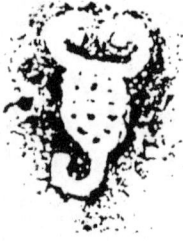

萬戈

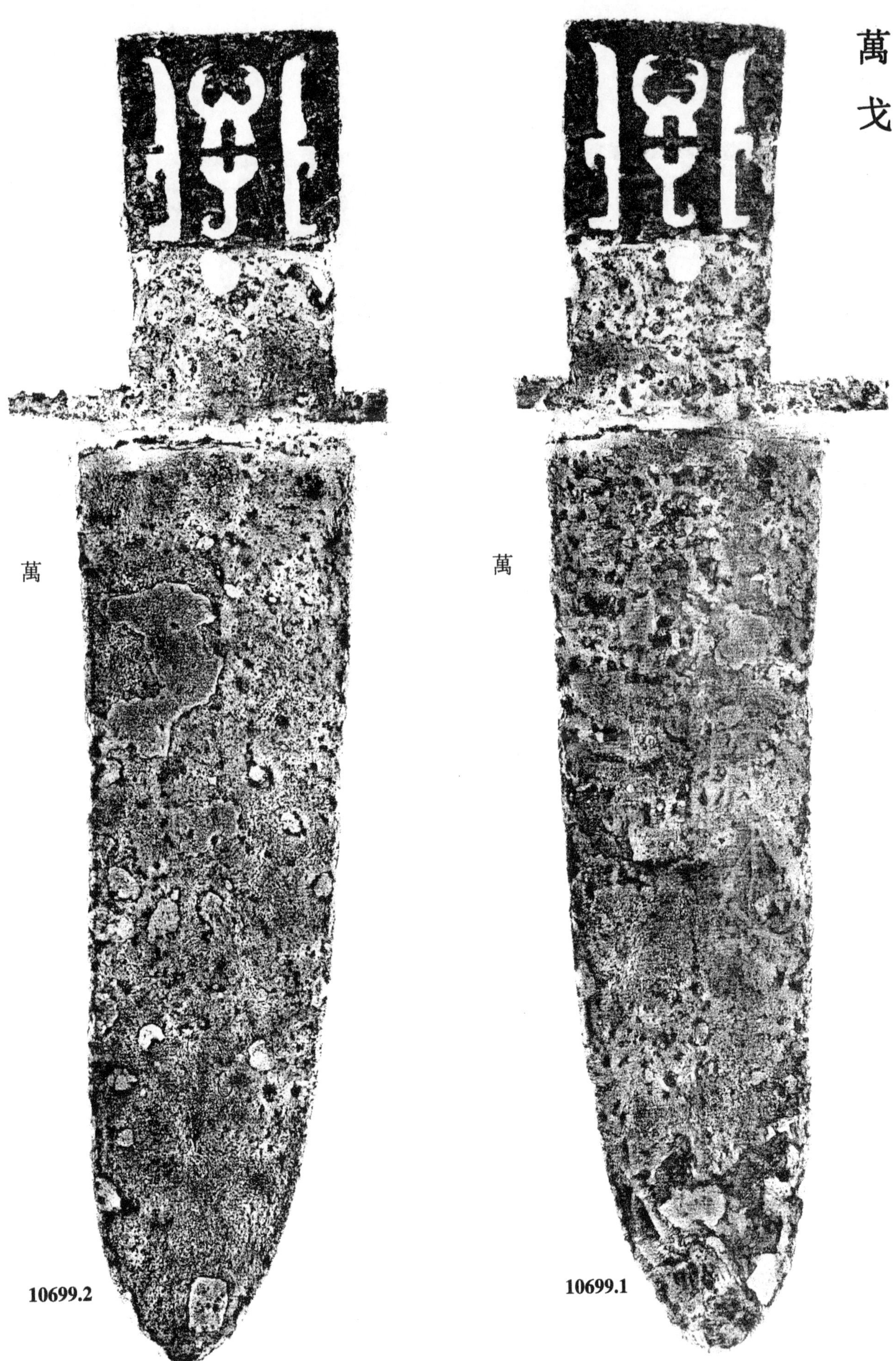

10699.2

10699.1

萬戈

萬

10700.2

萬

10700.1

萬戈

萬

10701.2

萬

10701.1

𢦏戈

弔

10702.1

弔

10702.2

𢦏戈

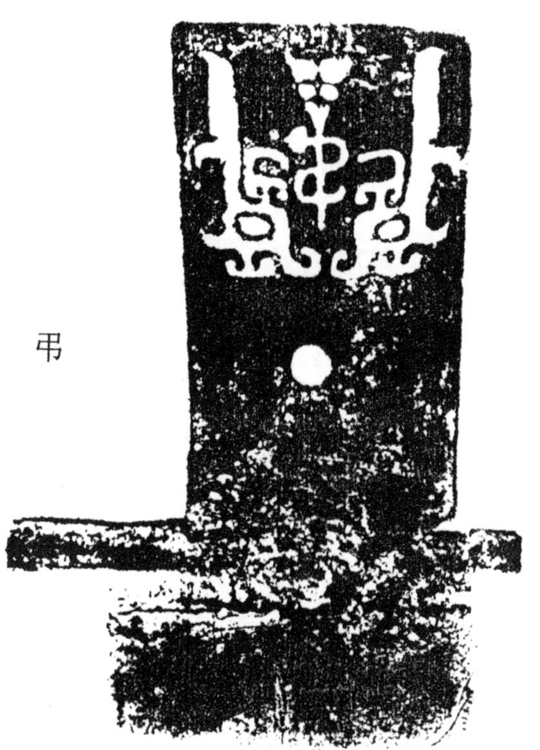

弔

10703.1

弔

10703.2

畢戈

弔

10704

畢戈

弔

10705

畢戈

弔

10706.1

弔

10706.2

戈

蛙

10707.1

蛙

10707.2

戈

蛙

10708.1

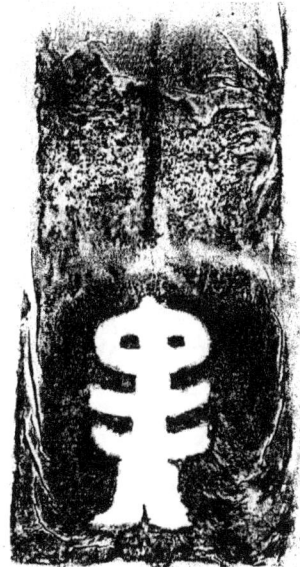

蛙

10708.2

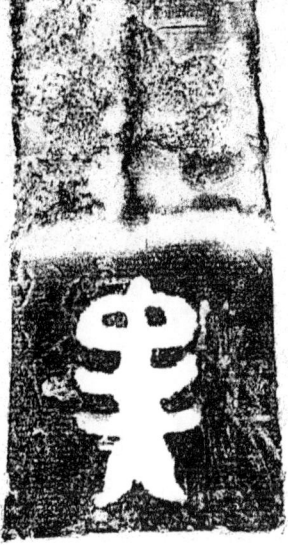

戈

蛙

10709.1

蛙

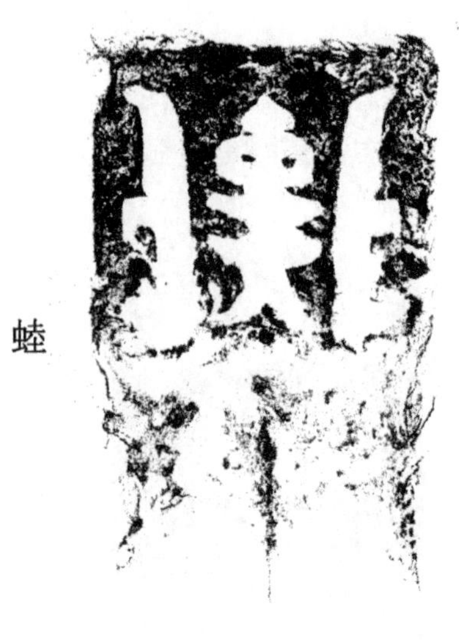

10709.2

戈

（駱）

10710

鳥戈

鳥

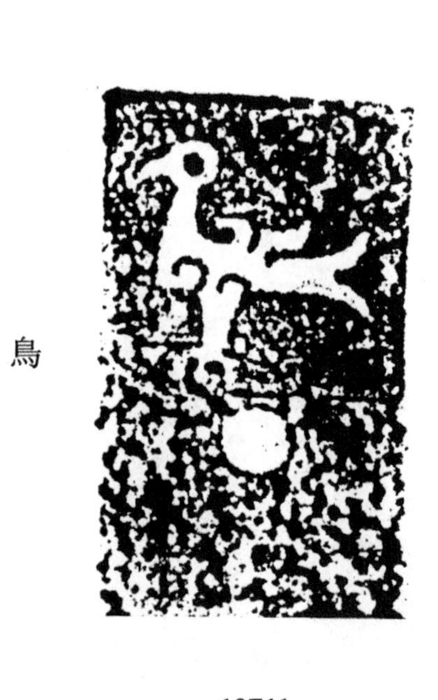

10711

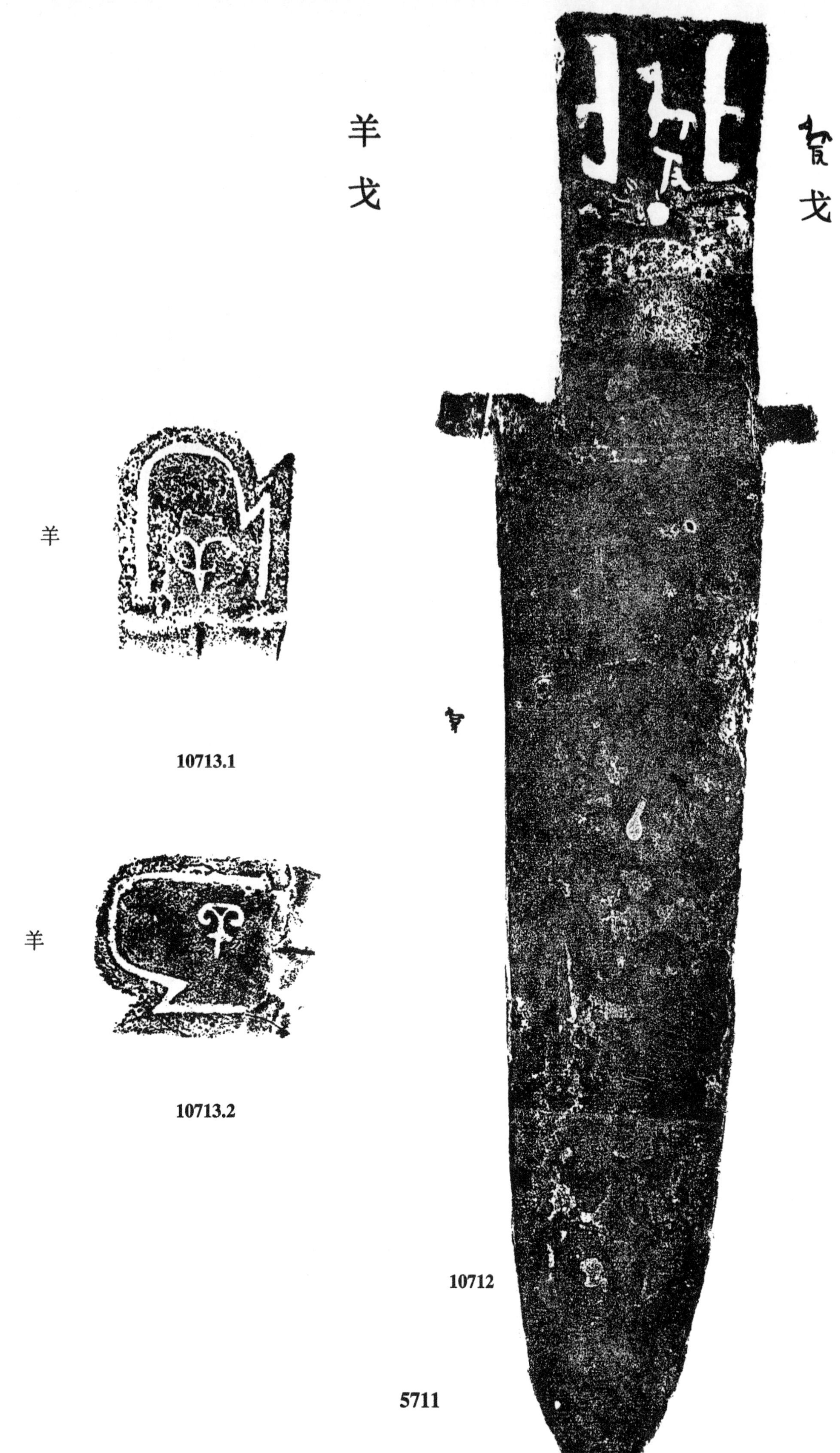

羊戈

羊

10713.1

羊

10713.2

戈

10712

冉戈

冉戈

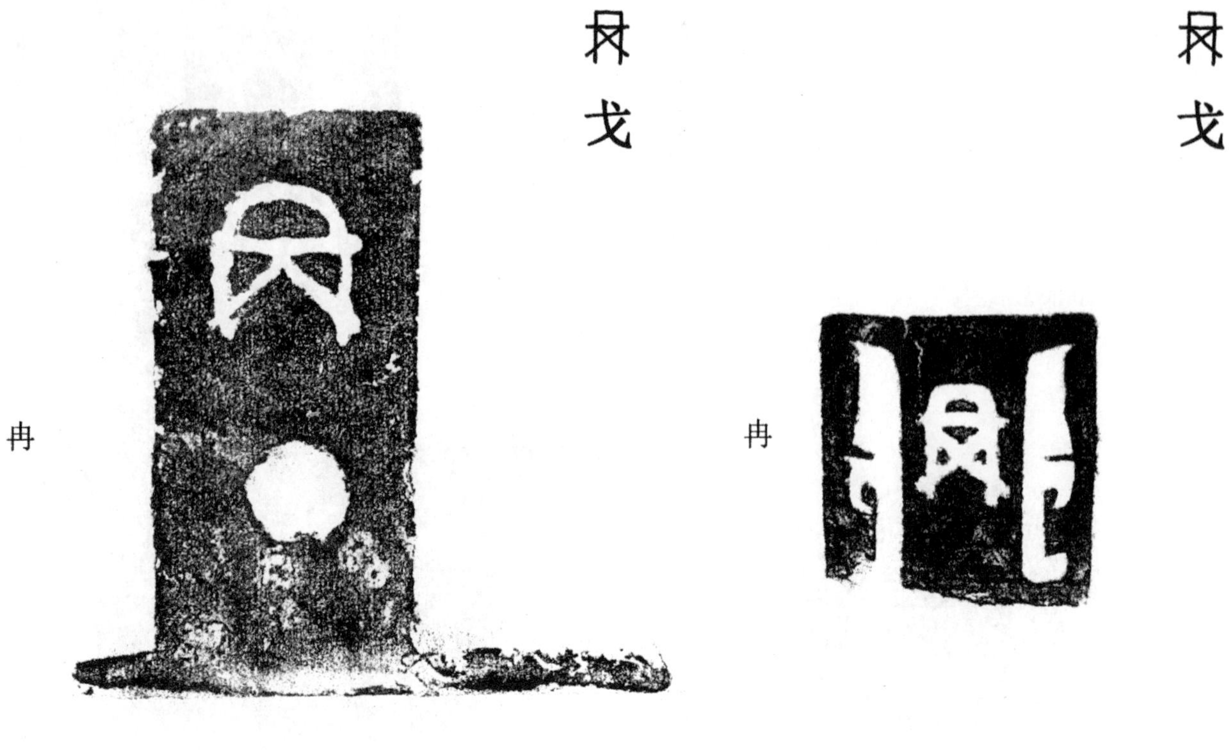

冉

10714

冉

10715

宁戈

宁

10716.1

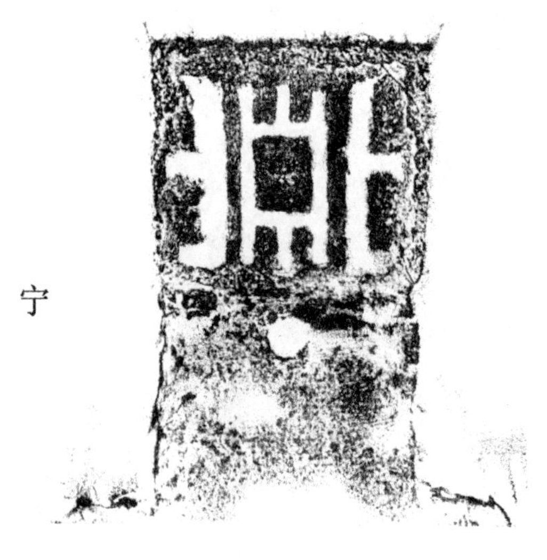

宁

10716.2

樐戈

樐

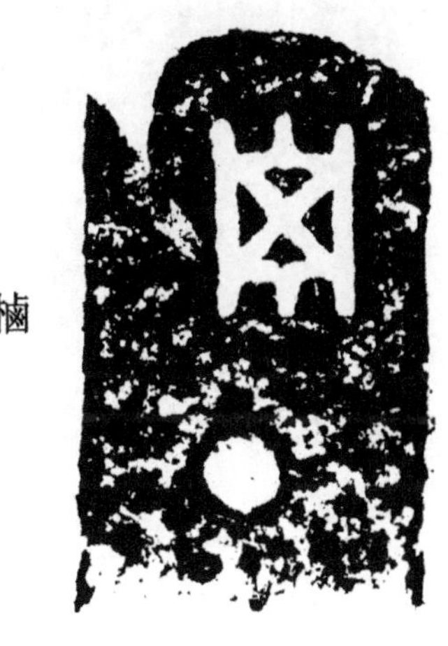

10717

樐戈

樐

10718

[illegible]戈

[illegible]

10719

貯戈

貯

10720

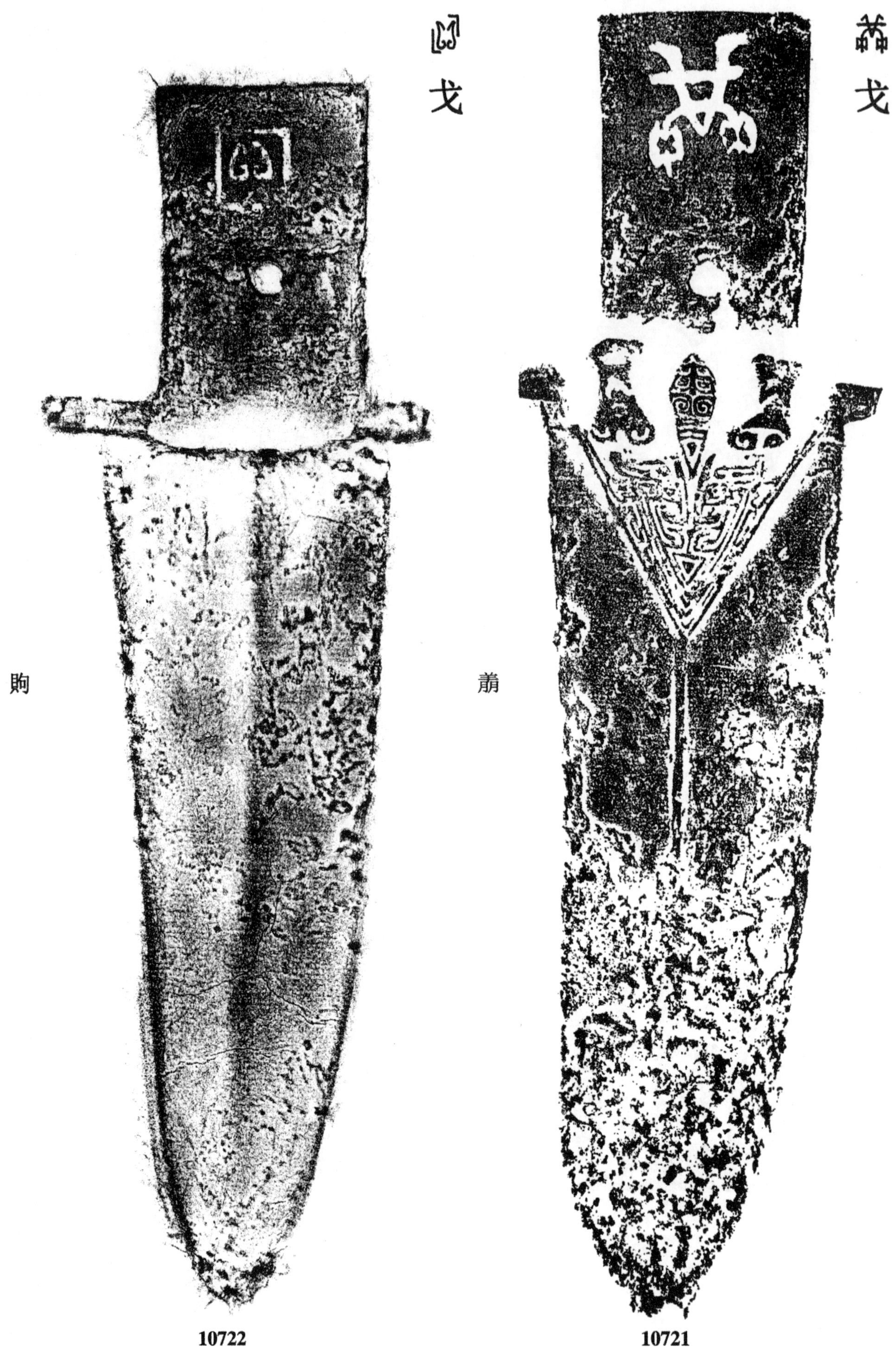

10722

10721

息戈

息

10723

息戈

息

10724

戈

兮

10725.1

兮

10725.2

州戈

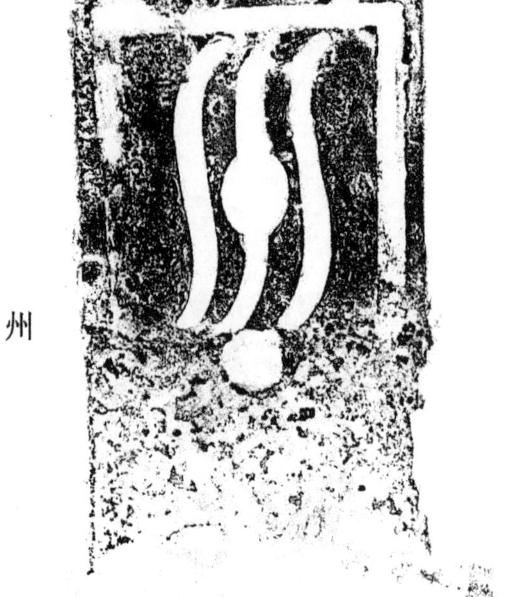
州

10727

𠦪戈

𠦪（卵、卵）

10726

葡戈

葡

10728.2

葡

10728.1

戈戈

戈

10729.1

戈

10729.2

戈

10730

戈戈

戈

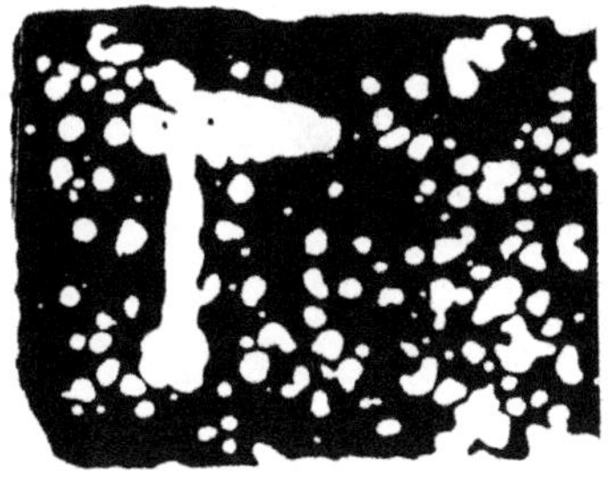

10731

戈
戈

戈

10732

戈
戈

戈

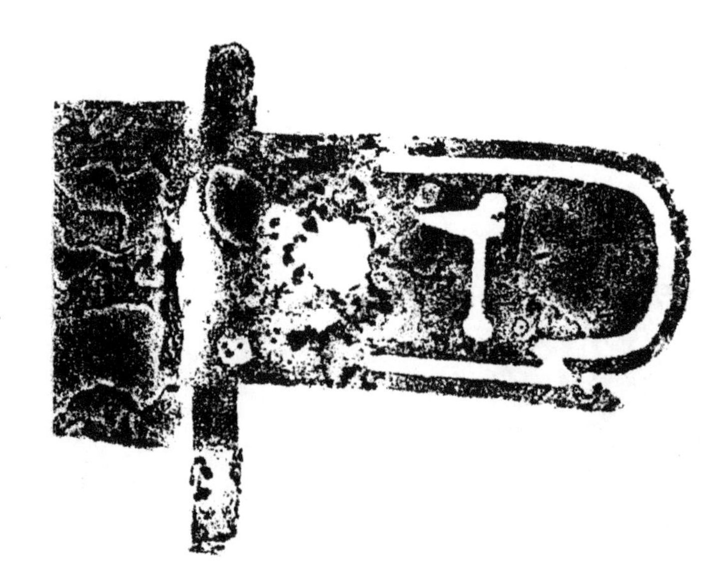

10733

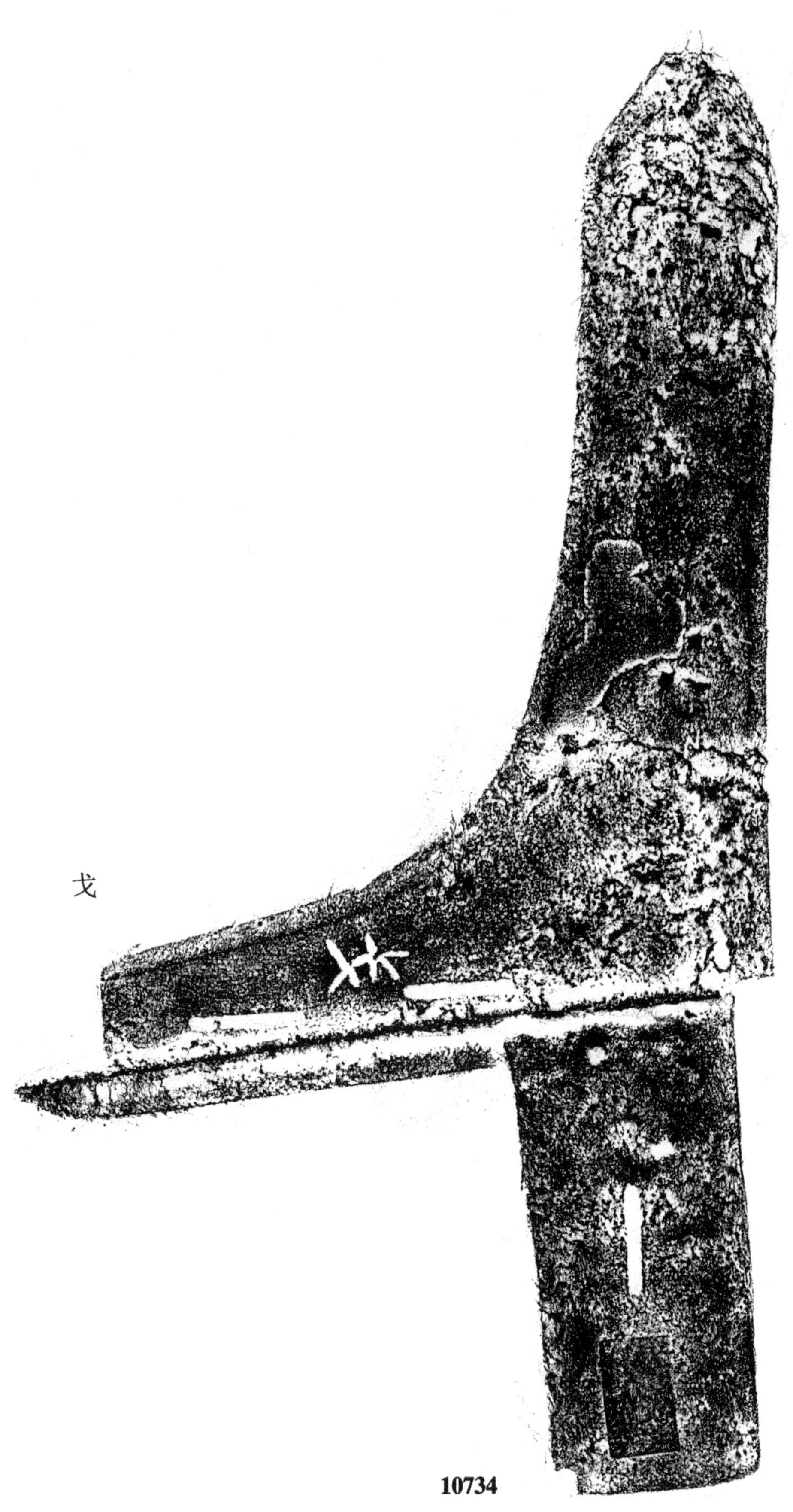

戈

10734

戈

我

10735

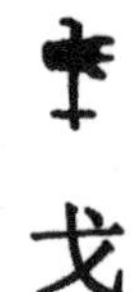

戈

我

10736

戈

我

10737.1

我

10737.2

田戈

田

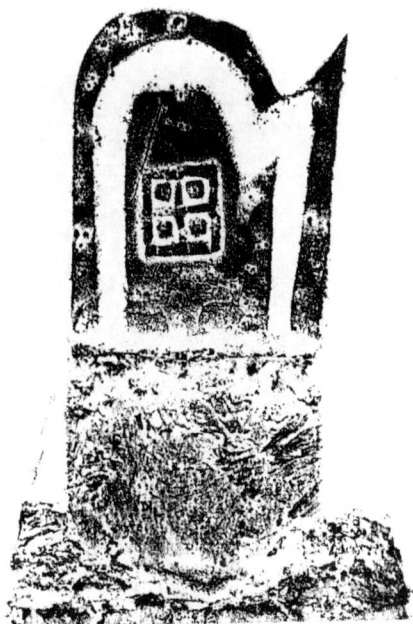

10738

田戈

田

10739

田戈

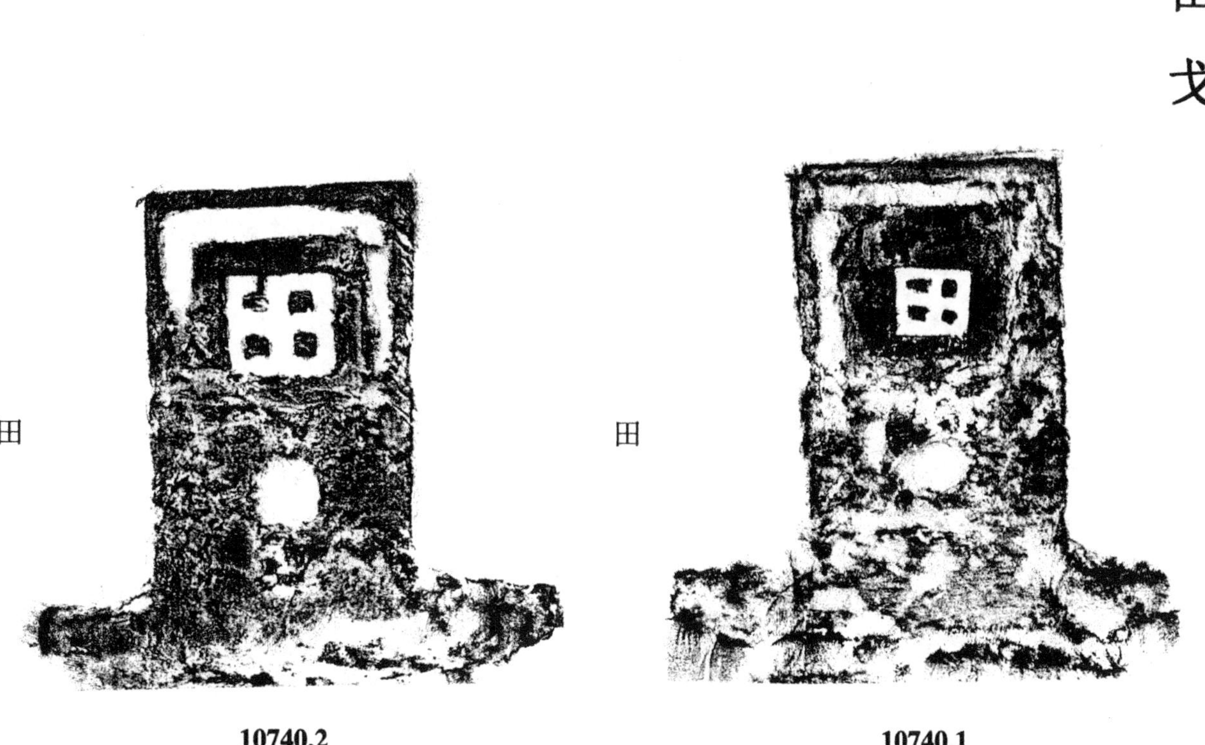

田

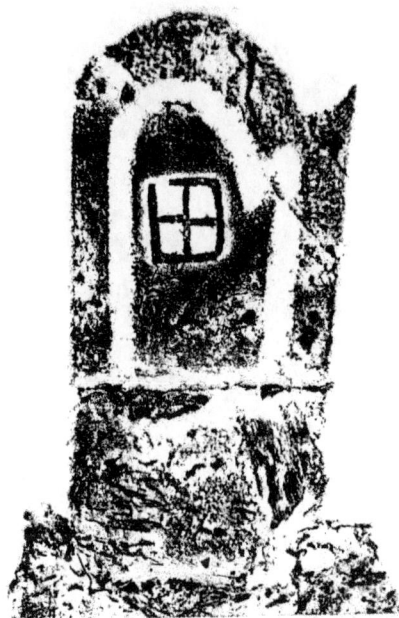

10740.1

田

10740.2

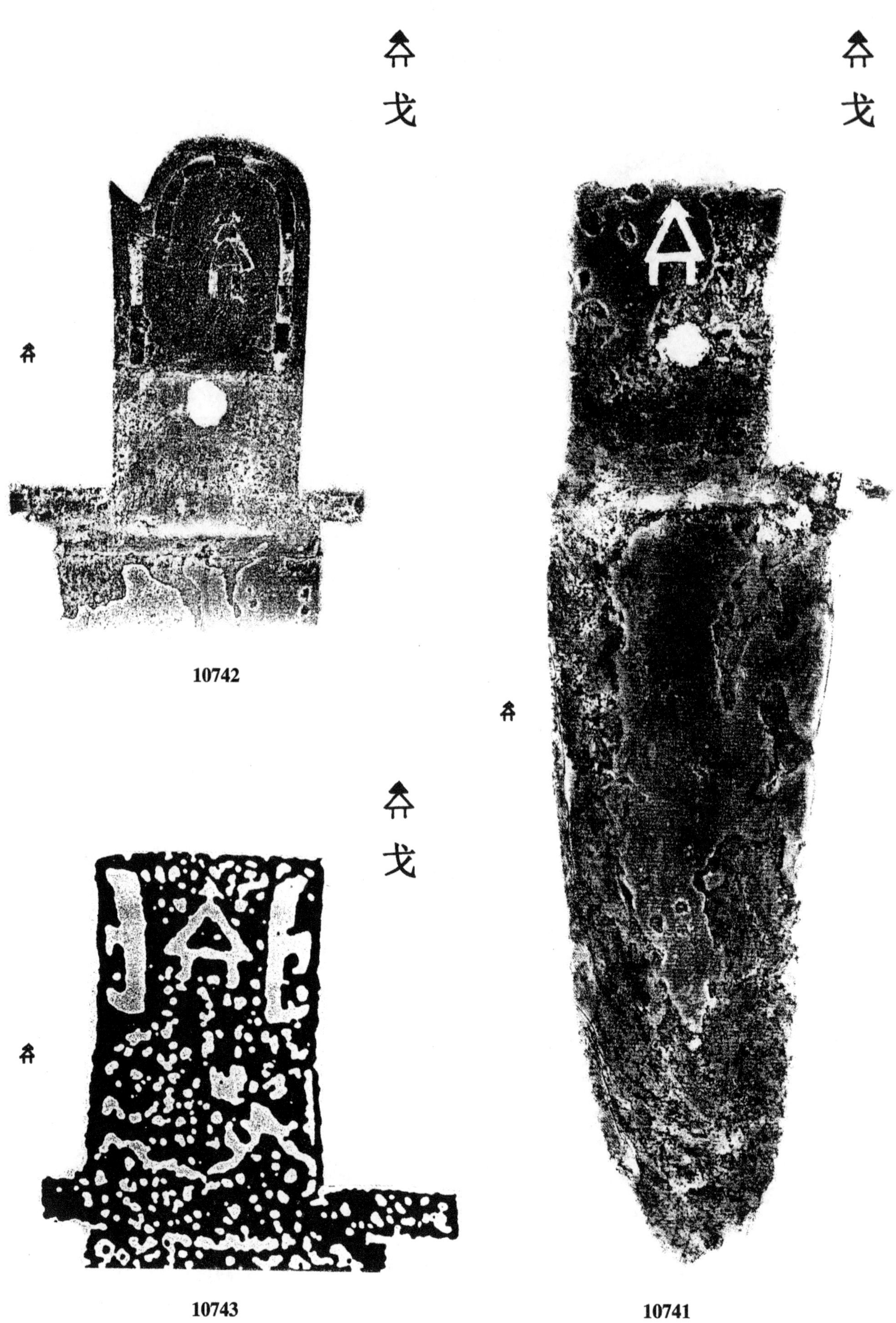

10742

10743

10741

戈

𩫖戈

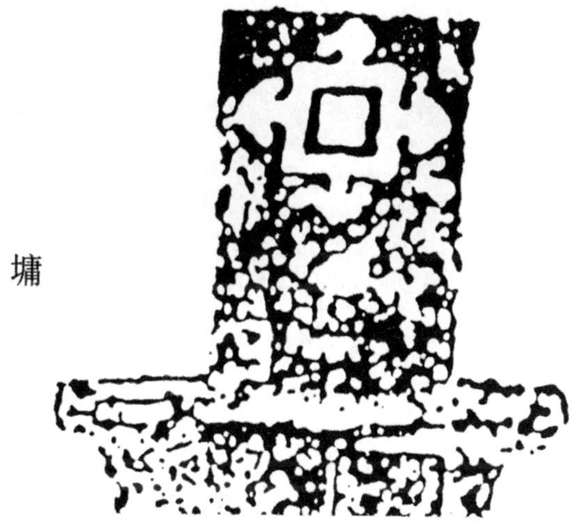

墉

10745

亯

10744

⊗戈

⊗（輻）

10746

舟戈

舟

10747

舟戈

舟

10748

[illegible]戈

叀

10749.1

叀

10749.2

戈

10750.1

10750.2

戈

10751

戈

10752

[illegible]戈

敎戈

10755

[illegible]

10753

[illegible]戈

敎戈

10756

[illegible]

10754

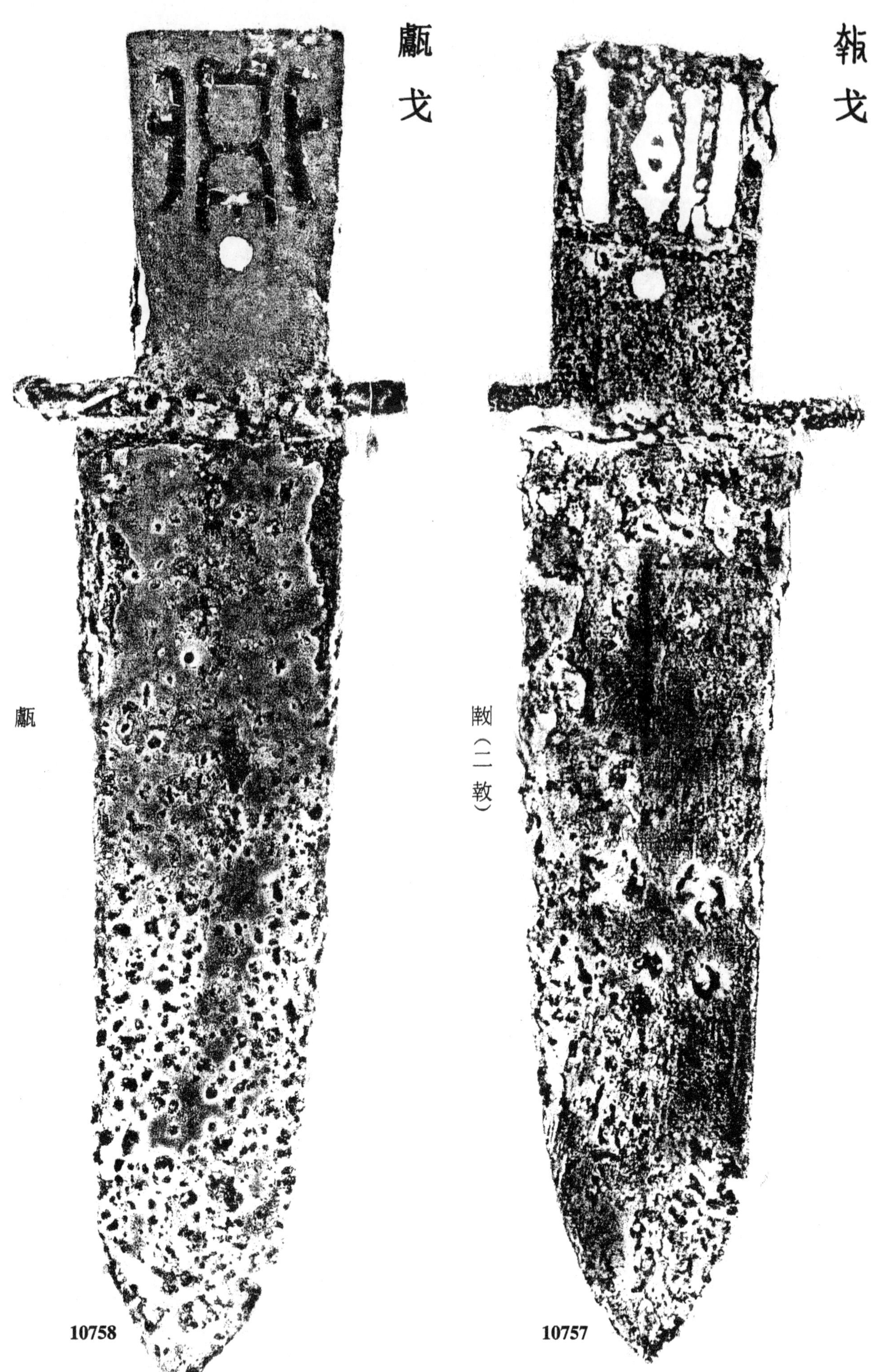

敕戈

敕（二敕）

10757

甗戈

甗

10758

戈

10759

戈

10761

戈

10760

未戈

未

10762

聿戈

聿

10763.1

聿

10763.2

秉戈

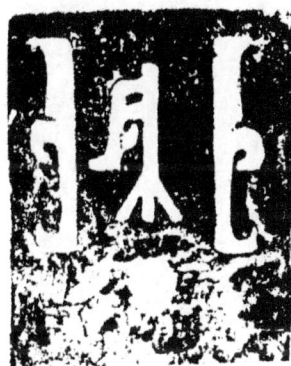

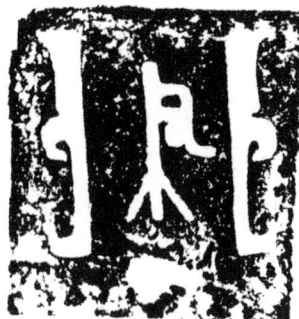

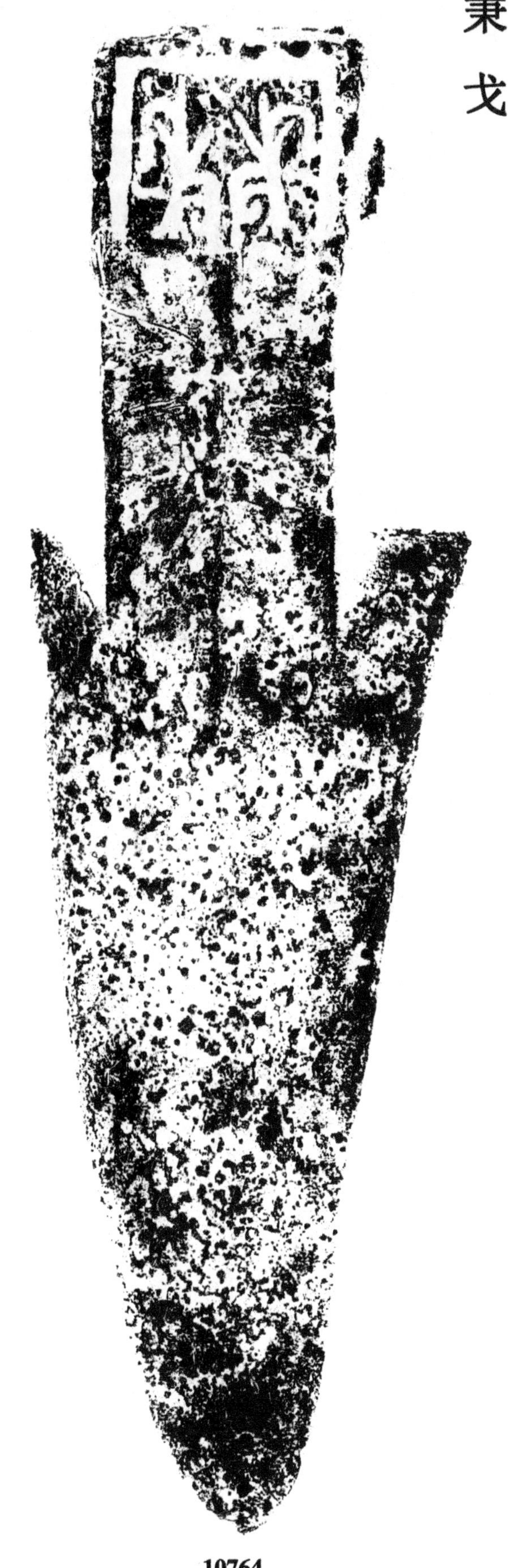

秉

10764

册戈

册

10765.2

册

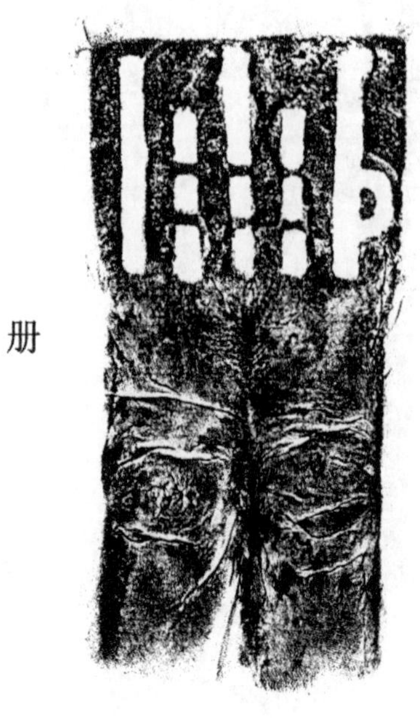

10765.1

册戈

册

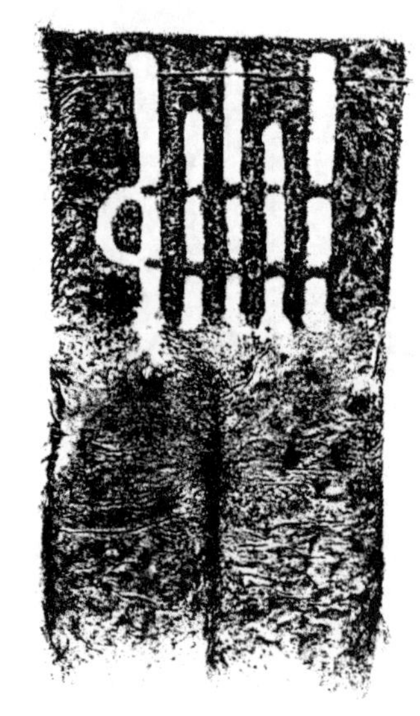

10766.2

册

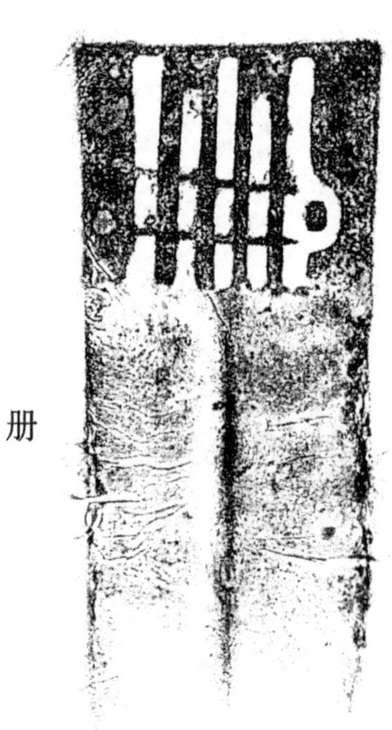

10766.1

戈

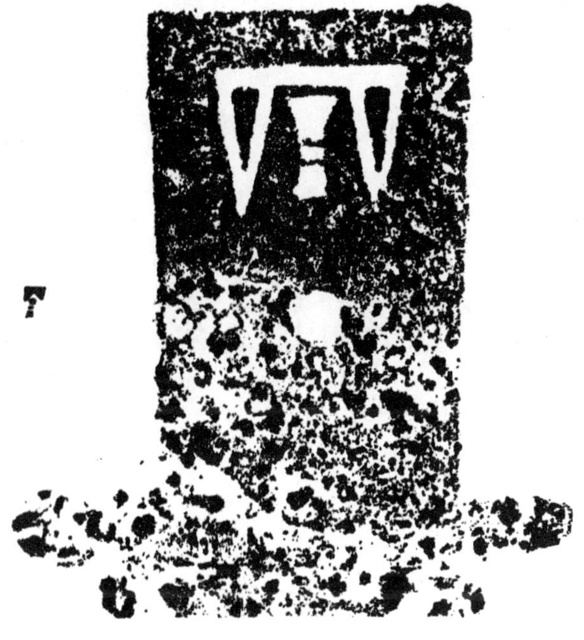

10767.2

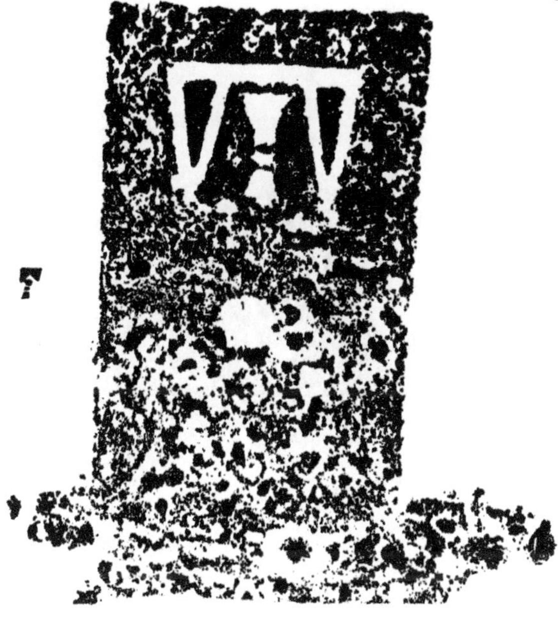

10767.1

戈

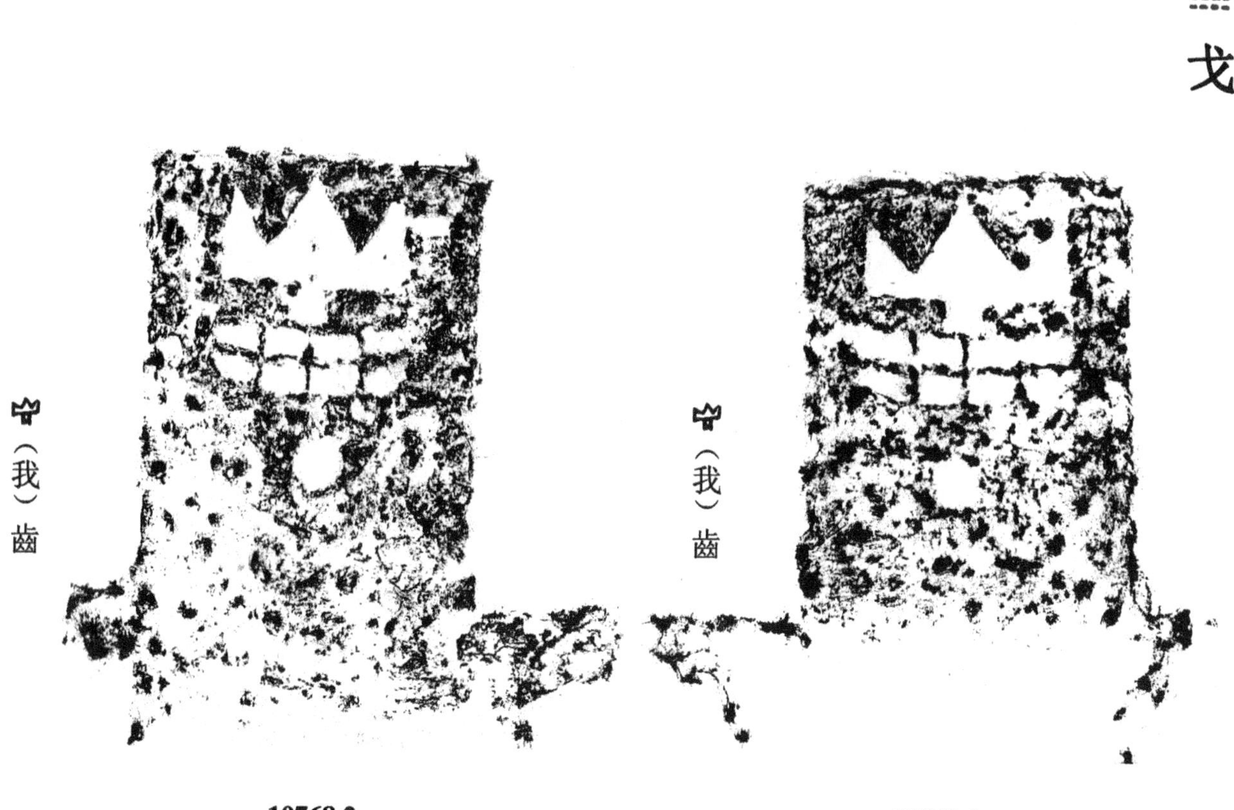

10768.2

10768.1

齒戈

齒

10769

日戈

10771

斬戈

斬侯

10770

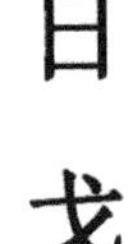

日戈

10772

矢戈

矢

10773.2

矢

10773.1

乜戈

乜

10774

□戈

□

10775

□戈

秉

10776

□戈

亢

10777

史戈

𠂤戈

𠂤

10778

史

10780

中戈

中

10779

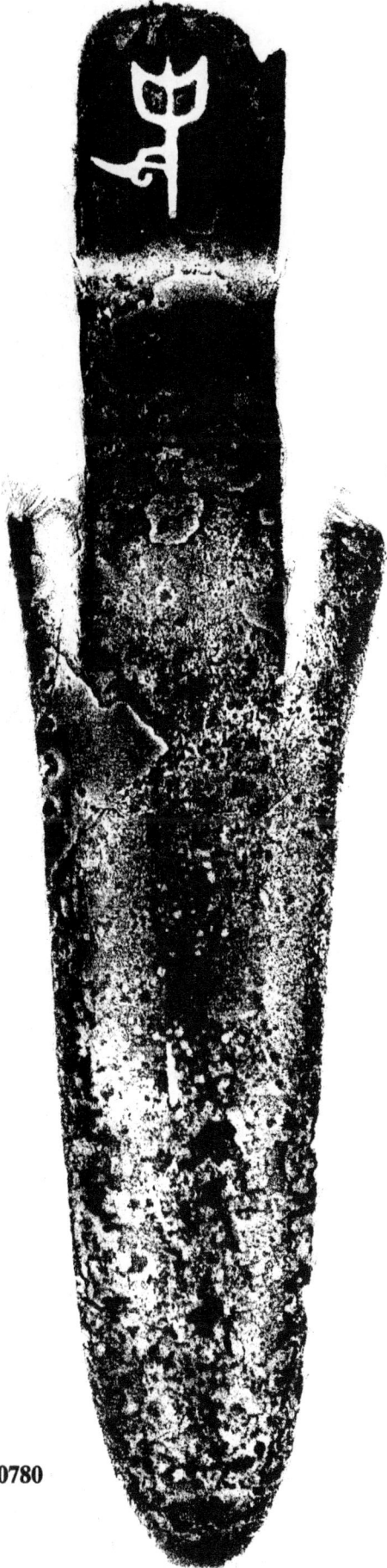

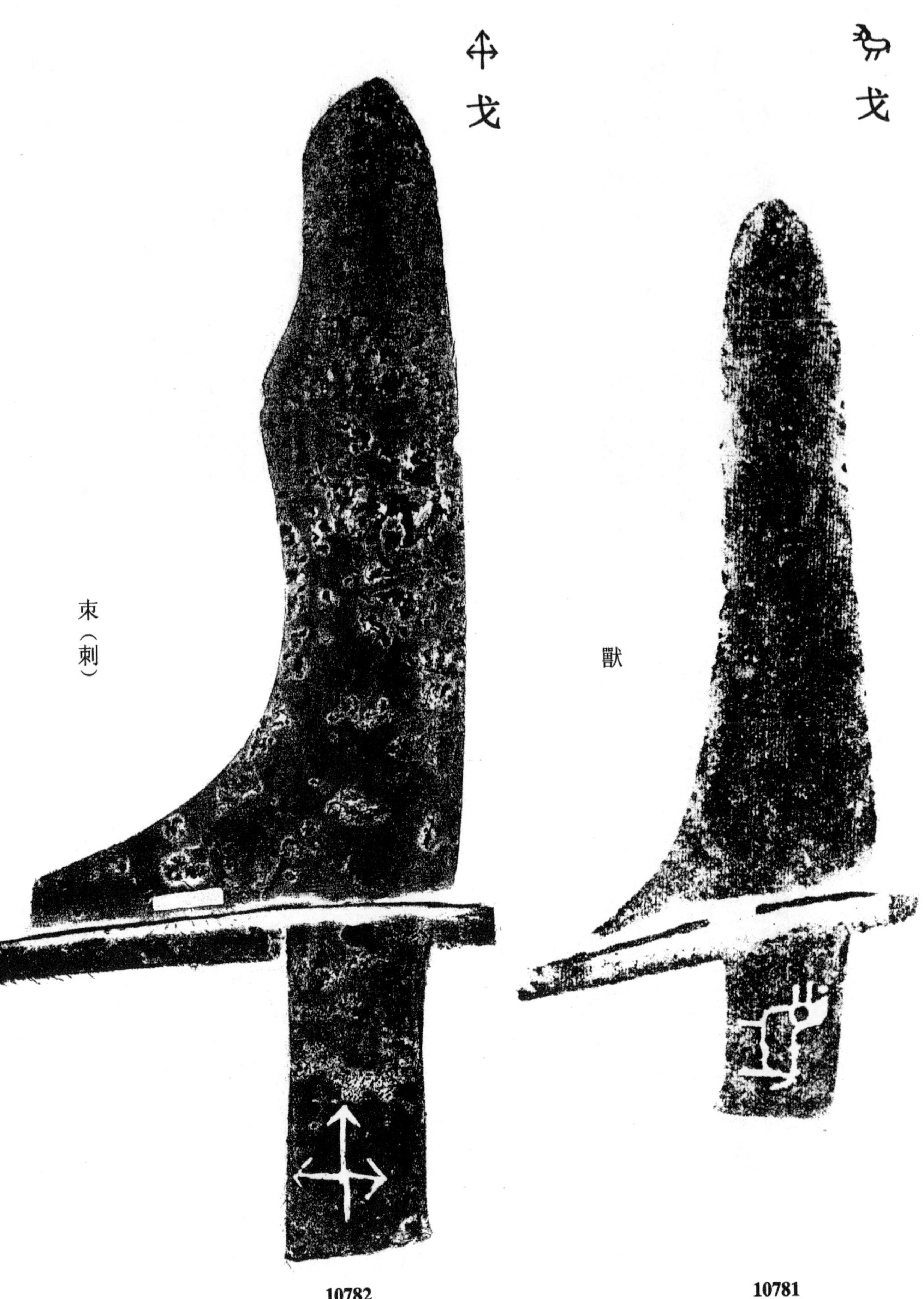

束（刺）戈

10782

獸戈

10781

矢戈

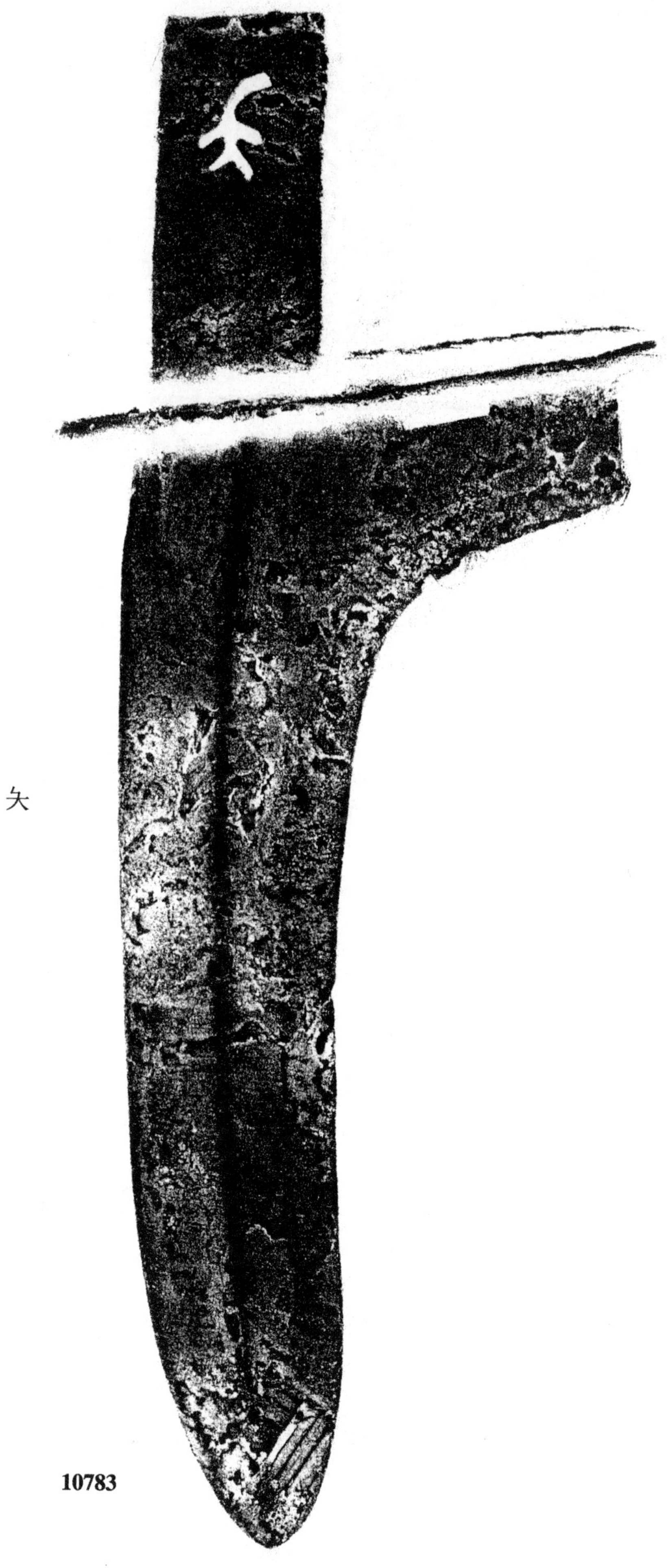

矢

10783

5737

矢戈

矢

10784

戈

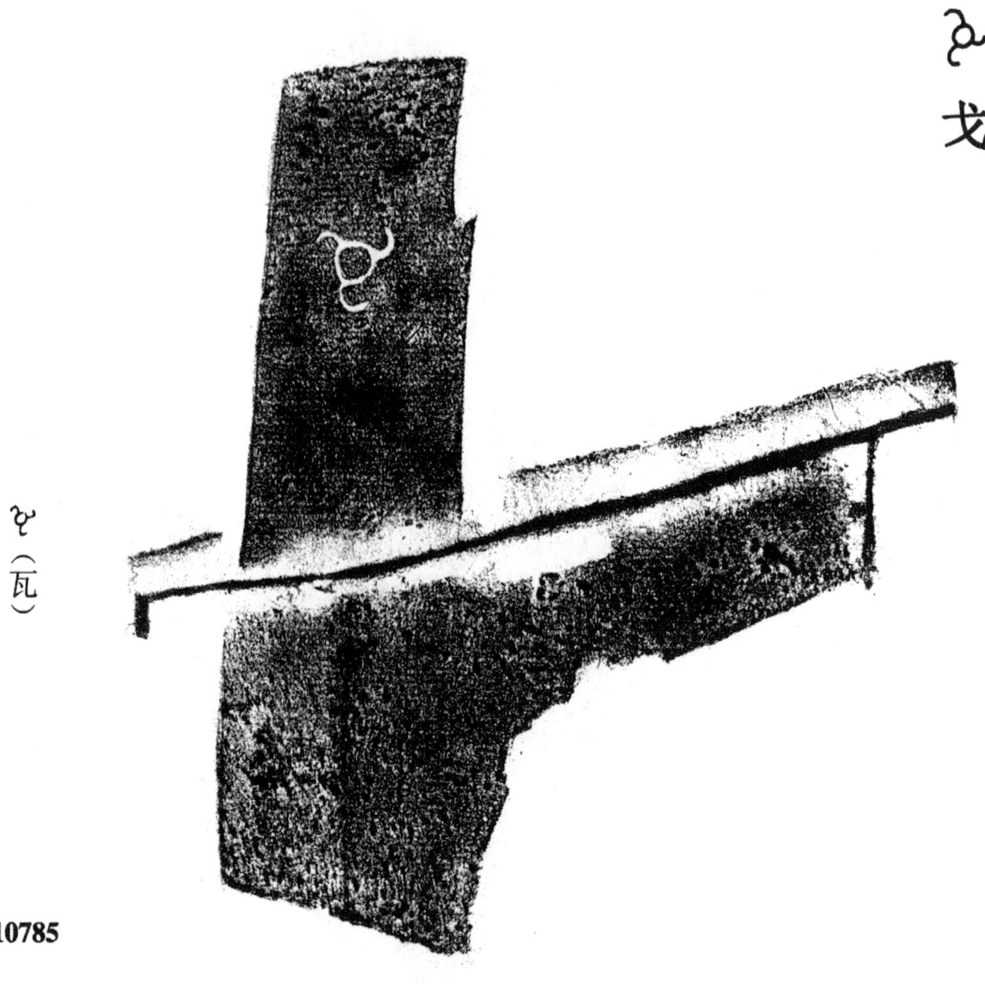

（瓦）

10785

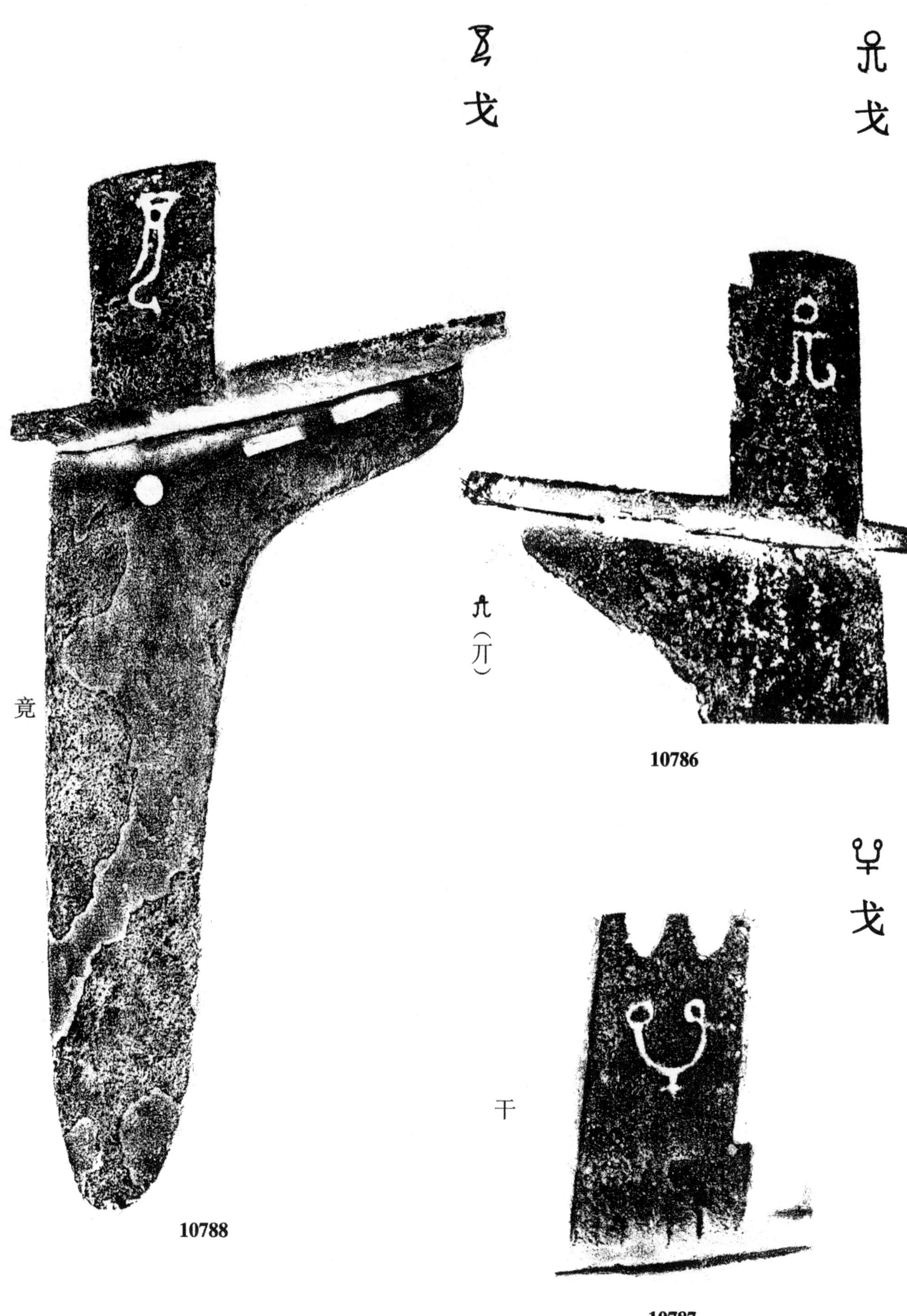

10788

10786

10787

戕戈

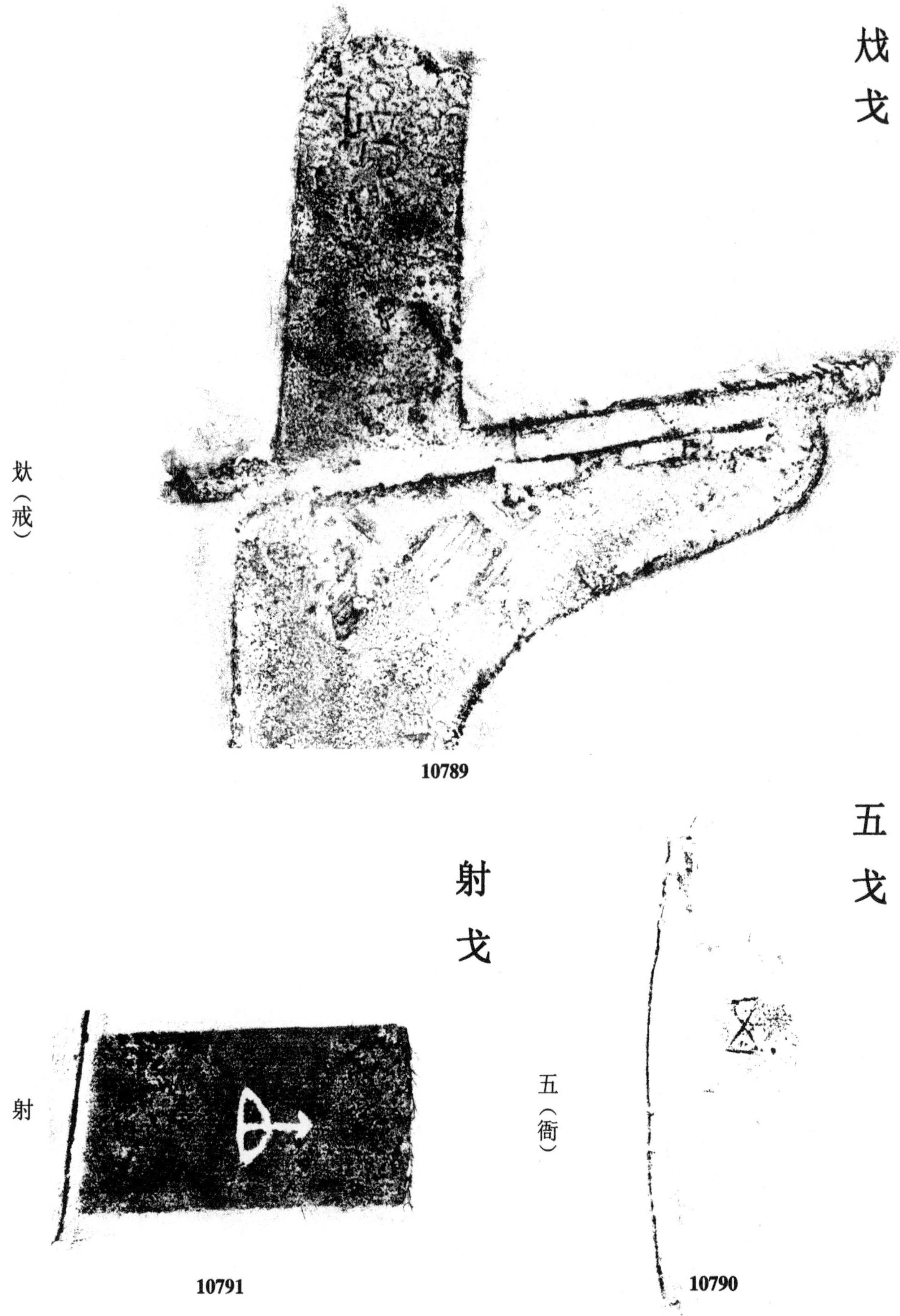

妋（戒）

10789

五戈

五（衙）

10790

射戈

射

10791

射戟

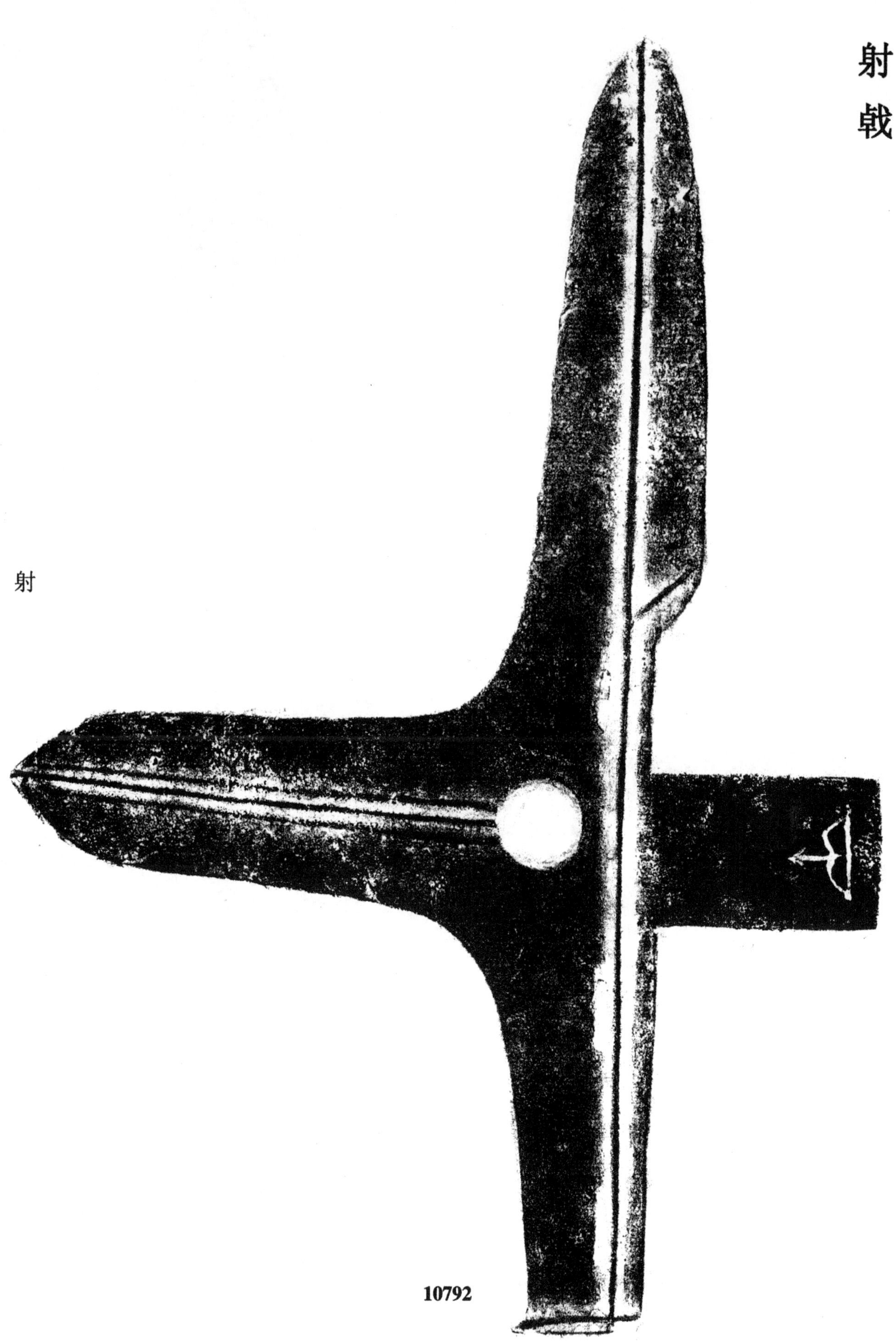

射

10792

侯戟

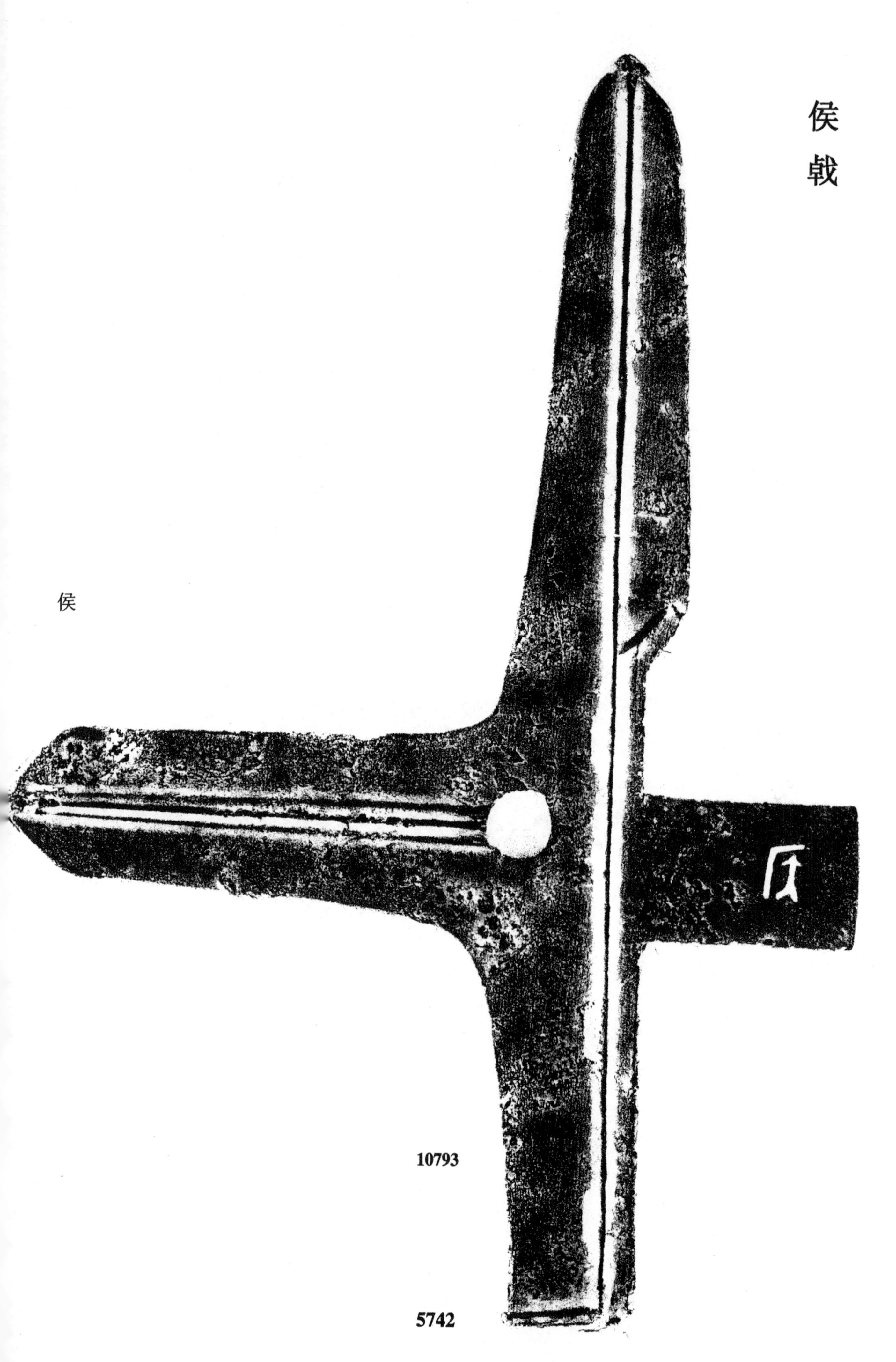

侯

10793

5742

侯戟

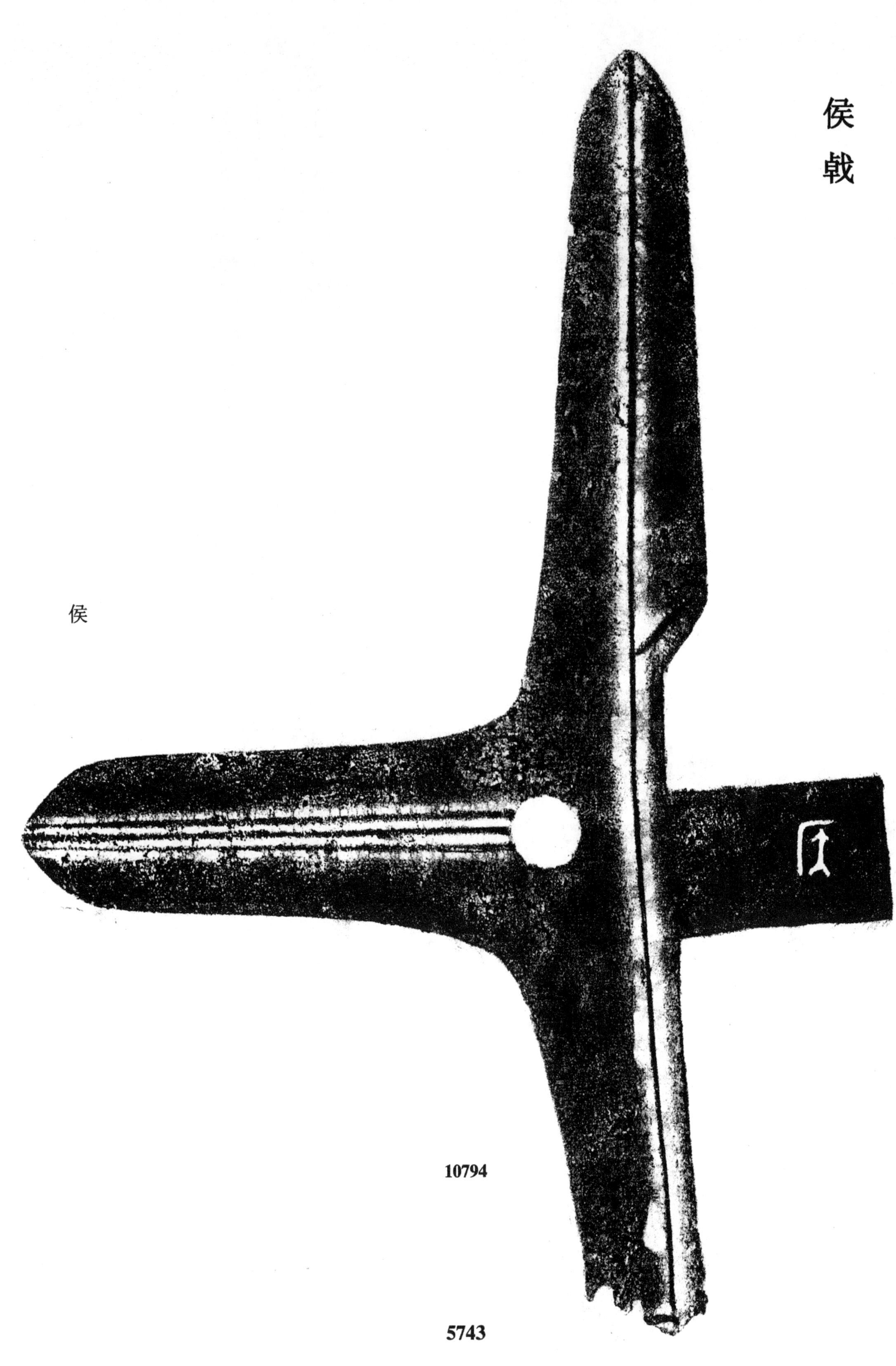

侯

10794

5743

侯戟

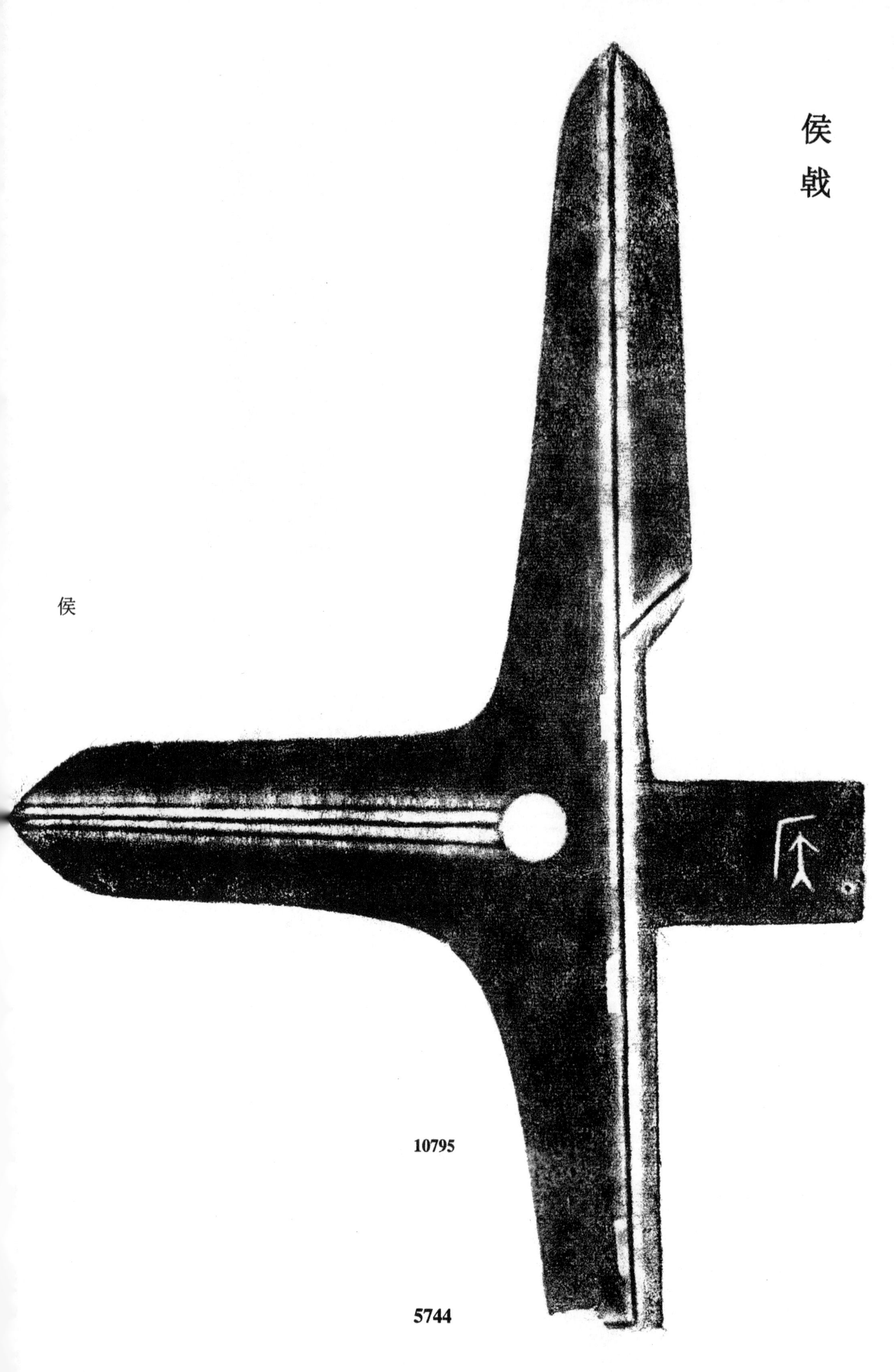

侯

10795

5744

侯戟

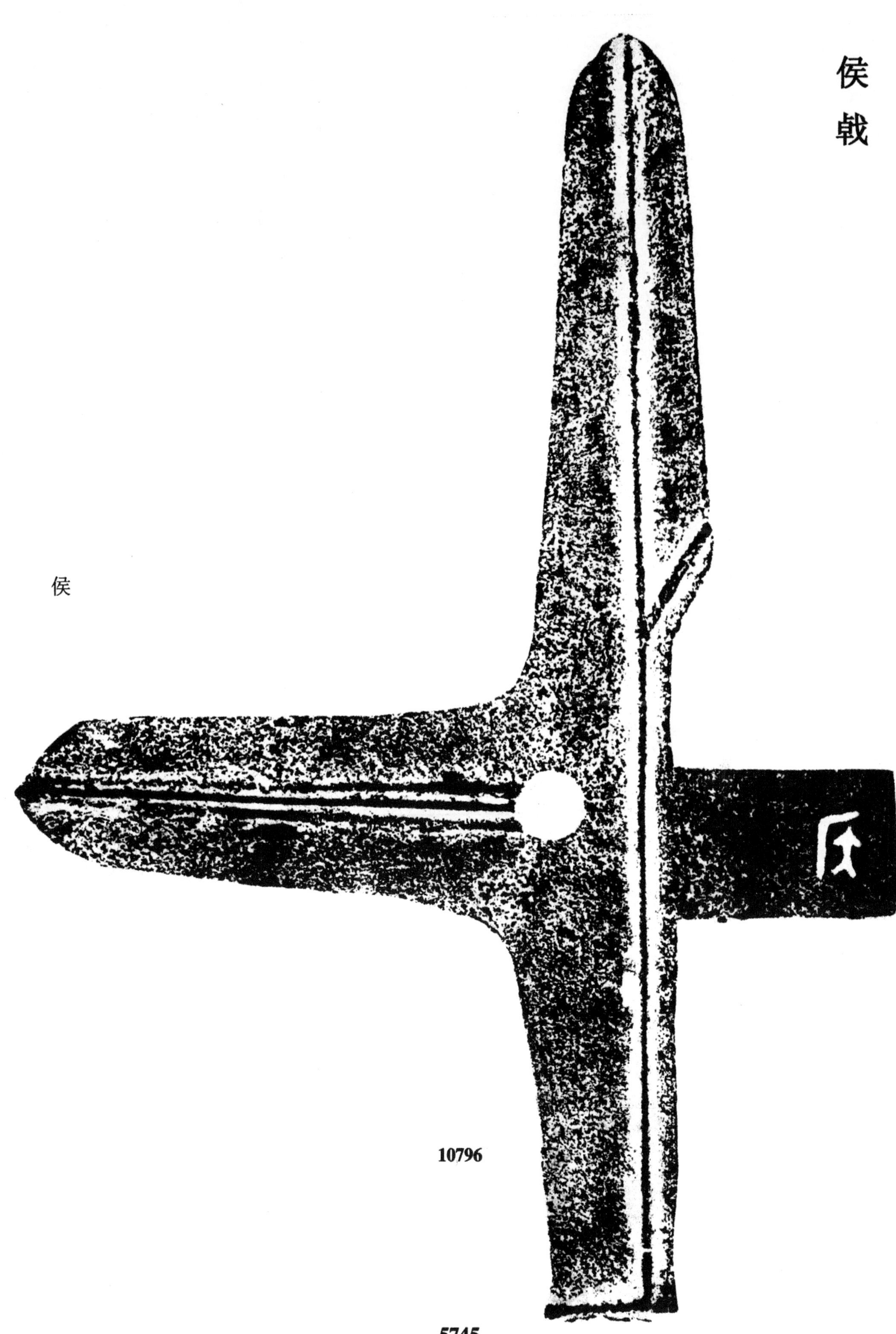

侯

10796

5745

侯戟

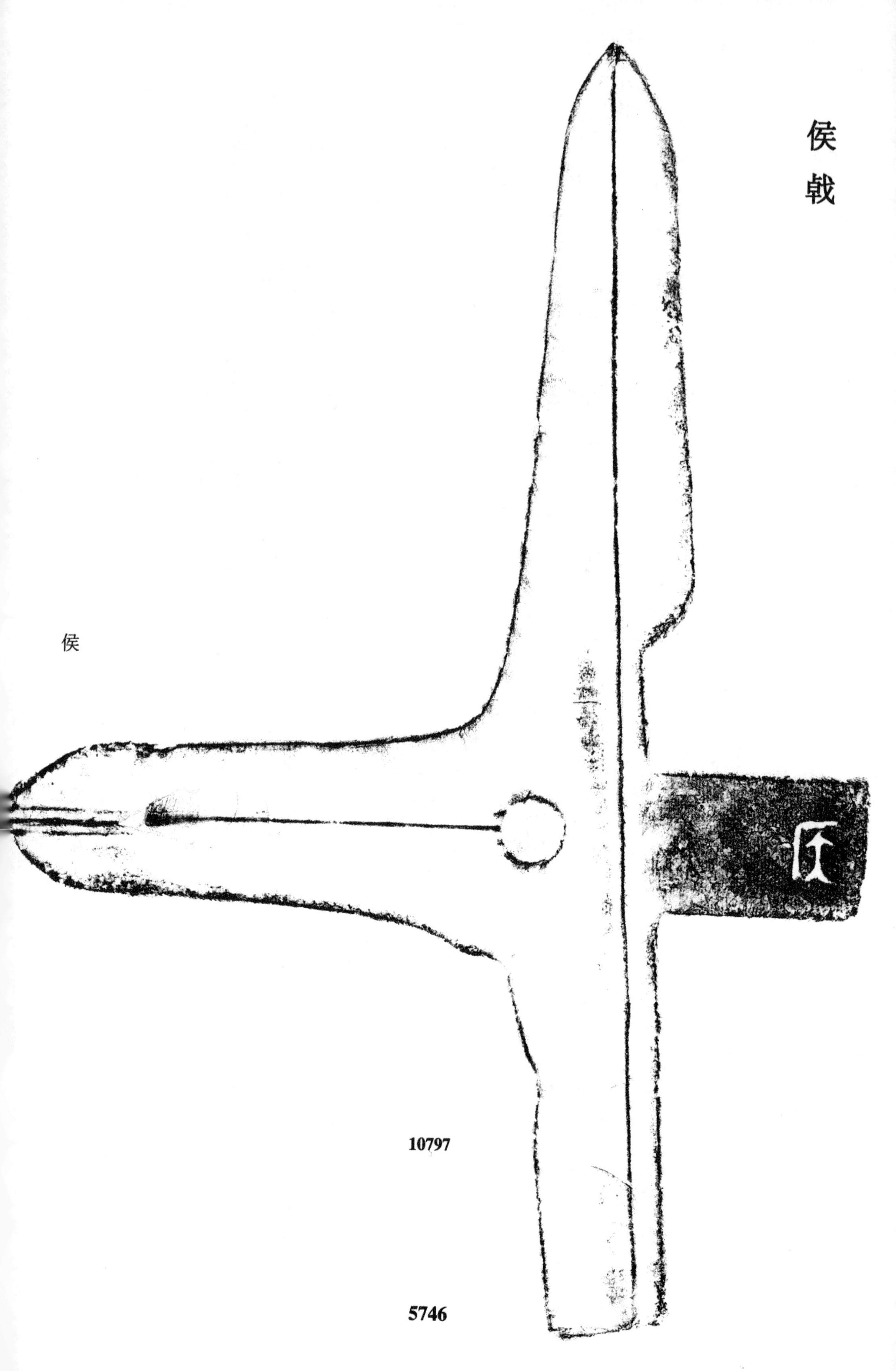

侯

10797

5746

侯戟

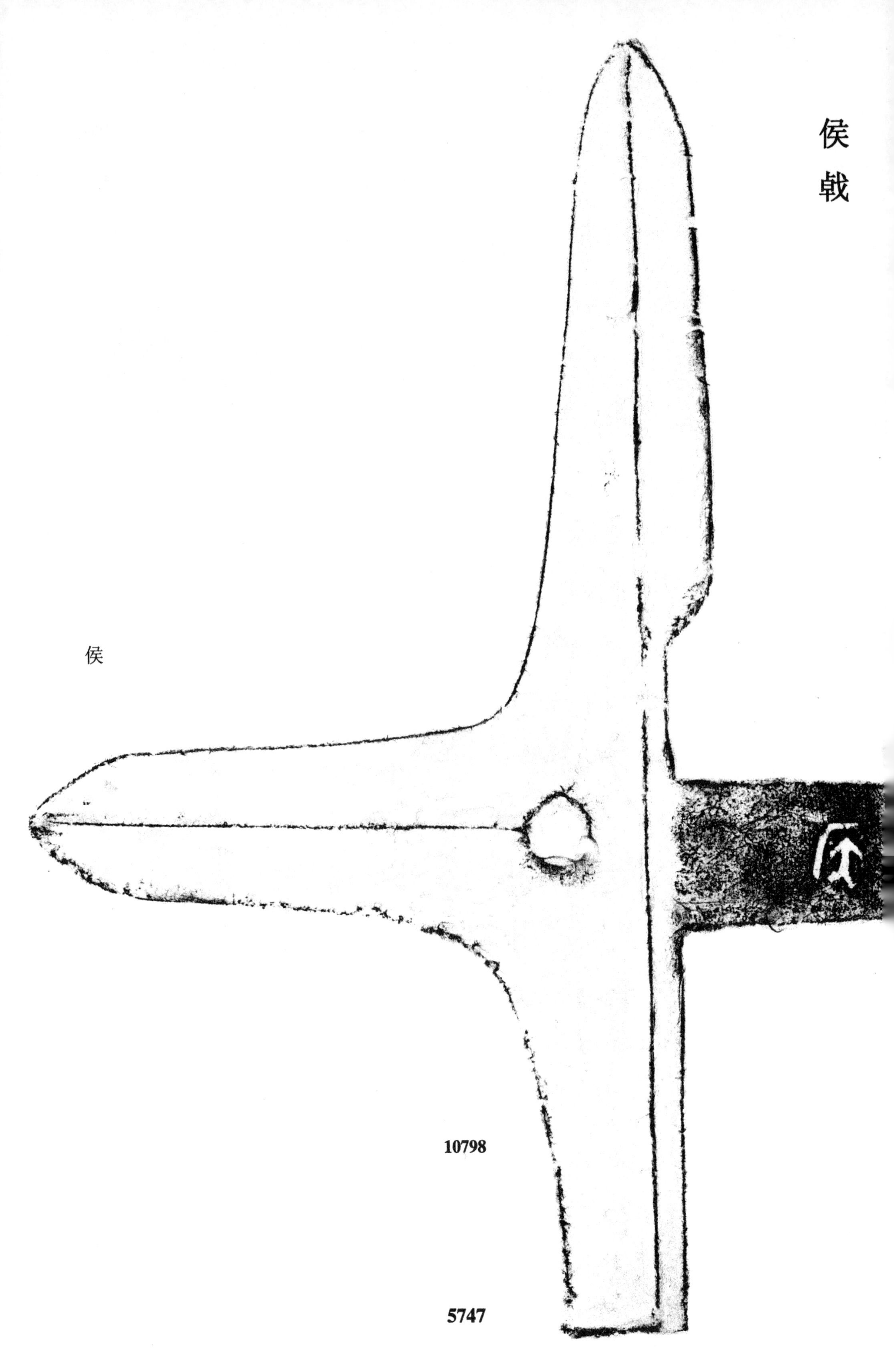

侯

10798

5747

侯戟

侯戟

侯

10799

侯戟

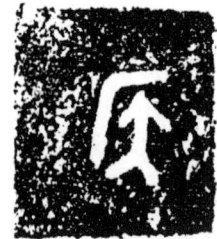

侯

10800

侯

10801

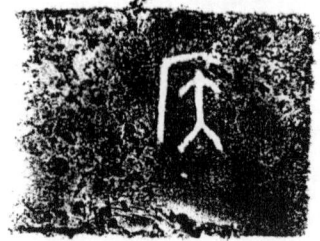

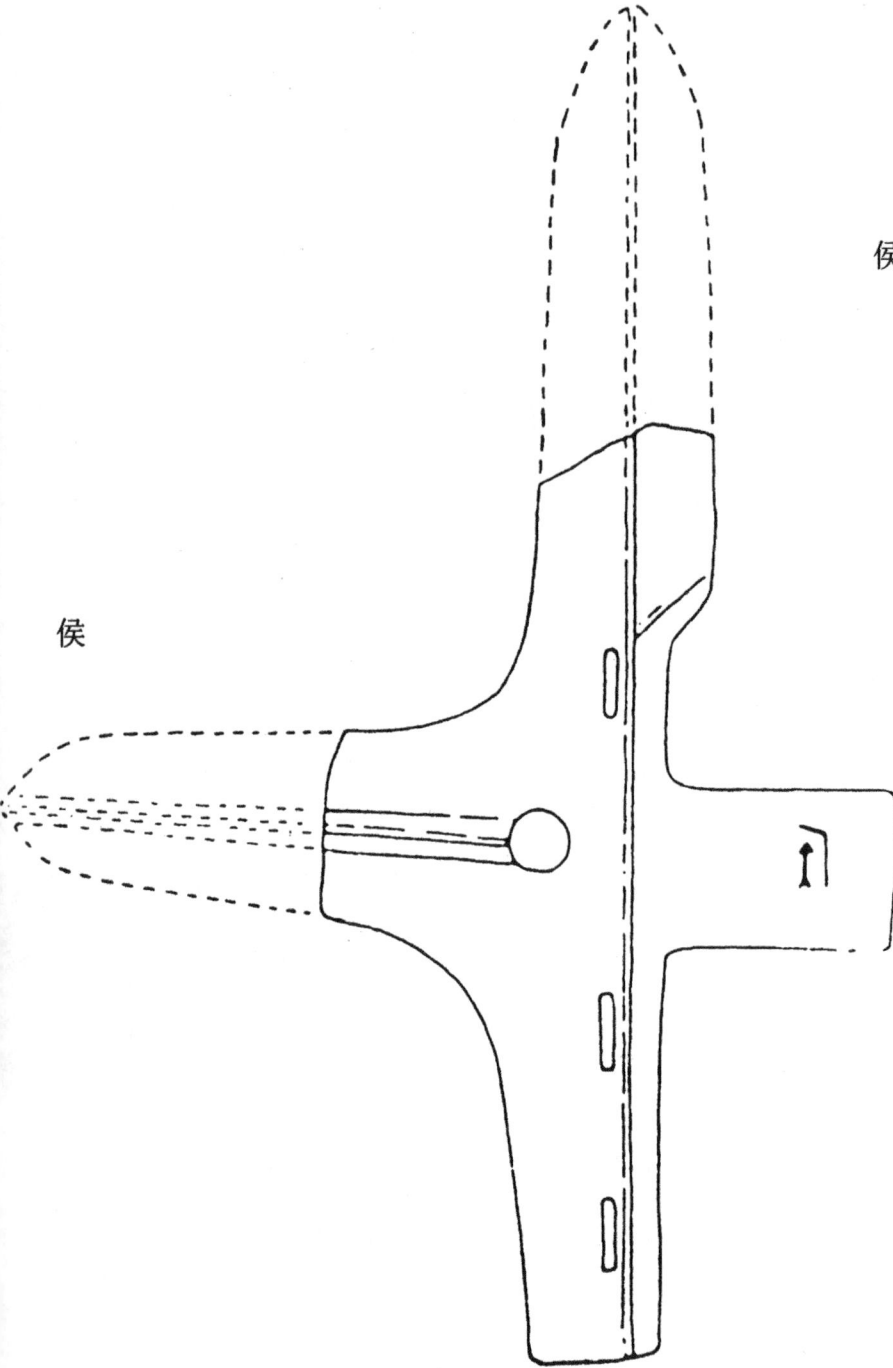

[illegible]戟

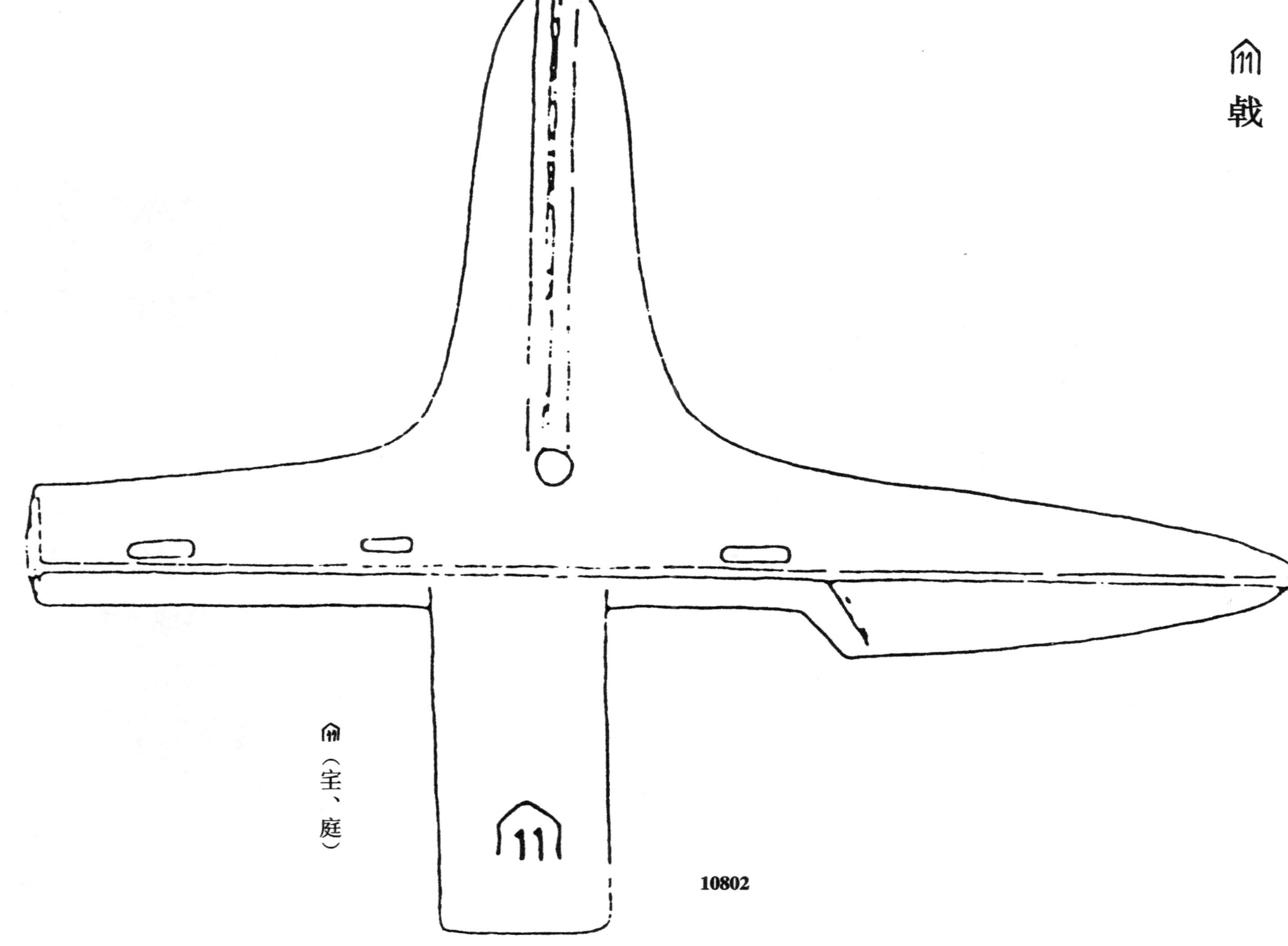

[illegible]（宝、庭）

10802

⿰耳夭戟

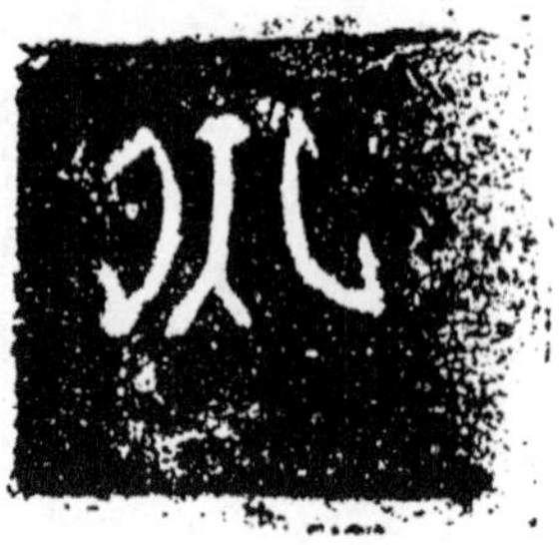

⿰耳夭

10803

⿱罒夂戟

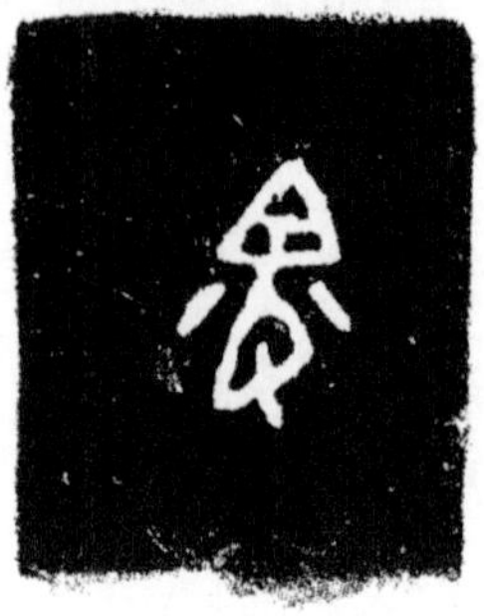

⿱罒夂

10804

折戟

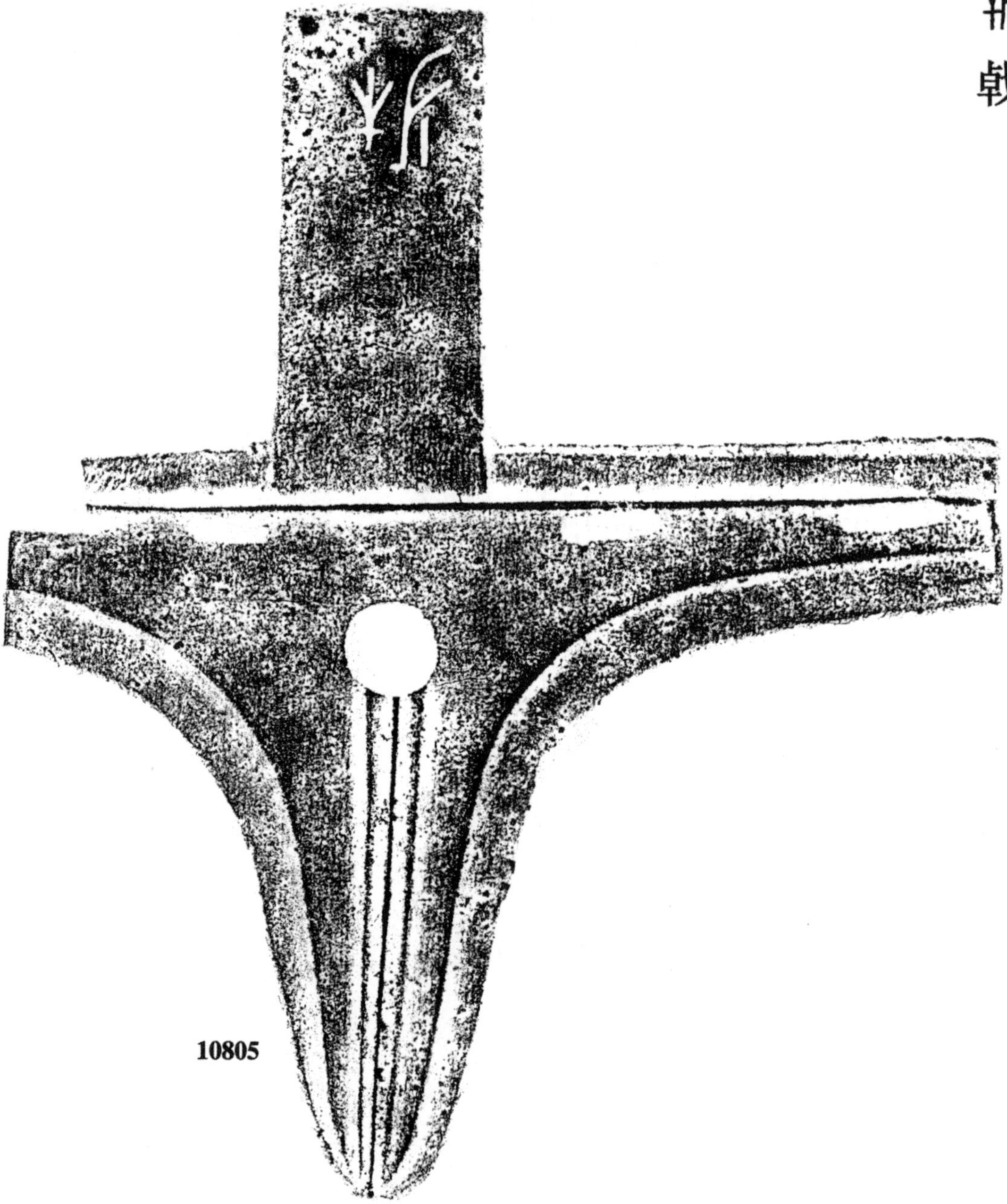

折（制）

10805

丌戟

丌（其、箕）

10806

丌戟

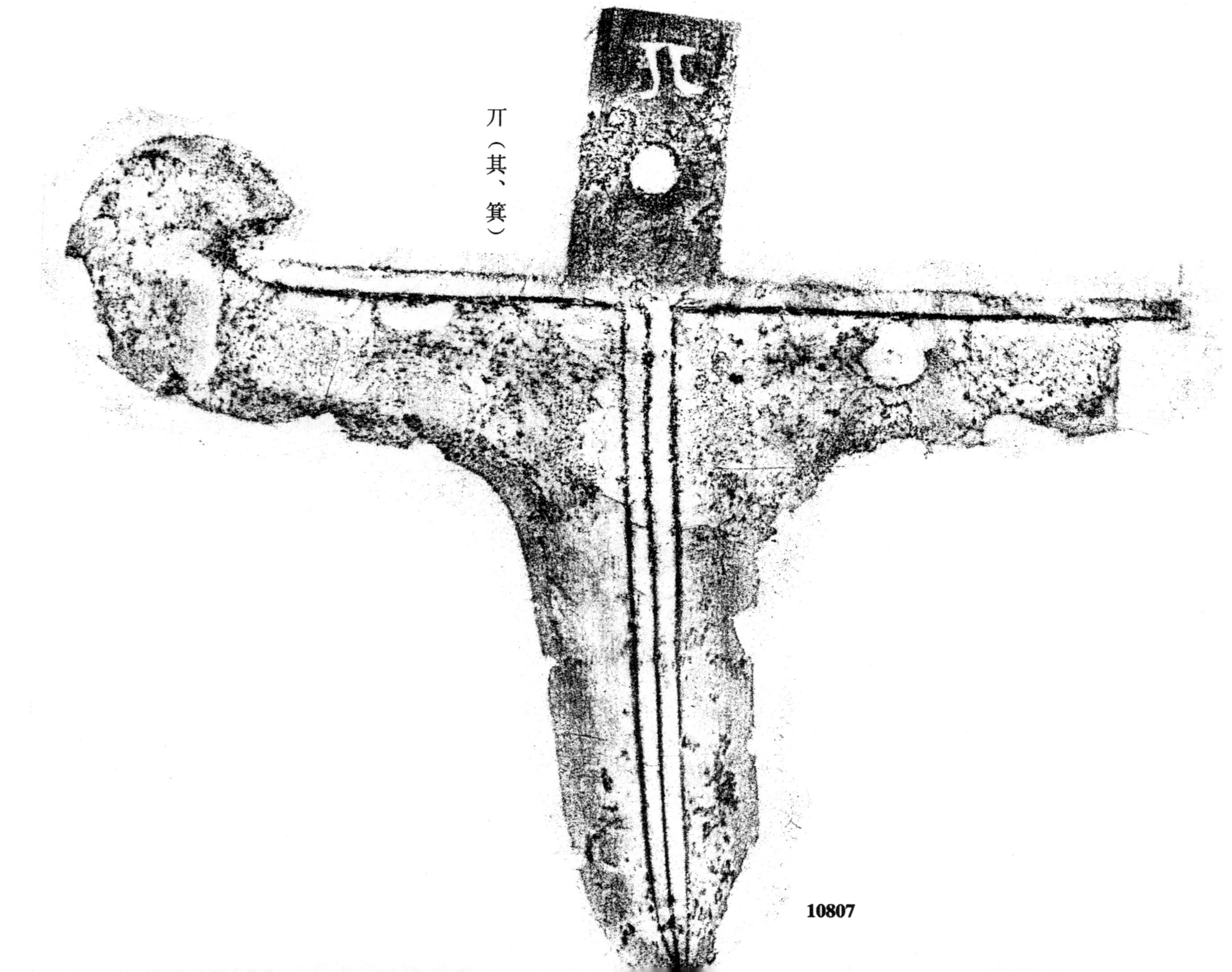

丌（其、箕）

10807

京戈

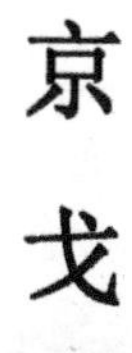

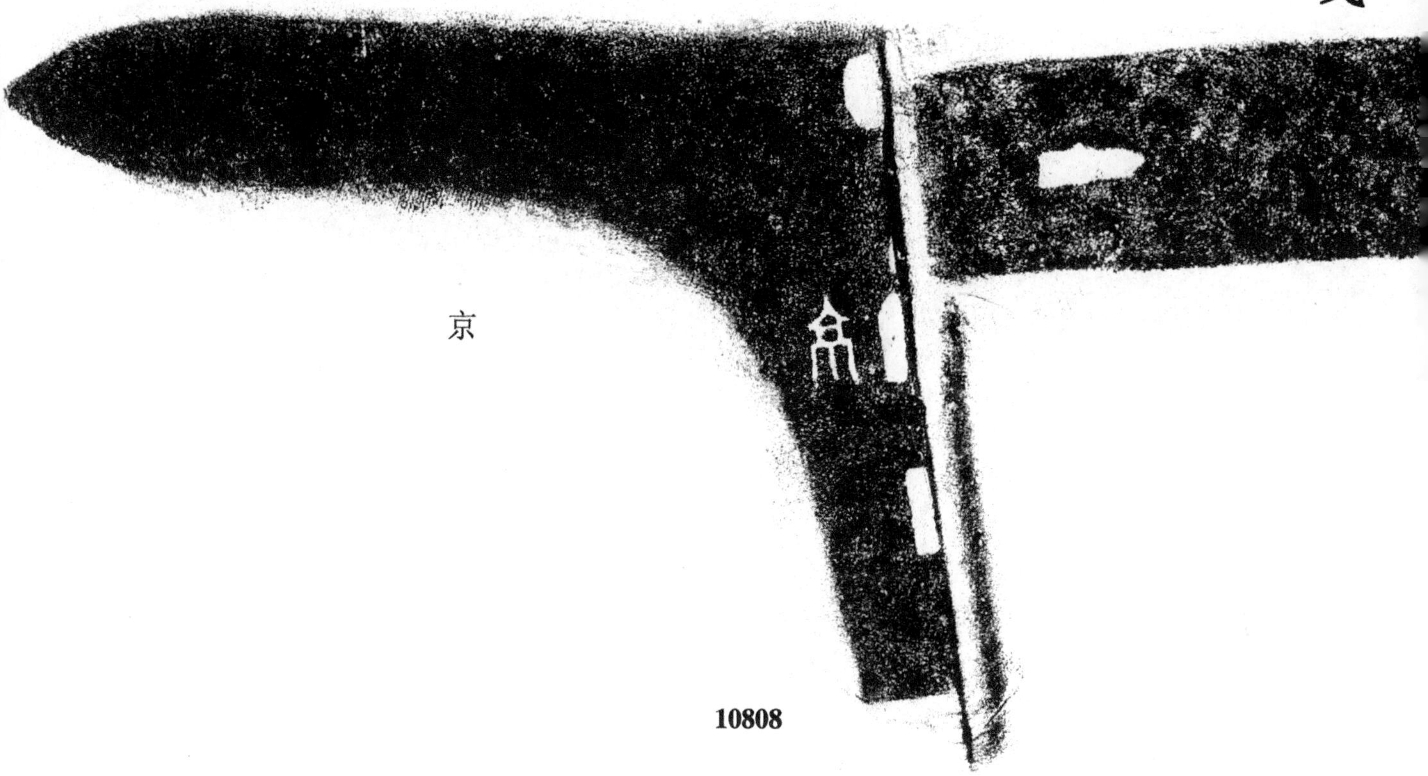

京

10808

元戈

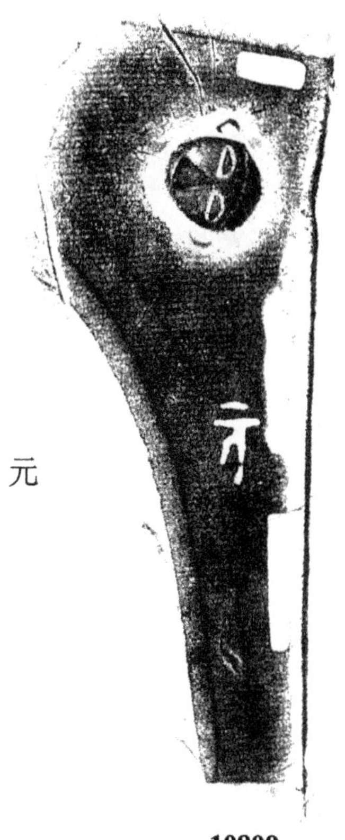

元

10809

元戈

元

10810

㚖戈

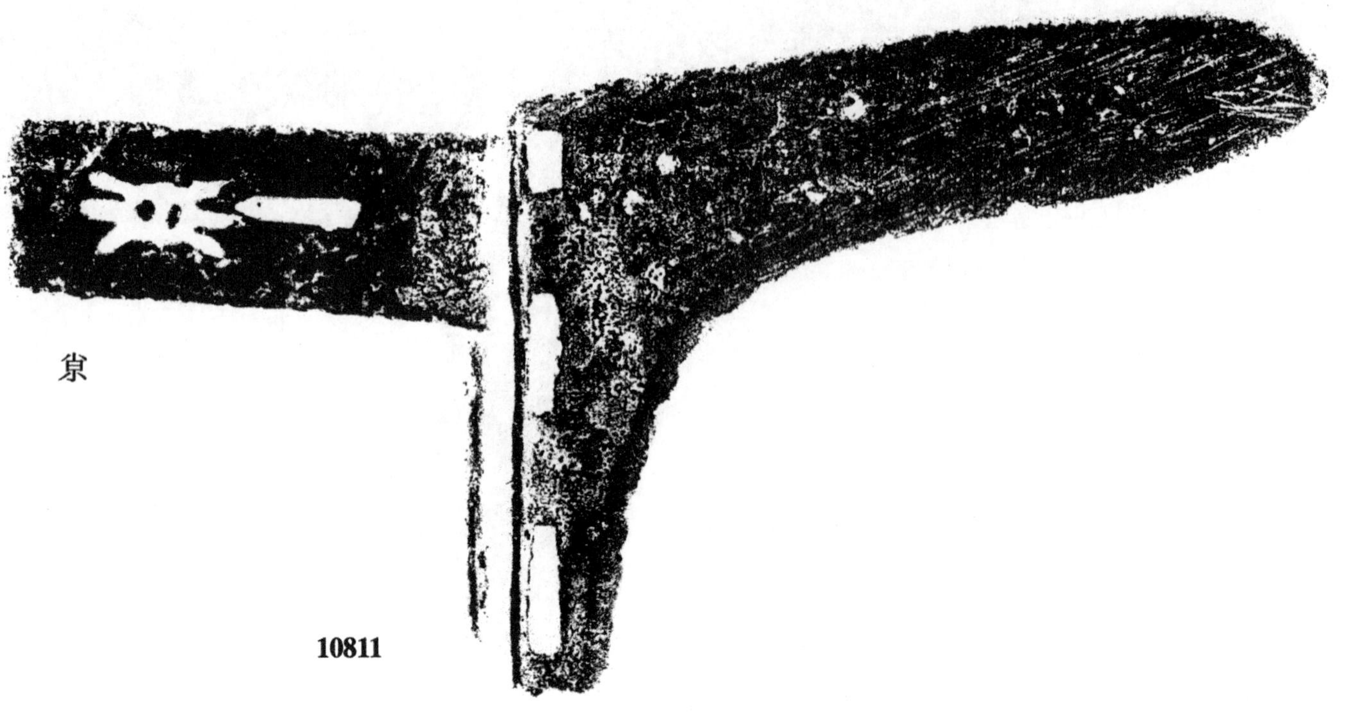

㚖

10811

利戈

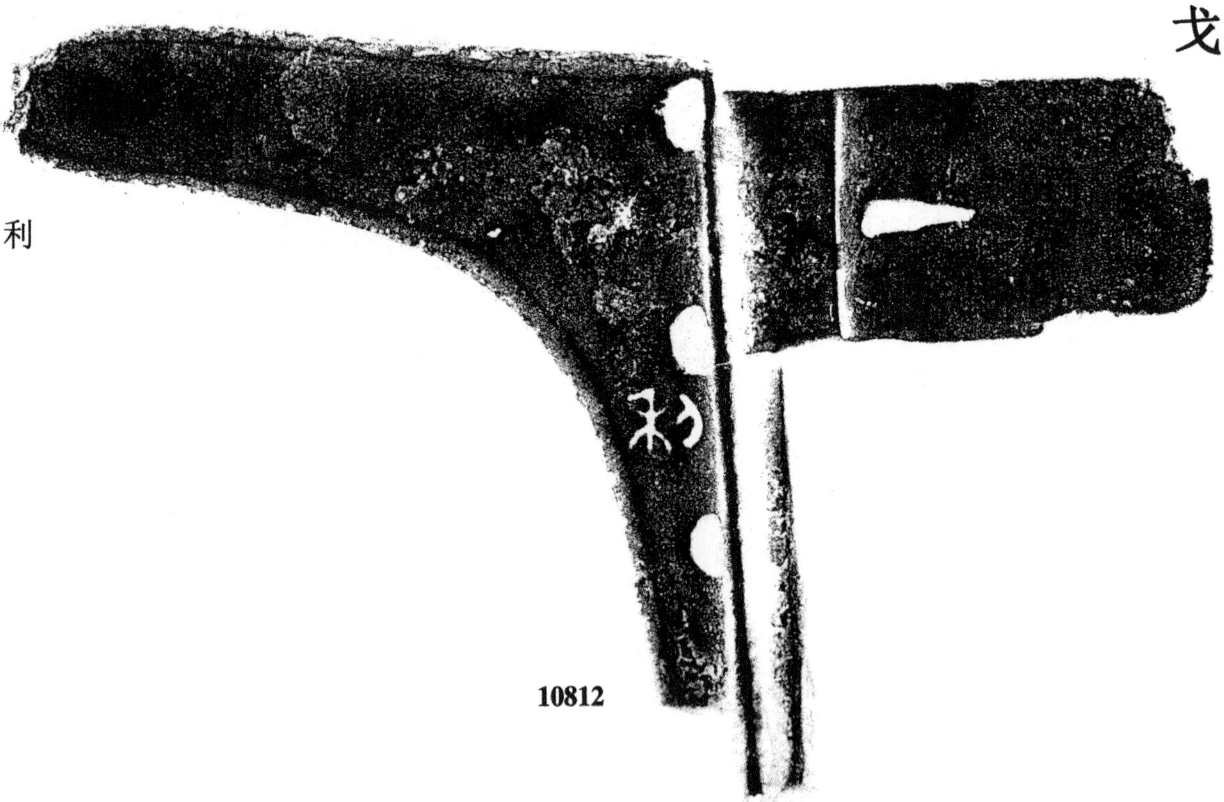

利

10812

公戈

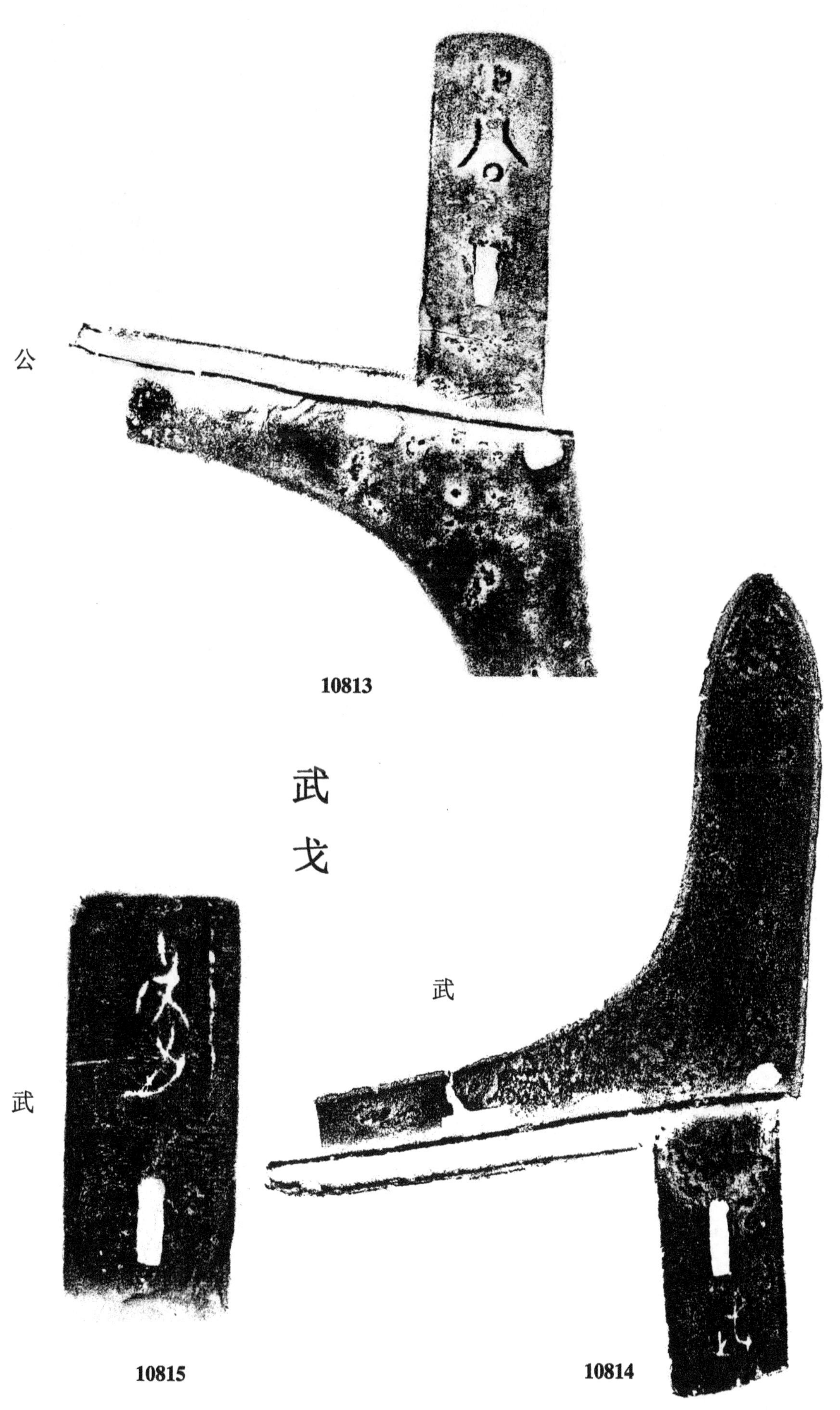

公

10813

武戈

武

10815

武戈

武

10814

𨻰戈

薛戈

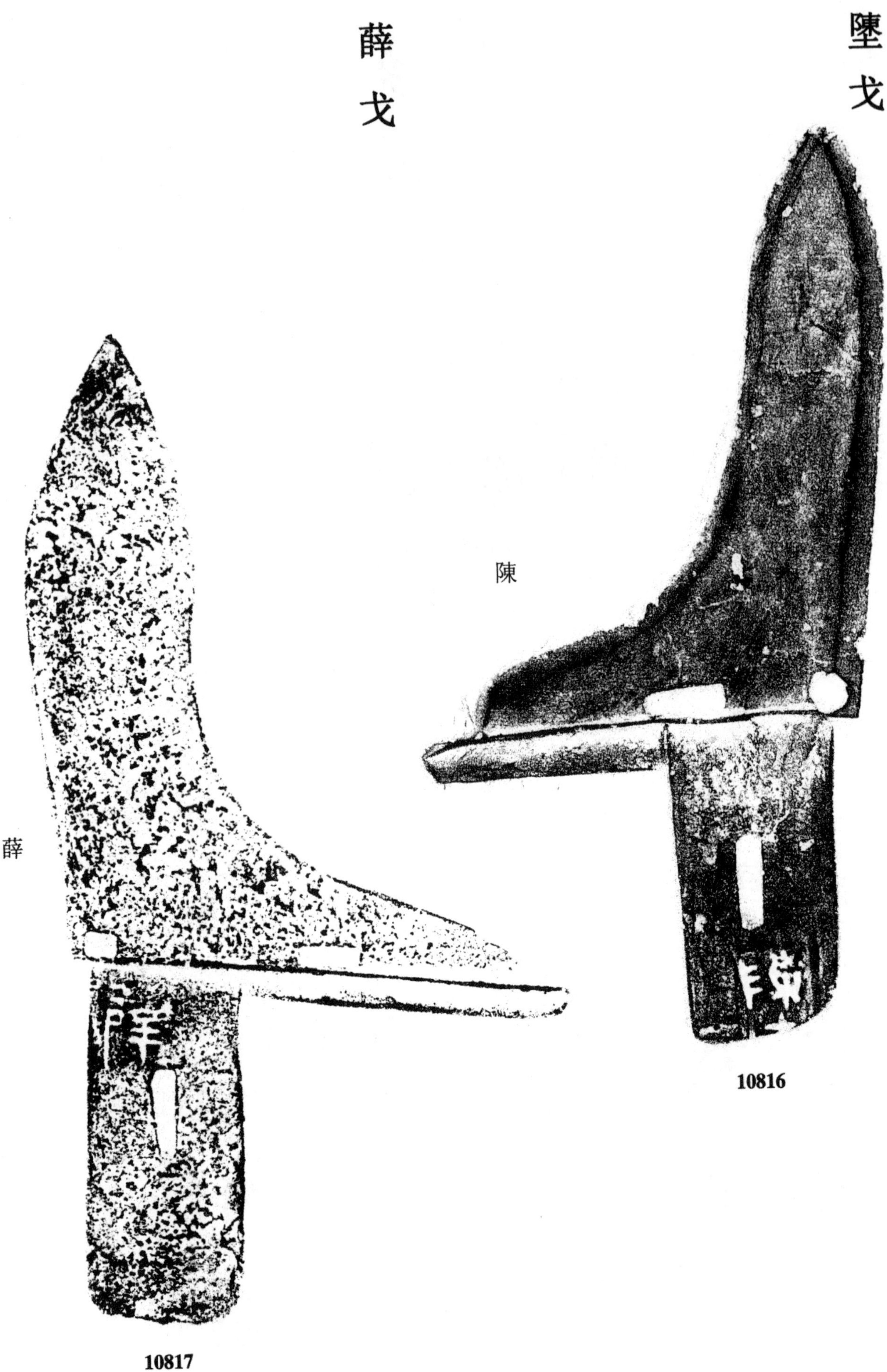

鵬戈

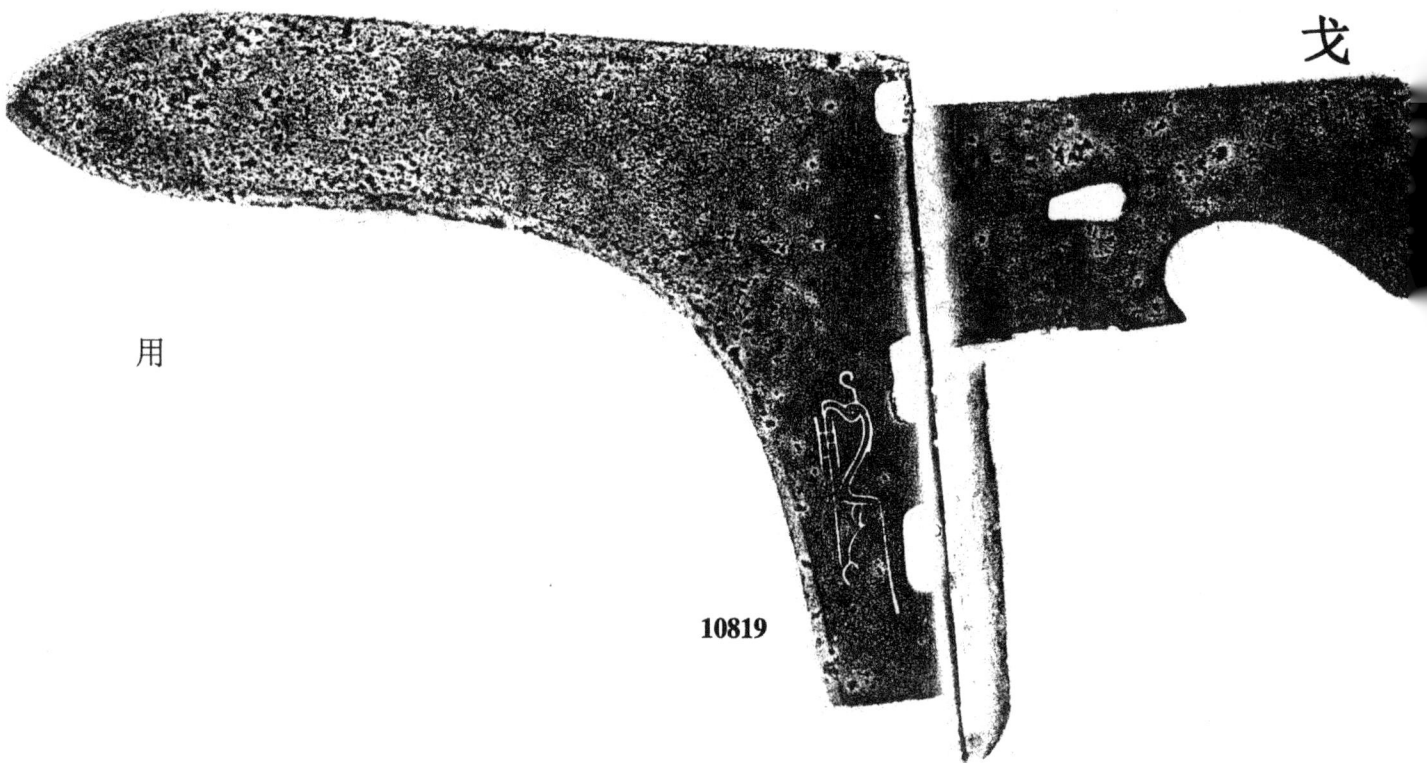

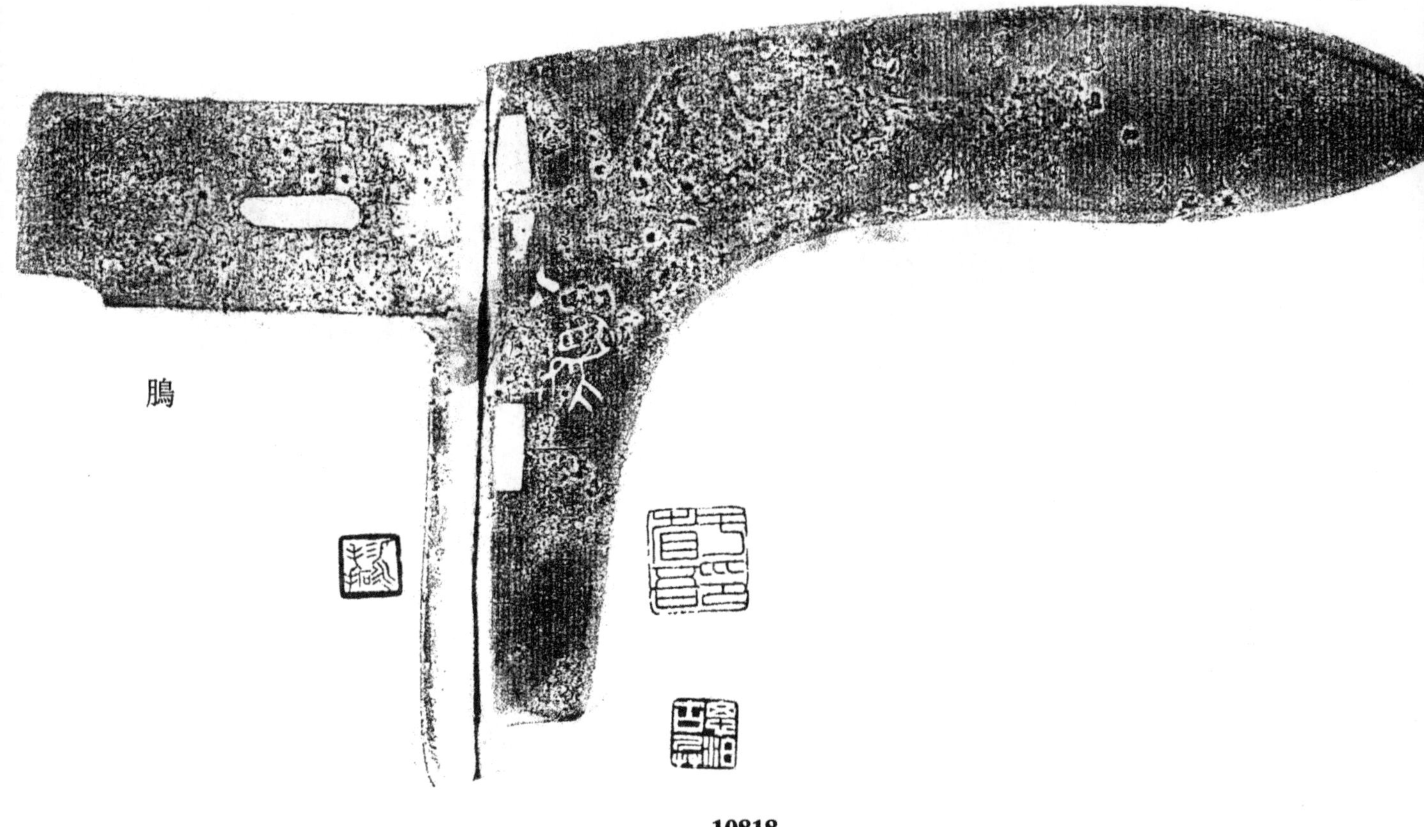

鵬

10818

用戈

用

10819

⿱竹命戈

⿱竹命（笭）

10820

戈

獿

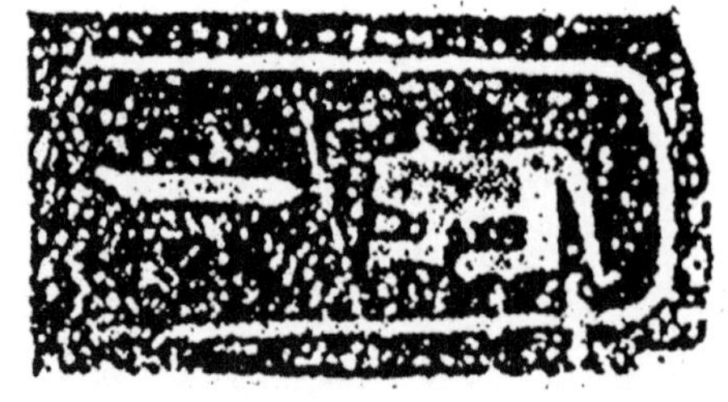

10821

⿰歹凡戈

夙

10822

梁戈

⿰梁阝

10823

亜戈

亜

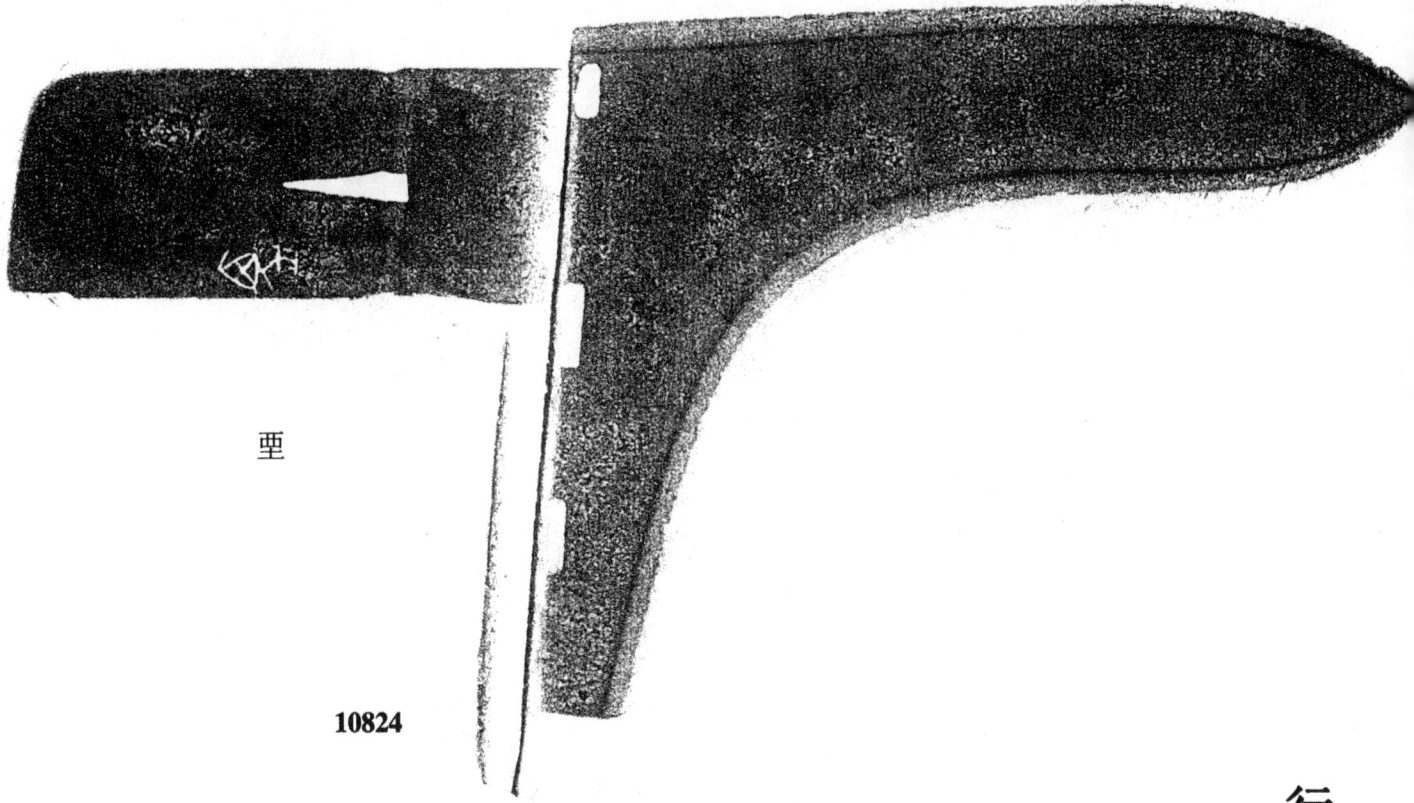

10824

行戈

行

10825

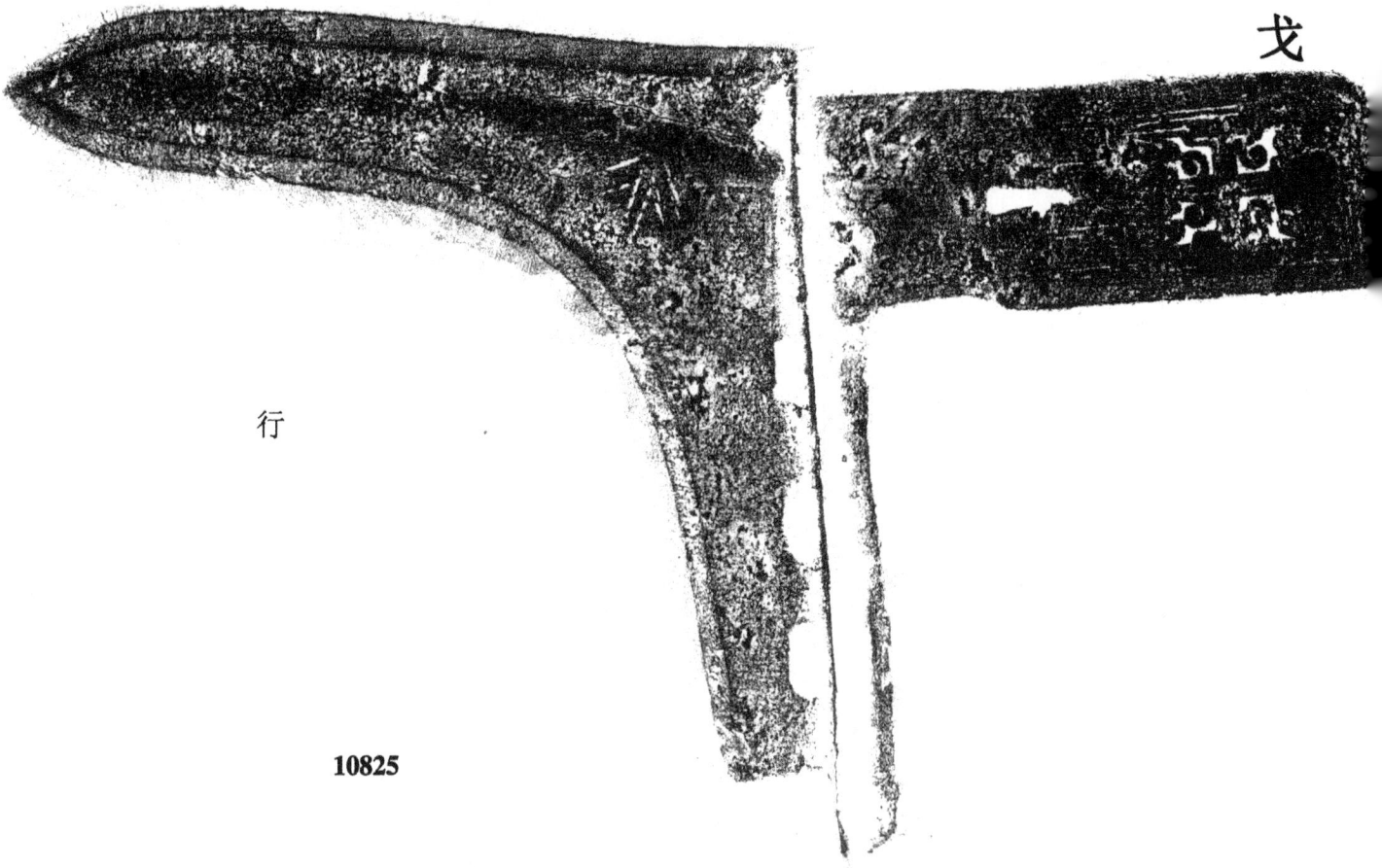

右戈

涉戈

涉

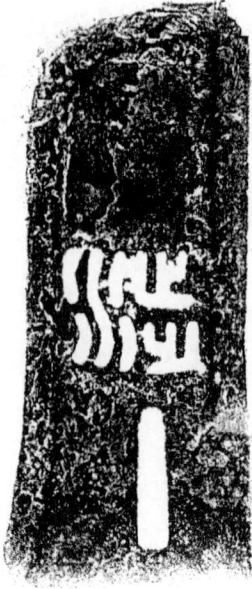

10827

右

10826

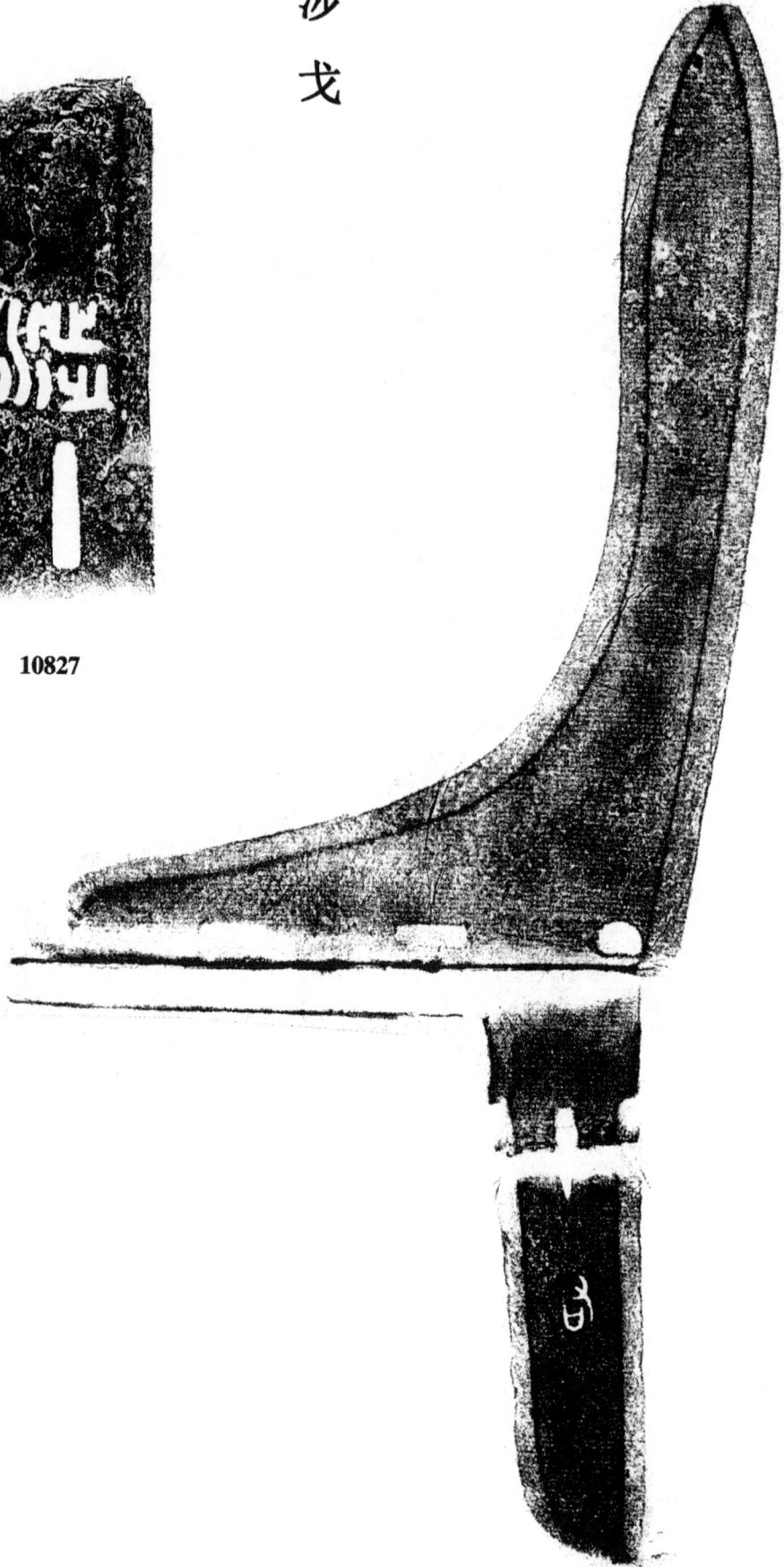

鄆戈

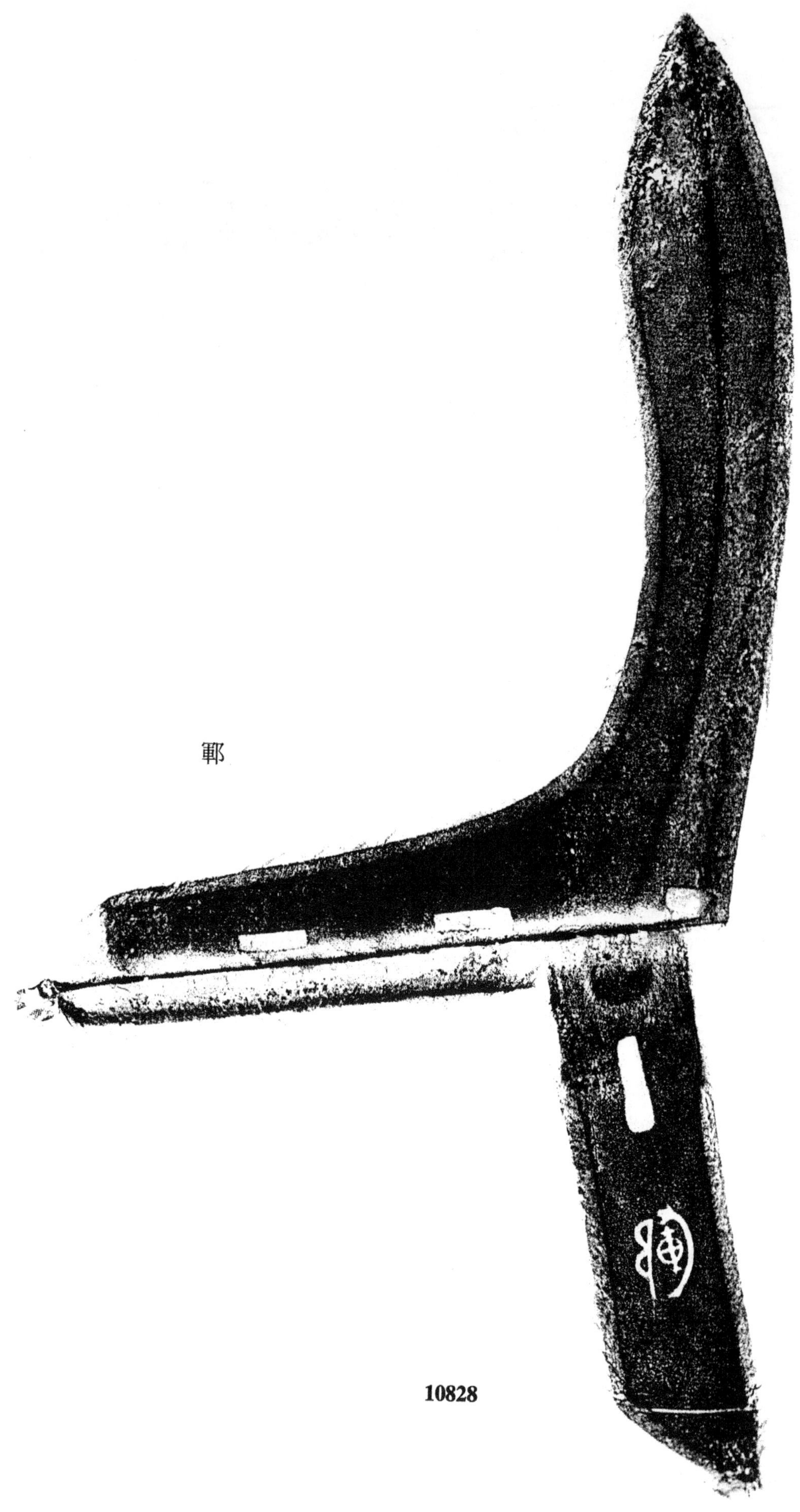

鄆

10828

鄀戈

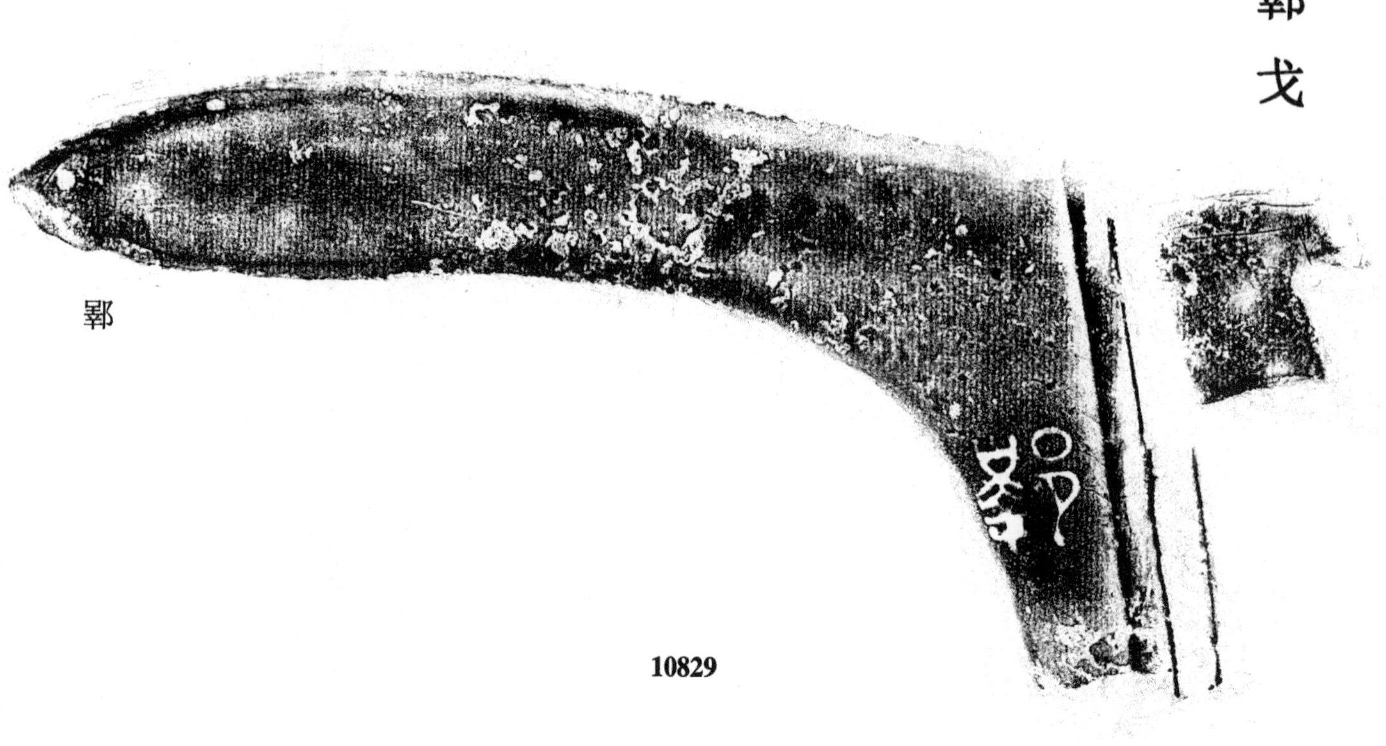

鄀

10829

亞吴戈

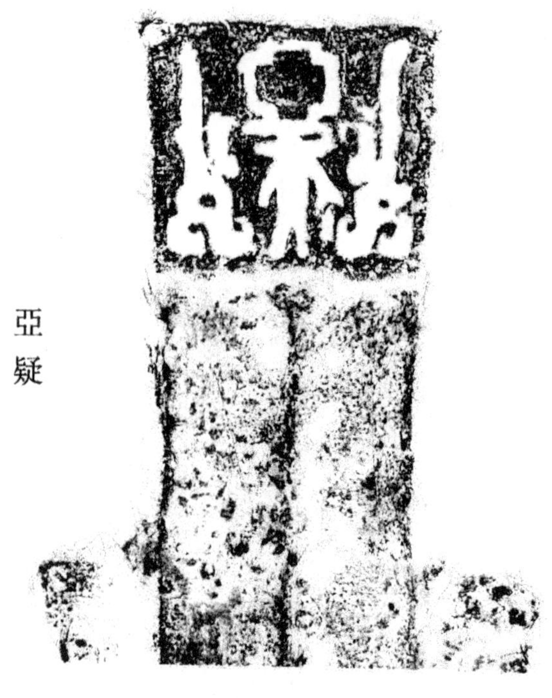

亞疑

10830.2

亞疑

10830.1

亞吴戈

亞疑

10831.1

亞疑

10831.2

亞吴戈

亞疑

10832.1

亞疑

10832.2

亞吴戈

亞疑

10833

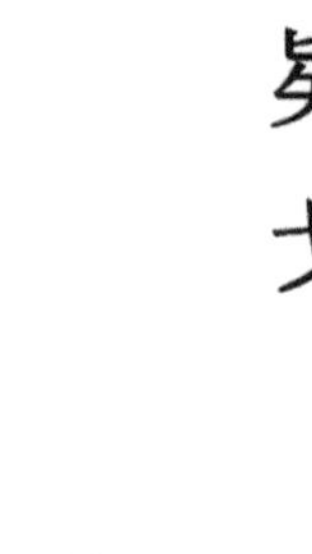

亞吴戈

亞疑

10834

亞吴戈

亞疑

10835

亞吳戈

亞疑

10836.1

亞疑

10836.2

亞□戈

亞枽（巢）

10837

亞□戈

亞倗

10838

亞䤼戈

亞
䤼

10839.2

亞
䤼

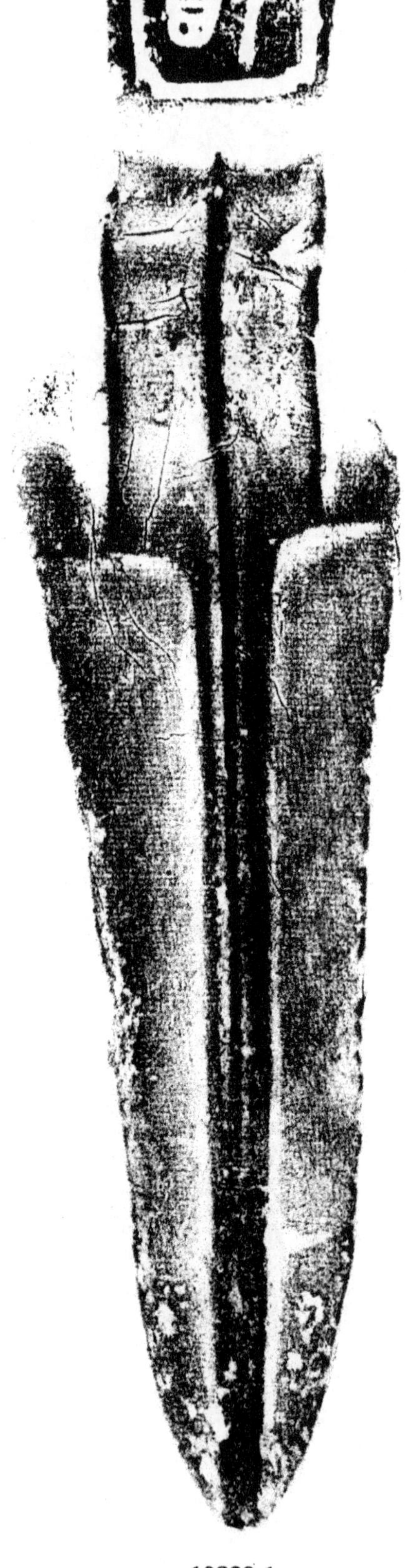

10839.1

亞犬戈

亞犬（？）

10840.2

亞犬（？）

10840.1

亞獸戈

亞獸

10841.2

亞獸

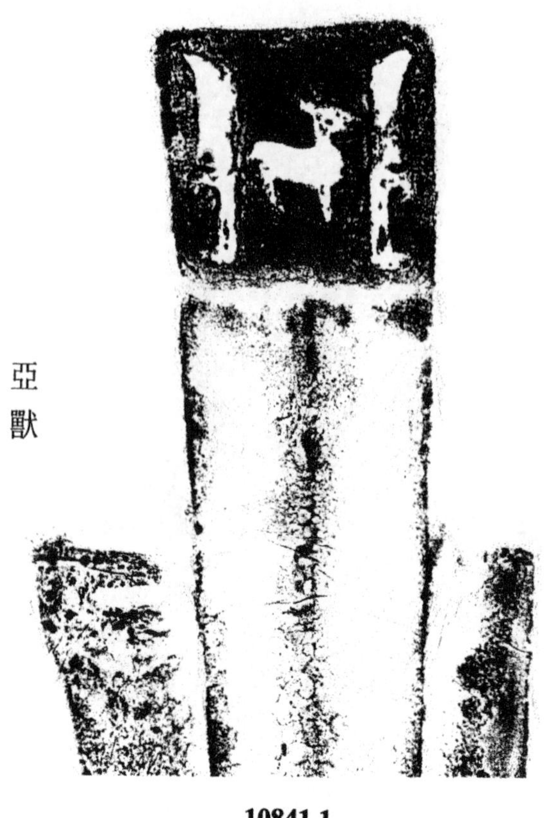

10841.1

𠬜亞戈

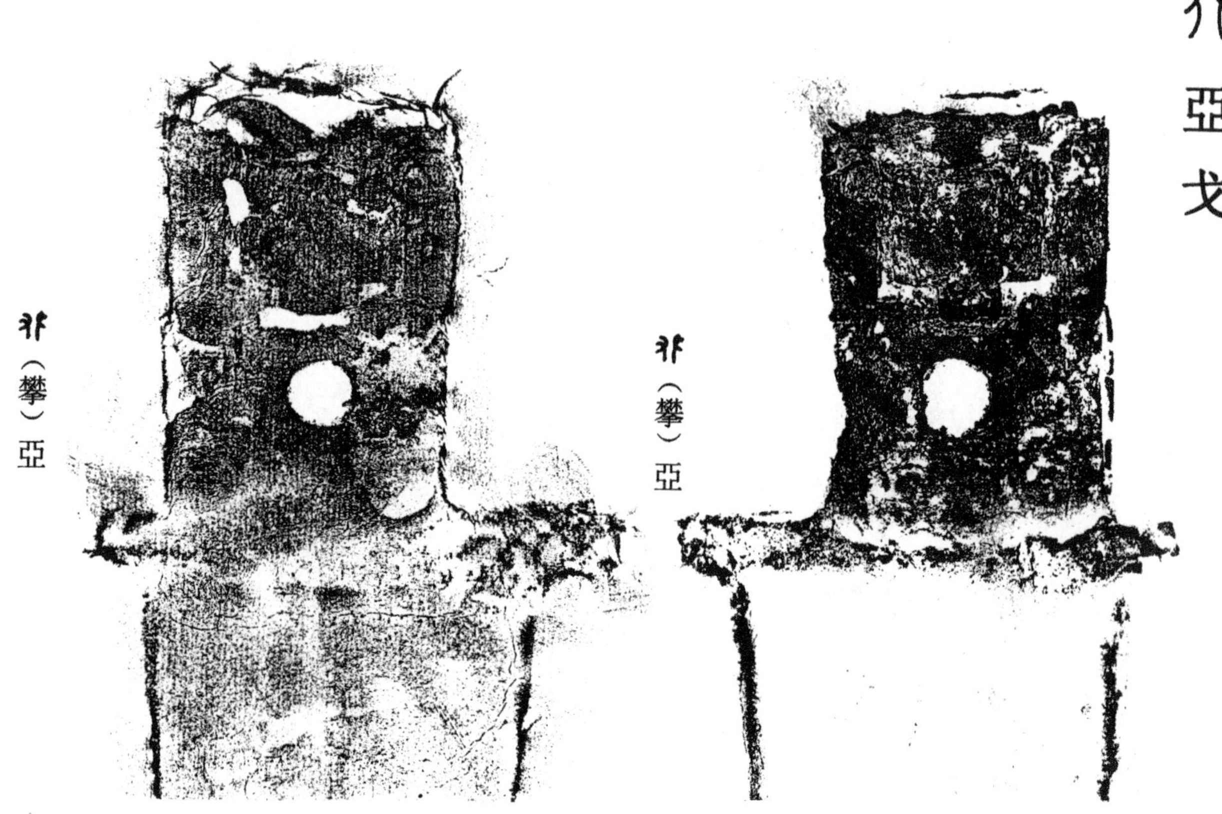

𠬜（攀）亞

10842.2

𠬜（攀）亞

10842.1

亞受戈

亞受

10843.1

亞受

10843.2

亞[illegible]戈

亞[illegible]

10844.1

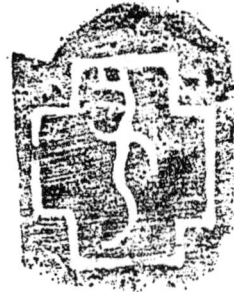

亞[illegible]

10844.2

亞啟戈

亞[戶攴]

10845

木

戈

栩

10846

戈

需索

10847.1

需索

10847.2

戈

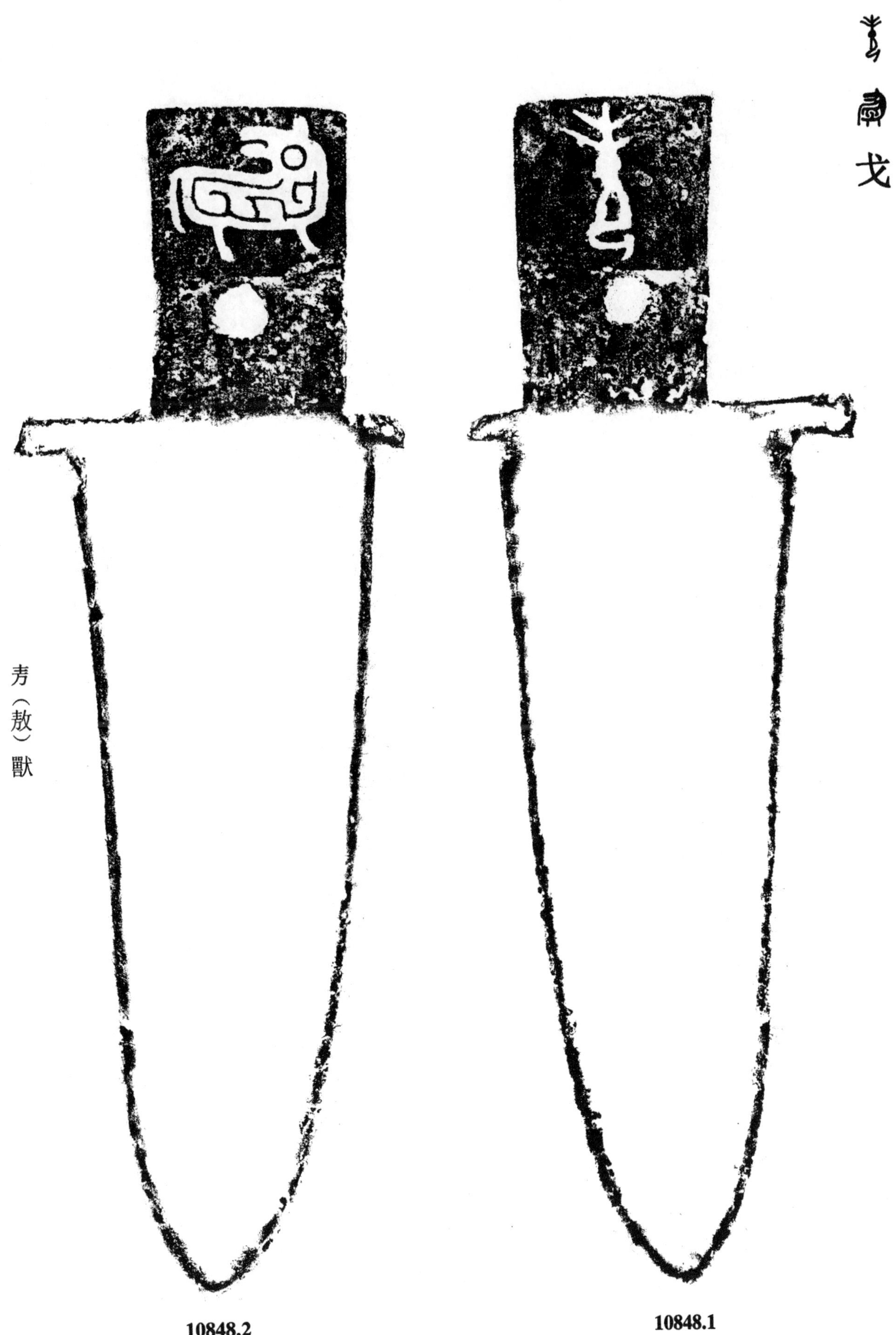

𡗗（敖）獸

10848.2

10848.1

[illegible][illegible]戈

丮觟

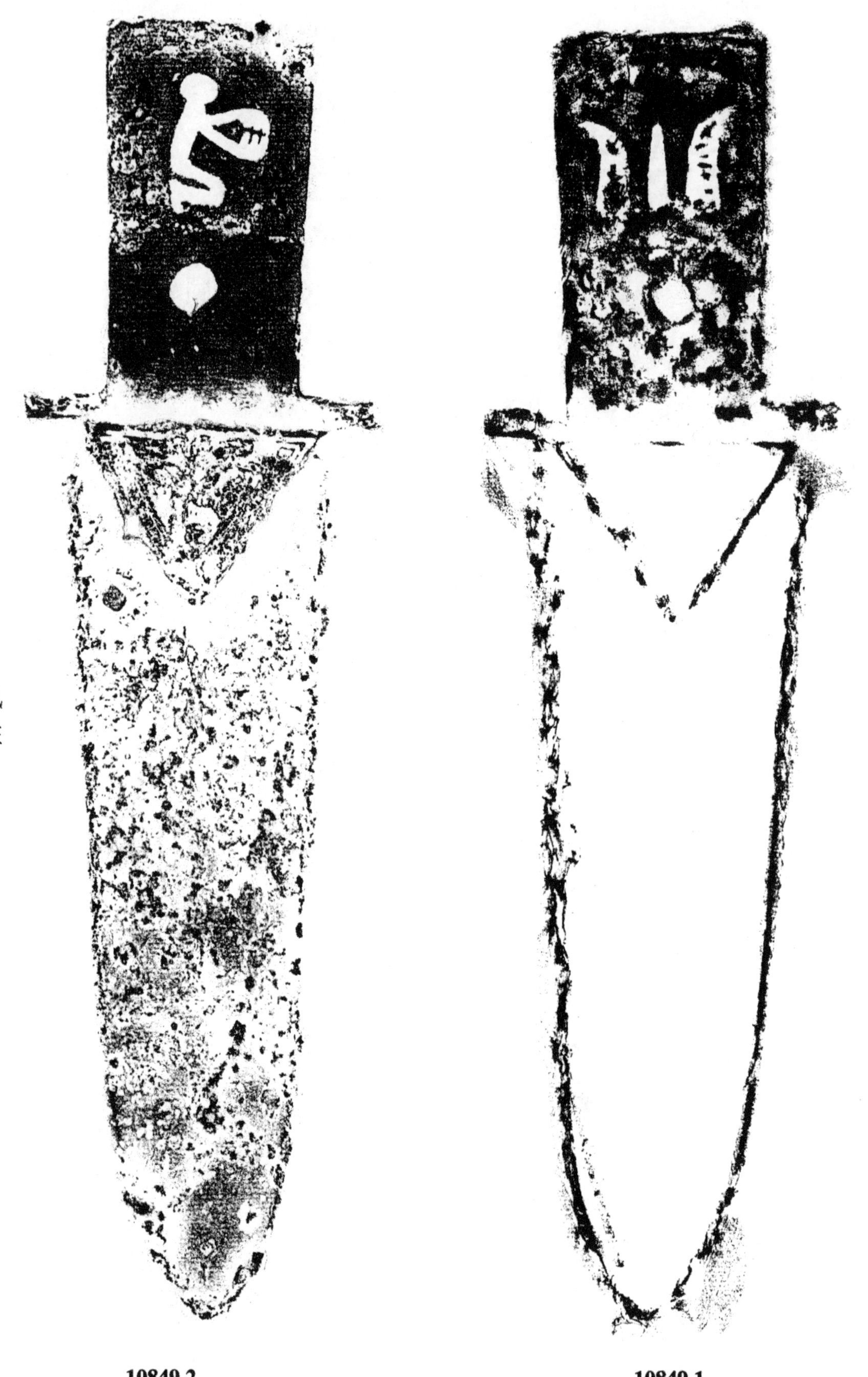

10849.2 10849.1

⿰天戈

10850.2

10850.1

竝幵戈

10851.2

10851.1

子⿱辡冂戈

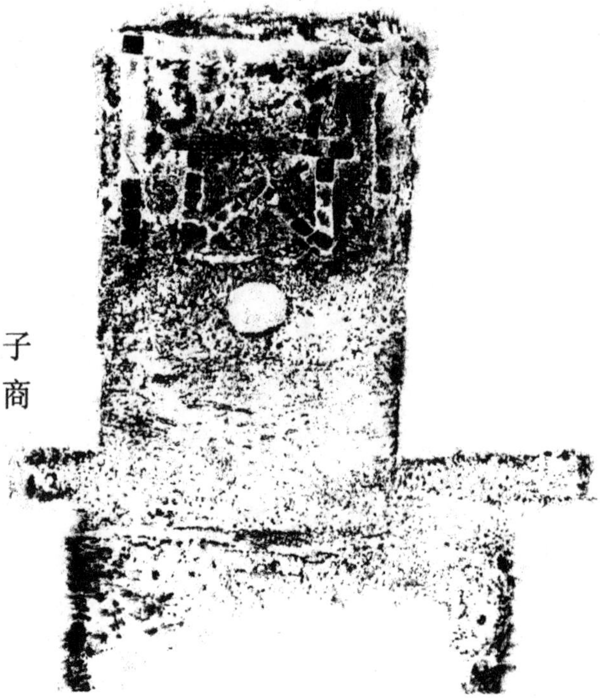

子商

10852.2

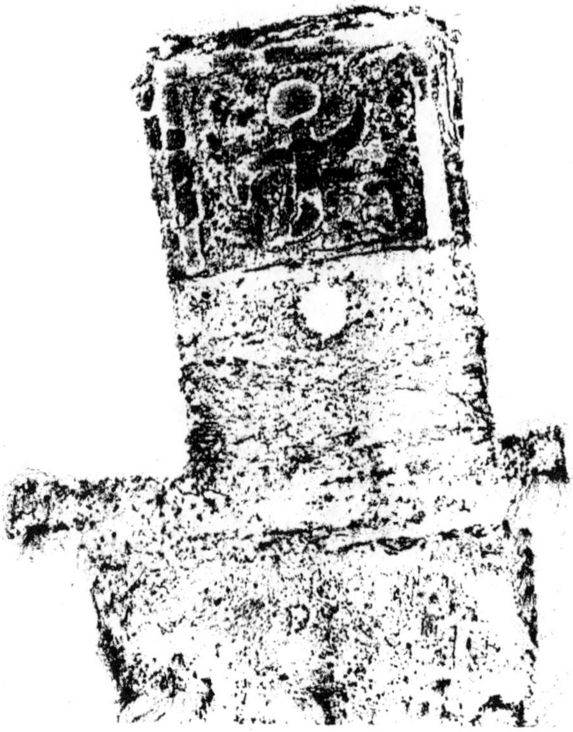

10852.1

子■戈

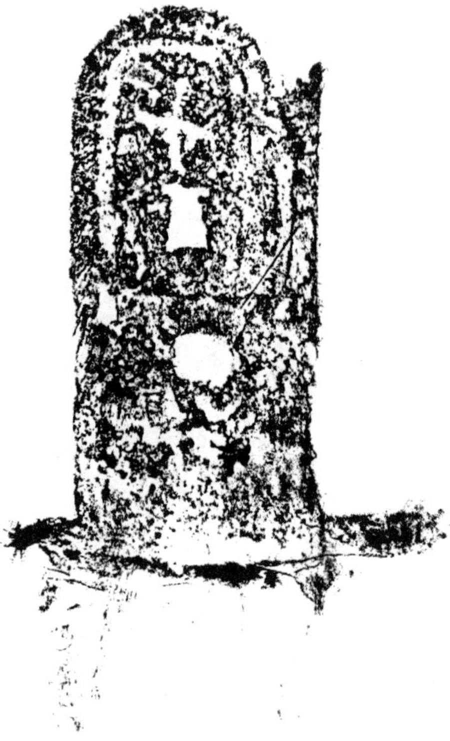

子■

10853.2

子■

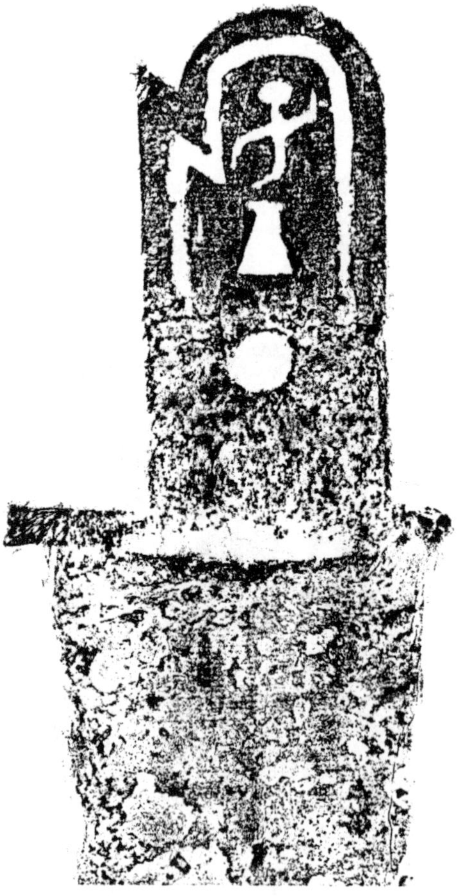

10853.1

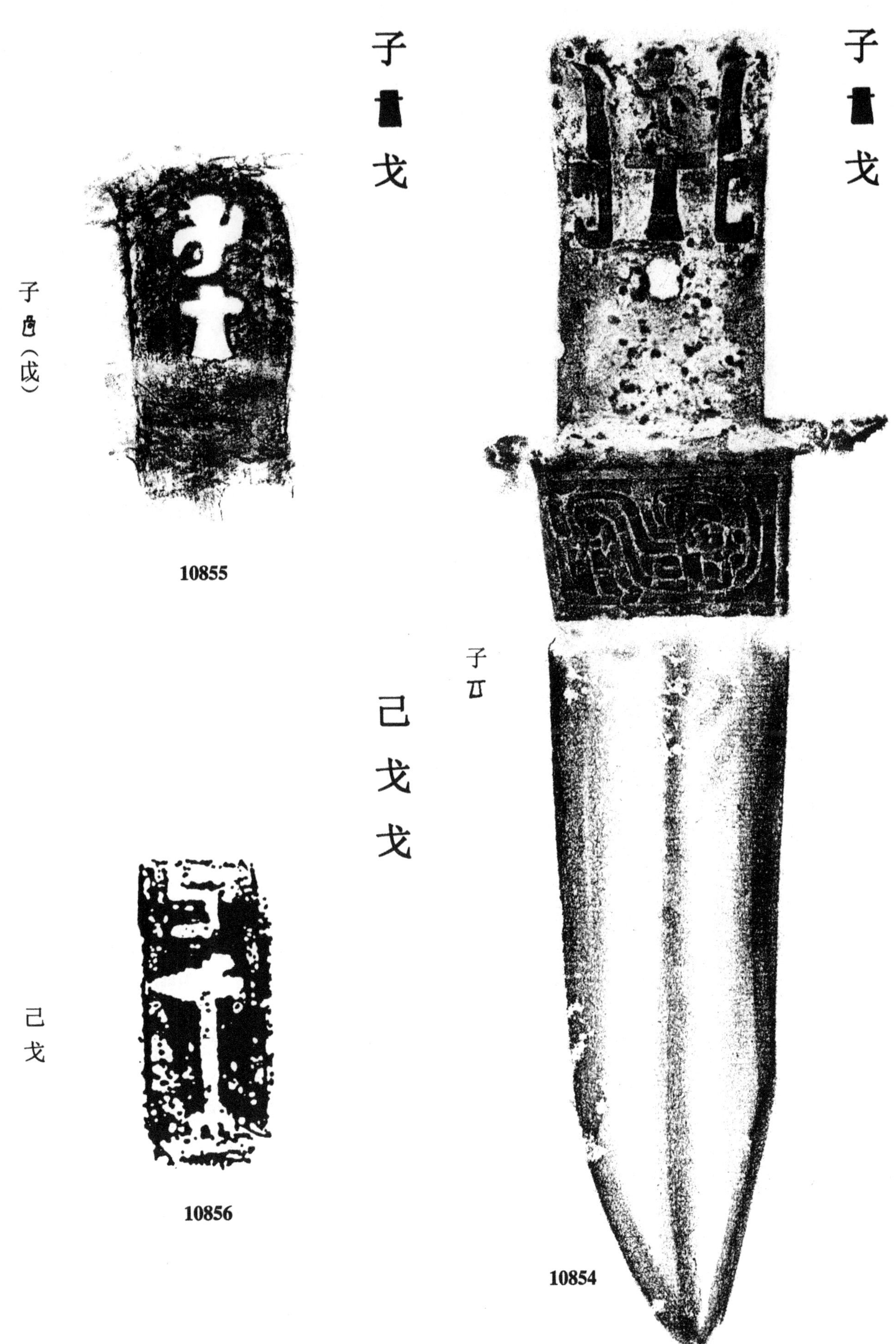

10855

10856

10854

馬戈

戈

10857.2

馬

10857.1

馬戈

戈

10858.2

馬

10858.1

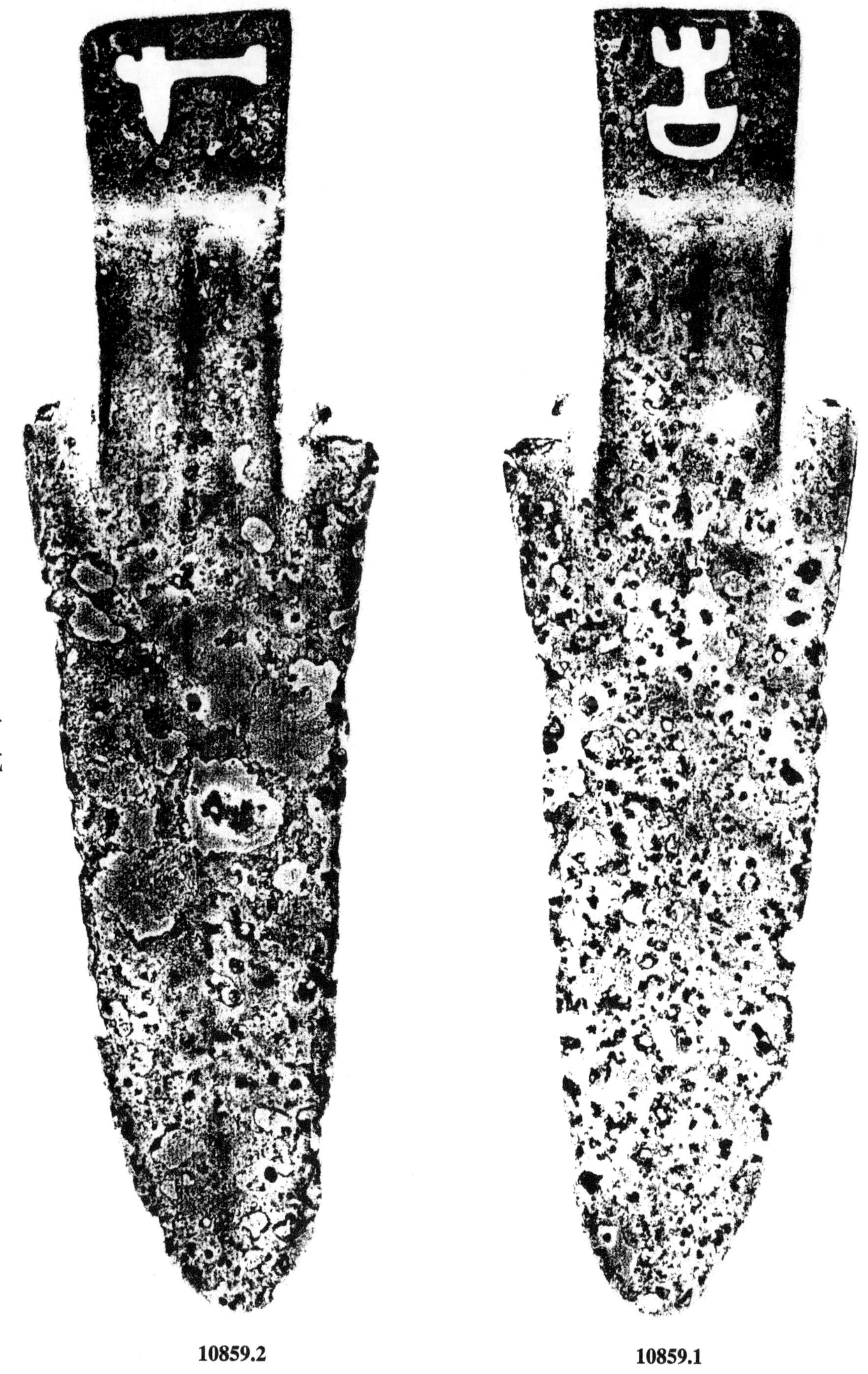

告戈

10859.2

10859.1

𠃌虎戈

𠃌虎

10860.2

𠃌虎

10860.1

弔龜戈

弔
龜

10862

車戈

雞
串

10861

亦車戈

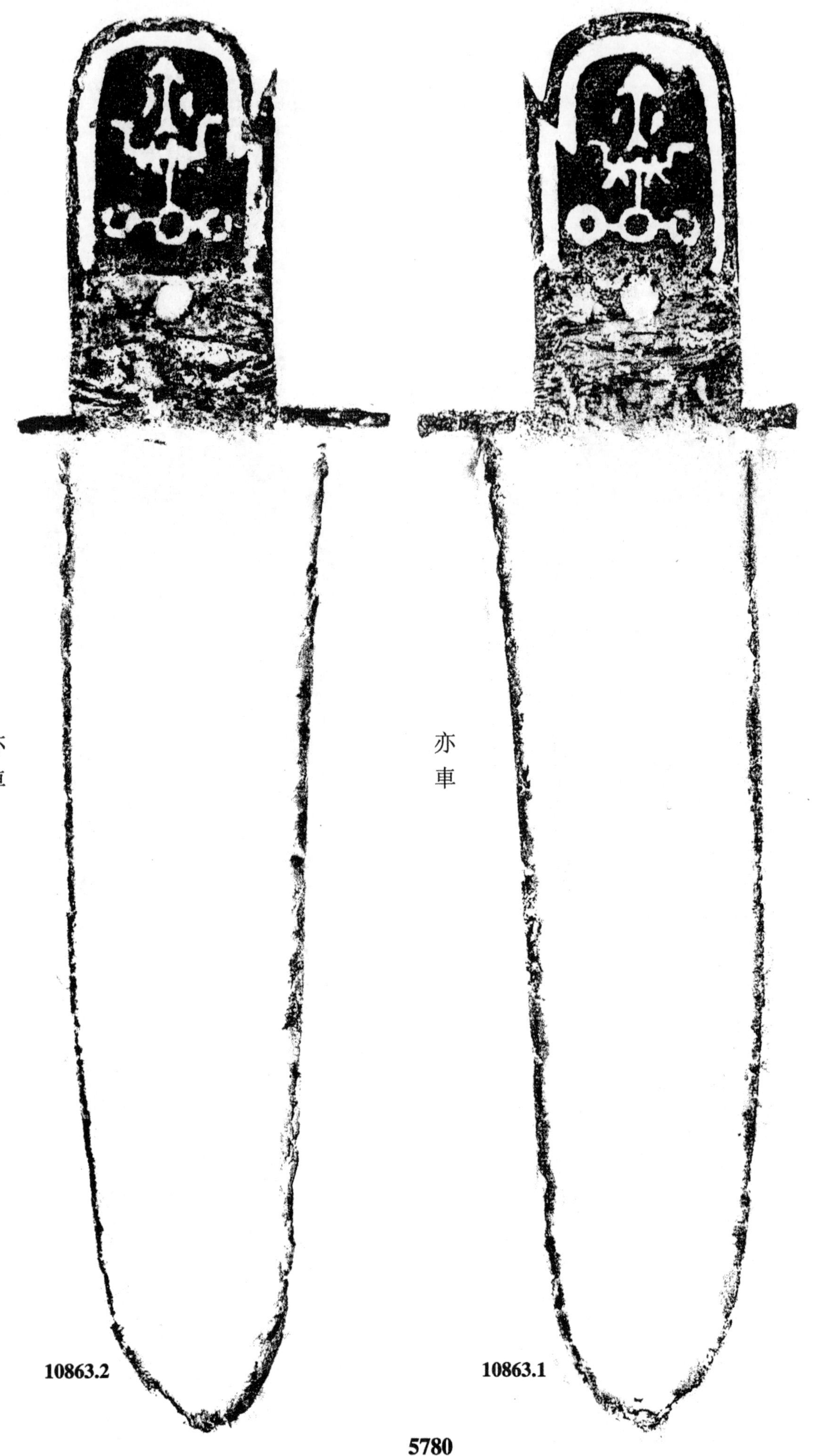

亦車戈

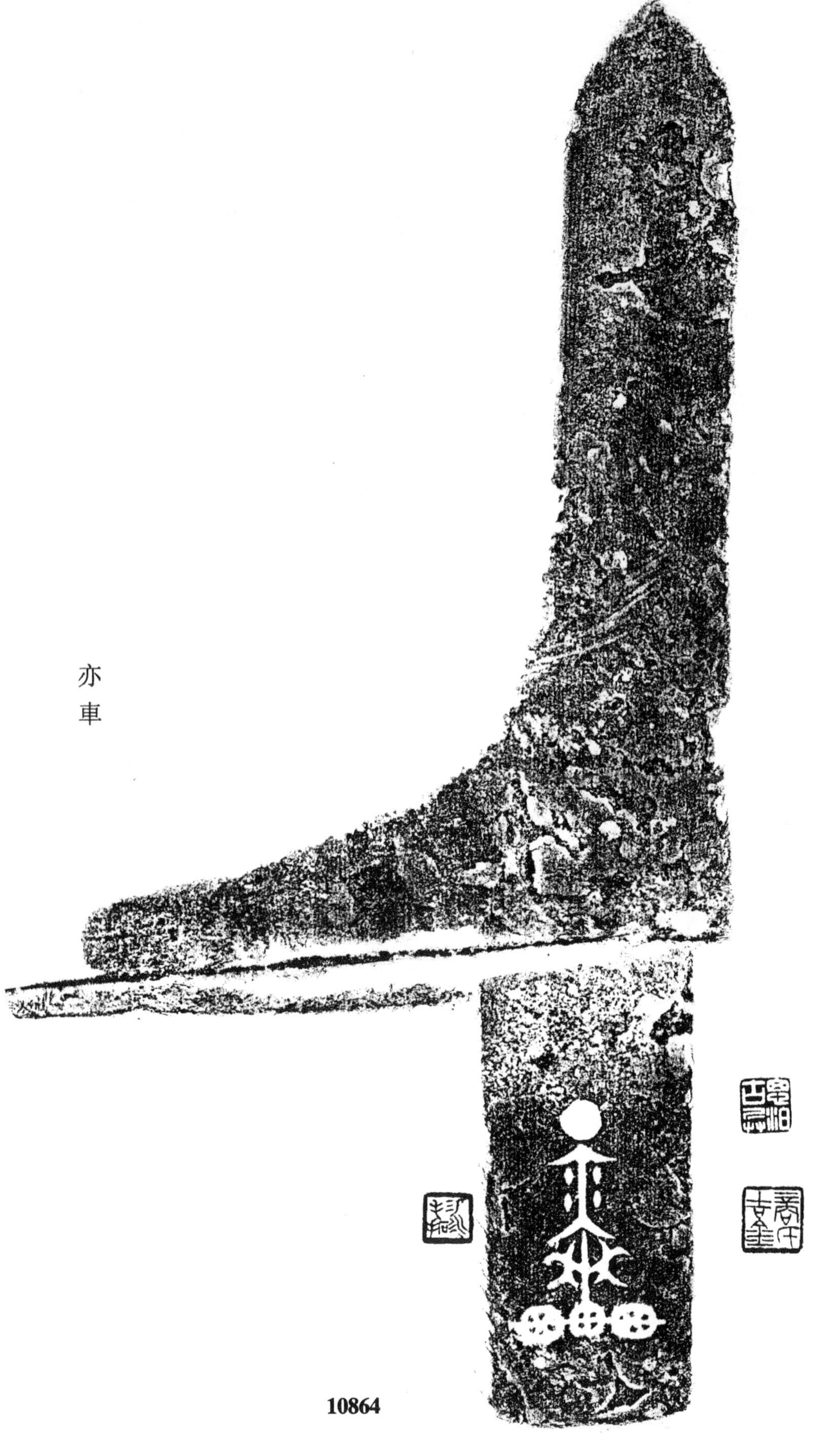
亦車

10864

亦車戈

亦車

10865.2

10865.1

車教戈

車教

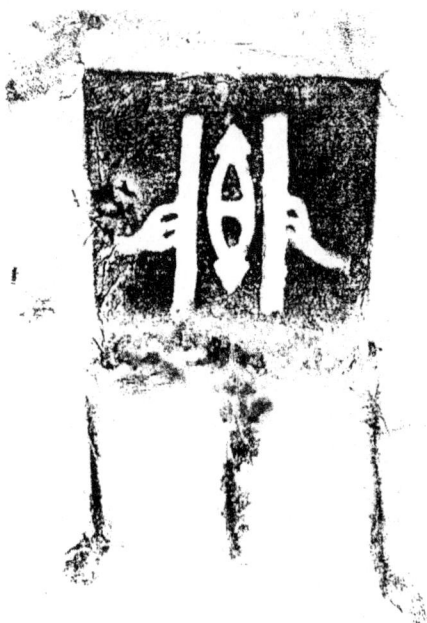

10866.2

10866.1

□亣戈

10867.2

10867.1

聑酉戈

聑
奠

10869

來田戈

⿰禾來
田

10868

秉田戈

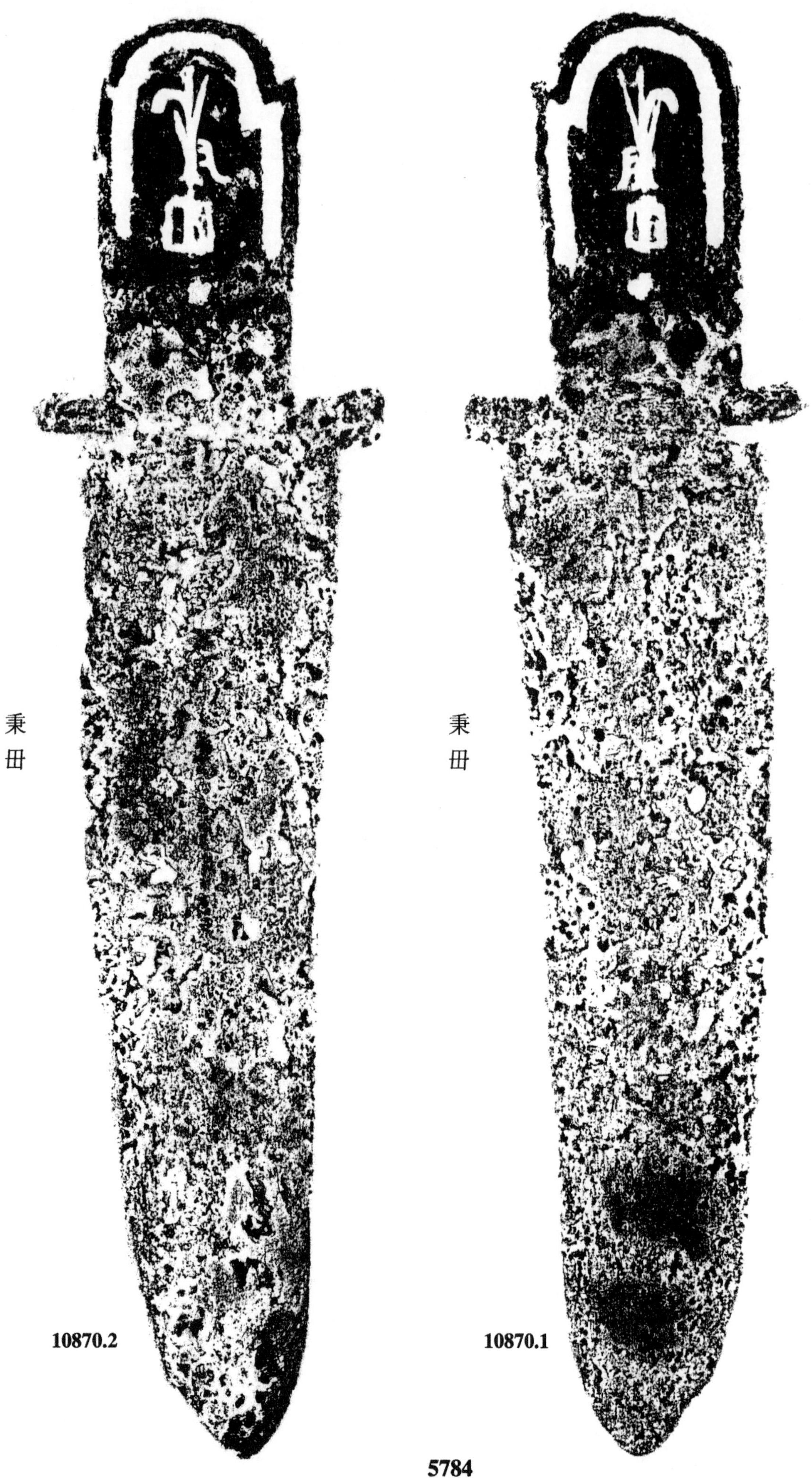

10870.1 秉田

10870.2 秉田

珥田戈

10871.1

珥田

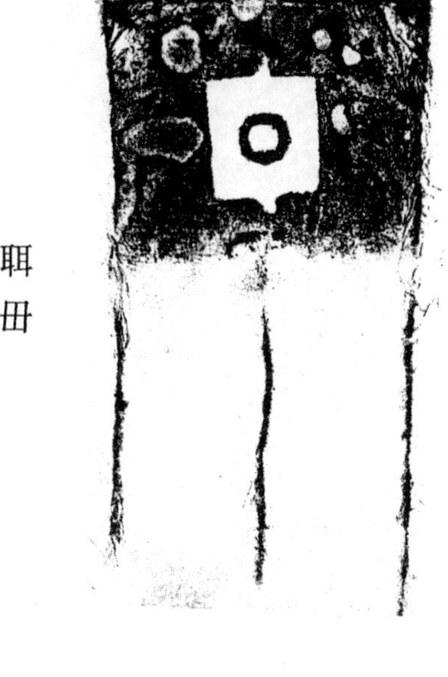

10871.2

伐甗戈

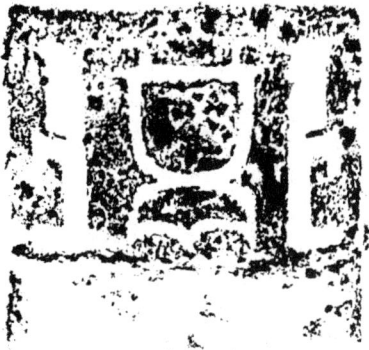

10872.1

伐甗

10872.2

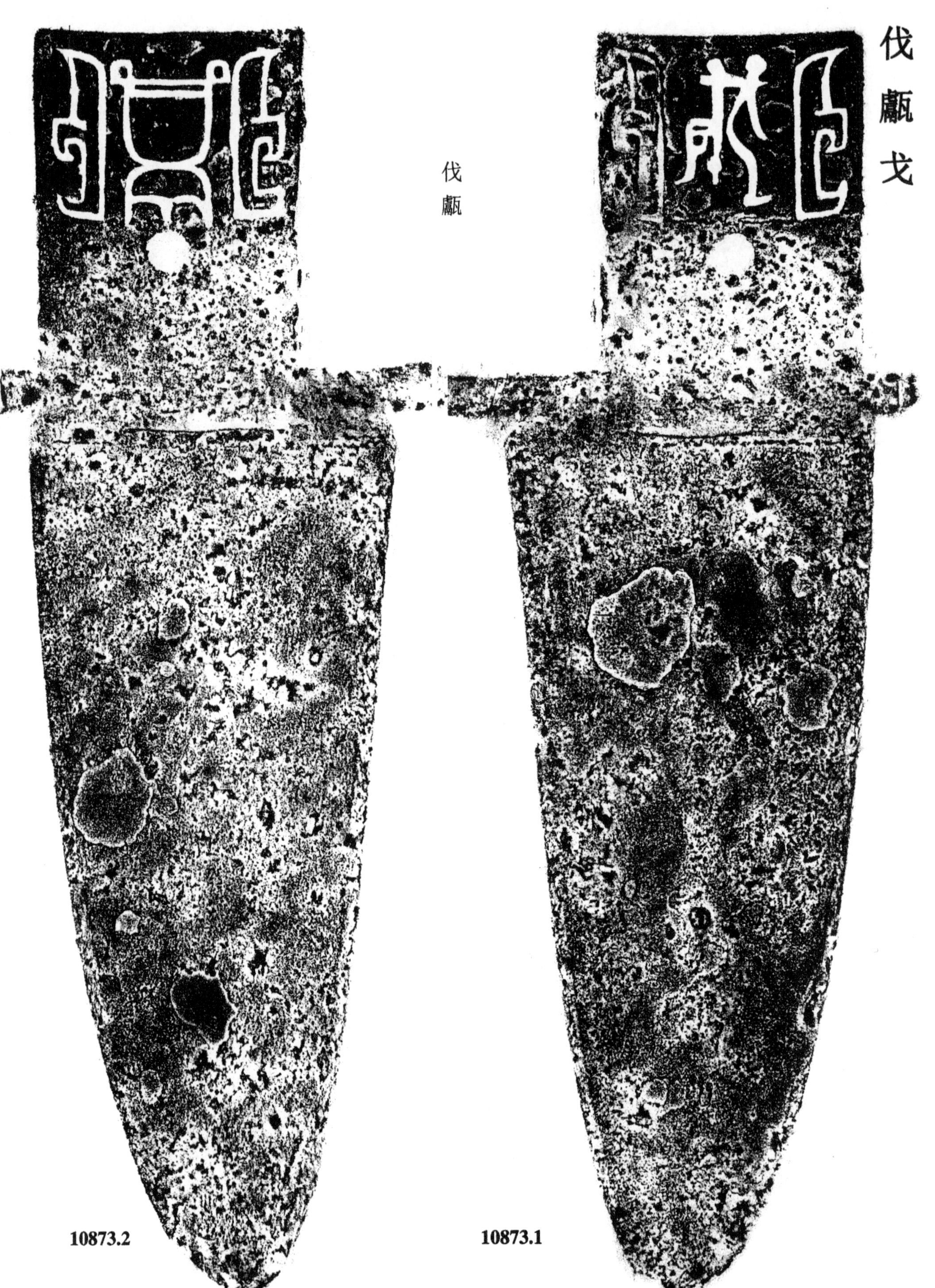
伐甗戈

伐
甗

10873.2

10873.1

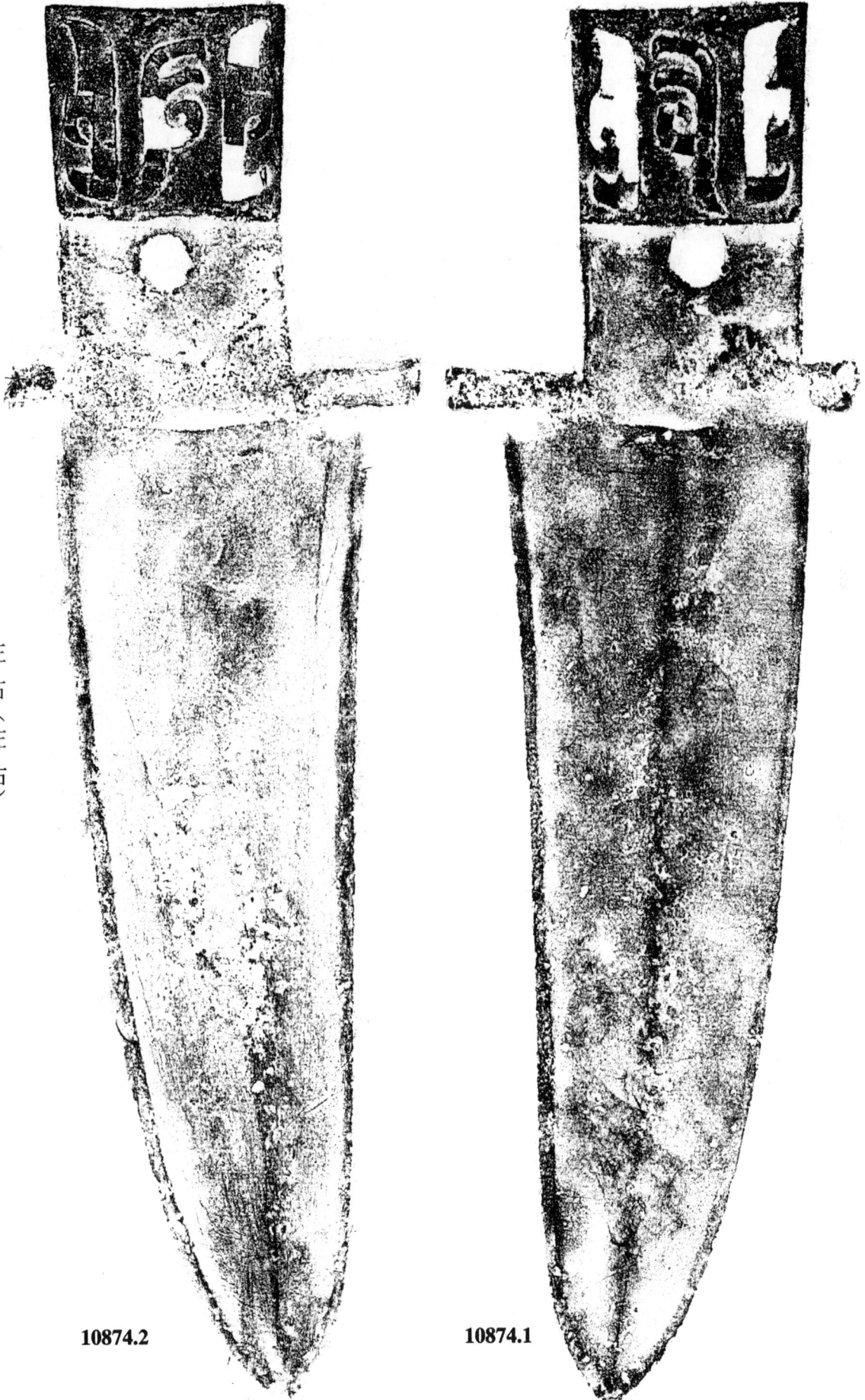

左右戈

左右（佐佑）

10874.2

10874.1

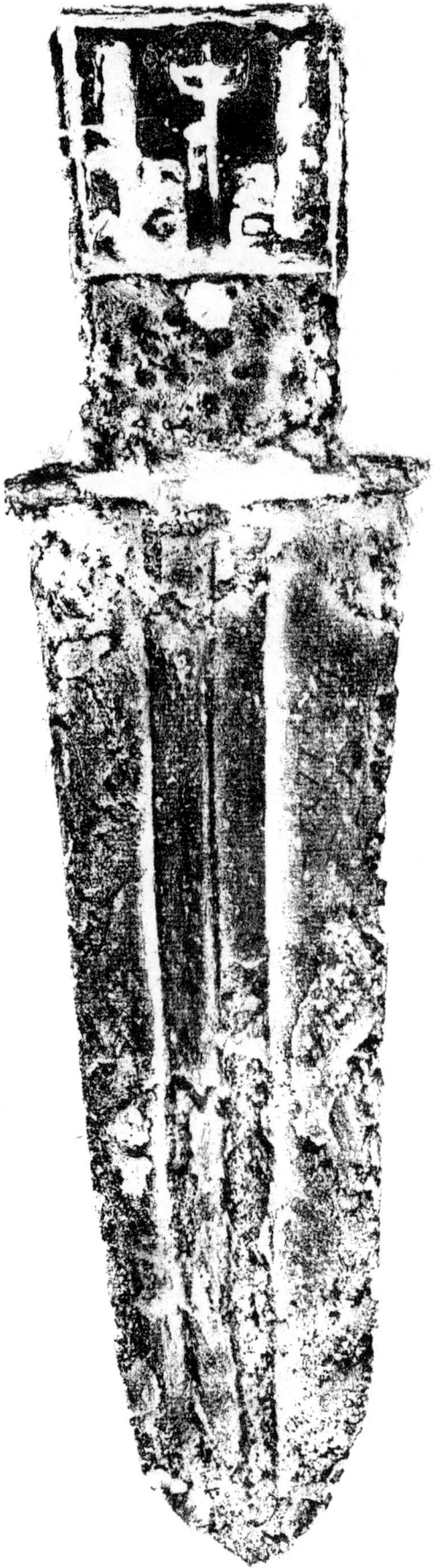

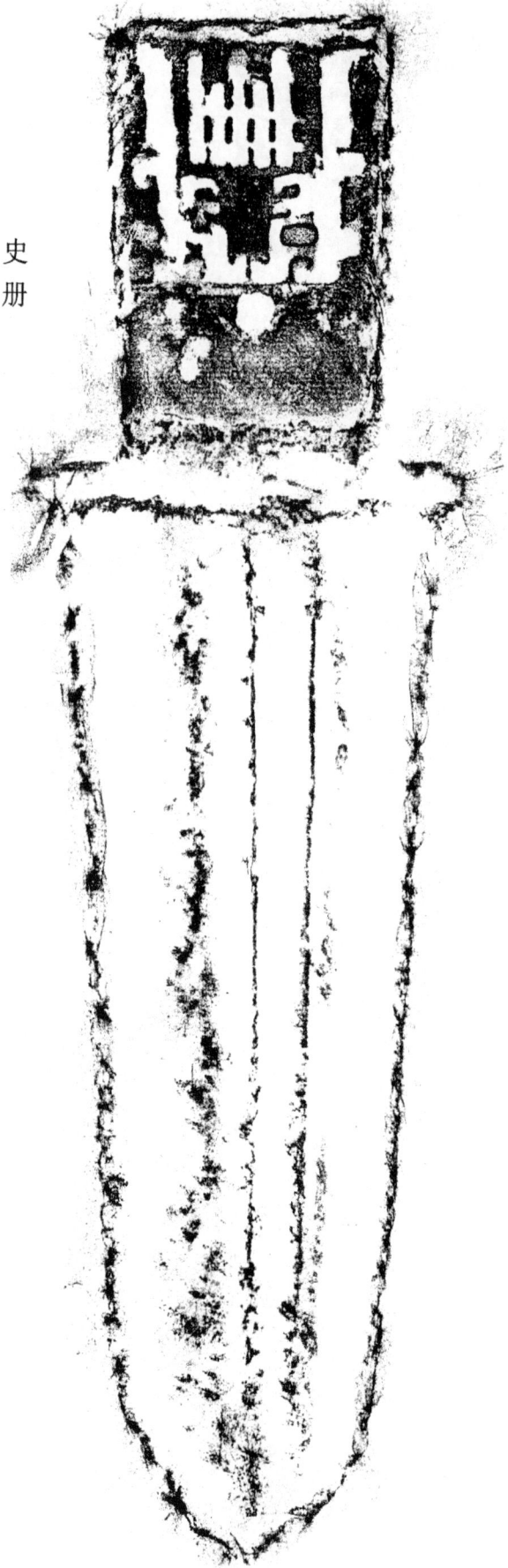

史册戈

史册

10875.2

10875.1

亳册戈

亳册

10876.2　　10876.1

戈

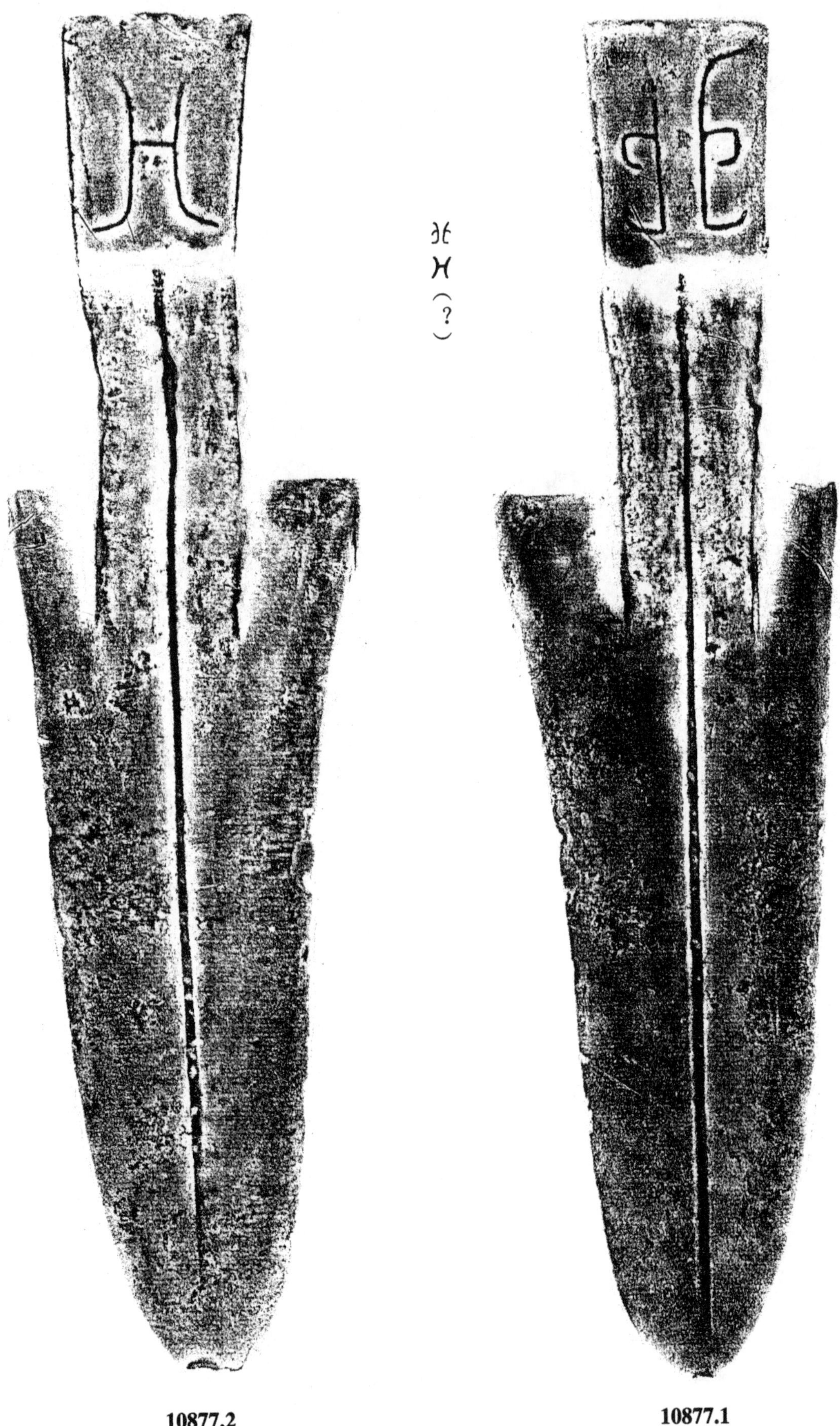

10877.2　　10877.1

𠭯弓戈

𠭯弓

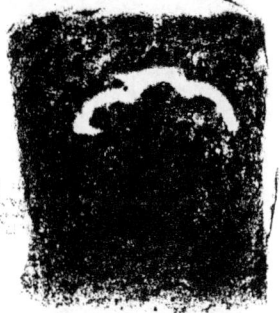

10878.2

10878.1

鼎劦戈

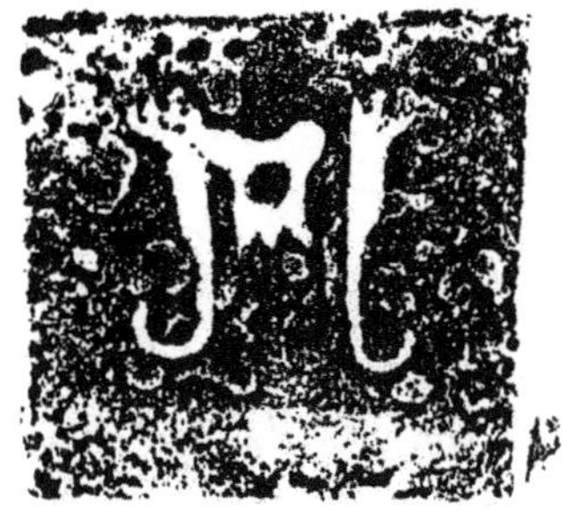

鼎劦

10879.2

10879.1

酉冎戈

酉冎

10880

成周戈

成周

10882

冬刃戈

冬刃

10881

成周戈

成周

10883

成周戈

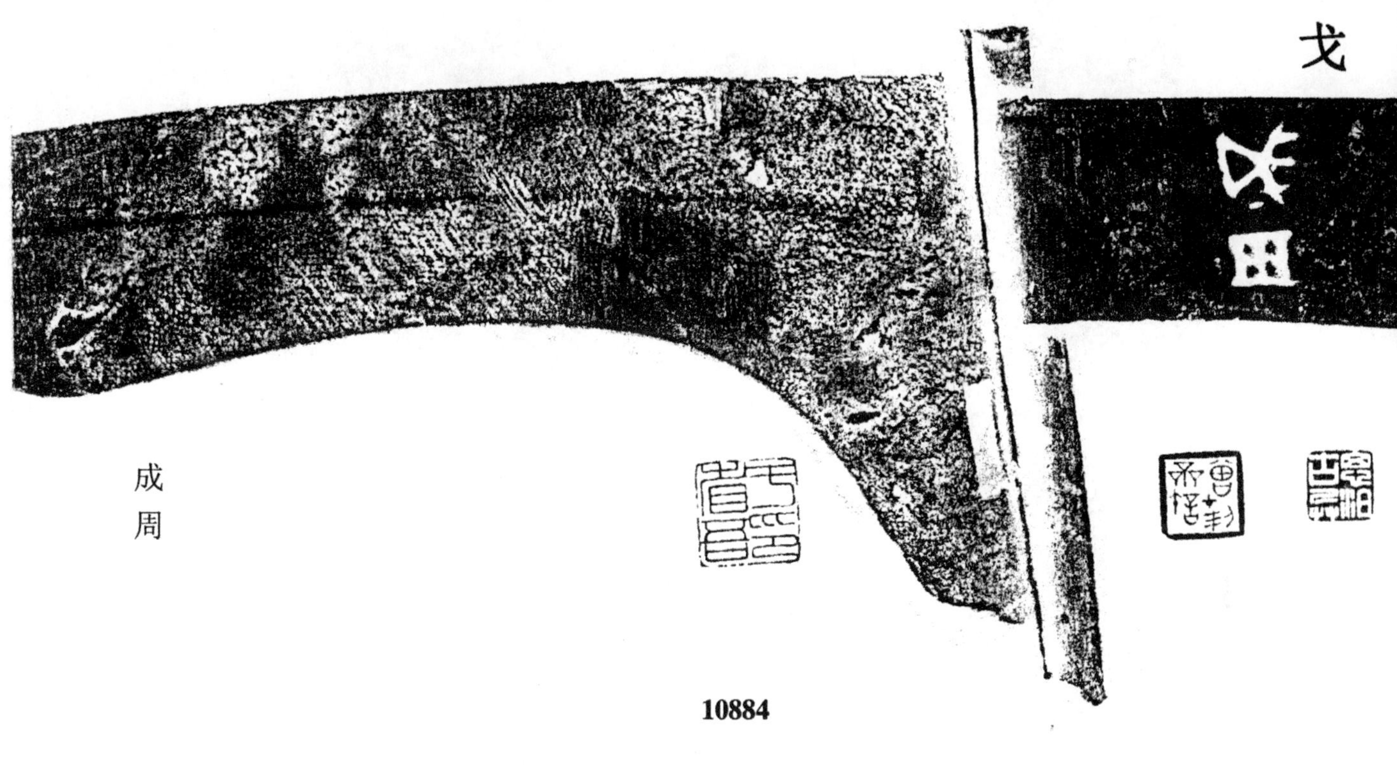

成周

10884

伯矢戟

伯矢

10886

新邑戈

新邑

10885

匽侯戈

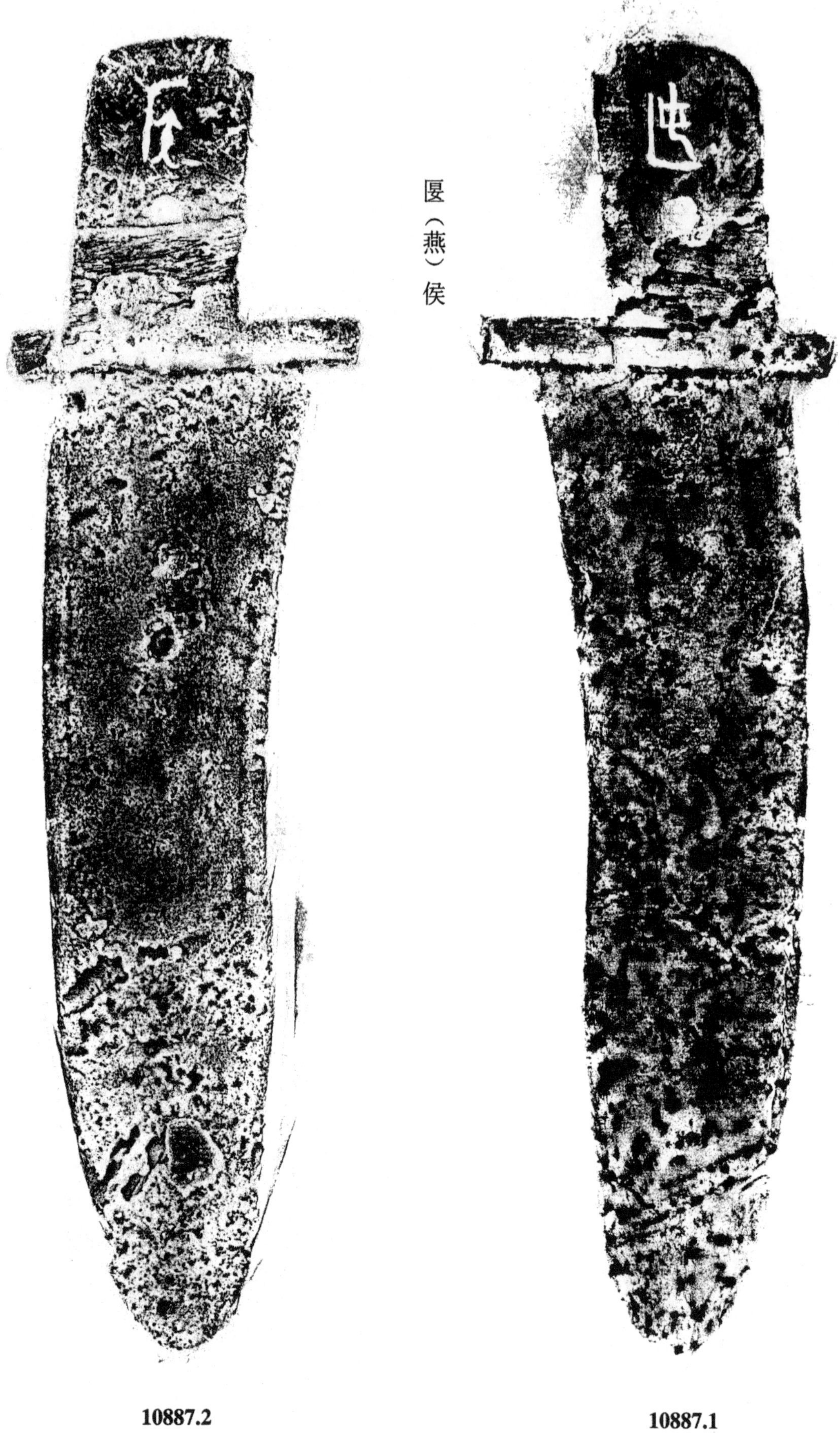

匽（燕）侯

10887.2

10887.1

檾子戈

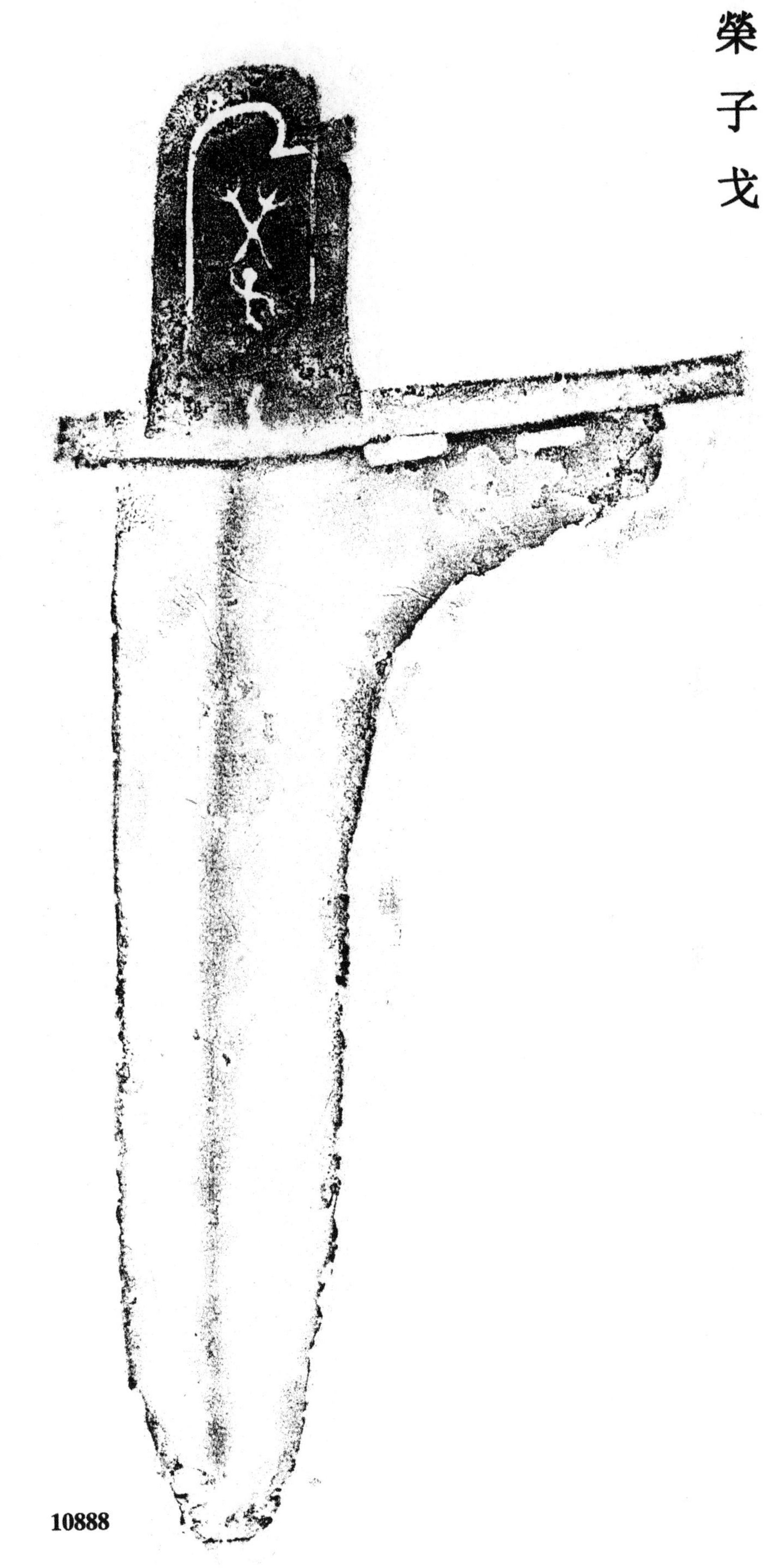

10888

𤇾（檾）子

矢仲戈

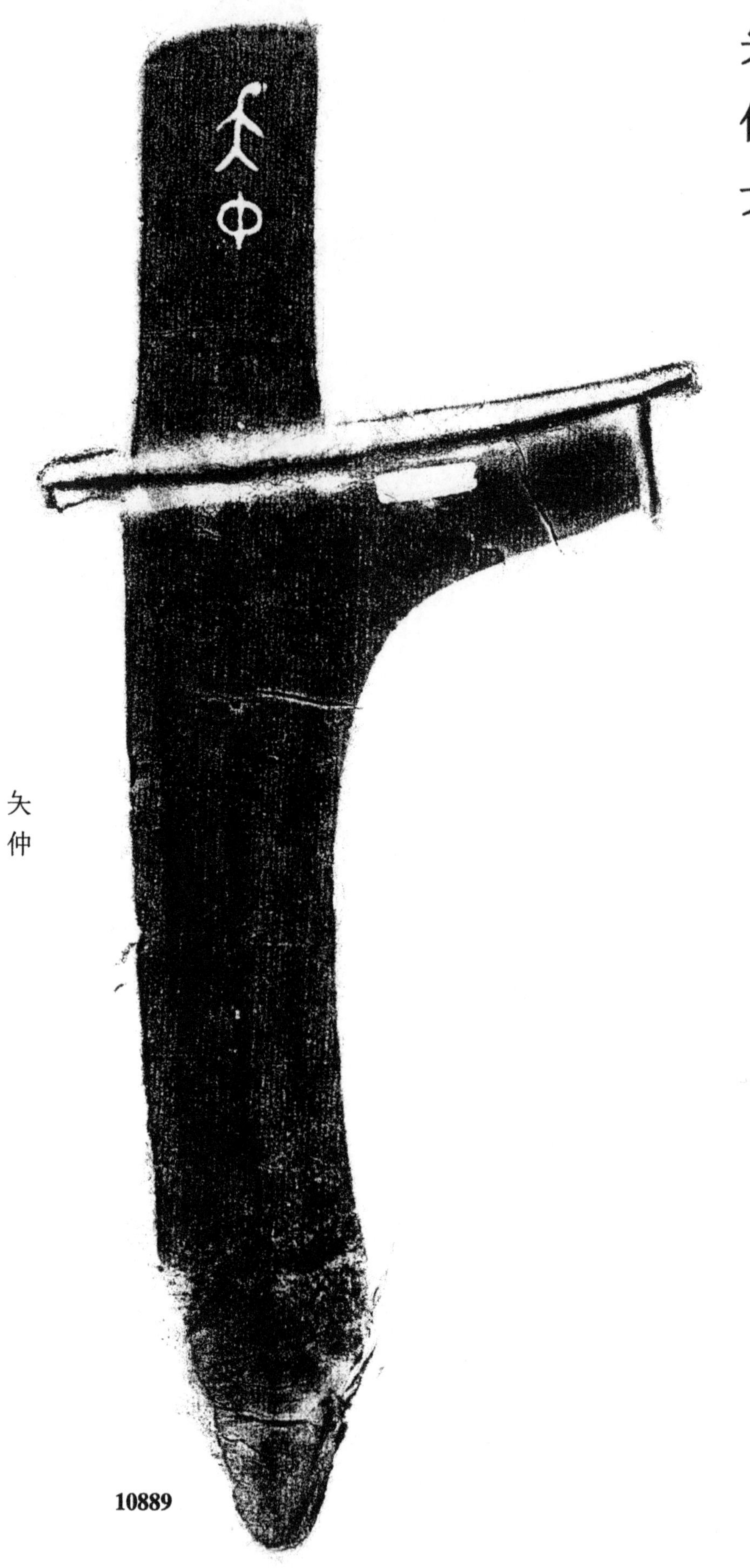

矢仲

10889

元用戈

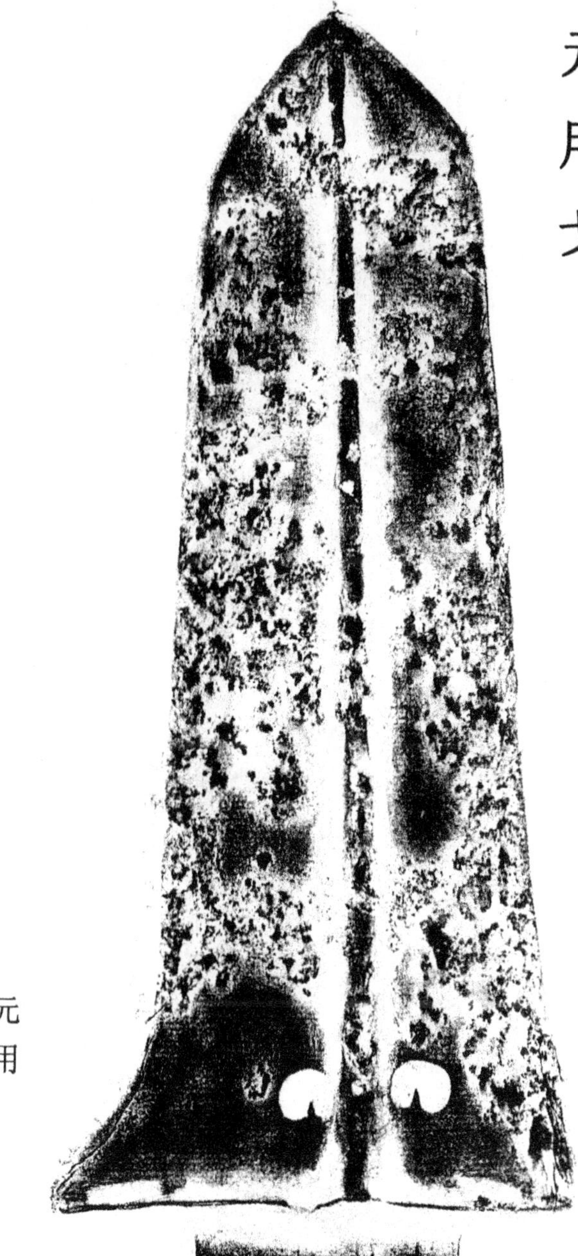

元用

10891

鋗𨰻(撫)

10890

大東戈

大䍐（酉）

10892

監戈

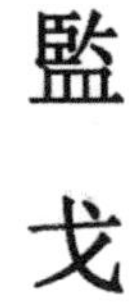

監戈

10894

監戈

監戈

10893

伯析戈

伯析（析）

10895

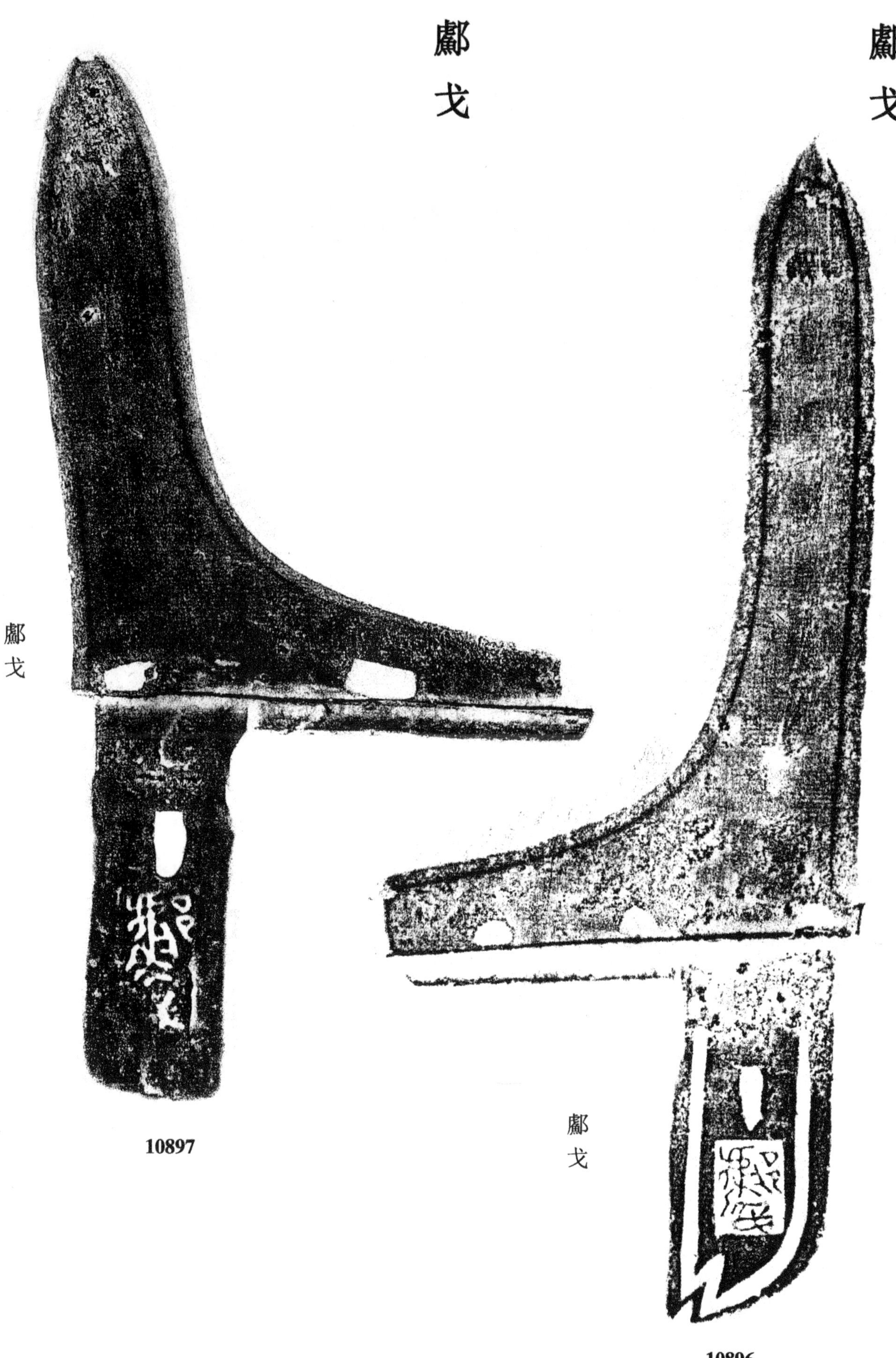

鄘戈

鄘戈

10896

鄘戈

鄘戈

10897

[illegible]子戈

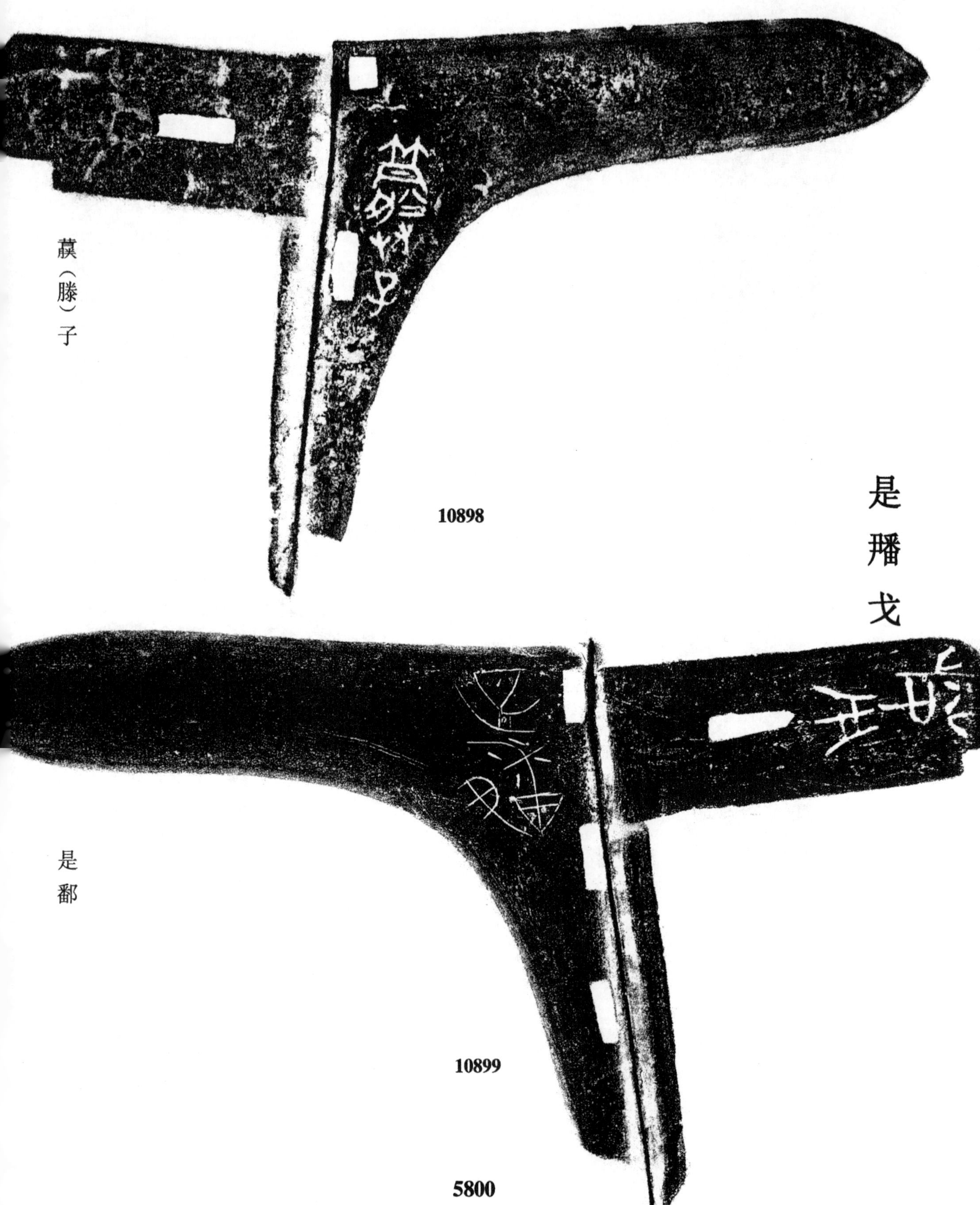

蕂(滕)子

10898

是𨛫戈

是鄱

10899

武城戈

黄戈

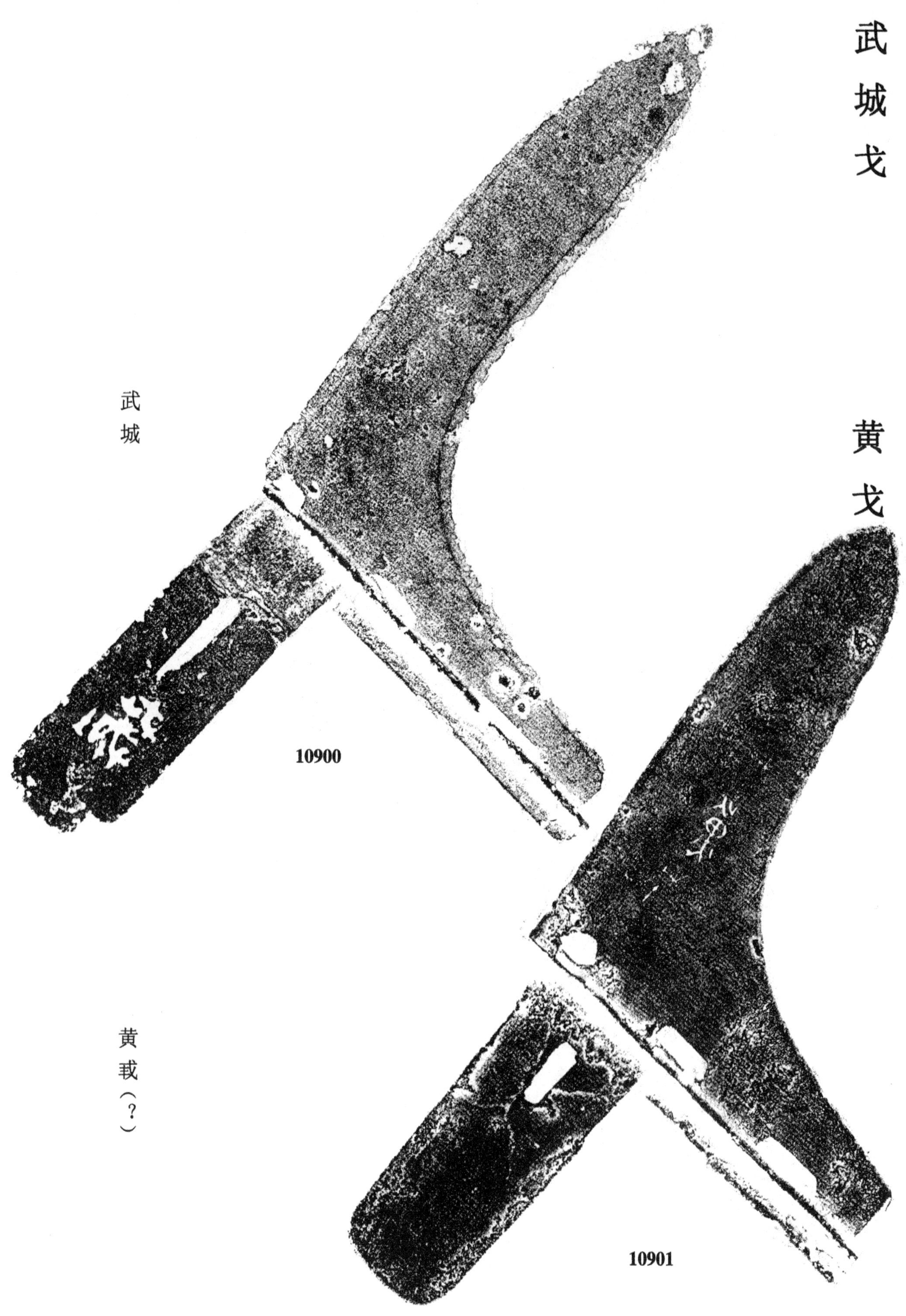

武城

10900

黄戟（？）

10901

郏戈

郏戈

10902

□陽戈

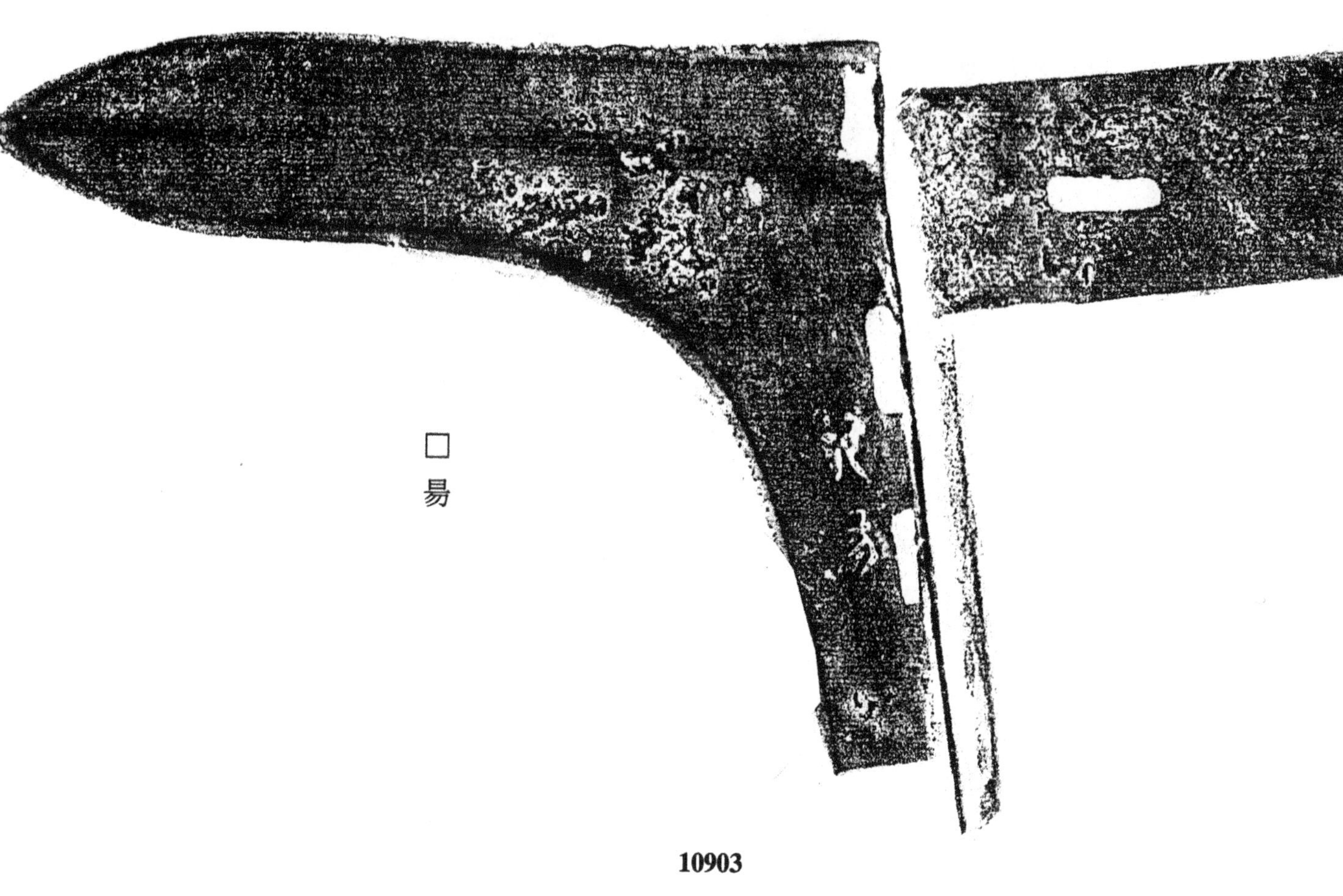

10903

徹子戈

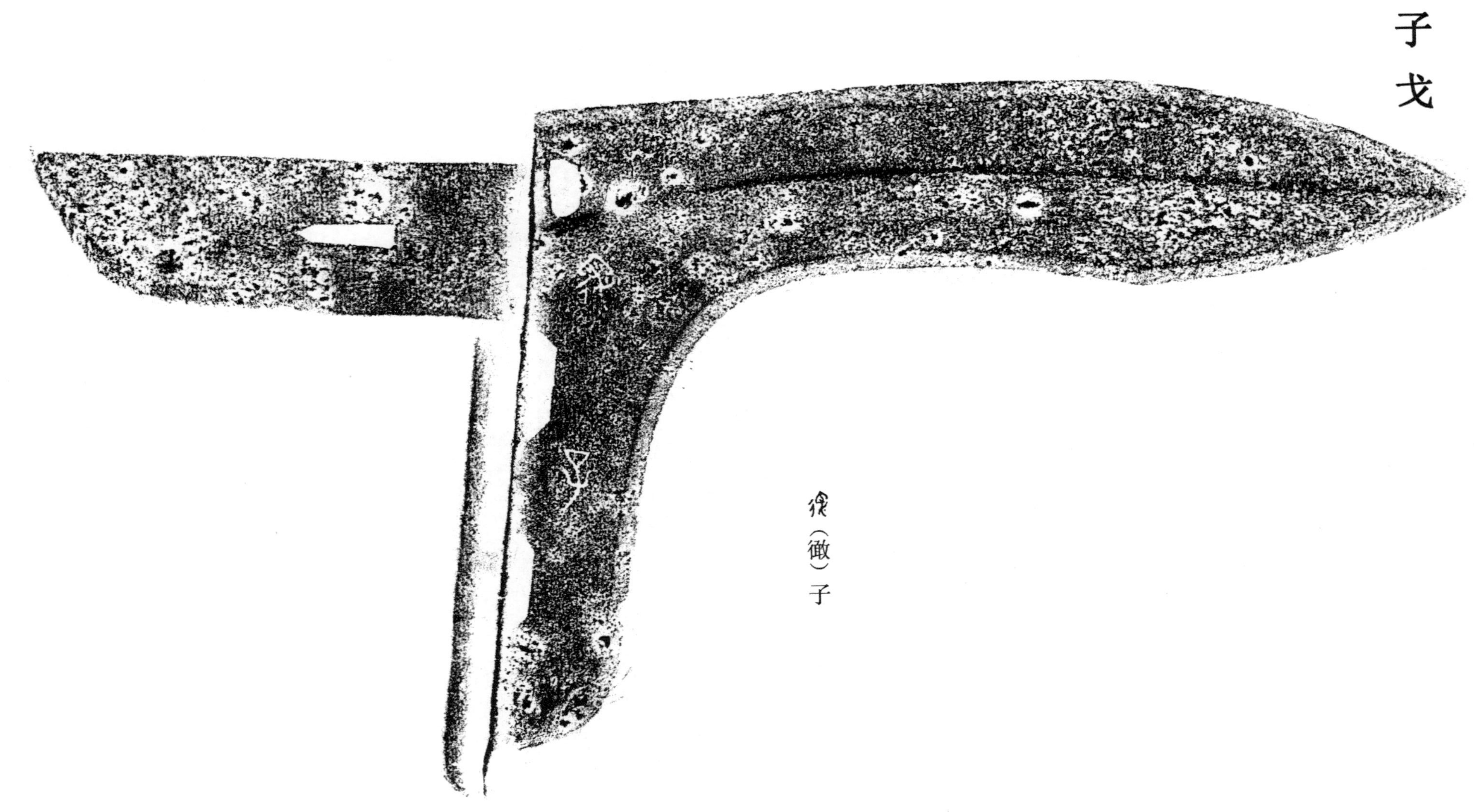

徹（徹）子

10904

[illegible]子戈

[illegible]（微）子

10905

中都戈

中都

10906

鄴戈

鄴（鄴）戈

10907

武陽戈

武陽

10908

𢼸戈

周輿

10909

玄翏戈

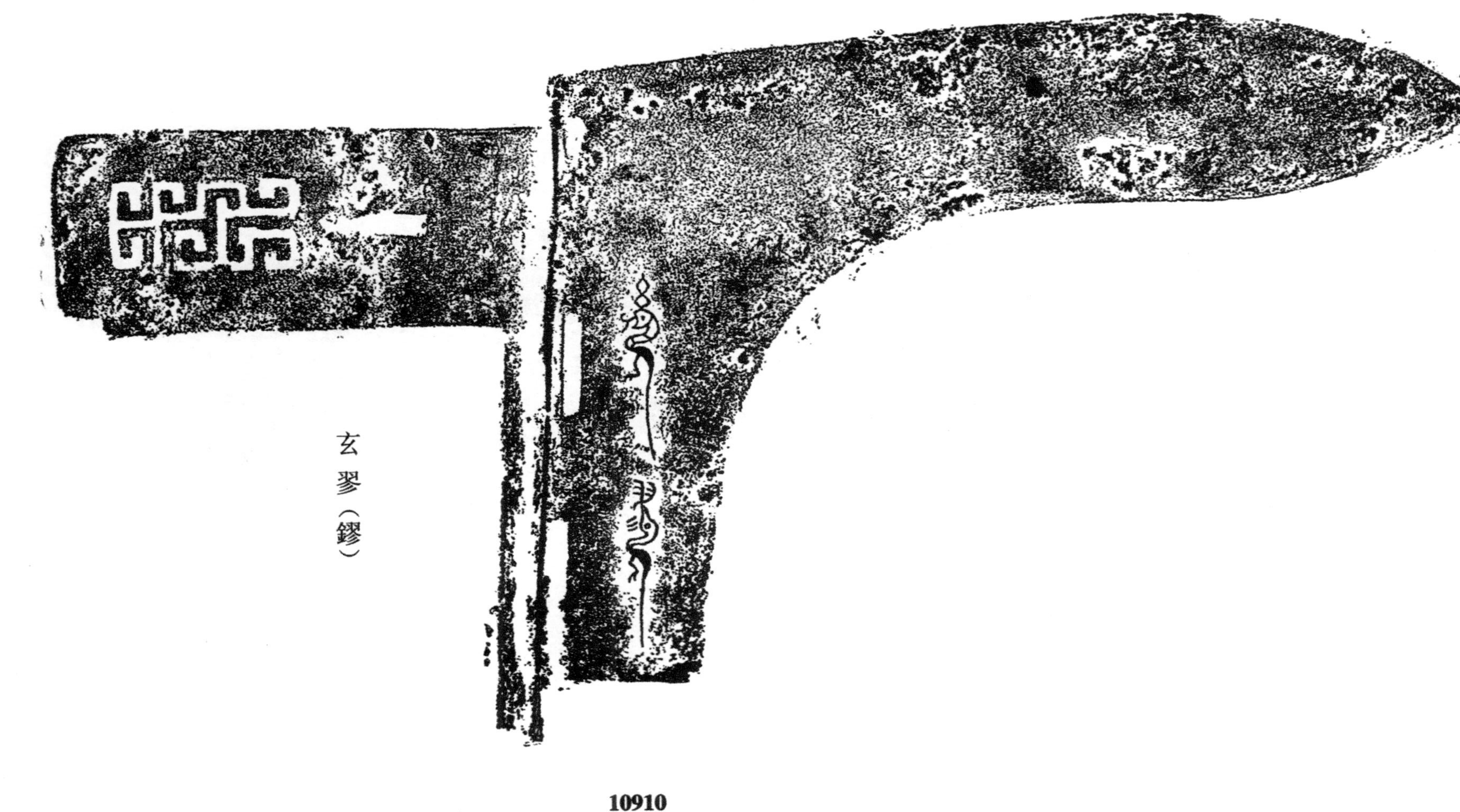

玄翏（鏐）

10910

玄翏戈

10911

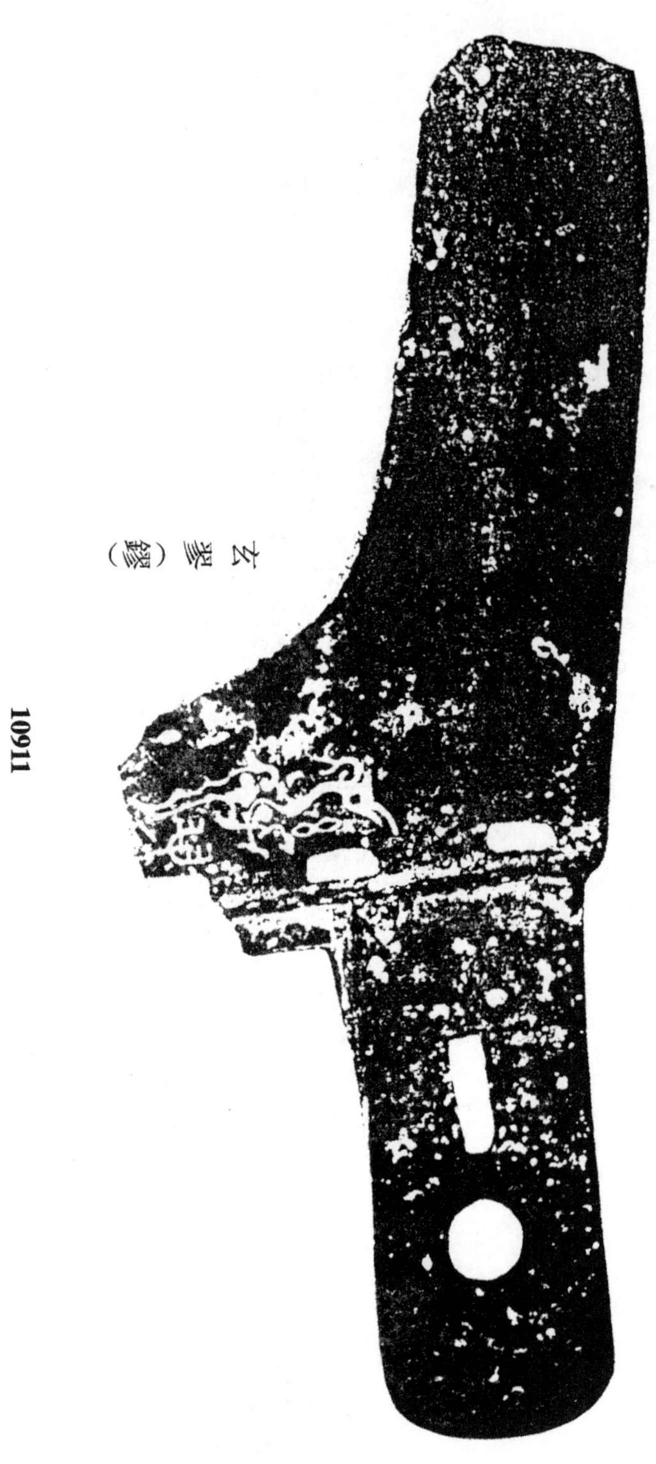

玄翏（鏐）

邮鳥戈

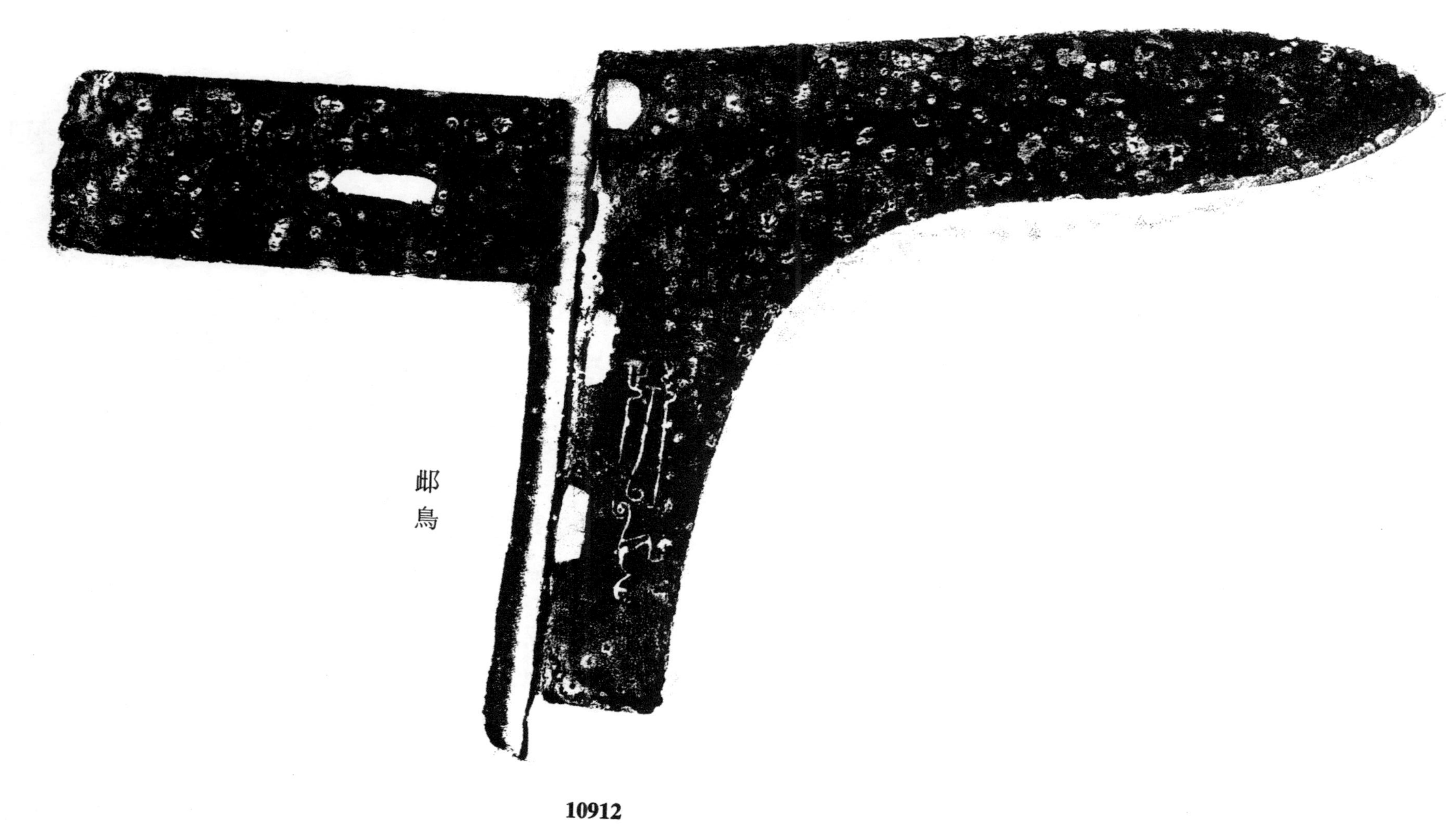

邮鳥

10912

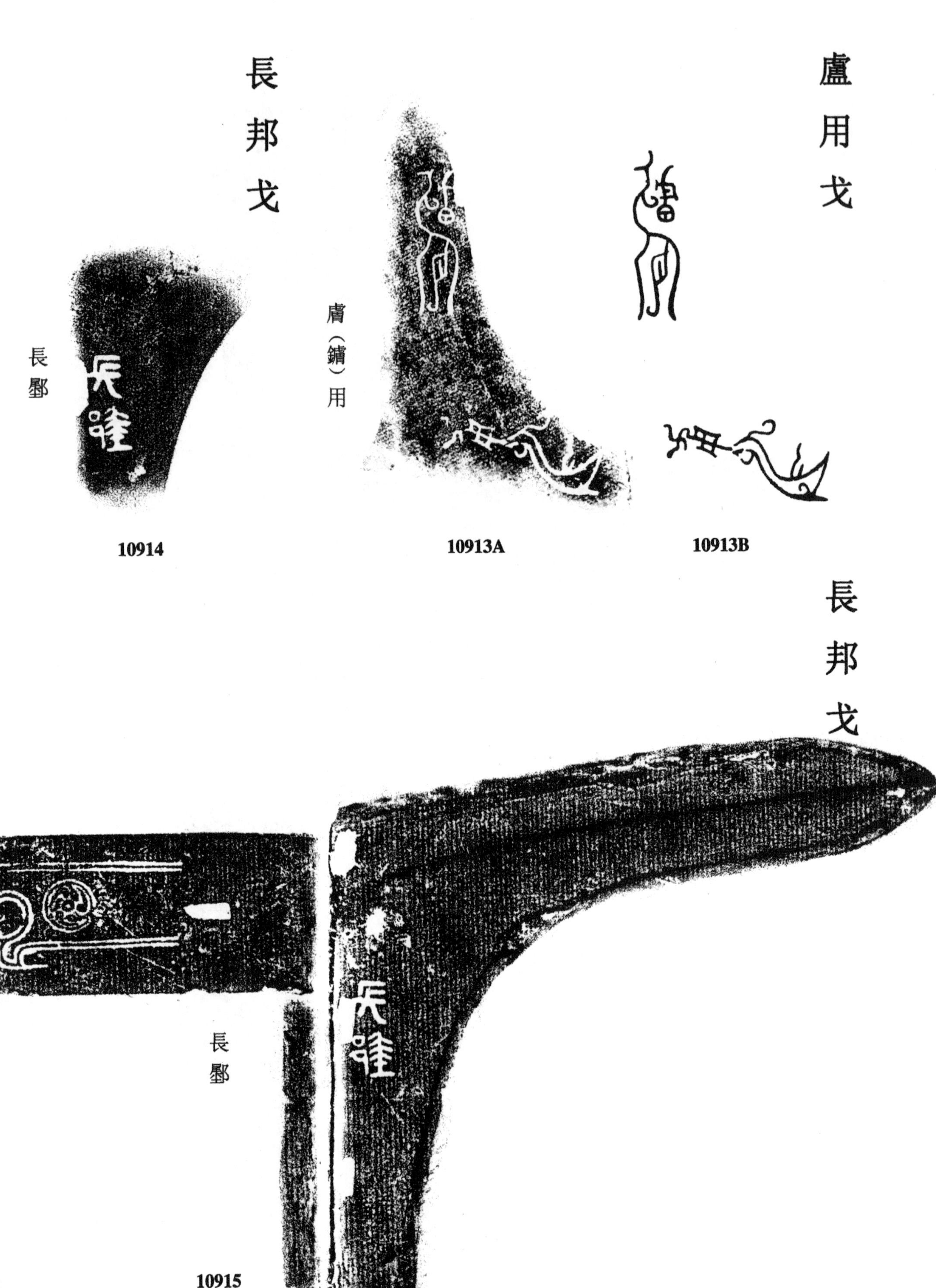

10914

10913A

10913B

10915

5810

陽犷戈

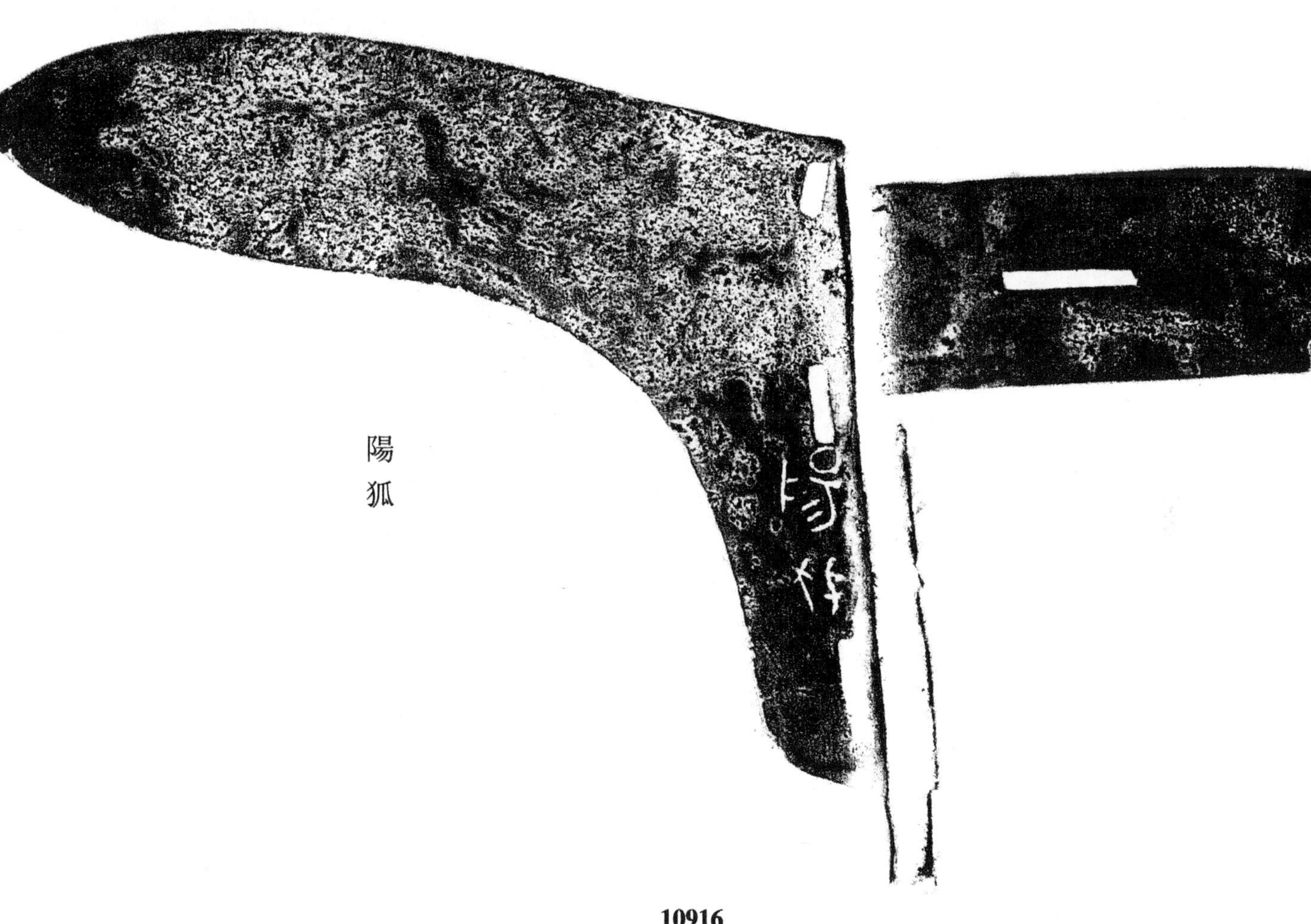

陽狐

10916

鑯鎛戈

鑯鎛

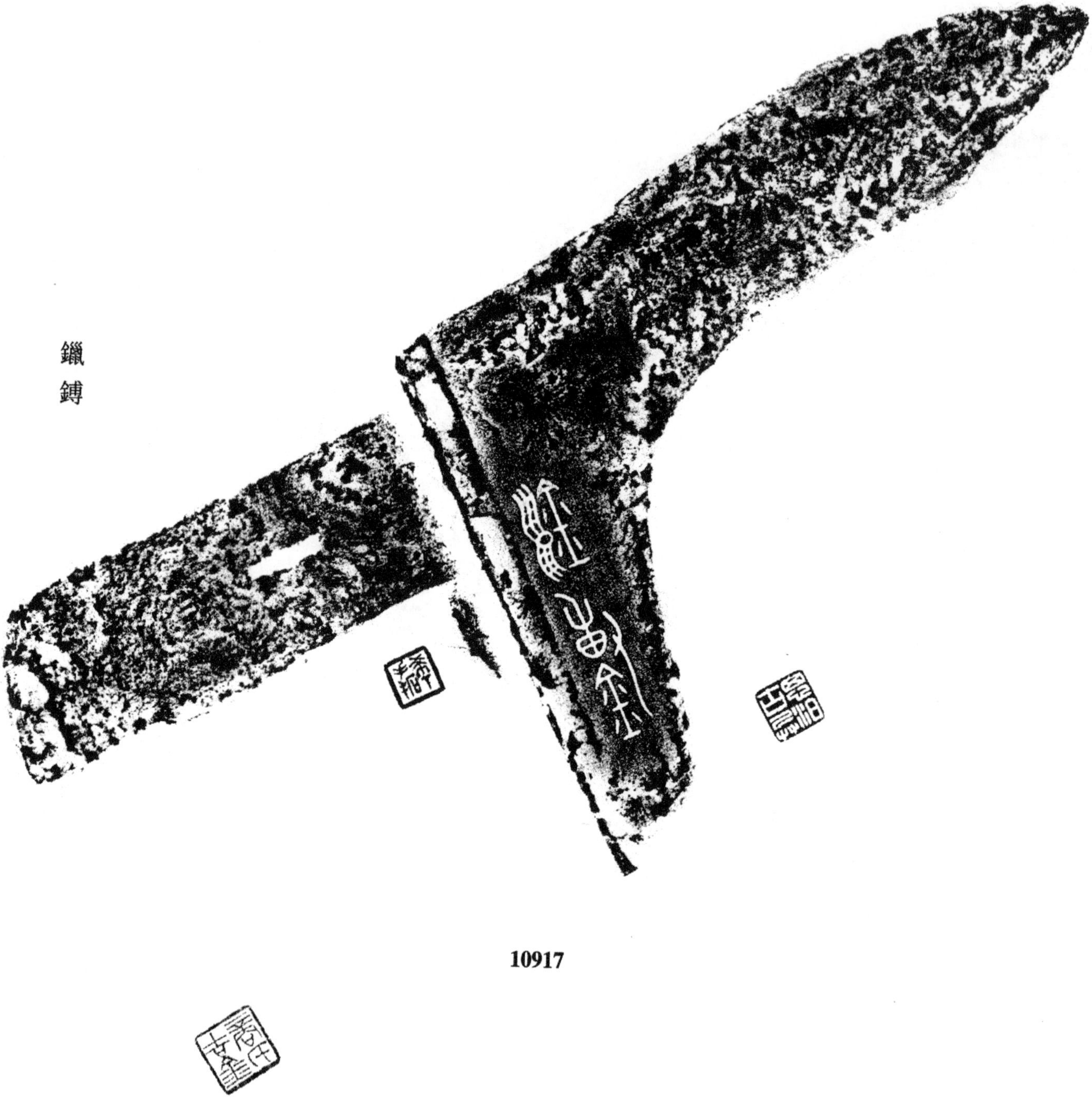

10917

建陽戈

吳庫戈

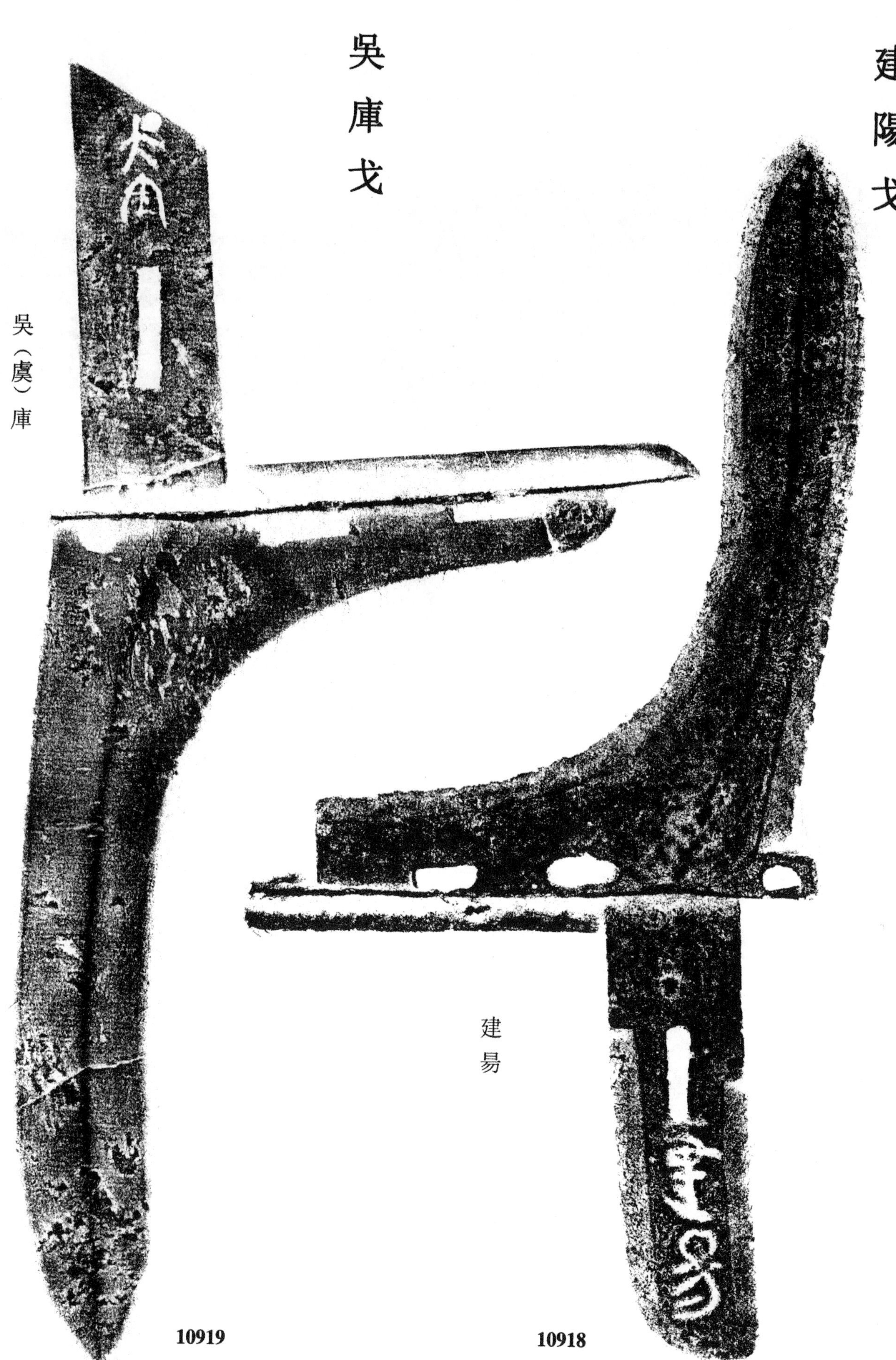

吳（虞）庫

10919

建昜

10918

晉陽戈

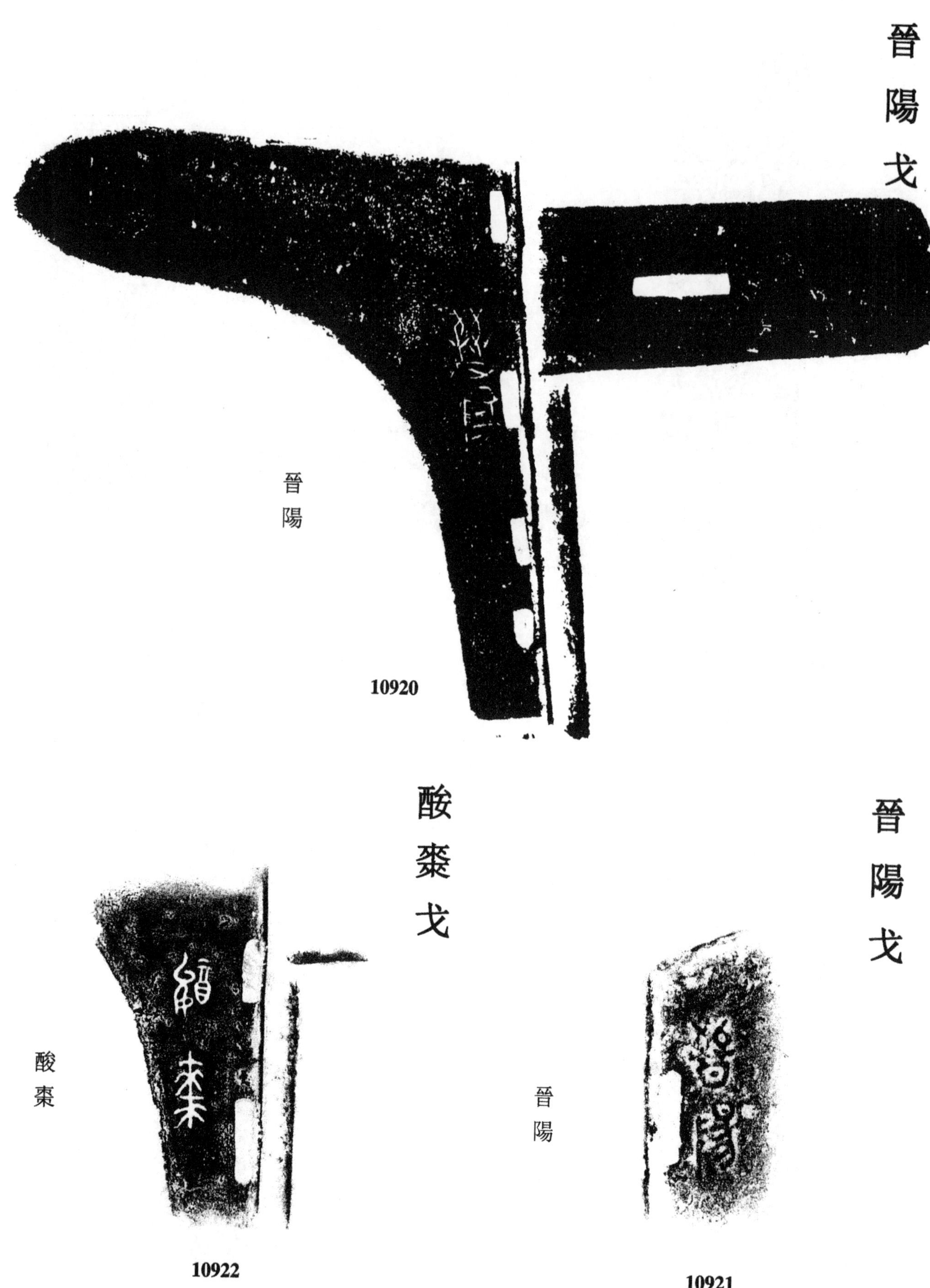

晉陽

10920

酸棗戈

酸棗

10922

晉陽戈

晉陽

10921

阿武戈

阿武

10923

陲坴戈

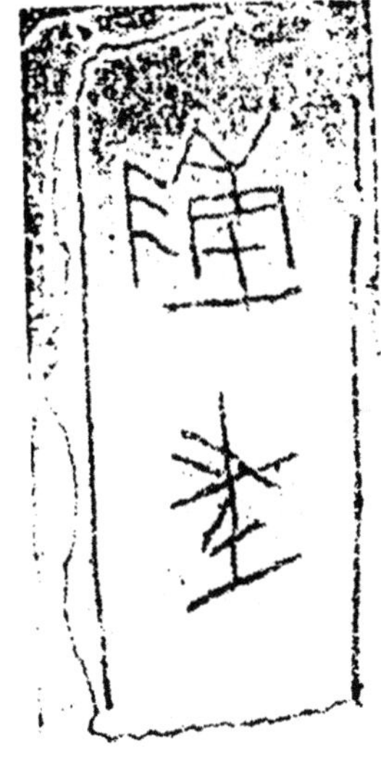

陳坴(往)

10924

平陸戈

平陸

10925

平陸戈

平陸

10926

武安戈

武安

10928

屯留戈

屯留

10927

閼與戈

閼與

10929

左稟戈

左稟（廩）

10930

渾左戈

渾（鄆）左

10932

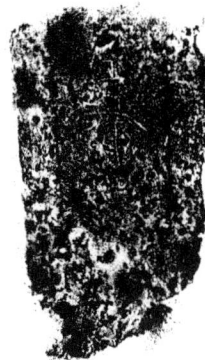

左軍戈

左軍

10931B

10931A

右庫戈

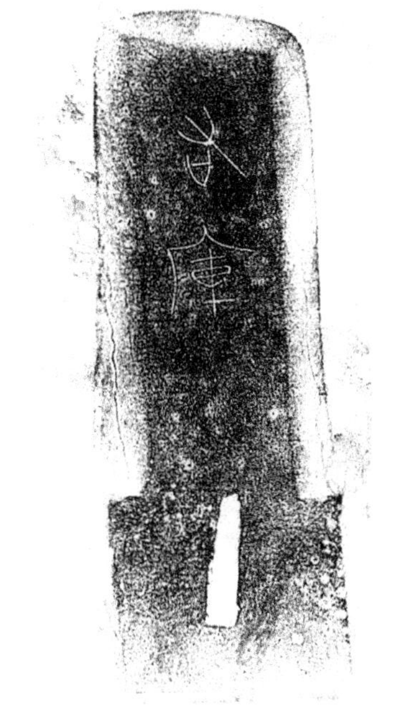

右庫

10933

江魚戈

10934B

10934A

漆垣戈

漆垣

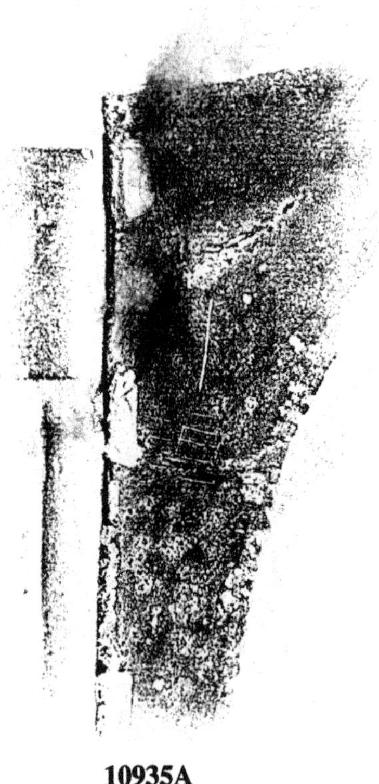

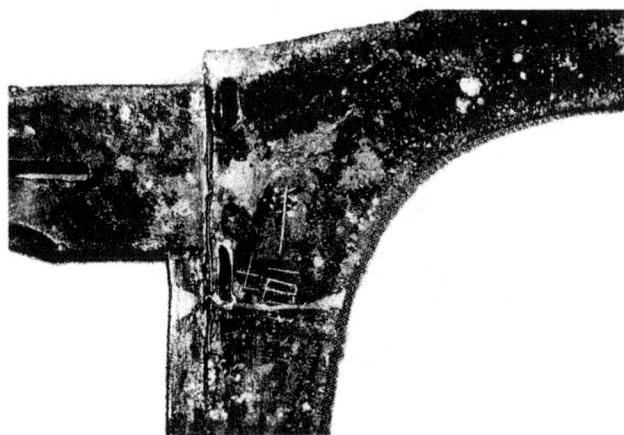

10935A

10935B

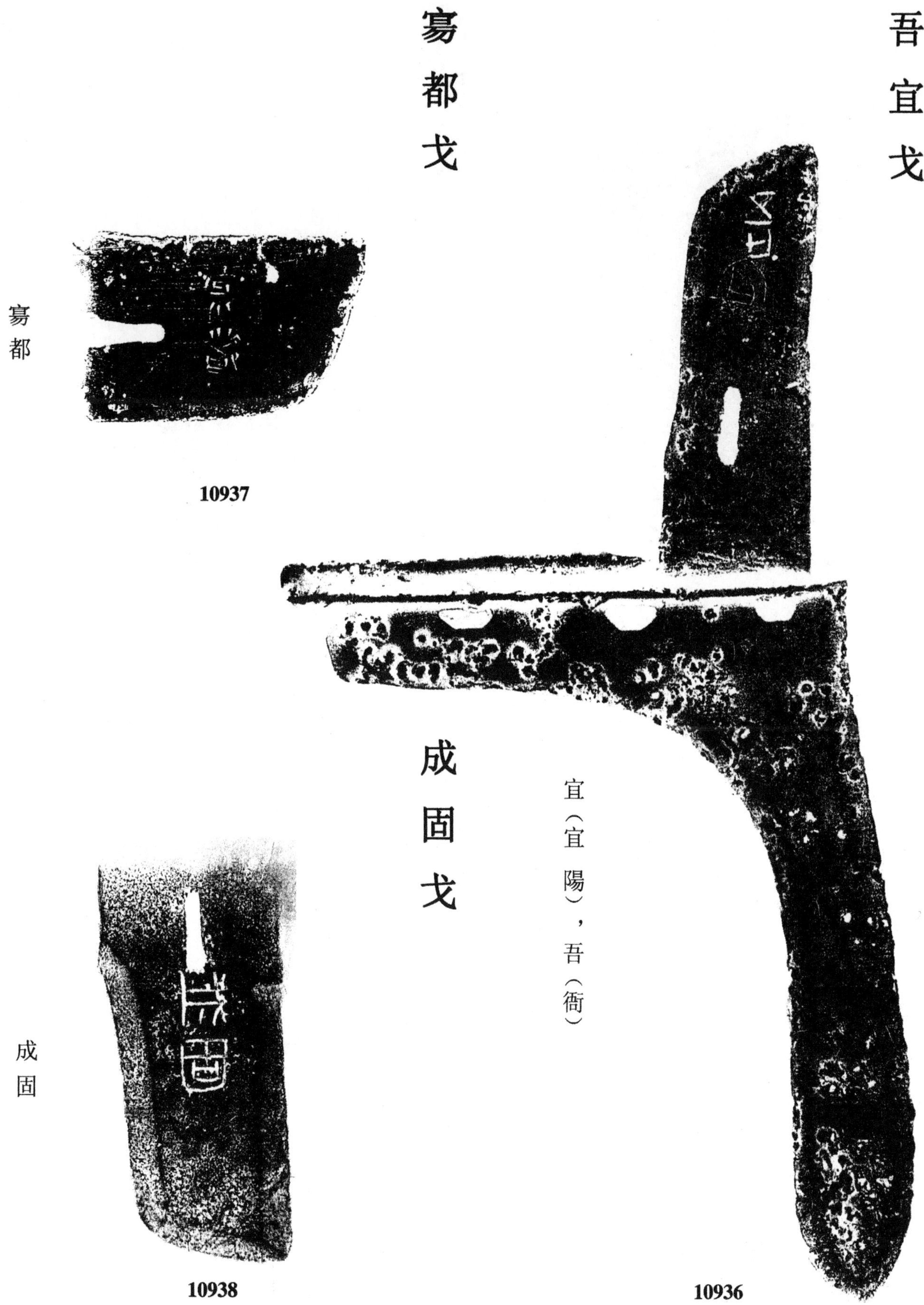

吾宜戈

宜（宜陽），吾（衙）

10936

寡都戈

寡都

10937

成固戈

成固

10938

成固戈

成固戈

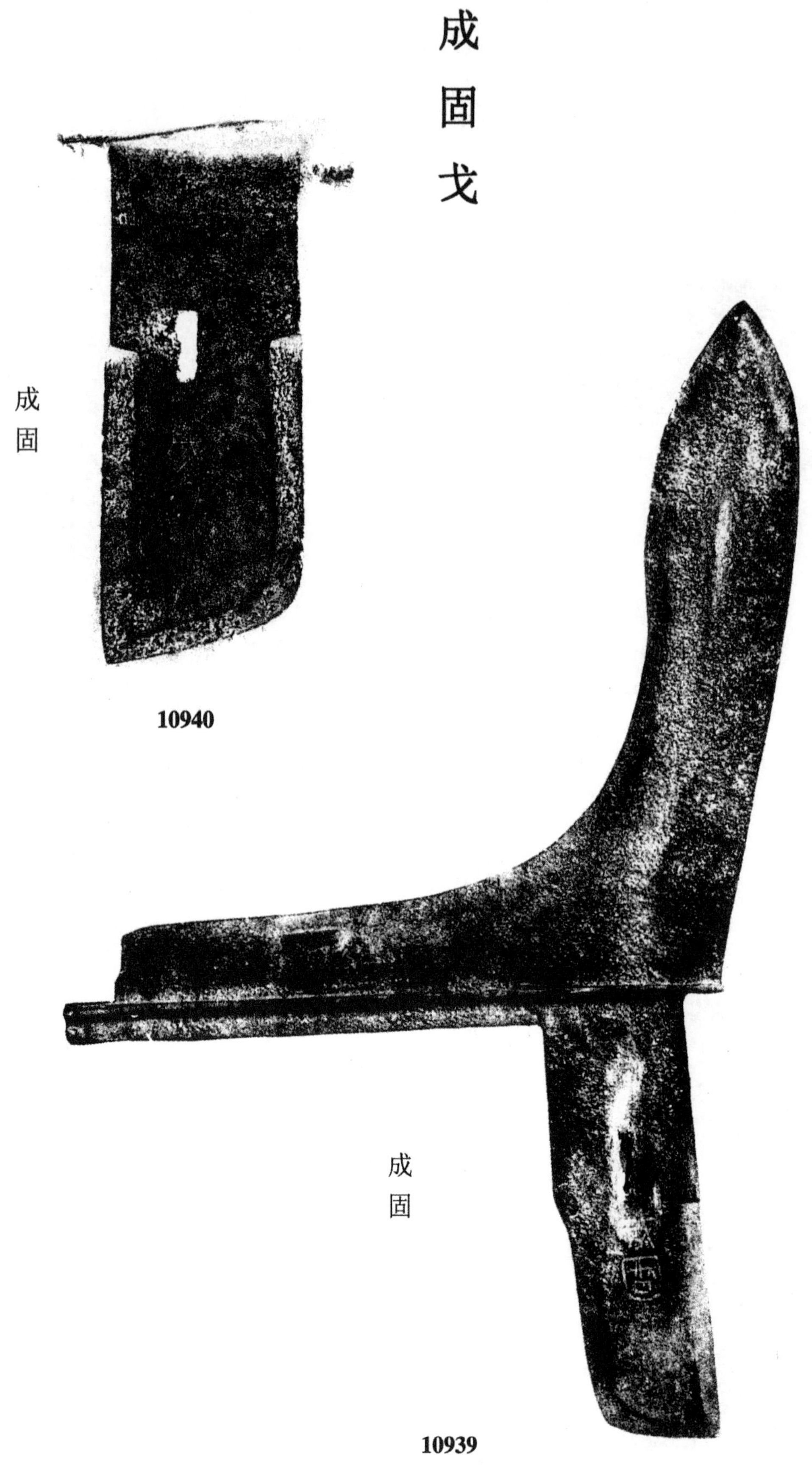

成固

10940

成固

10939

冶瘍戈

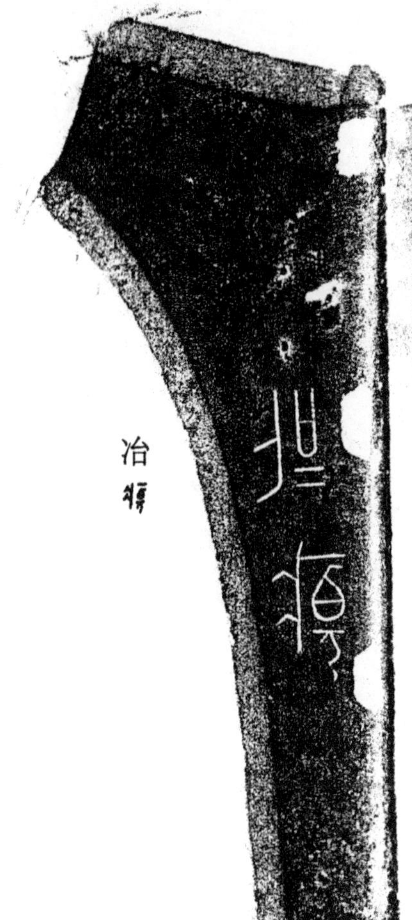
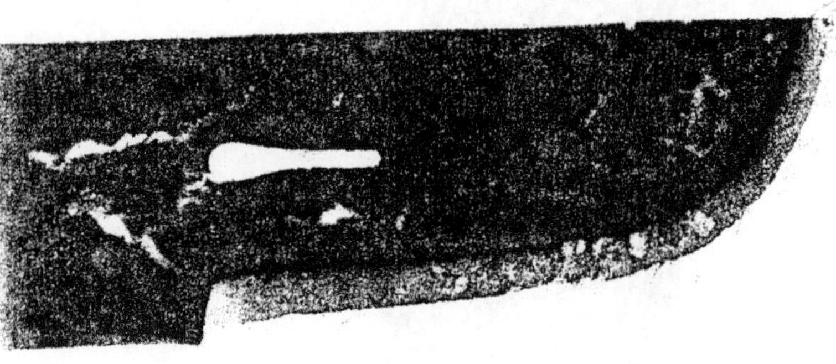

冶瘍

10941

郾王戈

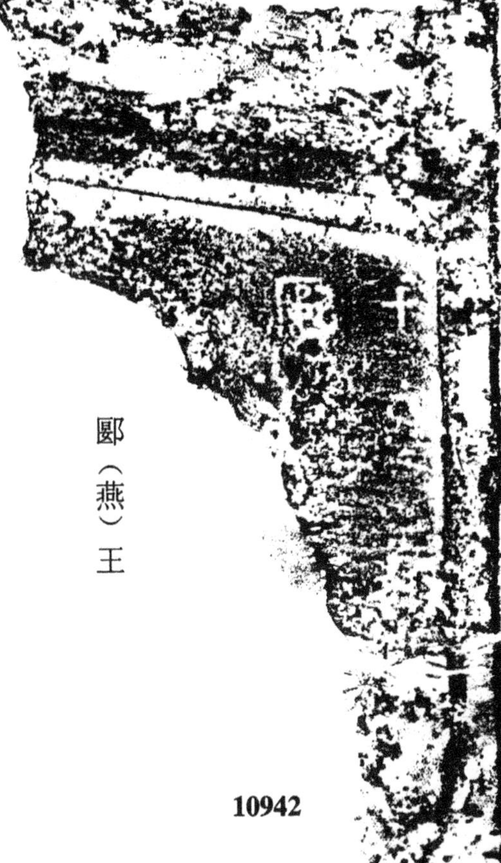

郾（燕）王

10942

5821

守陽戈

守昜

10943

5822

右卯戈

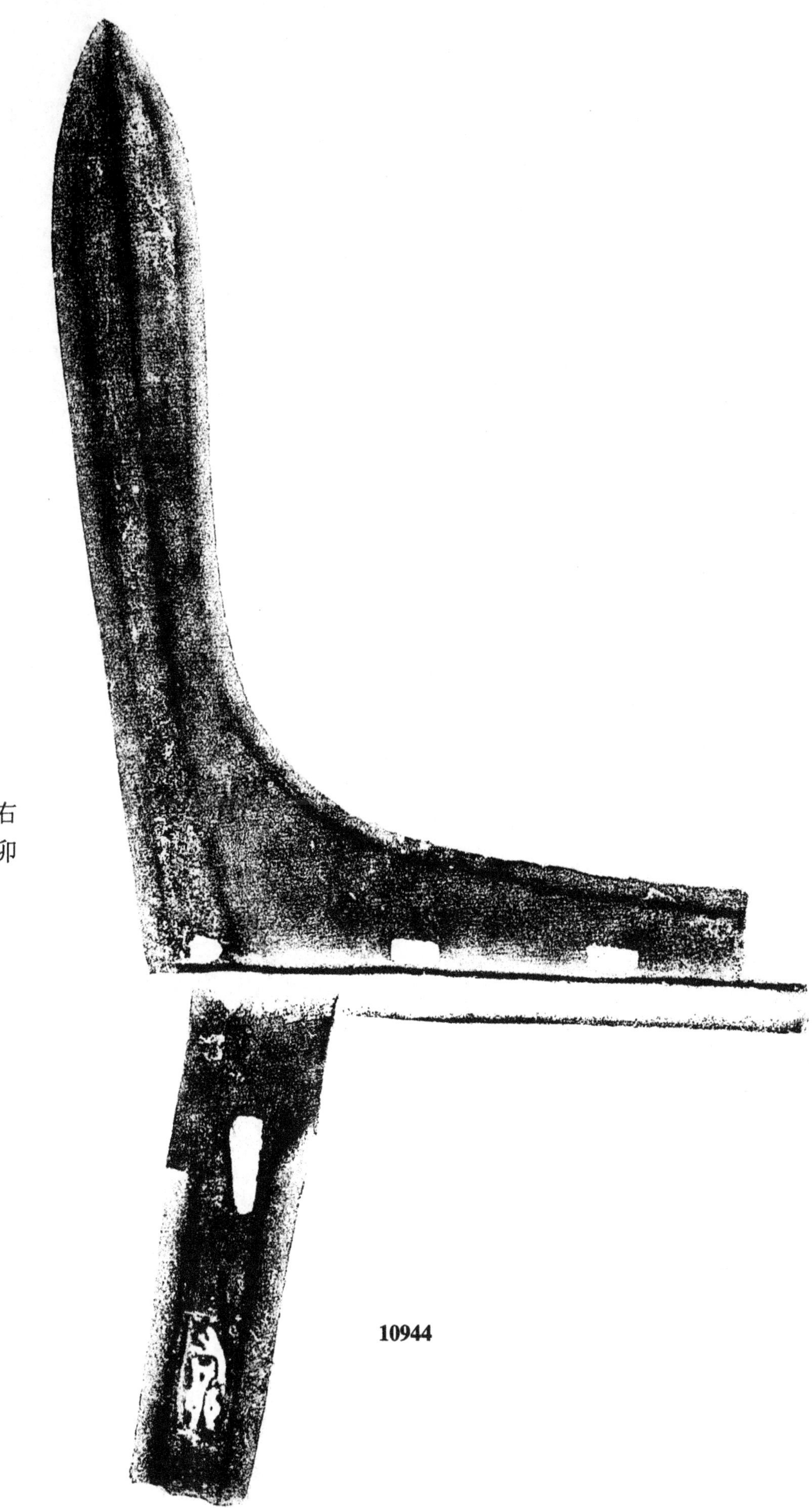
右卯

10944

陽右戈

陽右

10945

5824

敹亞又戈

亞又（右）敹

10946.1

10946.2

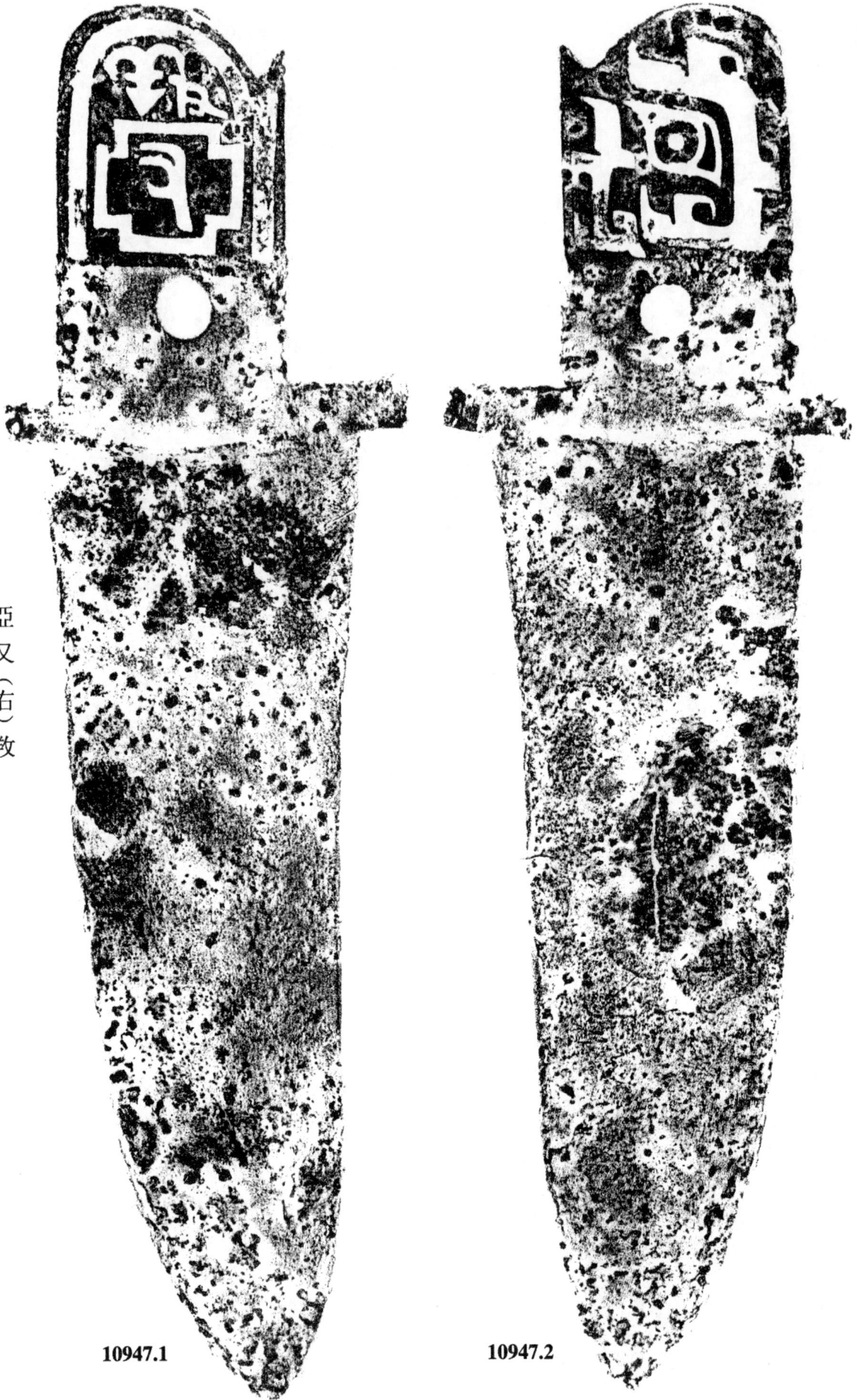

𢽈亞又戈

亞又（右）𢽈

10947.1

10947.2

敎亞又戈

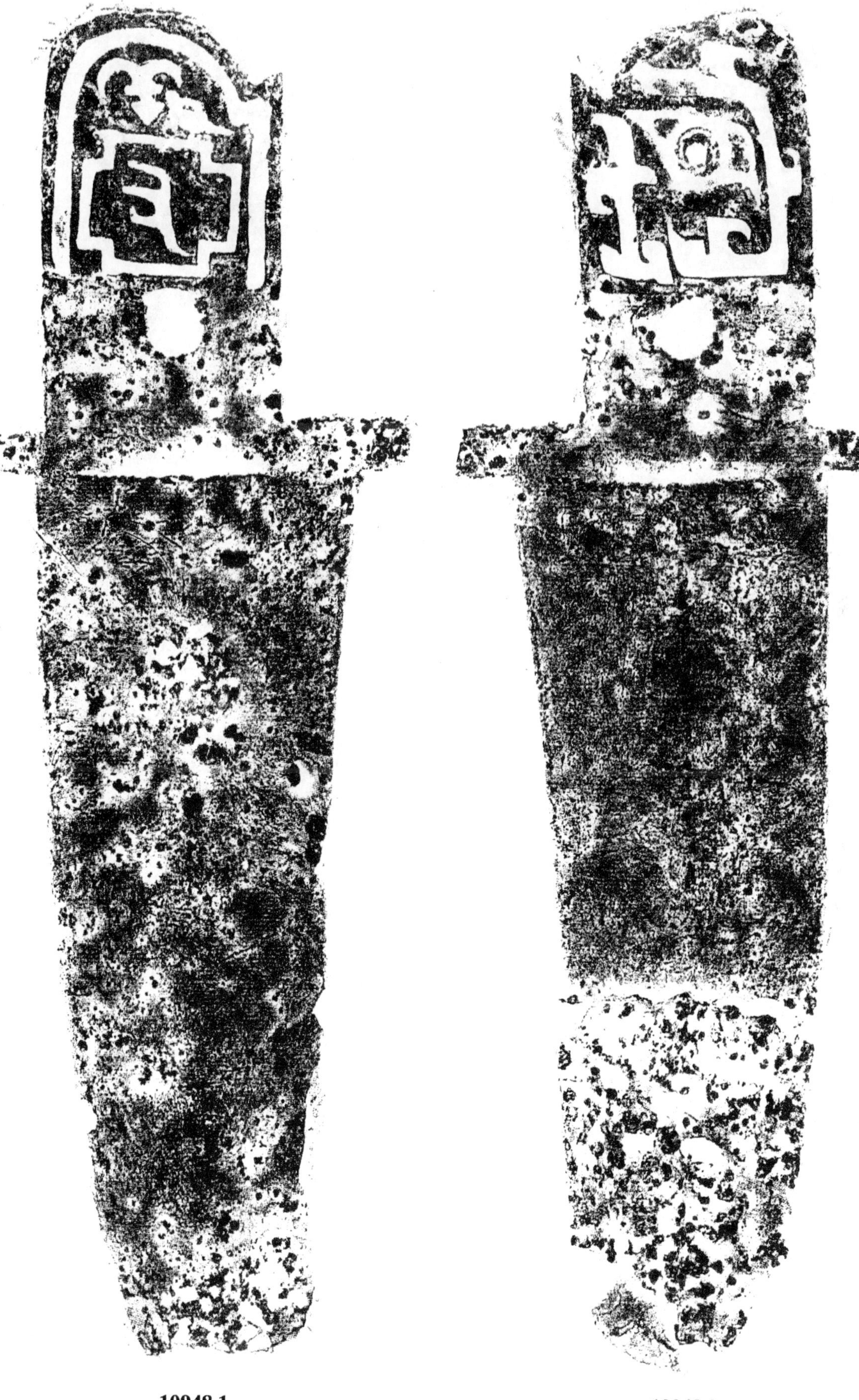

亞又（右）敎

10948.1

10948.2

敄亞又戈

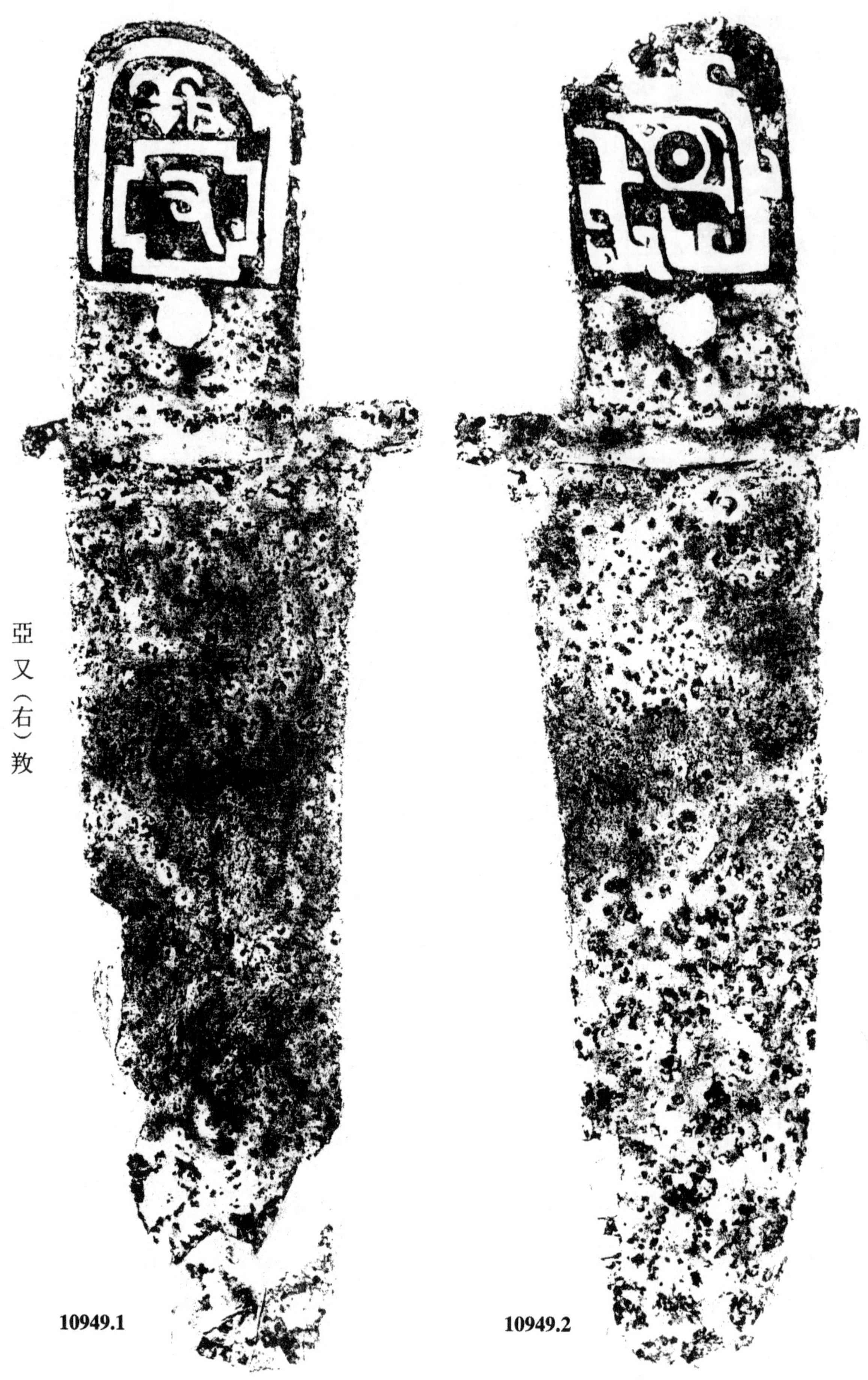

亞又（右）敄

10949.1

10949.2

敉亞又戈

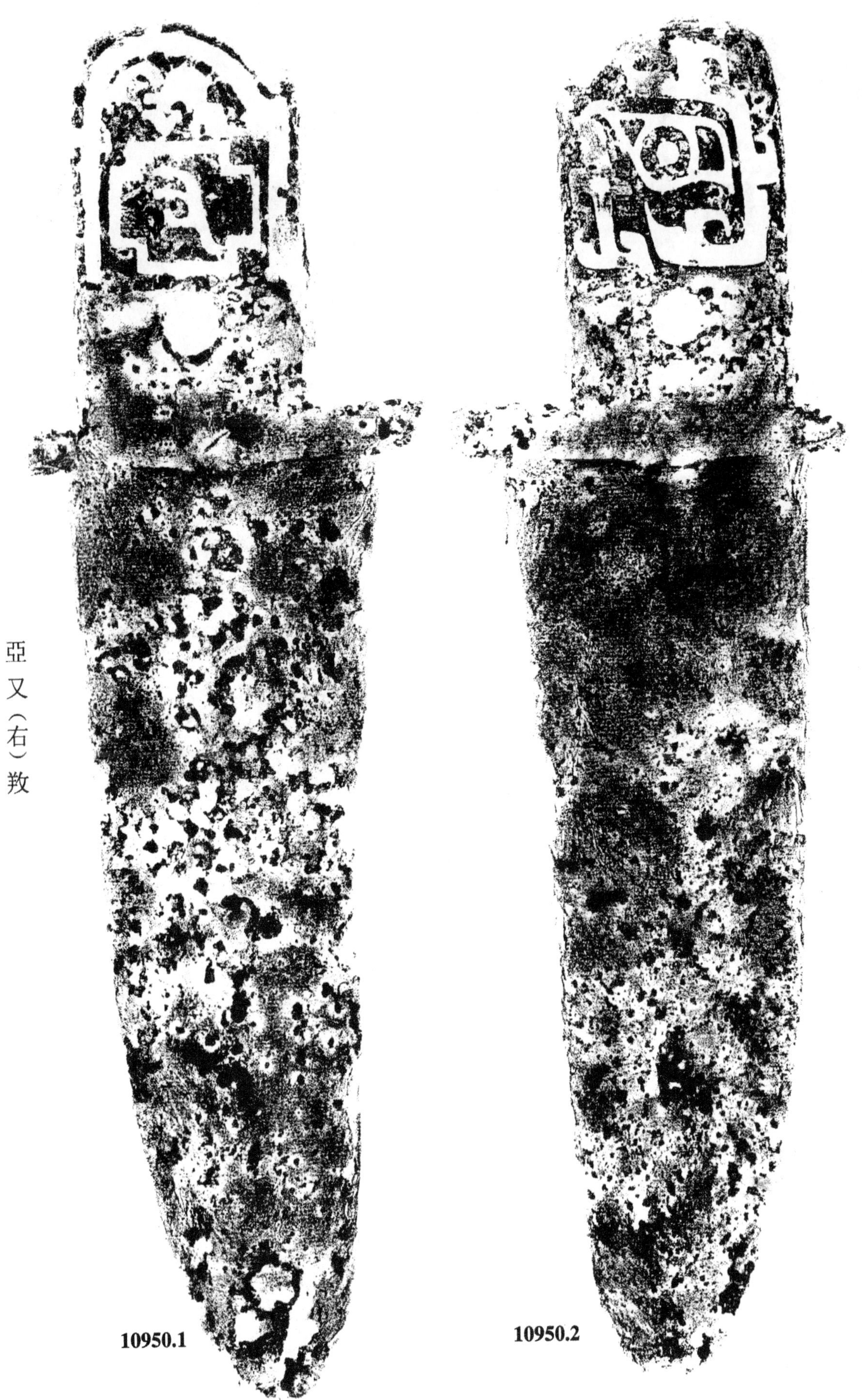

亞又（右）敉

10950.1

10950.2

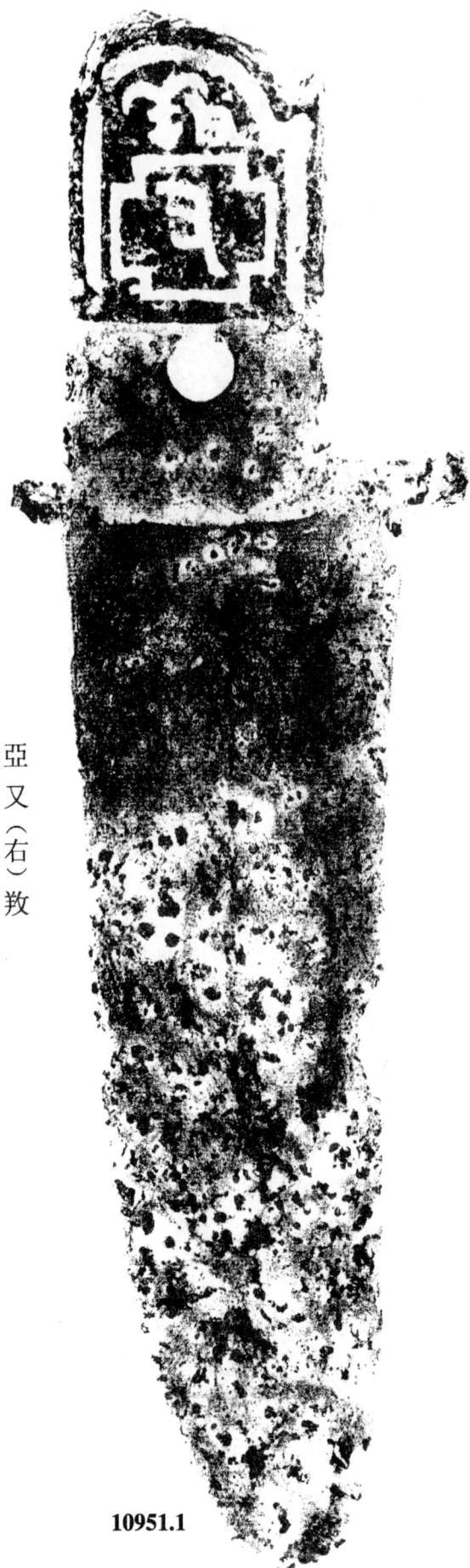

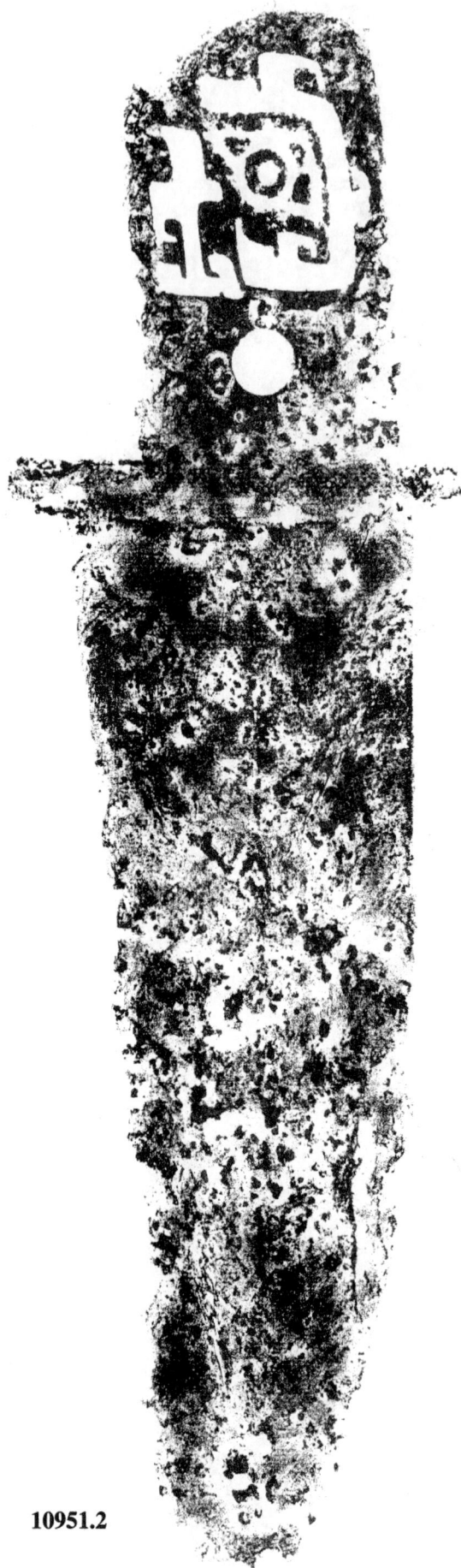

斆亞又戈

亞又(右)斆

10951.1

10951.2

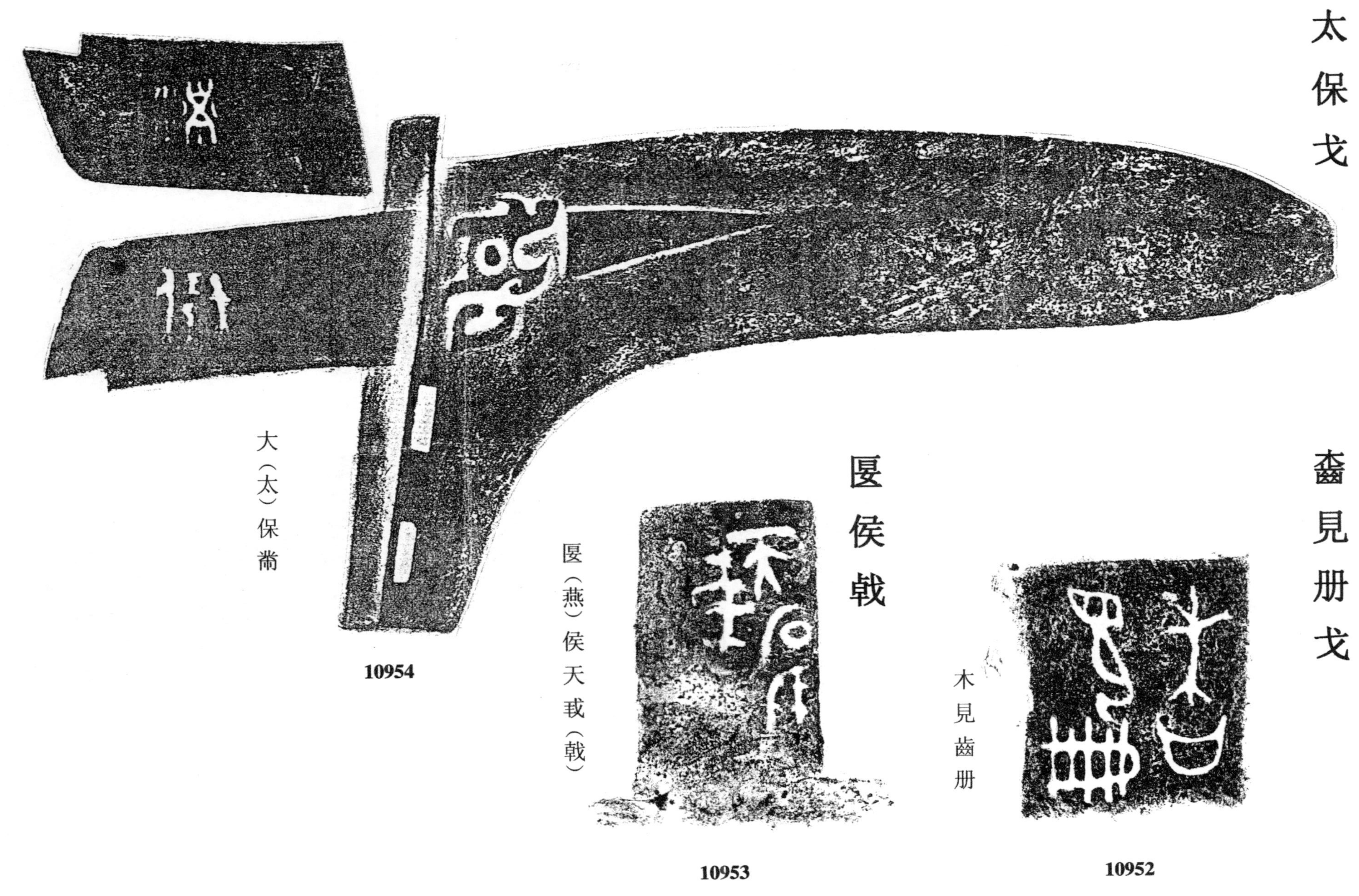

太保戈

大（太）保𦊱

10954

匽侯戟

匽（燕）侯天戟（戟）

10953

⿱木𠚕見册戈

木見齒册

10952

呂自戈

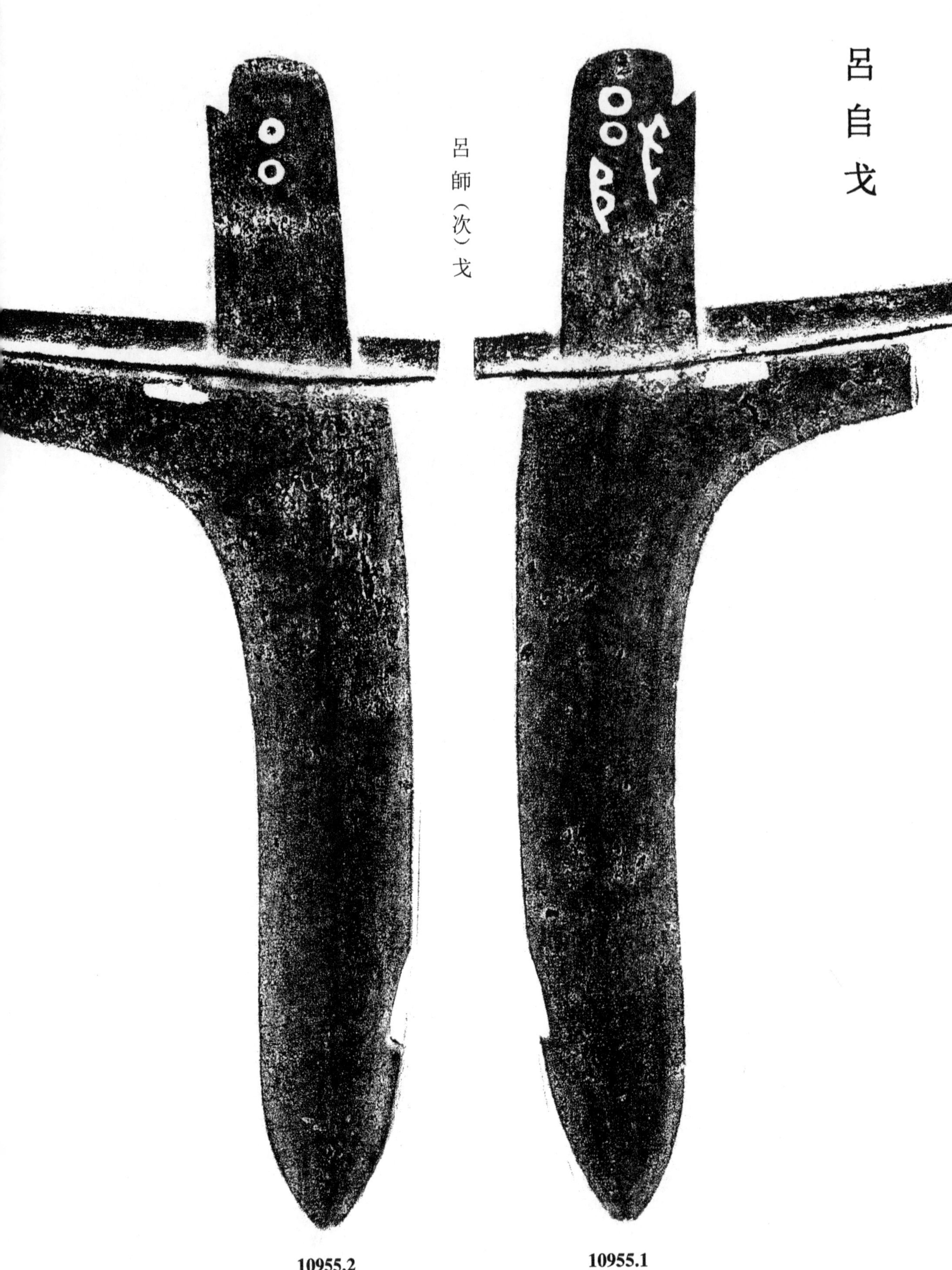

呂師（次）戈

10955.2

10955.1

交車戈

子車戈

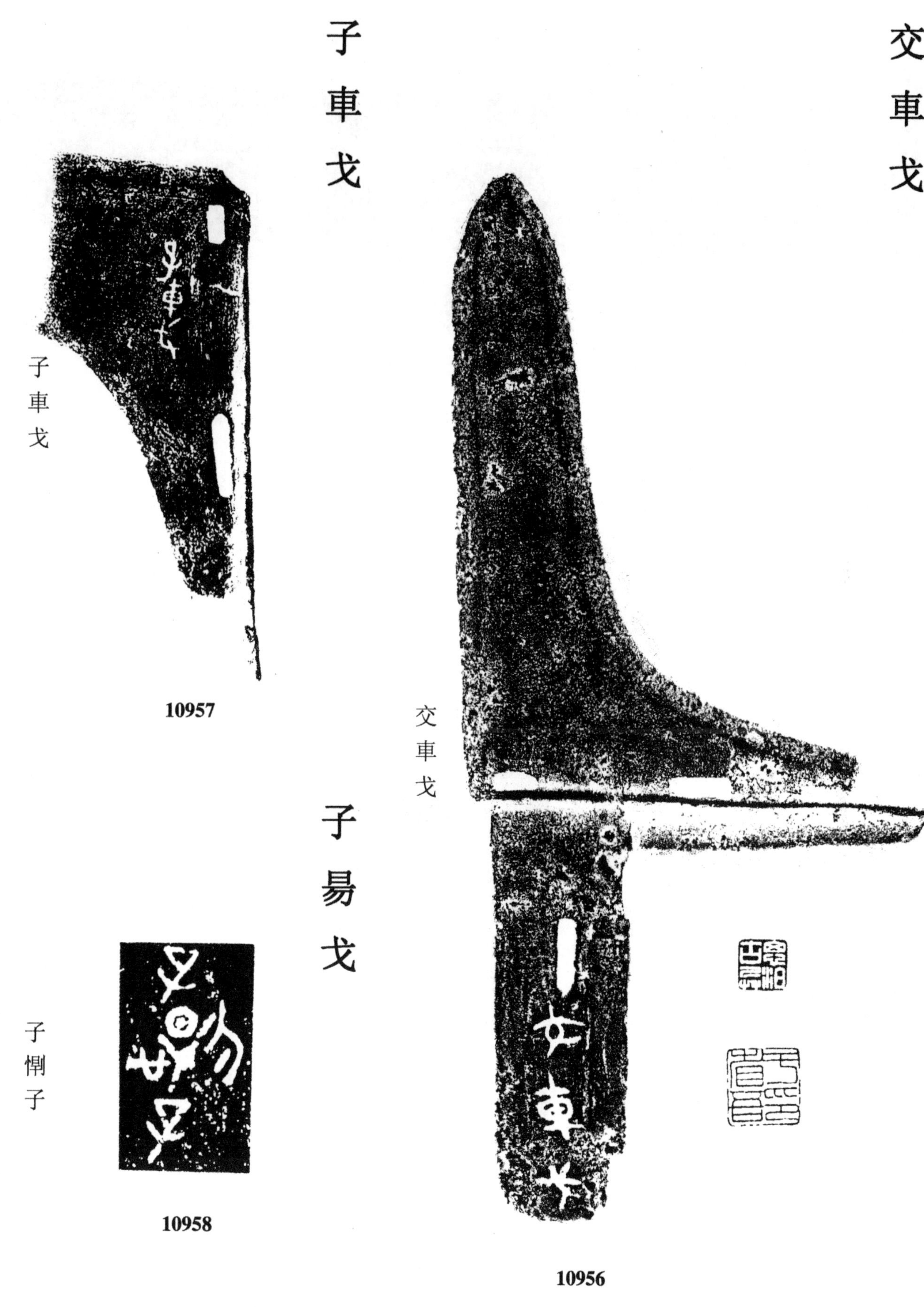

子車戈

10957

交車戈

10956

子昜戈

子惻子

10958

䜌左庫戈

戈銘

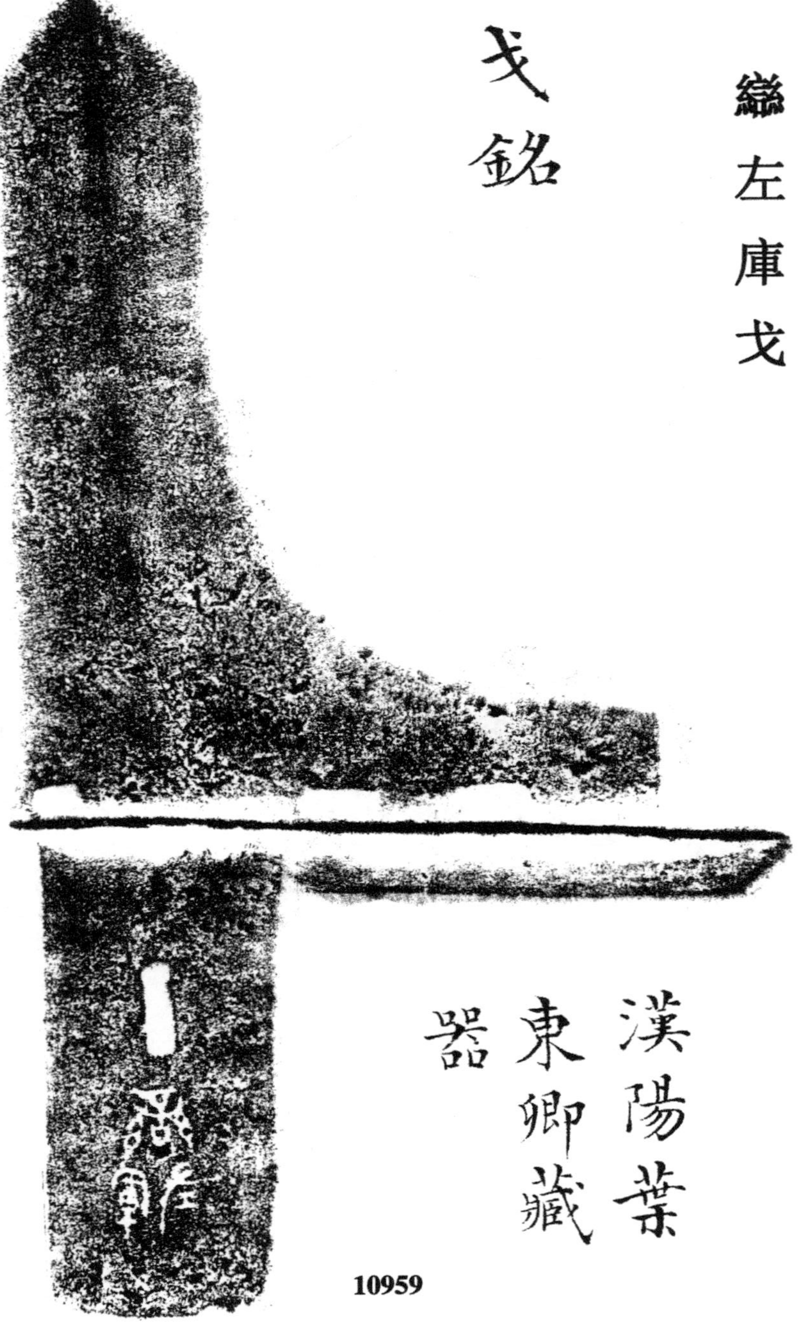

10959

䜌（欒）左庫

䜌左庫戈

10960

䜌（欒）左庫

高子戈

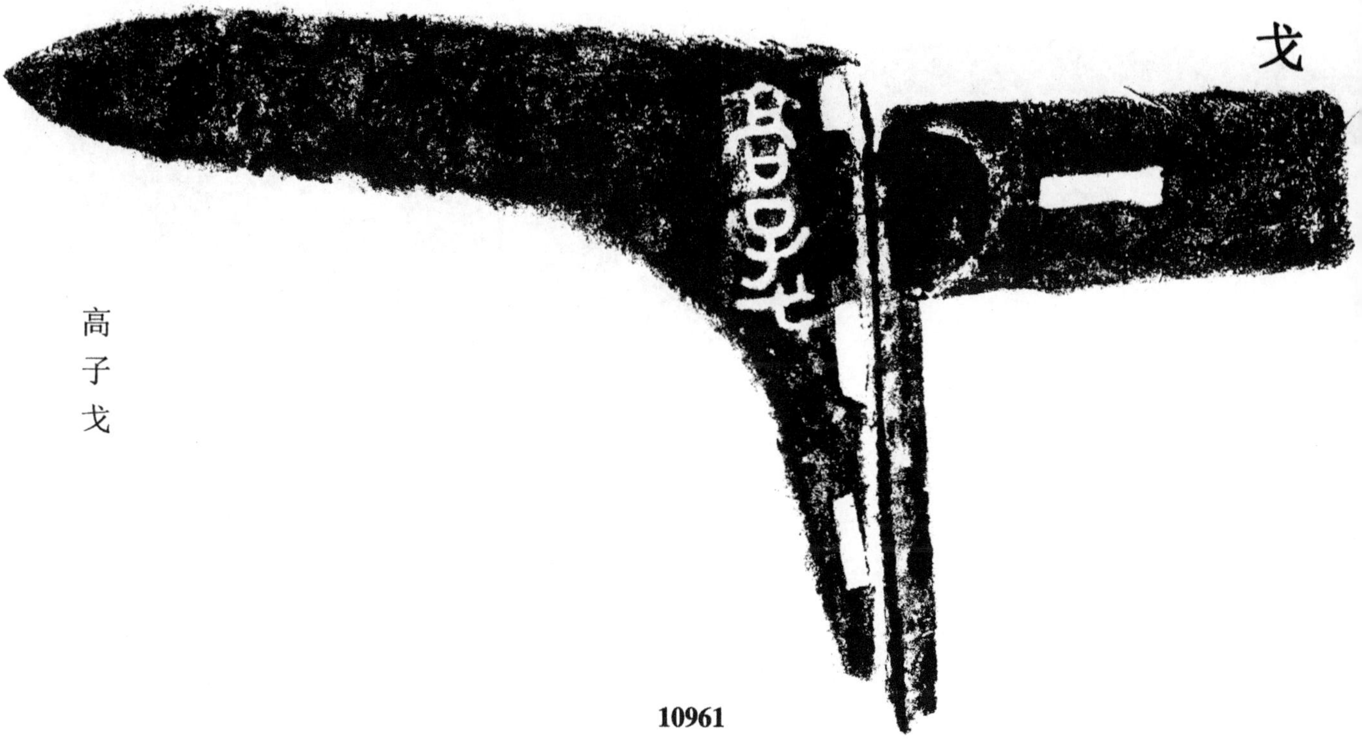

高子戈

10961

茙造戈

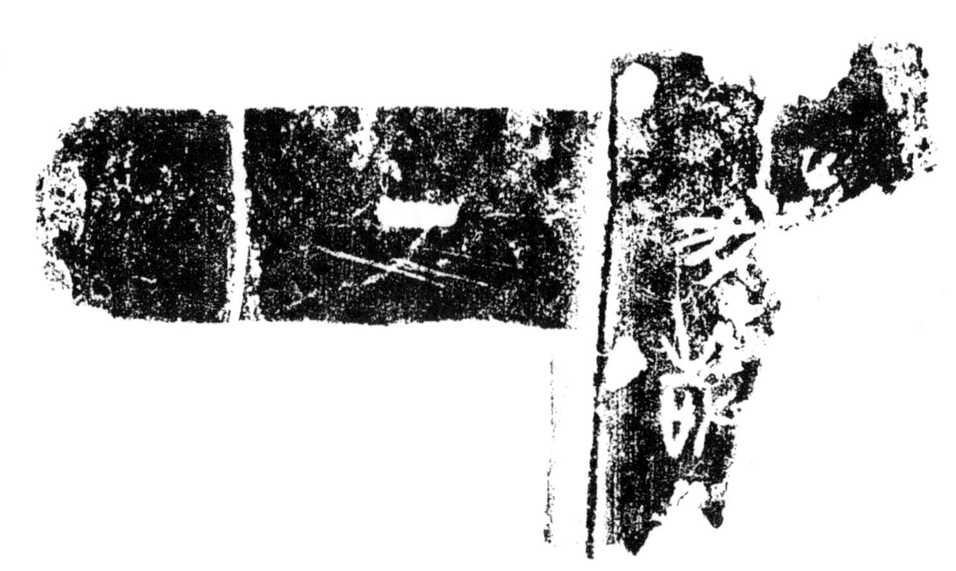

葴戠（造）戈

10962

陳散戈

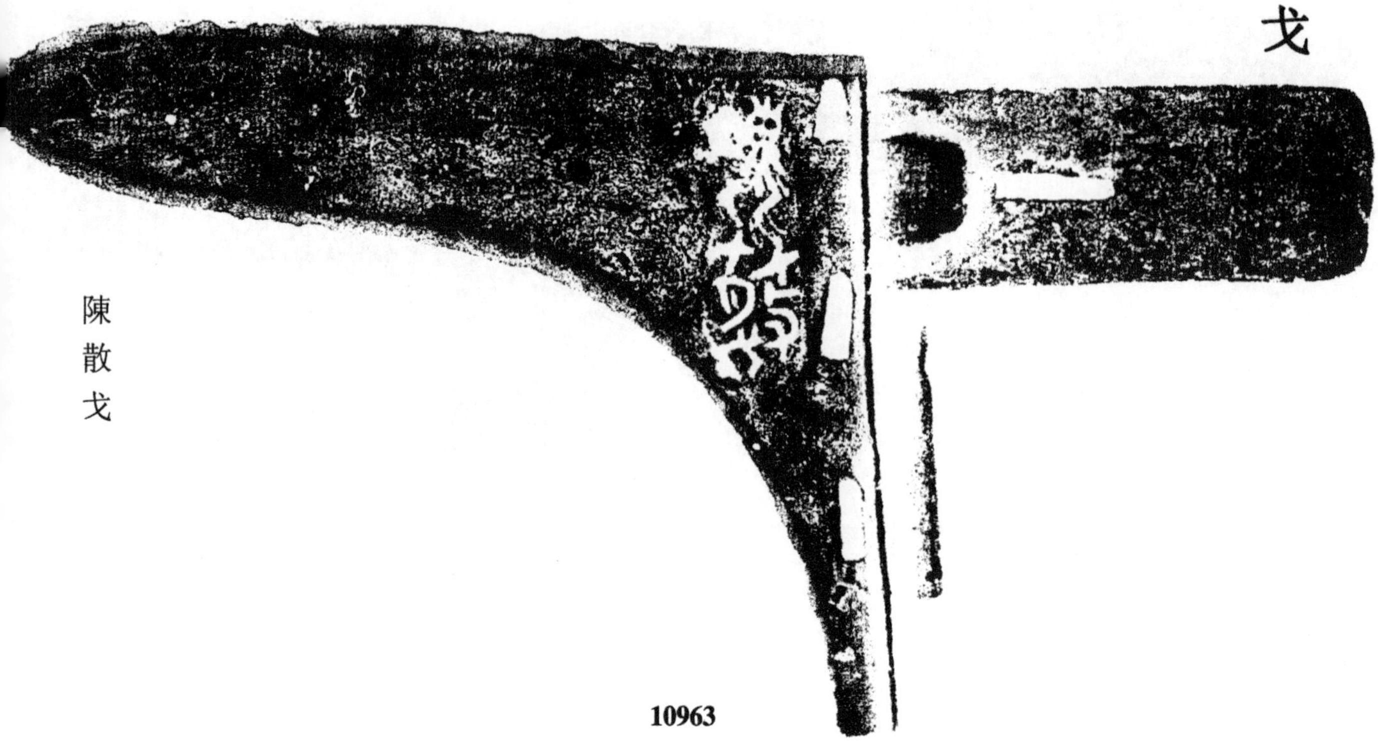

陳散戈

10963

陳□戈

陳冡邑

10964

攻□戈

武城戈

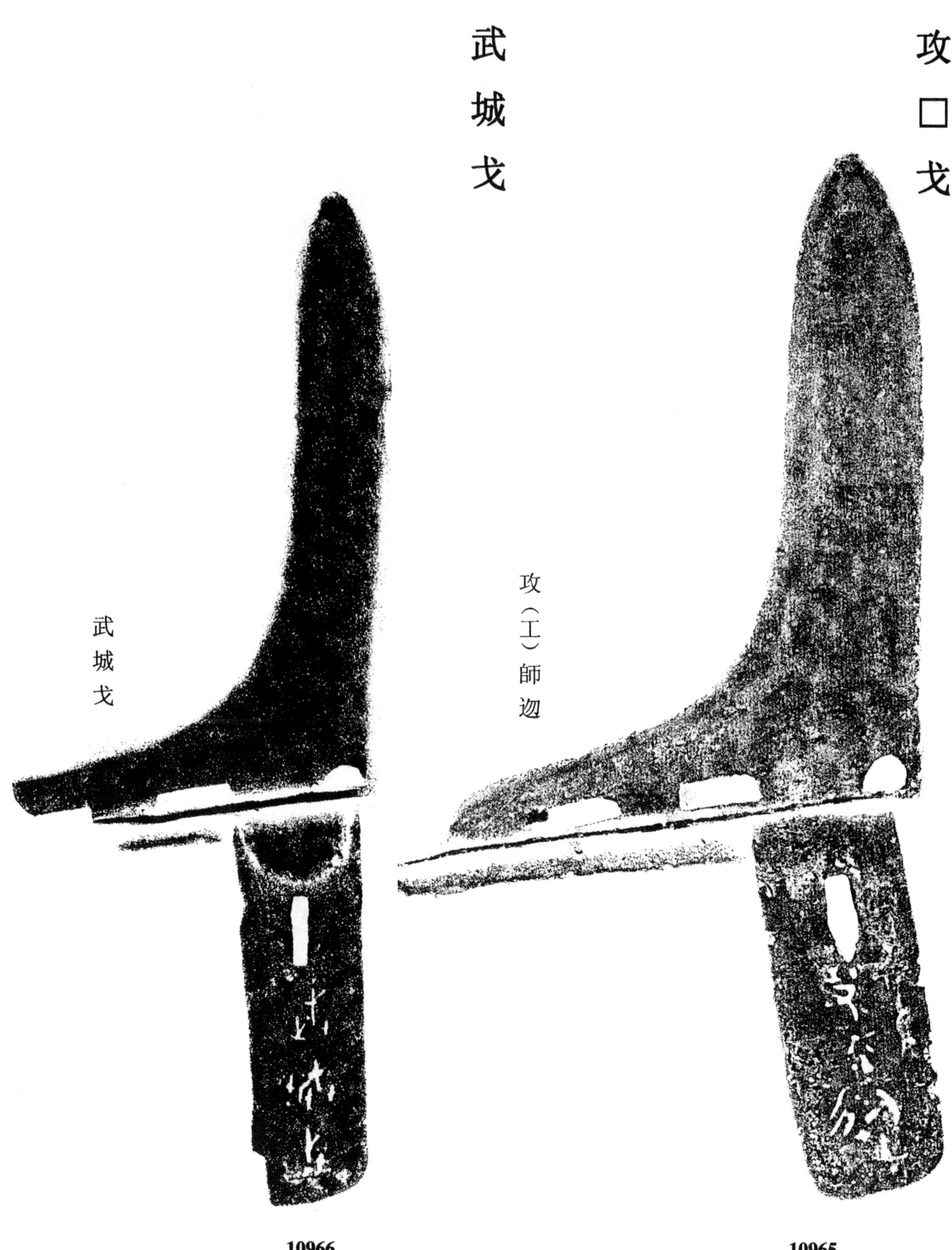

10966

10965

武城戟

武城戟

10967

左之造戈

左之䑵（造）

10968

郘右庭戈

郘右庭（庭、庴、廂）

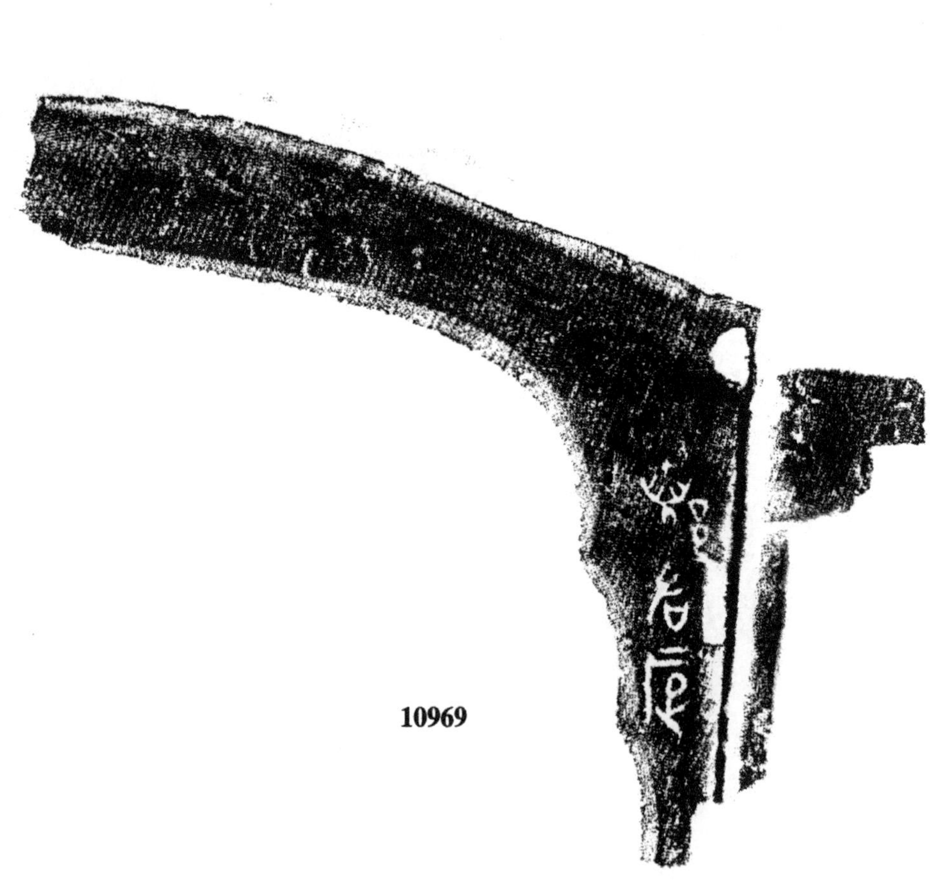

10969

□翏戈

玄翏（鏐）敋（鏞）鋁之

10970B

10970A

高密戈

高密戈

10972

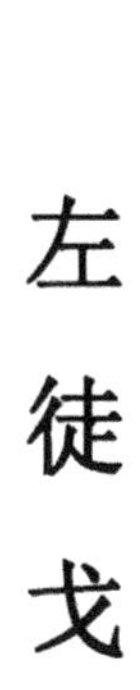

左徒戈

左徒戈

10971

入公戈

入（內、芮）公戈

10973

間右庫戈

作澁右戈

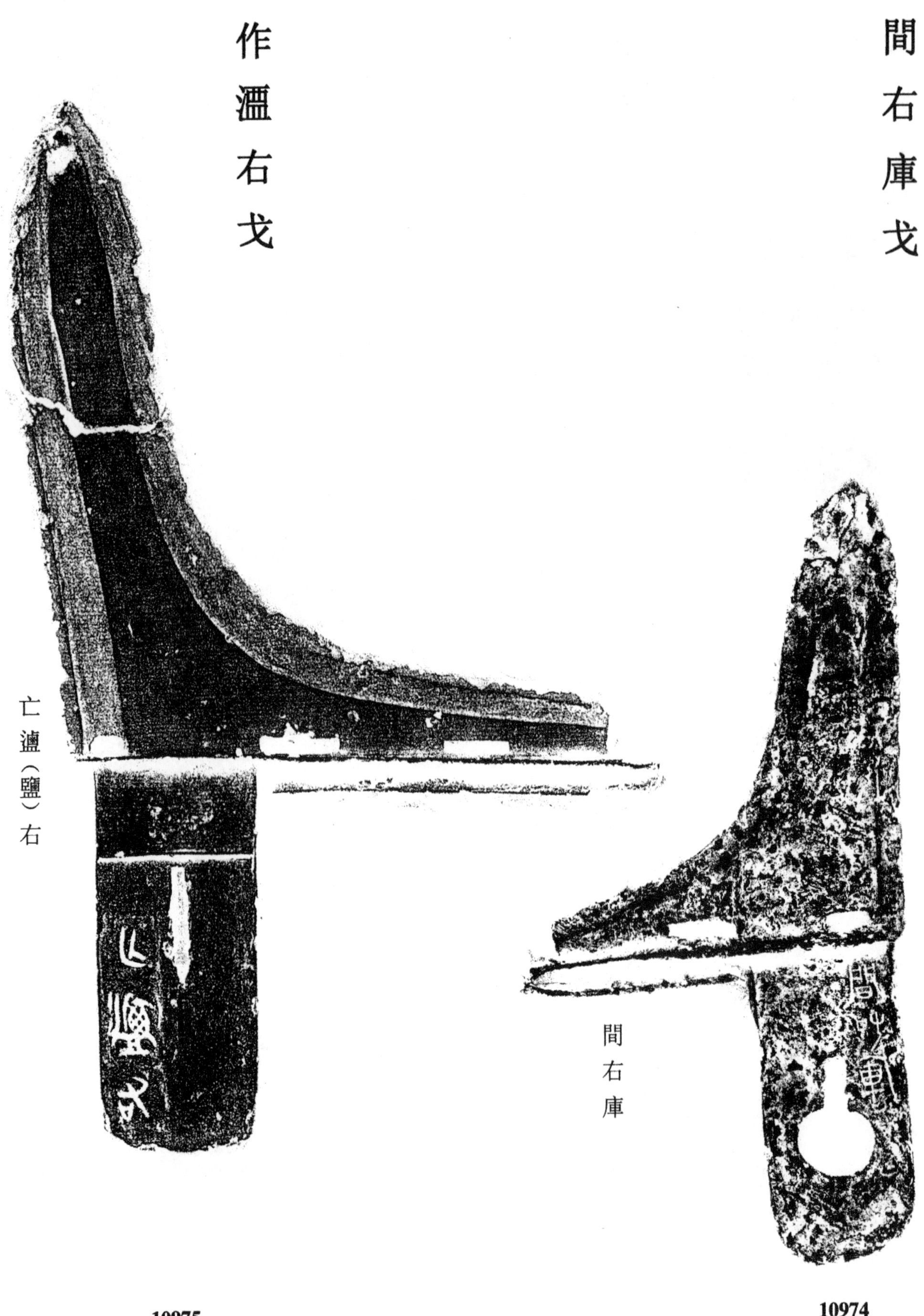

10975

10974

作𪉯右戈

龏公戈

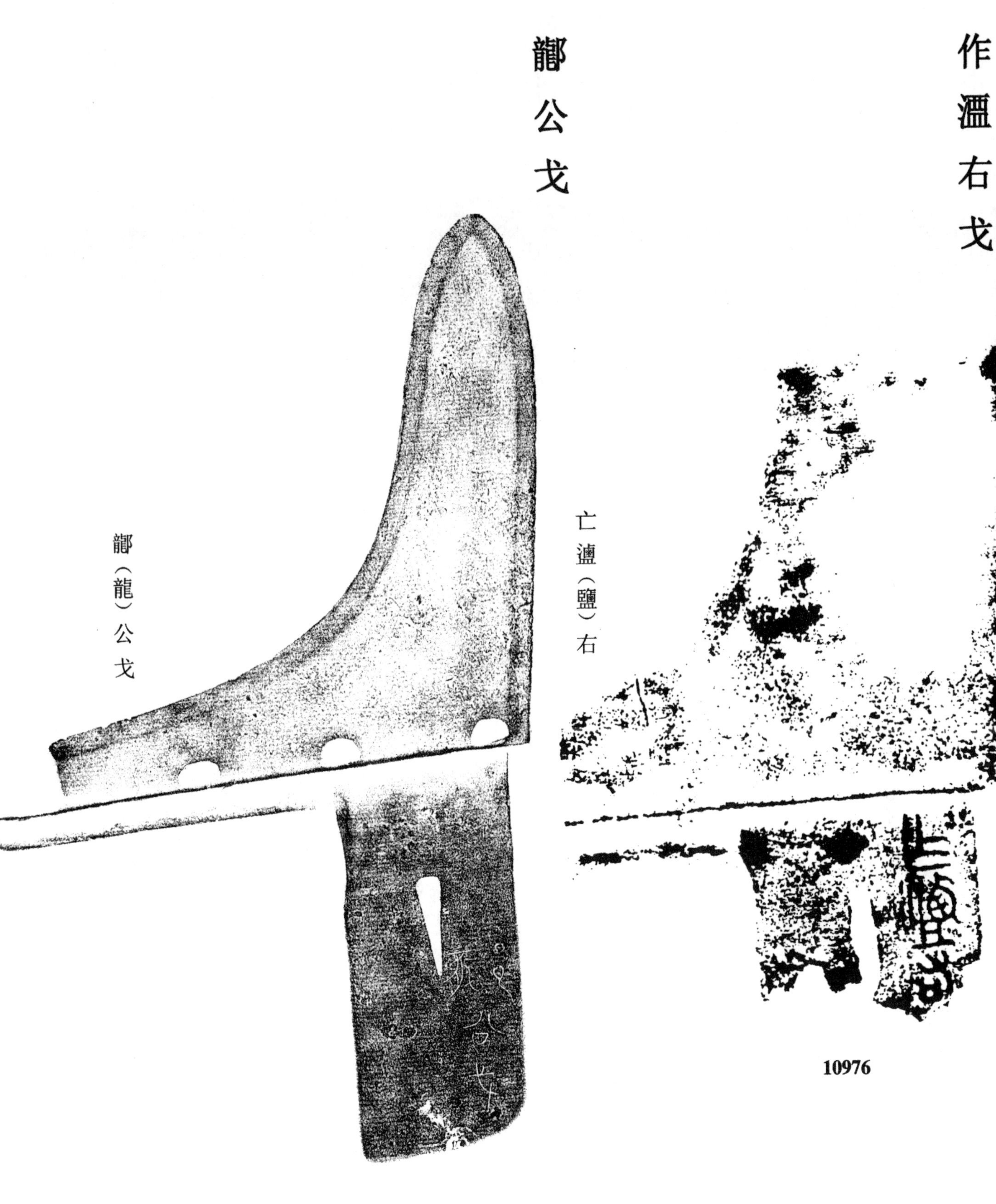

10976

10977

右濯戈

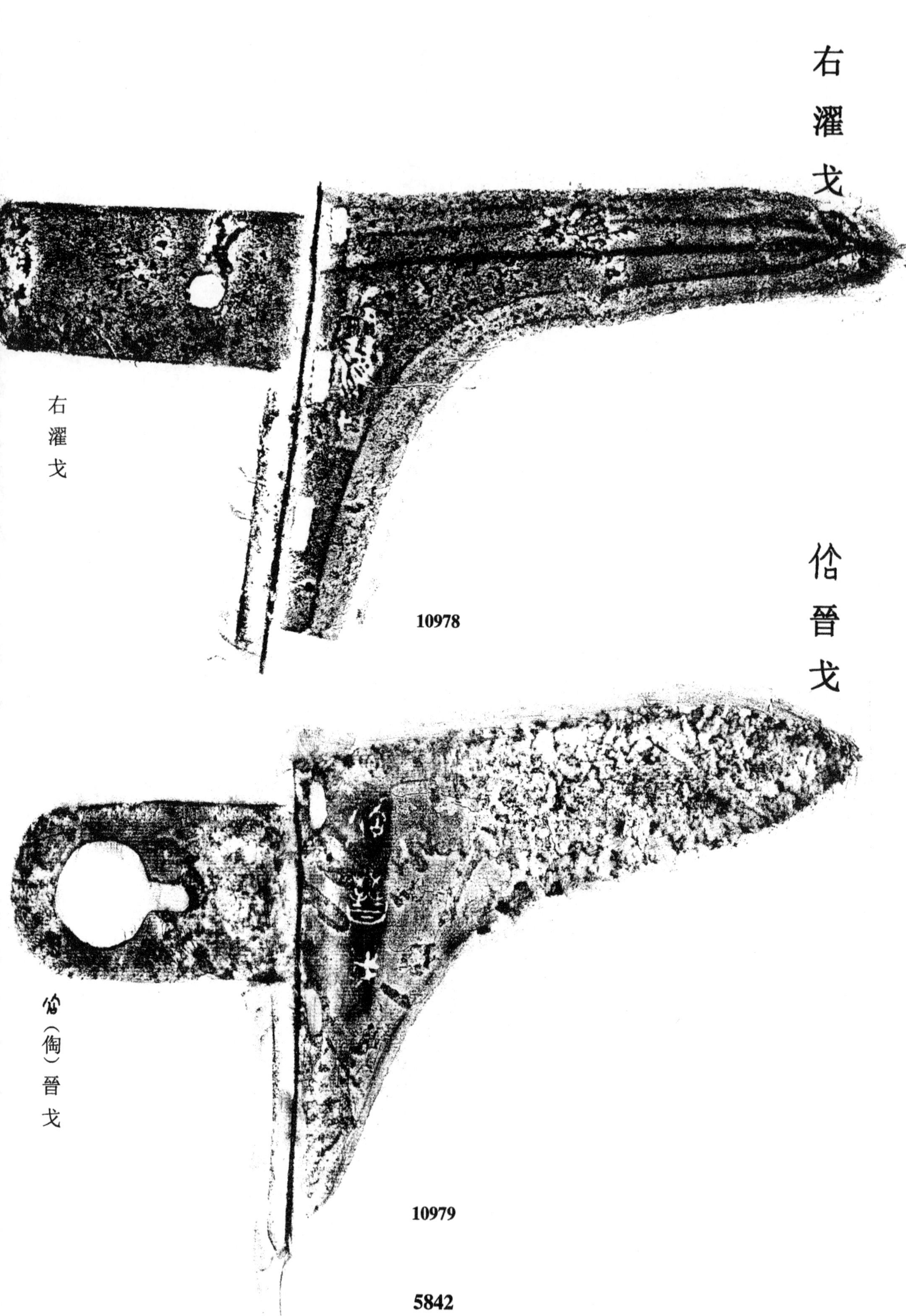

右濯戈

10978

佮晉戈

𠊎(侮)晉戈

10979

丏行還戈

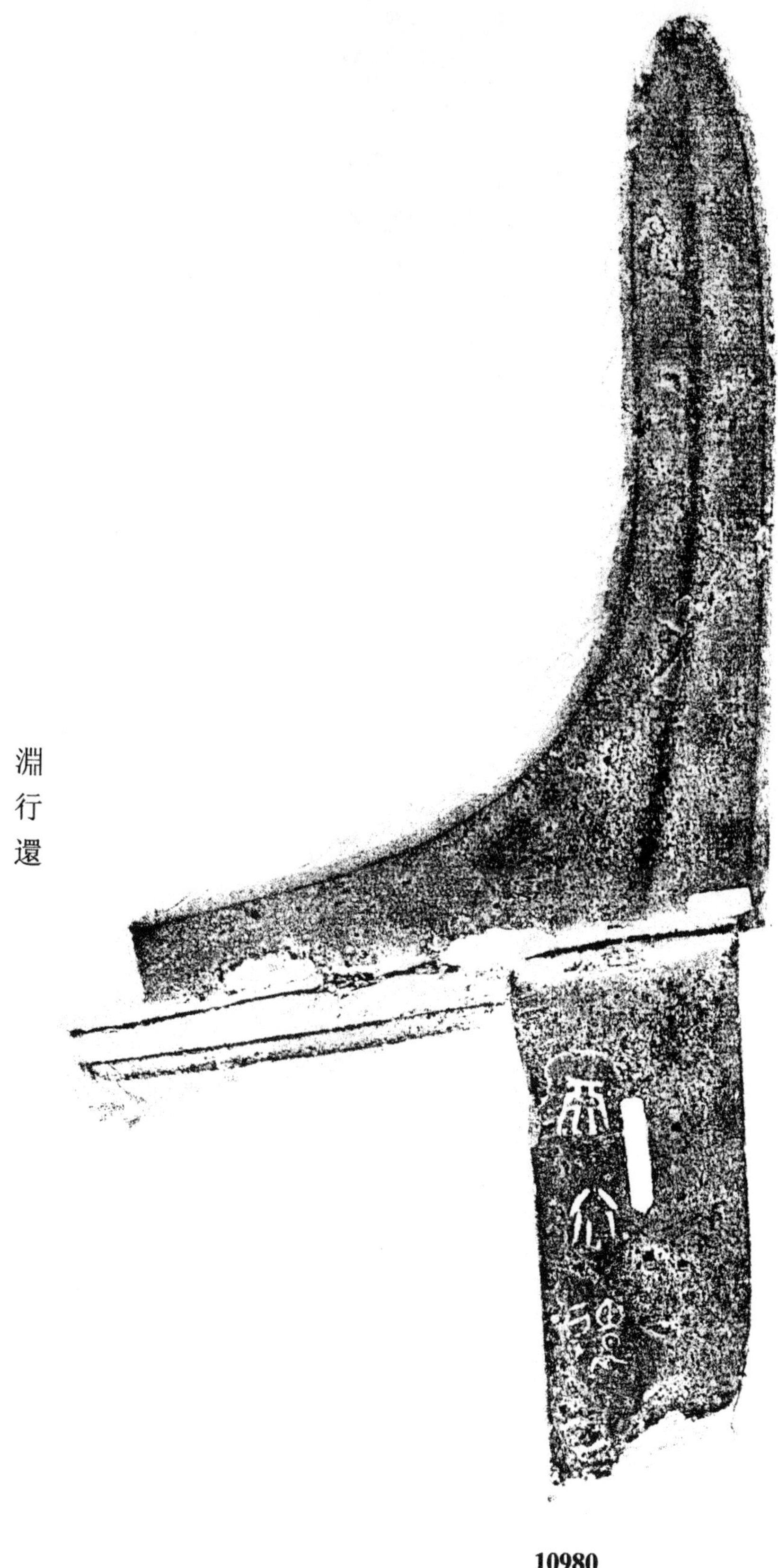

淵行還

10980

曾侯邸戈

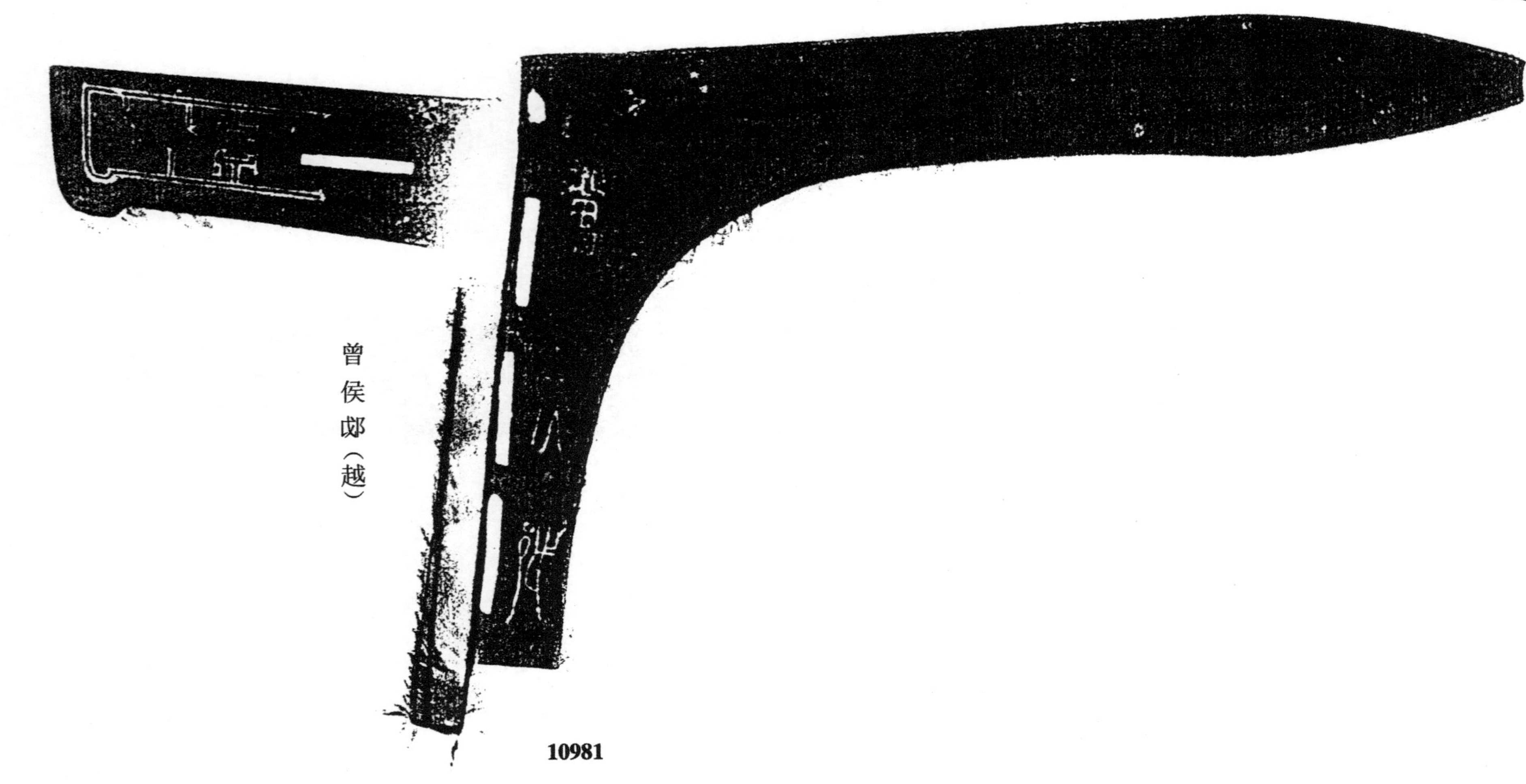

曾侯邸（越）

10981

皇宮左戈

皇宮左

10982

皇宮左戈

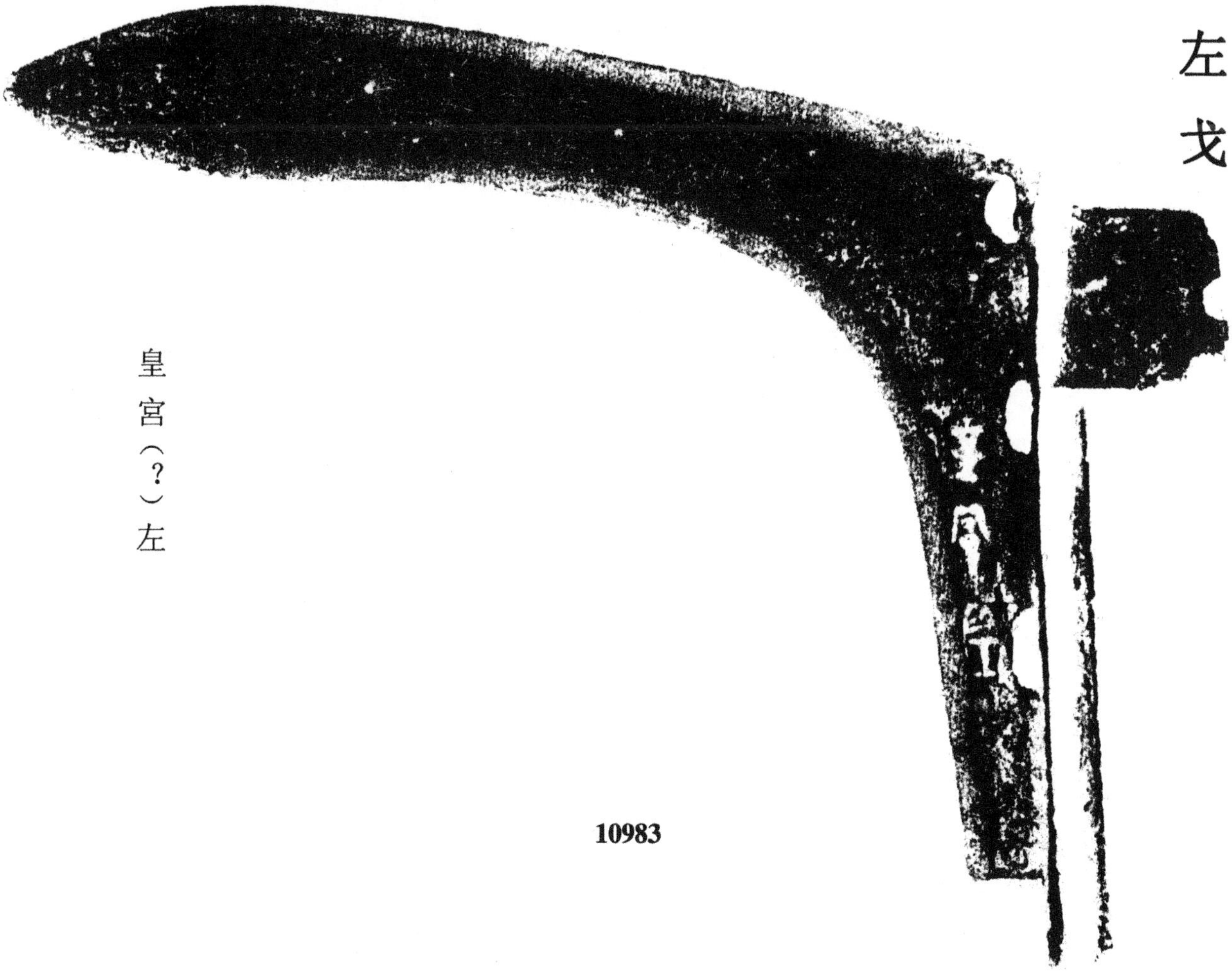

皇宮（？）左

10983

皇宫左戈

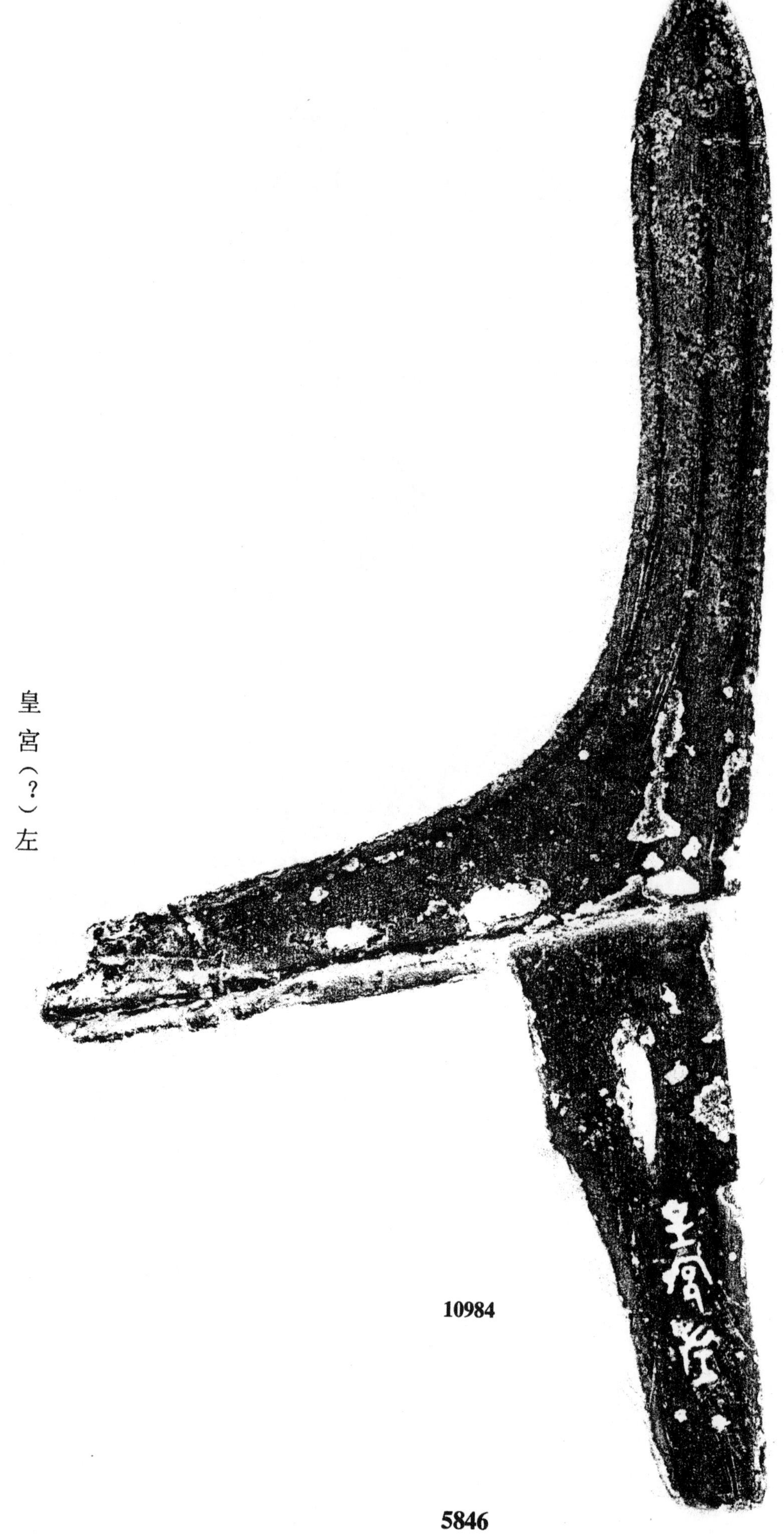

皇宫（？）左

10984

辛宮左戈

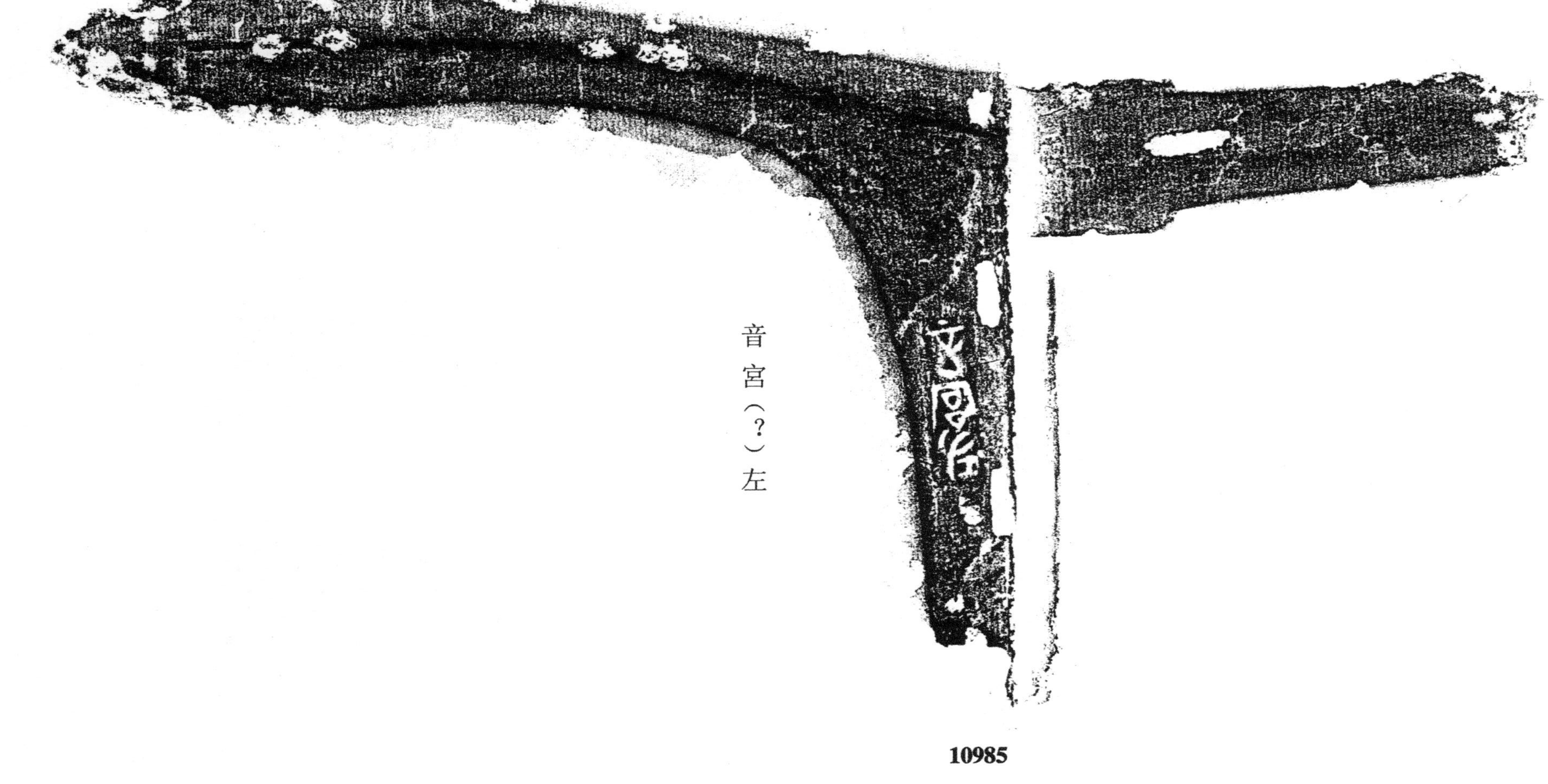

音宮（？）左

10985

中陽戈

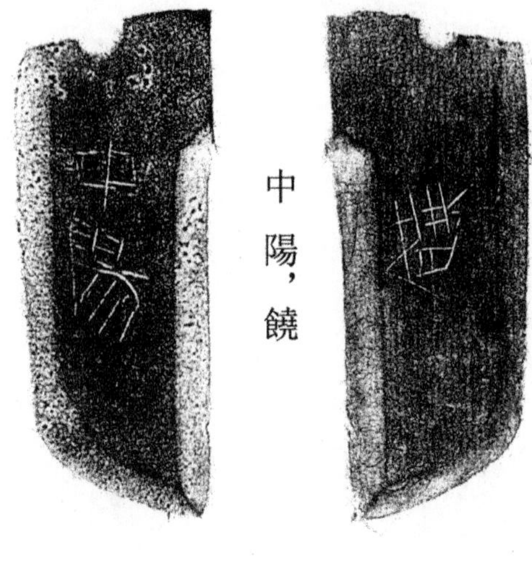

中陽，饒

10986.1　10986.2

左庫戈

羑左庫

10988

臣十三戈

甲十三

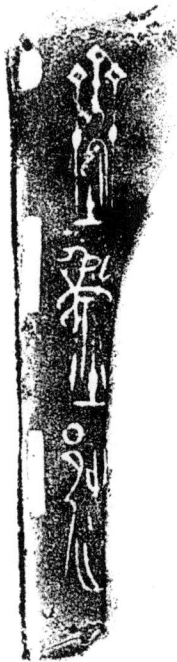

10987

齊□造戈

齊菫堍（象）郜（造）

10989

鄭武庫戈

莫（鄭）武庫

10990

鄭生庫戈

莫（鄭）往庫

10992

鄭武庫戈

莫（鄭）武庫

10991

鄭生庫戈

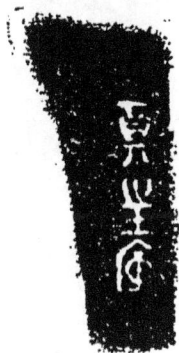

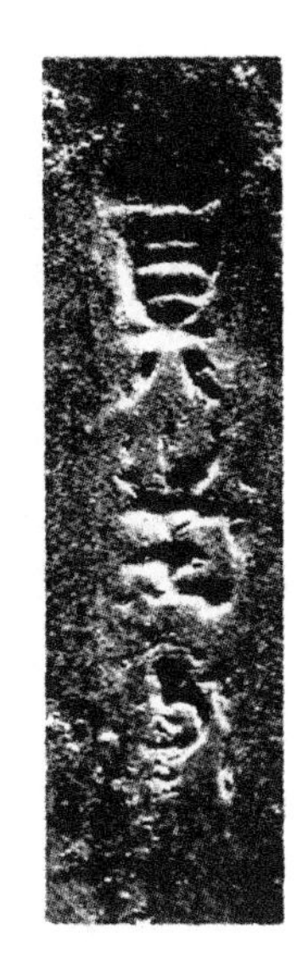

莫（鄭）往庫

10993

鄭左庫戈

鄭左庫

10994

邯鄲上戈

甘（邯）丹（鄲）上

10996

鄭右庫戈

鄭右庫

10995

郝右戈

郝右庭（庑、庯、廂）

10997

甘城右戈

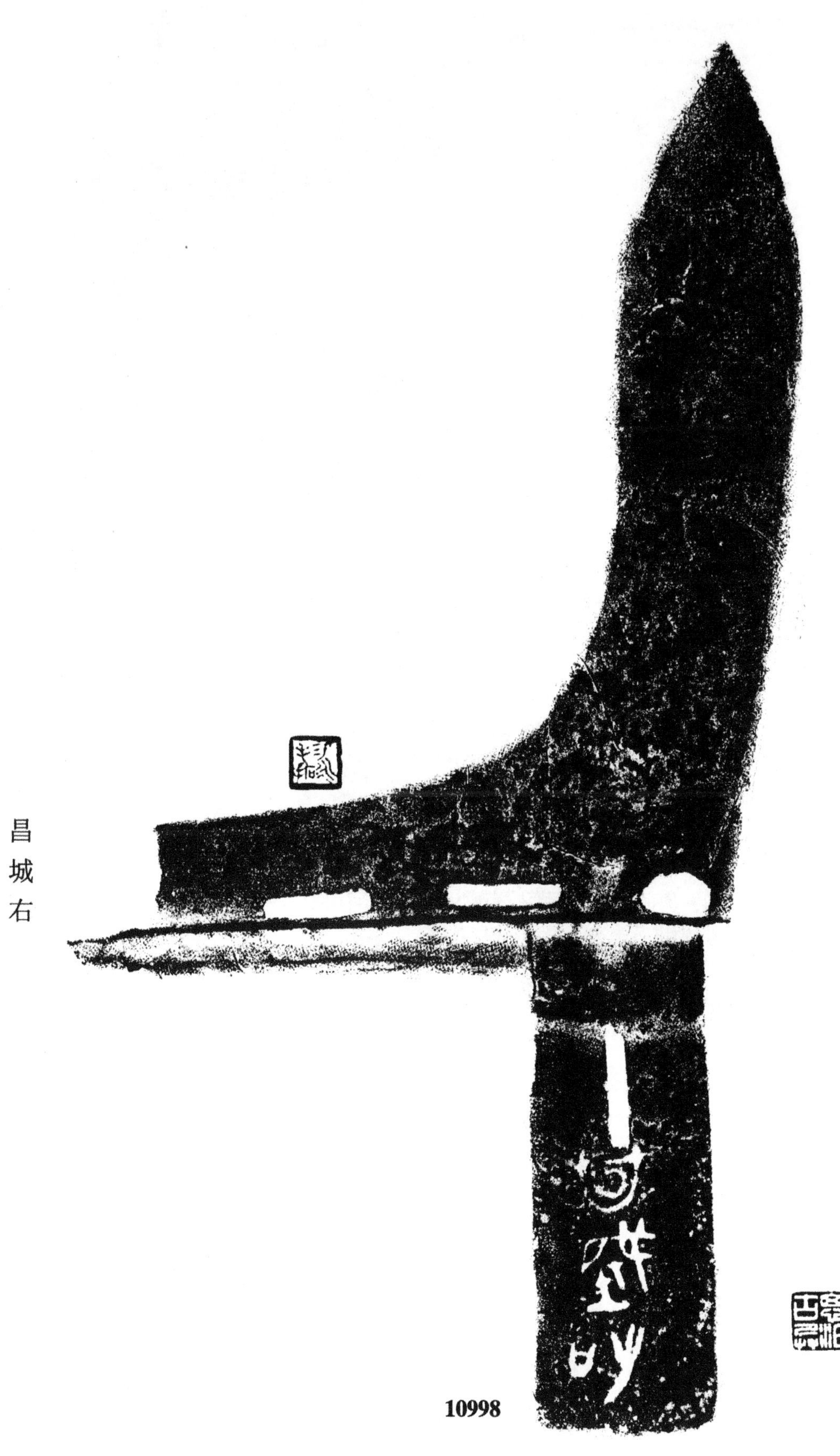

昌城右

10998

孟右人戈

大公戈

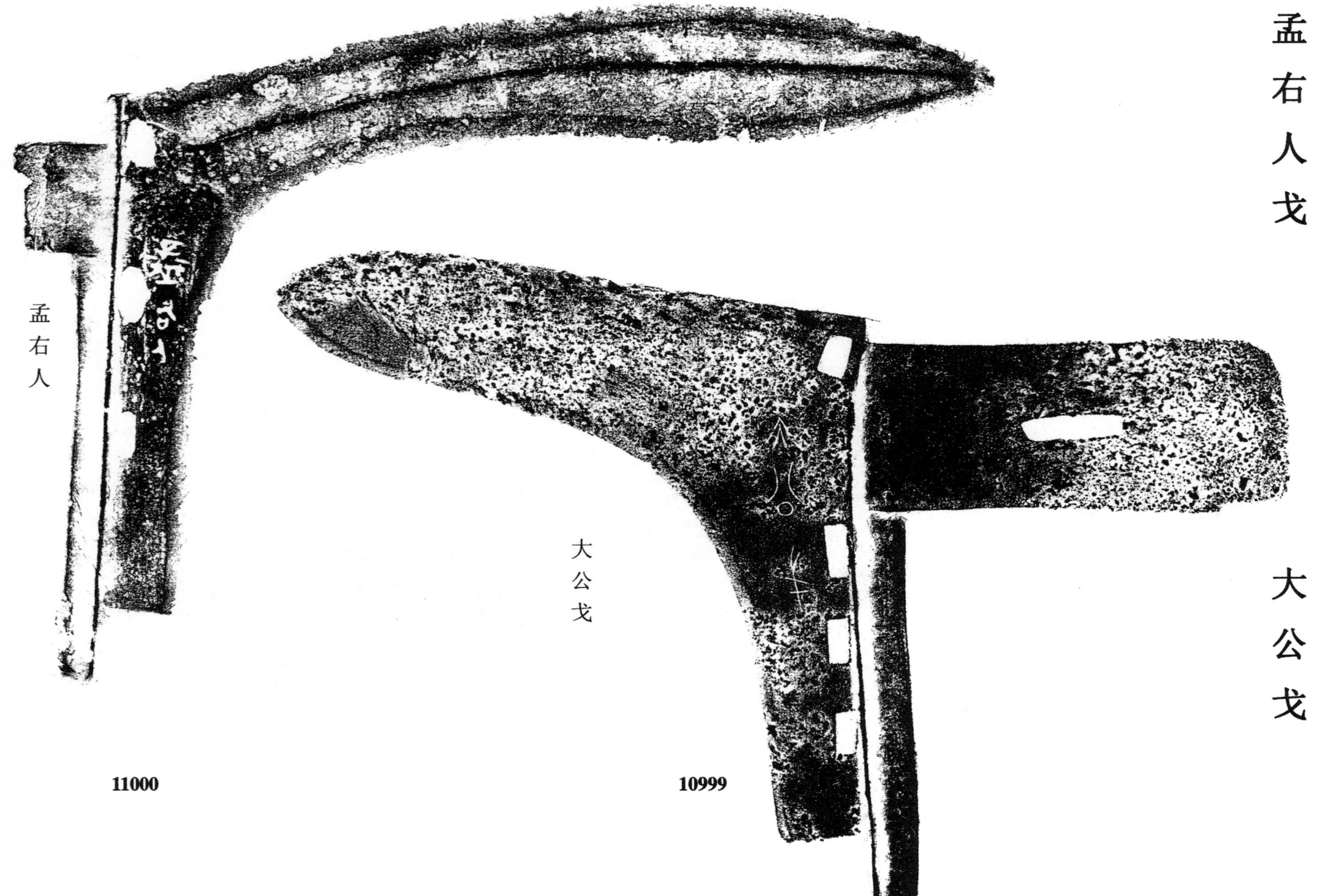

孟右人

11000

大公戈

10999

平阿左戈

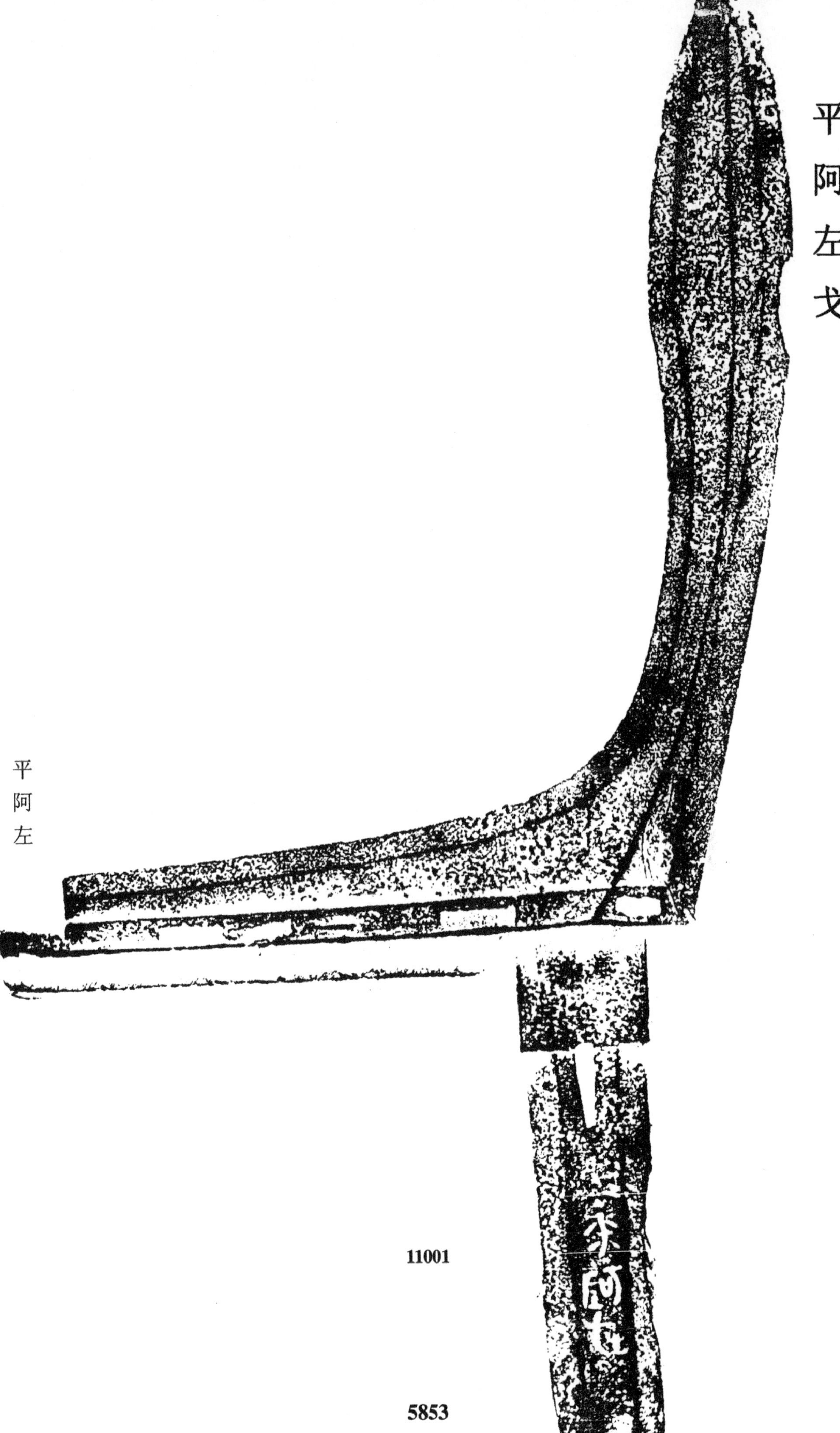

平阿左

11001

5853

虞之戟

11002

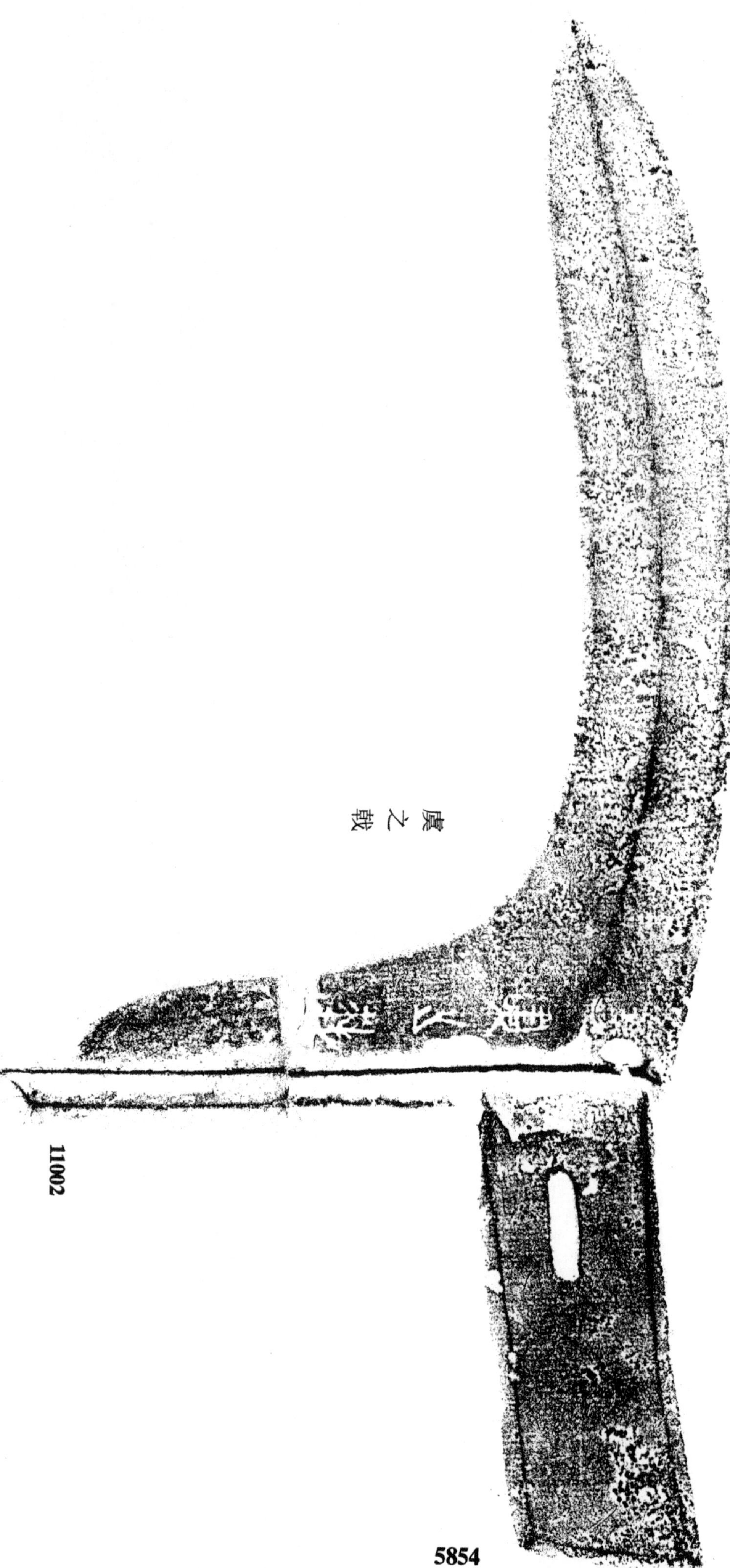

職作戈

11003

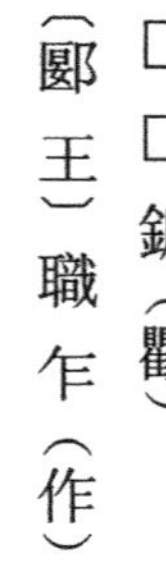

□□鋸（戳）

（郾王）職乍（作）

郾王喜戈

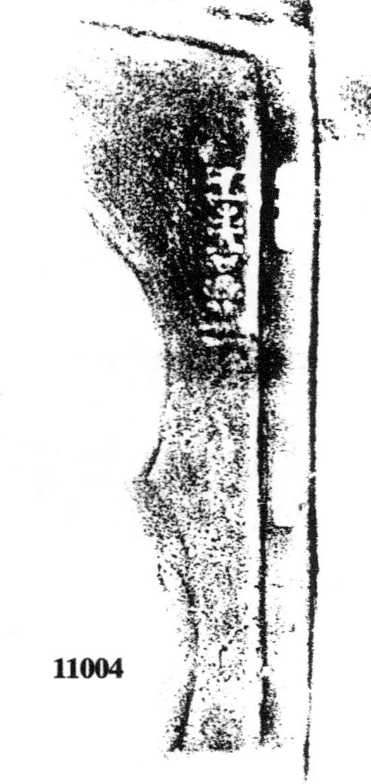

11004

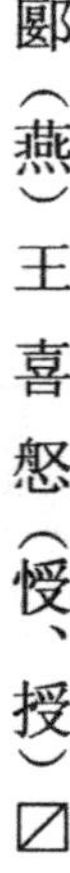

郾（燕）王喜恖（慢、授）☐

郾王喜戈

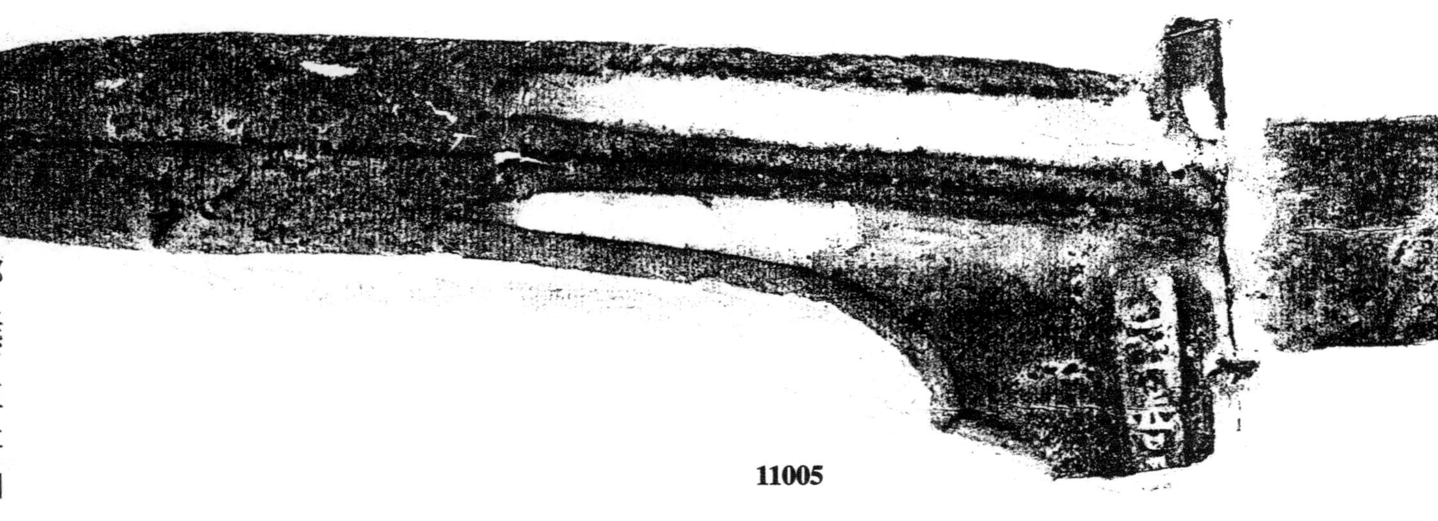

11005

郾（燕）王喜☐

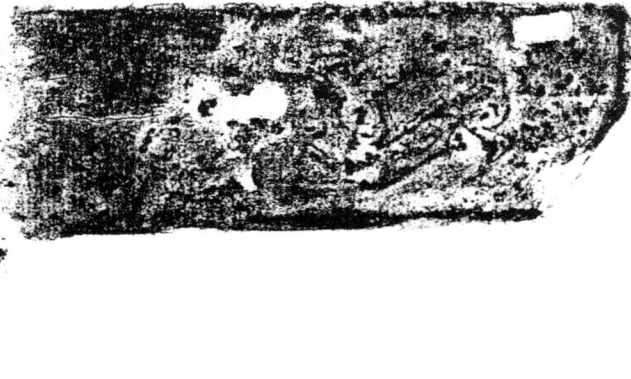

桑之造戈

桑之䑔（造）

11006

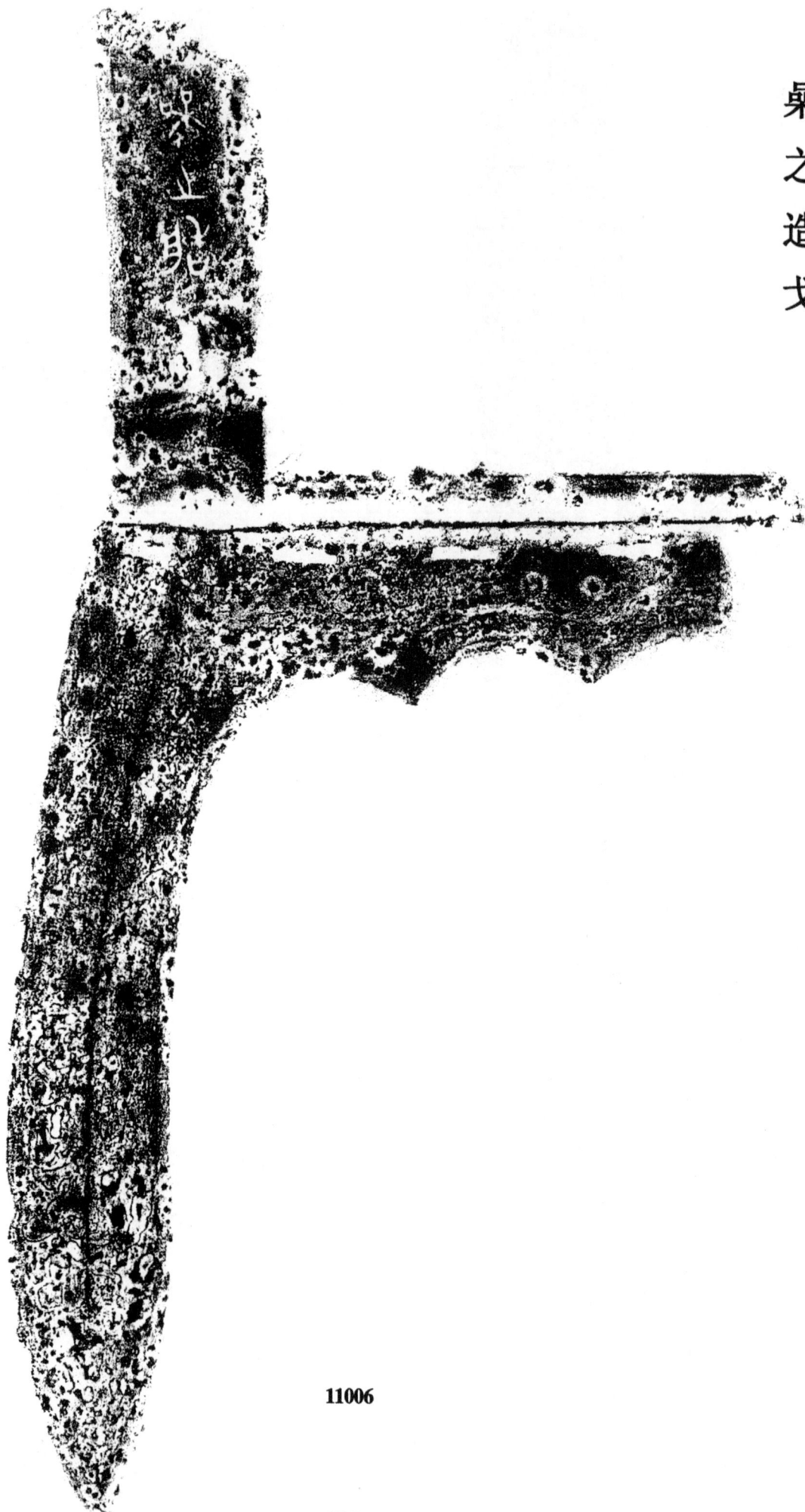

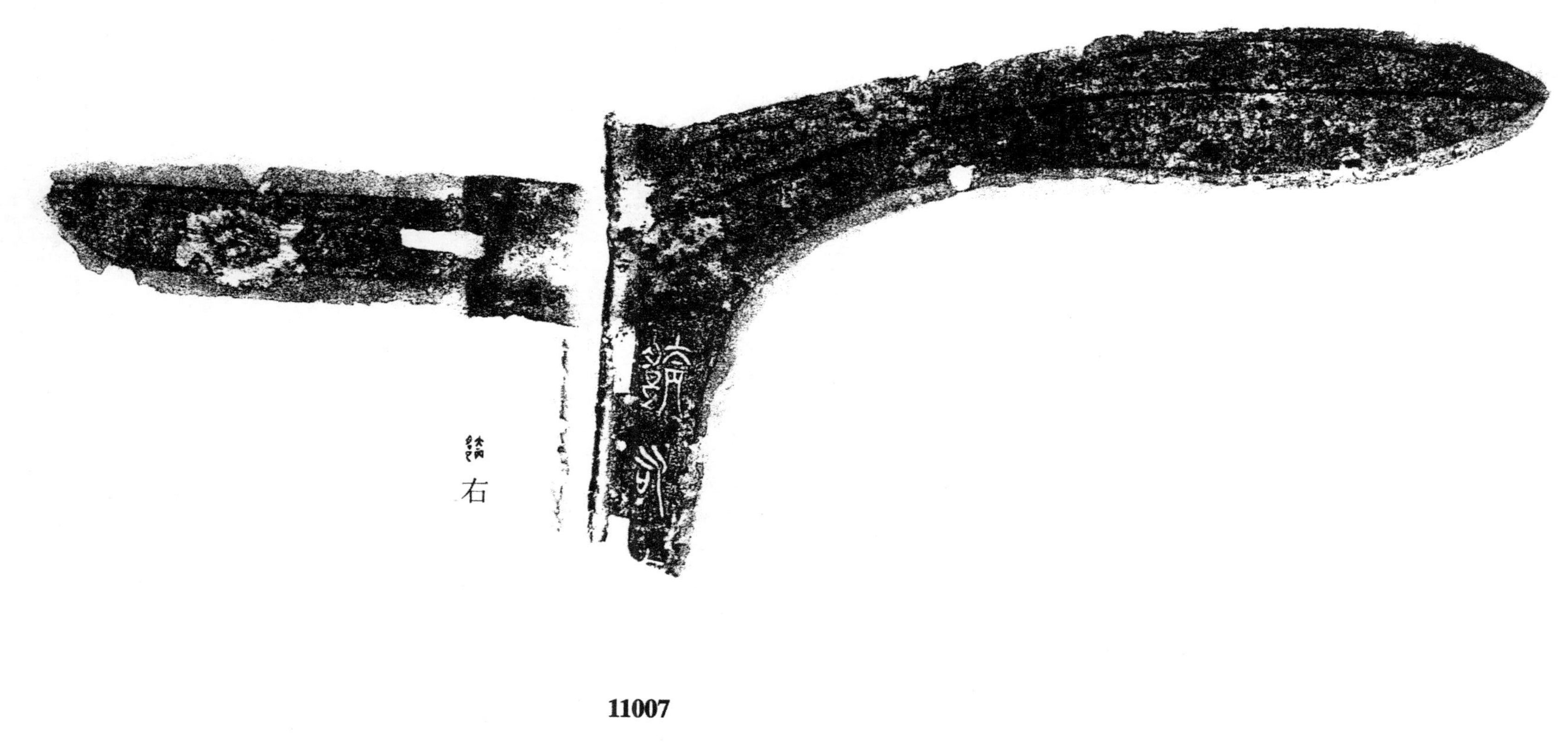

[illegible]右戈

[illegible]右

11007

蜀西工戈

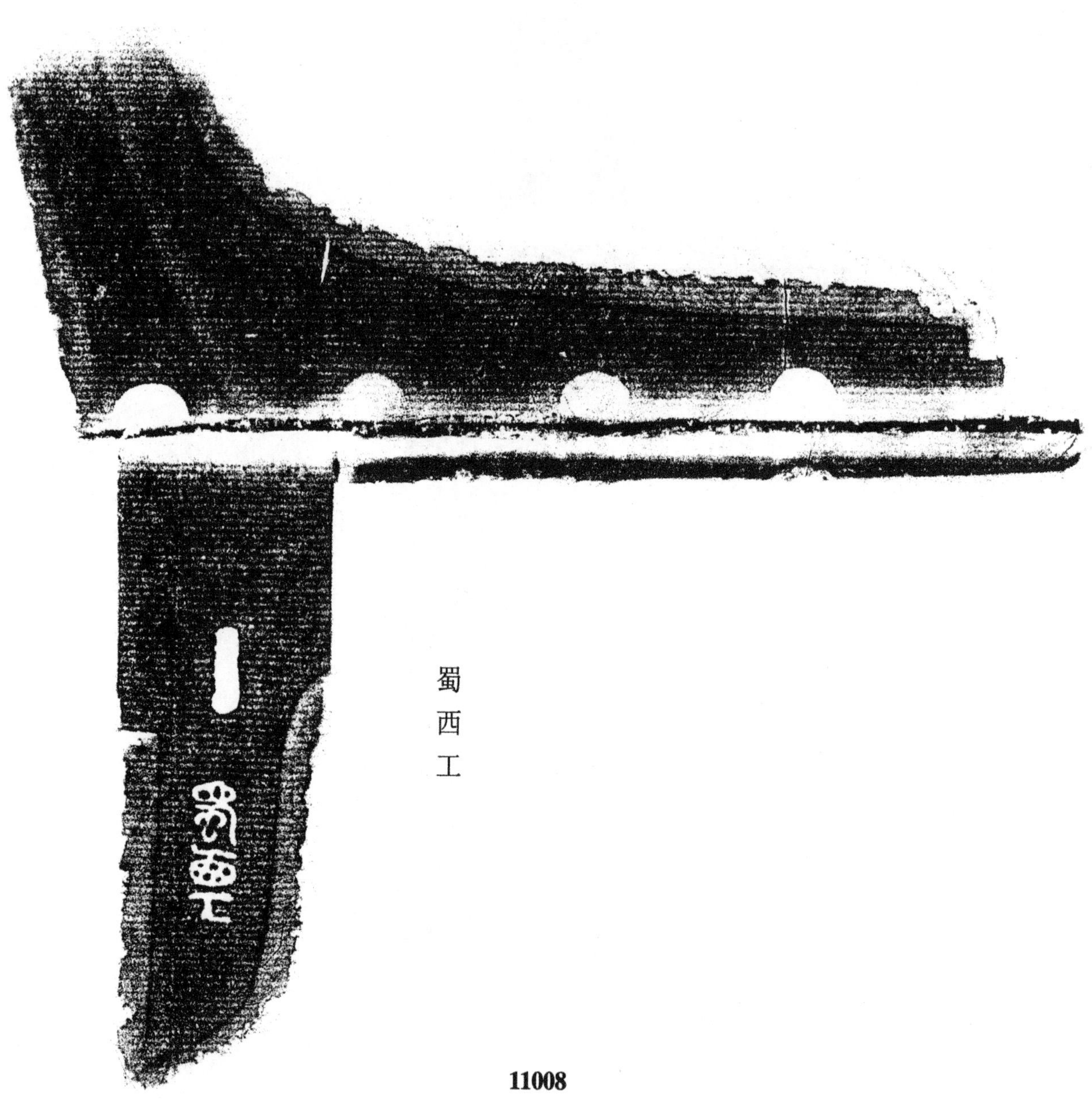

11008

蜀西工戈

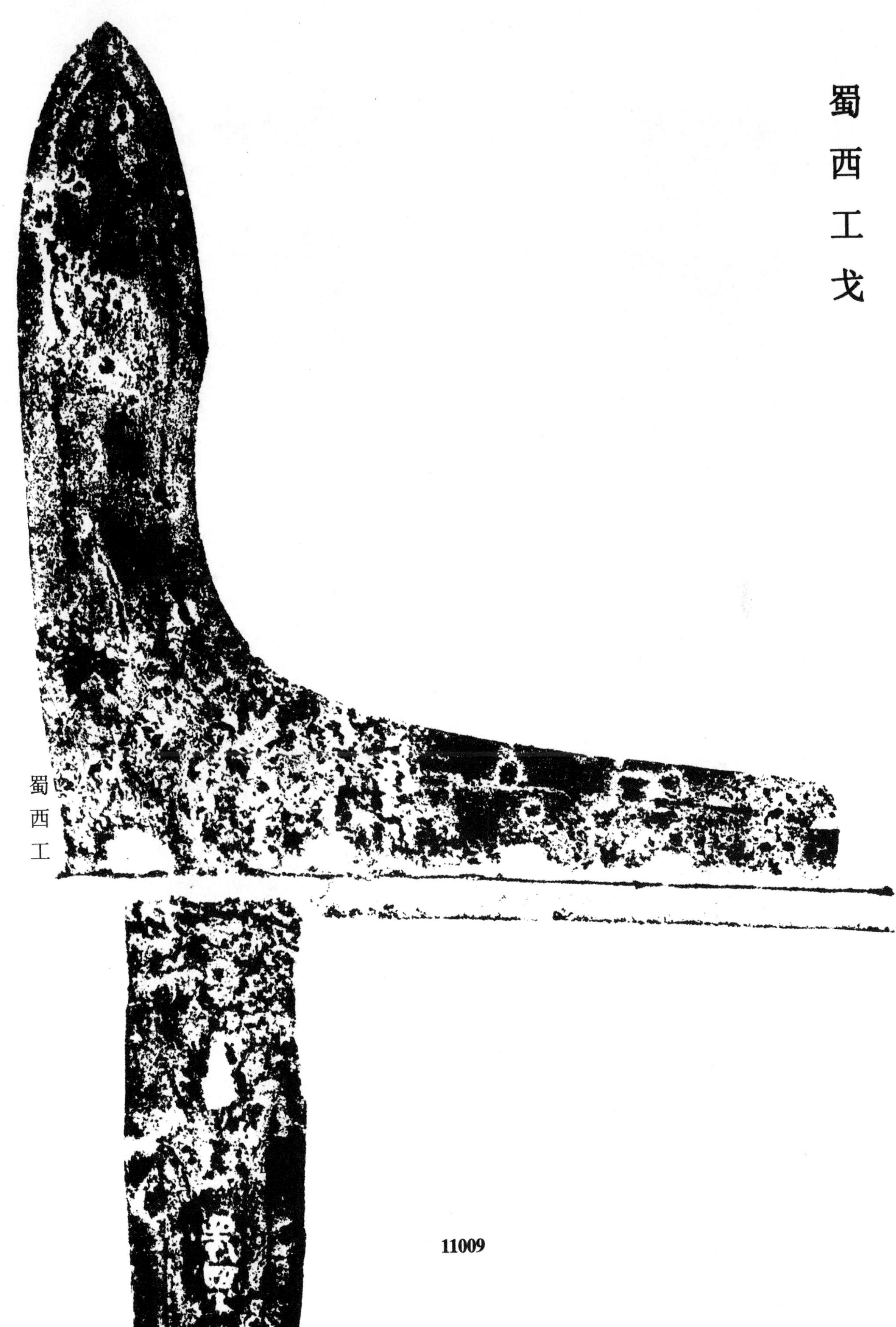

11009

亞敀戈

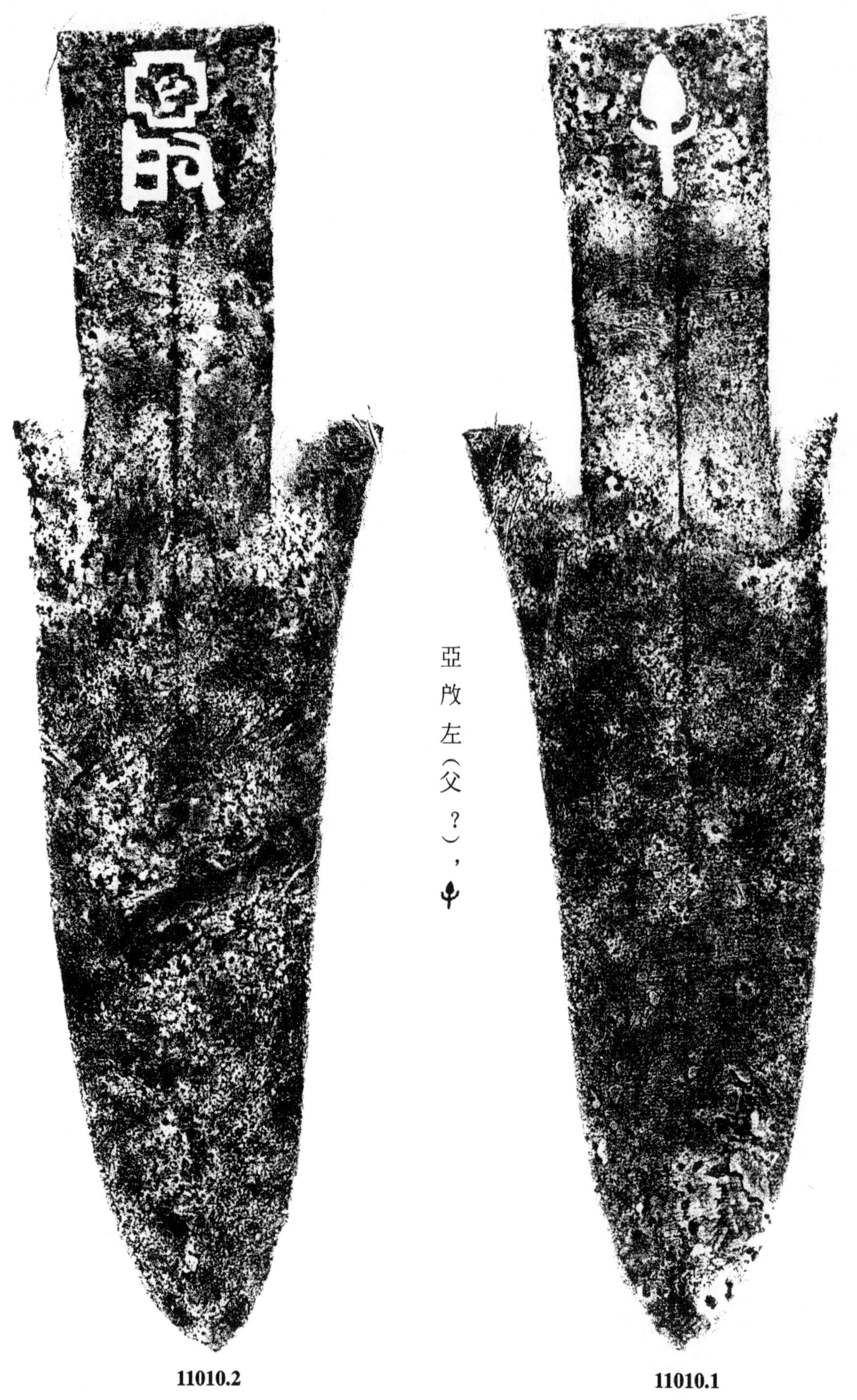

亞敀左（父？），

11010.2

11010.1

匽侯戟

皿自戈

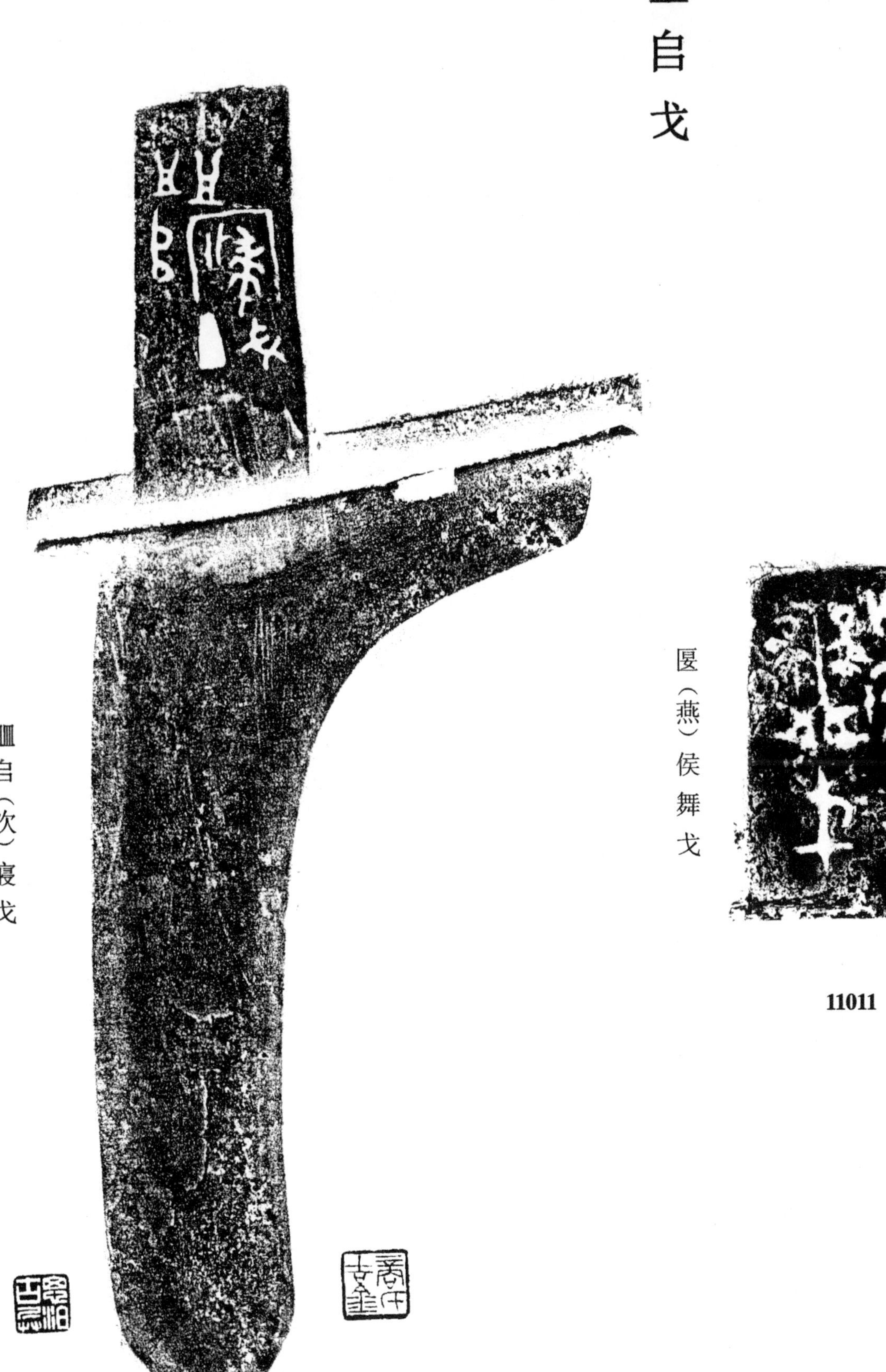

皿自（次）寢戈

11012

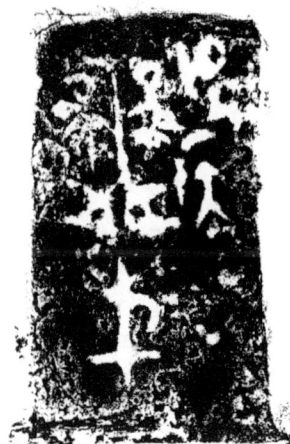

匽（燕）侯舞戈

11011

□元用戈

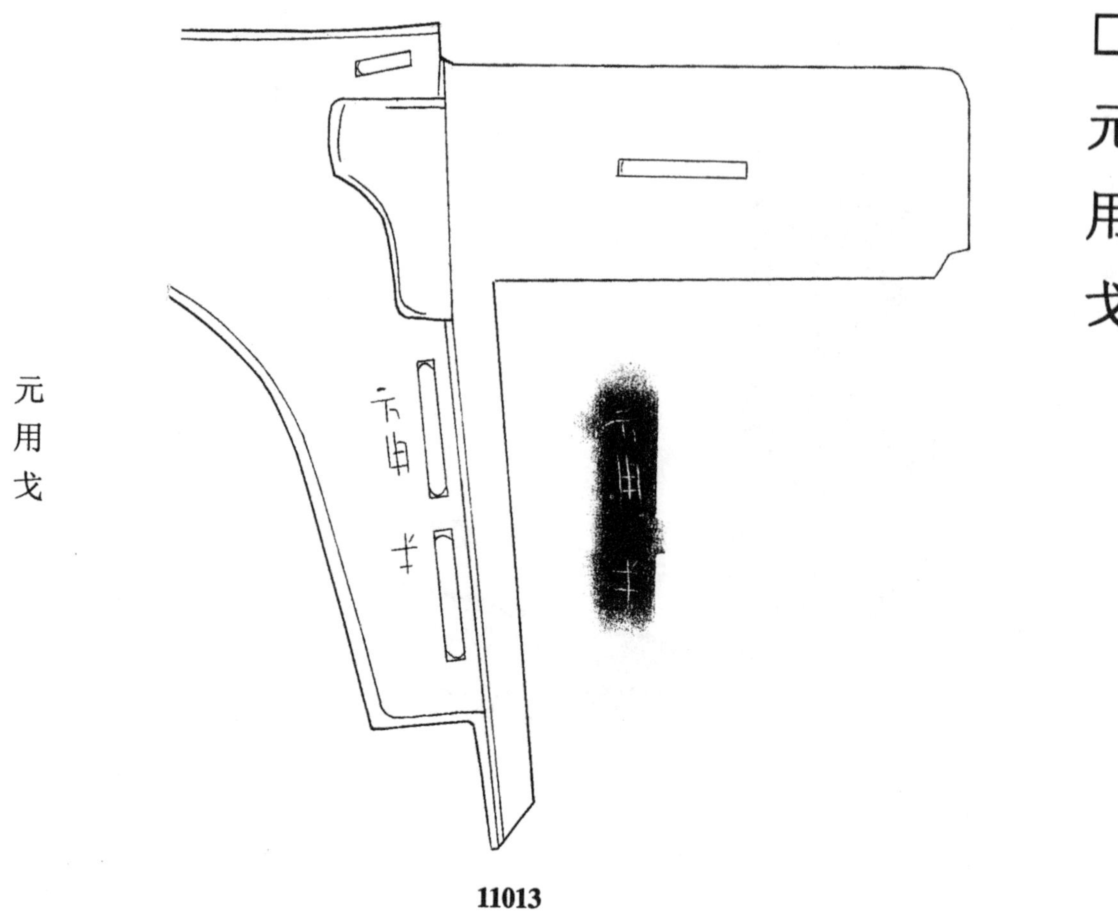

元用戈

11013

豐伯戈

豐伯乍(作)戈

11014

王羕之戈

王羕之戈

11015

□司馬戈

□□嗣馬

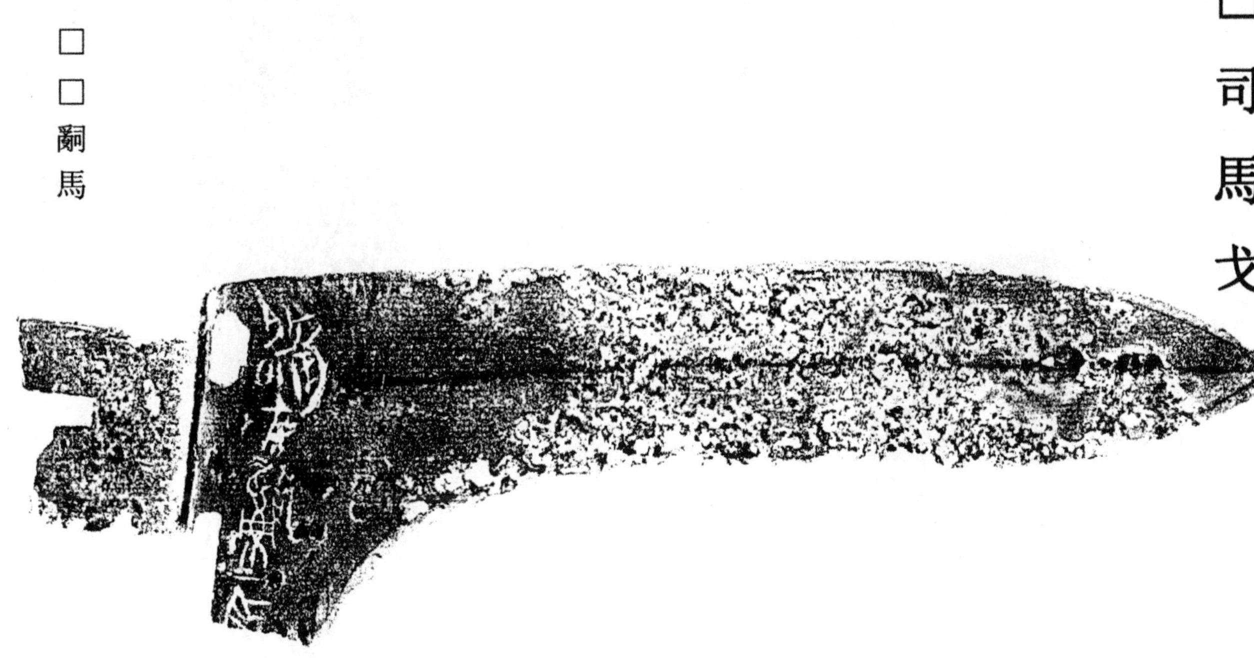

11016

平陽左庫戈

平陽左庫

11017

滕侯昊戈

滕（滕）侯昊（昃）之（戈）

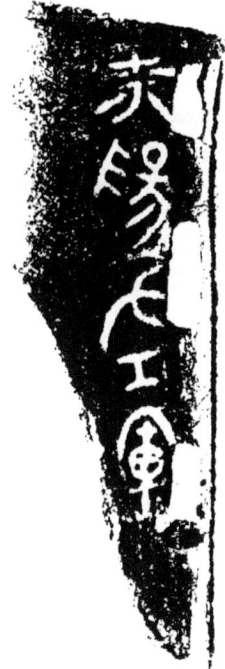

11018

雍之田戈

雍之田戈

11019

高平戈

高坪乍(作)戜(戈)

11020

子媾□戈

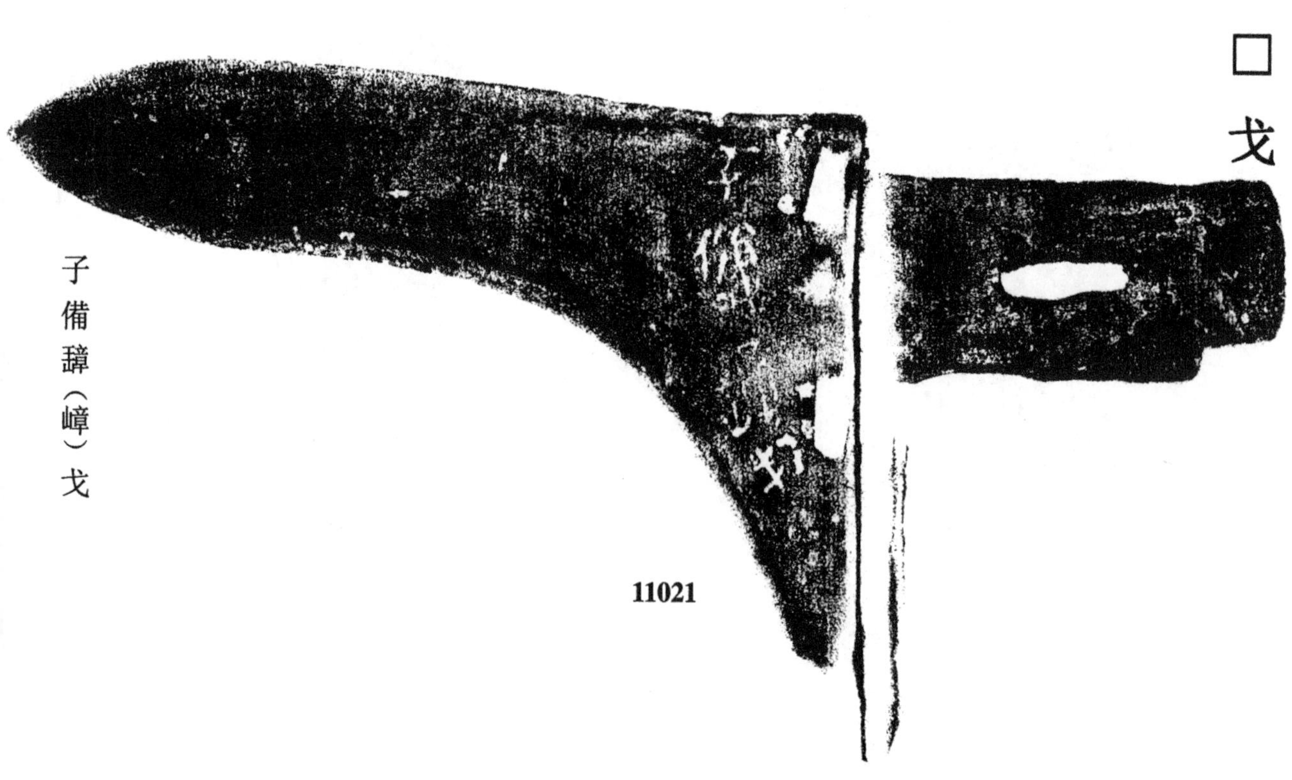

子備璋(𩏂)戈

11021

鄘左庫戈

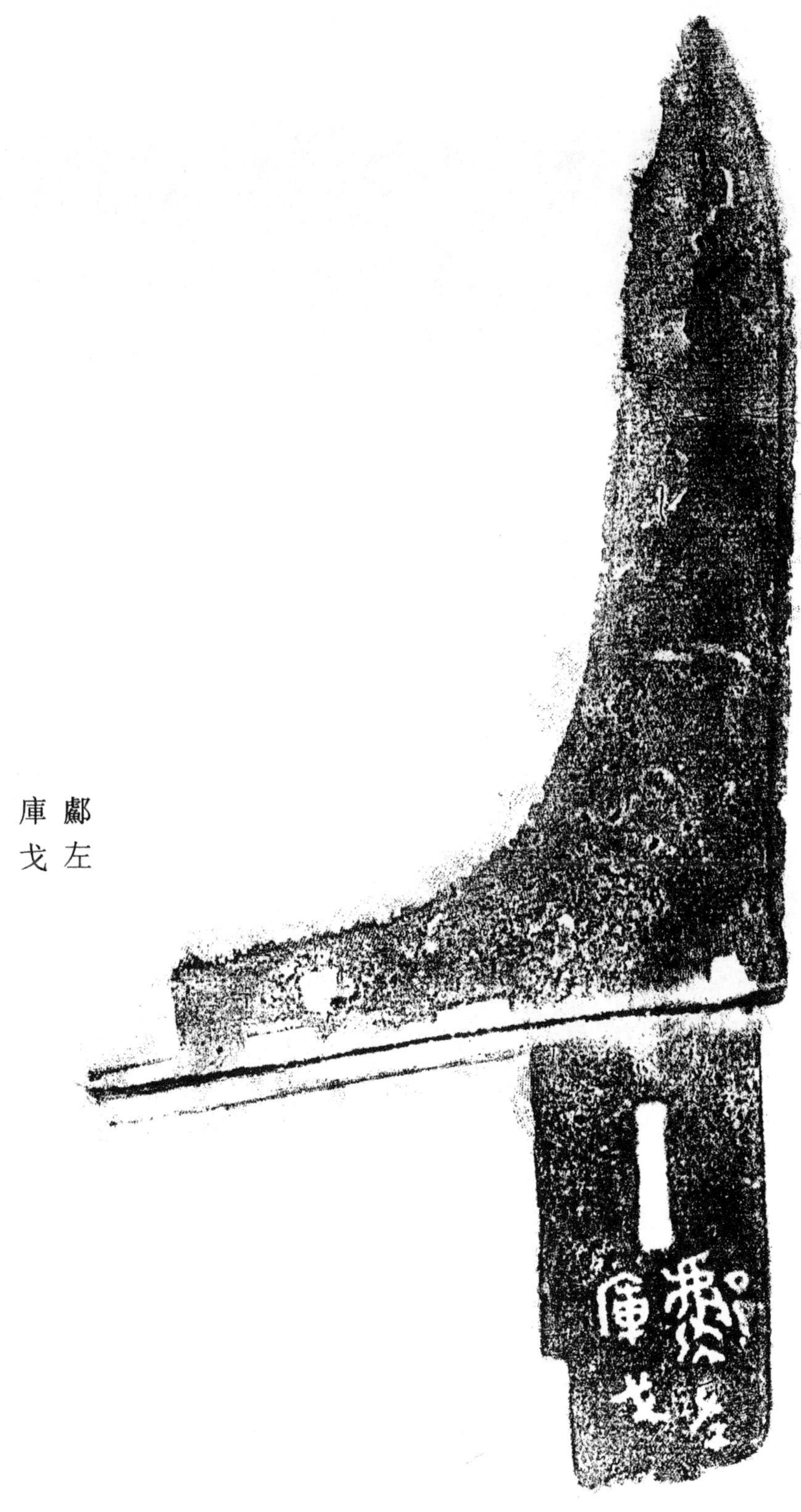

鄘左
庫戈

11022

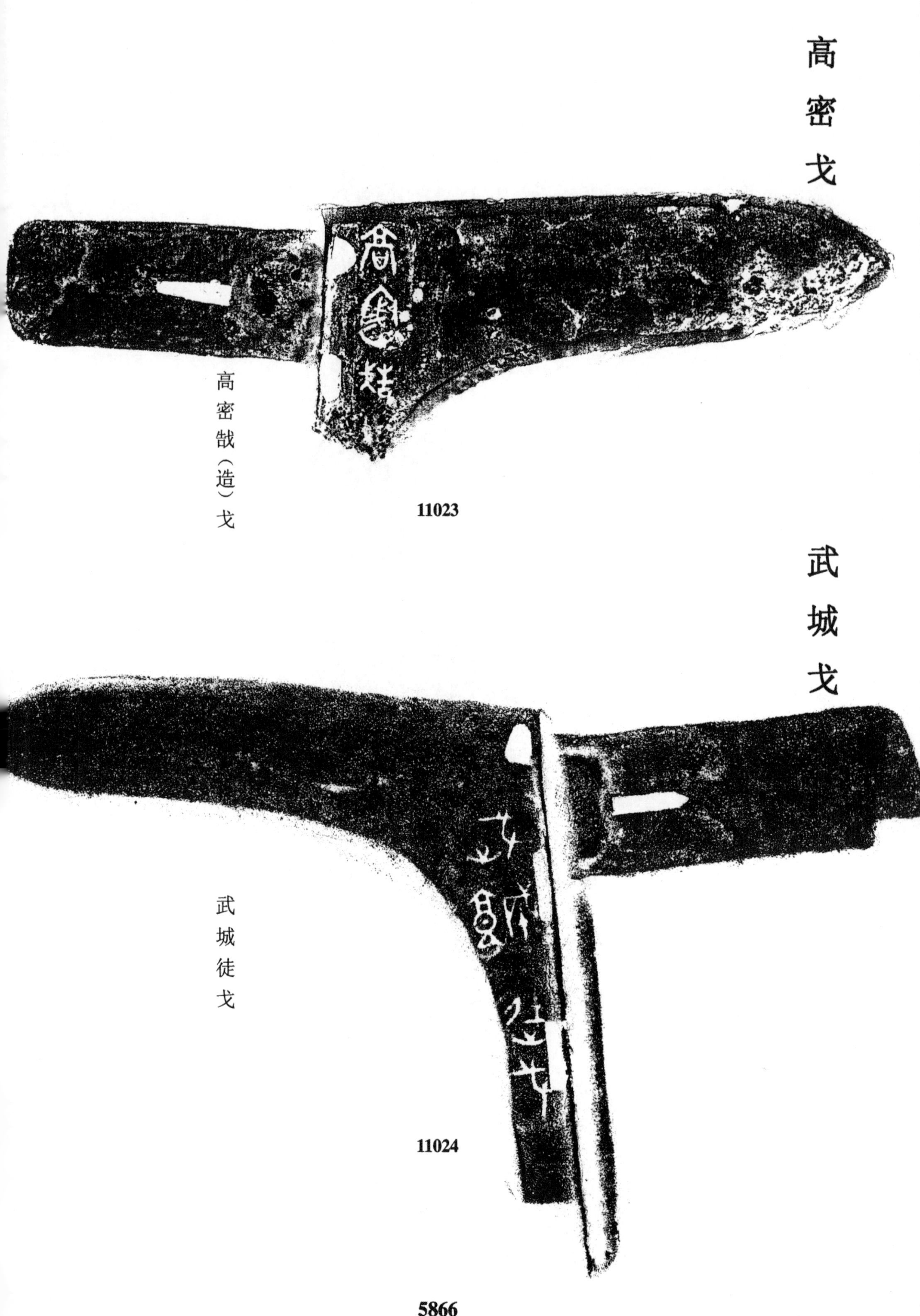

高密戈

高密戠（造）戈

11023

武城戈

武城徒戈

11024

武城戈

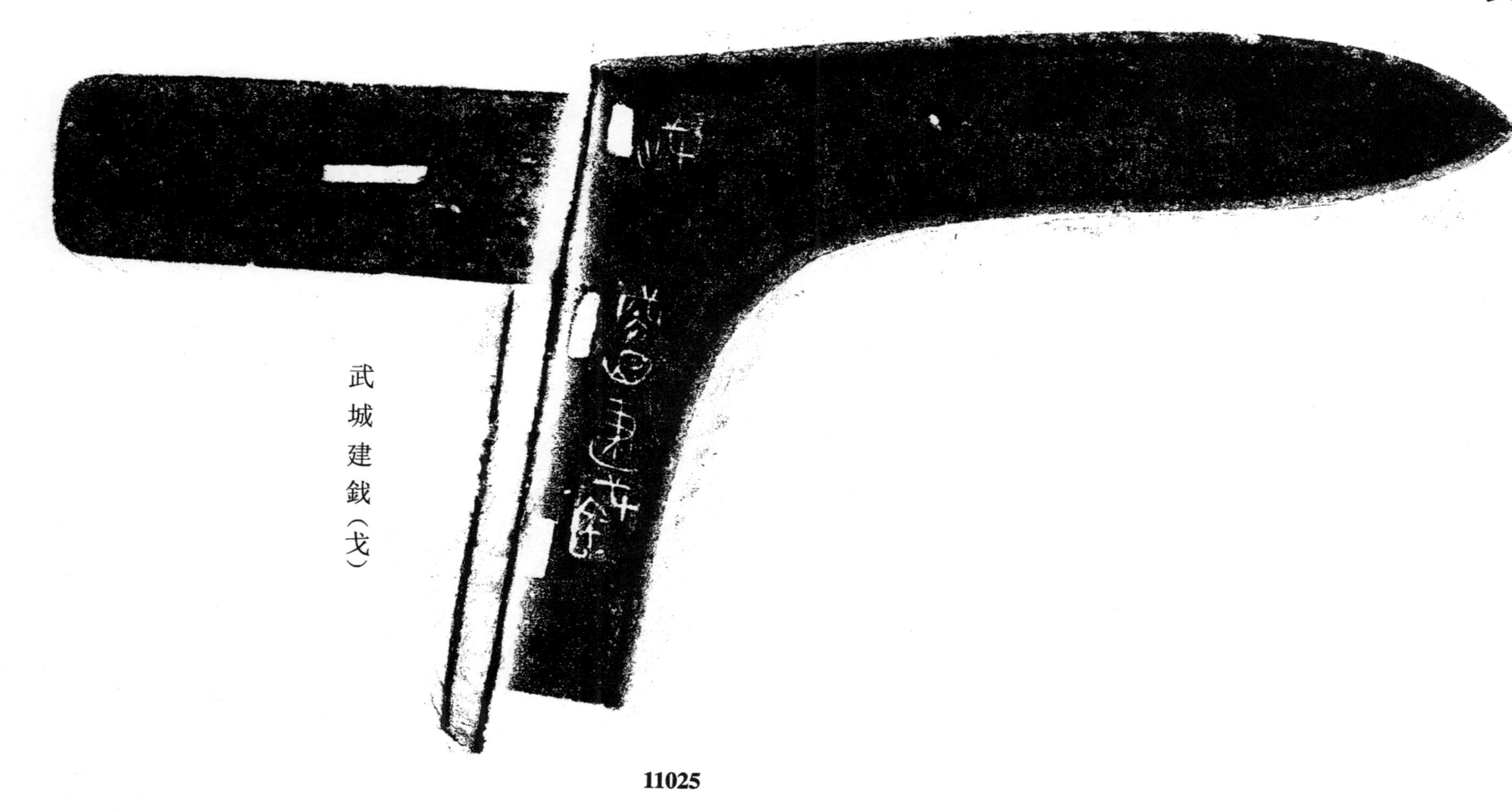

武城建鈛（戈）

11025

邛君戈

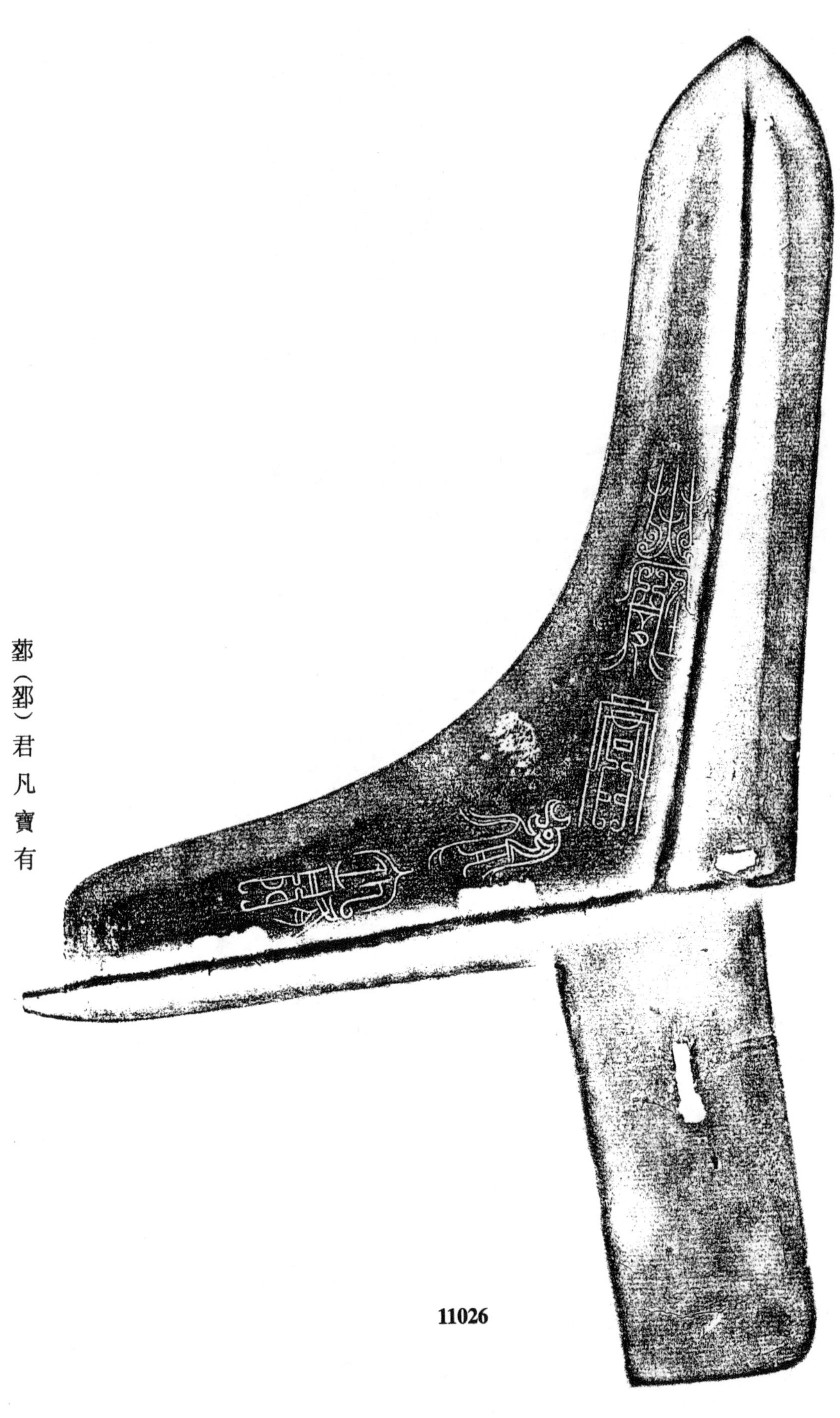

鄭(邛)君凡寶有

11026

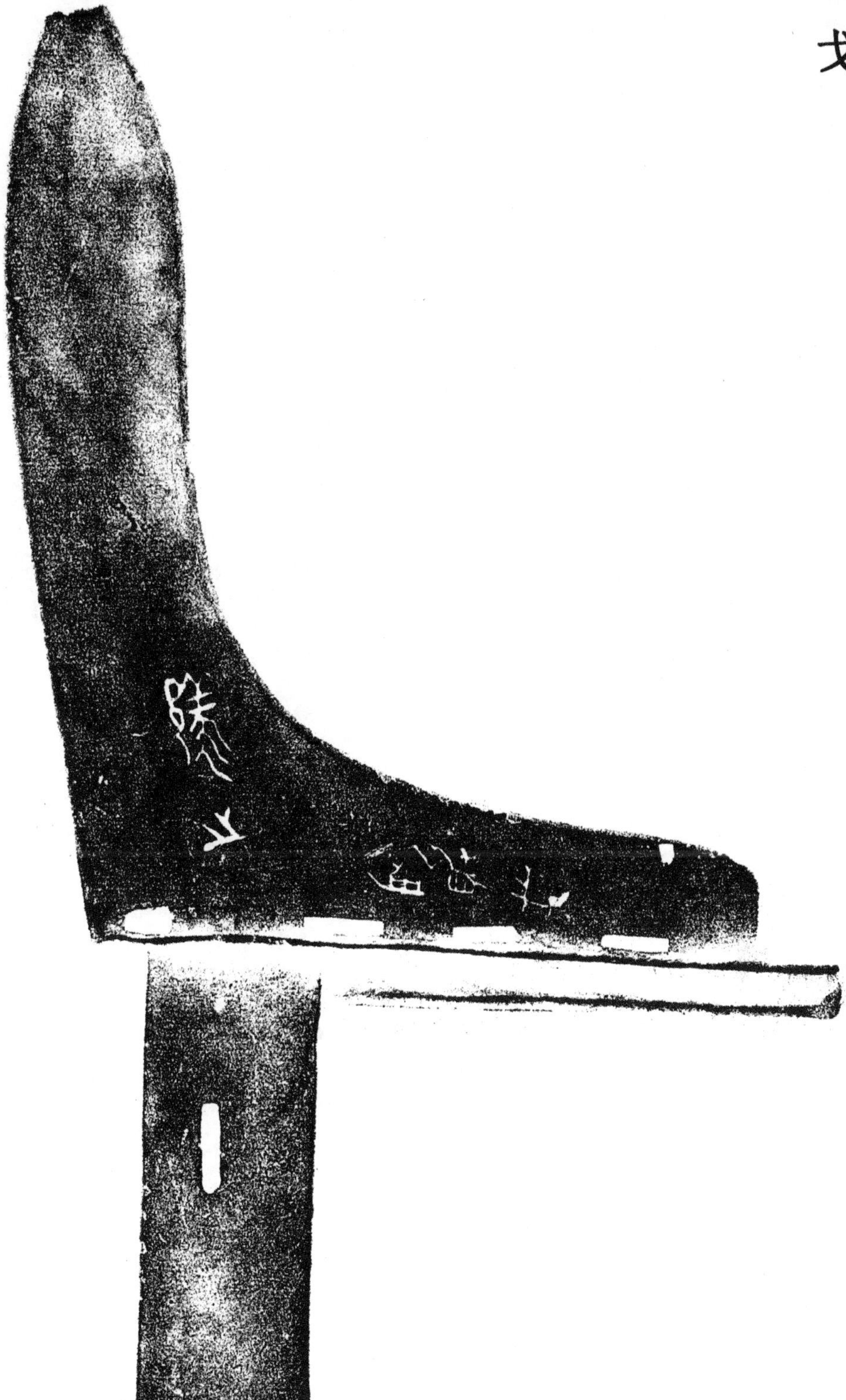

郳戈

郳之寶（？）戈

11027

自作用戈

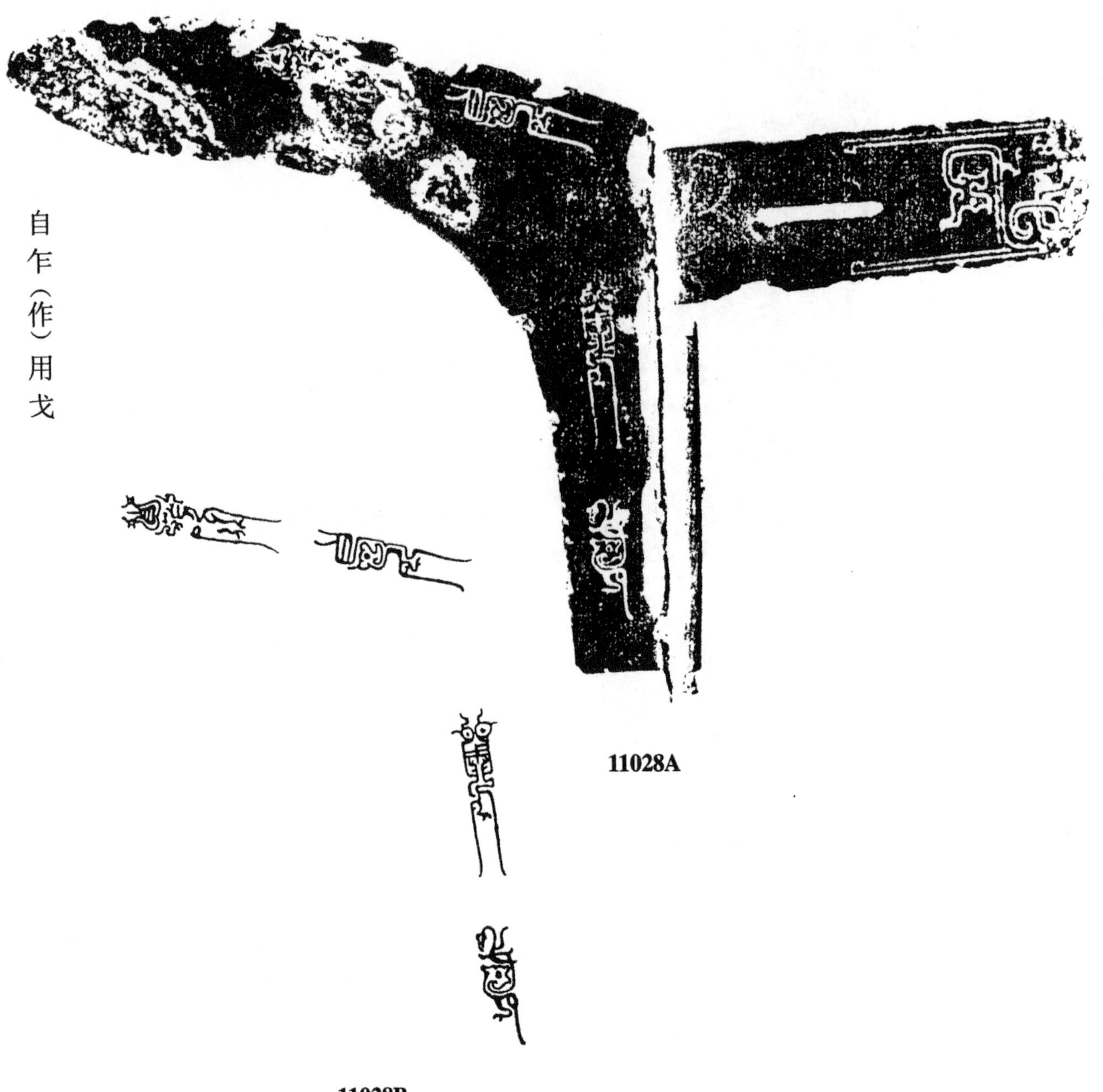

11028A

11028B

攻敔王光戈

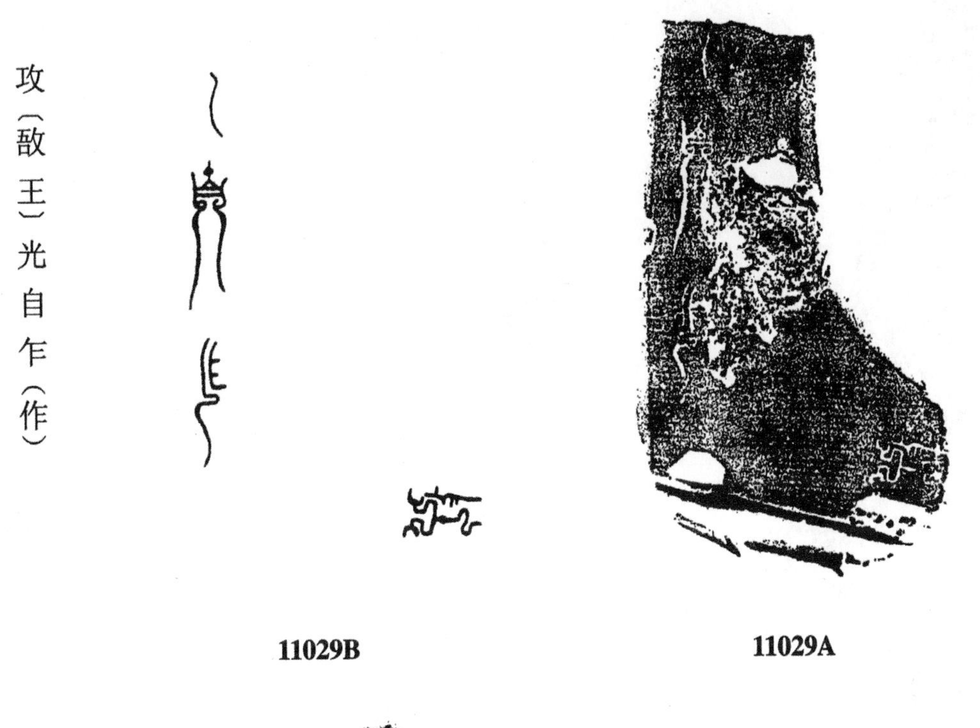

攻(敔王)光自乍(作)

11029B　　11029A

□之用戈

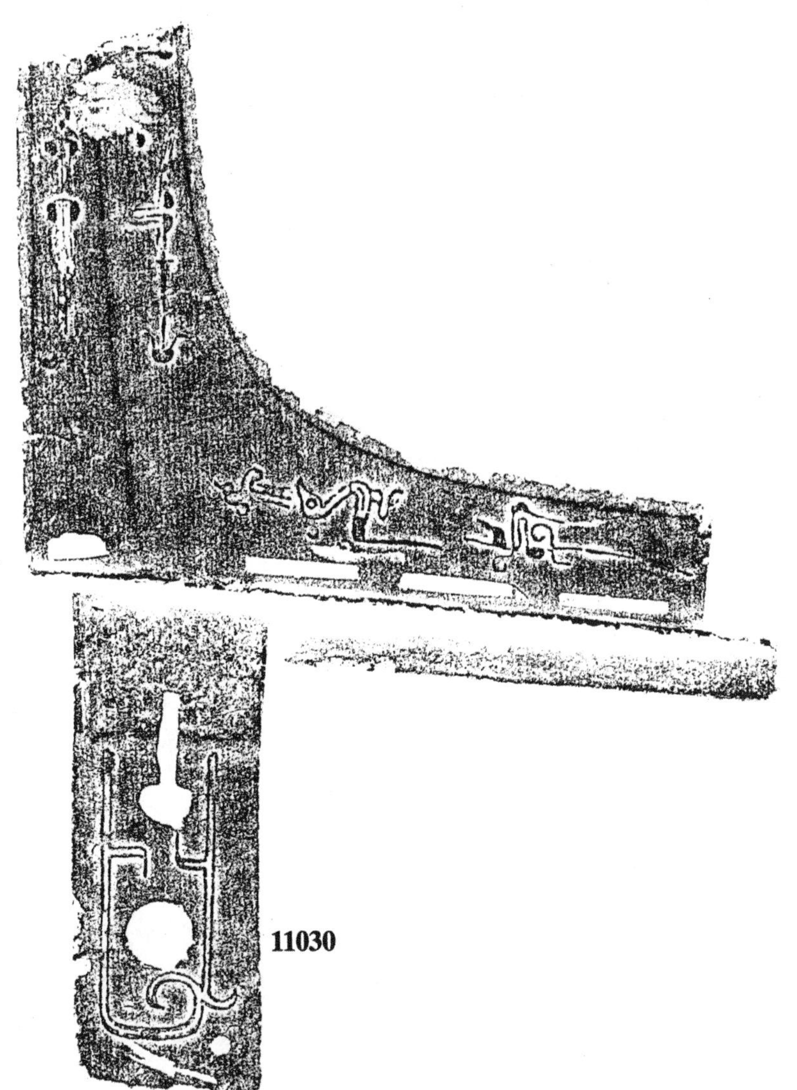

□□□□之用戈

11030

吁戈

堕戈

吁□□佚

11032

陳□車戈

11031

5872

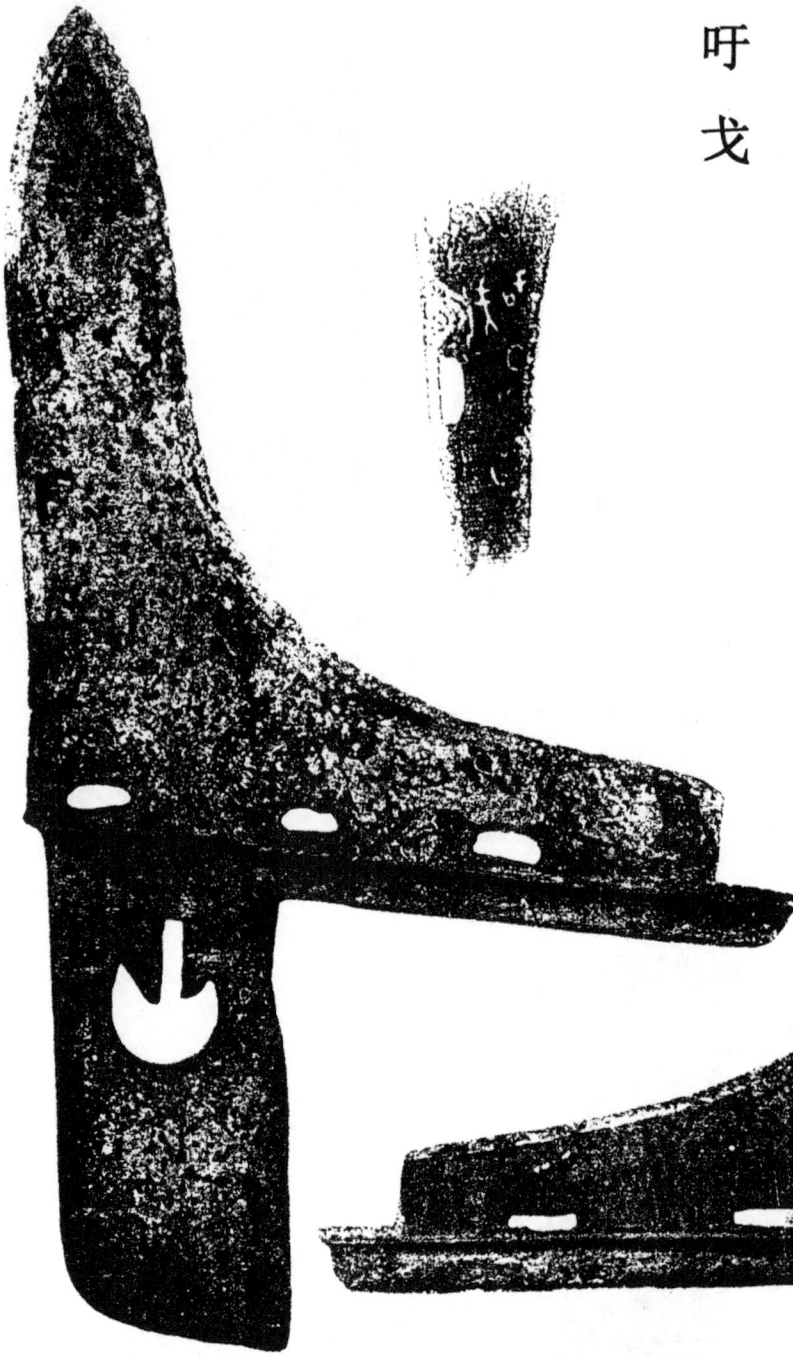

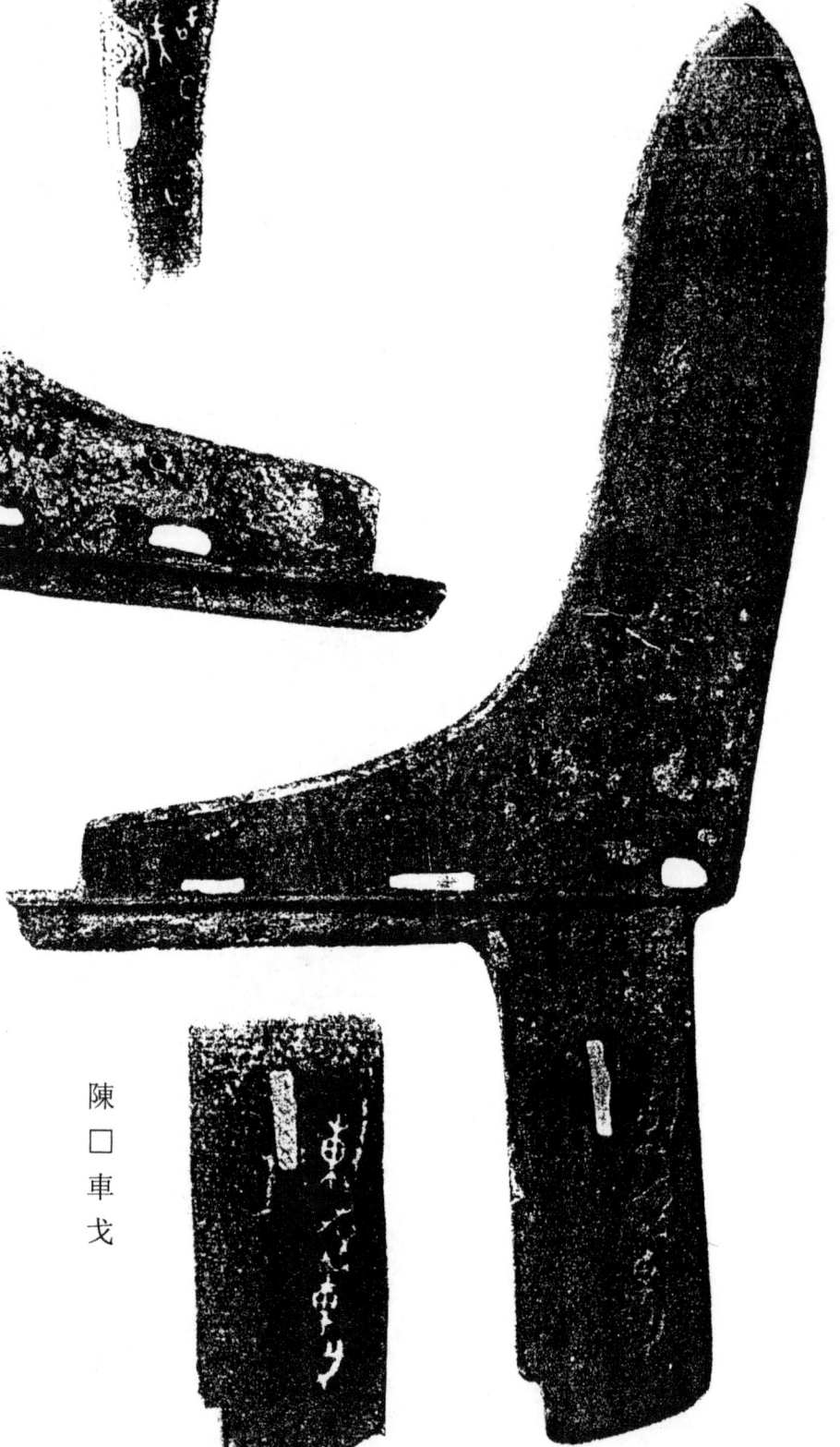

墜貝散戈

陳丣造戈

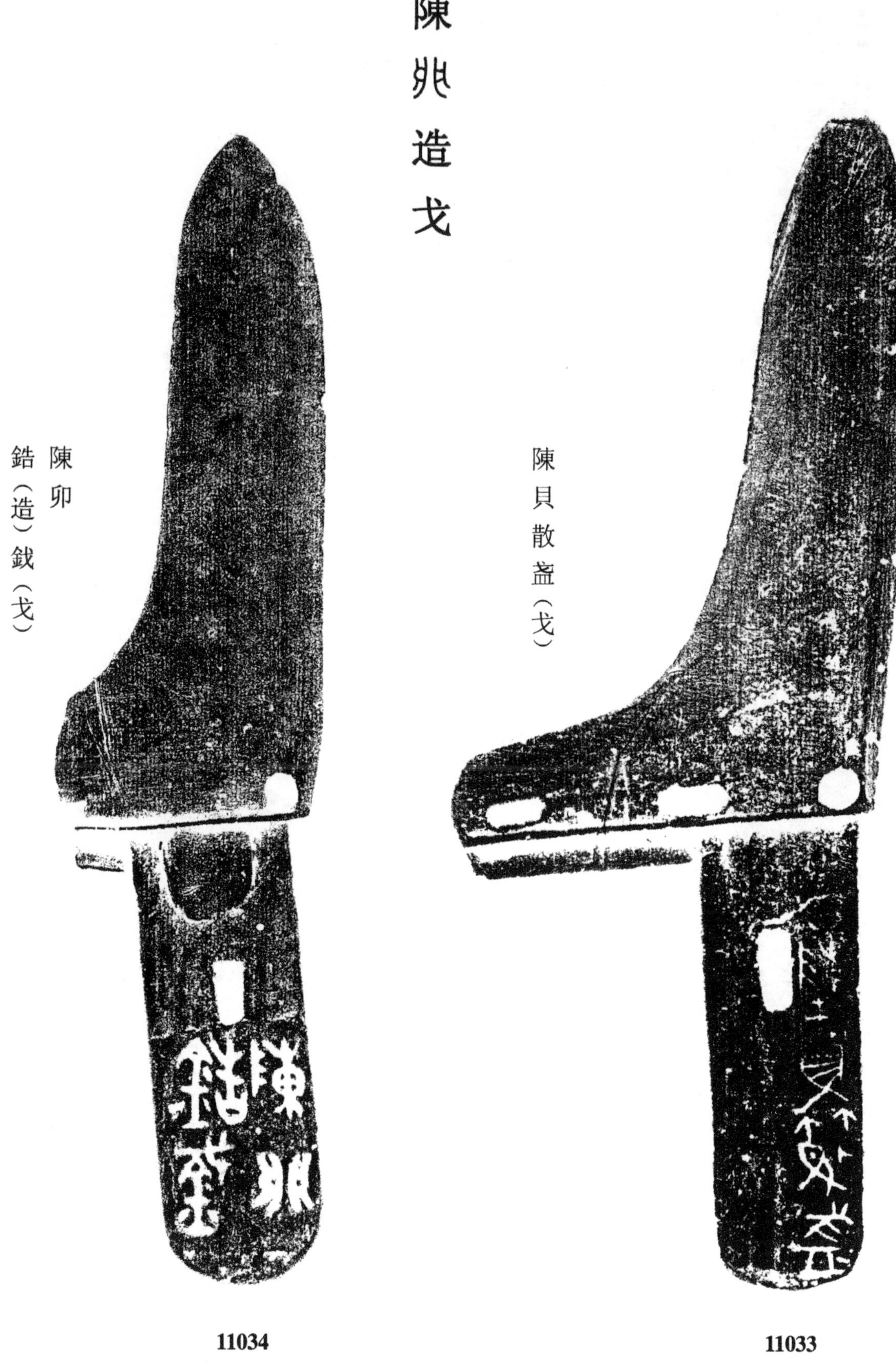

陳貝散盉（戈）

11033

陳卯鋯（造）鈛（戈）

11034

塦余戈

塦窒散戈

陳窒
散鈛（戈）

11036

陳余
造鈛（戈）

11035

墜𢍰車戈

陳豫車戈

11037

陳子戈

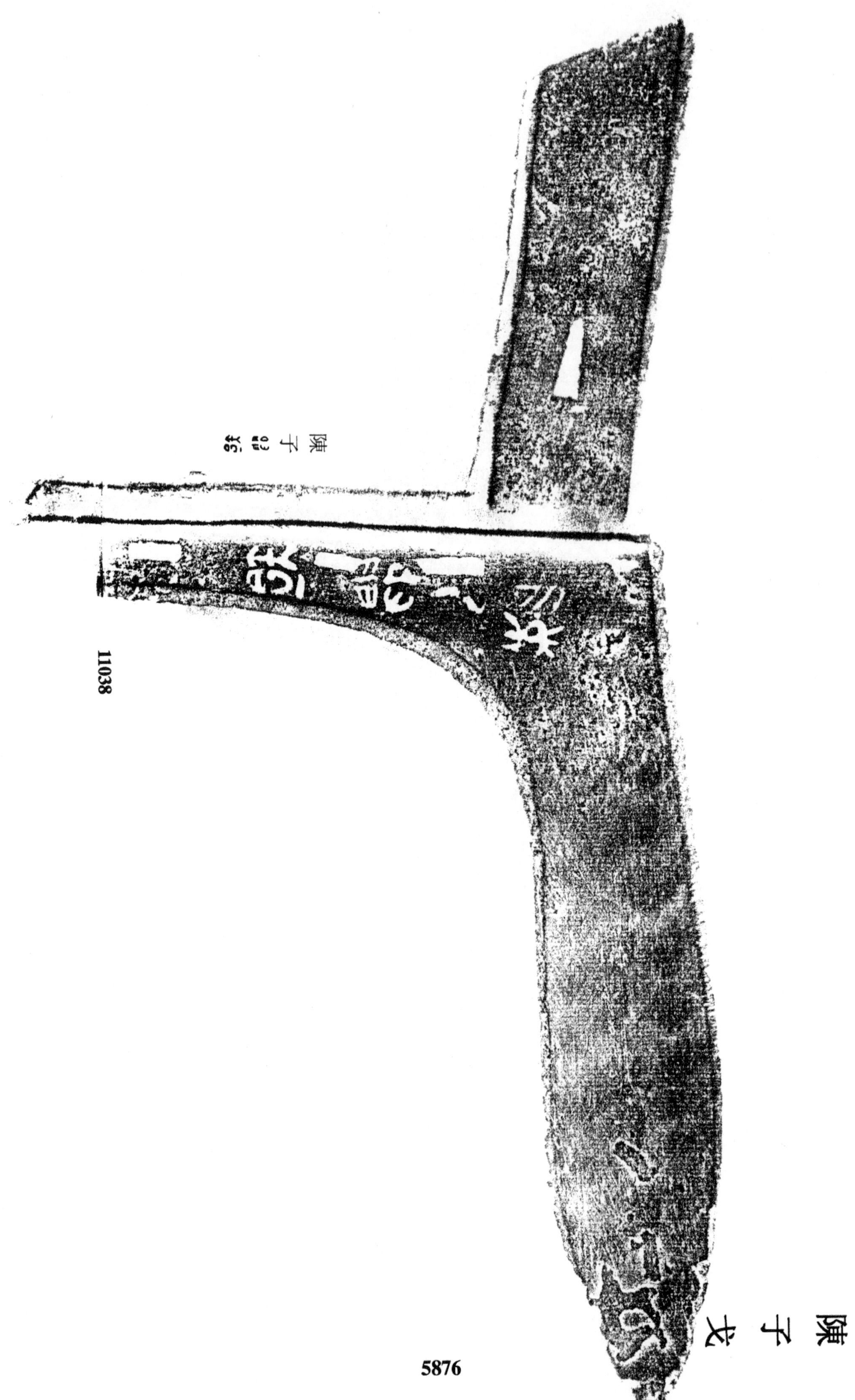

陳子

11038

邯鄲上庫戈

叔孫殺戈

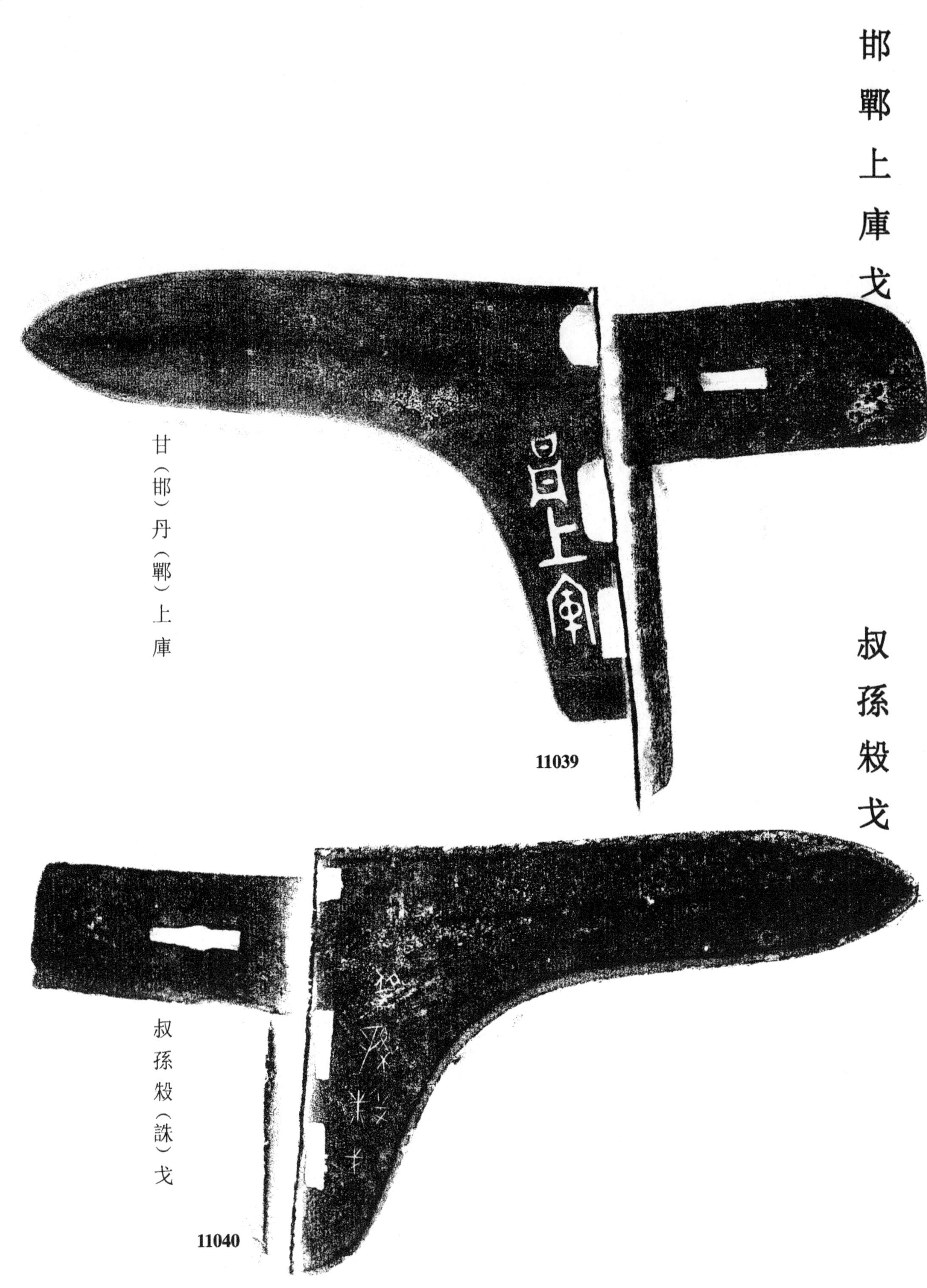

甘（邯）丹（鄲）上庫

11039

叔孫殺（誅）戈

11040

平阿左戈

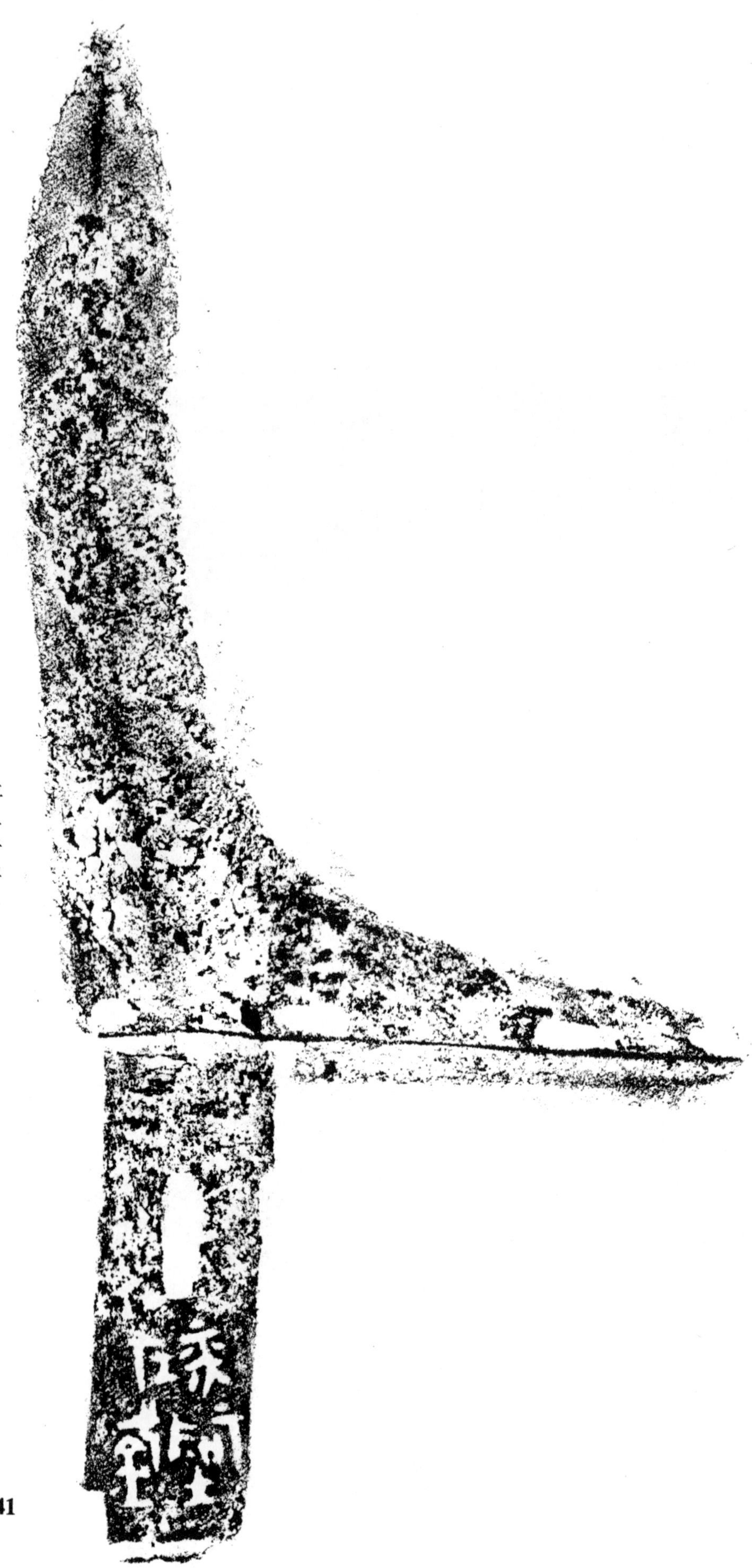

平墬（阿）
左戟（戈）

11041

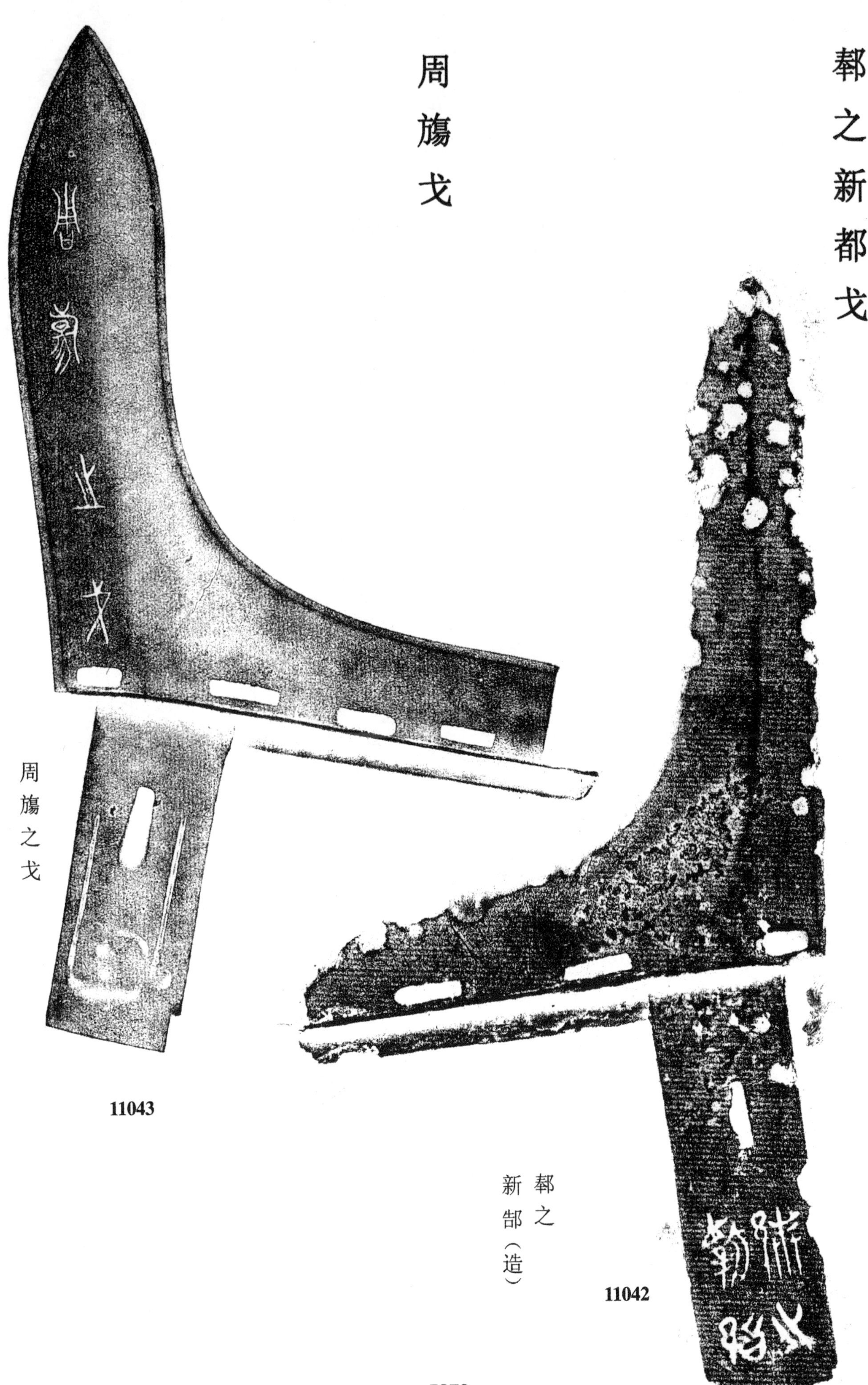

鄀之新都戈

周旟戈

周旟之戈

11043

鄀之新郜(造)

11042

𢉖[illegible]戈

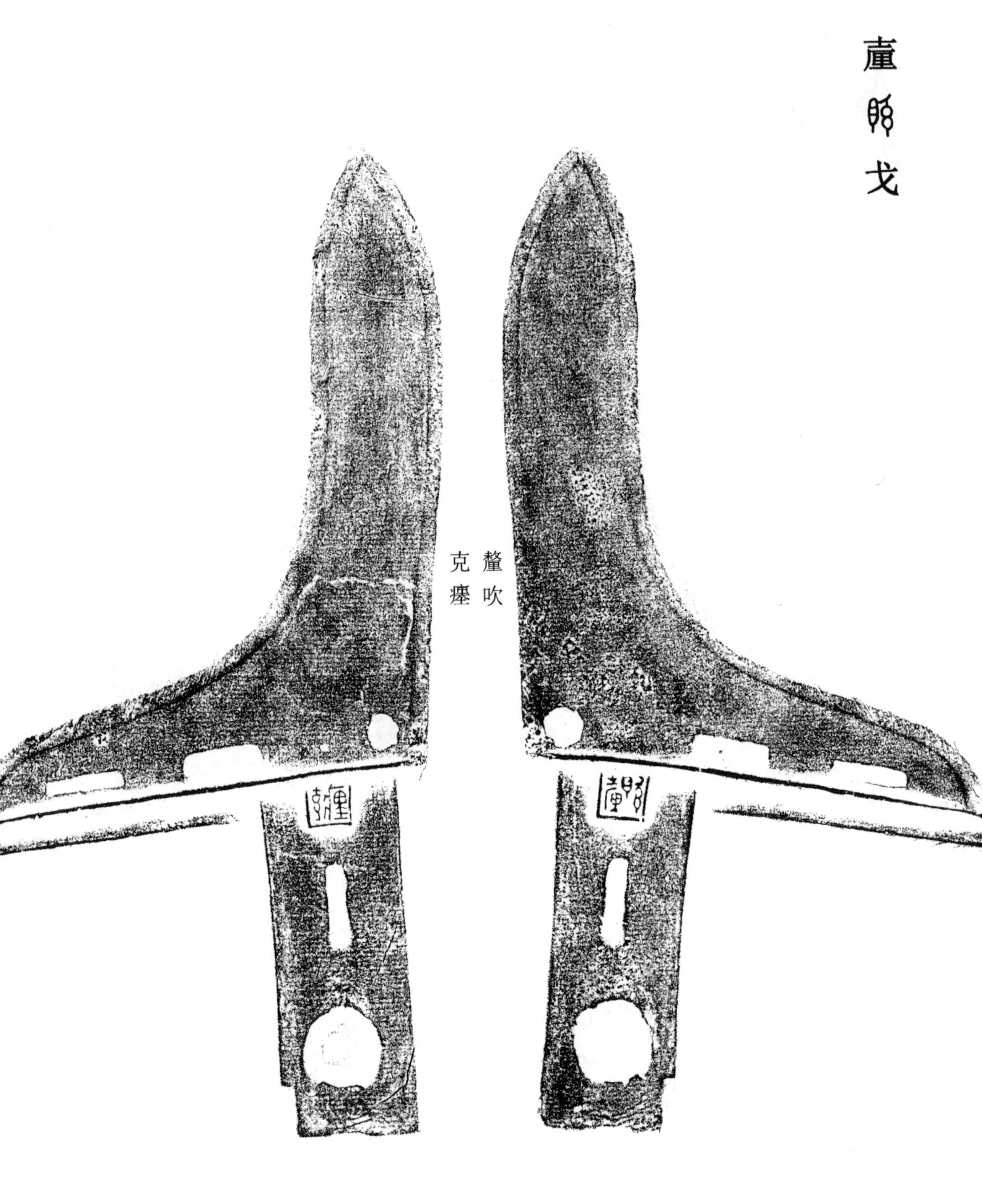

鏖吹
克墬

11044.2　　11044.1

鄦之造戈

11045A

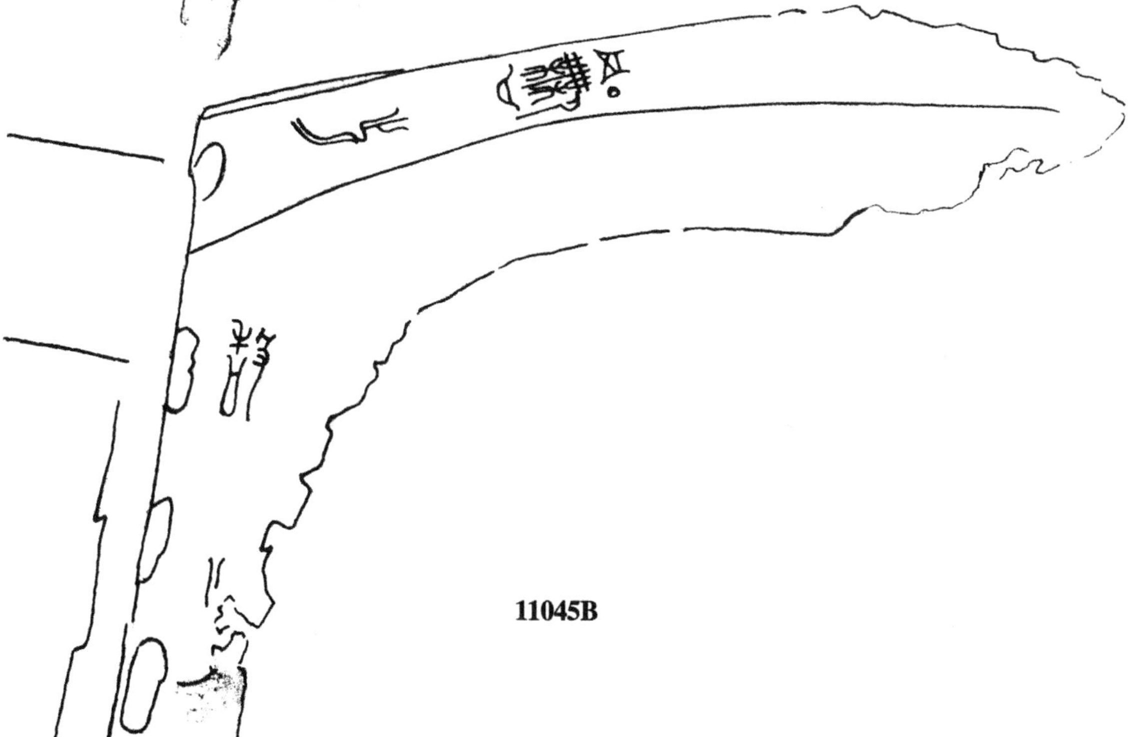

鄦之散(造)戈

11045B

敔之造戟

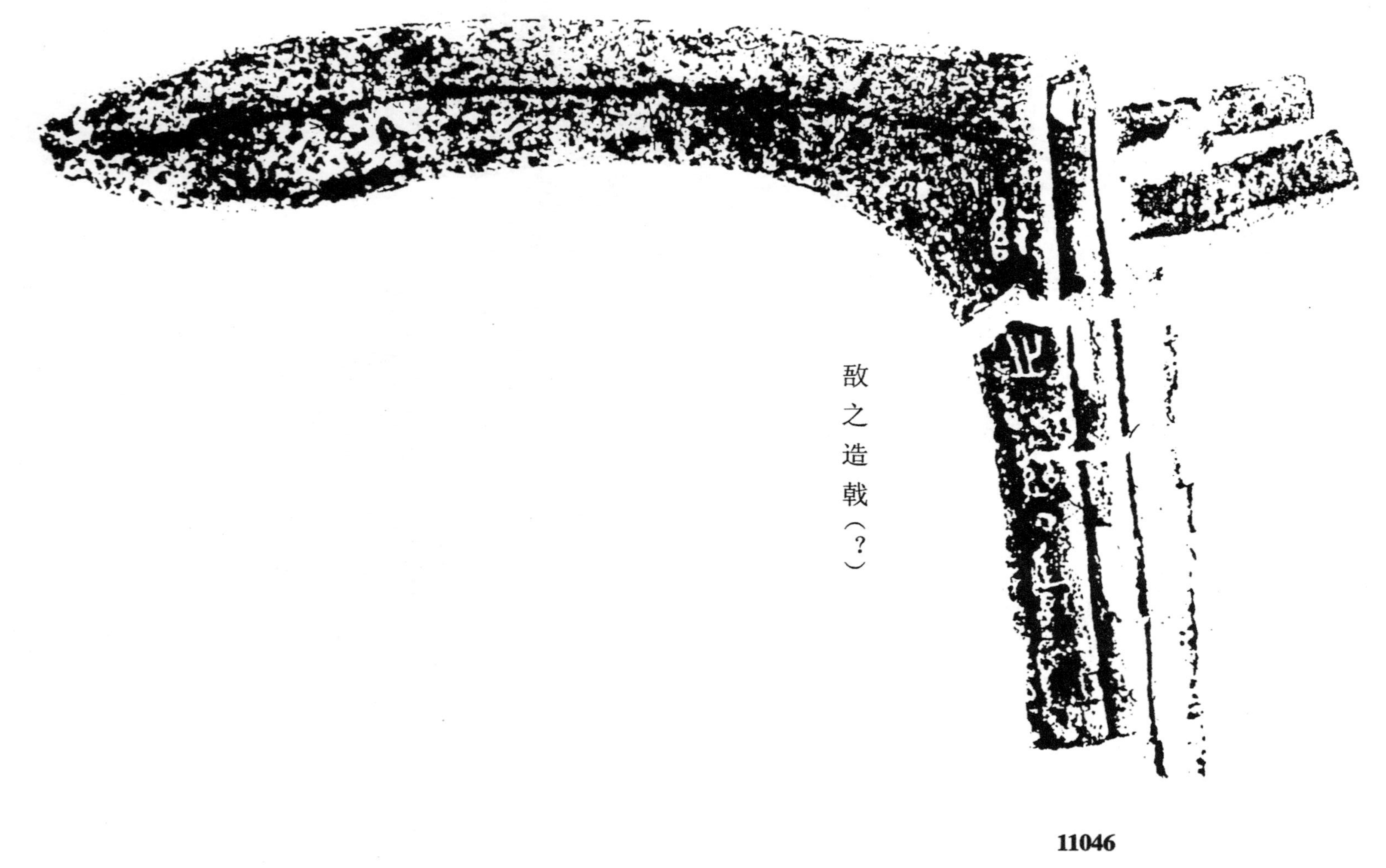

敔之造戟（？）

11046

𣄃作□戈

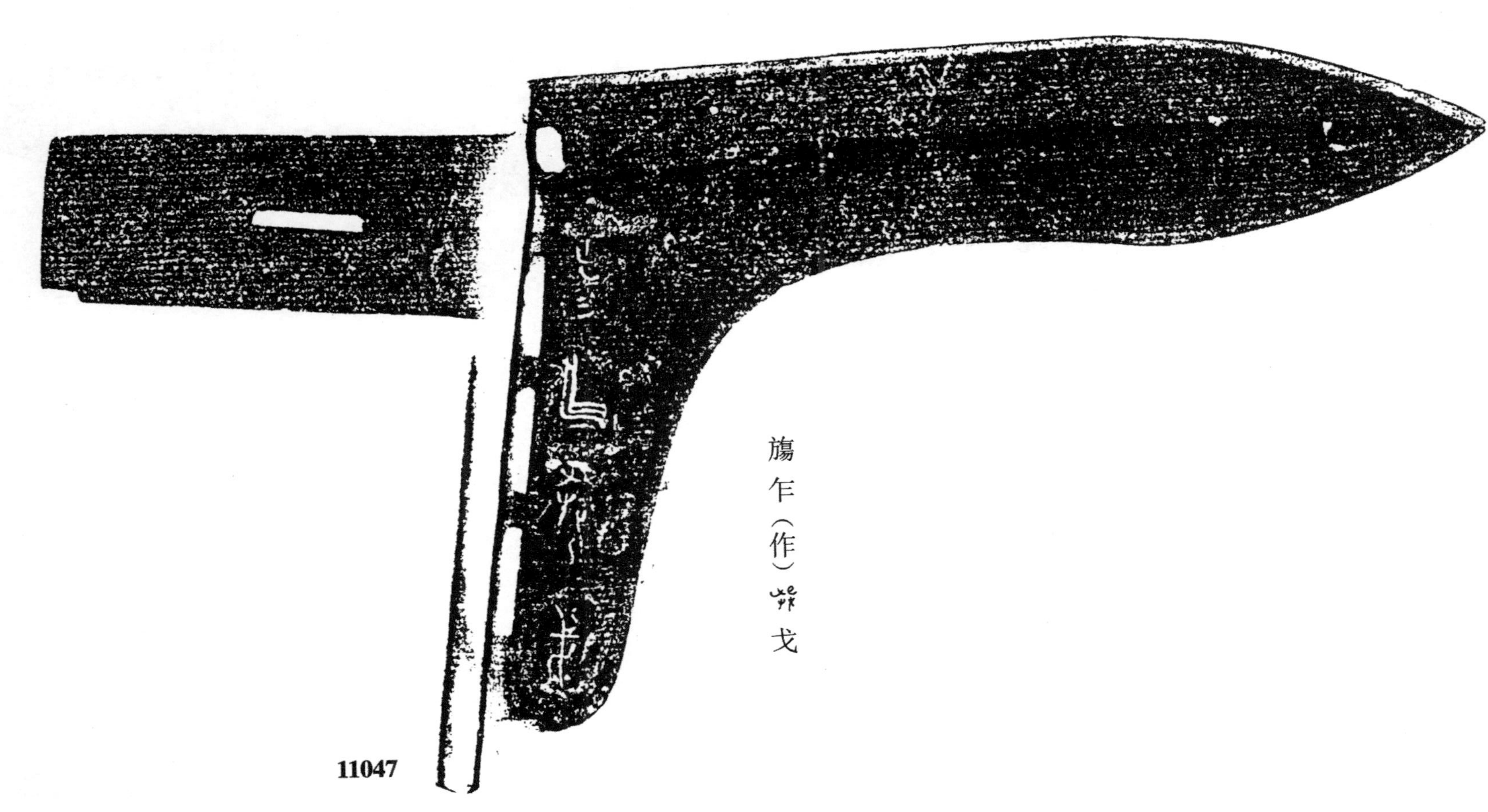

𣄃乍（作）𤰇戈

11047

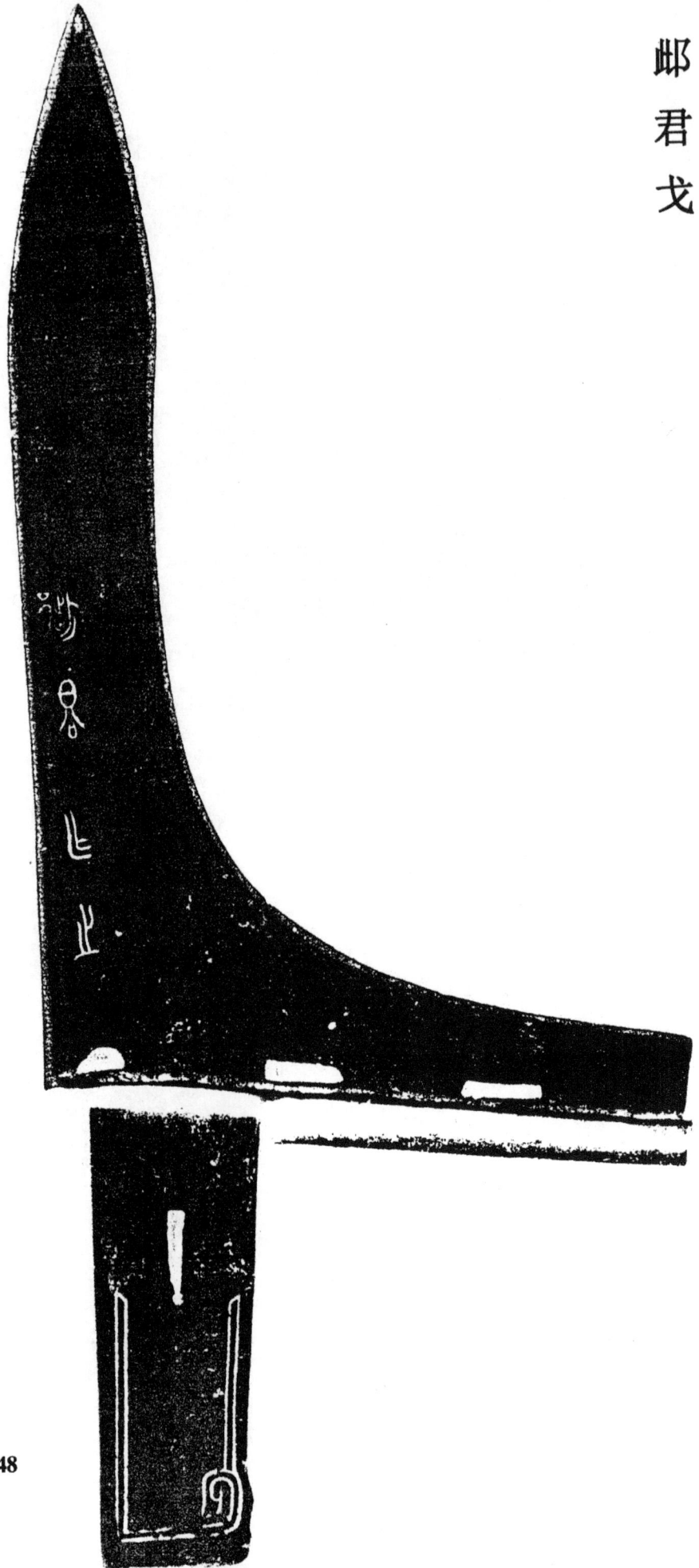

邶君戈

邶君乍(作)之

11048

5884

仕斤徒戈

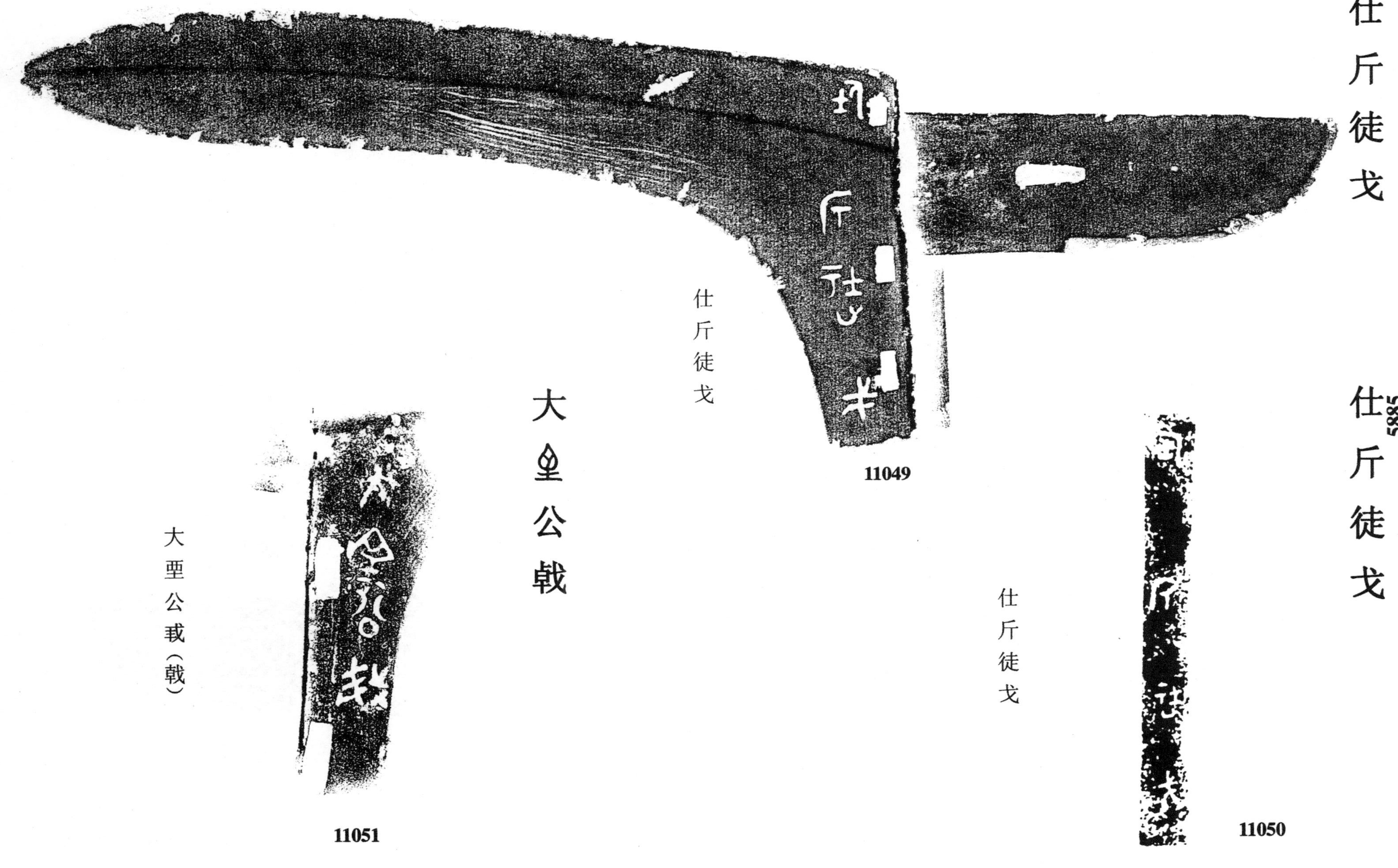

11049 仕斤徒戈

仕斤徒戈

11050 仕斤徒戈

大皇公戟

11051 大亜公戟（戟）

宜鑄戈

宜鑄散(造)用

11052

上黨武庫戈

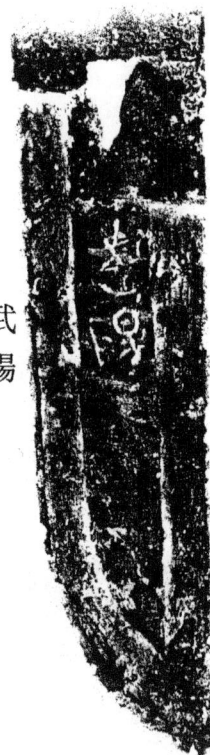

上黨武庫

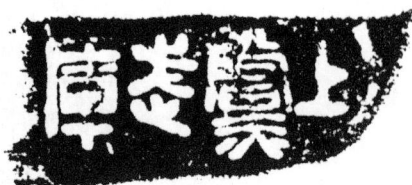

11054

武陽右庫戈

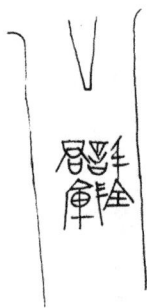

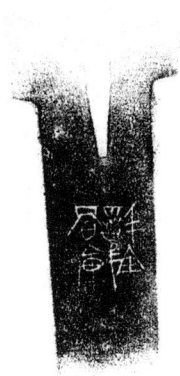

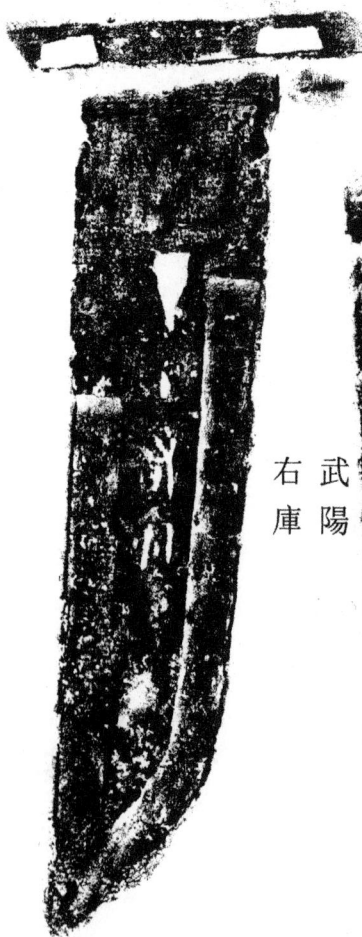

武陽右庫

11053.1

11053.2

信陰君庫戈

11055A

訫(信)险(陰)君庫

11055B

平陸左戟

郾王詈戈

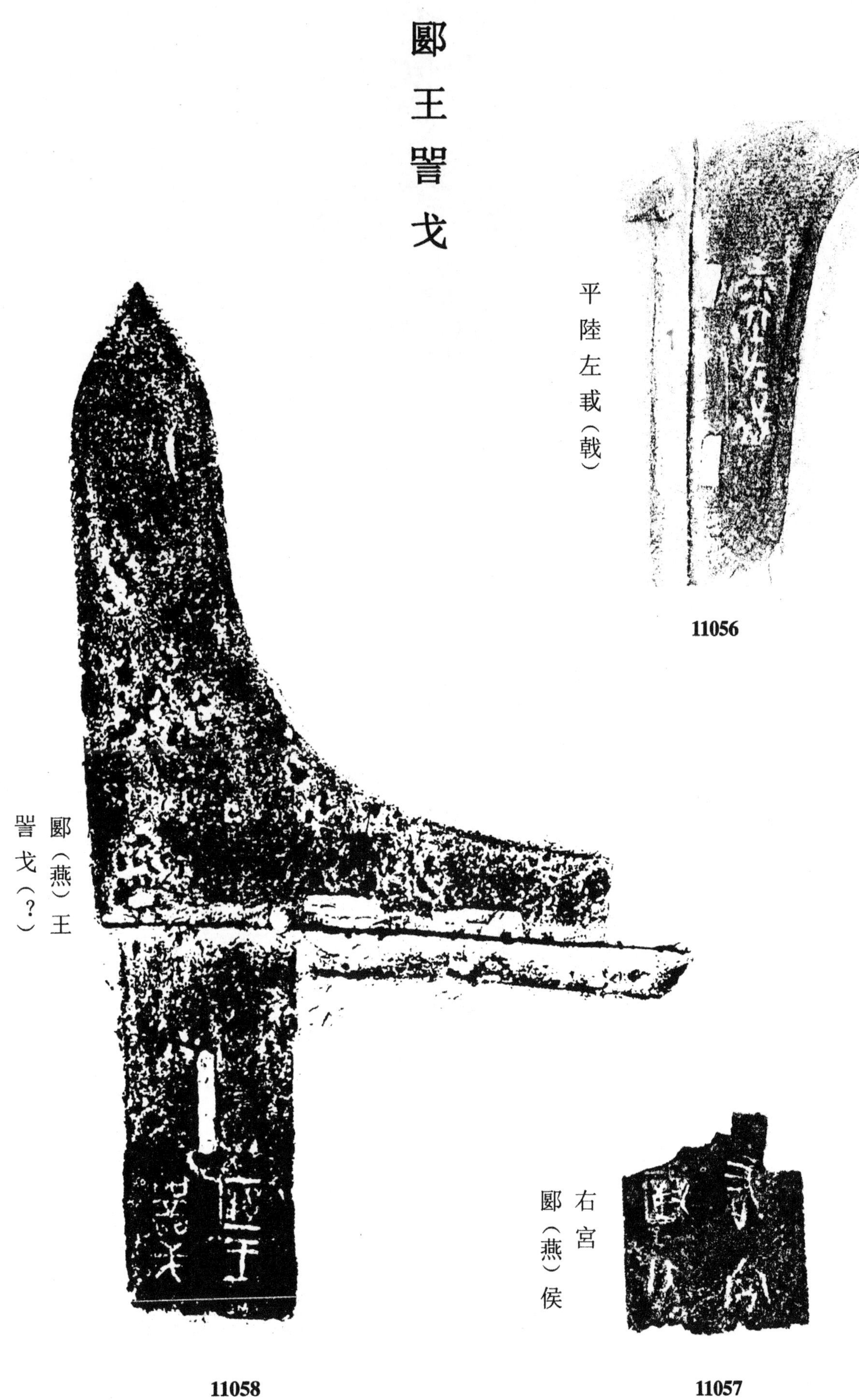

平陸左戟（戟）

11056

郾（燕）王詈戈（？）

11058

郾侯右宮戈

右宮郾（燕）侯

11057

作御司馬戈

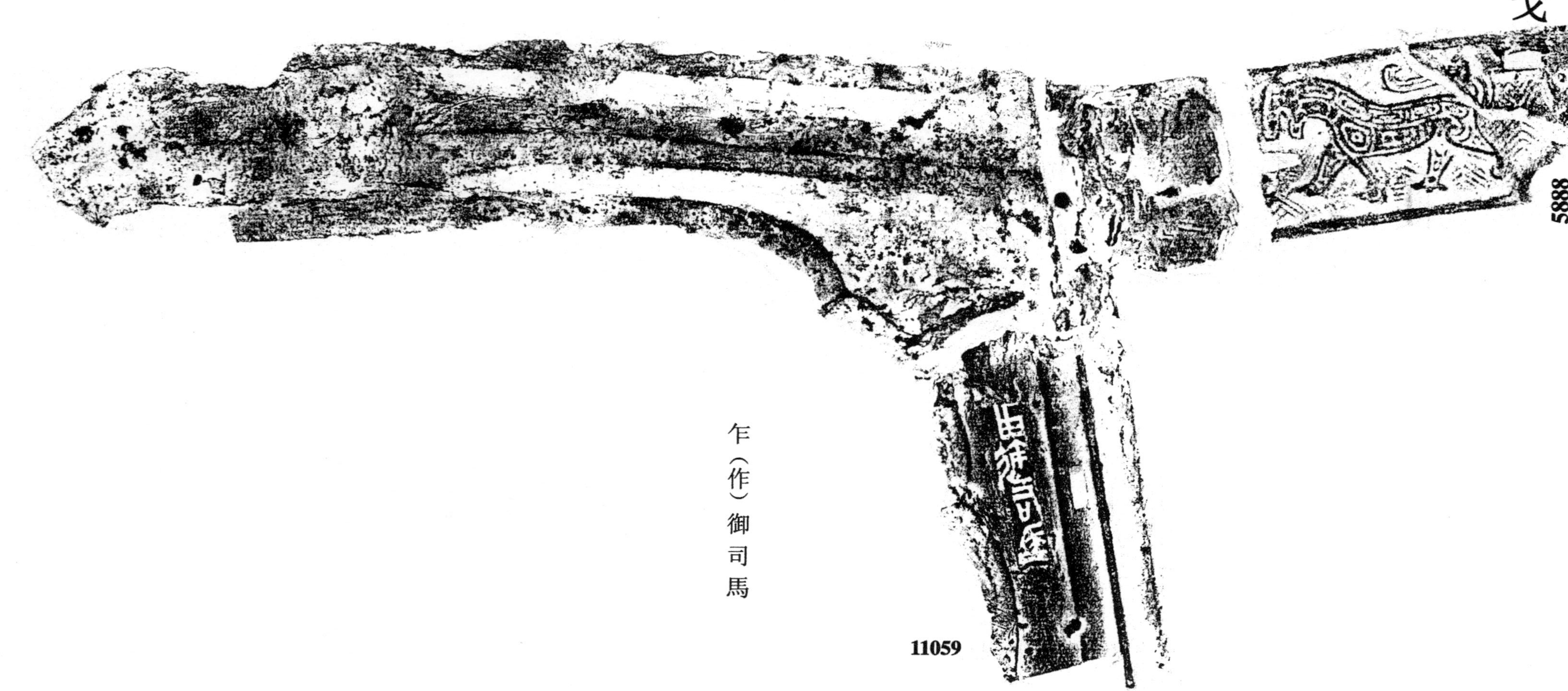

5888

乍(作)御司馬

11059

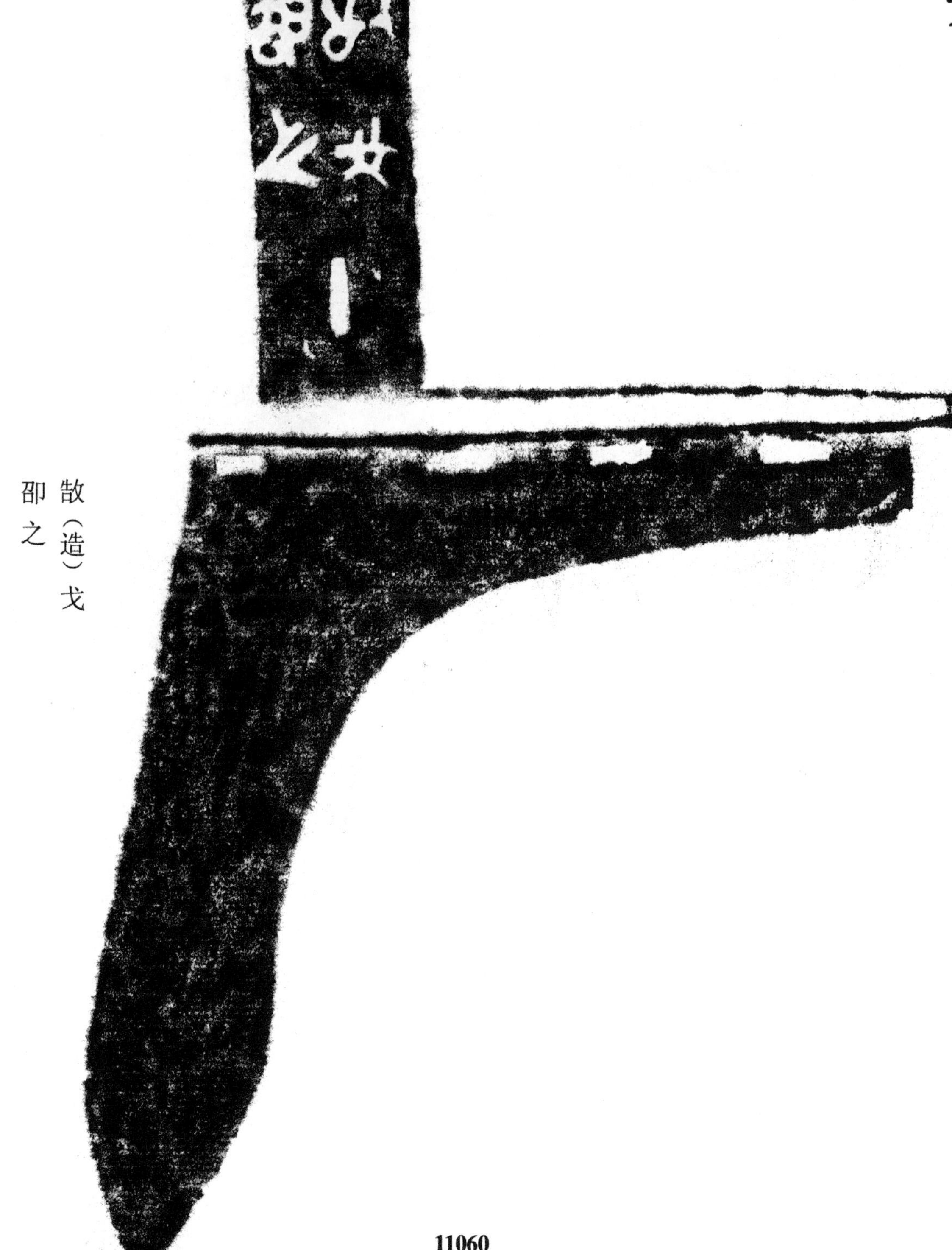

卲之
散（造）戈

11060

車大夫長畫戈

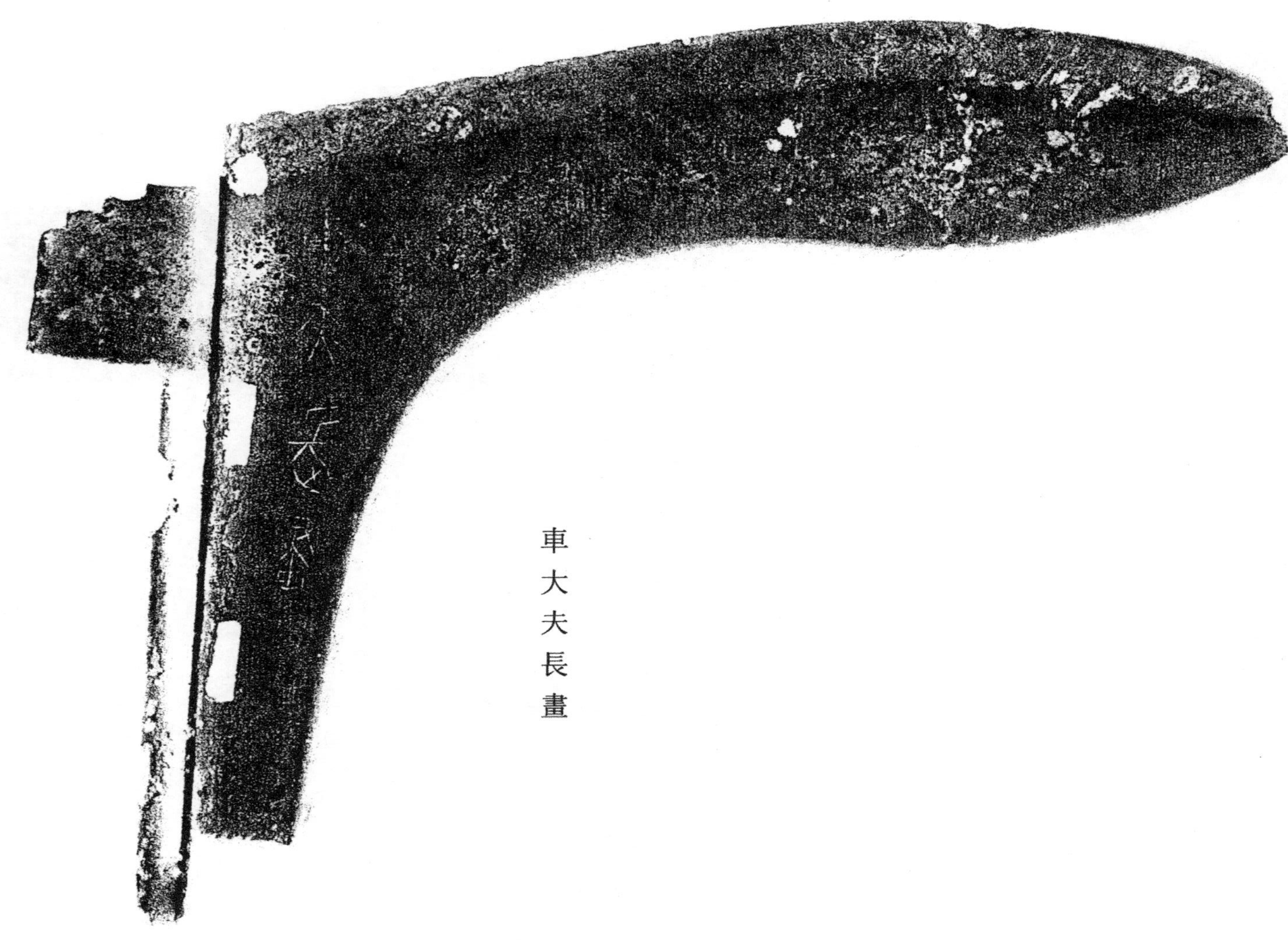

車大夫長畫

11061A

11061B

陵右戟

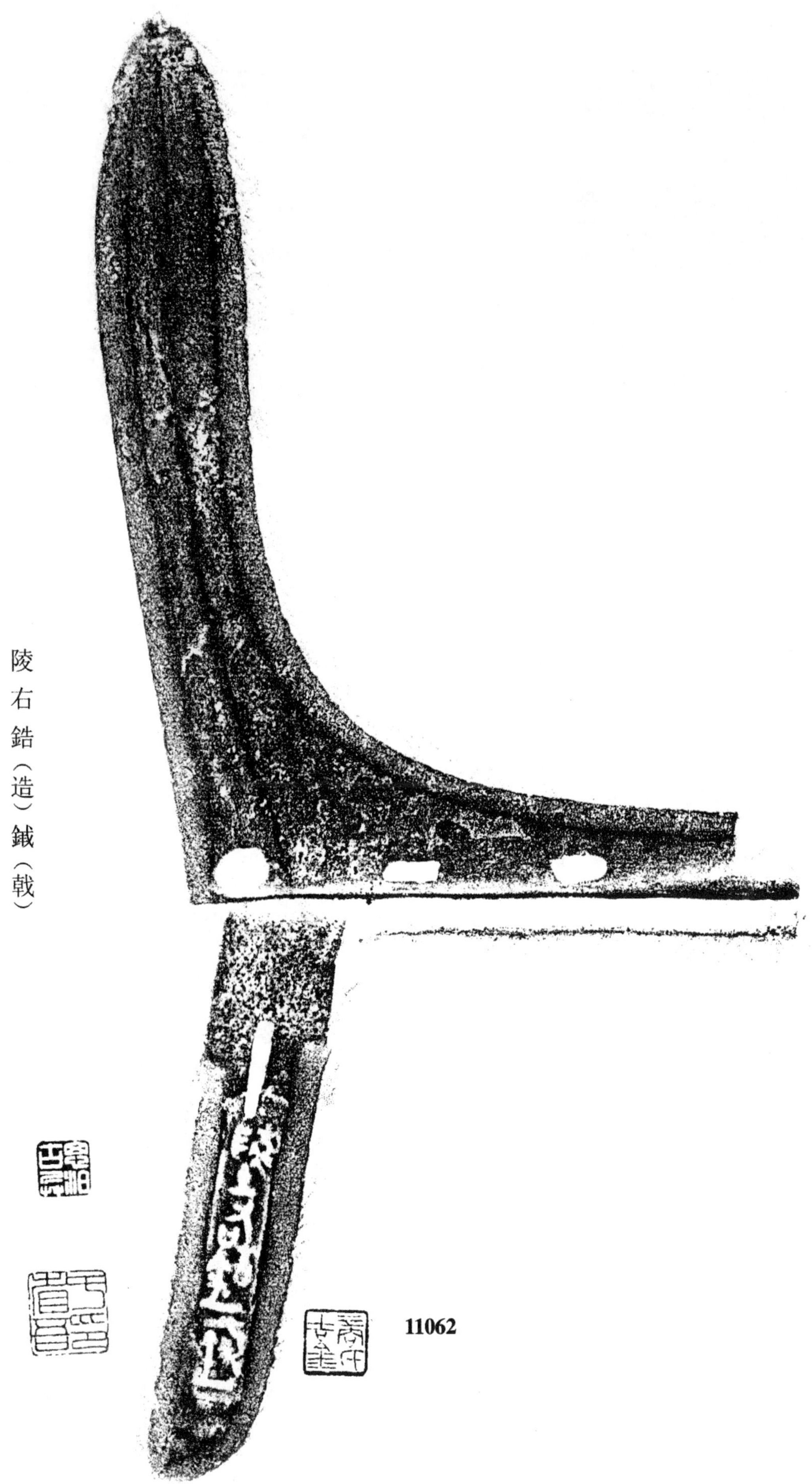

陵右鋯（造）鉞（戟）

11062

大武戈

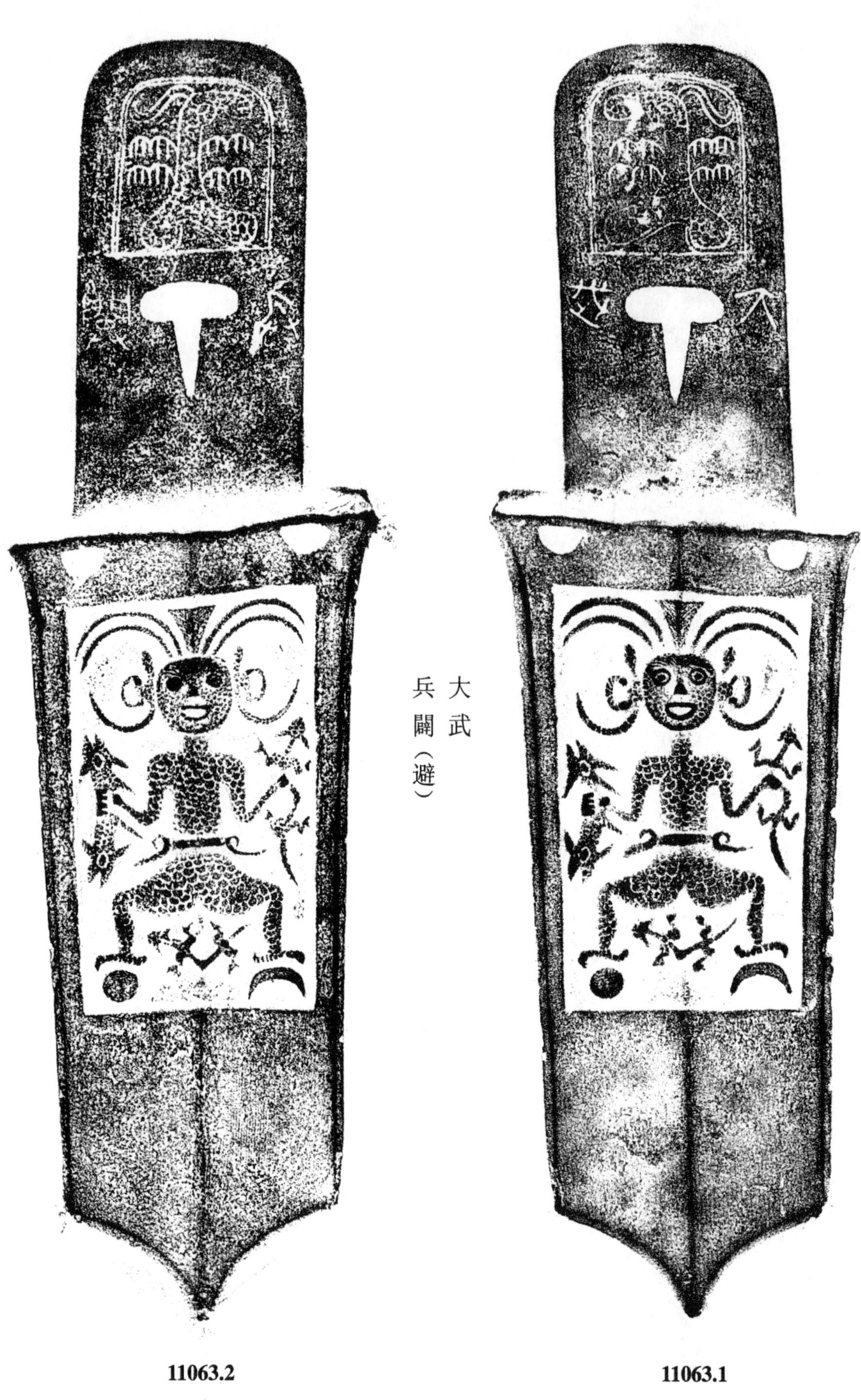

大武
兵闢（避）

11063.2

11063.1

⿱器皿澳侯戈

楚公冡戈

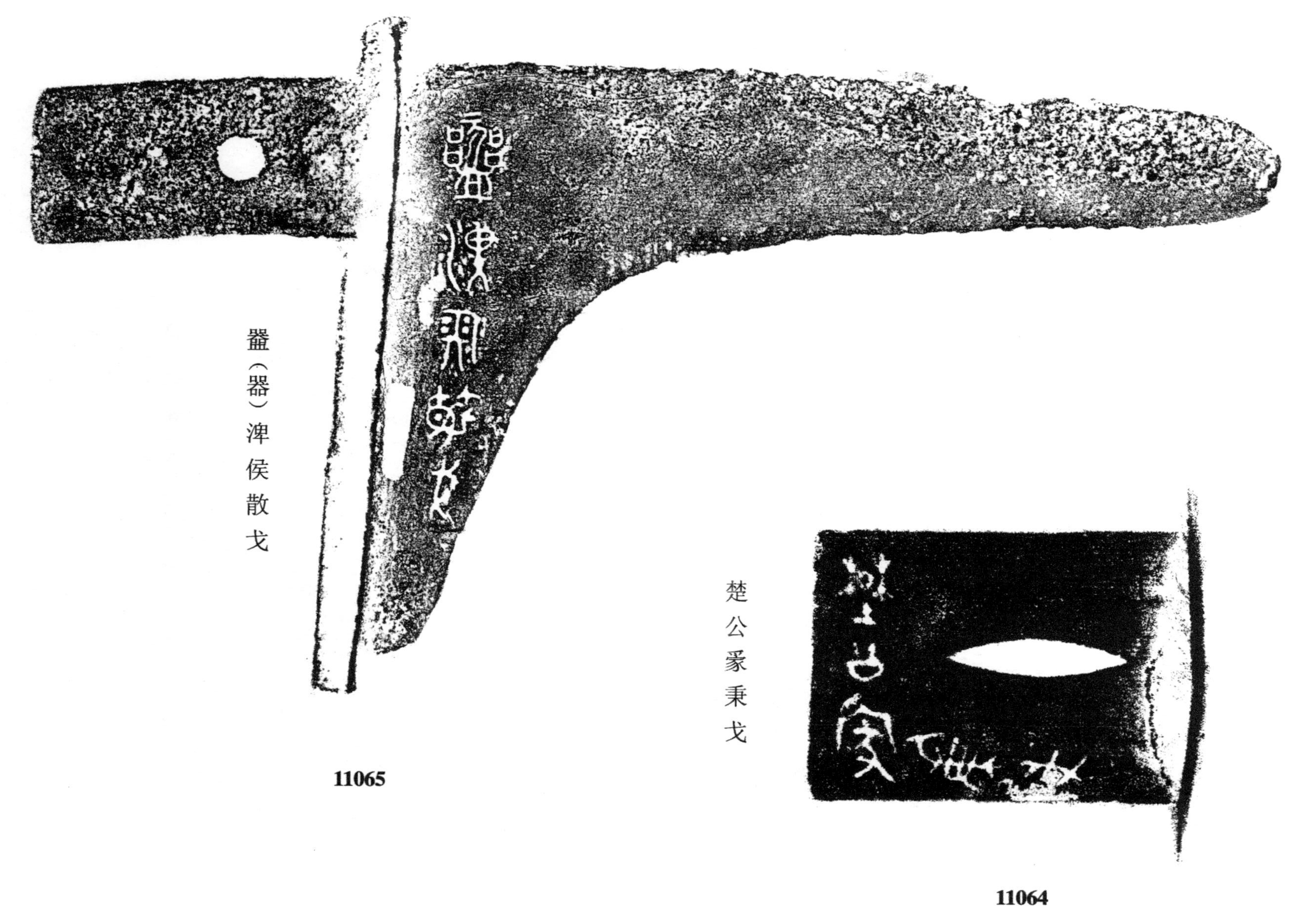

⿱器皿（器）渒侯散戈

11065

楚公冡秉戈

11064

䢼作之元戈

盗叔之行戈

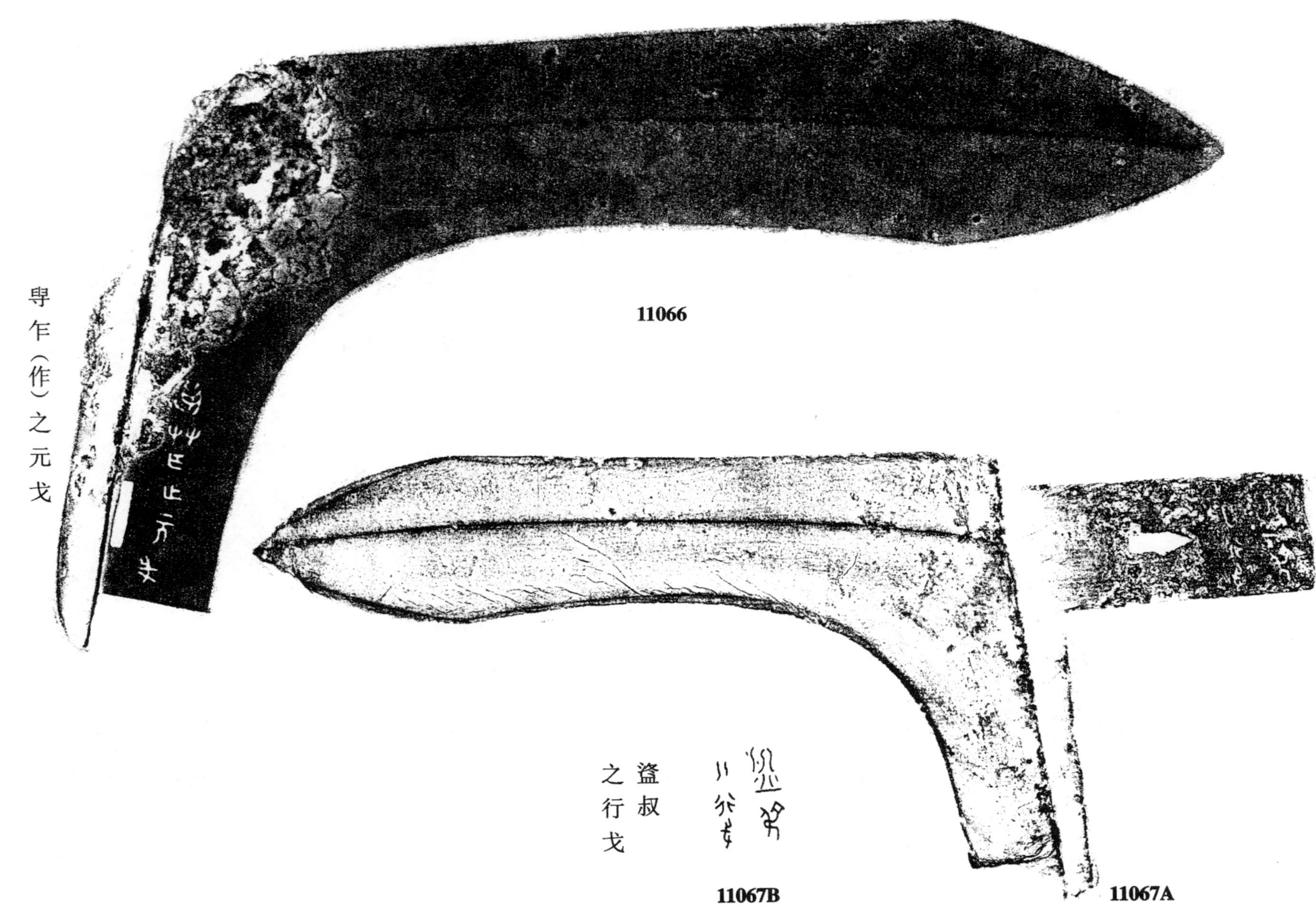

䢼乍（作）之元戈

11066

盗叔之行戈

11067B

11067A

[illegible]少鉤庫戈

豫少（小）鉤（鉤）庫造

11068

曹右庭戈

曹右庭（庭、胥、廂）散（造）戈

11070

事孫□丘戈

事孫
□丘戈

11069

□用戈

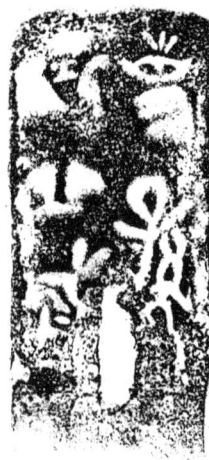

[illegible]用
十[illegible]戈

11071

子可期戈

子可䫻(摂)之用

11072

闟丘為鵬造戈

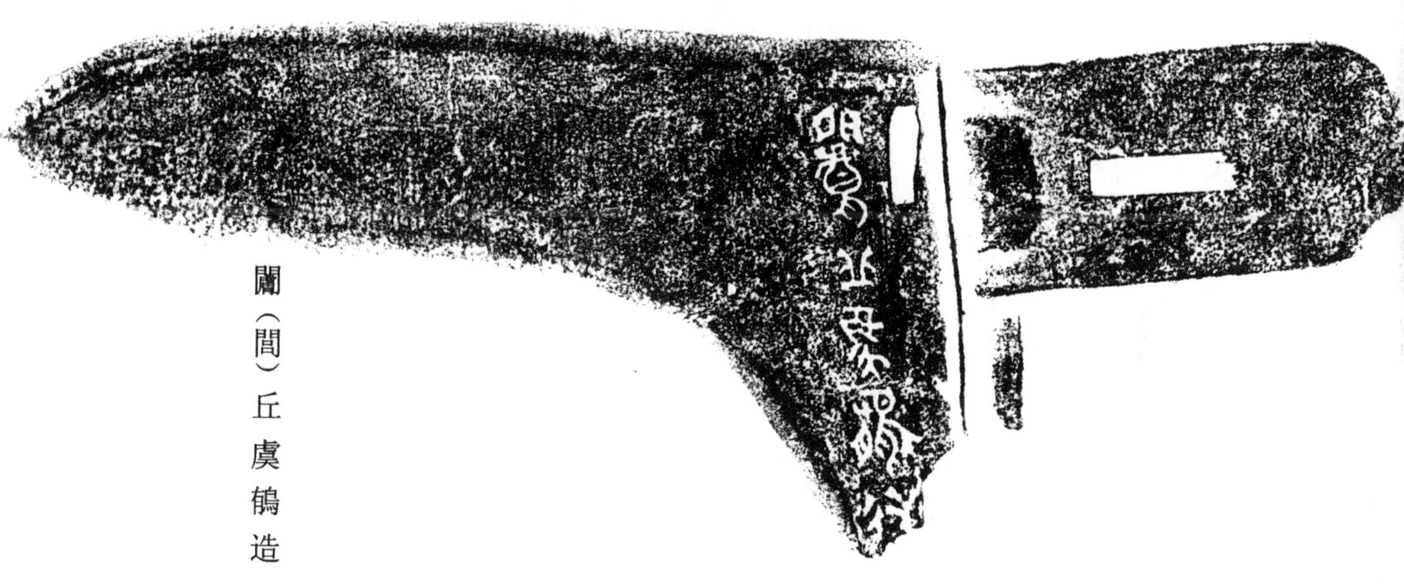

闟（閭）丘虞鴶造

11073

⿰豕阝州戈

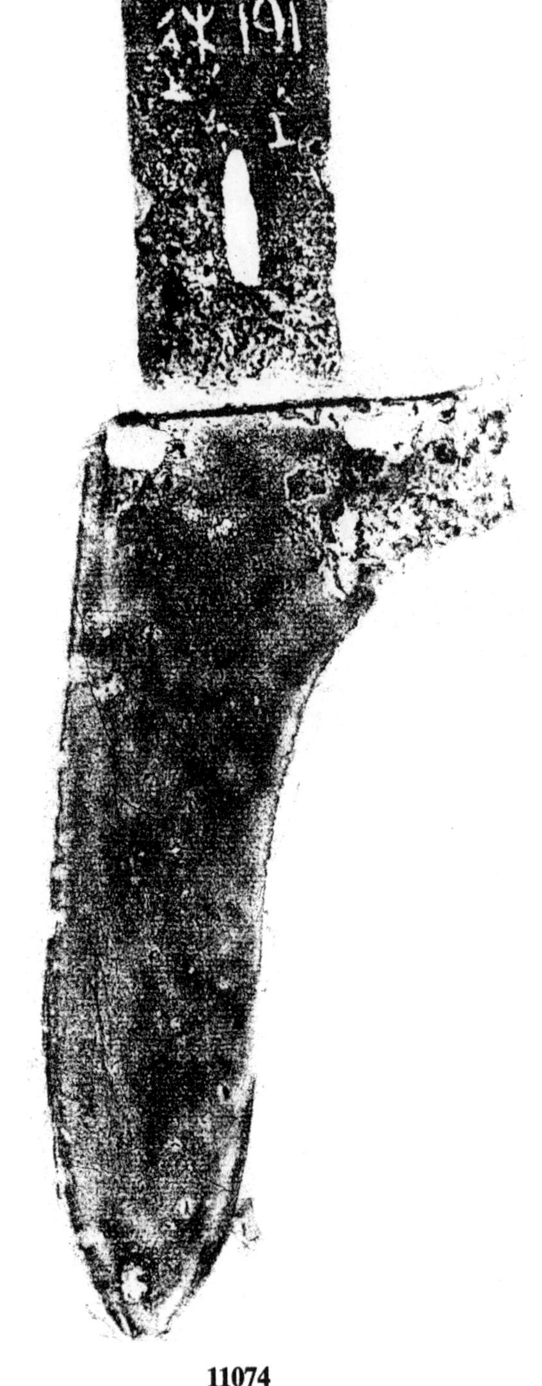

⿰豕阝（⿰豸阝、豫）州左庫造

11074

11075 右買戈

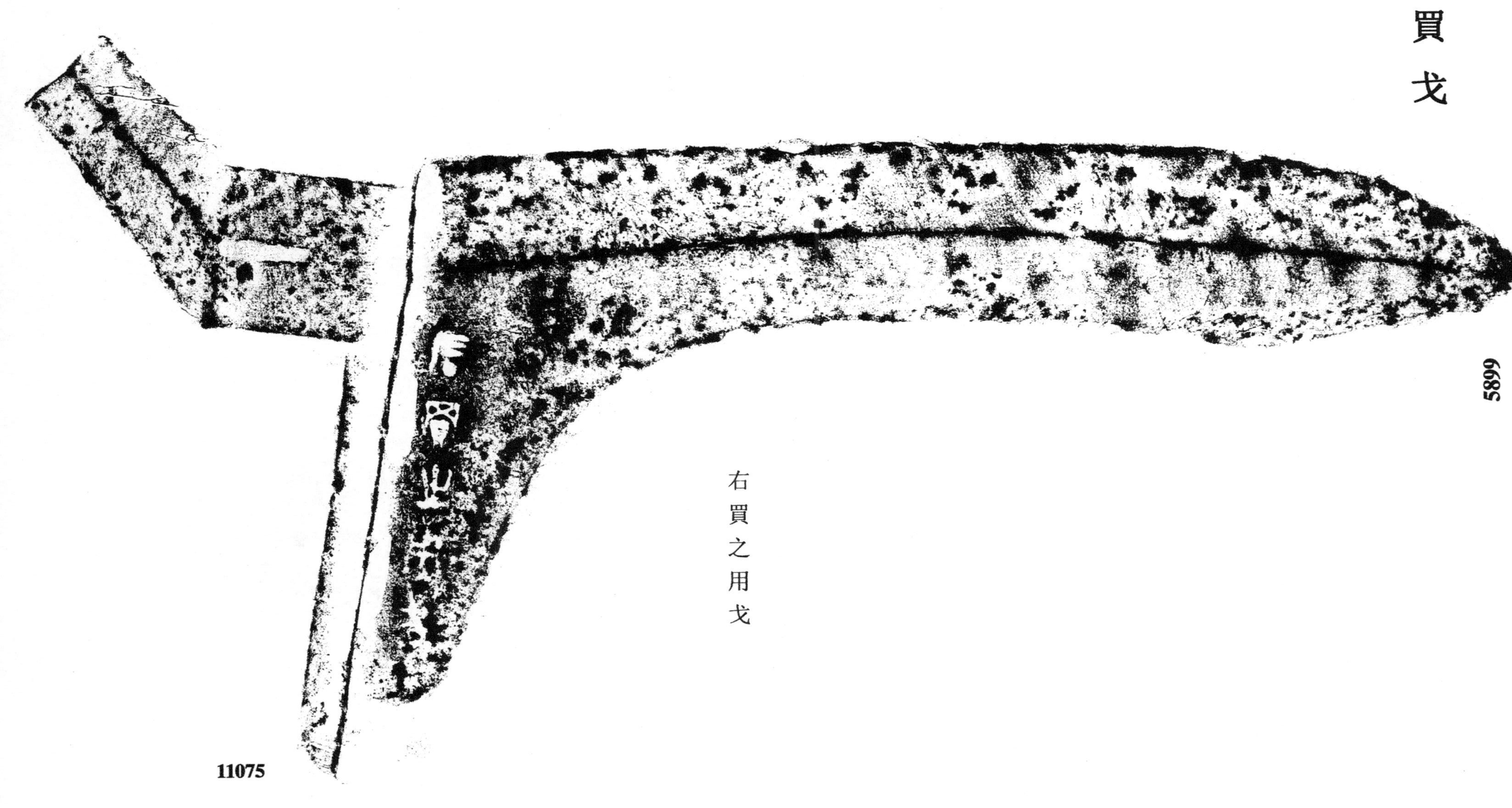

右買之用戈

徐子戈

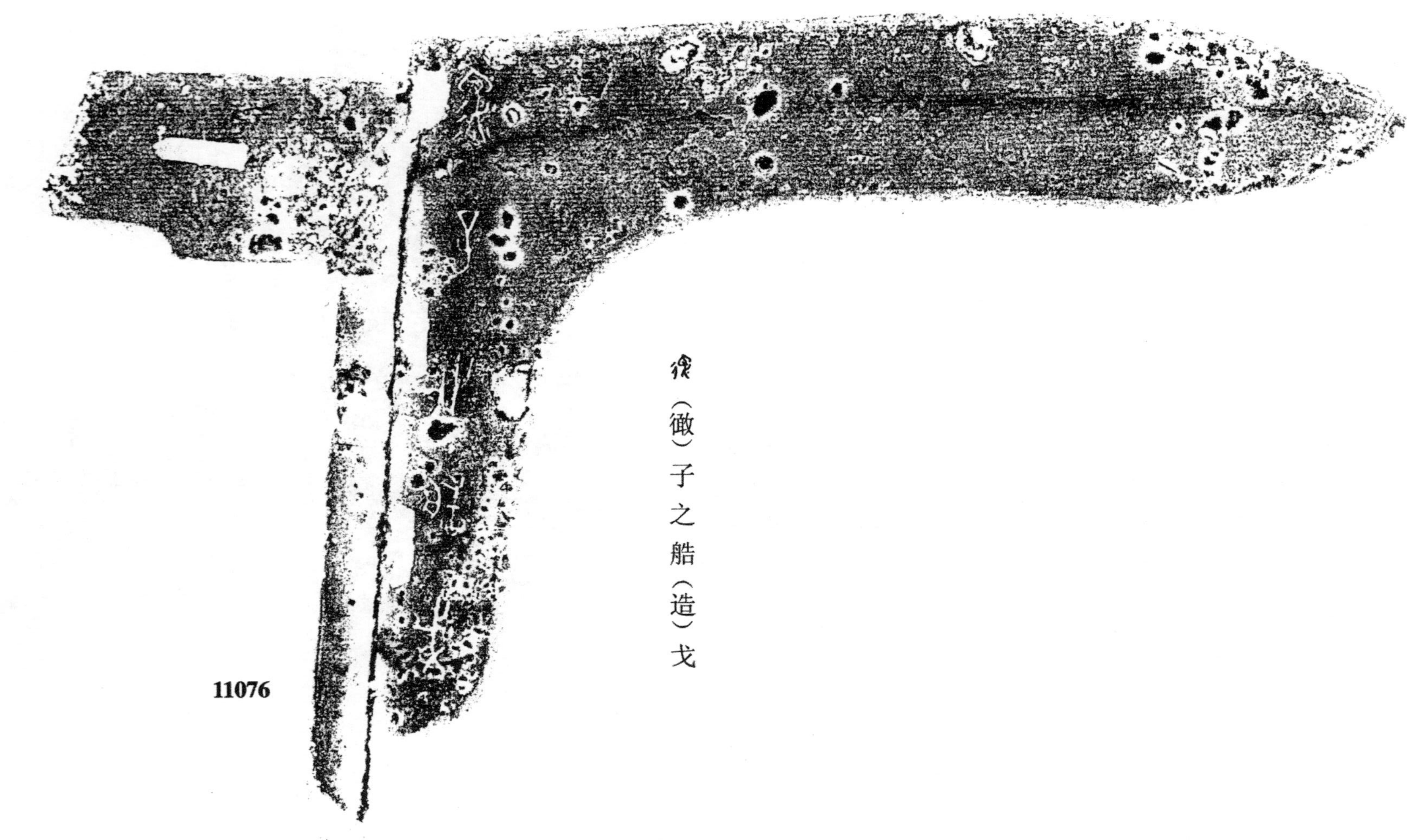

11076

徐(徹)子之艁(造)戈

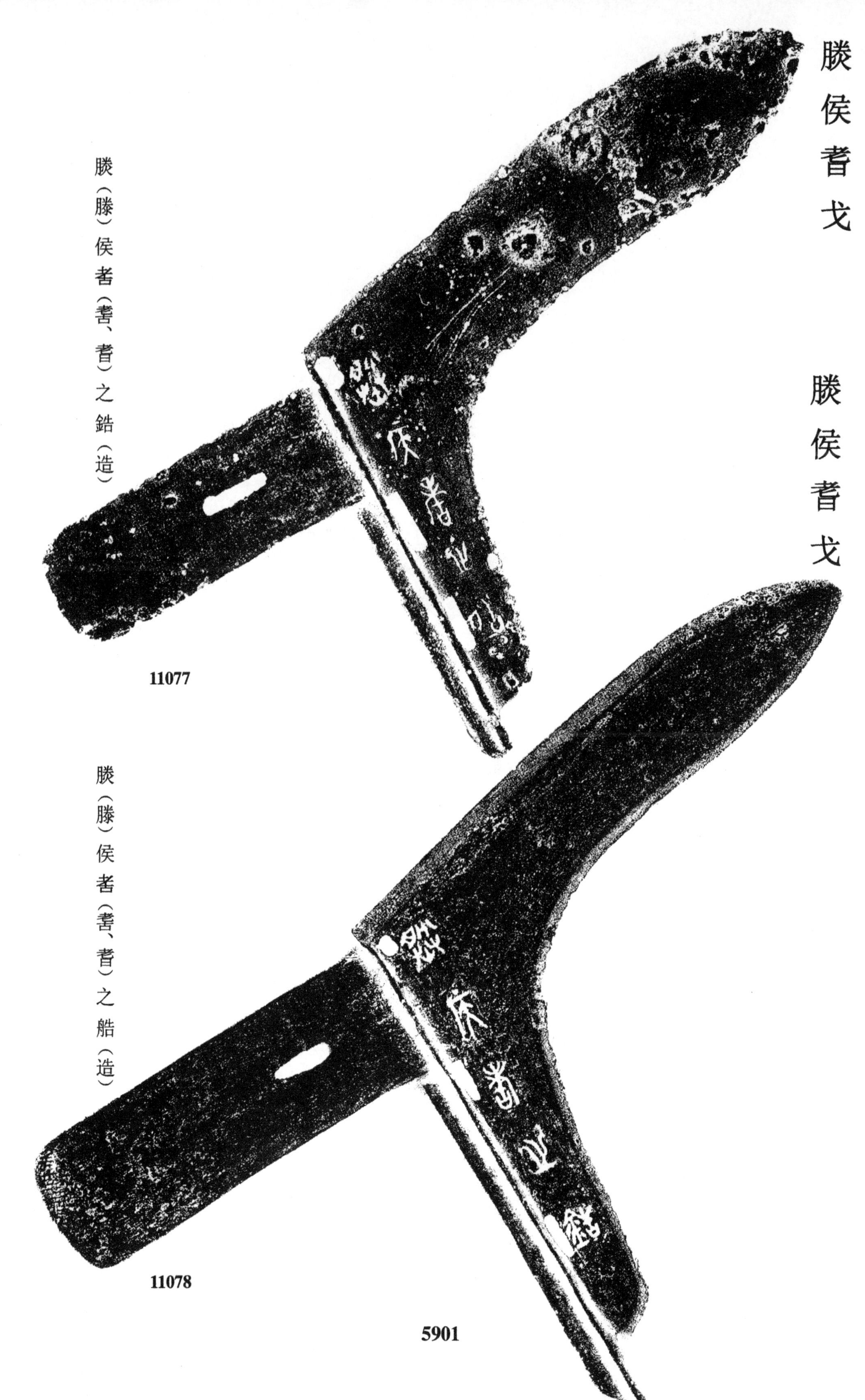

滕侯耆戈

滕（滕）侯者（耆、耆）之鋯（造）

11077

滕侯耆戈

滕（滕）侯者（耆、耆）之艁（造）

11078

5901

滕侯昊戈

11079

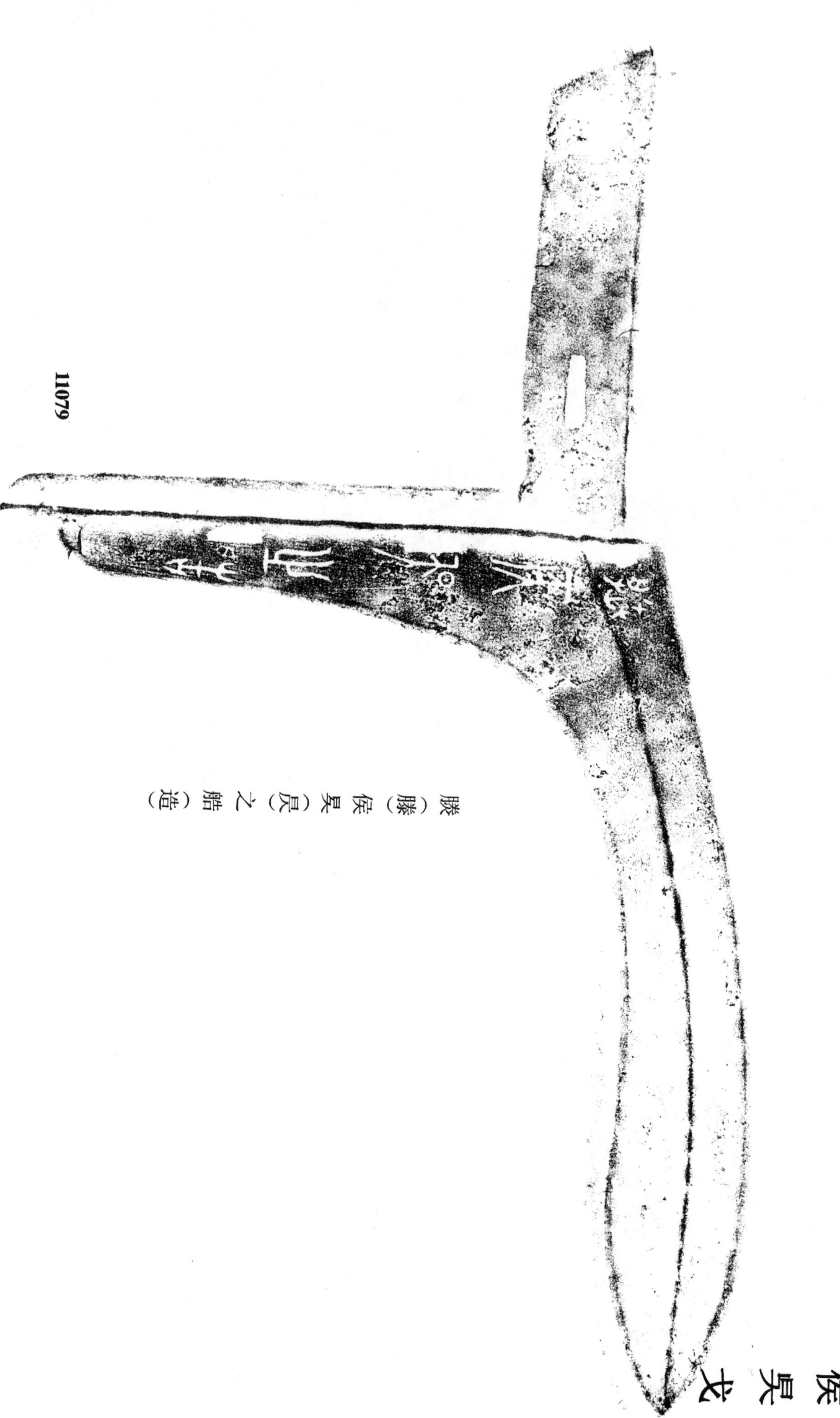

滕（滕）侯昊（昃）之艁（造）

□子戈

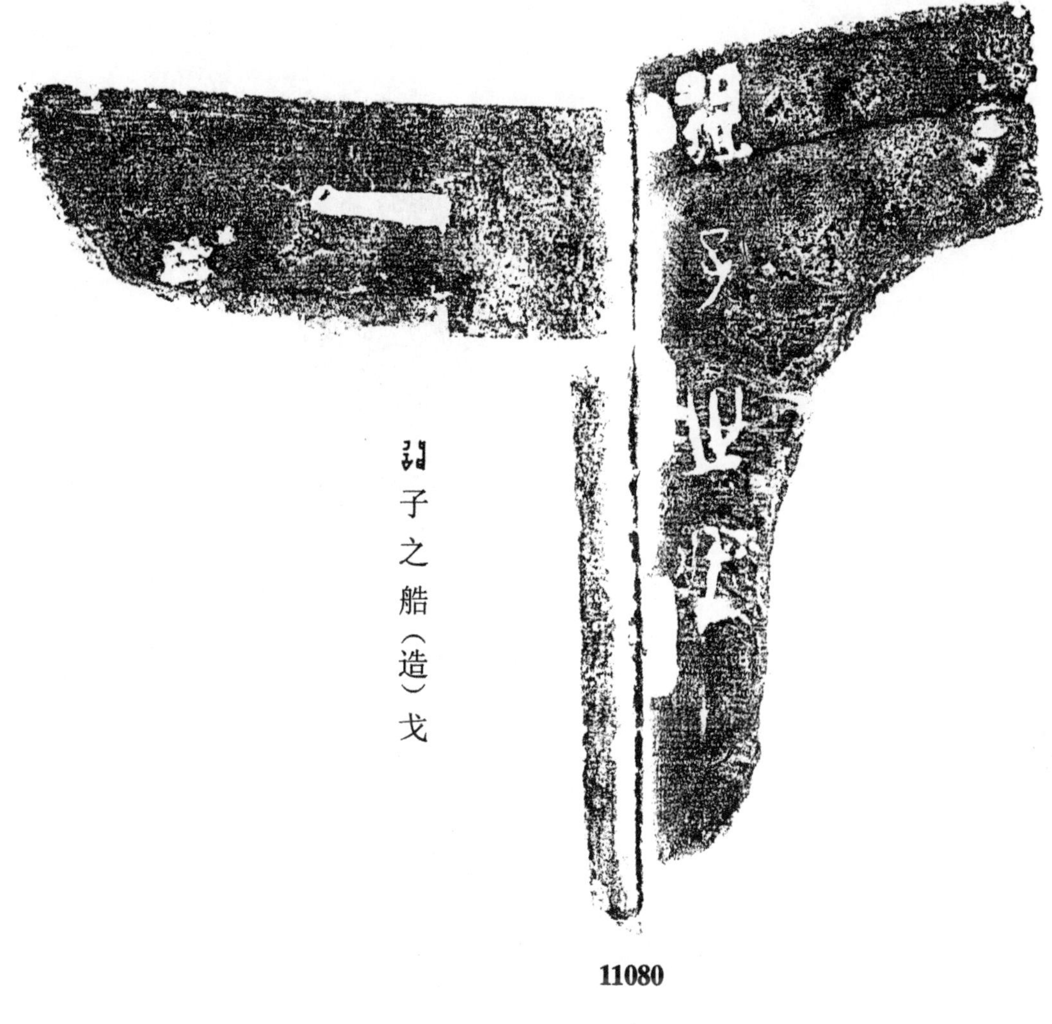

䢵子之艁（造）戈

11080

陳侯因咨戈

陳侯因咨（齊）錯（造）

11081

陳䢵子戈

陳䢵子𨌲（造）鈛（戈）

11082

墬御寇戈

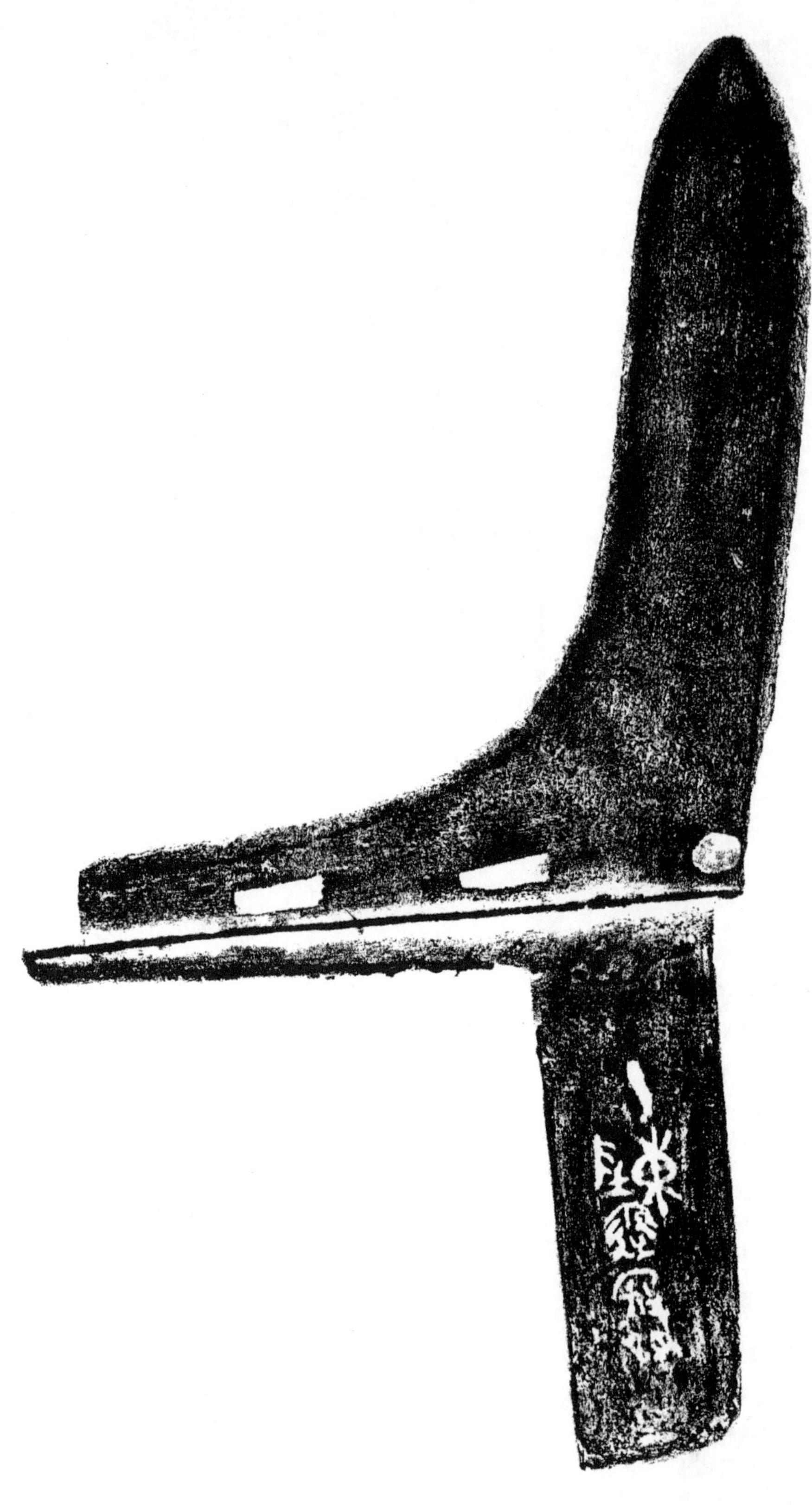

陳御寇散戟(戈)

11083

陳子戈

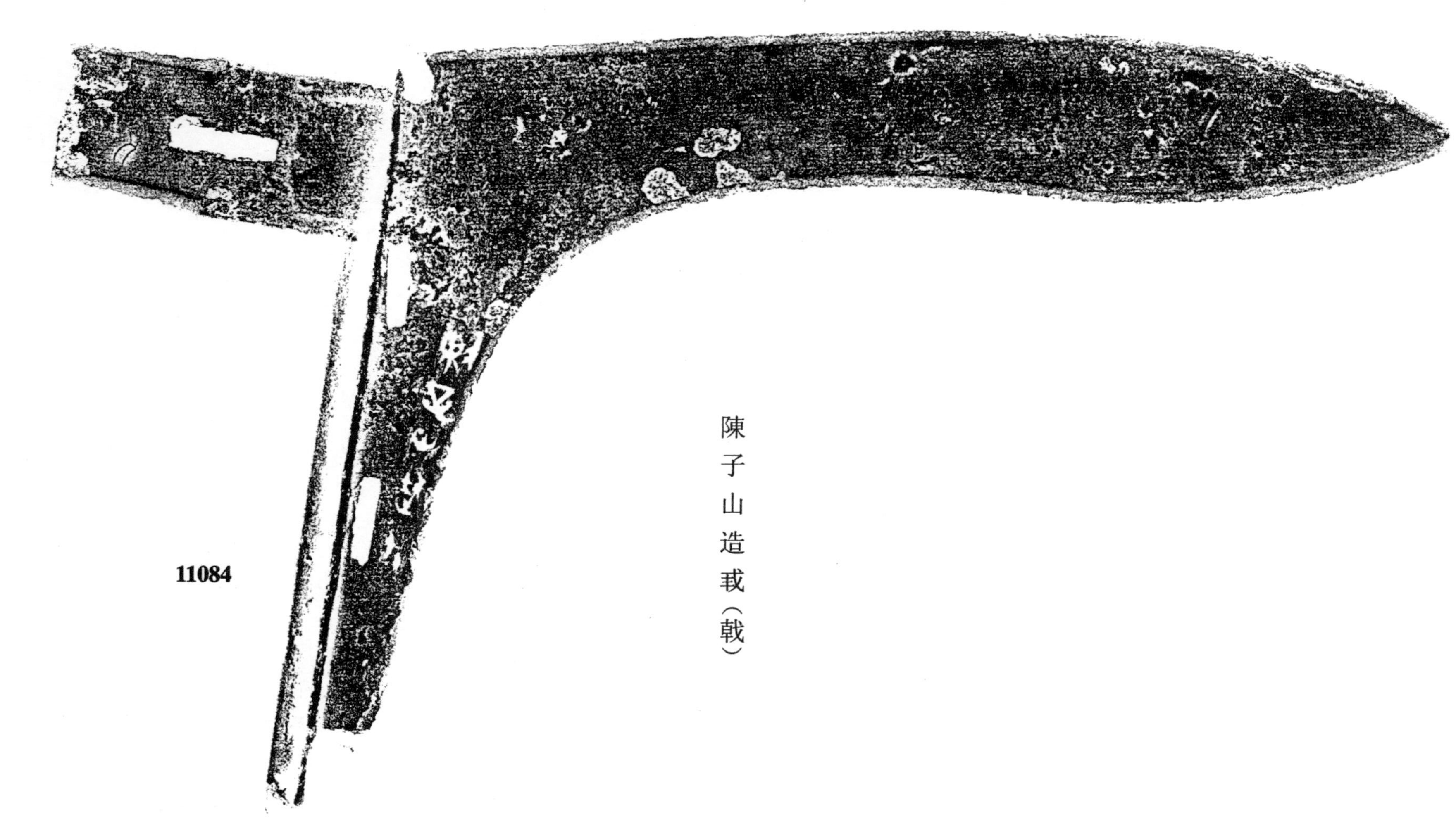

11084

陳子山造㦸（戟）

□庢戈

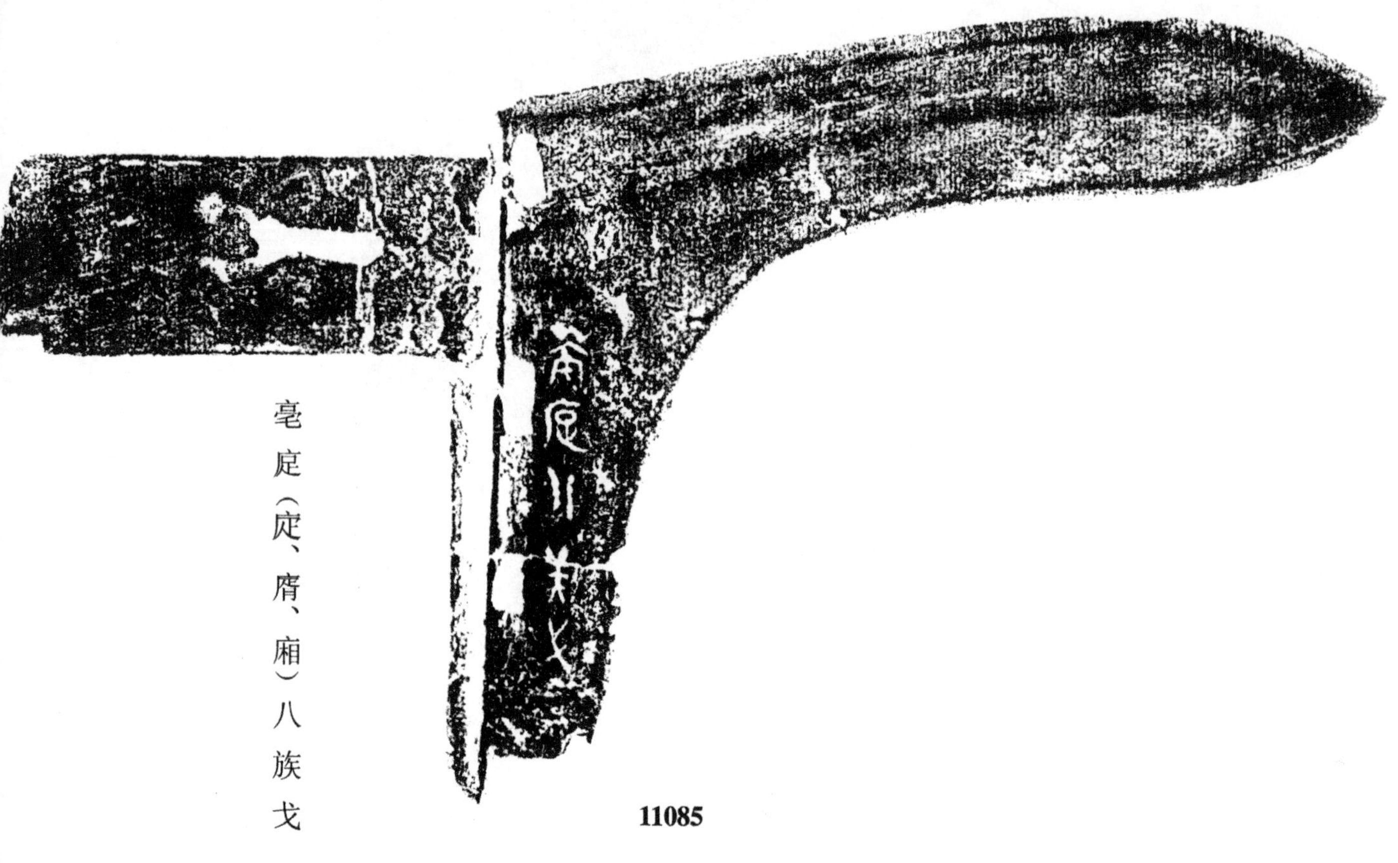

亳庢（㡯、庯、廂）八族戈

11085

墬子翼戈

陳子翼徒戈

11086

塦子翼戈

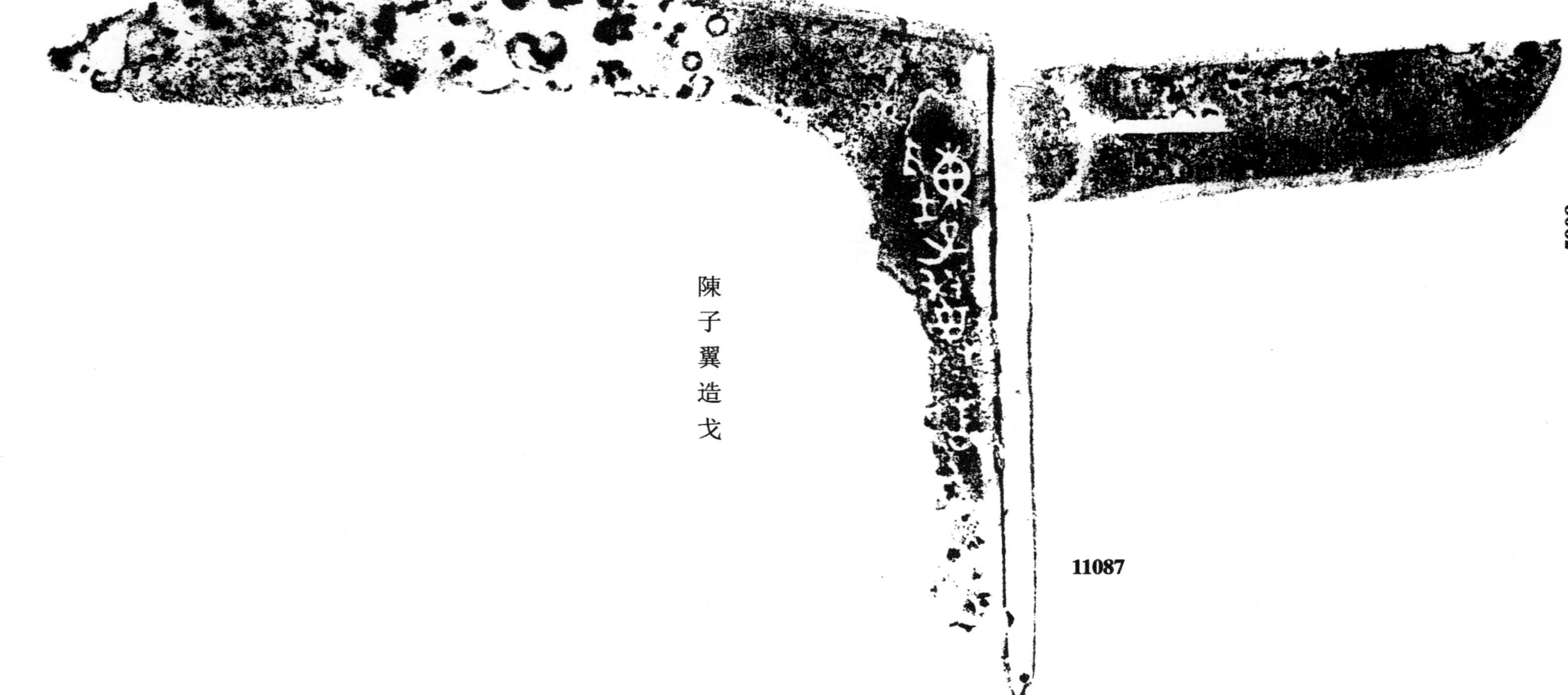

陳子翼造戈

11087

君子睪戟

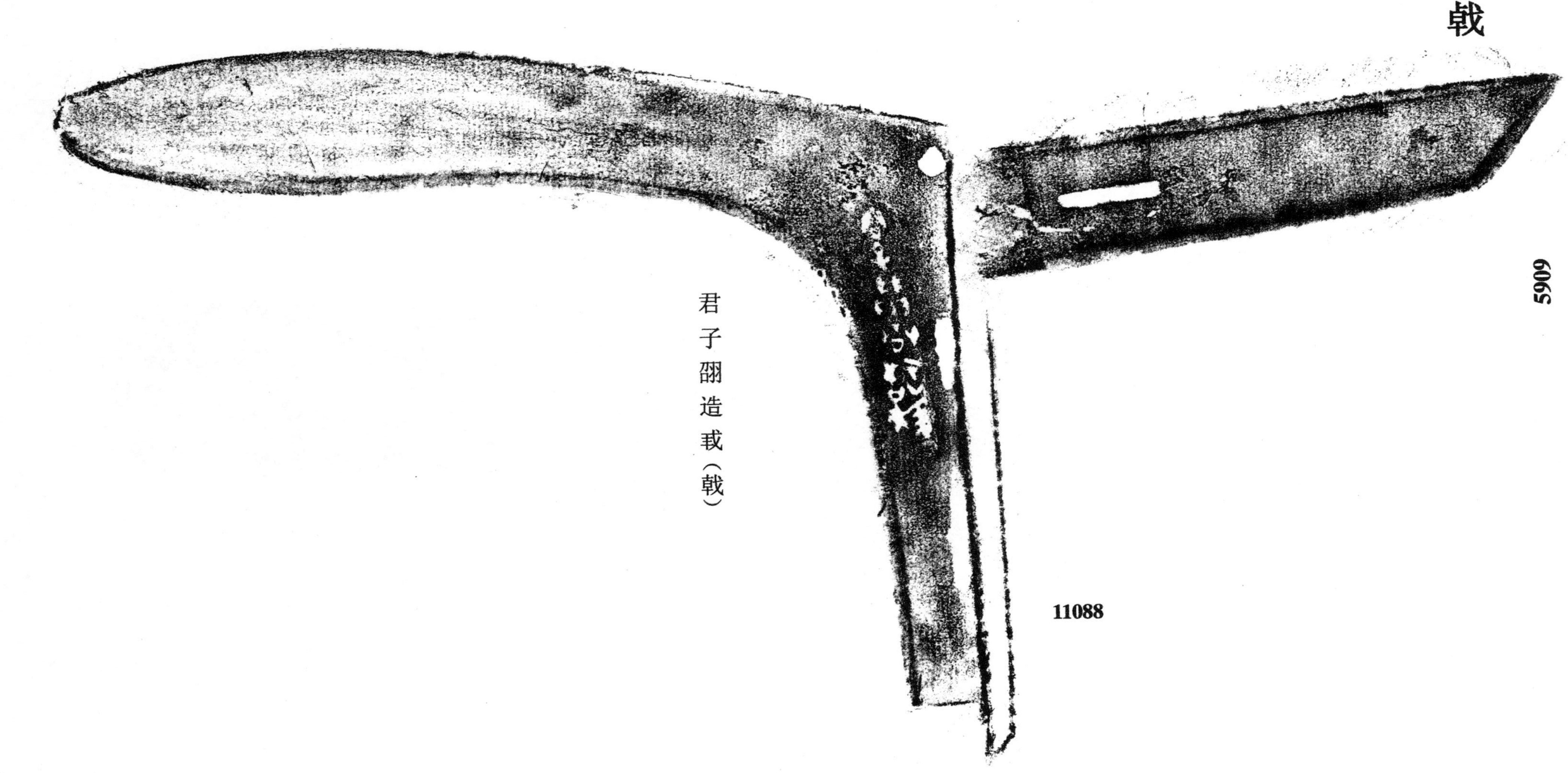

君子弻造戟（戟）

11088

羊子戈

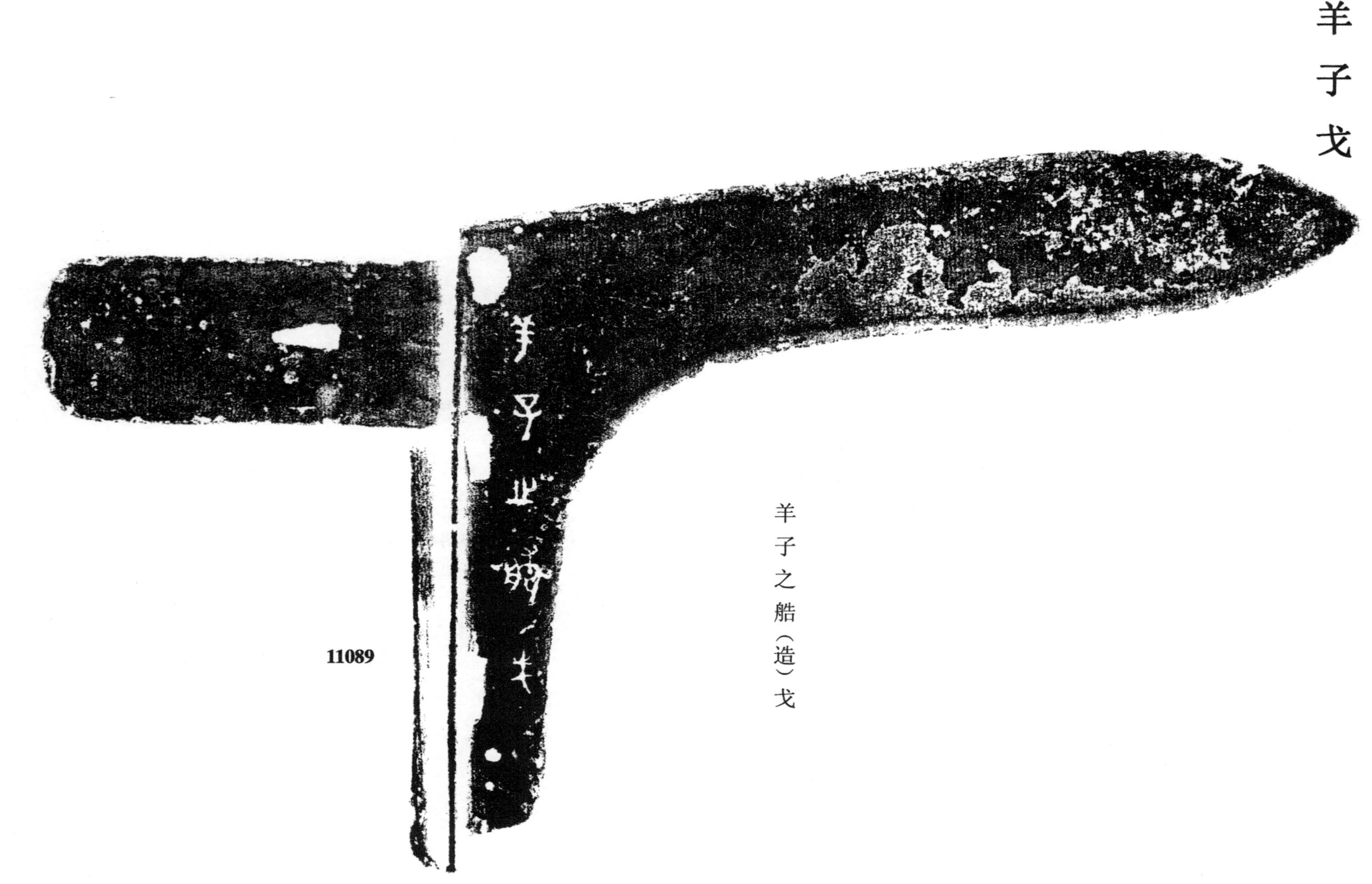

11089

羊子之艁（造）戈

羊子戈

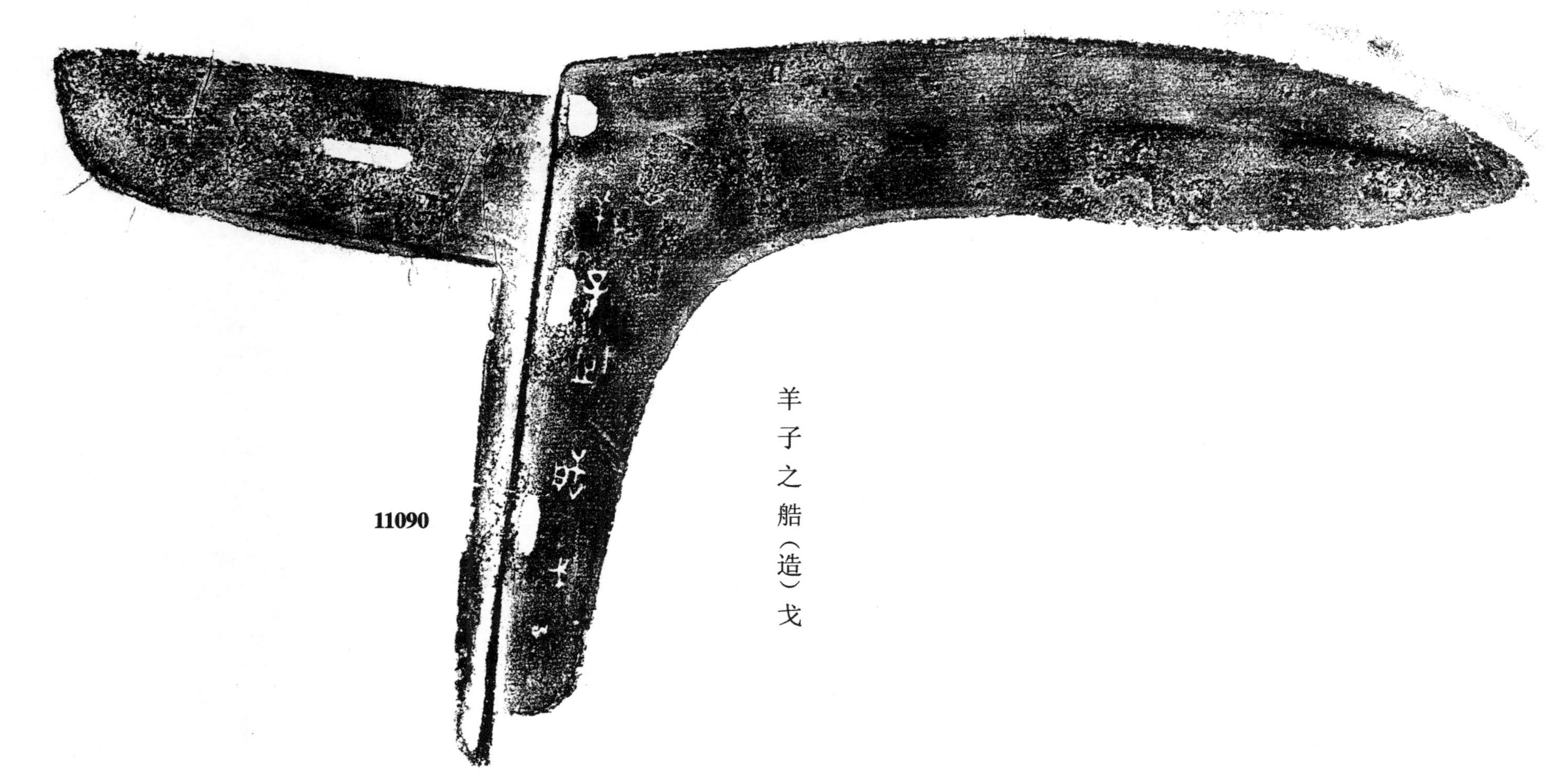

11090

羊子之艁（造）戈

蔡戈

玄夫(鏞)鑄戈之□

11091A

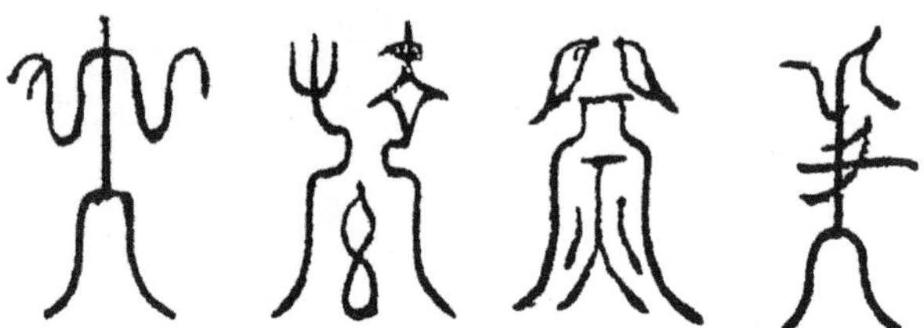

11091.B1

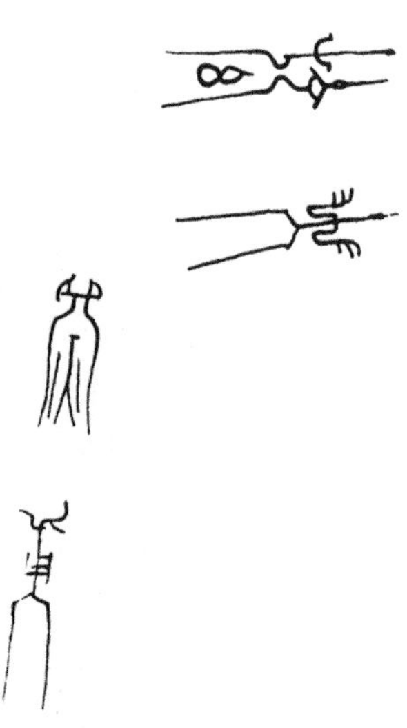

11091.B2

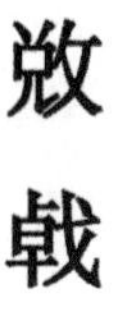

敓戟

敓乍(作)楚王㦸(戟)

11092

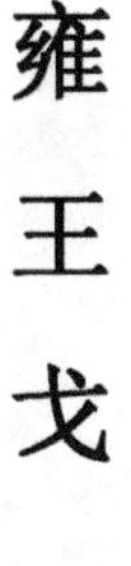

雍王戈

其所馬
雍王

11093

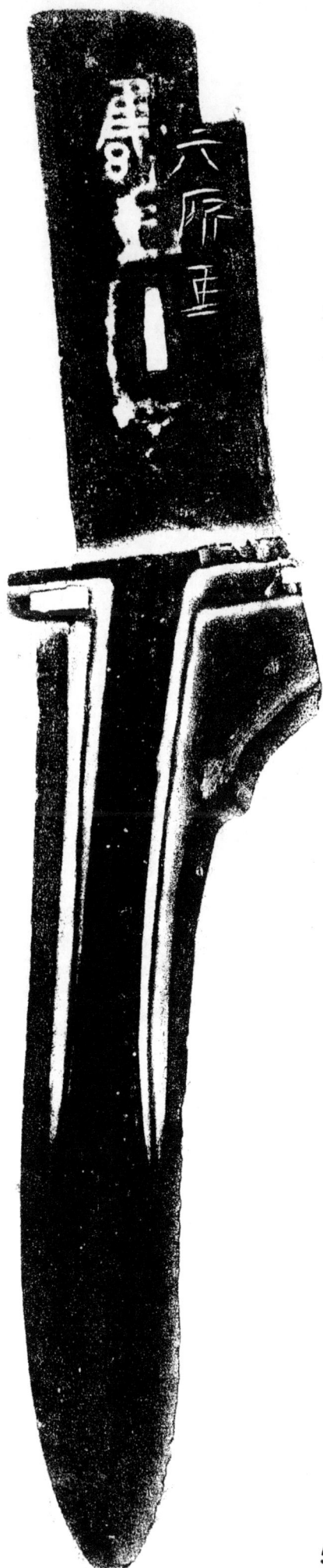

曾侯邚戈

曾侯邚（越）乍（作）時（持）

11094

曾侯𨛭戈

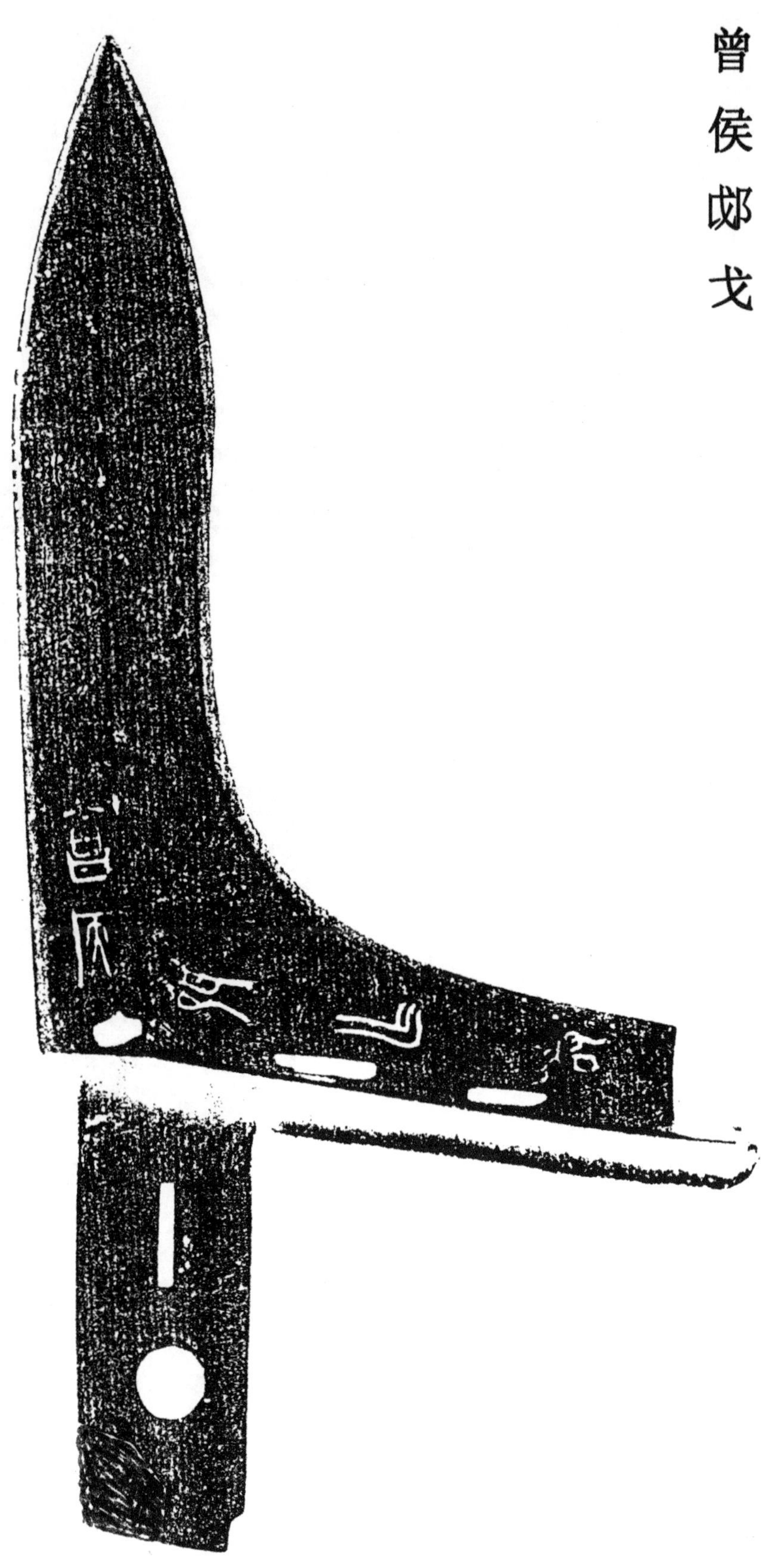

曾侯𨛭（越）乍（作）時（持）

11095

曾侯郕双戈戟

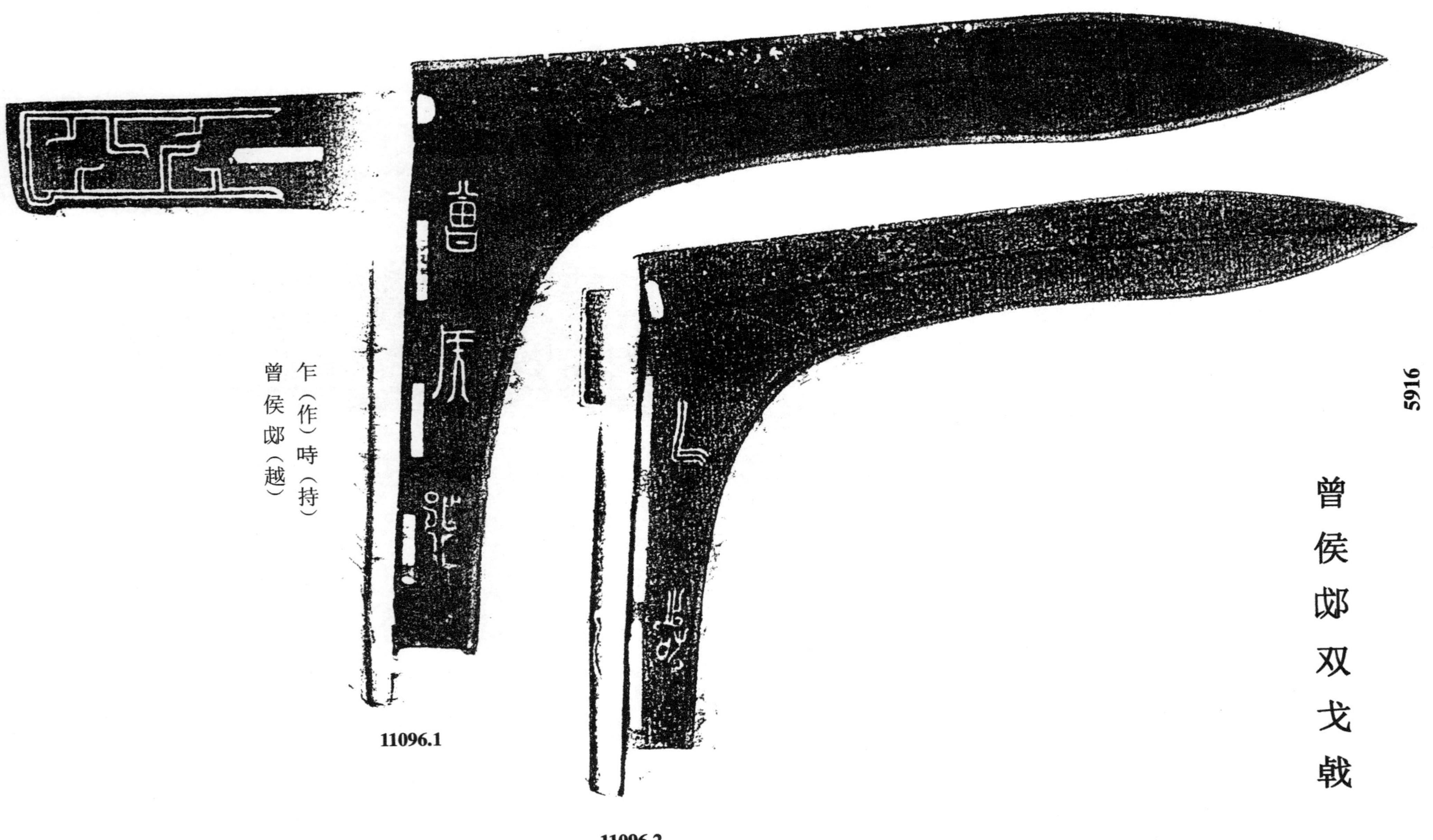

乍（作）時（持）
曾侯郕（越）

11096.1

11096.2

曾侯郕双戈戟

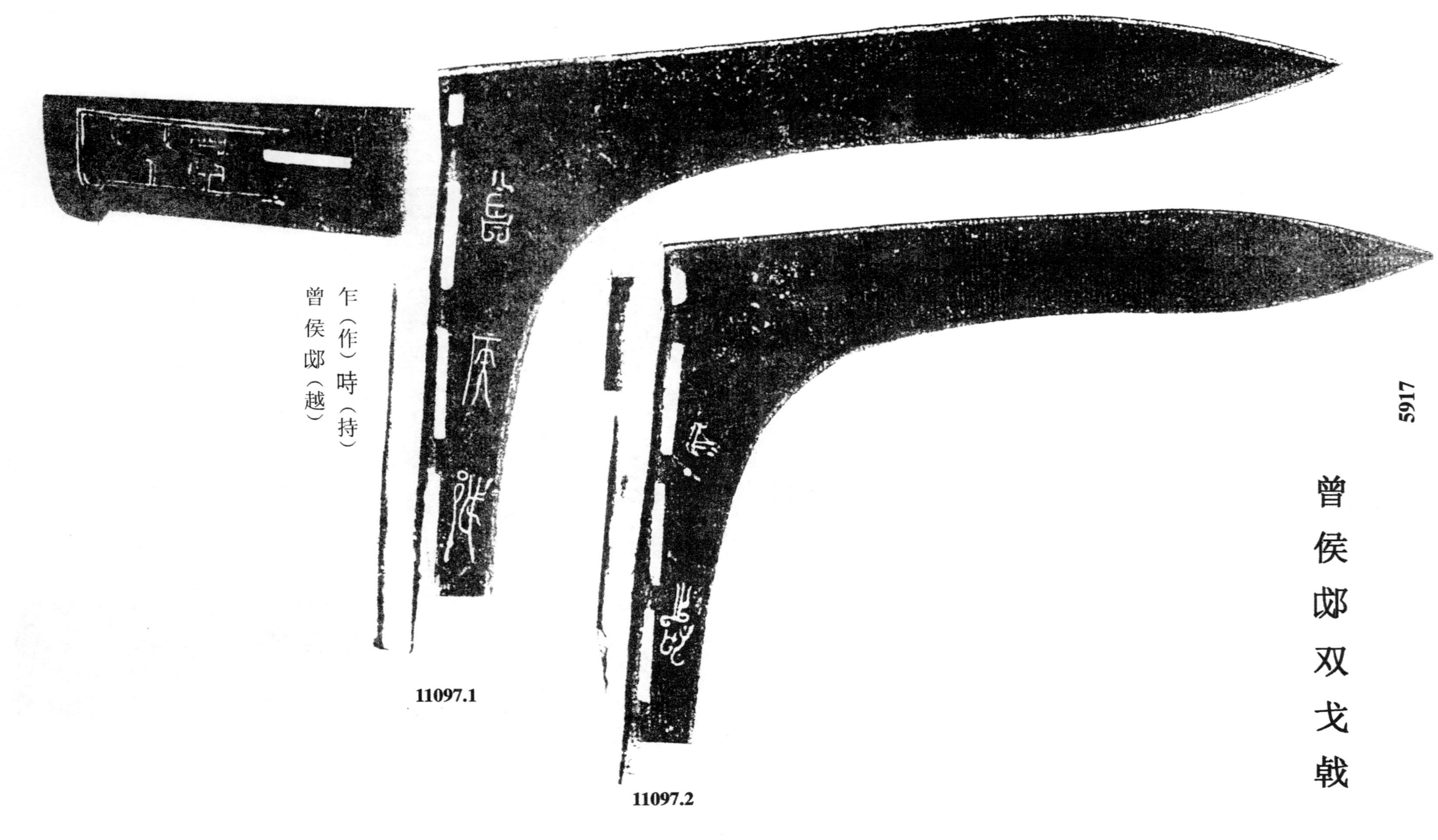

曾侯郕（越）乍（作）畤（持）

11097.1

11097.2

曾侯郕双戈戟

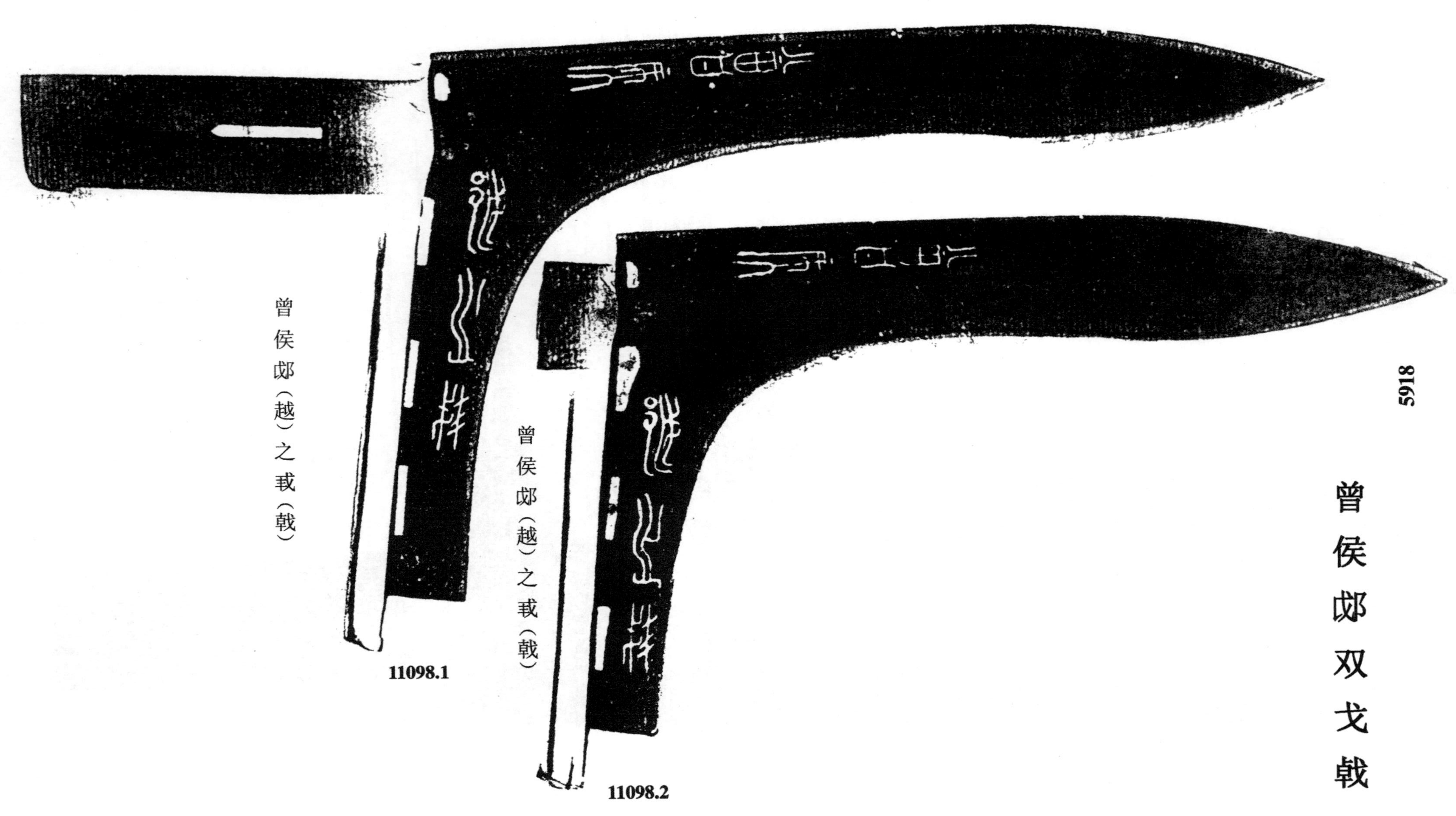

11098.1

曾侯郕（越）之戟（戟）

11098.2

曾侯郕（越）之戟（戟）

□公戈

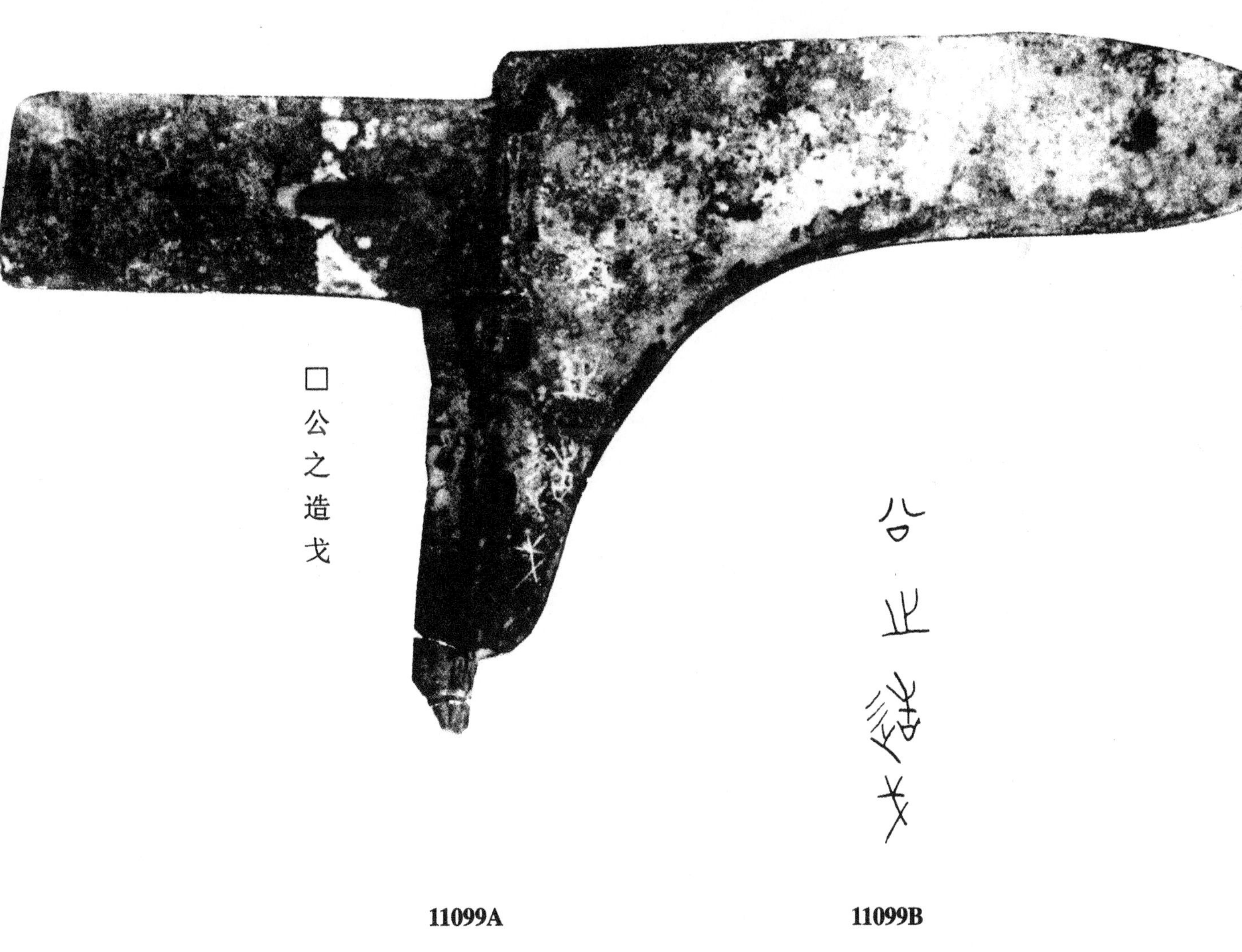

11099A　　11099B

子䀹之用戈

子䀹（䀠）之用戈

11100

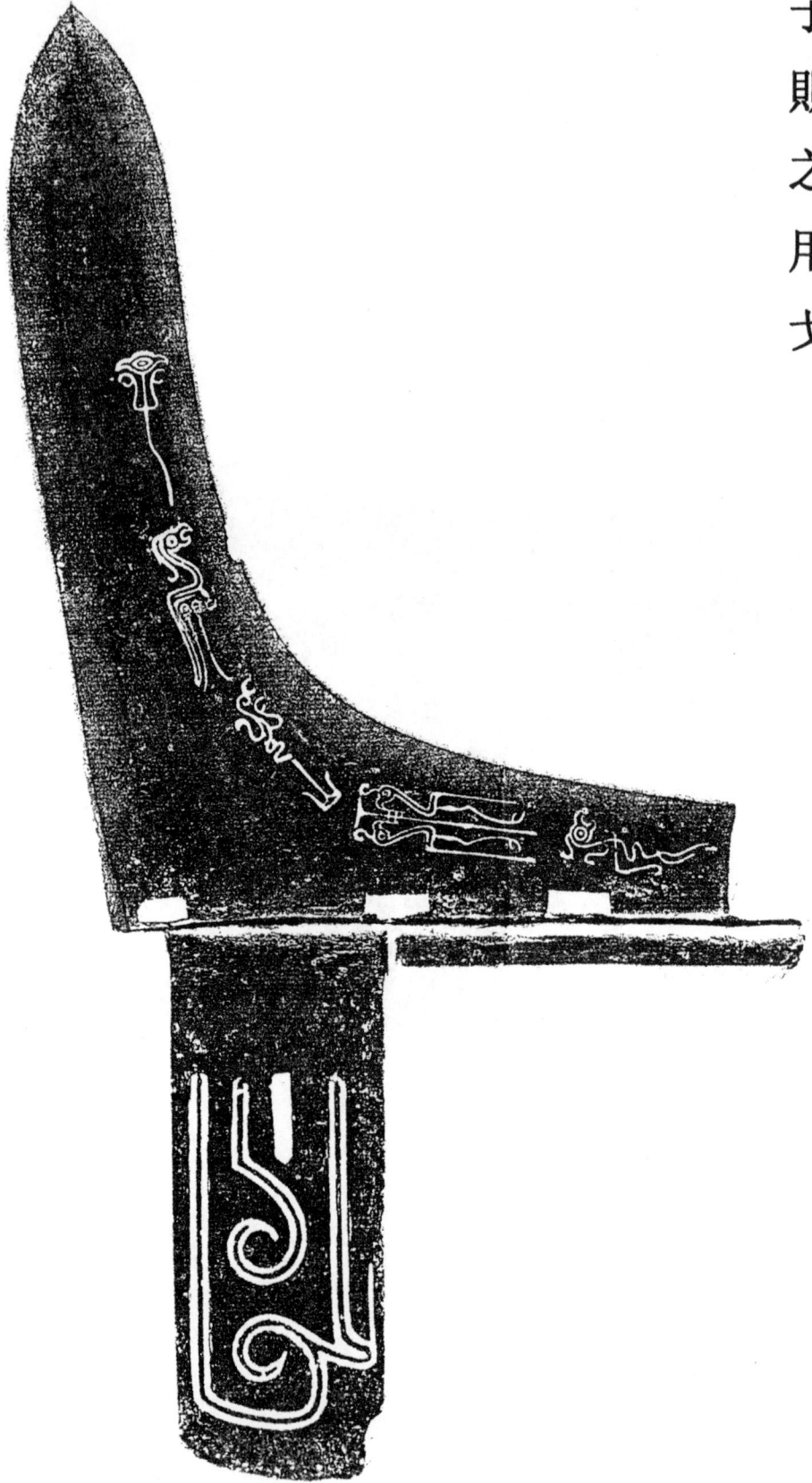

平□□戈

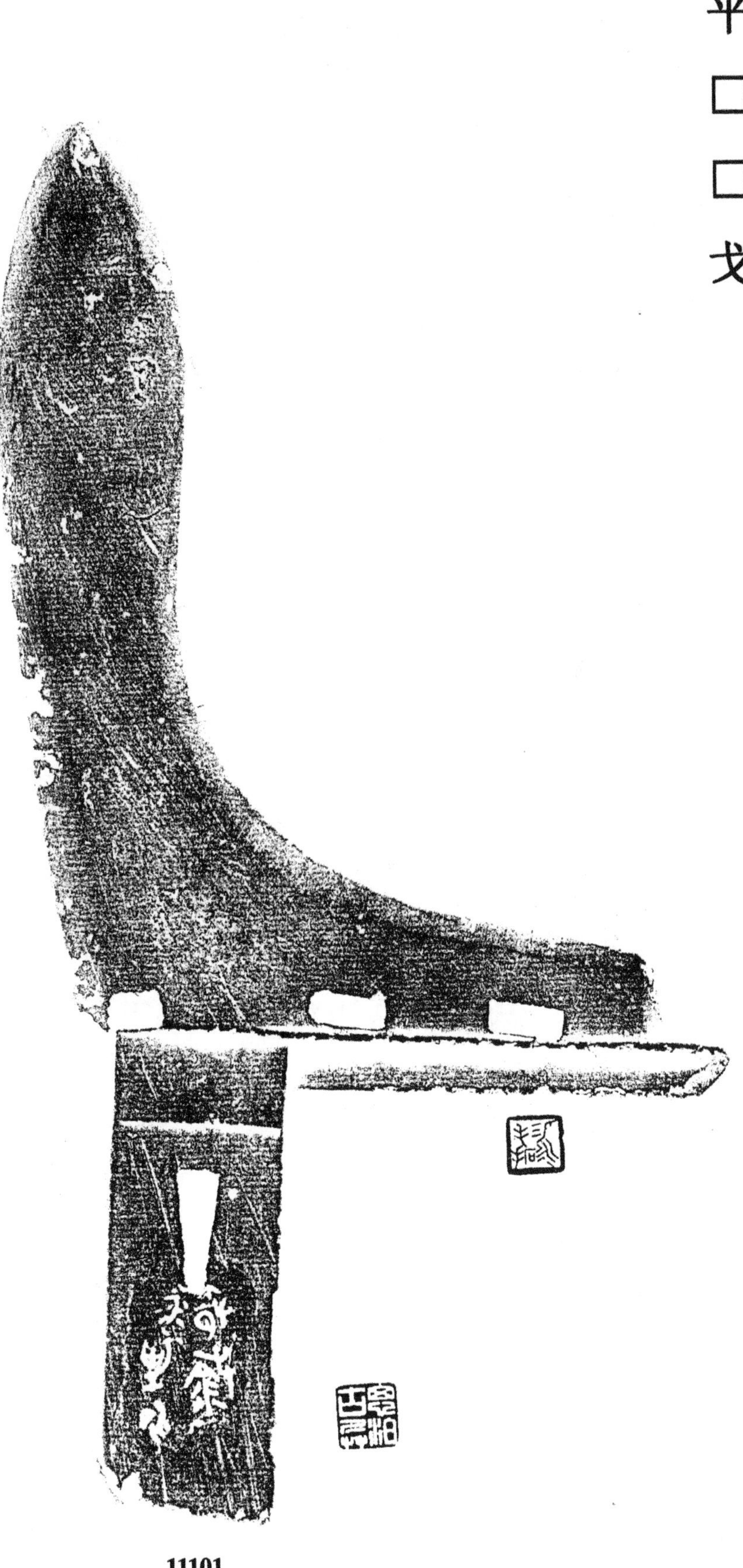

造（?）戟（戈）
平阿右

11101

武王戈

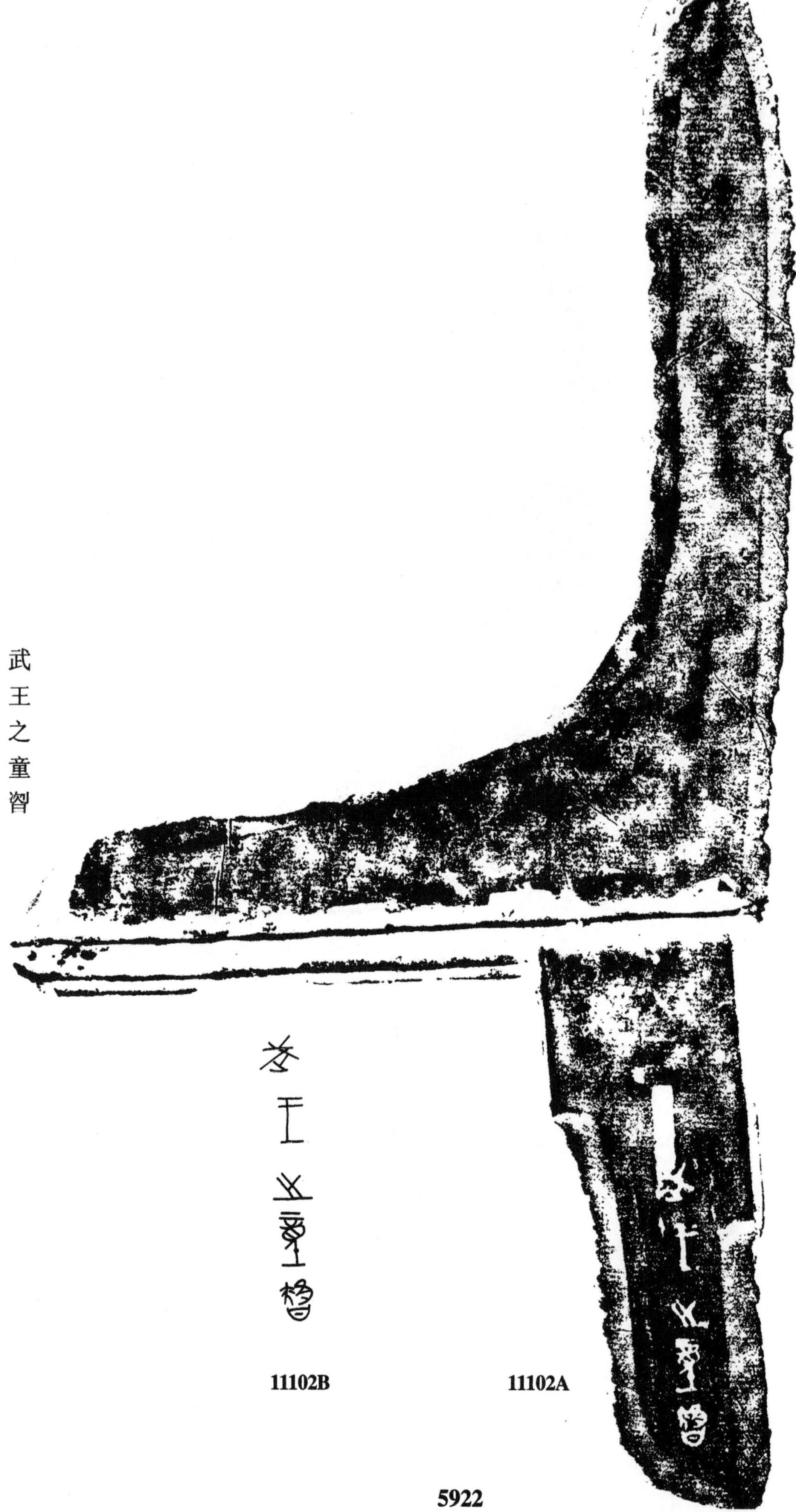

武王之童督

11102B　11102A

武王戈

11103A

11103B

武王之童⿰米吉

武王戈

11104A

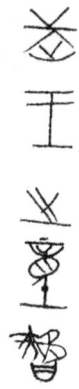

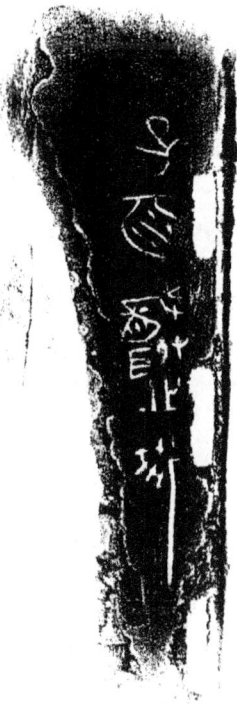

11104B

武王之童⿰米吉

子泉⿰耳韋戟

11105

子卌⿱韋廾之戟(戟)

少府戈

少府

11106.1

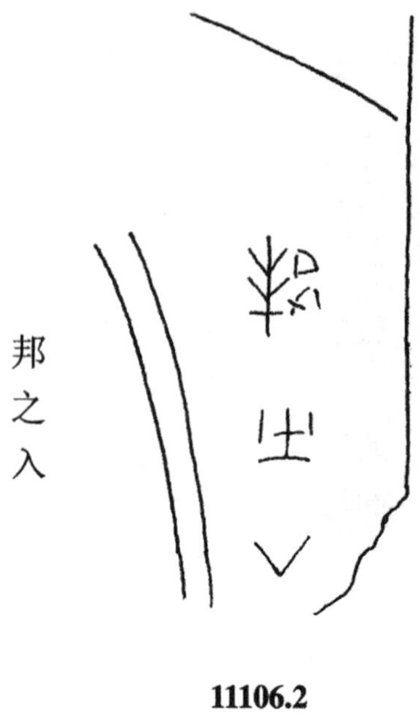

邦之入

11106.2

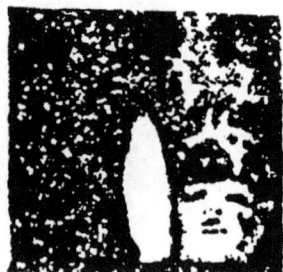

作用戈

乍(作)用于昌弗(?)

11107

□□御戈

囗御戈五百

11108

郾王右庫戈

王職戈

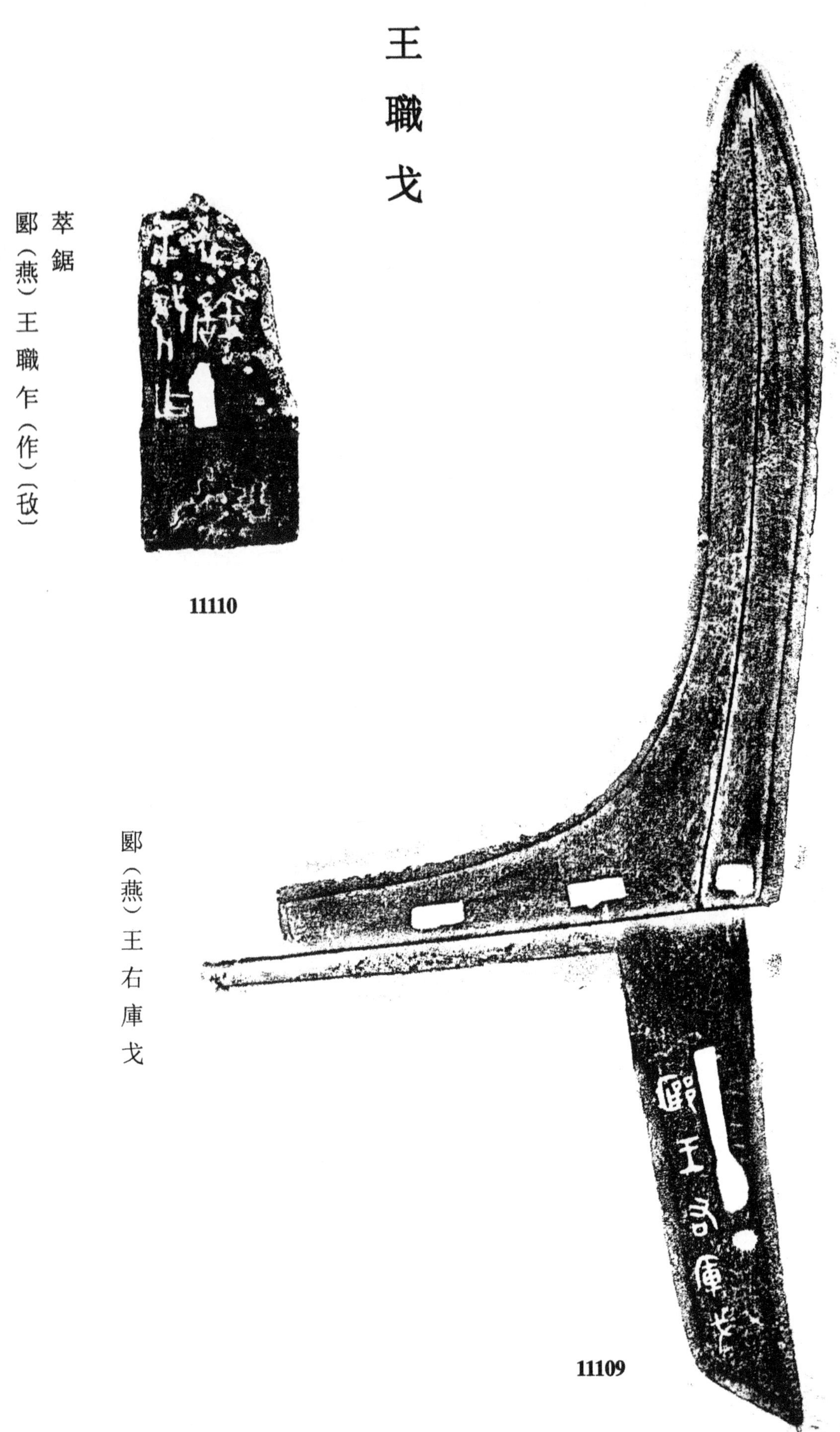

萃鋸

郾(燕)王職乍(作)(𢼸)

11110

郾(燕)王右庫戈

11109

左行議率戈

11111A

左行議逹戈

11111B

宜無戟

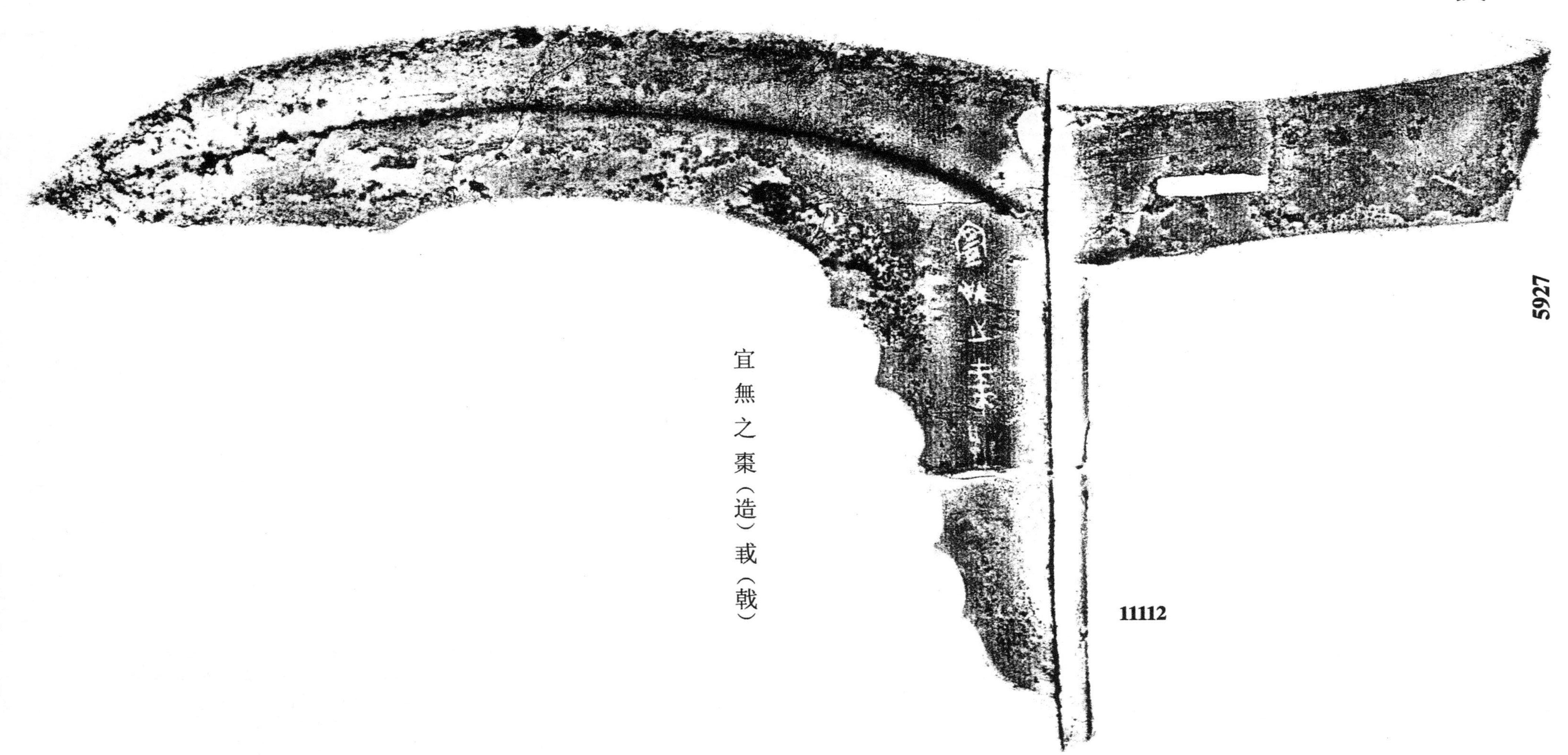

宜無之棗（造）戟（戟）

11112

犢共叟戟

11113

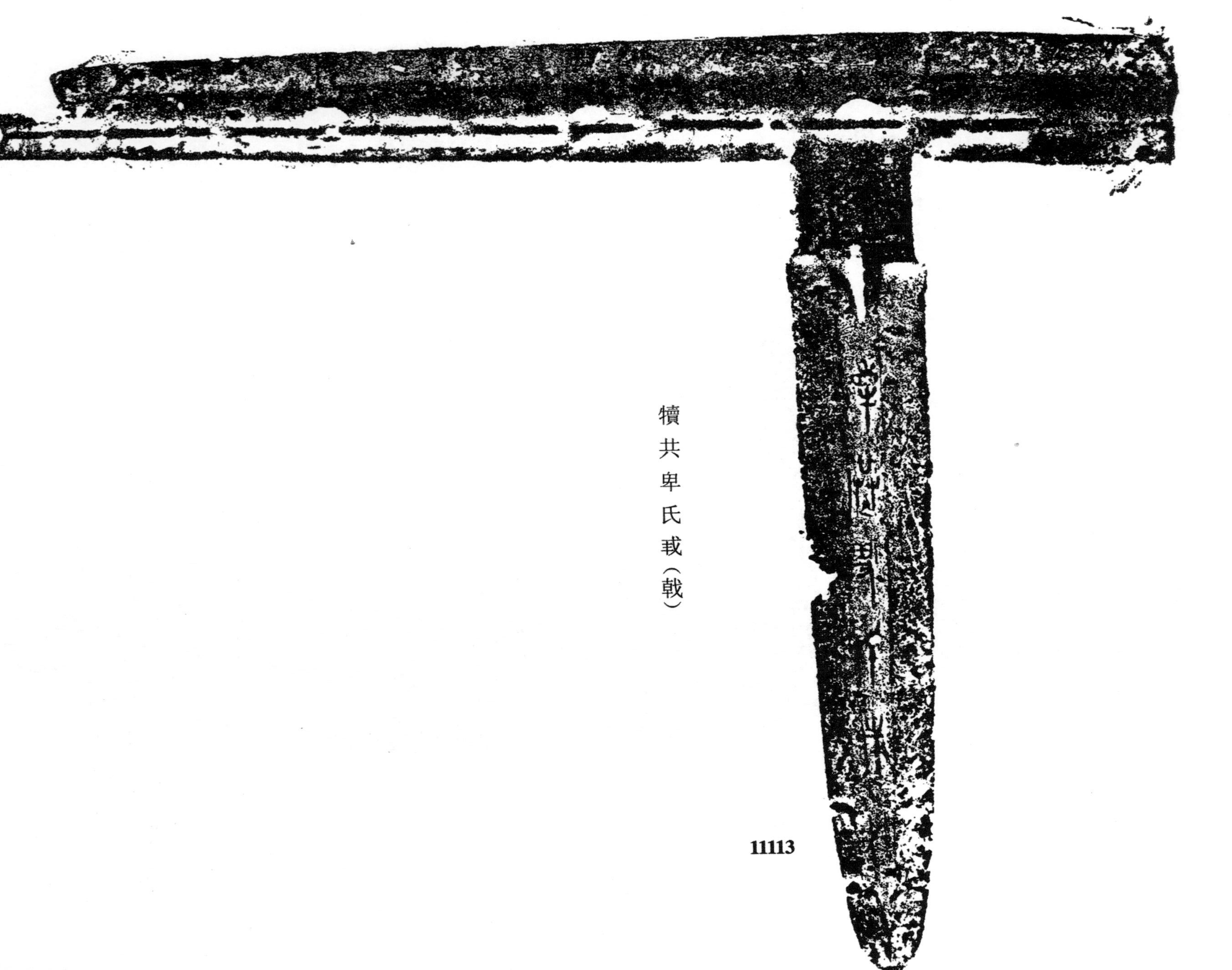

犢共卑氏戜(戟)

亞若癸戈

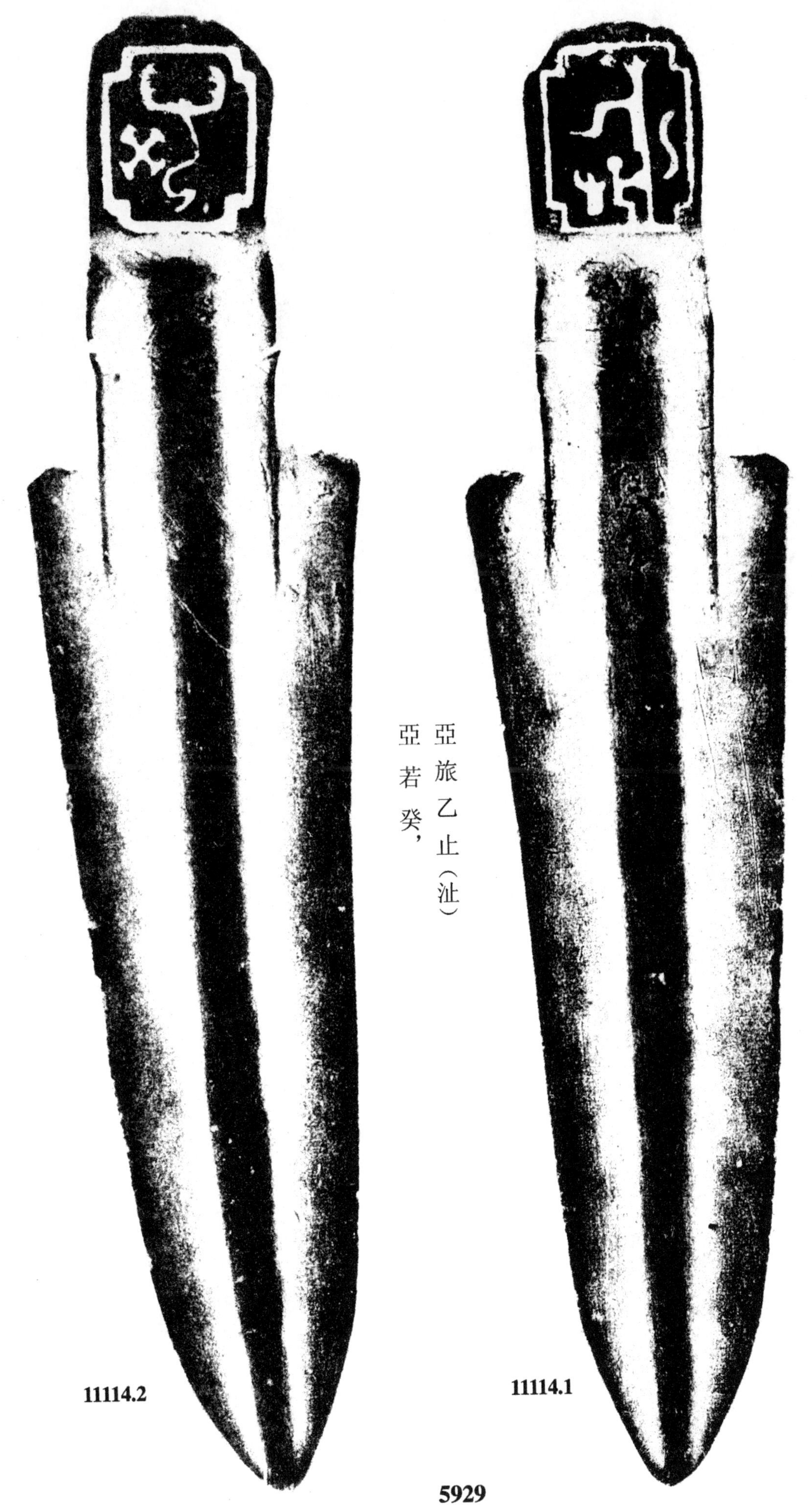

亞旅乙止（沚）

亞若癸，

11114.2

11114.1

且乙戈

祖乙、祖己、祖丁

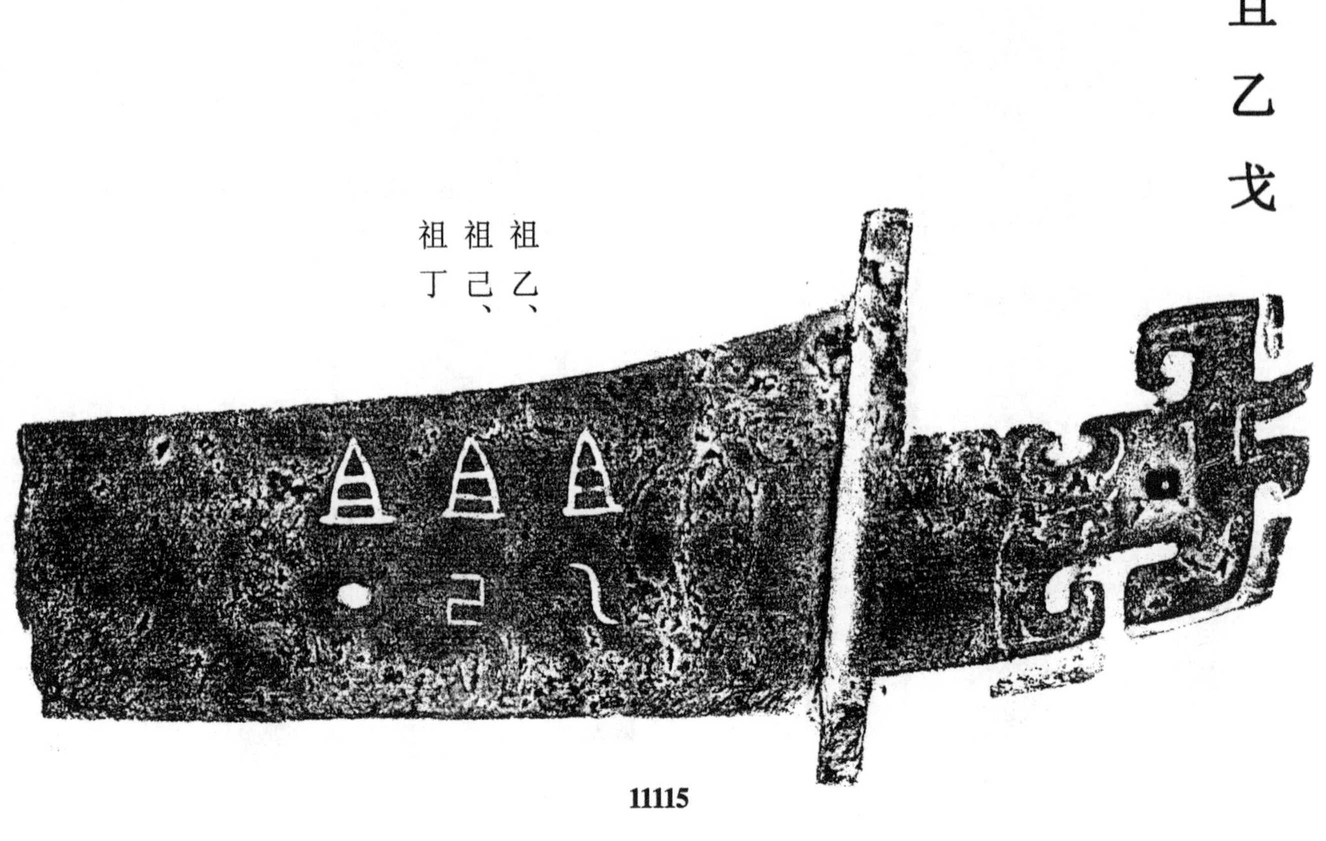

11115

虢太子元徒戈

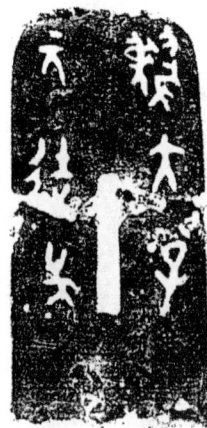

虢大(太)子元徒戈

11116

虢太子元徒戈

虢大(太)子元徒戈

11117

宮氏白子戈

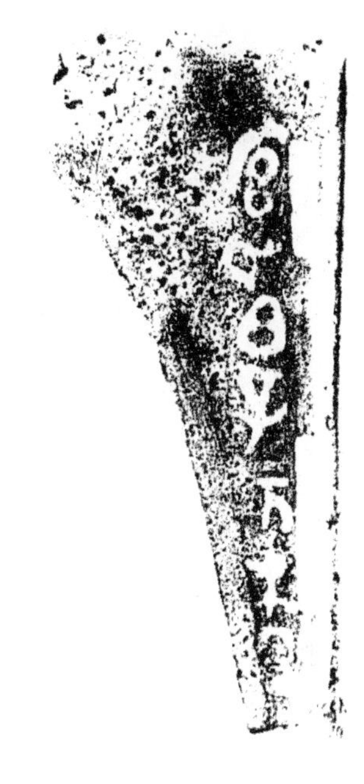

宮氏伯子元栖（梧）

11118

宮氏白子戈

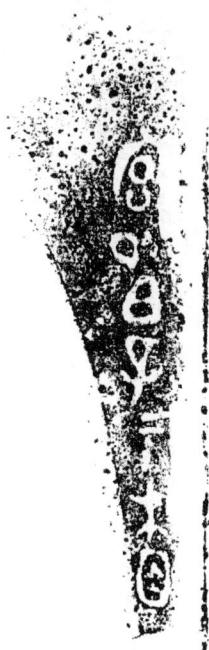

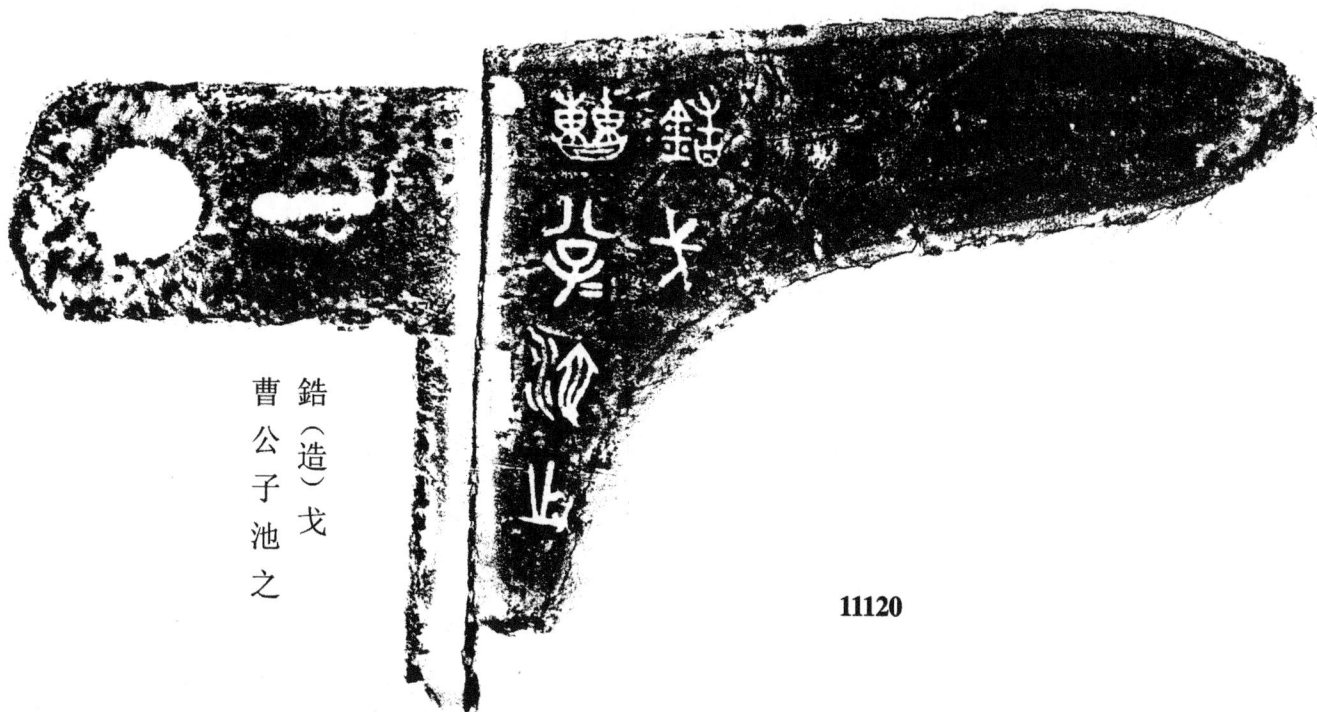

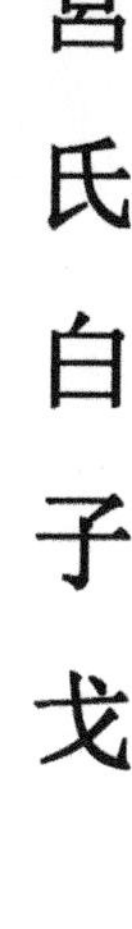

宮氏伯子元栖（梧）

11119

曹公子沱戈

曹公子池之
鋯（造）戈

11120

曾侯戈

11121

曾侯𩦭伯秉戈

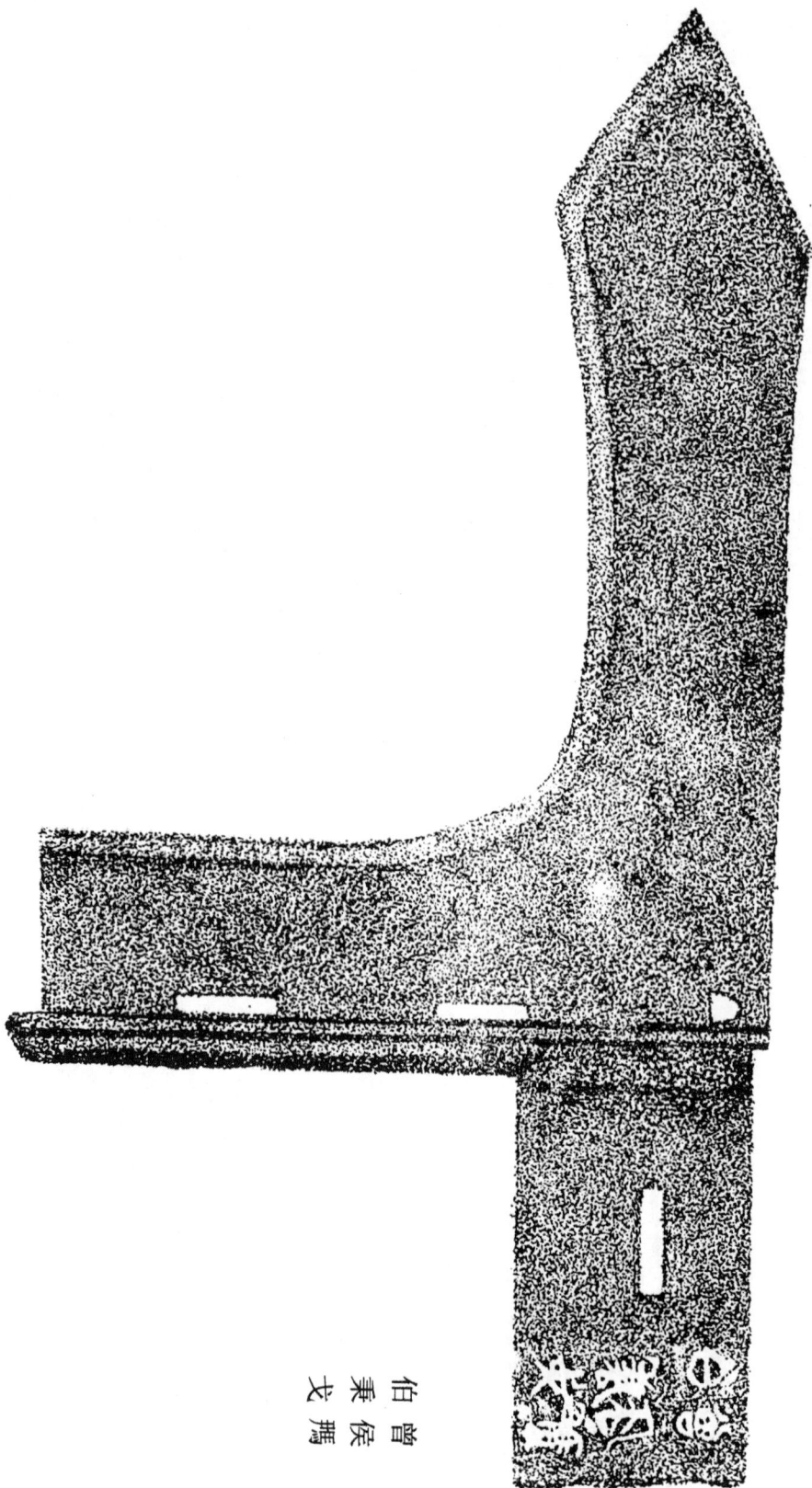

王子安戈

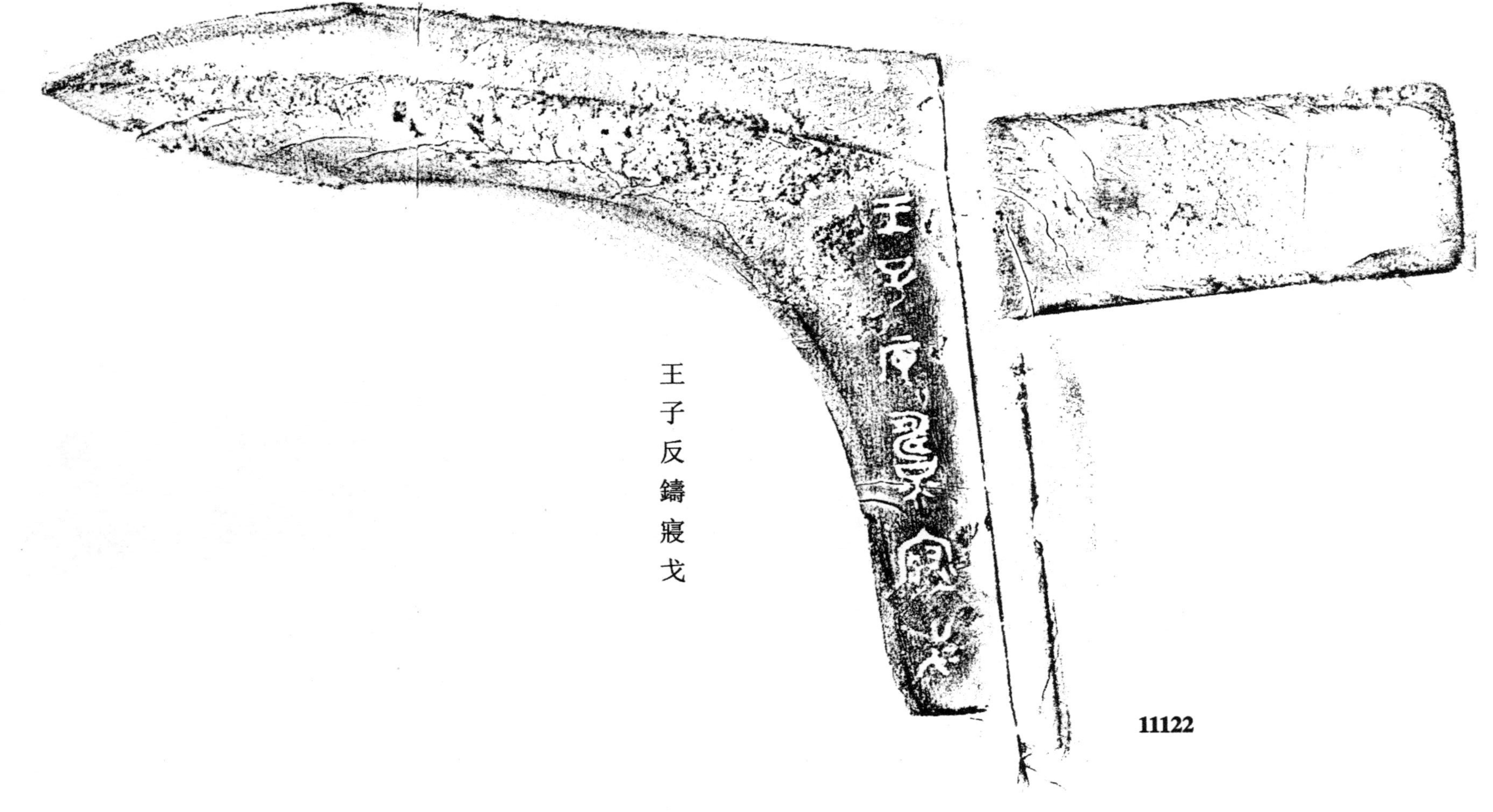

王子反鑄寑戈

11122

朕侯昊戈

11123

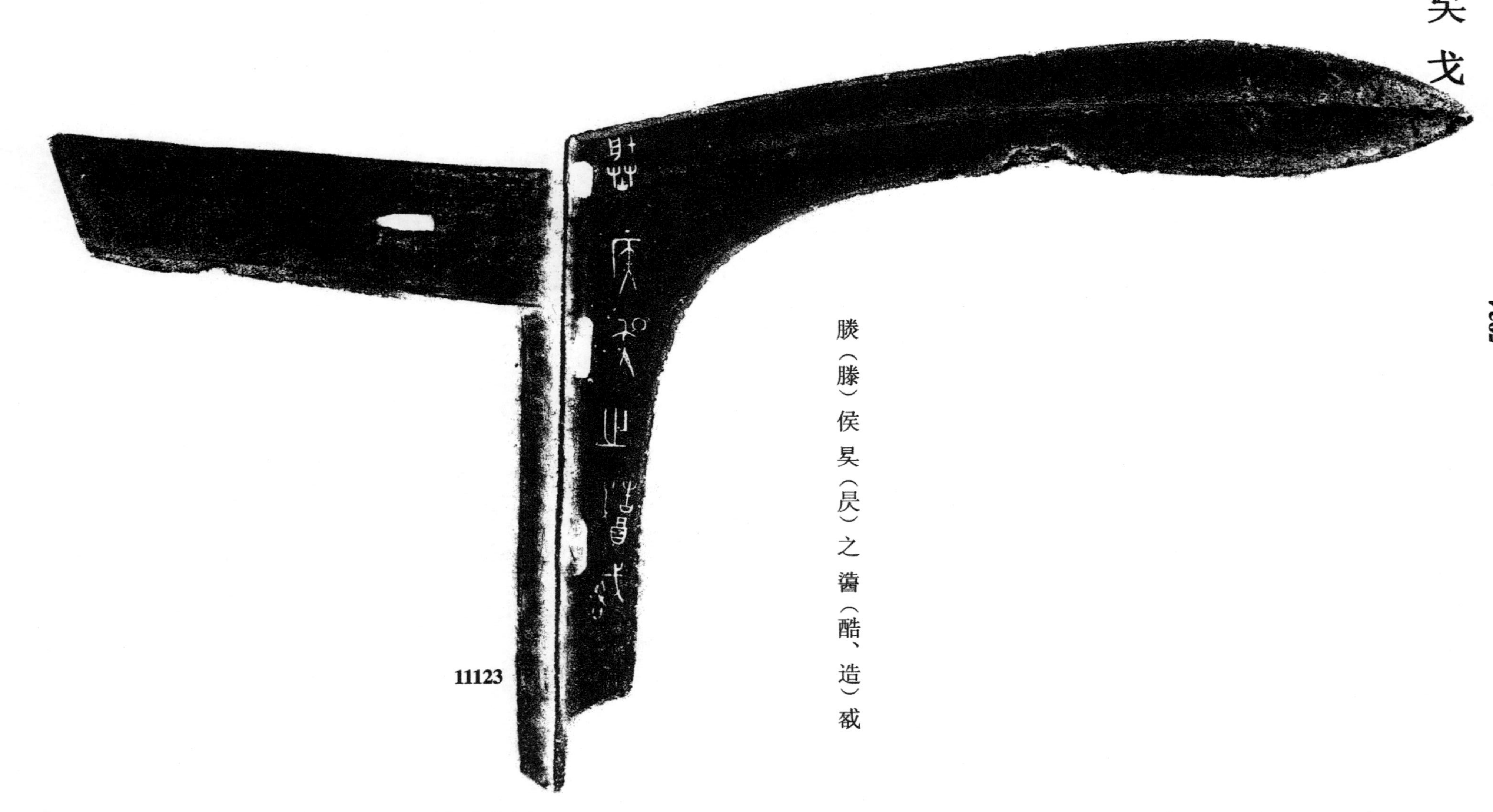

朕（滕）侯昊（昃）之⿱⺮⿱告酉（酷、造）戟

辜于公戈

辜（淳）于公之𩆜䑺（造）

11124

亯于公戈

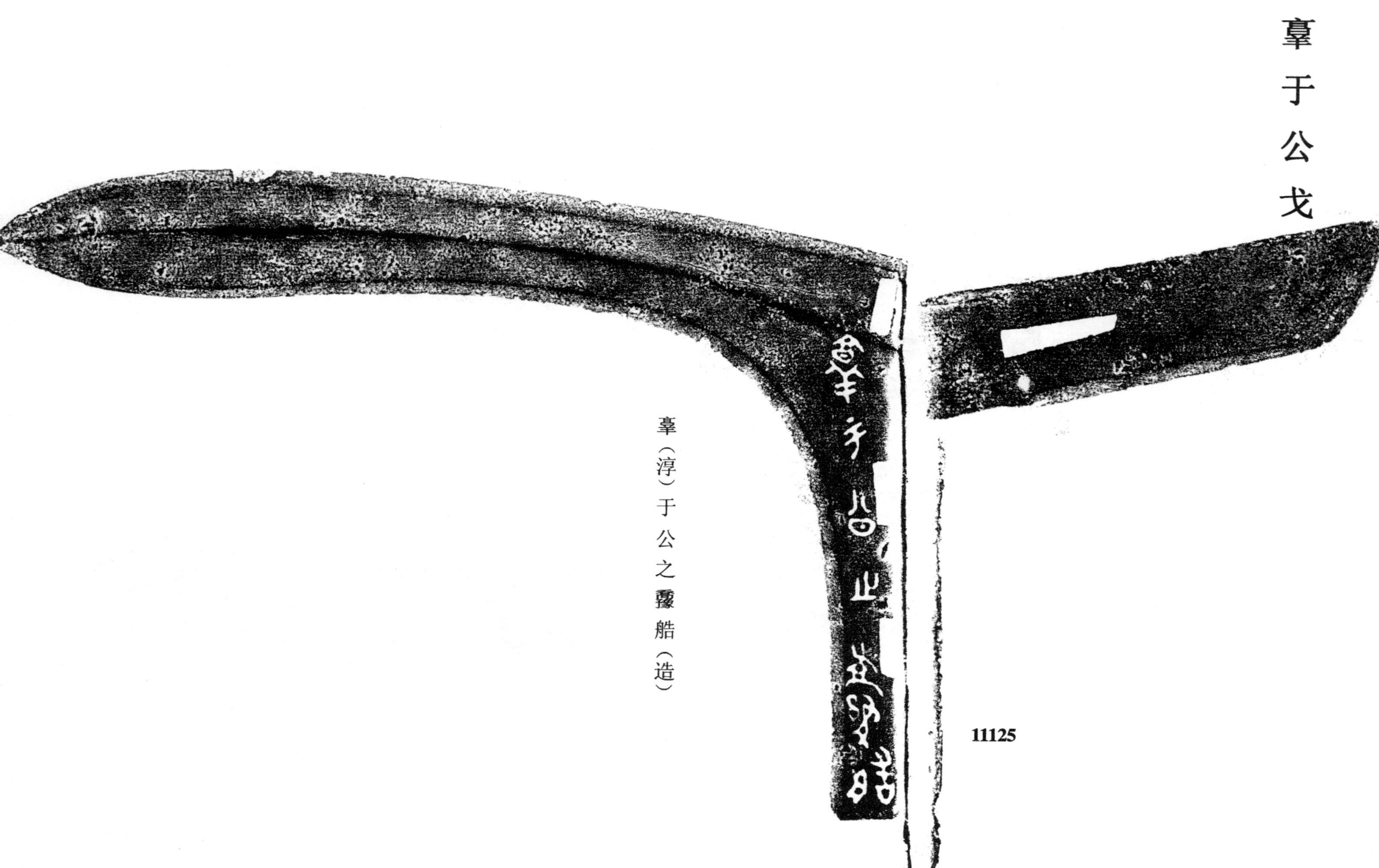

11125

亯（淳）于公之饕艁（造）

墜子皮戈

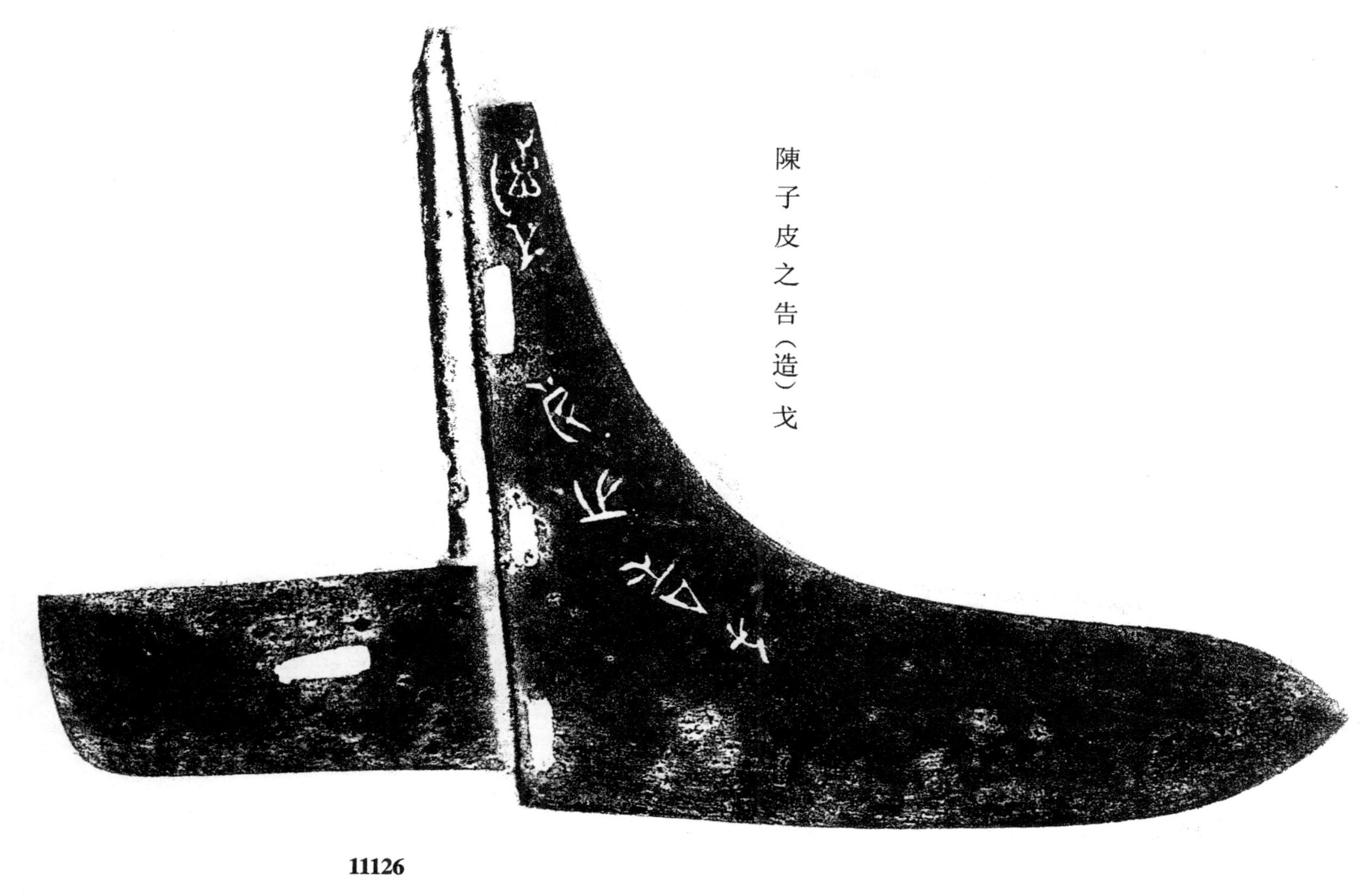

陳子皮之告（造）戈

11126

墬胎戈

陳胎之右𣏟鈛（戈）

11127

陳卿聖孟戈

陳卿聖
孟造鈛（戈）

11128

子禾子左戟

子禾（和）子左造戟（戟）

11130

陳侯因資戈

陳侯因資（齊）之造

11129

司馬望戈

司馬望
之告（造）鈛（戈）

11131

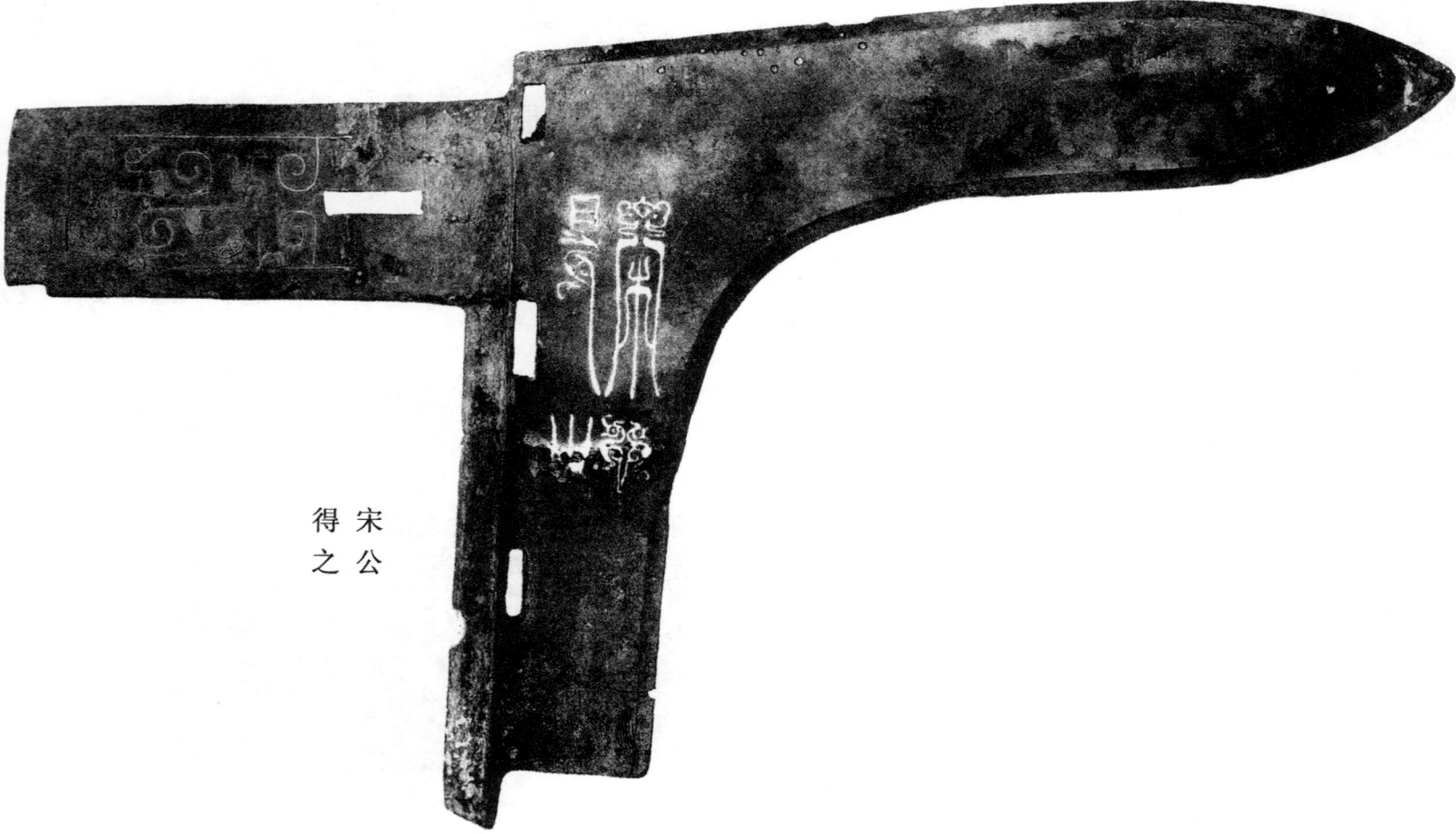

宋公得戈

宋公得之

11132.1A

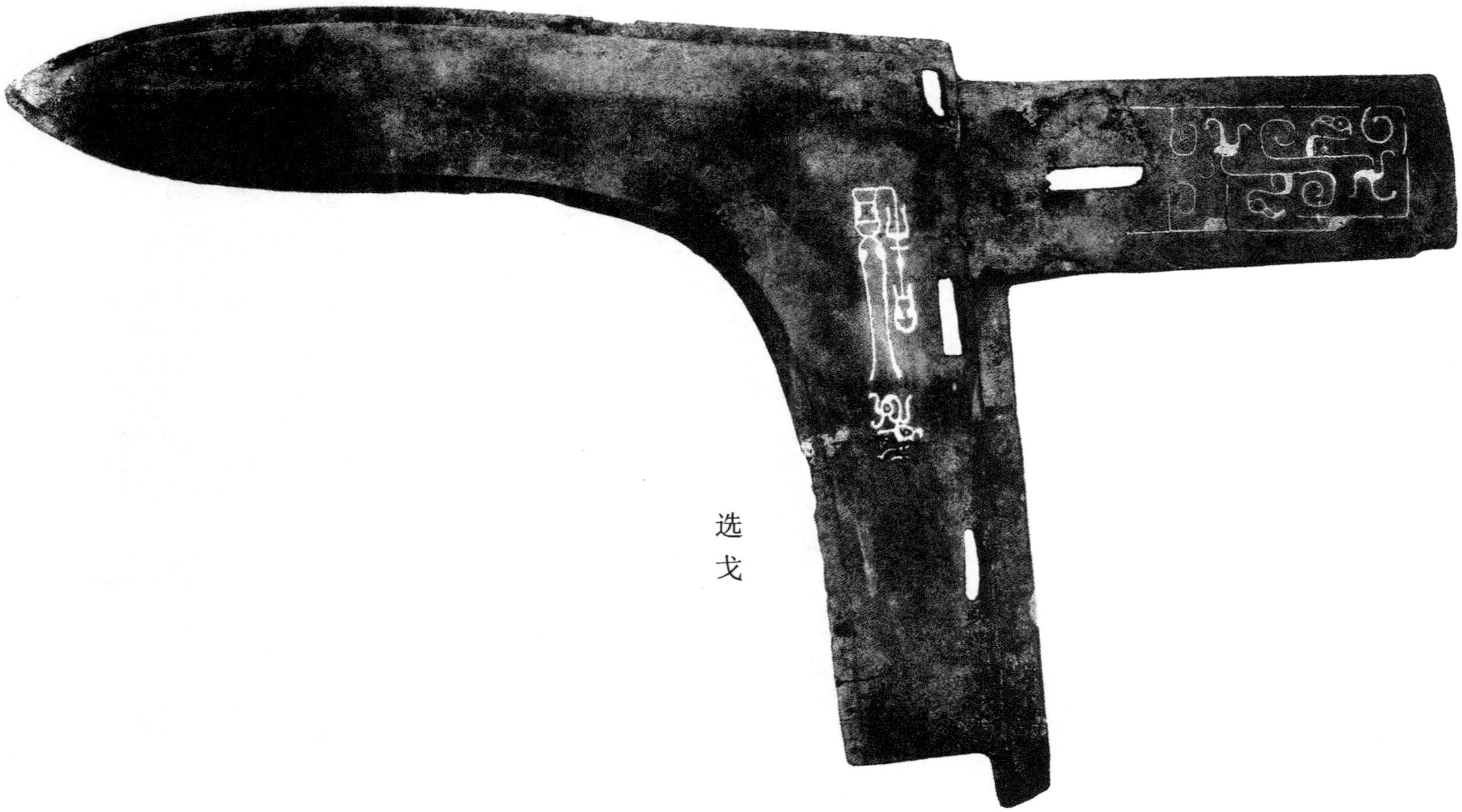

造戈

11132.2A

宋公
得(德，特)之
賠(造)戈

11132.2B

11132.1B

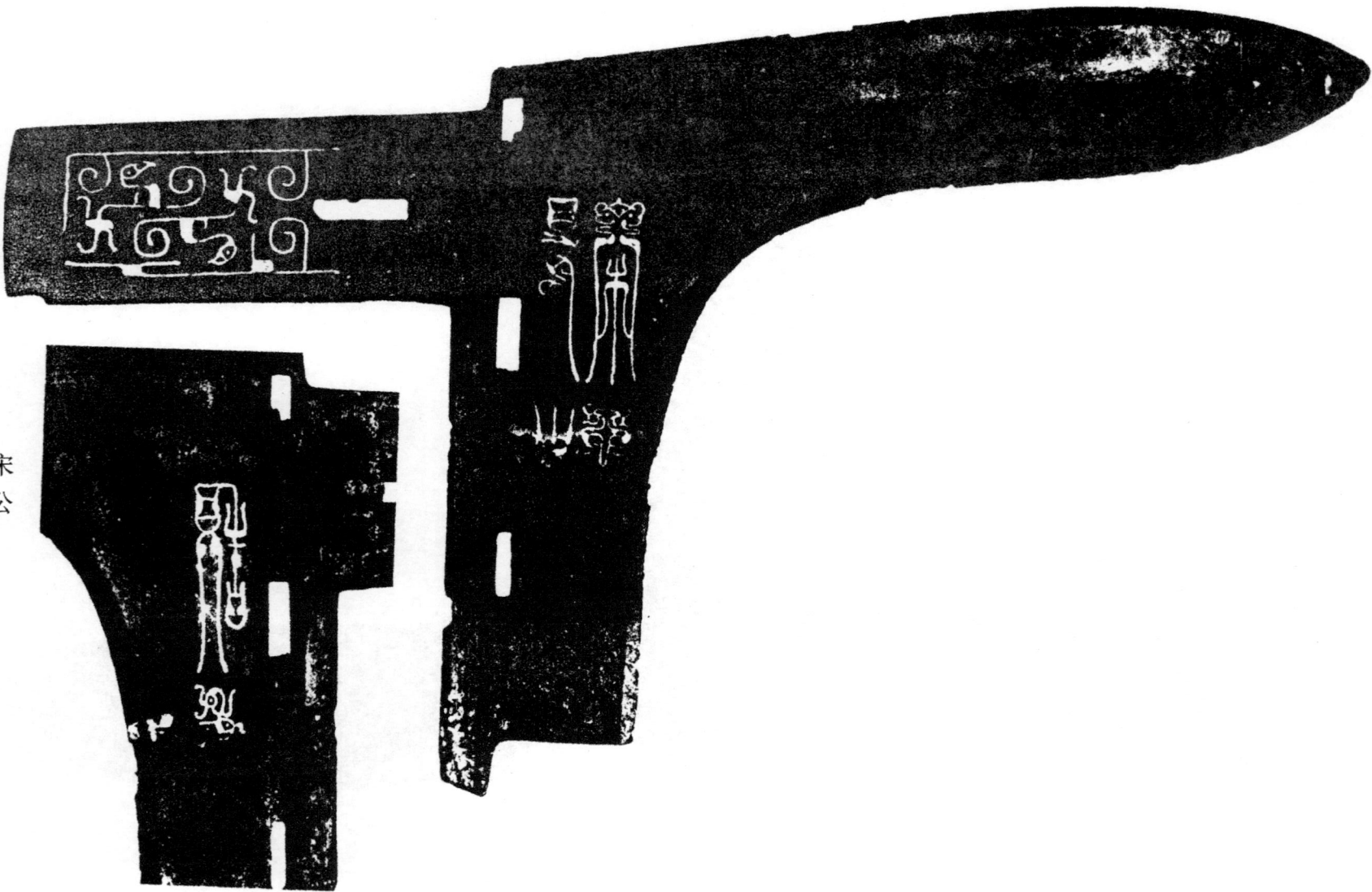

宋公䜌戈

宋公䜌（欒）之賠（造）戈

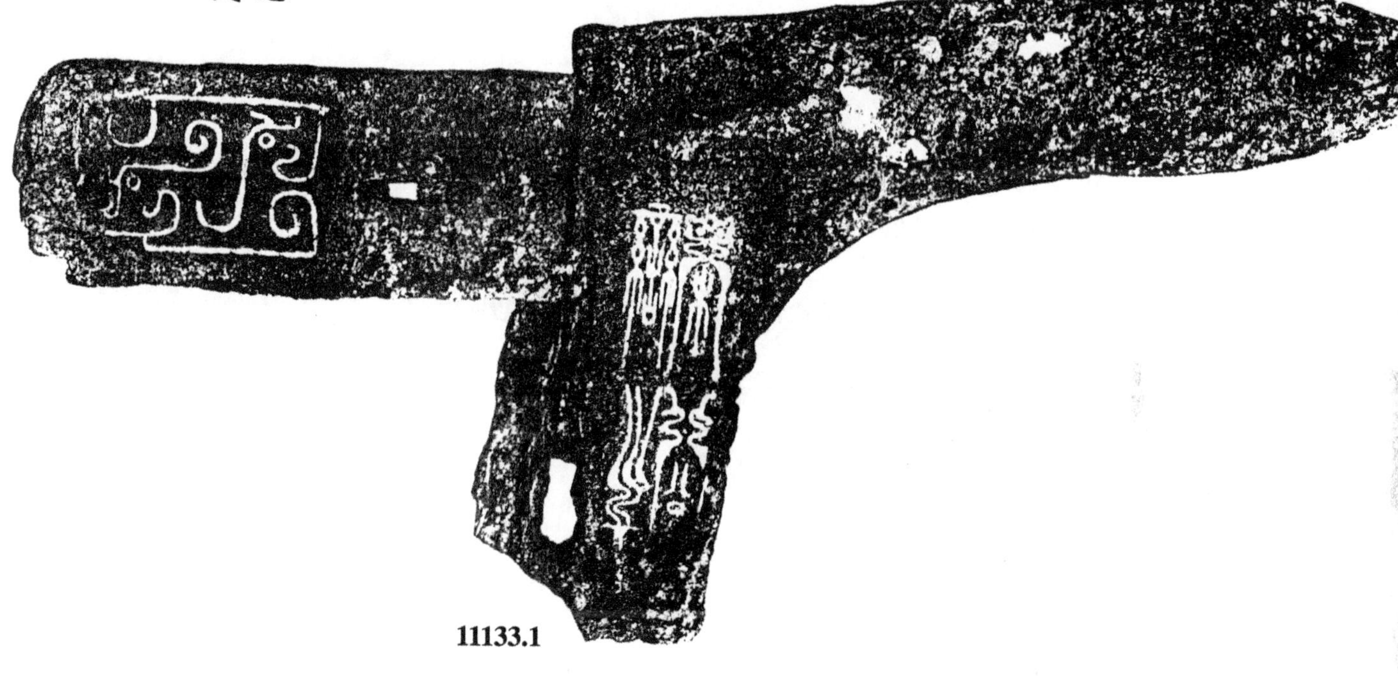

11133.1

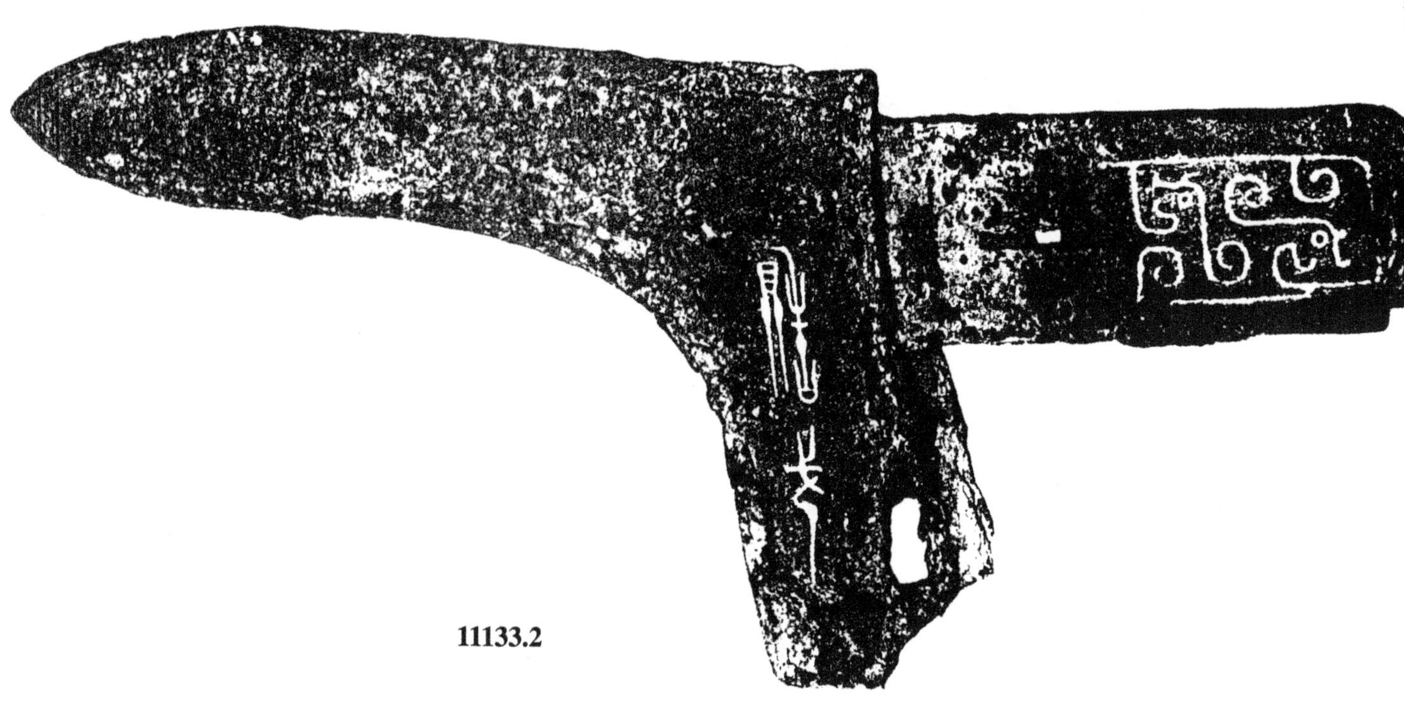

11133.2

無伯彪戈

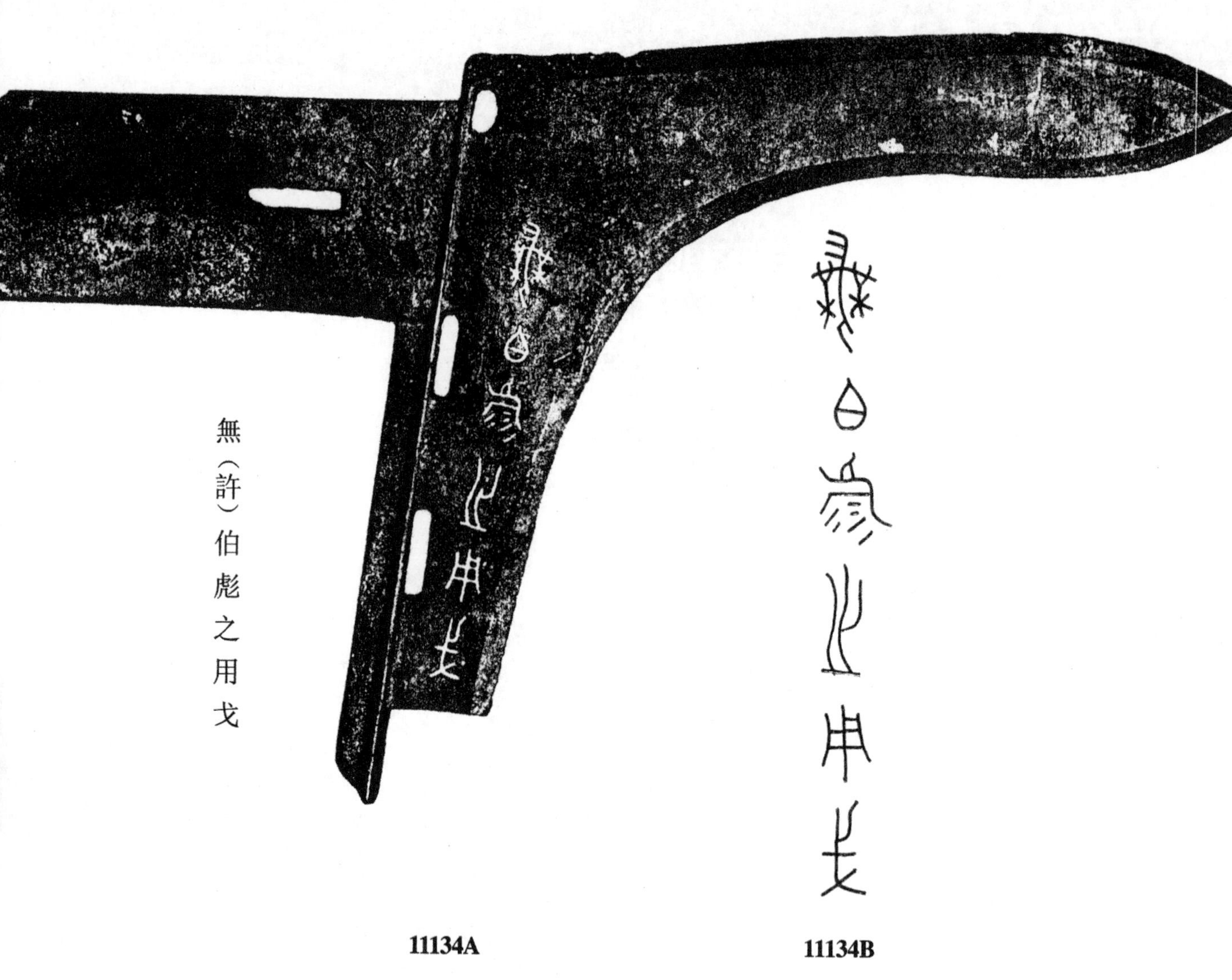

無（許）伯彪之用戈

11134A

11134B

陰晉左庫戈

陰晉左庫冶𠼭

11135

蔡□戈

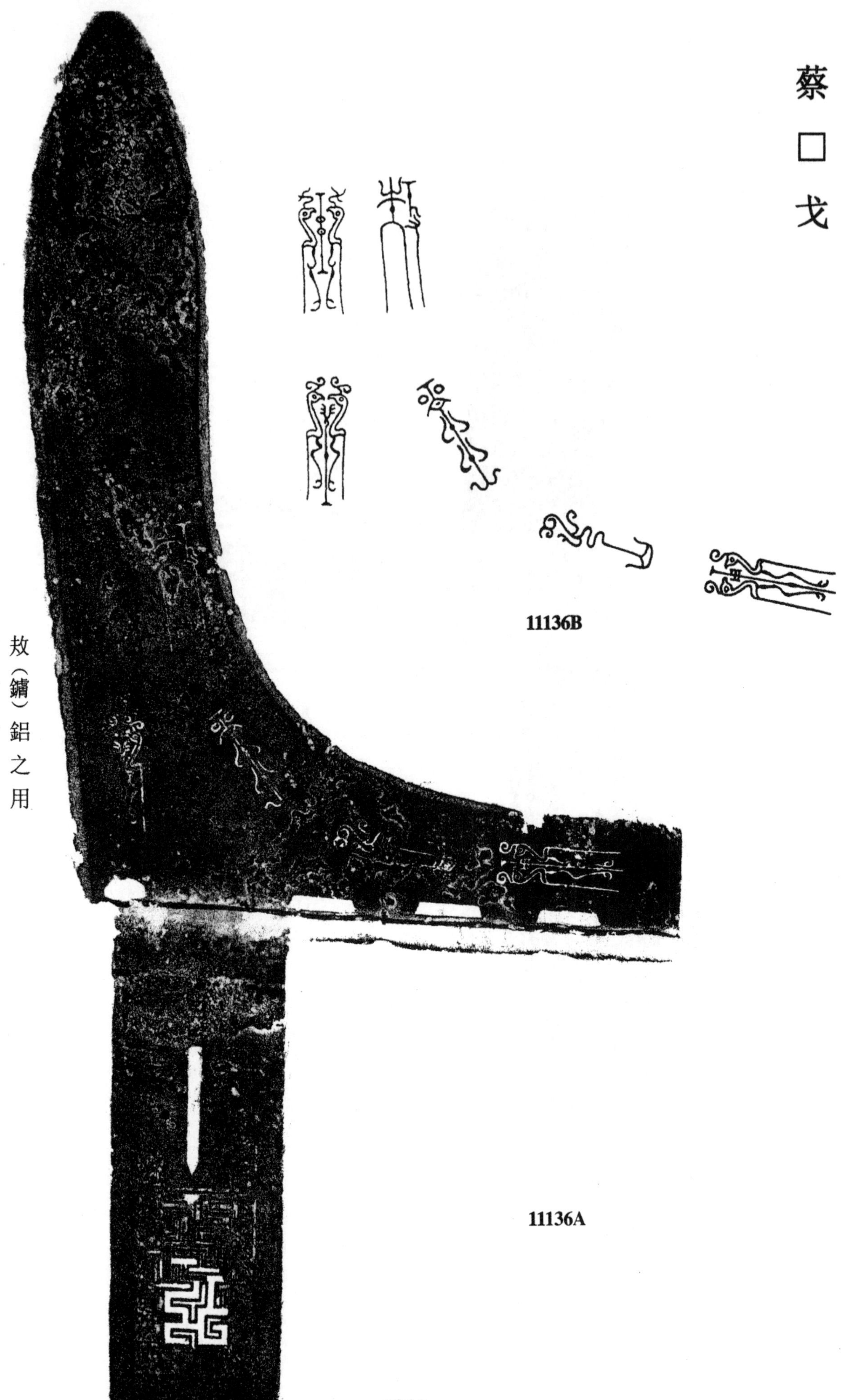

11136B

11136A

敃（鏞）鋁之用
玄翏（鏐）

蔡□戈

玄翏（鏐）敓（鏞）鋁之用

11137A

11137B

蔡□戈

玄翏（鏐）敓（鏞）鋁之用

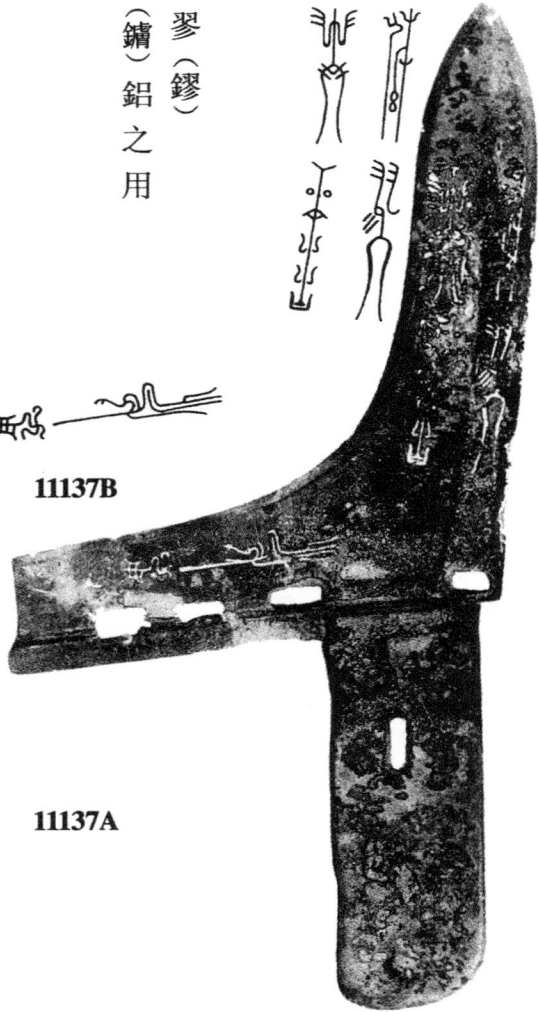

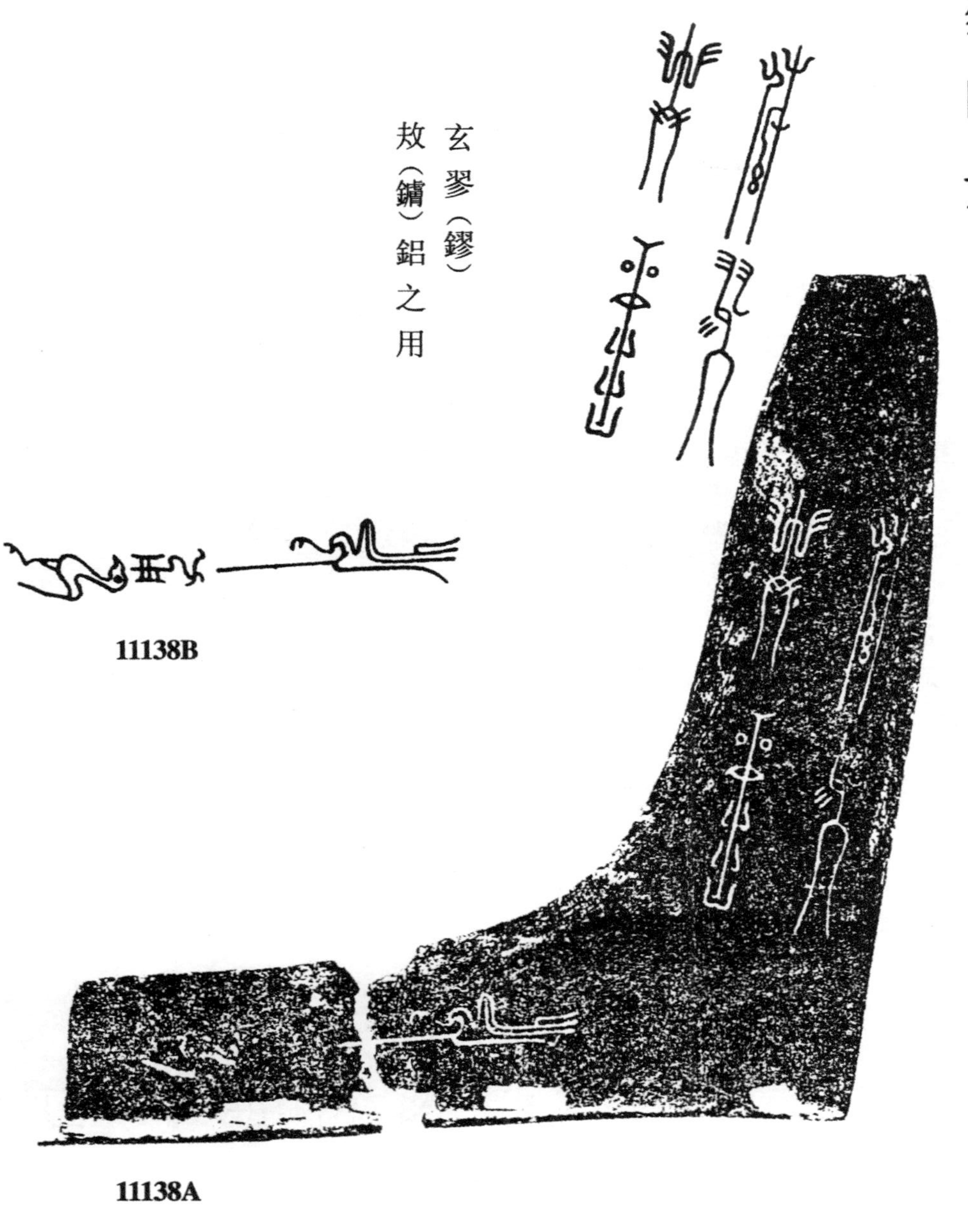

11138A

11138B

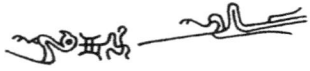

□之用玄翏戈

11139

蔡侯鸝戈

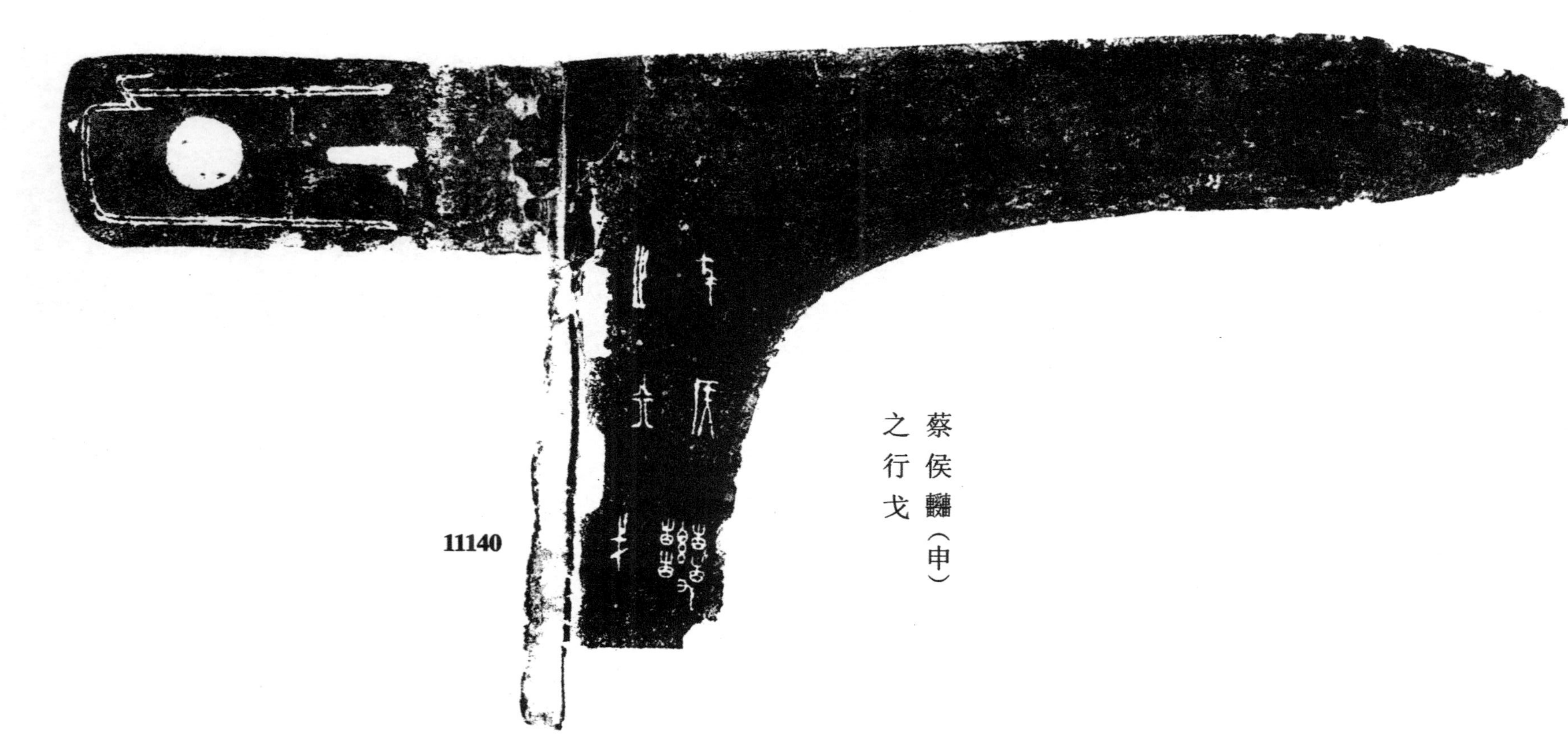

11140

蔡侯鸝（申）之行戈

蔡侯𬹼戈

11141

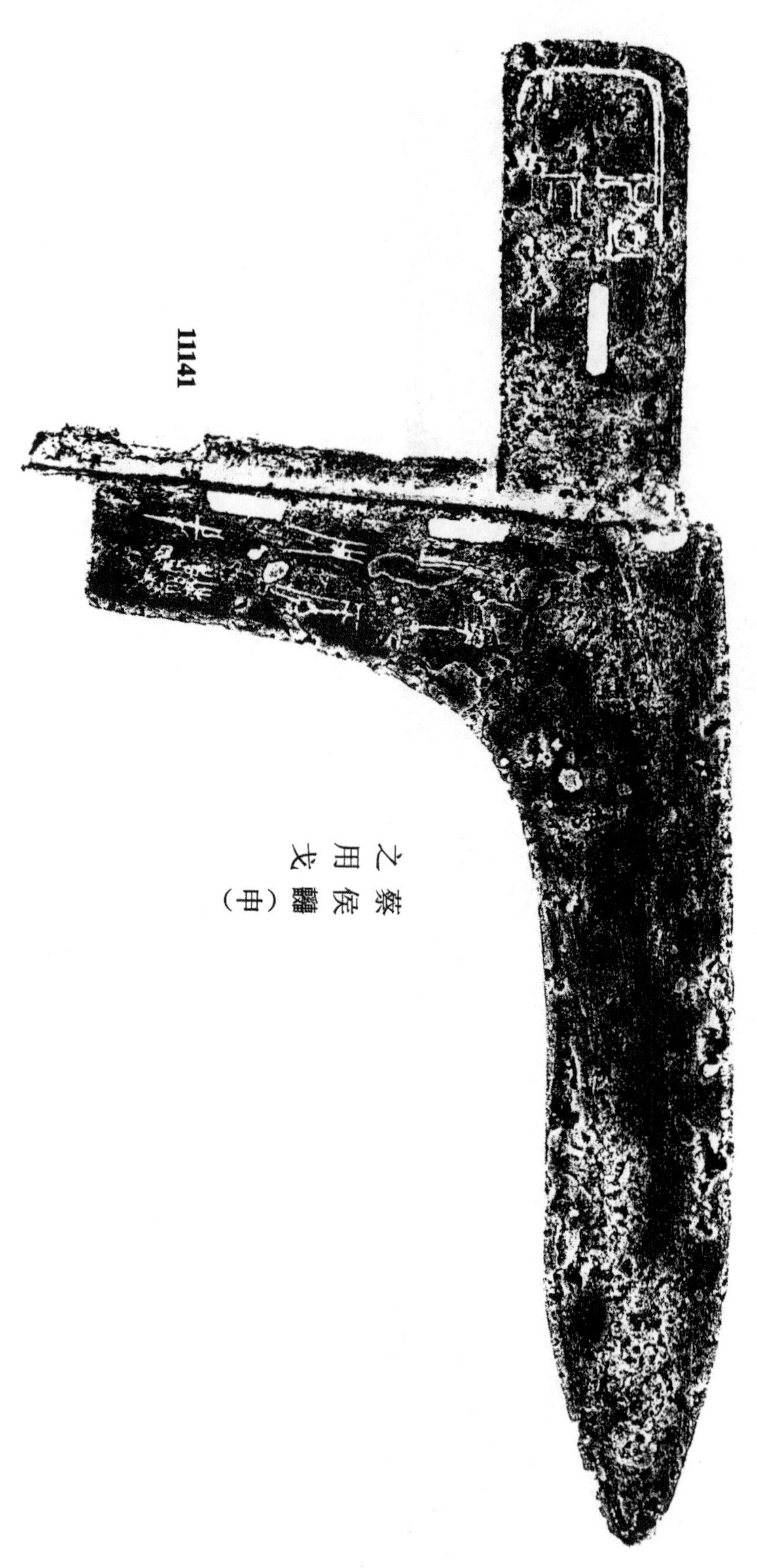

蔡侯𬹼（申）之用戈

蔡侯𪊨戈

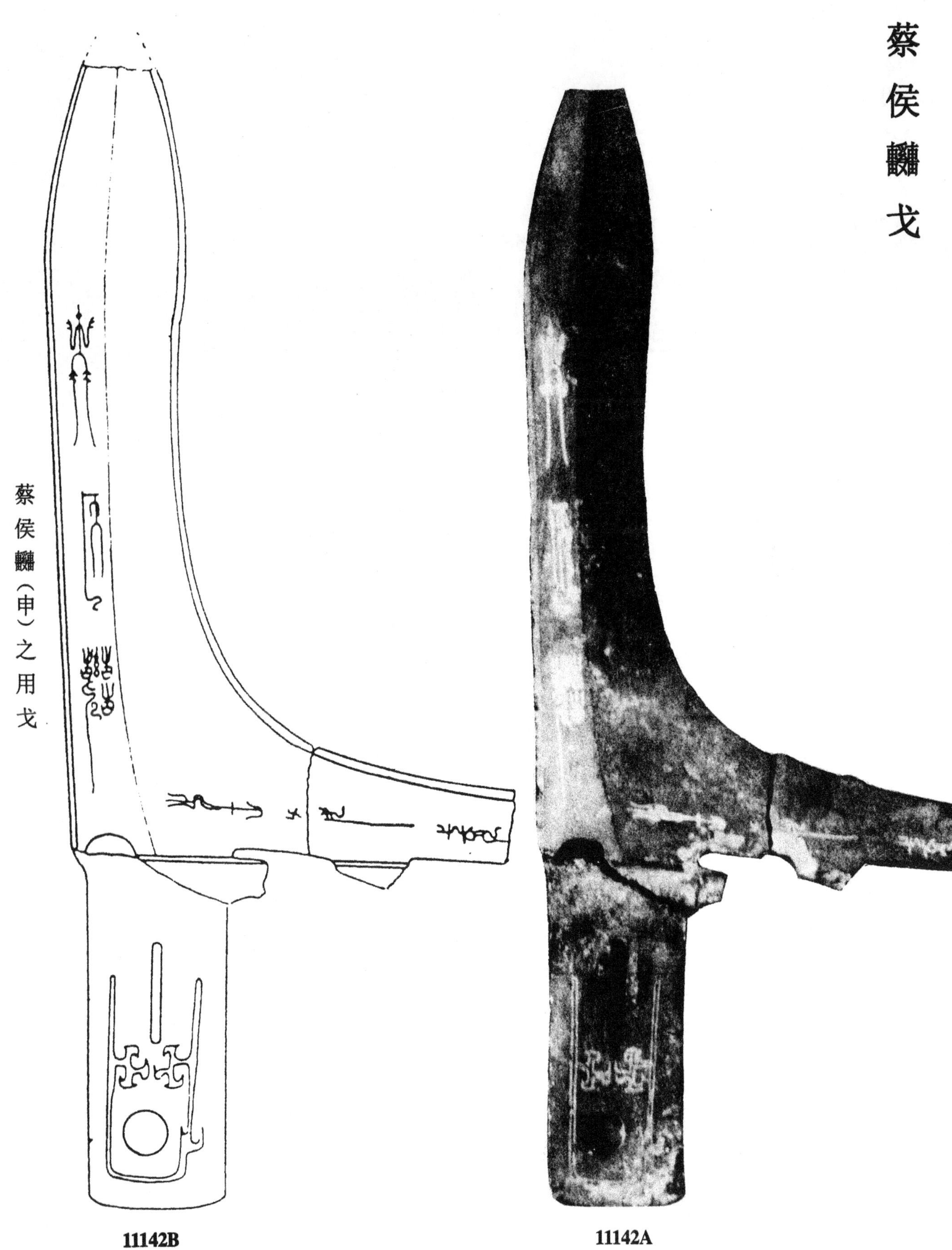

11142B

11142A

蔡侯產之用戈

蔡侯產戈

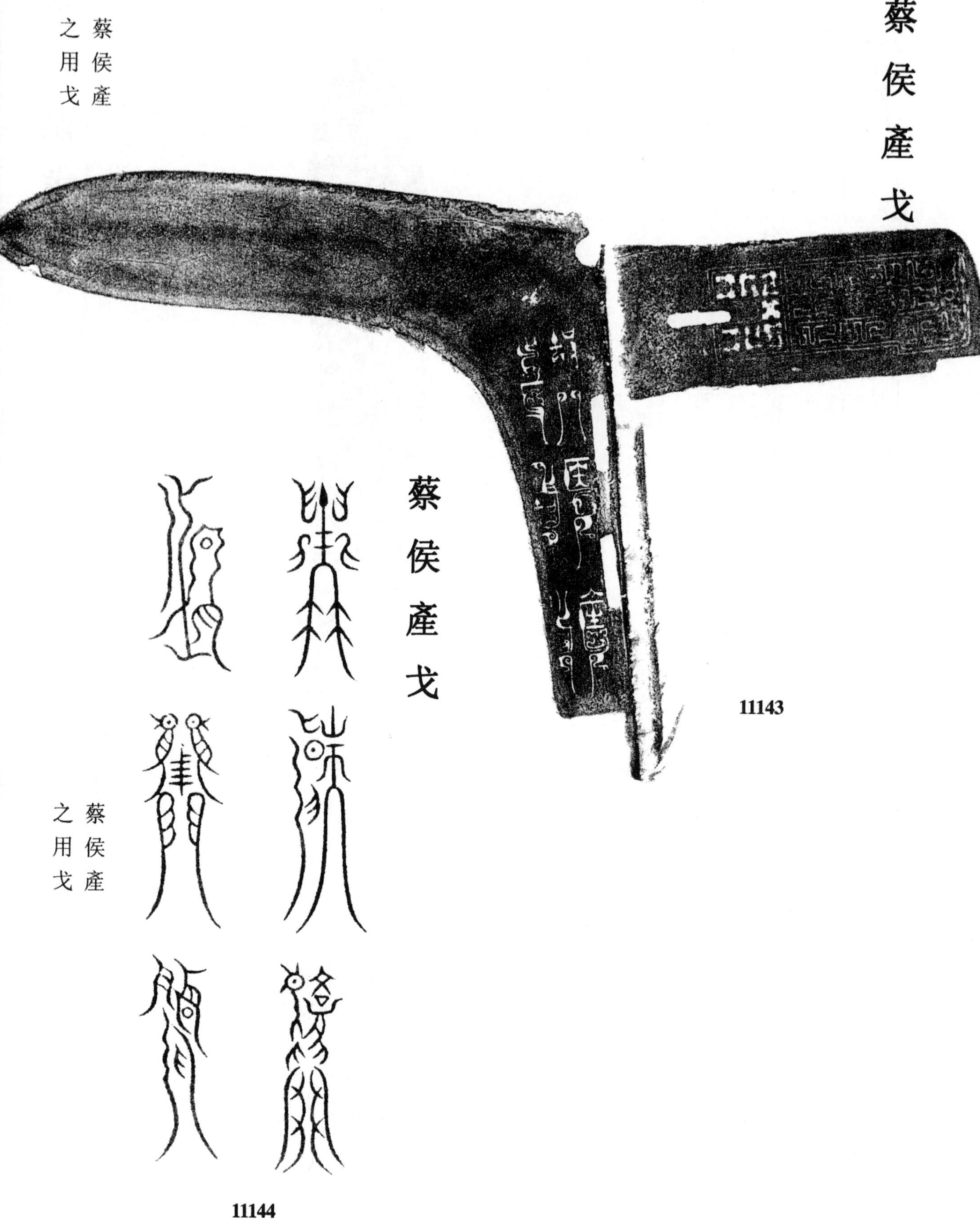

11143

蔡侯產戈

蔡侯產之用戈

11144

蔡公子果戈

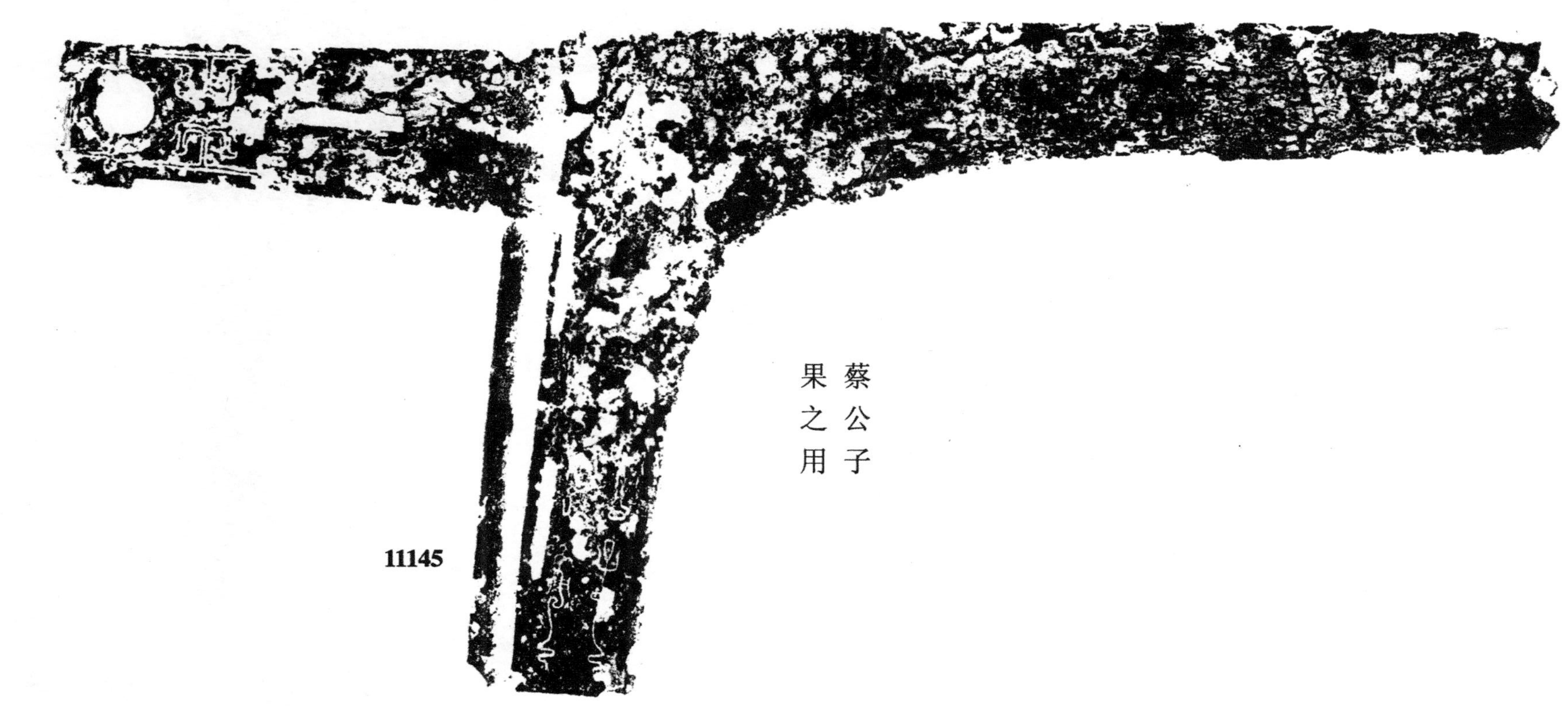

11145

蔡公子果之用

蔡公子果戈

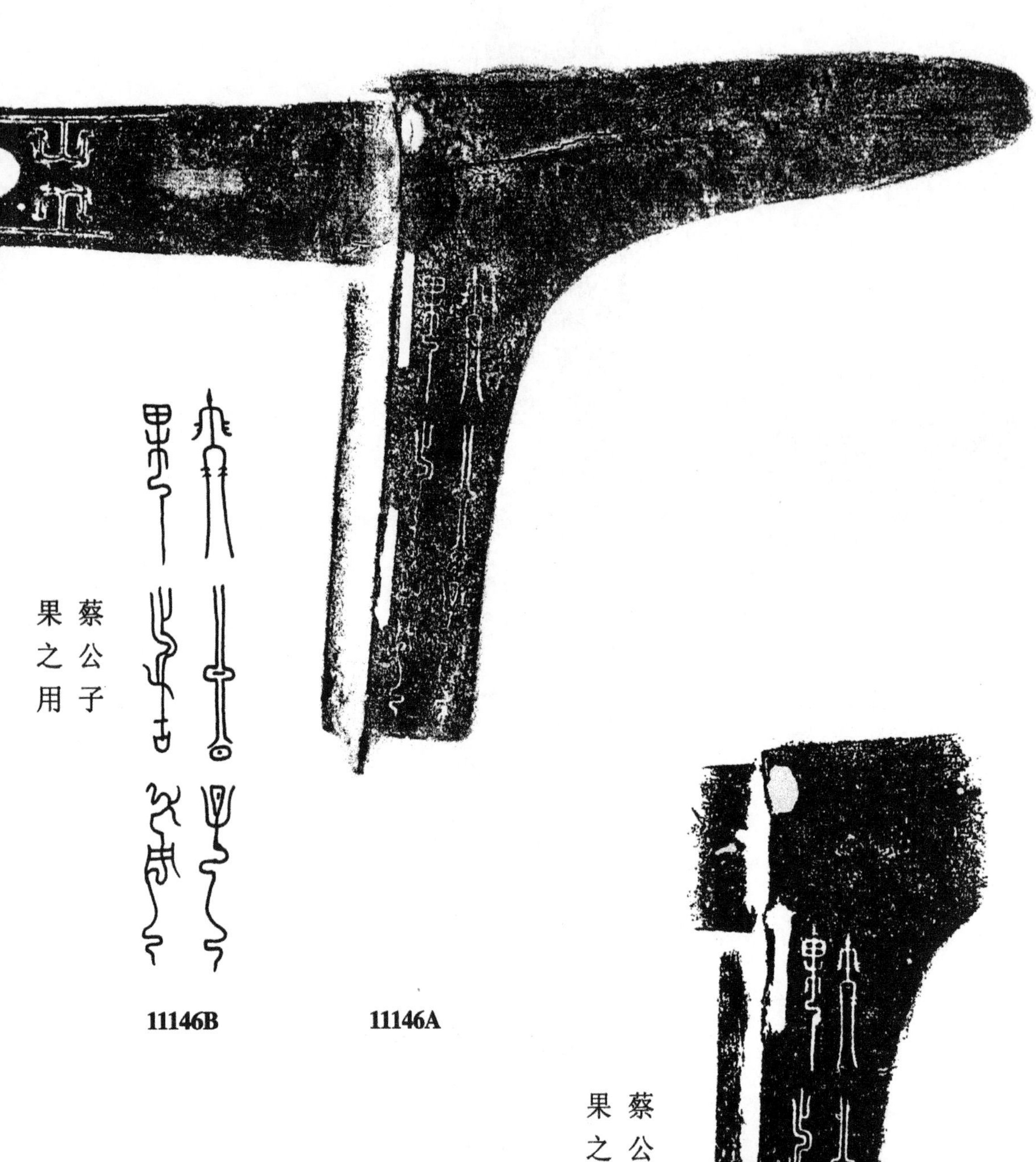

蔡公子果之用

11146B　　11146A

蔡公子果戈

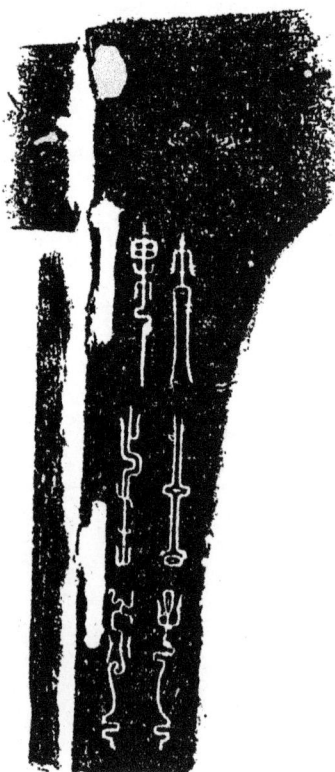

蔡公子果之用

11147A

蔡公子加戈

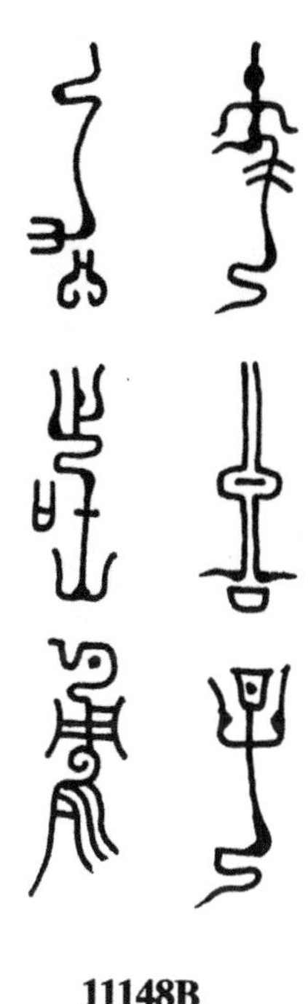

蔡公子
加之用

11148B　　11148A

蔡加子戈

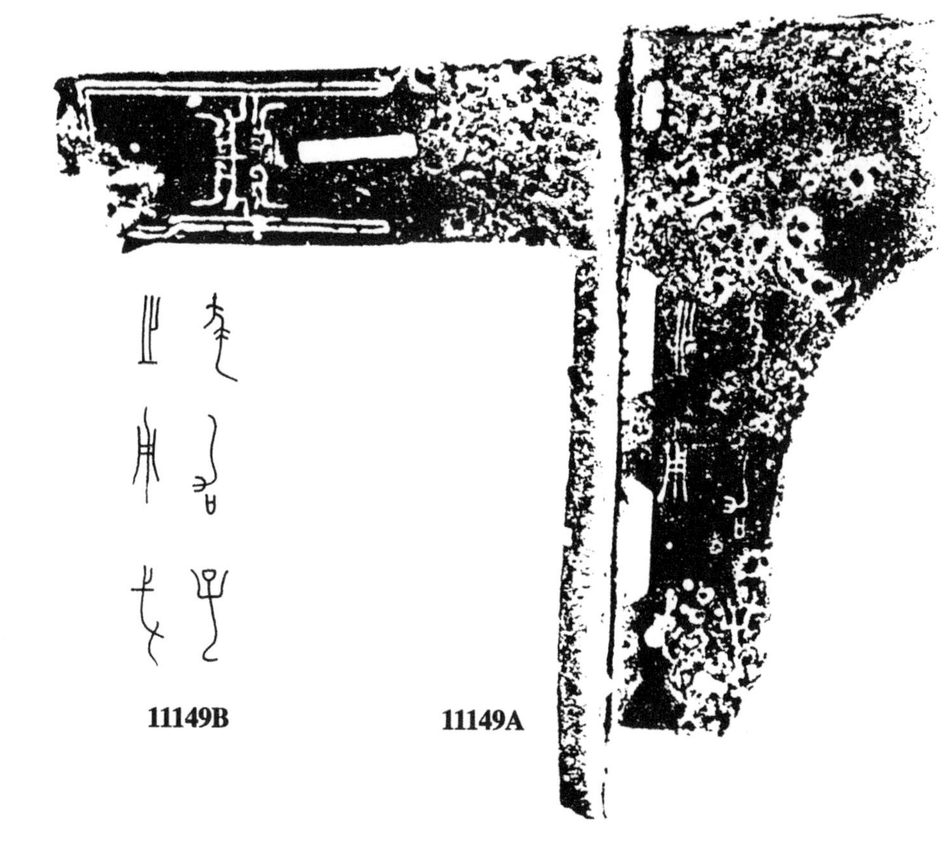

蔡加子
之用戈

11149B　　11149A

蔡□□戟

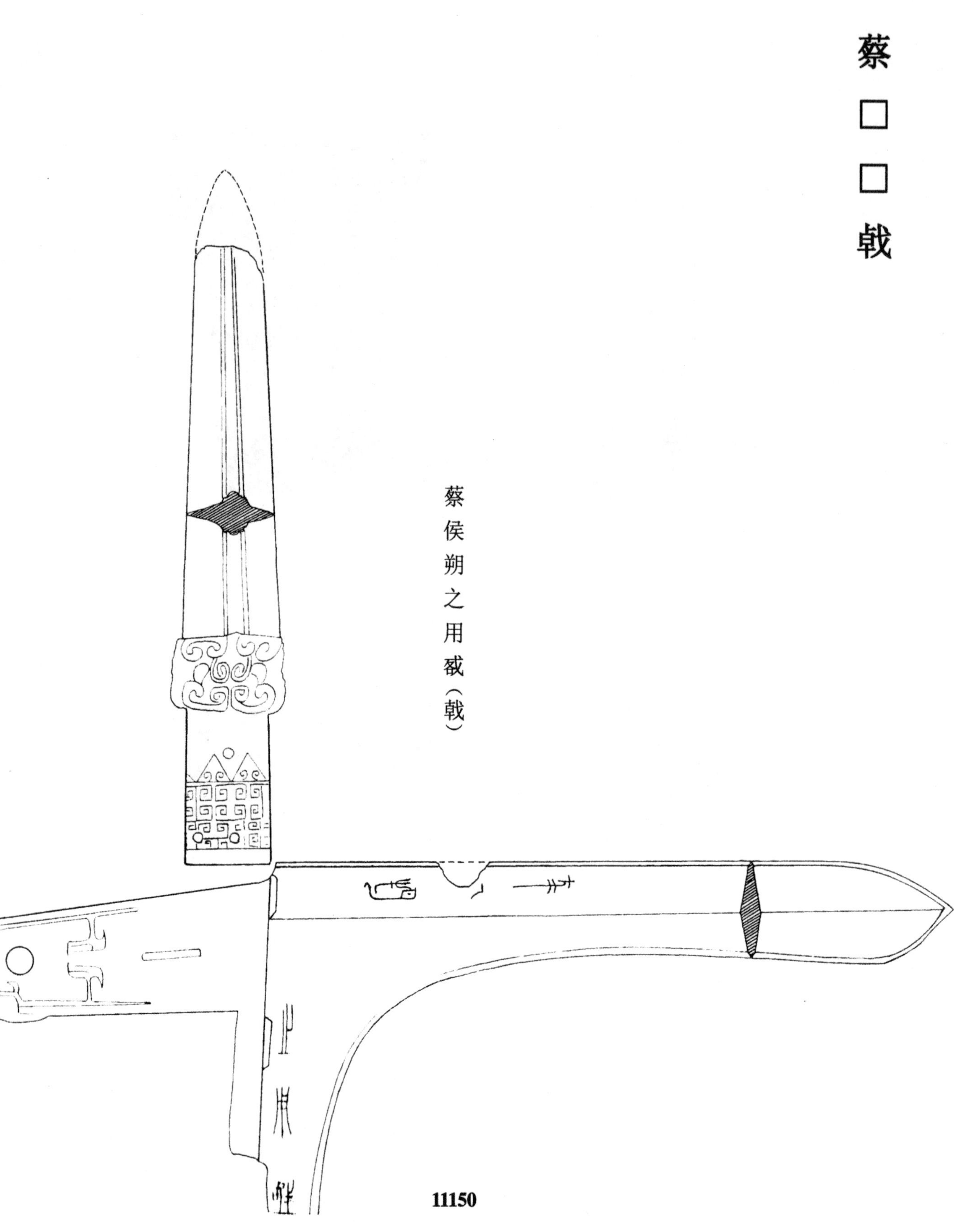

蔡侯朔之用㦸（戟）

11150

攻敔王光戈

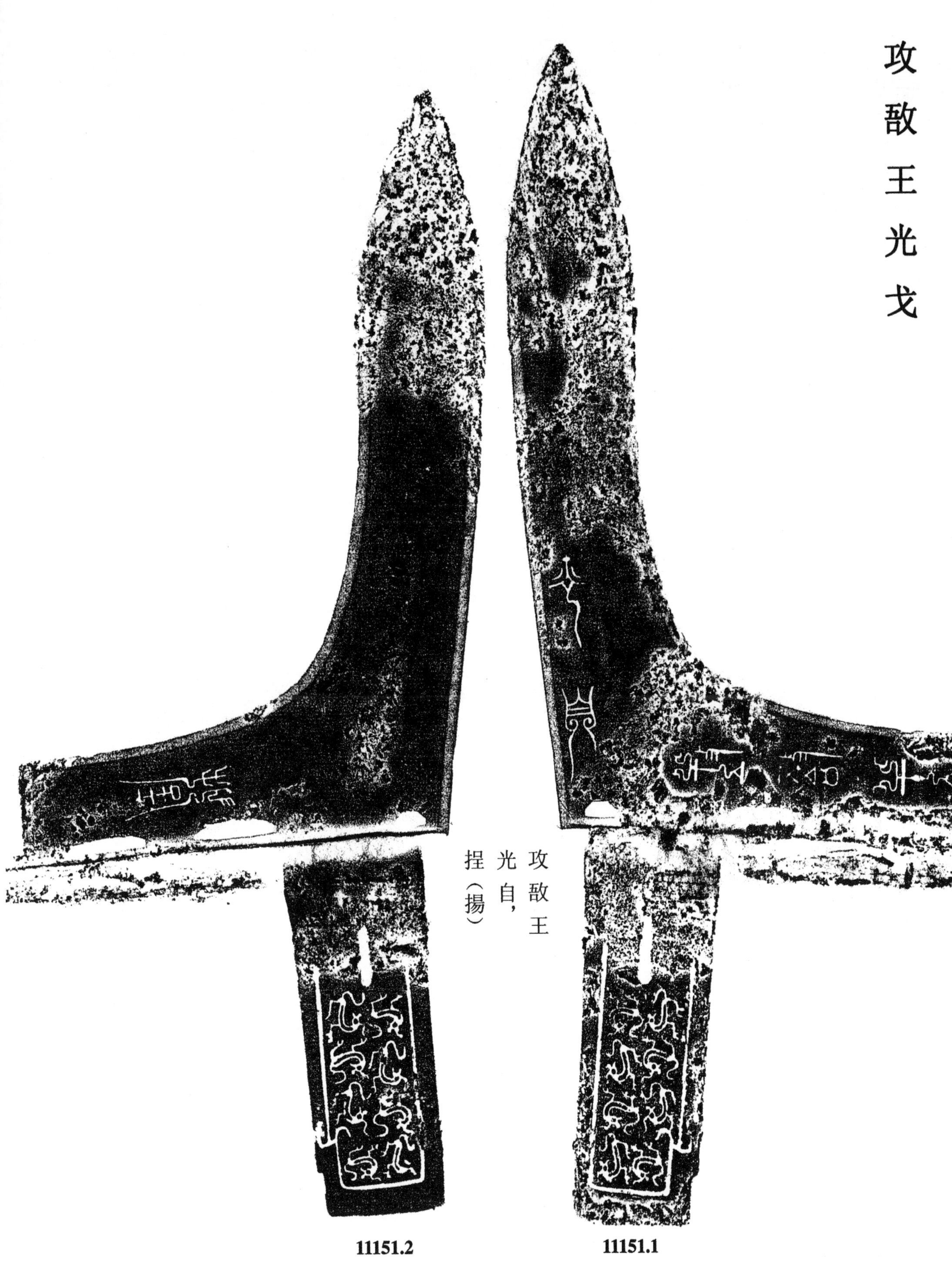

攻敔王光自，捏（揚）

11151.2　11151.1

楚王孫漁戈

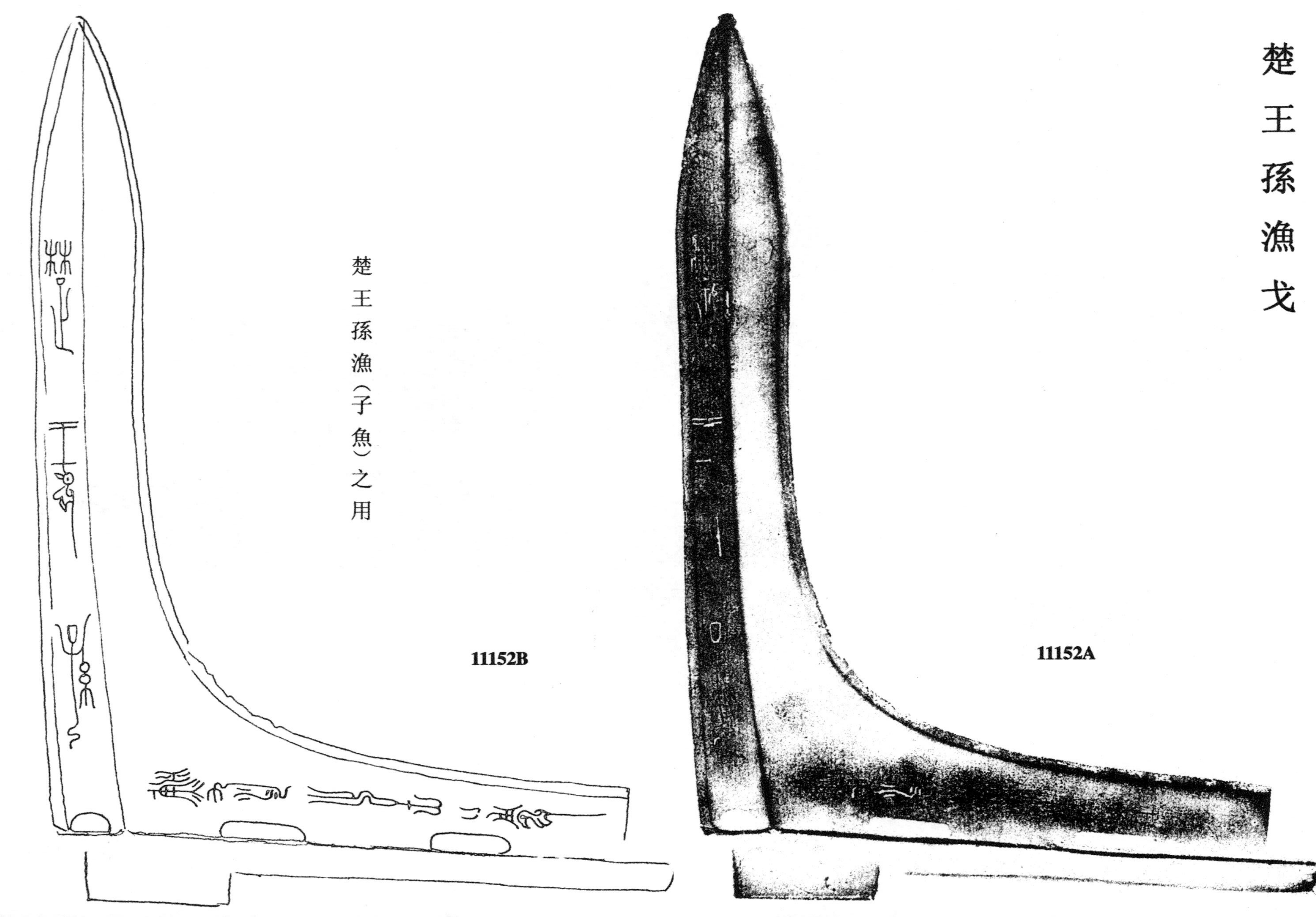

11152A

11152B

楚王孫漁（子魚）之用

楚王孫漁戈

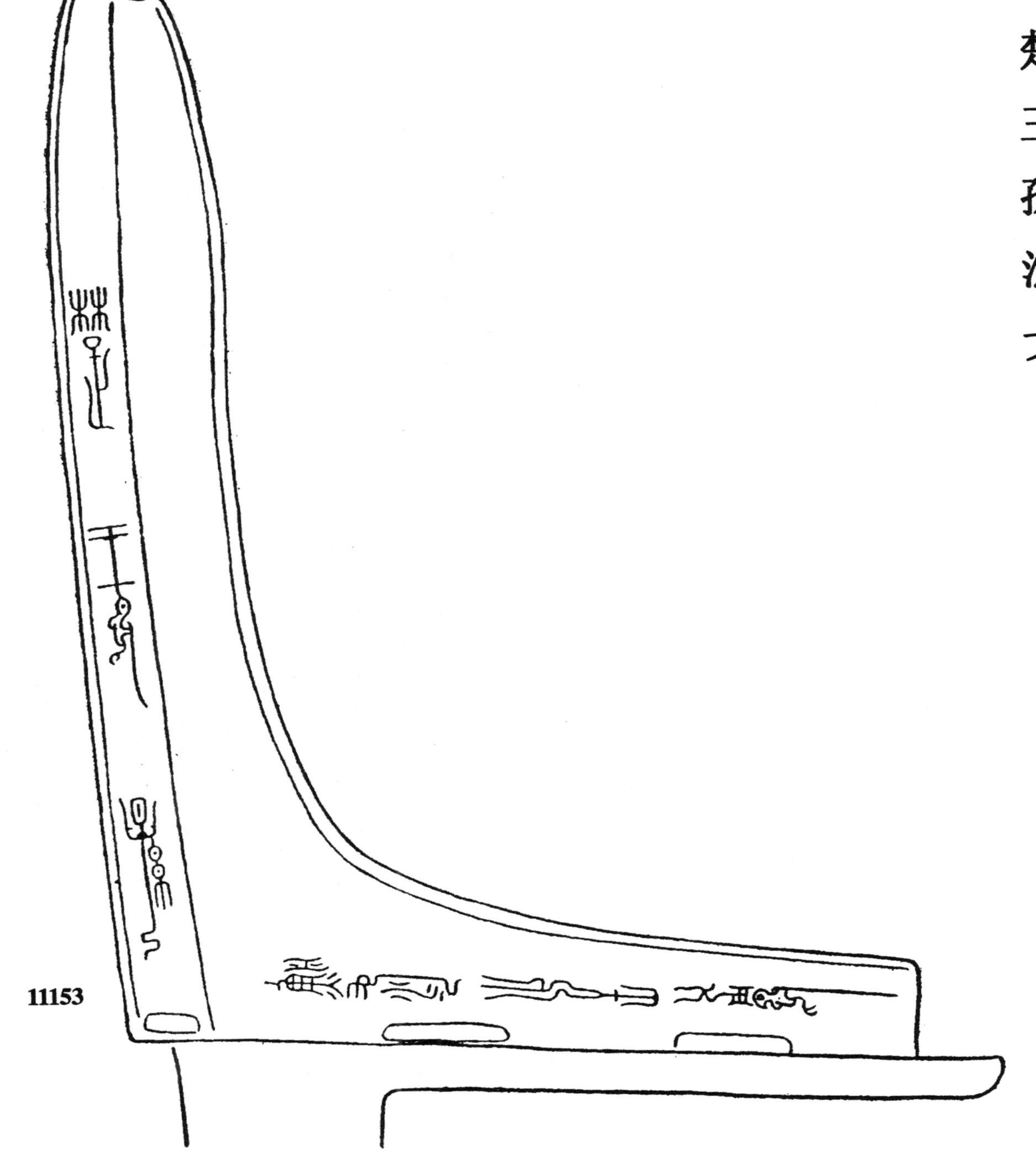

11153

楚王孫漁（子魚）之用

成陽辛城里戈

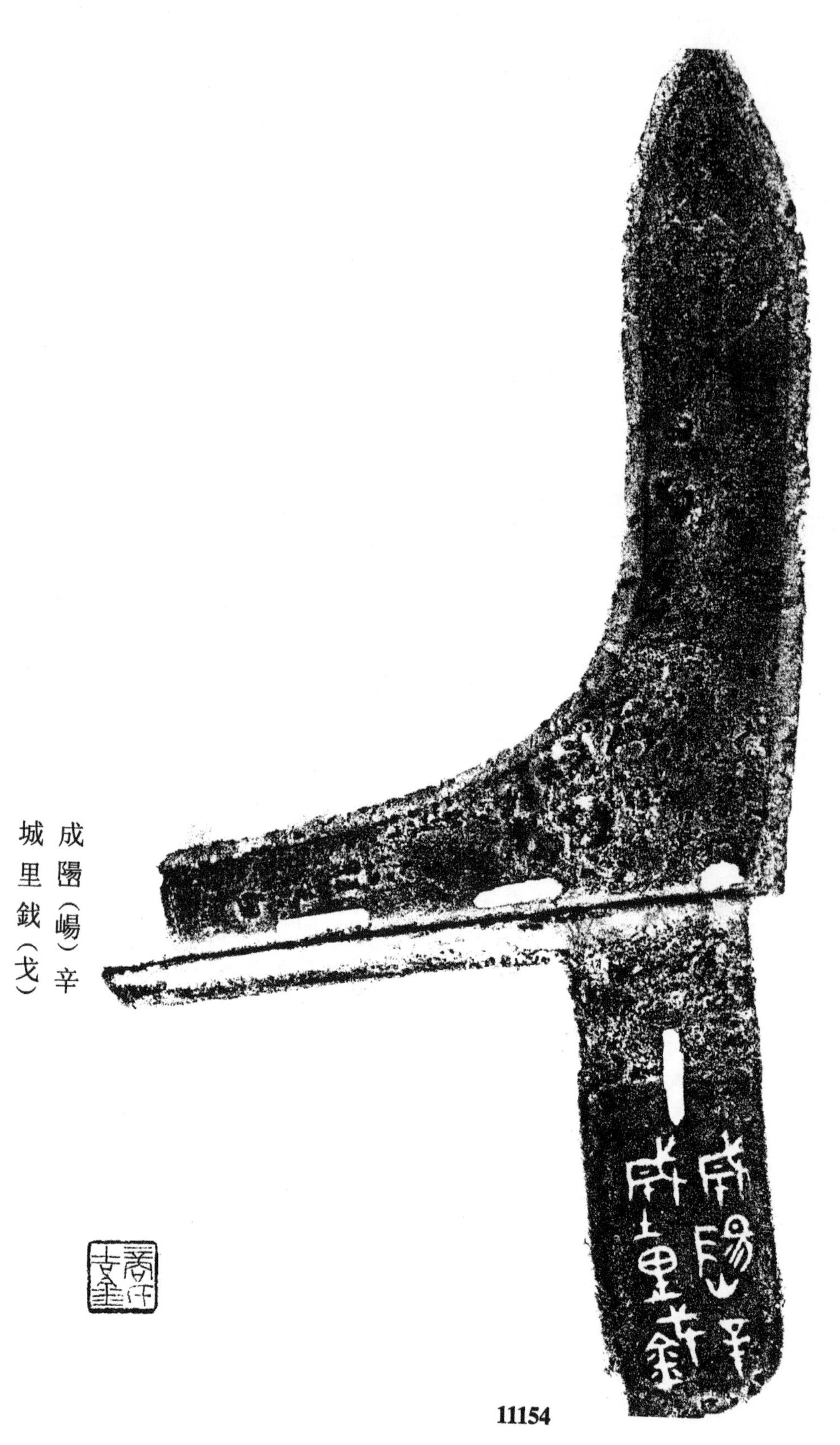

成陽（鍚）辛
城里鈛（戈）

11154

成陽辛城里戈

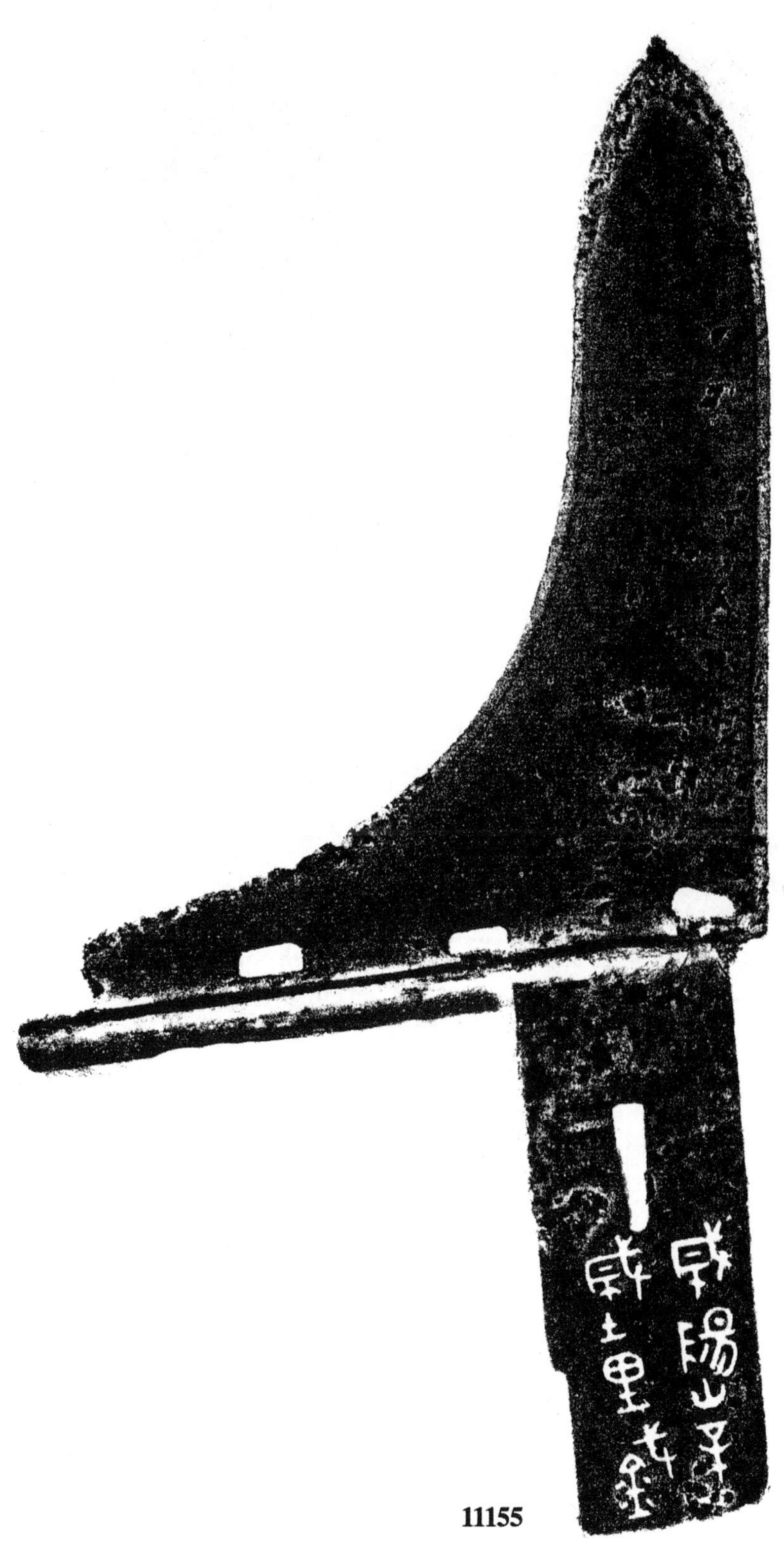

成陽（崵）辛
城里鈛（戈）

11155

平陽高馬里戈

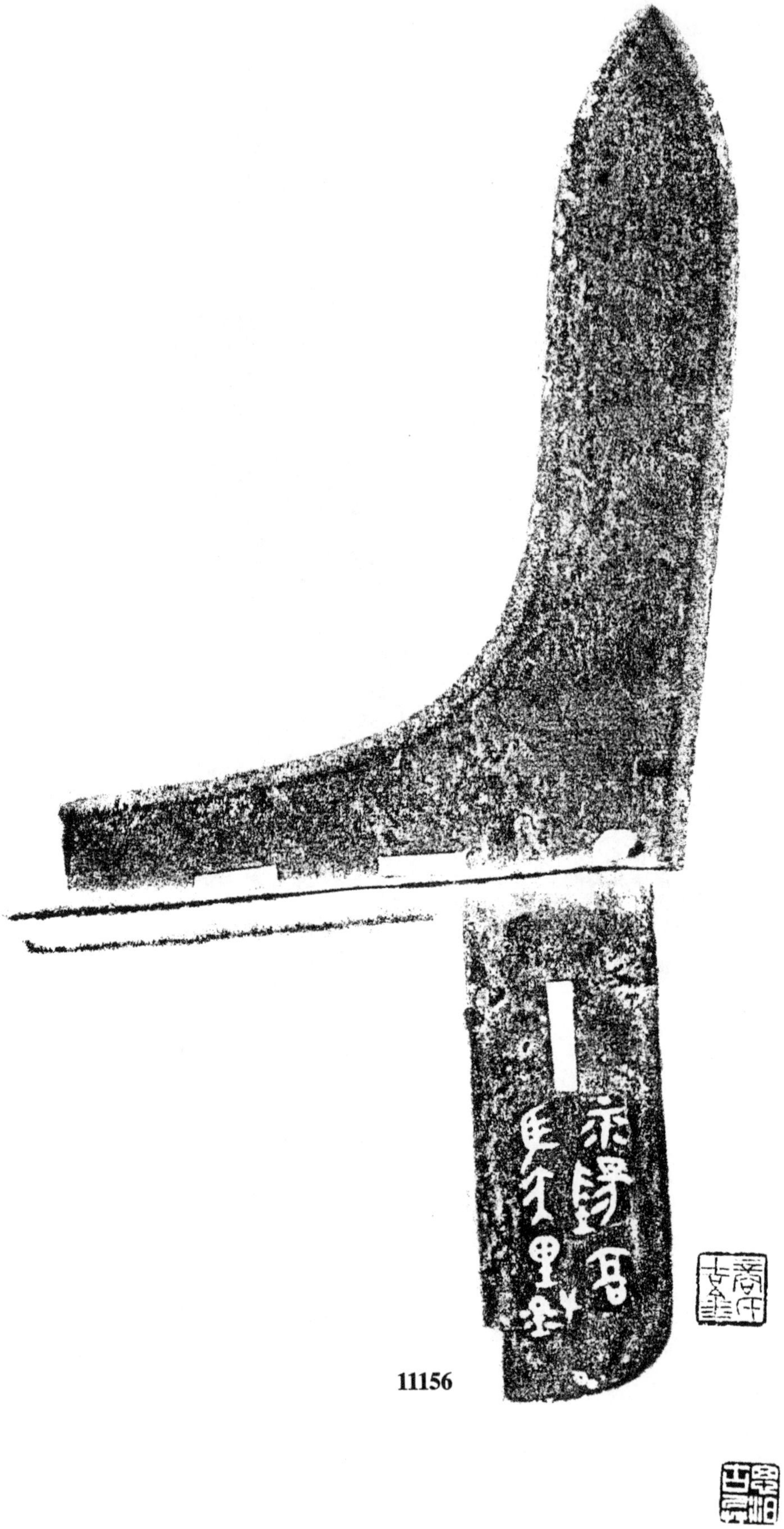

平墬（場）高
馬里鋱（戈）

11156

□君戈

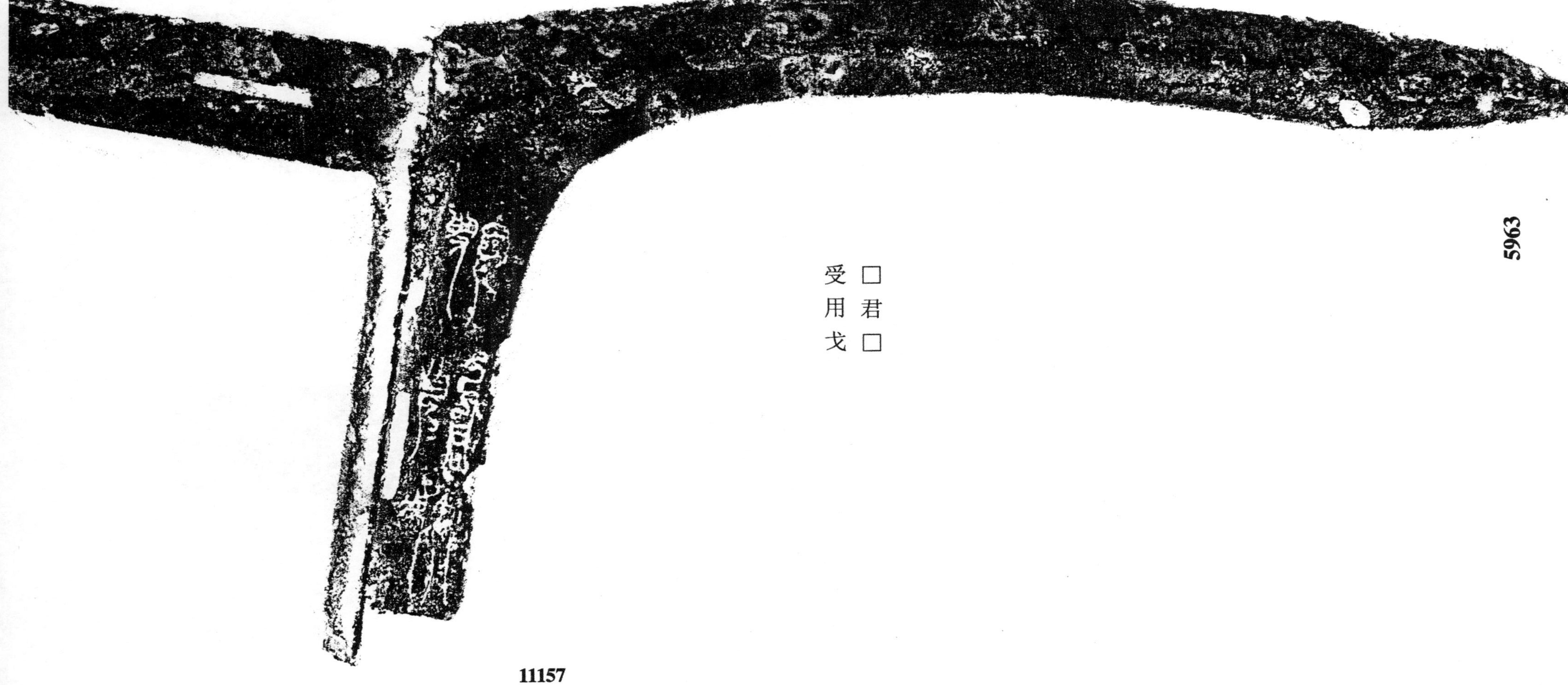

11157

□君□
受用戈

平阿左戟

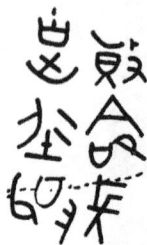

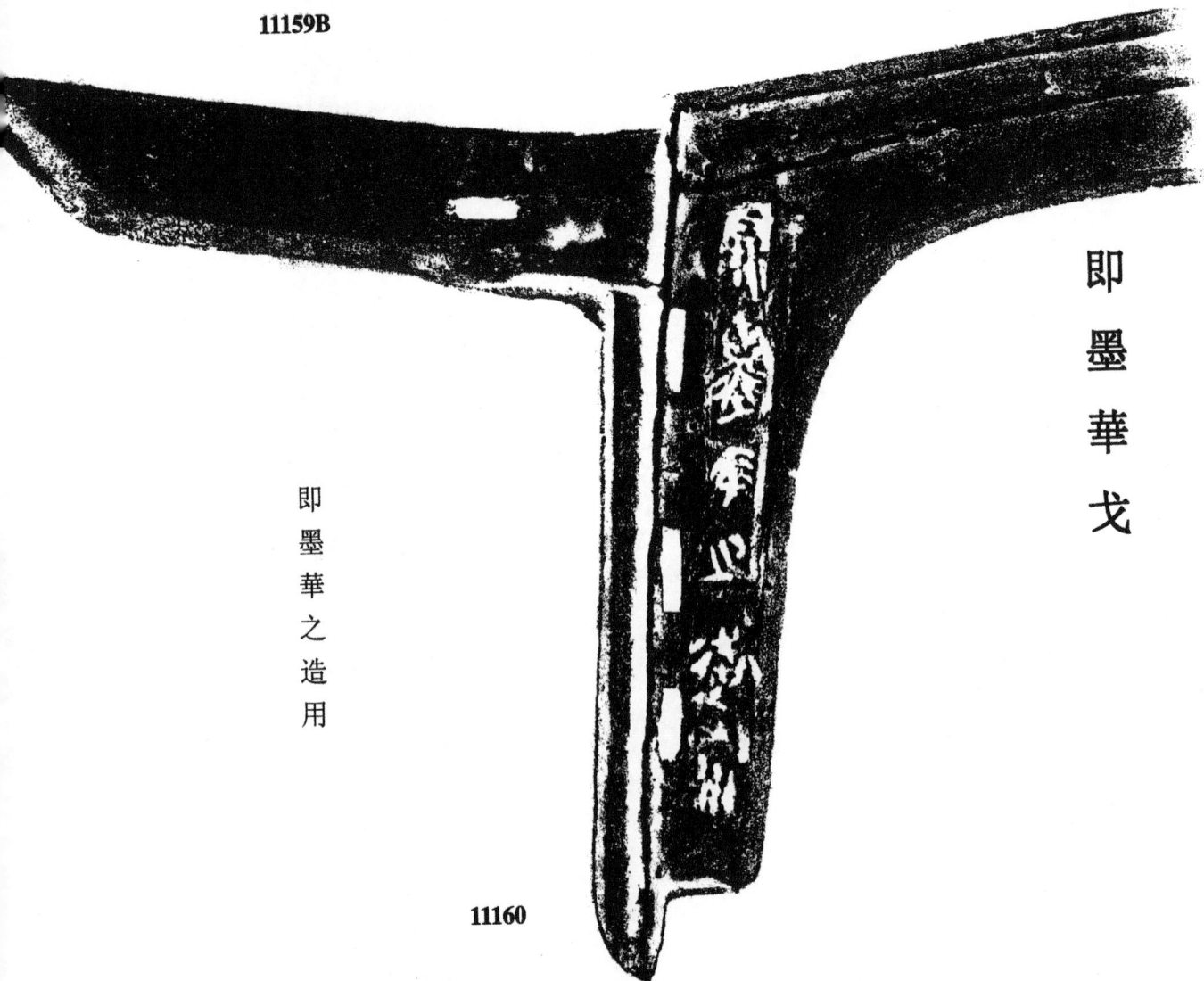

平阿左
造徒戟(戟)

11158

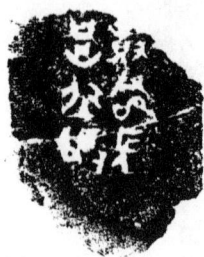

□令長□戈

11159A

11159B

敓命(令)長
足、冶哥

即墨華戈

11160

即墨華之造用

新弨戟

11161

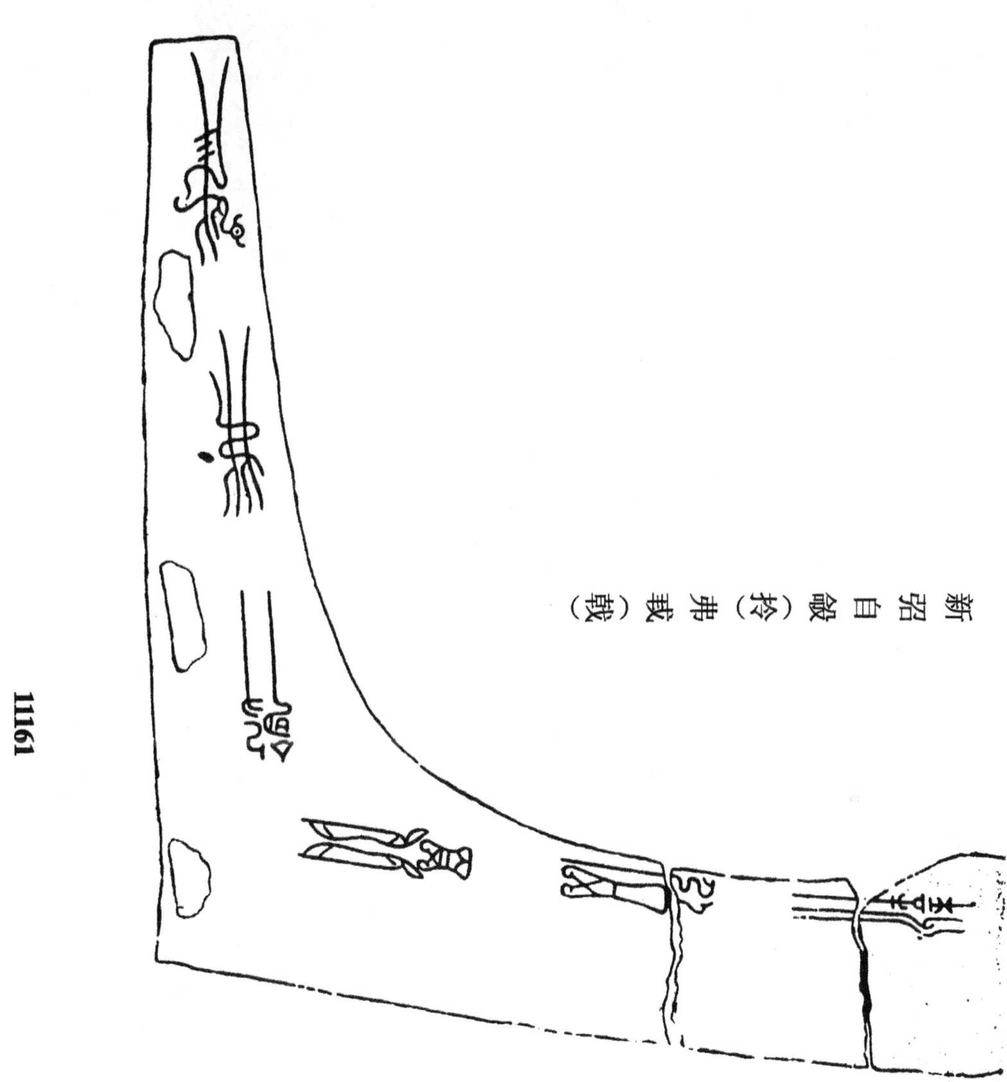

新弨自鈙（拎）弗戜（戟）

王子口戈

王子口之戟（拱）戈

11162B

11162A

蔡䀠戈

玄翏（鏐）夫（鏞）睸（鋁）之用

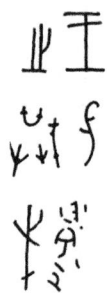

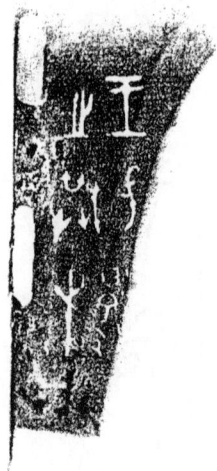

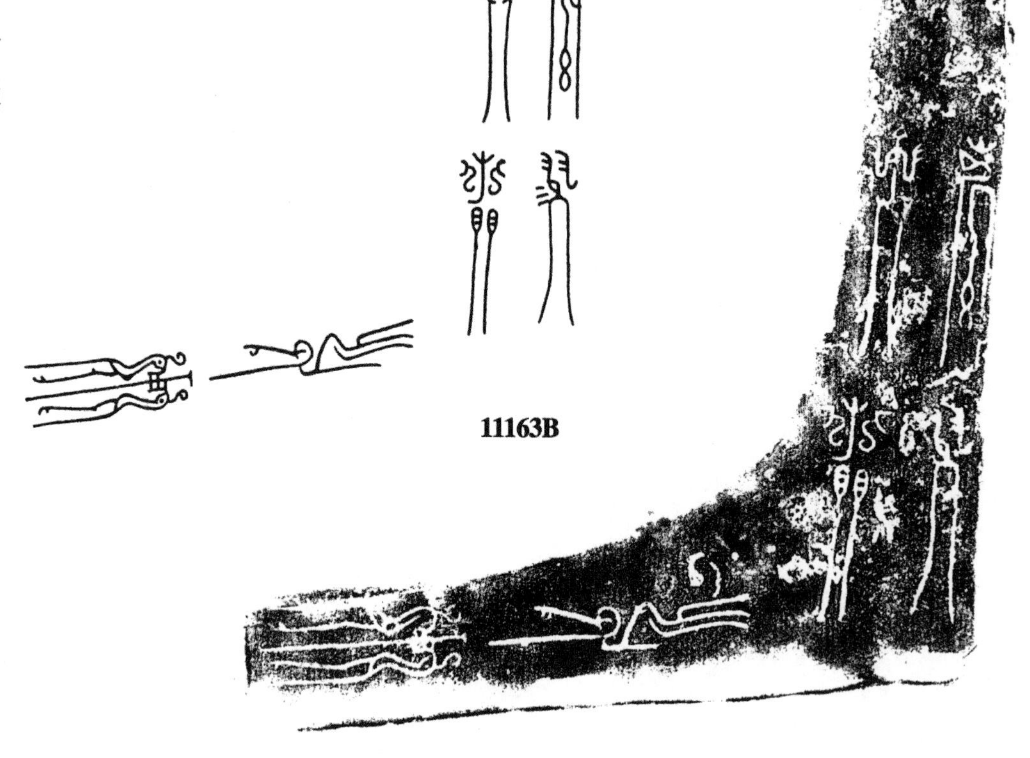

11163B

11163A

顯作造戈

11164B

11164A

蝢㬎乍(作)䢨(造)

戈三百

冈戈

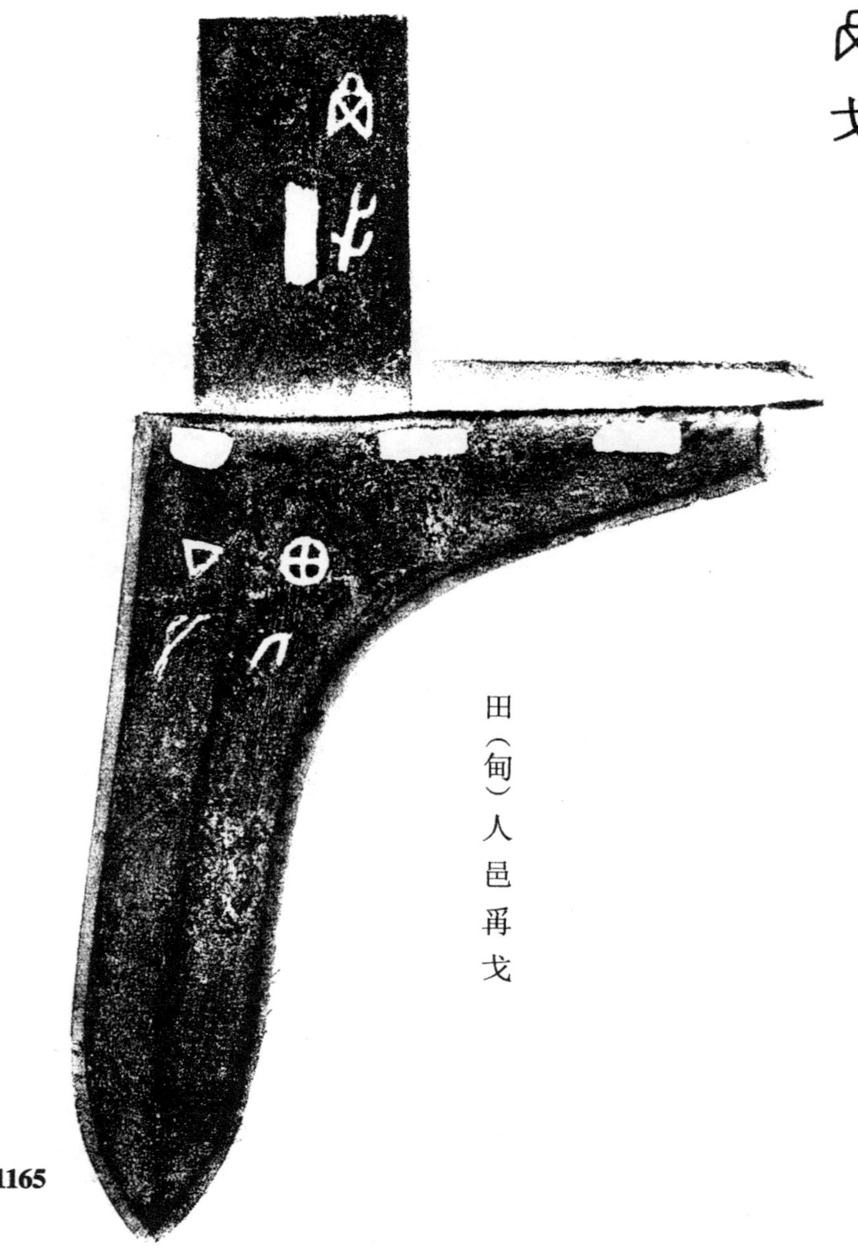

田（甸）人邑再戈

11165

冈戈

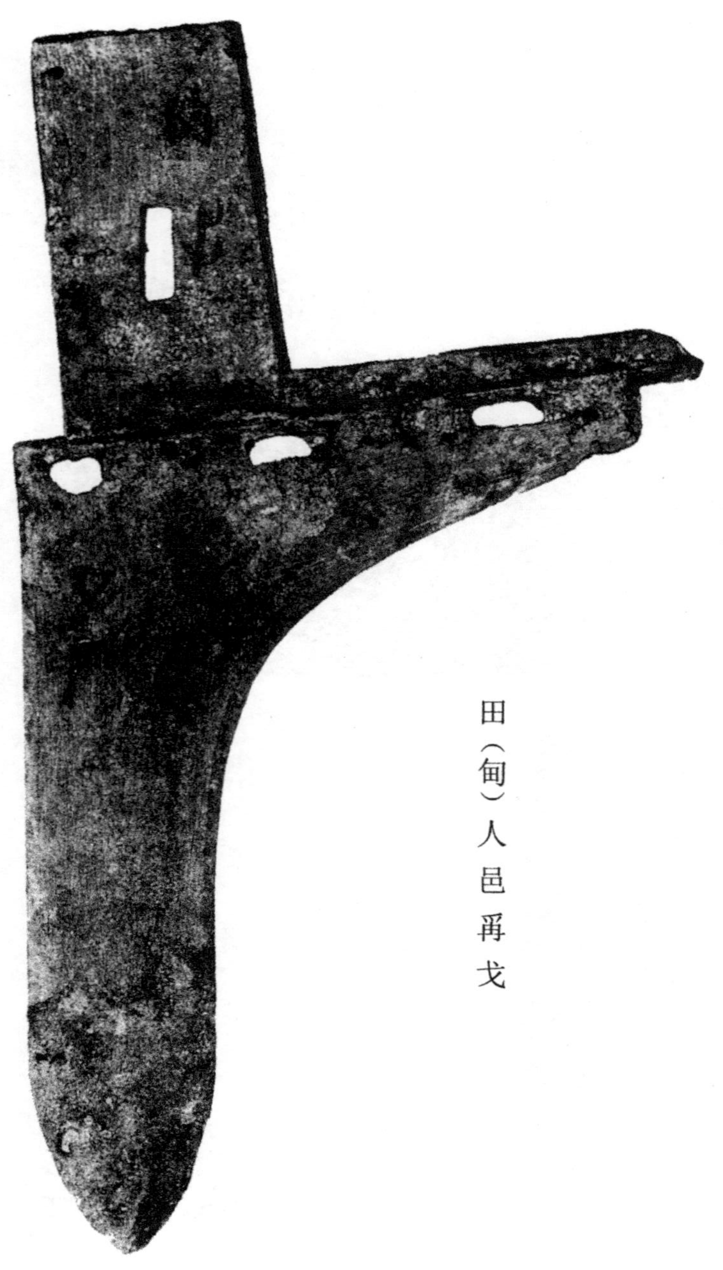

田（甸）人邑再戈

11166

曾侯乙戈

曾侯乙之寝戈

11167

曾侯乙戈

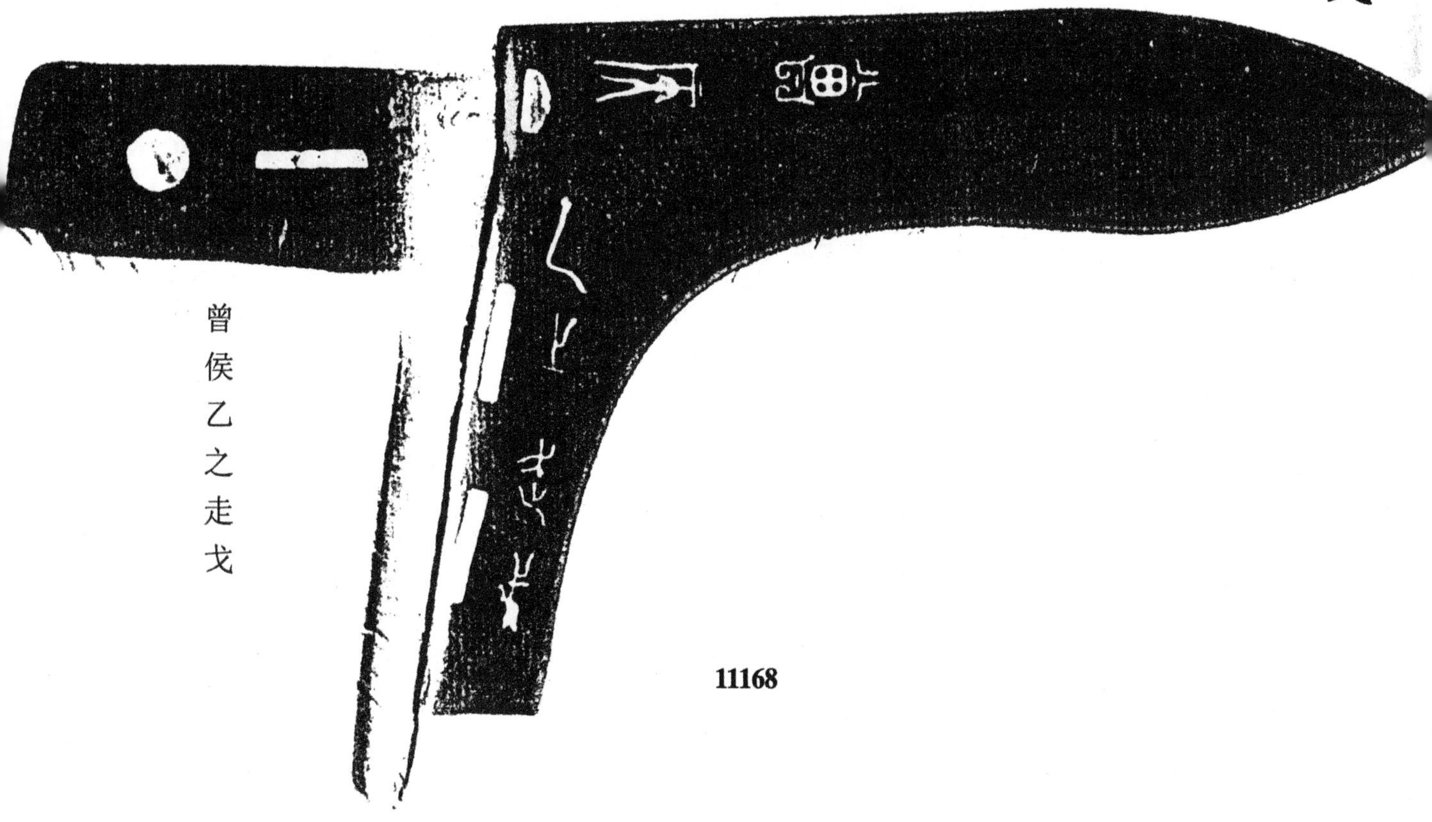

曾侯乙之走戈

11168

曾侯乙戈

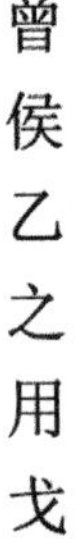

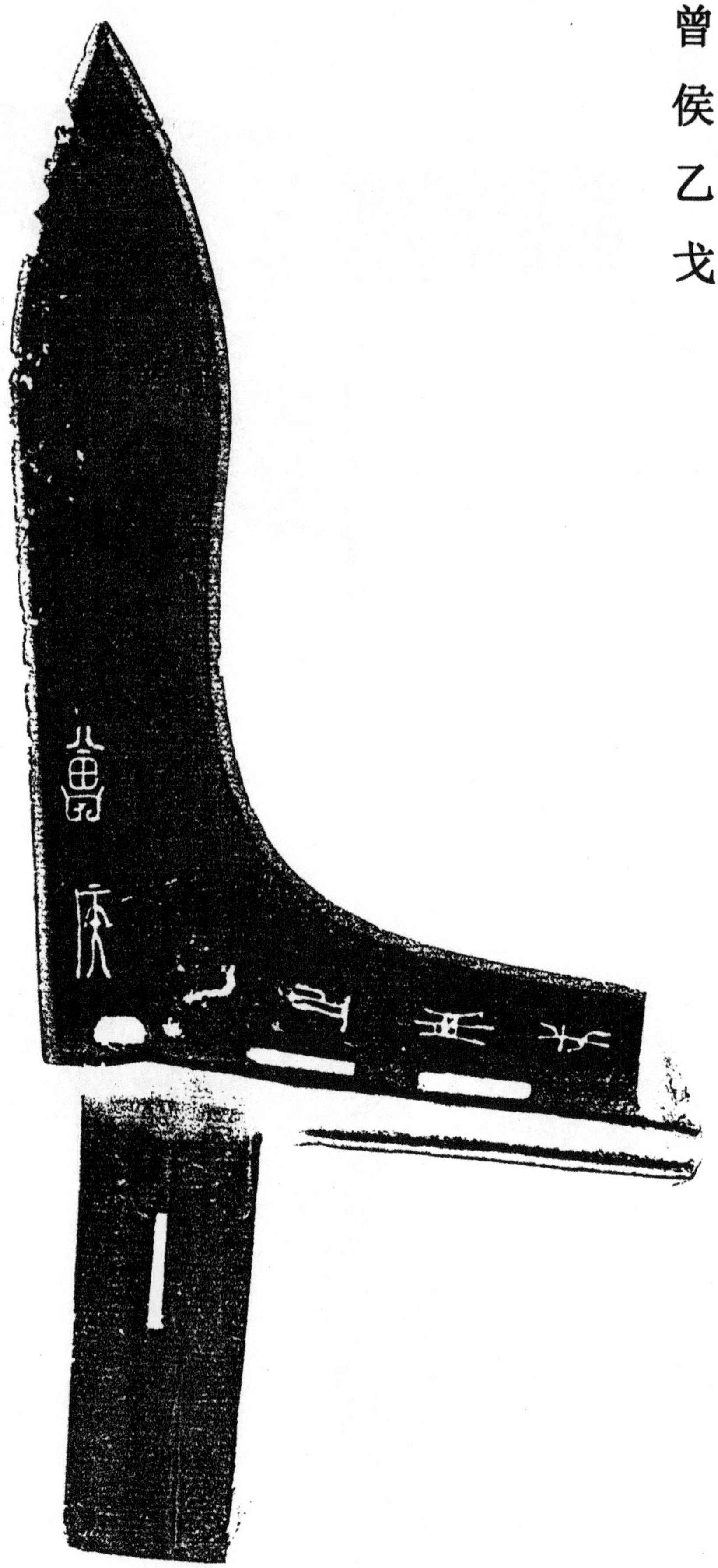

曾侯乙之用戈

11169

曾侯乙戈

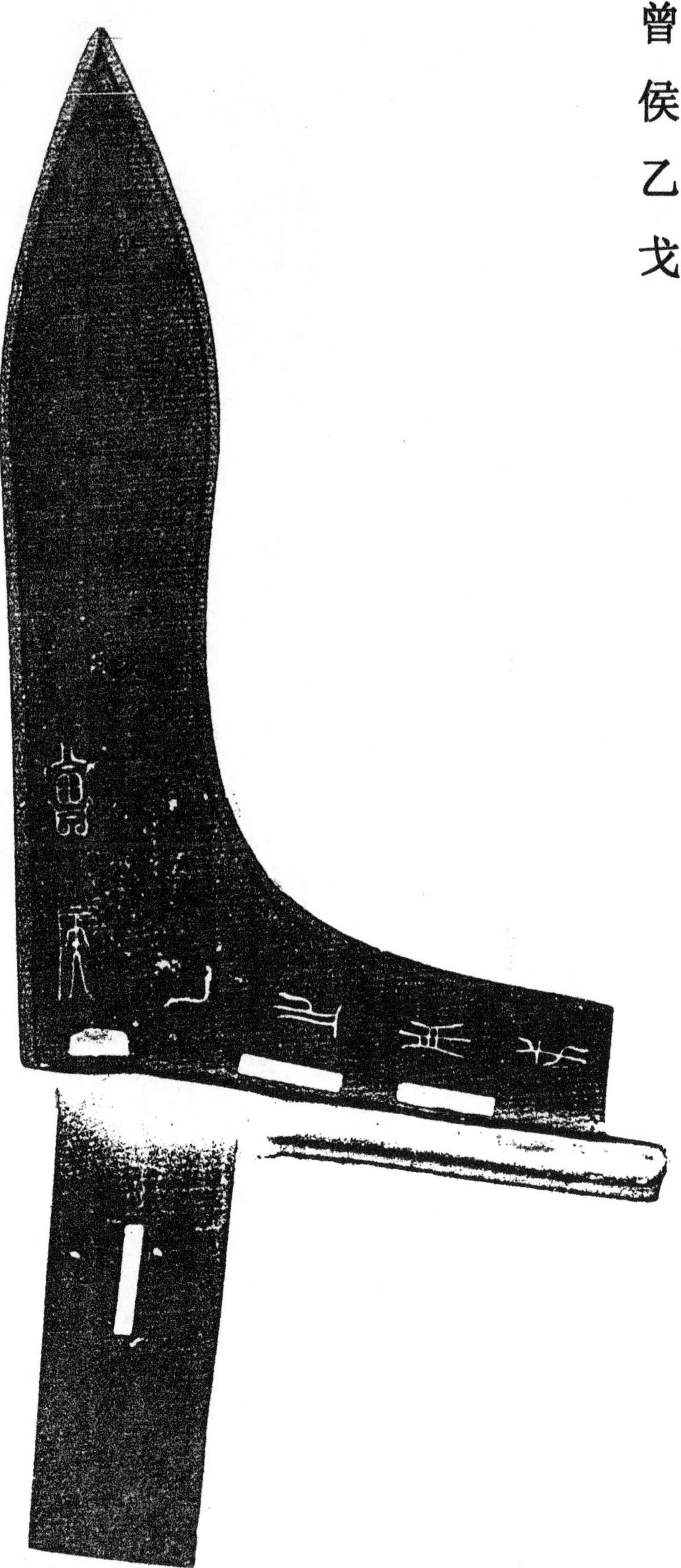

曾侯乙之用戈

11170

曾侯乙戈

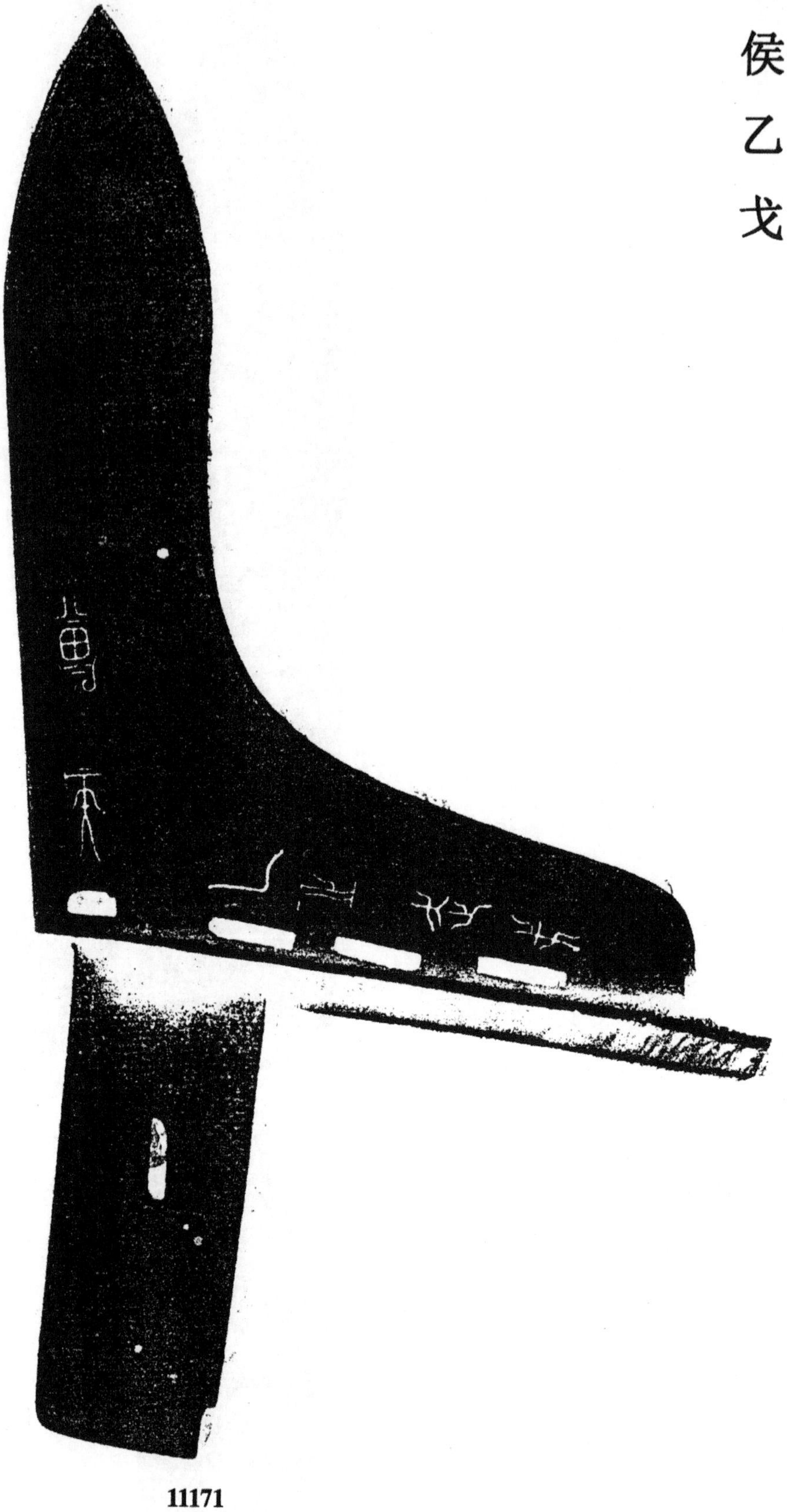

曾侯乙之走戈

11171

曾侯乙三戈戟

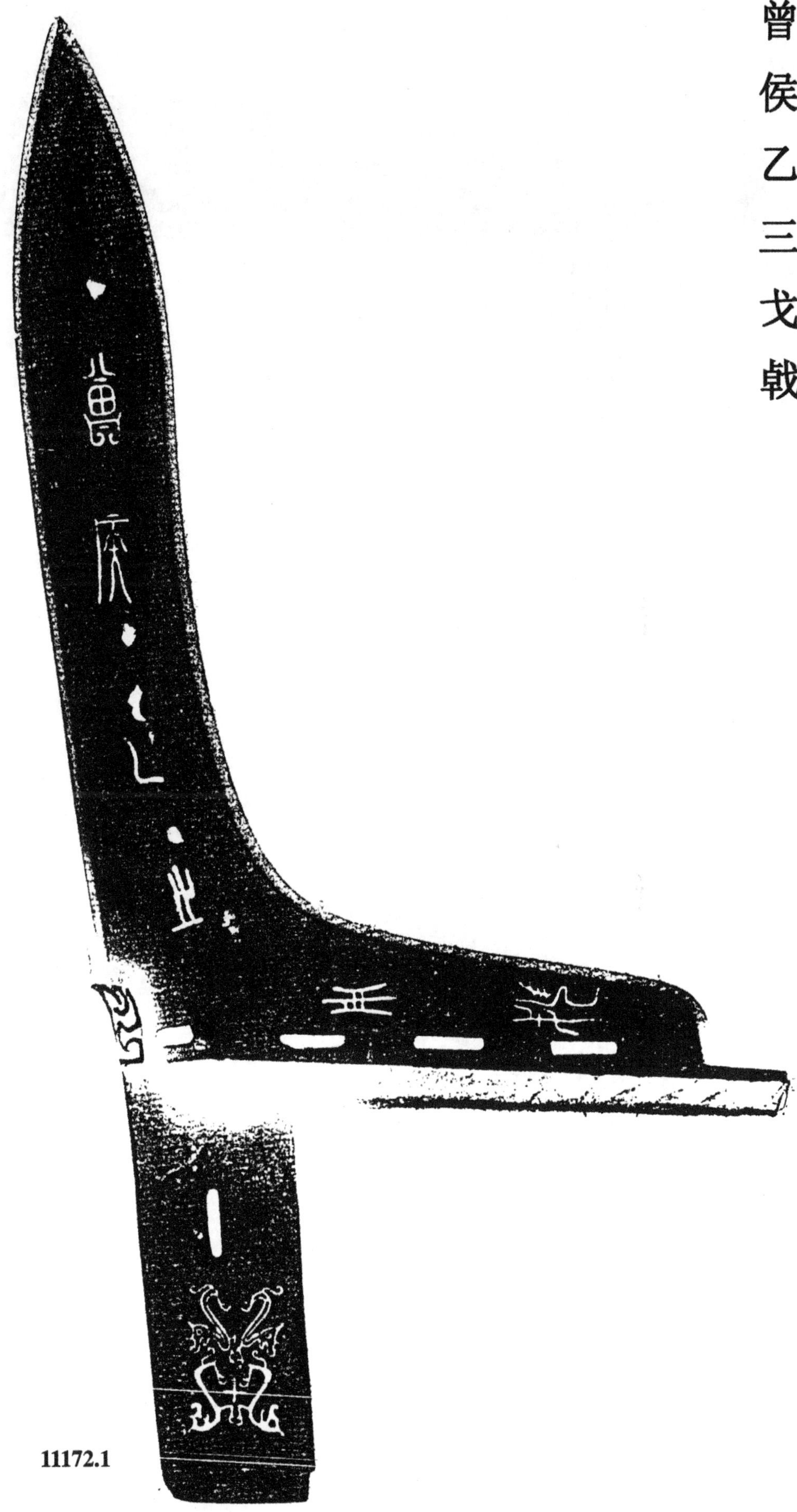

曾侯乙之用戟（戟）

11172.1

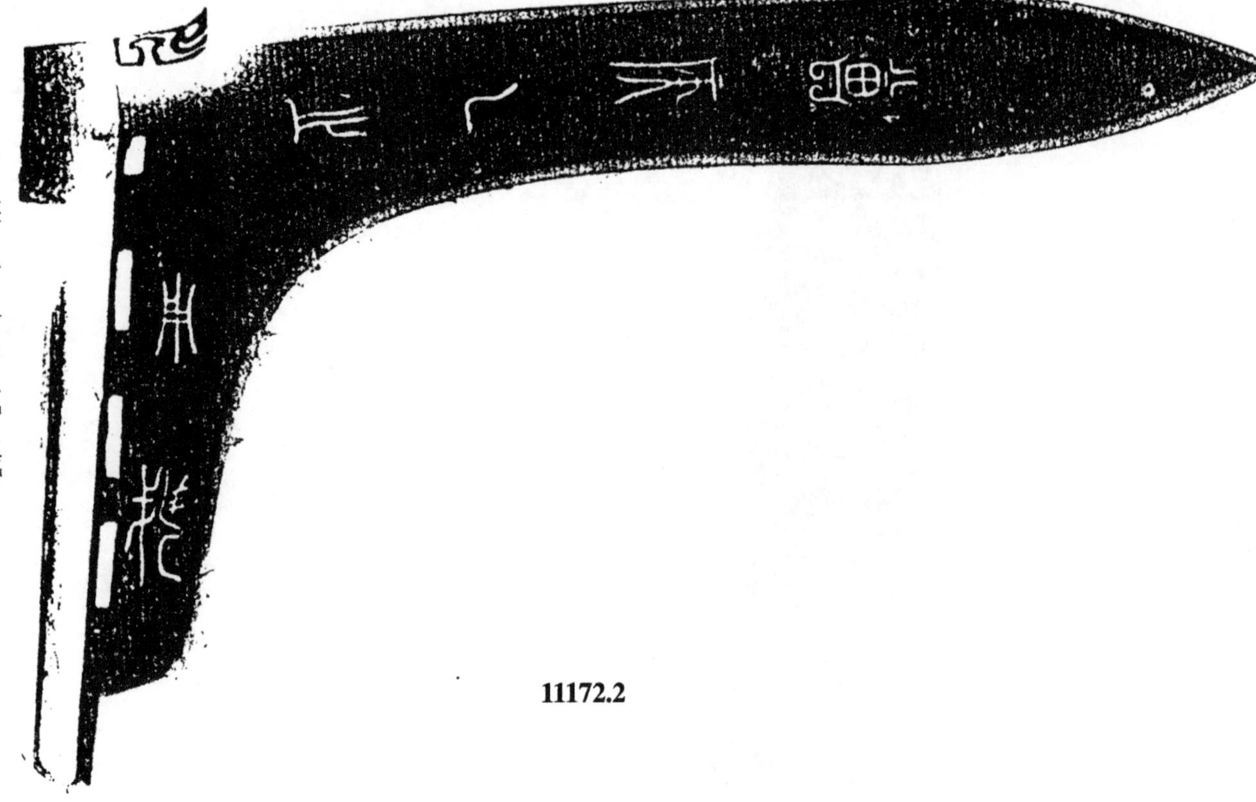

曾侯乙之用戟（戟）

11172.2

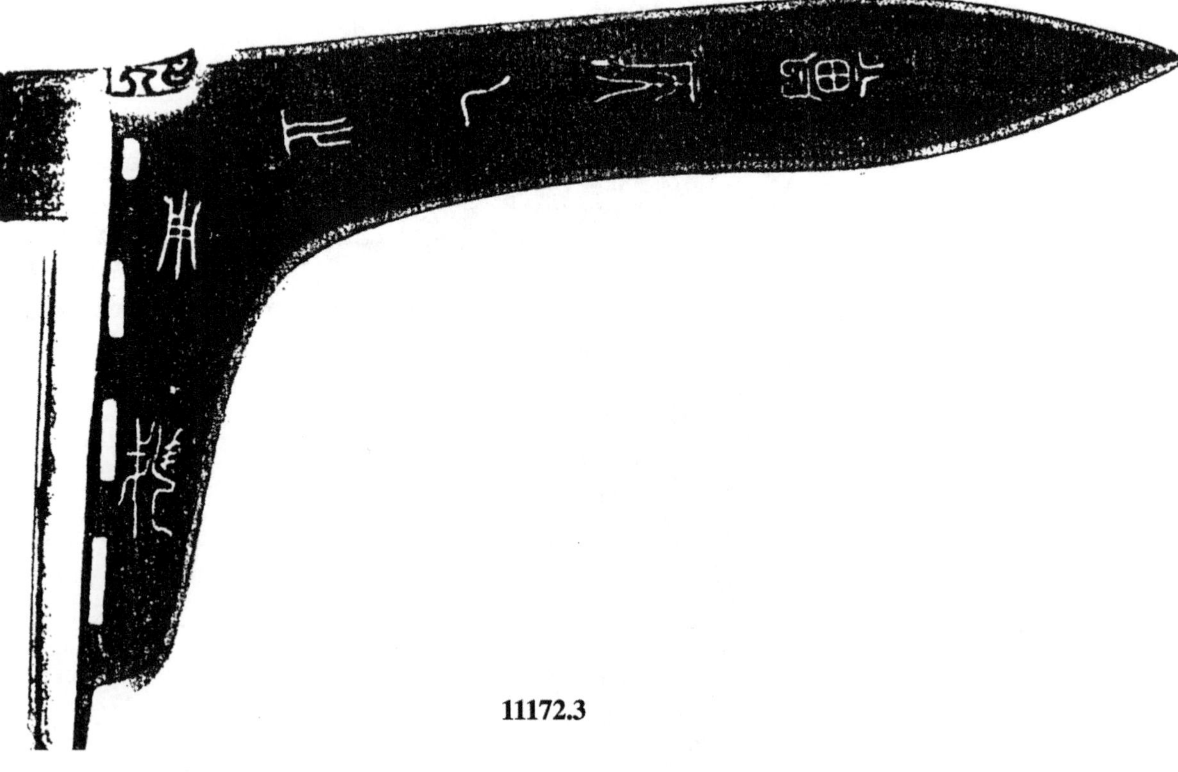

曾侯乙之用戟（戟）

11172.3

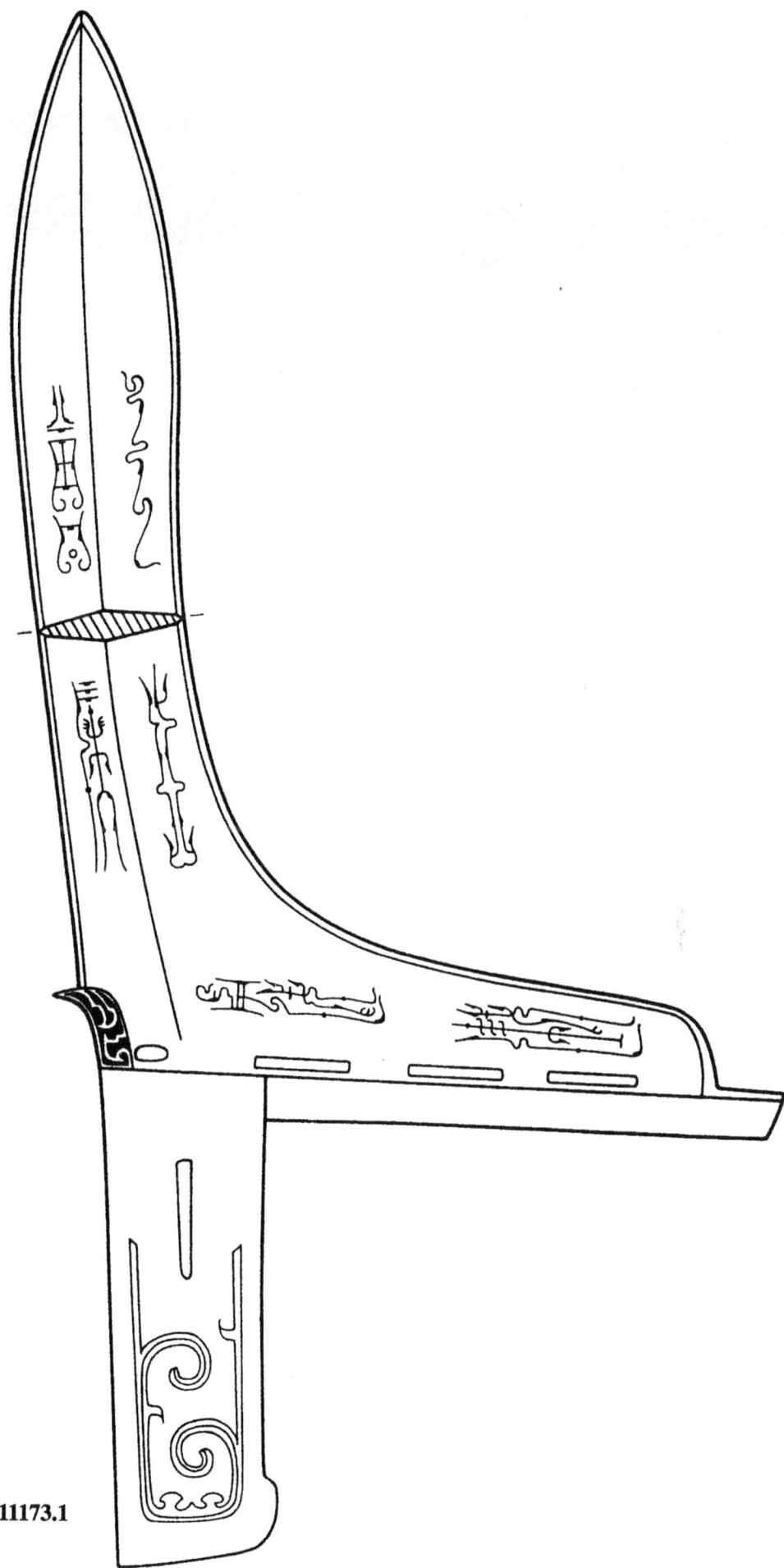

曾侯乙三戈戟

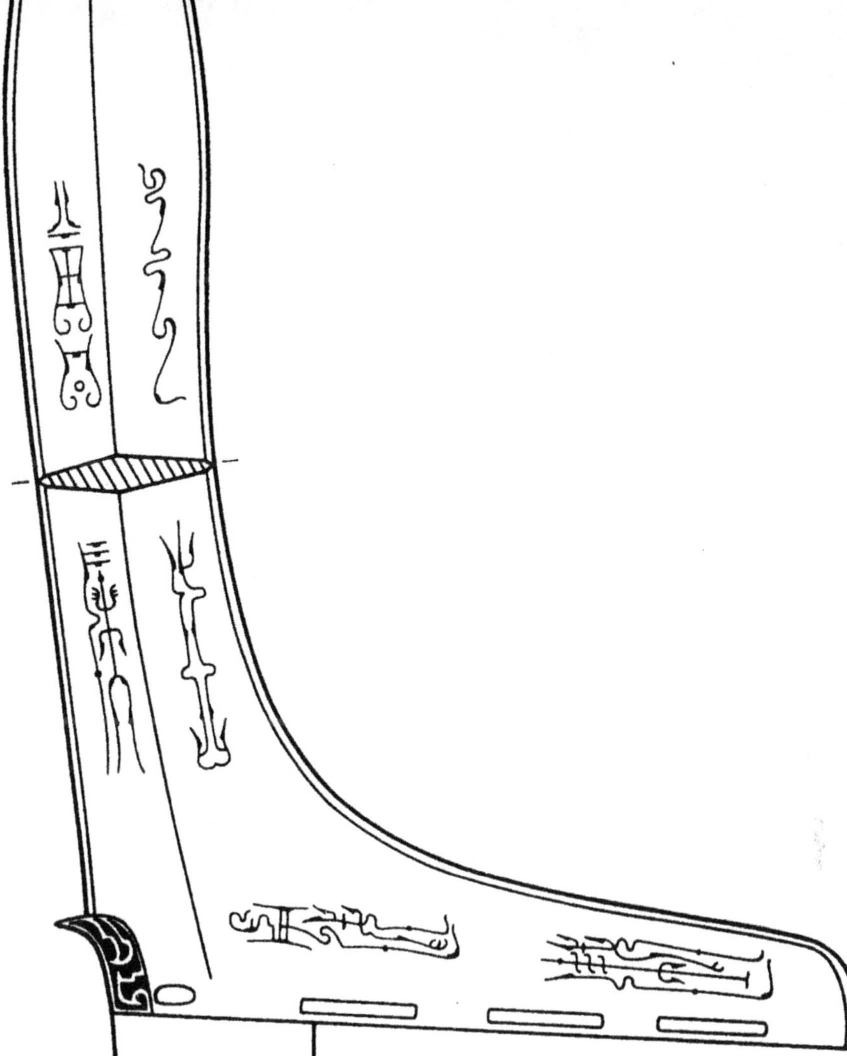

曾侯乙之用戟（戟）

11173.1

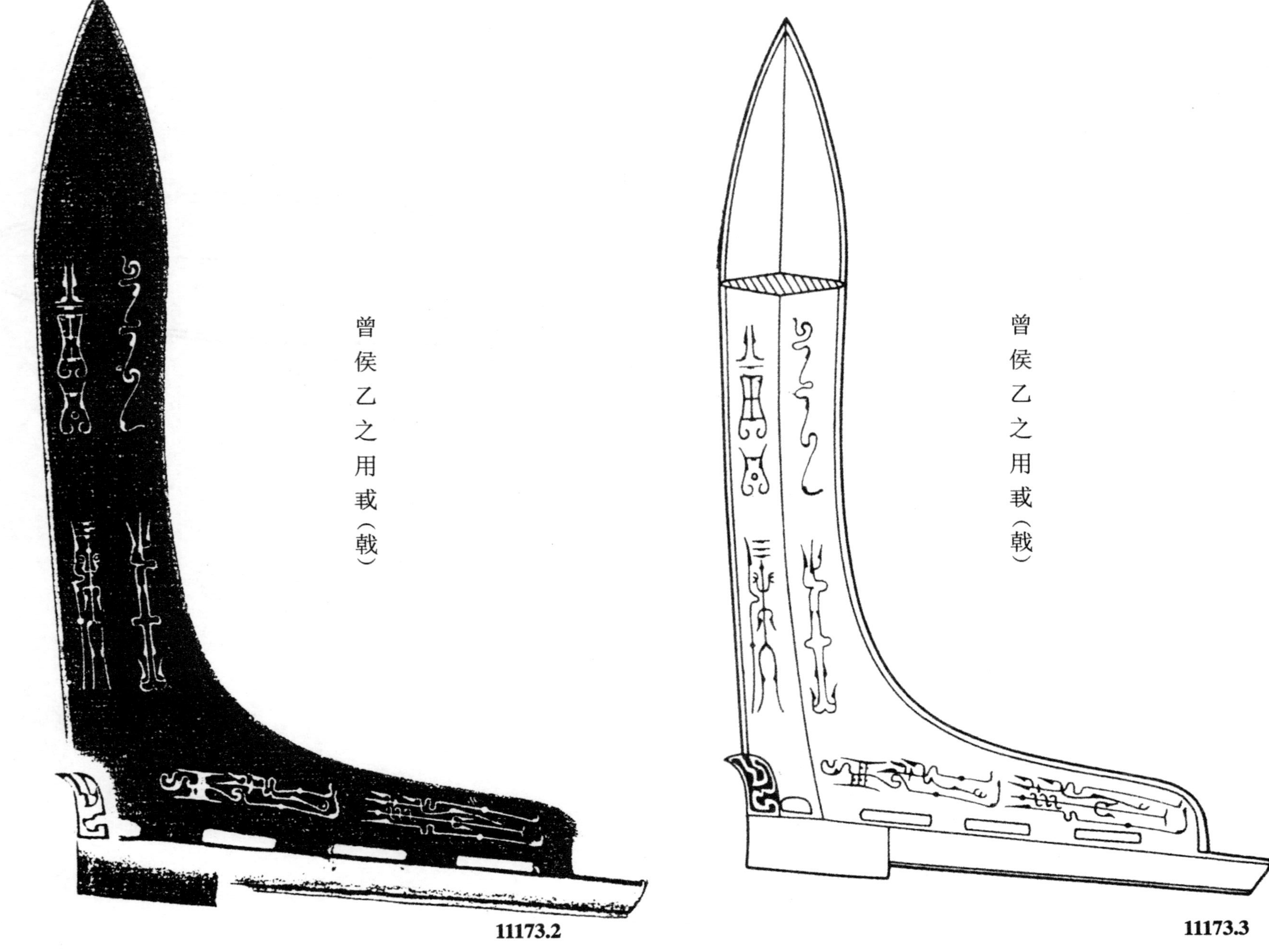

曾侯乙之用戟（戟）

11173.2

曾侯乙之用戟（戟）

11173.3

曾侯邚戈

曾侯邚(越)之用戈

11174

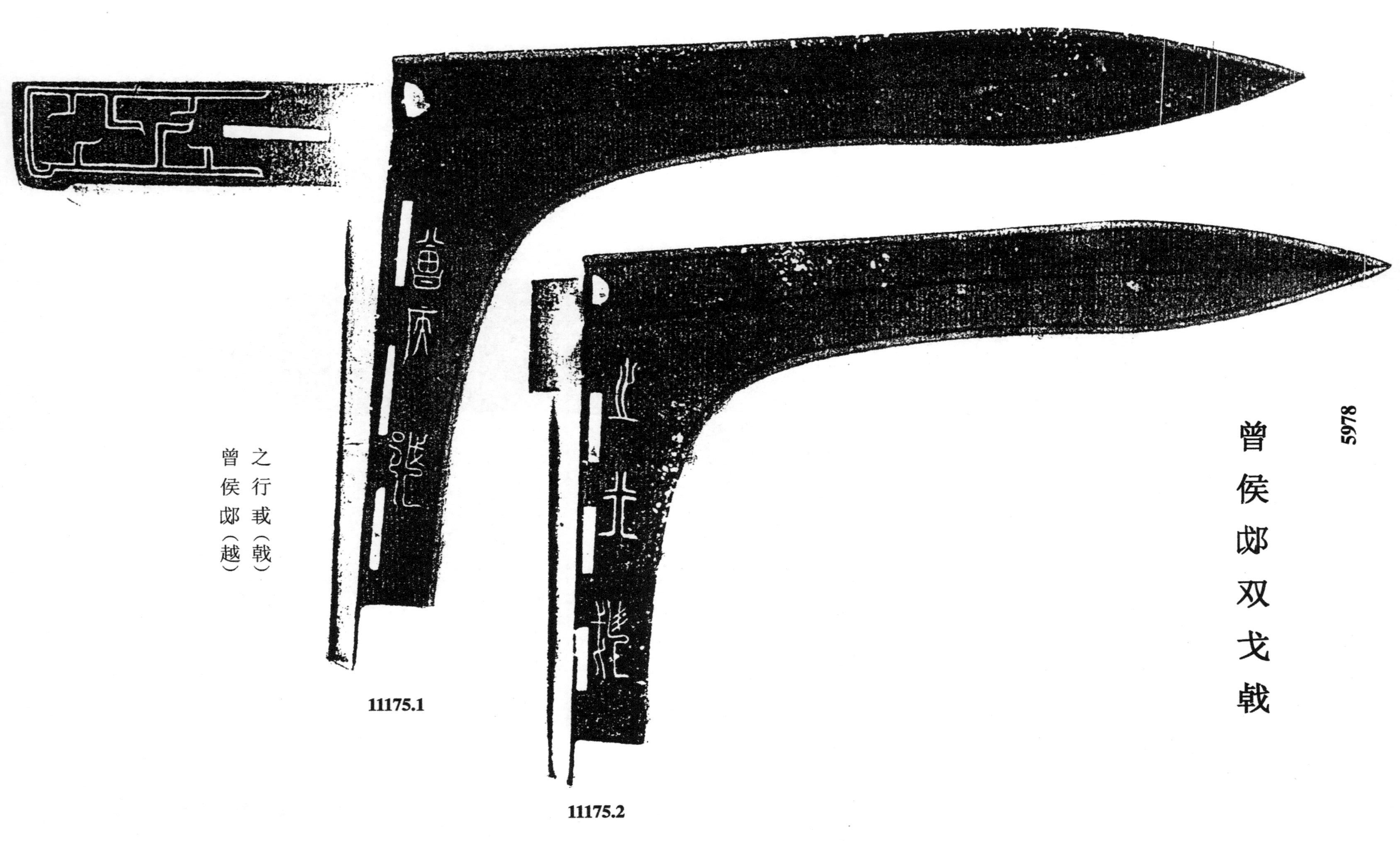

曾侯郕双戈戟

曾侯郕(越)之行𢦏(戟)

11175.1

11175.2

曾侯邚双戈戟

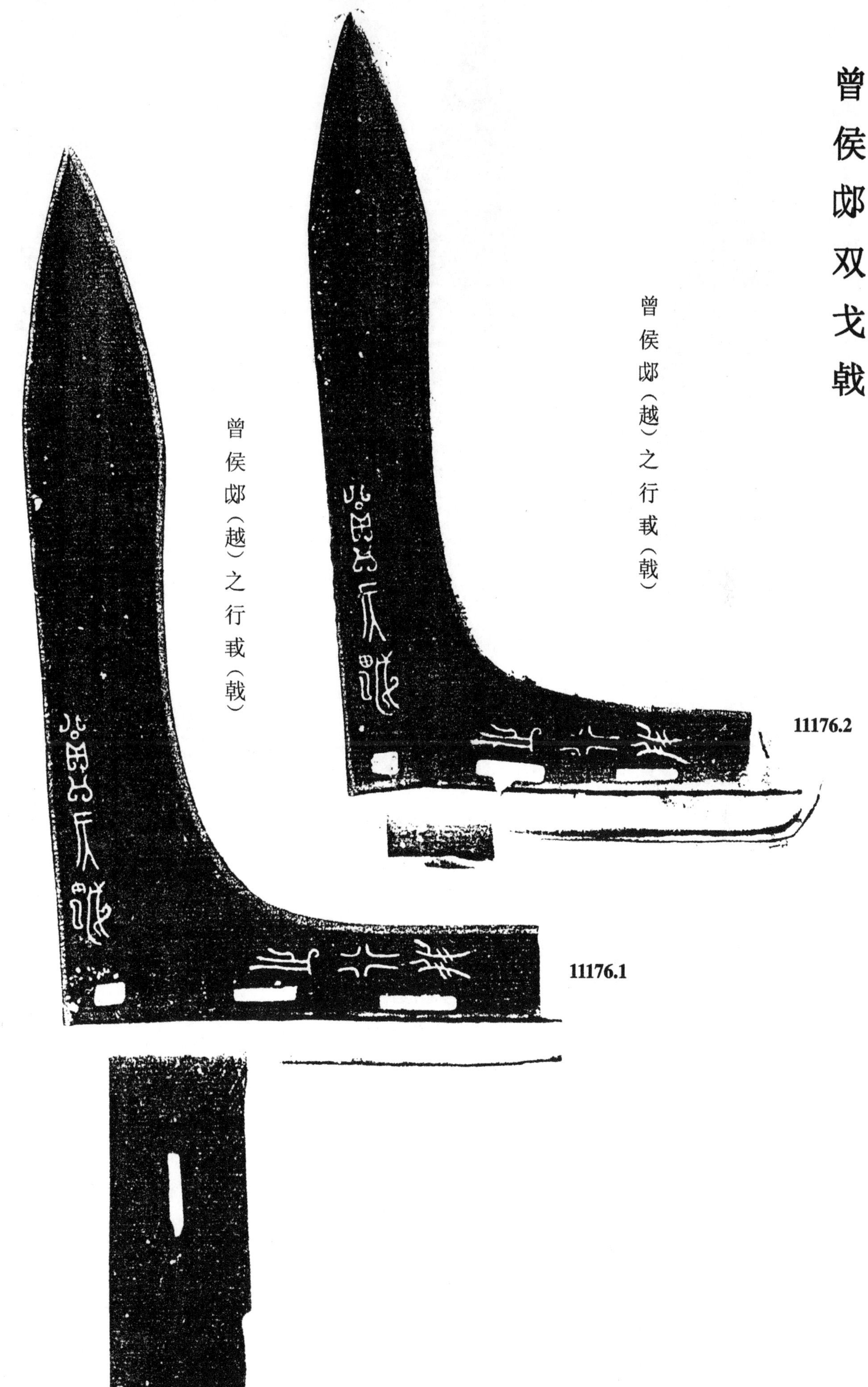

11176.2

11176.1

曾侯邚双戈戟

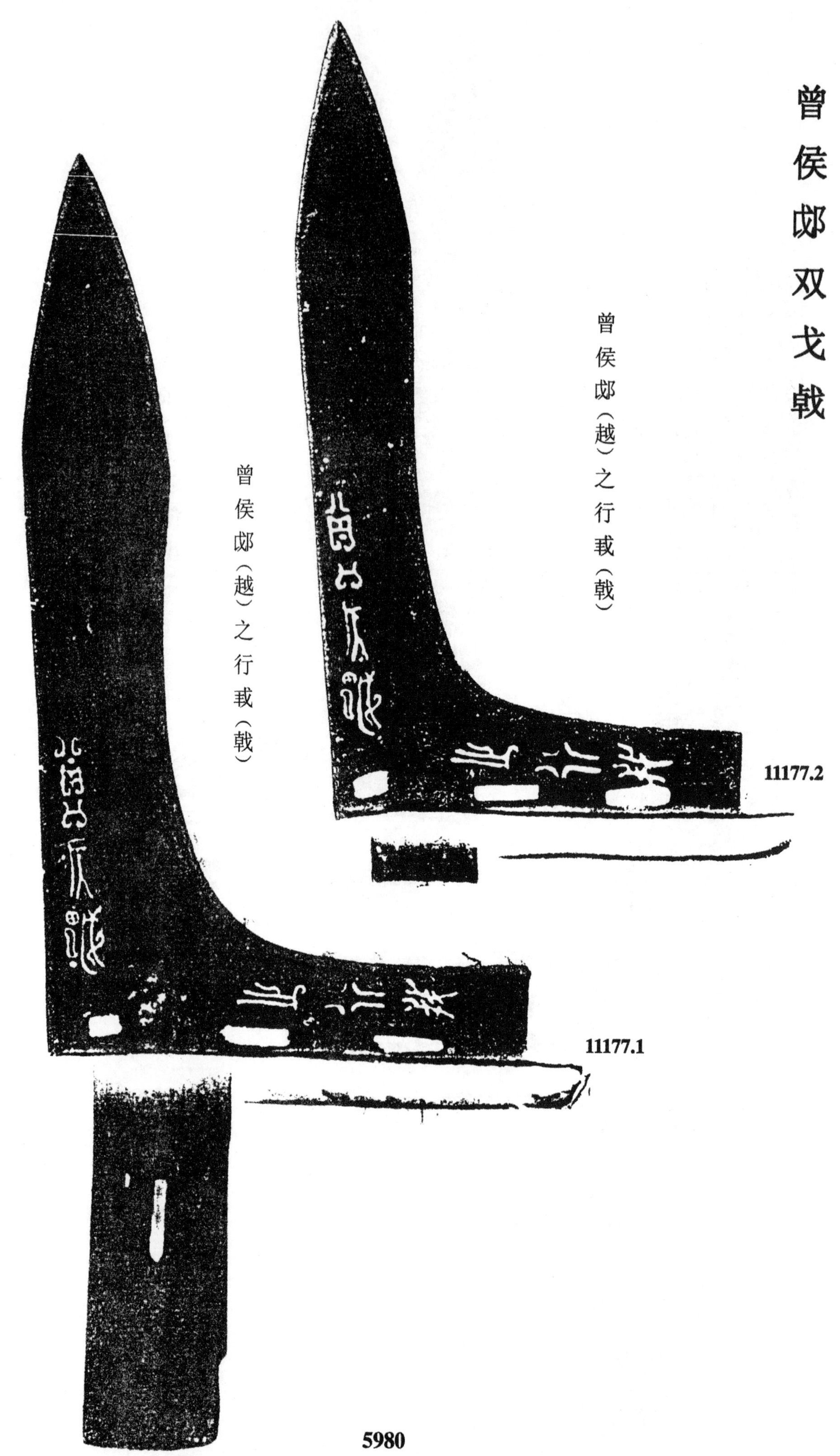

11177.2

11177.1

曾侯邁双戈戟

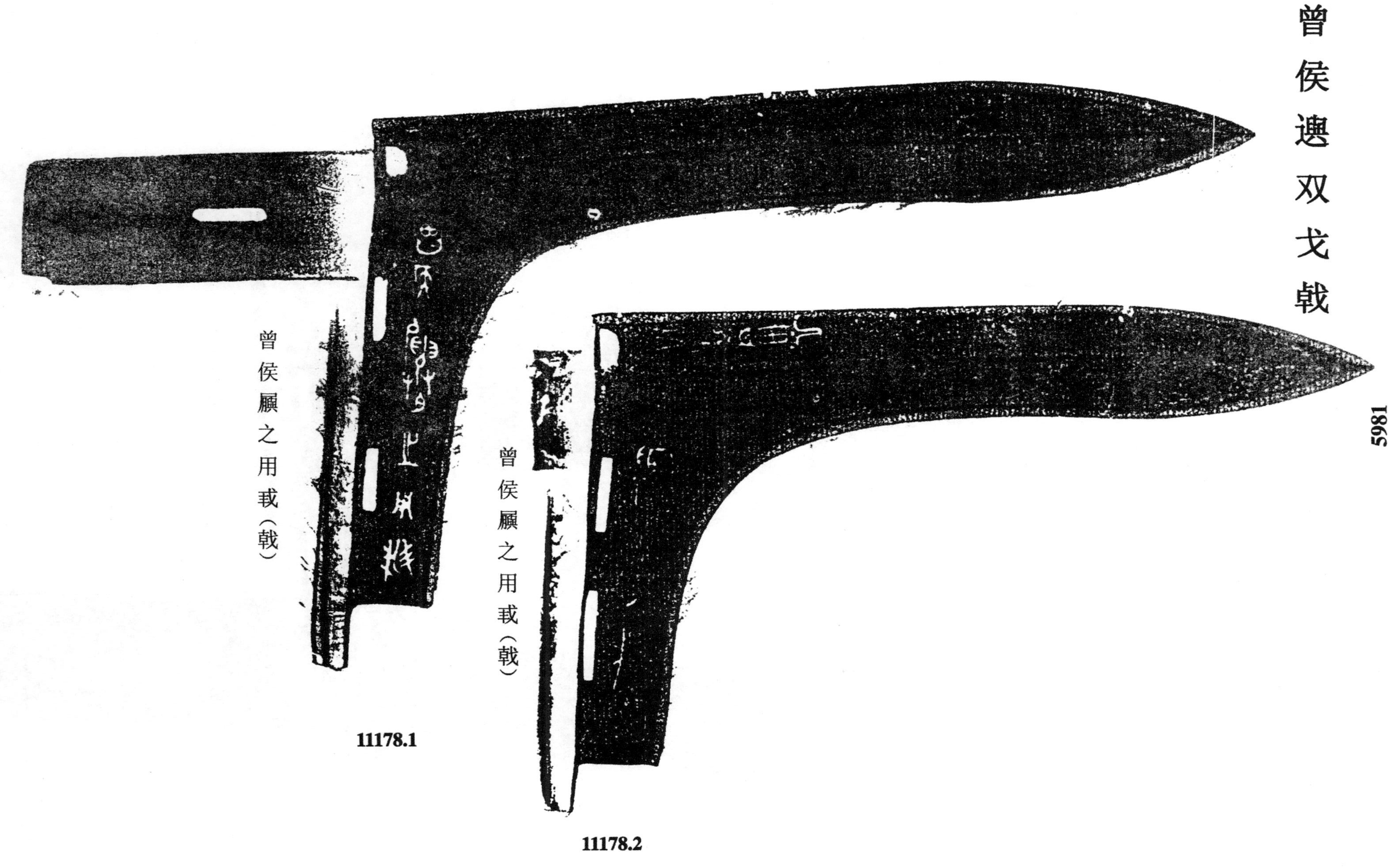

曾侯贜之用戜（戟）

11178.1

曾侯贜之用戜（戟）

11178.2

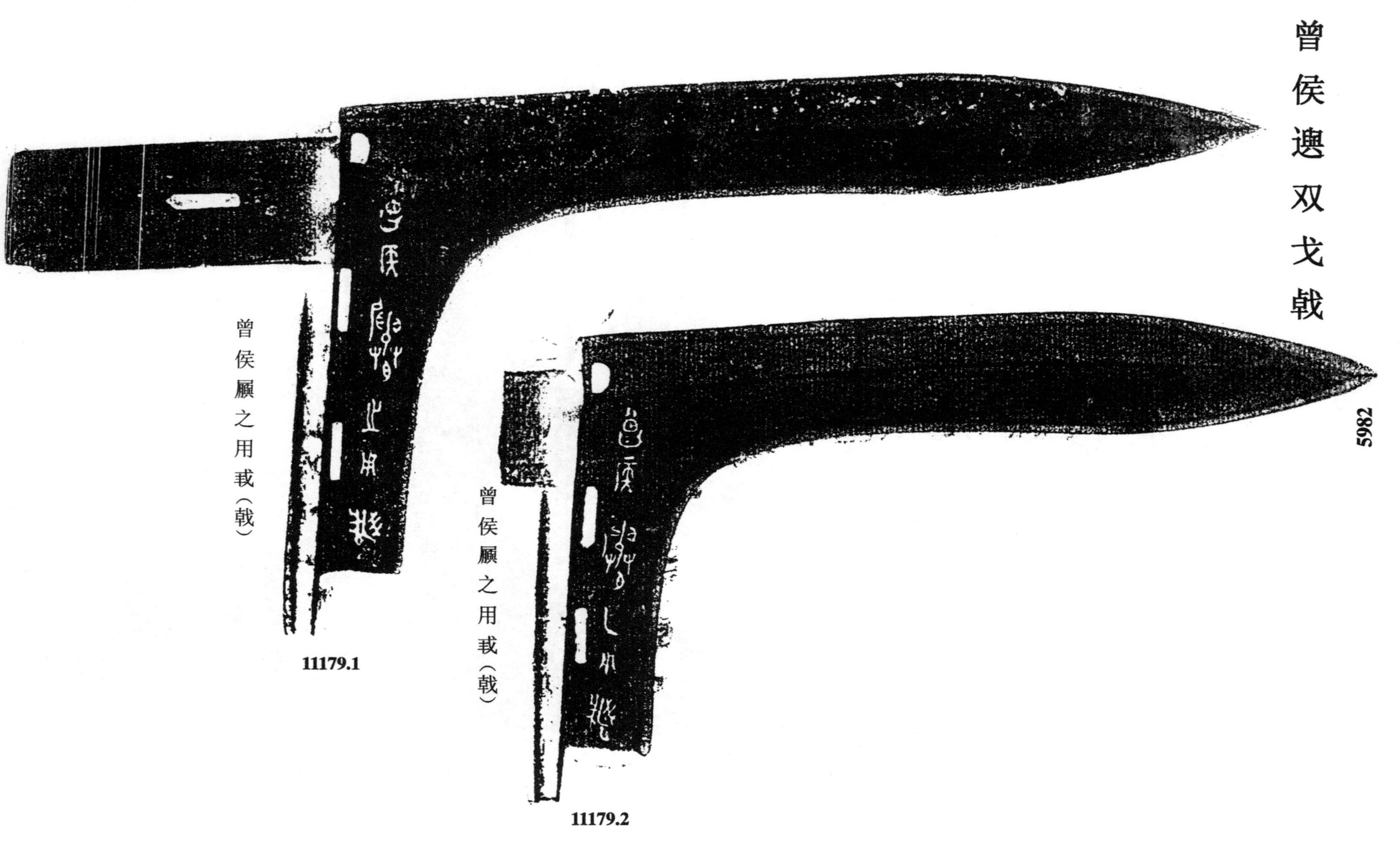

曾侯遇双戈戟

曾侯臓之用𢧢（戟）

11179.1

曾侯臓之用𢧢（戟）

11179.2

曾侯遇三戈戟

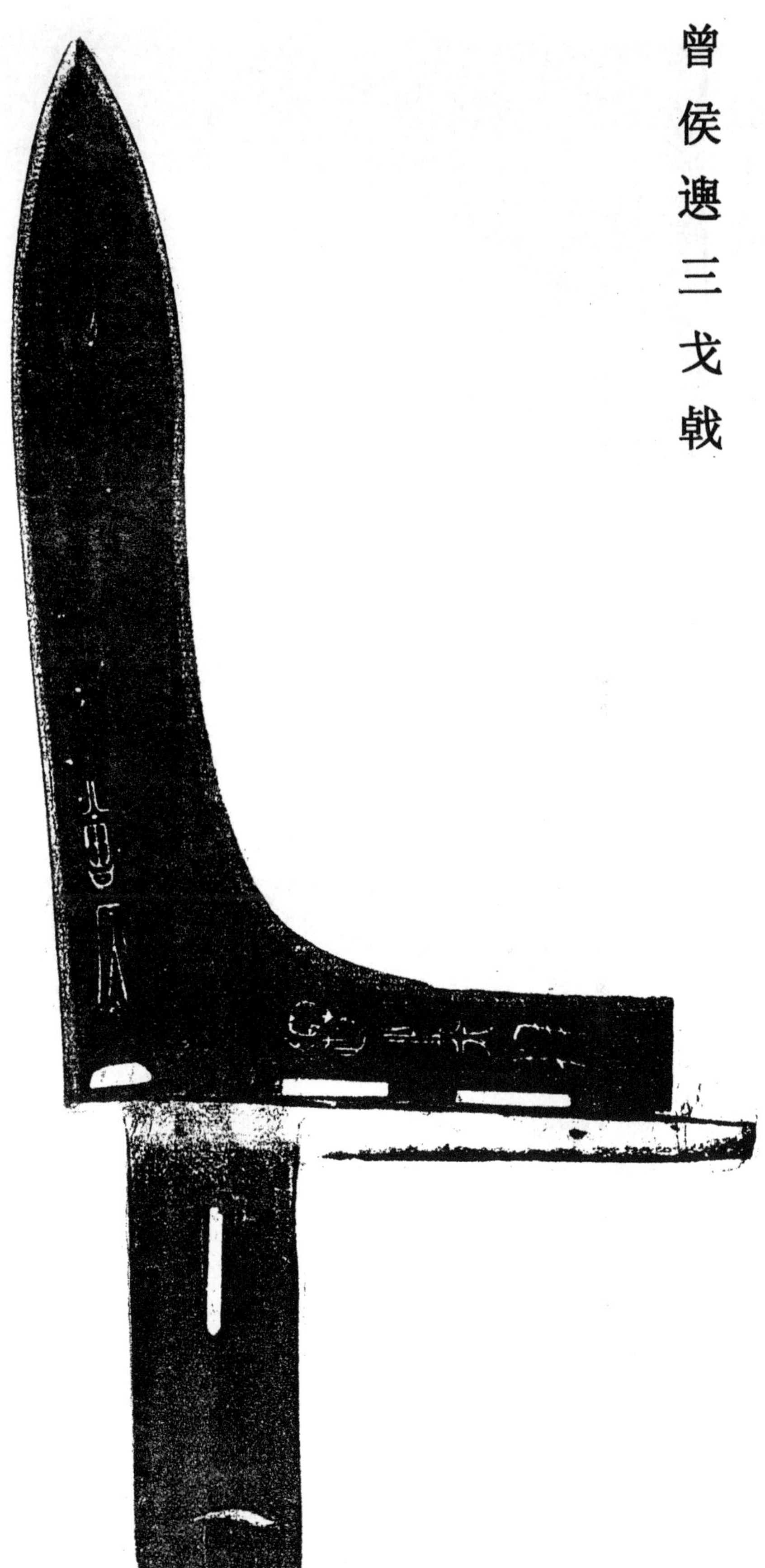

曾侯遇之行戟（戟）

11180.1

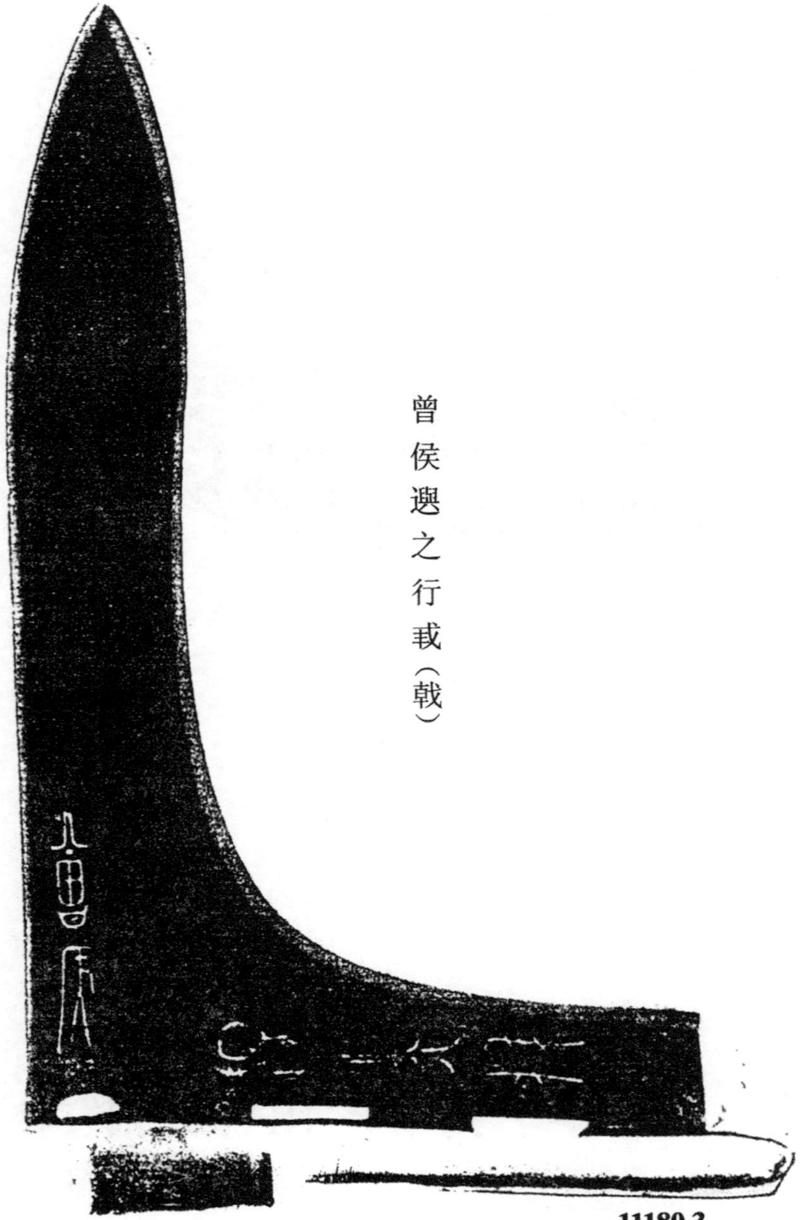

11180.3

曾侯遇之行戟(戟)

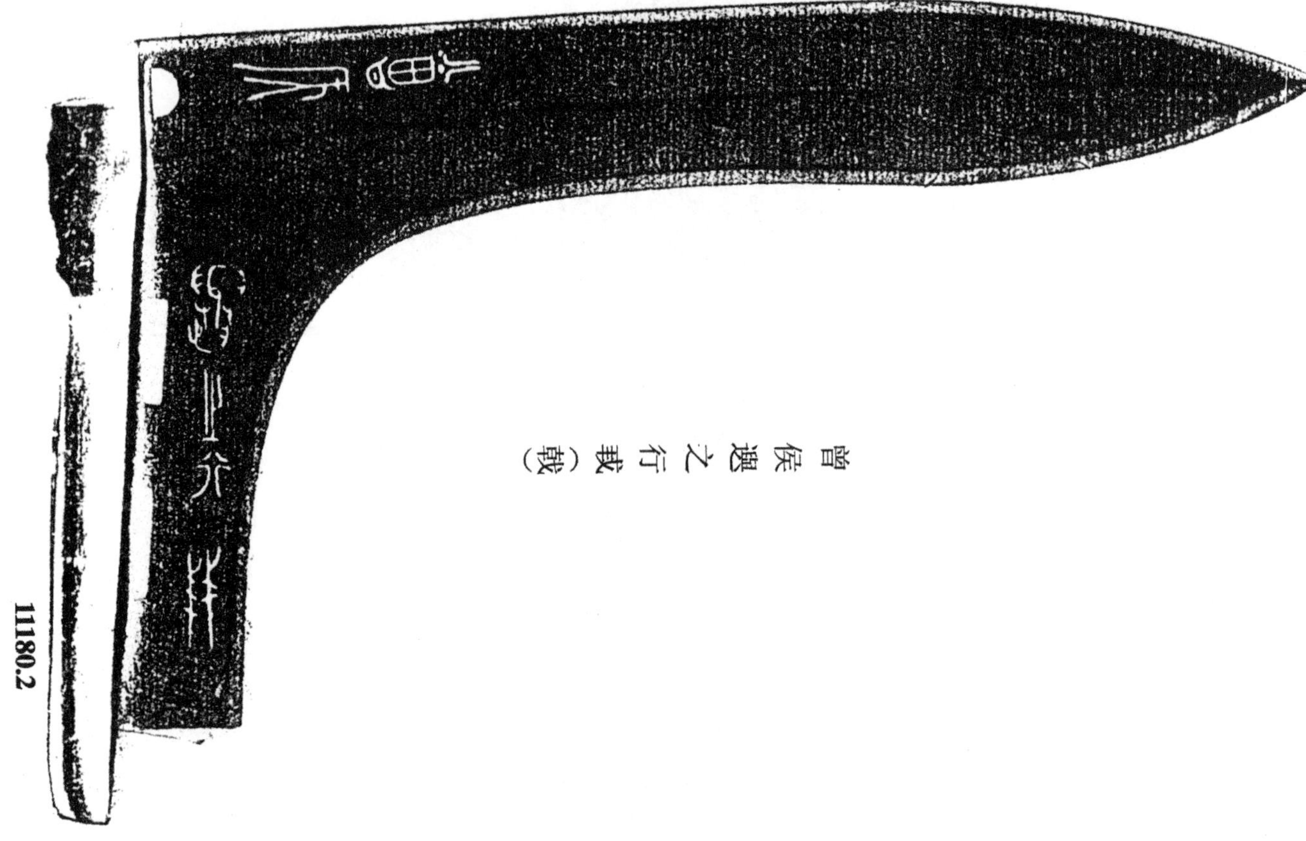

11180.2

曾侯遇之行戟(戟)

曾侯遻三戈戟

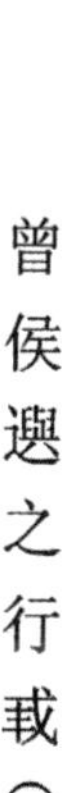
曾侯遻之行載(戟)

11181.1

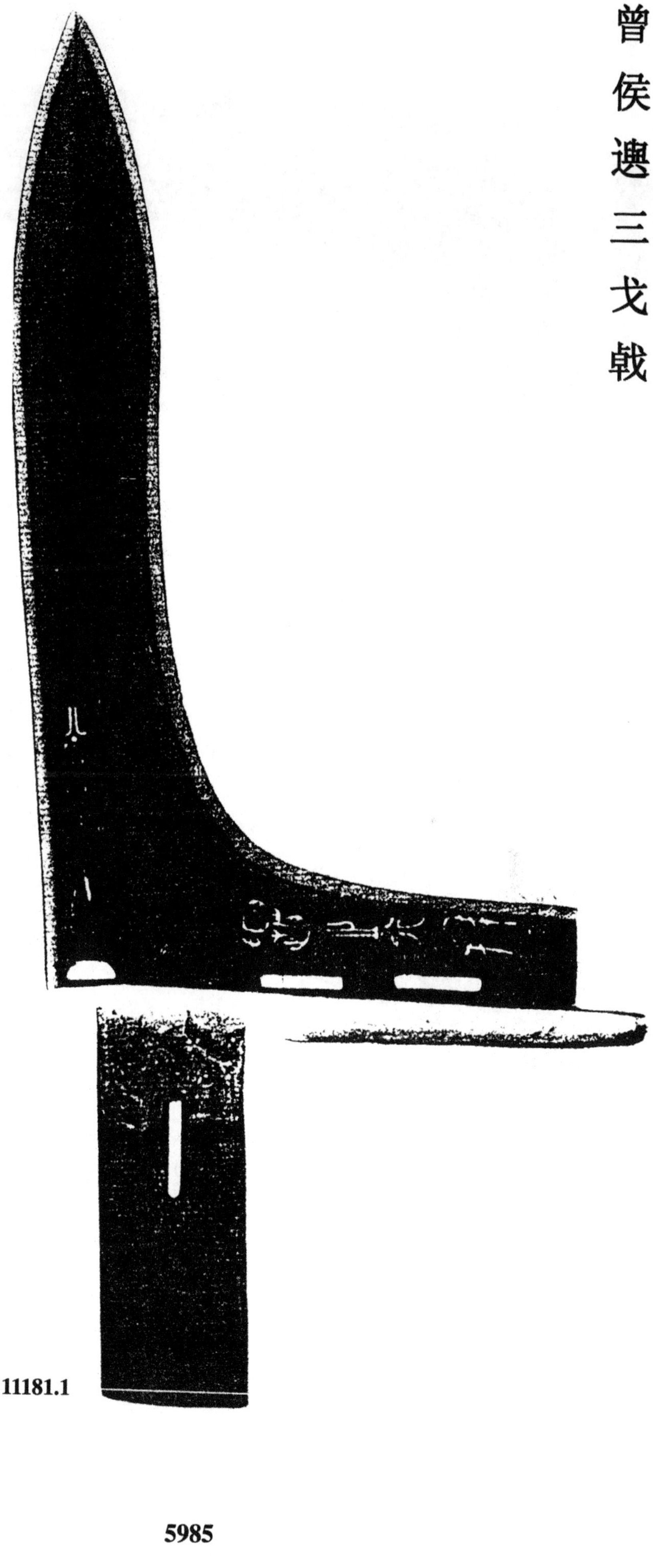

曾侯遇之行戟（戟）

11181.3

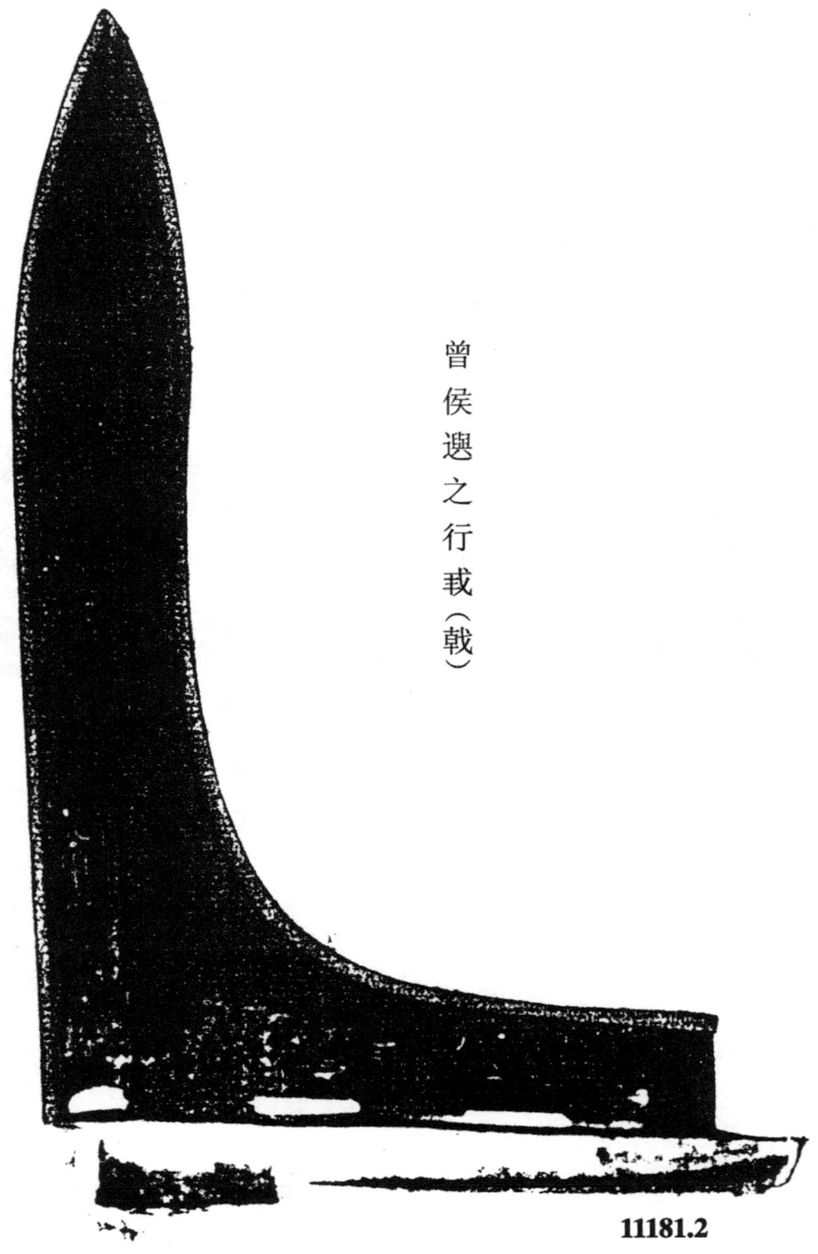

曾侯遇之行戟（戟）

11181.2

朝歌右庫戈

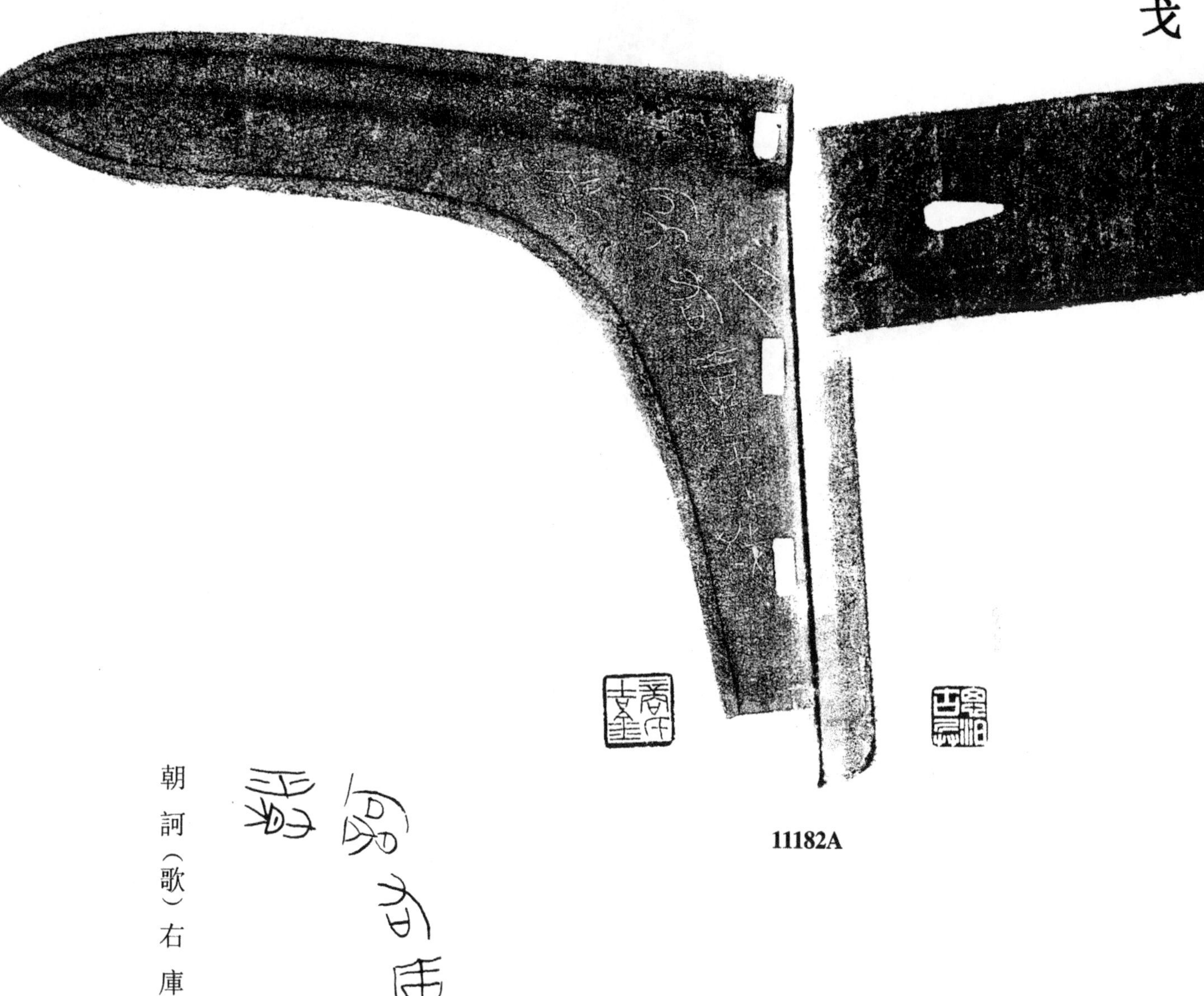

11182A

朝訶(歌)右庫，工師戠(毀、敓)

11182B

谷呈造戟

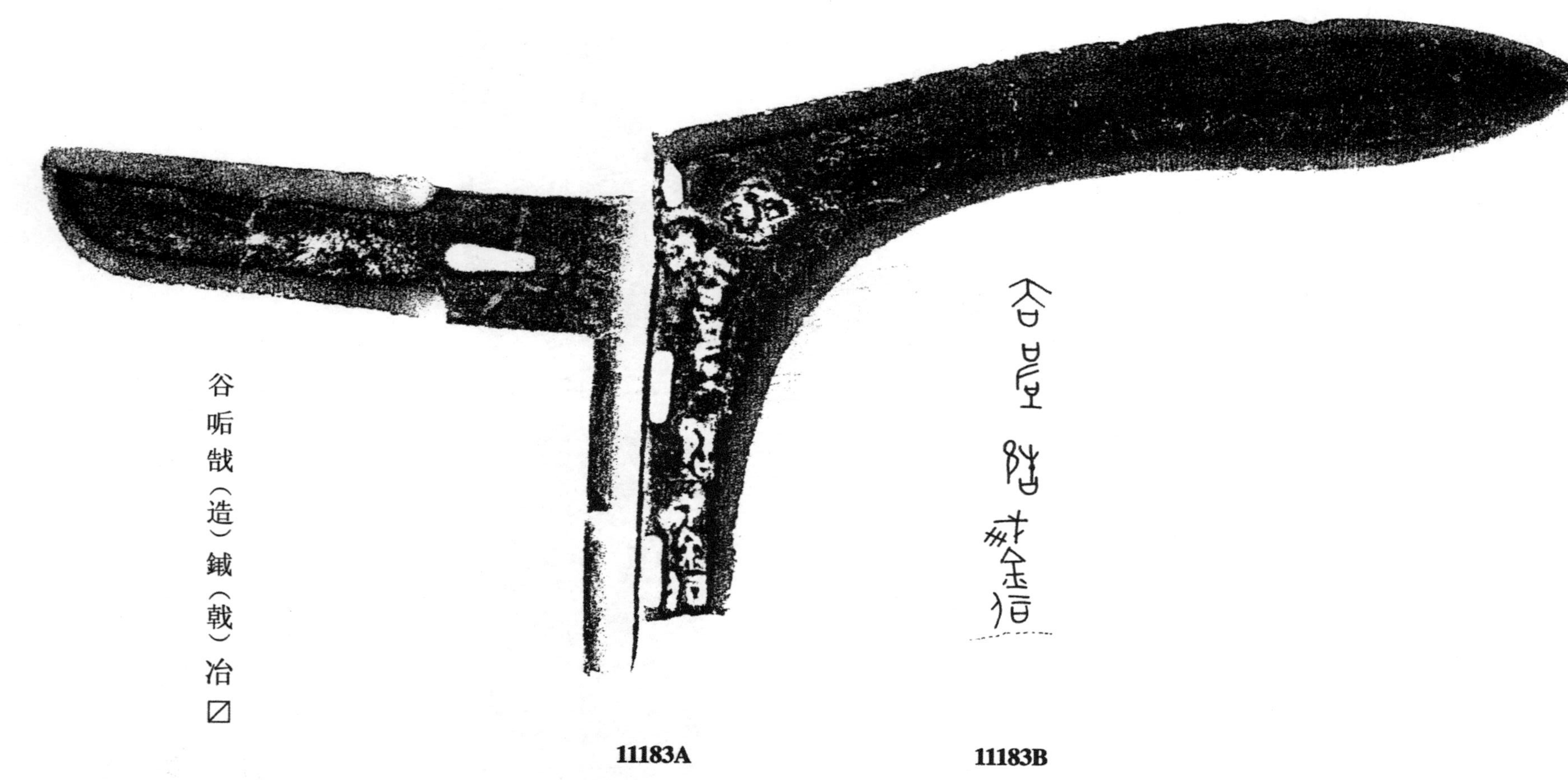

11183A

11183B

郾侯脮戈

〔帀〕萃鍨鉘（戟）
〔郾（燕）〕侯脮乍（作）

11184

郾侯庫戈

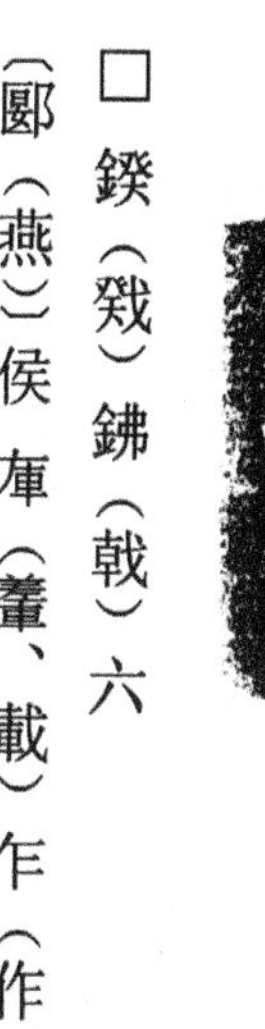

□鍨（戣）鉘（戟）六
〔郾（燕）〕侯庫（輂、載）乍（作）

11185

郾侯庫戈

乍（作）萃鋸（戵）
郾（燕）侯庫（輂、載）

11186

郾王職戈

乍（作）王萃
郾（燕）王職

11187

郾王職戈

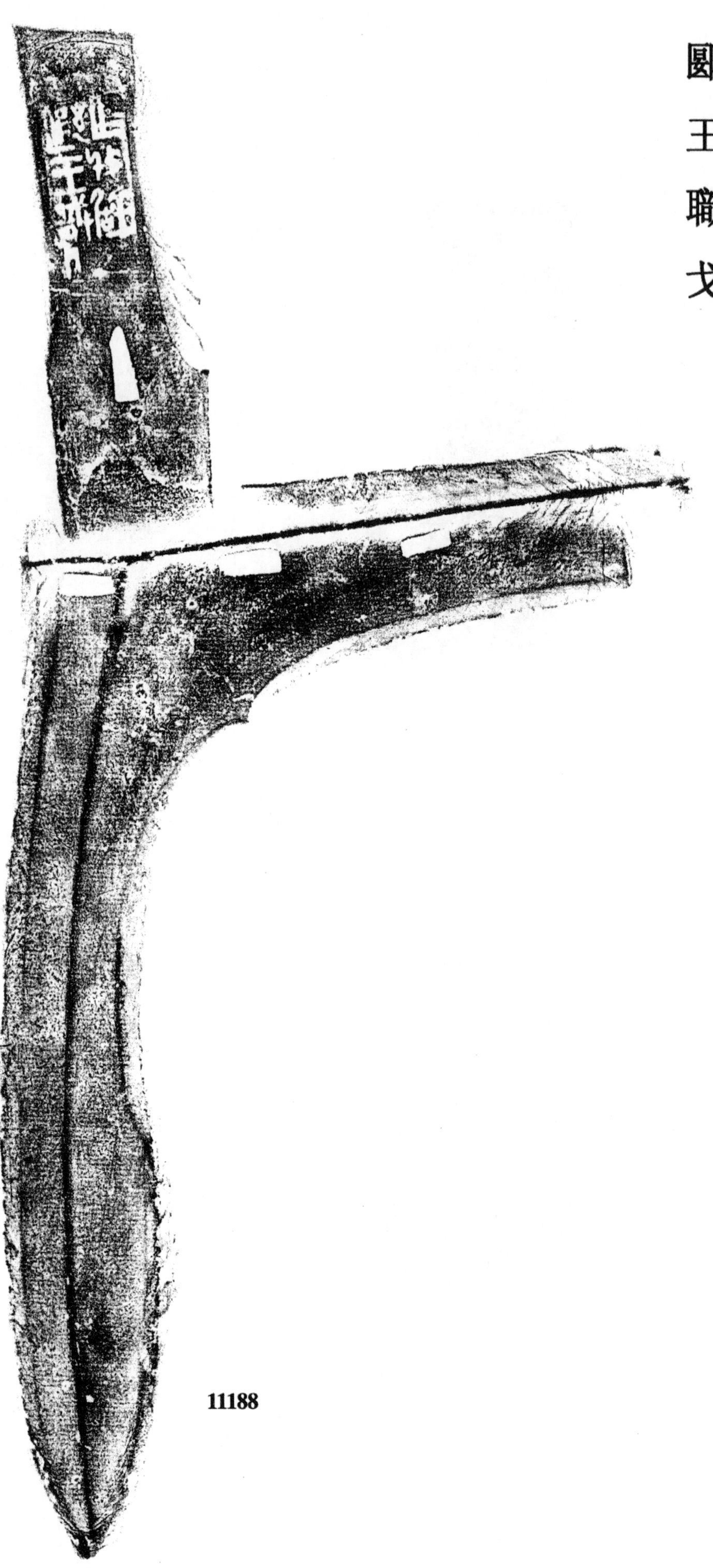

郾（燕）王職

乍（作）攼鋸（戳）

11188

郾王職戈

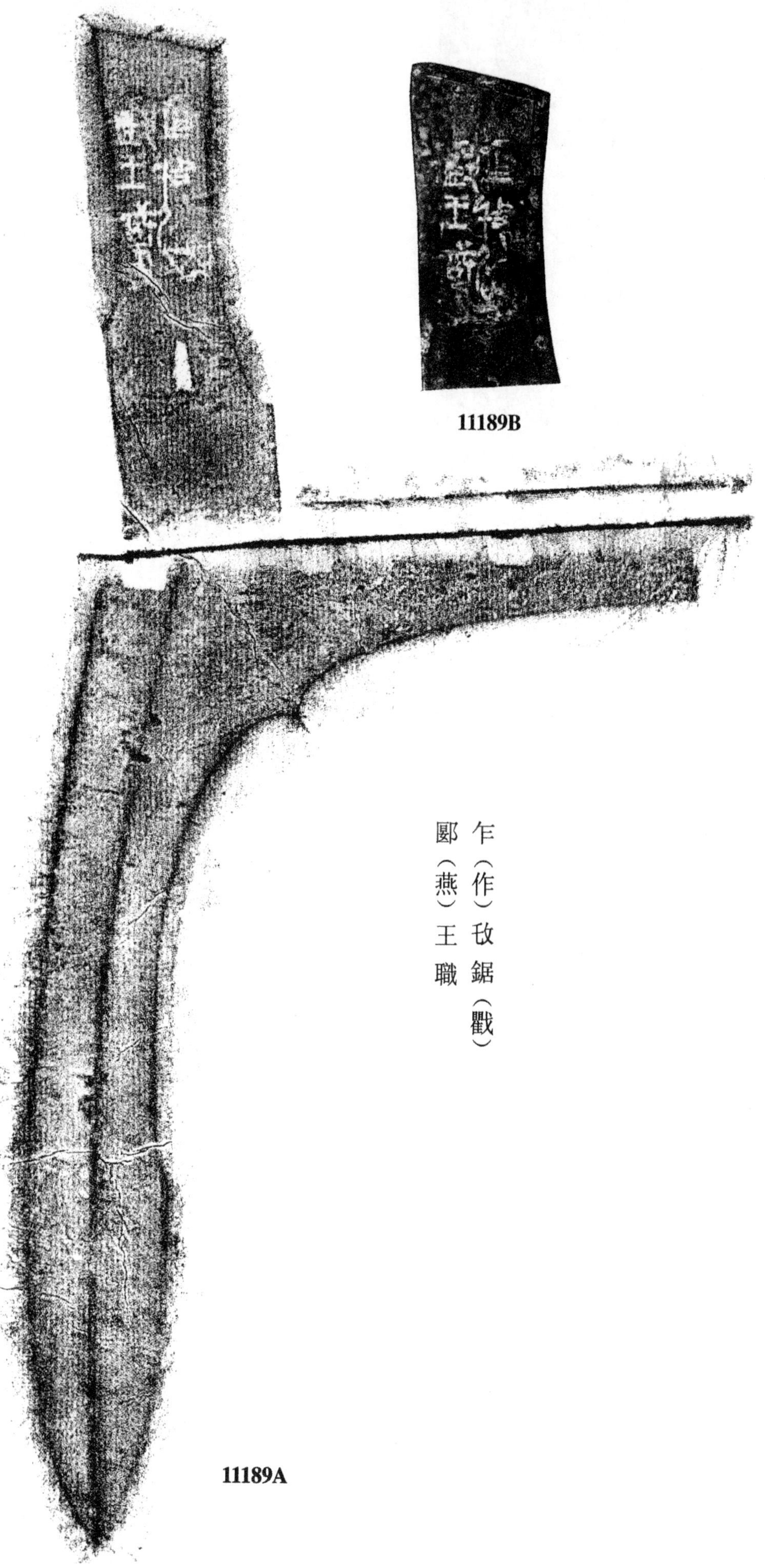

11189B

11189A

郾（燕）王職
乍（作）攼鋸（戳）

郾王職戈

郾（燕）王職

乍（作）王萃

11190

郾王職戈

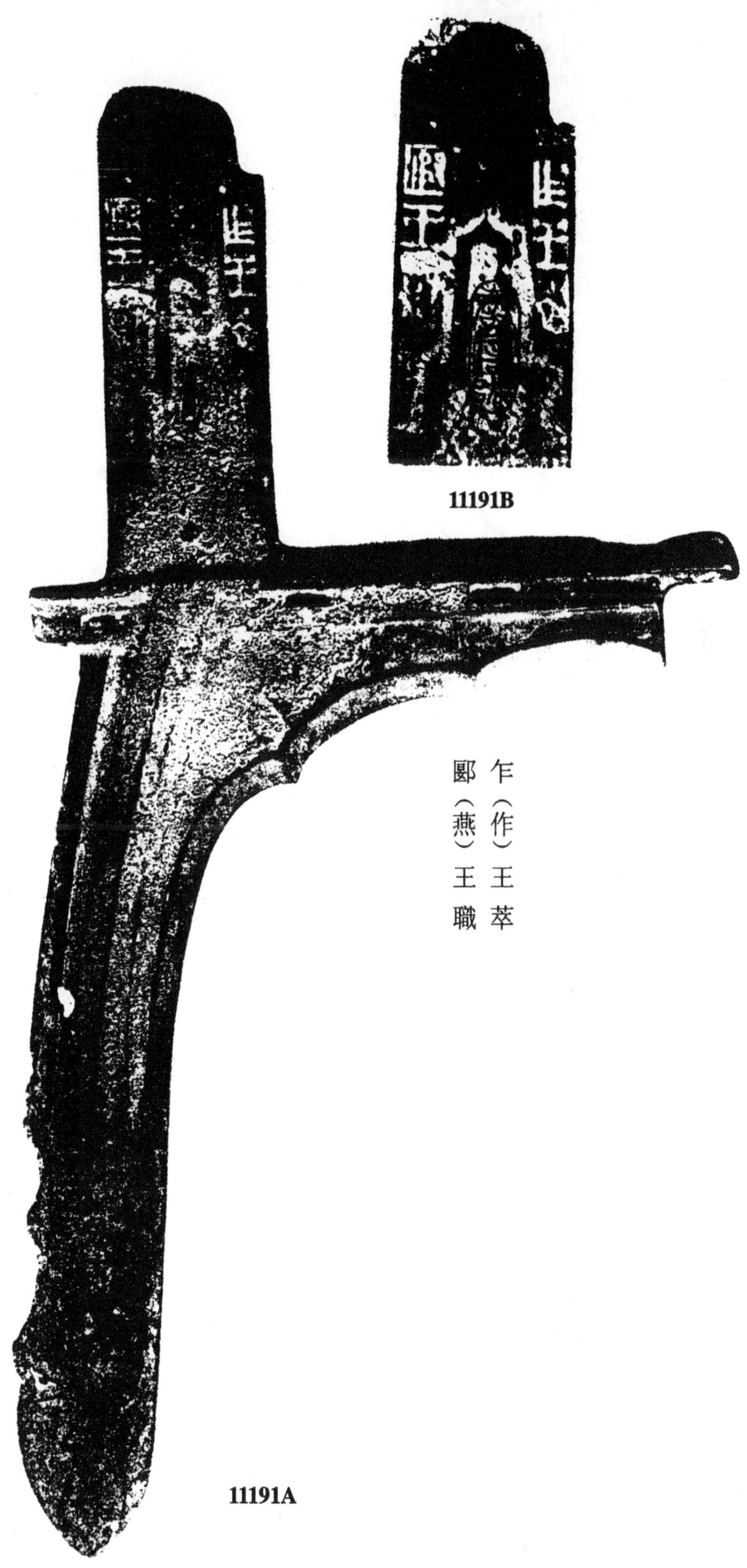

11191B

乍(作)王萃
郾(燕)王職

11191A

郾王戎人戈

郾（燕）王戎人

王苹鋸（戳）

11192

郾王詈戈

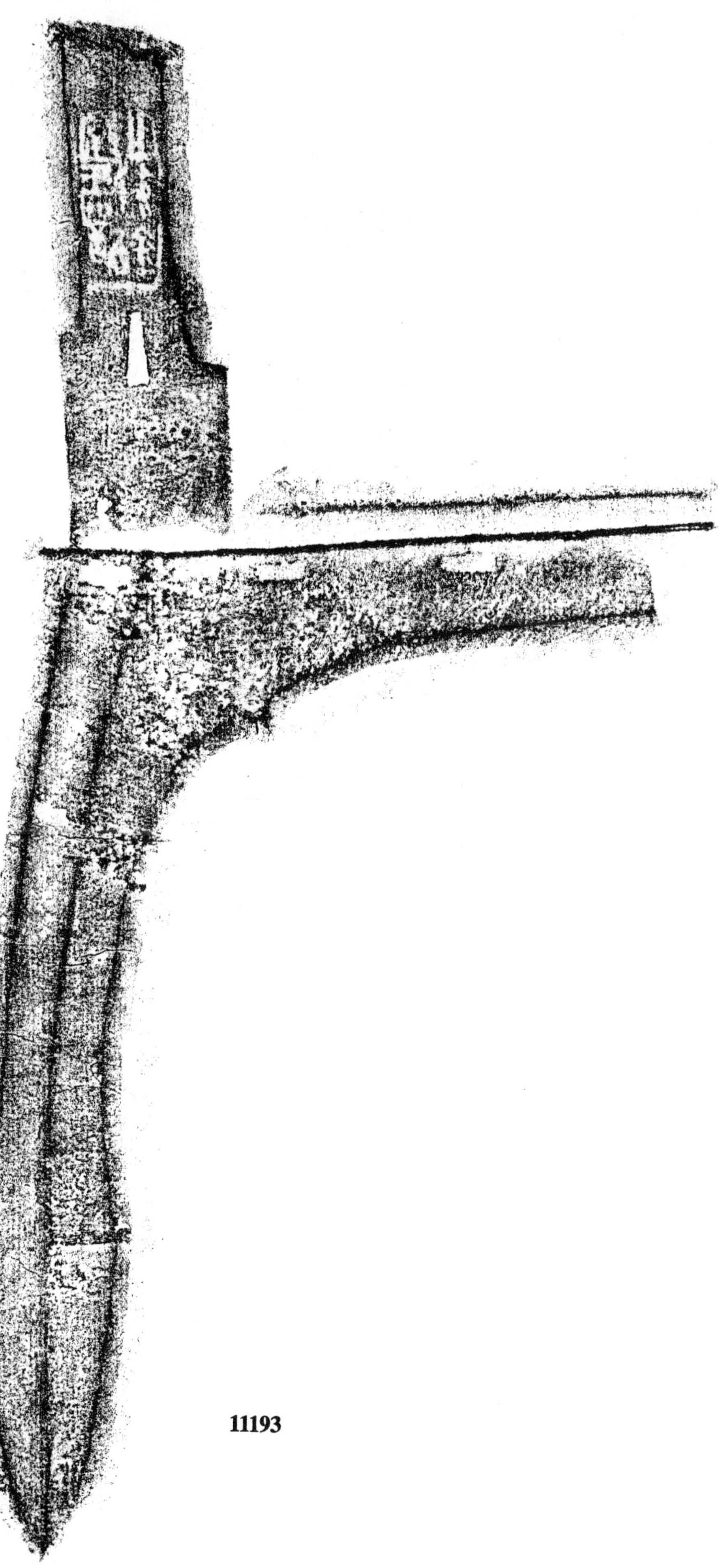

郾(燕)王詈乍(作)攱鋸(戳)

11193

郾王詈戈

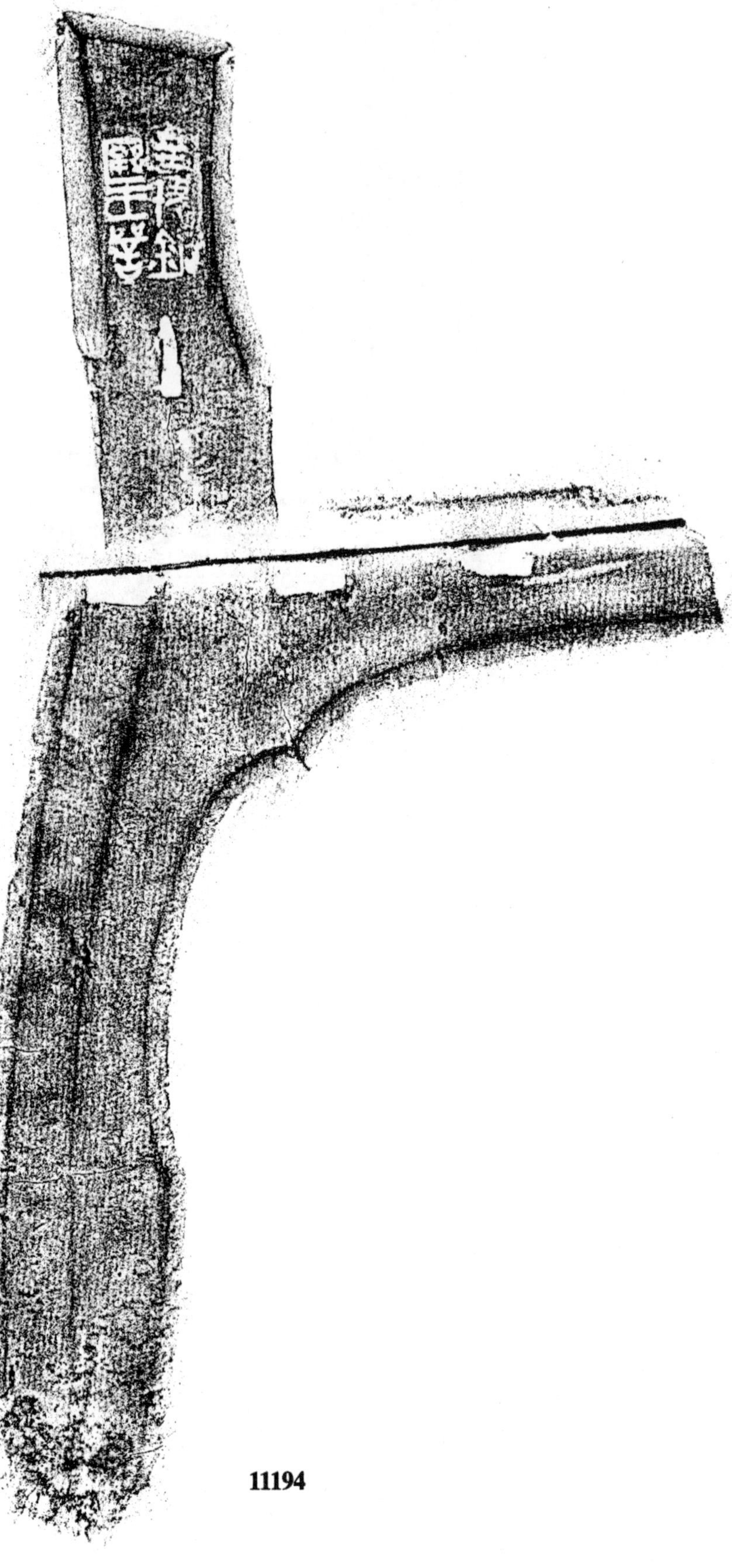

郾(燕)王詈

怒(悛、授)孜鋸(戳)

11194

郾王喜戈

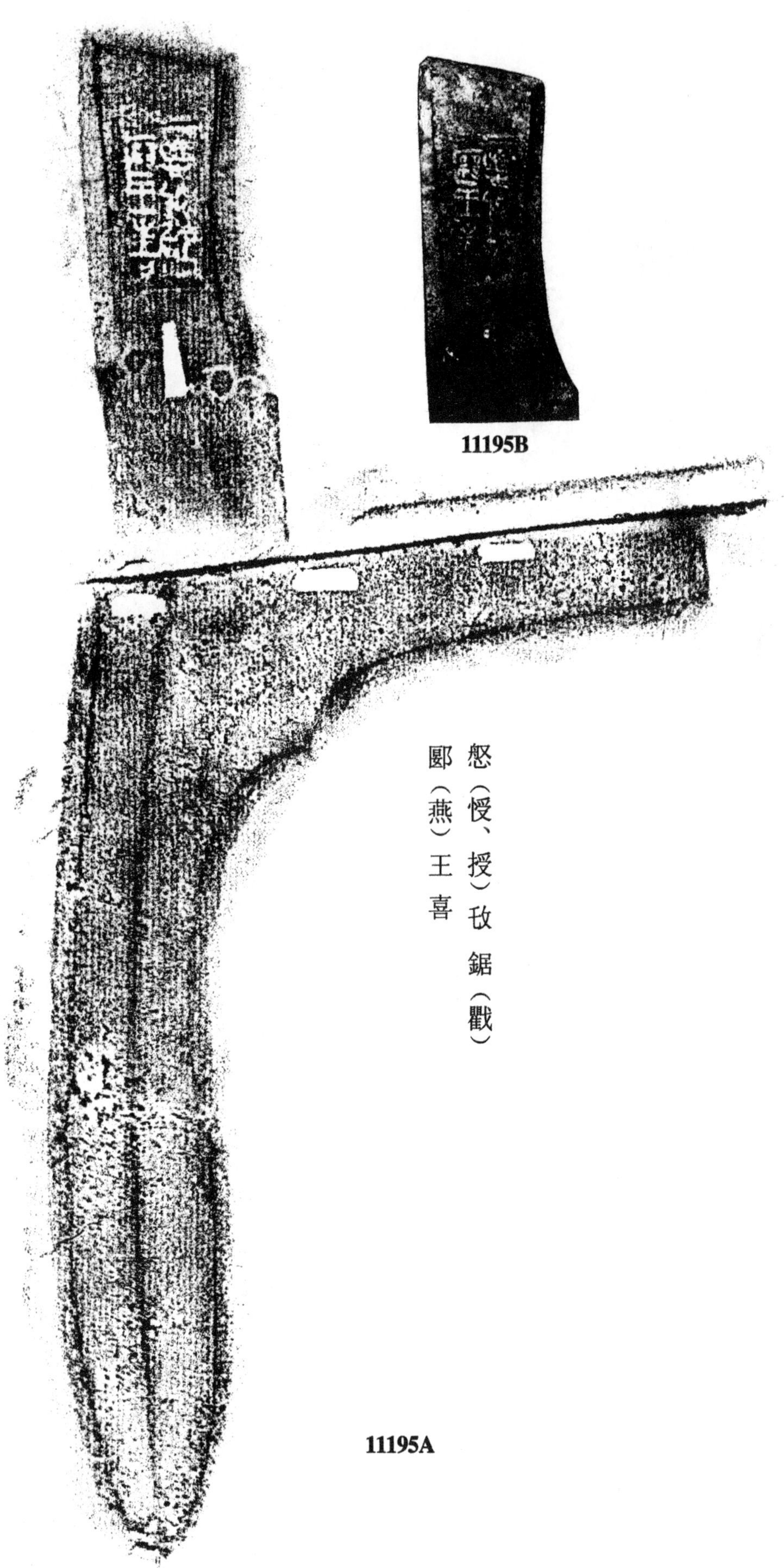

11195B

郾（燕）王喜怒（㥾、授）攼鋸（戳）

11195A

郾王戈

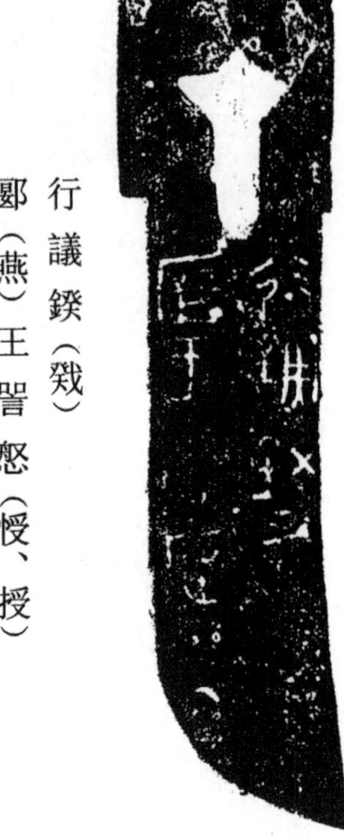

行議鍨（戣）
郾（燕）王詈恕（悛、授）

11196

□年寺工讋戈

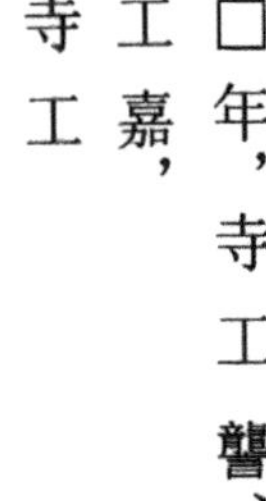

11197.1B　11197.1A

□年，寺工讋、
工嘉，
寺工

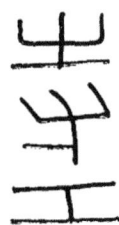

11197.2B　11197.2A

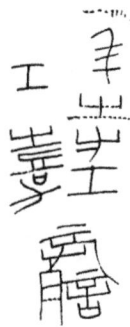

楚屈叔佗戈

楚屈叔佗之元用

11198

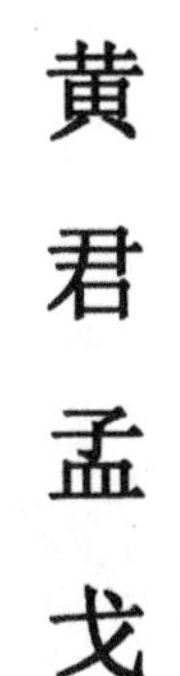

黄君孟戈

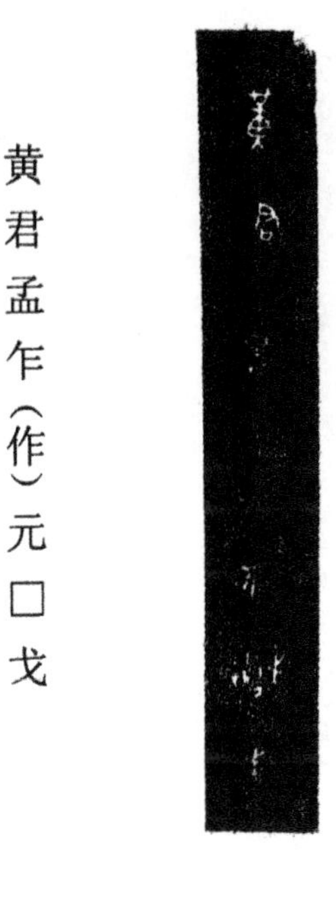

黄君孟乍（作）元□戈

11199

衛公孫呂戈

衛公孫呂之告（造）戈

11200B

11200A

□□伯戈

元伯□
執之□

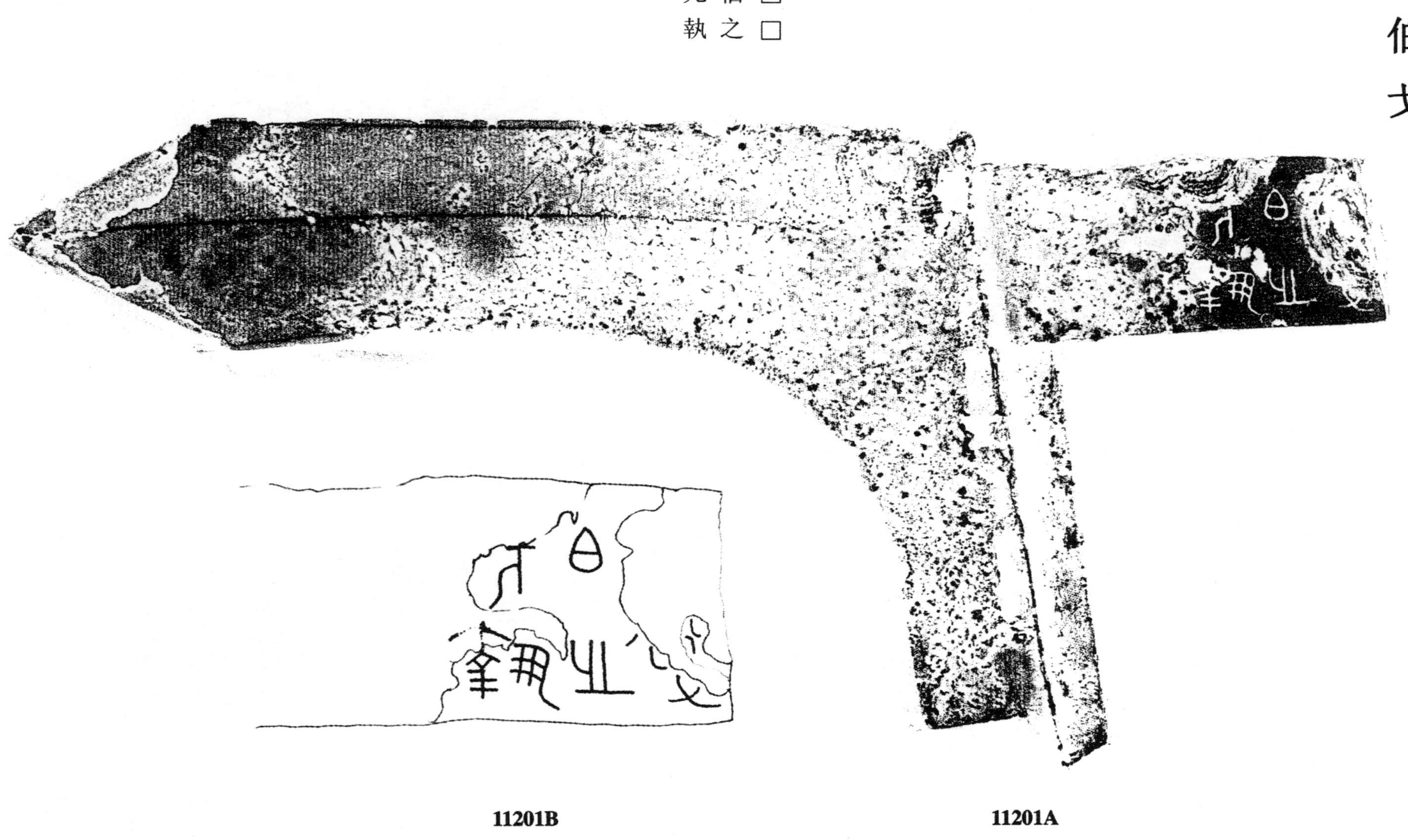

11201B

11201A

郘侯戈

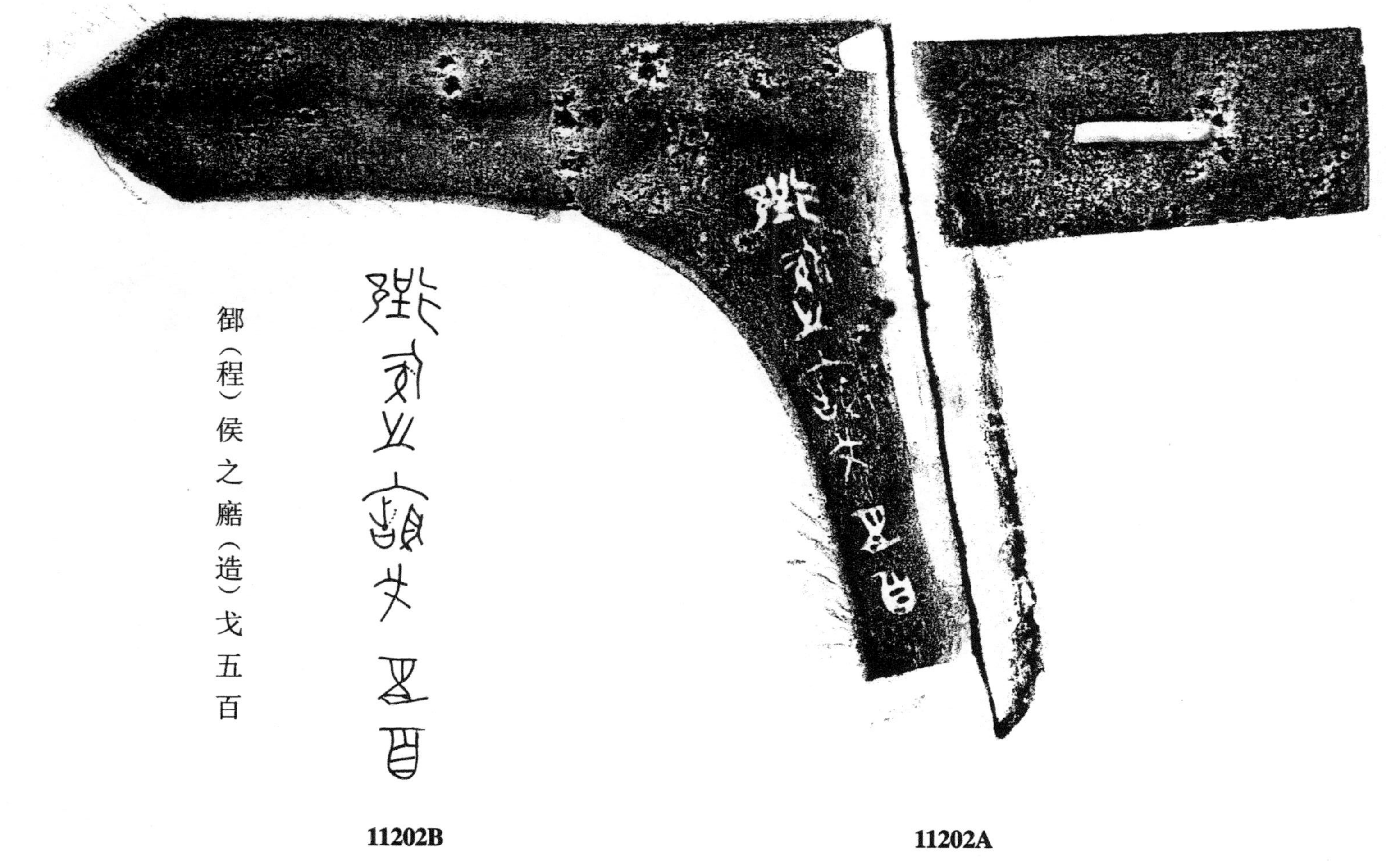

御(程)侯之䧅(造)戈五百

11202B

11202A

内大成戈

内（芮）大攺□之造

11203

宋公差戈

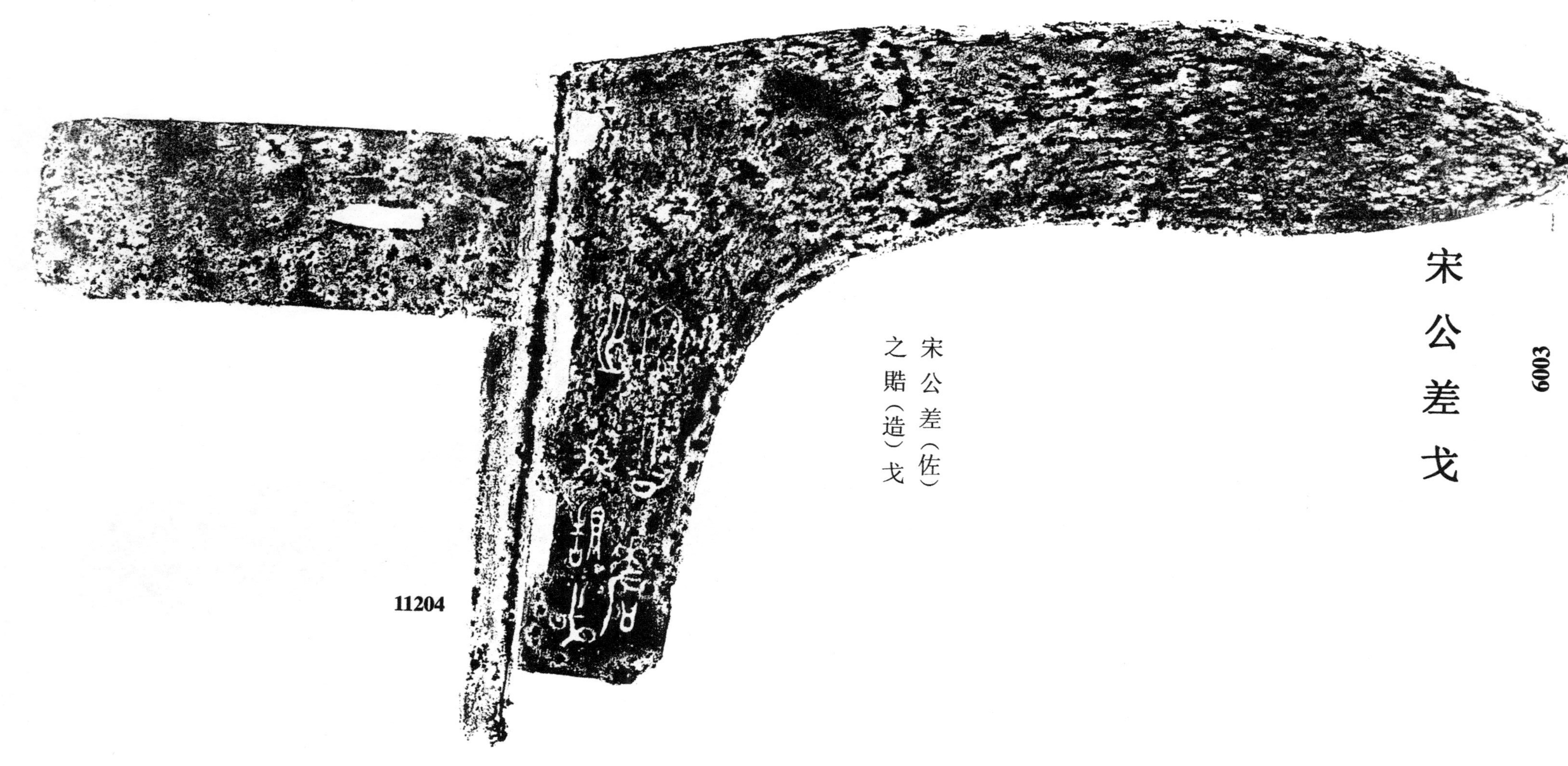

11204

宋公差（佐）之賠（造）戈

滕司徒戈

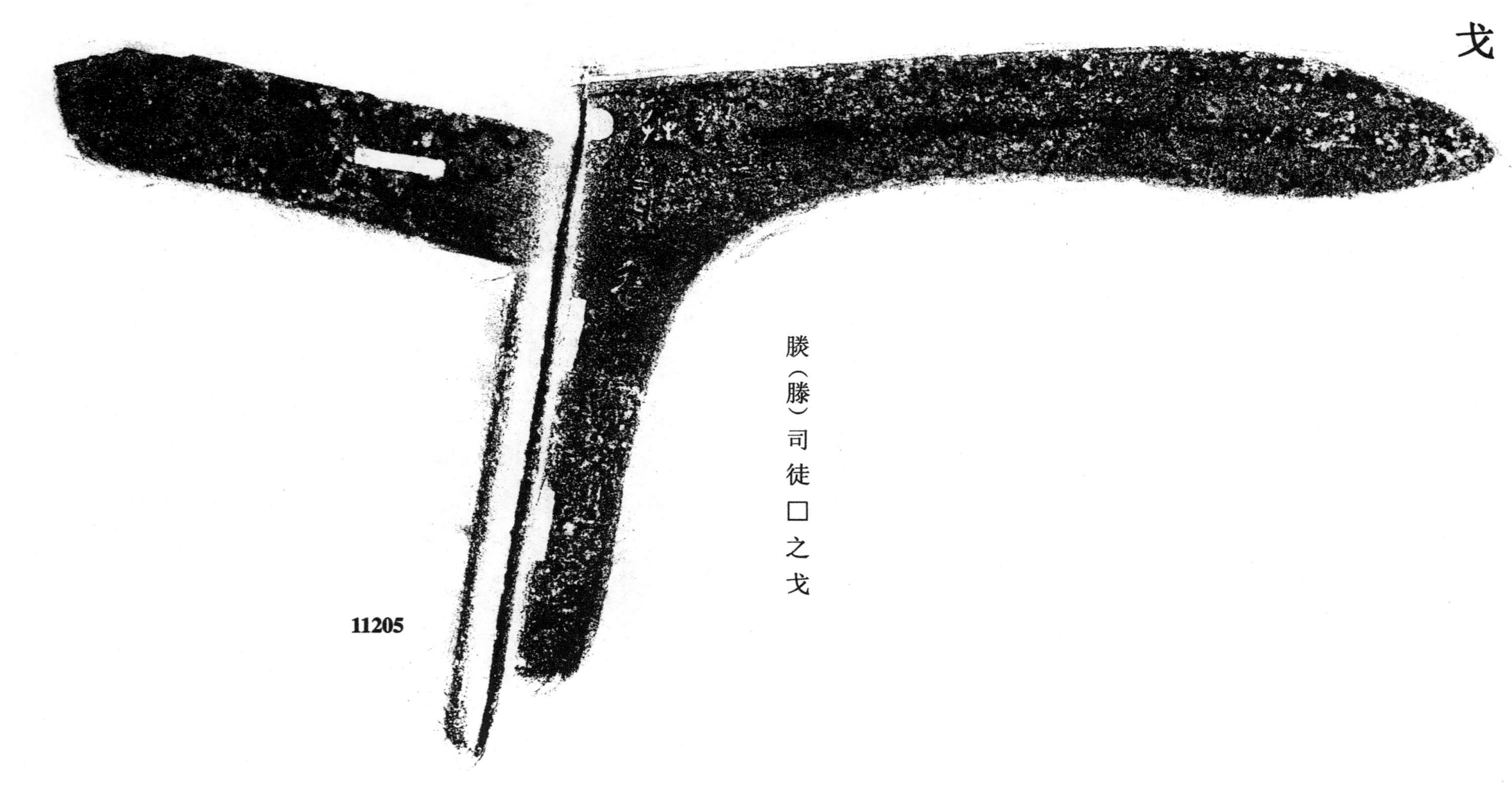

11205

滕(滕)司徒□之戈

郳大司馬戈

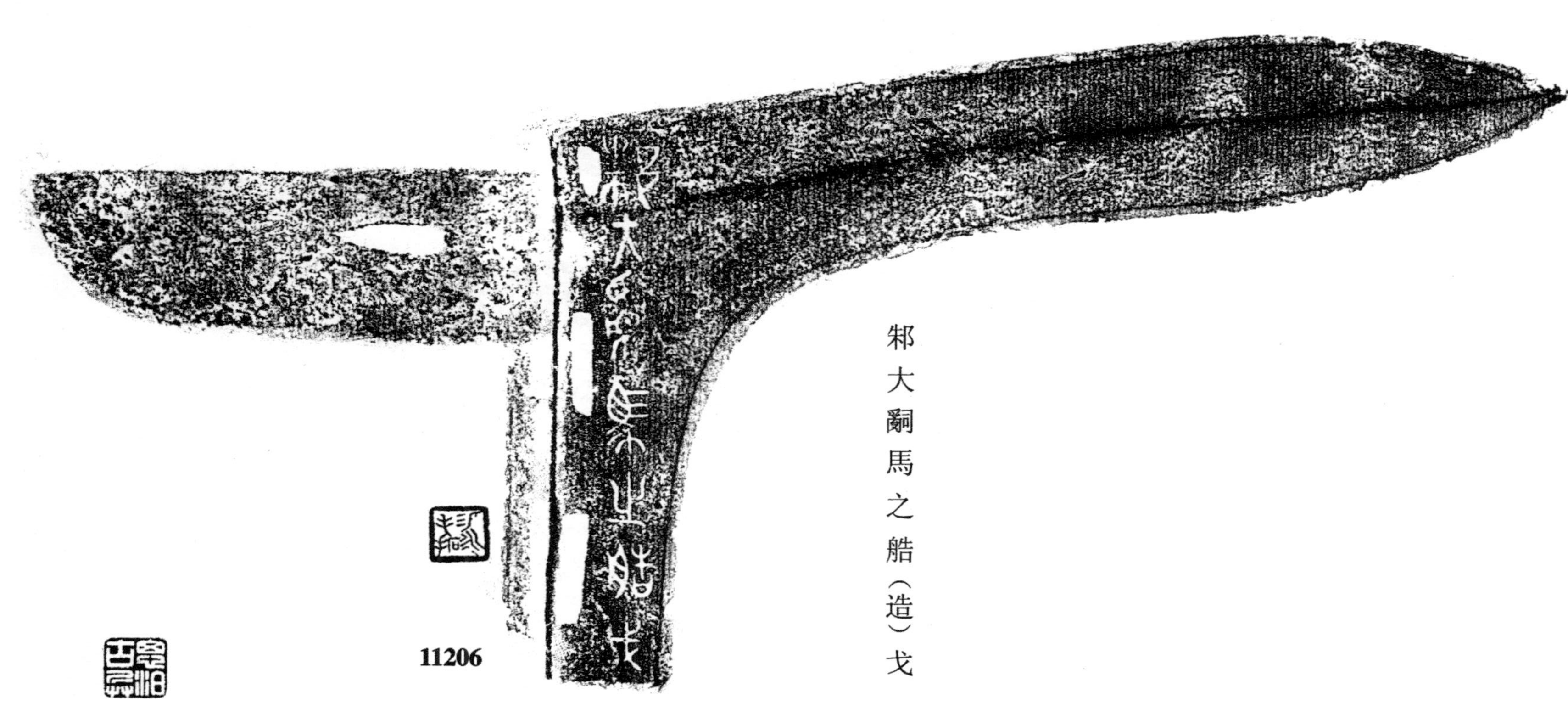

11206

郳大𤔲馬之艁（造）戈

王子玳戈

王子玳之用戈，捏（揚）

11207.2A

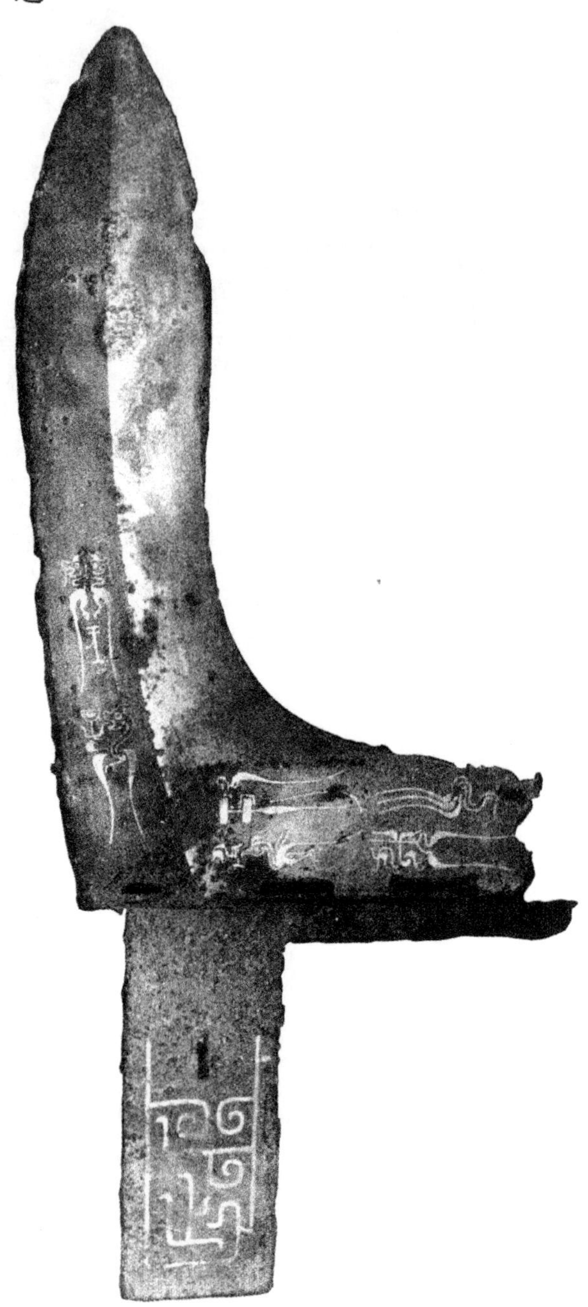

11207.1A

王子孜之
用戈，
捏（揚）

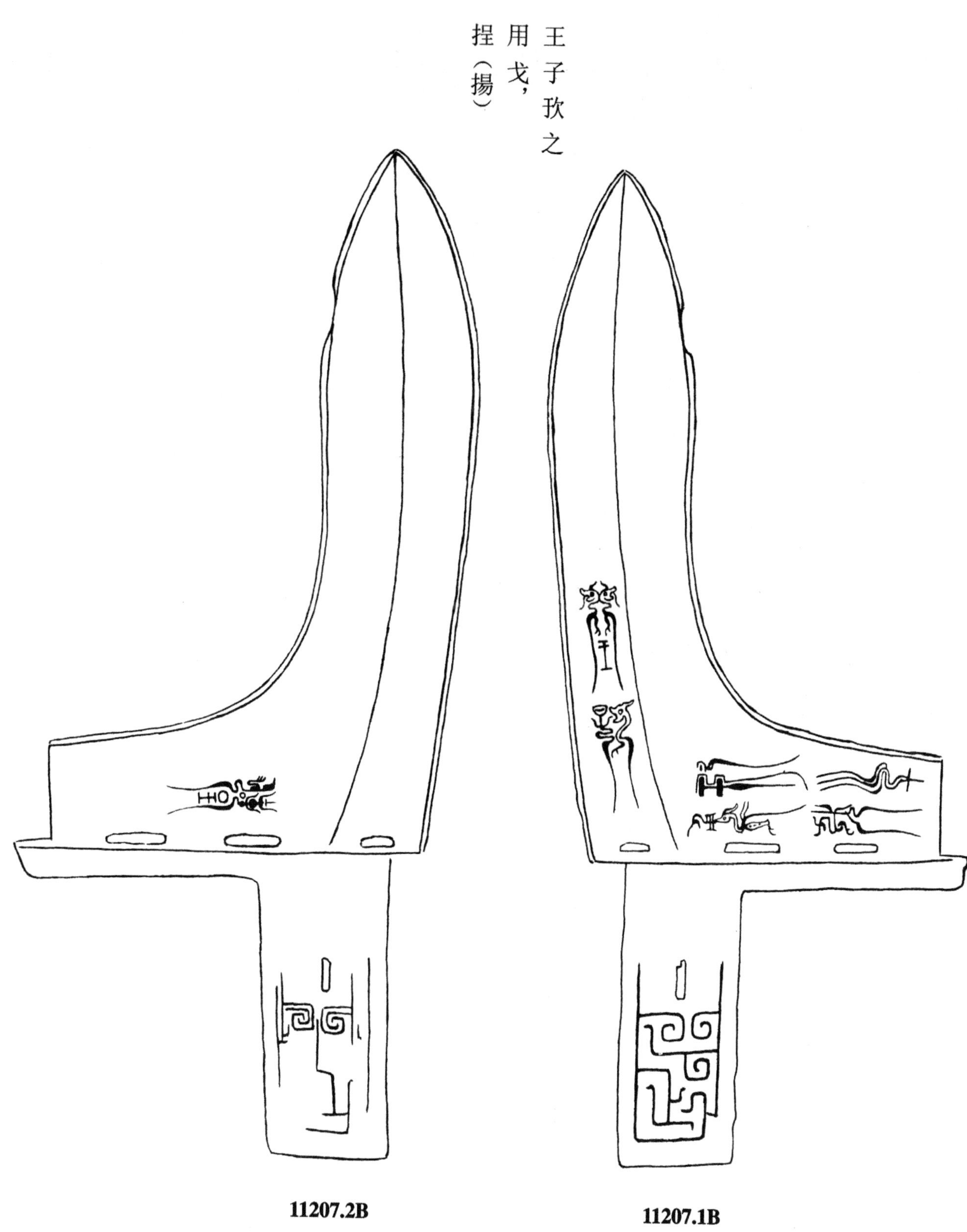

11207.2B

11207.1B

王子孜戈

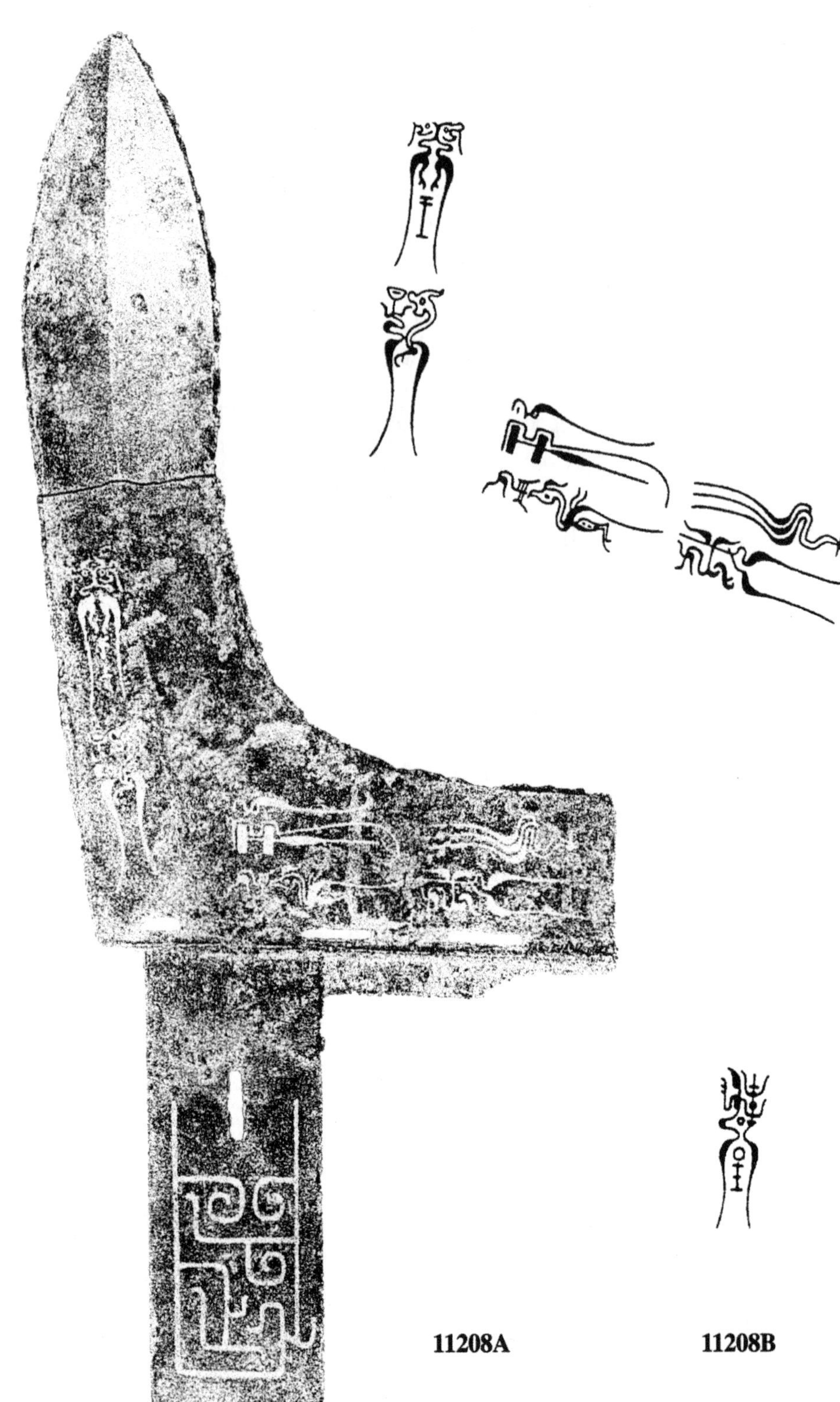

王子孜之用戈，捏（揚）

11208A

11208B

陉公鲵曹戈

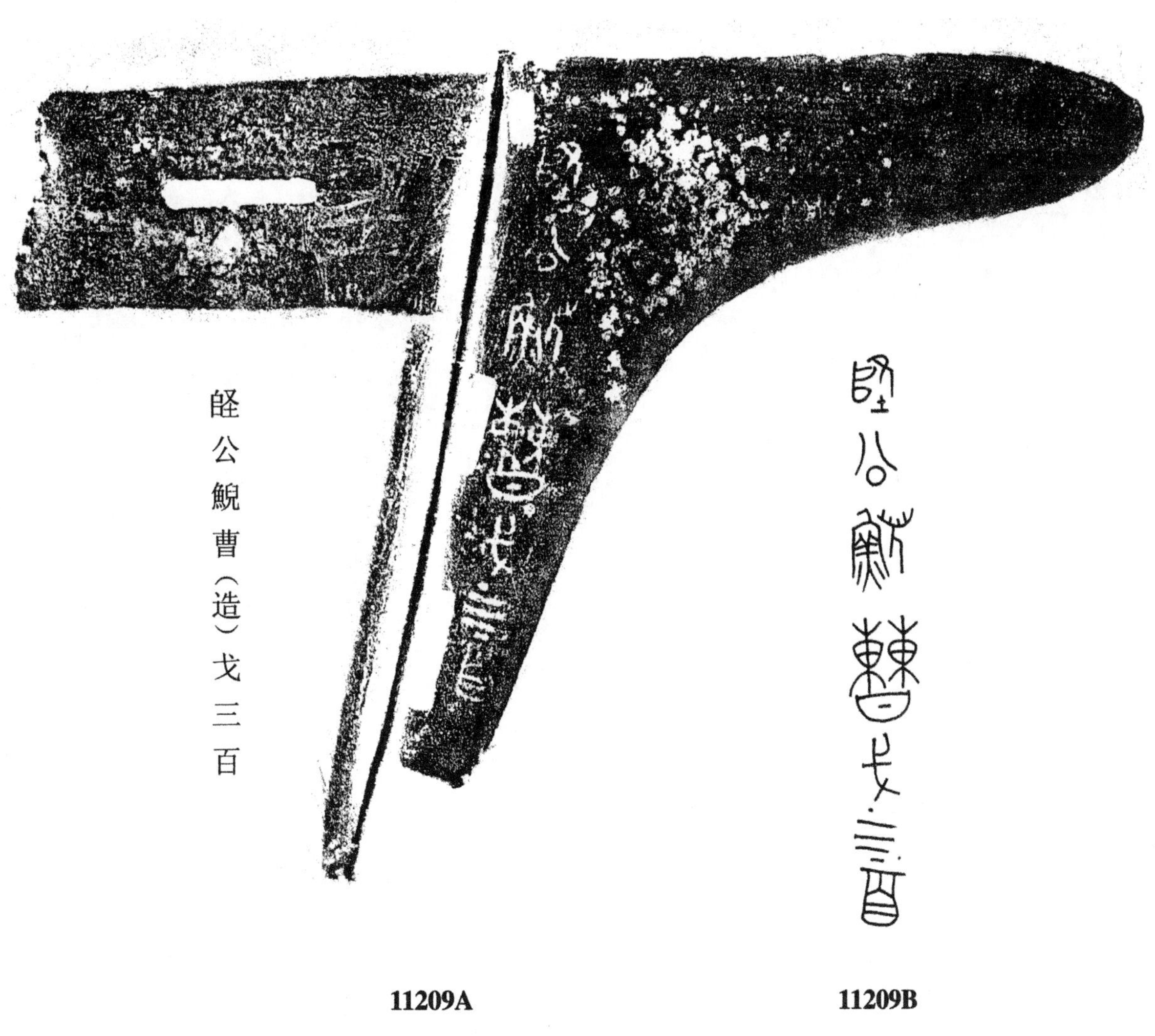

11209A 11209B

羊角戈

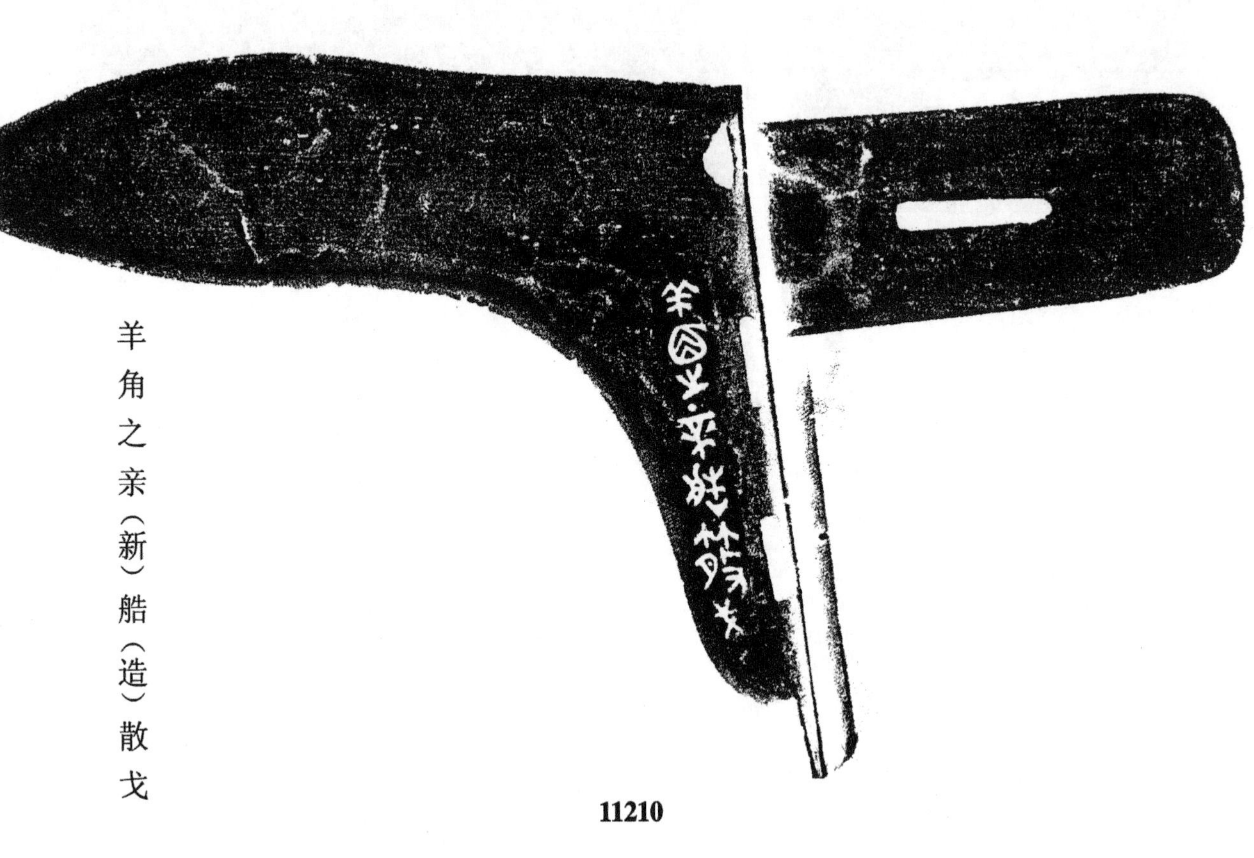

羊角之亲（新）艁（造）散戈

11210

工城戈

工城佐𨸏、冶昌茆鈛(戈)

11211

周王叚戈

周王叚之元用戈

11212B

11212A

涑鄙戈

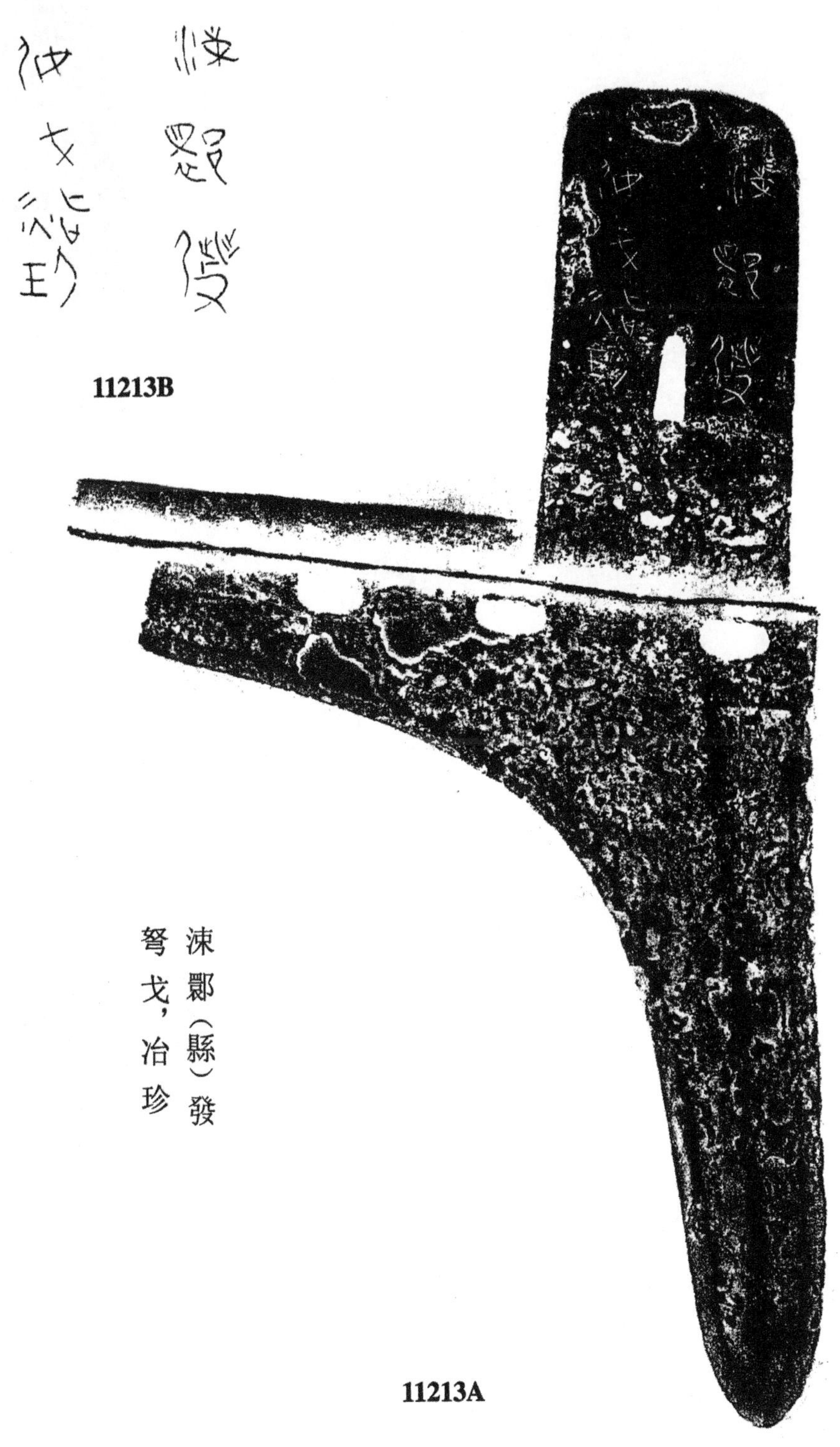

11213B

涑鄙（縣）發弩戈，冶珍

11213A

斨君戟

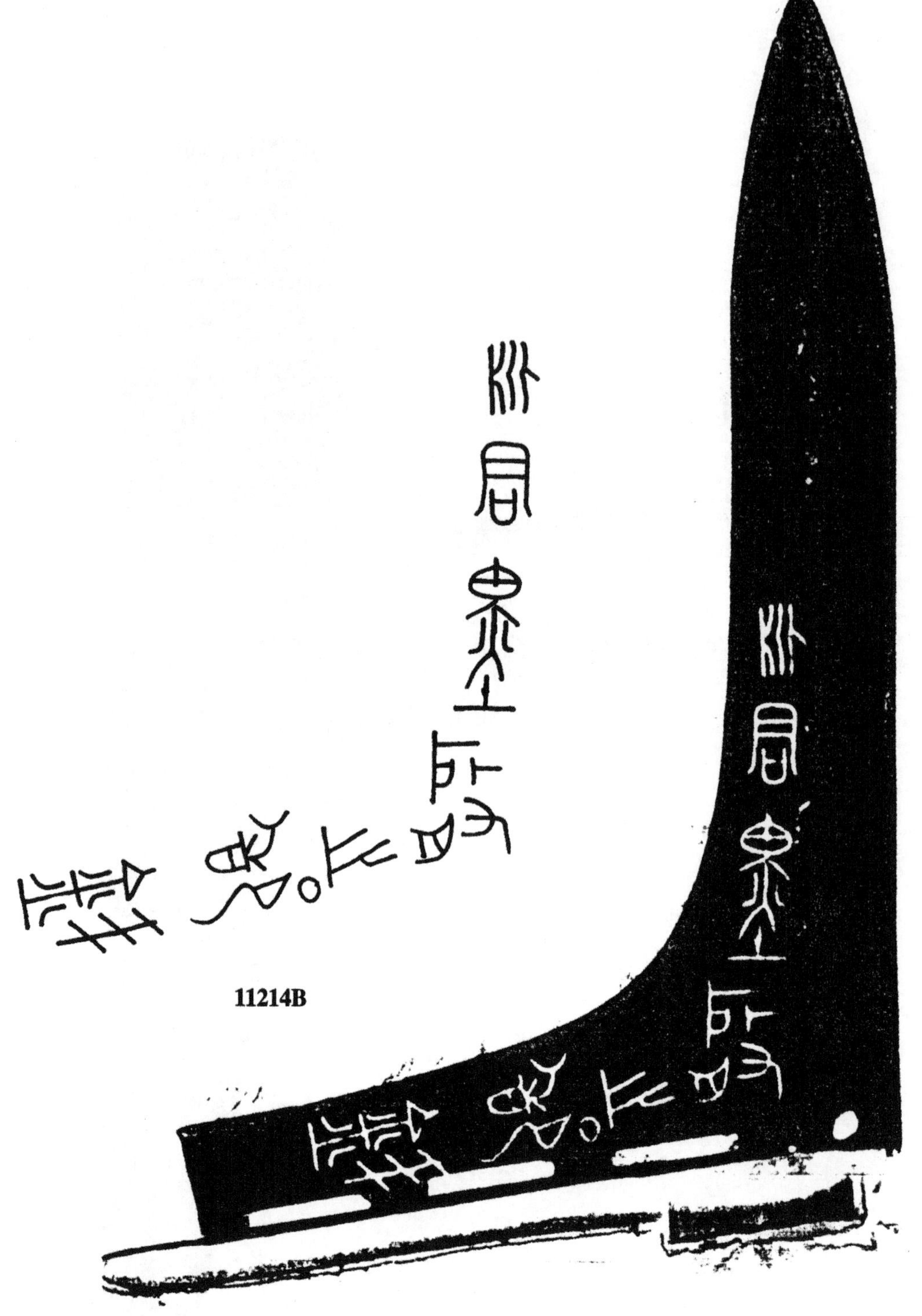

斨（析）君墨胥之郜（造）鉘（戟）

二十七年晉戈

二十九年戈

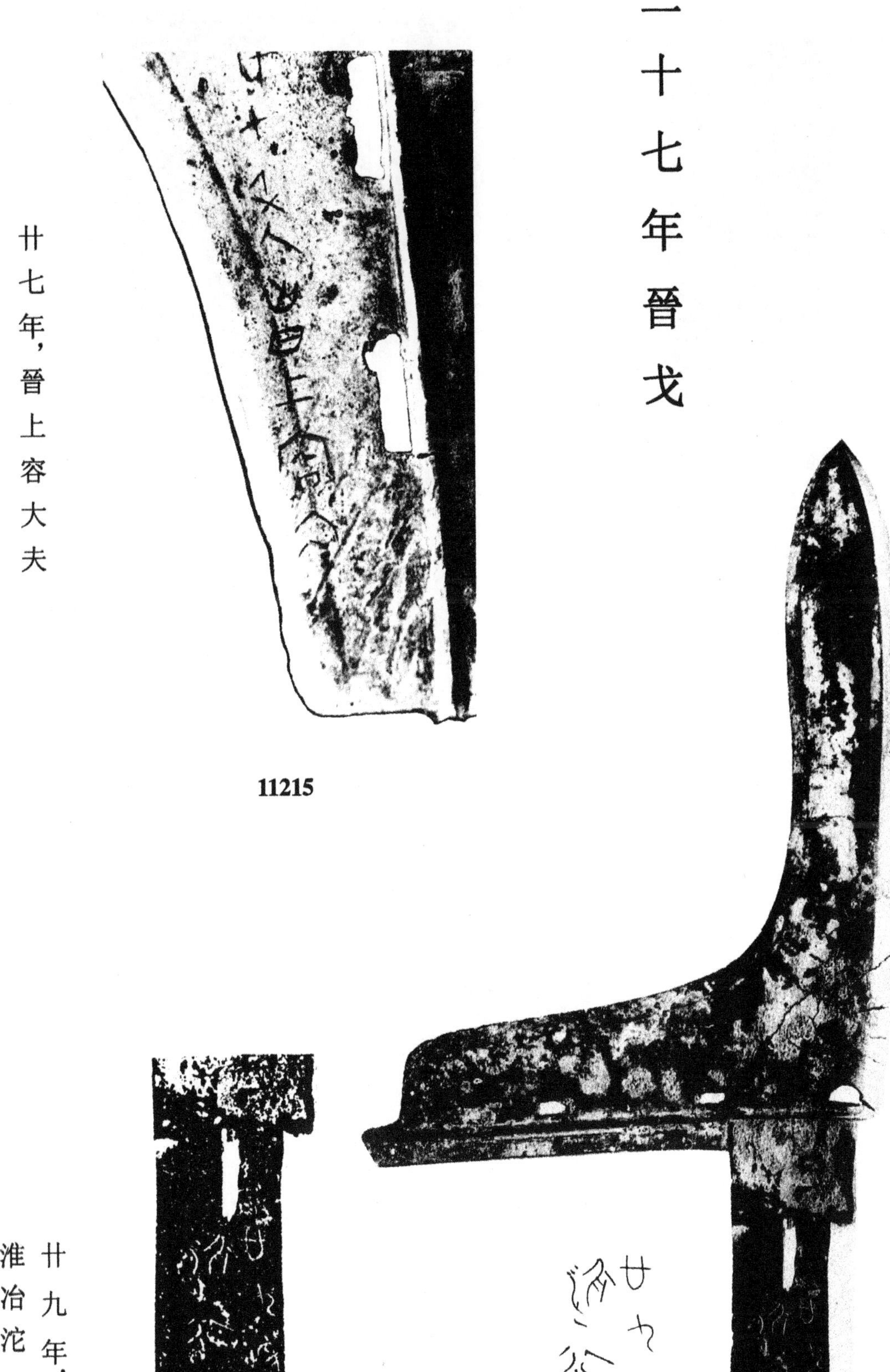

廿七年，晉上容大夫

11215

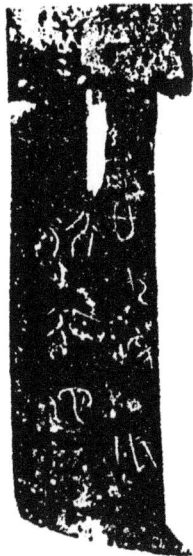

廿九年，成淮冶沱

11216B

11216C

11216A

郾侯戈

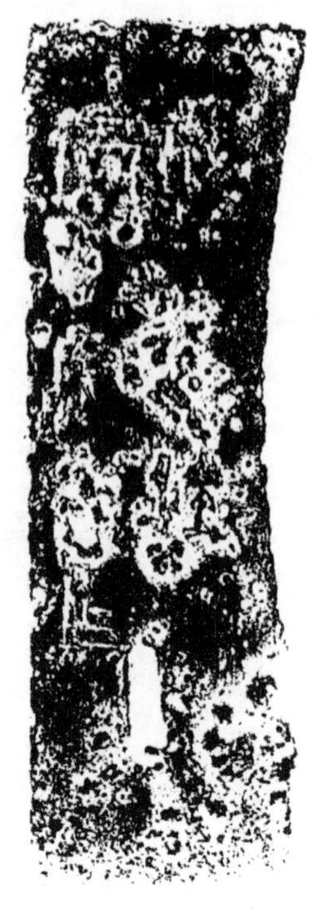

攺萃鋸（戵）
郾（燕）侯（職）乍（作）

11217

郾侯軍戈

左宮鋸（戵）
郾（燕）侯軍（羣）乍（作）

11218

郾侯軍戈

帀（師）萃鍗（戟）
郾（燕）侯軍（羣）乍（作）

11219

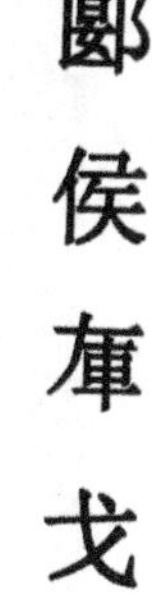

郾侯庫戈

11220B

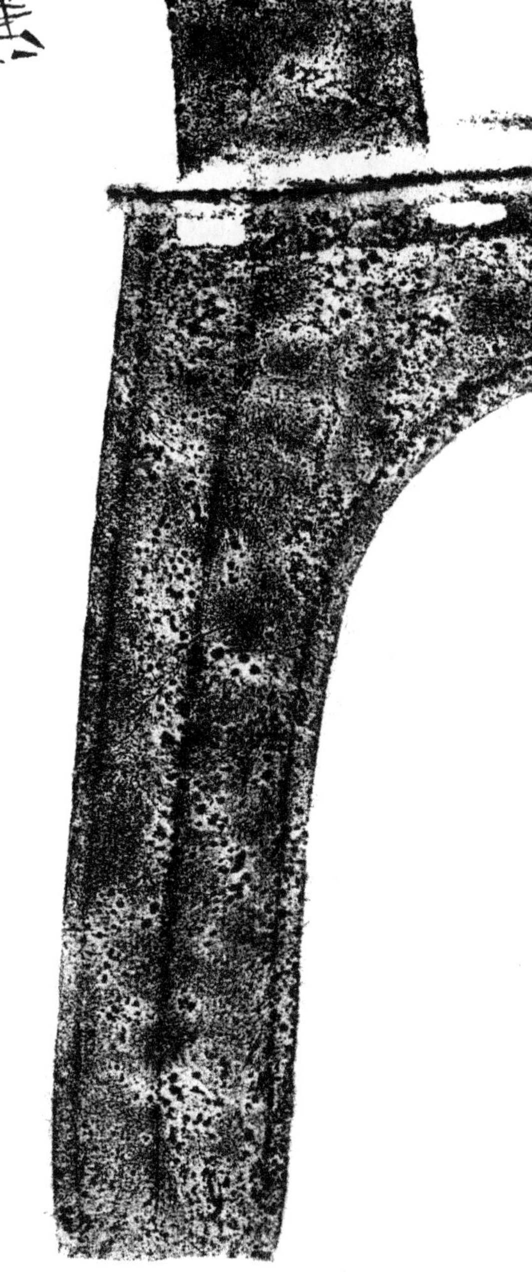

右軍鍎（戟），□

郾（燕）侯庫（輂）乍（作）

11220A

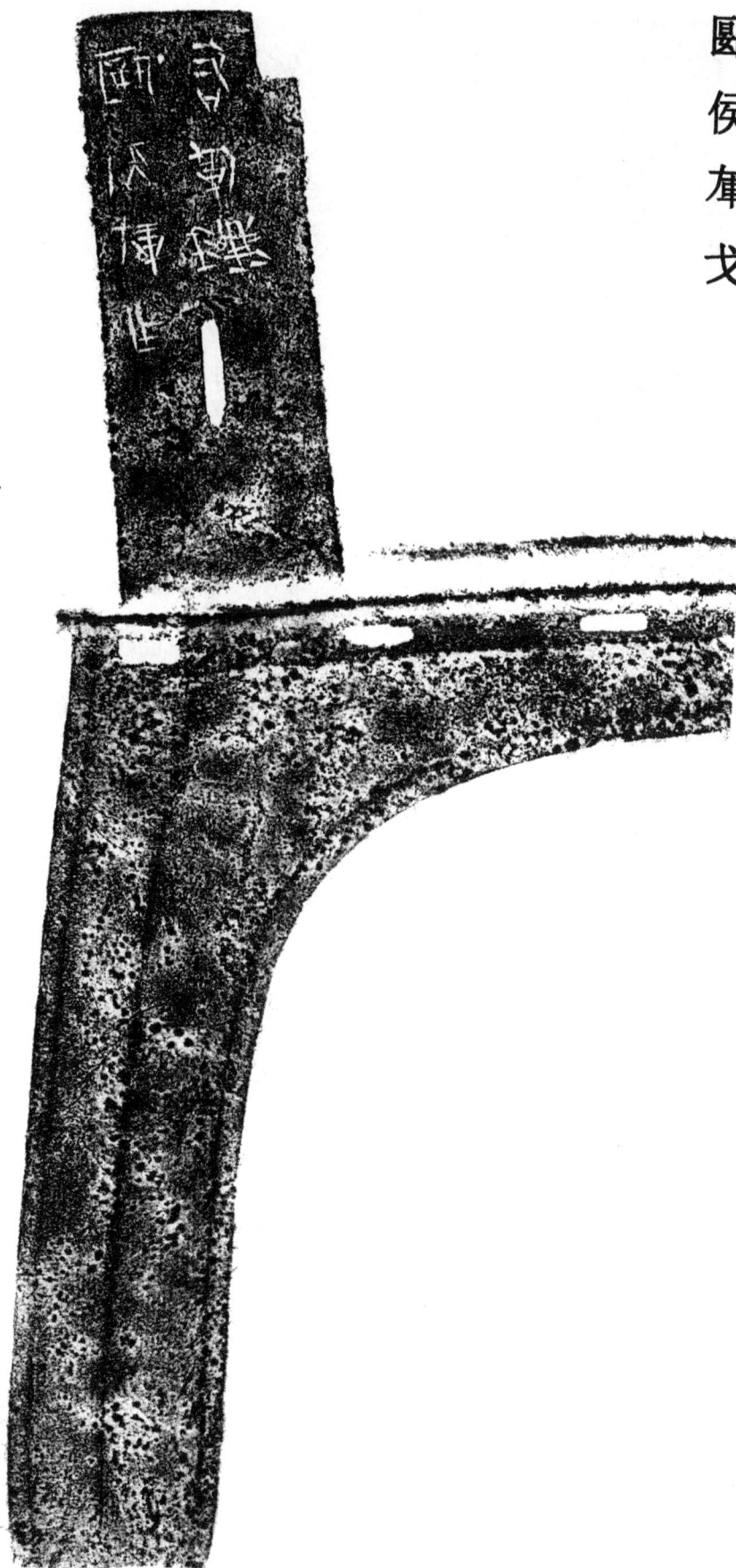

郾侯職戈

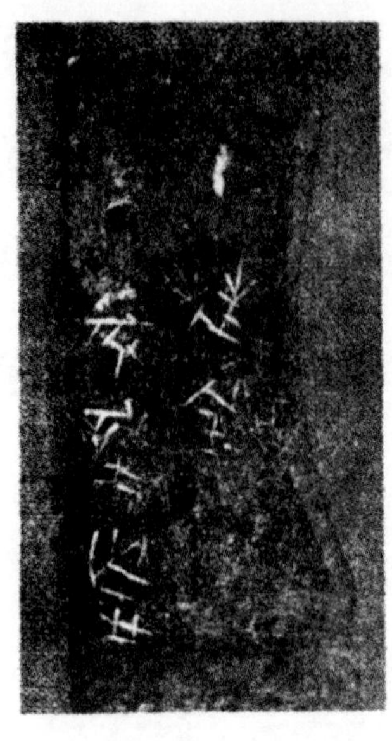

11221B

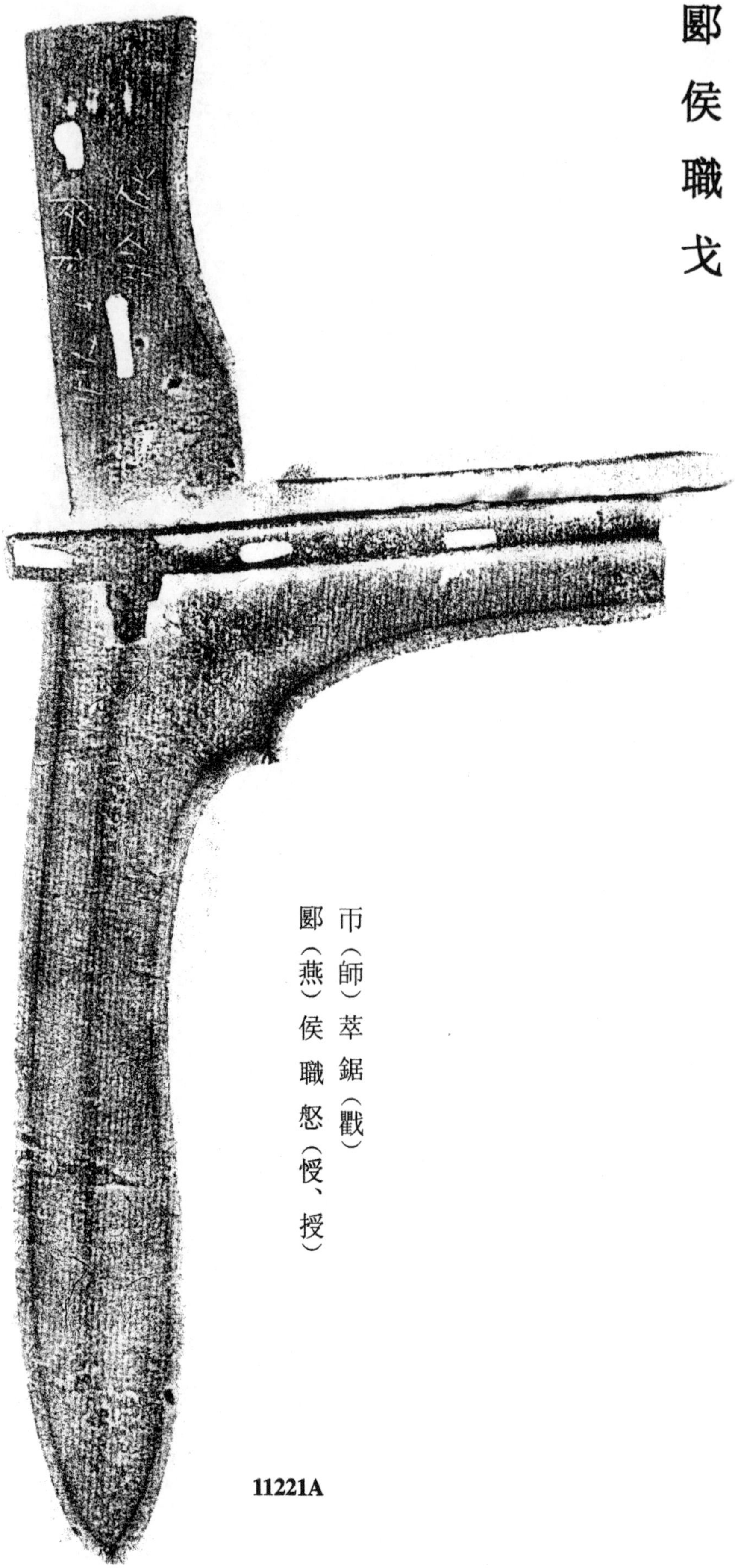

11221C

11221A

郾（燕）侯職怒（㥞、授）
帀（師）萃鋸（戳）

郾侯職戈

帀（師）萃鋸（戳）
郾（燕）侯職乍（作）

11222

郾侯職戈

帀（師）萃鋸（戳）
郾（燕）侯職乍（作）

11223

郾王職戈

雩萃鋸（戳）
郾（燕）王戠（職）乍（作）

11224

郾王職戈

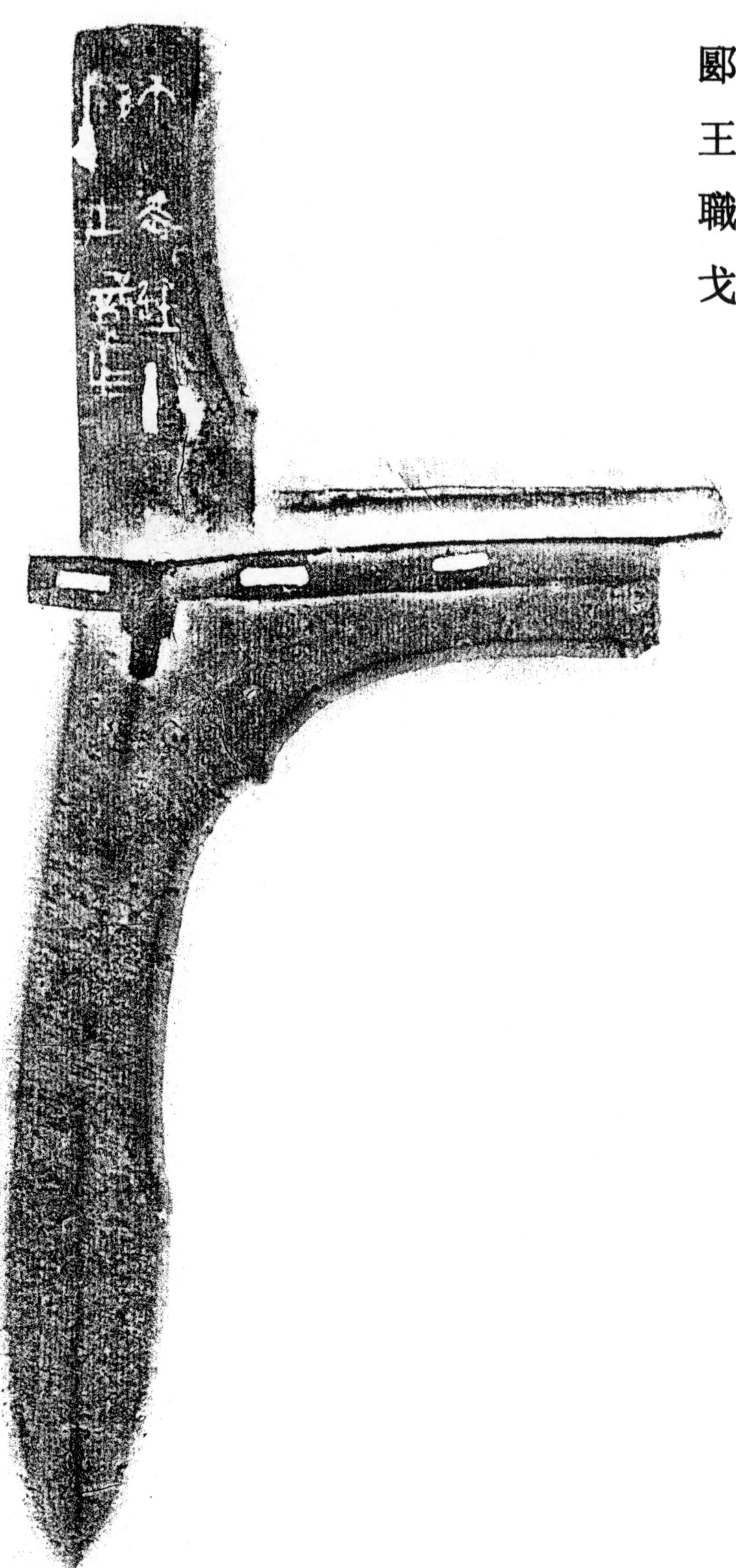

帀（師）萃鋸（戳）

郾（燕）王職乍（作）

11225

郾王職戈

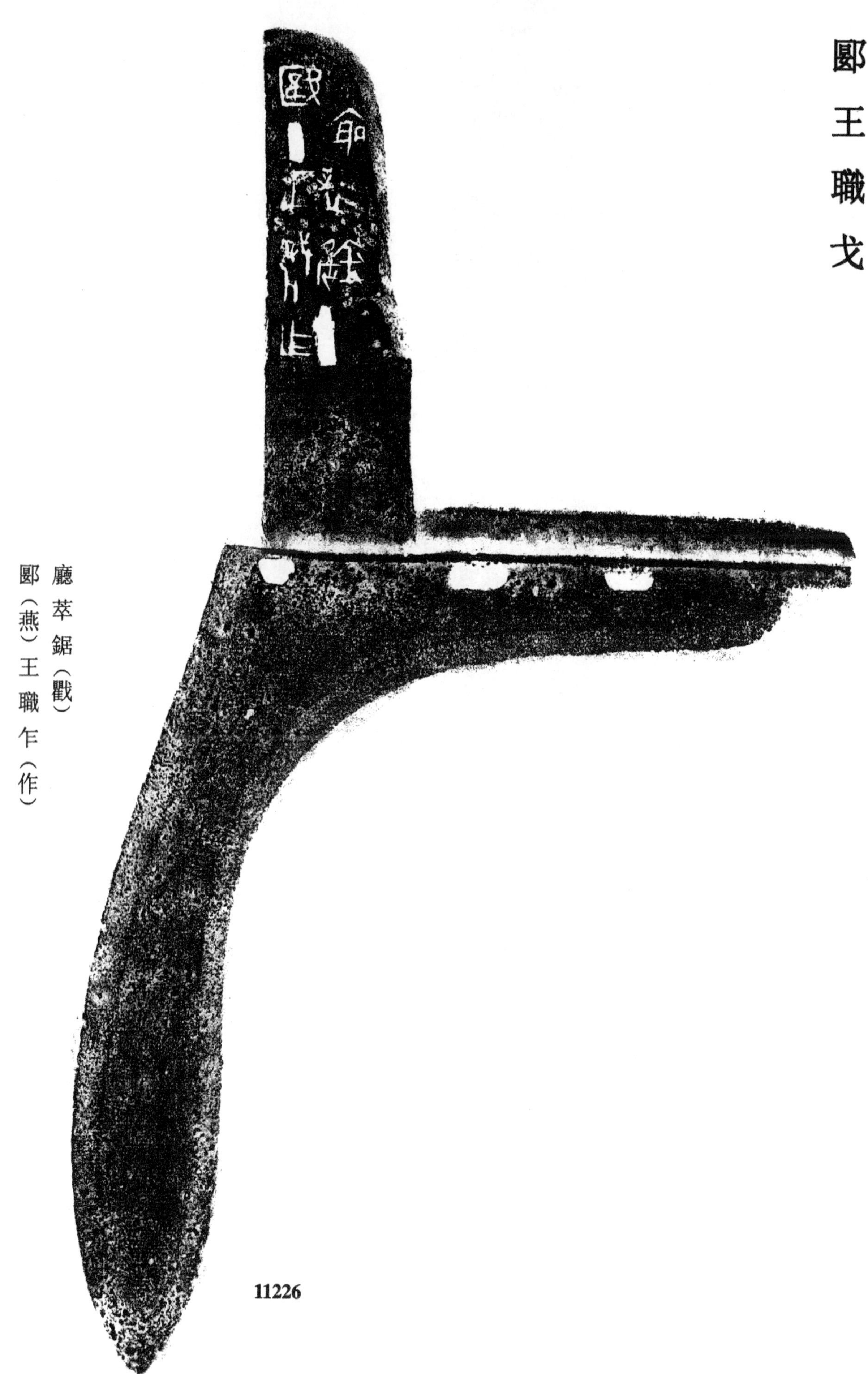

郾(燕)王職乍(作)
巙萃鋸(戵)

11226

郾王職戈

雩（瀕）萃鋸（戳）
郾（燕）王職乍（作）

11227

郾王職戈

雩（瀩）萃鋸（戵）

郾（燕）王職乍（作）

11228

郾王職戈

巨攼鋸（戵）

郾（燕）王職乍（作）

11230

郾王職戈

雩（瀩）萃鋸（戵）

郾（燕）王職乍（作）

11229

郾王職戈

巨攼鋸（戵）

郾（燕）王職乍（作）

11231

郾王職戈

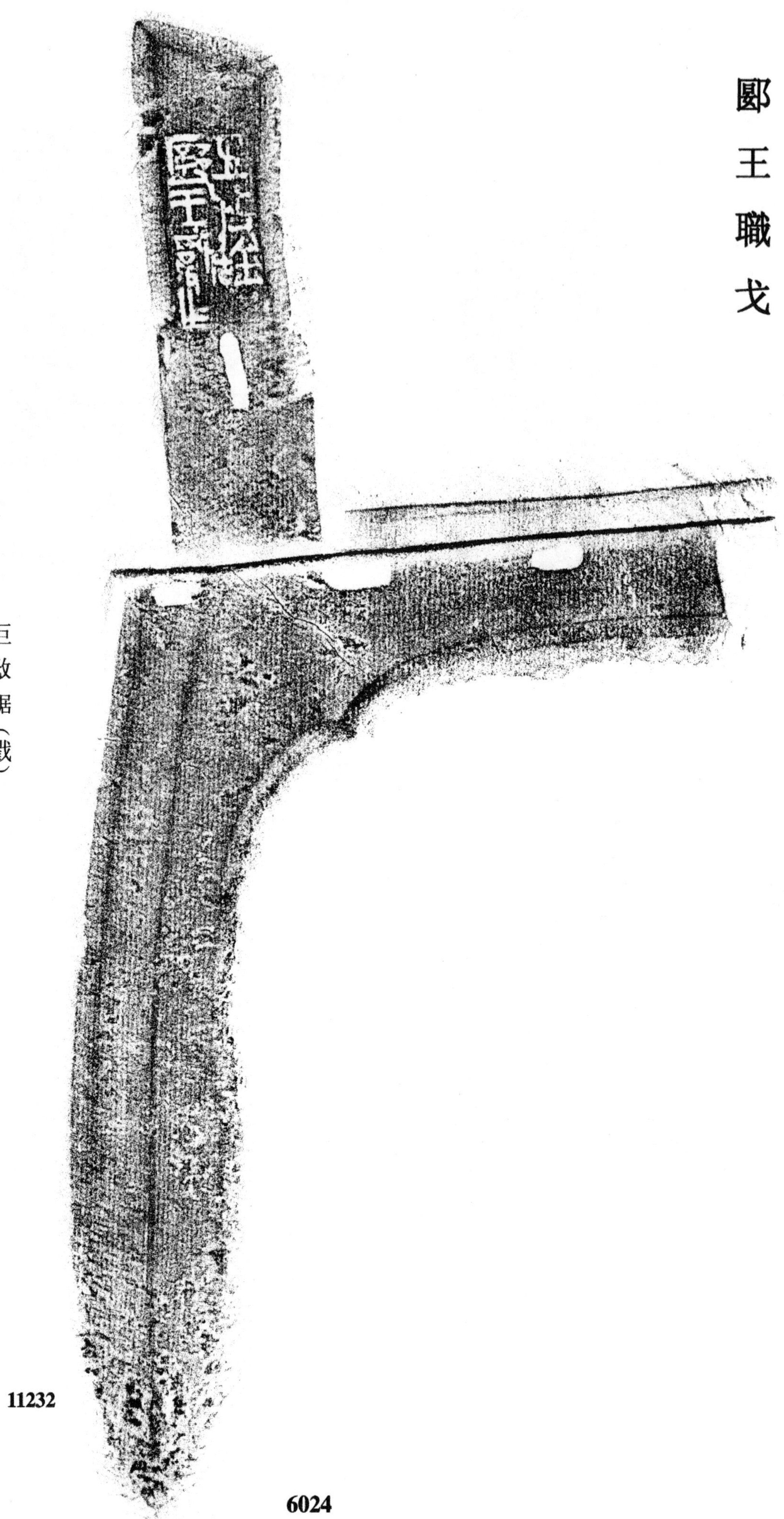

巨攼鋸（戳）
郾（燕）王職乍（作）

11232

郾王職戈

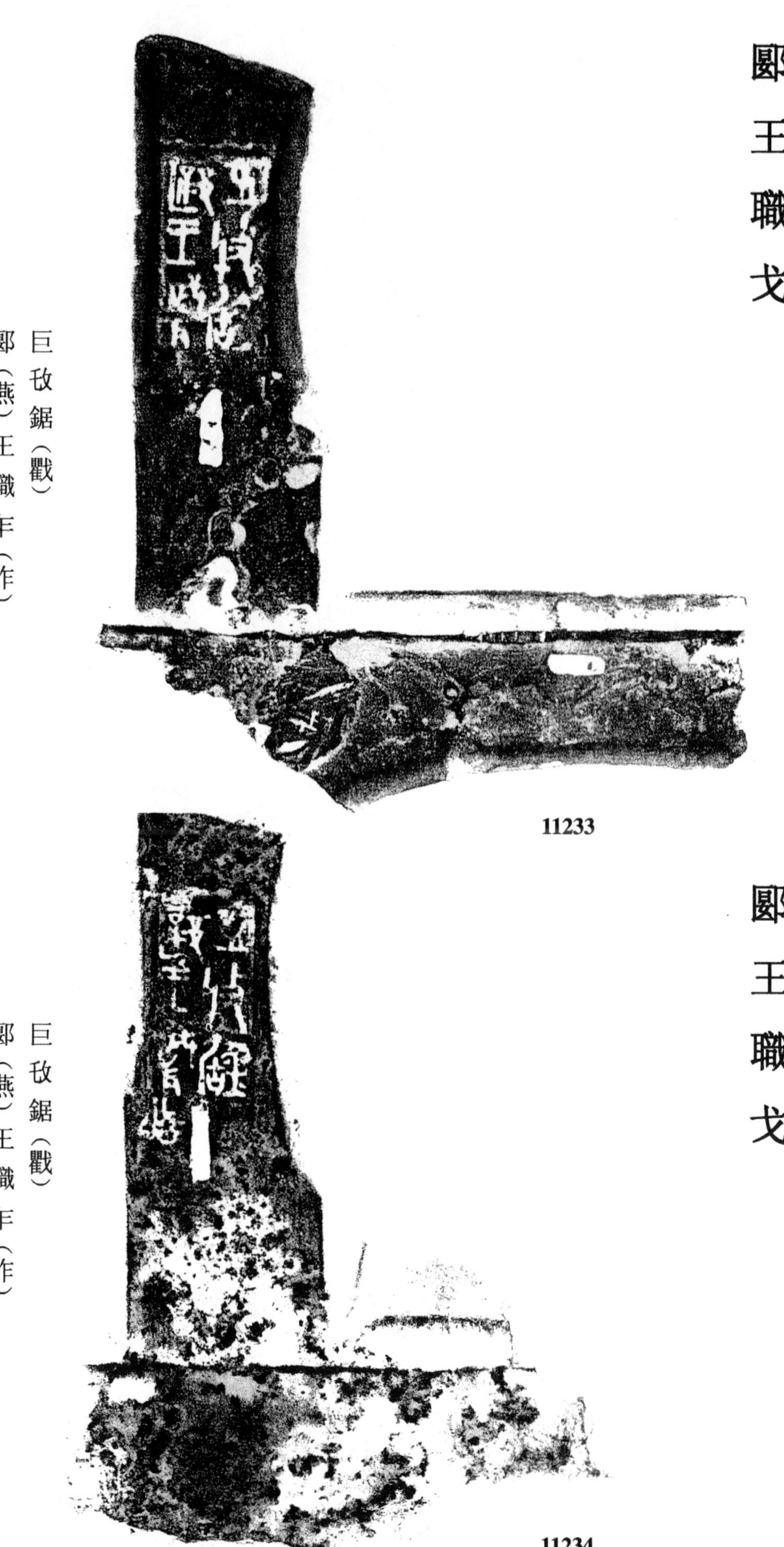

郾（燕）王職乍（作）
巨攼鋸（戟）

11233

郾王職戈

郾（燕）王職乍（作）
巨攼鋸（戟）

11234

郾王職戈

11235

巨攼鋸（戟）
郾（燕）

郾王職戈

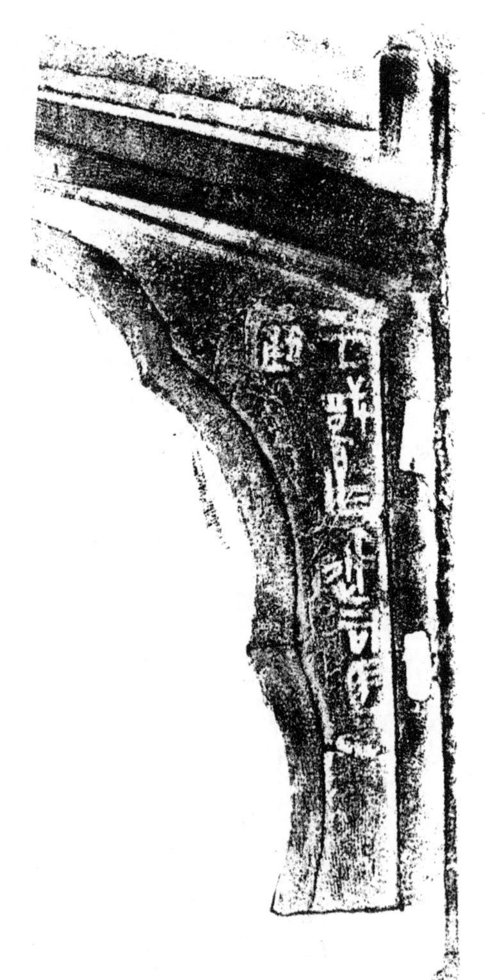

11236A

11236B

王職乍（作）御司馬
郾（燕）

郾王戎人戈

乍(作)攼鋸(戵)
郾(燕)王戎人

11237

郾王戎人戈

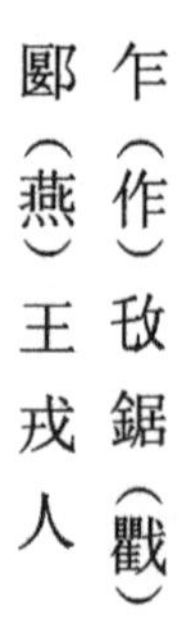

乍(作)攼鋸(戳)
郾(燕)王戎人

11238

郾王戎人戈

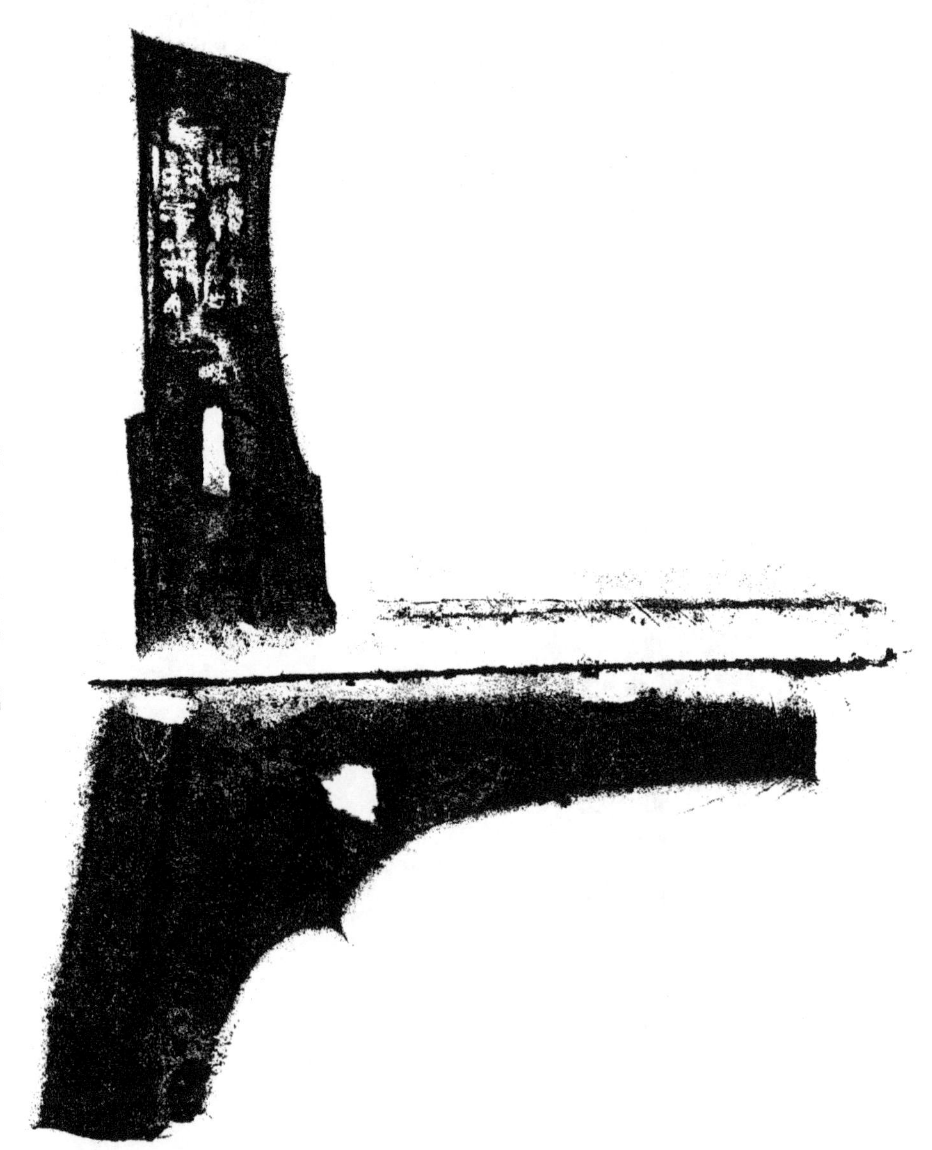

乍(作)攼鋸(戳)
郾(燕)王戎人

11239

郾王詈戈

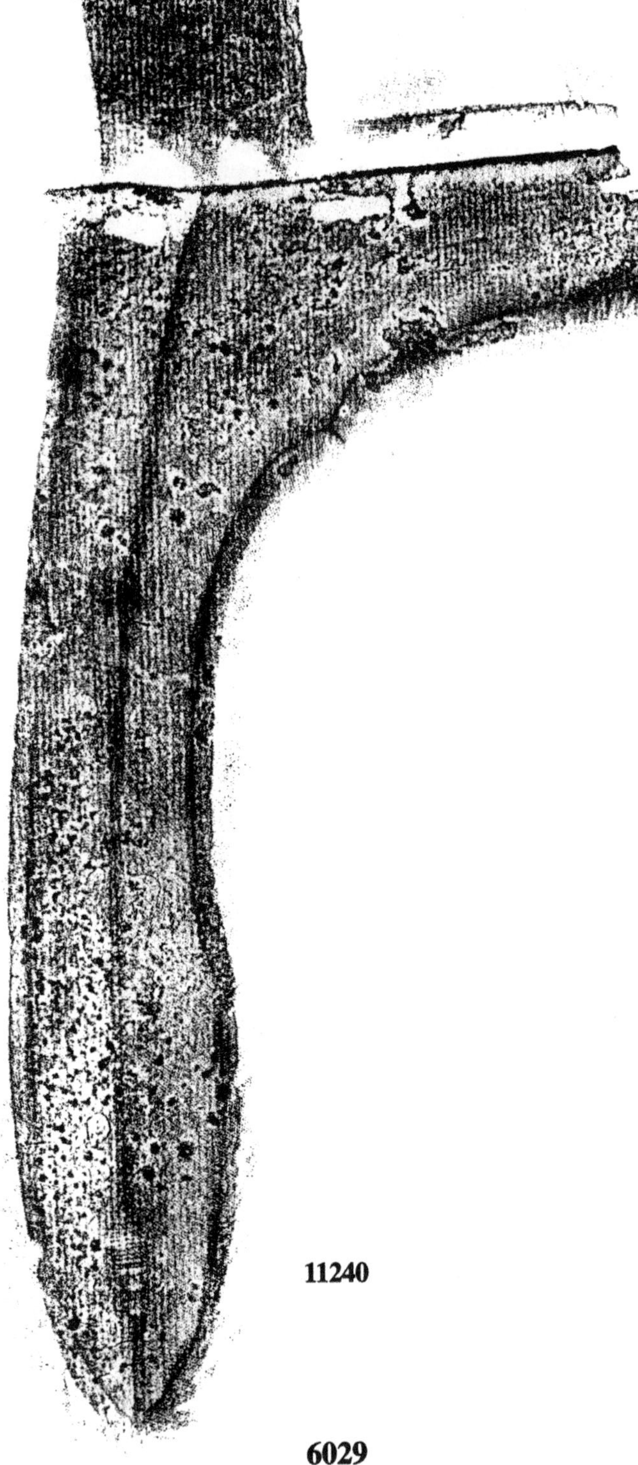

巨攸鋸（戳）
郾（燕）王詈愳（㥅、授）

11240

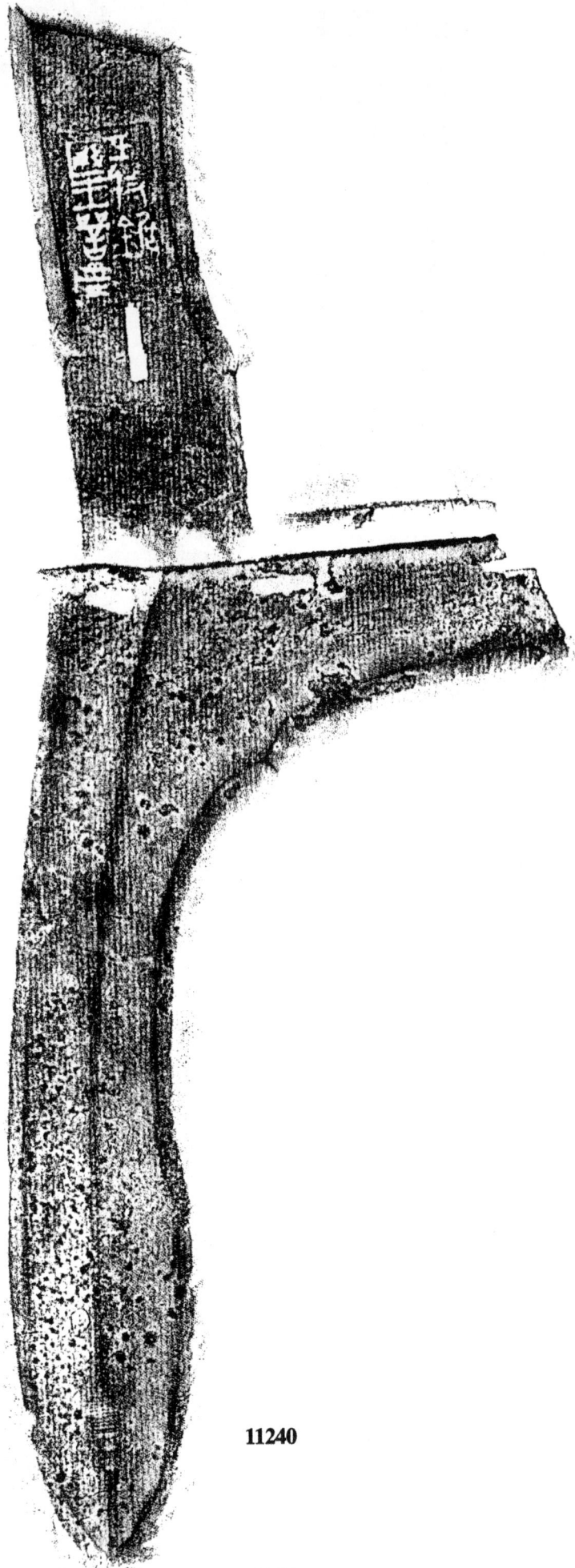

郾王詈戈

11241B

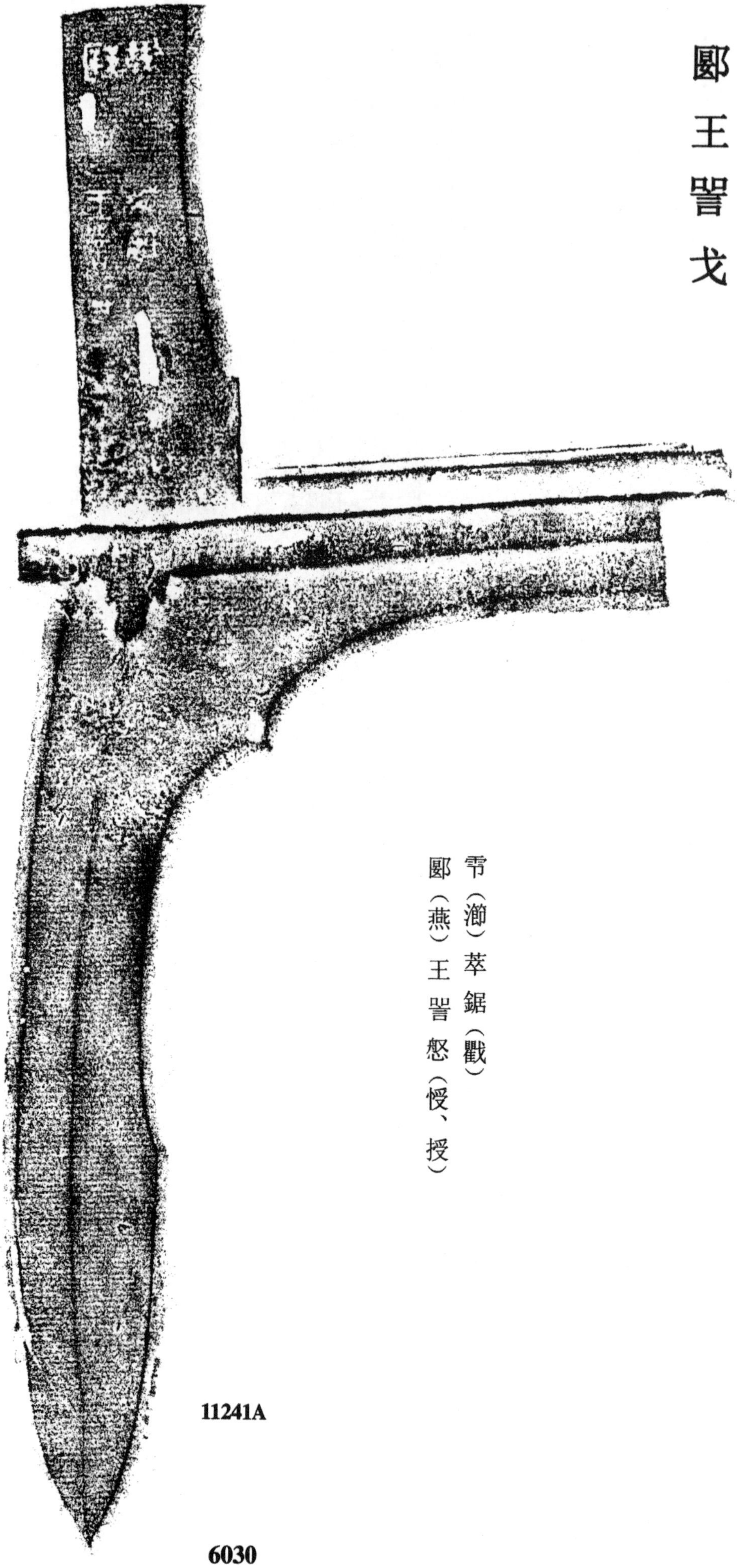

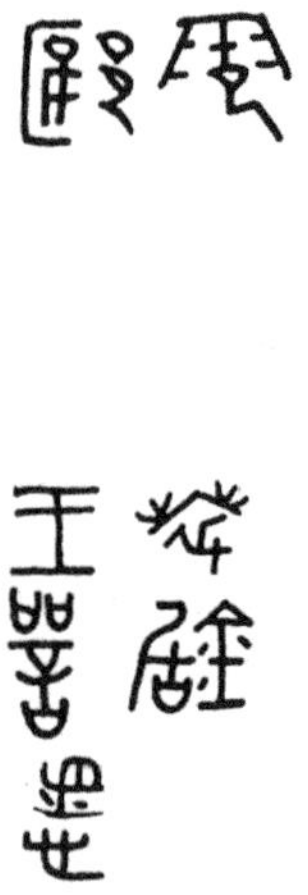

11241C

11241A

雩(瀕)萃鋸(戵)

郾(燕)王詈恖(悛、授)

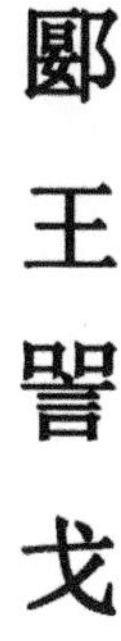

郾王詈戈

11242B

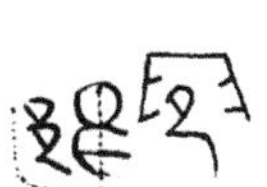

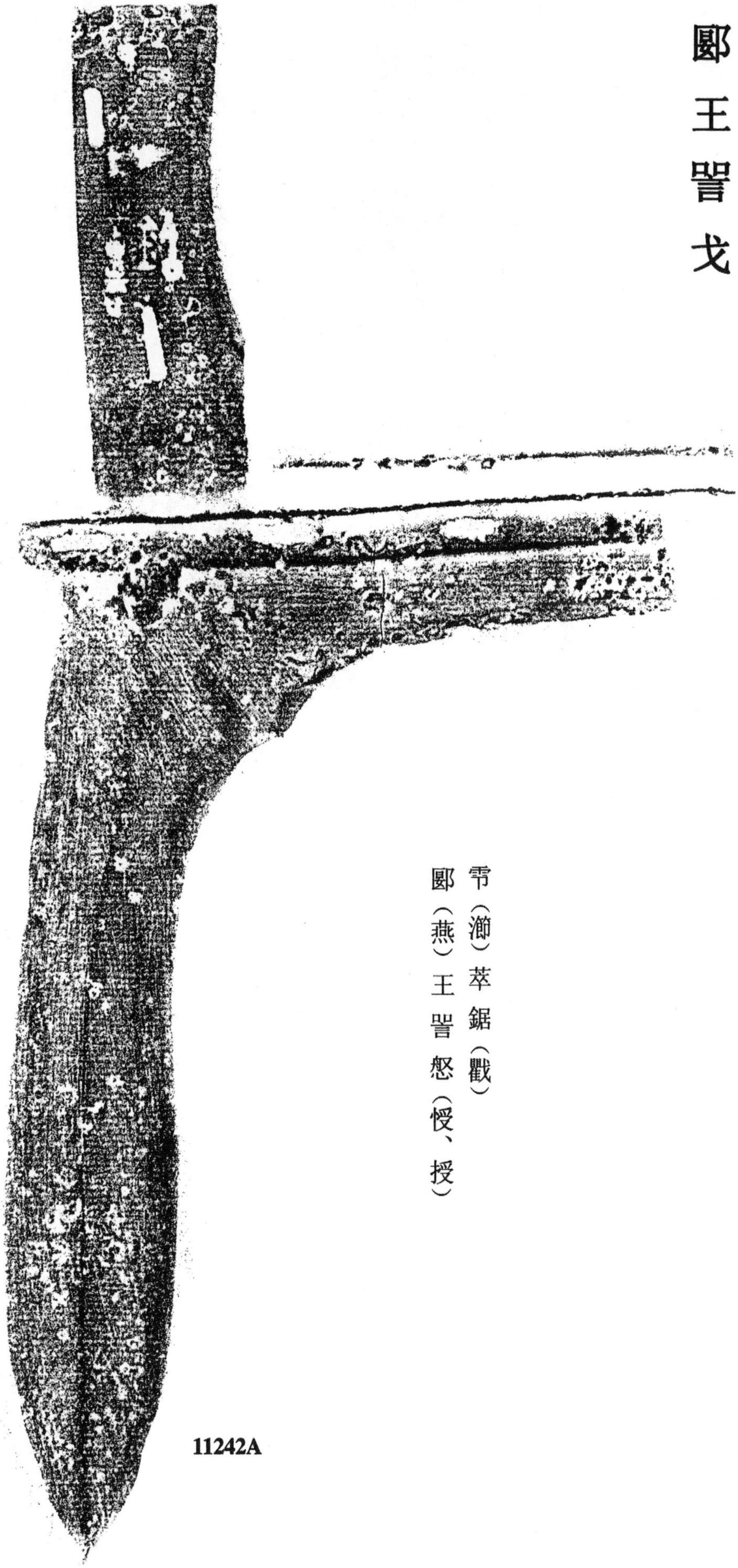

11242C

11242A

郾（燕）王詈恕（悛、授）

雩（瀕）萃鋸（戳）

郾王詈戈

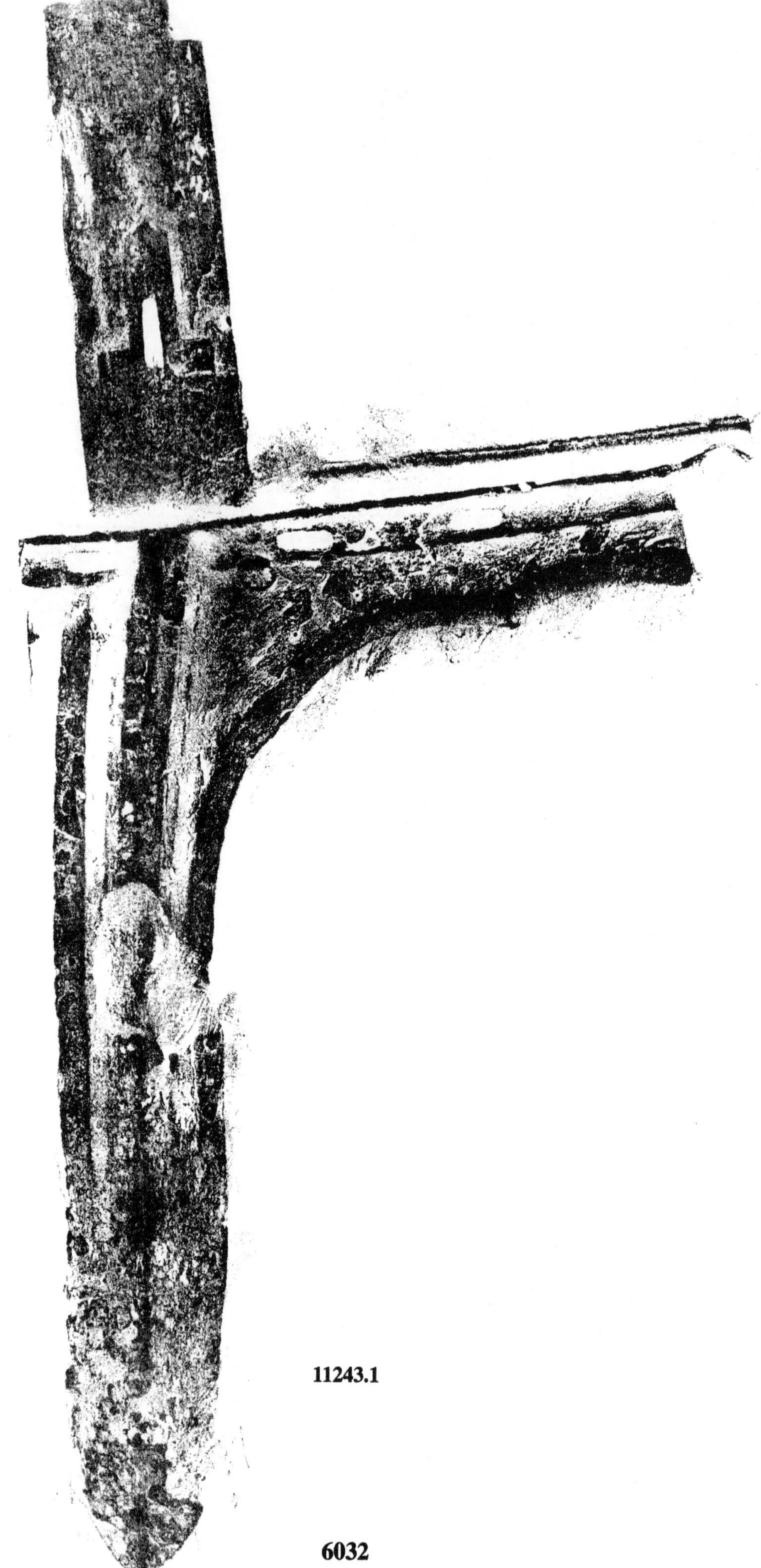

行議鍨，
郾（燕）王詈恕（㑆、授）

11243.1

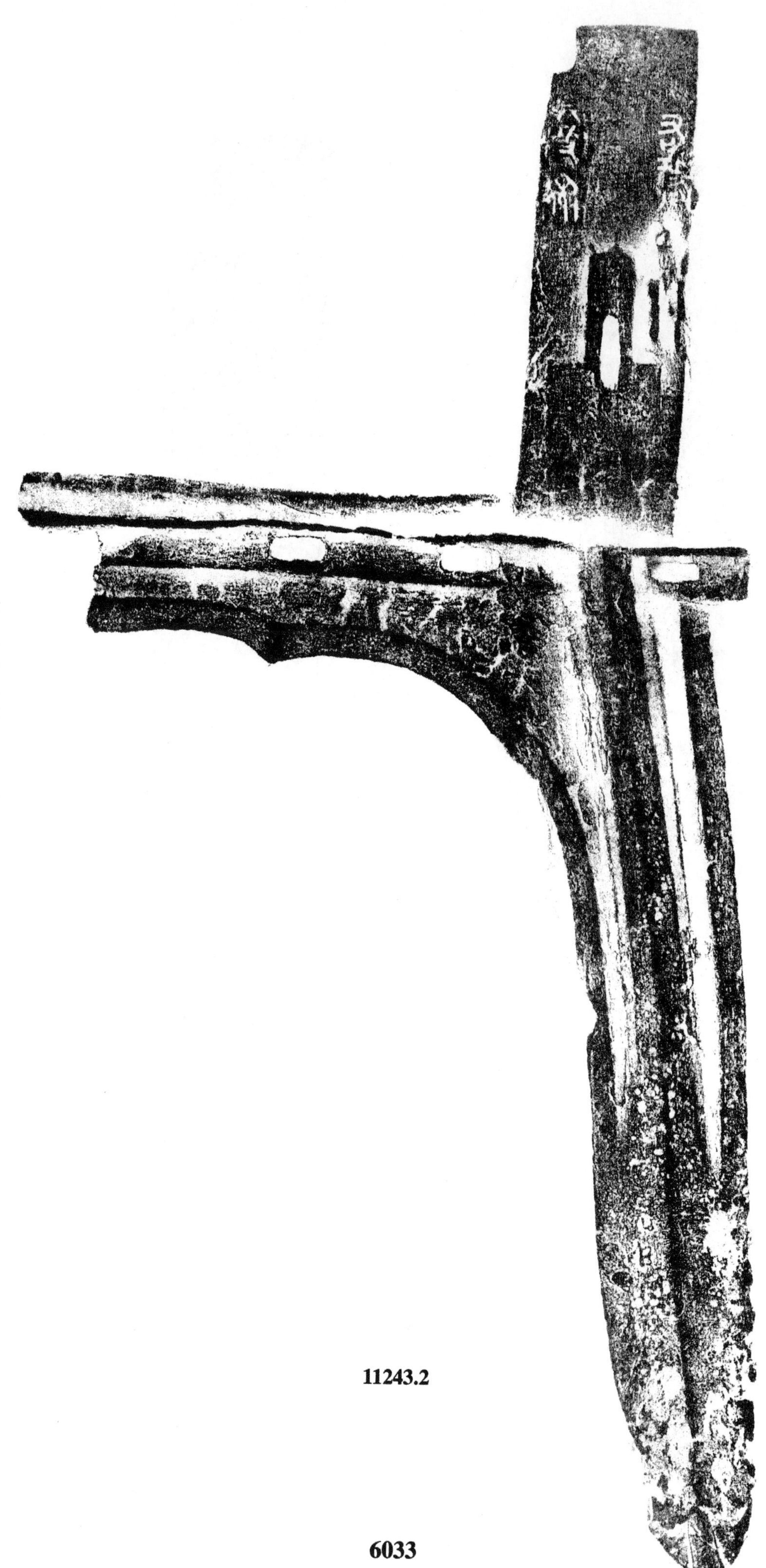

右攻（工）胥（尹），
其攻（工）眾

11243.2

郾王詈戈

郾（燕）王詈怒（㥞、授）行議鍨，
右攻（工）胥（尹），
其攻（工）眔

11244.1

11244.2

郾王詈戈

巨攺鋸（戳）
郾（燕）王詈乍（作）

11245

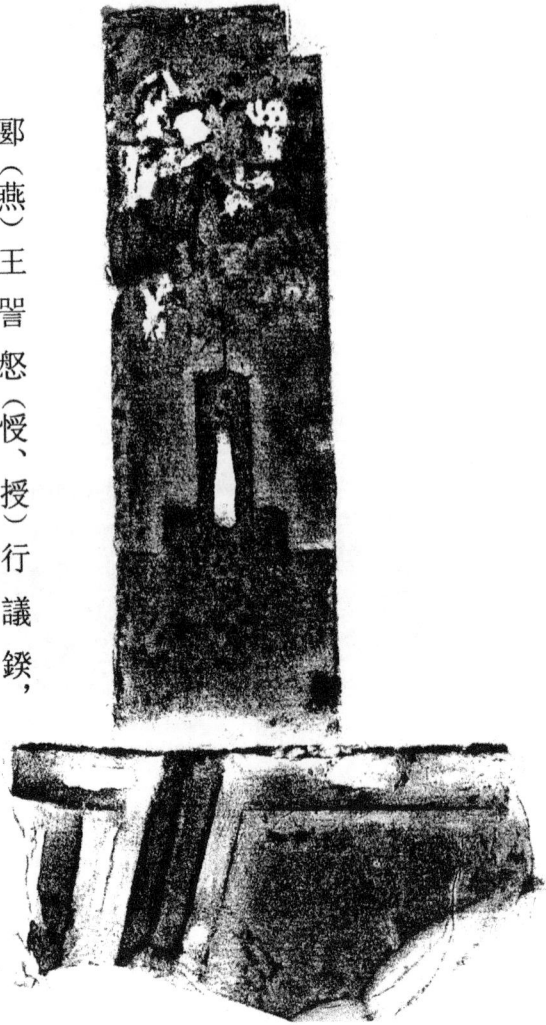

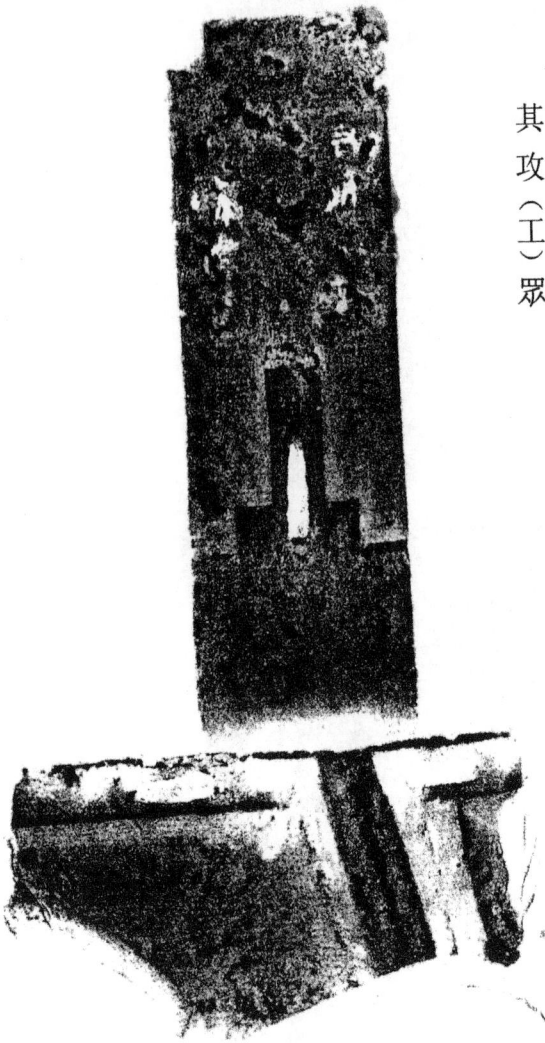

郾王喜戈

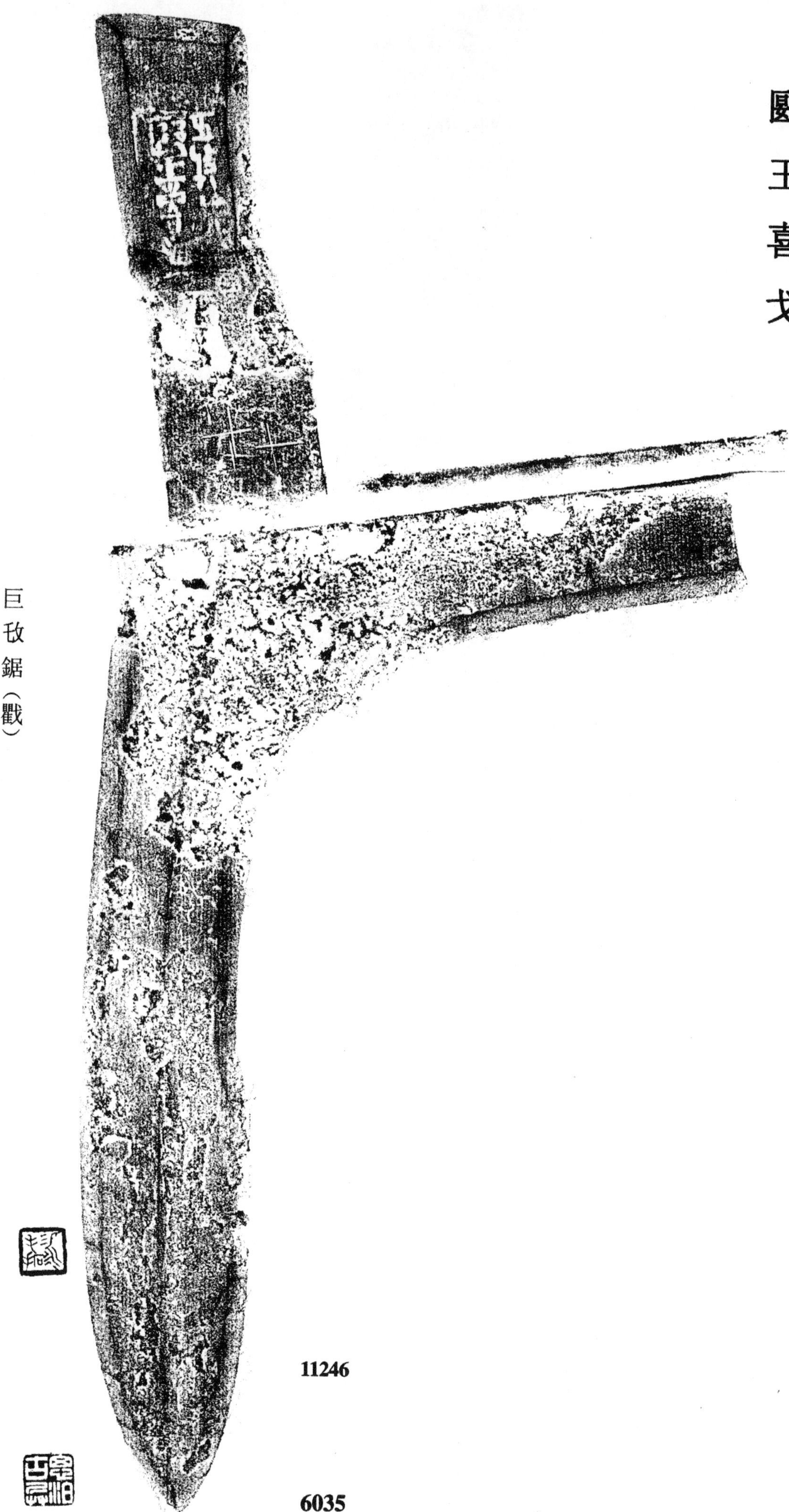

巨攼鋸（戳）

郾（燕）王喜怒（㥶、授）

11246

6035

郾王喜戈

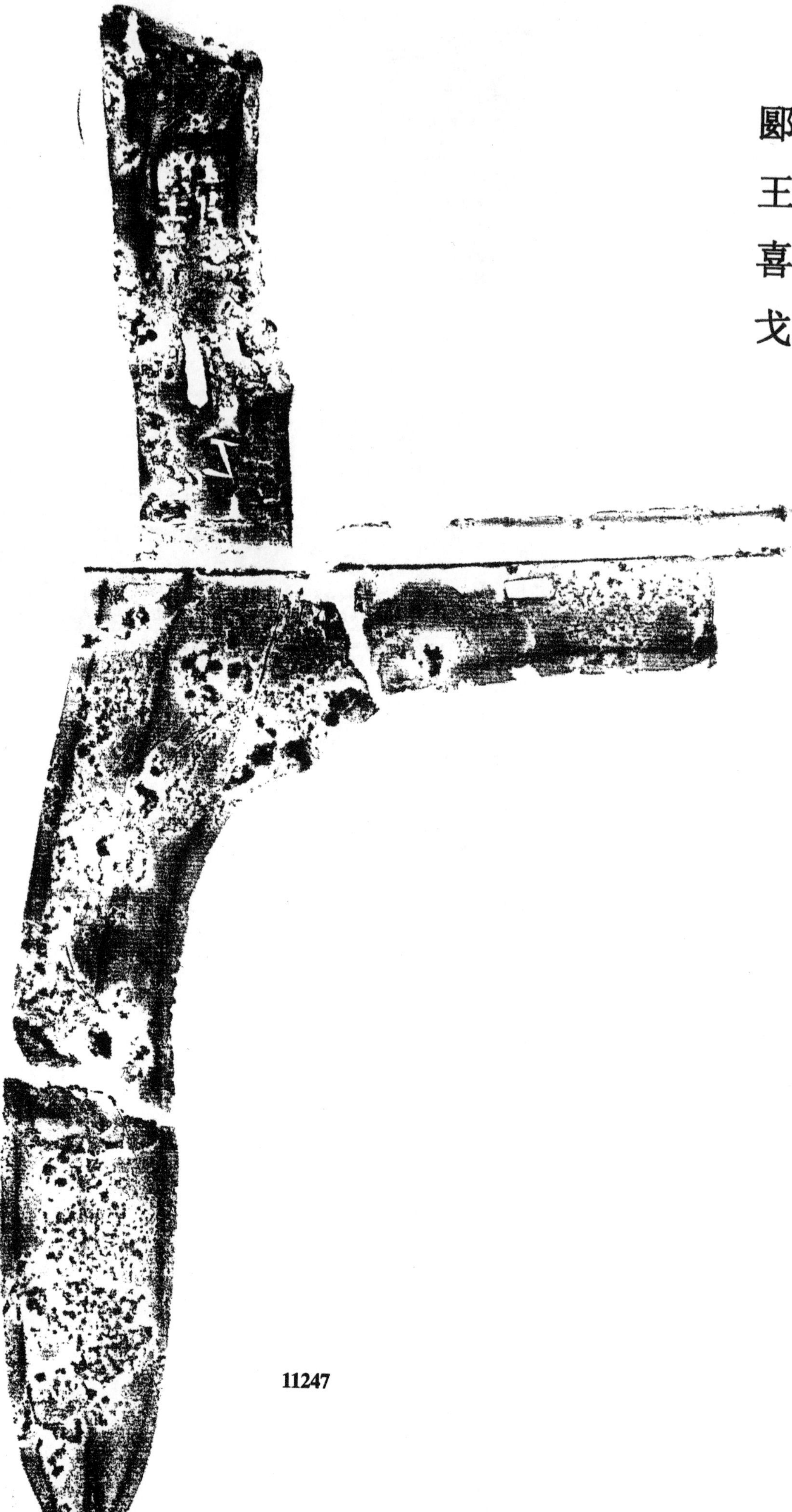

巨攼鋸（戳）

郾（燕）王喜恖（㥭、授）

11247

6036

郾王喜戈

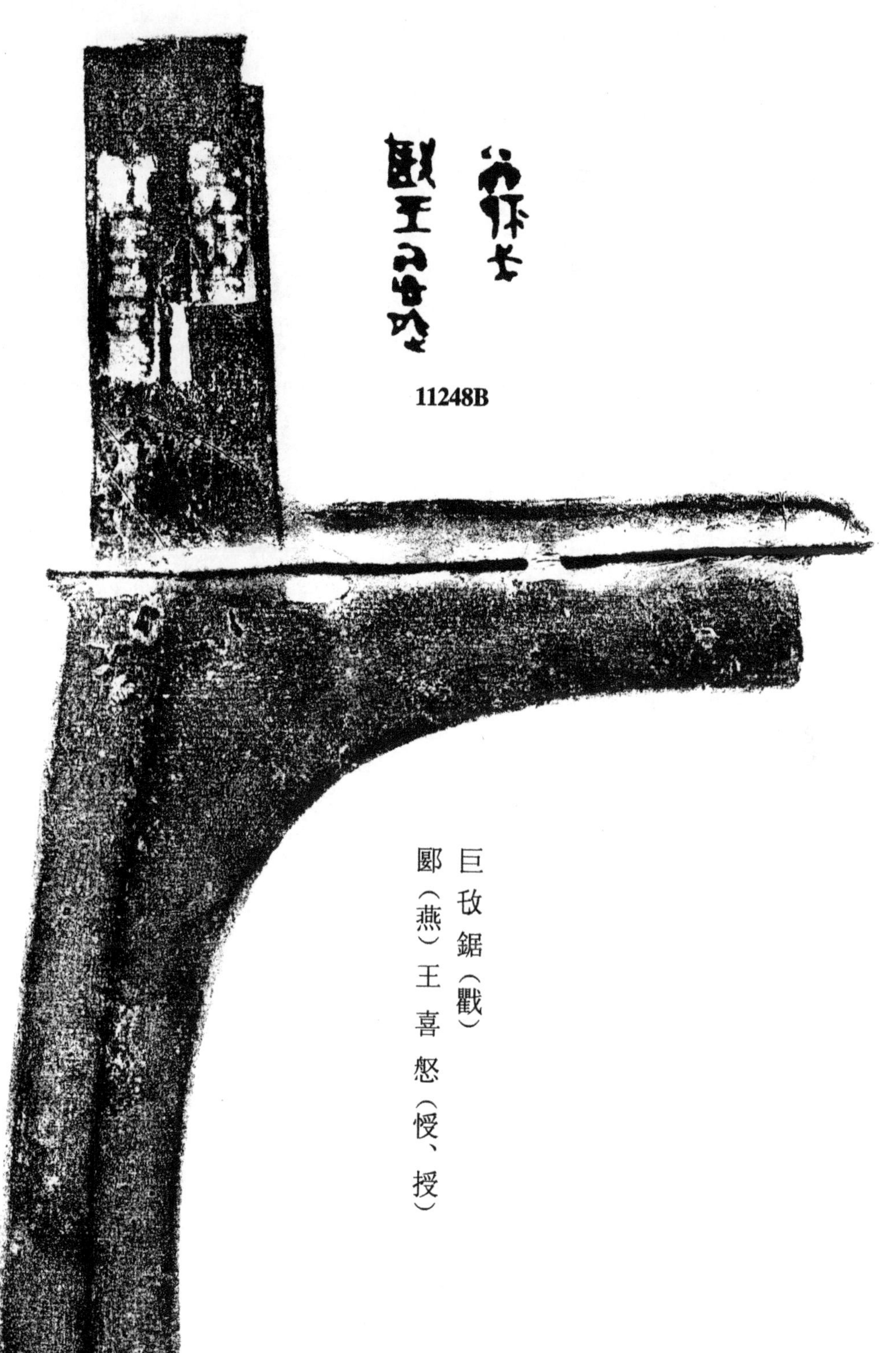

11248B

巨攼鋸（戵）

郾（燕）王喜怭（𢜿、授）

11248A

郾王喜戈

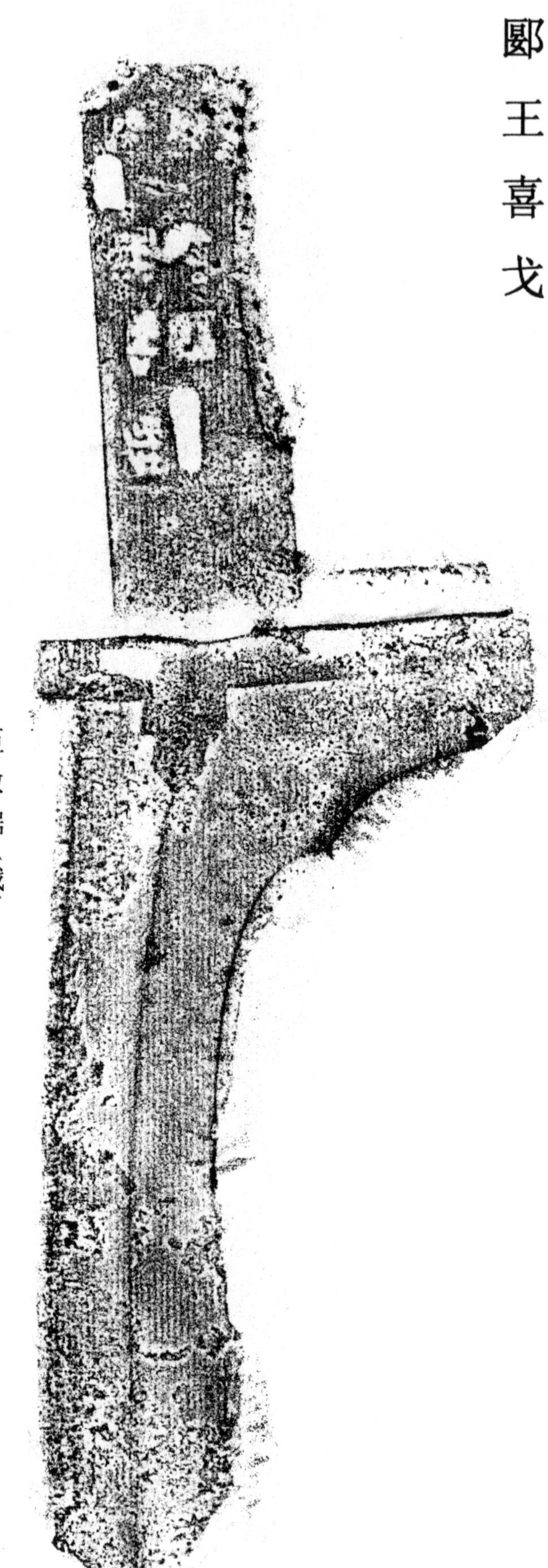

巨玫鋸（戵）

郾（燕）王喜悉（㥪、授）

11249

二年寺工譬戈

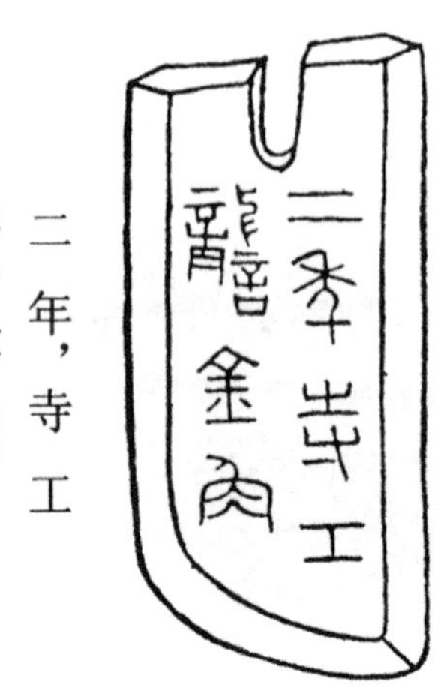

二年，寺工

譬、金角，

寺工

11250.1

11250.2

墬眚戟

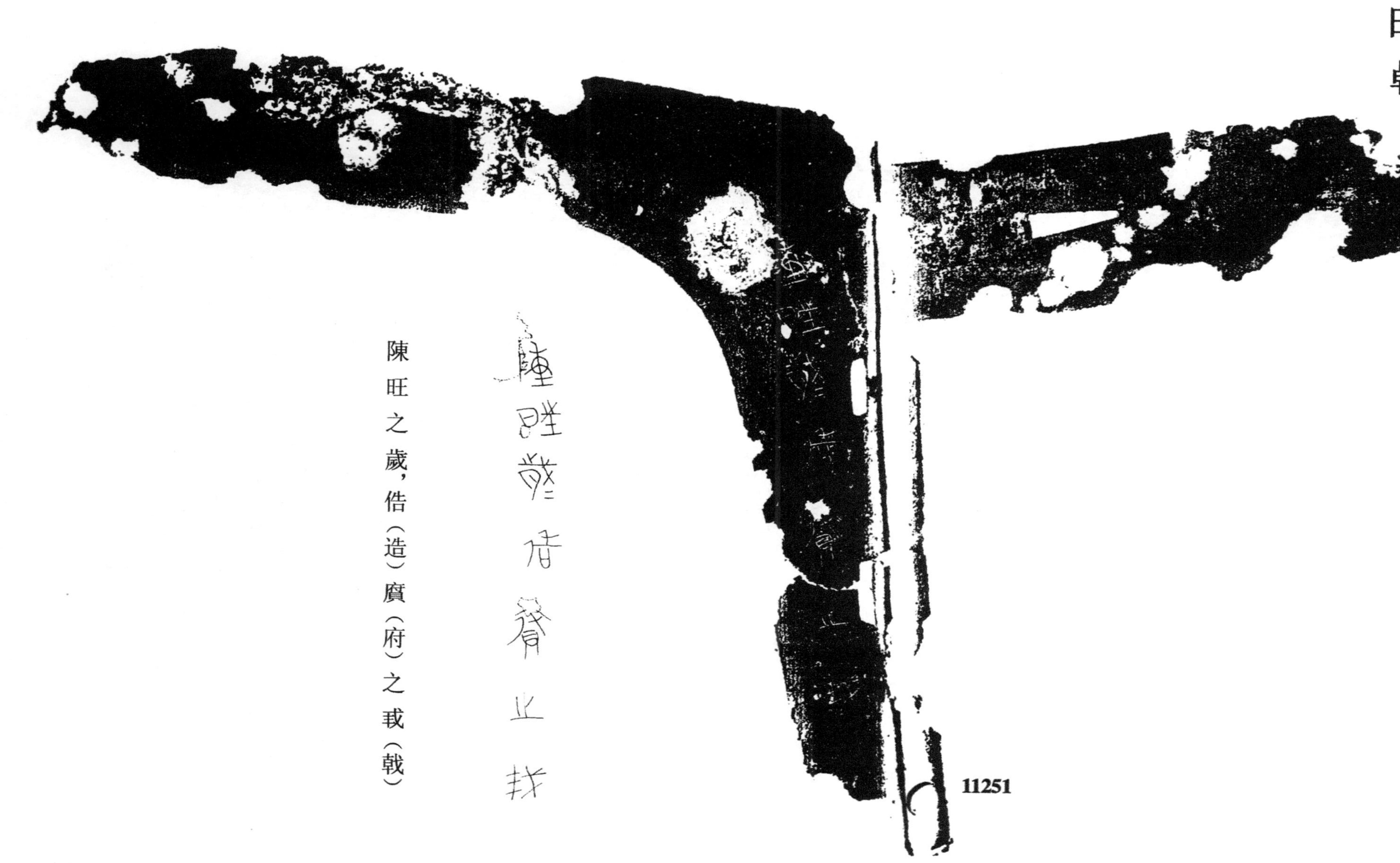

11251

陳旺之歲，俈(造)廣(府)之戟(戟)

邛季之孫戈

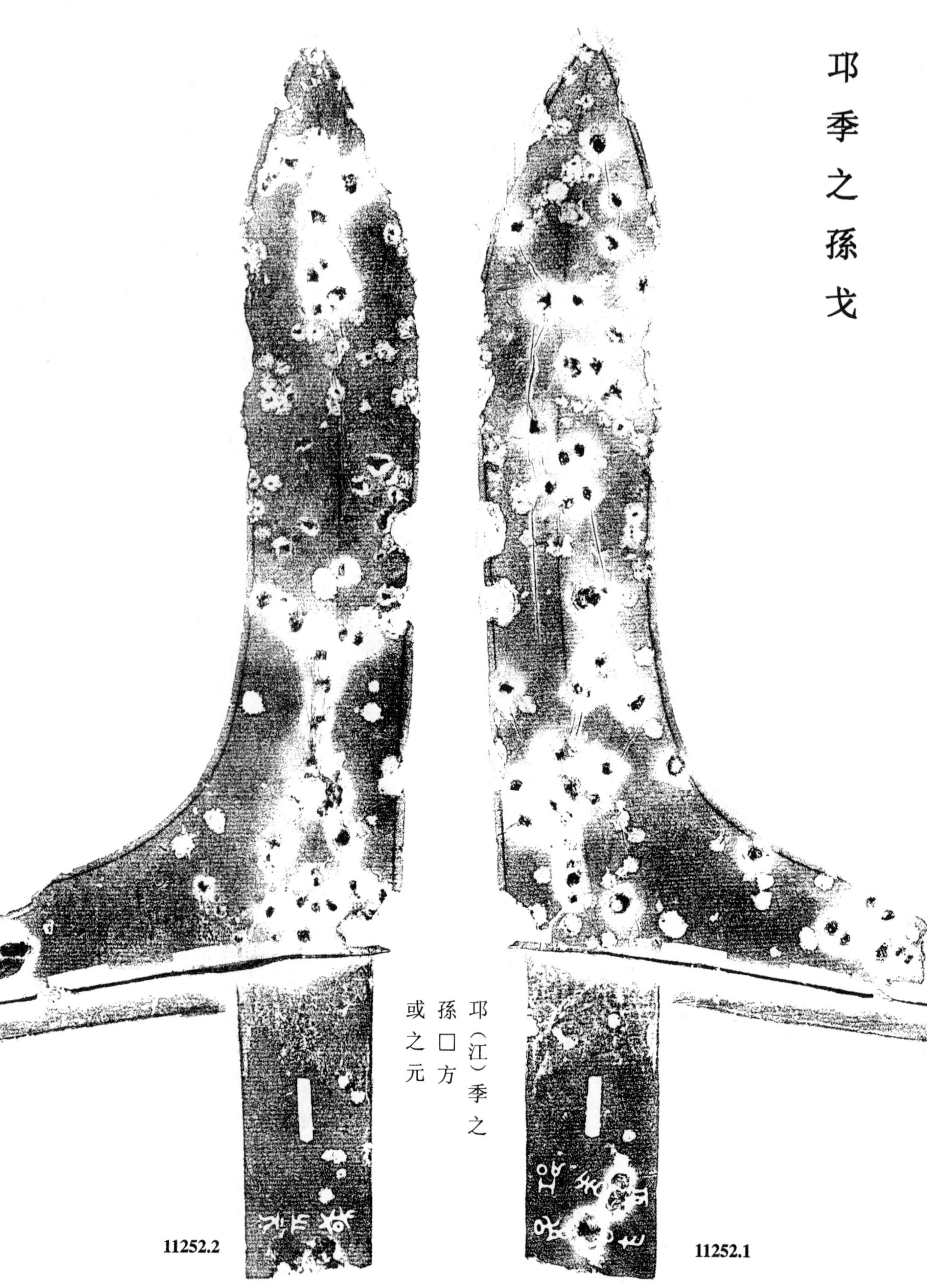

邛（江）季之孫□方或之元

11252.2

11252.1

□子戈

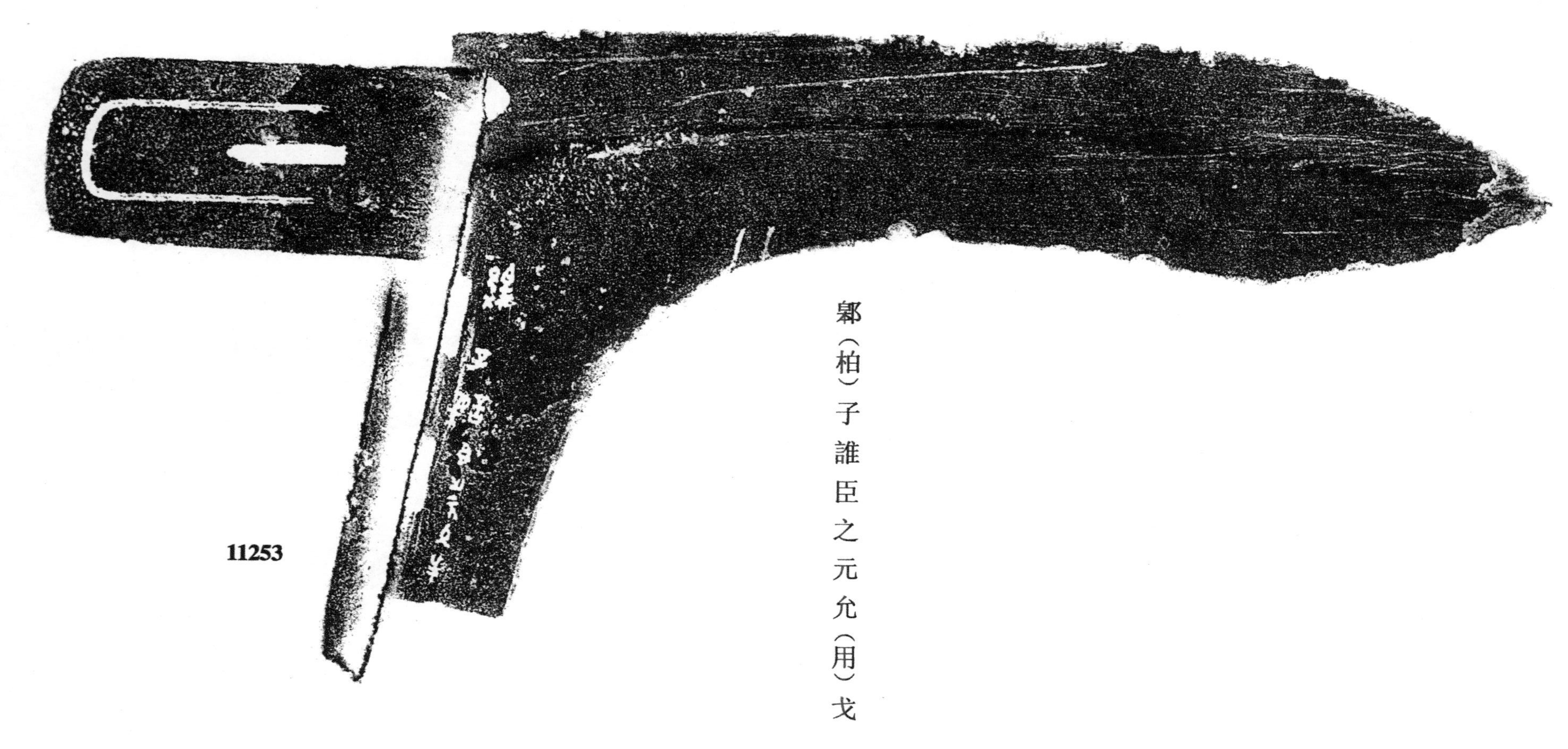

11253

鄡（柏）子誰臣之元允（用）戈

曾仲之孫戈

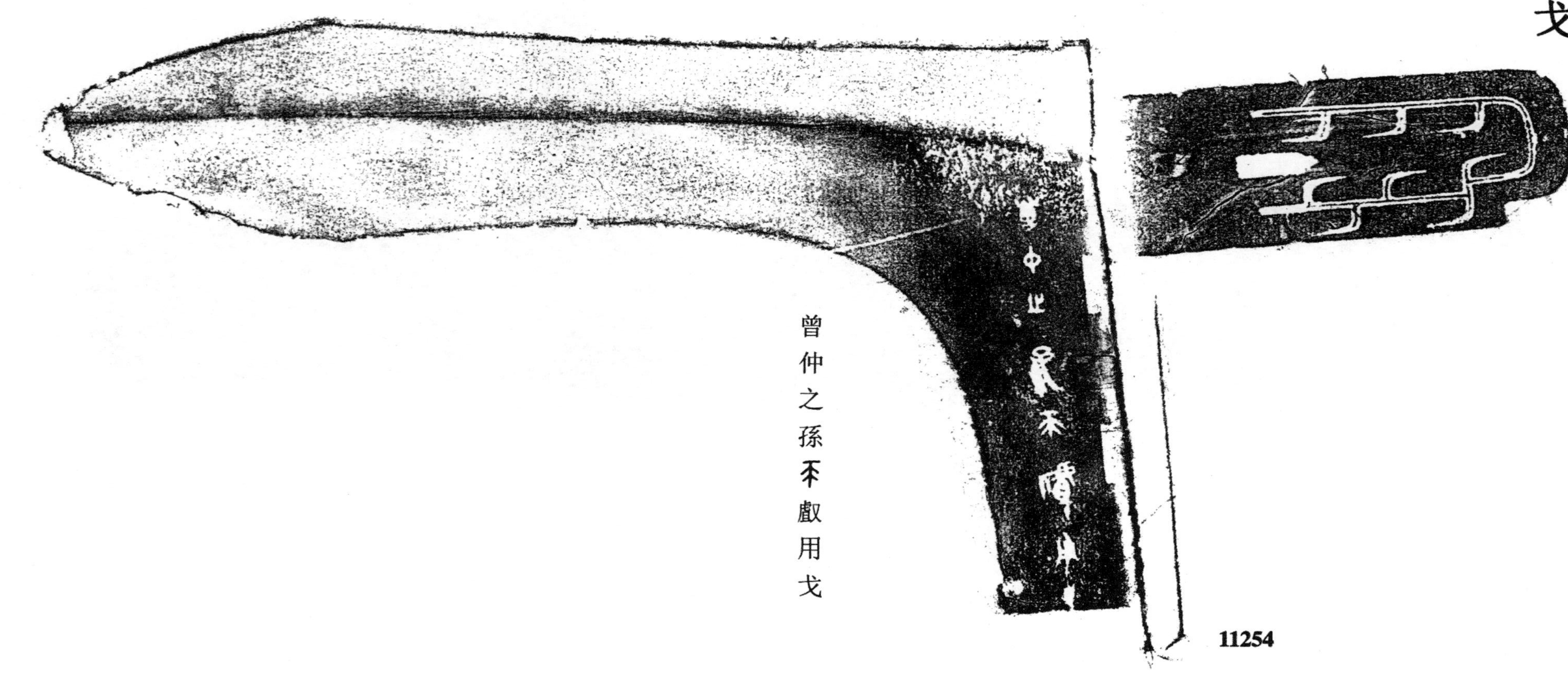

曾仲之孫丕𢾊用戈

11254

吴王光戈

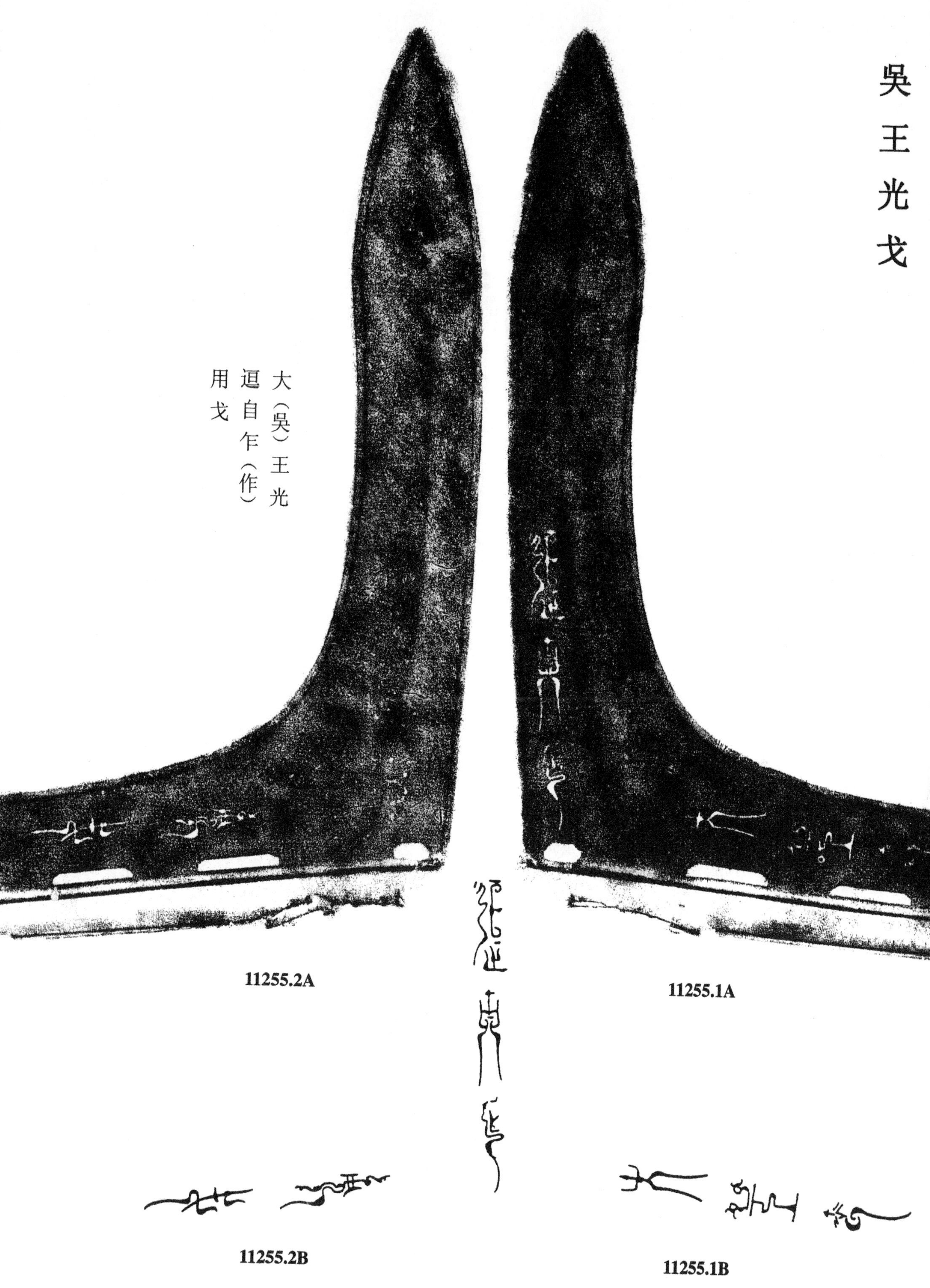

11255.2A

11255.1A

11255.2B

11255.1B

吴王光戈

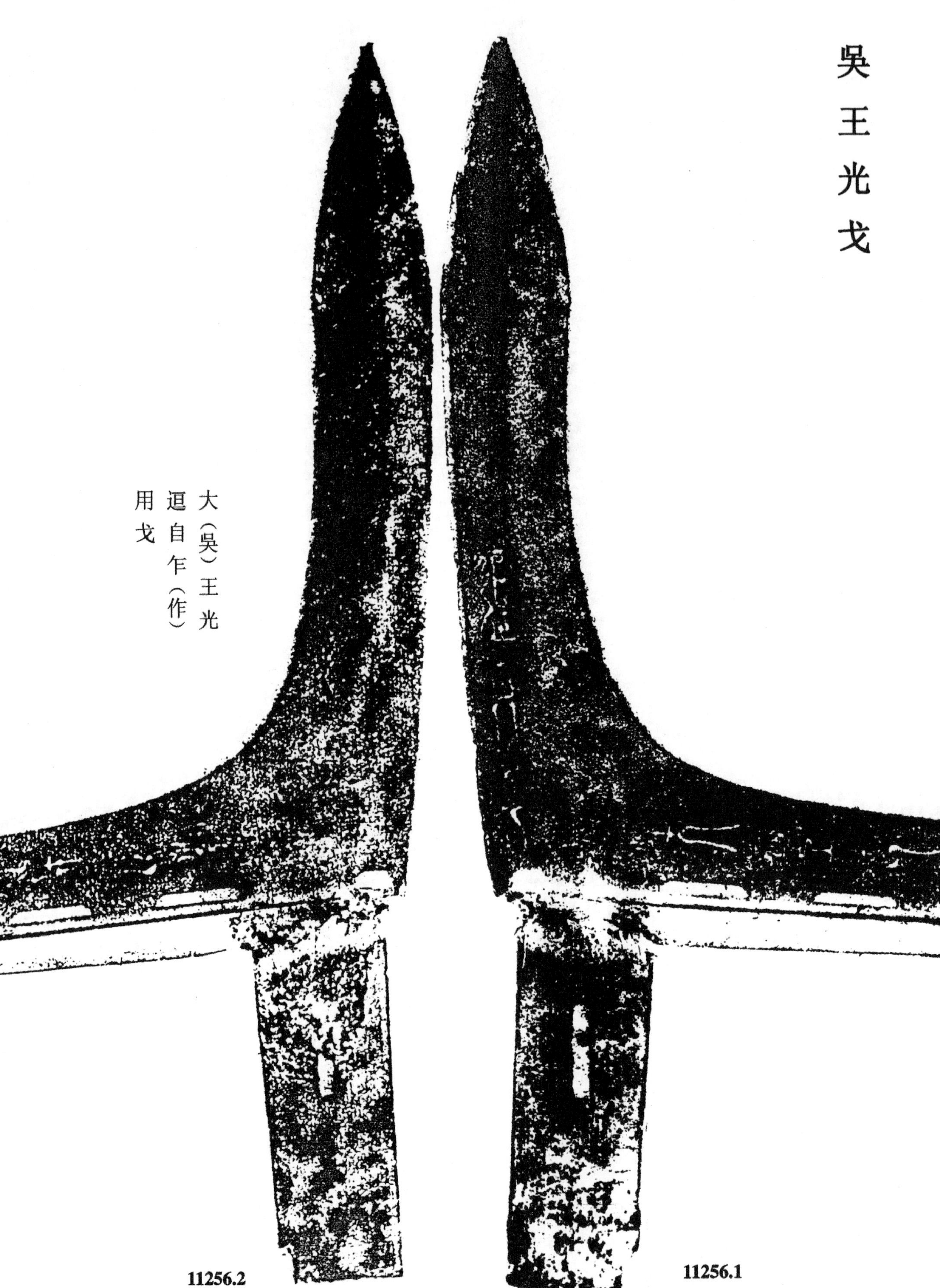

大(吴)王光逗自乍(作)用戈

11256.2

11256.1

吴王光戈

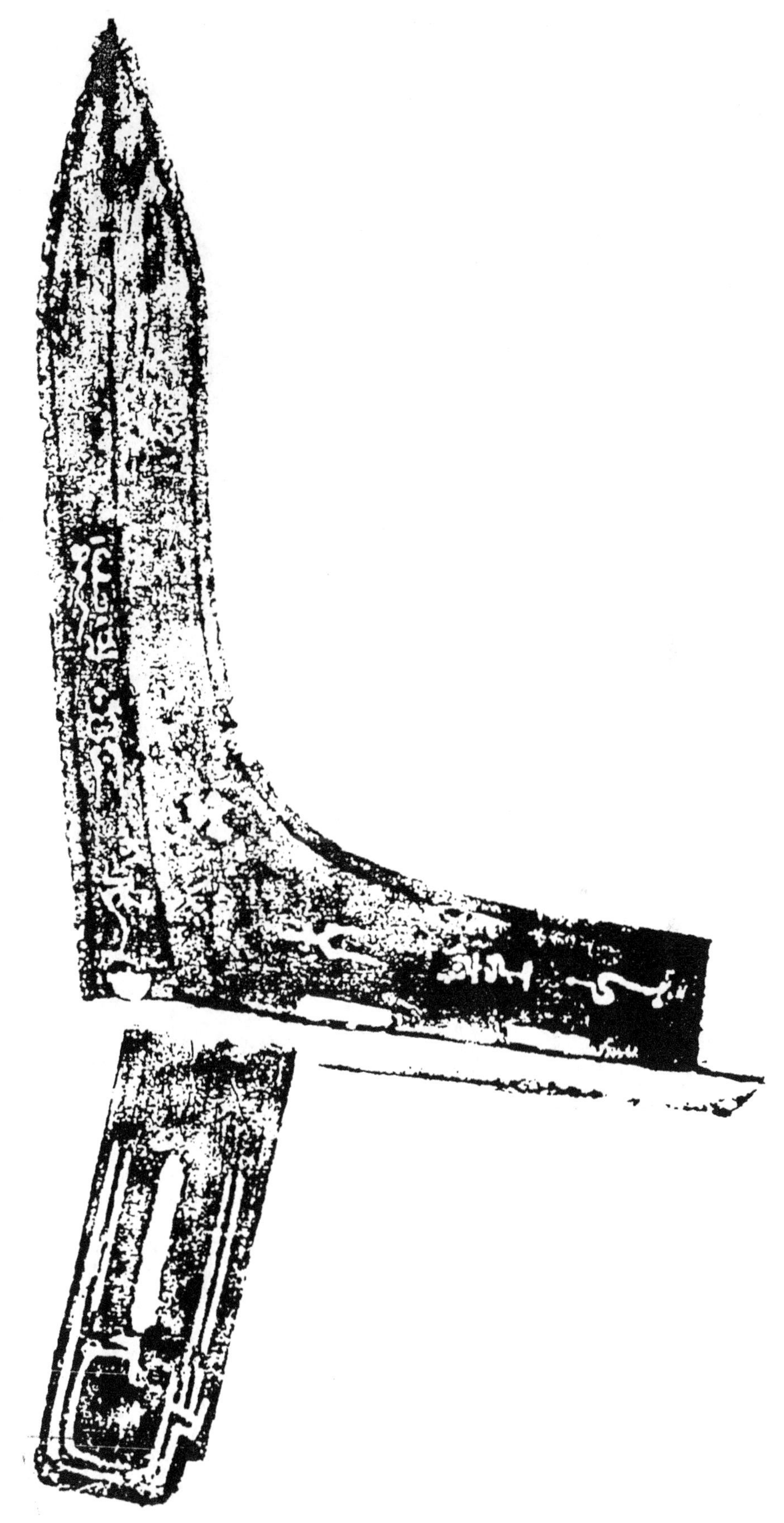

11257.1

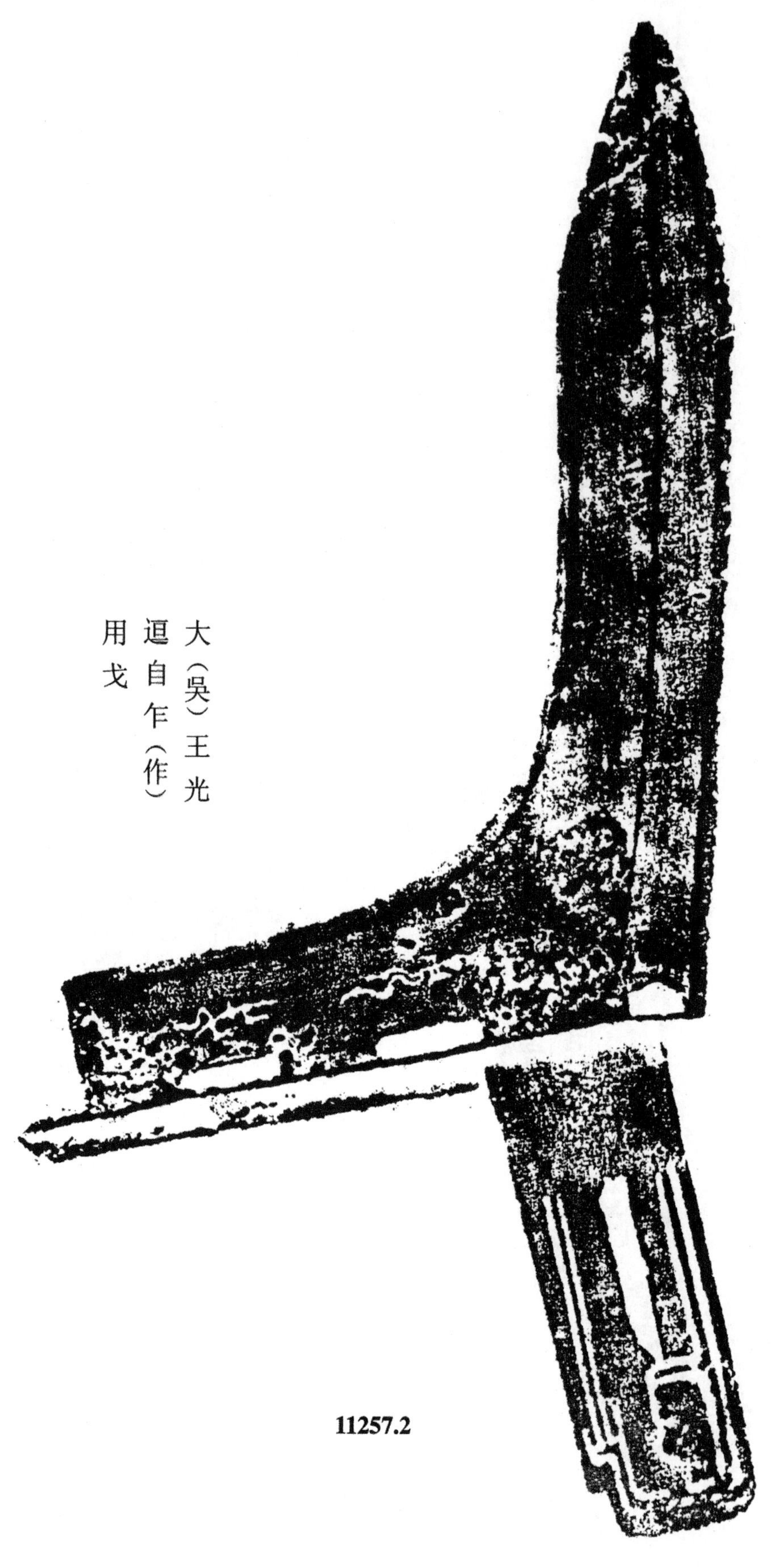

大(吳)王光
逗自乍(作)
用戈

11257.2

攻敔戟

11258.2A　　11258.1A

攻敔工（夫）差
自乍（作）用栽（戟）

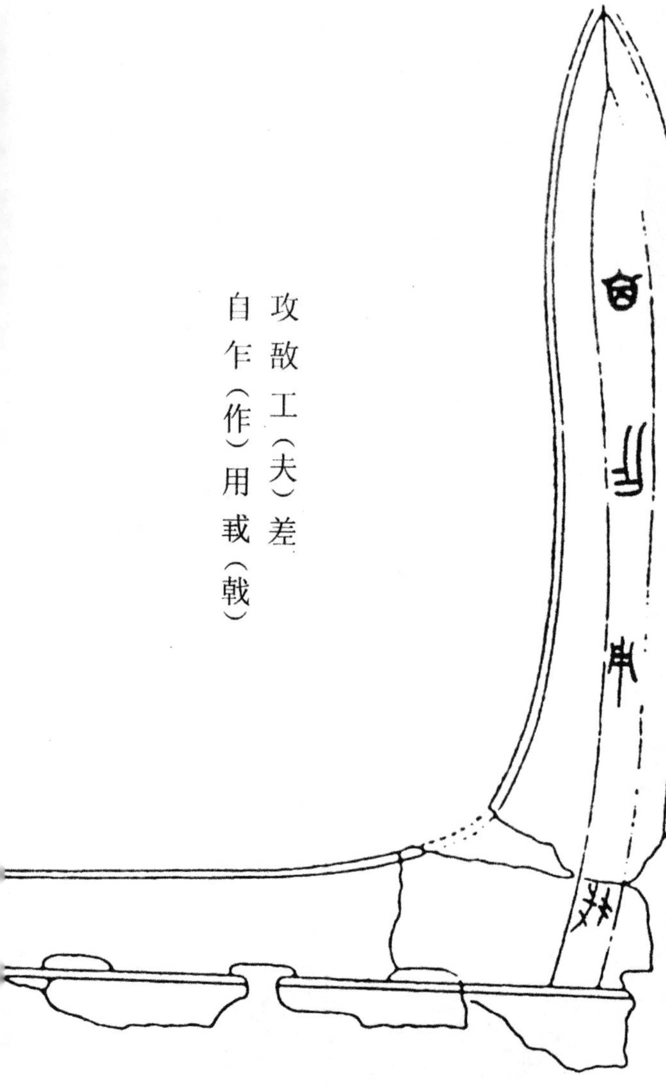

11258.2B

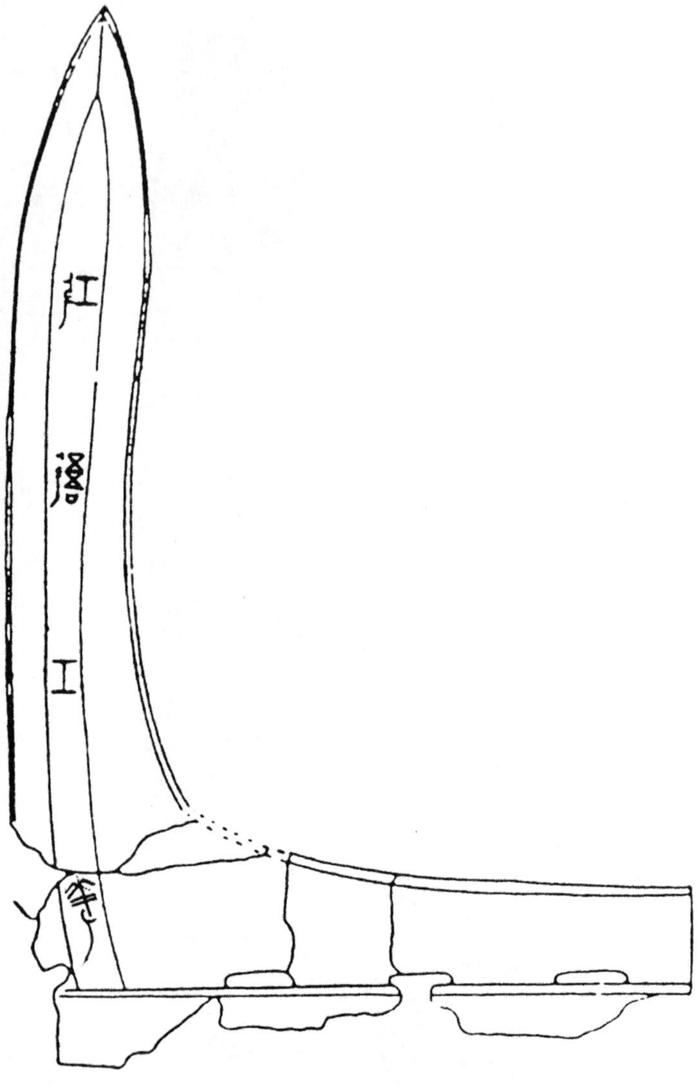

11258.1B

是立事歲戈

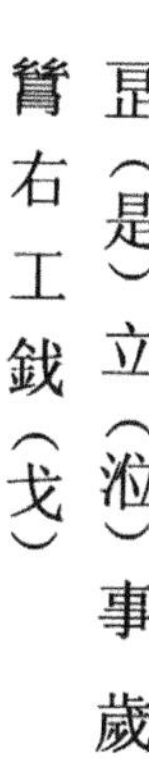

昰(是)立(涖)事歲，膂右工鈛(戈)

11259

陳侯因𪗈戈

陳侯因咨（齊）造，
勹（復）昜（陽）右

11260

番仲戈

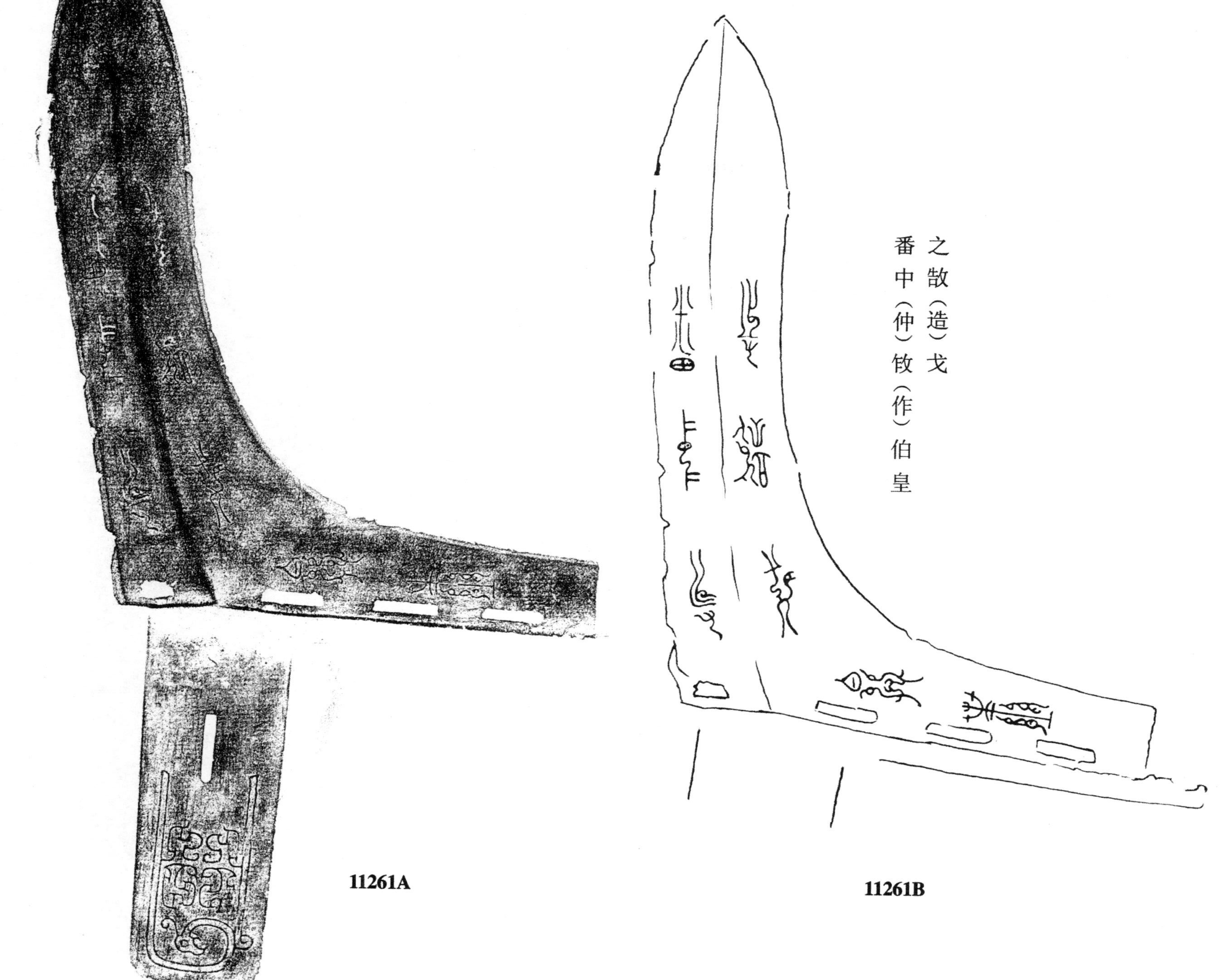

11261A

11261B

翏金戈

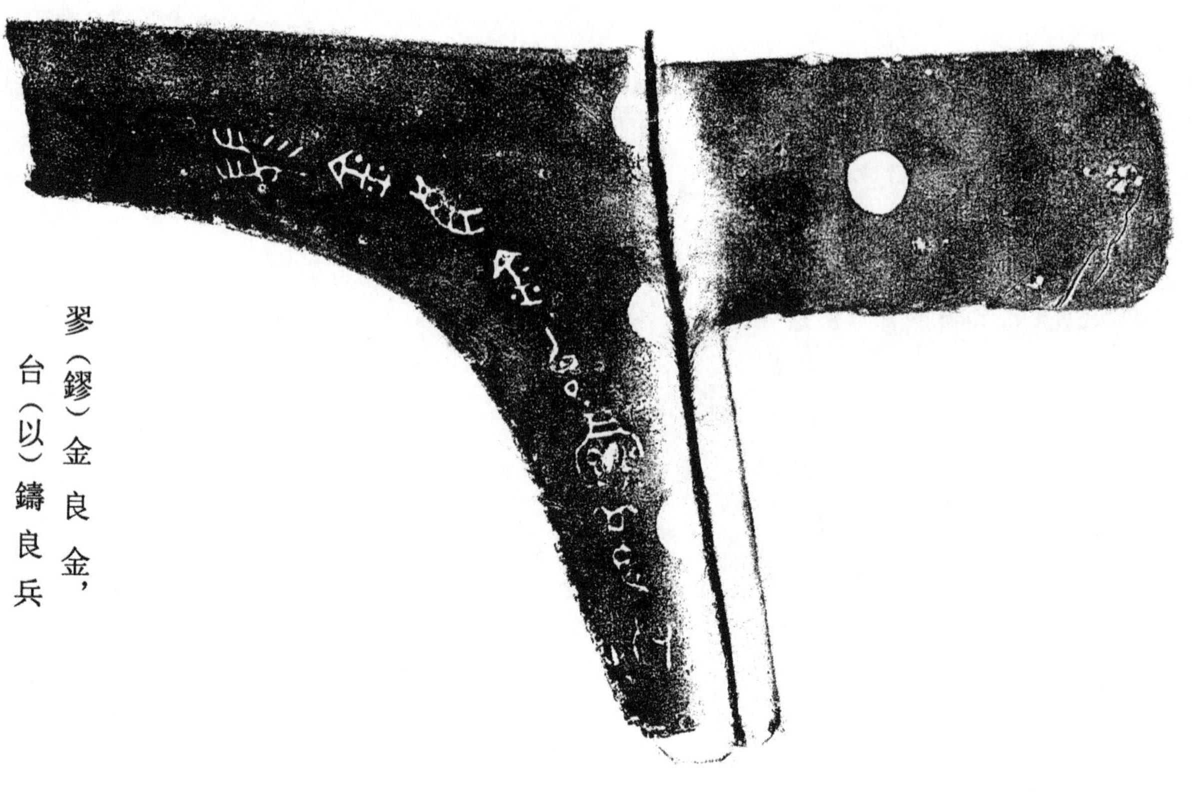

翏（鏐）金良金，台（以）鑄良兵

11262

邗王是埜戈

11263.2B　11263.2A

邗王是埜（野），乍（作）爲元用

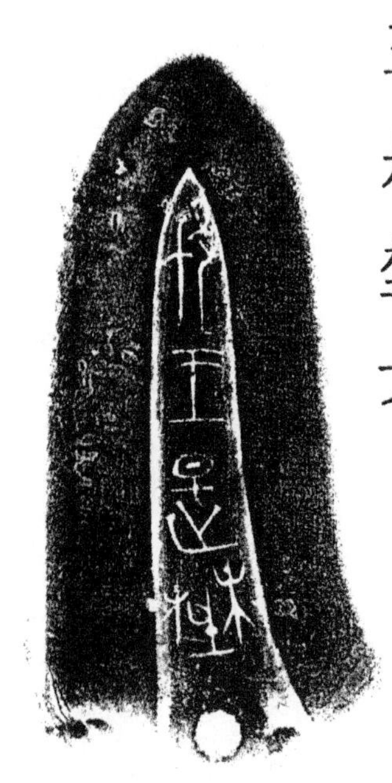

11263.1B　11263.1A

十八年鄉左庫戈

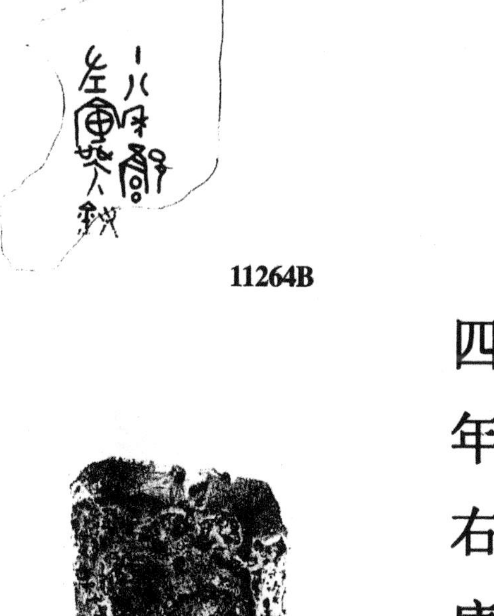

11264A

11264B

十八年，鄉左庫無鑄

虎旬丘君戈

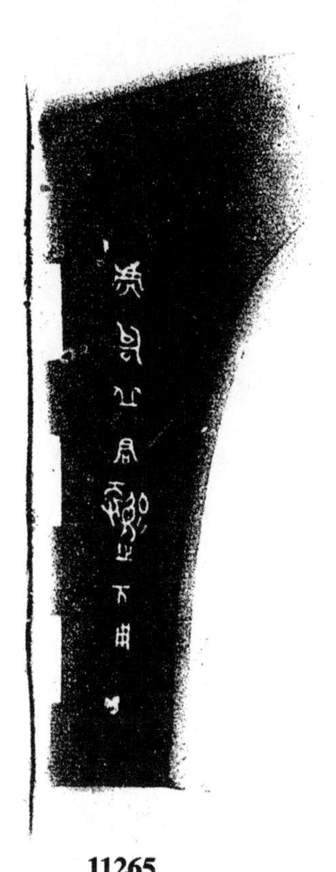

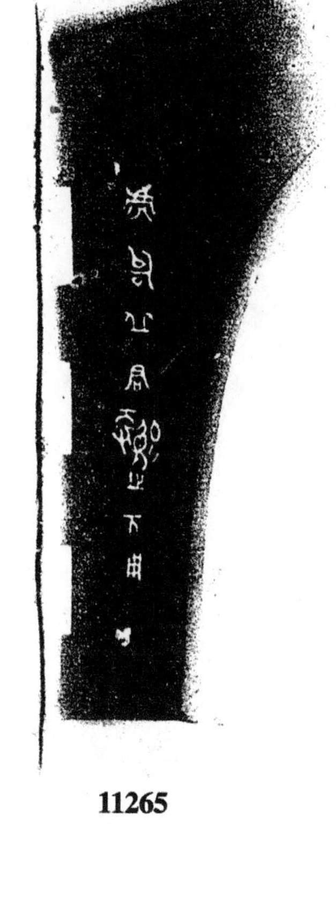

11265

虎旬丘君豫之元用

四年右庫戈

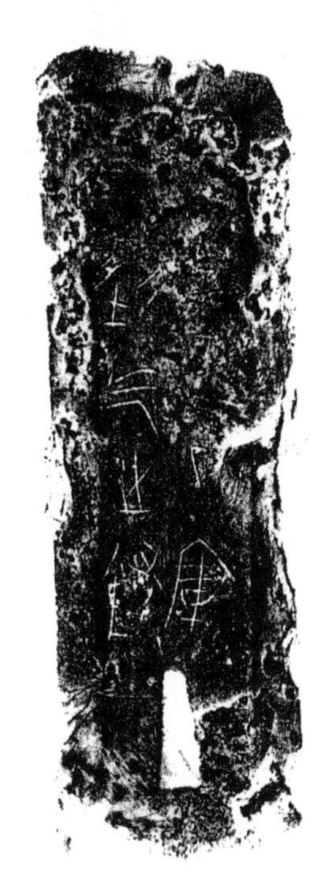

11266A

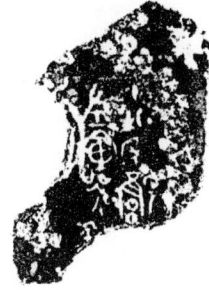

11266B

四年，右庫冶气(乞)之鑄

單䄄討戈

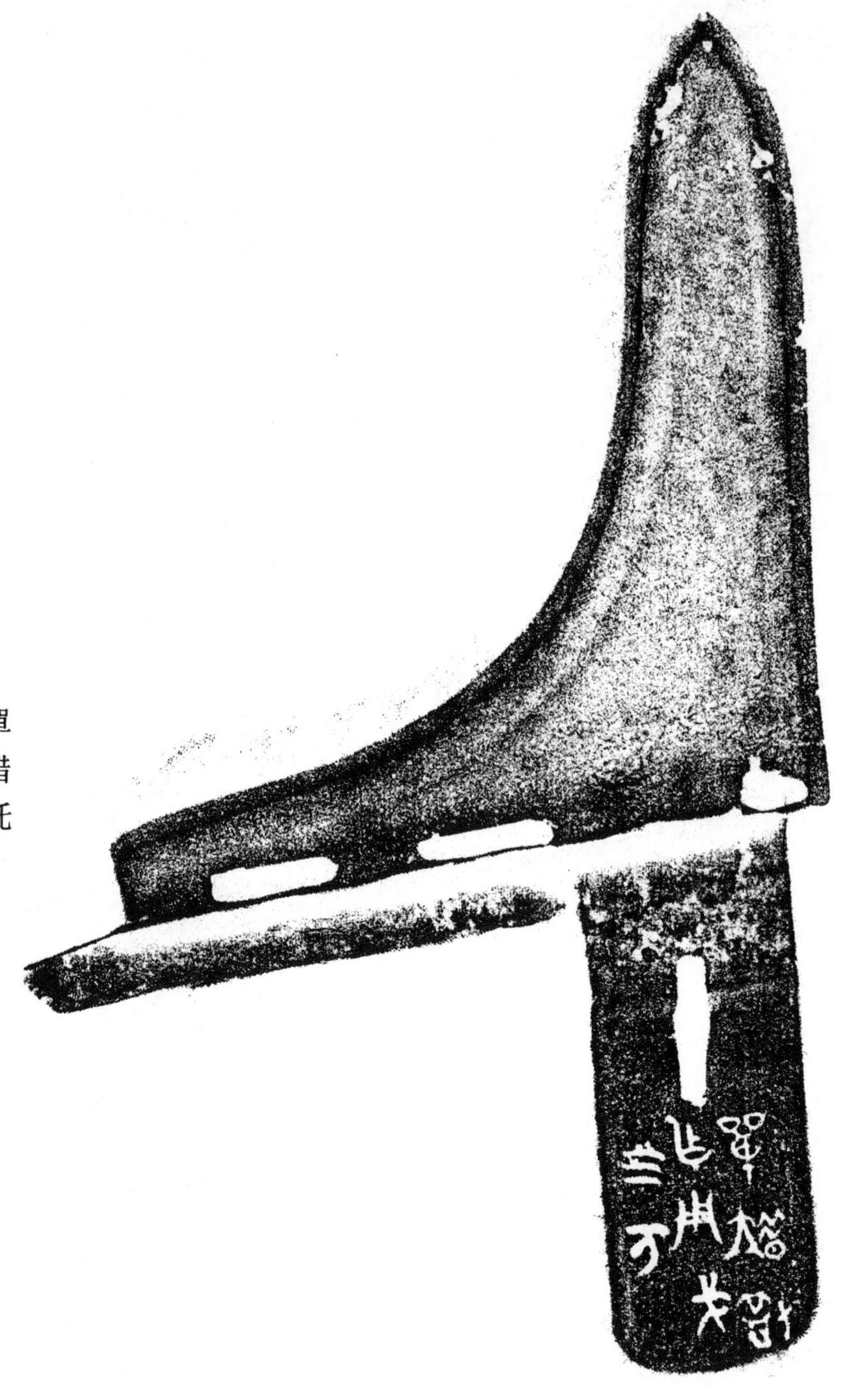

單䄄託
乍（作）用戈
三万（萬）

11267

庚寅戈

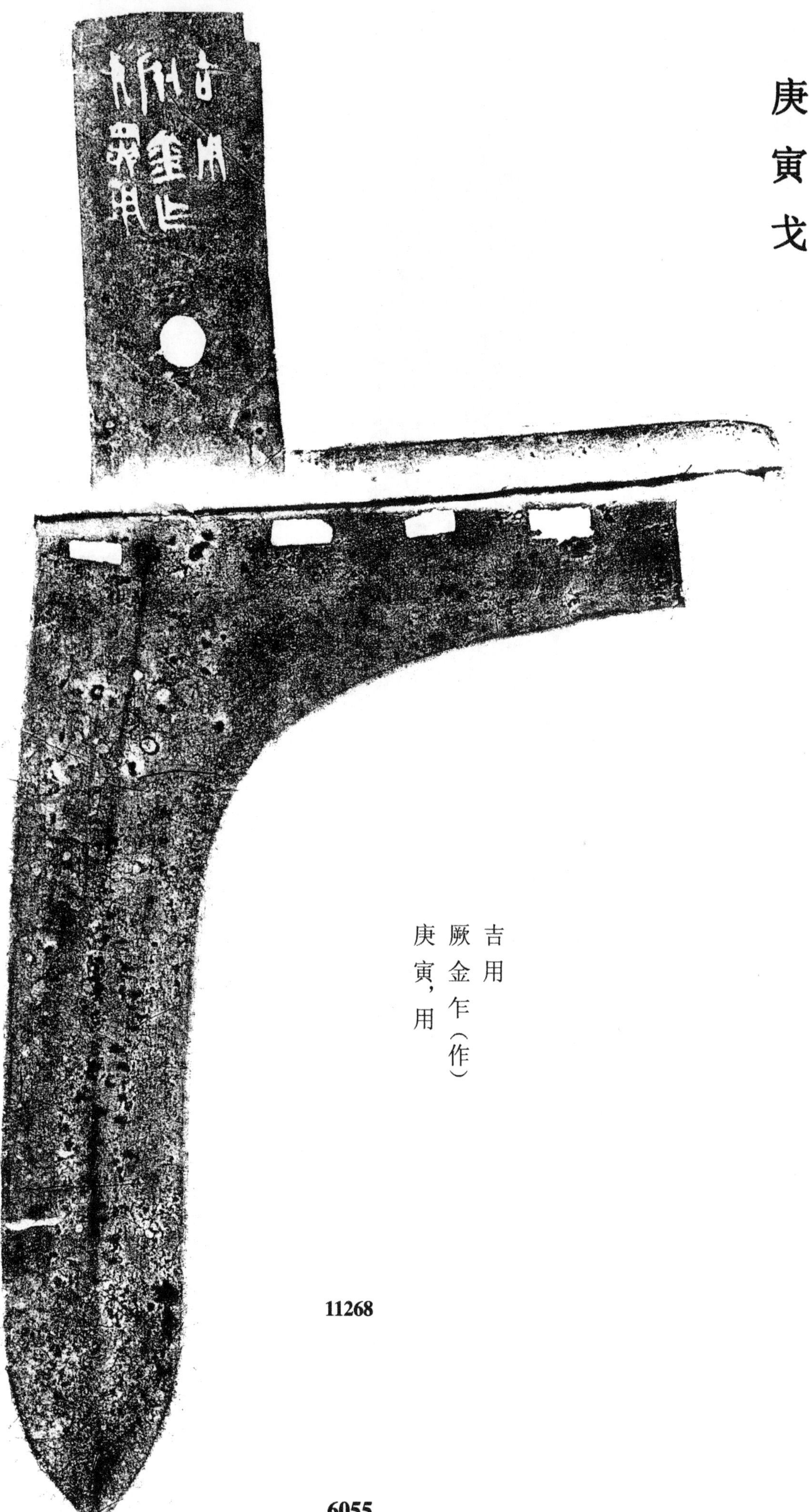

吉用
厥金乍(作)
庚寅，用

11268

十四年州戈

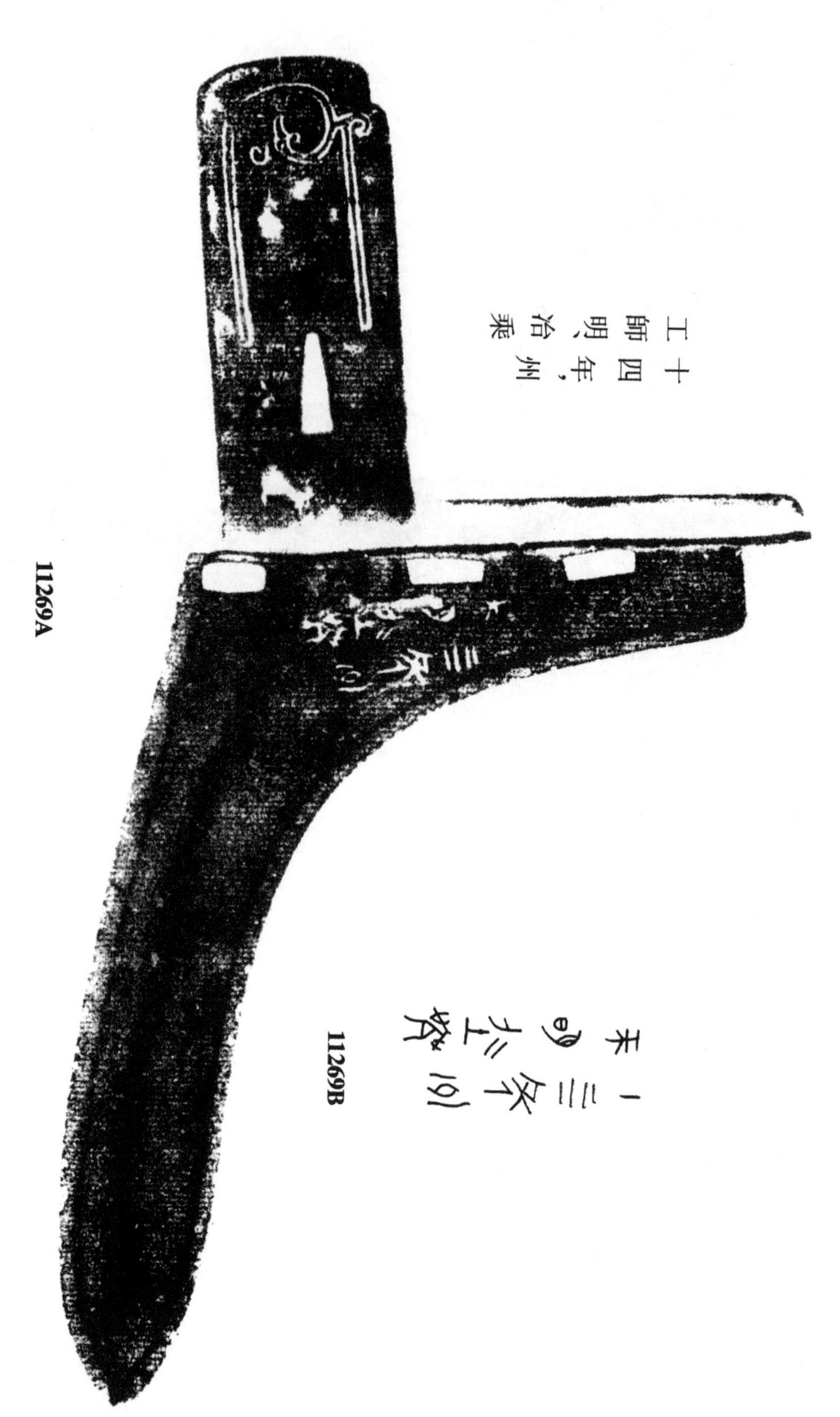

11269A

11269B

十四年，州工師明、冶乘

非釪戈

非釳業邗

逾陽，廿四

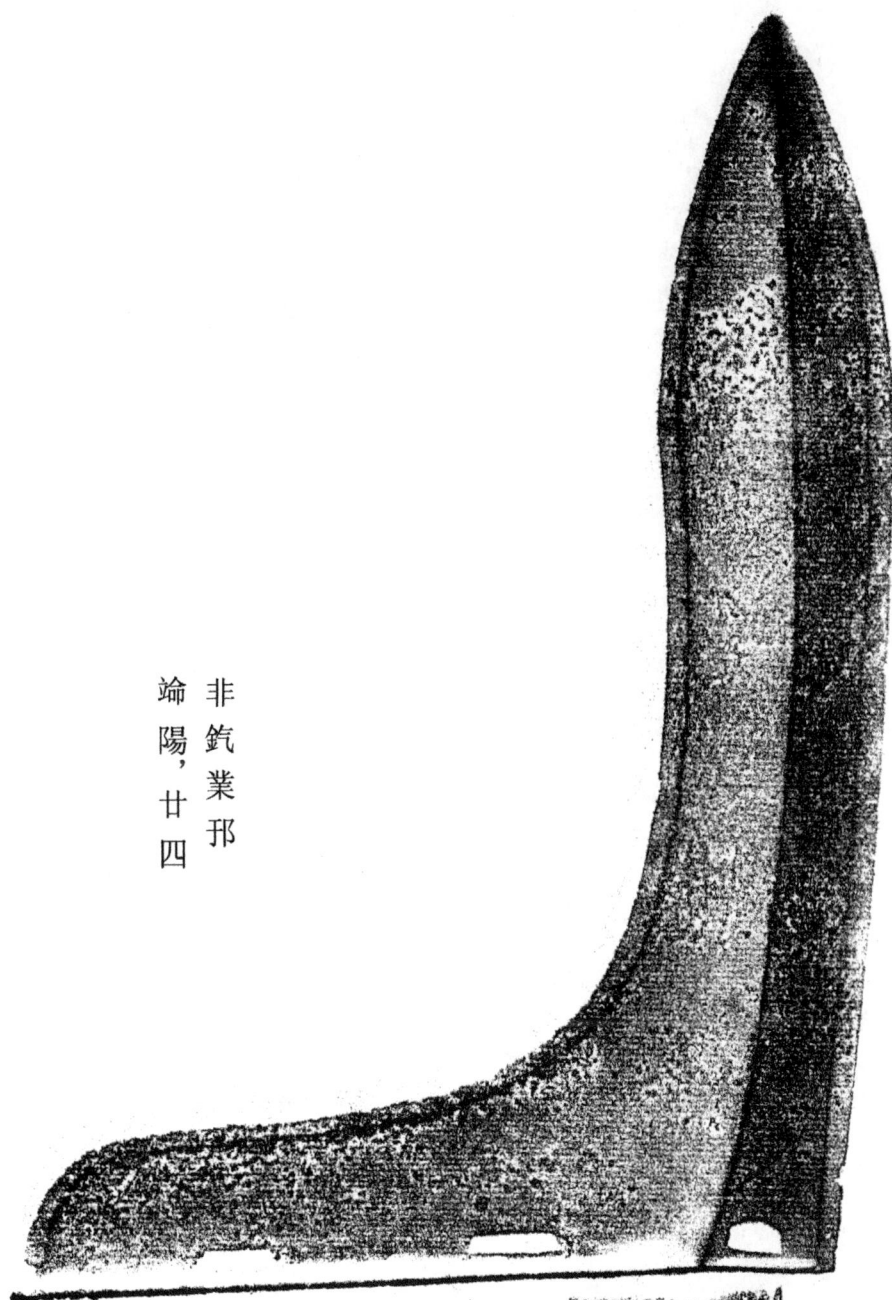

11270B

11270A

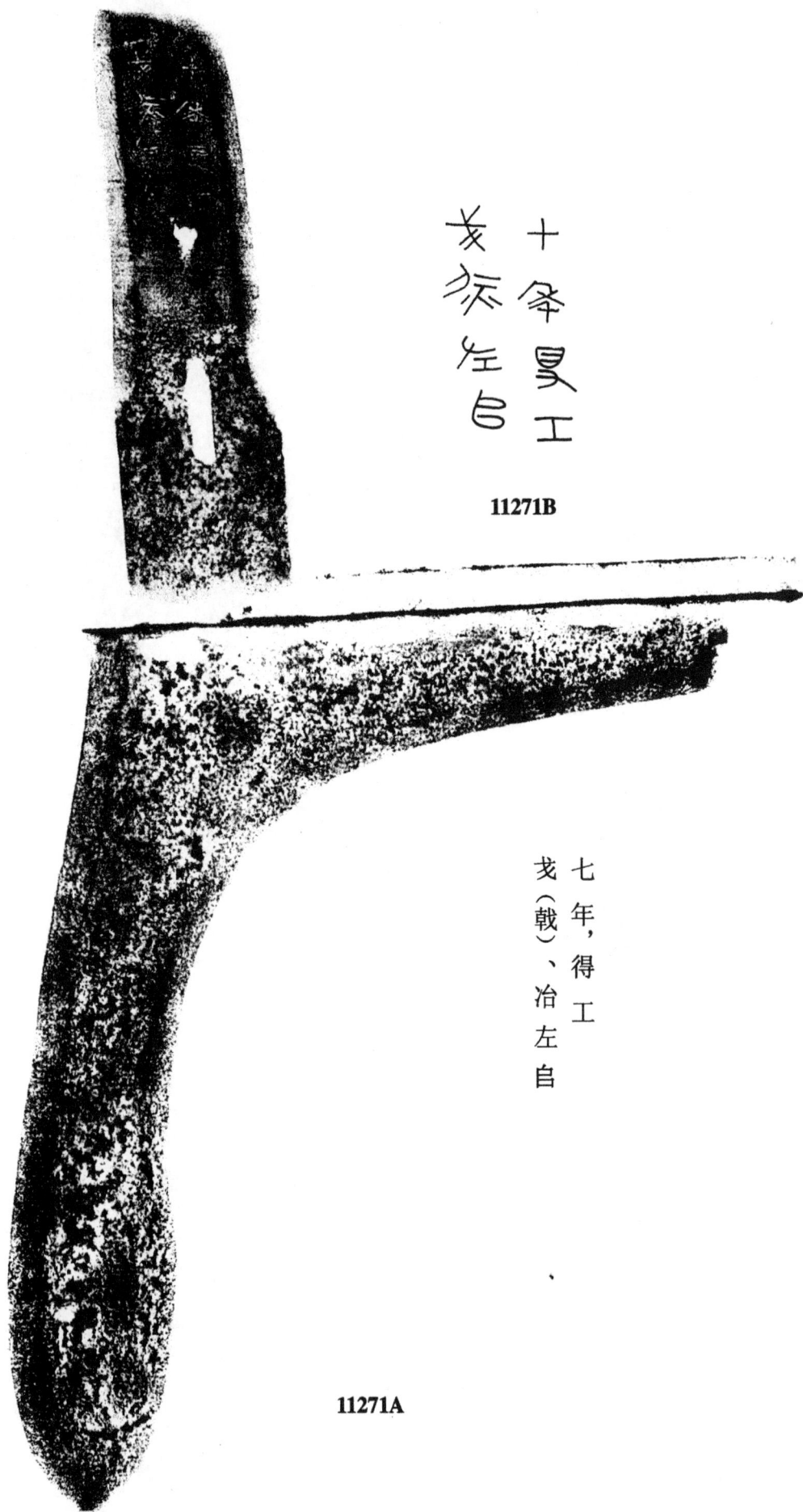

七年戈

11271B

七年，得工戈（戟）、冶左自

11271A

郾侯脮戈

巿（師）萃鍨鍗（戟）
郾（燕）侯脮乍（作）

11272

6059

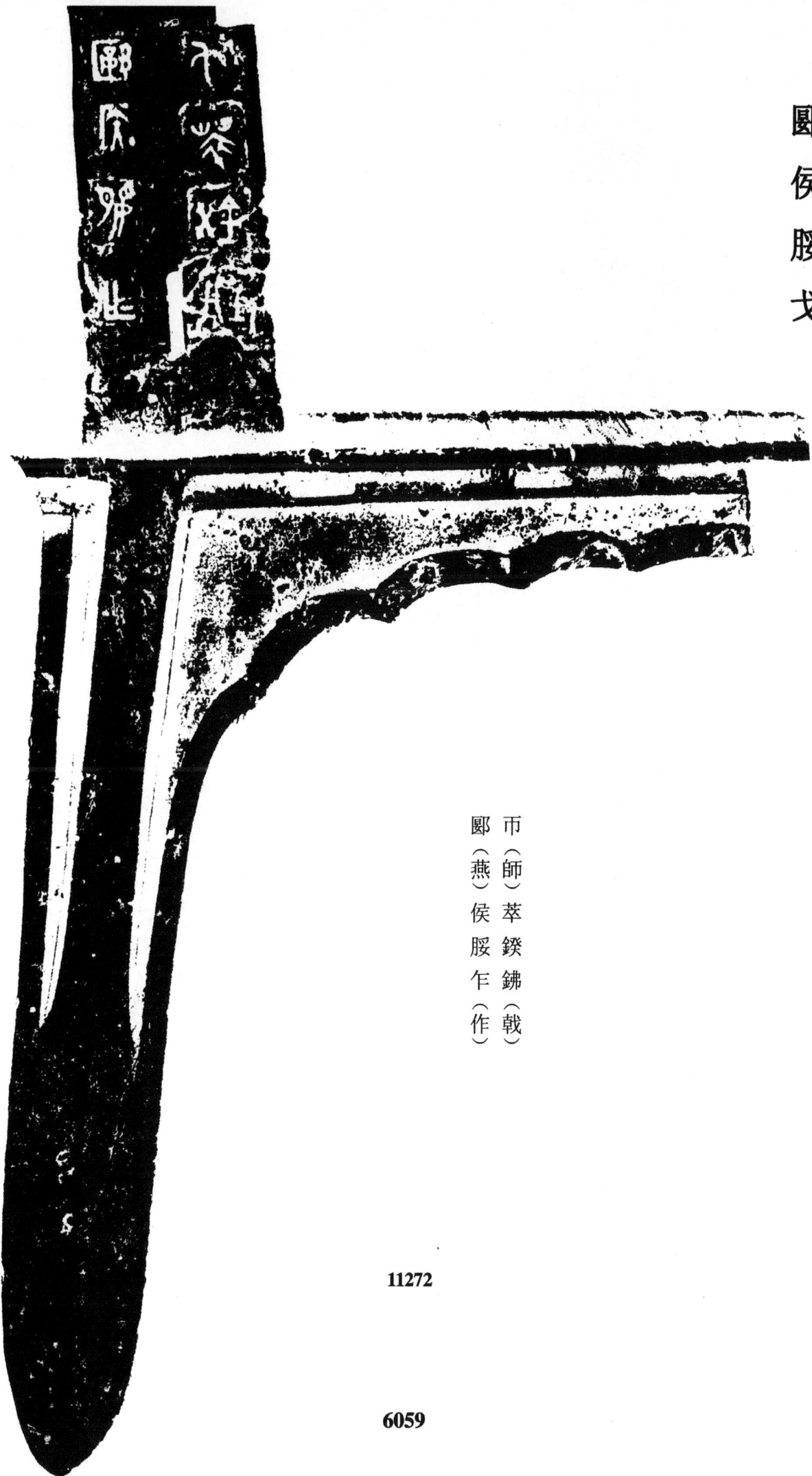

郾王戎人戈

郾（燕）王戎人乍（作）
雫（瀞）萃鋸（戳）

11273A

11273B

郾王戎人戈

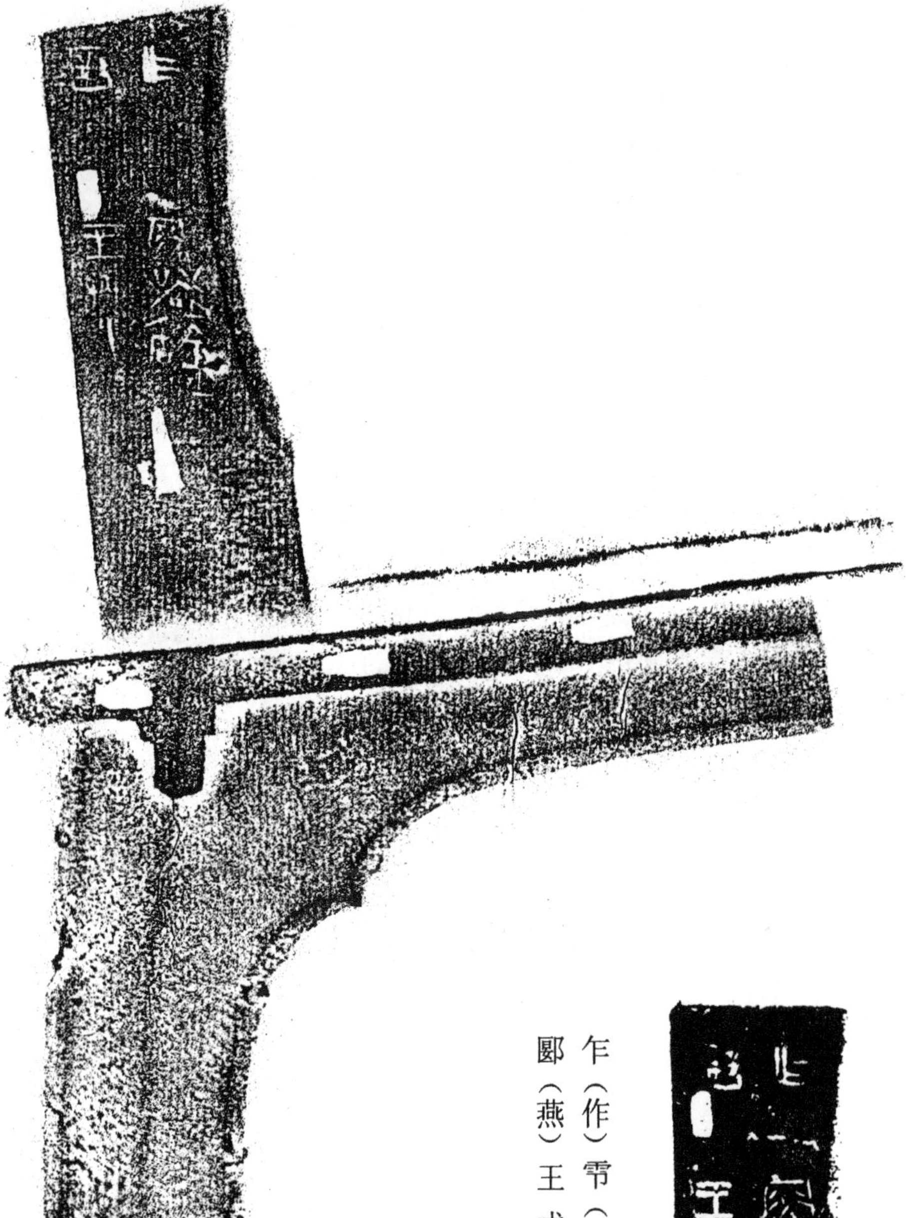

乍(作)雩(洀)萃鋸(戳)
郾(燕)王戎人

11274

郾王戎人戈

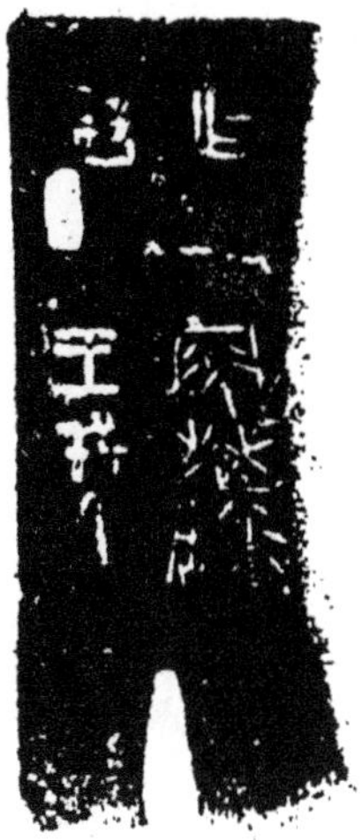

乍(作)雩(洀)萃鋸(戳)
郾(燕)王戎人

11275

郾王戎人戈

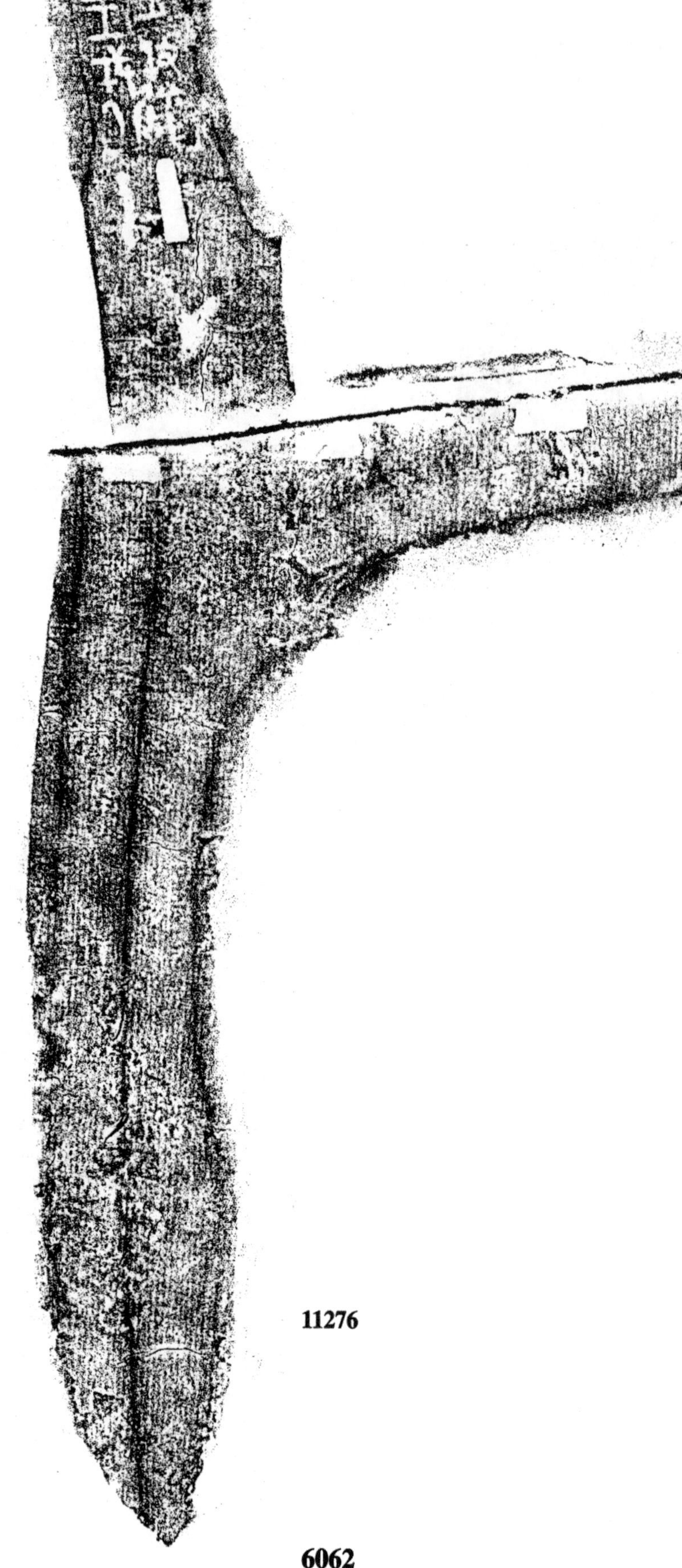

乍（作）巨攺鋸（戳）
郾（燕）王戎人

11276

郾王喜戈

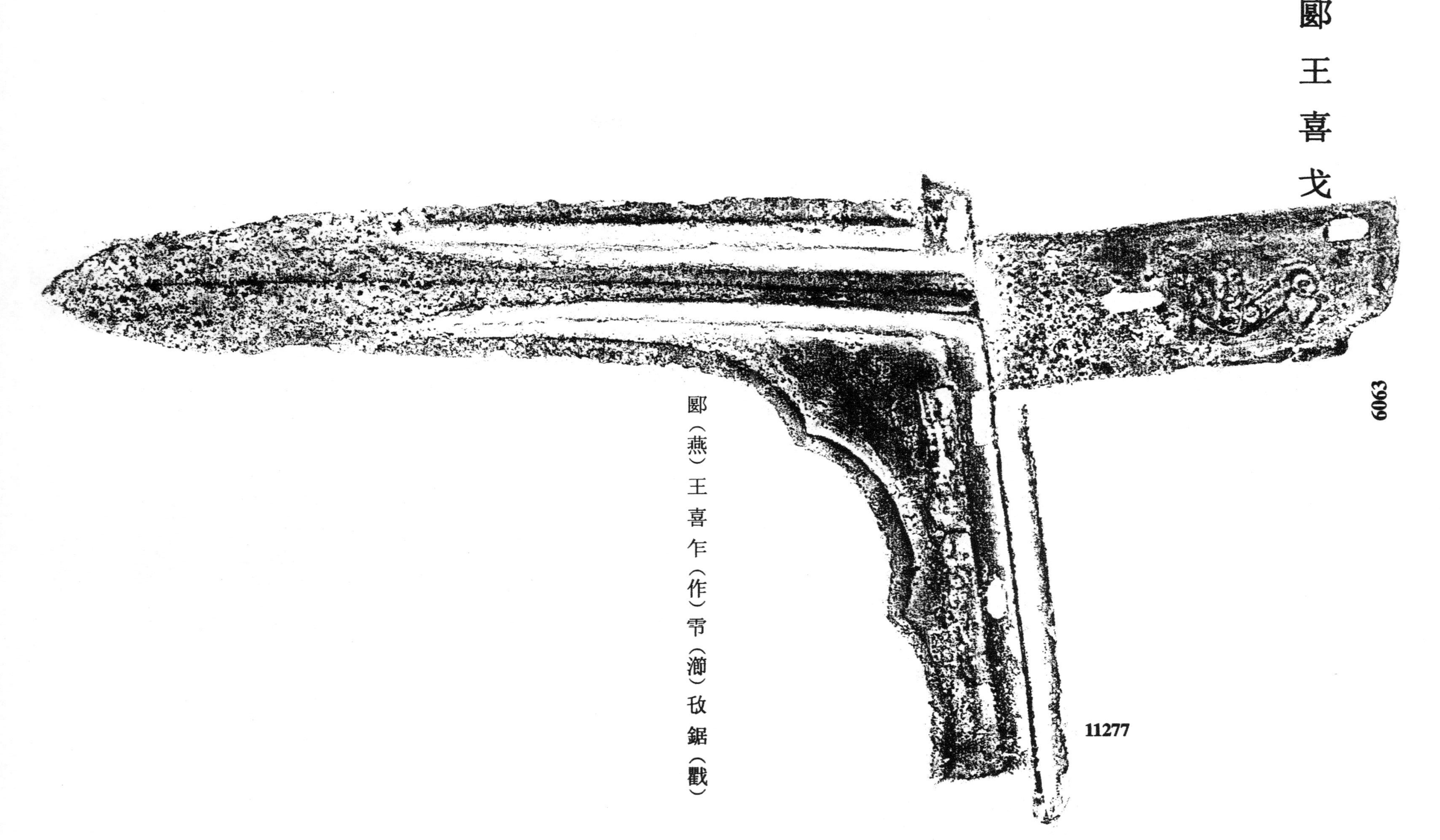

11277

郾（燕）王喜乍（作）雩（瀕）攺鋸（戵）

郾王喜戈

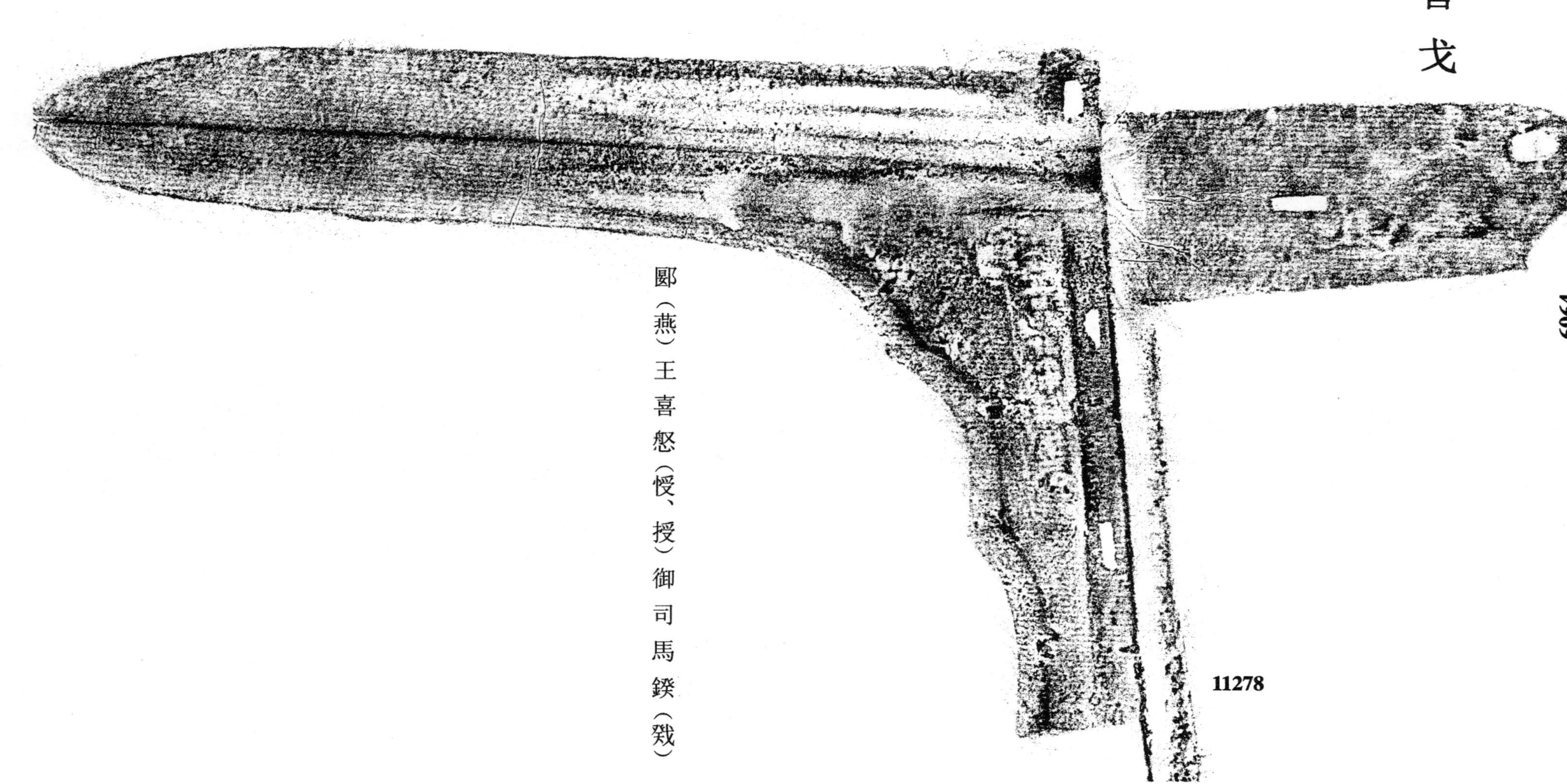

11278

郾（燕）王喜恖（㥅、授）御司馬鍨（戣）

大良造鞅戟

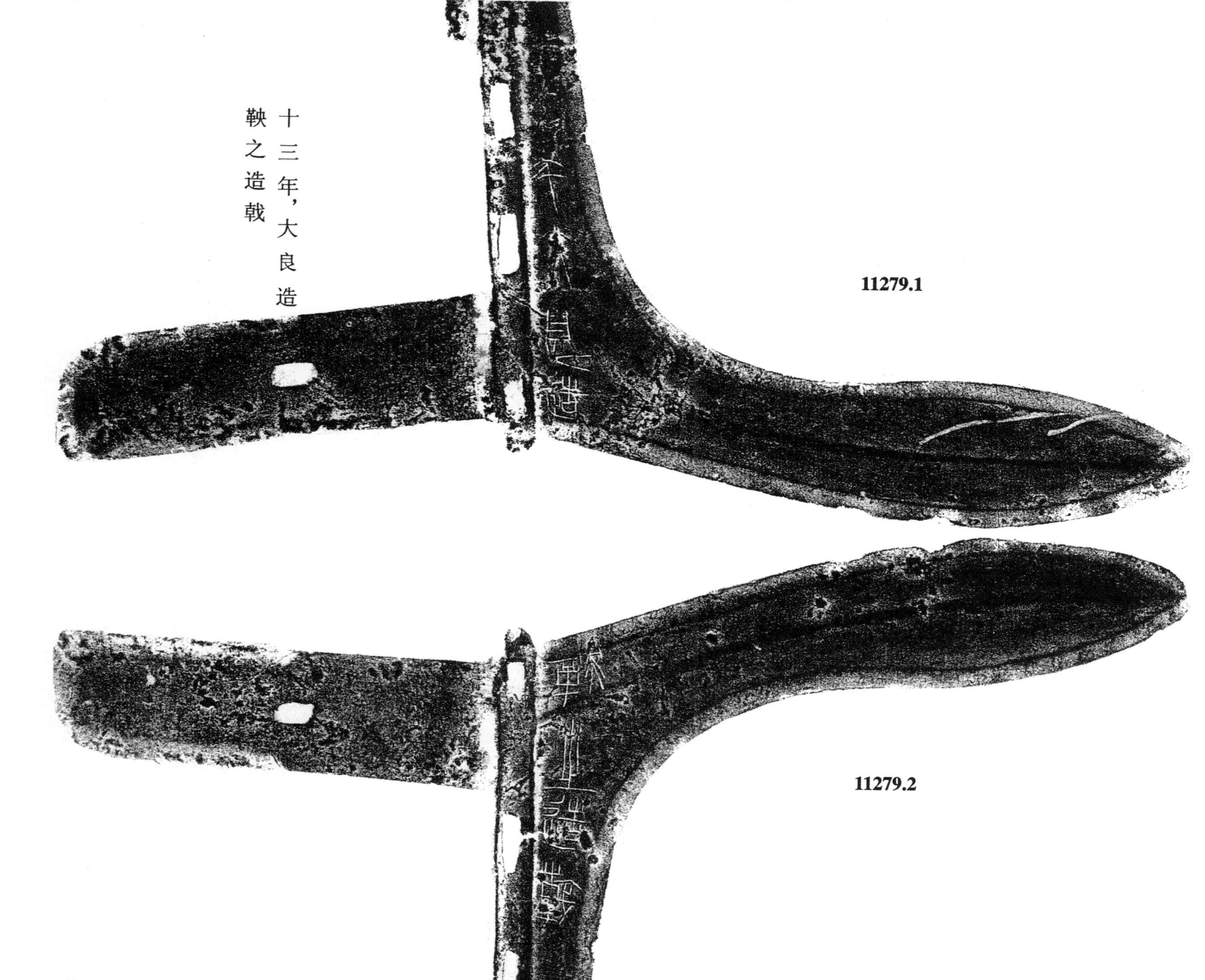

十三年，大良造鞅之造戟

11279.1

11279.2

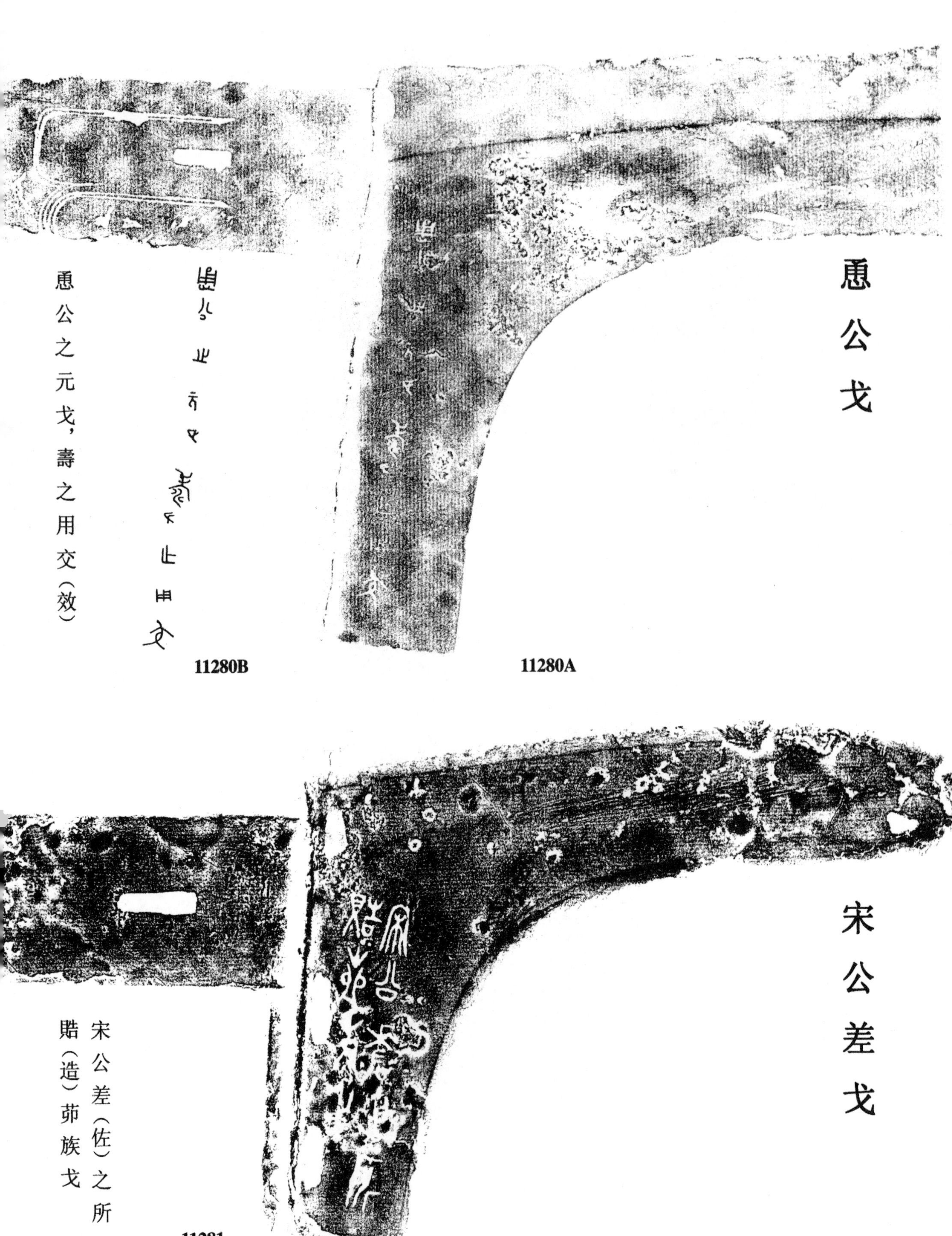

悳公戈

悳公之元戈，壽之用交（效）

11280B　11280A

宋公差戈

宋公差（佐）之所賠（造）茆族戈

11281

徐王之子戈

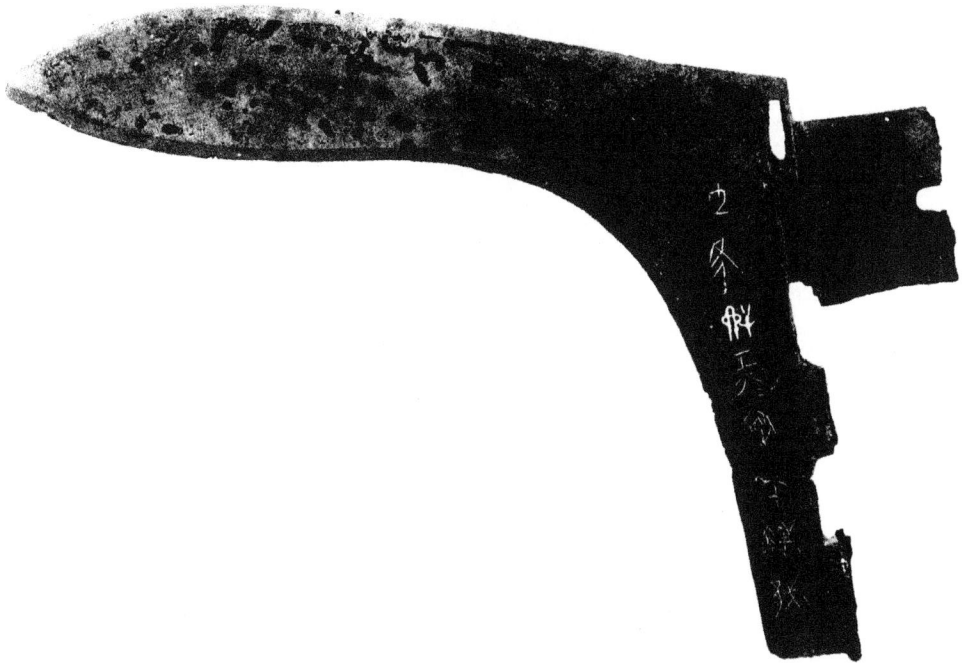

郳（徐）王之子羽（叚）之元用戈

11282

九年戈

九年，[illegible]工師□□、（冶）戢（[illegible]）

11283

啬夫戈

冶匀啬夫
大冶幸。
□□

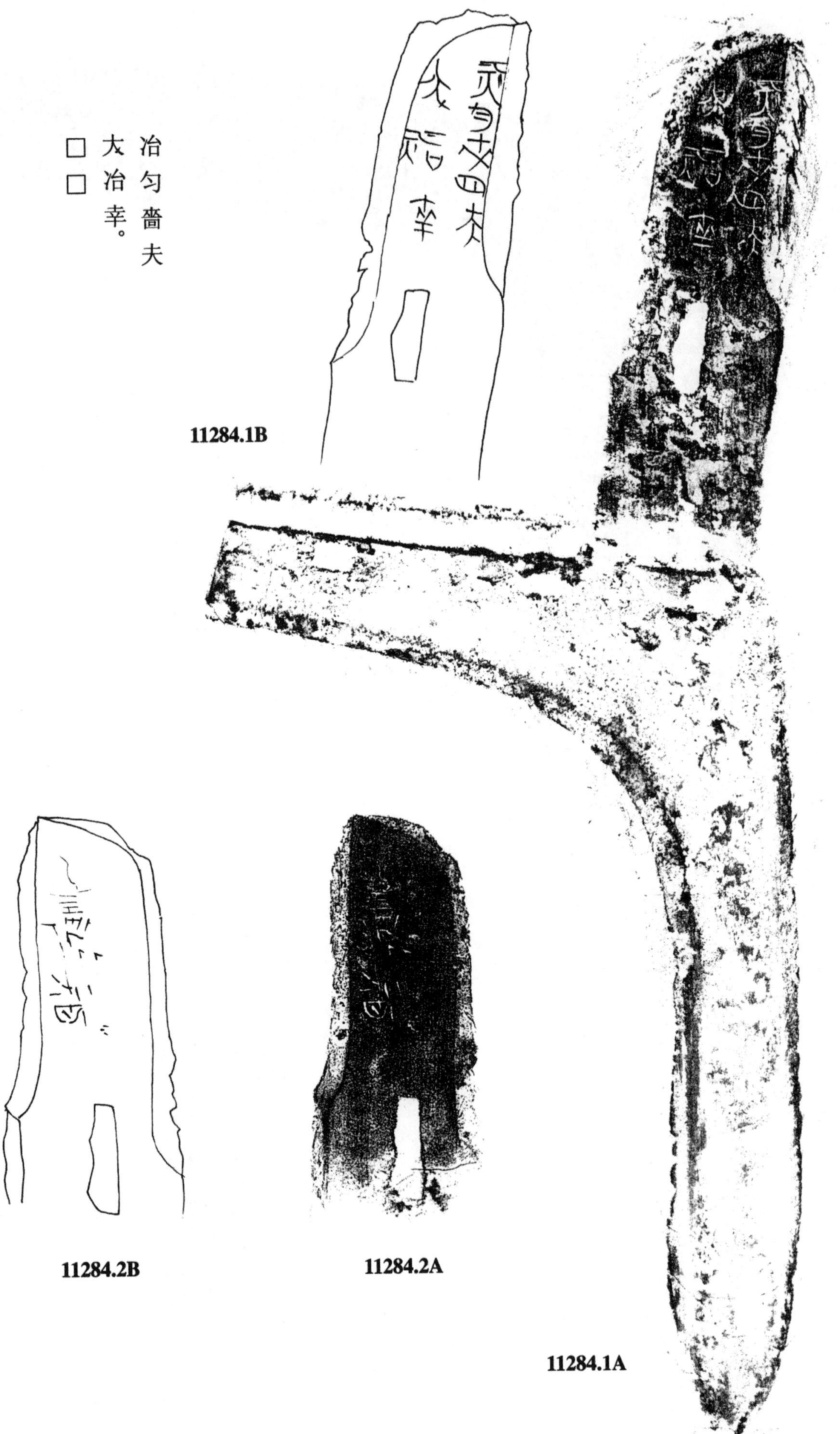

11284.1B

11284.2B

11284.2A

11284.1A

相公子矰戈

鄹悬（愝）歲，相公子矰（戠）之告（造）

11285

不降戈

11286A

11286B

不降棘余子之貲金，右軍

三年上郡高戈

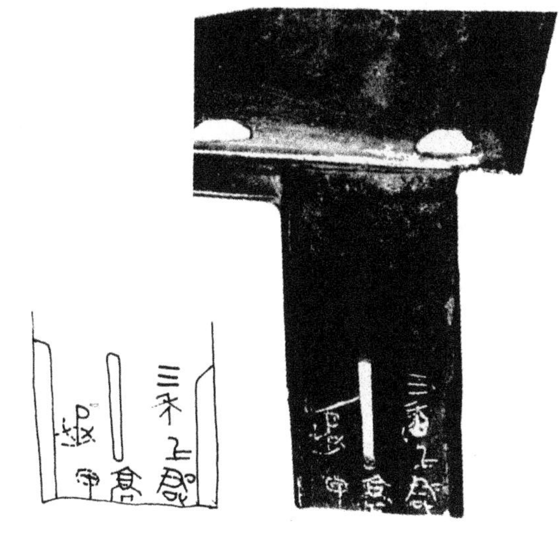

11287.1A　11287.1B

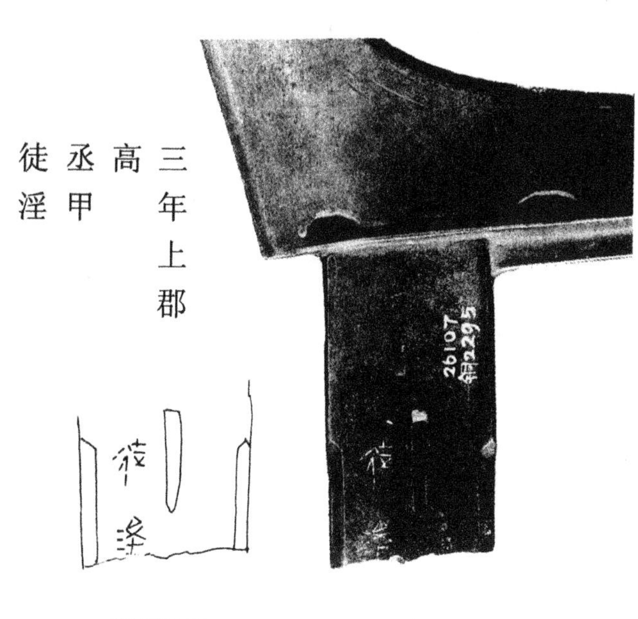
三年上郡高，丞甲，徒淫

11287.2A　11287.2B

攻敔王夫差戈

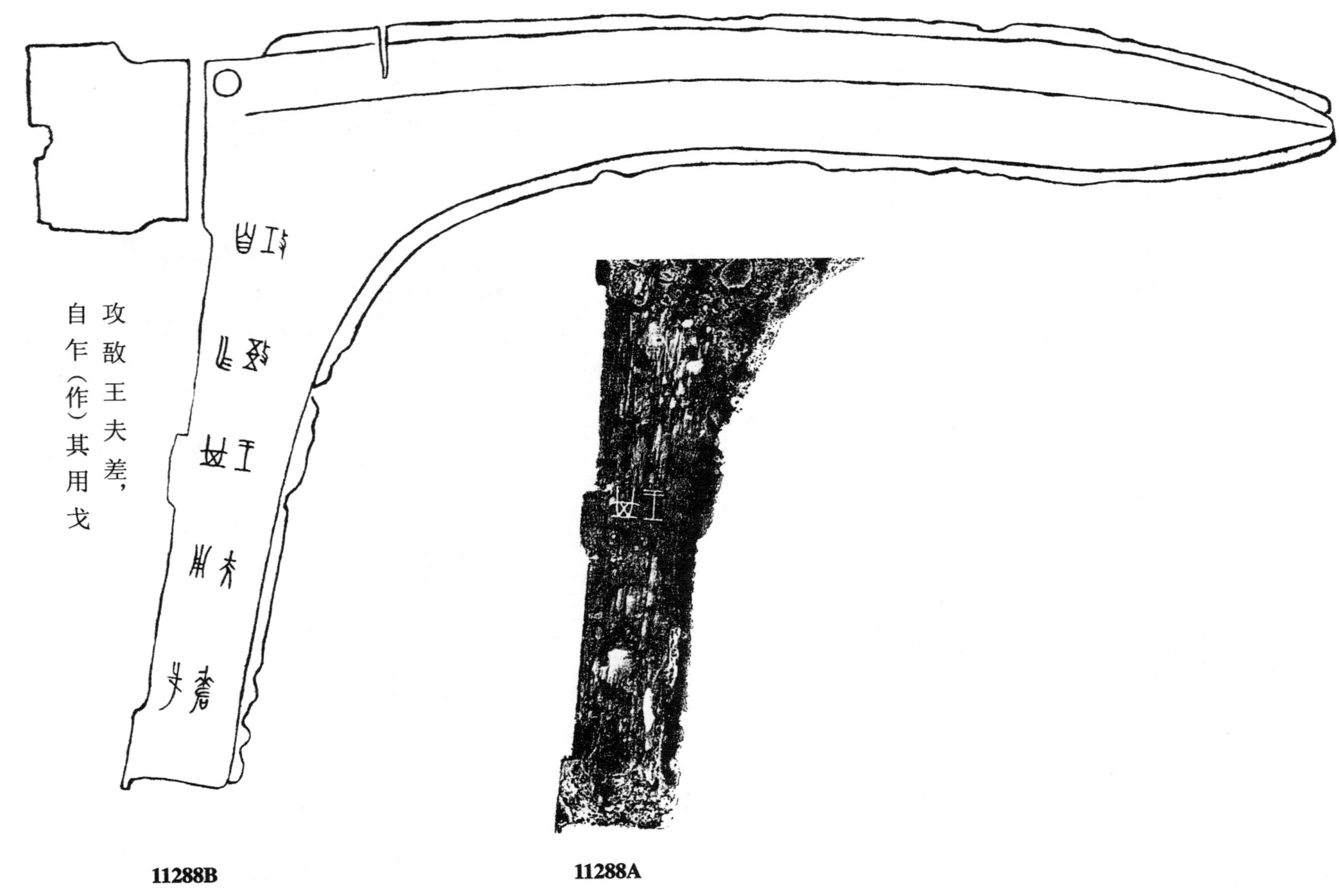

攻敔王夫差，自乍(作)其用戈

11288B

11288A

宋公差戈

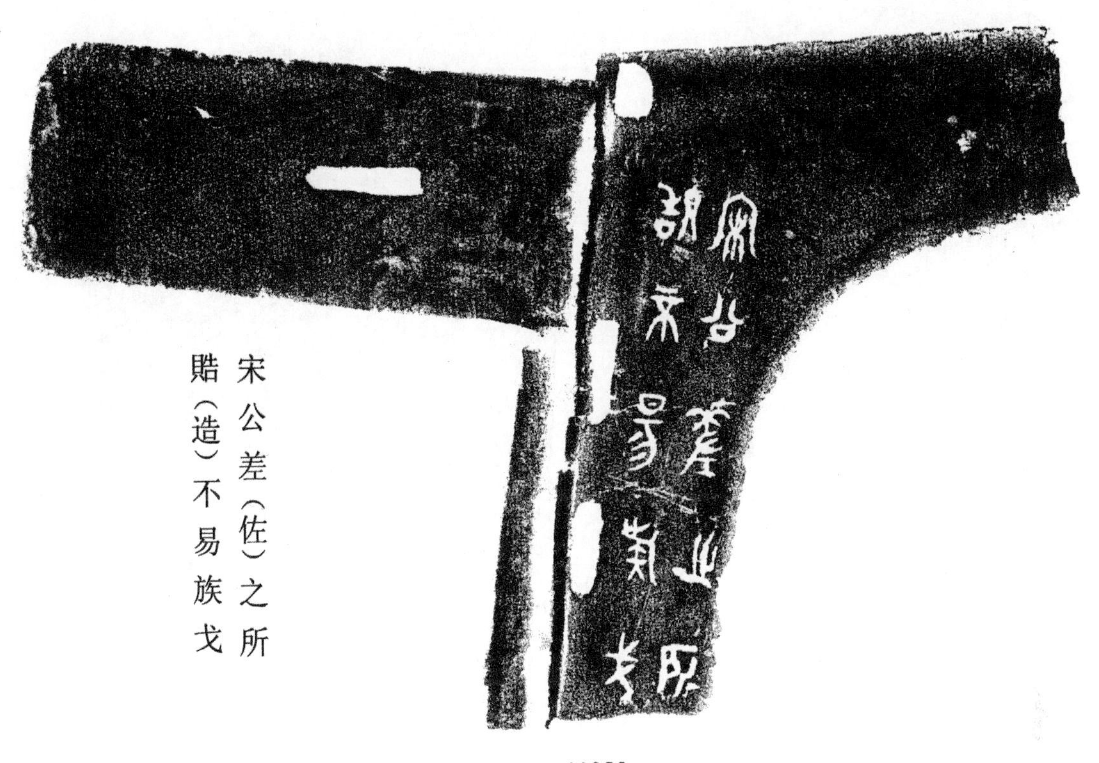

宋公差（佐）之所
賠（造）不易族戈

11289

子孔戈

金，鑄其元用
子孔擇厥吉

11290

十年邙令差戈

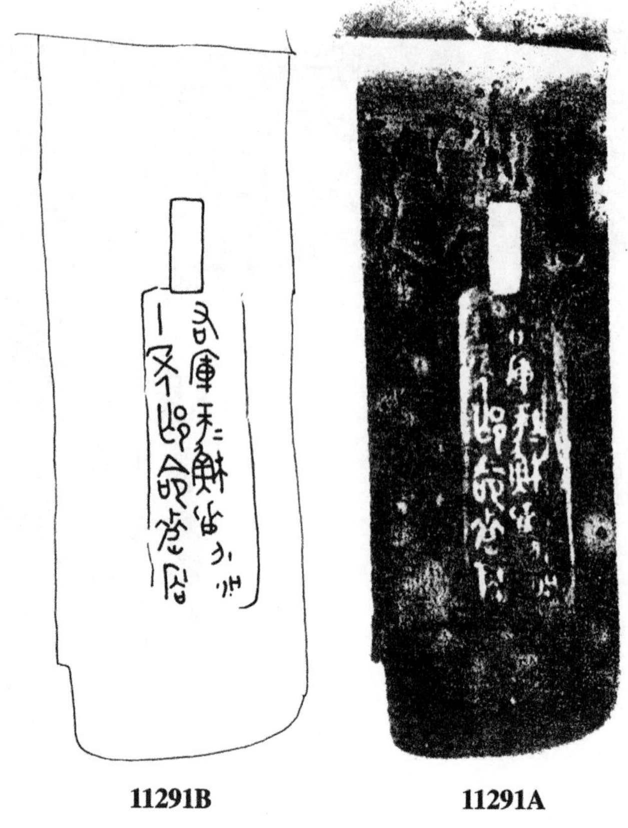

11291B　　11291A

十年，邙（亡）命（令）差□
右庫工師鈢□冶□

二年右貫府戈

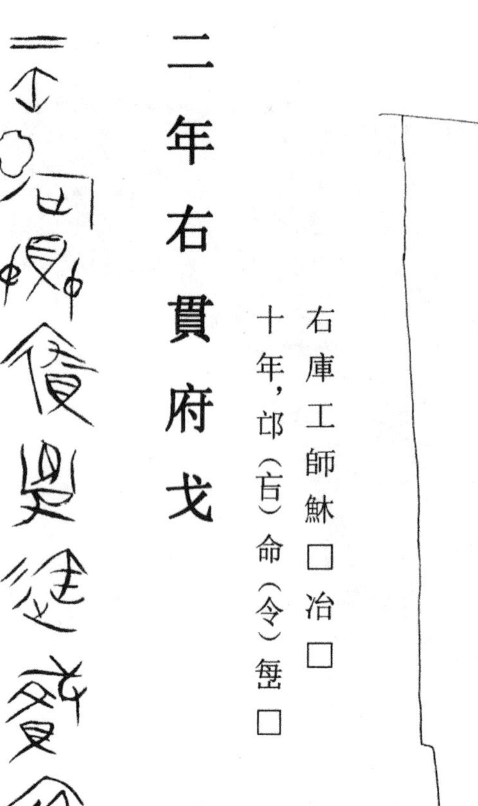

11292

二年，厶（公）貫府（府）受（授）御戠宿（右）厶（公）

三年蒲子戈

11293B　　11293A

三年，莆（蒲）子□□
碃、工師冒、冶□

丞相觸戈

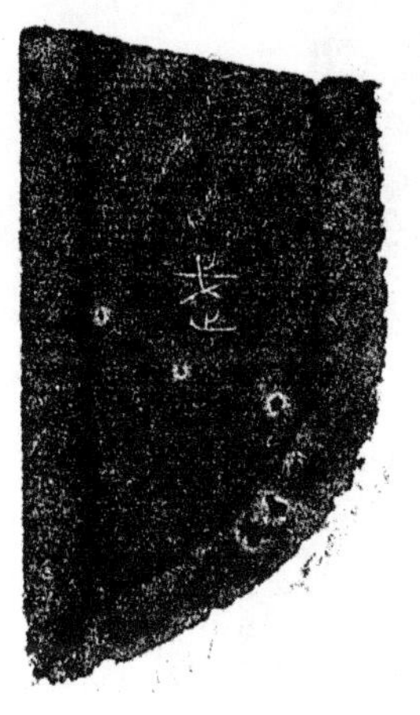

11294.2A

11294.1A

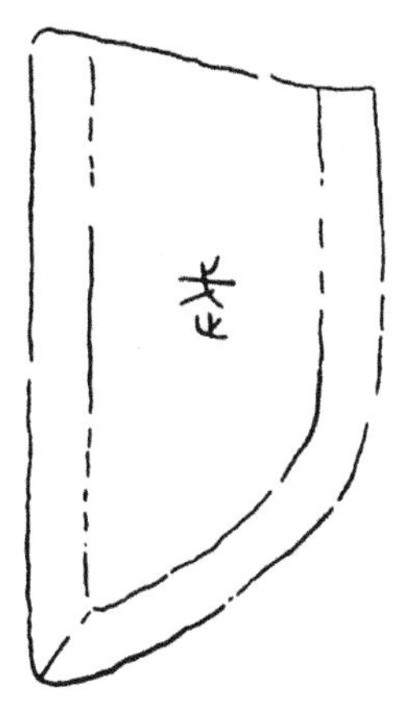

11294.2B

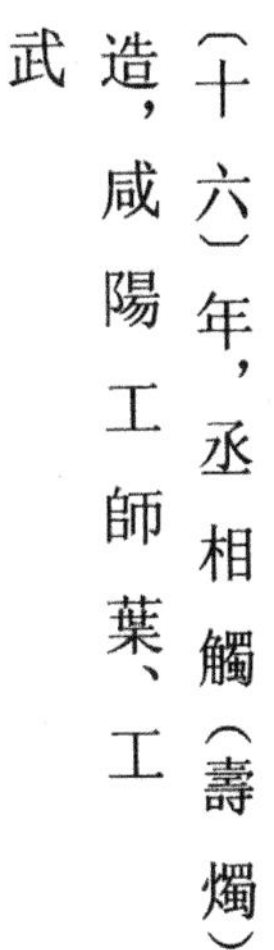

(十六)年，丞相觸(壽燭)造，咸陽工師葉、工武

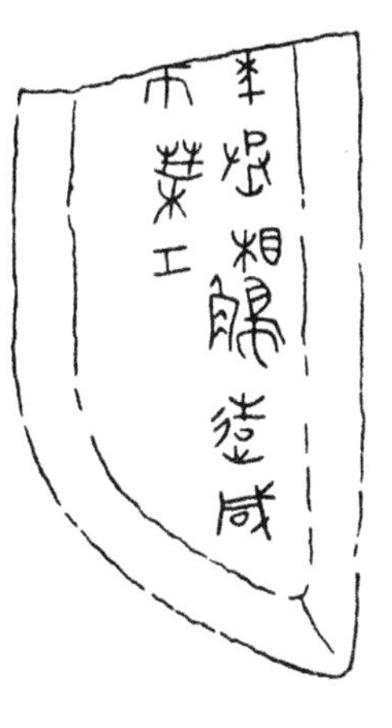

11294.1B

章子戈

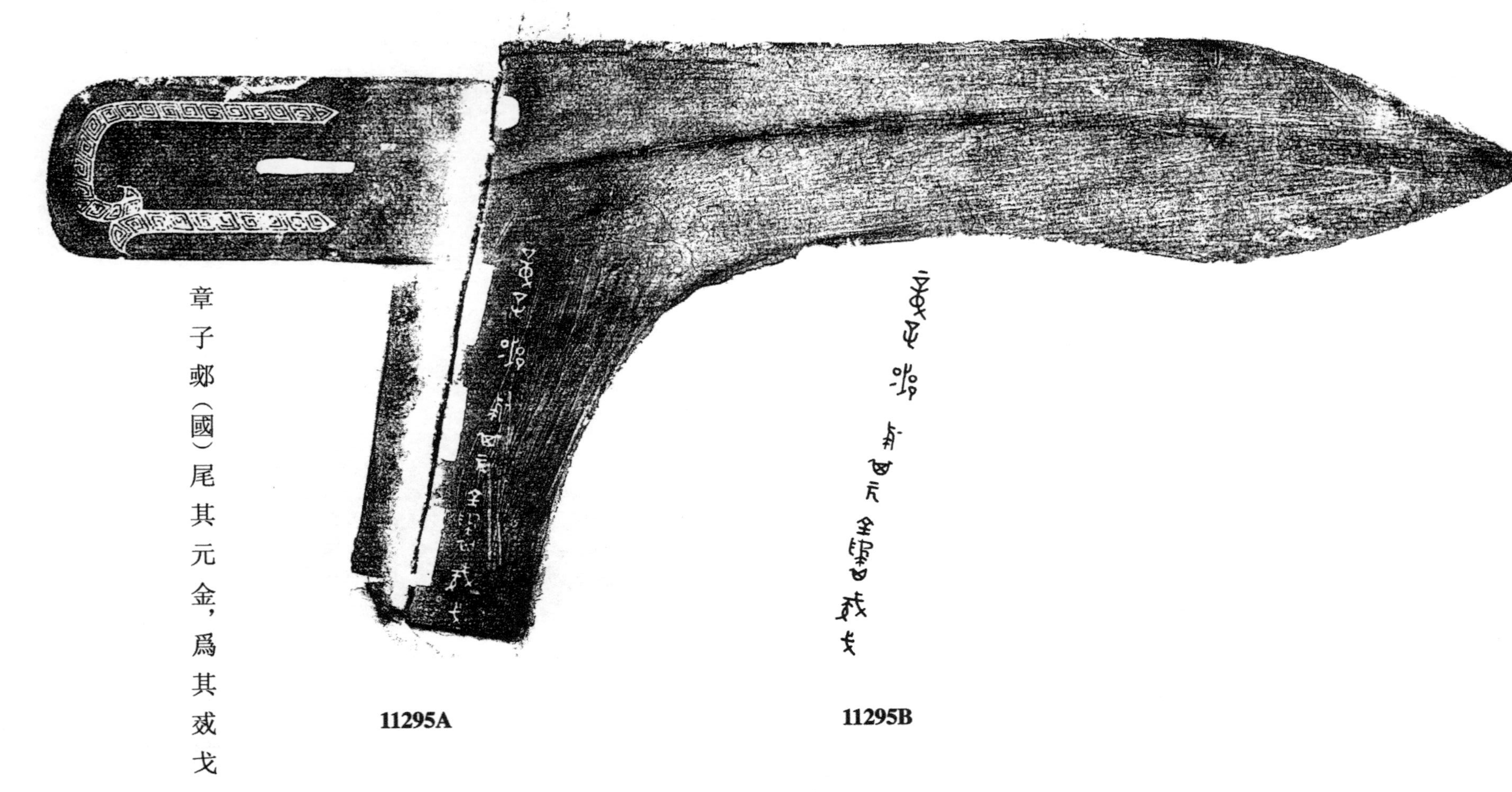

11295A

11295B

章子鄴(國)尾其元金，爲其戜戈

王五年上郡疾戈

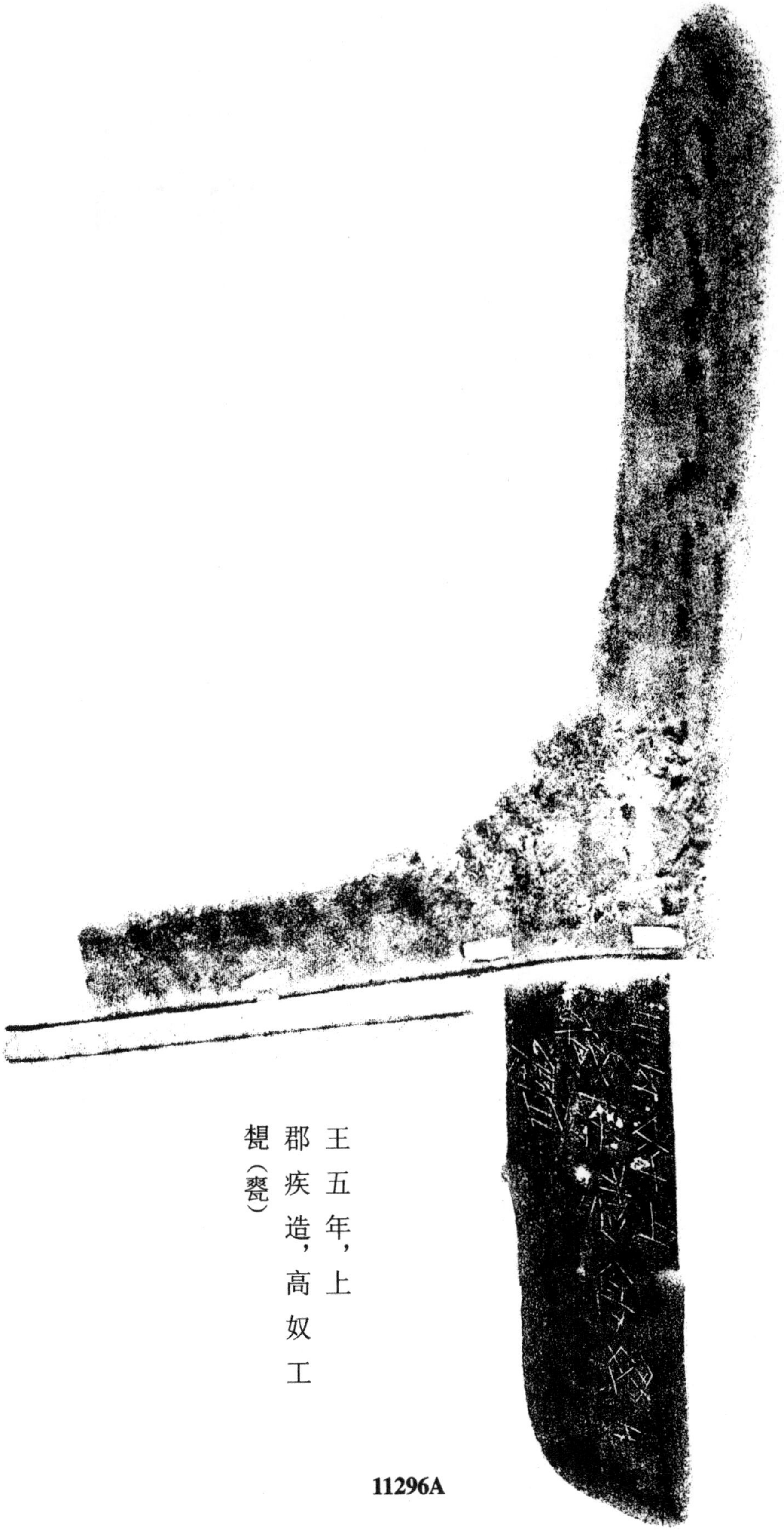

王五年，上郡疾造，高奴工棍（[illegible]）

11296A

11296B

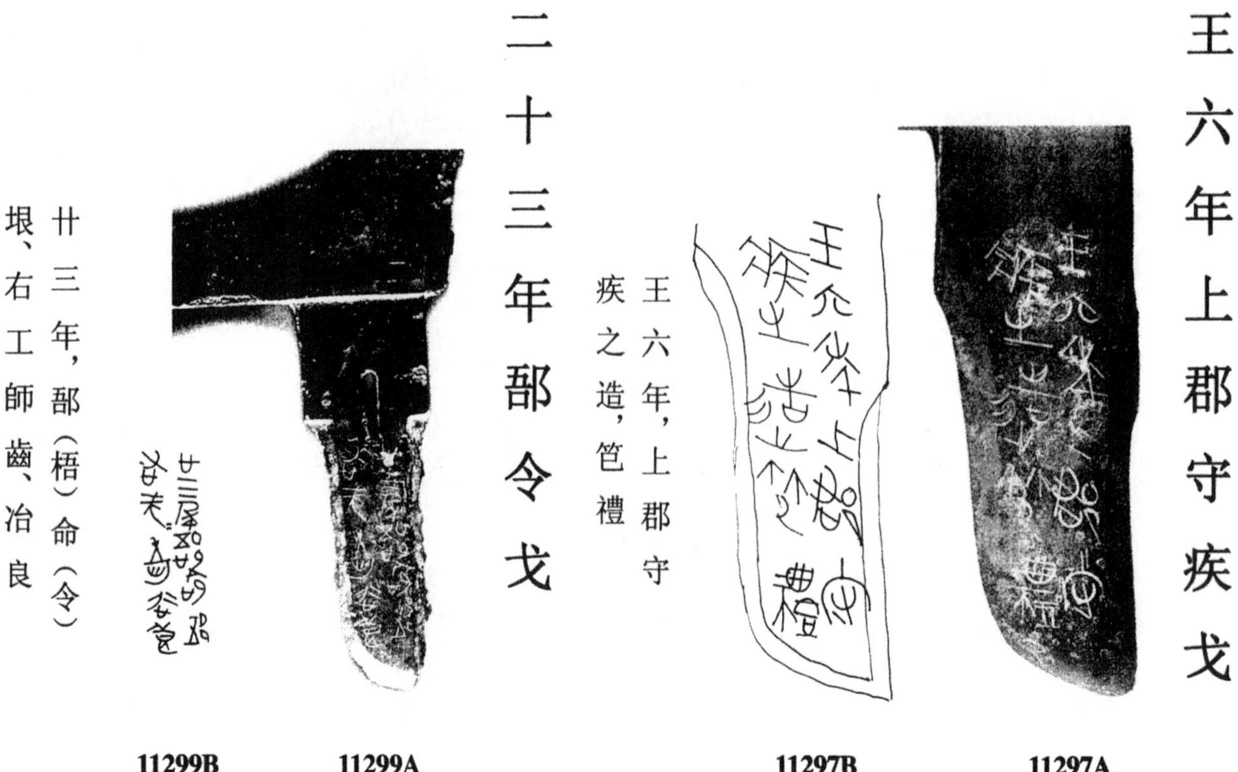

王六年上郡守疾戈

王六年，上郡守
疾之造，笸禮

11297A　11297B

二十三年郚令戈

廿三年，郚（梧）命（令）
垠、右工師齒、冶良

11299A　11299B

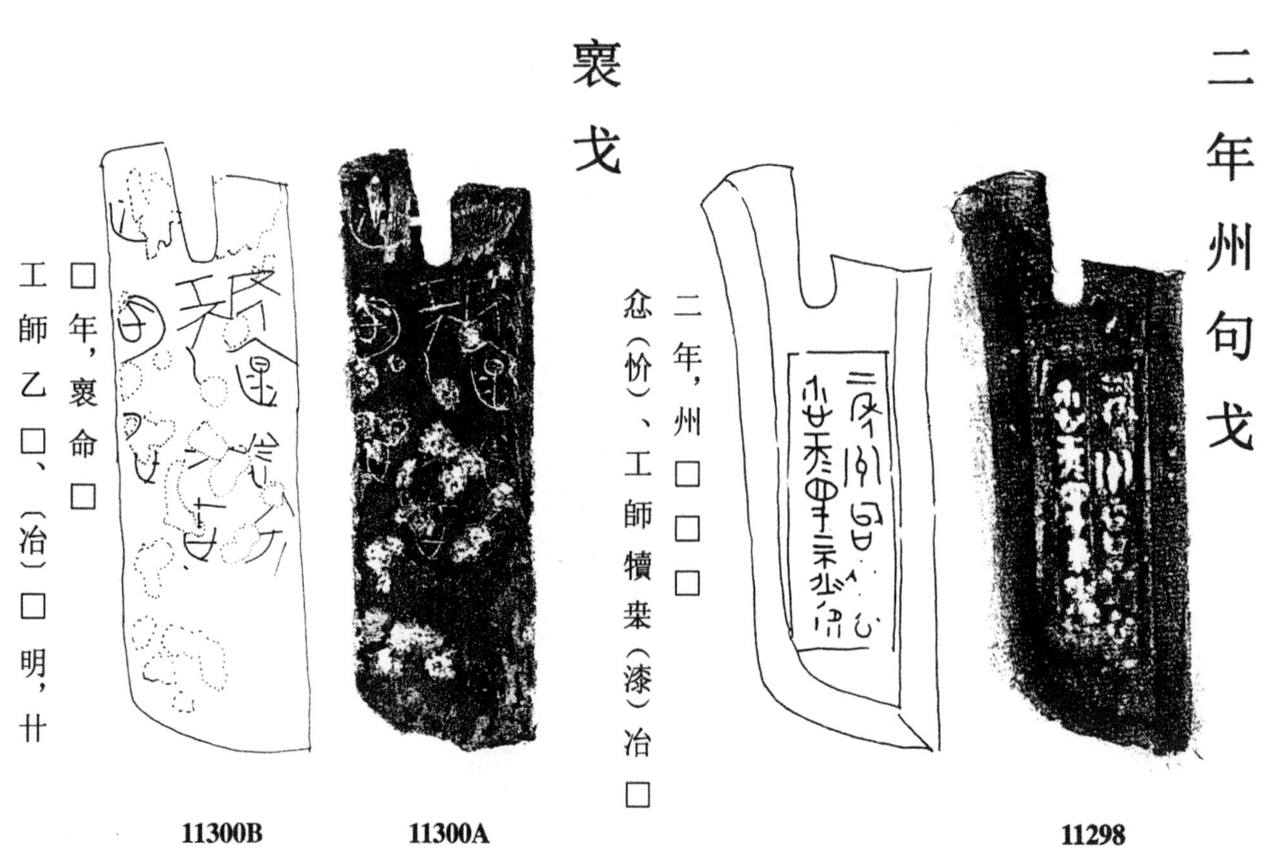

二年州句戈

二年，州□□□
忿（价）、工師犢桒（漆）治□

11298

褱戈

□年，褱命□
工師乙□、（冶）□明，廿

11300A　11300B

二十三年□丘戈

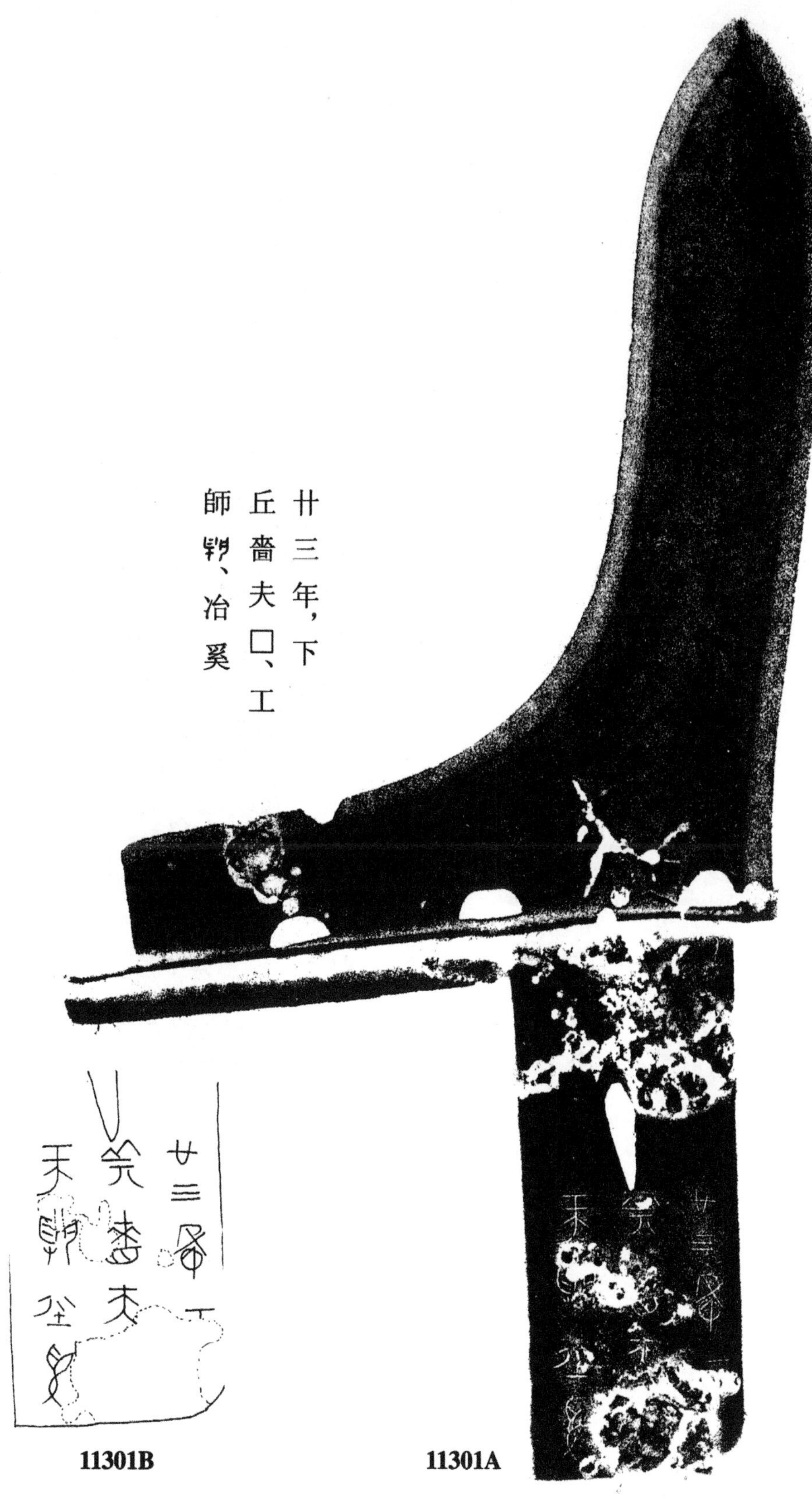
廿三年，下
丘啬夫□、工
師𨚕、冶奚
11301B
11301A

二十九年高都令戈

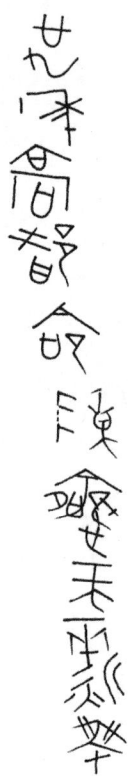

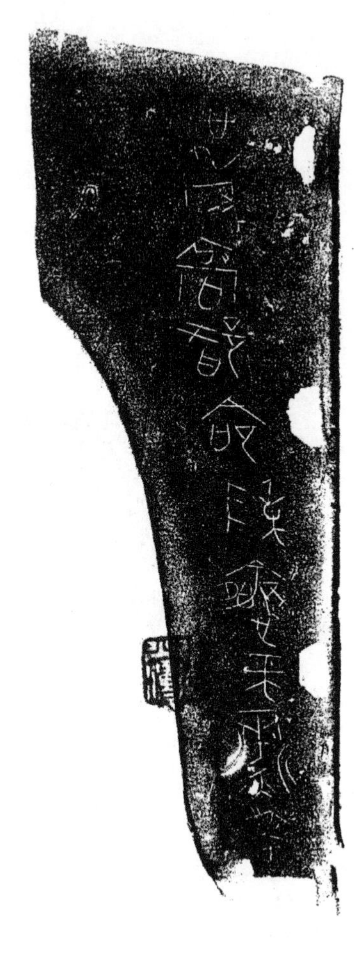

11302A

11302B

廿九年，高都命（令）陳鶮（鶴、懽）、工師平冶勳（勝）

二十九年高都令戈

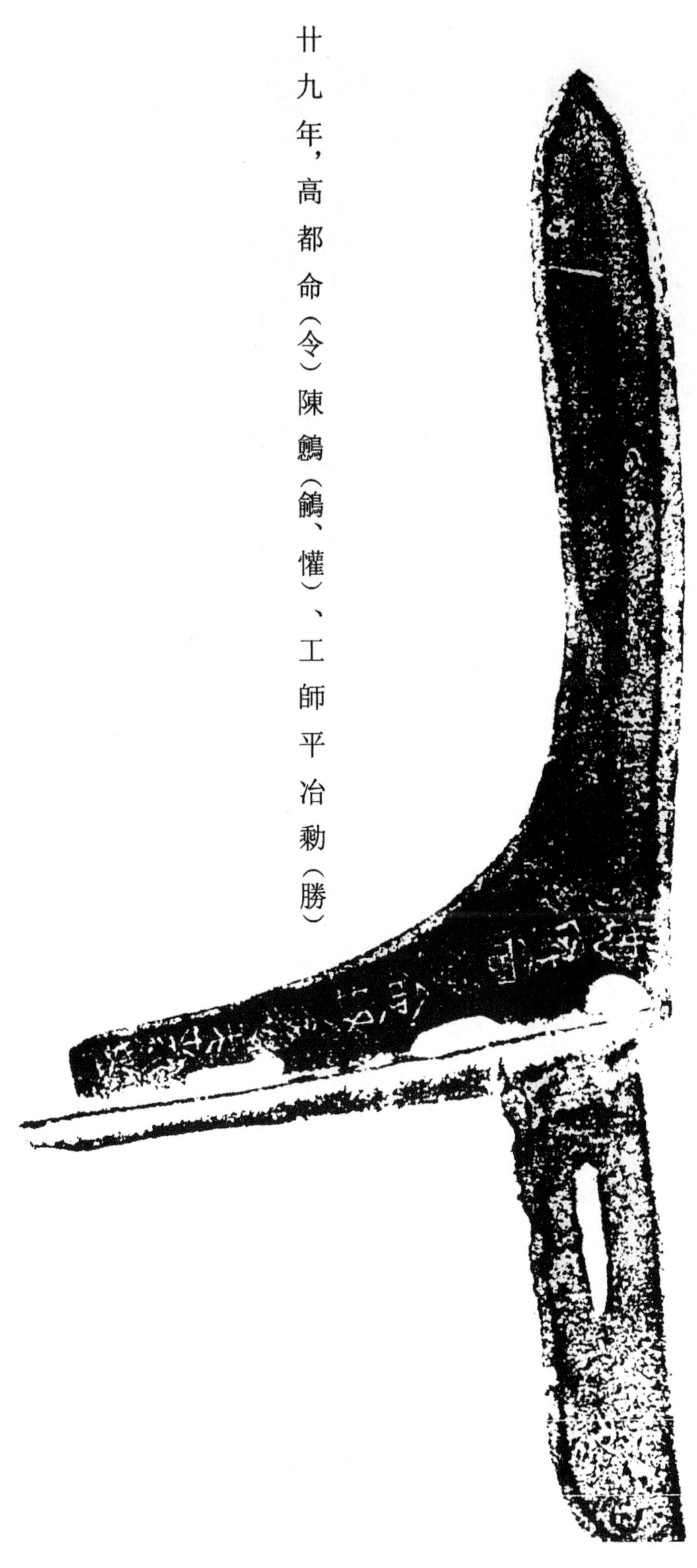

廿九年，高都命（令）陳鶬（鶬、懽）、工師平冶勳（勝）

11303

6079

郾王職戈

洀𡉉（垧）都尉雩萃鋸（戵），郾（燕）王職乍（作）

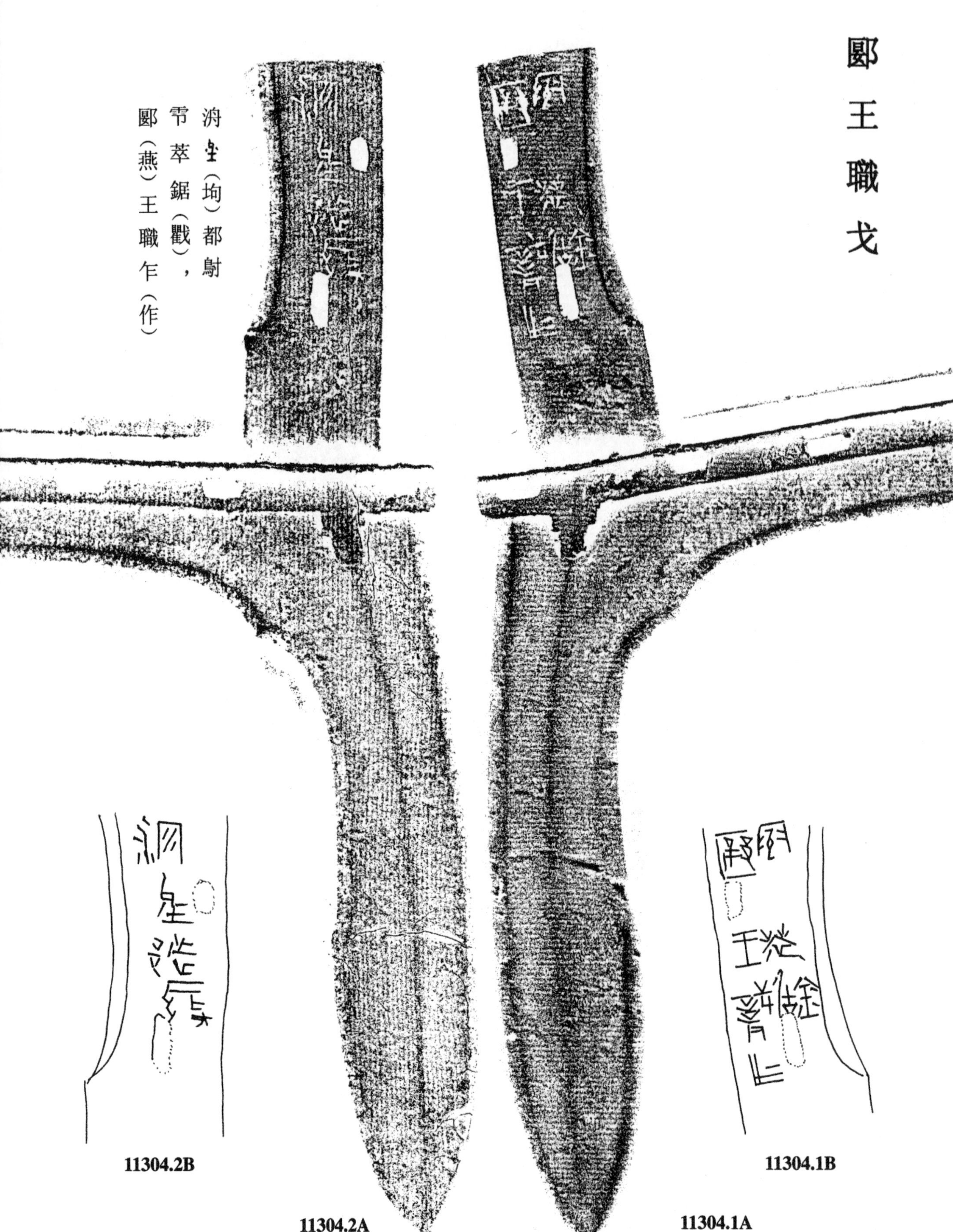

11304.2B

11304.2A

11304.1B

11304.1A

郾王詈戈

義（議、儀）自𠦝司馬鉘（戟）
郾（燕）王詈愳（悜、授）行

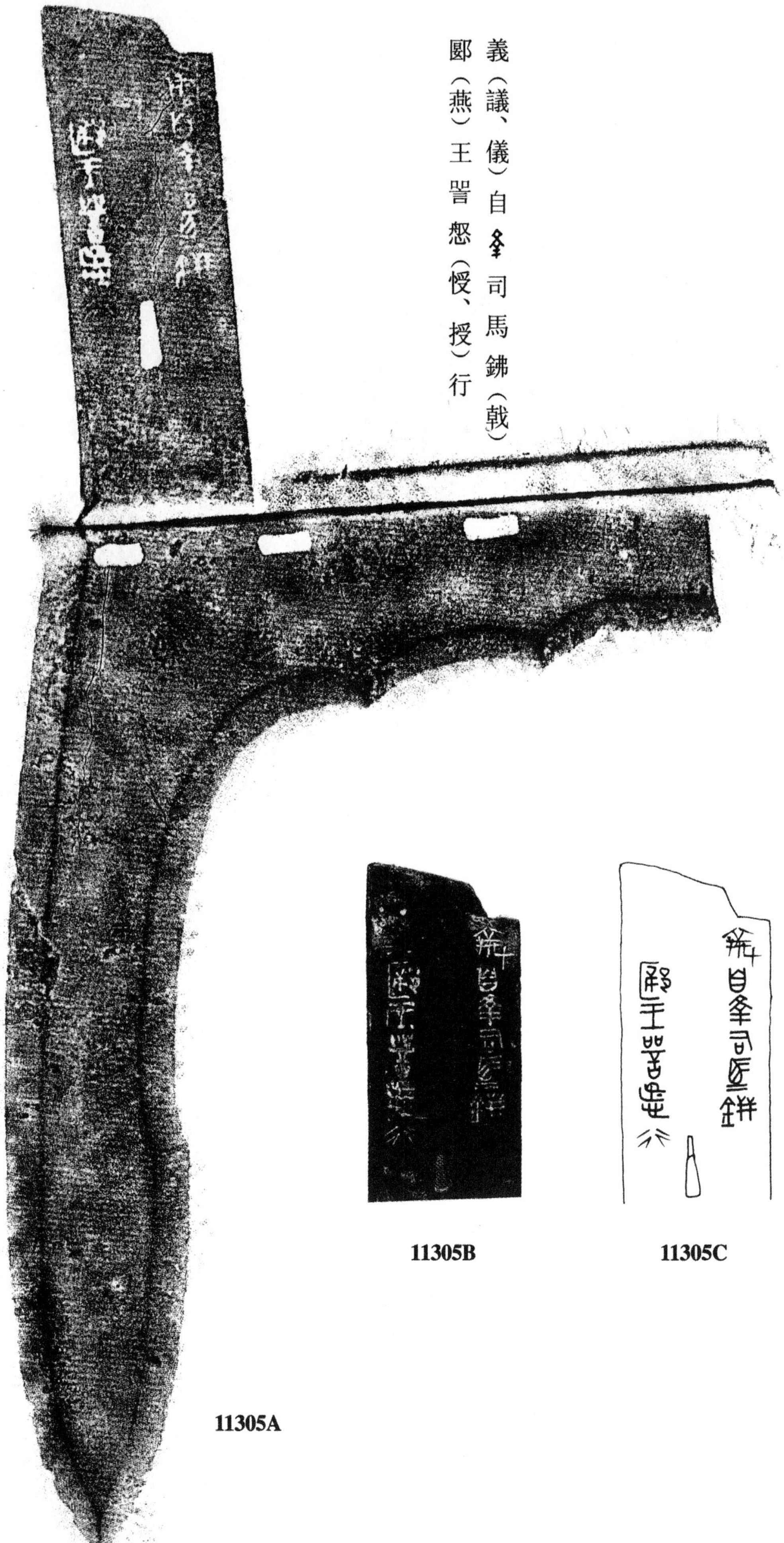

11305A

11305B

11305C

二十一年啟封令癕戈

啟封

11306.2A

11306.1A

11306.1B

廿一年，啟𡊄（封）
𢆶（令）癕、工師
金、冶者，

啟封

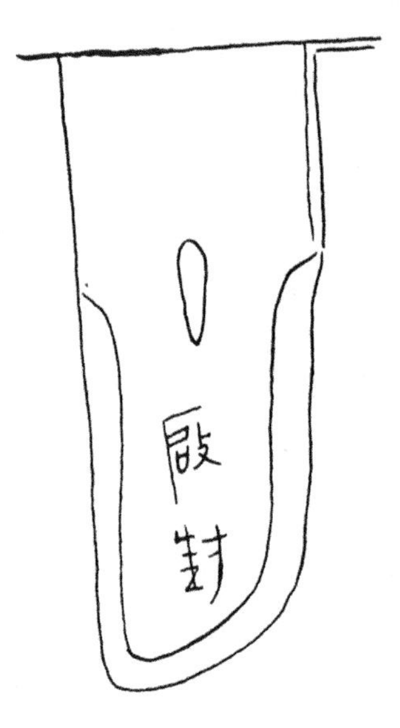

11306.2B

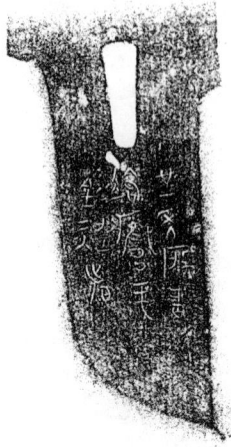

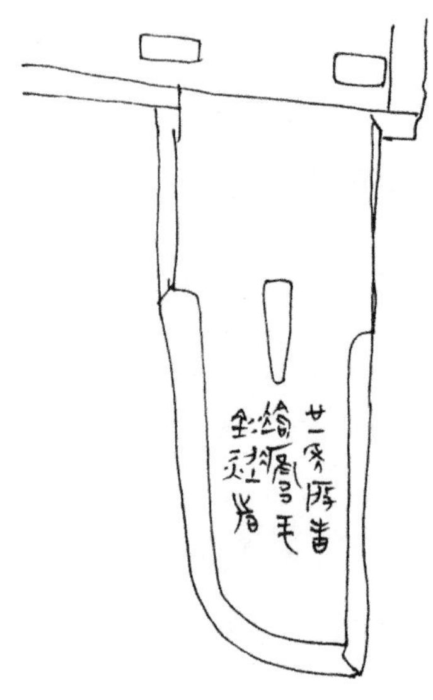

11306.1C

九年戈

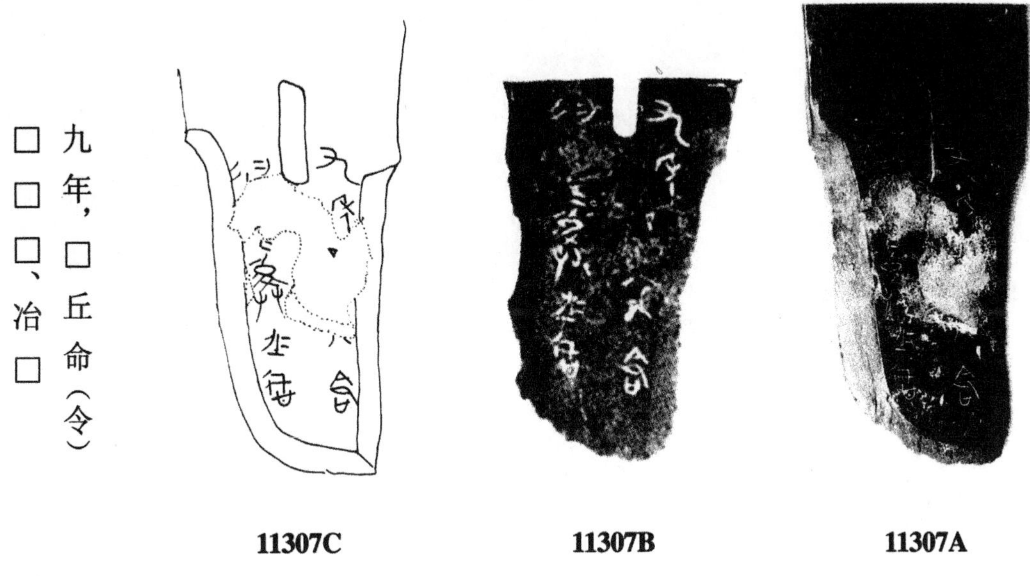

九年，□丘命（令）
□□□、冶□

11307C　11307B　11307A

四年相邦呂戈

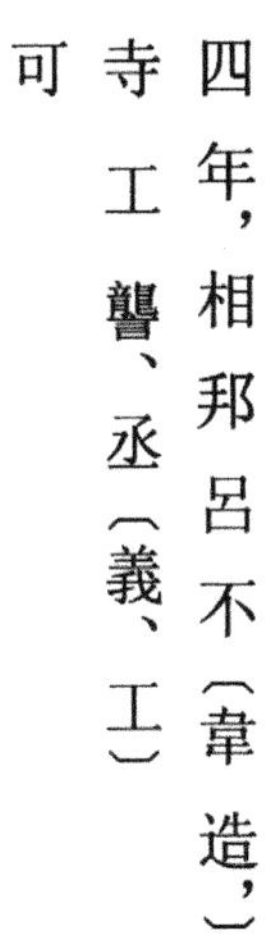

四年，相邦呂不（韋造，）
寺工讋、丞（義、工）
可

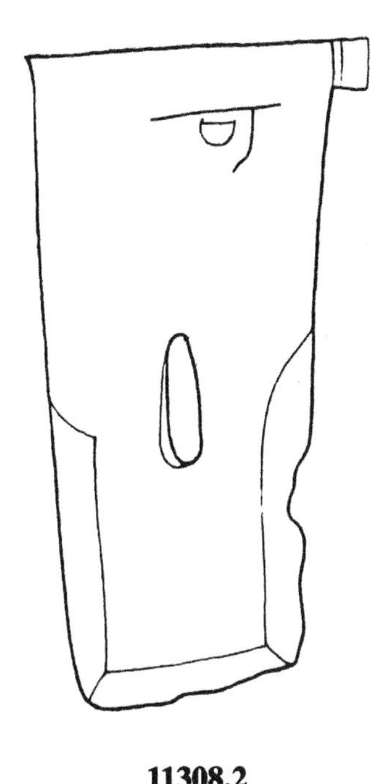

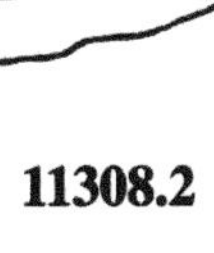

11308.2

11308.1

周王孫戈

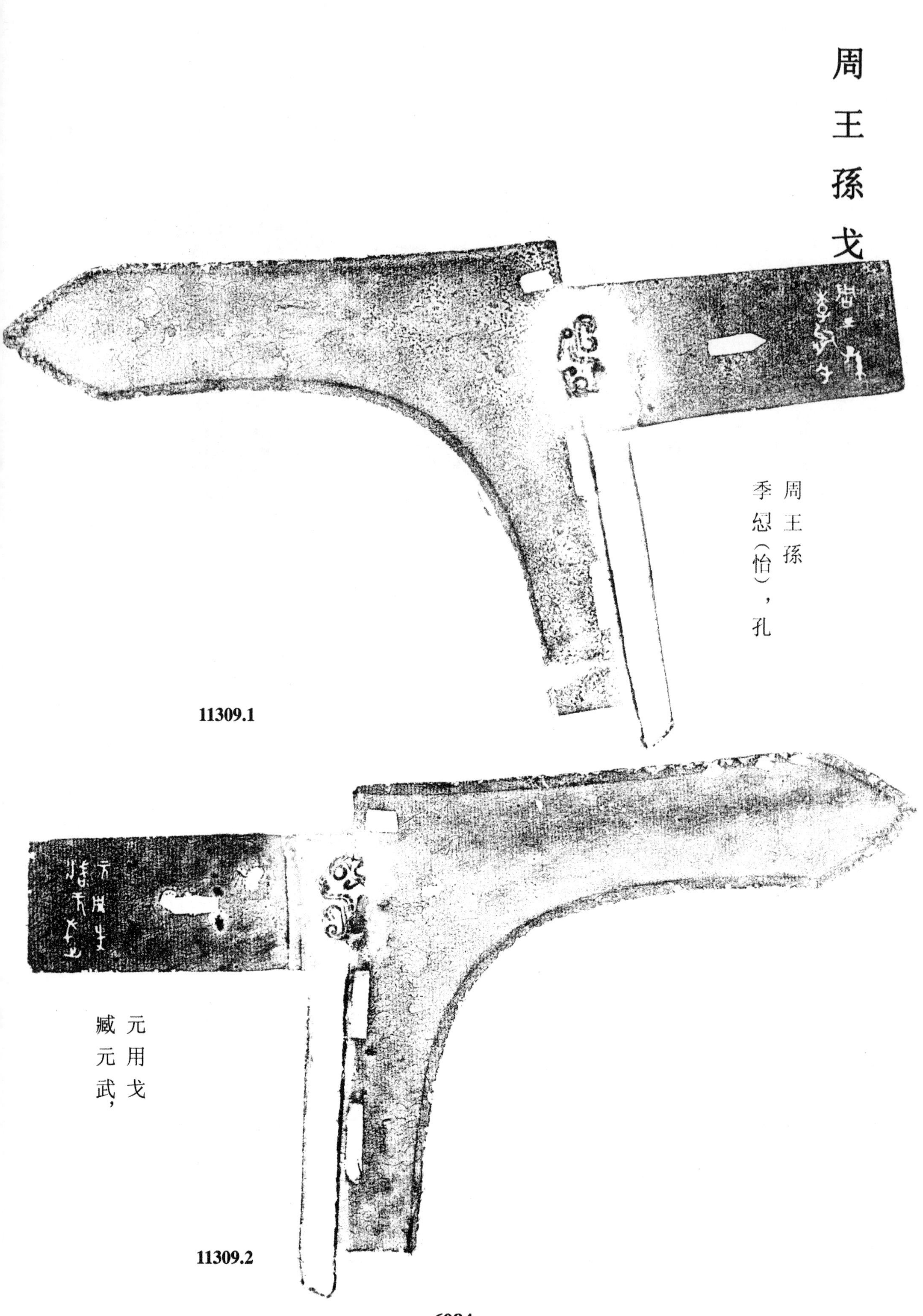

周王孫季怠（怡），孔臧元武，元用戈

11309.1

11309.2

越王者旨於睗戈

11310.2A

11310.1A

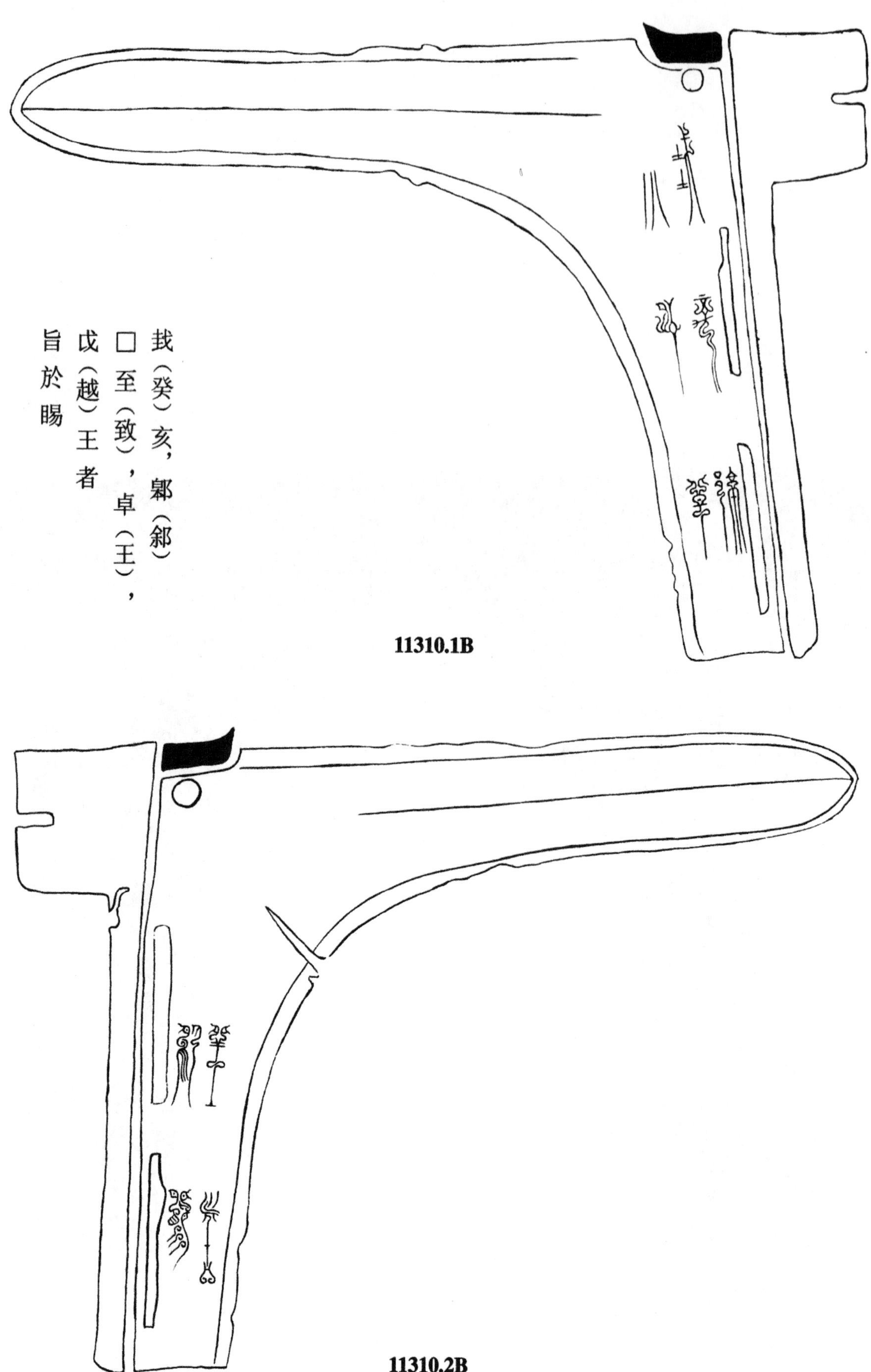

戕（癸）亥，鄩（郐）
□至（致），卓（王），
戉（越）王者
旨於睗

11310.1B

11310.2B

越王者旨於賜戈

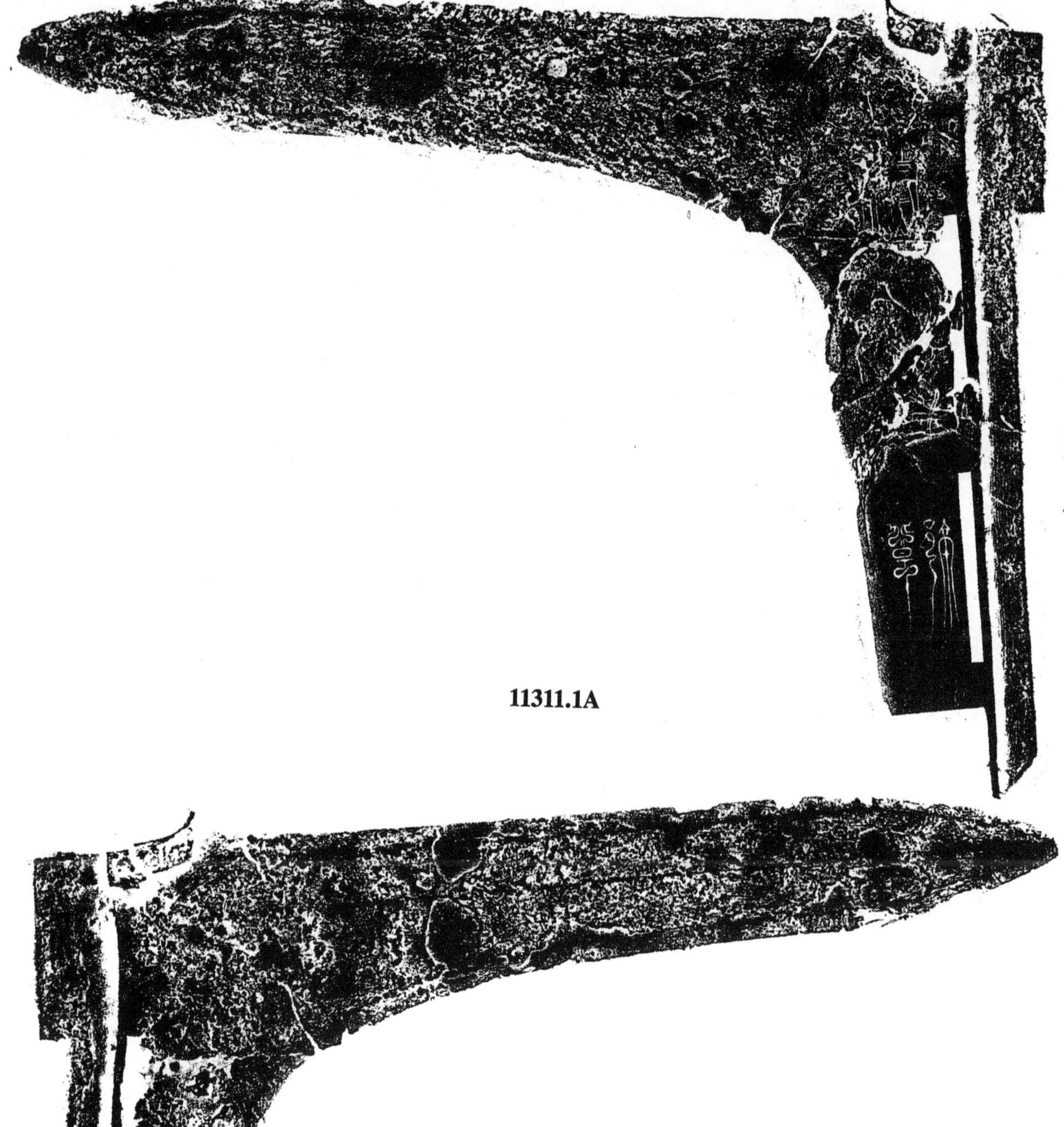

11311.1A

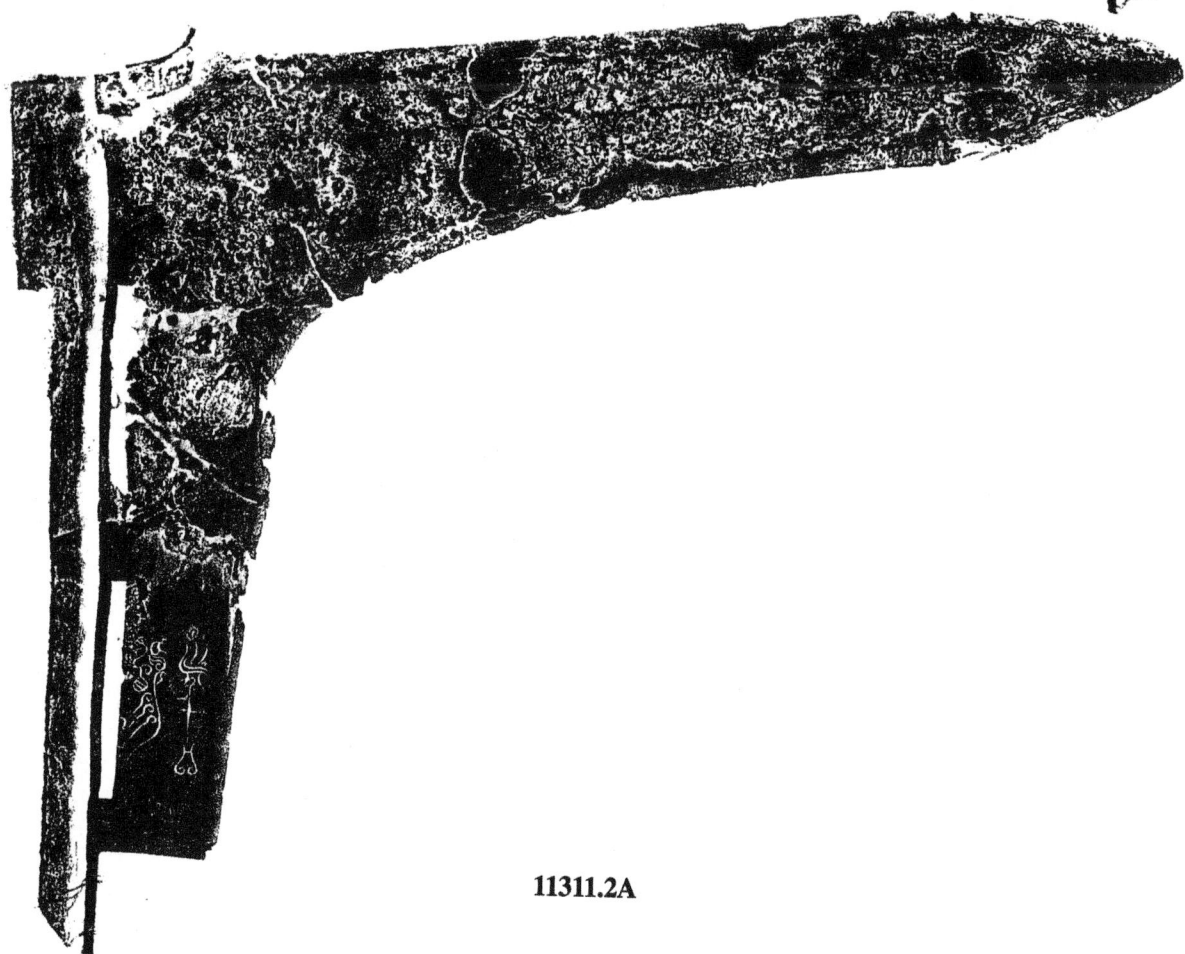

11311.2A

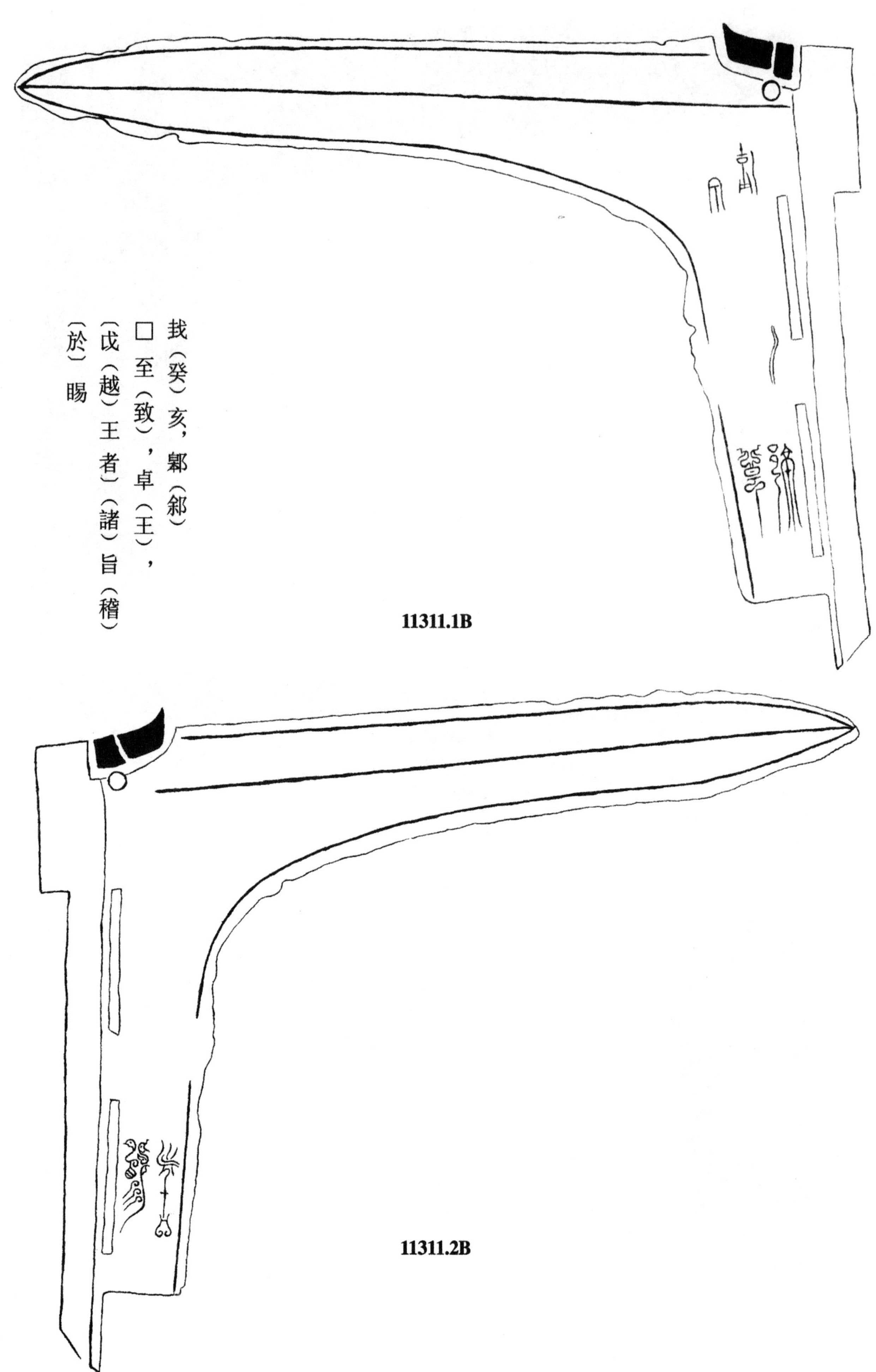

戉（癸）亥，鄒（郐）
□至（致），卓（王），
（戉（越）王者）（諸）旨（稽）
（於）賜

11311.1B

11311.2B

三十三年業令戈

卅三年，業（鄴）䢵（令）豕（䬪）、左庫工師臣、冶山

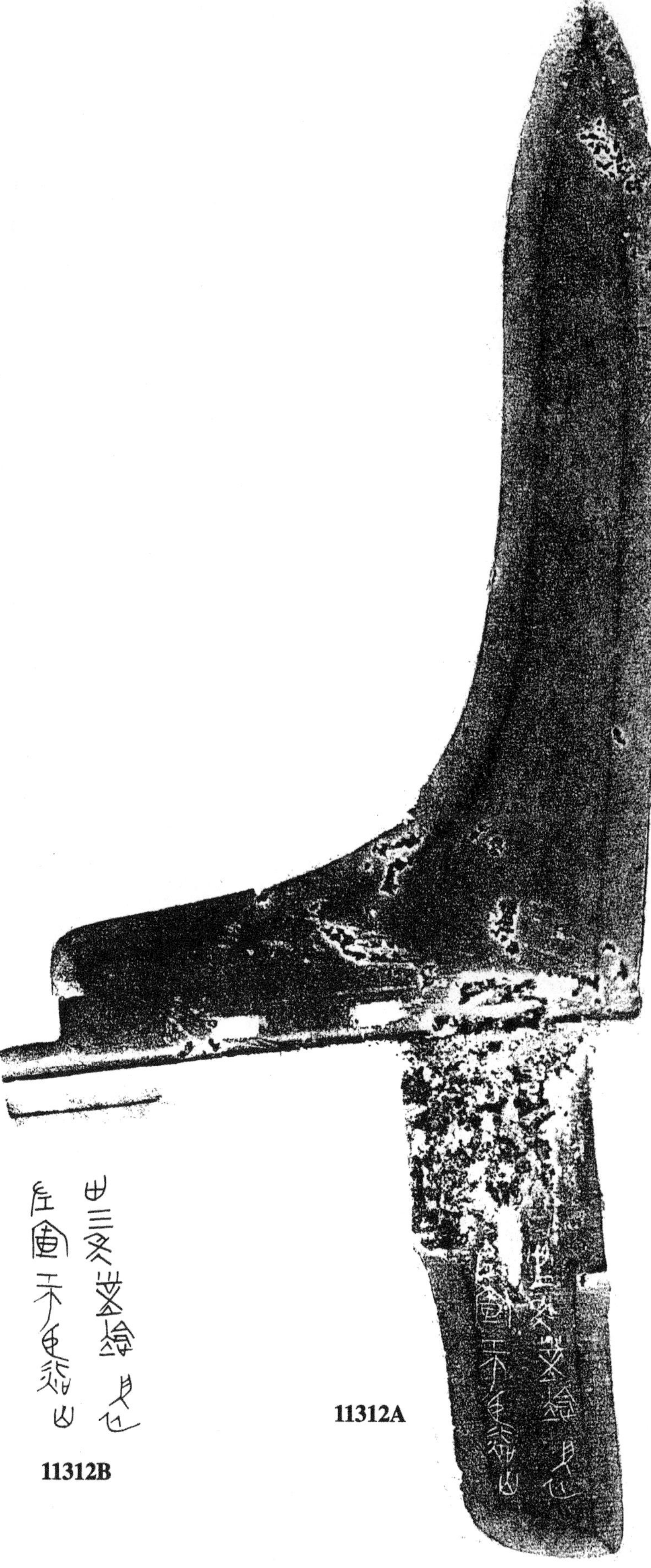

11312A

11312B

九年戈丘令癰戈

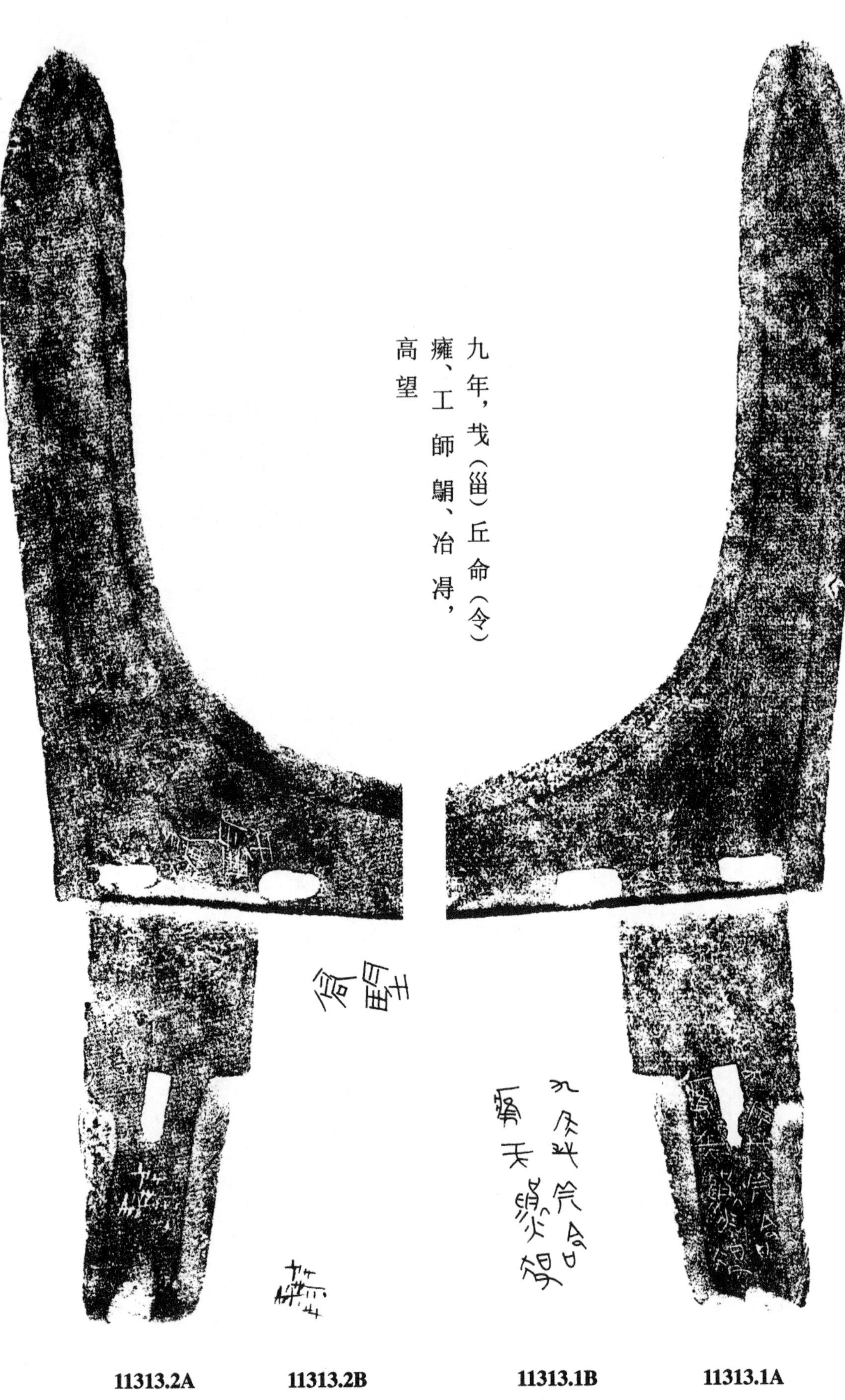

九年，戈（甾）丘命（令）癰、工師鼂、冶淂，高望

11313.2A　11313.2B　11313.1B　11313.1A

二年皇陽令戈

二年，皇陽命（令）強㺚、工師痯鰴（黴）、冶才

11314

11315A

二年，皇陽命（令）強㺚、工師痯（鰴）（黴）、冶（才）

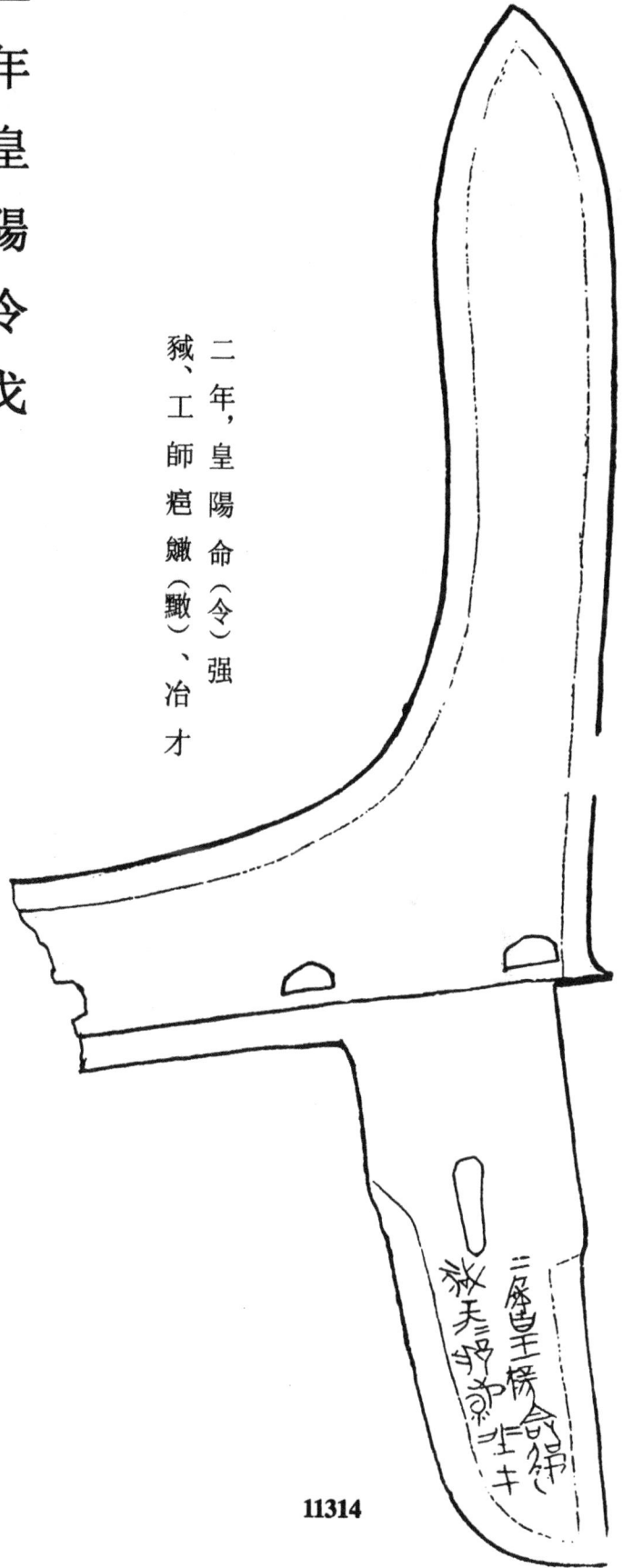

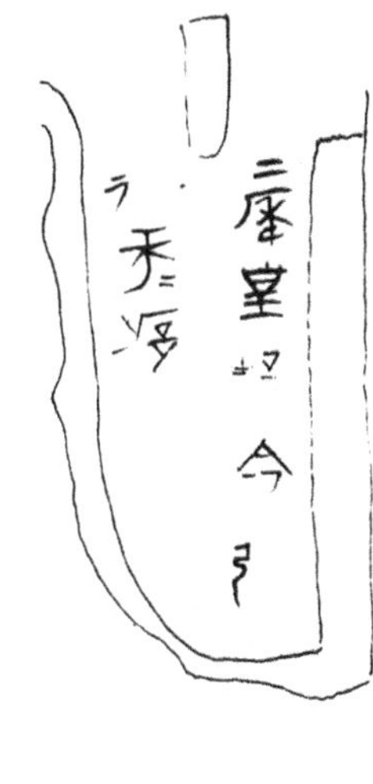

11315B

四年令韓讙戈

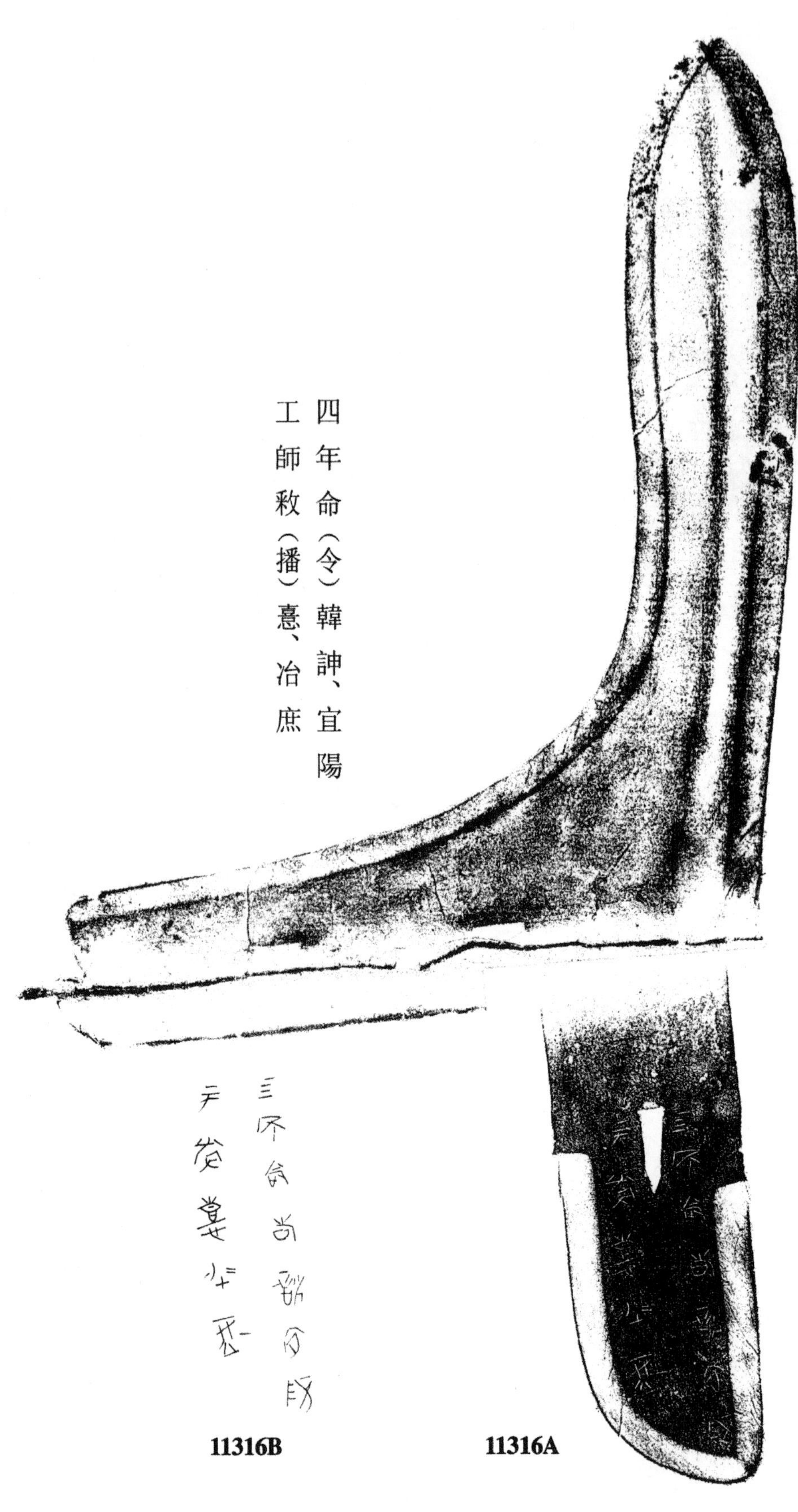

四年命（令）韓誁、宜陽工師敕（播）憙、冶庶

11316B

11316A

三年修余令韓誰戈

三年，附（負）余（黍）命（令）韓譙、工師罕（罕）瘳（瘳）、冶帰（埽）

11317B

11317A

三年修余令韓譙戈

三年，附（負）余（黍）命（令）韓譙、工師罕（罕）瘳（瘳）、冶帰（埽）

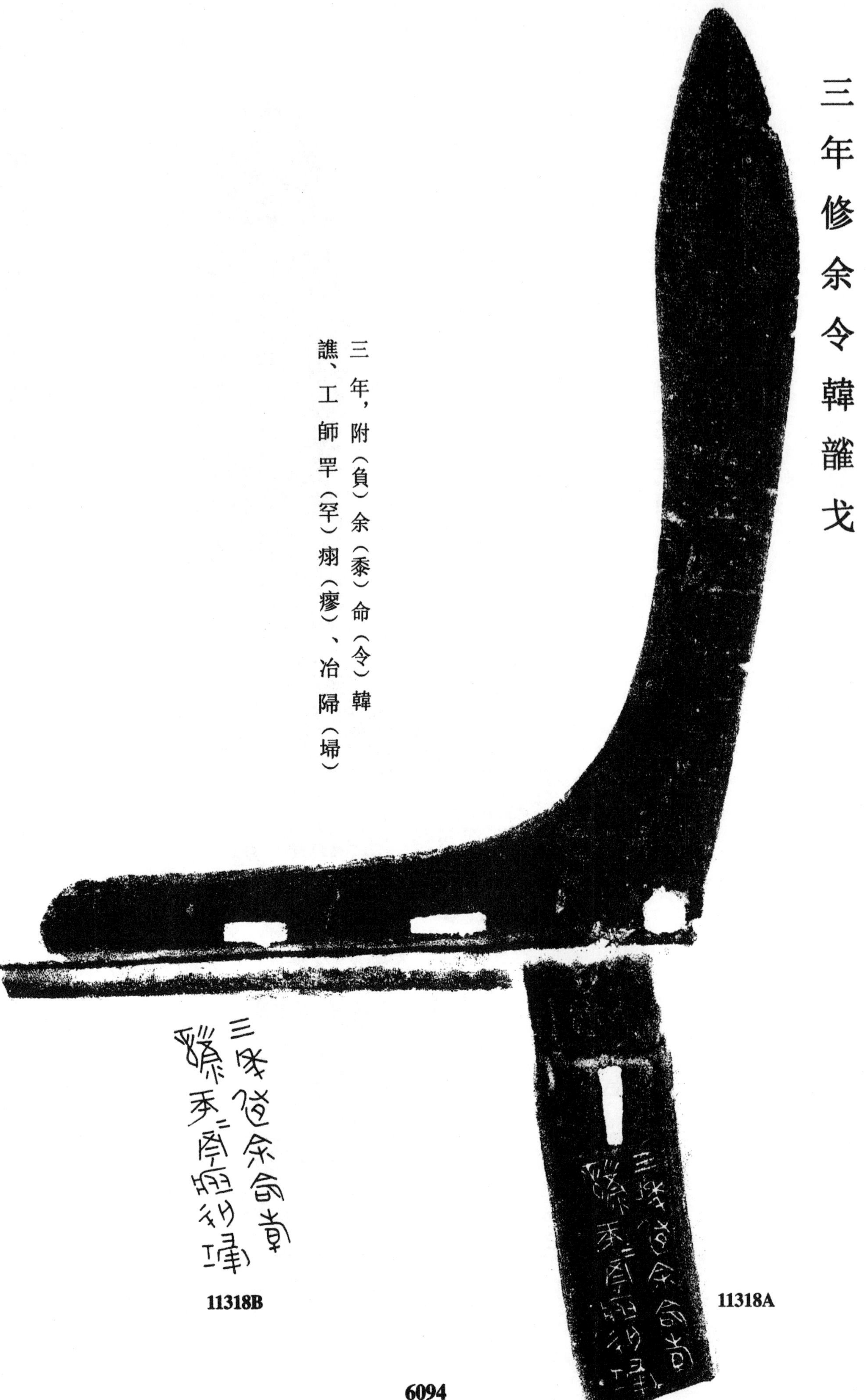

11318B

11318A

三年修余令韓譙戈

11319B　11319A

三年，附（負）余（黍）命（令）韓譙、工師罕（罕）痢（瘳）、冶黿

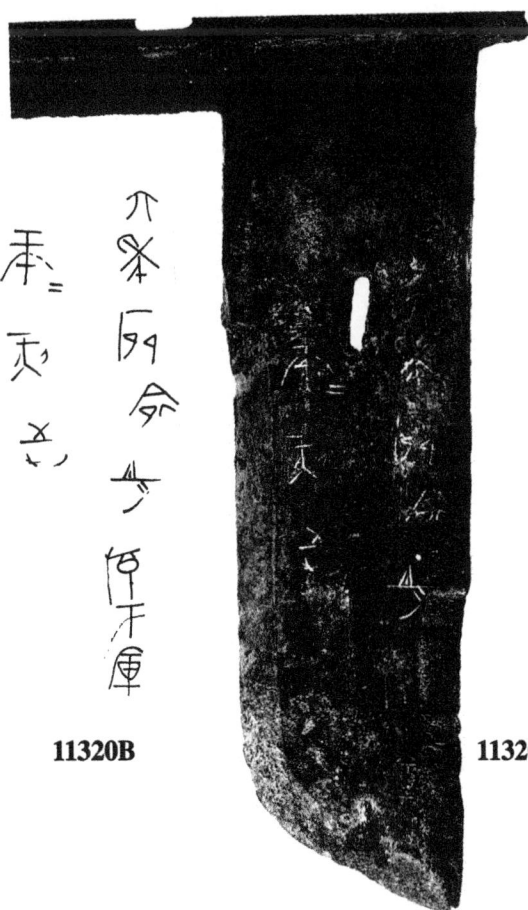

三十四年頓丘戈

11321A

六年叩令戈

11320B　11320A

六年，庯命（令）肖（趙）軌、下庫工師口、冶口

11321B

卅四年，邨（頓）丘命（令）燮、左工師哲、冶夢

七年侖氏戈

七年，侖（綸）氏命（令）韓化、工師榮𠩺（原）、冶㦙（謀）

11322B

11322A

八年兹氏令吴庶戈

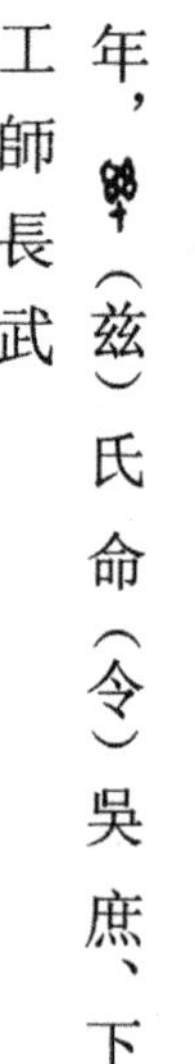

八年，𢆶（兹）氏命（令）吴庶、下庫工師長武

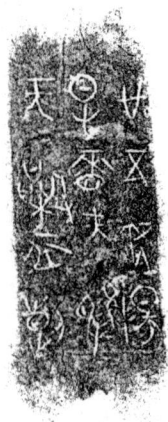

11323

二十五年戈

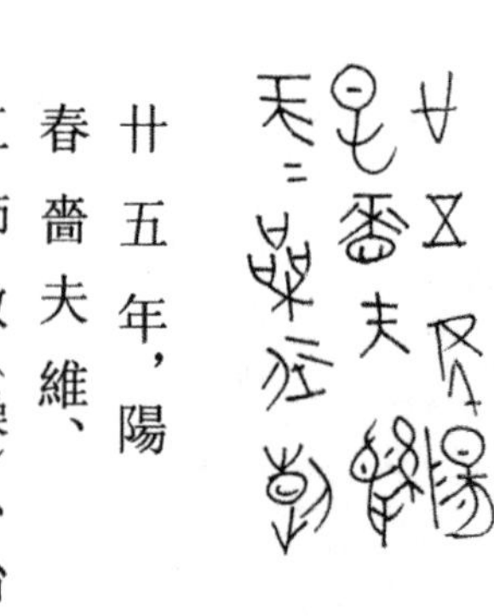

廿五年，陽春嗇夫維、工師斅（操）、冶㓨

11324B　11324A

九年將軍戈

九年，𨟭（將）軍張二月，剸宮我其獻

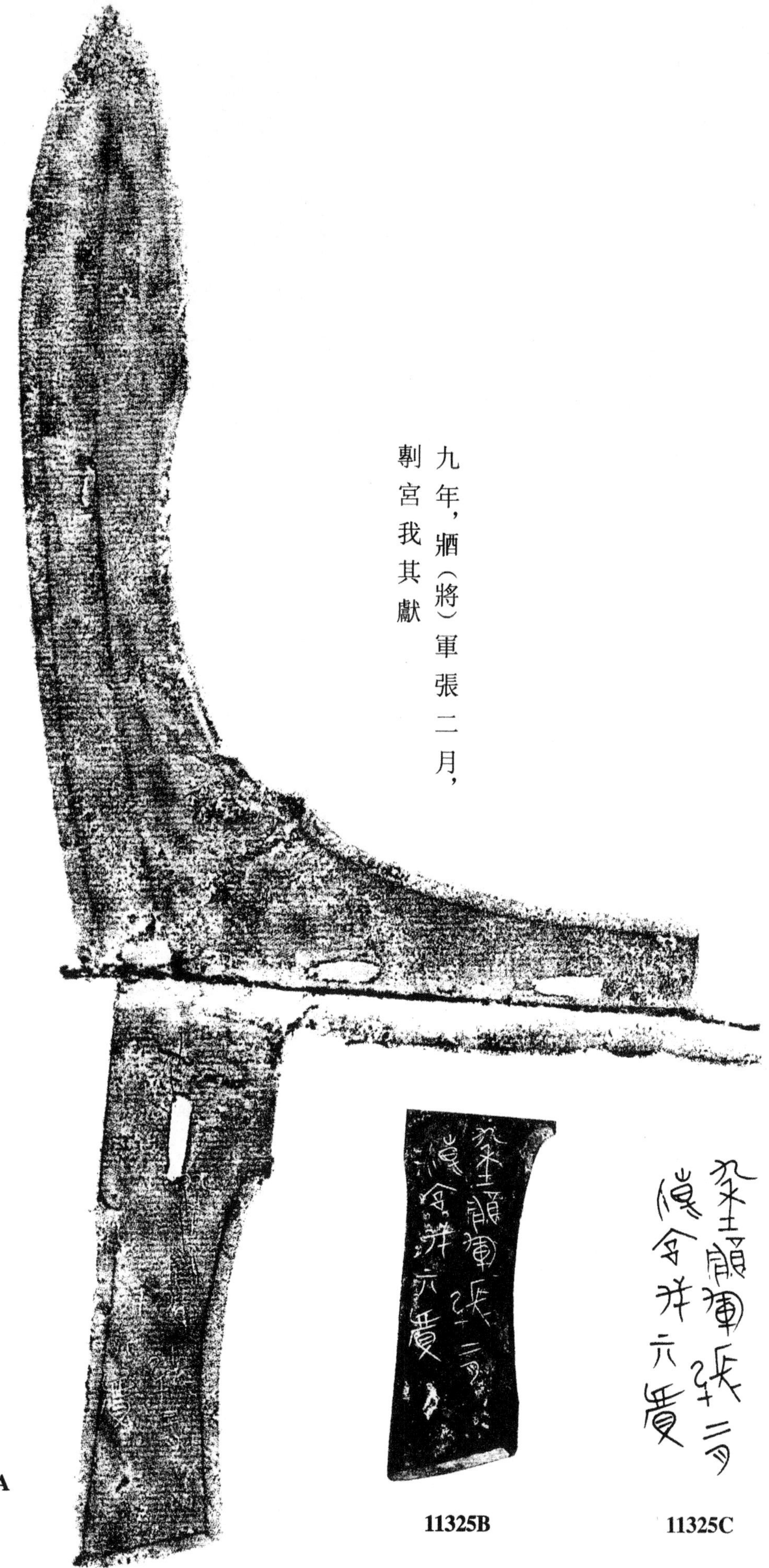

11325A

11325B

11325C

九年將軍戈

11326B

九年，𨟮（將）軍張二月，剸宮我其獻

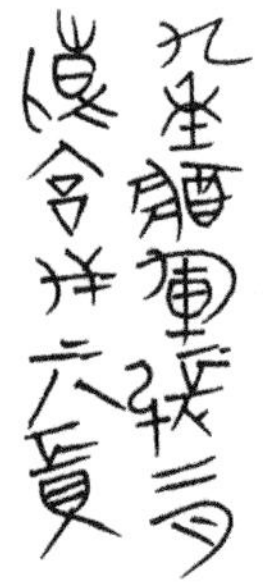

11326C

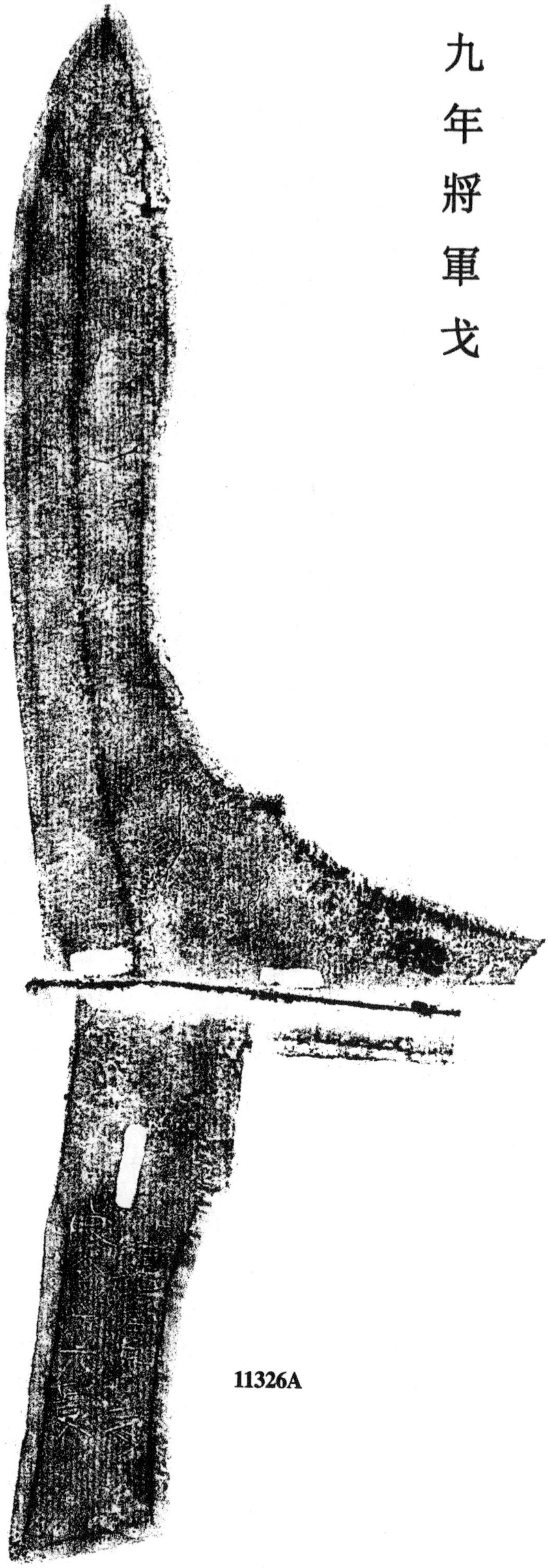

11326A

六年格氏令戈

11327

六年，格氏命（令）韓貴、工師亘公、冶𢑚

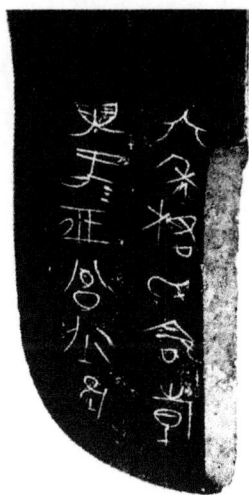

王二年鄭令戈

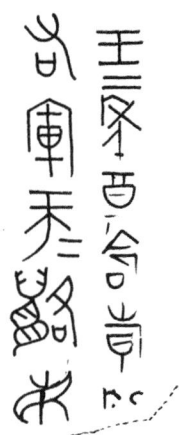

11328B

11328A

王二年，奠（鄭）命（令）韓口、右庫工師谿鳶

王何戈

王何立（涖）事，得工冶叢所教馬重（童）爲庫。宜安

11329.1A

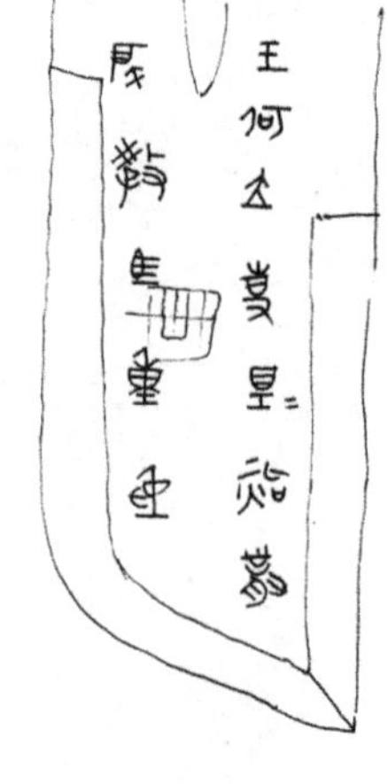

11329.1B

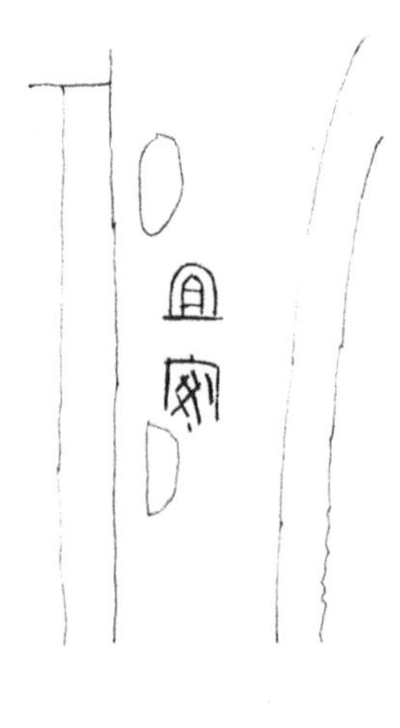

11329.2

三十三年大梁戈

卅三年，大梁左庫工師丑、冶刄（刃）

11330

二十二年臨汾守戈

11331A

11331B

廿二年，臨汾守曋、
庫係、工歍造

十四年屬邦戈

11332A

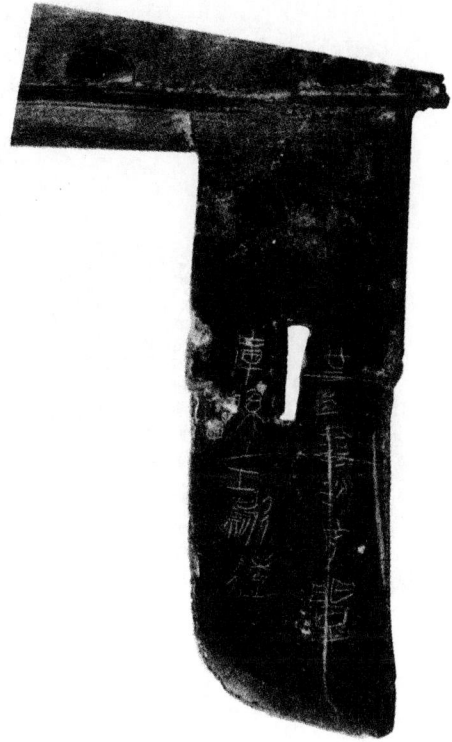

11332B

十四年，屬邦工
室蕺、丞□、工□，屬
邦

僦勺白戈

僦勺白赤，舃茲戈，厥□（璧）□，季秉昚（眘）

11333.2

11333.1

□鏞用戈

（元）鏞用，戠（戴）大□（酋）得臣鑄其載戈

11334

四年邘令戈

四年，邘命（令）輅庶、上庫工師汪口、冶氏□（髯）

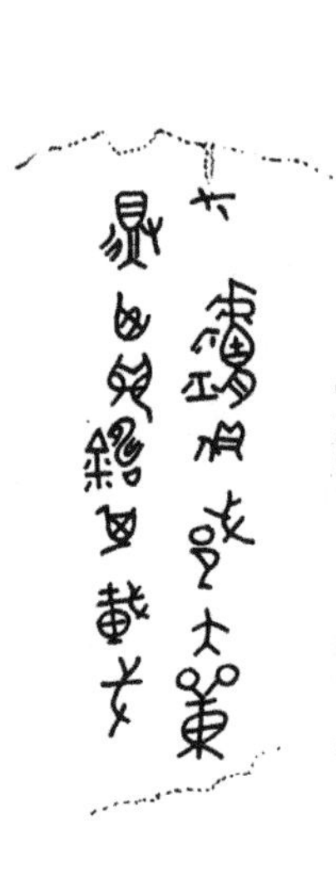

11335B

11335A

六年鄭令韓熙戈

六年，奠（鄭）命（令）韓熙、□
右庫工師司馬瑖、冶狄

11336B

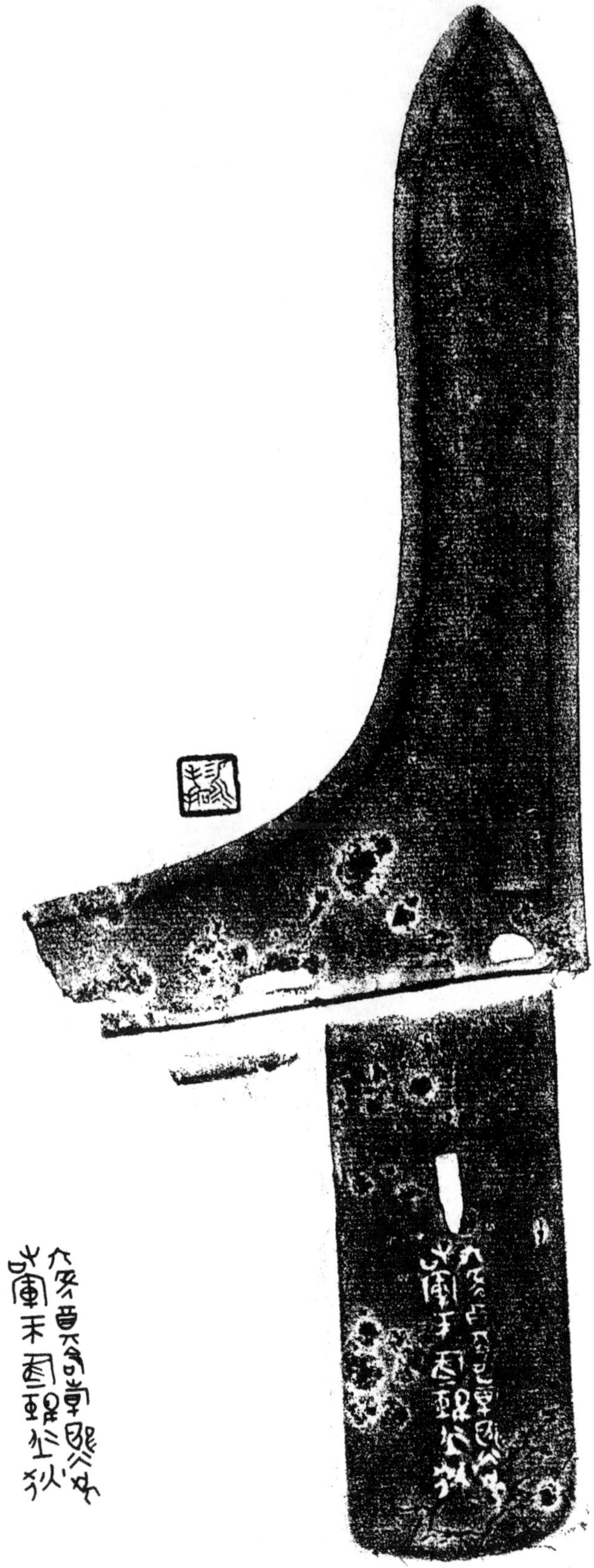

11336A

六年令戈

六年，□司寇書、右庫工師瘟、冶昄

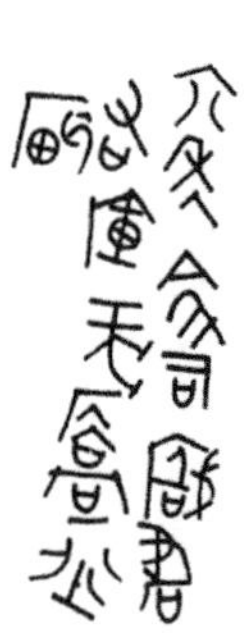

11337B

11337A

三年□令戈

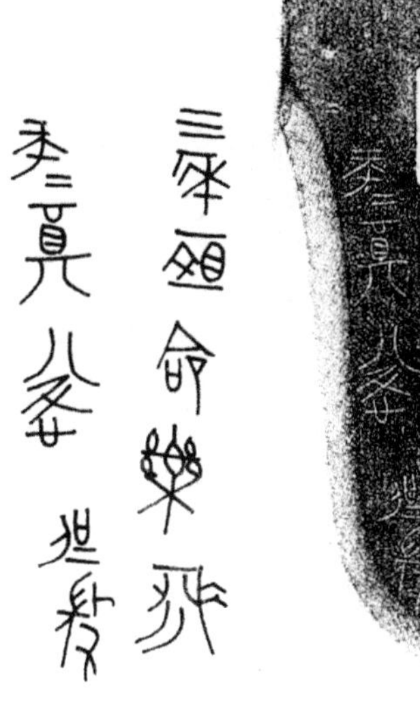

11338.1A　11338.1B　11338.2A　11338.2B

三年，廼（䢼）命（令）樂疢（痛），工師奠（鄭）恙、冶敚（微），山陽。雍

十三年戈

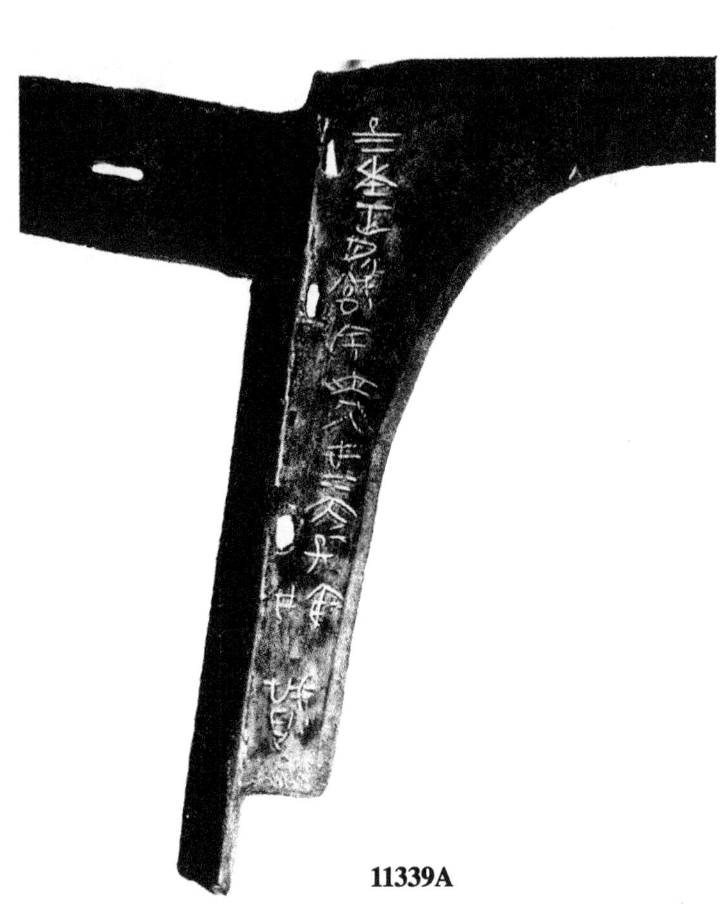

11339A　11339B

十三年正月，斛左乘馬大夫子駿戲

四年戈

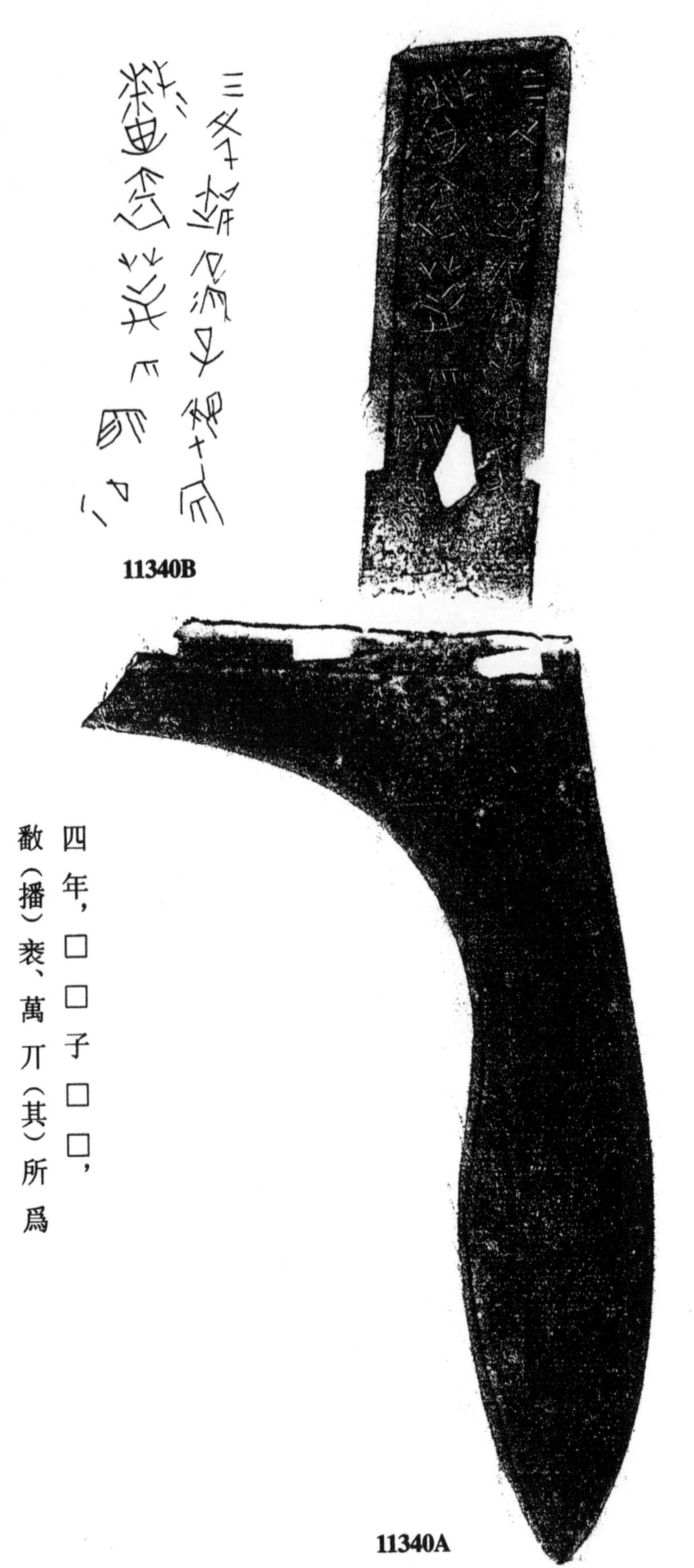

11340B

四年，□□子□□，

䊦（播）衺、萬丌（其）所爲

11340A

四年咎奴蓸令戈

四年，咎（高）奴蓸命（令）壯
罌、工師賙疾、冶問

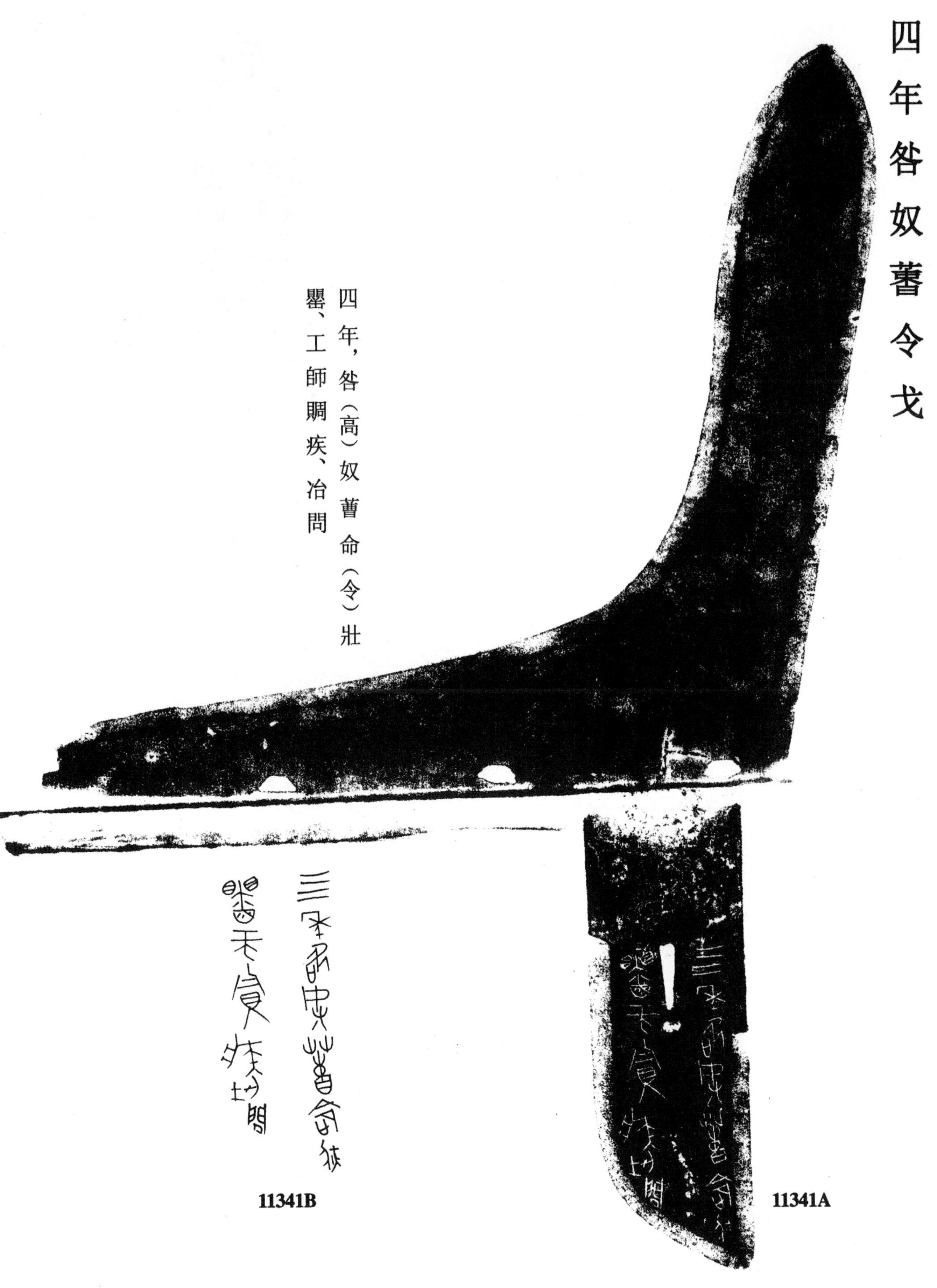

11341B　　11341A

二十一年相邦冉戈

廿一年，相邦冄（冉）造，雍工師葉，

壞（懷）、德、雍

11342.2B　11342.2A　11342.1B　11342.1A

□亯令司馬戈

□（年），亯命（令）司馬伐、右庫工師高雁、冶□

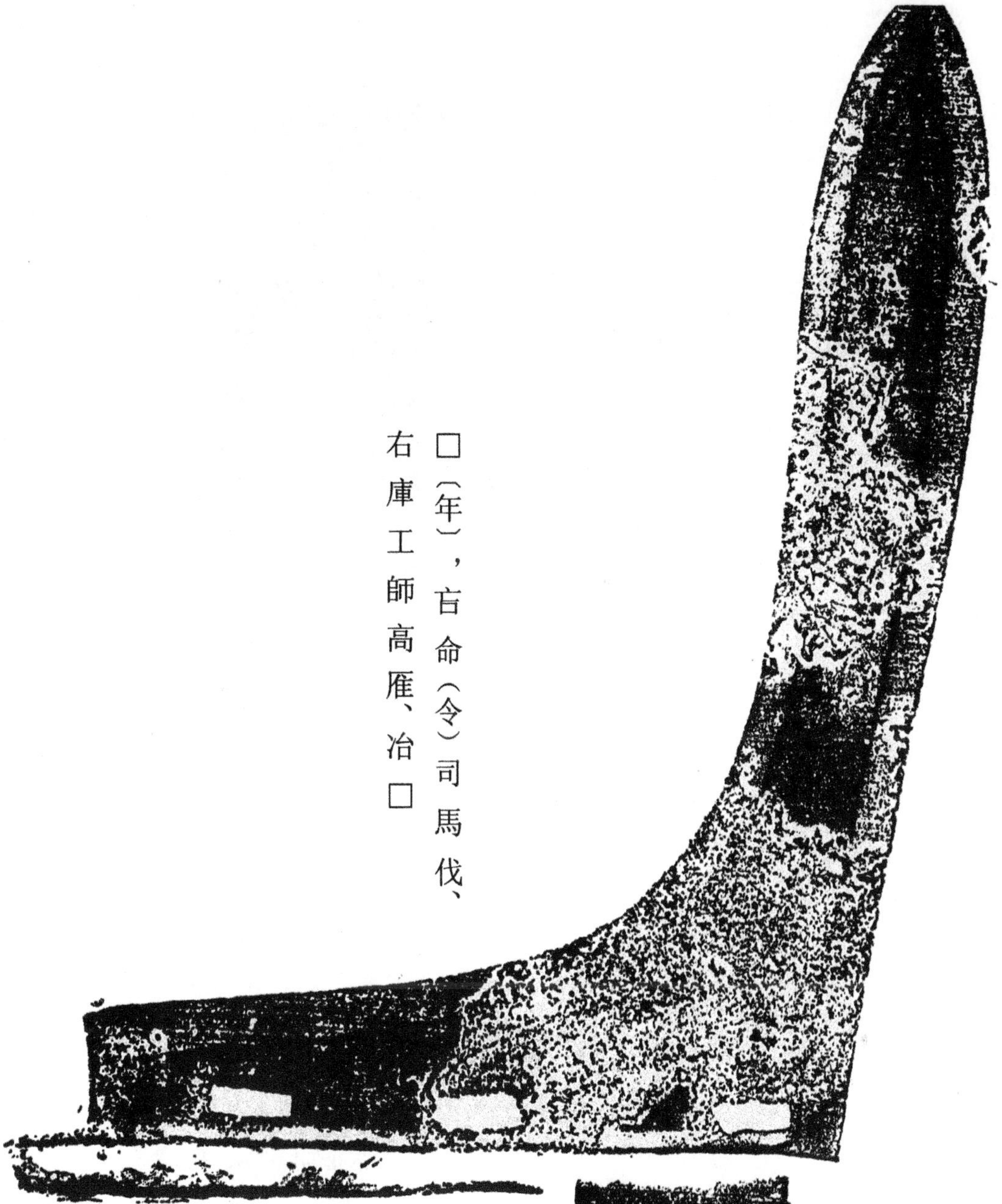

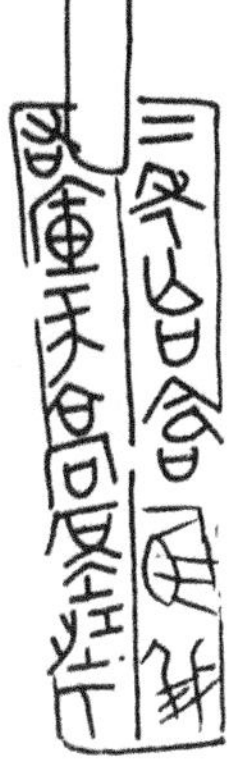

11343B

11343A

八年盲令戈

八年，盲（芒）命（令）□輡、左庫工師叔新（梁）掃、冶小

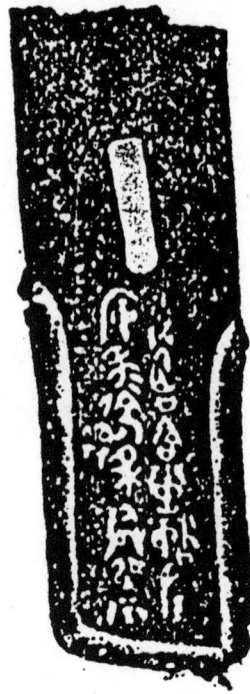

11344B

11344A

八年新城大令戈

八年，亲（新）城大命（令）韓定、工師宋費、冶褚

11345B

11345A

梁伯戈

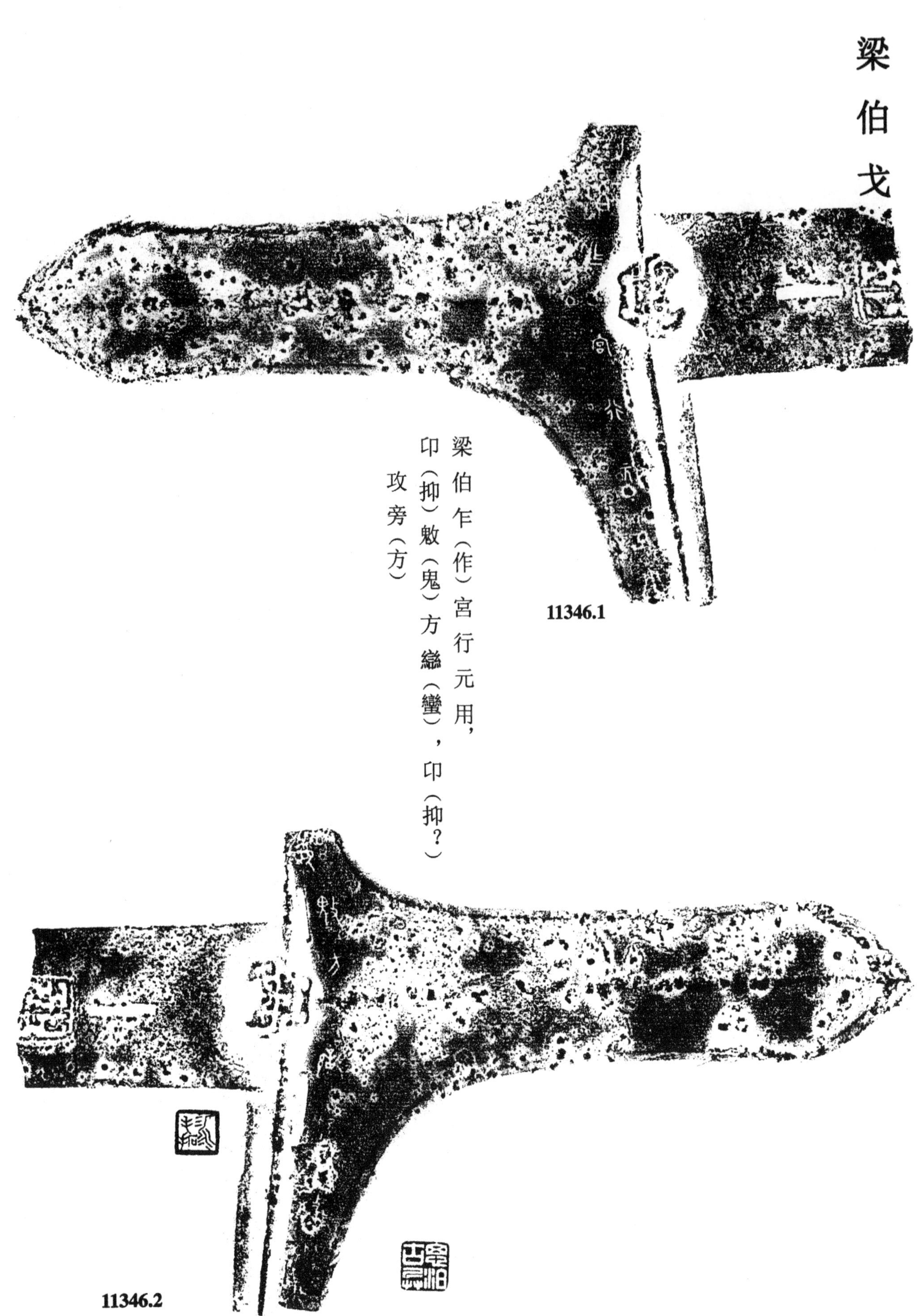

11346.1

11346.2

梁伯乍（作）宫行元用，印（抑）鬿（鬼）方緫（蠻），印（抑？）攻旁（方）

十三年□陽令戈

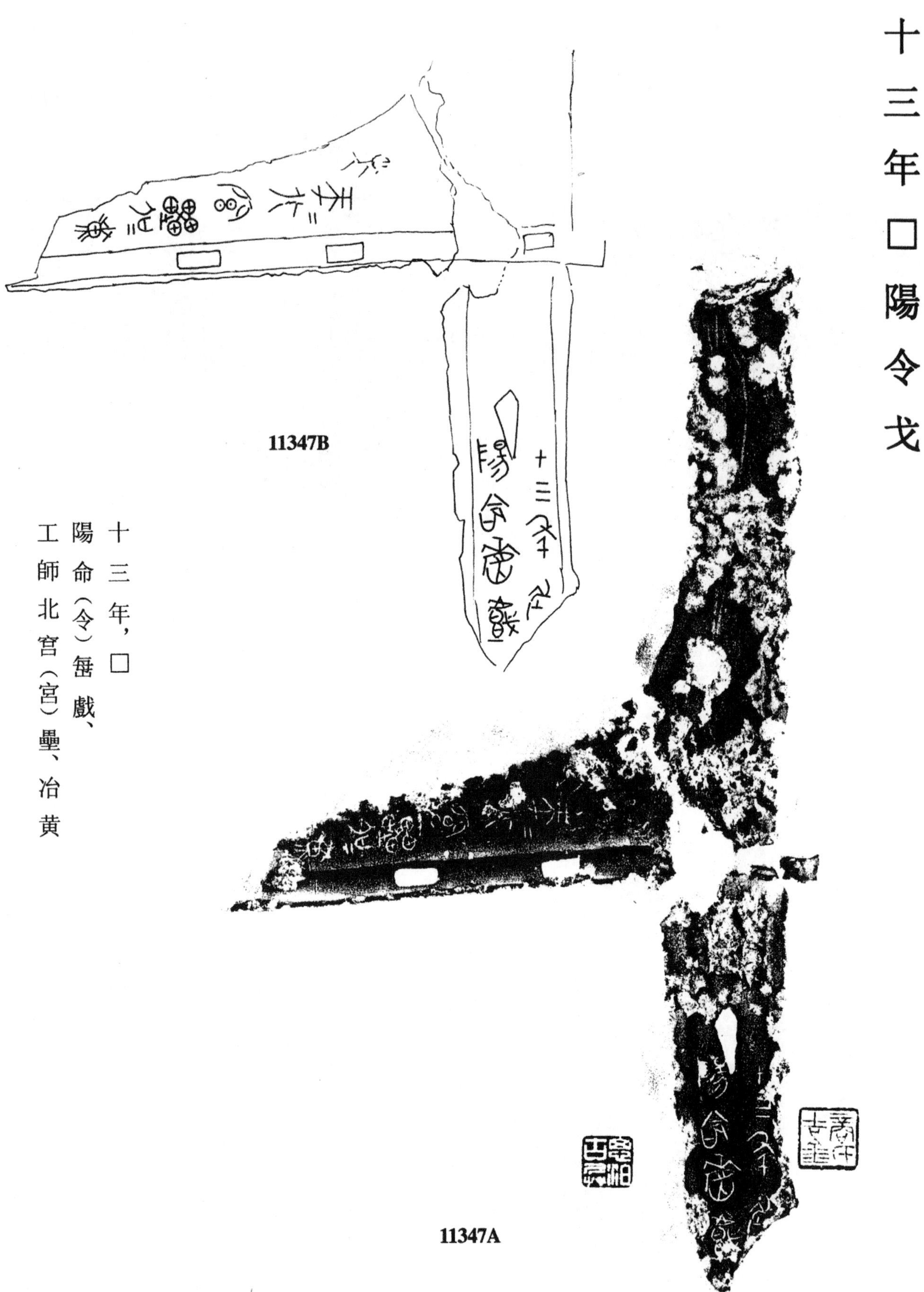

11347B

11347A

十三年，□陽命（令）𠂤戲、工師北宮（宮）壘、冶黄

五年龏令思戈

11348A

五年，龏（龔）踚（令）思、
左庫工師長史
廛、冶數近

11348B

五年龏令思戈

五年、龏（龔）踚（令）思、
左庫工師長史
廛、冶數近

11349

郾王詈戈

行議鍨（戣），
郾（燕）王詈愳（㥅、授）

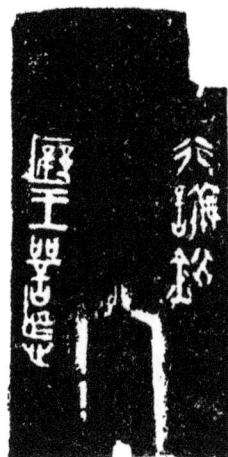

11350.1

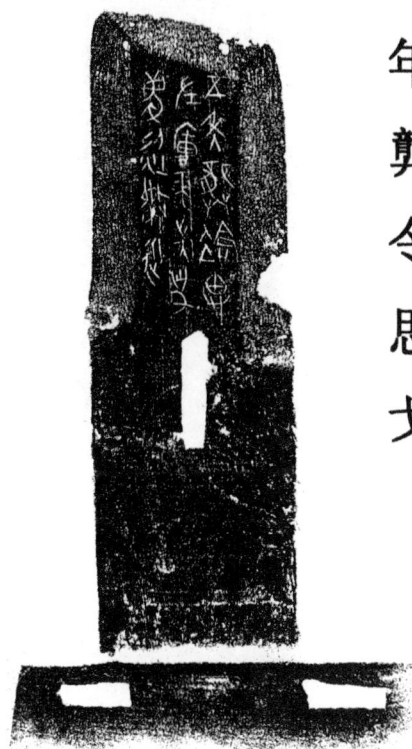

右攻（工）肙（尹）青，
其攻（工）豎

11350.2

十六年喜令戈

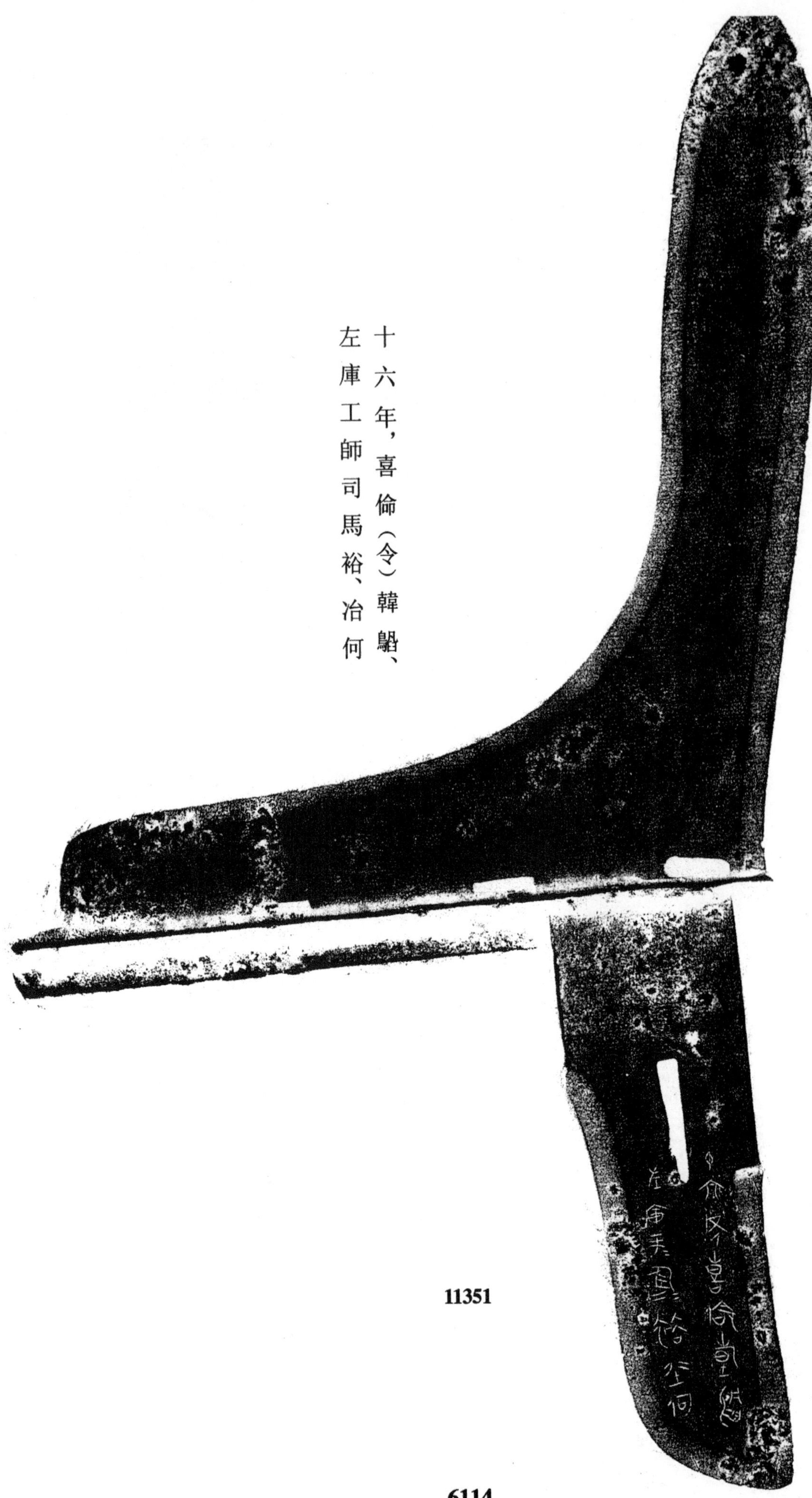

十六年，喜倫（令）韓䠶、左庫工師司馬裕、冶何

11351

秦子戈

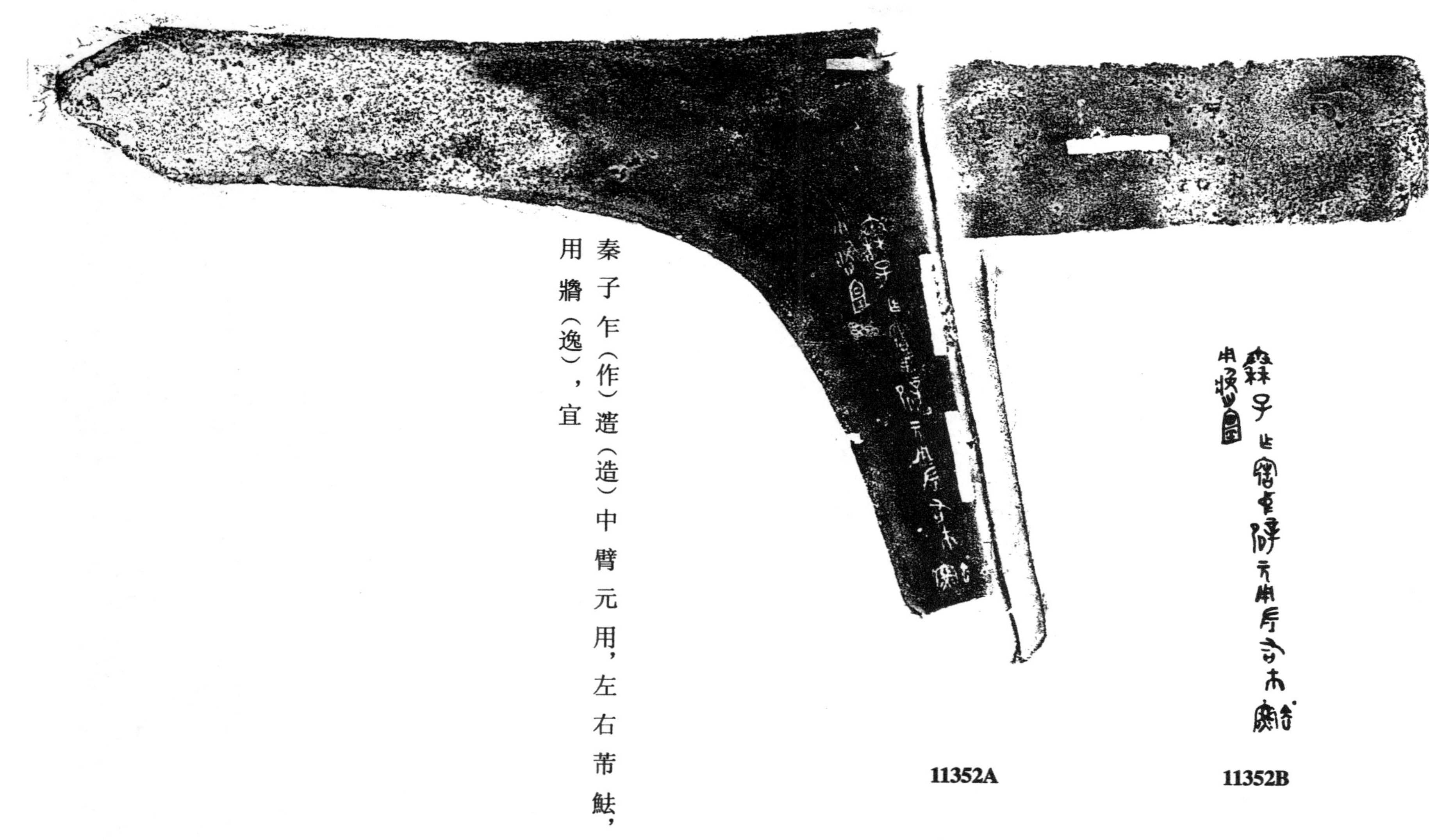

11352A

11352B

秦子乍(作)造(造)中臂元用，左右帀鮭，用𦢊(逸)，宜

秦子戈

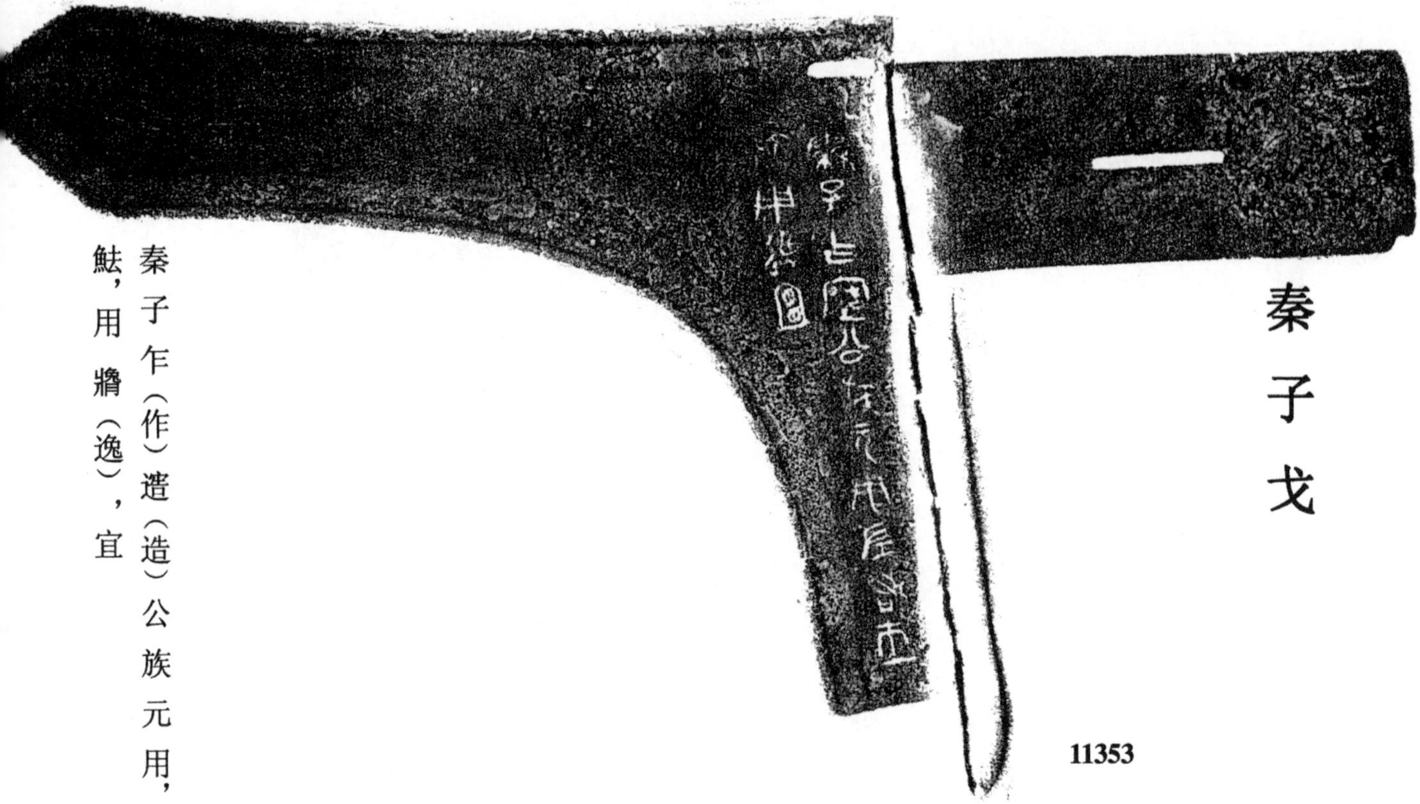

11353

三年□陶令戈

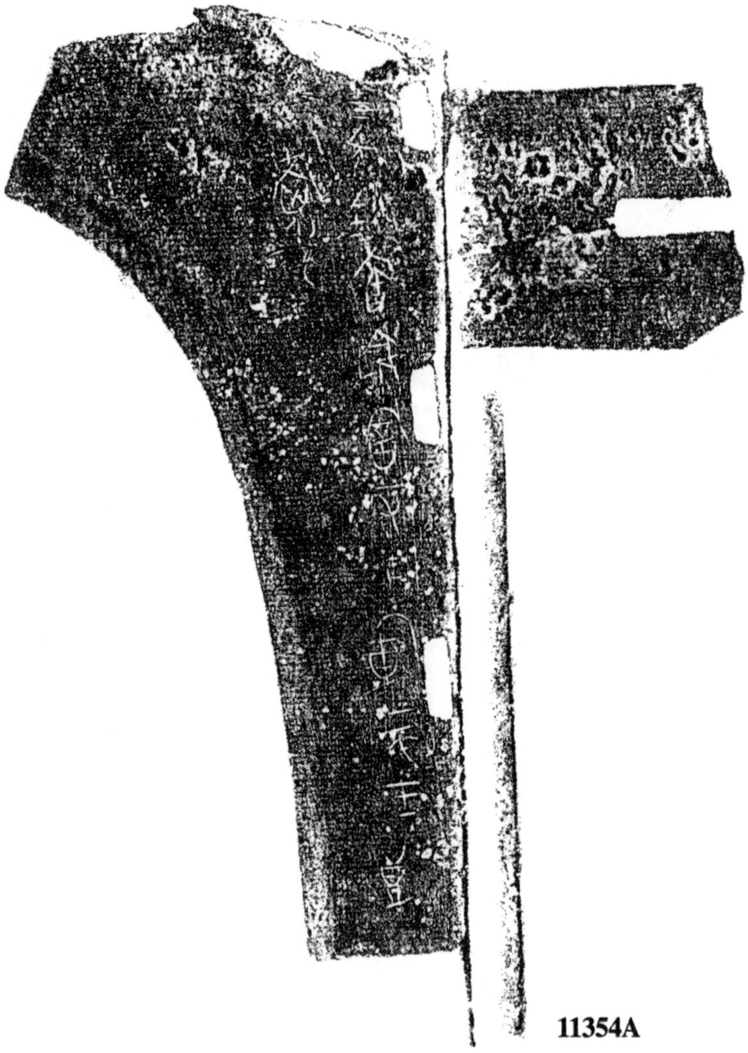

11354A

11354B

秦子乍(作)遣(造)公族元用，左右帀
鮏，用𩩍(逸)，宜

三年，汪匋命(令)富反、下庫工師王豈、
冶禽

十二年趙令戈

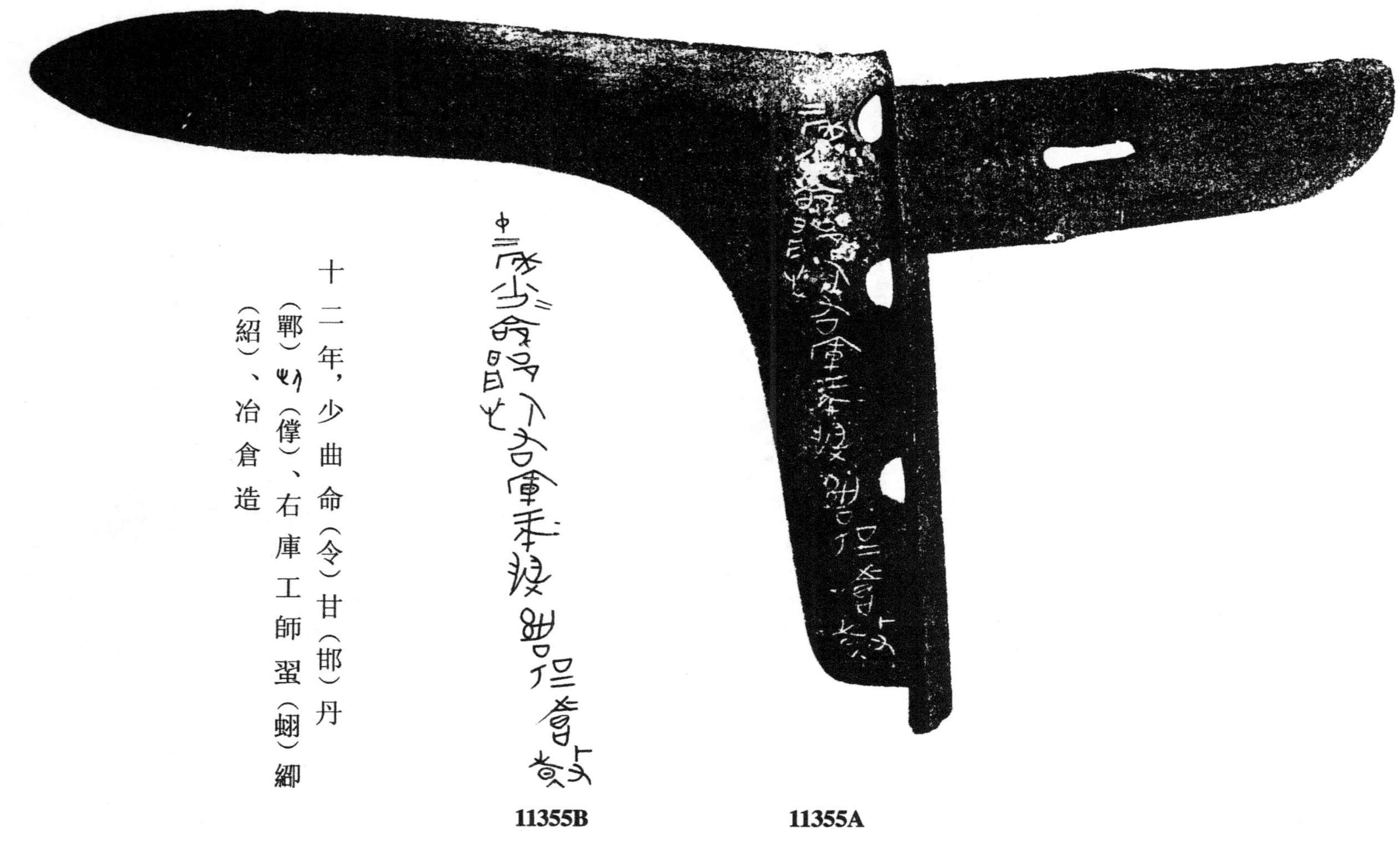

11355A

11355B

十二年，少曲命（令）甘（邯）丹（鄲）𠭯（偉）、右庫工師蛩（蛡）綳（紹）、冶倉造

二十四年郙陰令戈

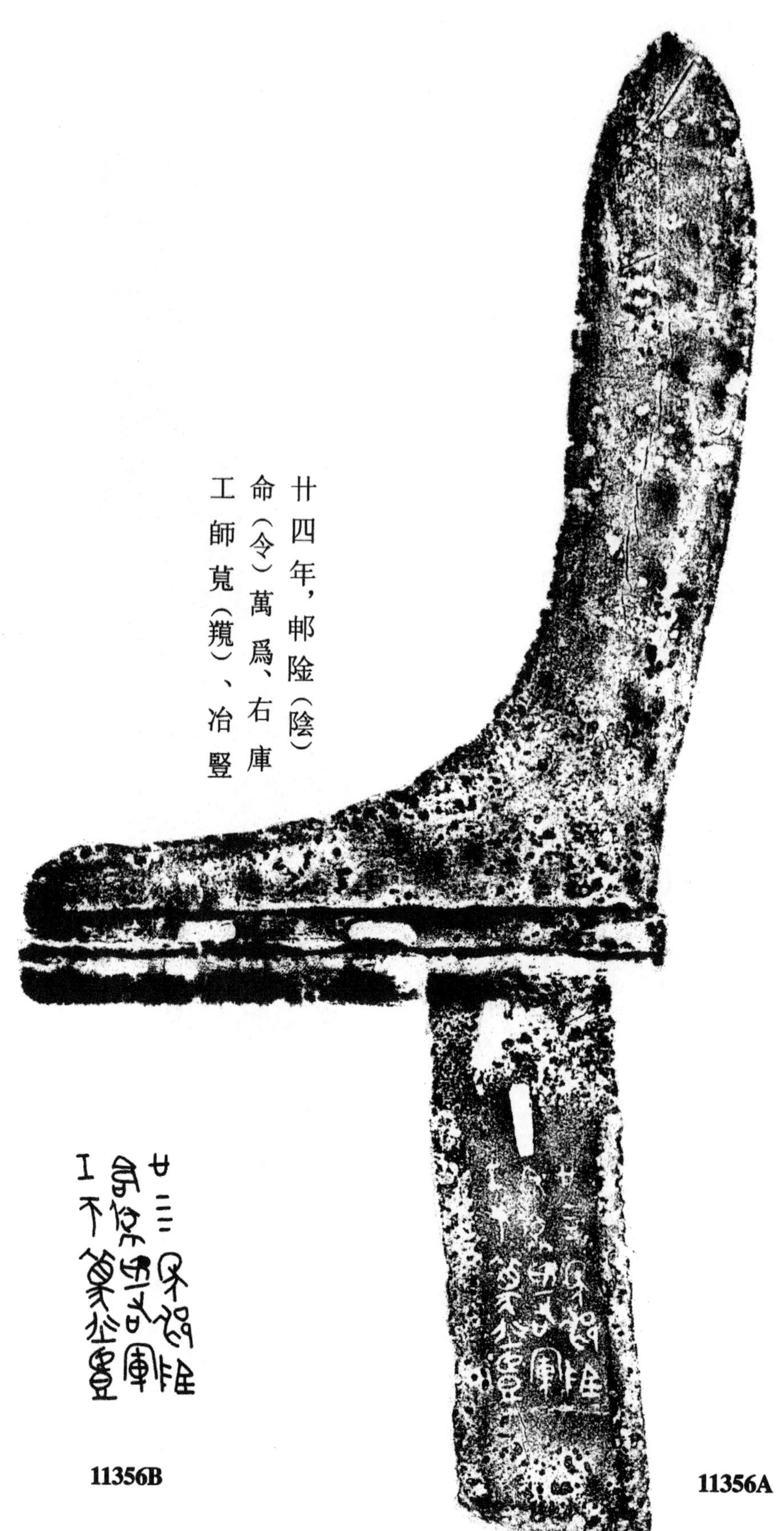

廿四年，郙险（陰）命（令）萬爲、右庫工師莧（䕻）、冶豎

11356B

11356A

王三年鄭令戈

11357B

11357A

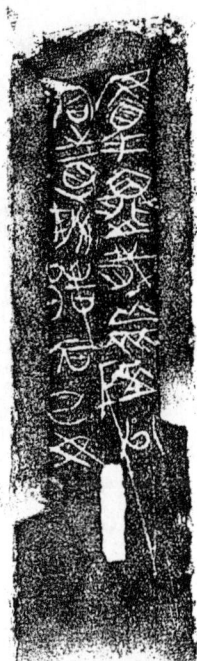

王三年，奠（鄭）命（令）韓熙、右庫工師事（吏）狄（裼）、冶口

鄴陵公戈

11358B

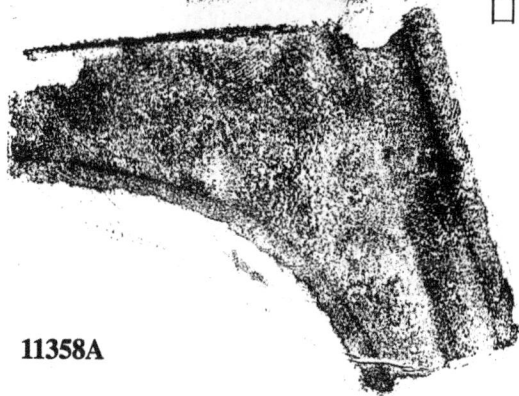

11358A

膚贏之歲，羕（養）陵公邵首（？）所郜（造）、冶己女

二十年相邦冉戈

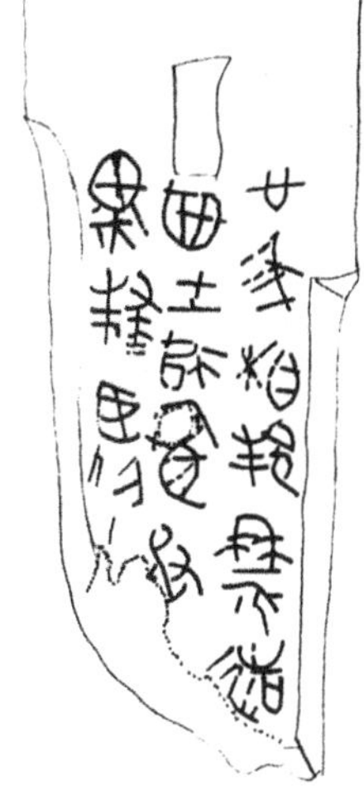

11359B

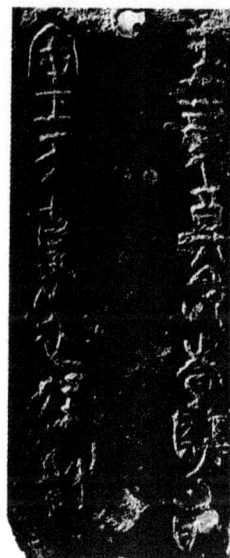

11359A

廿年，相邦冄（冉）其造，西工師𠣗、丞哭、隸臣口

元年郛令戈

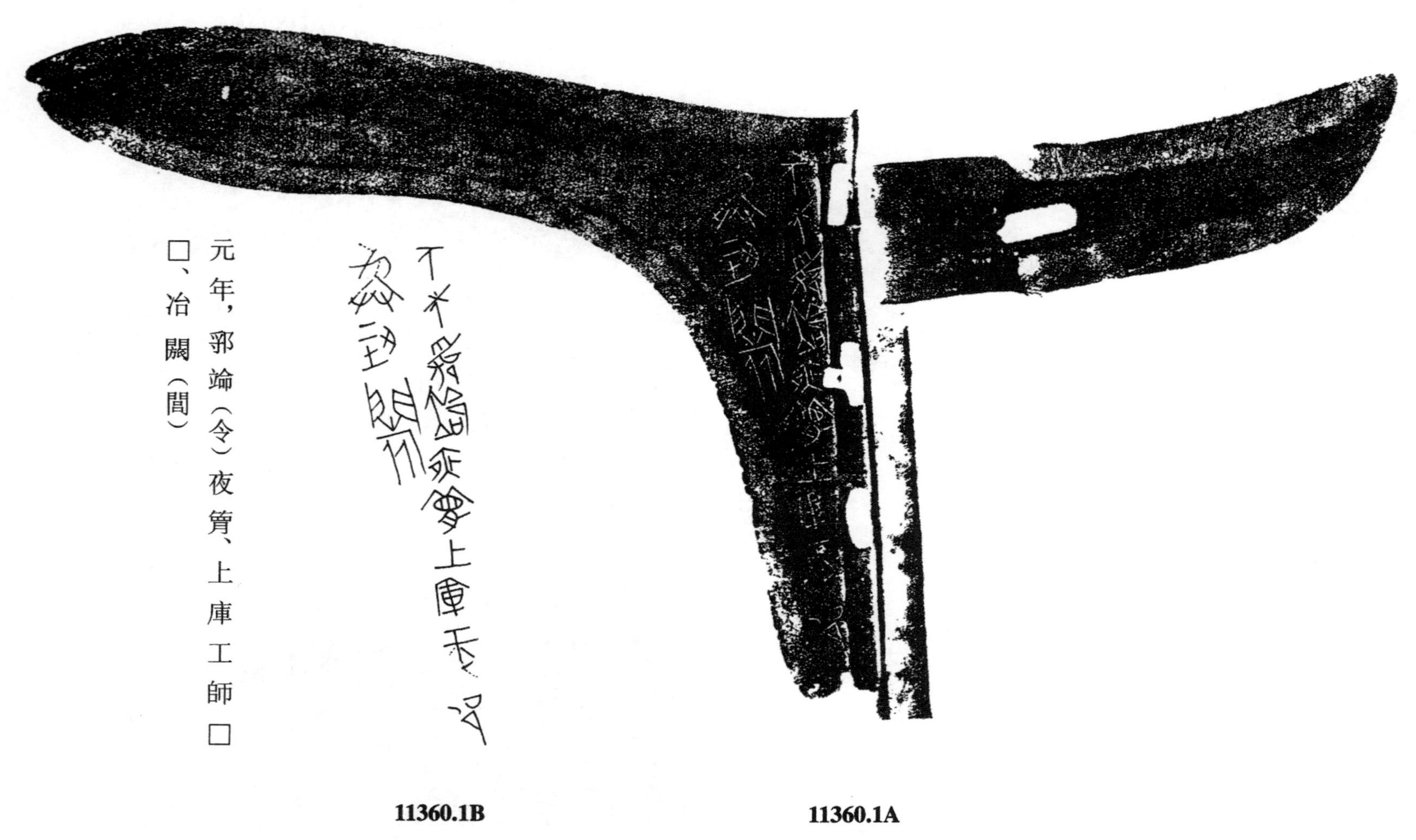

元年，郛諭（令）夜箕、上庫工師□
□、冶闞（間）

11360.1B

11360.1A

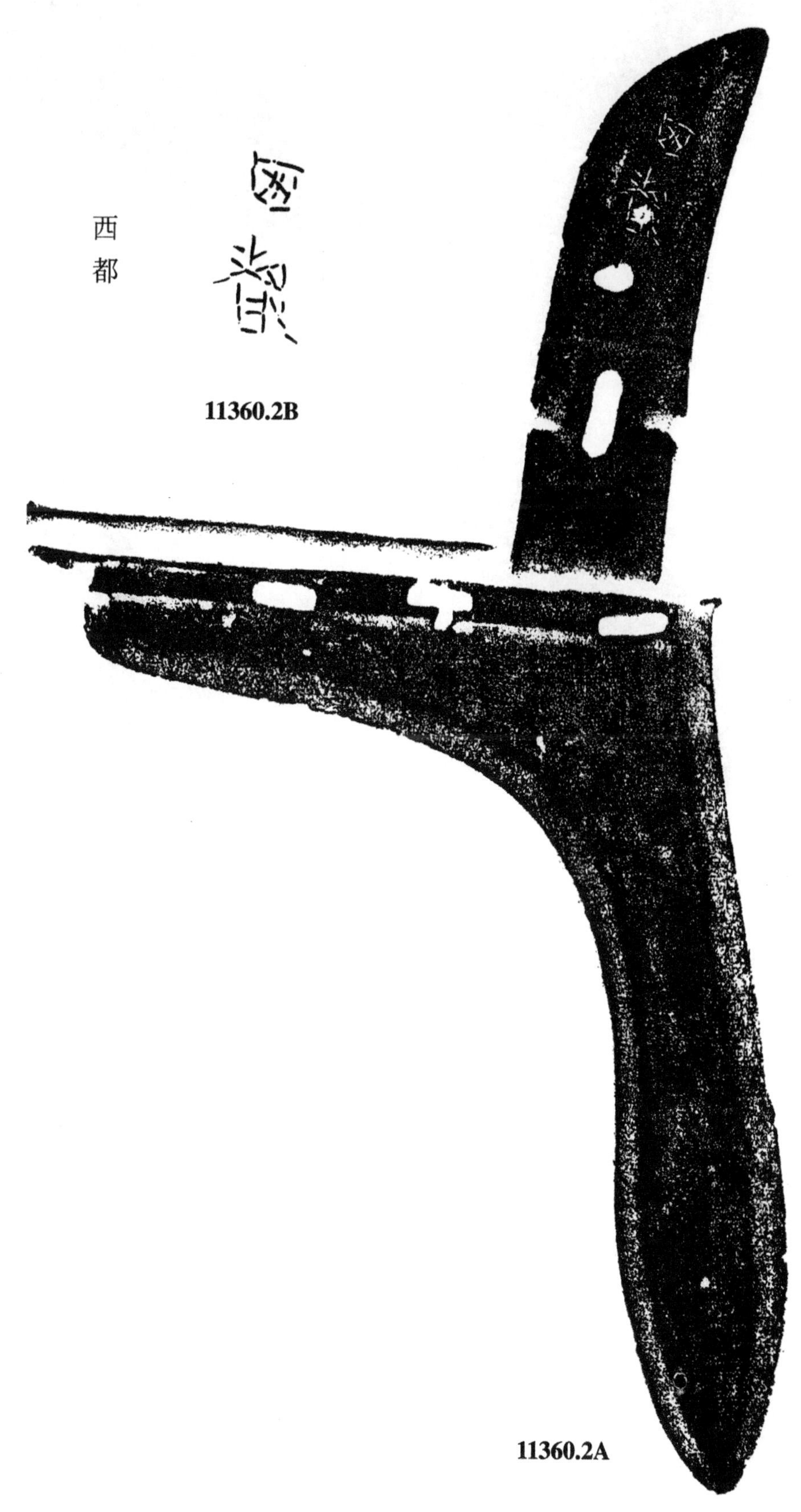

西都

11360.2B

11360.2A

四年相邦樛斿戈

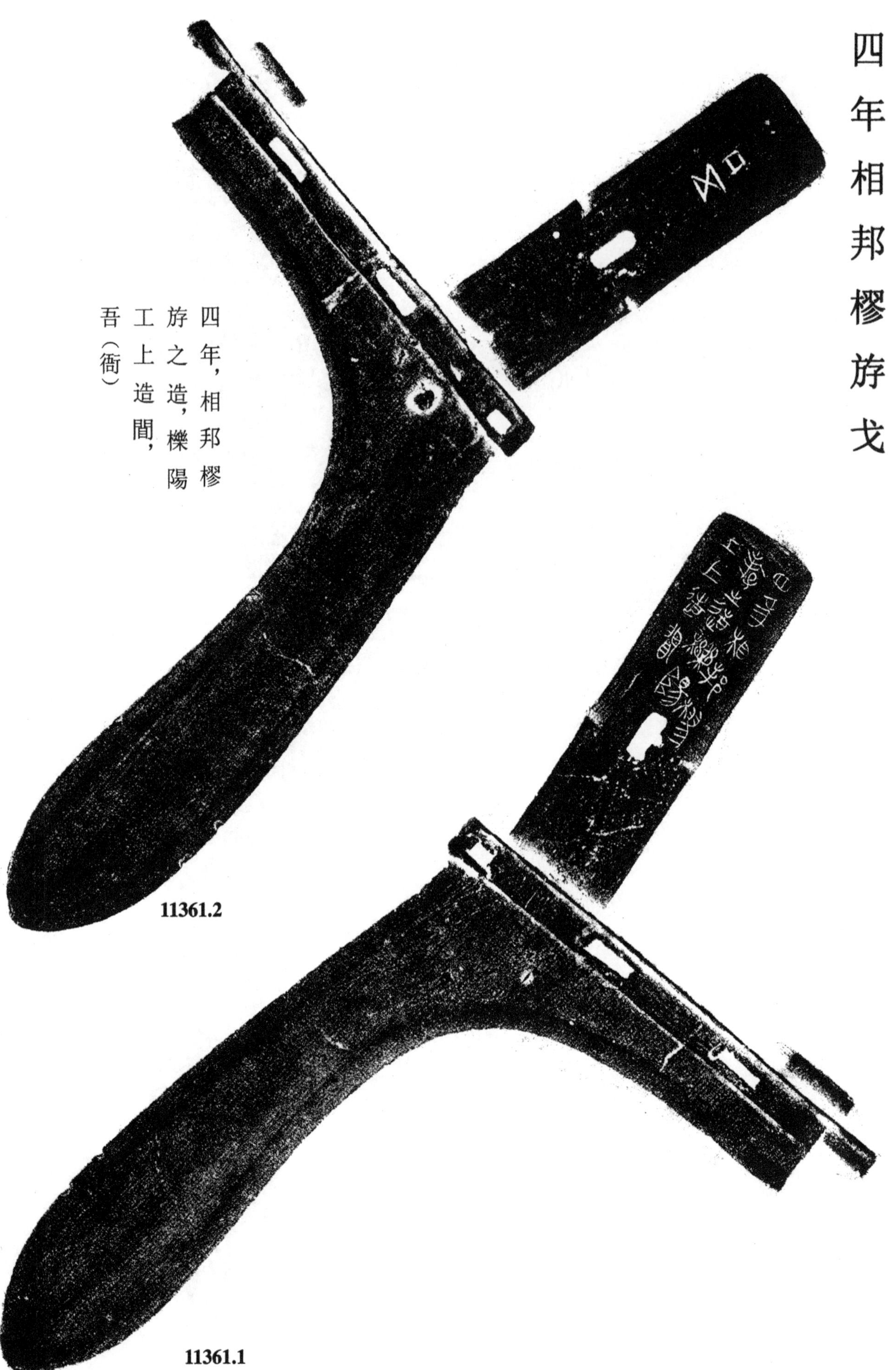

四年，相邦樛斿之造，櫟陽工上造間，吾（衙）

11361.2

11361.1

二年上郡守戈

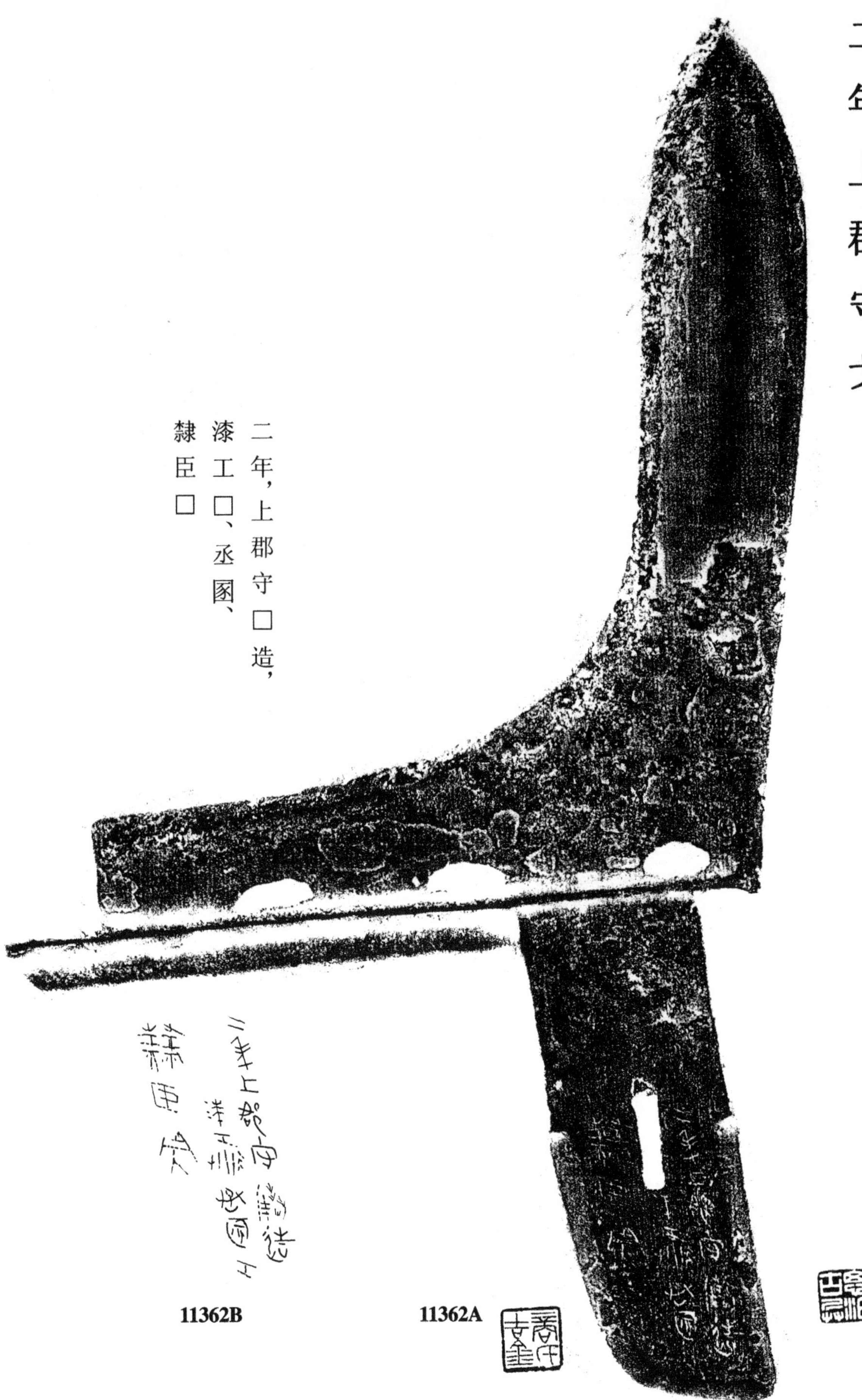

二年，上郡守□造，
漆工□、丞圂、
隸臣□

11362B　　11362A

□年上郡守戈

11363.2A

11363.1A

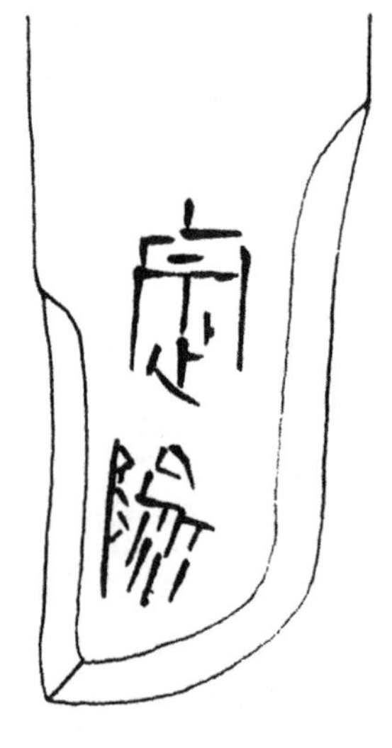

11363.2B

〔十二〕年，上郡守〔壽之〕造，漆垣工師爽、工更長猗，定陽

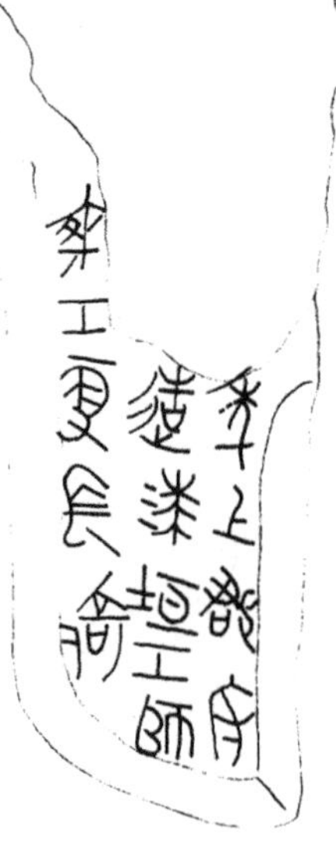

11363.1B

二年戈

二年，宔(主)父攻(工)正明我、左工師鄎許、馬重(童)丹所爲，虎奔(賁)

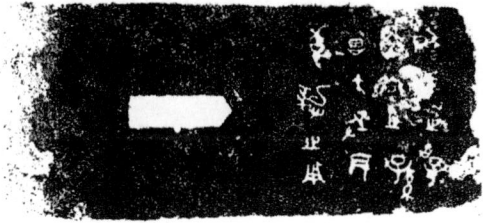

曾大攻尹戈

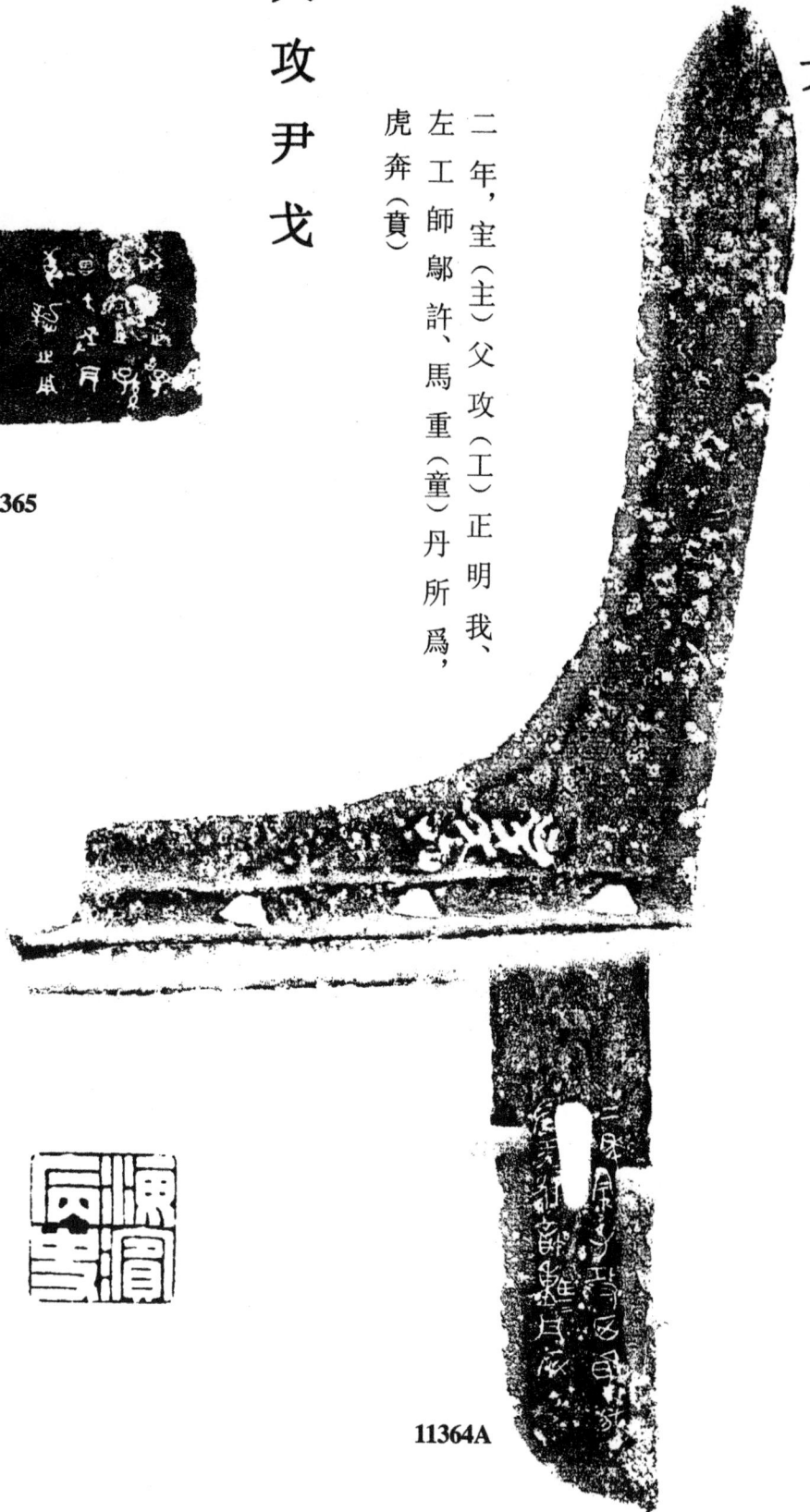

穆侯之子、西宮之孫，曾大攻(工)尹季𧾷(怡)之用

11365

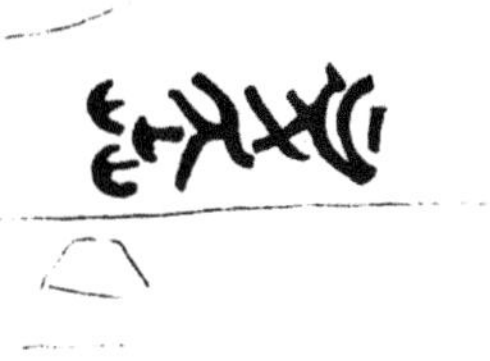

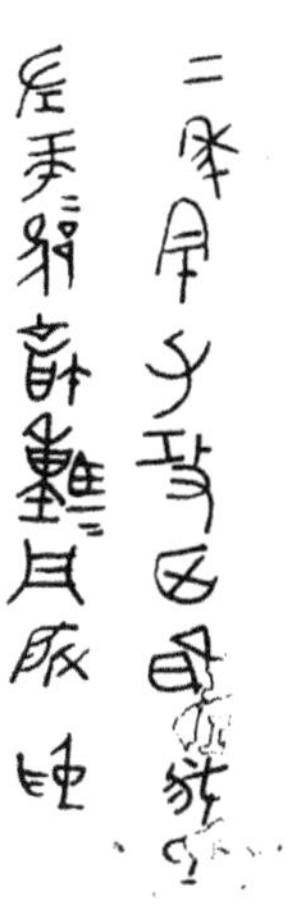

11364B

11364A

十七年邢令戈

十七年，坓（型、邢）倫（令）吳𠗕（次）、上庫工師宋艮、冶㢓敎（撻）齋（劑）

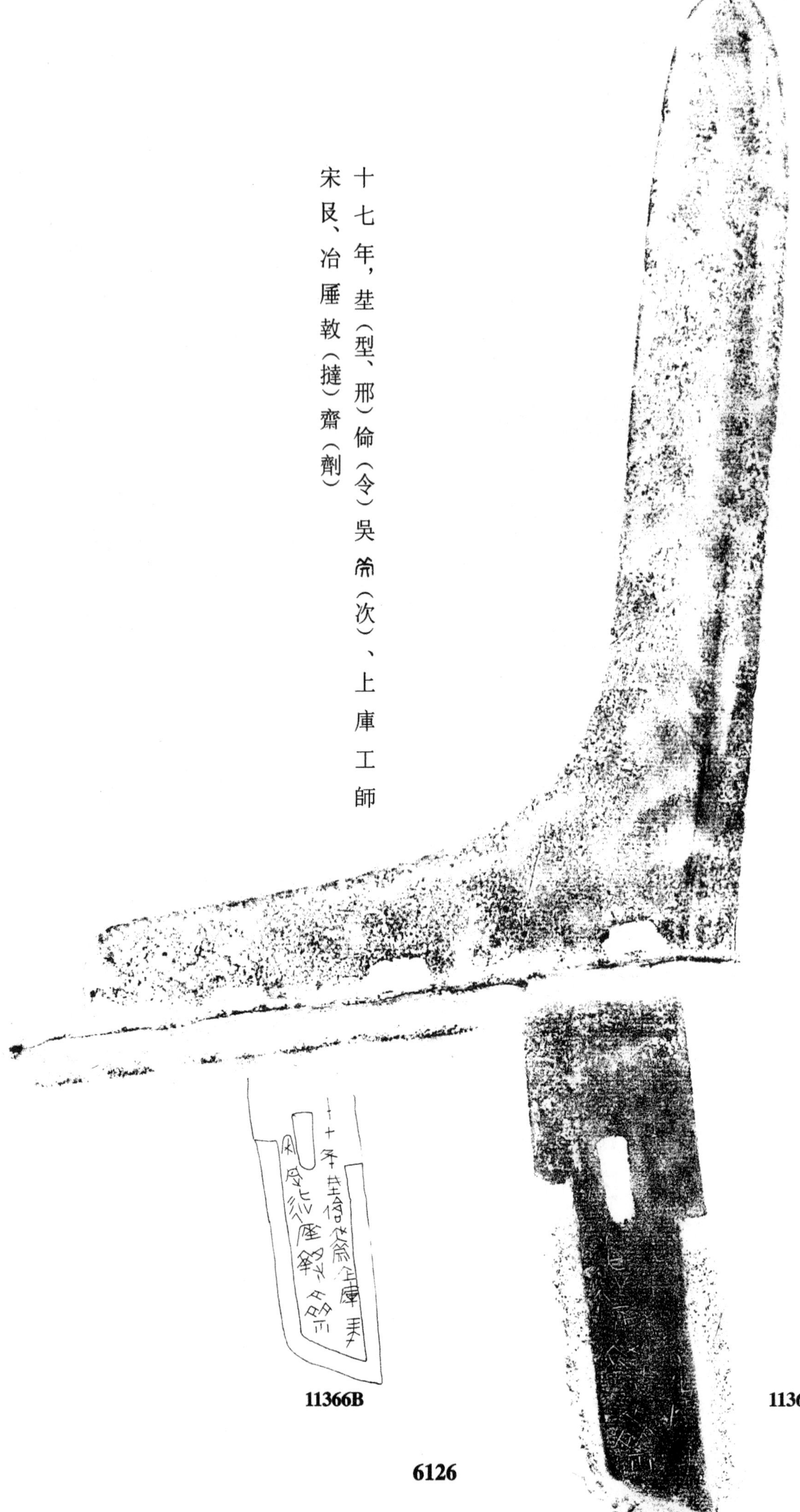

11366B

11366A

六年漢中守戈

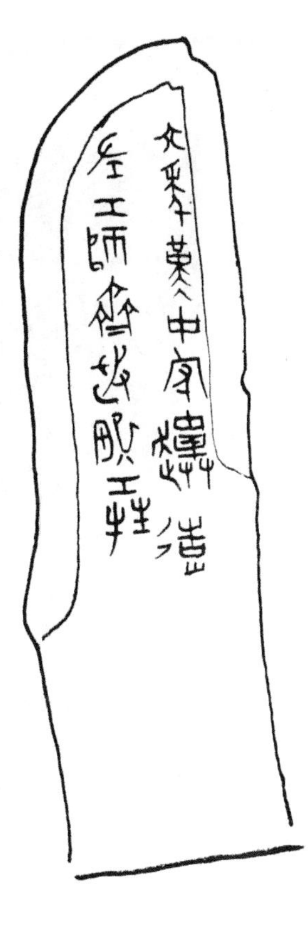

11367.1B

11367.1A

六年，菓（漢）中守趣（運）造，
左工師齊、丞配、工牲，
公

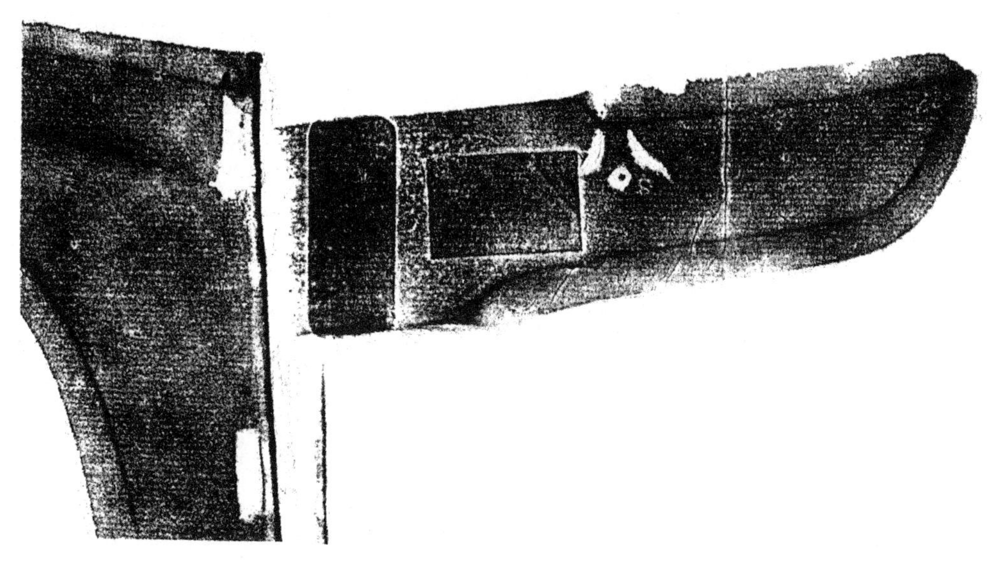

11367.2

二十六年蜀守武戈

11368A

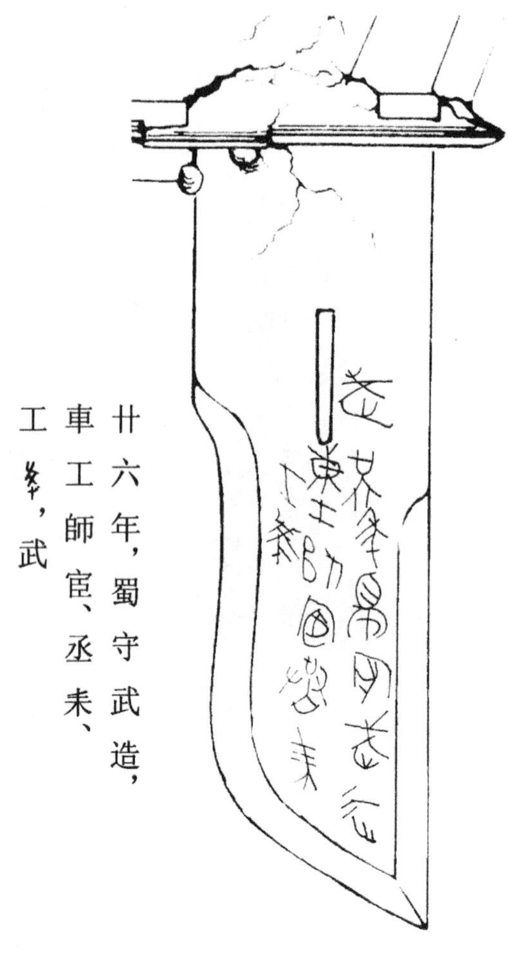

11368B

廿六年，蜀守武造，
車工師宦、丞耒、
工□，武

三年上郡守戈

11369A

11369B

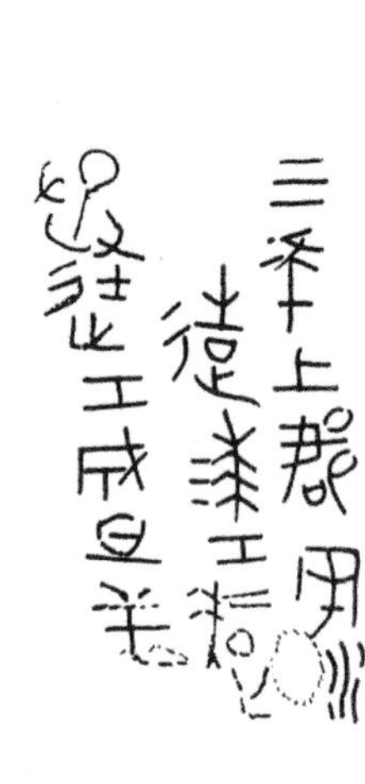

11369C

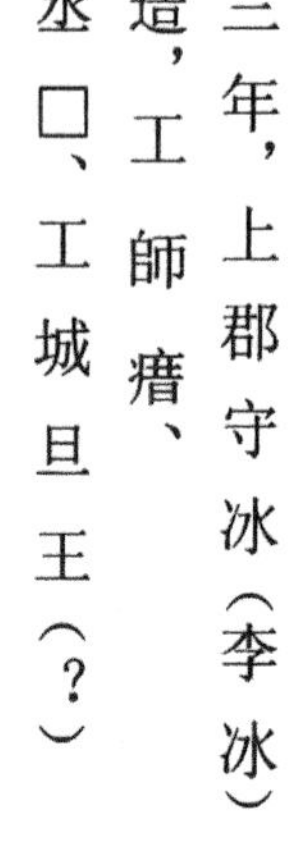

三年，上郡守冰（李冰）
造，工師瘖、
丞囗、工城旦王（？）

四十年上郡守起戈

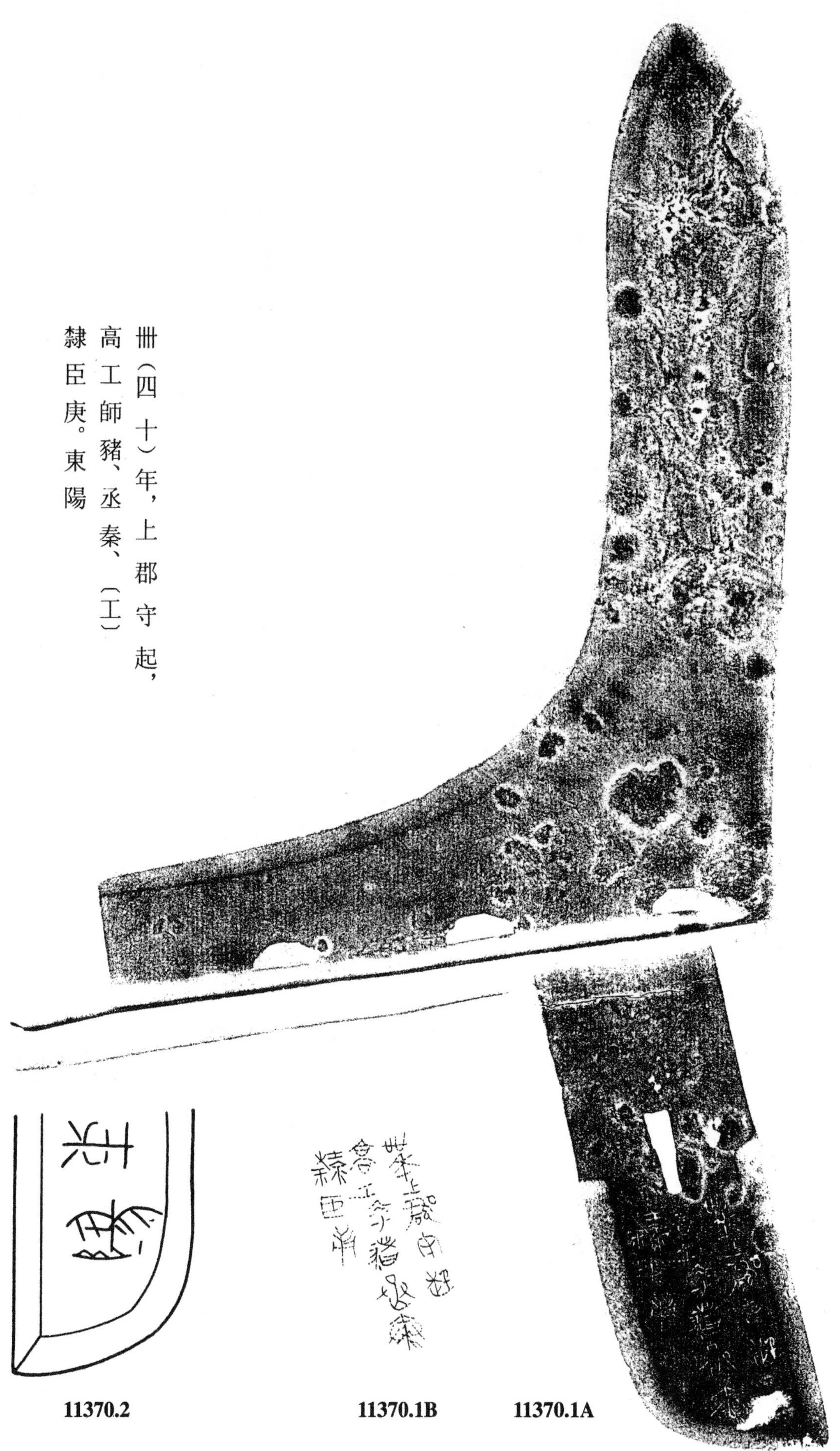

卌(四十)年，上郡守起，高工師豬、丞秦、(工)隸臣庚。東陽

11370.2　11370.1B　11370.1A

十七年鄭令戈

11371A

11371B

十七年，奠（鄭）命（令）幽恒、司寇彭璋、武庫工師皇翟、冶狷

二十年鄭令戈

11372A

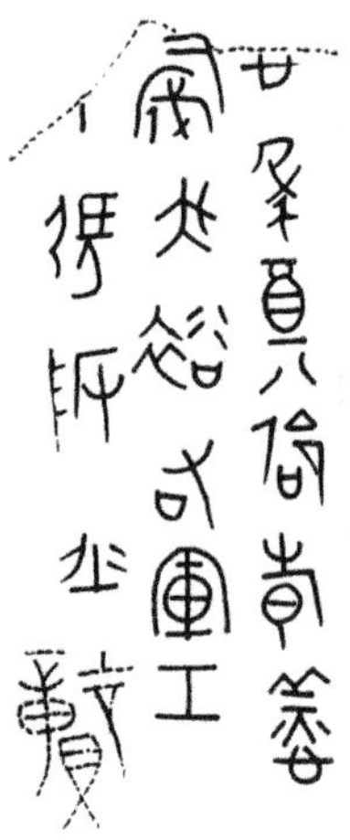

11372B

廿年，奠（鄭）倫（令）韓恙（恙）、司寇敖（扶）裕、右庫工師張阪、冶贛

二十一年鄭令戈

11373A

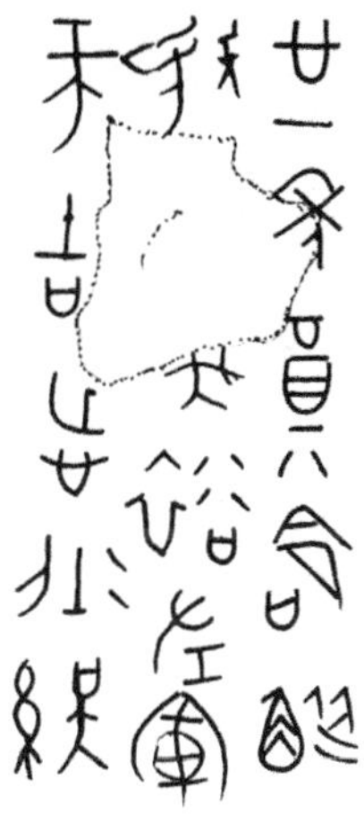

11373B

廿一年，奠（鄭）命（令）⿰角從
口、司寇⿰夫攵（扶）裕、左庫
工師吉忘、冶緱

二十七年上守趞戈

11374A

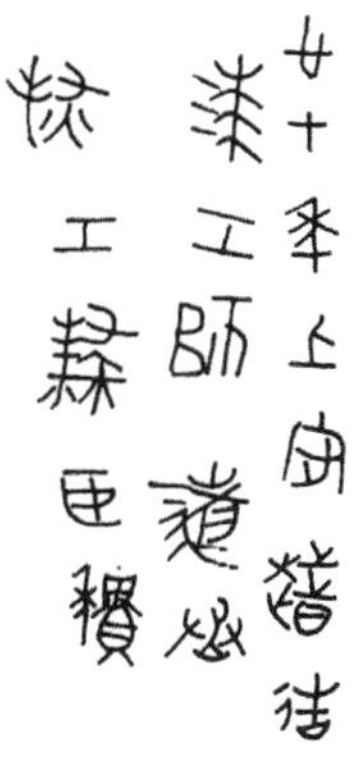

11374B

廿七年，上守趞（司馬錯）造，
漆工師豬、丞
⿰扌亦、工隸臣積

王三年馬雍令戈

王三年，馬雍命（令）事（吏）吳、武庫工師奭信、冶祥造，廿二

11375

十八年戈

11376A

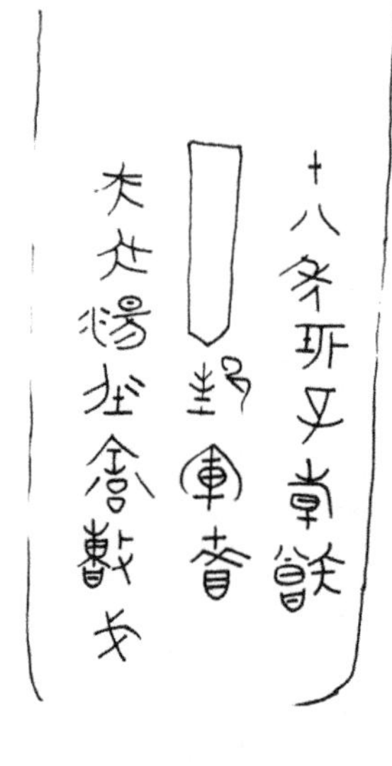

11376B

十八年，冢子韓矰、邦庫嗇夫攱（扶）湯、冶舒散（造）戈

十四年武城令戈

11377A

11377B

十四年，武城命（令）□□、莔早、（庫）嗇夫事（吏）黖、冶章敎（撻）齋（劑）

上郡武庫戈

11378.1A

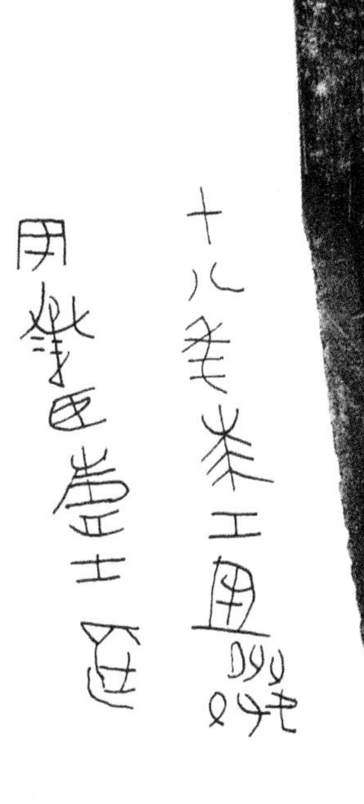

11378.1B

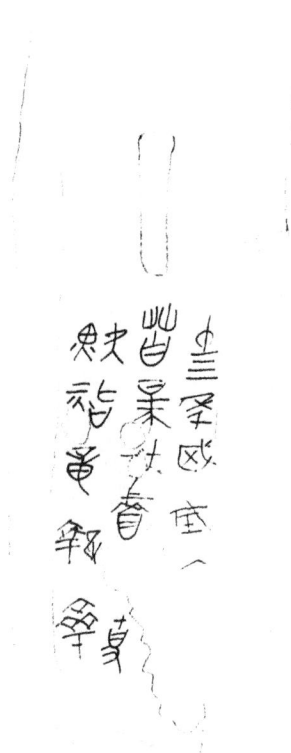

11378.2A

11378.2B

十八年，漆工朐、□□守丞巨造，工正，上郡武庫

十七年丞相啟狀戈

11379A2

11379A1

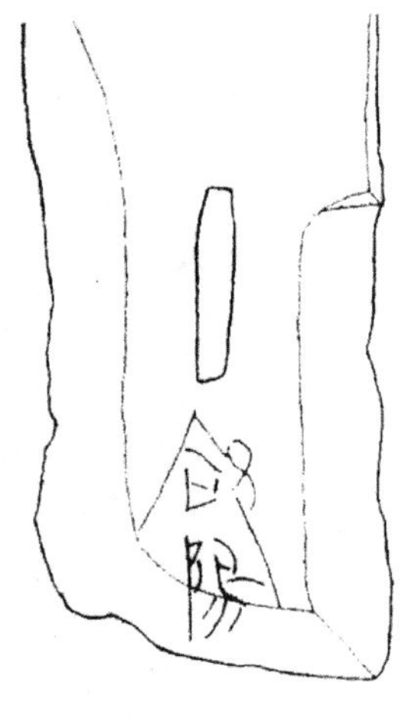

11379B2

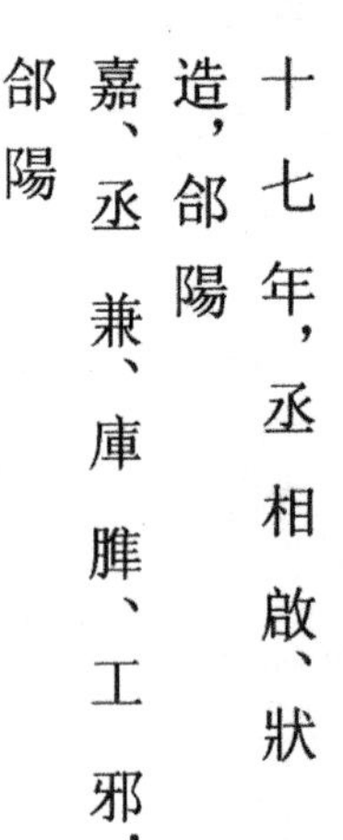

十七年，丞相啟、狀造，郃陽嘉、丞兼、庫脽、工邪，

郃陽

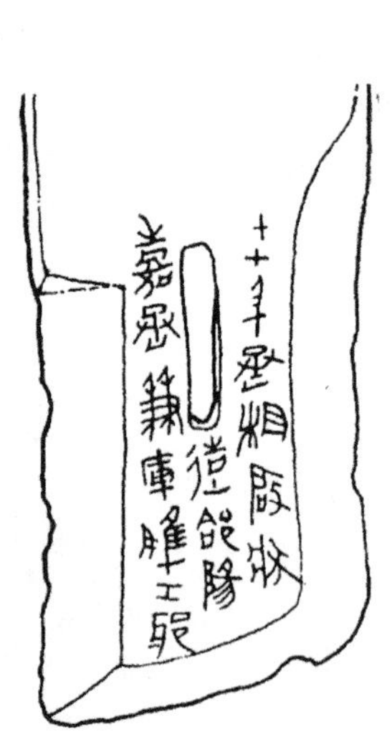

11379B1

五年相邦呂不韋戈

五年，相邦呂不韋造，
詔事(使)圖、丞蕺、工寅，
詔事(使)

11380.1A

11380.1B

11380.2

楚五酓璋戈

乍韓戈台卲旟文武之☐
楚王酓璋嚴猊南戉用☐

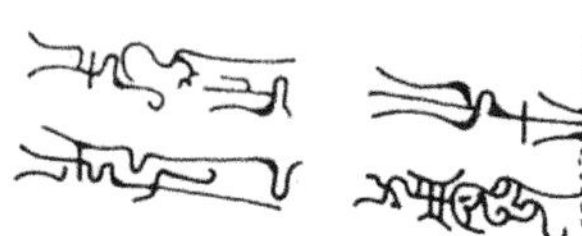

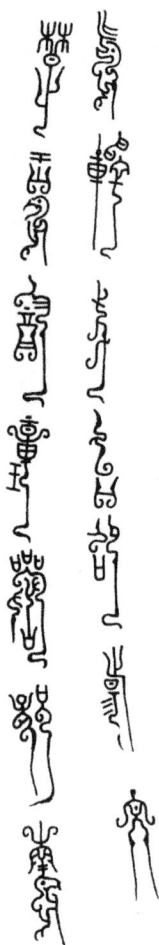

11381B

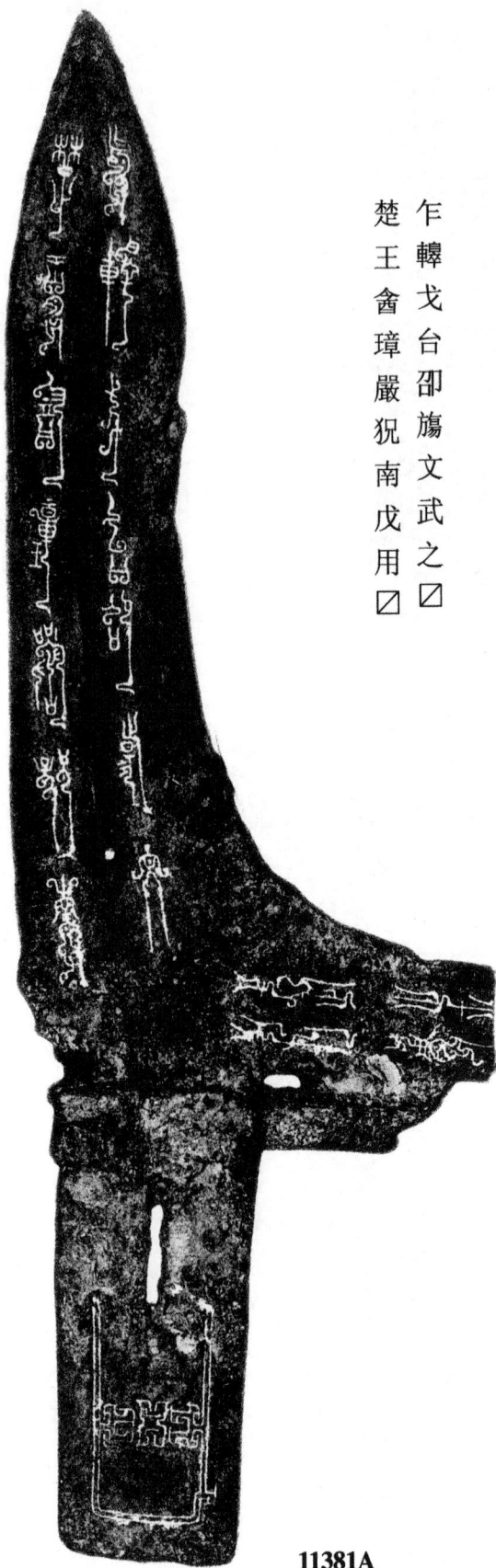

11381A

十七年彘令戈

十七年，彘倫（令）䚗䦉、司寇奠（鄭）㝐、左庫工師器較（較）、冶□敳（造）

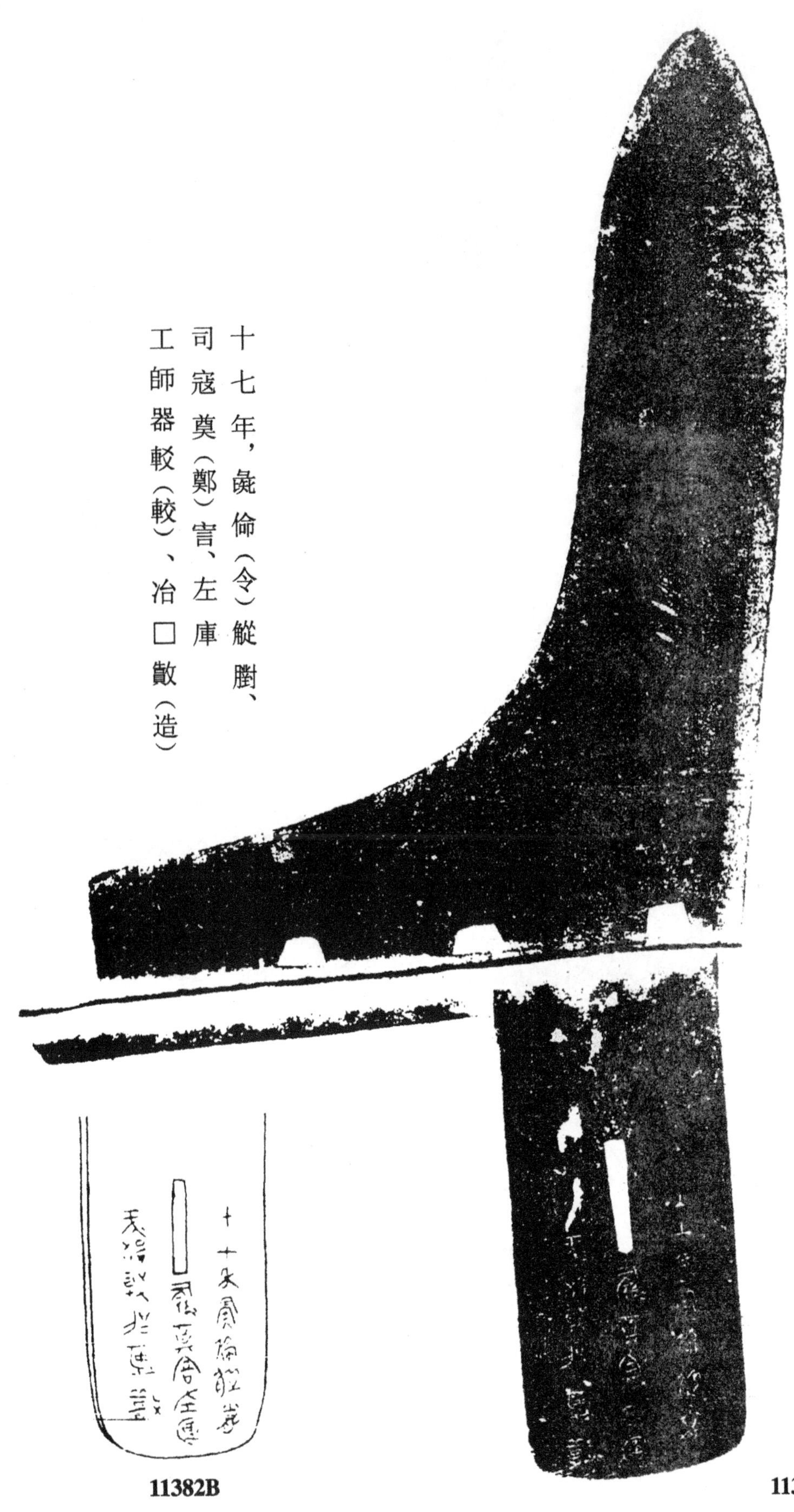

11382B　　11382A

郾侯庫作戎戈

⿱氏䖵（蚔）生不（丕）乍（作）戎戒（械），郾（燕）侯庫（䡮載）自洹逨（來），大庀（庇）欽祇，廼配（熙）

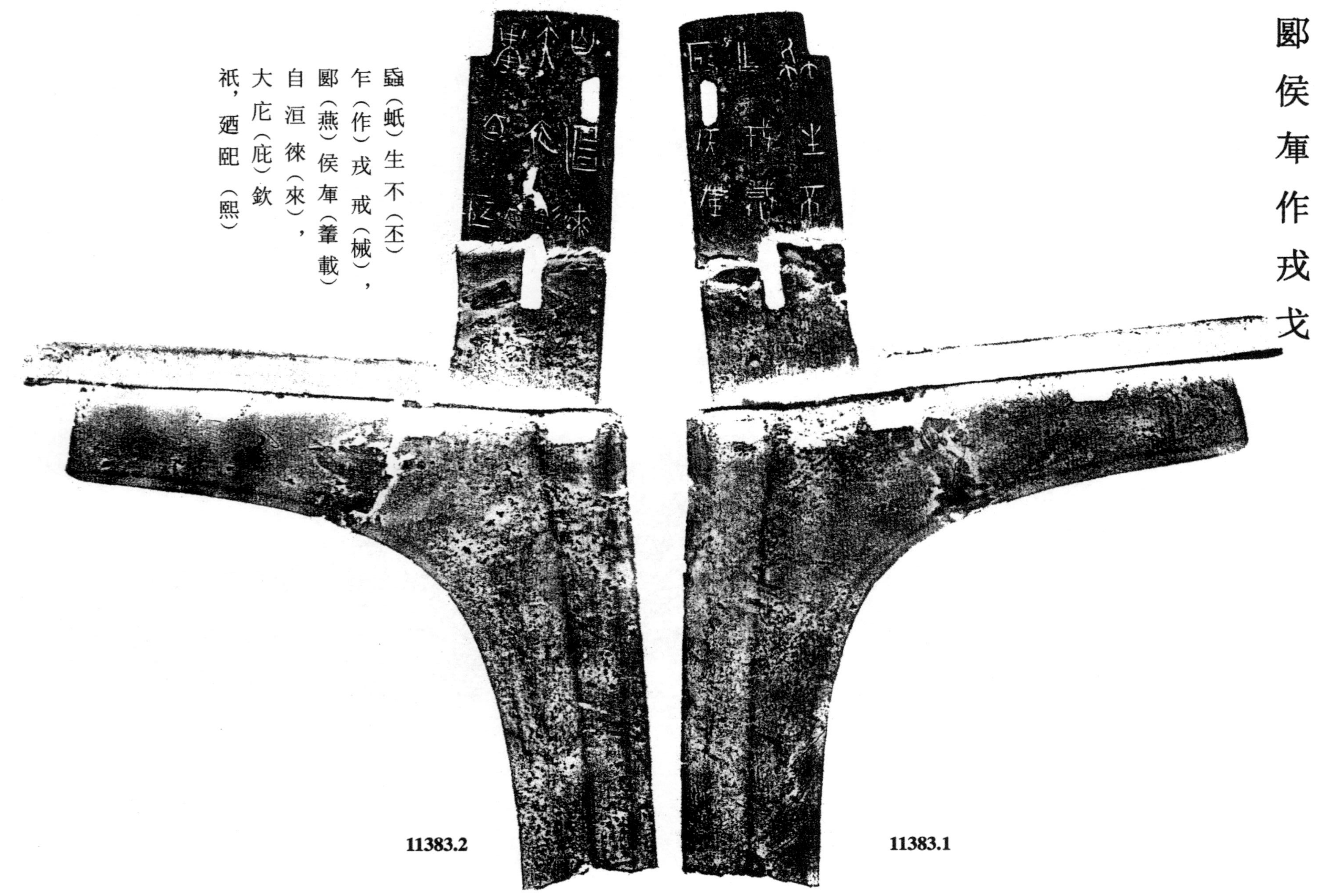

11383.2　11383.1

四年鄭令戈

11384A

11384B

四年，莫（鄭）倫（令）韓半、
司寇長朱、武庫工師
化恙、冶肙（尹）敓（拔）斁（造）

八年鄭令戈

11386A

11386B

八年，莫（鄭）倫（令）公先豊（幼）、
司寇事（吏）欧、右庫工師
皂高、冶肙（尹）□斁（造）

五年鄭令戈

11385A

11385B

五年，莫（鄭）倫（令）韓夌、
司寇長朱、右庫工師
皂高、冶肙（尹）𢐗斁（造）

十四年鄭令戈

11387A

11387B

十四年，莫（鄭）倫（令）肖（趙）
距、司寇王屠、武
庫工師鑄章、冶狷

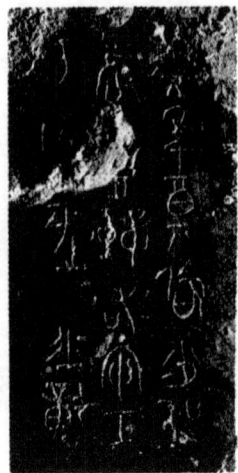

十五年鄭令戈

11388A

11388B

十五年，奠（鄭）倫（令）肖（趙）距、司寇彭璋、右庫工師陳坪、冶贛

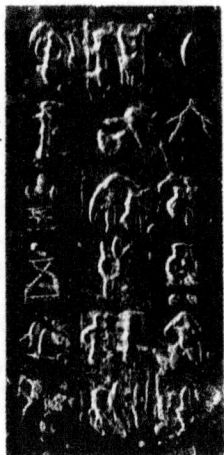

十六年鄭令戈

11389A

11389B

十六年，奠（鄭）倫（令）肖（趙）距、司寇彭璋、往庫工師皇隺、冶瘖

□年邦府戈

11390A1

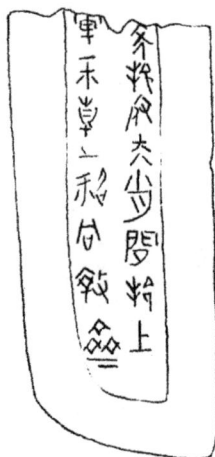

11390B1

□年，邦府大夫肖（趙）閔、邦上庫工師韓山、冶同敎（撻）齋（劑），咸陽

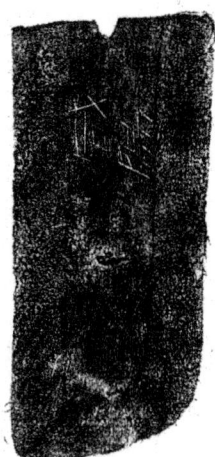

11390A2

咸陽

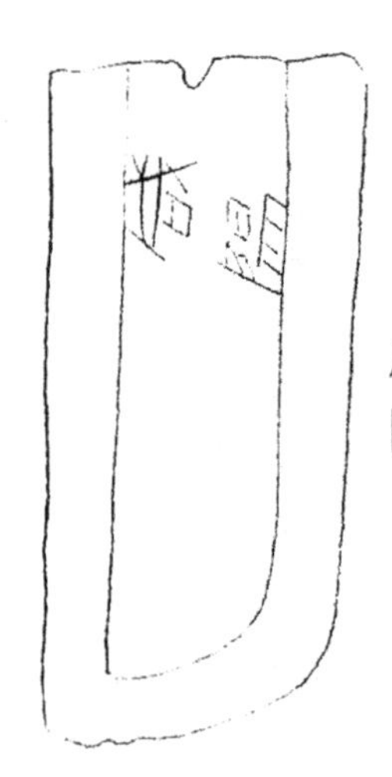

11390B2

二十九年相邦趙戈

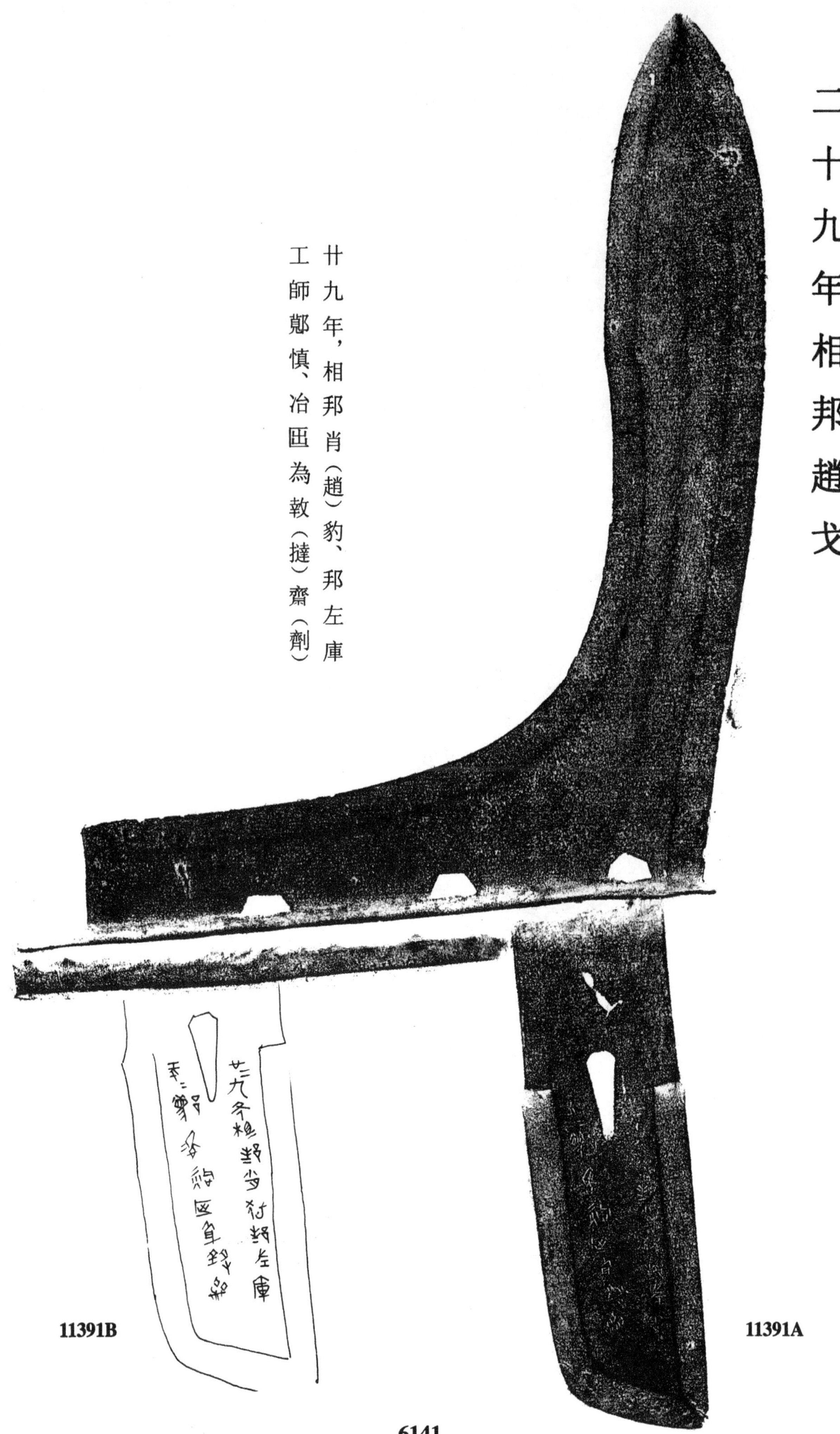

廿九年，相邦肖（趙）豹、邦左庫工師鄭慎、冶匜為敕（撻）齋（劑）

11391B

11391A

大兄日乙戈

11392

兄日丙
兄日癸、
兄日癸、
兄日壬、
兄日戊、
大兄日乙、

楚屈叔佗戈

11393.1

6143

楚王之元右（佑）王
鐘，
笙于缶，
楚屈叔佗
屈□之孫

11393.2

6144

十三年相邦義戈

11394A

十三年，相邦義（張儀）之造，咸陽工師田、工大人耆、工積

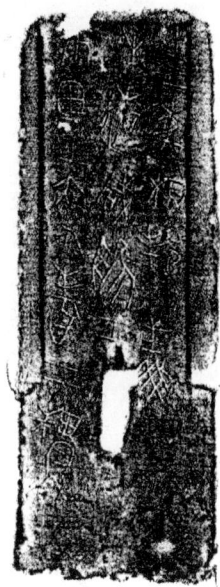

11394B

八年相邦呂不韋戈

11395.1A

八年，相邦呂不韋造，詔事（使）圖、丞蕺、工奭，

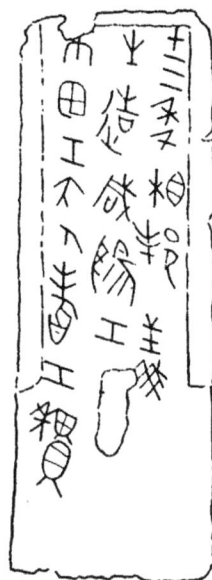

11395.1B

11395.2A

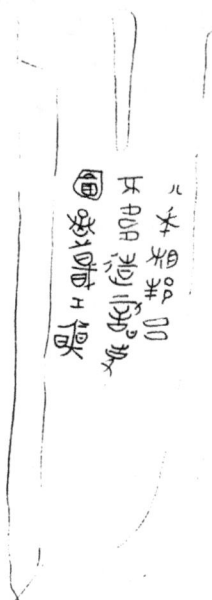

屬邦，詔事（使）

11395.2B

五年相邦吕不韦戈

11396.1A

11396.1BA

五年，相邦吕不韦造，詔事（使）圖、丞蕺、工寅，

11396.1BB

11396.2A

11396.2BA

11396.2BB

屬邦，詔事（使）

六年鄭令戈

11397A　11397B

六年，奠（鄭）倫（令）公先豊（學、幼）、
司寇向□、左庫工師
百慶、冶肙（尹）□歖（造）

三十一年鄭令戈

11398A　11398B

卌一年，奠（鄭）倫（令）棺（槨、郭）涵、
司寇肖（趙）它、往庫
工師皮耴、冶肙（尹）啟

二年上郡守冰戈

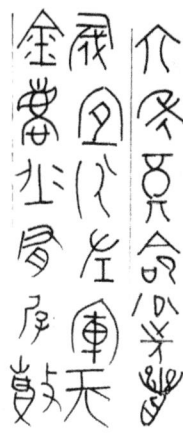

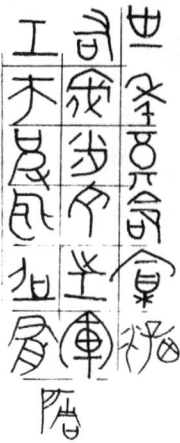

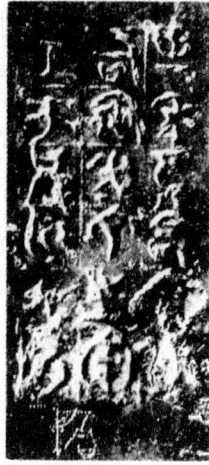

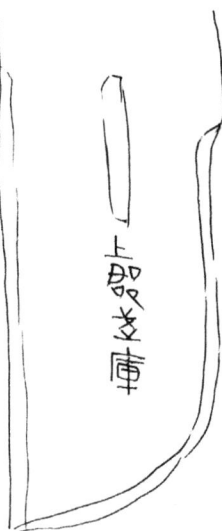

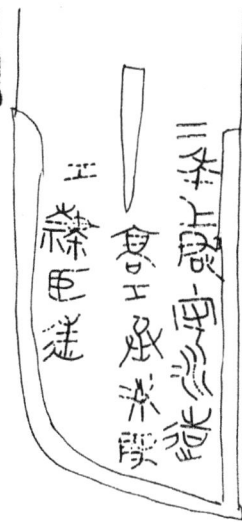

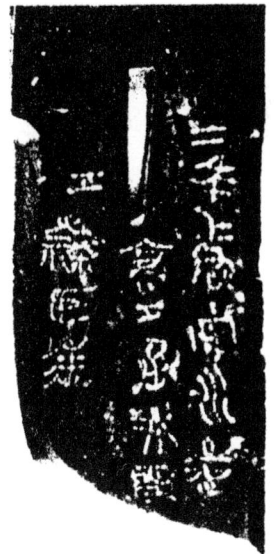

11399.1A　11399.1B　11399.2A　11399.2B

二年，上郡守冰（李冰）造，
高工丞沐叜（叟）、
工隸臣逑（徒），
上郡武庫

嚻仲之子伯剌戈

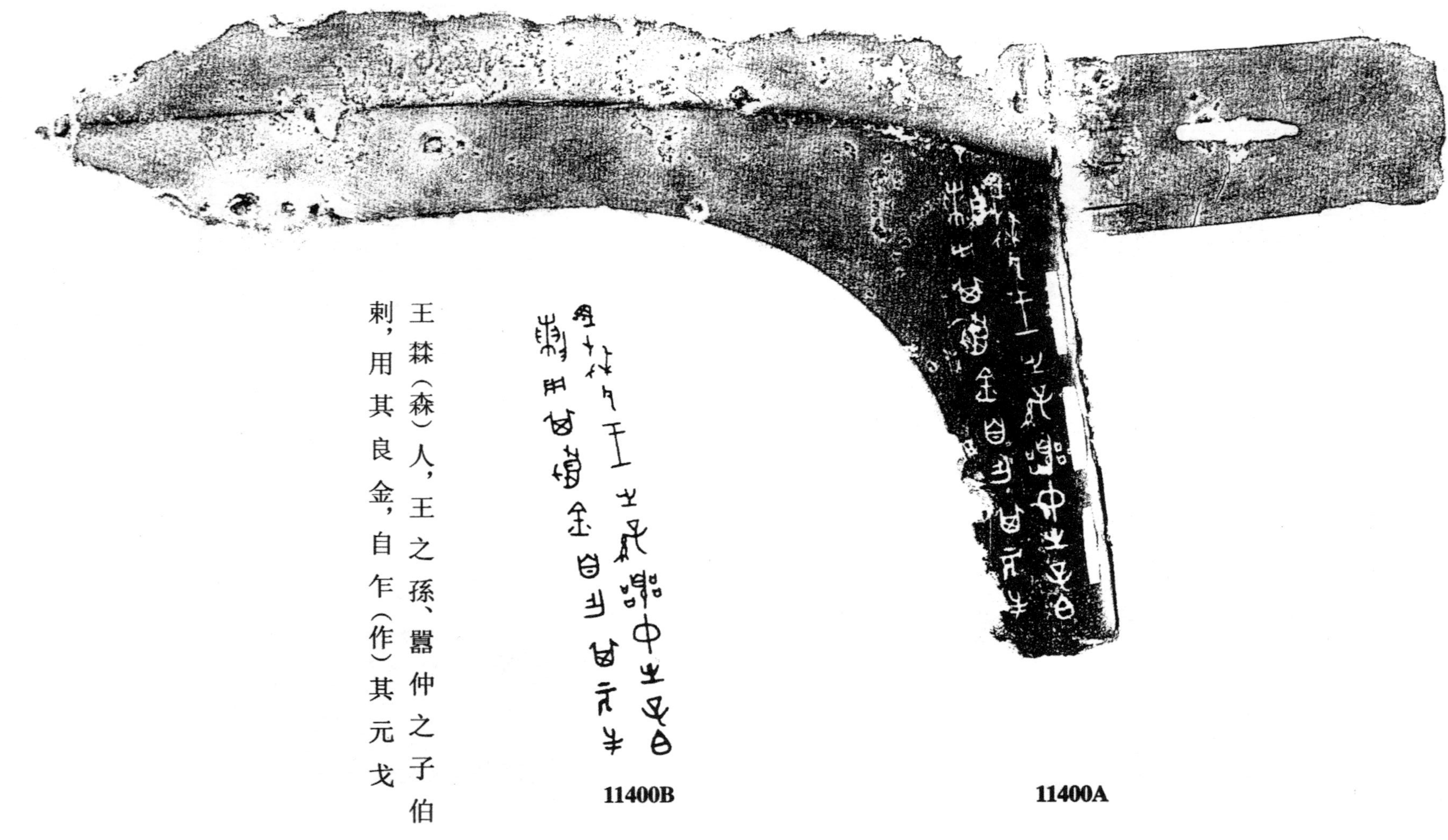

11400A

11400B

王桼（森）人，王之孫、嚻仲之子伯剌，用其良金，自乍（作）其元戈

6149

大且日己戈

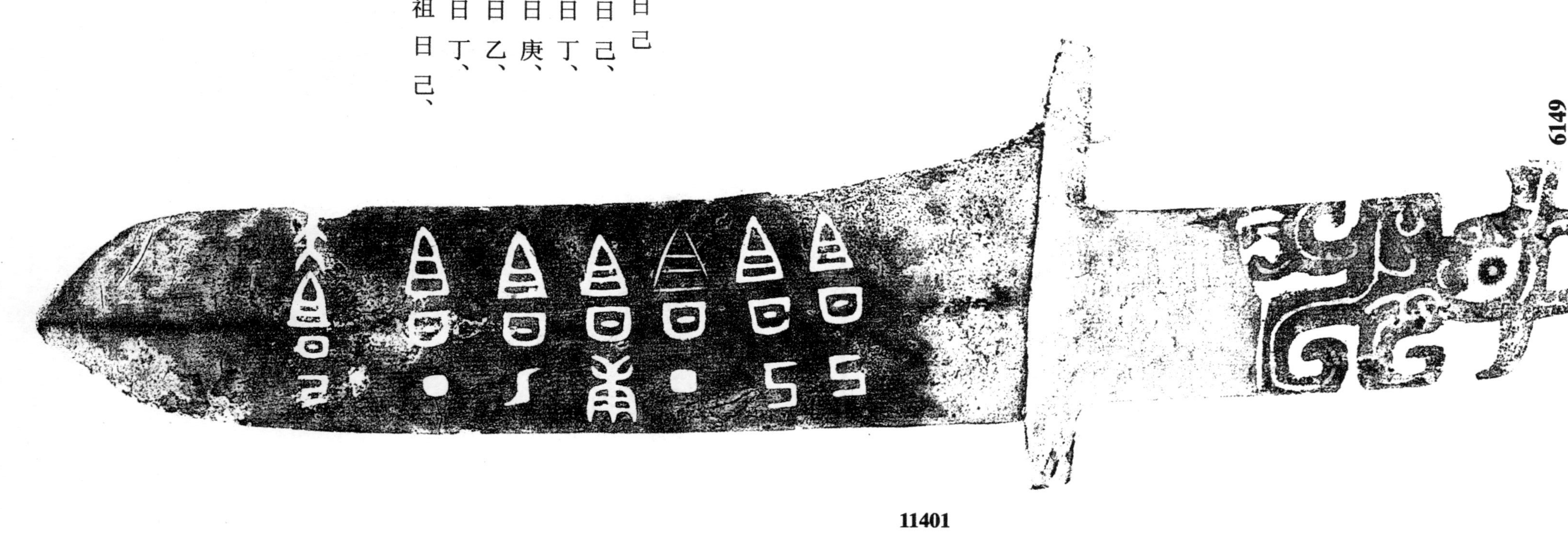

11401

大祖日己、
祖日丁、
祖日乙、
祖日庚、
祖日丁、
祖日己、
祖日己

枝里瘟戈

公孳里脽之口大夫敓之卒，左軍之敀僕

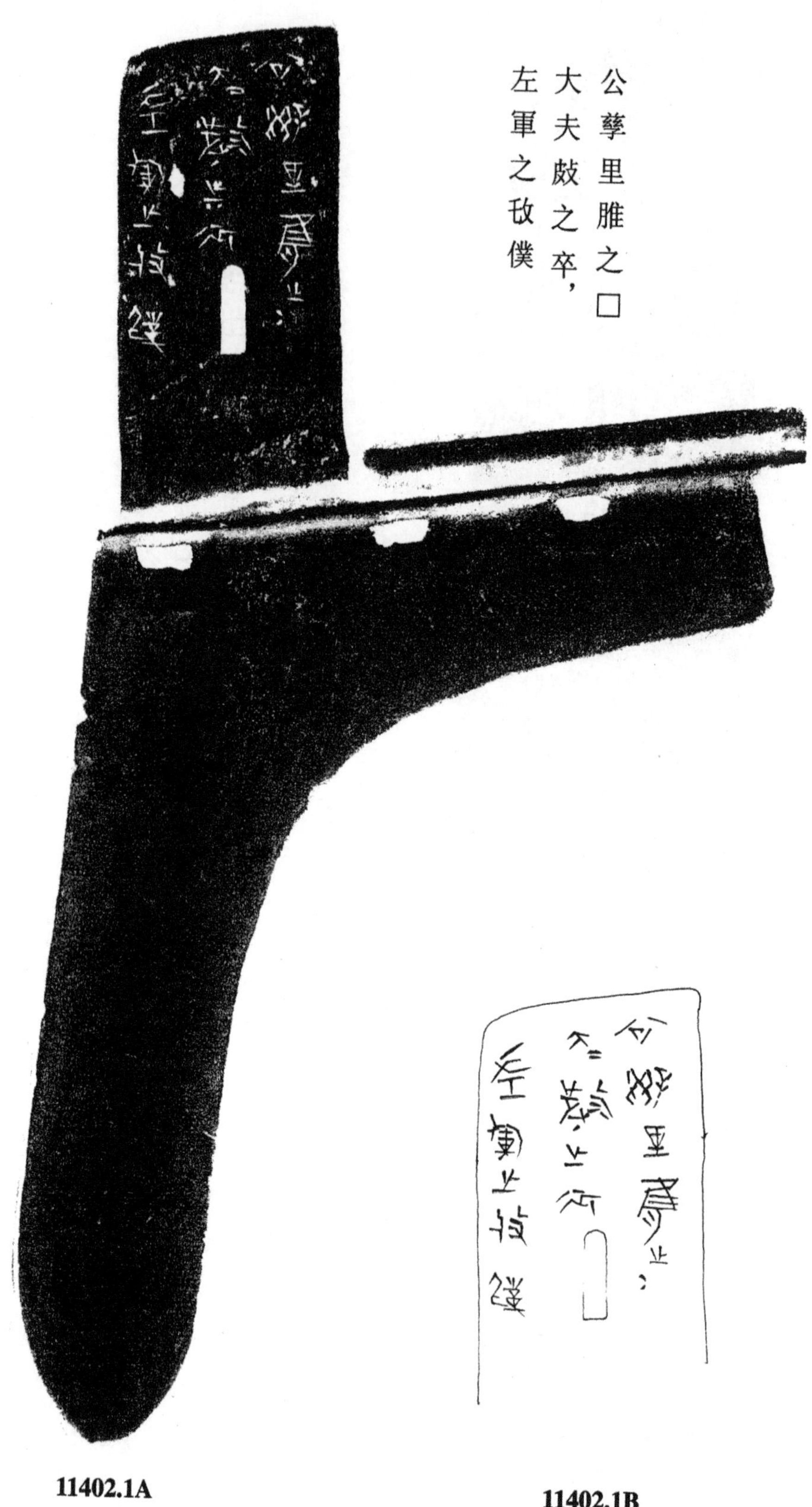

11402.1A

11402.1B

之攼戈
□巨枝里瘟

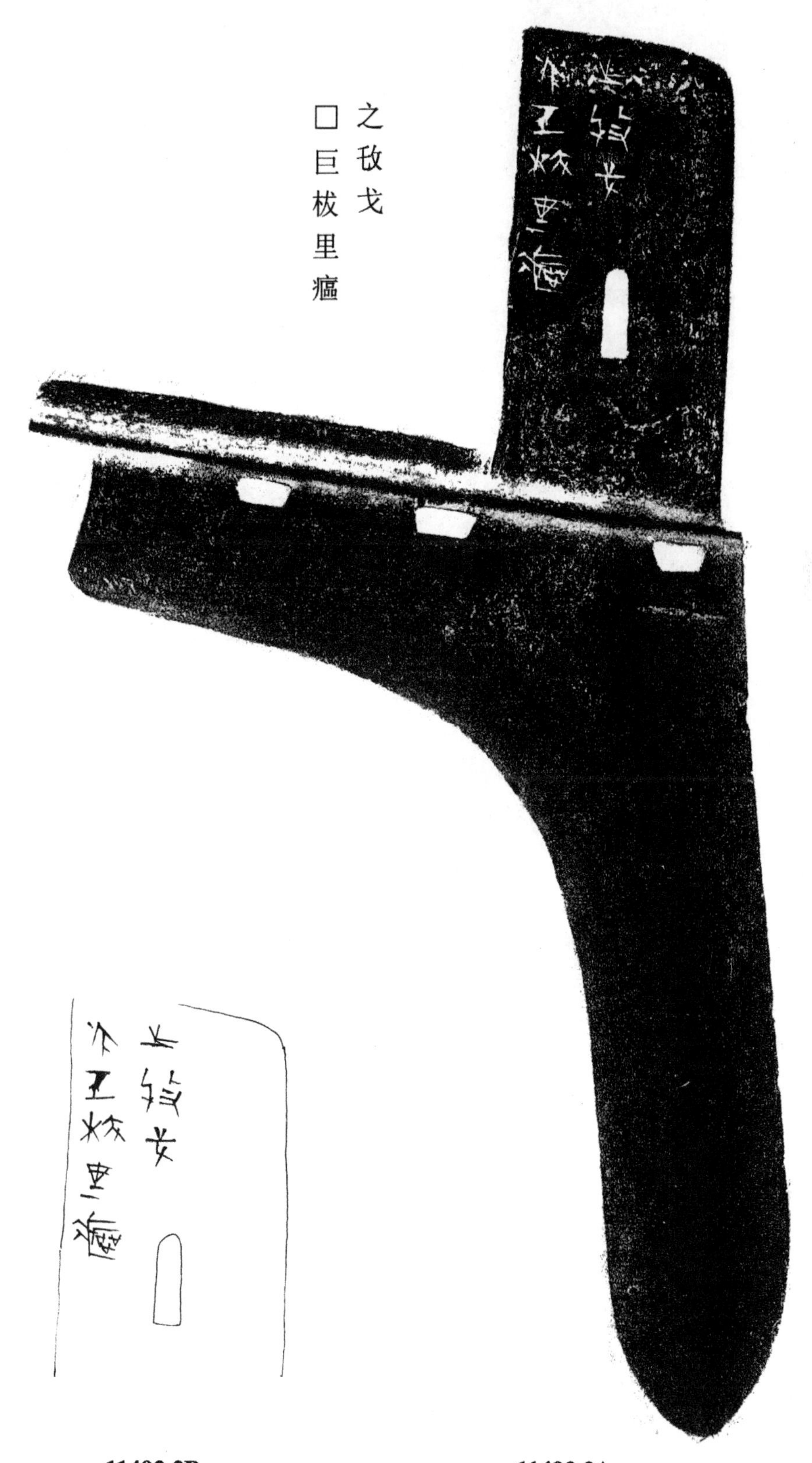

11402.2B　　11402.2A

且日乙戈

父日己
父日辛、
父日癸、
仲父日癸、
大父日癸、
大父日癸、
祖日乙、

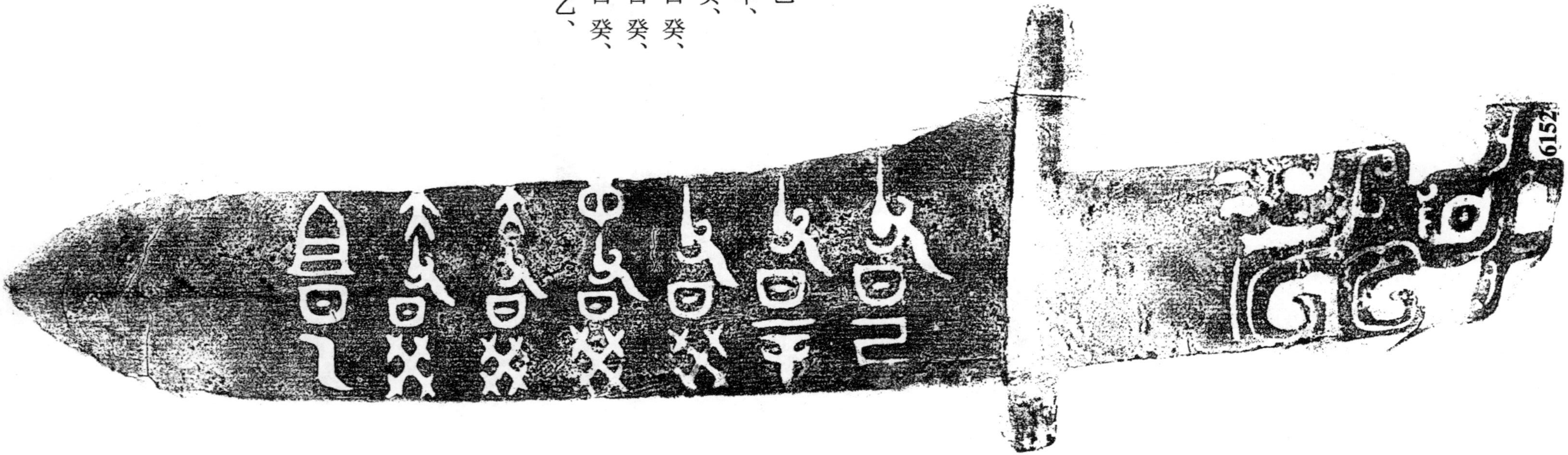

11403

十二年上郡守壽戈

11404.4A

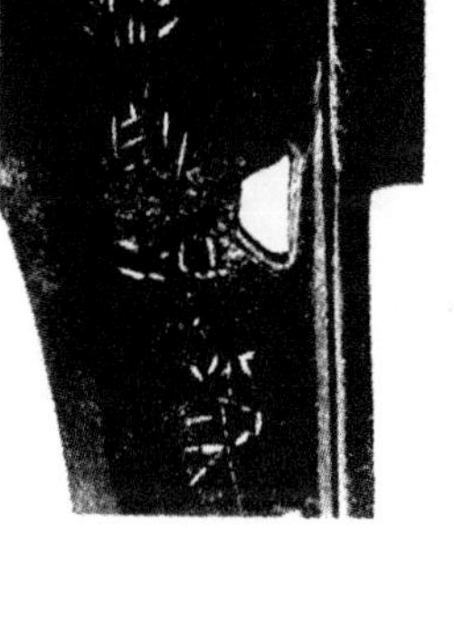

11404.3A

11404.2A

11404.1A

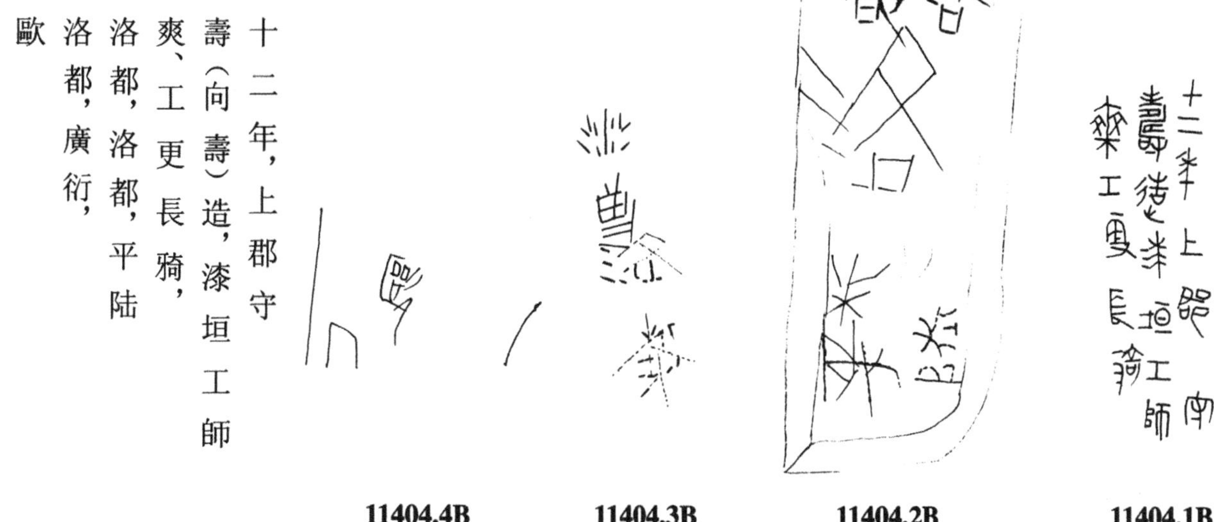

十二年，上郡守壽（向壽）造，漆垣工師爽、工更長猗，洛都，洛都，平陆洛都，廣衍，歐

11404.4B　11404.3B　11404.2B　11404.1B

十五年上郡守壽戈

十五年，上郡守壽（向壽）之造，漆垣工師爽、丞𩫏、冶工隸臣猗，西都，中陽□□

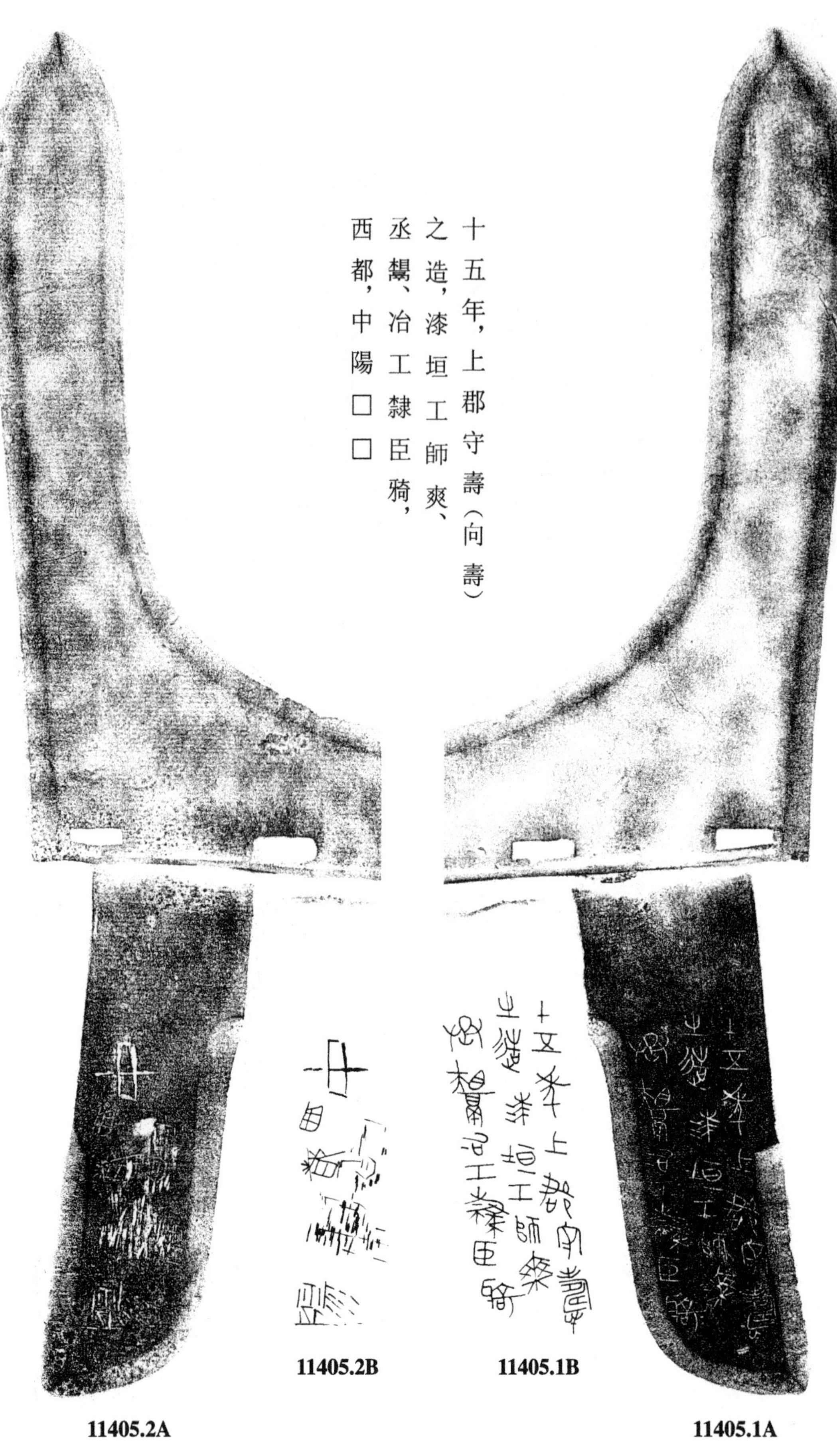

11405.2A　11405.2B　11405.1B　11405.1A

二十五年上郡守廟戈

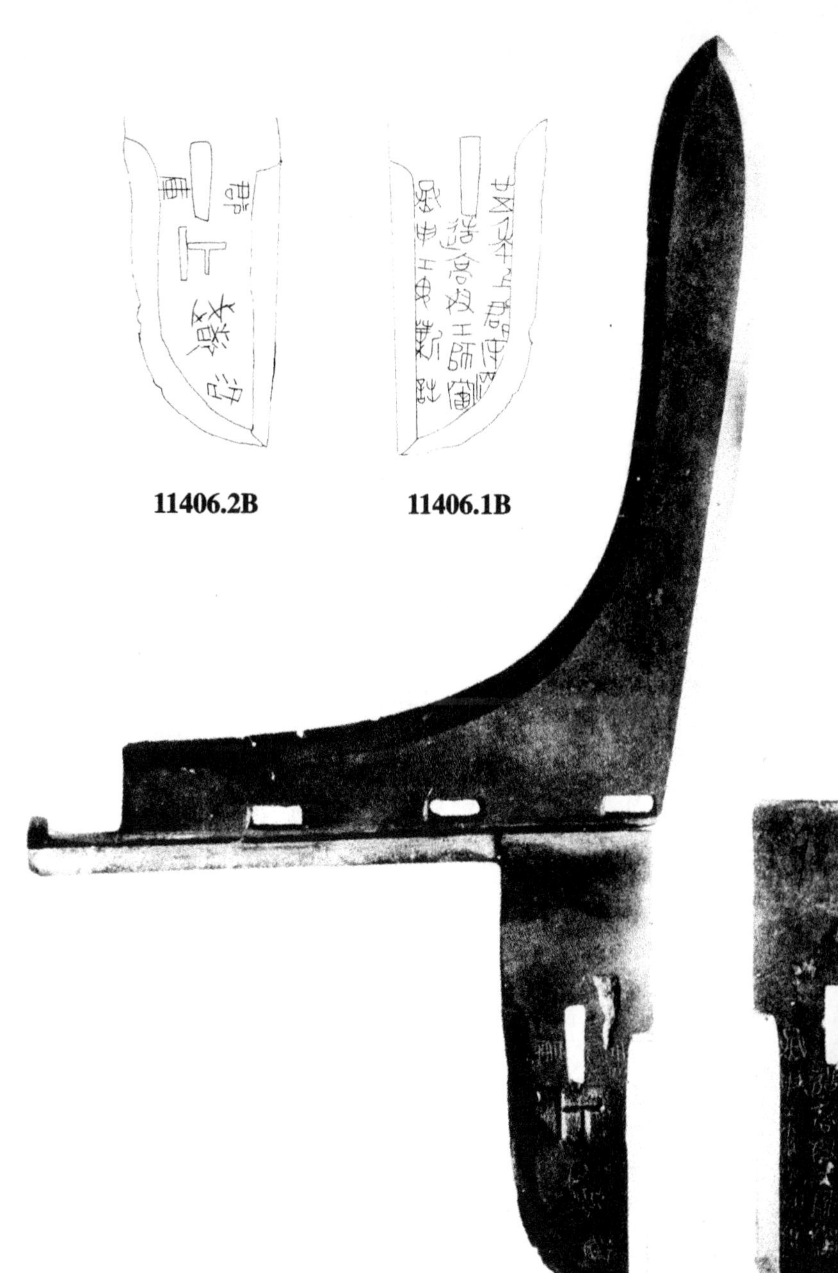

11406.2B　11406.1B

11406.2A　11406.1A

廿五年，上郡守□造，高奴工師竈、丞申、工鬼薪詘，上郡武庫，洛都

□侯戈

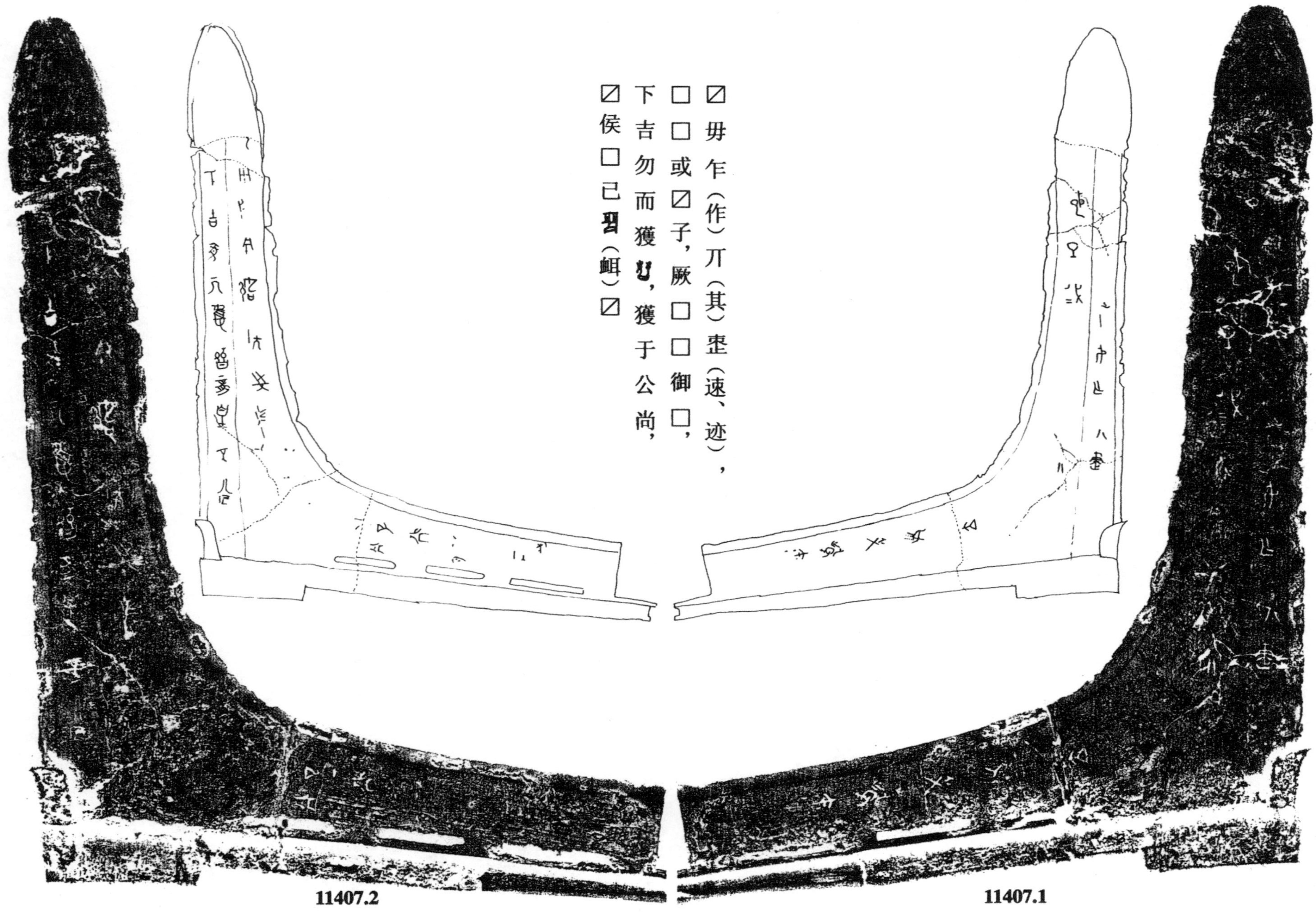

銘文説明

一〇〇〇九～一一四〇七

盤類

一〇〇〇九～一〇一七六

一〇〇〇九　車盤
字數　一
時代　殷
著録　未見
現藏　北京故宫博物院
來源　考古研究所拓

一〇〇一〇　□盤
字數　一
時代　殷
著録　總集　六六六七
録遺　四七九
鏡齋　五四a～b
綜覽・盤　一三
來源　録遺
現藏　德國科隆東洋博物館
流傳　德國艾克氏舊藏

一〇〇一一　□盤
字數　一
時代　殷
著録　總集　六六六八
録遺　四八〇
故青　一四一
現藏　北京故宫博物院
來源　考古研究所拓

一〇〇一二　葡盤
字數　一
時代　殷
著録　總集　六六七〇
録遺　四八一
現藏　北京故宫博物院
來源　考古研究所拓

一〇〇一三　□盤
字數　一
時代　殷
著録　總集　六六七二
録遺　四八二
來源　録遺

一〇〇一四　□盤
字數　一
時代　殷
著録　中國歷史博物館館刊　一九八二年四期九三頁右下
出土　傳河南安陽
現藏　中國歷史博物館
來源　考古研究所拓

一〇〇一五　□盤
字數　一
時代　殷
著録　從古　一一・一九
來源　從古

一〇〇一六　□盤
字數　一
時代　殷
著録　總集　六六七三
續殷下　七四・三
美集録　R　五二〇
綜覽・盤　二六
薩克勒(西周)　一二二
現藏　美國華盛頓薩克勒美術館
來源　考古研究所藏

一〇〇一七　舟盤
字數　一
時代　殷
著録　總集　六六六九
使華　一七
日精華　一・八四
出土　傳河南安陽
流傳　日本京都太田貞造氏舊藏
來源　使華

一〇〇一八　魚盤
字數　一
時代　殷或西周早期
著録　總集　六六六五
三代　一七・一・一
善齋　九・四五
續殷上　三二・三
小校　九・六八・二
流傳　劉體智舊藏
來源　考古研究所藏

一〇〇一九　□盤
字數　一
時代　西周早期
著録　總集　六六六六
三代　一七・一・二
陶齋　三・三九
續殷下　七四・一
小校　九・六八・一
流傳　端方舊藏，後歸美國紐約魏格氏
來源　考古研究所藏

一〇〇二〇　□盤
字數　一
時代　西周早期
著録　總集　六六七一
考古　一九六三年八期四一四頁
圖二・三
文物　一九六三年九期六五頁
圖五
斷代　一九九
陝青　二・二四
綜覽・盤　八四
青全　五・二〇〇
辭典　五五五
出土　一九六三年陝西扶風縣齊家村墓葬
現藏　陝西省博物館
來源　陝青

一〇〇二一　亞吴盤

字數　二
時代　殷
著録　未見
現藏　北京故宫博物院
來源　考古研究所拓

一〇〇二二　亞吴盤

字數　二
時代　殷
著録　總集　六六七四
三代　一七・一・三
奇觚　八・七
續殷下　七四・二
小校　九・六八・五
彙編　八・一〇三一
故青　七五
流傳　丁紱臣舊藏
現藏　北京故宫博物院
來源　考古研究所拓

一〇〇二三　亞吴盤

字數　二
時代　殷
著録　鄴二上　三六
出土　傳河南安陽
來源　鄴二

一〇〇二四　父甲盤

字數　二
時代　殷
著録　中原文物　一九八五年一期三〇頁圖二・二六
現藏　新鄉市博物館
來源　新鄉市博物館提供

一〇〇二五　父辛盤

字數　二
時代　西周早期
著録　總集　六六七五
三代　一七・一・四
貞續下　一九
來源　三代

一〇〇二六　丁□盤

字數　二　内外底同銘
時代　殷
著録　總集　六六七六、六六七七
三代　一七・一・五～六
窓齋　一六・二・一～二
周金　四・一九・二～三
小校　九・六八・七～八
續殷下　七四・五
上海（二〇〇四）一八二
現藏　上海博物館
來源　上海博物館提供

一〇〇二七　子刀盤

字數　二
時代　殷
著録　總集　六六八一
三代　一七・一・七
寧壽　一三・一
貞續下　一九・二
續殷下　七四・四
流傳　清宫舊藏
現藏　北京故宫博物院
來源　考古研究所藏

一〇〇二八　婦好盤

字數　二
時代　殷
著録　婦好墓　圖二二
殷虚　圖四九・四
綜覽・盤　一八
青全　三・一六七
出土　一九七六年河南安陽殷墟婦好墓（M五：七七七）
現藏　考古研究所
來源　考古研究所拓

一〇〇二九　亯处盤

字數　二
時代　殷
著録　總集　六六七八
美集録　R二一五
録遺　四八三
布倫戴奇　Fig　二〇
現藏　美國舊金山亞洲藝術博物館（布倫戴奇藏品）
來源　考古研究所藏

一〇〇三〇　□冊盤

字數　二
時代　西周早期
著録　總集　六六八三
彙編　九・一四一九
綜覽・盤　三三
來源　彙編

一〇〇三一　鼓亯盤

字數　二
時代　殷
著録　殷虚　圖六二・七
青全　三・一七二
出土　河南安陽殷墟墓葬（M五三九：二〇）
現藏　考古研究所安陽工作站
來源　考古研究所拓

一〇〇三二　◇□盤

字數　二
時代　殷
著録　弗里爾（一九六七）Fig　五
彙編　九・一七一九
現藏　美國華盛頓弗里爾美術博物館
來源　弗里爾（一九六七）

一〇〇三三　□旅盤

字數　二
時代　殷
著録　總集　六六六四
日精華　一・八五
彙編　八・一三一六
青全　三・一七七
出土　傳河南安陽
流傳　日本神戸廣海二三郎氏舊藏
現藏　美國舊金山亞洲藝術博物館（布倫戴奇藏品）
來源　彙編

一〇〇三四　□盤

字數　二
時代　殷
著録　美集録　R四七九
流傳　美國紐約羅比爾氏舊藏
來源　考古研究所藏

一〇〇三五　艅舌盤

字數　二
時代　殷
著録　總集　六六八二
録遺　四八五
來源　録遺

一〇〇三六　魚從盤

字數　二
時代　西周早期
著録　總集　六六八〇
三代　一七・一・八
善齋　九・四六・二

貞續下 一九
小校 九・六八・九
頌齋 四六
通考 八二八
綜覽・盤 三〇
出土 傳河南洛陽
流傳 劉體智、容庚舊藏
來源 考古研究所藏

一〇〇三七 遽從盤

字數 二
時代 西周早期
著録 未見
現藏 北京故宮博物院
來源 考古研究所拓

一〇〇三八 [illegible]父甲盤

字數 三
時代 殷
著録 西甲 一五・五
積古 一・二五
攈古 一・三・一二・一
流傳 清宮舊藏
來源 攈古
備注 西甲摹録不全

一〇〇三九 [illegible]父乙盤

字數 三
時代 殷
著録 總集 六六八四
三代 一七・二・一
窓齋 一六・二・四
殷存下 三四・二
小校 九・六九・一
現藏 北京故宮博物院
來源 考古研究所拓

一〇〇四〇 黿父乙盤

字數 二
時代 殷
著録 總集 六六九〇
美集録 R 四八一、R 四九五
流傳 美國舊金山甘浦斯公司舊藏
來源 考古研究所藏

一〇〇四一 赫父丁盤

字數 三
時代 殷
著録 未見
來源 考古研究所藏

一〇〇四二 [illegible]父戊盤

字數 三
時代 殷
著録 總集 六六八五
三代 一七・二・三
綴遺 七・一
殷存下 三四
山東存坿 一七・一
綜覽・盤 三六
流傳 丁筱農、潘祖蔭舊藏
現藏 英國倫敦不列顛博物館
來源 考古研究所藏

一〇〇四三 [illegible]父己盤

字數 三
時代 西周早期
著録 總集 六六八六
三代 一七・二・四
貞松 一〇・二五・一
善齋 九・四九・二
續殷下 七四・八
小校 九・六九・三
善彝 九三
通考 八二二
綜覽・盤 一二
流傳 劉體智舊藏
現藏 北京故宮博物院
來源 考古研究所藏

一〇〇四四 鳥父辛盤

字數 三
時代 殷
著録 薛氏 四七・五
來源 薛氏

一〇〇四五 亞吴妃盤

字數 三
時代 西周早期
著録 總集 六六九四
考古 一九七四年五期三一四頁
圖一一・一
出土 北京房山縣琉璃河黄土坡村 M五四
現藏 首都博物館
來源 考古研究所拓

一〇〇四六 [illegible]曲斫盤

字數 三
時代 殷
著録 書道(平凡社) 二〇
現藏 美國舊金山亞洲藝術博物館(布倫戴奇藏品)
來源 書道

一〇〇四七 北單戈盤

字數 三
時代 殷
著録 總集 六六七九
鄴三 下 八・二
録遺 四八四
綜覽・盤 一二
現藏 北京故宮博物院
來源 考古研究所拓

一〇〇四八 季作寶盤

字數 三
時代 西周中期
著録 總集 六六八九
寶鷄 一五一頁圖一一七・三
出土 一九八〇年陝西寶鷄市竹園溝墓葬(M四:七)
現藏 寶鷄市博物館
來源 寶鷄市博物館提供

一〇〇四九 作從彝盤

字數 三
時代 西周早期
著録 總集 六六九二
彙編 七・八五三
綜覽・盤 四六
出土 傳一九二六年河南洛陽邙山廟溝
流傳 懷履光舊藏
現藏 加拿大多倫多安大略博物館
來源 考古研究所藏陳夢家拓本

一〇〇五〇 作從彝盤

字數 三
時代 西周早期
著録 總集 六六八七
録遺 四八六
流傳 馮恕舊藏
現藏 北京故宮博物院
來源 考古研究所拓

一〇〇五一 豆冊父丁盤

字數 四
時代 殷
著録 總集 六六九七
三代 一七・二・七
善齋 九・五〇

貞續下 一九・四
續殷下 七四・六
小校 九・六九・四
懷履光(一九五六) 一四〇頁六
出土 傳一九三一年河南洛陽馬坡
流傳 劉體智、懷履光舊藏
來源 考古研究所藏陳夢家拓本

一〇〇五二 𣪘作父戊盤
字數 四
時代 西周早期
著録 總集 六六九三
録遺 四八八
現藏 北京故宮博物院
來源 考古研究所拓

一〇〇五三 臣辰[illegible]冊盤
字數 四
時代 西周早期
著録 懷履光(一九五六) 一四〇頁一
彙編 九・一四三三
綜覽・盤 二八
出土 傳一九二九年河南洛陽馬坡
流傳 懷履光得于開封
現藏 加拿大多倫多安大略博物館
來源 考古研究所藏陳夢家拓本

一〇〇五四 大保盤
字數 四
時代 西周早期
著録 韋森 PL 一六:三七a
綜覽・盤 二五
現藏 瑞典斯德哥爾摩遠東古物館(韋森氏藏品)
來源 韋森

一〇〇五五 轉作寶艗盤
字數 四
時代 西周早期
著録 總集 六六九五
三代 一七・二・六
冠斝上 四九
彙編 七・八五六
流傳 榮厚舊藏
來源 三代

一〇〇五六 尌中作盤
字數 四
時代 西周早期
著録 彙編 七・八五二
出土 傳一九二三年河南孟津
現藏 加拿大多倫多安大略博物館
來源 考古研究所藏陳夢家拓本

一〇〇五七 作帆從彝盤
字數 四
時代 西周早期
著録 總集 六六九一
三代 一七・二・五
彙編 七・八五五
來源 三代

一〇〇五八 永寶用享盤
字數 四
時代 春秋
著録 考古 一九八三年八期七〇二頁圖一
出土 一九七五年河南桐柏縣鐘鼓堂村墓葬
現藏 桐柏縣文化館
來源 考古

一〇〇五九 曆盤
字數 五
時代 西周早期
著録 總集 六六九六
三代 一七・三・二
窓齋 一六・三・一
綴遺 七・五・一
周金 四・一八・四
小校 九・六九・五
流傳 吳大澂舊藏
現藏 上海博物館
來源 考古研究所藏

一〇〇六〇 矩盤
字數 五
時代 西周早期
著録 三代 一一・二〇・二
筠清 二・二
從古 七・二六
攈古 一・三・二二・一
綴遺 七・三
周金 四・一九
小校 九・六九(又 五・一八・三重出)
流傳 夏松如、潘德畬舊藏
來源 考古研究所藏
備注 三代、小校、筠清等誤作尊

一〇〇六一 吏從盤
字數 五
時代 西周早期
著録 巴布選 圖五
現藏 法國巴黎基美博物館
來源 史語所集刊

一〇〇六二 公盤
字數 五
時代 西周早期
著録 文物 一九八六年一期一四頁圖三四
出土 一九八〇年陝西長安縣花園村墓葬
現藏 陝西省文物管理委員會
來源 陝西省文物管理委員會提供

一〇〇六三 𢐗伯盤
字數 五
時代 西周中期
著録 總集 六七〇三
寶鷄 三〇八頁圖二一五・三
出土 一九七四年陝西寶鷄市茹家莊墓葬(M一乙:二)
現藏 寶鷄市博物館
來源 寶鷄市博物館提供

一〇〇六四 𢐗伯盤
字數 六
時代 西周中期
著録 總集 六七〇二
寶鷄 三〇八頁圖二一五・六
陝青 四・六〇
綜覽・盤 四七
辭典 五五二
出土 同一〇〇六三(M一乙:一)
現藏 寶鷄市博物館
來源 寶鷄市博物館提供

一〇〇六五 令盤
字數 六
時代 西周早期
著録 銘文選 九八
上海(二〇〇四) 二八五
現藏 上海博物館
來源 上海博物館提供

一〇〇六六 吳盤
字數 六
時代 西周早期
著録 總集 六六九八

三代 一七・三・一
來源 考古研究所藏

一〇六七 延盤

字數 六
時代 西周早期
著録 總集 六七〇五
三代 六・三七・二
貞補上 二一
歐精華 二・一五〇
通考 八二九
彙編 六・六九六
綜覽・盤 二四
歐遺 九六
流傳 英國倫敦猷氏舊藏
現藏 英國倫敦維多利亞與艾伯特博物館
(歐遺)
來源 考古研究所藏

一〇六八 緩父盤

字數 六
時代 西周早期
著録 總集 六六九九
三代 一七・三・三
從古 一六・一四・一
攈古 一・三・六〇二
愙齋 一六・一七・一
奇觚 八・八・一
敬吾上 四・二
周金 四・一八・二
簠齋 三盤六
小校 九・六九・七
歐精華 二・一五二
通考 八三一
美集録 R 三三七
彙編 七・七一八

流傳 陳介祺舊藏
現藏 美國波士頓美術博物館
來源 考古研究所藏

一〇六九 㸚子盤

字數 六
時代 西周早期
著録 總集 六七〇四
彙編 七・七一九
出土 傳河南洛陽
現藏 日本福岡九洲大學
來源 彙編

一〇七〇 單子白盤

字數 六
時代 西周早期
著録 未見
來源 考古研究所藏猗文閣拓本

一〇七一 宗仲盤

字數 六
時代 西周晚期
著録 總集 六七〇一
考古 一九七九年二期一二〇頁
圖五・三
綜覽・盤 二
青全 六・一三九
出土 一九七四年陝西藍田縣指甲灣
現藏 藍田縣文化館
來源 考古編輯部檔案

一〇七二 蔡侯盤

字數 六
時代 春秋晚期
著録 總集 六七〇〇
蔡侯墓 圖版三三・二
出土 一九五五年安徽壽縣蔡侯墓
現藏 安徽省博物館

來源 考古編輯部檔案

一〇七三 伯矩盤

字數 七
時代 西周早期
著録 總集 六七〇九
文物特刊 五期
出土 北京房山縣琉璃河黄土坡村墓葬
現藏 首都博物館
來源 考古研究所拓

一〇七四 伯雍父盤

字數 七
時代 西周中期
著録 總集 六七〇八
文物 一九七六年六期五九頁
圖二九
陝青 二・一〇七
銘文選 一八五
綜覽・盤 一
青全 五・一九六
辭典 五五三
出土 一九七五年陝西扶風縣莊白村白
家莊
現藏 扶風縣博物館
來源 扶風縣博物館提供

一〇七五 𦉢父盤

字數 七
時代 西周早期
著録 總集 六七〇六
三代 一七・三・四
積古 八・一・三
清愛 六
攈古 二・一・一三・一
愙齋 一六・三・二
周金 四・一八・一

善齋 九・五一・二
小校 九・六九・八
雙古上 二六
綜覽・盤 四八
流傳 劉喜海、劉體智、于省吾舊藏
來源 考古研究所藏

一〇七六 季嬴霝德盤

字數 七
時代 西周中期
著録 未見
現藏 上海博物館
來源 考古研究所藏

一〇七七 曾侯乙盤

字數 七
時代 戰國早期
著録 曾侯乙墓 二四三頁圖一四〇・一
青全 一〇・一二三
辭典 九〇五
出土 一九七八年湖北隨縣曾侯乙墓
(C・一四八)
現藏 湖北省博物館
來源 湖北省博物館提供

一〇七八 逘盤

字數 八
時代 西周早期
著録 總集 六七一一
録遺 四九〇
彙編 六・五七八
綜覽・盤 三四
來源 録遺

一〇七九 伯百父盤

字數 八
時代 西周中期
著録 總集 六七一〇

學報 一九六二年一期 一一頁圖版一八・一
張家坡 圖版三一・一
斷代 一五〇
綜覽・盤 五七
出土 一九六一年陝西長安縣張家坡村墓葬
現藏 陝西省博物館
來源 考古研究所拓

一〇〇八〇 魼甫人盤
字數 九
時代 西周晚期
著録 總集 六七一四
三代 一七・四・一
綴遺 七・六
周金 四・一七・四
貞松 一〇・二五
小校 九・七〇・一
蔭軒 一・四七
銘文選 五一八
上海(二〇〇四) 四二〇
流傳 潘祖蔭舊藏，後歸李蔭軒
現藏 上海博物館
來源 考古研究所藏

一〇〇八一 㠱伯庭父盤
字數 九
時代 西周晚期
著録 總集 六七一五
黄縣㠱器 五〇頁圖七
斷代 一一七
銘文選 八六九
綜覽・盤 八五
出土 一九五一年山東黄縣南埠村
現藏 山東省博物館

來源 山東省博物館提供

一〇〇八二 樊夫人龍嬴盤
字數 九
時代 春秋早期
著録 總集 六七一一
文物 一九八一年一期 一三頁圖一三
出土 一九七八年河南信陽平橋南山嘴墓葬
現藏 信陽地區文物管理委員會
來源 信陽地區文物管理委員會提供

一〇〇八三 京隮仲盤
字數 一〇
時代 西周早期
著録 總集 六七一六
三代 一七・四・二
筠清 五・七・一
攈古 二・一・五二・四
愙齋 一三・一〇・二
敬吾上 一・三
續殷下 七四・九
小校 九・七〇・二
流傳 程木庵舊藏
來源 考古研究所藏
備注 愙齋誤爲尊

一〇〇八四 北子宋盤
字數 一〇
時代 西周早期
著録 攈古 二・一・五三・一
銘文選 一五一
流傳 江蘇陽湖吕堯仙舊藏
來源 攈古

一〇〇八五 □盤
字數 一〇（又重文二）

時代 西周晚期
著録 總集 六七二〇
三代 一七・五・一
貞續下 二〇・一
來源 三代

一〇〇八六 魯伯厚父盤
字數 一〇
時代 春秋早期
著録 總集 六七一八
三代 一七・四・三
懷米下 二一
筠清 四・二九・一
攈古 二・一・五三・二
愙齋 一六・六・一
綴遺 七・二二・一
周金 四・一七・三
大系 二一七
小校 九・七〇・三
山東存魯 四
銘文選 四八四
青全 九・五四
故青 二二五
流傳 曹秋舫舊藏
現藏 北京故宮博物院
來源 考古研究所藏

一〇〇八七 魯伯者父盤
字數 一〇
時代 春秋早期
著録 曲阜魯國故城 一〇八頁圖六八・三
銘文選 八〇九
青全 九・五五
出土 一九七七年山東曲阜魯國故城墓葬
現藏 曲阜市文物管理委員會

來源 考古研究所拓

一〇〇八八 虢嫚□盤
字數 存一〇（又重文二）
時代 春秋早期
著録 總集 六七二八
上村嶺 三九頁圖三六・一
綜覽・盤 八〇
出土 一九五七年河南陝縣上村嶺墓葬
現藏 中國歷史博物館
來源 考古研究所拓

一〇〇八九 自作盤
字數 一一（又重文一）
時代 西周晚期
著録 綴遺 七・五
流傳 阮元舊藏
現藏 首都師範大學歷史博物館
來源 考古研究所拓

一〇〇九〇 鄭伯盤
字數 一一（又重文二）
時代 春秋早期
著録 總集 六七三二
上海 六六
彙編 六・四一七
銘文選 七七四
綜覽・盤 七八
青全 七・二八
辭典 七三六
上海(二〇〇四) 四六八
現藏 上海博物館
來源 上海博物館提供

一〇〇九一 眞盤
字數 一二（又重文二）
時代 西周早期
著録 總集 六七二七

出土 文物一九八二年一期八八頁圖七 一九八五年陝西臨潼縣南羅村墓葬
現藏 臨潼縣博物館
來源 考古研究所拓

一〇〇九二 晨盤

字數 一二（又重文二）
時代 西周晚期
著録 考古與文物一九八四年五期一二頁圖五・二
出土 解放前陝西扶風縣黄堆村
現藏 扶風縣博物館
來源 考古與文物編輯部提供

一〇〇九三 史頌盤

字數 一二（又重文一）
時代 西周晚期
著録 總集六七三三
三代一七・六・四
從古五・一五
攈古二・二・八
愙齋一六・一二
綴遺七・七・一
清儀一・四七
敬吾上四
周金四・一六・二
大系四四・三
小校九・七〇・七
銘文選四三二
上海（二〇〇四）四一八
流傳 張廷濟舊藏
現藏 上海博物館
來源 考古研究所藏張廷濟拓本

一〇〇九四 衵盤

字數 一二（又重文二）
時代 春秋早期
著録 總集六七四一
三代一七・八・一
流傳 羅振玉舊藏
現藏 廣東省博物館
來源 考古研究所藏

一〇〇九五 京叔盤

字數 一二（又重文一）
時代 西周晚期
著録 總集六七一九
三代一七・四・四
山東存邾三
現藏 中國歷史博物館
來源 考古研究所拓

一〇〇九六 筍侯盤

字數 一二
時代 西周晚期
著録 總集六七二六
學報一九六二年一期圖版一八・二
张家坡 圖版三一・二
斷代一五〇
銘文選三五一
綜覽・盤五九
青全六・六二
出土 一九六一年陝西長安縣張家坡村窖藏
現藏 陝西省博物館
來源 考古研究所拓

一〇〇九七 曾仲盤

字數 一二（又重文一）
時代 西周晚期
著録 總集六七二二
積古八・一
攈古二・一・八四
奇觚一八・二四
銘文選四六九
青全一〇・一二四
流傳 江都秦敦甫舊藏
來源 考古研究所藏

一〇〇九八 𪊨金氏孫盤

字數 一二（又重文二）
時代 春秋早期
著録 總集六七三五
上村嶺 圖二四・二
綜覽・盤六九
出土 一九五七年河南陝縣上村嶺墓葬
現藏 中國歷史博物館
來源 考古研究所拓

一〇〇九九 徐王義楚盤

字數 一二
時代 春秋晚期
著録 總集六七二五
文物一九八〇年八期一三頁圖一
銘文選五七一
青全一一・一五八
辭典七四五
出土 一九七九年江西靖安縣水口公社李家村興山南坡窖藏
現藏 江西省博物館
來源 江西省博物館提供

一〇一〇〇 楚王酓肯盤

字數 一二
時代 戰國晚期（楚考烈王 公元前二六二～前二三八年）
著録 總集六七二三
三代一七・五・二～一七・六・一
銘文選六六三
鳥篆五八
出土 一九三三年安徽壽縣朱家集墓葬
來源 考石研究所藏

一〇一〇一 仲㛥臣盤

字數 一三
時代 西周早期
著録 總集六七三〇
三代一七・六・三
攀古上五三
恒軒下八七
愙齋一六・一六・二
綴遺七・三・二
周金四・一七・二
續殷下七五・一
小校九・七〇・五
蔭軒二・九
流傳 崇樸山、潘祖蔭舊藏，後歸李蔭軒
現藏 上海博物館
來源 考古研究所藏

一〇一〇二 中友父盤

字數 一三（又重文二）
時代 西周晚期
著録 總集六七三九
文物一九六一年七期
齊家村 圖一三
陝青二・一五三
綜覽・盤六一
辭典五六〇
出土 一九六〇年陝西扶風縣齊家村
現藏 陝西省博物館
來源 陝西省博物館提供

一〇一〇三 伯駟父盤

字數　一三（又重文二）
時代　西周晚期
著録　總集　六七四〇
考古　一九六五年一一期五四三頁圖二・四
銘文選　四九一
出土　一九六五年山東鄒縣七家峪
現藏　鄒縣文物保管所
來源　考古編輯部檔案

一〇一〇四　黃君孟盤

字數　一三（又重文一）
時代　春秋早期
著録　考古　一九八四年四期三二一頁圖一二・五
出土　一九八三年河南光山縣寶相寺上官崗磚瓦廠墓葬
現藏　信陽地區文物管理委員會
來源　考古編輯部檔案

一〇一〇五　陶子盤

字數　一四
時代　西周早期
著録　總集　六七三二
三代　一七・七・一
從古　一六・一三
攈古　二・二・九
綴遺　七・二・一
奇觚　八・八
周金　四・一七・一
簠齋　三盤四
小校　九・七〇・六
蔭軒　二・二三
上海(二〇〇四)　二八六
流傳　陳介祺舊藏，後歸李蔭軒
現藏　上海博物館
來源　考古研究所藏

一〇一〇六　才盤

字數　一四
時代　西周中期
著録　總集　六七三四
三代　一七・七・二
日精華　二・九一
彙編　六・四〇七
綜覽・盤　五〇
中藝　圖八四拓六六
現藏　日本東京出光美術館
來源　三代

一〇一〇七　叔五父盤

字數　一四
時代　西周中期
著録　總集　六七四二
三代　一七・八・二
西甲　一五・四
流傳　清宮舊藏
現藏　北京故宮博物院
來源　考古研究所拓

一〇一〇八　伯考父盤

字數　一四（又重文二）
時代　西周晚期
著録　總集　六七四五
文物　一九六五年七期二二頁圖八
斷代　一八一
出土　陝西扶風
現藏　陝西省博物館
來源　文物

一〇一〇九　鄭季寬車盤

字數　一四（又重文二）
時代　春秋早期
著録　中原文物　一九八一年四期二〇頁圖四
青全　七・九七
出土　一九七五年河南羅山縣高店村墓葬
現藏　信陽地區文物管理委員會
來源　信陽地區文物管理委員會提供

一〇一一〇　德盤

字數　一五
時代　西周中期
著録　總集　六七四八
三代　一七・九・三
奇觚　八・九
周金　四・一四
善齋　九・五五・二
小校　九・七三・三
流傳　劉體智、盛昱舊藏
現藏　上海博物館
來源　考古研究所藏

一〇一一一　师寏父盤

字數　一五（又重文二）
時代　西周晚期
著録　總集　六七四七
三代　一七・九・二
西乙　一五・三
寶蘊　七八
貞松　一〇・二七・二
通考　八三八
故圖下下　四一五
綜覽・盤　五六
周録　一一九
流傳　瀋陽故宮舊藏
現藏　臺北故宮博物院
來源　考古研究所藏

一〇一一二　伯碩[illegible]盤

字數　一五
時代　西周晚期
著録　江漢考古　一九八五年一期一〇四頁圖二
出土　一九七五年湖北浠水縣朱店村
現藏　浠水縣博物館
來源　浠水縣博物館提供

一〇一一三　魯伯愈父盤

字數　一五
時代　春秋早期
著録　總集　六七三六
三代　一七・七・三
周金　四・一三・二
貞松　一〇・二五・四
希古　五・二〇・二
山東存魯　一二・一（又一二・二重出）
來源　三代

一〇一一四　魯伯愈父盤

字數　一五
時代　春秋早期
著録　總集　六七三八
奇觚　八・九
小校　九・七一・一
希古　五・二一・一
山東存魯　一三・一
銘文選　八一二
上海(二〇〇四)　四七一
流傳　潘祖蔭舊藏
現藏　上海博物館
來源　小校

一〇一一五　魯伯愈父盤

字數　一五
時代　春秋早期

著録 總集 六七三七
擄古 二・二・一五
綴遺 七・二三
小校 九・七一・二
來源 小校

一〇一一六 魯嗣徒仲齊盤
字數 一五
時代 西周晚期
著録 曲阜魯國故城 一五〇頁圖九六左
銘文選 三四五
青全 六・七二
辭典 五五七
山東精萃 一一二
出土 一九七七年山東曲阜魯故城墓葬
現藏 曲阜市文物管理委員會
來源 考古研究所拓

一〇一一七 齊侯盤
字數 一五（又重文二）
時代 春秋早期
著録 博古 二一・一二・二
薛氏 一六五・一～二
嘯堂 七三・三
出土 「政和丙申歲皆安丘縣民發地得之」（薛氏引古器物銘）
來源 嘯堂

一〇一一八 穌冶妊盤
字數 一五（又重文一）
時代 春秋早期
著録 總集 六七四四
三代 一七・九・一
貞松 一〇・二七・一
希古 五・二一・二
小校 九・七三・一
流傳 劉鶚舊藏

來源 考古研究所藏

一〇一一九 毳盤
字數 一六
時代 西周晚期
著録 總集 六七四三
三代 一七・八・三
貞松 一〇・二六・三
善齋 九・五三・二
小校 九・七二・三
上海（一〇〇四） 四一九
流傳 劉體智舊藏
現藏 上海博物館
來源 考古研究所藏

一〇一二〇 周棘生盤
字數 存一六（又重文三）
時代 西周晚期
著録 總集 六七二四
三代 一七・六・二
貞松 一〇・二八
寶蘊 七九
通考 八三五
故圖下下 四一四
流傳 瀋陽故宮舊藏
現藏 臺北故宮博物院
來源 考古研究所藏

一〇一二一 鄧伯吉射盤
字數 一六（又重文一）
時代 春秋早期
著録 未見
現藏 中國歷史博物館
來源 考古研究所拓

一〇一二二 黄子盤
字數 一六
時代 春秋早期

著録 考古 一九八四年四期三一九頁圖二〇・五
出土 一九八三年河南光山縣寶相寺上官崗磚瓦廠墓葬
現藏 信陽地區文物管理委員會
來源 考古編輯部檔案

一〇一二三 齊侯作孟姬盤
字數 一六
時代 春秋晚期
著録 總集 六七四六
擄古 二・二・三〇
綴遺 七・二六
周金 四・一五
流傳 瞿木夫舊藏
來源 考古研究所藏

一〇一二四 魯正叔盤
字數 一六（又重文二）
時代 春秋早期
著録 博古 二一・一五
薛氏 一六四・一
嘯堂 七四・一
來源 嘯堂

一〇一二五 楚季哶盤
字數 一六（又重文二）
時代 春秋
著録 總集 六七五四
三代 一七・一〇・三
來源 考古研究所藏

一〇一二六 取膚盤
字數 一六（又重文二）
時代 春秋
著録 總集 六七五二
三代 一七・一〇・一
擄古 二・二・六五・二

愙齋 一六・一二・二
綴遺 七・四・一
奇觚 八・一〇・一
周金 四・一三
簠齋 二盤三
小校 九・七四・一
山東存魯 二〇・一
善齋 九・五六
流傳 陳介祺、劉體智舊藏
來源 考古研究所藏

一〇一二七 殷穀盤
字數 一七（又重文二）
時代 西周中期
著録 總集 六七五八
三代 一七・一二・一
綴遺 七・一三
奇觚 八・一一・一
周金 四補
小校 九・七四・二
彙編 五・三〇六
故青 一七五
流傳 許延暄舊藏
現藏 北京故宮博物院
來源 考古研究所藏
備注 此爲初拓本，缺一「止」字

一〇一二八 殷穀盤
字數 一七（又重文二）
時代 西周中期
著録 總集 六七五九
三代 一七・一二・二
貞松 一〇・二八・二
尊古 三・二〇・二
通考 八三七
綜覽・盤 七一

現藏 北京故宮博物院
來源 考古研究所拓

一〇一二九 伯侯父盤
字數 一七
時代 西周晚期
著録 總集 六七五〇
積古 八・一～二
攈古 二・二・五二・二
録遺 四九一
流傳 清宮舊藏
現藏 北京故宮博物院
來源 考古研究所拓

一〇一三〇 昶伯庸盤
字數 一七
時代 西周晚期
著録 總集 六七五一
考古 一九六五年七期三七一頁
圖一、二
青全 七・一一〇
出土 一九六四年河南桐柏縣月河公社
左莊
現藏 桐柏縣文化館
來源 考古編輯部檔案

一〇一三一 干氏叔子盤
字數 一七（又重文二）
時代 春秋早期
著録 總集 六七五七
三代 一七・一一・二
攈古 二・二・七四
敬吾上 二
周金 四・一二
山東存邿 九
出土 道光二十五年五月出鄒縣紀王城
（山東存）

來源 考古研究所藏

一〇一三二 □□單盤
字數 一七（又重文二）
時代 春秋早期
著録 文物 一九八〇年一期五二頁圖五
青全 七・九八
辭典 七三七
出土 一九七二年河南羅山縣龍埂村
窖藏
現藏 信陽地區文物管理委員會
來源 信陽地區文物管理委員會提供

一〇一三三 薛侯盤
字數 一八（又重文二）
時代 春秋早期
著録 總集 六七六二
三代 一七・一三・二
清愛 五
筠清 三・五三・一
攈古 二・二・八五
綴遺 七・二二・二
敬吾上 二・一
陶齋 三・三八・一
周金 四・一一・二
大系 二二二・二
小校 九・七四・三
山東存薛 一
美集録 R 四一三
獲古 四〇
銘文選 八二二
綜覽・盤 八一
薩克勒(東周) 六三
流傳 劉喜海、端方舊藏
現藏 美國華盛頓薩克勒美術館
來源 考古研究所藏

一〇一三四 □仲盤
字數 一八（又重文二）
時代 西周晚期
著録 未見
出土 湖北天門縣
現藏 荊州地區博物館
來源 考古研究所拓

一〇一三五 尋仲盤
字數 一八（又重文二）
時代 春秋早期
著録 文物 一九八三年一二期三頁
圖一二
辭典 七二四
出土 一九八一年山東臨朐縣嵩山鄉泉
頭村墓葬
現藏 臨朐縣文化館
來源 臨朐縣文化館提供

一〇一三六 番君伯龤盤
字數 一八
時代 春秋早期
著録 總集 六七五六
文物 一九七九年九期九二頁圖八
銘文選 六二〇
青全 七・一一三
辭典 七四一
出土 一九七八年河南潢川縣彭店鄉劉
砦村
現藏 潢川縣文化館
來源 潢川縣文化館提供

一〇一三七 中子化盤
字數 一九
時代 春秋晚期
著録 總集 六七六〇
三代 一七・一三・一
筠清 四・二八
攈古 二・二・七四・一
綴遺 七・一〇
大系 一八二
銘文選 六五八
來源 三代

一〇一三八 曾师季䡅盤
字數 一九
時代 春秋晚期
著録 薛氏 一六五・三
續考 四・一一・二
來源 薛氏
備注 續考誤稱敦

一〇一三九 番□伯者君盤
字數 一九（又重文二）
時代 春秋早期
著録 總集 六七六一
三代 一七・一三・三
貞松 一〇・二九・一
周金 四・一二・二
希古 五・二一・三
小校 九・七五・一
銘文選 六一四
上海(二〇〇四) 四七〇
流傳 潘祖蔭舊藏
現藏 上海博物館
來源 考古研究所藏

一〇一四〇 番□伯者君盤
字數 二〇
時代 春秋早期
著録 文物 一九八〇年一期四三頁圖五
銘文選 六一六
綜覽・盤 八三
青全 七・一一一～一一二

出土　一九七七年河南信陽吳家店鄉墳扒村
現藏　信陽地區文物管理委員會
來源　信陽地區文物管理委員會提供

一〇一四一　句它盤
字數　二〇（又重文二）
時代　西周晚期
著録　總集　六七六三
綴遺　七・二・二
録遺　四九二
出土　「此與大保鼎敦諸器同出山東壽張」（綴遺）
流傳　丁筱農舊藏
來源　考古研究所藏

一〇一四二　齊叔姬盤
字數　二〇（又重文二）
時代　西周晚期
著録　總集　六七六五
録遺　四九三
青全　六・八三
辭典　五五八
現藏　濟南市博物館
來源　考古研究所拓

一〇一四三　般仲柔盤
字數　二〇（又重文二）
時代　春秋
著録　總集　六七六四
積古　八・二
攈古　二・三・一三
録遺　四九四
天津師範學院學報　一九七九年三期封裏
流傳　吳式芬舊藏
現藏　天津師範學院歷史系

來源　考古研究所藏

一〇一四四　曹公盤
字數　二〇（又重文二）
時代　春秋晚期
著録　中原文物　一九八一年二期五九頁圖二
出土　一九七三年河南淮陽縣李莊
現藏　淮陽縣太昊陵保管所
來源　考古研究所拓

一〇一四五　毛叔盤
字數　二一（又重文二）
時代　春秋早期
著録　總集　六七五五
三代　一七・一一・一
西甲　一五・三
銘文選　九一二
故青　二二四
流傳　清宮舊藏
現藏　北京故宮博物院
來源　考古研究所

一〇一四六　黄韋俞父盤
字數　二一（又重文二）
時代　春秋晚期
著録　總集　六七六六
三代　一七・一三・四
綴遺　七・二四
周金　四・一〇
貞續下　二〇
大系　一八七・四
銘文選　六三一
流傳　方濬益、潘十峰、孟惟寅舊藏
來源　考古研究所藏

一〇一四七　齋縈姬盤
字數　二一（又重文二）
時代　春秋早期
著録　總集　六七六七
西清　三二・三七
録遺　四九五
銘文選　八四一
青全　九・三五
故青　二四四
流傳　清宮舊藏
現藏　北京故宮博物院
來源　考古研究所拓

一〇一四八　楚嬴盤
字數　二二（又重文二）
時代　西周晚期
著録　殷周時代　四四
通考　八四二
現藏　英國不列顛博物館
來源　不列顛博物館提供

一〇一四九　囂伯盤
字數　二三（又重文一）
時代　西周晚期
著録　總集　六七七〇
三代　一七・一五・一
貞松　一〇・二九
日精華　四・三三四
彙編　五・二五四
綜覽・盤　七七
現藏　日本京都藤井有鄰館
來源　三代

一〇一五〇　[illegible]右盤
字數　二四（又重文二）
時代　春秋
著録　總集　六七七四
文物　一九八二年一二期五二頁圖二

出土　一九七九年湖北隨縣安居鄉加届村墓葬
現藏　隨州市博物館
來源　隨州市博物館提供

一〇一五一　齊大宰歸父盤
字數　二四
時代　春秋中期
著録　總集　六七六八A
三代　一七・一四・一
筠清　四・三〇・二
從古　一六・一一・一～二
攈古　二・三・二九・二
窓齋　一六・一四・二～一五・一
綴遺　七・二五・一
奇觚　八・二一・一～一三・一
敬吾上　三・二
簠齋　三盤二
善齋　九・五七・二
大系　二三八
小校　九・七五・三
善彝　九四
周金　四・一〇・一
山東存齊　五～六
彙編　五・二六四
銘文選　八四二
上海（二〇〇四）五二三
流傳　陳介祺、劉體智舊藏
現藏　上海博物館
來源　考古研究所藏

一〇一五二　宗婦鄁嬰盤
字數　二五
時代　春秋早期
著録　總集　六七七一
三代　一七・一五・二

恆軒下 八八
愙齋 一六・一八
綴遺 一七・一一・一
周金 四・九(又二・三八・二；
二・三八・三 重出作鼎)
大系 一五三・四
小校 九・七六・一
銘文選 九一六
上海(二〇〇四) 四六九
流傳 吴大澂舊藏
現藏 上海博物館
來源 上海博物館提供

一〇一五三 □孫奎母盤
字數 二五
時代 春秋
著録 未見
現藏 北京故宮博物院
來源 考古研究所拓

一〇一五四 魯少𤔲寇盤
字數 二五
時代 西周晚期
著録 總集 六七七二
文物 一九六四年七期一八頁
圖一一
銘文選 八一九
上海(二〇〇四) 五二二
現藏 上海博物館
來源 考古研究所藏

一〇一五五 湯叔盤
字數 二七(又重文二)
時代 西周晚期
著録 總集 六七七三
小校 九・七六・三
録遺 四九六
故青 二〇八
流傳 章乃器舊藏
現藏 北京故宮博物院
來源 考古研究所拓

一〇一五六 曾子伯臽盤
字數 二八
時代 春秋早期
著録 未見
現藏 河南桐柏縣文化館
來源 考古研究所拓

一〇一五七 陳侯盤
字數 二九
時代 春秋早期
著録 未見
來源 考古研究所藏

一〇一五八 楚王酓忎盤
字數 二九
時代 戰國晚期(楚幽王 公元前二三七～
前二二八年)
著録 總集 六七七六
三代 一七・一六・一～三
十二尊 二四
楚器圖 八・二
大系 補一
通考 八四八
銘文選 六六八
故青 三一八
出土 一九三三年安徽壽縣朱家集墓葬
流傳 原北平圖書館舊藏
現藏 北京故宮博物院
來源 考古研究所藏

一〇一五九 齊侯盤
字數 三〇(又重文四)
時代 春秋晚期
著録 總集 六七七九
三代 一七・一六・四
奇觚 八・一四
周金 四・七
齊侯 五
大系 二五三
小校 九・七八・一
山東存齊 三
周録 八四五
美集録 R 四二三
彙編 四・一九七
銘文選 八五九
出土 齊侯四器之一，傳光緒十九年
(一八九三)出于易縣
流傳 盛昱舊藏
現藏 美國紐約大都會美術博物館
來源 考古研究所藏陳夢家拓本

一〇一六〇 伯戔盤
字數 三二(又重文二)
時代 春秋
著録 總集 六七七七
考古圖 六・二
薛氏 一六四・二
大系 一八六・一
銘文選 六三三
出土 「得于河内太行山石室中」(考
古圖)
來源 薛氏

一〇一六一 免盤
字數 三三
時代 西周中期
著録 總集 六七七八
三代 一四・一二・一
積古 七・一七・一
攈古 二・三・七四・二
敬吾上 三
周金 四・六・三
大系 八〇
小校 九・七七・二
通考 八三三
斷代 一三一
綜覽・盤 四三
銘文選 二五〇
流傳 何天衢舊藏
現藏 德國柏林民俗博物館
來源 考古研究所藏
備注 諸書多誤此爲盉

一〇一六二 黄大子伯克盤
字數 三三(又合文一)
時代 春秋早期
著録 總集 六七八〇
筠清 四・三一・一
攈古 二・三・八三・一
綴遺 七・二三・一
敬吾上 二・三
周金 四・六・二
大系 一八七
小校 九・七六・四
銘文選 六二九
流傳 葉東卿舊藏
來源 考古研究所藏

一〇一六三 夆叔盤
字數 三四(又重文二)
時代 春秋早期
著録 總集 六七八一
三代 一七・一七・一
貞松 一〇・三〇・一
貞圖中 三五

出土 山東存附 九・二
流傳 羅振玉舊藏
現藏 旅順博物館
來源 考古研究所拓

一〇一六四 圅皇父盤

字數 三七（又重文二）
時代 西周晚期
著録 總集 六七八三
録遺 四九七
陝圖 六五
斷代 一七七
銘文選 四五二
綜覽・盤 六九
出土 傳一九三三年陝西扶風縣康家村
現藏 陝西省博物館
來源 録遺

一〇一六五 者尚余卑盤

字數 三七（又重文二）
時代 春秋
著録 總集 六七八二
三代 一七・一七・二
西清 三二・三四
窓齋 一六・二六・二
綴遺 七・二七・一
周金 四・六・一
小校 九・七八・二
蔭軒 一・五五
上海（二〇〇四） 五二四
流傳 清宮舊藏，後歸潘祖蔭、李蔭軒
現藏 上海博物館
來源 考古研究所

一〇一六六 鮮盤（殷）

字數 四三（又合文一）
時代 西周中期
著録 總集 六七八四
彙編 四・一五六
歐遺 一〇八
現藏 倫敦埃斯肯納齊公司
來源 英國不列顛博物館提供
備注 彙編將此器誤作盤，據不列顛博物館提供資料订正为殷，因殷類分册已出，兹暫附于此

一〇一六七 緐伯盤

字數 五四（又重文二）
時代 西周晚期
著録 江漢考古 一九八五年一期一〇四頁圖三
出土 一九七五年湖北浠水縣朱店村
現藏 浠水縣博物館
來源 浠水縣博物館提供
備注 銘文系塗粉照片

一〇一六八 守宫盤

字數 六二（又重文二）
時代 西周中期
著録 總集 六七八五
大系 八一
録遺 四九八
斷代 一三三
綜覽・盤 四九
銘文選 二五四
現藏 英國劍橋費茨威廉博物館
來源 考古研究所藏陳夢家拓本

一〇一六九 呂服余盤

字數 六五（又重文二）
時代 西周中期
著録 文物 一九八六年四期二頁圖二
圖版壹・一
流傳 西安市文物商店收購
現藏 西安市文物管理委員會
來源 考古研究所拓

一〇一七〇 走馬休盤

字數 八九（又重文二）
時代 西周中期
著録 總集 六七八七
三代 一七・一八・二
周金 三・二七・一
貞松 一〇・三〇・二～三一・一
希古 五・二二
大系 一四三
小校 九・七九・二
斷代 一九七
銘文選 二二一
綜覽・盤 六二
青全 五・一九九
流傳 潘祖蔭舊藏
現藏 南京博物院
來源 考古研究所拓

一〇一七一 蔡侯盤

字數 九二（又重文三）
時代 春秋晚期
著録 總集 六七八八
蔡侯墓 圖版三八
五省 圖版五〇
銘文選 五八九
出土 一九五五年安徽壽縣蔡侯墓墓藏
現藏 安徽省博物館
來源 考古編輯部檔案

一〇一七二 寰盤

字數 一〇一（又重文二）
時代 西周晚期
著録 總集 六七八九
三代 一七・一八・二
積古 八・九・二～一〇・一
攈古 三・二・二二～二三
大系 一一七
小校 九・八一・一
銘文選 四二五
辭典 五六一
故青 二〇七
流傳 阮元舊藏
現藏 北京故宮博物院
來源 考古研究所拓

一〇一七三 虢季子白盤

字數 一〇六（又重文四，合文一）
時代 西周晚期
著録 總集 六七九〇B
三代 一七・一九・一～二〇・一
從古 一〇・三一～三五
攈古 三・二・三七～三九
窓齋 一六・九～一〇
綴遺 七・一四～一七
奇觚 八・一五～一七
周金 四・三
大系 八八
小校 九・八二
通考 八四一
斷代 二一五
彙編 三・三八
銘文選 四四〇
歷博 五五
綜覽・鑑 一
美全 四・二三四
青全 六・一四三
辭典 五五六
出土 清道光年間陝西寶鷄虢川司

流傳 初爲徐燮鈞所得，後歸劉銘傳，運至合肥。一九五〇年劉肅曾捐獻國家，後藏北京故宮博物院
現藏 中國歷史博物館
來源 考古研究所藏

一〇一七四 兮甲盤
字數 一二九（又重文四）
時代 西周晚期
著録 總集 六七九一
三代 一七·二〇·一
攗古 三·二·六七～六八·二
愙齋 一六·一三·二～一四·一
綴遺 七·七·二～八·一
奇觚 八·一九·一～二
周金 四·二·一～二
簠齋三 盤 一
大系 一三四
小校 九·八四
通考 八三九
斷代 二一三
彙編 二·二五
銘文選 四三七
綜覽·盤 七四
流傳 此器宋代出土，見于紹興内府古器評。元代李順父持歸鮮于樞（見研北雜志），後入保定官庫，再後爲陳介祺所得
來源 考古研究所藏陳介祺拓本

一〇一七五 史牆盤
字數 二七六（又重文五、合文三）
時代 西周中期
著録 總集 六七九二
文物 一九七八年三期一四頁圖二一；一五頁圖二二
陝青 二·二四
銘文選 二二五
綜覽·盤 五二
美全 四·二一五
青全 五·一九八
辭典 五五四
吉鑄 一三
出土 一九七六年陝西扶風縣莊白村一號窖藏
現藏 周原扶風文物管理所
來源 考古學報編輯部檔案

一〇一七六 散氏盤
字數 三四九（又合文一）
時代 西周晚期
著録 總集 六七九三B
三代 一七·二〇·二
積古 八·三～五
攗古 三·三·三七～四〇
愙齋 一六·四～六
奇觚 八·二一～二三
周金 四·一
故宮一期
通考 八三六
小校 九·八六·一～二
故圖下上 二一〇
大系 一二七
斷代·未 一七
彙編 一·五
銘文選 四二八
綜覽·盤 五五
美全 四·二三八
周録 一二〇
出土 傳乾隆初年陝西鳳翔
流傳 器先藏揚州徐氏、洪氏，乾隆年間入内府，咸豐初復流入嵩文仲處
現藏 臺北故宮博物院
來源 考古研究所藏

匜類

一〇一七七～一〇二八五

一〇一七七 □匜
字數 一
時代 西周晚期
著録 總集 六七九四
三代 一七·二三·二
周金 四·三三·二
殷存下 三四·四
希古 五·二三·一
小校 九·五五·一
流傳 潘祖蔭舊藏
來源 考古研究所藏

一〇一七八 冊□匜
字數 三
時代 西周晚期
著録 總集 六八〇〇
陝圖 一二一
現藏 陝西省博物館
來源 陝圖

一〇一七九 季姬匜
字數 四
時代 西周晚期
著録 考古圖 六·五·二
博古 二一·六·二
嘯堂 七三
薛氏 一一四·一
流傳 河南文潞公舊藏
來源 嘯堂

一〇一八〇 叔匜
字數 四
時代 西周晚期
著録 薛氏 一一三·三
來源 薛氏

一〇一八一 □叔匜
字數 五（蓋、器同銘）
時代 西周晚期
著録 總集 六八〇五
三代 一七·二四·八～二五·一
西乙 一四·四一
寶蘊 八一
貞松 一〇·三二·三～四
通考 八六五
故圖下下 四三一
綜覽·匜 六〇
周録 一二一
流傳 瀋陽故宮舊藏，後歸中央博物院
現藏 臺北故宮博物院
來源 考古研究所藏

一〇一八二 宗仲匜
字數 六
時代 西周晚期
著録 總集 六八一〇
考古 一九七九年二期一二〇頁圖五·四
出土 一九七四年陝西藍田縣指甲灣
現藏 陝西省博物館
來源 考古編輯部檔案

一〇一八三 姞□母匜

字數 六
時代 西周晚期
著録 總集 六八〇九
考古 一九七四年一期四頁圖六
出土 一九七三年陝西長安縣馬王村
現藏 西安市文物管理委員會
來源 考古編輯部檔案

一〇一八四 作子□匜
字數 存六
時代 西周晚期
著録 總集 六八〇七
三代 一七・二五・四
現藏 中國歷史博物館
來源 考古研究所拓

一〇一八五 孟皇父匜
字數 六
時代 西周晚期
著録 博古 二〇・三七・二
薛氏 一一四・二
嘯堂 七一
來源 嘯堂

一〇一八六 作吳姬匜
字數 六
時代 西周晚期
著録 總集 六八〇三
三代 一七・二五・三
貞松 一〇・三三
希古 五・二三・二
現藏 上海博物館
來源 考古研究所藏

一〇一八七 魯士商䖒匜
字數 六
時代 西周晚期
著録 青全 九・五九
現藏 旅順博物館
來源 考古研究所拓

一〇一八八 郾湯伯匜
字數 六
時代 春秋早期
著録 未見
來源 商承祚先生藏

一〇一八九 蔡侯匜
字數 六
時代 春秋晚期
著録 總集 六八〇八
蔡侯墓 圖版三五・二
五省 圖版五二・一
徽銅 七六
出土 一九五五年安徽壽縣蔡侯墓
現藏 安徽省博物館
來源 考古研究所編輯室檔案

一〇一九〇 王子□匜
字數 六
時代 戰國
著録 總集 六八〇六
三代 一七・二五・二
寧壽 一二・六七
貞松 一〇・三三
故宮 八期
藝展 八七
通考 八七〇
故圖下上 二二八
彙編 七・七二二
鳥篆 一三三
流傳 清宮舊藏
現藏 臺北故宮博物院
來源 考古研究所藏

一〇一九一 作父乙匜
字數 六
時代 西周中期
著録 總集 六八一一
三代 一七・二五・五
殷存下 三四
來源 三代

一〇一九二 作中姬匜
字數 七
時代 西周中期
著録 總集 六八〇四
三代 一七・二四・四
綴遺 一四・七
窓齋 一六・二〇
小校 九・五六・九
流傳 潘祖蔭舊藏
來源 考古研究所藏

一〇一九三 散伯匜
字數 七
時代 西周晚期
著録 青全 六・一四七
周金 四補
流傳 鄒安舊藏
現藏 上海博物館
來源 周金

一〇一九四 虖□丘匜
字數 七
時代 春秋早期
著録 未見
現藏 上海博物館
來源 上海博物館提供

一〇一九五 蔡侯匜
字數 七
時代 西周晚期
著録 總集 六八一二
三代 一七・二五・六
積古 七・二四
攈古 二・一・一六
綴遺 一四・六
周金 四・三二
小校 九・五六・八
銘文選 四六五
上海(二〇〇四) 四二三
流傳 阮元舊藏
現藏 上海博物館
來源 上海博物館提供

一〇一九六 蔡子匜
字數 七
時代 春秋晚期
著録 總集 六八一三
三代 一七・二六・一
貞松 一〇・三三・二
十二雪 一七
通考 八六二
故青 二四五
流傳 孫壯舊藏
現藏 北京故宮博物院
來源 考古研究所拓

一〇一九七 曾侯乙匜
字數 七
時代 戰國早期
著録 曾侯乙墓 二四三頁圖一四〇・三
青全 一〇・一二二
辭典 九〇五
出土 一九七八年湖北隨縣曾侯乙墓
(C・一四七)
現藏 湖北省博物館
來源 湖北省博物館提供

一〇一九八 曾侯乙匜

字數 七
時代 戰國早期
著録 曾侯乙墓 二四三頁圖一四〇・二
青全 一〇・一二五
出土 同 一〇一九七(C・一九〇)
現藏 湖北省博物館
來源 湖北省博物館提供

一〇一九九 鑄客匜

字數 七
時代 戰國晚期
著録 總集 六八一四
三代 一七・二六・二
十二寶 一六
小校 九・五七・一
安徽金石 一・三八・二
通考 八七一
銘文選 六七九
出土 一九三三年安徽壽縣朱家集墓葬
流傳 方煥經舊藏
現藏 天津市歷史博物館
來源 考古研究所藏

一〇二〇〇 伯庶父匜

字數 八
時代 西周晚期
著録 總集 六八一六
三代 一七・二六・五
攈古 二・一・三〇
綴遺 一四・三四・一
來源 三代

一〇二〇一 匽伯聖匜

字數 八
時代 西周晚期
著録 總集 六八一七
録遺 四九九

現藏 北京故宮博物院
來源 考古研究所拓

一〇二〇二 [illegible]匜

字數 存八
時代 西周晚期
著録 總集 六八一九
三代 一七・二七・四
積古 五・二四
綴遺 七・八二
攈古 二・一・四三・一
周金 三・一一三
小校 九・五三・二
流傳 陳秋堂、呂堯仙、盛昱、潘祖蔭舊藏
來源 考古研究所藏

一〇二〇三 叔□父匜

字數 八
時代 西周晚期
著録 總集 六八一八
三代 一七・二七・三
貞松 一〇・三三・三
周金 四・三一
善齋 九・三六
小校 九・五七・三
頌續 四七
流傳 劉體智、鄒安、容庚舊藏
來源 考古研究所藏

一〇二〇四 鄭義伯匜

字數 九
時代 西周晚期
著録 總集 六八二三
三代 一七・二八・三
西清 三二・四
貞松 一〇・三三

故宮 五期
大系 一九九・四
故圖下上 二三〇
彙編 六・五二七
周録 一二二
流傳 清宮舊藏
現藏 臺北故宮博物院
來源 考古研究所藏

一〇二〇五 穌甫人匜

字數 九
時代 西周晚期
著録 總集 六八二五
三代 一七・二九・一
愙齋 一六・二五
綴遺 一四・八・一
奇觚 八・三〇
簠齋 三匜五
周金 四・三〇・四
大系 二八〇・三
小校 九・五九・一
日精華 四・三三七
彙編 六・五二八
銘文選 五一九
流傳 陳介祺舊藏
來源 考古研究所藏

一〇二〇六 甫人父匜

字數 九
時代 西周晚期
著録 總集 六八二八
三代 一七・二九・四
懷米下 一一
攈古 二・一・五五・三
綴遺 一四・七・二
周金 四・三〇・三

大系 二八〇・四
小校 九・五九・四
銘文選 五二一
流傳 曹秋舫舊藏
來源 考古研究所藏

一〇二〇七 曾子白父匜

字數 九
時代 春秋早期
著録 總集 六八二四
三代 一七・二八・五
貞松 一〇・三四
希古 五・三・三
山東存曾 五・四
來源 三代

一〇二〇八 郘湯伯匜

字數 九
時代 春秋早期
著録 總集 六八二三
三代 一七・二八・四
攈古 二・一・四二
流傳 吳式芬舊藏
來源 考古研究所藏

一〇二〇九 樊夫人龍嬴匜

字數 九
時代 春秋早期
著録 總集 六八二二
文物 一九八一年一期一三頁
圖一四
青全 七・一〇四
出土 一九七八年河南信陽平橋南山嘴墓葬
現藏 信陽地區文物管理委員會
來源 信陽地區文物管理委員會提供

一〇二一〇 鑄子獛匜

字數 九
時代 春秋早期
著録 未見
流傳 山東省圖書館舊藏
現藏 山東省博物館
來源 考古研究所藏

一〇二一一 曩伯妊父匜

字數 九
時代 西周晚期
著録 總集 六八二六
黃縣曩器 五六頁
斷代 二一七
銘文選 八七〇
出土 一九五一年山東黃縣南埠村
現藏 山東省博物館
來源 山東省博物館提供

一〇二一二 工盧季生匜

字數 九
時代 春秋晚期
著録 文物 一九八八年九期九六頁
圖三
吳越 二七
出土 江蘇盱眙縣舊舖鄉
現藏 盱眙縣文化館
來源 盱眙縣文化館提供

一〇二一三 寒戊匜

字數 一〇
時代 西周晚期
著録 薛氏 一一四・四
來源 薛氏

一〇二一四 黃仲匜

字數 一〇
時代 春秋早期
著録 總集 六八二九
三代 一七・二九・五
從古 一六・一六・一
擴古 二・一・五五・四
窓齋 一六・二四・一
綴遺 一四・六・二
奇觚 八・三〇・一
周金 四・三〇・二
簠齋 三匜四
小校 九・五九・五
銘文選 六三〇
流傳 陳介祺舊藏
來源 考古研究所藏

一〇二一五 弭伯匜

字數 一一（又重文二）
時代 西周晚期
著録 考古圖 六・四
博古 二一・四
薛氏 一一四・三
嘯堂 七二・四（又九六・一）
出土 陝西藍田
流傳 劉原父舊藏
來源 嘯堂

一〇二一六 召樂父匜

字數 一一
時代 西周晚期
著録 總集 六八三〇
三代 一七・二九・六
周金 四・三〇・一
貞松 一〇・三四・二
希古 五・二三・四
小校 九・五九・六
旅順 三〇
現藏 旅順博物館
來源 考古研究所拓

一〇二一七 叔黑臣匜

字數 一一
時代 春秋
著録 總集 六八三一
三代 一七・三〇・二
貞松 一〇・三四・三
希古 五・二四
流傳 吳大澂舊藏
來源 考古研究所藏

一〇二一八 周窐匜

字數 一二（又重文一）
時代 西周晚期
著録 總集 六八三四
三代 一七・三〇・三
從古 一六・一五・一
擴古 二・一・八五・一
窓齋 一六・二一・二
綴遺 一四・九・一
奇觚 八・三一・一
敬吾下 二八・一
周金 四・二八・一
簠齋三 匜 三
小校 九・六〇・一
蔭軒 二・二六
出土 「青州所出」（擴古）
流傳 陳介祺、潘祖蔭舊藏，後歸李蔭軒
現藏 上海博物館
來源 考古研究所藏

一〇二一九 叔穀匜

字數 一二
時代 西周晚期
著録 總集 六八三三
日精華 四・三四〇
美集録 R 五〇四
彙編 六・四五〇
流傳 日本京都川合氏舊藏
現藏 美國聖路易市戴維斯氏
來源 考古研究所藏

一〇二二〇 史頌匜

字數 一二（又重文二）
時代 西周晚期
著録 總集 六八三六
三代 一七・三一・二
擴古 二・二・一一・二
窓齋 一六・二五・二
綴遺 一四・一一・二
周金 四・二七・三
澂秋 五三
大系 四四
小校 九・六一・一
雙吉上 二一
通考 八五二
銘文選 四三三
綜覽・匜 五三
流傳 陳承裘、于省吾舊藏
現藏 日本東京松岡美術館
來源 考古研究所藏

一〇二二一 尋伯匜

字數 存一二
時代 西周早期
著録 未見
現藏 上海博物館
來源 上海博物館提供

一〇二二二 魯伯匜

字數 一二
時代 春秋早期
著録 未見
現藏 北京故宮博物院

來源 考古研究所拓

一〇二二三 [illegible]金氏孫匜
字數 一二（又重文二）
時代 春秋早期
著録 總集 六八三七
上村嶺 三〇頁圖二四・一
綜覽・匜 五七
出土 一九五七年河南陝縣上村嶺墓葬（M一六一〇：一六）
現藏 中國歷史博物館
來源 考古研究所拓

一〇二二四 中友父匜
字數 一三（又重文二）
時代 西周晚期
著録 總集 六八四四
齊家村 圖一二
陝青 二・一五二下
綜覽・匜 五九
辭典 五六六
出土 一九六〇陝西扶風縣齊家村
現藏 陝西省博物館
來源 陝西省博物館提供

一〇二二五 函皇父匜
字數 一三（又重文一）
時代 西周晚期
著録 總集 六八三九
三代 一七・三一・三
擴古 二・二・一〇・三
窸齋 一六・二六・一
綴遺 一四・一一・一
奇觚 八・三一・二
周金 四・二七・二
大系 一二八
小校 九・六〇・二
斷代 一七七
銘文選 四五三
上海（二〇〇四）四二三
流傳 陳介祺舊藏
來源 考古研究所藏

一〇二二六 伯吉父匜
字數 一三（又重文二）
時代 西周晚期
著録 總集 六八四三
録遺 五〇〇
來源 録遺

一〇二二七 垺飤生匜
字數 一三
時代 西周晚期
著録 未見
出土 一九七七年湖北棗陽縣資山
現藏 襄陽地區博物館
來源 考古研究所拓

一〇二二八 鄧公匜
字數 一三
時代 春秋早期
著録 未見
現藏 中國歷史博物館
來源 考古研究所拓

一〇二二九 匽公匜
字數 一三
時代 春秋
著録 總集 六八三五
三代 一七・三一・一
懷米下 二二
筠清 四・五〇・一
擴古 二・一・八四・三
綴遺 一四・二三・二
周金 四・二八・二
善齋 九・三八
尊古 三・一七
小校 九・五九・七
善彝 九六
大系 二六六・二
故圖下下 四二九
流傳 曹秋舫、劉體智舊藏，後歸中央博物院
現藏 臺北故宮博物院
來源 考古研究所藏

一〇二三〇 黄君孟匜
字數 一三
時代 春秋早期
著録 考古 一九八四年四期三二二頁圖一二・六
青全 七・九一
出土 一九八三年河南光山縣寶相寺上官崗墓葬
現藏 信陽地區文物管理委員會
來源 考古編輯部檔案

一〇二三一 伯正父匜
字數 一四
時代 西周晚期
著録 總集 六八四六
三代 一七・三三・三
長安 一・二九
擴古 二・二・三三・一
綴遺 一四・二二・二
周金 四・二七・一
小校 九・六一・四
流傳 劉喜海舊藏
來源 考古研究所

一〇二三二 荀侯匜
字數 一四（又重文二）
時代 西周晚期
著録 總集 六八三八
山西出土文物 圖六六
銘文選 五〇七
青全 六・六三
山西精華 四四
山西珍品 八六
出土 一九七四年山西聞喜縣上郭村
現藏 山西省博物館
來源 考古研究所藏

一〇二三三 齊侯子行匜
字數 一四
時代 春秋早期
著録 文物 一九八三年一二期三頁圖一一
辭典 七四五
出土 一九八一年山東臨朐縣嵩山鄉泉頭村墓葬
現藏 臨朐縣文化館
來源 臨朐縣文化館提供

一〇二三四 鄝季寬車匜
字數 一四
時代 春秋早期
著録 中原文物 一九八一年四期二〇頁圖五
出土 一九七五年河南羅山縣高店村墓葬
現藏 信陽地區文物管理委員會
來源 信陽地區文物管理委員會提供

一〇二三五 奚□单匜
字數 一四（又重文二）
時代 春秋早期
著録 文物 一九八〇年一期五二頁圖四
青全 七・九九

辭典 七四八
出土 一九七二年河南羅山縣高店村
現藏 信陽地區文物管理委員會
來源 信陽地區文物管理委員會提供

一〇二三六 奄□匜
字數 一四
時代 春秋早期
著録 未見
現藏 山東臨沂縣文化館
來源 考古研究所拓

一〇二三七 衵伯匜
字數 一五（又重文二）
時代 西周晚期
著録 總集 六八四九
三代 一七・三四・一
攈古 二・二・五五・二
愙齋 一六・二二・一
綴遺 一四・一二・一
陶續 二・一六
周金 四・二五・一
小校 九・六二・四
流傳 袁理堂、潘祖蔭、端方舊藏
來源 考古研究所藏

一〇二三八 仲姞義母匜
字數 一五（又重文二）
時代 西周晚期
著録 考古圖 六・六
博古 二〇・三五
薛氏 一一五・三
嘯堂 七二
斷代 一七六
流傳 廬江李伯時舊藏
來源 嘯堂

一〇二三九 叔高父匜
字數 十五（又重文二）
時代 西周晚期
著録 總集 六八五一
三代 一七・三四・三
貞松 一〇・三七・二
希古 五・二五・二
流傳 劉體智舊藏
來源 考古研究所

一〇二四〇 員孟姜匜
字數 一五
時代 西周晚期
著録 總集 六八四二
三代 一七・三二・二
愙齋 一六・二三・二
綴遺 一四・一六・一
周金 四・二六・二
簠齋 三匜六
小校 九・六一・三
蔭軒
上海（二〇〇四） 四二六
流傳 陳介祺舊藏，後歸李蔭軒
現藏 上海博物館
來源 考古研究所藏

一〇二四一 𤔲馬南叔匜
字數 一五（又重文二）
時代 西周晚期
著録 總集 六八五四
山東選 四九頁圖一〇八上
綜覽・匜 五五
山東藏品 六一
出土 山東莒縣東前集
現藏 山東省博物館
來源 考古研究所拓

一〇二四二 齊侯匜
字數 一五（又重文一）
時代 春秋早期
著録 薛氏 一一六・
來源 薛氏

一〇二四三 呂仲生匜
字數 一五
時代 西周晚期
著録 攈古 二・二・二〇・二
流傳 直隸通州李氏藏
來源 攈古

一〇二四四 魯伯愈父匜
字數 一五
時代 春秋早期
著録 總集 六八四一
三代 一七・三二・一
金索金 一・五六
綴遺 一四・一五・一
貞松 一〇・三五・一
希古 五・二四・三
小校 九・六一・二
山東存魯 一三
銘文選 八一三
青全 九・五八
上海（二〇〇四） 四七三
流傳 馮雲鵬、吳大澂舊藏
現藏 上海博物館
來源 考古研究所藏

一〇二四五 夢子匜
字數 存一五
時代 春秋晚期
著録 總集 六八四〇
三代 一七・三一・四
貞松 一〇・三五
現藏 旅順博物館
來源 考古研究所拓

一〇二四六 戈伯匜
字數 一五（又重文二）
時代 春秋
著録 總集 六八五二
三代 一七・三四・四
貞松 一〇・三八
希古 五・二五・一
安徽金石 一・三八・三
來源 三代

一〇二四七 毳匜
字數 一六
時代 西周晚期
著録 總集 六八四八
三代 一七・三三・三
貞續中 二六
小校 九・六二・二
善齋 九・二六
善彝 九八
通考 八五四
綜覽・匜 五〇
流傳 劉體智舊藏
現藏 北京故宮博物院
來源 考古研究所拓

一〇二四八 叔□父匜
字數 一六（又重文二）
時代 西周晚期
著録 總集 六八四五
三代 一七・三三・一
貞松 一〇・八・一
録遺 五〇
彙編 五・三三三
來源 考古研究所藏

一〇二四九 衵仲無龍匜

字數 一六（又重文二）
時代 西周晚期
著錄 未見
出土 一九七五年河南桐柏縣新莊
現藏 桐伯縣文化館
來源 考古研究所拓

一〇二五〇 伯𣎵匜

字數 一六（又重文二）
時代 西周晚期
著錄 總集 六八五七
考古 一九六五年七期三七一頁
圖一・三
青全 七・一一六
出土 一九六四年河南桐柏縣月河鄉右莊
現藏 南陽市博物館
來源 考古編輯部檔案

一〇二五一 □匜

字數 一六
時代 西周晚期
著錄 總集 六八四七
三代 一七・三三・二
貞松 一〇・三六・二
周金 四・二六・一
善齋 九・三九
小校 九・六二・一
善彝 九七
流傳 劉體智舊藏
來源 考古研究所藏

一〇二五二 貯子己父匜

字數 一六（又重文二）
時代 西周晚期
著錄 總集 六八五五
山西出土文物 圖六七
銘文選 五〇六
辭典 五六四
山西精華 四五
山西珍品 八七
出土 一九七四年山西聞喜縣上郭村
現藏 山西省博物館
來源 考古研究所藏

一〇二五三 取膚匜

字數 一六（又重文二）
時代 春秋
著錄 總集 六八五三
三代 一七・三四・五
攈古 二・二・六六・一
愙齋 一六・二二・二
綴遺 一四・一〇・一
奇觚 八・三一・一
周金 四・二四・二
簠齋 三匜二
小校 九・六三・一
山東存魯 一〇
故青 一一一
流傳 陳介祺舊藏
現藏 北京故宮博物院
來源 考古研究所藏

一〇二五四 黃子匜

字數 一六
時代 春秋早期
著錄 辭典 七四九
出土 一九八三年河南光山縣寶相寺上官崗磚瓦廠墓葬
現藏 信陽地區文物管理委員會
來源 信陽地區文物管理委員會提供

一〇二五五 杞伯每𠚤匜

字數 一六
時代 春秋早期
著錄 總集 六八三二
三代 一七・三〇・一
周金 四・二五・一
貞松 一〇・三六
希古 五・二四・二
大系 二三四
銘文選 八〇四
出土 山東新泰縣
現藏 北京故宮博物院
來源 考古研究所拓

一〇二五六 樊君匜

字數 一六（又重文二）蓋器同銘
時代 春秋早期
著錄 總集 六八五八
考古 一九六三年一二期六八〇頁
圖二・四～五
出土 傳湖南長沙市郊楊家山墓葬
現藏 湖南省博物館
來源 考古編輯部檔案

一〇二五七 八年匜

字數 一六
時代 戰國晚期
著錄 中山王墓 四〇三頁圖一六五・三
出土 一九七七年河北平山縣中山王墓
（M一 東庫：三二）
現藏 河北省文物研究所
來源 河北省文物研究所提供

一〇二五八 番仲𢦏匜

字數 一七（又重文二）
時代 春秋
著錄 總集 六八五六
三代 一七・三五・一
周金 四・二三・二
貞松 一〇・三九・二
希古 五・二六・一
小校 九・六三・二
流傳 王懿榮、劉鶚、鄒安舊藏
現藏 上海博物館
來源 考古研究所藏

一〇二五九 番伯酓匜

字數 一七
時代 春秋早期
著錄 文物 一九八〇年一期四三頁
圖三
銘文選 六一七
青全 七・一一五
出土 一九七四年河南信陽長臺關鄉彭崗村墓葬
現藏 信陽地區文物管理委員會
來源 信陽地區文物管理委員會提供

一〇二六〇 作嗣□匜

字數 存一七
時代 春秋
著錄 博古 二〇・三二
薛氏 一一四・四～一一五・一
嘯堂 七一・五
來源 嘯堂

一〇二六一 眞甫人匜

字數 一八（又重文二）
時代 春秋早期
著錄 總集 六八六一
三代 一七・三五・四
貞松 一〇・四〇・二
希古 五・二七・一
小校 九・六四・一
山東存紀 六
彙編 五・三〇四

一〇二六二　有伯君黄生匜
字數　一八（又重文二）
時代　西周晚期
著録　總集　六八六三
三代　一七・三六・二
綴遺　一四・一四・二
奇觚　八・三三・二
希古　五・二八・一
銘文選　五〇四
蔭軒　一・四六
上海（二〇〇四）四二五
流傳　潘祖蔭舊藏，後歸李蔭軒
現藏　上海博物館
來源　考古研究所藏

一〇二六三　薛侯匜
字數　一八（又重文二）
時代　春秋早期
著録　總集　六八六二
三代　一七・三六・一
愙齋　一六・二二
周金　四・二四・一
大系　二二二
小校　九・六三・四
山東存薛　一
銘文選　八三二
來源　考古研究所藏

一〇二六四　無疆匜
字數　一九（又重文二）
時代　春秋
著録　善齋　九・四二
小校　九・六四・二
善彝　九五
通考　八六四

來源　考古研究所藏

故圖下下　四三〇
彙編　五・二九四
流傳　劉體智舊藏，後歸中央博物院
現藏　臺北故宫博物院
來源　善彝

一〇二六五　田季加匜
字數　一九（又重文二）唇底同銘
時代　西周晚期
著録　薛氏　一一七・二～三
來源　薛氏

一〇二六六　尋仲匜
字數　一九（又重文二）
時代　春秋早期
著録　文物　一九八三年一二期三頁
圖一〇
青全　九・八七
山東精萃　一一三
出土　一九八一年山東臨朐縣嵩山鄉泉
頭村墓葬
現藏　臨朐縣文化館
來源　臨朐縣文化館提供

一〇二六七　𨘑伯元匜
字數　一九
時代　春秋中期
著録　總集　六八六〇
三代　一七・三五・二
西清　三二・五
故宫　三期
貞松　一〇・三九・二
大系　二〇五
藝展　八四
通考　八五五
故圖下上　二二二
彙編　五・三二一

銘文選　五八五
流傳　清宫舊藏
現藏　臺北故宫博物院
來源　考古研究所藏

一〇二六八　番□伯者君匜
字數　一九（又重文一）
時代　春秋早期
著録　文物　一九八〇年一期四四頁
圖六
綜覽・匜　六三
青全　七・一一四
出土　一九七七年河南信陽吴家店鄉墳
扒村
現藏　信陽地區文物管理委員會
來源　信陽地區文物管理委員會提供

一〇二六九　番□伯者君匜
字數　二〇
時代　春秋早期
著録　總集　六八五九
三代　一七・三五・三
貞松　一〇・四〇
希古　五・二六・二
小校　九・六三・三
銘文選　六一五
蔭軒　一・四五
上海（二〇〇四）四七二
流傳　潘祖蔭舊藏，後歸李蔭軒
現藏　上海博物館
來源　上海博物館提供

一〇二七〇　叔男父匜
字數　二〇（又重文二）
時代　西周晚期
著録　總集　六八六七
三代　一七・三八・一

恒軒下　九〇
綴遺　一四・一三・一
周金　四・二三・一
小校　九・六四・三
巖窟上　六三
綜覽・匜　五一
故青　二一〇
流傳　沈仲復、吴大澂、徐乃昌舊藏
現藏　北京故宫博物院
來源　考古研究所拓

一〇二七一　番昶□匜
字數　二〇
時代　春秋早期
著録　總集　六八六四
三代　一七・三六・三
貞松　一〇・四一
希古　五・二七・二

一〇二七二　齊侯匜
字數　二〇（又重文二）
時代　春秋早期
著録　總集　六八六六
三代　一七・三七・二
懷米下　一六
筠清　四・四八・一
兩罍　七・二二
攈古　二・三・一五
愙齋　一六・二三
綴遺　一四・一四・一
奇觚　一八・二六
周金　四・二二・二
小校　九・六四・四
流傳　王錫棨舊藏
現藏　遼寧省博物館
來源　考古研究所拓

山東存齊 四
上海 六七
銅器選 五一
銘文選 四九七
青全 六・八四
上海（二〇〇四） 四二四
流傳 曹秋舫、吴雲舊藏
現藏 上海博物館
來源 考古研究所藏

一〇二七三 楚嬴匜

字數 二一
時代 春秋早期
著録 總集 六八六五
三代 一七・三七・一
貞補中 二九
通考 八五六
銘文選 六五四
現藏 英國倫敦不列顛博物館
來源 不列顛博物館提供

一〇二七四 大師子大孟姜匜

字數 二三（又重文二）
時代 春秋
著録 總集 六八六八
録遺 五〇二
綜覽・匜 五四
現藏 美國米里阿波里斯美術館
來源 考古研究所藏

一〇二七五 魯嗣徒仲齊匜

字數 二五（又重文二）
時代 西周晚期
著録 曲阜魯國故城 圖九六右
銘文選 三四四
青全 六・七三
辭典 五六五

出土 一九七七年山東曲阜墓葬
現藏 曲阜市文物管理委員會
來源 考古研究所藏

一〇二七六 塞公孫𤸫父匜

字數 二七（又重文二）
時代 春秋早期
著録 總集 六八七〇
文物 一九七二年三期六六頁圖二
青全 一〇・七二
出土 一九六九年湖北枝江縣百里洲王家崗村
現藏 湖北省博物館
來源 考古研究所拓

一〇二七七 魯大嗣徒子仲伯匜

字數 二八（又重文二）
時代 春秋早期
著録 總集 六八七二
三代 一七・三九・二
窓齋 一六・二七
綴遺 一四・一五・一
奇觚 八・三三・一
周金 四・二二
大系 二二五
小校 九・六五・三
山東存魯 一四
銘文選 八一四
流傳 馮雲鵬舊藏
來源 三代

一〇二七八 浮公之孫公父宅匜

字數 二八（又重文一）
時代 春秋
著録 總集 六八六九
三代 一七・三八・二
寧壽 一二・五一

貞松 一〇・四二・二
故宮 一五期
故圖下上 二三二
彙編 四・二二七
綜覽・匜 六四
流傳 清宮舊藏
現藏 臺北故宮博物院
來源 考古研究所藏

一〇二七九 敶子匜

字數 二九（又重文一）
時代 春秋中期
著録 總集 六八七一
三代 一七・三九・一
擽古 二・三・六〇・一
窓齋 一六・二四・二
綴遺 一四・一八・一
奇觚 八・三四・一
周金 四・二一・一
簠齋 三匜一
大系 二〇四・二
小校 九・六五・二
銘文選 五八六
故青 二二六
流傳 李佐賢、陳介祺舊藏
現藏 北京故宮博物院
來源 考古研究所藏

一〇二八〇 慶叔匜

字數 三〇（又重文四）
時代 春秋晚期
著録 總集 六八七五
薛氏 一一六～一一七
大系 二三六
來源 薛氏

一〇二八一 鄭大内史叔上匜

字數 三一（又重文二）
時代 春秋中期
著録 總集 六八七四
三代 一七・四〇・一
筠清 四・四九
擽古 二・三・七五
綴遺 一四・一七
大系 二〇二
小校 九・六六・一
銘文選 七七七
故青 二〇九
現藏 北京故宮博物院
來源 考古研究所拓

一〇二八二 夆叔匜

字數 三四（又重文二）
時代 春秋早期
著録 總集 六八七六
三代 一七・四〇・二
貞松 一〇・四二・一
希古 五・二八・二
善齋 九・四三
小校 九・六六・二
尊古 三・一八
善彝 九九甲二
通考 八五九
安徽金石 一・三九
山東存附 一〇
青全 九・八八
辭典 七五二
上海（二〇〇四） 五二五
流傳 溥倫、劉體智舊藏
現藏 上海博物館
來源 考古研究所藏

一〇二八三 齊侯匜

字數 三四
時代 春秋晚期
著録 總集 六八七三
三代 四・一四・二
綴遺 二八・二
奇觚 六・三八・二
周金 四補
齊侯 五
大系 二五三
小校 九・六五・一
山東存齊 三
通考 八五八
美集録 R 四二四
彙編 四・一九八
出土 傳河北易縣
流傳 盛昱舊藏
現藏 美國紐約大都會美術博物館
來源 考古研究所藏

一〇二八四 蔡叔季之孫䝿匜

字數 三六（又重文二）
時代 春秋晚期
著録 河北 九四下
銘文選 六〇二
辭典 七五三
出土 一九五七年河北懷來縣甘子堡
現藏 河北省博物館
來源 河北

一〇二八五 儹匜

字數 一五四（又合文三） 器蓋聯銘
時代 西周晚期
著録 總集 六八七七
文物 一九七六年五期四二頁
圖二四
陝青 一・二〇七
銘文選 二五八
綜覽・匜 四八
美全 四・二三三
青全 五・一九四～一九五
辭典 五六二
吉鑄 三九
出土 一九七五年陝西岐山縣董家村窖藏
現藏 岐山縣博物館
來源 岐山縣博物館提供

鑑類

一〇二八六～一〇二九九

一〇二八六 [illegible]女射鑑

字數 三
時代 殷
著録 總集 六八七八
三代 一八・二四・四
西清 三一・六一
周金 四・四二
貞松 一一・一・二
續殷下 七八・二
小校 九・一〇三・一
辭典 二一五
山東藏品 四六
山東精萃 一〇三
流傳 清宮舊藏
現藏 山東省博物館
來源 考古研究所藏

一〇二八七 大右鑑

字數 三 左右唇同銘
時代 戰國晚期
著録 總集 六八八二
三代 一八・二五・一～二
小校 九・一〇二・四～五
出土 一九三三年安徽壽縣朱家集
現藏 中國歷史博物館
來源 考古研究所拓

一〇二八八 智君子鑑

字數 六
時代 春秋晚期
著録 總集 六八八一
美集録 R 四二八
録遺 五二〇
弗里爾（一九四六）圖三〇
彙編 七・七二四
銅玉 圖一二九頁 Fig 七一 K
青全 八・九六
出土 一九三八年河南輝縣
現藏 美國華盛頓弗里爾美術博物館
來源 録遺

一〇二八九 智君子鑑

字數 六
時代 春秋晚期
著録 總集 六八八〇
美集録 R 四二九
録遺 五一九
皮斯柏 五一
彙編 七・七二五
銘文選 八九二
出土 同一〇二八八
現藏 美國米里阿波里斯美術（皮斯柏藏品）
來源 考古研究所藏

一〇二九〇 蔡侯[illegible]鑑

字數 六
時代 春秋晚期
著録 蔡侯墓 圖版三四・三
五省 圖版五二・二
銘文選 五九六
徽銅 七四
青全 七・七六
出土 一九五五年安徽壽縣蔡侯墓
現藏 安徽省博物館
來源 考古研究所編輯室檔案
備注 同出方鑑兩件，其一残破

一〇二九一 集脰鎬

字數 六
時代 戰國晚期
著録 總集 七九三二
三代 一八・二六・一
小校 九・一〇二・一
安徽金石 一・四一
出土 一九三三年安徽壽縣朱家集墓葬
現藏 安徽省博物館
來源 考古研究所藏

一〇二九二 曾侯乙鑑

字數 七 蓋器同銘
時代 戰國早期
著録 曾侯乙墓 二四〇頁圖一三七・二～三
青全 一〇・一二八～一二九
辭典 九一〇
出土 一九七八年湖北隨縣曾侯乙墓（C・一二八）
現藏 湖北省博物館
來源 湖北省博物館提供

一〇二九三 鑄客鑑

字數 九

時代 戰國晚期
著録 總集 六八八四(七九四九)
三代 一八・二五・五
小校 九・一〇二・二
楚展 六
出土 同一〇二九一
現藏 安徽省博物館
來源 楚展

一〇二九四 吴王夫差鑑
字數 一二
時代 春秋晚期(公元前四九五～前四七三年)
著録 總集 六八八六
録遺 五二一
通考 八七二
銘文選 五四三
歷博 六三
美全 五・四五
辭典 七五六
吴越 三一
流傳 一説山西代州蒙王村，一説河南輝縣琉璃閣
來源 録遺

一〇二九五 吴王夫差鑑
字數 一三
時代 春秋晚期(公元前四九五～前四七三年)
著録 吴越 三三
現藏 北京故宫博物院
來源 考古研究所拓

一〇二九六 吴王夫差鑑
字數 一三
時代 春秋晚期(公元前四九五～前四七三年)
著録 總集 六八八五
三代 一八・二四・五
周金 四・四一・一
貞松 一一・四
大系 一五五・三
銘文選 五四二
吴越 三〇
出土 傳光緒年間山西
來源 考古研究所藏
備注 上海博物館藏有另一件一三字銘吴王夫差鑑

一〇二九七 郙陵群鑑
字數 三〇
時代 戰國晚期
著録 總集 六八八七
文物 一九八〇年八期三〇頁圖一左
銘文選 六八二
出土 一九七三年江蘇無錫前洲鄉高瀆灣
現藏 南京博物院
來源 考古研究所拓摹

一〇二九八 吴王光鑑
字數 五二
時代 春秋晚期(吴王光 公元前五一四～前四八六年)
著録 總集 六八八八
學報 一九五六年一期圖版八
蔡侯墓 圖版三九
五省 圖版五一
銘文選 五三八
青全 一一・五一
辭典 七五五
吴越 二八
出土 一九五五年安徽壽縣蔡侯墓
現藏 安徽省博物館
來源 考古研究所編輯室檔案

一〇二九九 吴王光鑑
字數 五二
時代 春秋晚期(吴王光 公元前五一四～前四八六年)
著録 總集 六八八九
蔡侯墓 圖版四〇
徽銅 七五
吴越 二九
出土 同一〇二九八
現藏 安徽省博物館
來源 考古研究所編輯室檔案

盂類

一〇三〇〇～一〇三二二

一〇三〇〇 [illegible]盂
字數 一
時代 殷
著録 總集 一六七二
三代 六・一・六
愙齋 一六・二
殷存下 三五
小校 九・六八・四
薩克勒(商) 九七
現藏 美國華盛頓薩克勒美術館
來源 薩克勒(商)

一〇三〇一 好盂
字數 一
時代 殷
著録 總集 六八九〇
婦好墓 圖六二・五
綜覽・大型盂 一
出土 一九七六年河南安陽殷墟婦好墓(M五：八一二)
現藏 考古研究所
來源 考古研究所拓

一〇三〇二 寑小室盂
字數 四
時代 殷
著録 總集 六八九一・二
古器物研究專刊 第五本圖版九
綜覽・大型盂 三
青全 三・一七八
出土 一九三五年安陽侯家莊西北岡一四〇〇號大墓
現藏 歷史語言研究所
來源 古器物研究所專刊第五本

一〇三〇三 匽侯盂
字數 五 蓋器同銘
時代 西周早期
著録 總集 六八九五
美集録 R五一三
斷代(二)一〇二頁圖一〇左
綜覽・小型盂 七五
薩克勒(西周) 六〇
現藏 美國華盛頓薩克勒美術館
來源 考古研究所藏

一〇三〇四 匽侯盂
字數 五 蓋器同銘
時代 西周早期
著録 總集 六八九六
美集録 R五一四
斷代(二)一〇二頁圖一〇右

來源 考古研究所藏

一〇三〇五 匽侯盂

字數 五
時代 西周早期
著録 總集 六八九四
文物 一九五五年八期圖版七
録遺 五一一
五省 圖版二〇
斷代 二四
銘文選 四六
綜覽・小型盂 八五
歷博 五〇
美全 四・一七三
青全 六・一六
辭典 四一七
出土 一九五五年遼寧凌源縣馬廠溝小轉山子(現屬喀左縣)
現藏 中國歷史博物館
來源 録遺

一〇三〇六 虢叔盂

字數 五
時代 西周中期
著録 總集 六八九二
三代 一八・一二・一
綴遺 二八・二・二
貞松 一一・二・三
銘文選 三五七
青全 六・一四二
辭典 六五七
流傳 丁樹楨、丁麟年舊藏
現藏 山東省博物館
來源 考古研究所藏

一〇三〇七 虢叔盂

字數 五
時代 西周中期
著録 總集 六八九三
三代 一八・一二・二
綴遺 二八・二・一
貞松 一一・二・二
周金 四・四〇・二
希古 五・二九
流傳 丁樹楨、丁麟年舊藏
來源 考古研究所藏

一〇三〇八 逨盂

字數 六
時代 西周早期
著録 總集 六八九七
美集録 R 一六六
弗里爾 二五
綜覽・大型盂 四
出土 傳陝西岐山
流傳 美國華盛頓弗里爾美術博物館
來源 考古研究所藏

一〇三〇九 乍盂

字數 七
時代 西周早期
著録 總集 六八九九
美集録 R 一六五
綜覽・大型盂 五
現藏 美國陀里多美術博物館
來源 考古研究所藏

一〇三一〇 滋盂

字數 一二(又重文二)
時代 西周中期
著録 中原文物 一九八二年四期六四頁圖二
現藏 河南省文物商店
來源 河南省文物商店提供

一〇三一一 庶盂

字數 一二
時代 西周早期
著録 總集 一四五八
三代 五・二八・四
綴遺 二八・一・二
貞續上 二六・二
流傳 沈仲復舊藏
來源 三代

一〇三一二 伯盂

字數 一四(又重文二)
時代 西周早期
著録 總集 六九〇一
三代 一八・一二・三
西甲 一六・一
銅器選 三五
斷代 (二)一〇〇頁圖七
綜覽・大型盂 八
辭典 四一九
故青 一三九
流傳 清宮舊藏
現藏 北京故宮博物院
來源 考古研究所拓

一〇三一三 □作父丁盂

字數 存一四
時代 西周中期
著録 總集 六九〇〇
文物 一九六五年七期二二頁圖七
斷代 一八〇
綜覽・大型盂 九
出土 傳陝西岐山
現藏 陝西省博物館
來源 吳鎮烽同志提供

一〇三一四 伯公父盂

字數 一四(又重文一)
時代 西周晚期
著録 總集 六九〇二
三代 一八・一二・四
攈古 二・二・一三
綴遺 二八・一
周金 四・四〇・一
流傳 金蘭坡舊藏
來源 考古研究所藏

一〇三一五 善夫吉父盂

字數 一四(又重文二)
時代 西周晚期
著録 總集 六九〇四
考古 一九五九年一一期六三四頁圖二
出土 早年陝西岐山縣青化鎮
現藏 岐山縣博物館
來源 考古編輯部檔案

一〇三一六 魯大嗣徒元盂

字數 一五
時代 春秋早期
著録 總集 六九〇三
録遺 五一二
銘文選 八一八
出土 山東曲阜林前村
流傳 齊魯大學國學研究所舊藏
現藏 山東省博物館
來源 考古研究所藏

一〇三一七 伯索史盂

字數 一五(又重文二)
時代 春秋早期
著録 考古圖 六・九
博古 二一・二九
嘯堂 七四

薛氏 一六六・二

流傳 宋王仲至舊藏

來源 嘯堂

一〇三一八 齊侯盂

字數 二四（又重文二）

時代 春秋晚期

著録 總集 六九〇七

文物 一九七七年三期圖版三・二

銘文選 八四五

青全 九・一三三

出土 一九五九年河南孟津縣邙山坡上灰坑

現藏 洛陽市博物館

來源 考古研究所拓

一〇三一九 要君盂

字數 二四（又重文二）

時代 春秋晚期

著録 總集 六九〇五

録遺 五一三

故青 二四八

流傳 孫詒讓得于河南項城，後歸浙江省博物館

現藏 北京故宮博物院

來源 考古研究所藏

一〇三二〇 [illegible]桐盂

字數 三九

時代 春秋

著録 總集 六九〇八

周金 四・三九・二

大系 一六五

銘文選 五六六

來源 周金

一〇三二一 ⿺走甫盂

字數 四九

時代 西周中期

著録 總集 六九〇九

考古 一九七七年一期圖版九・二

銘文選 一九五

綜覽・大型盂 一二

青全 五・七四

出土 一九六七年陝西長安縣新旺村窖藏

現藏 西安市文物管理委員會

來源 考古編輯部檔案

一〇三二二 永盂

字數 一二二（又重文二）

時代 西周中期

著録 總集 六九一〇

文物 一九七二年一期六二頁圖三

銘文選 二〇七

綜覽・大型盂 七

青全 五・七二

辭典 四一八

出土 一九六九年陝西藍田縣湖濱鎮

現藏 西安市文物管理委員會

來源 考古研究所拓

盆類

一〇三二三～一〇三四二

一〇三二三 [illegible]盆

字數 一

時代 春秋早期

著録 總集 六九一一

文物 一九五四年三期六二頁左上

文物 一九五四年五期四〇頁右上

録遺 五一六

綜覽・盆 四

出土 一九五三年河南郟縣太僕鄉窖藏

現藏 河南省博物館

來源 録遺

一〇三二四 微𤼈盆

字數 四

時代 西周中期

著録 總集 六九一二（七九二九）

文物 一九七八年三期一七頁圖二九

陝青 二・四九

出土 一九七六年陝西扶風縣莊白一號窖藏

現藏 周原博物館

來源 周原博物館提供

一〇三二五 微𤼈盆

字數 四

時代 西周中期

著録 總集 六九一三

陝青 二・五〇

綜覽・釜 三

辭典 四三七

出土 同一〇三二四

現藏 周原博物館

來源 周原博物館提供

備注 或稱「釜」「鑊」

一〇三二六 鬴料盆蓋

字數 四

時代 春秋

著録 總集 六九一四

三代 一八・一九・一

貞松 一一・八・二

頌齋 九

小校 九・一〇〇・三

故圖下下 四二八

流傳 容庚舊藏，後歸中央博物院

現藏 臺北故宮博物院

來源 考古研究所藏

一〇三二七 鬴料盆

字數 五

時代 春秋

著録 總集 六九一五

陶續補 一〇

來源 陶續

一〇三二八 八年鳥柱盆

字數 一〇

時代 戰國晚期

著録 中山王墓 四〇三頁圖一六五・四

文字編 一二三頁

出土 一九七七年河北平山縣中山王墓（M一 東庫 一二）

現藏 河北省文物研究所

來源 河北省文物研究所提供

備注 此器爲燈

一〇三二九 樊君盆

字數 一一 蓋器同銘

時代 春秋早期

著録 總集 六九一六

文物 一九八一年一期一三頁圖一一～一二

辭典 六五三

青全 七・一〇三

出土 一九七八年河南信陽五星鄉平西村南山嘴墓葬

現藏 河南省博物館

來源 考古研究所藏

一〇三三〇　鄎子行盆

字數　一一　蓋器同銘
時代　春秋晚期
著録　總集　六九一七
　　　江漢考古　一九八〇年二期圖版一
　　　銘文選　六二三
　　　辭典　六五五
　　　青全　一〇・三〇
出土　一九七五年湖北隨縣溳陽鄉鰱魚嘴村
現藏　湖北省博物館
來源　考古研究所拓

一〇三三一　子叔嬴内君盆

字數　一二
時代　春秋
著録　總集　六九一九
　　　三代　一八・一三・二
　　　周金　四・三七・一
　　　夢郼上　五一
　　　通考　八八二
　　　小校　九・九五・五
　　　中藝　圖八五拓六七
流傳　羅振玉舊藏
現藏　日本東京出光美術館
來源　考古研究所藏

一〇三三二　曾孟嬭諫盆

字數　一二　蓋器同銘
時代　戰國早期
著録　總集　六九一八
　　　江漢考古　一九八〇年一期七三頁圖三
　　　銘文選　七〇一
　　　辭典　六五六
出土　清光緒年間湖北襄陽縣太平店宋家栅墓葬
現藏　襄樊市文物管理處
來源　考古研究所拓

一〇三三三　十年盆

字數　一二
時代　戰國晚期
著録　中山王墓　四〇六頁圖一六六・二
出土　一九七七年河北省平山縣中山王墓(M一　東庫　四六)
現藏　河北省文物研究所
來源　河北省文物研究所提供

一〇三三四　杞伯每亡盆

字數　一五(又重文二)
時代　春秋早期
著録　總集　六九二六
　　　三代　一八・一八・二
　　　攈古　二・二・五一
　　　綴遺　二八・一〇・二
　　　周金　四・三七・三
　　　大系　二三四
　　　銘文選　八〇五
出土　山東新泰縣
來源　考古研究所藏

一〇三三五　子諆盆

字數　一五　蓋器同銘
時代　春秋中期
著録　文物　一九八〇年一期五〇頁圖一四~一五
　　　青全　七・一〇一~一〇二
出土　河南潢川縣上油崗鄉老李店村磨盤山墓葬
現藏　信陽地區文物管理委員會
來源　信陽地區文物管理委員會提供

一〇三三六　曾大保盆

字數　一九(又重文二)
時代　春秋早期
著録　總集　六九二〇
　　　三代　一八・一三・一
　　　雙王　一五
　　　貞松　一一・八・一
　　　大系　二一一
　　　善齋　九・五九
　　　小校　九・一〇〇・二
　　　善彝　一〇〇
　　　頌續　四八
　　　通考　八八〇
　　　山東存曾　一一・三
　　　銘文選　六九二
　　　綜覽・盆　三
流傳　劉體智、容庚舊藏
來源　考古研究所藏

一〇三三七　鄝子宿車盆

字數　一九
時代　春秋早期
著録　中原文物　一九八一年四期一九頁圖三
　　　青全　七・一〇〇
出土　一九七五年河南羅山縣高店村墓葬
現藏　信陽地區文物管理委員會
來源　信陽地區文物管理委員會提供

一〇三三八　黄大子伯克盆

字數　二七(又重文二)
時代　春秋早期
著録　文物　一九八四年九期五頁圖七右
　　　辭典　六五二
　　　山東精萃　一二九
出土　一九七七年山東沂水縣劉家店子村墓葬
現藏　山東省文物考古研究所
來源　山東省文物考古研究所提供

一〇三三九　□子季□盆

字數　二八(又重文二)
時代　春秋
著藏　總集　六九二三
　　　攈古　二・三・七二
　　　綴遺　二八・五・二
　　　周金　四・三九・一
流傳　程木庵舊藏
來源　考古研究所藏

一〇三四〇　彭子仲盆

字數　二九(又重文二)
時代　春秋早期
著録　總集　六九二二
　　　考古　一九六三年一二期六八〇頁圖二・三
　　　斷代　未　二九
現藏　湖南省博物館
來源　考古編輯部檔案

一〇三四一　邛仲之孫伯戔盆

字數　三〇(又重文二)蓋一四字，器三〇字
時代　春秋
著録　總集　六九二四
　　　考古圖　五・二一
　　　薛氏　一六六・三~一六七・一
　　　大系　一八六・二~三
　　　銘文選　六三四
出土　「得于河内太行石室中」(考古圖)

來源 薛氏
一〇三四二 晉公盆
字數 存一四五
時代 春秋
著録 總集 六九二五
三代 一八・一三・三～一八・
一四・一
筠清 三・一五・二～一六・二
從古 八・一四～一五
攈古 三・三・二八～二九
綴遺 二八・六・一～七
周金 四・三六・一～二
小校 九・九六・一～二
大系 二六八
銘文選 八八七
流傳 瞿世瑛舊藏
來源 銘文選

異形器類

一〇三四三～一〇三六一

一〇三四三 旅箙形器
字數 二
時代 殷
著録 總集 七九八〇
録遺 五三五
來源 録遺
一〇三四四 亞吴卯形器
字數 二
時代 殷
著録 日精華 一・四
薩克勒(一九八) Fig 一二八
青全 二・六四
出土 傳河南安陽侯家莊西北岡
現藏 日本京都藤井有鄰館
來源 薩克勒(一九八七)

一〇三四五 司母辛方形器
字數 三
時代 殷
著録 總集 七九九一
婦好墓 圖二五・七
出土 一九七六年河南安陽殷墟婦好墓
(M五：八五〇)
現藏 考古研究所安陽工作站
來源 考古研究所拓
一〇三四六 司𡚬母器蓋
字數 三
時代 殷
著録 總集・補 二七
古器物研究專刊 第五本圖版
五〇
出土 一九三六年河南安陽殷墟墓葬
現藏 歷史語言研究所
來源 古器物研究專刊
一〇三四七 王作弄器蓋
字數 四
時代 殷
著録 總集 七九七四
考古 一九七六年四期二六四頁
圖二
殷虚 圖八八・七
出土 一九七五年河南安陽墓葬
(F一一：一二)
現藏 考古研究所安陽工作站
來源 考古研究所拓

一〇三四八 曾侯乙過濾器
字數 五
時代 戰國早期
著録 曾侯乙墓 二三五頁圖一三三・一
青全 一〇・一七三
出土 一九七八年湖北隨縣曾侯乙墓
(C・一二三)
現藏 湖北省博物館
來源 湖北省博物館提供
一〇三四九 左使車筒形器
字數 五
時代 戰國晚期
著録 中山王墓 四三一頁圖一八六・
一〇～一一
文字編 一二四頁
青全 九・一六八～一六九
出土 一九七七年河北平山縣中山王墓
(M一 東庫 二〇)
現藏 河北省文物研究所
來源 河北省文物研究所提供
一〇三五〇 犀氏詹鎗
字數 六
時代 西周晚期
著録 總集 三一二三
三代 一八・一七・二
貞松 一一・三
貞圖中 三九
通考 四〇五
流傳 羅振玉舊藏
現藏 旅順博物館
來源 考古研究所拓
一〇三五一 亞㠱侯殘圜器
字數 九
時代 西周早期

著録 未見
現藏 旅順博物館
來源 考古研究所拓
一〇三五二 史孔和
字數 九
時代 春秋早期
著録 總集 四四三二
三代 一四・九・九
從古 一六・七・一
攈古 二・一・六二～三
窓齋 一四・二四・一
綴遺 一四・三一
奇觚 六・三四・一
周金 五・六五
小校 九・五二・三
簠齋 三盉三
流傳 陳介祺舊藏，後歸故宮博物院
現藏 中國歷史博物館
來源 考古研究所藏
一〇三五三 廿五年盌
字數 存九
時代 戰國晚期
著録 總集 七八六九
文物 一九六六年一期九頁圖三
現藏 陝西省博物館
來源 文物
一〇三五四 圜形器
字數 一〇
時代 戰國早期
著録 文物 一九八四年一期圖一一
出土 一九八一年浙江紹興獅子山墓葬
現藏 浙江省文物考古研究所
來源 考古研究所拓
一〇三五五 黄子器座

字數 一一
時代 春秋早期
著録 考古 一九八四年四期三二〇頁圖二•二
青全 七•九三
出土 一九八三年河南光山縣寶相寺上官崗磚瓦廠
現藏 信陽地區文物管理委員會
來源 考古編輯部檔案

一〇三五六 蔡大史鉌
字數 一八
時代 春秋晚期
著録 總集 七八七四
江漢考古 一九八三年二期圖版八•三
銘文選 六〇三
辭典 七三三
現藏 武漢市文物商店
來源 考古研究所拓

一〇三五七 邵宮和
字數 一九（又重文一）
時代 戰國晚期
著録 總集 四四四四
三代 一四•一一•四
陶齋 五•二
小校 九•五三•三
尊古 三•一四
通考 四八八
鏡齋(一九四三) P五七a~b五八a
彙編 五•三一四
流傳 端方舊藏
來源 考古研究所藏

一〇三五八 十年銅盒
字數 一九（又合文一）
時代 戰國晚期
著録 總集 七八六六
中山王墓 四〇六頁圖一六六•一
出土 一九七七年河北平山縣中山王墓(M一 東庫 二六)
現藏 河北省文物研究所
來源 河北省文物研究所提供
備注 中山王墓右側倒置

一〇三五九 十二年銅盒
字數 二一（又合文一）
時代 戰國晚期
著録 中山王墓 四〇九頁圖一六八•一
出土 同一〇三五八(M一 東庫 二五)
現藏 河北省文物研究所
來源 河北省文物研究所提供

一〇三六〇 𨚕圜器
字數 四四
時代 西周早期
著録 三代 一三•四二•三
貞松 八•三一•四
澂秋 五〇
大系 八一•二
周金 五補
斷代 二五
銘文選 一〇一
流傳 陳承裘舊藏，後歸北京故宮博物院
現藏 中國歷史博物館
來源 考古研究所藏

一〇三六一 國差𦉜
字數 五〇（又合文一，重文二）
時代 春秋中期
著録 總集 五八二六
三代 一八•一七•三~一八•一八•一
西乙 一六•九
金索金 一•六三
積古 八•一〇
攈古 三•一•四四~四五
綴遺 二八•一二
奇觚 一八•二一~二二
寶蘊 九一
大系 二三九
通考 八〇六
山東存齋 六
故圖下下 二六一
彙編 四•一二八
銘文選 八四六
青全 九•三〇
流傳 瀋陽故宮舊藏
現藏 臺北故宮博物院
來源 考古研究所

衡量器類

一〇三六二~一〇三八五

量器

一〇三六二 戲㑅量
字數 二
時代 戰國
著録 總集 七八六三
文物 一九六五年五期三頁圖二
現藏 陝西省博物館
來源 文物

一〇三六三 𤔲工量(鋻)
字數 二
時代 西周早期
著録 總集 七八七七
三代 一八•二四•三
來源 考古研究所藏

一〇三六四 王量
字數 三
時代 戰國後期
著録 度量衡 九四
出土 一九五七年安徽淮南市
現藏 淮南市博物館
來源 度量衡

一〇三六五 斛半[illegible]量
字數 三
時代 戰國
著録 總集 七八六四
三代 一八•二七•二
衡齋上 九
貞松 一一•一四
來源 考古研究所藏
現藏 中國歷史博物館
來源 考古研究所藏

一〇三六六 右里[illegible]量(鋻)
字數 四
時代 戰國後期
著録 總集 七八七六
奇觚 六•三八•一
簠齋 三雜器二
衡齋上 八
周金 三•一六八•一
通考 八八七
文物 一九六四年七期四二頁圖二

度量衡 八九
出土 傳山東臨淄
流傳 陳介祺舊藏
現藏 中國歷史博物館
來源 考古研究所藏

一〇三六七 右里𢼸量（鎣）

字數 四
時代 戰國後期
著録 總集 七八七五
三代 一八・二四・二
奇觚 六・三七・二
簠齋 三雜器一
雜器 三五・一
出土 同一〇三六六
流傳 陳介祺舊藏
現藏 中國歷史博物館
來源 三代

一〇三六八 左關之鉌

字數 四
時代 戰國中期
著録 總集 七八七二
三代 一八・一七・一
愙齋 二四・五・一
綴遺 二八・二一・一
奇觚 六・三七・一
簠齋 三・二七・一
周金 六・一二三・一
善齋 一二・一・二
大系 二六二・二
小校 九・一〇三・八
善彝 一六八・二
通考 九一三
山东存齊 二二・一
度量衡 八〇

銘文選 八五八
辭典 九一五
上海（二〇〇四）五九四
出土 清咸豐七年（一八五七）山东膠縣
靈山衛古城
流傳 陳介祺、劉體智舊藏
現藏 上海博物館
來源 考古研究所藏

一〇三六九 衛量

字數 四
時代 春秋
著録 總集 七八六五
三代 一八・二七・一
尊古 三・二八
來源 考古研究所藏

一〇三七〇 郢大府量

字數 七
時代 戰國晚期
著録 總集 七八六七
度量衡 九三
文物 一九七八年五期九六頁
圖二～三
出土 一九七六年安徽鳳臺
現藏 安徽阜陽地區展覽館
來源 度量衡

一〇三七一 陳純釜

字數 三四
時代 戰國中期
著録 總集 七八七〇
三代 一八・二三・一
愙齋 二四・三
綴遺 二八・一七・一
奇觚 六・三五・一
簠齋 三・二六・二

周金 六・一二二・二
大系 二六二・一
小校 九・一〇四・一
齊量 一七・一九
山東存齊 二一
度量衡 七九
銘文選 八五七
青全 九・四三
辭典 九一六
上海（二〇〇四）五九三
出土 清咸豐七年（一八五七）山東膠縣
靈山衛古城
流傳 陳介祺舊藏
現藏 上海博物館
來源 考古研究所藏

一〇三七二 商鞅量（商鞅方升）

字數 三四（又合文一）附有秦始皇廿六
年詔銘四〇字
時代 戰國中期
著録 總集 七八六八
周金 六・一二四・一
大系 二九一・二一～二九
二・一
小校 一一・一九・二
度量衡 八一
銘文選 九二三
辭典 九一七
上海（二〇〇四）六四一
現藏 上海博物館
來源 上海博物館提供

一〇三七三 郾客問量

字數 五六（又合文三）
時代 戰國晚期
著録 江漢考古 一九八七年二期封三

現藏 湖南省博物館
來源 湖南省博物館提供

一〇三七四 子禾子釜

字數 一〇八
時代 戰國中期
著録 總集 七八七一
三代 一八・二三・二
愙齋 二四・一
綴遺 二八・一八・一
奇觚 六・三五・二～三六・一
周金 六・一二二・一
簠齋 三區一
大系 二六一・二
小校 九・一〇四・二
山東存齊 二〇・三
齊量 七・九
度量衡 七八
銘文選 八五六
青全 九・四四
辭典 九一四
出土 清咸豐七年（一八五七）山東膠縣
靈山衛古城
流傳 陳介祺舊藏
現藏 上海博物館
來源 考古研究所藏

衡器

一〇三七五 王衡桿

字數 一
時代 戰國晚期
著録 度量衡 一六四・一
辭典 九一八
出土 傳安徽壽縣

現藏 中國歷史博物館
來源 度量衡

一〇三七六 王衡桿

字數 一
時代 戰國晚期
著録 度量衡 一六四・二
出土 同一〇三七五
現藏 中國歷史博物館
來源 度量衡

一〇三七七 □都環權

字數 二
時代 戰國晚期
著録 未見
現藏 中國歷史博物館
來源 考古研究所拓

一〇三七八 □益環權

字數 二
時代 戰國晚期
著録 楚展圖六一
度量衡 一五九
湖南省文物圖録 三五
出土 一九四五年湖南長沙市近郊
現藏 湖南省博物館
來源 考古研究所藏

一〇三七九 郾子環權

字數 四（又合文一）
時代 戰國晚期
著録 録遺 五三八
度量衡 一六〇
出土 一九三三年安徽壽縣朱家集
現藏 重慶市博物館
來源 録遺

一〇三八〇 公芻權

字數 四
時代 戰國晚期
著録 總集 七八八二
三代 一八・三三・一
尊古 三・三六
貞續下 二四
來源 三代

一〇三八一 □□權

字數 四
時代 春秋
著録 總集 七八八〇
三代 一八・三三・五
貞松 一一・一二・二
貞圖中 四三
度量衡 一五四
流傳 羅振玉舊藏
現藏 旅順博物館
來源 考古研究所拓

一〇三八二 三侯權（侯與權）

字數 六
時代 戰國晚期
著録 總集 七八八三
録遺 五三九
度量衡 一五七
現藏 中國歷史博物館
來源 度量衡

一〇三八三 右伯君權

字數 六
時代 春秋後期
著録 總集 七八八一
三代 一八・三三・六
貞松 一一・一三・一
度量衡 一五三
辭典 七六一
現藏 中國歷史博物館
來源 考古研究所藏

一〇三八四 高奴禾石權

字數 一六
時代 戰國晚期
著録 文物 一九六四年九期四三～四四
頁圖二～三
出土 一九六四年陝西西安市阿房宮遺址
流傳 陝西省博物館
現藏 文物

一〇三八五 司馬成公權

字數 二九（又合文二）
時代 戰國
著録 總集 七八八四
録遺 五四〇
度量衡 一五六
銘文選 八九六
流傳 北京故宮博物院舊藏
現藏 中國歷史博物館
來源 考古研究所拓

雜器類

一〇三八六～一〇四七八

盧

一〇三八六 王子嬰次盧

字數 七
時代 春秋時期
著録 總集 三一二一
三代 一八・二四・一
貞松 一一・三・二
大系 二〇三
新鄭彝器 一三〇
通考 四〇四
銘文選 六四二
青全 七・三二
辭典 八〇七
出土 河南新鄭縣
現藏 中國歷史博物館
來源 考古研究所藏

一〇三八七 曾侯乙盧

字數 七
時代 戰國早期
著録 曾侯乙墓 二四五頁圖一四二・二
青全 一〇・一四五
辭典 一〇二一
出土 一九七八年湖北隨縣曾侯乙墓
（C・一六六）
現藏 湖北省博物館
來源 湖北省博物館提供

一〇三八八 鑄客盧

字數 七
時代 戰國晚期
著録 三代 一七・三・五
十二遐 一〇
通考 八四九
銘文選 六七七
青全 一〇・七三
出土 一九三三年安徽壽縣朱家集
流傳 葉恭綽舊藏
現藏 上海博物館
來源 考古研究所藏

一〇三八九 鑄客盧

字數 八
時代 戰國晚期

著録　彙編　五八三
出土　一九三三年安徽壽縣朱家集
現藏　美國紐約某私人
來源　彙編

一〇三九〇　郤王盧
字數　九
時代　春秋晚期
著録　文物　一九八四年一期一六頁
圖一四
辭典　一〇一〇
出土　一九八一年浙江紹興市坡塘鄉獅子山西麓墓葬
現藏　紹興市文物管理委員會
來源　浙江省文物考古研究所提供

一〇三九一　郤令尹者旨𥁟盧
字數　一八
時代　春秋
著録　總集　三一二二
文物　一九八〇年八期圖二～四
銘文選　五七五
青全　一一·一五九
辭典　八〇八
出土　一九七九年江西靖安縣李家村
現藏　江西省博物館
來源　江西省博物館提供

箕

一〇三九二　史箕
字數　一
時代　殷
著録　總集　六六四三(七九四三)
三代　一八·三〇·五
續殷下　七九·一
鄴初上　三一
通考　八八四
來源　考古研究所藏

一〇三九三　亞矣箕
字數　二
時代　殷
著録　總集　七九四四
三代　一八·三〇·六
來源　考古研究所藏

一〇三九四　婦好箕
字數　二
時代　殷
著録　總集　七九九一
婦好墓　圖六一·一
綜覽·箕一
出土　一九七六年河南安陽殷墟婦好墓
(M五：六六九)
現藏　考古研究所
來源　考古研究所拓

一〇三九五　𡴘冊𢐗箕
字數　三
時代　殷
著録　未見
現藏　北京故宮博物院
來源　考古研究所拓

一〇三九六　左䜌箕
字數　三
時代　戰國晚期
著録　中山王墓　四〇六頁圖一六六·
七～八
文字编　一二四頁
出土　一九七七年河北平山縣中山王墓
(M一　東庫　二七)
現藏　河北省文物研究所
來源　河北省文物研究所提供

一〇三九七　右使車箕
字數　七
時代　戰國晚期
著録　中山王墓　四〇六頁圖一六六·
五～六
文字编　一二四頁
出土　同一〇三九六(M一　東庫　二七)
現藏　河北省文物研究所
來源　河北省文物研究所提供
備注　此與一〇三九六器爲一器的不同
部位

一〇三九八　曾侯乙箕
字數　七
時代　戰國早期
著録　曾侯乙墓　二四五頁圖一四二·三
青全　一〇·一四四
出土　一九七八年湖北隨縣曾侯乙墓
(C·一六七)
現藏　湖北省博物館
來源　湖北省博物館提供

一〇三九九　曾侯乙箕
字數　七
時代　戰國早期
著録　曾侯乙墓　二四七頁圖一四四
青全　一〇·一四三
出土　同一〇三九八(C·一六八)
現藏　湖北省博物館
來源　湖北省博物館提供

燈

一〇四〇〇　楚王燈
字數　二
時代　戰國
著録　未見
現藏　北京故宮博物院
來源　考古研究所拓

一〇四〇一　左九燈
字數　二
時代　戰國晚期
著録　未見
現藏　北京故宮博物院
來源　考古研究所拓

一〇四〇二　十年燈座
字數　二二(又合文三)
時代　戰國晚期
著録　中山王墓　四〇三頁圖一六五·
六～九
文字编　一二五頁
出土　一九七七年河北平山縣中山王墓
(M一　東庫　三四)
現藏　河北省文物研究所
來源　河北省文物研究所提供

帶鈎

一〇四〇三　王帶鈎
字數　一
時代　戰國
著録　考古　一九六四年三期一三四

頁圖二六・一
出土 山西長治縣分水嶺M四九
現藏 山西省考古研究所
來源 考古編輯部檔案

一〇四〇四 公□帶鉤
字數 二
時代 戰國
著録 總集 七九三九
三代 一八・三二・三
夢續 三七
流傳 羅振玉舊藏
來源 三代

一〇四〇五 仲[illegible]帶鉤
字數 二
時代 戰國
著録 未見
現藏 中國歷史博物館
來源 考古研究所拓

一〇四〇六 [illegible]王長□帶鉤
字數 四
時代 戰國
著録 十二栔 三四
流傳 商承祚舊藏
來源 十二

一〇四〇七 鳥書箴銘帶鉤
字數 三三
時代 戰國
著録 薛氏 一
嘯堂 六九
來源 嘯堂

鋪首

一〇四〇八 王鋪首
字數 一
時代 戰國晚期
著録 中山王墓 四〇四頁圖一八・
一三～一四
出土 一九七七年河北平山縣中山王墓
(M一 主室：五～二)
現藏 河北省文物研究所
來源 河北省文物研究所提供

一〇四〇九 雍鋪首
字數 一
時代 戰國晚期
著録 中山王墓 四三四頁圖一八九・
一一～一二
出土 同一〇四〇八(M一 主室：二～一)
現藏 河北省文物研究所
來源 河北省文物研究所提供

一〇四一〇 左工鋪首
字數 三
時代 戰國晚期
著録 中山王墓 四三四頁圖一八九・
五～六
出土 同一〇四〇八(M一 主室：五～
六七)
現藏 河北省文物研究所
來源 河北省文物研究所提供

一〇四一一 左工鋪首
字數 三
時代 戰國晚期
著録 中山王墓 四三四頁圖一八九・
七～八
出土 同一〇四〇八(M一 主室：五～
一五)
現藏 河北省文物研究所
來源 河北省文物研究所提供
備注 中山王墓 圖一八九・九～一〇
(M一 主室：五～六〇)，本書未收

一〇四一二 左工鋪首
字數 三
時代 戰國晚期
著録 中山王墓 四三四頁圖一八九・
三～四
出土 同一〇四〇八(M一 主室：五～
四二)
現藏 河北省文物研究所
來源 河北省文物研究所提供

一〇四一三 左使車鋪首
字數 八
時代 戰國晚期
著録 中山王墓 四三四頁圖一八九・
一～二
文字編 一二二頁
出土 同一〇四〇八(M一 主室：四～一)
現藏 河北省文物研究所
來源 河北省文物研究所提供

睘小器

一〇四一四 從睘小器
字數 二
時代 戰國
著録 總集 七九六六
三代 一八・四一・四
貞松 一一・一八・三
來源 三代

一〇四一五 □睘小器
字數 二
時代 戰國
著録 總集 七九六七
三代 一八・四一・五
貞松 一一・一八・二
來源 三代

一〇四一六 辛[illegible]睘小器
字數 三
時代 戰國
著録 總集 七九六一
三代 一八・四〇・三
貞松 一一・一九・四
現藏 北京故宮博物院
來源 考古研究所拓

一〇四一七 辛[illegible]睘小器
字數 三
時代 戰國
著録 未見
現藏 中國歷史博物館
來源 考古研究所拓

一〇四一八 辛[illegible]睘小器
字數 三
時代 戰國
著録 總集 七九七一
三代 一八・四二・三
現藏 上海博物館
來源 上海博物館提供

一〇四一九 辛[illegible]睘小器
字數 三
時代 戰國
著録 未見
現藏 中國歷史博物館

來源 考古研究所拓

一〇四二〇 □氏睘小器
字數 三
時代 戰國
著録 總集 七九六九
三代 一八・四二・一
現藏 上海博物館
來源 上海博物館提供

一〇四二一 □氏睘小器
字數 三
時代 戰國
著録 未見
現藏 上海博物館
來源 上海博物館提供

一〇四二二 □睘小器
字數 三
時代 戰國
著録 總集 七九六〇
三代 一八・四〇・二
貞松 一一・一九・二
來源 三代

一〇四二三 方□睘小器
字數 三
時代 戰國
著録 總集 七九六八
三代 一八・四一・六
貞松 一一・一九・一
來源 三代

一〇四二四 □□睘小器
字數 三
時代 戰國
著録 未見
現藏 中國歷史博物館
來源 考古研究所拓

一〇四二五 □□睘小器
字數 三
時代 戰國
著録 未見
現藏 上海博物館
來源 上海博物館提供

一〇四二六 林□睘小器
字數 三
時代 戰國
著録 未見
現藏 中國歷史博物館
來源 考古研究所拓

一〇四二七 武□睘小器
字數 三
時代 戰國
著録 未見
來源 考古研究所藏

一〇四二八 □睘小器
字數 三
時代 戰國
著録 衡齋 二三
現藏 北京故宮博物院
來源 考古研究所藏

一〇四二九 □□睘小器
字數 三
時代 戰國
著録 總集 七九六四(七九六五)
三代 一八・四一・二(又 一八・四一・三重出)
貞松 一一・一九・三
現藏 旅順博物館
來源 考古研究所拓

一〇四三〇 □□睘小器
字數 三
時代 戰國
著録 未見
現藏 中國歷史博物館
來源 考古研究所拓

一〇四三一 □□睘小器
字數 三
時代 戰國
著録 總集 七九七〇
三代 一八・四二・二
現藏 上海博物館
來源 上海博物館提供

一〇四三二 少□睘小器
字數 四
時代 戰國
著録 總集 七九六二
三代 一八・四〇・四
現藏 北京故宮博物院
來源 考古研究所拓

一〇四三三 豐王□睘小器
字數 四
時代 戰國
著録 總集 七九七二
三代 一八・四二・四
周金 六・一四三
小校 九・一〇九・五
來源 三代

一〇四三四 □城睘小器
字數 四
時代 戰國
著録 總集 七九七三
三代 一八・四二・五
現藏 上海博物館
來源 上海博物館提供

一〇四三五 東□睘小器
字數 四
時代 戰國
著録 總集 七九六三
三代 一八・四一・一
夢續 三八
流傳 羅振玉舊藏
現藏 旅順博物館
來源 考古研究所拓

一〇四三六 □□睘小器
字數 四
時代 戰國
著録 未見
現藏 上海博物館
來源 上海博物館提供

一〇四三七 □□睘小器
字數 四
時代 戰國
著録 未見
現藏 上海博物館
來源 上海博物館提供

動物形器

一〇四三八 大賡之器銅牛
字數 四
時代 戰國晚期
著録 總集 七九七七
文物 一九五九年四期一頁
歷博 七七
青全 一〇・八五
辭典 一〇三二
出土 一九五六年安徽壽縣丘家花園
流傳 安徽省博物館舊藏

現藏 中國歷史博物館
來源 文物

一〇四三九 曾侯乙銅鶴

字數 七
時代 戰國早期
著録 曾侯乙墓 二四九頁圖一四六·二
青全 一〇·一五〇
辭典 一〇三〇
出土 一九七八年湖北隨縣曾侯乙墓
現藏 湖北省博物館
來源 湖北省博物館提供

一〇四四〇 十四兩銀俑

字數 九（又合文二）
時代 戰國中期
著録 金村 三三頁圖一八·一
周漢遺寶 圖版四二
出土 傳河南洛陽金村
流傳 日本細川護立家舊藏
來源 考古研究所摹

一〇四四一 十四年銅牛

字數 一二
時代 戰國晚期
著録 中山王墓 四二五頁圖一八一·三～四
文字編 一二四頁
出土 一九七七年河北平山縣平山王墓（東庫 二四）
現藏 河北省文物研究所
來源 河北省文物研究所提供

一〇四四二 十四年銅犀

字數 一二
時代 戰國晚期
著録 中山王墓 四二五頁圖一八一·五～六
文字編 一二四頁
出土 同一〇四四一（M一 東庫 二二）
現藏 河北省文物研究所
來源 河北省文物研究所提供

一〇四四三 十四年銅虎

字數 一二
時代 戰國晚期
著録 中山王墓 四二五頁圖一八一·一～二
文字編 一二四頁
出土 同一〇四四一（M一 東庫 二三）
現藏 河北省文物研究所
來源 河北省文物研究所提供

一〇四四四 十四年雙翼神獸

字數 一二
時代 戰國晚期
著録 中山王墓 四一五頁圖一七二·三～四
文字編 一二九頁
出土 同一〇四四一（M一 西庫：五九）
現藏 河北省文物研究所
來源 河北省文物研究所提供

一〇四四五 十四年雙翼神獸

字數 一二
時代 戰國晚期
著録 中山王墓 四一四頁圖一七一·五～六
文字編 一二五頁
出土 同一〇四四一（M一 東庫 三六）
現藏 河北省文物研究所
來源 河北省文物研究所提供

一〇四四六 十四年雙翼神獸

字數 一三
時代 戰國晚期
著録 中山王墓 四一四頁圖一七一·三～四
文字編 一二五頁
出土 同一〇四四一（M一 東庫 三五）
現藏 河北省文物研究所
來源 河北省文物研究所提供

一〇四四七 十四年雙翼神獸

字數 一三
時代 戰國晚期
著録 中山王墓 四一五頁圖一七二·一～二
文字編 一二九頁
出土 同一〇四四一（M一 西庫 五八）
現藏 河北省文物研究所
來源 河北省文物研究所提供

其他

一〇四四八 丁山形器

字數 一
時代 戰國晚期
著録 中山王墓 四三六頁圖一九一·五～六
出土 一九七七年河北平山縣中山王墓（M一 車馬坑 二：三）
現藏 河北省文物研究所
來源 河北省文物研究所提供

一〇四四九 川山形器

字數 一
時代 戰國晚期
著録 中山王墓 四三六頁圖一九一·一～二
出土 同一〇四四八（M一 車馬坑二：一）
現藏 河北省文物研究所
來源 河北省文物研究所提供

一〇四五〇 丁左使車山形器

字數 七
時代 戰國晚期
著録 中山王墓 四三六頁圖一九一·九～一〇
出土 同一〇四四八（M一 車馬坑二：五）
現藏 河北省文物研究所
來源 河北省文物研究所提供

一〇四五一 十左使車山形器

字數 六
時代 戰國晚期
著録 中山王墓 四三六頁圖一九一·七～八
出土 同一〇四四八（M一 車馬坑二：四）
現藏 河北省文物研究所
來源 河北省文物研究所提供
備注 中山王墓 圖一九一·三～四（M一 車馬坑 二：二），本書未收

一〇四五二 右佐𢦏錐形器

字數 三
時代 戰國
著録 未見
現藏 中國歷史博物館
來源 考古研究所拓
備注 此爲鏃

一〇四五三 廿四年錐形器

字數 一〇
時代 戰國晚期
著録 夢續 三九
流傳 羅振玉舊藏
來源 夢續
備注 與一一九〇二重出，應爲鏃

一〇四五四　公圜鉤形器
字數　一
時代　戰國
著録　未見
來源　考古研究所藏

一〇四五五　曾侯乙鉤形器
字數　七
時代　戰國早期
著録　曾侯乙墓二四九頁圖一四六・一
出土　一九七八年湖北隨縣曾侯乙墓
（C・一九一）
現藏　湖北省博物館
來源　湖北省博物館提供

一〇四五六　皌室門鈇
字數　四
時代　戰國晚期
著録　未見
來源　考古研究所藏

一〇四五七　右□八亓□圜器
字數　四
時代　戰國
著録　總集七九八四
録遺五四二
來源　考古研究所藏

一〇四五八　少府銀圜器
字數　五
時代　戰國
著録　三代一八・三九・三
貞松一一・一四・二
衡齋上一〇
現藏　北京故宮博物院
來源　考古研究所藏

一〇四五九　大攻[illegible]圜器
字數　一〇
時代　戰國
著録　未見
現藏　上海博物館
來源　上海博物館提供

一〇四六〇　睘□鍵
字數　二
時代　戰國
著録　總集七九八三
録遺五四一
來源　録遺

一〇四六一　[illegible]都小器
字數　二
時代　戰國
著録　總集七九五六
三代一八・三九・一
夢郼上五五
流傳　羅振玉舊藏
來源　三代

一〇四六二　[illegible][illegible]連珠飾
字數　二
時代　戰國
著録　未見
來源　北京圖書館藏

一〇四六三　[illegible]作□三足器
字數　三
時代　西周
著録　未見
現藏　上海博物館
來源　上海博物館提供

一〇四六四　□[illegible]保三桶器
字數　三
時代　西周
著録　總集七九八一
録遺五三六
來源　録遺

一〇四六五　三年杖首
字數　九
時代　戰國晚期
著録　總集七九五三
三代一八・三一・二
十二雙六
衡齋下一
流傳　于省吾舊藏
現藏　北京故宮博物院
來源　考古研究所拓

一〇四六六　左鍾[illegible]銅器
字數　三
時代　戰國
著録　總集七八三一
三代二〇・六〇・三
來源　三代

一〇四六七　左殘件
字數　一
時代　戰國
著録　未見
現藏　中國歷史博物館
來源　考古研究所拓

一〇四六八　上五銅條
字數　二
時代　戰國晚期
著録　考古一九七四年一期二〇頁
圖四・五
出土　一九八二年陝西咸陽長陵車站
現藏　陝西省博物館
來源　考古編輯部檔案

一〇四六九　三十銅構件
字數　二
時代　戰國晚期
著録　考古一九七五年二期一一一頁
圖三
出土　陝西長安縣小蘇村
現藏　長安縣博物館
來源　考古

一〇四七〇　王上框架
字數　二
時代　戰國晚期
著録　中山王墓四三五頁圖一九〇・
一～一二
出土　一九七七年河北平山縣中山王墓
（M一東庫四二）
現藏　河北省文物研究所
來源　河北省文物研究所提供

一〇四七一　君王上框架
字數　三
時代　戰國晚期
著録　文字編一二六頁
中山王墓四三五頁圖一九〇
出土　同一〇四七〇（M一東庫四二）
現藏　河北省文物研究所
來源　河北省文物研究所提供
備注　此與一〇四七〇爲同一器不同部
位的拓片和摹本

一〇四七二　十四年帳架
字數　七
時代　戰國晚期
著録　中山王墓四一五頁圖一七二・
五～六
文字編一二六頁
出土　同一〇四七〇（M一東庫四五）
現藏　河北省文物研究所
來源　河北省文物研究所提供

一〇四七三　十四年帳橛

字數 一〇
著録 中山王墓 四二六頁圖一八二・三～四
文字編 一二六頁
出土 同一〇四七〇(M一 東庫三九～二)
現藏 河北省文物研究所
來源 河北省文物研究所提供

一〇四七四 十四年帳橛
字數 一一
時代 戰國晚期
著録 中山王墓 四二六頁圖一八二・一～二
文字編 一二六頁
出土 同一〇四七〇(M一 東庫三九～一)
現藏 河北省文物研究所
來源 河北省文物研究所提供

一〇四七五 十四年帳橛
字數 一一
時代 戰國晚期
著録 中山王墓 四二六頁圖一八二・五～六
文字編 一二六頁
出土 同一〇四七〇(M一 東庫 三九～三)
現藏 河北省文物研究所
來源 河北省文物研究所提供

一〇四七六 亞辛共殘銅片
字數 五
時代 殷
著録 學報 一九七九年一期八一頁圖五八・一五
出土 一九六九～一九七七年河南安陽殷墟西區墓葬(M九〇七：一五)
現藏 考古研究所安陽工作站
來源 考古研究所拓

一〇四七七 十四年鳳方案
字數 一二
時代 戰國晚期
著録 中山王墓 四一四頁圖一七一・一～二
文字編 一二五頁
出土 同一〇四七〇(M一 東庫 三三)
現藏 河北省文物研究所
來源 河北省文物研究所提供

一〇四七八 兆域圖銅版
字數 一七八
時代 戰國晚期
著録 總集 七八七五
中山王墓 一〇五～一〇六頁圖三二、三三
文字編 九七～九八頁一一九～一二〇頁
銘文選 八八四A
辭典 一〇四八
出土 同一〇四七〇(M一 主室 GSH：二九)
現藏 河北省文物研究所
來源 河北省文物研究所提供

类别不明之器

一〇四七九～一〇五八三

一〇四七九 競器
字數 一
時代 西周早期
著録 總集 一六七八
三代 六・一・一〇
貞松 四・二五・一
續殷上 六六・一
流傳 「長白寶氏舊藏，今歸日本某氏」(貞松)
來源 三代

一〇四八〇 嫐器
字數 一
時代 殷或西周早期
著録 總集 七九八九
録遺 六一二
來源 録遺

一〇四八一 妥器
字數 一
時代 殷
著録 總集 一七二〇
三代 六・四・九
來源 三代

一〇四八二 叔器
字數 一
時代 殷
著録 總集 一七二一
三代 六・四・一〇
周金 三・一一六・六
續殷上 三二・二
來源 考古研究所藏

一〇四八三 豙器
字數 一
時代 殷
著録 録遺 六一三
來源 録遺

一〇四八四 羊器
字數 一
時代 總集 一六七九
三代 六・二・一
貞續上 二八・二
流傳 李蔭軒舊藏
現藏 上海博物館
來源 三代
備注 此器爲殷，三代不誤

一〇四八五 鼻器
字數 一
時代 殷
著録 總集 一六九一
三代 六・二・一一
續殷上 三二・五
來源 考古研究所藏

一〇四八六 龍器
字數 一
時代 殷或西周早期
著録 總集 一六八〇
三代 六・二・二
來源 三代

一〇四八七 斿器
字數 一
時代 殷
著録 總集 一六七〇
三代 六・一・三
積古 一・三・三
攈古 一・一・四・三
殷存上 一四・四
來源 三代

一〇四八八 銜器
字數 一
時代 殷
著録 録遺 六一一
來源 録遺

一〇四八九 戈器
字數 一

時代 殷
著録 總集 一六八八
三代 六・二・九
擄古 一・一・五・一
殷存上 一四・七
來源 考古研究所藏

一〇四九〇 㓞器
字數 一
時代 殷
著録 總集 一七一四
三代 六・四・三
續殷上 三四・五
來源 三代

一〇四九一 [illegible]器
字數 一
時代 殷
著録 總集 一七一八
三代 六・四・七
殷存上 一四・二
來源 三代

一〇四九二 个器
字數 一
時代 殷
著録 總集 一七二五
三代 六・四・一二
擄古 一・一・五・三
殷存上 一四・三
來源 考古研究所藏

一〇四九三 需器
字數 一
時代 殷
著録 總集 一七一三
三代 六・四・二
貞松 四・二七・三

出土 傳「河南彰德府」
來源 考古研究所藏

一〇四九四 [illegible]器
字數 一
時代 殷
著録 總集 一七四〇
三代 六・五・一〇
現藏 歷史語言研究所
來源 考古研究所藏
備注 據史語所藏器，知其爲毁

一〇四九五 畀器
字數 一
時代 殷
著録 總集 一六八二
三代 六・二・五
積古 一・二四・三
擄古 一・一・五・四
綴遺 二三・七・二
來源 三代

一〇四九六 [illegible]器
字數 一
時代 殷
著録 總集 一六八三
三代 六・二・六
來源 三代

一〇四九七 亞醜器
字數 二
時代 殷
著録 總集 一七八五
三代 六・六・七
從古 一・一四・一
綴遺 一七・四・一
小校 七・六・二
來源 考古研究所藏

一〇四九八 亞弜器
字數 二
時代 殷
著録 總集 一八一八
三代 六・九・五
來源 三代

一〇四九九 父辛器
字數 二
時代 殷
著録 三代 六・七・五
積古 一・二三・二
來源 考古研究所藏

一〇五〇〇 父辛器
字數 二
時代 殷
著録 總集 一七九九
三代 六・七・六
擄古 一・一・二三・三
續殷上 三五・六
來源 三代

一〇五〇一 父癸器
字數 二
時代 西周早期
著録 總集 一八〇一
三代 六・七・七
小校 七・七・七
來源 三代

一〇五〇二 鄉宁器
字數 二
時代 殷
著録 總集 一七九〇
三代 六・一・八
續殷上 三三・五
來源 三代

一〇五〇三 鄉宁器
字數 二
時代 殷
著録 總集 一七九一
三代 六・一・九
來源 三代

一〇五〇四 [illegible]器
字數 二
時代 殷
著録 總集 一八二四
三代 六・一〇・五
續殷上 三五・一一
來源 考古研究所藏

一〇五〇五 [illegible]器
字數 二
時代 殷
著録 總集 一八二〇
三代 六・九・八
來源 三代

一〇五〇六 [illegible]器
字數 二
時代 殷
著録 總集 一八一九
三代 六・九・七
來源 三代

一〇五〇七 聑[illegible]器
字數 二
時代 殷
著録 總集 一八二五
三代 六・一〇・六
來源 三代

一〇五〇八 尹舟器
字數 二
時代 殷

著録 總集一六九八
三代六・三・五
貞松四・二二・二
來源 三代

一〇五〇九 乙戈器
字數 二
時代 殷
著録 總集一九〇一
三代六・一八・三
貞補上一九・一
出土 傳河南洛陽
來源 考古研究所藏

一〇五一〇 戈□器
字數 二
時代 殷
著録 總集一九〇〇
三代六・一八・二
貞補上一九・二
小校七・八・五
出土 傳河南洛陽
來源 考古研究所藏

一〇五一一 □羊器
字數 二
時代 殷
著録 總集一六九〇
三代六・八・六
筠清二・二二・二
攈古一・一・二三・一
綴遺六・五・二
敬吾下三三
殷存上一五・三
小校七・八・六
山東存附一
來源 三代

一〇五一二 □辛器
字數 二
時代 殷
著録 總集一八〇七
三代六・八・三
貞松四・二八・四
來源 三代

一〇五一三 子□器
字數 二
時代 殷
著録 總集一八一六
三代六・九・三
來源 考古研究所藏

一〇五一四 子妻器
字數 二
時代 殷
著録 總集一八一五
三代六・九・二
來源 考古研究所藏

一〇五一五 □子器
字數 二
時代 殷
著録 録遺六〇九
來源 録遺

一〇五一六 奄父乙器
字數 三
時代 殷
著録 總集一九八九
三代六・二〇・五
殷存上一六・四
來源 考古研究所藏

一〇五一七 □父乙器
字數 三
時代 殷

著録 總集一八五四
三代六・一二・二
小校七・九・三
來源 三代

一〇五一八 子父丁器
字數 三
時代 殷
著録 總集一八六九
三代六・一三・四
殷存上一五・九
來源 考古研究所藏

一〇五一九 □父丁器
字數 三
時代 殷或西周早期
著録 總集一八七二
三代六・一三・七
貞松四・三二・一
小校七・一〇・四
流傳 承德避暑山莊舊藏，後歸劉體智
來源 三代

一〇五二〇 兾父丁器
字數 三
時代 殷
著録 總集一八七九
三代六・一四・七
殷存上一七・二
小校七・一一・四
來源 三代

一〇五二一 亞父辛器
字數 三
時代 殷
著録 總集一八九一
三代六・一六・八

窓齋七・一七・一
殷存上一五・一〇
小校七・一二・八
來源 三代

一〇五二二 家父辛器
字數 三
時代 殷
著録 總集七九九四
録遺六一五
來源 録遺

一〇五二三 □父辛器
字數 三
時代 殷
著録 總集一八九六
三代六・一六・六
殷存上一五・一二
小校七・一二・六
流傳 劉鶚舊藏
來源 考古研究所藏

一〇五二四 □父癸器
字數 三
時代 殷
著録 總集一八九五
三代六・一七・五
貞補上一九・四
來源 三代

一〇五二五 □父癸器
字數 三
時代 西周早期
著録 總集一八九七
三代六・一七・六
從古一・一三・一
小校七・一三・一
來源 考古研究所藏

一〇五二六 冊亯□器
字數 三
時代 殷
著録 録遺 六一四
來源 録遺

一〇五二七 作隮彝器
字數 三
時代 西周早期
著録 總集 一九一一
三代 六・一九・六
貞補上 二〇・一
來源 考古研究所藏

一〇五二八 作寶彝器
字數 三
時代 西周早期
著録 總集 一九〇六
三代 六・一九・一
貞松 四・三三・三
來源 考古研究所藏

一〇五二九 作寶彝器
字數 三
時代 西周早期
著録 總集 一九一〇
三代 六・一九・四
貞松 四・三三・二
希古 四・一・二
來源 考古研究所藏

一〇五三〇 作旅彝器
字數 三
時代 西周早期
著録 總集 一九一四
三代 六・一九・七
積古 五・二三・一
攈古 一・二・七・一
奇觚 一七・八・二
小校 七・一八・六
來源 考古研究所藏

一〇五三一 作旅彝器
字數 三
時代 西周早期
著録 總集 一九一五
三代 六・一九・八
小校 七・一八・七
來源 三代

一〇五三二 □父乙器
字數 四
時代 殷
著録 總集 一九九四
三代 六・二〇・六
貞松 四・三四・二
續殷上 四〇・五
來源 考古研究所藏
流傳 馬衡舊藏

一〇五三三 捸妶父乙器
字數 四
時代 西周早期
著録 總集 一九九一
三代 六・二〇・四
筠清 二・九・一
清愛 九・一
攈古 一・二・五六
綴遺 六・二一・一
小校 七・一九・一
流傳 劉喜海、何竟山舊藏
來源 考古研究所藏

一〇五三四 觥作父乙器
字數 四
時代 西周早期
著録 總集 一九九九
三代 六・二一・三
貞續上 三一・一
來源 三代

一〇五三五 亞□父丁器
字數 四
時代 殷
著録 總集 一九七七
三代 六・一四・三
積古 一・二三・一
攈古 一・三・一一・三
愙齋 七・一七・二
續殷上 三七・一〇
小校 七・一一・三
流傳 潘祖蔭舊藏
來源 三代

一〇五三六 田告父丁器
字數 四
時代 西周早期
著録 總集 一九九八
三代 六・二一・一
續殷上 四〇・六
來源 考古研究所藏

一〇五三七 康丁器
字數 四
時代 殷
著録 總集 二〇〇八
三代 六・二三・四
攈古 一・二・五七・一
愙齋 八・八・三
綴遺 一七・二三・二
敬吾下 三八・四
殷存上 一六・八
小校 七・二〇・八
流傳 葉東卿舊藏
來源 三代

一〇五三八 光作從彝器
字數 四
時代 西周早期
著録 總集 二〇二九
三代 六・二四・八
續殷上 四二・一
來源 考古研究所藏

一〇五三九 作狽寶彝器
字數 四
時代 西周早期
著録 總集 二〇一四
三代 六・二三・三
貞松 四・三六・四
來源 三代

一〇五四〇 伯作寶彝器
字數 四
時代 西周早期
著録 總集 二〇二六
三代 六・二四・五
積古 五・二三
攈古 一・二・五三・三
來源 三代

一〇五四一 伯作旅彝器
字數 四
時代 西周早期
著録 總集 二〇二八
三代 六・二四・七
貞補上 二〇・三
流傳 劉鶚舊藏
來源 三代

一〇五四二 叔作寶彝器
字數 四

時代 西周早期
著録 總集 二〇二二
三代 六・二三・八
積古 一・二九・三
攈古 一・二・五四・三
綴遺 一七・二五・二
敬吾上 四四・一
周金 三・一一六・四
小校 五・一六・四
來源 三代

一〇五四三 邵作寶彝器
字數 四
時代 西周早期
著録 總集 二〇二五
三代 六・二四・二
貞松 五・三・三
來源 三代

一〇五四四 宵作旅彝器
字數 四 蓋器同銘
時代 西周早期
著録 總集 二〇二四
三代 六・二四・三～四
筠清 五・二・一～二
攈古 一・二・五二・一～二
來源 三代

一〇五四五 伯魚器
字數 五
時代 西周早期
著録 總集 二〇八九
三代 六・二八・三
攈古 一・三・一二・二
來源 三代

一〇五四六 艖伯器
字數 五

時代 西周早期
著録 總集 二〇九九
三代 六・二九・三
貞松 四・三九・四
來源 三代

一〇五四七 叔器
字數 五
時代 西周早期
著録 總集 二〇九四
三代 六・二八・六
周金 三・一一六・三
來源 三代

一〇五四八 叔器
字數 五
時代 西周早期
著録 總集 二〇九三
三代 六・二八・五
攈古 一・三・一〇・一
周金 五・二〇・一
小校 五・一八・六
來源 考古研究所藏

一〇五四九 [illegible]器
字數 五
時代 西周早期
著録 總集 二一〇二
三代 六・二九・六
來源 三代

一〇五五〇 [illegible]禾器
字數 五
時代 西周早期
著録 總集 二一〇三
三代 六・二九・七
積古 五・三〇・三
攈古 一・三・八・四

來源 三代

一〇五五一 从器
字數 五
時代 西周早期
著録 總集 二一〇六
三代 六・三〇・二
貞松 四・四一・一
小校 七・二六・三
來源 三代

一〇五五二 凡器
字數 五
時代 西周早期
著録 總集 二一〇七
三代 六・三〇・四
敬吾下 三二・四
小校 七・二七・六
來源 三代

一〇五五三 吴器
字數 五
時代 西周早期
著録 總集 二一一四
三代 六・三〇・七
來源 三代

一〇五五四 衍作父乙器
字數 六
時代 西周早期
著録 總集 二一五五
三代 六・三二・一
貞松 四・四一
來源 三代

一〇五五五 子作父乙器
字數 六
時代 殷或西周早期
著録 總集 二一五七

三代 六・三三・一
貞續上 三二・一
續殷上 四四・四
來源 考古研究所藏

一〇五五六 [illegible]作父丁器
字數 六
時代 西周早期
著録 總集 二一六二
三代 六・三三・六
貞松 四・四二・二
續殷上 四四・六
小校 七・六七・二
流傳 溥倫舊藏
來源 考古研究所藏

一〇五五七 作父丁器
字數 六
時代 西周早期
著録 總集 二一六一
三代 六・三三・五
來源 三代

一〇五五八 壽作父戊器
字數 六
時代 西周早期
著録 總集 二一六三
三代 六・三三・七
貞補上 二一・二
續殷上 四四・八
流傳 丁樹楨舊藏
來源 考古研究所藏

一〇五五九 其侯亞吴父己器
字數 六
時代 殷
著録 總集 二一五一
三代 六・二七・五

貞松 四・三八
續殷上 四三・二
小校 七・二四・四
來源 考古研究所藏

一〇五六〇 [illegible]作父辛器
字數 六
時代 西周早期
著録 總集 二一七〇
三代 六・三四・五
攈古 一・三・四四・三
殷存上 一七・三
來源 三代

一〇五六一 [illegible]作父辛器
字數 六
時代 西周早期
著録 總集 二一七一
三代 六・三四・六
攈古 一・三・四五・四
續殷上 四五・一
來源 考古研究所藏

一〇五六二 女母作婦己器
字數 六
時代 殷
著録 總集 二一七二
三代 六・三五・一
出土 傳陝西鳳翔
來源 三代

一〇五六三 伯[illegible]父器
字數 六
時代 西周早期
著録 總集 二一七六
三代 六・三五・四
貞松 五・九・二
小校 七・七一・三

流傳 劉鶚舊藏
來源 考古研究所藏

一〇五六四 伯丙器
字數 六
時代 西周早期
著録 總集 二一七八
三代 六・三五・六
周金 三・一一四・八
小校 七・二九・六
流傳 潘祖蔭、王懿榮舊藏
來源 考古研究所

一〇五六五 師高器
字數 六
時代 西周早期
著録 總集 二一八六
三代 六・三六・七
貞補上 二四
來源 考古研究所藏
備注 此應入毀類

一〇五六六 俞伯器
字數 六
時代 西周早期
著録 總集 二一九三
三代 六・三八・二
來源 三代

一〇五六七 向器
字數 六
時代 西周早期
著録 總集 二一八九
三代 六・三七・五
積古 五・三一・二
奇觚 一七・一三・一
攈古 二・一・二一・三
來源 三代

一〇五六八 山御作父乙器
字數 七
時代 西周早期
著録 總集 二二四六
三代 六・三八・四
殷存上 一七・五
來源 考古研究所藏

一〇五六九 [illegible]作父戊器
字數 七
時代 西周早期
著録 總集 二二四四
三代 六・三九・一
從古 六・二二・一
敬吾下 三三・七
續殷上 四六・一
小校 七・三四・五
來源 三代
流傳 張讓木舊藏

一〇五七〇 作父戊器
字數 七
時代 殷
著録 總集 二二七八
三代 六・三九・三
貞補上 二二・三
續殷上 四四・七
來源 三代

一〇五七一 莫伯器
字數 七
時代 西周早期
著録 總集 二二五〇
三代 六・三九・五
從古 七・六・一
攈古 二・一・二二・二
敬吾上 四五・二

小校 七・三八・一
來源 三代

一〇五七二 [illegible]作父丁器
字數 八
時代 西周早期
著録 總集 二二八四
三代 六・四〇・六
來源 三代

一〇五七三 田作父己器
字數 八
時代 西周早期
著録 總集 二二八八
三代 六・四一・二
積古 五・二五・二
攈古 二・一・二三・四
愙齋 一九・七・二
奇觚 一七・一二・三
小校 七・三六・四
來源 三代

一〇五七四 耳作父癸器
字數 八
時代 西周早期
著録 總集 二二八九
三代 六・四二・一
積古 一・二八・一
攈古 二・一・二三・二
來源 三代

一〇五七五 趞子作父庚器
字數 九
時代 西周早期
著録 總集 二三一七
三代 六・四三・五
貞補上 二三
續殷上 四七・四

來源 三代

一〇五七六 庚姬器

字數 九
時代 西周早期
著錄 三代 六・四四・二
積古 五・二六・二
攈古 二・一・五九・一
奇觚 一七・一二
周金 三・一一二・二
小校 七・三八・二
來源 三代

一〇五七七 鑄客器

字數 九
時代 戰國晚期
著錄 總集 七九四七
三代 一八・二五・三
小校 九・一〇九・七
出土 一九三三年安徽壽縣朱家集墓葬
來源 三代

一〇五七八 鑄客器

字數 九
時代 戰國晚期
著錄 總集 七九四八
三代 一八・二五・四
小校 九・一〇二・三
出土 同一〇五七七
來源 三代

一〇五七九 谷盤器

字數 九
時代 戰國
著錄 總集 五五七〇
三代 一一・四二・四～五
從古 一六・一七・一
攈古 二・一・三七・二～三
窓齋 一四・七・一～二
綴遺 二六・一〇・二
奇觚 六・三一
周金 五・三一・一～二
簠齋 二罍一
小校 四・六九・六～七
流傳 陳介祺舊藏
來源 考古研究所藏

一〇五八〇 保攸母器

字數 一二
時代 西周早期
著錄 總集 二三六三
三代 六・四五・五
來源 三代

一〇五八一 歼作父辛器

字數 二一（又合文二）
時代 殷或西周早期
著錄 總集 二五六八
三代 六・四九・四
攈古 二・三・一〇・一
綴遺 一八・五
斷代 四三
來源 三代

一〇五八二 伊器

字數 二五
時代 西周
著錄 薛氏 二一・四
來源 薛氏

一〇五八三 匽侯載器

字數 三二
時代 戰國中期
著錄 筠清 五・八
攈古 二・三・六六
大系 二六六・三
來源 大系

戈戟類

一〇五九一～一一四〇七

一〇五九一 □戈

字數 一
時代 殷
著錄 未見
現藏 北京故宮博物院
來源 考古研究所拓

一〇五九二 □戈

字數 一
時代 殷
著錄 未見
現藏 北京故宮博物院
來源 考古研究所拓

一〇五九三 □戈

字數 一
時代 殷
著錄 未見
現藏 北京故宮博物院
來源 考古研究所拓

一〇五九四 □戈

字數 一
時代 殷
著錄 未見
現藏 北京故宮博物院
來源 考古研究所拓

一〇五九五 □戈

字數 一
時代 殷
著錄 未見
現藏 北京故宮博物院
來源 考古研究所拓

一〇五九六 □戈

字數 一
時代 殷
著錄 未見
現藏 北京故宮博物院
來源 考古研究所拓

一〇五九七 □戈

字數 一
時代 殷
著錄 未見
現藏 北京故宮博物院
來源 考古研究所拓

一〇五九八 □戈

字數 一
時代 殷
著錄 未見
現藏 北京故宮博物院
來源 考古研究所拓

一〇五九九 □戈

字數 一
時代 殷
著錄 未見
現藏 北京故宮博物院
來源 考古研究所藏

一〇六〇〇 □戈

字數 一
時代 殷
著錄 未見
現藏 北京故宮博物院
來源 考古研究所拓

一〇六〇一 □戈

字數 一
時代 殷
著録 古文字研究 一〇輯二六七頁
圖一四・二
現藏 湖南省博物館
來源 古文字研究

一〇六〇二 戈
字數 一
時代 殷
著録 未見
來源 考古研究所藏

一〇六〇三 戈
字數 一
時代 殷
著録 總集 七二五九
三代 一九・一〇・三~四
來源 考古研究所藏

一〇六〇四 戈
字數 一
時代 殷
著録 侯家莊 第五本圖版一三六・七
出土 安陽侯家莊一〇〇四號墓
(R六七七四・二九)
現藏 歷史語言研究所
拓片 侯家莊
備注 同出同銘者七〇件，較完好者
五一件，本書收七件

一〇六〇五 戈
字數 一
時代 殷
著録 侯家莊 第五本圖版一三六・一
出土 安陽侯家莊一〇〇四號墓
(R六七七四・三七)
現藏 歷史語言研究所
來源 侯家莊

一〇六〇六 戈
字數 一
時代 殷
著録 侯家莊 第五本圖版一三六・二
出土 安陽侯家莊一〇〇四號墓
(R六七七四・三)
現藏 歷史語言研究所
來源 侯家莊

一〇六〇七 戈
字數 一
時代 殷
著録 侯家莊 第五本圖版一三六・三
出土 安陽侯家莊一〇〇四號墓
(R六七七四・三二)
現藏 歷史語言研究所
來源 侯家莊

一〇六〇八 戈
字數 一
時代 殷
著録 侯家莊 第五本圖版一三六・四
出土 安陽侯家莊一〇〇四號墓
(R六七七四・一)
現藏 歷史語言研究所
來源 侯家莊

一〇六〇九 戈
字數 一
時代 殷
著録 侯家莊 第五本圖版一三六・五
出土 安陽侯家莊一〇〇四號墓
(R六七七四・八)
現藏 歷史語言研究所
來源 侯家莊

一〇六一〇 戈
字數 一
時代 殷
著録 總集 七二六〇
録遺 五四三
侯家莊 第五本圖版一三六・六
出土 安陽侯家莊一〇〇四號墓
(R六七七四・六)
現藏 歷史語言研究所
來源 録遺

一〇六一一 戈
字數 一
時代 殷
著録 學報 第四册圖版二六・五四
出土 解放前安陽小屯 E 一六
現藏 歷史語言研究所
來源 學報

一〇六一二 戈
字數 一
時代 殷
著録 韋森 五四
現藏 瑞典韋森氏
來源 韋森

一〇六一三 戈
字數 一
時代 殷
著録 未見
現藏 北京清華大學圖書館
來源 考古研究所拓

一〇六一四 戈
字數 一
時代 殷
著録 彙編 八・一二四五
現藏 美國舊金山亞洲美術博物館(布倫
戴奇藏品)
來源 彙編

一〇六一五 戈
字數 一
時代 殷
著録 學報 一九七九年一期八三頁圖
六〇・二〇
出土 一九六九~一九七七年殷墟西區
七二七號墓
現藏 考古研究所安陽工作站
來源 考古學報編輯部檔案

一〇六一六 戈
字數 一
時代 殷
著録 總集 七二六二
文物 一九八二年八期五〇頁圖八
出土 一九七五年山西石樓義牒褚家峪
現藏 呂梁地區文物工作室
來源 文物

一〇六一七 戈
字數 一
時代 殷
著録 未見
現藏 上海博物館
來源 上海博物館提供

一〇六一八 戈
字數 一
時代 殷
著録 未見
現藏 上海博物館
來源 上海博物館提供

一〇六一九 戈
字數 一
時代 殷
著録 續殷下 八三・一~二

來源　續殷

一〇六二〇　□戈

字數　一
時代　殷
著録　巖窟下　二二
出土　一九三九年
流傳　梁上椿舊藏
來源　巖窟

一〇六二一　□戈

字數　一
時代　殷
著録　未見
現藏　安陽市博物館
來源　安陽市博物館提供

一〇六二二　□戈

字數　一
時代　殷
著録　中原文物　一九八五年二期一〇一頁圖　三・五
出土　安陽
流傳　徵集品
現藏　安陽市博物館
來源　中原文物
備注　該館歷年來徵集的同銘戈共有三件

一〇六二三　□戈

字數　一
時代　殷
著録　侯家莊　第二本圖版二四八・七又二五〇・五（摹本）
出土　安陽侯家莊　一〇〇一號墓（R六八二五）
現藏　歷史語言研究所
來源　侯家莊

一〇六二四　□戈

字數　一
時代　殷
著録　總集　七二六一
彙編　八・一二四七
出土　傳一九三四年以前安陽
現藏　加拿大多倫多安大略博物館
來源　考古研究所藏

一〇六二五　□戈

字數　一
時代　殷
著録　彙編　八・一二四六
出土　傳一九三四年以前安陽
現藏　加拿大多倫多安大略博物館
來源　考古研究所藏

一〇六二六　□戈

字數　一
時代　殷
著録　未見
出土　傳一九三四年以前安陽
現藏　加拿大多倫多安大略博物館
來源　考古研究所藏

一〇六二七　□戈

字數　一
時代　殷
著録　癡盦　四七
流傳　李泰棻舊藏
來源　癡盦

一〇六二八　天戈

字數　一
時代　殷
著録　文物　一九八二年九期五〇頁圖五
出土　一九七三～一九七六年山西長子縣廢品中揀選
現藏　長治市博物館
來源　長治市博物館提供

一〇六二九　天戈

字數　一
時代　殷
著録　總集　七二六六
三代　一九・一二・三
現藏　旅順博物館
來源　考古研究所拓

一〇六三〇　天戈

字數　一
時代　殷
著録　未見
現藏　北京故宮博物院
來源　考古研究所拓

一〇六三一　天戈

字數　一
時代　殷
著録　貞補中　三一・三
流傳　羅振玉舊藏
來源　貞補

一〇六三二　屰戈

字數　一
時代　殷
著録　殷虛　三〇・二
安陽遺寶　二一・二
歐精華　七・八一
出土　安陽
現藏　法國巴黎埃德加・古特曼氏（安陽遺寶）
來源　殷墟

一〇六三三　屰戈

字數　一
時代　殷
著録　未見
現藏　中國歷史博物館
來源　考古研究所拓

一〇六三四　屰戈

字數　一
時代　殷
著録　鄴初上　四四
出土　安陽
來源　考古研究所藏
備注　此器和一〇六三三或是一件戈之兩面，暫作二件處理

一〇六三五　□戈

字數　一
時代　殷
著録　總集　七二七二
録遺　五四八・一～二
現藏　北京故宮博物院
來源　考古研究所拓

一〇六三六　□戈

字數　一
時代　殷
著録　綴遺　二九・一六・一
續殷下　八〇・九
流傳　瞿木夫舊藏
來源　續殷
備注　綴遺名「子瞿」

一〇六三七　□戈

字數　一
時代　殷
著録　總集　七二四〇
三代　一九・六・四
善齋　一〇・七四
小校　一〇・八四・一
續殷下　八一・三
來源　三代

一〇六三八 [illegible]戈
字數 一
時代 殷
著録 鄴二下一五
巖窟下八
書道（河出）一・四二
出土 陝西（巖窟）
流傳 梁上椿舊藏
現藏 中國歷史博物館
來源 考古研究所藏

一〇六三九 立戈
字數 一
時代 殷
著録 鄴二下一四
出土 安陽
現藏 北京故宮博物院
來源 考古研究所藏

一〇六四〇 [illegible]戈
字數 一
時代 殷
著録 鄴二下九
金匱 四七頁上右
出土 安陽
現藏 中國歷史博物館
來源 考古研究所拓

一〇六四一 [illegible]戈
字數 一
時代 殷
著録 彙編 八・一二四八
現藏 美國布根博物館
來源 彙編

一〇六四二 [illegible]戈
字數 一
時代 殷
著録 總集 七二八六
考古 一九七二年四期二九頁
圖二・二
出土 一九六九年山西石樓縣義牒
現藏 石樓縣文化館
來源 考古編輯部檔案

一〇六四三 [illegible]戈
字數 一
時代 殷
著録 河北 六九
出土 一九六四年河北邢臺市曹演莊
現藏 河北省博物館
來源 河北

一〇六四四 [illegible]戈
字數 一
時代 殷
著録 未見
現藏 北京故宮博物院
來源 考古研究所拓

一〇六四五 [illegible]戈
字數 一
時代 殷
著録 懷履光 五五頁
出土 傳安陽大司空村南地
現藏 加拿大多倫多安大略博物館
來源 懷履光

一〇六四六 [illegible]戈
字數 一
時代 殷
著録 總集 七二五七
三代 一九・九・四
續殷下 九〇・二
現藏 上海博物館
來源 上海博物館提供

一〇六四七 [illegible]戈
字數 一
時代 殷
著録 總集 七二四五
三代 一九・一四・三
鄴初上 四一
出土 安陽
現藏 北京故宮博物院
來源 考古研究所藏

一〇六四八 [illegible]戈
字數 一
時代 殷
著録 續殷下 八〇・五
現藏 中國歷史博物館
來源 考古研究所拓

一〇六四九 [illegible]戈
字數 一
時代 殷
著録 未見
現藏 北京故宮博物院
來源 考古研究所拓

一〇六五〇 [illegible]戈
字數 一
時代 殷
著録 未見
現藏 中國歷史博物館
來源 考古研究所拓

一〇六五一 [illegible]戈
字數 一
時代 殷
著録 故青 九九
現藏 北京故宮博物院
來源 考古研究所拓

一〇六五二 [illegible]戈
字數 一
時代 殷
著録 總集 七二七二
録遺 五四九
來源 録遺

一〇六五三 斿戈
字數 一
時代 殷
著録 總集 七二七八
録遺 五五四
來源 録遺

一〇六五四 黿戈
字數 一
時代 殷
著録 總集 七三一九
三代 一九・一五・一
現藏 旅順博物館
來源 考古研究所藏

一〇六五五 豙戈
字數 一
時代 殷
著録 善齋 一〇・六九
小校 一〇・八三・二
流傳 劉體智舊藏
現藏 上海博物館
來源 上海博物館提供

一〇六五六 㚔戈
字數 一
時代 殷
著録 總集 七三一四
巖窟下 四
續殷下 八四・三
出土 一九三四年安陽

流傳 [illegible]舊藏
現藏 北京故宮博物院
來源 考古研究所拓

一〇六五七 夲戈
字數 一
時代 殷
著録 續殷下 八四・二
現藏 歷史語言研究所
來源 考古研究所藏

一〇六五八 夲戈
字數 一
時代 殷
著録 總集 七三一三
三代 一九・一三・二
續殷下 八五・二
十二貯 二六・一
鄴初下 一
出土 安陽
流傳 王辰舊藏
現藏 遼寧省博物館
來源 考古研究所藏
備注 十二貯云：同坑出土者凡六器

一〇六五九 夲戈
字數 一
時代 殷
著録 續殷下 八四・四
來源 考古研究所藏

一〇六六〇 夲戈
字數 一
時代 殷
著録 總集 七三一二
三代 一九・一三・一
續殷下 八五・一
十二貯 二七・一
鄴初下 二
書道（平凡） 二三上左
出土 安陽
流傳 王辰舊藏
來源 考古研究所藏

一〇六六一 夲戈
字數 一
時代 殷
著録 未見
現藏 中國歷史博物館
來源 考古研究所拓

一〇六六二 夲戈
字數 一
時代 殷
著録 未見
現藏 北京故宮博物院
來源 考古研究所拓

一〇六六三 夲戈
字數 一
時代 殷
著録 未見
現藏 北京故宮博物院
來源 考古研究所拓

一〇六六四 夲戈
字數 一
時代 殷
著録 續殷下 八四・一
現藏 北京故宮博物院
來源 考古研究所拓

一〇六六五 臣戈
字數 一
時代 殷
著録 未見
現藏 北京故宮博物院
來源 考古研究所拓

一〇六六六 臣戈
字數 一
時代 殷
著録 文物 一九八〇年一二期八九頁 圖一
出土 一九七八年河南中牟縣大莊村墓葬
現藏 河南省博物館
來源 文物

一〇六六七 臣戈
字數 一
時代 殷
著録 總集 七二九四
陝青 一・一〇
出土 一九七二年陝西岐山縣京當窖藏
現藏 岐山縣文化館
來源 陝青

一〇六六八 [illegible]戈
字數 一
時代 殷
著録 總集 七二五二
三代 一九・八・三
貞松 一一・二一・一
貞圖中 五三
小校 一〇・八三・四
流傳 羅振玉、劉體智舊藏
現藏 旅順博物館
來源 考古研究所藏

一〇六六九 [illegible]戈
字數 一
時代 殷
著録 未見
現藏 北京故宮博物院
來源 考古研究所拓

一〇六七〇 [illegible]戈
字數 一
時代 殷
著録 巖窟下 一二
出土 一九三九年安陽
現藏 中國歷史博物館
來源 考古研究所拓

一〇六七一 耳戈
字數 一
時代 殷
著録 總集 七二七六
録遺 五五二
現藏 北京故宮博物院
來源 録遺

一〇六七二 耳戈
字數 一
時代 殷
著録 總集 七二七五
録遺 五五一
現藏 北京故宮博物院
來源 録遺

一〇六七三 嬰戈
字數 一
時代 殷
著録 未見
現藏 北京故宮博物院
來源 考古研究所拓

一〇六七四 嬰戈
字數 一
時代 殷
著録 總集 七二三三
三代 一九・四・二～一
小校 一〇・八六・一～二

頌續 一二六
續殷下 八〇・一～二
出土 安陽(頌續)
流傳 容庚舊藏
現藏 廣州市博物館
來源 考古研究所藏

一〇六七五 嬰戈
字數 一
時代 殷
著録 總集 七二三四
三代 一九・四・三～四
小校 一〇・八六・四～三
頌續 一二七
流傳 容庚舊藏
現藏 廣州市博物館
來源 考古研究所藏

一〇六七六 嬰戈
字數 一
時代 殷
著録 未見
現藏 北京故宮博物院
來源 考古研究所拓

一〇六七七 嬰戈
字數 一
時代 殷
著録 未見
現藏 北京故宮博物院
來源 考古研究所拓

一〇六七八 [illegible]戈
字數 一
時代 殷
著録 總集 七三二二
錄遺 五五九
現藏 歷史語言研究所

來源 錄遺

一〇六七九 豕戈
字數 一
時代 殷
著録 總集 七二八二
錄遺 五五八
來源 考古研究所藏

一〇六八〇 [illegible]戈
字數 一
時代 殷
著録 未見
來源 考古研究所藏

一〇六八一 [illegible]戈
字數 一
時代 殷
著録 癡盦 五五
流傳 李泰棻舊藏
來源 癡盦

一〇六八二 [illegible]戈
字數 一
時代 殷
著録 未見
現藏 北京故宮博物院
來源 考古研究所拓

一〇六八三 [illegible]戈
字數 一
時代 殷
著録 未見
現藏 北京故宮博物院
來源 考古研究所拓

一〇六八四 爰戈
字數 一
時代 殷
著録 總集 七二六七

巖窟下 三〇
出土 一九四三年安陽
流傳 梁上椿舊藏
來源 巖窟

一〇六八五 [illegible]戈
字數 一
時代 殷
著録 總集 七二三一
三代 一九・三・一～二
攈古 一・三・三七・三～四
奇觚 一〇・三二
綴遺 二九・一二・三～四
周金 六・七〇・二～三
續殷下 八二・四～五
小校 一〇・八四・三～四
流傳 呂堯僊(攈古録)、陳介祺(周金)舊藏
現藏 北京故宮博物院
來源 考古研究所拓

一〇六八六 [illegible]戈
字數 一
時代 殷
著録 總集 七二三六
三代 一九・五・三～四
雙吉下 二
續殷下 八二・六～七
出土 安陽(雙吉)
流傳 于省吾舊藏
來源 考古研究所藏

一〇六八七 [illegible]戈
字數 一
時代 殷
著録 未見
現藏 上海博物館

來源 上海博物館提供

一〇六八八 [illegible]戈
字數 一
時代 殷
著録 總集 七二五六
三代 一九・九・三
貞補中 三一・二
續殷下 八二・三
現藏 北京故宮博物院
來源 考古研究所拓

一〇六八九 正戈
字數 一
時代 殷
著録 未見
來源 考古研究所藏

一〇六九〇 [illegible]戈
字數 一
時代 殷
著録 總集 七二四九
三代 一九・八・一
貞松 一一・二〇・一
貞圖中 五二
續殷下 八一・七
小校 一〇・八三・三
流傳 羅振玉舊藏
現藏 旅順博物館
來源 考古研究所藏

一〇六九一 [illegible]戈
字數 一
時代 殷
著録 總集 七二四八
三代 一九・七・九～一〇
續殷下 八一・四～五
現藏 上海博物館

來源 考古研究所藏

一〇六九二 [illegible]戈
字數 一
時代 殷
著録 未見
現藏 北京故宮博物院
來源 考古研究所拓

一〇六九三 子戈
字數 一
時代 殷
著録 未見
現藏 北京故宮博物院
來源 考古研究所拓

一〇六九四 子戈
字數 一
時代 殷
著録 未見
現藏 北京故宮博物院
來源 考古研究所拓

一〇六九五 子戈
字數 一
時代 殷
著録 未見
來源 考古研究所藏

一〇六九六 子戈
字數 一
時代 殷
著録 懷履光 四〇頁三
三代補 五五六
出土 傳安陽大司空村南地
現藏 加拿大多倫多安大略博物館
來源 懷履光

一〇六九七 萬戈
字數 一
時代 殷
著録 懷履光 四〇頁九
三代補 五六〇
出土 傳安陽大司空村南地
現藏 加拿大多倫多安大略博物館
來源 懷履光

一〇六九八 萬戈
字數 一
時代 殷
著録 書道(平凡) 二三中
三代補 八三八
現藏 法國巴黎基美博物館
來源 書道

一〇六九九 萬戈
字數 一
時代 殷
著録 未見
現藏 中國歷史博物館
來源 考古研究所藏

一〇七〇〇 萬戈
字數 一
時代 殷
著録 總集 七二三二
三代 一九・三・三～四
鄴初上 四八
出土 安陽
來源 考古研究所藏

一〇七〇一 萬戈
字數 一
時代 殷
著録 未見
現藏 北京故宮博物院
來源 考古研究所拓

一〇七〇二 [illegible]戈
字數 一
時代 殷
著録 總集 七二四一
三代 一九・七・一～二
鄴初上 四六
出土 安陽
現藏 北京故宮博物院
來源 考古研究所藏

一〇七〇三 [illegible]戈
字數 一
時代 殷
著録 癡盦 四九
流傳 李泰棻舊藏
來源 癡盦

一〇七〇四 [illegible]戈
字數 一
時代 殷
著録 總集 七二四二
三代 一九・七・三
鄴初上 四七
續殷下 八一・一一
出土 安陽
現藏 北京故宮博物院
來源 考古研究所藏

一〇七〇五 [illegible]戈
字數 一
時代 殷
著録 未見
現藏 北京故宮博物院
來源 考古研究所拓

一〇七〇六 [illegible]戈
字數 一
時代 殷
著録 未見
現藏 山西省博物館
來源 考古研究所拓

一〇七〇七 [illegible]戈
字數 一
時代 殷
著録 未見
現藏 北京故宮博物院
來源 考古研究所拓

一〇七〇八 [illegible]戈
字數 一
時代 殷
著録 總集 七二七一
録遺 五四七
現藏 北京故宮博物院
來源 考古研究所拓

一〇七〇九 [illegible]戈
字數 一
時代 殷
著録 未見
現藏 中國歷史博物館
來源 考古研究所拓

一〇七一〇 [illegible]戈
字數 一
時代 殷
著録 總集 七二八七
文物 一九八一年八期五〇頁圖六
出土 一九七五年山西石樓縣義牒褚家峪
現藏 呂梁地區文物工作室
來源 文物

一〇七一一 鳥戈
字數 一
時代 殷
著録 古文字研究 一〇輯二六八頁

圖一五・一
現藏　湖南省博物館
來源　古文字研究

一〇七一二　□戈
字數　一
時代　殷
著録　總集　七二七七
　　　録遺　五五三
現藏　歷史語言研究所
來源　録遺

一〇七一三　羊戈
字數　一
時代　殷
著録　總集　七二六八
　　　録遺　五六一
　　　巖窟下　二五
出土　一九三九年安陽
流傳　梁上椿舊藏
來源　録遺

一〇七一四　□戈
字數　一
時代　殷
著録　學報　一九七九年一期八三頁圖六〇・五
出土　一九六九～一九七七年安陽殷墟西區墓葬（M六九二：一四）
現藏　考古研究所安陽工作站
來源　考古學報編輯部檔案

一〇七一五　□戈
字數　一
時代　殷
著録　未見
來源　考古研究所藏

一〇七一六　宁戈
字數　一
時代　殷
著録　巖窟下　一三
現藏　北京故宮博物院
來源　考古研究所拓

一〇七一七　□戈
字數　一
時代　殷
著録　續殷下　八一・八
來源　續殷

一〇七一八　□戈
字數　一
時代　殷
著録　未見
來源　考古研究所藏

一〇七一九　□戈
字數　一
時代　殷
著録　中原文物　一九八五年二期一〇一頁圖三・三
現藏　安陽市博物館
來源　考古研究所拓

一〇七二〇　貯戈
字數　一
時代　殷
著録　學報　一九八六年二期一七三頁圖二二・二
出土　一九七九～一九八〇年河南羅山縣蟒張鄉天湖村墓葬（M一一：二五）
現藏　信陽地區文物管理委員會
來源　考古學報編輯部檔案

一〇七二一　□戈
字數　一
時代　殷
著録　總集　七二六九
　　　録遺　五四四
　　　巖窟下　五
　　　寶鼎　XLIII
出土　一九四〇年安陽（巖窟）
流傳　梁上椿舊藏
現藏　荷蘭萬孝臣氏
來源　録遺

一〇七二二　□戈
字數　一
時代　殷
著録　未見
現藏　中國歷史博物館
來源　考古研究所拓

一〇七二三　息戈
字數　一
時代　殷
著録　學報　一九八六年二期一七三頁圖二二・一〇
出土　一九七九～一九八〇年河南羅山縣蟒張鄉天湖村墓葬（M九：七）
現藏　信陽地區文物管理委員會
來源　考古學報編輯部檔案

一〇七二四　息戈
字數　一
時代　殷
著録　學報　一九八六年二期一七三頁圖二二・六
出土　一九七九～一九八〇年河南羅山縣蟒張鄉天湖村墓葬（M九：八）
現藏　信陽地區文物管理委員會
來源　考古學報編輯部檔案

一〇七二五　□戈
字數　一
時代　殷
著録　未見
現藏　北京故宮博物院
來源　考古研究所拓

一〇七二六　□戈
字數　一
時代　殷
著録　未見
現藏　北京故宮博物院
來源　考古研究所拓

一〇七二七　州戈
字數　一
時代　殷
著録　總集　七二三〇
　　　三代　一九・二・一～二
　　　安陽遺寶　二〇・二
　　　殷墟　二九・三
出土　安陽
現藏　旅順博物館
來源　考古研究所拓

一〇七二八　□戈
字數　一
時代　殷
著録　總集　七二三五
　　　三代　一九・五・二～一
　　　鄴初上　四九
　　　書道（平凡）二二下左
出土　安陽
現藏　旅順博物館
來源　考古研究所藏

一〇七二九　戈戈
字數　一
時代　殷

著録 未見
現藏 上海博物館
來源 上海博物館提供

一〇七三〇 戈戈
字數
時代 殷
著録 未見
現藏 上海博物館
來源 上海博物館提供

一〇七三一 戈戈
字數 一
時代 殷
著録 總集 七二五一
文叢 二・二二頁圖二五
現藏 北京市文物研究所
來源 文叢

一〇七三二 戈戈
字數 一
時代 殷
著録 冠斝中 五一
流傳 榮厚舊藏
來源 冠斝

一〇七三三 戈戈
字數 一
時代 殷
著録 總集 七二五〇
三代 一九・八・二
貞松 一一・二〇・二
來源 三代

一〇七三四 戈戈
字數 一
時代 春秋早期
著録 總集 七二九二
虢國墓 四一頁圖三八
出土 一九五七年河南陝縣上村嶺
一七四七號墓
現藏 中國歷史博物館
來源 考古研究所編輯室檔案

一〇七三五 □戈
字數 一
時代 殷
著録 未見
現藏 上海博物館
來源 上海博物館提供

一〇七三六 □戈
字數 一
時代 殷
著録 未見
流傳 冀朝鼎舊藏
現藏 北京故宮博物院
來源 考古研究所拓

一〇七三七 □戈
字數 一
時代 殷
著録 善齋 一〇・四三
小校 一〇・六四・三~四
流傳 劉體智舊藏
現藏 上海博物館
來源 上海博物館提供

一〇七三八 田戈
字數 一
時代 殷
著録 總集 七二五三
三代 一九・八・四
雙吉下 六
出土 安陽
來源 考古研究所藏

一〇七三九 田戈
字數 一
時代 殷
著録 總集 七二五四
三代 一九・九・
雙吉下 七
出土 安陽
來源 考古研究所藏

一〇七四〇 田戈
字數 一
時代 殷
著録 未見
現藏 北京故宮博物院
來源 考古研究所拓

一〇七四一 □戈
字數 一
時代 殷
著録 總集 七二三七
三代 一九・六・一
現藏 旅順博物館
來源 考古研究所藏

一〇七四二 □戈
字數 一
時代 殷
著録 未見
現藏 北京故宮博物院
來源 考古研究所拓

一〇七四三 □戈
字數 一
時代 殷
著録 總集 七二八八
文物 一九八一年八期八〇頁圖七
出土 一九七五年山西石樓縣義牒褚家
峪
現藏 呂梁地區文物工作室
來源 文物

一〇七四四 □戈
字數 一
時代 殷
著録 總集 七二三八
三代 一九・六・二
現藏 旅順博物館
來源 考古研究所藏

一〇七四五 章戈
字數 一
時代 殷
著録 文物 一九七三年七期五頁
圖一下
來源 文物

一〇七四六 □戈
字數 一
時代 殷
著録 未見
現藏 北京故宮博物院
來源 考古研究所拓

一〇七四七 舟戈
字數 一
時代 殷
著録 未見
現藏 北京故宮博物院
來源 考古研究所拓

一〇七四八 舟戈
字數 一
時代 殷
著録 總集 七二八三
學報（一九五一年）五册圖版
四五・一一
出土 一九五〇年安陽武官村大墓
現藏 中國歷史博物館

來源 考古學報編輯部檔案

一〇七四九 □戈
字數 一
時代 殷
著録 未見
現藏 北京故宮博物院
來源 考古研究所拓

一〇七五〇 □戈
字數 一
時代 殷
著録 續殷下 八一・一~二
來源 續殷

一〇七五一 □戈
字數 一
時代 殷
著録 未見
現藏 歷史語言研究所
來源 考古研究所藏

一〇七五二 □戈
字數 一
時代 殷
著録 續殷下 八〇・七
巖窟下 二八
出土 安陽
現藏 北京故宮博物院
來源 考古研究所拓

一〇七五三 □戈
字數 一
時代 殷
著録 未見
現藏 北京故宮博物院
來源 考古研究所藏

一〇七五四 □戈
字數 一
時代 殷
著録 彙編 九・一六九五
現藏 加拿大多倫多安大略博物館
來源 考古研究所藏

一〇七五五 戟戈
字數 一
時代 殷
著録 未見
現藏 北京故宮博物院
來源 考古研究所拓

一〇七五六 戟戈
字數 一
時代 殷
著録 總集 七二八四
學報（一九五一年）五册圖版
四五・一二
出土 一九五〇年安陽武官村大墓N四
現藏 中國歷史博物館
來源 考古學報編輯部檔案

一〇七五七 戟戈
字數 一
時代 殷
著録 未見
來源 考古研究所藏

一〇七五八 甗戈
字數 一
時代 殷
著録 未見
現藏 北京故宮博物院
來源 考古研究所拓

一〇七五九 □戈
字數 一
時代 殷
著録 未見
來源 考古研究所藏

一〇七六〇 □戈
字數 一
時代 殷
著録 未見
現藏 北京故宮博物院
來源 考古研究所拓

一〇七六一 □戈
字數 一
時代 殷
著録 未見
現藏 北京清華大學圖書館
來源 考古研究所拓

一〇七六二 未戈
字數 一
時代 殷
著録 續殷下 八一・九
彙編 九・一七五三
來源 續殷

一〇七六三 聿戈
字數 一
時代 殷
著録 總集 七二四六
三代 一九・七・七~八
續殷下 八二・八~九
來源 三代

一〇七六四 秉戈
字數 一
時代 殷
著録 總集 七三一五
三代 一九・一四・一
來源 三代

一〇七六五 册戈
字數 一
時代 殷
著録 巖窟下 三二
出土 一九三九年安陽
流傳 梁上椿舊藏
現藏 北京故宮博物院
來源 考古研究所拓

一〇七六六 册戈
字數 一
時代 殷
著録 未見
現藏 北京故宮博物院
來源 考古研究所拓

一〇七六七 □戈
字數 一
時代 殷
著録 總集 七二七九
録遺 五五五
現藏 北京清華大學圖書館
來源 録遺

一〇七六八 □戈
字數 一
時代 殷
著録 總集 七二八一
録遺 五五七
現藏 北京故宮博物院
來源 考古研究所拓

一〇七六九 □戈
字數 一
時代 殷
著録 未見
現藏 遼寧省博物館
來源 考古研究所拓

一〇七七〇 □戈

字數 一
時代 殷
著録 鄴初上 四五
出土 安陽
現藏 上海博物館
來源 考古研究所藏

一〇七七一 日戈
字數 一
時代 殷
著録 未見
現藏 上海博物館
來源 上海博物館提供

一〇七七二 日戈
字數 一
時代 殷
著録 總集 七二八五
雙吉下 八
出土 西安
來源 考古研究所藏

一〇七七三 矢戈
字數 一
時代 殷
著録 總集 七二五八
三代 一九・一〇・一～二
來源 考古研究所藏

一〇七七四 [illegible]戈
字數 一
時代 殷
著録 文物 一九八二年八期圖版
四・八
出土 一九七七年湖北隨縣淅河
現藏 襄陽地區博物館
來源 考古研究所拓

一〇七七五 [illegible]戈
字數 一
時代 殷
著録 考古與文物 一九八六年一期
五頁圖九・一
出土 甘肅崇信縣于家灣三號墓
現藏 甘肅省文物考古研究所
來源 考古與文物

一〇七七六 [illegible]戈
字數 一
時代 殷
著録 雙吉下 三
出土 安陽
現藏 北京故宮博物院
來源 考古研究所藏

一〇七七七 [illegible]戈
字數 一
時代 殷
著録 續殷下 八一・六
現藏 歷史語言研究所
來源 續殷

一〇七七八 [illegible]戈
字數 一
時代 殷
著録 續殷下 八〇・八
來源 續殷

一〇七七九 中戈
字數 一
時代 殷
著録 未見
現藏 上海博物館
來源 上海博物館提供

一〇七八〇 史戈
字數 一
時代 殷
著録 總集 七二五五
三代 一九・九・二
雙吉下 五
續殷下 八〇・三
現藏 北京故宮博物院
來源 考古研究所拓

一〇七八一 [illegible]戈
字數 一
時代 西周早期
著録 古文字研究 一〇輯二六八頁
圖一五・二
現藏 湖南省博物館
來源 古文字研究

一〇七八二 [illegible]戈
字數 一
時代 西周早期
著録 雙吉下 二七
出土 河南
現藏 北京故宮博物院
來源 考古研究所拓

一〇七八三 矢戈
字數 一
時代 西周早期
著録 總集 七二九六
三代 一九・二五・二
貞松 一一・二一・二
善齋 一〇・九
小校 一〇・一〇・二
流傳 羅振玉、劉體智舊藏
現藏 上海博物館
來源 考古研究所藏

一〇七八四 矢戈
字數 一
時代 西周早期
著録 總集 七五七六
三代 一九・二一・二
貞圖中 五四
流傳 羅振玉舊藏
現藏 旅順博物館
來源 考古研究所藏

一〇七八五 [illegible]戈
字數 一
時代 西周早期
著録 總集 七三〇五
文物 一九八二年二期五〇頁
圖四・二
出土 一九七四年陝西隴縣曹家灣二
號墓
現藏 寶鷄市博物館
來源 寶鷄市博物館提供

一〇七八六 [illegible]戈
字數 一
時代 西周早期
著録 總集 七三〇四
考古 一九七六年四期二五一頁
圖六・一
出土 一九七五年北京昌平白浮龍山養
鹿場二號墓
現藏 北京市文物研究所
來源 考古編輯部檔案

一〇七八七 [illegible]戈
字數 一
時代 西周早期
著録 未見
現藏 中國歷史博物館
來源 考古研究所拓

一〇七八八 [illegible]戈
字數 一

時代 西周早期
著録 總集 七二九八
三代 一九・二六・二
續殷下 九〇・一
雙吉下 一六
流傳 于省吾舊藏
現藏 北京故宫博物院
來源 考古研究所拓

一〇七八九 [illegible]戈

字數 一
時代 殷或西周早期
著録 未見
現藏 中國歷史博物館
來源 考古研究所拓

一〇七九〇 五戈

字數 一
時代 西周早期
著録 未見
出土 陝西武功
現藏 武功縣文化館
來源 武功縣文化館提供

一〇七九一 射戈

字數 一
時代 西周早期
著録 未見
出土 陝西武功
現藏 武功縣文化館
來源 武功縣文化館提供

一〇七九二 射戟

字數 一
時代 西周早期
著録 總集 七五八四
三代 一九・二四・二
善齋 一〇・四一
小校 一〇・六二・二
流傳 劉體智舊藏
現藏 上海博物館
來源 考古研究所藏
備注 本書定名爲戟之器，限於戈矛合體、多戈相連及有自名者。個別定名爲戈之器，或原屬分體戟，因無自名不再區分

一〇七九三 侯戟

字數 一
時代 西周早期
著録 總集 七五八一
三代 一九・二四・一
頌齋 三三
小校 一〇・六一・二
故圖下下 四九五
出土 河南濬縣(頌齋)
現藏 臺北故宫博物院
流傳 容庚舊藏
來源 考古研究所藏

一〇七九四 侯戟

字數 一
時代 西周早期
著録 總集 七五八〇
三代 一九・二三・二
雙吉下 二六
出土 河南濬縣(雙吉)
流傳 于省吾舊藏
來源 考古研究所藏
備注 出於河南，同出四器形制相同，一歸善齋；一歸商承祚；一歸容庚，此器歸于省吾(雙吉)

一〇七九五 侯戟

字數 一
時代 西周早期
著録 總集 七五七八
三代 一九・二三・二
續殷下 九〇・三
善齋 一〇・四〇
小校 一〇・六二・一
出土 河南濬縣(雙吉下 二六)
流傳 劉體智舊藏
現藏 上海博物館
來源 考古研究所藏

一〇七九六 侯戟

字數 一
時代 西周早期
著録 總集 七五七九
三代 一九・二三・一
十二栔 三三
出土 河南濬縣(雙吉下 二六)
流傳 商承祚舊藏
來源 三代

一〇七九七 侯戟

字數 一
時代 西周早期
著録 未見
現藏 中國歷史博物館
來源 考古研究所拓

一〇七九八 侯戟

字數 一
時代 西周早期
著録 未見
現藏 中國歷史博物館
來源 考古研究所拓

一〇七九九 侯戟

字數 一
時代 西周早期
著録 未見
現藏 北京故宫博物院
來源 考古研究所拓

一〇八〇〇 侯戟

字數 一
時代 西周早期
著録 總集 七五八二
辛村 圖版二一・二 又 六六・一
濬縣 二九
出土 一九三二年河南濬縣辛村二號墓
現藏 歷史語言研究所
來源 濬縣

一〇八〇一 侯戟

字數 一
時代 西周早期
著録 懷履光 一七一頁三
現藏 加拿大多倫多安大略博物館
來源 懷履光

一〇八〇二 [illegible]戟([illegible]戈)

字數 一
時代 西周早期
著録 懷履光 一七〇頁上，又一七一頁中
現藏 加拿大多倫多安大略博物館
來源 懷履光

一〇八〇三 [illegible]戟

字數 一
時代 西周早期
著録 總集 七五八三
辛村 圖版六七・一
濬縣 二八
出土 一九三二年河南濬縣辛村二號墓
現藏 歷史語言研究所
備注 「在此墓中由發掘所得與此戟同形同銘的另有二柄」(辛村)

一〇八〇四 □戟
字數 一
時代 西周早期
著録 總集 七五八五
文物 一九七二年一〇期二四頁
圖一五
出土 一九六四年河南洛陽龐家溝
一三九號墓
現藏 洛陽市博物館
來源 洛陽市博物館提供

一〇八〇五 □戟
字數 一
時代 西周早期
著録 總集 七五七七
三代 一九・二二・一
貞松 一一・二二・二
現藏 璜川吳氏舊藏(貞松)
來源 考古研究所藏

一〇八〇六 兀戟
字數 一
時代 西周早期
著録 總集 七三〇六、七五八六
考古 一九七六年四期二五一頁
圖六・四
出土 一九七五年北京昌平白浮龍山養
鹿場二號墓
現藏 北京市文物研究所
來源 考古研究所拓

一〇八〇七 兀戟
字數 一
時代 西周早期
著録 考古 一九七六年四期二五一頁
圖五・五；又二五二頁圖七・
八
出土 一九七五年北京昌平白浮龍山養
鹿場二號墓
現藏 北京市文物研究所
來源 考古編輯部檔案

一〇八〇八 京戈
字數 一
時代 春秋早期
著録 文物 一九八三年一二期一〇頁
圖六
出土 一九七三年春山東濰縣望留鄉麓
臺村
現藏 濰坊市博物館
來源 濰坊市博物館提供

一〇八〇九 元戈
字數 一
時代 春秋早期
著録 總集 七二九一
虢國墓 三五頁圖三〇・
出土 一九五七年河南陝縣上村嶺
一七二一號墓
現藏 中國歷史博物館
來源 考古研究所編輯室檔案

一〇八一〇 元戈
字數 一
時代 春秋早期
著録 綴遺 三〇・六・二
來源 綴遺

一〇八一一 □戈
字數 一
時代 春秋晚期
著録 總集 七三〇三
三代 一九・二八・一
綴遺 三〇・二四・二
奇觚 一〇・六・二
周金 六・五五・二
簠齋 四古兵
小校 一〇・九・二
流傳 陳介祺舊藏
來源 三代

一〇八一二 利戈
字數 一
時代 春秋晚期
著録 未見
流傳 山東圖書館舊藏
現藏 山東省博物館
來源 考古研究所藏

一〇八一三 公戈
字數 一
時代 春秋
著録 未見
來源 考古研究所藏

一〇八一四 武戈
字數 存一
時代 春秋
著録 未見
來源 考古研究所藏

一〇八一五 武戈
字數 一
時代 春秋
著録 未見
現藏 北京故宮博物院
來源 考古研究所拓

一〇八一六 陸戈
字數 一
時代 戰國
著録 未見
現藏 首都師範大學歷史博物館
來源 考古研究所拓

一〇八一七 辟戈
字數 一
時代 春秋
著録 總集 七三〇二
三代 一九・二七・二
貞松 一一・二二・三
流傳 羅振玉舊藏
來源 三代

一〇八一八 鵙戈
字數 一
時代 春秋晚期
著録 總集 七三〇〇
三代 一九・二六・三
貞松 一一・二二・一
考古 一九六二年五期二六六頁
圖二
流傳 璜川吳氏舊藏(貞松)
現藏 遼寧省博物館
來源 考古研究所藏

一〇八一九 用戈
字數 一
時代 春秋晚期
著録 總集 七二九九
三代 一九・二六・二
頌續 一二八
燕京學報 一六期圖一八
中山學報 一九六四年一期圖
三八
鳥篆 一四
吳越 〇七二
出土 一九三三年山西汾陽縣(頌續)
流傳 容庚舊藏
來源 考古研究所藏

一〇八二〇 筡戈

字數 一
時代 春秋
著録 未見
現藏 北京故宮博物院
來源 考古研究所拓

一〇八二一 [illegible]戈
字數 一
時代 春秋
著録 江漢考古 一九八三年二期一一頁 圖一六
出土 一九七二～一九七三年湖北襄陽山灣二號墓
現藏 湖北省博物館
來源 江漢考古

一〇八二二 [illegible]戈
字數 一
時代 春秋
著録 未見
現藏 北京故宮博物院
來源 考古研究所拓

一〇八二三 梁戈
字數 一
時代 春秋
著録 文物 一九八六年三期四〇頁 圖二四
出土 一九八〇年山東濰縣治渾街張家莊墓葬
現藏 濰坊市博物館
來源 文物

一〇八二四 亜戈
字數 一
時代 戰國早期
著録 總集 七三〇一 三代 一九・二七・一 綴遺 三〇・二〇・一 奇觚 一〇・六・一 周金 六・五六・一 簠齋 四古兵
流傳 陳介祺舊藏
來源 考古研究所藏

一〇八二五 行戈
字數 一
時代 戰國早期
著録 未見
來源 考古研究所藏

一〇八二六 右戈
字數 一
時代 戰國晚期
著録 總集 七三〇八 三代 二〇・一・二
來源 考古研究所藏

一〇八二七 涉戈
字數 一
時代 戰國晚期
著録 總集 七三〇七 三代 二〇・一・一 貞松 一二・一・一
流傳 羅振玉、武進陶氏涉園舊藏
現藏 北京故宮博物院
來源 考古研究所拓

一〇八二八 郾戈
字數 一
時代 戰國晚期
著録 總集 七三一〇 録遺 五七一 巖窟下 五九
出土 山東歷城附近(巖窟)
來源 考古研究所藏

一〇八二九 郾戈
字數 一
時代 戰國
著録 總集 七三〇九 文物 一九七九年四期二五頁 圖一
出土 山東臨沂
現藏 臨沂地區文物組
來源 考古研究所拓

一〇八三〇 亞吴戈
字數 二
時代 殷
著録 未見
現藏 北京故宮博物院
來源 考古研究所拓

一〇八三一 亞吴戈
字數 二
時代 殷
著録 總集 七三一一 録遺 五四五 巖窟下 二九
出土 一九三九年安陽(巖窟)
流傳 梁上椿舊藏
現藏 北京故宮博物院
來源 考古研究所拓

一〇八三二 亞吴戈
字數 二
時代 殷
著録 未見
現藏 北京故宮博物院
來源 考古研究所拓

一〇八三三 亞吴戈
字數 二
時代 殷
著録 巖窟下 九
出土 一九四〇年安陽
現藏 北京故宮博物院
來源 考古研究所拓

一〇八三四 亞吴戈
字數 二
時代 殷
著録 未見
現藏 上海博物館
來源 上海博物館提供

一〇八三五 亞吴戈
字數 二
時代 殷
著録 殷周青銅器 一九
現藏 日本奈良天理參考館
來源 殷周青銅器

一〇八三六 亞吴戈
字數 二
時代 殷
著録 未見
現藏 旅順博物館
來源 考古研究所拓

一〇八三七 亞[illegible]戈
字數 二
時代 殷
著録 鄴二下 一六
出土 安陽
來源 考古研究所藏

一〇八三八 亞[illegible]戈
字數 二
時代 殷
著録 巖窟下 二六
出土 一九三九年安陽
現藏 北京故宮博物院

來源　考古研究所拓

一〇八三九　亞醜戈
字數　二
時代　殷
著録　未見
現藏　北京圖書館藏

一〇八四〇　亞犬戈
字數　二
時代　殷
著録　未見
現藏　北京故宫博物院
來源　考古研究所拓

一〇八四一　亞獸戈
字數　二
時代　殷
著録　未見
現藏　北京清華大學圖書館
來源　考古研究所拓

一〇八四二　[illegible]亞戈
字數　二
時代　殷
著録　未見
現藏　北京故宫博物院
來源　考古研究所拓

一〇八四三　亞受戈
字數　二
時代　殷
著録　未見
現藏　上海博物館
來源　上海博物館提供

一〇八四四　亞[illegible]戈
字數　二
時代　殷
著録　總集　七三三八
文物　一九七二年八期二二頁
圖七・二、四
出土　一九六五～一九六六年山東益都
蘇埠屯一號墓
現藏　山東省博物館
來源　文物

一〇八四五　亞啟戈
字數　二
時代　殷
著録　鄴二下　一
冠斝中　五二
出土　安陽
流傳　榮厚舊藏
來源　冠斝

一〇八四六　木[illegible]戈
字數　二
時代　殷
著録　未見
現藏　上海博物館
來源　上海博物館提供

一〇八四七　[illegible]戈
字數　二
時代　殷
著録　考古與文物　一九八三年三期
一一一頁圖一・四、五
中原文物　一九八六年二期四四
頁圖二・一、二
出土　近年河南省寶豐縣前營村商代遺
址
現藏　寶豐縣文化館
來源　考古與文物

一〇八四八　[illegible]戈
字數　二
時代　殷
著録　巖窟下　一八
出土　一九三九年安陽
流傳　梁上椿舊藏
現藏　北京故宫博物院
來源　考古研究所拓

一〇八四九　[illegible]戈
字數　二
時代　殷
著録　巖窟下　一六
出土　一九三九年安陽
流傳　梁上椿舊藏
現藏　北京故宫博物院
來源　考古研究所拓

一〇八五〇　[illegible]天戈
字數　二
時代　殷
著録　未見
現藏　上海博物館
來源　上海博物館提供

一〇八五一　竝幵戈
字數　二
時代　殷
著録　總集　七二九三
文物　一九七六年二期九四頁圖一
出土　一九七〇年山西石樓縣蕭家塌
現藏　石樓縣文化館
來源　文物

一〇八五二　子[illegible]戈
字數　二
時代　殷
著録　巖窟下　一七
出土　安陽
現藏　北京故宫博物院
來源　考古研究所拓

一〇八五三　子[illegible]戈
字數　二
時代　殷
著録　中原文物　一九八五年二期一〇一頁
圖三・二
出土　安陽
現藏　安陽市博物館
來源　考古研究所拓

一〇八五四　子[illegible]戈
字數　二
時代　殷
著録　未見
現藏　中國歷史博物館
來源　考古研究所拓

一〇八五五　子[illegible]戈
字數　二
時代　殷
著録　未見
現藏　北京清華大學圖書館
來源　考古研究所拓

一〇八五六　己戈戈
字數　二
時代　殷
著録　總集　七三一七
學報　五册圖版四五・一四
出土　河南安陽四盤磨四號墓
現藏　中國歷史博物館
來源　學報

一〇八五七　馬戈
字數　二
時代　殷
著録　總集　七二六三
三代　一九・一一・一～二
積古　二・二五・一～二

金索 八四・一～二
周金 六・七二・一～二
攈古 一・一・四八・三～四
續殷下 八三・七～八
流傳 阮元、葉志詵舊藏
來源 考古研究所藏

一〇八五八 馬戈
字數 二
時代 殷
著録 奇觚 一八・三二・二～三
來源 奇觚

一〇八五九 告戈
字數 二
時代 殷
著録 總集 七二六四
三代 一九・一一・三～四
積古 八・一八・五
金索 八四・三～四
攈古 一・一・四八・一～二
奇觚 一〇・三四・一～二
周金 六・七二・三～四
簠齋 四古兵
續殷下 八三・四～五
流傳 黃小松(金索)、劉喜海(攈古録)、陳介祺舊藏
現藏 北京故宮博物院
來源 三代
備注 奇觚誤爲矛

一〇八六〇 [illegible]虎戈
字數 二
時代 殷
著録 總集 七二七〇
録遺 五四六
鄴二下 一七

出土 安陽
現藏 北京故宮博物院
來源 考古研究所拓

一〇八六一 [illegible]戈
字數 二
時代 殷
著録 未見
現藏 北京故宮博物院
來源 考古研究所拓

一〇八六二 弔龜戈
字數 二
時代 殷
著録 總集 七三三〇
三代 一九・一五・二
雙吉下 四
續殷下 八三・六
出土 安陽(雙吉)
來源 考古研究所藏

一〇八六三 亦車戈
字數 二
時代 殷
著録 巖窟下 二二
出土 一九三九年安陽
現藏 北京故宮博物院
來源 考古研究所拓

一〇八六四 亦車戈
字數 二
時代 殷
著録 總集 七二九五
三代 一九・二五・一
貞松 一一・二三・一
貞圖中 五五
流傳 羅振玉舊藏
來源 考古研究所藏

一〇八六五 亦車戈
字數 二
時代 殷
著録 巖窟下 二三
出土 一九三九年安陽
流傳 梁上椿舊藏
來源 巖窟

一〇八六六 車軙戈
字數 二
時代 殷
著録 未見
現藏 中國歷史博物館
來源 考古研究所拓

一〇八六七 [illegible]戈
字數 二
時代 殷
著録 續殷下 八二・一～二
來源 續殷

一〇八六八 乘毌戈
字數 二
時代 殷
著録 彙編 九・一七四八
出土 一九三三年以前
現藏 加拿大多倫多安大略博物館
來源 考古研究所藏

一〇八六九 聑酉戈
字數 二
時代 殷
著録 鄴二下 一三
金匱 四七頁上左
出土 安陽
來源 鄴二

一〇八七〇 秉毌戈
字數 二
時代 殷
著録 未見
現藏 北京故宮博物院
來源 考古研究所拓

一〇八七一 聑毌戈
字數 二
時代 殷
著録 未見
現藏 北京故宮博物院
來源 考古研究所拓

一〇八七二 伐甗戈
字數 二
時代 殷
著録 未見
現藏 上海博物館
來源 上海博物館提供

一〇八七三 伐甗戈
字數 二
時代 殷
著録 總集 七二二九
三代 一九・一一・一～二
雙吉下 一
鄴初上 五〇
續殷下 八二・一〇～一一
書道(平凡) 二三下
出土 安陽(雙吉)
流傳 于省吾舊藏
現藏 旅順博物館
來源 考古研究所藏

一〇八七四 左右戈
字數 二
時代 殷
著録 未見
現藏 北京故宮博物院

來源 考古研究所拓

一〇八七五 史册戈

字數 二
時代 殷
著録 未見
流傳 德人楊寧史舊藏
現藏 北京故宮博物院
來源 考古研究所藏

一〇八七六 亳册戈

字數 二
時代 殷
著録 未見
現藏 北京故宮博物院
來源 考古研究所藏

一〇八七七 北戈

字數 二
時代 殷
著録 總集 七二六五
三代 一九・一二・一～二
攈古 一・一・四七・三～四
綴遺 二九・一五・三～四
奇觚 一〇・三五・一～二
周金 六・七三・二～三
簠齋 四古兵
小校 一〇・六五・一～二
流傳 陳介祺舊藏
來源 考古研究所藏

一〇八七八 甾弓戈

字數 二
時代 殷
著録 未見
現藏 北京故宮博物院
來源 考古研究所拓

一〇八七九 鼎劦戈

字數 二
時代 殷
著録 總集 七三二二
録遺 五六〇
來源 録遺

一〇八八〇 酉女戈

字數 二
時代 殷
著録 總集 七三二六
三代 一九・一四・二
鄴二下 一二
出土 安陽
來源 考古研究所藏

一〇八八一 冬刃戈

字數 二
時代 殷
著録 總集 七二九〇
文物 一九七五年二期八四頁圖七
陝青 一・八六
出土 一九六五年陝西綏德堬頭村
現藏 陝西省博物館
來源 陝青

一〇八八二 成周戈

字數 二
時代 西周早期
著録 總集 七三二七
辛村 圖版六三・二
濬縣 二五
出土 一九三三年河南濬縣辛村四二號墓
現藏 歷史語言研究所
來源 濬縣

一〇八八三 成周戈

字數 二
時代 西周早期
著録 總集 七三二六
三代 一九・二八・三
貞補中 三二・一
流傳 萍鄉文氏舊藏(貞補)
現藏 上海博物館
來源 上海博物館提供

一〇八八四 成周戈

字數 二
時代 西周早期
著録 總集 七三二五
三代 一九・二八・二
貞補中 三二・二
頌齋 三二
小校 一〇・一三・三
故圖下下 四九二
流傳 容庚舊藏，後歸中央博物院
現藏 臺北故宮博物院
來源 考古研究所藏

一〇八八五 新邑戈

字數 二
時代 西周早期
著録 考古與文物 一九八四年五期一一頁圖四・四
出土 一九八一年陝西岐山縣祝家港村
現藏 扶風縣博物館
來源 考古與文物編輯部提供

一〇八八六 伯矢戟

字數 二
時代 西周早期
著録 總集 七五八七
濬縣 三〇
辛村 圖版六三・三
出土 一九三二年河南濬縣辛村八號墓
現藏 歷史語言研究所
來源 考古研究所編輯室檔案

一〇八八七 匽侯戈

字數 二
時代 西周早期
著録 考古 一九八四年五期四一三頁圖一〇・一和二
出土 一九八一～一九八三年北京房山縣琉璃河墓葬(M一〇二九：五四)
現藏 琉璃河考古隊
來源 考古編輯部檔案

一〇八八八 榮子戈

字數 二
時代 西周中期
著録 巖窟下 四七
出土 一九三九年河南開封附近
流傳 梁上椿舊藏
現藏 中國歷史博物館
來源 考古研究所拓

一〇八八九 矢仲戈

字數 二
時代 西周早期
著録 總集 七三三二、七三三三
文物 一九八二年二期五〇頁圖四・一
陝青 三・一五一
出土 一九七四年陝西隴縣曹家灣六號墓
現藏 寶鷄市博物館
來源 寶鷄市博物館提供

一〇八九〇 戈

字數 二
時代 春秋
著録 總集 七三三五

三代 一九・三一・一
周金 六・六一・二
夢郼續 三一
小校 一〇・一三・二
流傳 羅振玉舊藏
來源 三代

一〇八九一 元用戈
字數 二
時代 春秋早期
著録 未見
現藏 北京故宮博物院
來源 考古研究所拓

一〇八九二 大□戈
字數 二
時代 春秋
著録 未見
來源 考古研究所藏

一〇八九三 監戈
字數 二
時代 春秋
著録 小校 一〇・二二・一
流傳 劉體智舊藏
現藏 上海博物館
來源 上海博物館提供

一〇八九四 監戈
字數 二
時代 春秋
著録 未見
現藏 北京故宮博物院
來源 考古研究所拓

一〇八九五 伯析戈
字數 二
時代 春秋
著録 總集 七三三七
三代 一九・三一・三
奇觚 一〇・九・一
周金 六・四八・二
小校 一〇・一八・一
流傳 陳介祺舊藏
來源 考古研究所藏

一〇八九六 鄘戈
字數 二
時代 春秋
著録 未見
來源 考古研究所藏

一〇八九七 鄘戈
字數 二
時代 春秋晚期
著録 未見
現藏 北京故宮博物院
來源 考古研究所拓

一〇八九八 □子戈
字數 二
時代 春秋晚期
著録 總集 七三三六
三代 一九・三一・二
綴遺 三〇・一六・二
貞松 一一・二四・二
流傳 潘祖蔭、羅振玉舊藏
來源 考古研究所藏

一〇八九九 是䎽戈(疋鄱戈)
字數 二
時代 春秋晚期
著録 未見
現藏 北京故宮博物院
來源 考古研究所拓
備注 或以内上二字爲僞

一〇九〇〇 武城戈
字數 二
時代 春秋晚期
著録 總集 七三三九
貞續下 二二・一
流傳 羅振玉舊藏
來源 考古研究所藏

一〇九〇一 黄戈(黄域戈)
字數 二
時代 春秋晚期
著録 奇觚 一〇・八・一
周金 六・五四・二
小校 一〇・二〇・三~四
流傳 陳介祺舊藏(奇觚)
來源 考古研究所藏

一〇九〇二 郱戈
字數 二
時代 春秋晚期
著録 總集 七三三八
三代 一九・二九・一
夢郼中 五
流傳 劉鶚、羅振玉舊藏
來源 考古研究所藏

一〇九〇三 □陽戈
字數 二
時代 春秋晚期
著録 未見
現藏 旅順博物館
來源 考古研究所藏

一〇九〇四 □子戈
字數 二
時代 春秋晚期
著録 總集 七三四四
三代 二〇・三・一
夢郼中 一五
流傳 羅振玉舊藏
來源 考古研究所藏

一〇九〇五 □子戈
字數 二
時代 春秋晚期
著録 總集 七三四五
三代 二〇・三・二
貞松 一二・一・三
流傳 羅振玉舊藏
現藏 北京故宮博物院
來源 考古研究所拓

一〇九〇六 中都戈
字數 二
時代 春秋
著録 總集
三代 一九・二九・二
貞松 一一・二四・一
善齋 一〇・一九
小校 一〇・一四・三
流傳 丁樹楨、溥倫舊藏(羅表)
現藏 上海博物館
來源 考古研究所藏

一〇九〇七 鄝戈
字數 二
時代 春秋
著録 未見
現藏 北京故宮博物院
來源 考古研究所拓

一〇九〇八 武陽戈
字數 二
時代 戰國
著録 未見
現藏 上海博物館
來源 上海博物館提供

一〇九〇九　[illegible]戈
字數　二
時代　戰國
著録　總集　七三四六
三代　二〇・三・三
貞松　一二・一・二
流傳　璜川吴氏舊藏（貞松）
來源　考古研究所藏

一〇九一〇　玄翏戈
字數　二
時代　戰國早期
著録　總集　七三三三
録遺　五六三
燕京學報　一七期圖二五
中山學報　一九六四年一期圖三三
鳥篆　一
吴越　〇六三
出土　河北曲陽（燕京學報）
流傳　陶祖光舊藏（燕京學報）
來源　録遺

一〇九一一　玄翏戈
字數　存二
時代　戰國早期
著録　總集　七三四〇
貞松　一一・二三・二
貞圖中　五六
燕京學報　一六期圖一九
中山學報　一九六四年一期圖三四
鳥篆　二
吴越　〇六四
出土　山西（燕京學報）
流傳　羅振玉舊藏
來源　貞圖、貞松

一〇九一二　[illegible]鳥戈
字數　二
時代　戰國早期
著録　總集　七二八〇
録遺　五五六
鳥篆　一九
吴越　一九八
現藏　北京故宮博物院
來源　考古研究所拓

一〇九一三　盧用戈
字數　二
時代　戰國
著録　學報　一九五九年一期圖版一一・一
湖南考古輯刊（一）圖版一三・九
古文字研究　一〇輯二七〇頁圖一九
鳥篆　一三
吴越　〇七一
出土　一九五四年湖南長沙某工區一號墓
現藏　湖南省博物館
來源　考古學報編輯部檔案（拓）、吴越（摹）

一〇九一四　長邦戈（長郾戈）
字數　二
時代　戰國
著録　湖南考古輯刊（一）九〇頁圖二・三
古文字研究　一〇輯二七二頁圖二三・二、三
現藏　湖南省博物館
來源　湖南省博物館提供

一〇九一五　長邦戈
字數　二
時代　戰國
著録　考古　一九七七年一期六三頁圖三・四
古文字研究　一〇輯二七二頁圖二三・一
出土　一九七四年湖南長沙識字嶺一號墓
現藏　湖南省博物館
來源　湖南省博物館提供

一〇九一六　陽[illegible]戈（陽狐戈）
字數　二
時代　戰國早期
著録　總集　七三二四
録遺　五六二
來源　考古研究所藏

一〇九一七　鑞鍏戈
字數　二
時代　戰國早期
著録　總集　七三五一
善齋　一〇・一七
小校　一〇・一九・三
安徽金石　一六・二
出土　安徽壽縣（安徽金石）
流傳　劉體智舊藏
現藏　上海博物館
來源　考古研究所藏

一〇九一八　建陽戈
字數　二
時代　戰國
著録　未見
現藏　北京故宮博物院
來源　考古研究所藏

一〇九一九　吴庫戈
字數　二
時代　戰國晚期
著録　總集　七三三四
學報　一九五七年一期一一四頁圖九左
出土　一九五四～一九五五年山西長治分水嶺一四號墓
現藏　山西省博物館
來源　考古學報編輯部檔案

一〇九二〇　晉陽戈
字數　二
時代　戰國
著録　善齋　一〇・二〇
小校　一〇・一四・二
流傳　劉體智舊藏
現藏　上海博物館
來源　小校

一〇九二一　晉陽戈
字數　二
時代　戰國
著録　未見
來源　考古研究所藏

一〇九二二　酸棗戈（酸棗戈）
字數　二
時代　戰國
著録　未見
現藏　北京故宮博物院
來源　考古研究所拓

一〇九二三　阿武戈
字數　二
時代　戰國
著録　攈古　一・一・四六・四
流傳　山東曲阜顔氏舊藏（攈古録）
來源　攈古

一〇九二四　墜生戈
字數　二
時代　戰國
著録　江漢考古　一九八三年三期二七頁圖二
出土　一九八二年湖北大冶縣西畈鄉胡彦貴村
現藏　大冶縣博物館
來源　江漢考古

一〇九二五　平陸戈
字數　二
時代　戰國
著録　薛氏　一六八・一
流傳　古器物銘云藏淄川民間
來源　薛氏

一〇九二六　平陸戈
字數　二
時代　戰國
著録　未見
現藏　北京故宫博物院
來源　考古研究所拓

一〇九二七　屯留戈
字數　二
時代　戰國
著録　文物　一九八三年九期六七頁圖四
出土　一九七七年遼寧建昌縣石佛鄉湯土溝村西北山
現藏　朝陽市博物館
來源　文物

一〇九二八　武安戈
字數　二
時代　戰國
著録　湖南考古輯刊(一)　圖版一四・三
古文字研究　一〇輯二七三頁圖二七
現藏　湖南省博物館
來源　湖南省博物館提供

一〇九二九　閼輿戈
字數　二
時代　戰國
著録　山西出土文物　一一七
辭典　九四〇
山西珍品　一六四
出土　一九七六年山西臨縣窑頭村
現藏　山西省博物館
來源　山西出土文物

一〇九三〇　左稟戈
字數　二
時代　戰國
著録　未見
現藏　北京故宫博物院
來源　考古研究所拓

一〇九三一　左軍戈
字數　二
時代　戰國
著録　未見
現藏　北京故宫博物院
來源　考古研究所拓

一〇九三二　渾左戈(鄆左戈)
字數　二
時代　戰國
著録　未見
流傳　潘祖蔭舊藏
來源　北京圖書館藏

一〇九三三　右庫戈
字數　二
時代　戰國
著録　總集　七三四八
三代　二〇・四・二
現藏　旅順博物館
來源　考古研究所拓

一〇九三四　江魚戈
字數　二
時代　戰國
著録　學報　一九七八年二期二三八頁圖三二
出土　一九七四年廣西平樂縣銀山嶺四號墓
現藏　廣西壯族自治區博物館
來源　考古學報編輯部檔案

一〇九三五　漆垣戈
字數　二
時代　戰國
著録　未見
現藏　遼寧省博物館
來源　考古研究所拓、照

一〇九三六　吾宜戈
字數　二
時代　戰國晚期
著録　總集　七三四九
三代　二〇・五・一
綴遺　三〇・二九・二
奇觚　一〇・七・一
周金　六・四九・二
簠齋　四古兵
小校　一〇・一八・三
流傳　陳介祺舊藏
來源　三代
備注　奇觚云：吾字刀法不穩決爲後人加鐫者

一〇九三七　寡都戈(原都戈)
字數　二
時代　戰國
著録　未見
現藏　上海博物館
來源　上海博物館提供

一〇九三八　成固戈
字數　二
時代　戰國
著録　未見
現藏　北京故宫博物院
來源　考古研究所拓

一〇九三九　成固戈
字數　二
時代　戰國
著録　頌齋　三四
流傳　容庚舊藏
來源　頌齋

一〇九四〇　成固戈
字數　二
時代　戰國
著録　未見
現藏　北京故宫博物院
來源　考古研究所拓

一〇九四一　冶[illegible]戈
字數　二
時代　戰國晚期
著録　總集　七三五〇
三代　二〇・五・二
奇觚　一〇・八・二
周金　六・四八・一
善齋　一〇・一五
小校　一〇・一九・一
流傳　陳介祺舊藏(奇觚)
現藏　上海博物館

來源 考古研究所藏

一〇九四二 郾王戈
字數 存二
時代 戰國晚期
著録 三代 一九・四三・二
彙編 六・五八〇a
現藏 美國波士頓美術博物館
來源 三代

一〇九四三 守陽戈
字數 二
時代 戰國晚期
著録 總集 七三三二
三代 一九・三〇・一
周金 六・五〇・一
夢郼中 四
小校 一〇・一四・一
流傳 羅振玉舊藏
來源 考古研究所藏

一〇九四四 右卯戈
字數 二
時代 戰國晚期
著録 總集 七三四七
三代 二〇・四・一
綴遺 三〇・九・一
奇觚 一〇・七・二
周金 六・四九・一
簠齋 四古兵
小校 一〇・一七・二
流傳 陳介祺舊藏
來源 三代

一〇九四五 陽右戈
字數 二
時代 戰國晚期
著録 總集 七三四七

三代 二〇・二・二
來源 三代

一〇九四六 敄亞又戈
字數 三
時代 殷
著録 總集 七三五五
三代 一九・一五・三～四
十二貯 二八・四
續殷下 八五・四
小校 一〇・八八・一～二
流傳 王辰舊藏
現藏 旅順博物館
來源 考古研究所藏

一〇九四七 敄亞又戈
字數 三
時代 殷
著録 總集 七三五六
三代 一九・一六・一～二
十二貯 二八・五
續殷下 八五・八
小校 一〇・八七・二～三
流傳 王辰舊藏
現藏 旅順博物館
來源 考古研究所藏

一〇九四八 敄亞又戈
字數 三
時代 殷
著録 總集 七三五七
三代 一九・一六・三～四
十二貯 二八・二
續殷下 八五・三
流傳 王辰舊藏
現藏 旅順博物館
來源 考古研究所藏

一〇九四九 敄亞又戈
字數 三
時代 殷
著録 總集 七三五九
三代 一九・一七・三～四
十二貯 二八・一
續殷下 八五・五
流傳 王辰舊藏
現藏 旅順博物館
來源 考古研究所藏

一〇九五〇 敄亞又戈
字數 三
時代 殷
著録 總集 七三五八
三代 一九・一七・一～二
十二貯 二八・六
續殷下 八五・七
流傳 王辰舊藏
來源 考古研究所藏

一〇九五一 敄亞又戈
字數 三
時代 殷
著録 總集 七三六〇
三代 一九・一八・一～二
十二貯 二八・三
續殷下 八五・六
流傳 王辰舊藏
來源 考古研究所藏

一〇九五二 [illegible]見册戈
字數 三
時代 殷
著録 未見
來源 考古研究所藏

一〇九五三 匽侯戟
字數 三
時代 西周早期
著録 總集 七五八八
琉璃河 二〇三頁圖一一九・二
出土 一九七四年北京房山縣琉璃河墓葬(M 五二：一二)
現藏 北京市文物研究所
來源 考古編輯部檔案

一〇九五四 太保戈
字數 三
時代 西周早期
著録 總集 七三四一
北窑 一〇九頁圖六〇・五～八
辭典 五九一
美全 四・一六五
青全 五・二〇二
出土 河南洛陽北窑墓葬(M 一六一：五～一〇)
現藏 洛陽市博物館
來源 洛陽市博物館提供

一〇九五五 呂自戈
字數 三(又重文一)
時代 西周早期
著録 未見
現藏 北京故宮博物院
來源 考古研究所拓

一〇九五六 交車戈
字數 三
時代 西周
著録 未見
來源 考古研究所藏

一〇九五七 子車戈
字數 三
時代 西周

著録 未見
現藏 上海博物館
來源 上海博物館提供

一〇九五八 子易戈

字數 三
時代 春秋
著録 總集 七三七四
山東選 五〇頁圖一〇九右
文物 一九八六年三期四〇頁圖
二二
出土 一九五六年山東濰坊市
現藏 濰坊市博物館
來源 山東選

一〇九五九 䜌左庫戈(玄翏戈)

字數 三
時代 春秋早期
著録 總集 七三六八
三代 一九・三三・一
積古 八・一七・四
金索 一一〇・五
攈古 一・二・四三・一
周金 六・四三・二
小校 一〇・二八・一
流傳 阮元、葉志詵舊藏
來源 考古研究所藏

一〇九六〇 䜌左庫戈(玄翏戈)

字數 三
時代 春秋早期
著録 綴遺 三〇・一七・一
流傳 潘祖蔭舊藏
現藏 上海博物館
來源 考古研究所藏

一〇九六一 高子戈

字數 三
時代 春秋早期
著録 考古 一九八四年九期八一五
頁圖一
山東精萃 一二二
出土 一九七〇年山東淄博市臨淄區白
兔丘村
現藏 臨淄區文物管理所
來源 考古編輯部檔案

一〇九六二 莪造戈

字數 三
時代 春秋
著録 總集 七三三〇
三代 一九・二九・三
綴遺 三〇・二六・二
奇觚 一〇・九・二
周金 六・四二・二
出土 器出齊地(綴遺)
流傳 陳介祺舊藏
來源 三代

一〇九六三 陳散戈

字數 三
時代 春秋晚期
著録 總集 七三六三
三代 一九・三〇・二
綴遺 三〇・二一・二
奇觚 一〇・一三・二
周金 六・四七・二
簠齋 四古兵
小校 一〇・二〇・一
流傳 陳介祺舊藏
來源 三代

一〇九六四 陳□戈

字數 三
時代 春秋晚期
著録 總集 七三六九
三代 一九・三三・二
奇觚 一〇・一一・一
周金 六・四〇・二
小校 一〇・二三・二
山東存 齊 二五・四
流傳 陳介祺舊藏(奇觚)
來源 考古研究所藏

一〇九六五 攻□戈

字數 三
時代 春秋晚期
著録 未見
現藏 旅順博物館
來源 考古研究所藏

一〇九六六 武城戈

字數 三
時代 春秋晚期
著録 文物 一九八三年一二期一〇頁
圖四
出土 一九七三年山東濰縣望留鄉麓臺
村
現藏 濰坊市博物館
來源 濰坊市博物館提供

一〇九六七 武城戟

字數 三
時代 春秋
著録 未見
來源 考古研究所藏

一〇九六八 左之造戈

字數 三
時代 春秋
著録 冠斝中 五四
流傳 榮厚舊藏
來源 冠斝

一〇九六九 郳右庭戈

字數 三
時代 春秋早期
著録 總集 七三八〇
考古 一九八三年二期一八八
頁圖三
出土 傳山東臨沂縣西鄉
現藏 臨沂地區文物店
來源 考古編輯部檔案

一〇九七〇 □翏戈(玄翏戈)

字數 存三
時代 春秋
著録 總集 七三九七
三代 一九・三七・四
貞松 一一・二五・二
鳥篆 七
吳越 一九二
流傳 松江程氏舊藏(貞松)
現藏 三代(拓)、吳越(摹)

一〇九七一 左徒戈

字數 三
時代 春秋
著録 文物 一九八五年一〇期三〇頁
出土 一九八三年山東莒南縣小窑
現藏 山東省博物館
來源 文物

一〇九七二 高密戈

字數 三
時代 春秋
著録 陶齋 三・四四
周金 六・四五・二
流傳 端方舊藏
來源 周金

一〇九七三 入公戈

字數 三
時代 春秋
著録 積古 八・一七・二
擴古 一・二・四二・二
流傳 翁樹培舊藏(積古、擴古)
來源 擴古

一〇九七四 間右庫戈
字數 三
時代 戰國早期
著録 未見
現藏 北京故宮博物院
來源 考古研究所拓

一〇九七五 作瀘右戈(亡鹽右戈)
字數 三
時代 戰國早期
著録 總集 七三六四
三代 一九・三一・四
綴遺 三〇・一九・二
奇觚 一〇・一〇・一
周金 六・三九・二
簠齋 四 古兵
山東存齊 二六・一
流傳 陳介祺舊藏
來源 考古研究所藏

一〇九七六 作瀘右戈
字數 三
時代 戰國早期
著録 奇觚 一〇・一〇・二
周金 六・四〇・一
流傳 劉氏舊藏(周金)
來源 周金
備注 或疑僞

一〇九七七 ⿰龍阝公戈
字數 三
時代 戰國早期
著録 雨臺山 八〇頁圖六二・四
出土 一九七五年湖北江陵雨臺山一六九號墓
現藏 荆州地區博物館
來源 考古研究所拓

一〇九七八 右濯戈
字數 三
時代 戰國早期
著録 總集 七三六七
三代 一九・三三・四
來源 考古研究所藏

一〇九七九 佫晉戈(保晉戈)
字數 三
時代 戰國早期
著録 周金 六・四六・一
流傳 河間龐氏舊藏
現藏 北京故宮博物院
來源 考古研究所拓

一〇九八〇 帀行還戈(泉州還戈)
字數 三
時代 戰國早期
著録 總集 七三六五
三代 一九・三三・一
貞松 一一・二五・一
貞圖中 五七
流傳 羅振玉舊藏
來源 考古研究所藏

一〇九八一 曾侯邚戈
字數 三
時代 戰國早期
著録 曾侯乙墓 二八三頁圖一七四・一
出土 一九七八年湖北隨縣曾侯乙墓(N・七一：一)
現藏 湖北省博物館
來源 文物出版社檔案

一〇九八二 皇宮左戈
字數 三
時代 戰國早期
著録 奇觚 一〇・一二・二
周金 六・四二・一
來源 周金

一〇九八三 皇宮左戈
字數 三
時代 戰國早期
著録 總集 七三八二
三代 二〇・七・二
綴遺 三〇・八・二
奇觚 一〇・一二・一
周金 六・四一・二
簠齋 四 古兵
小校 一〇・二六・二
流傳 陳介祺舊藏
來源 三代

一〇九八四 皇宮左戈
字數 三
時代 戰國早期
著録 總集 七三八三
雙吉下 二八
流傳 于省吾舊藏
來源 考古研究所藏

一〇九八五 辛宮左戈
字數 三
時代 戰國早期
著録 未見
來源 考古研究所藏

一〇九八六 中陽戈
字數 三
時代 戰國晚期
著録 未見
現藏 中國歷史博物館
來源 考古研究所拓

一〇九八七 臣十三戈
字數 三
時代 戰國
著録 未見
現藏 北京故宮博物院
來源 考古研究所拓

一〇九八八 左庫戈
字數 三
時代 戰國
著録 擴古 一・二・四三・二
流傳 程木庵舊藏
來源 擴古

一〇九八九 齊□造戈(齊城郜戈)
字數 三
時代 戰國
著録 總集 七三八一
録遺 五七二
現藏 北京故宮博物院
來源 考古研究所拓

一〇九九〇 鄭武庫戈
字數 三
時代 戰國晚期
著録 總集 七三六六
三代 一九・三三・二
奇觚 一〇・一四・一
周金 六・五四・一
小校 一〇・二八・二
流傳 陳介祺舊藏(奇觚)
來源 考古研究所藏

一〇九九一 鄭武庫戈

字數 三
時代 戰國晚期
著録 總集 七三七七
文物 一九七二年一〇期三九頁
圖一九
出土 一九七一年河南新鄭縣白廟范村
窖藏
現藏 河南省博物館
來源 文物編輯部檔案

一〇九九二 鄭生庫戈

字數 三
時代 戰國晚期
著録 文叢 一〇・期九四頁圖一四
出土 一九八二年湖南溆浦縣馬田坪
四一號墓
現藏 湖南省博物館
來源 文叢

一〇九九三 鄭生庫戈

字數 三
時代 戰國晚期
著録 總集 七三七八
文物 一九七二年一〇期三九頁
圖二〇
出土 一九七一年河南新鄭縣白廟范村
窖藏
現藏 河南省博物館
來源 文物編輯部檔案

一〇九九四 鄭左庫戈

字數 三
時代 戰國晚期
著録 總集 七三七五
文物 一九六〇年三期二七頁
圖二八 下
湖南省文物圖録 圖版二二一・三
湖南考古輯刊(一) 九〇頁圖二一・一
古文字研究 一〇輯二七一頁圖
二〇右
辭典 九四三
出土 一九五九年湖南長沙柳家大山
一一號墓
現藏 湖南省博物館
來源 湖南省博物館提供

一〇九九五 鄭右庫戈

字數 三
時代 戰國晚期
著録 總集 七三七六
文物 一九七二年一〇期三九頁
圖一七
出土 一九七一年河南新鄭縣白廟范村
窖藏
現藏 河南省博物館
來源 文物編輯部檔案

一〇九九六 邯鄲上戈

字數 三
時代 戰國晚期
著録 總集 七三七九
考古 一九六二年一二期六二四
頁圖一六
學報 一九七四年一期二五頁
圖五
出土 一九五七或一九五九年河北省
邯鄲百家村三號墓
現藏 河北省博物館
來源 考古學報編輯部檔案

一〇九九七 郗右戈

字數 三
時代 戰國
著録 考古 一九八四年四期三五一頁
圖一・一
出土 一九七五年山東臨沭
現藏 臨沭縣文化館
來源 考古編輯部檔案

一〇九九八 甘城右戈

字數 三
時代 戰國晚期
著録 善齋 一〇・二三
小校 一〇・二六・一
現藏 上海博物館
來源 考古研究所藏

一〇九九九 大公戈

字數 三
時代 戰國
著録 總集 七三七三
雙吉下 一七
流傳 于省吾舊藏
現藏 北京故宮博物院
來源 考古研究所拓

一一〇〇〇 孟右人戈

字數 三
時代 戰國晚期
著録 未見
現藏 郟縣文物管理所
來源 考古研究所拓

一一〇〇一 平阿左戈

字數 三
時代 戰國晚期
著録 攈古 一・二・四二・三
綴遺 三〇・七・二
周金 六・四四・一
小校 一〇・二五・一(二五・二
重)
流傳 陳扶雅(攈古録)、錢塘何氏(周
金)舊藏
來源 周金

一一〇〇二 虞之戟

字數 三
時代 戰國晚期
著録 學報 一九五七年一期一一四
頁圖九中
出土 一九五四～一九五五年山西長
治分水嶺一四號墓
現藏 山西省博物館
來源 考古學報編輯部檔案

一一〇〇三 職作戈

字數 存三
時代 戰國
著録 奇觚 一〇・二二・二
周金 六・二一・二
流傳 潘祖蔭舊藏(奇觚)
來源 考古研究所藏

一一〇〇四 郾王喜戈

字數 存三
時代 戰國晚期
著録 考古 一九六二年一期一九頁
圖一三・二
出土 一九五八年河北易縣燕下都
現藏 中國歷史博物館
來源 考古研究所拓

一一〇〇五 郾王喜戈

字數 存三
時代 戰國晚期
著録 未見
來源 考古研究所藏

一一〇〇六 梟之造戈

字數 三
時代 戰國晚期

著録　未見
現藏　北京故宮博物院
來源　考古研究所拓
一一〇〇七　[illegible]右戈
字數　三
時代　戰國晚期
著録　癡盦　五八
出土　與壽州楚器同時出土
流傳　李泰棻舊藏
來源　考古研究所藏
一一〇〇八　蜀西工戈
字數　三
時代　戰國晚期
著録　湖南考古輯刊(一)　圖版一三・五
　　　古文字研究　一〇輯二七一頁圖
　　　二一
出土　傳長沙近郊(古文字研究)
現藏　湖南省博物館
來源　湖南省博物館提供
一一〇〇九　蜀西工戈
字數　三
時代　戰國晚期
著録　總集　七三四二
　　　三代　二〇・二一・一
　　　小校　一〇・一五・一
流傳　劉體智舊藏
來源　三代
一一〇一〇　亞啟戈
字數　四
時代　殷
著録　總集　七三六二
　　　三代　一九・一九・一～二
　　　續殷下　八三・九
來源　考古研究所藏

一一〇一一　匽侯戟
字數　四
時代　西周早期
著録　考古　一九八四年五期四一四頁
　　　圖一一・五
出土　一九八一～一九八三年北京琉
　　　璃河墓葬(M一〇二九：五二)
現藏　琉璃河考古隊
來源　考古編輯部檔案
一一〇一二　[illegible]自戈
字數　四
時代　西周早期
著録　總集　七三九六
　　　三代　一九・三五・二
　　　綴遺　三〇・一二・二
　　　奇觚　一〇・一三・一
　　　周金　六・三二・一
　　　簠齋　四古兵
流傳　陳介祺舊藏
來源　考古研究所藏
一一〇一三　□元用戈
字數　四
時代　春秋早期
著録　考古　一九八一年四期二九九
　　　頁圖二・一
出土　一九七八年甘肅靈臺縣景家莊周
　　　家坪一號墓
現藏　靈臺縣文化館
來源　考古編輯部檔案
一一〇一四　豐伯戈
字數　四
時代　西周早期
著録　北窑　一一八頁圖六七・四
出土　一九六四年洛陽北窑墓葬

　　　(M二一五：五四)
現藏　洛陽市文物工作隊
來源　洛陽市文物工作隊提供
一一〇一五　王羕之戈
字數　四
時代　春秋
著録　總集　七三九二
　　　三代　一九・三六・一
現藏　旅順博物館
來源　考古研究所拓
一一〇一六　□司馬戈
字數　存四
時代　春秋
著録　總集　七三五四
　　　三代　二〇・六・二
　　　夢郼中　六
　　　山東存邾　一五・三
流傳　羅振玉舊藏
來源　考古研究所藏
一一〇一七　平陽左庫戈
字數　四
時代　春秋
著録　未見
現藏　上海博物館
來源　上海博物館提供
一一〇一八　滕侯昊戈
字數　存四
時代　春秋晚期
著録　銘文選　八〇七
現藏　上海博物館
來源　上海博物館提供
一一〇一九　雍之田戈
字數　四
時代　春秋

著録　總集　七四〇一
　　　錄遺　五六五
來源　錄遺
一一〇二〇　高平戈
字數　四
時代　春秋
著録　未見
來源　考古研究所藏
一一〇二一　子媾□戈(子備戈)
字數　四
時代　春秋晚期
著録　總集　七三九一
　　　三代　一九・三五・三
　　　綴遺　三〇・二〇・二
　　　奇觚　一〇・一六・二
　　　周金　六・三三・二
　　　簠齋　四古兵
　　　小校　一〇・三七・一～二
流傳　陳介祺舊藏
來源　三代
一一〇二二　鄗左庫戈
字數　四
時代　春秋晚期
著録　未見
來源　考古研究所藏
一一〇二三　高密戈
字數　四
時代　春秋
著録　總集　七三八九
　　　三代　一九・三五・一
　　　綴遺　三〇・一九・一
　　　奇觚　一〇・一六・一
　　　周金　六・三二・二
　　　簠齋　四古兵

流傳 陳介祺舊藏
來源 考古研究所藏

一一〇二四 武城戈
字數 四
時代 春秋晚期
著録 文物 一九八三年一二期九頁圖二
出土 一九七三年山東濰縣望留鄉麓臺村
現藏 濰坊市博物館
來源 濰坊市博物館提供

一一〇二五 武城戈
字數 四
時代 春秋晚期
著録 未見
流傳 山東省圖書館舊藏
現藏 山東省博物館
來源 考古研究所藏

一一〇二六 邛君戈
字數 四
時代 春秋晚期
著録 總集 七四〇三
考古 一九七三年三期一五六頁圖八
辭典 七八四
鳥篆 五三
出土 一九七一年湖北江陵拍馬山一〇號墓
現藏 荊州地區博物館
來源 考古研究所拓

一一〇二七 郲戈
字數 四
時代 春秋晚期
著録 雨臺山 八〇頁圖六二・二

出土 一九七五年湖北江陵雨臺山一三三號墓
現藏 荊州地區博物館
來源 考古研究所拓

一一〇二八 自作用戈
字數 四
時代 春秋晚期
著録 總集 七三九五
三代 一九・三七・二
貞松 一一・二六・二
燕京學報 一六期圖一五
中山學報 一九六四年一期圖三五
鳥篆 一二
吳越 一八九
現藏 三代(拓)、吳越(摹)

一一〇二九 攻敔王光戈
字數 存四
時代 春秋晚期(吳王光 公元前五一四～前四八六年)
著録 總集 七四四四
録遺 五六四
攈古 一・二・八五・一
周金 六・一八・一～二
鳥篆 一五二
吳越 〇四八
流傳 瞿木夫舊藏(攈古録)
來源 録遺(拓)、吳越(摹)

一一〇三〇 □之用戈
字數 存四
時代 春秋
著録 總集 七三九六
三代 一九・三七・三
周金 六・六〇・一

夢郼中 九
小校 一〇・三〇・一
燕京學報 一六期圖一四
中山學報 一九六四年一期圖三六
鳥篆 一一五
流傳 羅振玉舊藏
現藏 旅順博物館
來源 考古研究所藏

一一〇三一 𨻰戈(𨻰□車戈)
字數 存四
時代 戰國
著録 巖窟下 五二
出土 一九四〇年山東濟南附近
流傳 梁上椿舊藏
來源 巖窟

一一〇三二 吁戈
字數 四
時代 春秋晚期
著録 總集 七四二六
巖窟下 五四
出土 一九四二年山東
流傳 梁上椿舊藏
來源 巖窟

一一〇三三 𨻰□散戈
字數 四
時代 戰國
著録 總集 七三八六、七三八七
三代 一九・三四・二
綴遺 三〇・二二・一
奇觚 一〇・一五・一
周金 六・三〇・一
簠齋 四古兵
貞圖中 五九

小校 一〇・三四・一～二
山東存齊 二五・一
流傳 陳介祺、羅振玉舊藏
現藏 旅順博物館
來源 考古研究所藏

一一〇三四 陳□造戈(陳卯造戈)
字數 四
時代 春秋晚期
著録 總集 七三八四
三代 一九・三三・三
貞松 一一・二六・一
貞圖中 五八
流傳 羅振玉舊藏
來源 考古研究所藏

一一〇三五 𨻰余戈
字數 四
時代 戰國
著録 總集 七三九九
筠清 五・三三・一
綴遺 三〇・二三・二
攈古 一・二・八四・三
小校 一〇・三四・四
流傳 潘祖蔭、吳式芬舊藏(綴遺、攈古録)
來源 考古研究所藏

一一〇三六 𨻰□散戈
字數 四
時代 戰國
著録 總集 七三八五
三代 一九・三四・一
筠清 五・三二
攈古 一・二・八四・二
綴遺 三〇・二三・一
小校 一〇・三四・二

山東存齊 二五・三
巖窟下 四五
出土 山東(巖窟)
流傳 梁上椿舊藏
來源 三代

一〇三七　𨻰□車戈(𨻰豫車戈)
字數 四
時代 戰國
著録 未見
現藏 上海博物館
來源 考古研究所藏

一〇三八　陳子戈
字數 四
時代 戰國
著録 總集 七四一四
三代 二〇・一〇・二
雙吉下 二九
出土 陝西鳳翔(雙吉)
流傳 于省吾舊藏
現藏 中國歷史博物館
來源 考古研究所藏

一〇三九　邯鄲上庫戈
字數 四
時代 戰國早期
著録 癡盦 五九
出土 綏遠
現藏 北京故宮博物院
來源 考古研究所拓

一〇四〇　叔孫殺戈
字數 四
時代 戰國早期
著録 總集 七三九四
三代 一九・三七・一
現藏 中國歷史博物館
來源 考古研究所藏

一〇四一　平阿左戈
字數 四
時代 戰國早期
著録 善齋 一〇・二八
小校 一〇・三一・一
流傳 劉體智舊藏
來源 考古研究所藏

一〇四二　郗之新都戈(郗之新郜戈)
字數 四
時代 戰國早期
著録 總集 七四〇二
録遺 五六六
古文字研究 一〇輯二七二頁圖二四
湖南考古輯刊(一) 圖版一三・四
出土 長沙近郊(湖南考古輯刊)
現藏 湖南省博物館
來源 湖南省博物館提供

一〇四三　周旟戈
字數 四
時代 戰國早期
著録 雨臺山 八〇頁圖六二・一
出土 一九七五年湖北江陵雨臺山一〇〇號墓
現藏 荆州地區博物館
來源 考古研究所拓

一〇四四　□□戈
字數 四
時代 戰國早期
著録 未見
來源 考古研究所藏

一〇四五　鄦之造戈
字數 四
時代 戰國早期
著録 文物 一九八〇年一期圖版九・二下
文物 一九八二年四期四七頁圖三
江漢考古 一九八二年一期圖版四下
趙家湖 一三一頁圖七四・二
出土 一九七七年湖北當陽趙家湖金家山四五號墓
現藏 宜昌地區博物館
來源 考古研究所拓

一〇四六　敔之造戟
字數 四
時代 戰國早期
著録 積古 八・一六・三
金索 九四・四
攈古 一・二・八五・二
奇觚 一八・三一・一
周金 六・二九・二
小校 一〇・三六・二
流傳 吴槎客舊藏(積古)
來源 小校

一〇四七　旟作□戈(旟作揶戈)
字數 四
時代 戰國早期
著録 曾侯乙墓 二五六頁圖一五〇・二
出土 一九七八年湖北隨縣曾侯乙墓(N・二二四)
現藏 湖北省博物館
來源 文物出版社檔案

一〇四八　邶君戈(挪君戈)
字數 四
時代 戰國早期
著録 曾侯乙墓 二八三頁圖一七四・二
出土 一九七八年湖北隨縣曾侯乙墓(N・七〇：一)
現藏 湖北省博物館
來源 文物出版社檔案

一〇四九　仕斤徒戈
字數 四
時代 戰國早期
著録 總集 七四〇七
三代 二〇・七・一
攈古 一・二・八四・四
綴遺 三〇・六・一
奇觚 一〇・一七・一
周金 六・三三・一
簠齋 四古兵
流傳 陳介祺舊藏
來源 考古研究所藏

一〇五〇　仕斤徒戈
字數 四
時代 戰國早期
著録 寶鼎齋 一六二
彙編 七・八六六
三代補 七一四
現藏 荷蘭萬孝臣氏
來源 彙編

一〇五一　大□公戟
字數 四
時代 戰國
著録 未見
現藏 遼寧省博物館
來源 考古研究所拓

一〇五二　宜鑄戈
字數 四
時代 戰國

著録 文物一九八一年一一期五七頁
　圖四・七
出土 一九七六年河南洛陽六二號糧窖
現藏 洛陽市博物館
來源 文物

一一〇五三 武陽右庫戈
字數 四
時代 戰國
著録 未見
現藏 北京故宮博物院
來源 考古研究所拓

一一〇五四 上黨武庫戈
字數 四
時代 戰國晚期
著録 夢郼下二二
　文物一九七四年六期一六頁圖八
流傳 羅振玉舊藏
來源 夢郼

一一〇五五 信陰君庫戈
字數 四
時代 戰國
著録 未見
現藏 天津市歷史博物館
來源 天津市歷史博物館提供

一一〇五六 平陸左戟
字數 四
時代 戰國
著録 總集七四一一
　三代二〇・九・二
　奇觚一〇・一八・一
　周金六・三六・一
　小校一〇・三二・一
流傳 陳介祺舊藏(奇觚)
現藏 旅順博物館

來源 考古研究所拓

一一〇五七 郾侯右宮戈
字數 四
時代 戰國晚期
著録 未見
來源 考古研究所藏

一一〇五八 郾王詈戈
字數 四
時代 戰國晚期
著録 周金六・三七・二
流傳 鄒安舊藏
來源 周金
備注 或疑銘僞

一一〇五九 作御司馬戈
字數 存四
時代 戰國晚期
著録 總集七三八八
　三代一九・三四・三
　夢郼中七
流傳 羅振玉舊藏
來源 考古研究所藏

一一〇六〇 郘之[illegible]戈
字數 四
時代 戰國晚期
著録 未見
出土 武漢市卓刀泉華師二附中操場
現藏 武漢市文物管理委員會
來源 武漢市文物管理委員會提供

一一〇六一 車大夫長畫戈
字數 四
時代 戰國晚期
著録 總集七三九三
　三代一九・三六・二
　奇觚一〇・二八・一
　周金六・三四・二
　小校一〇・三五・三～三六・一
流傳 陳介祺舊藏(奇觚)
來源 考古研究所藏
備注 此器或爲戟

一一〇六二 陵右戟
字數 四
時代 戰國晚期
著録 總集七四〇八
　三代二〇・八・一
　綴遺三〇・二四・一
　奇觚一〇・一四・三
　周金六・三四・一
　簠齋四古兵
　小校一〇・三三・一
流傳 陳介祺舊藏
來源 考古研究所藏

一一〇六三 大武戈
字數 四
時代 戰國晚期
著録 總集七七七一
　文物一九六三年一期六五頁
　圖三
　辭典九七二
出土 一九六〇年湖北荆門車橋大壩墓
　葬
現藏 荆州地區博物館
來源 考古研究所拓

一一〇六四 楚公豪戈
字數 五
時代 西周晚期
著録 總集七四二九
　文物一九五九年一二期六〇頁
　文物一九六〇年八、九期七九頁
　湖南省文物圖録二一・一
　美全四・二三九
現藏 湖南省博物館
來源 湖南省博物館提供

一一〇六五 嚚淏侯戈(囂淏侯戈)
字數 五
時代 春秋早期
著録 總集七四二二
　三代一九・四〇・一
　貞松一一・二八・二
流傳 羅振玉舊藏
來源 考古研究所藏

一一〇六六 [illegible]作之元戈
字數 五
時代 春秋早期
著録 未見
現藏 蘇州市博物館
來源 考古研究所藏

一一〇六七 盗叔之行戈
字數 五
時代 春秋晚期
著録 總集七四三二
　考古一九八二年二期一四五
　圖七
出土 一九八〇年湖北隨縣劉家崖墓葬
現藏 隨州市博物館
來源 考古研究所拓

一一〇六八 [illegible]少鉤庫戈
字數 五
時代 春秋
著録 未見
現藏 北京故宮博物院
來源 考古研究所拓

一一〇六九 事孫□丘戈

字數 五
時代 春秋
著録 總集 七四二五
三代 一九・四二・一
貞松 一一・二八・三
流傳 陳介祺舊藏
現藏 遼寧省博物館
來源 考古研究所拓

一一〇七〇 曹右庭戈
字數 五
時代 春秋
著録 未見
現藏 遼寧省博物館
來源 考古研究所拓

一一〇七一 □用戈
字數 五
時代 春秋
著録 文物 一九八二年九期二六頁
圖五
現藏 北京市文物研究所
來源 文物

一一〇七二 子可期戈
字數 五
時代 春秋晚期
著録 燕京學報 一六期圖一七
巖窟下 四一
鳥篆 一二六
出土 安徽壽縣
流傳 梁上椿舊藏
來源 燕京學報

一一〇七三 閭丘爲鵑造戈
字數 五
時代 春秋晚期
著録 總集 七四一六
三代 一九・三八・三
貞松 一一・二七・二
貞圖中 六〇
山東存莒 三・二
考古 一九六二年五期二六六頁
圖三
現藏 旅順博物館
來源 考古研究所藏

一一〇七四 ⿰豕阝州戈(豫州戈)
字數 五
時代 春秋晚期
著録 未見
現藏 天津市歷史博物館
來源 考古研究所拓

一一〇七五 右買戈(石買戈)
字數 五
時代 春秋晚期
著録 總集 七四三一
三代 二〇・一二・一
移林 二八
貞松 一二・二・三
流傳 丁麟年舊藏
現藏 山東省博物館
來源 考古研究所藏

一一〇七六 徐子戈
字數 五
時代 春秋晚期
著録 總集 七四二〇
三代 二〇・一一・二
夢郼中 八
小校 一〇・四〇・一
流傳 劉鶚、羅振玉舊藏(羅表)
來源 考古研究所藏

一一〇七七 滕侯耆戈(滕侯耆戈)
字數 五
時代 春秋晚期
著録 總集 七四一九
三代 一九・三九・三
激秋 五四
貞松 一一・二七・一
山東存滕 二・三~四
流傳 陳承裘、羅振玉舊藏
現藏 臺北故宮博物院
來源 考古研究所拓

一一〇七八 滕侯耆戈(滕侯耆戈)
字數 五
時代 春秋晚期
著録 總集 七四二〇
巖窟下 四三
銘文選 八〇八
出土 一九四二年安徽壽縣城北
流傳 梁上椿舊藏
現藏 北京故宮博物院
來源 考古研究所拓

一一〇七九 滕侯昊戈
字數 五
時代 春秋晚期
著録 考古 一九八四年四期三三七頁
圖一一
辭典 七八五
出土 一九八〇年山東滕縣西寺院村
現藏 滕縣博物館
來源 考古研究所拓

一一〇八〇 □子戈
字數 五
時代 春秋晚期
著録 總集 七四一五
三代 二〇・一一・一
現藏 旅順博物館
來源 考古研究所藏

一一〇八一 塦侯因資戈
字數 五
時代 戰國中期(齊威王因齊)
著録 總集 七四三四
三代 二〇・一三・一
山東存齊 二〇・二
來源 三代

一一〇八二 塦⿱亠从子戈
字數 五
時代 戰國
著録 總集 七四一八
三代 一九・三九・二
綴遺 三〇・二一・一
奇觚 一〇・一八・二
周金 六・二八・二
簠齋 四古兵
小校 一〇・三九・一~二
流傳 陳介祺舊藏
現藏 北京故宮博物院
來源 考古研究所藏

一一〇八三 塦御寇戈
字數 五
時代 戰國
著録 貞松 一一・二七・三
現藏 上海博物館
來源 考古研究所藏

一一〇八四 陳子戈(陳子山戟)
字數 五
時代 春秋晚期
著録 總集 七四三三
三代 二〇・一二・二
貞松 一二・二・一

小校 一〇・三九・三
流傳 羅振玉舊藏
現藏 旅順博物館
來源 考古研究所藏

一一〇八五 □庡戈

字數 五
時代 春秋晚期
著録 總集 七四二四
三代 一九・四一・二
攈古 一・三・三七・一
綴遺 三〇・九・二
貞松 一二・三・一
流傳 李璋煜舊藏（攈古録）
來源 三代

一一〇八六 陲子翼戈（陲子冀戟）

字數 五
時代 戰國
著録 總集 七四二三
三代 一九・四一・一
貞松 一一・二八・一
來源 三代

一一〇八七 陲子翼戈

字數 五
時代 戰國
著録 總集 七四二三
三代 二〇・一〇・一
周金 六・二六・二
小校 一〇・三九・四
山東存齊 二五・二
流傳 鄒安舊藏
來源 三代

一一〇八八 君子單戟

字數 五
時代 春秋晚期
著録 總集 七四七〇
三代 二〇・一五・二
貞松 一二・四・一
現藏 中國歷史博物館
來源 考古研究所拓

一一〇八九 羊子戈

字數 五
時代 春秋晚期
著録 總集 七四二二
三代 一九・四〇・二
積古 八・一五・二
金索 八九
攈古 一・三・三六・四
奇觚 一〇・二〇・一
周金 六・二六・一
小校 一〇・四一・一
山東存魯 二一・二～三
出土 山東曲阜（積古）
流傳 曲阜顔氏、陳介祺舊藏
現藏 上海博物館
來源 三代

一一〇九〇 羊子戈

字數 五
時代 春秋晚期
著録 未見
現藏 北京清華大學圖書館
來源 考古研究所拓

一一〇九一 蔡戈（大紒戈、玄夫戈）

字數 五
時代 春秋晚期
著録 山彪鎮 一五頁，又圖版二四・一
鳥篆 一四九
吴越 〇六七
出土 一九三五年河南汲縣山彪鎮一號墓
現藏 歷史語言研究所
來源 考古研究所編輯室檔案

一一〇九二 敚戟

字數 五
時代 戰國早期
著録 總集 七四三六
學報 一九八一年四期五三四頁圖一三・四
湖南考古輯刊（一） 九〇頁圖二・八
古文字研究 一〇輯二七六頁圖三四
湖南省博物館 六四
鳥篆 五七
出土 一九七八年湖南益陽赫山廟四號墓
現藏 湖南省博物館
來源 湖南省博物館提供

一一〇九三 雍王戈（雍戈）

字數 五
時代 戰國
著録 總集 七四三八
録遺 五七五
現藏 北京故宮博物院
來源 考古研究所拓

一一〇九四 曾侯郕戈

字數 五
時代 戰國早期
著録 曾侯乙墓 二五七頁圖一五一・一
出土 一九七八年湖北隨縣曾侯乙墓（N・三）
現藏 湖北省博物館
來源 文物出版社檔案

一一〇九五 曾侯郕戈

字數 五
時代 戰國早期
著録 曾侯乙墓 二五六頁圖一五〇・三
出土 一九七八年湖北隨縣曾侯乙墓（N・二二五）
現藏 湖北省博物館
來源 文物出版社檔案

一一〇九六 曾侯郕双戈戟

字數 五
時代 戰國早期
著録 曾侯乙墓 二八二頁圖一七三
出土 一九七八年湖北隨縣曾侯乙墓（N・七六）
現藏 湖北省博物館
來源 文物出版社檔案

一一〇九七 曾侯郕双戈戟

字數 五
時代 戰國早期
著録 曾侯乙墓 二八一頁圖一七七
出土 一九七八年湖北隨縣曾侯乙墓（N・一一五）
現藏 湖北省博物館
來源 文物出版社檔案

一一〇九八 曾侯郕双戈戟

字數 五（又各重一）
時代 戰國早期
著録 曾侯乙墓 二七六頁圖一六六
出土 一九七八年湖北隨縣曾侯乙墓（N・一〇五）
現藏 湖北省博物館
來源 文物出版社檔案

一一〇九九 □公戈

字數 五

時代 戰國早期
著録 文物 一九七二年四期四六頁圖一六又四〇頁圖四中
出土 一九六五年山西長治分水嶺一二六號墓
現藏 山西省考古研究所晉東南工作站
來源 文物

一一〇〇 子眲之用戈（子眲戈）
字數 五
時代 戰國早期
著録 總集 七四二七
録遺 五六七
燕京學報 二三期圖一
中山學報 一九六四年一期圖二九
鳥篆 一八
吳越 〇七〇
出土 一九三五年安徽壽縣（燕京學報）
現藏 上海博物館
來源 上海博物館提供

一一〇一 平□□戈
字數 五
時代 戰國早期
著録 總集 七四一七
三代 一九・三九・一
來源 考古研究所藏

一一〇二 武王戈
字數 五
時代 戰國晚期
著録 總集 七四三七
録遺 五七三
來源 録遺

一一〇三 武王戈
字數 五
時代 戰國晚期
著録 湖南考古輯刊（二） 九〇頁圖二・七
古文字研究 一〇輯二七三頁圖二八下
現藏 湖南省博物館
來源 湖南省博物館提供

一一〇四 武王戈
字數 五
時代 戰國晚期
著録 湖南考古輯刊（二） 圖版一四・五
古文字研究 一〇輯二七三頁圖二八中
現藏 湖南省博物館
來源 湖南省博物館提供

一一〇五 子泉聯戈
字數 五
時代 戰國
著録 總集 七四一〇
三代 二〇・九・一
貞松 一二・二・二
小校 一〇・六二・三
現藏 中國歷史博物館
來源 考古研究所藏

一一〇六 少府戈
字數 五
時代 戰國
著録 未見
現藏 北京故宮博物院
來源 考古研究所拓

一一〇七 作用戈
字數 五
時代 戰國
著録 文物 一九八六年三期四〇頁圖二八
現藏 濰坊市博物館
來源 文物

一一〇八 □□御戈
字數 五（又合文一）
時代 戰國
著録 文物 一九八六年三期四〇頁圖二五、二六
現藏 濰坊市博物館
來源 文物

一一〇九 王右庫戈
字數 五
時代 戰國晚期
著録 未見
來源 考古研究所藏
備注 或疑僞刻

一一一〇 王職戈
字數 存五
時代 戰國晚期
著録 總集 七四八三
三代 二〇・一七・四
貞松 一二・五・一
流傳 羅振玉舊藏
來源 三代

一一一一 左行議率戈
字數 五
時代 戰國晚期
著録 河北 一四三
辭典 九三四
青全 九・一三六
出土 一九七〇年河北易縣燕下都北瀋村
現藏 河北省博物館
來源 河北

一一一二 宜無戟
字數 五
時代 戰國晚期
著録 總集 七五九一
五省 圖版六一
學報 一九五七年一期一一四頁圖九右
山西精華 七三
出土 一九五四～一九五五年山西長治分水嶺一四號墓
現藏 山西省博物館
來源 考古學報編輯部檔案

一一一三 犢共叟戟
字數 五
時代 戰國晚期
著録 總集 七五九〇
録遺 五七四
考古 一九六二年一期一九頁圖一三・四
出土 一九五八年河北易縣燕下都
現藏 中國歷史博物館
來源 録遺

一一一四 亞若癸戈
字數 六（又重文一）
時代 殷
著録 總集 七三六一
三代 一九・一八・三～四
積古 二・二五・三～四
從古 三・三四
攈古 二一・一八・三～四
敬吾下 八四・一～二
周金 六・七一・一～二
清儀 一・一四・一～二
續殷下 八三・一一～一二
小校 一〇・六五・三～四

流傳 潘毅堂、張廷濟舊藏
來源 三代
備注 金索八三・一～二與此同銘，但銘文方向相反

一一一五 且乙戈
字數 六
時代 殷
著録 總集 七四三九
三代 一九・一九・三
貞松 一一・二九・一
善齋 一〇・七七～七八
續殷下 八六・一
小校 一〇・八八・三～四
安徽金石 一六・一
現藏 上海博物館
來源 考古研究所藏

一一一六 虢太子元徒戈
字數 六
時代 春秋早期
著録 總集 七四五八
虢國墓 二八頁圖二三・二
出土 一九五六～一九五七年河南三門峽上村嶺一〇五二號墓
現藏 中國歷史博物館
來源 考古研究所編輯室檔案

一一一七 虢太子元徒戈
字數 六
時代 春秋早期
著録 總集 七四五七
銘文選 二・九一一
虢國墓 二八頁圖二三
出土 一九五六～一九五七年河南三門峽上村嶺一〇五二號墓
現藏 中國歷史博物館
來源 考古研究所編輯室檔案

一一一八 宮氏白子戈
字數 六
時代 春秋早期
著録 總集 七四五九
虢國墓 三三頁圖二八・一
出土 一九五六～一九五七年河南三門峽上村嶺一七〇五號墓
現藏 中國歷史博物館
來源 考古研究所編輯室檔案

一一一九 宮氏白子戈
字數 六
時代 春秋早期
著録 總集 七四六〇
虢國墓 三三頁圖二八・二
出土 一九五六～一九五七年河南三門峽上村嶺一七〇五號墓
現藏 中國歷史博物館
來源 考古研究所編輯室檔案

一一二〇 曹公子沱戈
字數 六（又重文二）
時代 春秋早期
著録 銘文選 七八二
青全 九・九一
山東藏品 五九
現藏 山東省博物館
來源 山東省博物館提供

一一二一 曾侯戈
字數 六
時代 春秋早期
著録 江漢考古 一九八三年三期圖版七・五、六，又圖版八
出土 一九八二年湖北棗陽縣趙湖
現藏 棗陽縣文化館
來源 江漢考古

一一二二 王子安戈（王子反戈）
字數 六
時代 春秋晚期
著録 考古 一九八〇年一期三八頁圖七・一
流傳 一九七三年滕縣城郊供銷社廢品收購站揀選
現藏 山東省博物館
來源 考古研究所拓

一一二三 滕侯昊戈
字數 六
時代 春秋晚期
著録 總集 七四六七
三代 二〇・一三・三
貞松 一二・三・三
澂秋下 五五
山東存滕 三・一～二
銘文選 八〇六
出土 此與滕侯耆戈並出山左（澂秋）
流傳 陳承裘、北京故宮博物院舊藏
現藏 中國歷史博物館
來源 考古研究所拓

一一二四 𦎫于公戈
字數 六
時代 春秋晚期
著録 未見
現藏 北京故宮博物院
來源 考古研究所拓

一一二五 𦎫于公戈
字數 六
時代 春秋晚期
著録 總集 七四六八
三代 二〇・一四・一
貞松 一二・一・三
雙吉下 三〇
山東存鑄 五・二
流傳 于省吾舊藏
現藏 北京故宮博物院
來源 考古研究所藏

一一二六 𨻰子皮戈
字數 六
時代 戰國
著録 總集 七四二八
録遺 五六八
巖窟下 五一
出土 一九四三年山東汶上（巖窟）
流傳 梁上椿舊藏
現藏 北京故宮博物院
來源 考古研究所拓

一一二七 𨻰胎戈
字數 六
時代 戰國
著録 文叢 七・七九頁圖一
現藏 青州市博物館
來源 青州市博物館提供

一一二八 𨻰卿聖孟戈
字數 六
時代 戰國
著録 未見
來源 考古研究所藏

一一二九 𨻰侯因資戈
字數 六
時代 戰國中期（齊威王因齊）
著録 奇觚 一〇・二三・二
流傳 潘祖蔭舊藏
來源 考古研究所藏

一一三〇 子禾子左戟

字數 六
時代 戰國
著録 未見
來源 考古研究所藏

一一三一 司馬望戈
字數 六
時代 春秋
著録 周金 六・二四・二
小校 一〇・四三・二
流傳 項城袁氏、鄒安舊藏(周金)
來源 周金

一一三二 宋公得戈
字數 六
時代 春秋晚期(宋昭公)
著録 總集 七四五六
中山學報 一九六四年一期圖二七
書道(平凡) 一・一〇三
銘文選 七九六
鳥篆 四二
出土 壽縣(中山學報)
來源 考古研究所藏陳夢家先生資料、書道

一一三三 宋公欒戈
字數 六
時代 春秋晚期(宋景公)
著録 總集 七四五五
燕京學報 二三期圖 三
雙吉上 四三
中山學報 一九六四年一期圖二六
上海 八六
三代補 八四二
銘文選 七九三
辭典 七八八
鳥篆 四三
出土 一九三六年壽縣(燕京學報)
流傳 于省吾舊藏、後歸上海博物館
現藏 中國歷史博物館
來源 雙古

一一三四 無伯彪戈
字數 六
時代 春秋晚期
著録 雙古上 四六
流傳 于省吾舊藏
來源 雙古

一一三五 陰晉左庫戈
字數 六
時代 春秋晚期
著録 周金 六・二九・一
小校 一〇・四三・一
流傳 海寧陳氏舊藏(周金)
來源 小校

一一三六 蔡□戈(玄翏敄戈)
字數 六
時代 春秋晚期
著録 燕京學報 一七期圖二六
中山學報 一九六四年一期八六頁
鳥篆 三
吳越 〇六九
流傳 許懋齋舊藏(燕京學報)
來源 考古研究所藏(拓)、吳越(摹)

一一三七 蔡□戈(玄翏夫鋁戈)
字數 六
時代 春秋晚期
著録 學報 一九五九年一期圖版一〇・六
湖南考古輯刊(一) 圖版一四・一
鳥篆 六
吳越 一九〇
出土 一九五二～一九五六年湖南長沙絲營一七〇號墓
現藏 湖南省博物館
來源 考古學報編輯部檔案(拓)、吳越(摹)

一一三八 蔡□戈(玄翏夫鋁戈)
字數 六
時代 春秋晚期
著録 中山學報 一九六四年一期圖三一
鳥篆 五
吳越 一九一
現藏 上海博物館
來源 中山學報(拓)、吳越(摹)

一一三九 □之用玄翏戈
字數 六
時代 春秋晚期
著録 總集 七三九八
三代 一九・三八・二
鳥篆 四
來源 考古研究所藏

一一四〇 蔡侯𩱼戈
字數 六
時代 春秋晚期
著録 總集 七四四八
三代 一九・四五・二
周金 六・二三・二
貞松 一一・二九・二
安徽金石 一六・四
流傳 黟縣黃氏(周金)、松江程氏(貞松)舊藏
來源 三代

一一四一 蔡侯𩱼戈
字數 六
時代 春秋晚期
著録 總集 七四四九
文物 一九五五年八期三一頁圖二
五省 圖版五七・三
蔡侯墓 圖版四一
出土 一九五五年安徽壽縣西門蔡侯墓
現藏 安徽省博物館
來源 考古研究所編輯部檔案

一一四二 蔡侯𩱼戈
字數 六
時代 春秋晚期
著録 文物 一九八六年三期四五頁圖五、圖六
出土 一九八〇年安徽霍山縣南岳上元街十八塔小山頭墓葬
現藏 霍山縣文物組
來源 文物

一一四三 蔡侯産戈
字數 六
時代 戰國早期
著録 故青 二九七
鳥篆 二三
現藏 北京故宮博物院
來源 考古研究所拓

一一四四 蔡侯産戈
字數 六
時代 戰國早期
著録 考古圖 六・一二
薛氏 一・一
燕京學報 一六期圖三

中山學報　一九六四年一期圖
二二
鳥篆　二四
出土　安徽壽陽紫金山(考古圖)
流傳　李伯時舊藏(薛氏)
備注　舊名「夏瑚戈」實誤，可能是
「蔡侯産之用戈」六字，故暫名
「蔡侯産戈」

一一四五　蔡公子果戈
字數　六
時代　春秋晚期
著録　總集　七四五一
三代　一九・三八・一
鳥篆　六五
來源　三代

一一四六　蔡公子果戈
字數　六
時代　春秋晚期
著録　總集　七四五〇
三代　一九・四六・二
周金　六・二四・一
貞松　一一・三〇・一
安徽金石　一六・五・一
鳥篆　一〇一
流傳　程文龍(周金)、松江程氏(貞松)
舊藏
來源　考古研究所藏

一一四七　蔡公子果戈
字數　六
時代　春秋晚期
著録　總集　七四五二
文物　一九六四年七期三三頁圖一
銘文選　六〇〇
鳥篆　二九
上海(二〇〇四)　五四五
現藏　上海博物館
來源　文物

一一四八　蔡公子加戈
字數　六
時代　春秋晚期
著録　總集　七四五三
上海　八七
銘文選　六〇一
美全　五・三八
辭典　七八六
鳥篆　三四
上海(二〇〇四)　五四六
現藏　上海博物館
來源　上海博物館提供

一一四九　蔡加子戈
字數　六
時代　春秋晚期
著録　總集　七四五四
雙古上　四七
巖窟下　四二
出土　一九四二年安徽壽縣(巖窟)
流傳　于省吾、梁上椿舊藏
來源　雙古

一一五〇　蔡□□戟(蔡侯朔戈)
字數　六
時代　春秋晚期
著録　學報　一九八二年二期二三三頁
圖四・一
出土　一九八〇年安徽舒城縣孔集九里
墩墓葬
現藏　舒城縣文物組
來源　考古學報編輯部檔案

一一五一　攻敔王光戈
字數　六
時代　春秋晚期(吳王光　公元前五一四～
前四八六年)
著録　總集　七四四三
三代　一九・四三・三～四
燕京學報　一七期圖二四
十二雙　四
雙古上　四四
中山學報　一九六四年一期圖一八
鳥篆　三六
故青　二六四
吳越　四七
出土　洛陽金村(燕京學報)
流傳　于省吾舊藏
現藏　北京故宮博物院
來源　考古研究所藏

一一五二　楚王孫漁戈
字數　六
時代　春秋晚期
著録　銘文選　六四五
鳥篆　四七
出土　湖北江陵新民泗場長湖邊
現藏　湖北省博物館
來源　考古研究所拓並摹

一一五三　楚王孫漁戈
字數　六
時代　春秋晚期
著録　總集　七四六二
文物　一九六三年三期四七頁
中山學報　一九六四年一期圖二〇
辭典　七八七
鳥篆　四六
出土　湖北江陵新民泗場長湖邊
流傳　湖北省博物館
現藏　中國歷史博物館
來源　中山學報
備注　兩件楚王孫漁戈或爲雙戈戟

一一五四　成陽辛城里戈
字數　六
時代　春秋晚期
著録　總集　七四四六
三代　一九・四四・二
貞松　一一・三一・一
雙吉下　一九
巖窟下　五三
出土　山東(巖窟)
流傳　于省吾、梁上椿舊藏
來源　考古研究所藏

一一五五　成陽辛城里戈
字數　六
時代　春秋晚期
著録　未見
現藏　北京故宮博物院
來源　考古研究所拓

一一五六　平陽高馬里戈
字數　六
時代　春秋晚期
著録　總集　七四四五
三代　一九・四四・一
綴遺　三〇・八・一
奇觚　一〇・一九・二
簠齋　四古兵
流傳　陳介祺舊藏
來源　考古研究所藏

一一五七　□君戈(受戈)
字數　六
時代　春秋晚期
著録　總集　七四七一

録遺 五七六
鳥篆 五五
現藏 歷史語言研究所
來源 考古研究所藏

一一五八 平阿左戟
字數 六
時代 戰國
著録 總集 七五九二
文物 一九七九年四期二五頁圖三
出土 一九七七年山東蒙陰縣高都鄉唐家峪
現藏 山東臨沂地區文物組
來源 文物

一一五九 □令長□戈
字數 六
時代 戰國
著録 考古通訊 一九五七年二期四頁圖三
出土 一九五六年四川成都北郊洪家包西漢墓
現藏 四川省博物館
來源 考古編輯部檔案

一一六〇 即墨華戈
字數 六
時代 戰國
著録 未見
現藏 北京故宮博物院
來源 考古研究所拓

一一六一 新弨戟(新佸戟)
字數 六
時代 戰國
著録 總集 七四六三
文物 一九六二年一一期五八頁，又六五頁二
中山學報 一九六四年一期圖三二
鳥篆 二二
出土 一九五五年湖北南漳某地
現藏 襄陽地區博物館
來源 中山學報

一一六二 王子□戈
字數 六
時代 戰國
著録 總集 七四六九
三代 二〇・一四・二
貞松 一一・三一・二
現藏 遼寧省博物館
來源 考古研究所拓

一一六三 蔡朋戈(玄翏戈)
字數 六
時代 春秋
著録 鳥篆 九
吳越 一九五
現藏 中國歷史博物館
來源 考古研究所拓、吳越(摹)

一一六四 顯作造戈
字數 六
時代 戰國早期
著録 總集 七四七三
三代 一九・四七・二
貞圖中 六二
流傳 羅振玉舊藏
現藏 旅順博物館
來源 考古研究所藏

一一六五 [illegible]戈
字數 六
時代 戰國早期
著録 總集 七四〇五
輝縣 圖版八九・三
出土 一九五〇～一九五二年河南輝縣趙固村一號墓
現藏 中國歷史博物館
來源 考古研究所編輯室檔案

一一六六 [illegible]戈
字數 六
時代 戰國早期
著録 輝縣 圖版八九・一
出土 一九五〇～一九五二年河南輝縣趙固村一號墓
現藏 中國歷史博物館
來源 考古研究所編輯室檔案

一一六七 曾侯乙戈
字數 六
時代 戰國早期
著録 總集 七四六五
曾侯乙墓 二五八頁圖一五二・三
銘文選 七〇四
辭典 九三三
出土 一九七八年湖北隨縣曾侯乙墓(E・一五〇)
現藏 湖北省博物館
來源 文物出版社檔案

一一六八 曾侯乙戈
字數 六
時代 戰國早期
著録 曾侯乙墓 二五七頁圖一五一・二
出土 一九七八年湖北隨縣曾侯乙墓(N・二三六)
現藏 湖北省博物館
來源 文物出版社檔案

一一六九 曾侯乙戈
字數 六
時代 戰國早期
著録 曾侯乙墓 二五八頁圖一五二・二
出土 一九七八年湖北隨縣曾侯乙墓(N・二二二)
現藏 湖北省博物館
來源 文物出版社檔案

一一七〇 曾侯乙戈
字數 六
時代 戰國早期
著録 曾侯乙墓 二五八頁圖一五二・一
出土 一九七八年湖北隨縣曾侯乙墓(N・二三一)
現藏 湖北省博物館
來源 文物出版社檔案

一一七一 曾侯乙戈
字數 六
時代 戰國早期
著録 曾侯乙墓 二五六頁圖一五〇・一
出土 一九七八年湖北隨縣曾侯乙墓(N・二二八)
現藏 湖北省博物館
來源 文物出版社檔案

一一七二 曾侯乙三戈戟
字數 六(又各重二)
時代 戰國早期
著録 總集 七四六四
曾侯乙墓 二七〇頁圖一六〇
出土 一九七八年湖北隨縣曾侯乙墓(N・二〇九)
現藏 湖北省博物館
來源 文物出版社檔案

一一七三 曾侯乙三戈戟
字數 六(又各重二)
時代 戰國早期
著録 曾侯乙墓 二六七頁圖一五七，

二六八頁圖一五八
鳥篆 五六
青全 一〇・一七〇
辭典 九五一
出土 一九七八年湖北隨縣曾侯乙墓
(N・二一一)
現藏 湖北省博物館
來源 文物出版社檔案

一一七四 曾侯邸戈
字數 六
時代 戰國早期
著録 曾侯乙墓 二五七頁圖一五一・三
出土 一九七八年湖北隨縣曾侯乙墓
(N・二一五)
現藏 湖北省博物館
來源 文物出版社檔案

一一七五 曾侯邸双戈戟
字數 六
時代 戰國早期
著録 曾侯乙墓 二八〇頁圖一七〇
鳥篆 一五五
出土 一九七八年湖北隨縣曾侯乙墓
(N・一八四)
現藏 湖北省博物館
來源 文物出版社檔案

一一七六 曾侯邸双戈戟
字數 六(又各重二)
時代 戰國早期
著録 曾侯乙墓 二七四頁圖一六四
辭典 九五〇
鳥篆 一二九
出土 一九七八年湖北隨縣曾侯乙墓
(N・一二七)
現藏 湖北省博物館
來源 文物出版社檔案

一一七七 曾侯邸双戈戟
字數 六(又各重二)
時代 戰國早期
著録 曾侯乙墓 二七三頁圖一六三
出土 一九七八年湖北隨縣曾侯乙墓
(N・一三〇)
現藏 湖北省博物館
來源 文物出版社檔案

一一七八 曾侯邸双戈戟
字數 六(又各重二)
時代 戰國早期
著録 曾侯乙墓 二七九頁圖一六九
出土 一九七八年湖北隨縣曾侯乙墓
(N・六二)
現藏 湖北省博物館
來源 文物出版社檔案

一一七九 曾侯邸双戈戟
字數 六(又各重二)
時代 戰國早期
著録 曾侯乙墓 二七七頁圖一六七
出土 一九七八年湖北隨縣曾侯乙墓
(N・一三三)
現藏 湖北省博物館
來源 文物出版社檔案

一一八〇 曾侯遻三戈戟
字數 六(又各重二)
時代 戰國早期
著録 曾侯乙墓 二六六頁圖一五六
出土 一九七八年湖北隨縣曾侯乙墓
(N・二〇六)
現藏 湖北省博物館
來源 文物出版社檔案

一一八一 曾侯遻三戈戟
字數 六(又各重二)
時代 戰國早期
著録 曾侯乙墓 二七一頁圖一六一
出土 一九七八年湖北隨縣曾侯乙墓
(N・二〇五)
現藏 湖北省博物館
來源 文物出版社檔案

一一八二 朝歌右庫戈
字數 六(又合一)
時代 戰國早期
著録 總集 七四七二
三代 一九・四六・一
貞松 一一・三二・二
來源 考古研究所藏

一一八三 谷[illegible]造戟
字數 六
時代 戰國晚期
著録 總集 七四〇九
三代 二〇・八・二
綴遺 三〇・一〇・三
奇觚 一〇・一七・二
周金 六・二二・二
簠齋 四 古兵
小校 一〇・三八・三
流傳 陳介祺舊藏
來源 考古研究所藏

一一八四 郾侯脮戈
字數 存六
時代 戰國晚期
著録 總集 七四六六
三代 一九・四六・三
貞松 一一・三三・一
流傳 羅振玉舊藏
來源 考古研究所藏

一一八五 郾侯庫戈
字數 存六
時代 戰國晚期
著録 未見
現藏 中國歷史博物館
來源 考古研究所拓

一一八六 郾侯庫戈
字數 六
時代 戰國晚期
著録 未見
出土 河北容城
現藏 容城縣文化館
來源 容城縣文化館提供

一一八七 郾王職戈
字數 六
時代 戰國晚期
著録 總集 七四四一
三代 一九・四三・一
綴遺 三〇・二八・一
奇觚 一〇・二二・一
周金 六・二一・一
簠齋 四 古兵
流傳 陳介祺舊藏
來源 考古研究所藏

一一八八 郾王職戈
字數 六
時代 戰國晚期
著録 總集 七四八一
三代 二〇・一六・一
銘文選 八七六
上海(二〇〇四) 六三五
現藏 上海博物館
來源 考古研究所拓

一一八九 郾王職戈

字數 六
時代 戰國晚期
著録 文物一九八二年八期四六頁圖一五
出土 一九七三年河北易縣燕下都二三號遺址
現藏 河北省文物研究所
來源 河北省文物研究所提供

一一九〇 郾王職戈
字數 六
時代 戰國晚期
著録 總集七四四〇
三代一九・四二・二
貞松一一・三二・一
彙編七・七三二
出土 同光間易州出土(貞松)
現藏 美國波士頓美術博物館
來源 三代

一一九一 郾王職戈
字數 六
時代 戰國晚期
著録 巖窟下四六
出土 一九三七年河北易縣
流傳 梁上椿舊藏
來源 巖窟
備注 同出一對，録其一(巖窟)

一一九二 郾王戎人戈
字數 存六
時代 戰國晚期
著録 未見
來源 考古研究所藏

一一九三 郾王詈戈
字數 六
時代 戰國晚期
著録 文物一九八二年八期圖版八・一
出土 一九七三年河北易縣燕下都二三號遺址
現藏 河北省文物研究所
來源 河北省文物研究所提供

一一九四 郾王詈戈
字數 六
時代 戰國晚期
著録 文物一九八二年八期四四頁圖二
出土 一九七三年河北易縣燕下都二三號遺址
現藏 河北省文物研究所
來源 河北省文物研究所提供

一一九五 郾王喜戈
字數 六
時代 戰國晚期
著録 文物一九八二年八期圖版八・一二
出土 一九七三年河北易縣燕下都二三號遺址
現藏 河北省文物研究所
來源 河北省文物研究所提供

一一九六 郾王戈
字數 存六
時代 戰國晚期
著録 未見
現藏 上海博物館
來源 上海博物館提供

一一九七 □年寺工讋戈
字數 存六（又重二）
時代 戰國晚期
著録 未見
現藏 北京故宮博物院
來源 考古研究所拓

一一九八 楚屈叔佗戈
字數 七
時代 春秋早期
著録 未見
現藏 湖南省博物館
來源 湖南省博物館提供

一一九九 黄君孟戈
字數 七
時代 春秋早期
著録 考古一九八四年四期三二一頁圖一二・一，又三二二頁圖一三・三
出土 一九八三年河南光山縣寶相寺上官崗墓葬
現藏 信陽地區文物管理委員會
來源 考古編輯部檔案

一二〇〇 衛公孫呂戈
字數 七
時代 春秋早期
著録 總集七四七五
三代一九・四八・二
積古八・一三・一
金索一一〇・二
攈古二・一・一八・一
綴遺三〇・一七・二
周金六・一九・一
小校一〇・四五・一
流傳 阮元、陳介祺(攈古録)、何溱(周金)舊藏
來源 考古研究所藏

一二〇一 □□伯戈
字數 七
時代 春秋早期
著録 考古一九七五年四期二二三頁圖三・二
出土 一九七三年湖北棗陽段營墓葬
現藏 湖北省博物館
來源 考古編輯部檔案

一二〇二 郢侯戈(御侯戈)
字數 七
時代 春秋早期
著録 總集七四七四
三代一九・四八・一
貞松一一・三三・二
來源 考古研究所藏

一二〇三 内大成戈
字數 七
時代 春秋晚期
著録 綴遺三〇・一一・二
奇觚一〇・五・二
周金六・一三・二
簠齋四古兵
小校一〇・四六・三
流傳 陳介祺舊藏
來源 考古研究所藏

一二〇四 宋公差戈
字數 七
時代 春秋晚期(宋元公)
著録 銘文選七九〇
上海(二〇〇四)五四七
現藏 上海博物館
來源 上海博物館提供

一二〇五 滕司徒戈
字數 七
時代 春秋晚期
著録 總集七四九二

錄遺 五七七
現藏 山東省博物館
來源 王獻唐先生提供

一一二〇六 郲大司馬戈

字數 七
時代 春秋晚期
著錄 總集 七四九一
三代 二〇・一九・二
積古 八・一六・一
金索 九〇・一
攈古 二・一・三〇・三
周金 六・一四・二
山東存邾 一五・二
銘文選 八三二
流傳 黃小松舊藏(積古)
現藏 遼寧省博物館
來源 考古研究所藏

一一二〇七 王子孜戈

字數 七
時代 春秋晚期
著錄 總集 七四七七
文物 一九六二年四、五期五頁圖一~三
中山學報 一九六四年一期圖一六
銘文選 五四六
青全 一一・七七
鳥篆 四〇
吳越 〇五七
山西珍品 一三五
出土 一九六一年山西萬榮賈家崖
現藏 山西省博物館
來源 商承祚先生照、摹

一一二〇八 王子孜戈

字數 七
時代 春秋晚期
著錄 山西出土文物 七〇
鳥篆 四一
吳越 〇五八
辭典 七八九
山西精華 五八
出土 一九六一年山西萬榮賈家崖
現藏 山西省博物館
來源 山西出土文物(拓)、吳越(摹)

一一二〇九 郪公鮇曹戈(郪公魚兒戈)

字數 七
時代 春秋晚期
著錄 未見
來源 考古研究所藏

一一二一〇 羊角戈

字數 七
時代 戰國早期
著錄 總集 七四四七
三代 一九・四五・一
貞松 一一・三〇・二
雙吉下 一八
流傳 羅振玉、于省吾舊藏
現藏 旅順博物館
來源 考古研究所藏

一一二一一 工城戈

字數 七
時代 戰國早期
著錄 文叢 七期七九頁圖 二
現藏 青州市博物館
來源 青州市博物館提供

一一二一二 周王叚戈

字數 七
時代 戰國早期
著錄 總集 七四七六
賸稿 四九
山彪鎮 圖版二四・四
出土 一九三五年河南汲縣山彪鎮一號墓
流傳 河南古物保管委員會舊藏
現藏 歷史語言研究所
來源 考古研究所編輯室檔案

一一二一三 涑郾戈

字數 七
時代 戰國早期
著錄 十二契 三二
流傳 商承祚舊藏
來源 考古研究所藏

一一二一四 斦君戟(析君戟)

字數 七
時代 戰國早期
著錄 曾侯乙墓 二八三頁圖一七四・三(N・一二二・二)
出土 一九七八年湖北隨縣曾侯乙墓
現藏 湖北省博物館
來源 文物出版社檔案

一一二一五 二十七年晉戈

字數 七(又合一)
時代 戰國晚期
著錄 考古 一九八六年八期七五九頁圖二、圖一
流傳 一九八三年寧夏彭陽縣紅河鄉徵集
現藏 彭陽縣文物站
來源 考古編輯部檔案

一一二一六 二十九年戈(二十九年成淮戈)

字數 七
時代 戰國晚期
著錄 周漢遺寶 圖版五五下
書道 一〇
流傳 日本東京書道博物館
來源 周漢遺寶

一一二一七 郾侯戈

字數 七
時代 戰國早期
著錄 未見
現藏 上海博物館
來源 上海博物館提供

一一二一八 郾侯庫戈

字數 七
時代 戰國早期
著錄 未見
現藏 北京故宮博物院
來源 考古研究所拓

一一二一九 郾侯庫戈

字數 七
時代 戰國早期
著錄 考古 一九六二年一期一九頁圖一三・三
出土 一九五八年河北易縣燕下都
現藏 中國歷史博物館
來源 考古研究所拓

一一二二〇 郾侯庫戈

字數 七
時代 戰國早期
著錄 綴遺 三〇・二七・一
周金 六・一九・二
銘文選 八七三
上海(一〇〇四) 六三六
流傳 潘祖蔭(綴遺)、吳大澂(周金)舊藏

現藏 上海博物館
來源 考古研究所藏
備注 戈内另面有一「友」字

一一二二一 郾侯職戈

字數 七
時代 戰國早期
著録 文物一九八二年八期四四頁
圖四
出土 一九七三年河北易縣燕下都二三號遺址
現藏 河北省文物研究所
來源 河北省文物研究所提供

一一二二二 郾侯職戈

字數 七
時代 戰國早期
著録 河北一三九
辭典九三八
出土 一九六五年河北滿城
現藏 河北省博物館
來源 河北

一一二二三 郾侯職戈

字數 七
時代 戰國晚期
著録 總集七四八四
三代二〇・一七・六
貞松一二・四・三
貞圖中六七
流傳 羅振玉舊藏
來源 考古研究所藏

一一二二四 郾王職戈

字數 七
時代 戰國晚期
著録 銘文選八七五
現藏 旅順博物館

來源 考古研究所拓

一一二二五 郾王職戈

字數 七
時代 戰國晚期
著録 文物一九八二年八期四五頁
圖七
出土 一九七三年河北易縣燕下都二三號遺址
現藏 河北省文物研究所
來源 河北省文物研究所提供

一一二二六 郾王職戈

字數 七
時代 戰國晚期
著録 未見
現藏 北京故宫博物院
來源 考古研究所拓
備注 或疑僞刻

一一二二七 郾王職戈

字數 七
時代 戰國晚期
著録 總集七四七九
三代二〇・一五・二
雙吉下三三
出土 光緒間出於河北易州
流傳 于省吾舊藏
現藏 北京故宫博物院
來源 考古研究所拓

一一二二八 郾王職戈

字數 七
時代 戰國晚期
著録 總集七四八〇
三代二〇・一七・七
貞松一二・四・四
貞圖中六八

小校一〇・四四・四
流傳 羅振玉、劉體智舊藏
來源 考古研究所藏

一一二二九 郾王職戈

字數 七
時代 戰國晚期
著録 河北一三七
出土 一九五八年河北容城
現藏 河北省博物館
來源 河北

一一二三〇 郾王職戈

字數 七
時代 戰國晚期
著録 總集七四八六
三代二〇・一七・二
綴遺三〇・二八・二
奇觚一〇・二一・一
周金六・二〇・二
簠齋四古兵
流傳 陳介祺舊藏
來源 考古研究所藏

一一二三一 郾王職戈

字數 七
時代 戰國晚期
著録 總集七四八八
三代二〇・一七・五
小校一〇・四四・二
流傳 劉體智舊藏
來源 三代

一一二三二 郾王職戈

字數 七
時代 戰國晚期
著録 文物一九八二年八期四五頁
圖八

出土 一九七三年河北易縣燕下都二三號遺址
現藏 河北省文物研究所
來源 河北省文物研究所提供

一一二三三 郾王職戈

字數 七
時代 戰國晚期
著録 總集七四八二
三代二〇・一六・二
綴遺三〇・二九・一
奇觚一〇・二一・二
周金六・二〇・三
簠齋四古兵
流傳 陳介祺舊藏
來源 考古研究所藏

一一二三四 郾王職戈

字數 七
時代 戰國晚期
著録 總集七四八七
三代二〇・一七・三
小校一〇・四四・一
流傳 劉體智舊藏
來源 考古研究所藏

一一二三五 郾王職戈

字數 七
時代 戰國晚期
著録 考古一九六二年一期一九頁
圖一三・一
出土 一九五八年河北易縣燕下都
現藏 中國歷史博物館
來源 考古研究所拓

一一二三六 郾王職戈

字數 七
時代 戰國晚期

著録 總集 七四七八
考古 一九七三年四期二四四頁圖二
遼寧省博 一五
辭典 九三八
美全 五・九六
青全 九・一三七
出土 一九六七年遼寧北票東官營子
現藏 遼寧省博物館
來源 考古研究所拓，考古編輯部檔案(摹)

一一二三七 郾王戎人戈

字數 七
時代 戰國晚期
著録 文物 一九八二年八期圖版八・一〇
出土 一九七三年河北易縣燕下都二三號遺址
現藏 河北省文物研究所
來源 河北省文物研究所提供

一一二三八 郾王戎人戈

字數 七
時代 戰國晚期
著録 銘文選 八七七
上海(二〇〇四) 六三四
現藏 上海博物館
來源 上海博物館提供

一一二三九 郾王戎人戈

字數 七
時代 戰國晚期
著録 未見
來源 考古研究所藏

一一二四〇 郾王詈戈

字數 七
時代 戰國晚期
著録 文物 一九八二年八期圖版八・九
出土 一九七三年河北易縣燕下都二三號遺址
現藏 河北省文物研究所
來源 河北省文物研究所提供

一一二四一 郾王詈戈

字數 七
時代 戰國晚期
著録 文物 一九八二年八期圖版八・四
出土 一九七三年河北易縣燕下都二三號遺址
現藏 河北省文物研究所
來源 河北省文物研究所提供

一一二四二 郾王詈戈

字數 七
時代 戰國晚期
著録 文物 一九八二年八期圖版八・二
出土 一九七三年河北易縣燕下都二三號遺址
現藏 河北省文物研究所
來源 河北省文物研究所提供

一一二四三 郾王詈戈

字數 存七
時代 戰國晚期
著録 總集 七四九八
三代 一九・五〇・二
攈古 二・一・八六
綴遺 三〇・一四・一
小校 一〇・五三・二～五四・一
流傳 葉志詵(攈古録)、潘祖蔭(綴遺)舊藏
現藏 上海博物館
來源 考古研究所藏
備注 三代缺背面銘文

一一二四四 郾王詈戈

字數 存七
時代 戰國晚期
著録 未見
來源 考古研究所藏

一一二四五 郾王詈戈

字數 七
時代 戰國晚期
著録 總集 七四八五
三代 二〇・一七・一
貞松 一二・四・二
貞圖中 六九
流傳 羅振玉舊藏
來源 考古研究所藏

一一二四六 郾王喜戈

字數 七
時代 戰國晚期
著録 總集 七四八九
三代 二〇・一八・一
夢郼中 一二
流傳 羅振玉舊藏
現藏 旅順博物館
來源 考古研究所藏

一一二四七 郾王喜戈

字數 七
時代 戰國晚期
著録 總集 七四九〇
三代 二〇・一八・二
夢郼中 一一
小校 一〇・四三・四
流傳 羅振玉、劉體智舊藏
現藏 旅順博物館
來源 考古研究所藏

一一二四八 郾王喜戈

字數 七
時代 戰國晚期
著録 綴遺 三〇・二七・二
上海(二〇〇四) 六三七
流傳 潘祖蔭舊藏
現藏 上海博物館
來源 考古研究所藏

一一二四九 郾王喜戈

字數 七
時代 戰國晚期
著録 文物 一九八二年八期圖版八・七
出土 一九七三年河北易縣燕下都二三號遺址
現藏 河北省文物研究所
來源 河北省文物研究所提供

一一二五〇 二年寺工礱戈

字數 七(又重文二)
時代 戰國晚期
著録 總集 七五〇七
陶齋 五・三七
周金 六・一一
流傳 端方舊藏
來源 陶齋

一一二五一 陳旺戟(陳旺之歲戟)

字數 七
時代 戰國晚期
著録 總集 七五〇五
録遺 五七八
來源 録遺

一一二五二 邛季之孫戈

字數 存八
時代 春秋早期
著録 總集 七四九九

三代 一九・五一・一〜二
貞松 一一・三四・一〜二
流傳 璜川吴氏舊藏(貞松)
現藏 遼寧省博物館
來源 考古研究所藏

一一二五三 □子戈
字數 八
時代 春秋早期
著録 未見
出土 湖北荆州五三農場
現藏 荆州地區博物館
來源 考古研究所拓

一一二五四 曾仲之孫戈
字數 八
時代 春秋晚期
著録 江漢考古 一九八〇年一期七二頁圖一
銘文選 六九七
出土 一九七六年湖北隨縣涢陽鯉魚嘴
現藏 襄陽地區博物館
來源 考古研究所拓

一一二五五 吴王光戈(吴王光趄戈)
字數 八
時代 春秋晚期(吴王光 公元前五一四〜前四八六年)
著録 周金 六・一七・一〜二
燕京學報 一六期圖一三
銘文選 五四一
鳥篆 三九
吴越 〇五一
上海(二〇〇四) 五四四
流傳 松江金氏(周金)、順德鄧氏(燕京學報)舊藏
現藏 上海博物館
來源 考古研究所藏(拓)、吴越(摹)

一一二五六 吴王光戈(吴王光趄戈)
字數 八
時代 春秋晚期(吴王光 公元前五一四〜前四八六年)
著録 綴遺 三〇・一四・二〜一五・一
周金 六・一六・一〜二
燕京學報 一六期圖一二
鳥篆 一五一
吴越 〇五〇
流傳 瞿木夫舊藏(周金)
來源 周金

一一二五七 吴王光戈(吴王光趄戈)
字數 八
時代 春秋晚期(吴王光 公元前五一四〜前四八六年)
著録 攈古 二・一・三二・一
周金 六・一五・一〜二
燕京學報 一六期圖一一
鳥篆 三八
吴越 〇四九
流傳 何嘉祥舊藏(周金)
來源 周金

一一二五八 攻敔戟(攻敔工差戟)
字數 八
時代 春秋晚期
著録 文物 一九八六年三期四四頁圖二、四
吴越 〇八八
出土 一九八〇年安徽霍山縣南岳上元街十八塔小山頭墓葬
現藏 霍山縣文物組
來源 文物

一一二五九 是立事歲戈
字數 八
時代 春秋晚期
著録 總集 七九四六
三代 一九・四九・二
貞圖中 六二
山東存齊 二二・二
流傳 羅振玉舊藏
現藏 旅順博物館
來源 考古研究所藏

一一二六〇 陳侯因資戈
字數 八
時代 戰國中期(齊威王因齊)
著録 總集 七九三五
三代 二〇・一三・二
銘文選 二・八六七
綴遺 三〇・二五
奇觚 一〇・二三・一
周金 六・一三三
山東存齊 二〇・一
辭典 九三五
現藏 上海博物館
來源 考古研究所藏
備注 周金名「陳侯刀」;山東存云「D昜𠮷僞刻」

一一二六一 番仲戈
字數 八
時代 春秋晚期
著録 趙家湖 一三一頁圖九四・一
銘文選 六二二
辭典 九三二
鳥篆 六〇
出土 一九七七年湖北當陽趙家湖金家山四三號墓
現藏 宜昌地區博物館
來源 考古研究所拓、摹

一一二六二 翏金戈
字數 八
時代 春秋晚期
著録 文物 一九八二年九期二六頁圖六
現藏 首都博物館
來源 考古研究所拓

一一二六三 邗王是埜戈
字數 八
時代 春秋晚期
著録 總集 七五〇〇
録遺 五六九
銘文選 五三六
吴越 〇九〇
故青 二六三
現藏 北京故宫博物院
來源 考古研究所拓、吴越(摹)

一一二六四 十八年鄉左庫戈
字數 存八
時代 戰國晚期
著録 奇觚 一〇・二六・二
周金 六・二八・三
小校 一〇・四七・三
流傳 陳介祺舊藏(奇觚)
來源 考古研究所藏

一一二六五 虎牁丘君戈
字數 八
時代 戰國
著録 山彪鎮 五七頁圖二五
出土 一九三五年河南輝縣琉璃閣 八〇號墓
現藏 歷史語言研究所
來源 考古研究所編輯室檔案

一一二六六　四年右庫戈
字數　八
時代　戰國晚期
著録　未見
現藏　北京故宫博物院
來源　考古研究所拓、摹

一一二六七　單䢈討戈
字數　八
時代　戰國早期
著録　湖南考古輯刊(一)九三頁圖三・四，三三頁圖二・六
出土　一九八〇年湖南長沙五里牌墓葬
現藏　長沙市博物館
來源　長沙市博物館提供

一一二六八　庚寅戈
字數　八
時代　戰國早期
著録　總集七四九四
三代一九・四九・一
積古八・一七・三
金索九〇・二
從古九・七
攈古二・一・三〇・四
周金六・一八・三
小校一〇・四八・一
流傳　黄小松(金索)、瞿穎山(攈古録)舊藏
來源　考古研究所藏

一一二六九　十四年州戈
字數　八
時代　戰國晚期
著録　總集七四九三
三代一九・四七・一
貞松一一・三三・三
善齋一〇・三二
小校一〇・四七・二
流傳　劉體智舊藏
現藏　上海博物館
來源　三代

一一二七〇　非釪戈
字數　八
時代　戰國早期
著録　總集七五〇二
三代二〇・一九・三
周金六・一四・一
夢郼中一六
流傳　餘杭褚氏、羅振玉舊藏(周金)
來源　考古研究所藏

一一二七一　七年戈(七年㝵工戈)
字數　八
時代　戰國晚期
著録　總集七五〇三
三代二〇・二〇・一
貞松一二・五
來源　三代

一一二七二　郾侯脮戈
字數　八
時代　戰國晚期
著録　總集七四九七
三代一九・五〇・一
小校一〇・四六・一
彙編六・五八〇
流傳　劉體智舊藏
現藏　美國波斯頓美術博物館
來源　三代

一一二七三　郾王戎人戈
字數　八
時代　戰國晚期
著録　文物一九八二年八期圖版八・三
出土　一九七三年河北易縣燕下都二三號遺址
現藏　河北省文物研究所
來源　河北省文物研究所提供

一一二七四　郾王戎人戈
字數　八
時代　戰國晚期
著録　文物一九八二年八期圖版八・五
出土　一九七三年河北易縣燕下都二三號遺址
現藏　河北省文物研究所
來源　河北省文物研究所提供

一一二七五　郾王戎人戈
字數　八
時代　戰國晚期
著録　小校一〇・四六・二
流傳　劉體智舊藏
來源　小校

一一二七六　郾王戎人戈
字數　八
時代　戰國晚期
著録　文物一九八二年八期圖版八・八
出土　一九七三年河北易縣燕下都二三號遺址
現藏　河北省文物研究所
來源　河北省文物研究所提供

一一二七七　郾王喜戈
字數　七
時代　戰國晚期
著録　未見
現藏　旅順博物館
來源　考古研究所藏

一一二七八　郾王喜戈
字數　七
時代　戰國晚期
著録　文物一九八二年八期四五頁圖一〇
出土　一九七三年河北易縣燕下都二三號遺址
現藏　河北省文物研究所
來源　河北省文物研究所提供

一一二七九　大良造鞅戟
字數　存八
時代　戰國中期
著録　總集七五九三
三代二〇・二一・一～二
貞松一二・六・一～二
銘文選九二二
流傳　桐鄉馮氏舊藏(貞松)
來源　考古研究所藏

一一二八〇　悳公戈
字數　九
時代　春秋早期
著録　未見
現藏　衡陽市博物館
來源　考古研究所拓

一一二八一　宋公差戈
字數　九
時代　春秋晚期(宋元公)
著録　總集七五一四
文物一九八一年八期五五頁圖六
現藏　北京市文物研究所
來源　考古研究所藏

一一二八二　徐王之子戈
字數　九
時代　春秋晚期

著録　總集　七五〇六
録遺　五七〇
銘文選　五七六
現藏　北京故宮博物院
來源　考古研究所拓

一一二八三　九年戈(九年𦉢工師戈)

字數　九
時代　戰國晚期
著録　學報　一九五九年一期圖版一一・二
古文字研究　一〇輯二七四頁圖二九
湖南考古輯刊(一)　圖版一四・六
出土　一九五五年湖南長沙楊家大山三六號墓
現藏　湖南省博物館
來源　考古學報編輯部檔案

一一二八四　嗇夫戈(冶匀嗇夫戈)

字數　九
時代　戰國晚期
著録　未見
現藏　中國歷史博物館
來源　考古研究所拓

一一二八五　相公子矰戈

字數　九
時代　戰國晚期
著録　綴遺　三〇・一五・二
流傳　陸直之舊藏
來源　綴遺

一一二八六　不降戈

字數　九
時代　戰國
著録　未見
出土　一九八八年山東莒縣劉家苗蔣村
現藏　莒縣博物館
來源　考古研究所拓

一一二八七　三年上郡高戈

字數　存九
時代　戰國晚期
著録　未見
現藏　遼寧省博物館
來源　考古研究所拓並照
備注　戈內殘斷

一一二八八　攻敔王夫差戈

字數　一〇
時代　春秋晚期(吴王夫差　公元前四九五～前四七三年)
著録　總集　七五一六、七三五三
考古　一九六三年四期二〇五頁圖一・二
考古　一九六五年九期四六七頁圖一
吴越　〇七三
出土　一九五九年安徽淮南市蔡家崗趙家孤堆二號墓
現藏　安徽省博物館
來源　考古編輯部檔案(拓)、吴越(摹)

一一二八九　宋公差戈

字數　一〇
時代　春秋晚期(宋元公)
著録　總集　七五一三
三代　一九・五二・二
攈古　二・一・五七・一
綴遺　三〇・一八・一
奇觚　一〇・二四・一
周金　六・一〇・一
小校　一〇・五〇・一
出土　山東濟寧(綴遺)
流傳　汪孟慈、方濬益、陳介祺舊藏(攈古録、綴遺、奇觚)
來源　考古研究所藏

一一二九〇　子孔戈

字數　一〇
時代　戰國早期
著録　考古通訊　一九五八年一一期七五頁圖四・二
陝縣　圖版四七・一
出土　一九五七年河南陝縣後川二〇四〇號墓
現藏　中國歷史博物館
來源　中國歷史博物館提供

一一二九一　十年邛令差戈

字數　存一〇(又合一)
時代　戰國晚期
著録　未見
現藏　蘇州市博物館
來源　考古研究所拓

一一二九二　二年右貫府戈(二年㠯具府戈)

字數　一〇
時代　戰國晚期
著録　總集　七五一五
考古　一九七五年四期二三四頁圖一〇・一
河北　一四二
出土　一九六五年河北易縣燕下都四四號墓
現藏　河北省文物研究所
來源　考古編輯部檔案

一一二九三　三年蒲子戈

字數　存約一〇(又合一)
時代　戰國晚期
著録　學報　一九七四年一期二九頁圖八・三
出土　一九五八年河北易縣燕下都
現藏　中國歷史博物館
來源　A、黄盛璋摹；
B、裘錫圭摹

一一二九四　丞相觸戈

字數　存一〇
時代　戰國晚期
著録　總集　七五〇九
貞續下　二二・二～三
文物　一九六四年二期五〇頁圖二
來源　考古研究所(拓)、文物(摹)

一一二九五　章子戈

字數　一一
時代　春秋早期
著録　未見
現藏　湖北省文物商店
來源　考古研究所拓

一一二九六　王五年上郡疾戈

字數　一一
時代　戰國晚期
著録　人文雜志　一九六〇年三期圖一
現藏　陝西省博物館
來源　陝西省博物館提供

一一二九七　王六年上郡守疾戈

字數　存一一
時代　戰國晚期
著録　總集　七五一七
癡盦　一六
巖窟下　五八
出土　傳陝西(巖窟)
流傳　李泰棻、梁上椿舊藏

來源 癡盦録有背面銘文，字迹不清，故未收入

一一二九八 二年州句戈(二年州句戈)

字數 一一（又合一）
時代 戰國早期
著録 未見
現藏 北京故宮博物院
來源 考古研究所拓

一一二九九 二十三年敔令戈

字數 一一（又合一）
時代 戰國晚期
著録 學報 一九七四年一期三三頁 圖一〇
古文字研究 一〇輯二七二頁 圖二五
湖南考古輯刊(二) 圖版一三・六
現藏 中國歷史博物館
來源 考古學報編輯部檔案

一一三〇〇 褱戈

字數 存一一
時代 戰國
著録 未見
來源 考古研究所藏

一一三〇一 二十三年□丘戈

字數 存一一（又合一）
時代 戰國晚期
著録 學報 一九七四年一期三六頁 圖一二・一
現藏 北京故宮博物院
來源 考古研究所拓

一一三〇二 二十九年高都令戈

字數 一一（又合一）
時代 戰國晚期
著録 總集 七五三二
貞松 一一・三四・三
周金 六・九・二
小校 一〇・五二・二
彙編 六・四六八
流傳 羅振玉、端方(周金)舊藏
來源 考古研究所藏

一一三〇三 二十九年高都令戈

字數 一一（又合一）
時代 戰國晚期
著録 藝術類徵 三・二四
來源 藝術類徵
備注 或疑僞

一一三〇四 郾王職戈

字數 一一
時代 戰國晚期
著録 文物 一九八二年八期圖版八・一、二
出土 一九七三年河北易縣燕下都二三號遺址
現藏 河北省文物研究所
來源 河北省文物研究所提供

一一三〇五 郾王詈戈

字數 一一
時代 戰國晚期
著録 文物 一九八二年八期四六頁 圖二〇
出土 一九七三年河北易縣燕下都二三號遺址
現藏 河北省文物研究所
來源 河北省文物研究所提供

一一三〇六 二十一年啟封令癕戈

字數 一一（又重二合一）
時代 戰國晚期
著録 考古 一九八〇年五期四七九頁 圖一・四下
出土 一九七四年遼寧新金縣後元臺漢墓
現藏 旅順博物館
來源 考古研究所拓、照

一一三〇七 九年戈

字數 約一一
時代 戰國晚期
著録 湖南考古輯刊(一) 圖版一四・四
現藏 湖南省博物館
來源 湖南省博物館提供

一一三〇八 四年相邦呂不韋戈

字數 一一
時代 戰國晚期
著録 總集 七一五八
文物 一九五八年一〇期七三頁 左上
考古 一九五九年九期四五七頁 圖三
湖南省文物圖録 圖版六〇
出土 一九五七年湖南長沙左家塘一號墓
現藏 中國歷史博物館
來源 考古編輯部檔案
備注 戈內后半殘斷修復，銘文不全

一一三〇九 周王孫季怡戈

字數 一二
時代 春秋早期
著録 文物 一九八〇年一期三七頁 圖六、七
辭典 七八三
出土 一九七九年湖北隨縣城郊李氏梁墓葬
現藏 隨州市博物館
來源 考古研究所拓

一一三一〇 越王者旨於賜戈

字數 一二
時代 春秋早期
著録 總集 七五二〇
考古 一九六三年四期二〇九頁 圖四
中山學報 一九六四年一期圖七
鳥篆 七七
吴越 一二五
出土 一九五九年安徽淮南市蔡家崗趙家孤堆二號墓
現藏 安徽省博物館
來源 商承祚先生拓、摹

一一三一一 越王者旨於賜戈

字數 一二
時代 春秋早期
著録 總集 七五一九
考古 一九六三年四期二〇八頁 圖三
鳥篆 七八
吴越 一二六
出土 一九五九年安徽淮南市蔡家崗趙家孤堆二號墓
現藏 安徽省博物館
來源 商承祚先生拓、摹

一一三一二 三十三年業令戈

字數 一二（又合一）
時代 戰國晚期
著録 總集 七五三三
三代 二〇・二三・一
奇觚 一〇・二七・一

周金 六・七・一
簠齋 四古兵
小校 一〇・五二・三
流傳 陳介祺舊藏
來源 考古研究所藏

一一三一三 九年戈丘令癰戈

字數 一二（又合一）
時代 戰國晚期
著録 總集 七五三二
三代 二〇・二二・一～二
貞松 一二・七・一～二
來源 三代

一一三一四 二年皇陽令戈

字數 一二（又合一）
時代 戰國中晚期
著録 文物 一九五四年一一期一五四頁
圖一
出土 一九五四年四川成都羊子山墓葬
現藏 四川省博物館
來源 四川省博物館提供

一一三一五 二年皇陽令戈

字數 一二（又合一）
時代 戰國中晚期
著録 未見
現藏 上海博物館
來源 上海博物館提供

一一三一六 四年令韓誰戈

字數 一二（又合一）
時代 戰國晚期
著録 總集 七五二三
録遺 五七九
現藏 中國歷史博物館
來源 考古研究所拓

一一三一七 三年㒸余令韓誰戈

字數 一二（又合一）
時代 戰國晚期
著録 總集 七五二四
三代 二〇・二五・一
貞松 一二・七・三
貞圖中 七〇
小校 一〇・五四・五
彙編 六・四二〇
流傳 羅振玉舊藏（貞松）
來源 考古研究所拓

一一三一八 三年㒸余令韓誰戈

字數 一二（又合一）
時代 戰國晚期
著録 未見
現藏 北京故宮博物院
來源 考古研究所拓

一一三一九 三年㒸余令韓誰戈

字數 一二（又合一）
時代 戰國晚期
著録 貞松 一二・八・一
小校 一〇・五四・三
現藏 上海博物館
來源 考古研究所藏

一一三二〇 六年邙令戈

字數 一二
時代 戰國晚期
著録 河北 一〇二
出土 一九七五年河北邯鄲
現藏 河北省博物館
來源 文物出版社提供

一一三二一 三十四年頓丘戈

字數 一二
時代 戰國晚期
著録 總集 七五二六
考古 一九七三年三期一五六頁
圖九上
學報 一九七四年一期三二頁
圖九〇
出土 一九七一年湖北江陵拍馬山五
號墓
現藏 湖北省博物館
來源 考古編輯部檔案、考古學報

一一三二二 七年侖氏戈

字數 一二（又合一）
時代 戰國晚期
著録 學報 一九七四年一期一四頁
圖一・二
現藏 北京故宮博物院
來源 考古研究所拓、摹

一一三二三 八年茲氏令吴庶戈

字數 一二（又合一）
時代 戰國晚期
著録 學報 一九七四年一期二七頁
圖六・二
出土 內蒙古境內
來源 考古學報編輯部檔案

一一三二四 二十五年戈（二十五年陽春嗇夫戈）

字數 一二（又合一）
時代 戰國晚期
著録 江漢考古 一九八二年二期封三
圖一一
出土 一九七七年湖北黄陂魯臺山一二
號墓
現藏 湖北省博物館
來源 湖北省博物館提供

一一三二五 九年將軍戈

字數 一二
時代 戰國晚期
著録 文物 一九八二年八期四四頁圖三
出土 一九七三年河北易縣燕下都二三
號遺址
現藏 河北省文物研究所
來源 河北省文物研究所、文物編輯部
提供

一一三二六 九年將軍戈

字數 一二
時代 戰國晚期
著録 文物 一九八二年八期四六頁
圖一六
出土 一九七三年河北易縣燕下都二三
號遺址
現藏 河北省文物研究所
來源 河北省文物研究所、文物編輯部
提供

一一三二七 六年格氏令戈

字數 一二（又合一）
時代 戰國晚期
著録 古文字研究 一〇輯二七三頁
圖二六
湖南考古輯刊（一） 圖版一・四二
現藏 湖南省博物館
來源 湖南省博物館提供

一一三二八 王二年鄭令戈

字數 一二（又合一）
時代 戰國晚期
著録 總集 七五二八
文物 一九七二年一〇期三九頁
圖二二
出土 一九七一年河南新鄭縣白廟范村
窖藏
現藏 河南省博物館

來源　文物編輯部檔案
一一三二九　王何戈
字數　一二（又合一）
時代　戰國
著録　山西出土文物　一一八
　山西精華　七二
　山西珍品　一六三
出土　一九七六年山西臨縣窑頭村
現藏　山西省考古研究所
來源　陶正剛同志提供
備注　戈内上另刻「庫」字，背面刻
　「宜安」二字

一一三三〇　三十三年大梁戈
字數　一二
時代　戰國晚期
著録　總集　七五二三
　考古　一九七七年五期三五七頁
　圖三上
出土　一九七四年湖南衡陽白沙洲唐家
　山二號墓
現藏　衡陽市博物館
來源　考古編輯部檔案

一一三三一　二十二年臨汾守戈
字數　一二
時代　戰國
著録　總集　七五二二
　考古　一九七八年一期五六頁圖三
出土　一九七六年江西遂川縣東頭塭
現藏　江西省博物館
來源　考古編輯部檔案

一一三三二　十四年屬邦戈
字數　一二
時代　戰國晚期
著録　總集　七五〇八
　考古　一九六二年八期四〇五頁
　圖二
　考古　一九七五年四期二〇六頁
　圖二右
出土　一九六二年廣州東郊羅岡四號
　墓
現藏　廣州市文物管理委員會
來源　考古編輯部檔案

一一三三三　俄[illegible]白戈
字數　一三
時代　西周早期
著録　總集　七五二七
　濬縣　二六
　辛村　圖版六三・一
出土　一九三二～三三年河南濬縣辛村
　四二號墓
現藏　歷史語言研究所
來源　考古研究所編輯部檔案

一一三三四　□鑄用戈
字數　一三
時代　春秋早期
著録　奇觚　一〇・二四・二
　周金　六・九・一
流傳　陳介祺舊藏（奇觚）
現藏　上海博物館
來源　考古研究所藏

一一三三五　四年邘令戈
字數　一三（又合一）
時代　戰國晚期
著録　總集　七五三八
　奇觚　一〇・二七・二
　周金　六・六・一
　小校　一〇・五四・二
流傳　陳介祺舊藏（奇觚）
來源　考古研究所藏

一一三三六　六年鄭令韓熙戈
字數　一三（又合二）
時代　戰國晚期
著録　總集　七五一二
　三代　一九・五二・一
來源　考古研究所藏

一一三三七　六年令戈（六年宜司寇
　書戈）
字數　一三（又合一）
時代　戰國早期
著録　未見
現藏　上海博物館
來源　上海博物館提供

一一三三八　三年□令戈
字數　一三（又合一）
時代　戰國晚期
著録　未見
出土　一九七九年河北隆化採集
現藏　隆化縣博物館
來源　考古研究所拓
備注　胡上「塦王」二字失拓未録

一一三三九　十三年戈
字數　一三（又合一）
時代　戰國晚期
著録　河北　一四四
出土　一九七〇年河北易縣燕下都北瀋
　村
現藏　河北省博物館
來源　文物出版社提供

一一三四〇　四年戈
字數　一三
時代　戰國晚期
著録　未見
來源　考古研究所藏

一一三四一　四年咎奴蓍令戈
字數　一三（又合一）
時代　戰國晚期
著録　總集　七五四一
　三代　二〇・二五・二
流傳　李蔭軒舊藏
現藏　上海博物館
來源　三代

一一三四二　二十一年相邦冉戈
字數　一三（又重一）
時代　戰國晚期
著録　總集　七五四〇
　三代　二〇・二三・二～二〇・
　二四・一
　雙吉下　三二
　小校　一〇・五一・一～二
流傳　于省吾舊藏，後歸故宮博物院
現藏　中國歷史博物館
來源　考古研究所拓、雙吉

一一三四三　□旨令司馬戈
字數　一三（又合二）
時代　戰國晚期
著録　總集　七五三四
　録遺　五八〇
　學報　一九七四年一期三五頁
　圖一一
來源　録遺

一一三四四　八年旨令戈
字數　一三（又合一）
時代　戰國
著録　文物　一九八三年九期六七頁
　圖三・一
出土　一九七九年遼寧建昌縣玲瓏塔後

杖子
現藏　朝陽市博物館
來源　文物

一一三四五　八年新城大令戈

字數　一三（又合一）
時代　戰國
著録　總集　七五四四
録遺　五八一
巖窟下　五七
出土　一九四二年安徽壽縣（巖窟）
流傳　梁上椿舊藏
來源　考古研究所藏

一一三四六　梁伯戈

字數　一四
時代　春秋早期
著録　總集　七五三七
三代　一九・五三・一～二
攈古　二・二・一二・三～四
綴遺　三〇・一三・一～二
奇觚　一〇・二五・二～二六・一
周金　六・七・二～八・一
簠齋　四古兵
貞圖中　六三～六四
小校　一〇・五五・一～二
故青　二二七
流傳　陳介祺、羅振玉舊藏
現藏　北京故宮博物院
來源　考古研究所藏

一一三四七　十三年□陽令戈

字數　存一四（又合一）
時代　戰國晚期
著録　總集　七五〇七
三代　二〇・二〇・二
周金　六・六・二

夢郼中　一七
小校　一〇・五五・三
流傳　羅振玉舊藏
現藏　旅順博物館
來源　考古研究所藏

一一三四八　五年龏令思戈

字數　一四（又合一）
時代　戰國晚期
著録　未見
現藏　北京故宮博物院
來源　考古研究所拓

一一三四九　五年龏令思戈

字數　一四（又合一）
時代　戰國晚期
著録　學報　一九七四年一期二九頁
圖八・二
來源　考古學報編輯部檔案

一一三五〇　郾王詈戈

字數　一四
時代　戰國晚期
著録　總集　七五三六
三代　一九・五二・三～四
陶續　二・二一
周金　六・八・二～二
流傳　端方舊藏
來源　三代

一一三五一　十六年喜令戈

字數　一四（又合二）
時代　戰國晚期
著録　總集　七五四九
三代　二〇・二七・二
貞松　一二・一〇・一
雙吉下　三四
故青　二九九

流傳　丁樹楨舊藏（貞松）
現藏　北京故宮博物館
來源　考古研究所藏

一一三五二　秦子戈

字數　一五
時代　春秋早期
著録　故青　二六一
現藏　北京故宮博物院
來源　考古研究所拓

一一三五三　秦子戈

字數　一五
時代　春秋早期
著録　總集　七五四五
三代　一九・五三・三
攈古　二・二・三五・四
奇觚　一〇・二八・二
周金　六・四・二
簠齋　四古兵
小校　一〇・五六・二
流傳　金蘭坡、陳介祺舊藏（攈古録）
來源　考古研究所藏

一一三五四　三年□陶令戈

字數　一五（又合一）
時代　戰國晚期
著録　總集　七五三五
三代　二〇・二四・二
貞松　一二・八・二
貞圖中　六五
流傳　羅振玉舊藏
現藏　旅順博物館
來源　考古研究所藏

一一三五五　十二年趙令戈（十二年少曲令戈）

字數　一五（又合二）
時代　戰國早期
著録　總集　七五五一
巖窟下　五六
出土　傳河北邯鄲
流傳　梁上椿舊藏
來源　巖窟

一一三五六　二十四年邮陰令戈

字數　一五
時代　戰國晚期
著録　總集　七五四二
三代　二〇・二六・一
積古　九・五・二
金索　九六
攈古　二・二・二一・三
周金　六・五・一
小校　一〇・五六・一
流傳　桂馥、葉志詵舊藏（積古、攈古録）
來源　考古研究所藏

一一三五七　王三年鄭令戈

字數　一五
時代　戰國晚期
著録　總集　七五四六
文物　一九七二年一〇期四〇頁
圖二六
出土　一九七一年河南新鄭縣白廟范村窖藏
現藏　河南省博物館
來源　文物編輯部檔案

一一三五八　郲陵公戈

字數　一五
時代　戰國晚期
著録　總集　七五三九
江漢考古　一九八三年二期圖版

八・四右
現藏 武漢市文物商店
來源 考古研究所拓

一一三五九 二十年相邦冉戈
字數 一五
時代 戰國晚期
著録 湖南考古輯刊(二) 圖版一四・一三
出土 一九七一年湖南岳陽城陵磯
現藏 湖南省博物館
來源 湖南省博物館提供(照)、湖南考古輯刊(摹)

一一三六〇 元年郛令戈
字數 一五(又合一)
時代 戰國晚期
著録 總集 七五四八
録遺 五八二
來源 録遺

一一三六一 四年相邦樛斿戈
字數 一五
時代 戰國晚期
著録 總集 七五四三
三代 二〇・二六・二～二七・一
貞松 一二・九・一
雙吉下 三二
流傳 于省吾舊藏
來源 考古研究所藏

一一三六二 二年上郡守戈
字數 存一五
時代 戰國晚期
著録 未見
來源 考古研究所藏

一一三六三 □年上郡守戈
字數 一五(又重一)
時代 戰國晚期
著録 未見
現藏 北京故宮博物院
來源 考古研究所拓、摹

一一三六四 二年戈(二年主父攻正戈)
字數 一六(又合一)
時代 春秋早期
著録 總集 七五五五
三代 二〇・二八・一
攈古 二・二・六七・一～二
奇觚 一〇・二九・一
周金 六・四・一
簠齋 四古兵
小校 一〇・五七・二
流傳 陳介祺舊藏
來源 考古研究所藏

一一三六五 曾大攻尹戈
字數 一六
時代 春秋中期
著録 文物 一九八〇年一期三七頁圖八
銘文選 六九三
出土 一九七九年湖北隨縣城郊季氏梁墓葬
現藏 隨州市博物館
來源 考古研究所拓

一一三六六 十七年邢令戈
字數 一六
時代 戰國晚期
著録 文物 一九八二年九期圖版五・七
現藏 北京市文物研究所
來源 考古研究所拓

一一三六七 六年漢中守戈
字數 一六
時代 戰國晚期
著録 未見
現藏 荆州地區博物館
來源 考古研究所拓

一一三六八 二十六年蜀守武戈
字數 一六
時代 戰國
著録 總集 七五四七
文物 一九七四年五期七八頁圖四六，又七四頁圖二五
文物 一九七六年七期八四頁圖三
出土 一九七二年四川涪陵小田溪三號墓
現藏 四川省博物館
來源 商承祚先生藏

一一三六九 三年上郡守戈
字數 約一六
時代 戰國晚期
著録 總集 七五三〇
録遺 五八三
現藏 上海博物館
來源 録遺、上海博物館提供

一一三七〇 四十年上郡守起戈
字數 約一六(又合一)
時代 戰國晚期
著録 未見
流傳 故宫博物院舊藏
現藏 中國歷史博物館
來源 考古研究所藏
備注 另面有「東陽」二字，失收

一一三七一 十七年鄭令戈
字數 一七(又合二)
時代 戰國晚期
著録 總集 七五六一
文物 一九七二年一〇期圖版四・一
辭典 九四五
出土 一九七一年河南新鄭縣白廟范村窖藏
現藏 河南省博物館
來源 文物編輯部檔案

一一三七二 二十年鄭令戈
字數 一七(又合一)
時代 戰國晚期
著録 總集 七五五三
文物 一九八二年一〇期圖版五・四
出土 一九七一年河南新鄭縣白廟范村窖藏
現藏 河南省博物館
來源 文物編輯部檔案

一一三七三 二十一年鄭令戈
字數 一七(又合一)
時代 戰國晚期
著録 總集 七五六二
文物 一九七二年一〇期三四頁圖三〇
出土 一九七一年河南新鄭縣白廟范村窖藏
現藏 河南省博物館
來源 文物編輯部檔案

一一三七四 二十七年上守趞戈
字數 一七
時代 戰國晚期
著録 未見
現藏 北京故宮博物院
來源 考古研究所拓

備注 另面有「□陽」二字

一一三七五 王三年馬雍令戈

字數 一七（又合二）
時代 戰國晚期
著録 陶齋 五・三八
流傳 端方舊藏
來源 陶齋

一一三七六 十八年戈（十八年冢子韓矰戈）

字數 一七
時代 戰國晚期
著録 湖南考古輯刊（一）八八頁圖一・五
古文字研究 一〇輯二七三頁圖三〇
現藏 湖南省博物館
來源 湖南省博物館提供

一一三七七 十四年武城令戈

字數 存一七
時代 戰國晚期
著録 學報 一九七四年一期三六頁圖一二・二
流傳 陳紫蓬舊藏
現藏 中國歷史博物館
來源 A、考古研究所拓；B、黄盛璋摹；C、裘錫圭摹

一一三七八 上郡武庫戈（十八年漆工戈）

字數 一七
時代 戰國晚期
著録 河北 一四五
出土 一九五七年河北易縣燕下都百福村
現藏 河北省博物館
來源 文物出版社提供

一一三七九 十七年丞相啟狀戈

字數 一七（又重二）
時代 戰國晚期
著録 文物 一九八六年三期四三頁圖二
流傳 一九八二年從薊縣運往天津的廢銅中揀選
現藏 天津市歷史博物館
來源 文物

一一三八〇 五年相邦呂不韋戈

字數 一七
時代 戰國晚期
著録 善齋 一〇・三五～三六
小校 一〇・五八・一～二
流傳 劉體智舊藏
來源 小校

一一三八一 楚王酓璋戈

字數 八
時代 戰國早期（楚惠王熊章 公元前四八八～前四三二年）
著録 總集 七五五四
燕京學報 二三期圖二
雙古上 四五
中山學報 一九六四年一期圖二一
銘文選 六五七
故青 二九五
鳥篆 四四
故青 二九五
出土 洛陽（燕京學報）
流傳 于省吾舊藏
現藏 故宮博物院
來源 考古研究所藏

一一三八二 十七年彘令戈

字數 一八（又合一）
時代 戰國晚期
著録 總集 七五七二
善齋 一〇・三九
小校 一〇・五九・五
流傳 劉體智舊藏
來源 善齋

一一三八三 郾侯作韋戎戈

字數 一八
時代 戰國晚期
著録 總集 七五五二
三代 一九・五四・一～二
夢郼中 一三
流傳 羅振玉舊藏
來源 考古研究所藏

一一三八四 四年鄭令戈

字數 一八（又合二）
時代 戰國晚期
著録 總集 七五六八
文物 一九七二年一〇期圖版四・五
出土 一九七一年河南新鄭縣白廟范村窖藏
現藏 河南省博物館
來源 文物編輯部檔案

一一三八五 五年鄭令戈

字數 一八（又合二）
時代 戰國晚期
著録 總集 七五六九
文物 一九七二年一〇期圖版五・二
出土 一九七一年河南新鄭縣白廟范村窖藏
現藏 河南省博物館
來源 文物編輯部檔案

一一三八六 八年鄭令戈

字數 一八（又合二）
時代 戰國晚期
著録 總集 七五七一
文物 一九七二年一〇期圖版五・三
出土 一九七一年河南新鄭縣白廟范村窖藏
現藏 河南省博物館
來源 文物編輯部檔案

一一三八七 十四年鄭令戈

字數 一八（又合一）
時代 戰國晚期
著録 總集 七五五八
文物 一九七二年一〇期四〇頁圖二七
出土 一九七一年河南新鄭縣白廟范村窖藏
現藏 河南省博物館
來源 文物編輯部檔案

一一三八八 十五年鄭令戈

字數 一八（又合一）
時代 戰國晚期
著録 總集 七五五九
文物 一九七二年一〇期四〇頁圖二八
出土 一九七一年河南新鄭縣白廟范村窖藏
現藏 河南省博物館
來源 文物編輯部檔案

一一三八九 十六年鄭令戈

字數 一八（又合一）
時代 戰國晚期
著錄 總集 七五六〇
文物 一九七二年一〇期四〇
頁圖二九
出土 一九七一年河南新鄭縣白廟范
村窖藏
現藏 河南省博物館
來源 文物編輯部檔案

一一三九〇 □年邦府戈
字數 存一八
時代 戰國晚期
著錄 未見
現藏 北京故宮博物院
來源 考古研究所拓

一一三九一 二十九年相邦趙戈
字數 一八（又合一）
時代 戰國晚期
著錄 總集 七五六一
貞松 一二・一〇・二
小校 一〇・五七・一
安徽金石 一六・六・一
學報 一九七四年一期一三頁
圖四・二
流傳 溧陽濮氏舊藏（貞松）
來源 考古研究所藏（拓）、貞松（摹）

一一三九二 大兄日乙戈
字數 一九
時代 殷
著錄 總集 七五五六
三代 一九・二一・一
周金 六・八六・二
夢郼中 三
續殷下 八六・二
小校 一〇・九〇・一
書道 （平凡）二七
遼寧省博 五下
銘文選 二一
辭典 一二一
青全 四・一八七
出土 器出易州（觀堂集林）；或説出保
定（夢郼、金文叢考）
流傳 羅振玉舊藏
現藏 遼寧省博物館
來源 考古研究所拓

一一三九三 楚屈叔佗戈（楚王戈）
字數 存一九
時代 春秋早期
著錄 總集 七五五七
三代 一九・五五・一～二
貞松 一一・三五～三六
小校 一〇・六〇・一～二
安徽金石 一六・五・二
流傳 劉體智舊藏
來源 三代

一一三九四 十三年相邦義戈
字數 一九
時代 戰國晚期
著錄 總集 七五六六
錄遺 五八四
文物 一九六四年二期四九頁圖一
來源 考古研究所藏（拓）、文物（摹）

一一三九五 八年相邦呂不韋戈
字數 一九
時代 戰國晚期
著錄 總集 七五六五
文物 一九七九年一二期一七
頁圖一
辭典 九四一
出土 陝西三原縣附近
現藏 寶鷄市博物館
來源 考古研究所拓

一一三九六 五年相邦呂不韋戈
字數 一九
時代 戰國晚期
著錄 總集 七五六四
三代 二〇・二八・二～二九・一
奇觚 一〇・二九・二～三〇
周金 六・一
簠齋 四古兵
善齋 一〇・三七～三八
小校 一〇・五九・一～二
銘文選 九二四
流傳 陳介祺舊藏，後歸上海博物館
現藏 中國歷史博物館
來源 A、考古研究所藏陳夢家先生照片；
B、考古研究所拓

一一三九七 六年鄭令戈
字數 一九（又合一）
時代 戰國晚期
著錄 總集 七五七〇
文物 一九七二年一〇期圖版
五・六
出土 一九七一年河南新鄭縣白廟范
村窖藏
現藏 河南省博物館
來源 文物編輯部檔案

一一三九八 三十一年鄭令戈
字數 二〇（又合一）
時代 戰國晚期
著錄 總集 七五六三
文物 一九七二年一〇期圖版
四・四
出土 一九七一年河南新鄭縣白廟范村
窖藏
現藏 河南省博物館
來源 文物編輯部檔案

一一三九九 二年上郡守冰戈
字數 二〇
時代 戰國晚期
著錄 文物 一九八二年一一期七五頁
出土 一九七九年内蒙古准格爾旗納林
公社
現藏 准格爾旗文化館
來源 文物編輯部檔案

一一四〇〇 囂仲之子伯剌戈
字數 二一
時代 春秋早期
著錄 南京博物院集刊 八期五二頁
圖一
吳越 〇九二
出土 江蘇江寧陶吳中學校園
現藏 南京博物院
來源 考古研究所（拓）、吳越（摹）

一一四〇一 大且日己戈
字數 二二
時代 殷
著錄 總集 七五七三
三代 一九・二〇・一
周金 六・六八・一
夢郼中 一
續殷下 八七・二
小校 一〇・八九・一
書道 一六〇（河出）
遼寧省博 五上
銘文選 一九

辭典 二二九
美全 四・七四
青全 四・七四
出土 器出易州(觀堂集林)；或說出保定(夢郼、金文叢考)
流傳 羅振玉舊藏
現藏 遼寧省博物館
來源 考古研究所拓

一一四〇二 栿里瘟戈(左軍戈)

字數 二二(又合一)
時代 戰國晚期
著録 總集 七五七四
雙吉下 二〇
文物 一九五九年七期五〇頁圖一
出土 河北真定(雙吉)
流傳 于省吾舊藏
現藏 北京故宮博物院
來源 考古研究所拓

一一四〇三 且日乙戈

字數 二四
時代 殷
著録 總集 七五七五
三代 一九・二〇・二
周金 六・六九
夢郼中 二
續殷下 八七・一
小校 一〇・八九・二
書道(平凡) 二六
遼寧省博 五 中
銘文選 二〇
辭典 二三〇
美全 四・七四
青全 四・一八七

出土 器出易州(觀堂集林)；或說出保定(夢郼、金文叢考)
流傳 羅振玉舊藏
現藏 遼寧省博物館
來源 考古研究所拓

一一四〇四 十二年上郡守壽戈

字數 存約二四(又重二)
時代 戰國晚期
著録 文物 一九七七年五期三五頁圖九、圖一二、圖版三・一、五
出土 一九七五年內蒙古准格爾旗瓦爾吐溝墓葬
現藏 內蒙古社會科學院歷史研究所
來源 文物出版社提供

一一四〇五 十二年上郡守壽戈

字數 約二五
時代 戰國晚期
著録 未見
出土 近年內蒙古自治區伊克昭盟
來源 考古研究所藏

一一四〇六 十二年上郡守廟戈

字數 約二五
時代 戰國晚期
著録 周漢遺寶 圖版五五上
出土 朝鮮樂浪郡遺址
流傳 朝鮮平壤中學舊藏
來源 周漢遺寶

一一四〇七 □侯戈

字數 約七〇
時代 春秋晚期
著録 考古 一九六三年四期二〇七頁圖二
出土 一九五九年安徽淮南市蔡家崗趙家孤堆二號墓

現藏 安徽省博物館
來源 考古編輯部檔案